Presupuestos y contabilidad de las entidades locales

Biblioteca de Textos Legales

Presupuestos y contabilidad de las entidades locales

Edición preparada por
VICENTE MONTESINOS JULVE
Catedrático de Economía Financiera
y Contabilidad
de la Universidad de Valencia
y GERMÁN ORÓN MORATAL
Catedrático de Derecho Financiero
y Tributario
de la Universitat Jaume I

DECIMOCUARTA EDICIÓN

tecnos

1.ª edición, 1991
14.ª edición, 2015

Diseño de cubierta: J. M. Domínguez y J. Sánchez Cuenca

Juan Ignacio Luca de Tena, 15 - 28027 Madrid
ISBN: 978-84-309-6279-2
Depósito Legal: M-4.127-2015

Printed in Spain

ÍNDICE

II. NORMAS ESPECÍFICAS DE CONTABILIDAD

III. REGÍMENES ESPECIALES

PRÓLOGO A LA PRIMERA EDICIÓN

La Ley 39/1988, de 28 de diciembre, reguladora de las Haciendas Locales (LRHL), en su Título VI, contiene el régimen jurídico de los Presupuestos locales, cuyos principios inspiradores ya habían sido previamente plasmados en la Ley 7/1985, de 2 de abril, reguladora de las Bases del Régimen Local (LRBRL). El Real Decreto 500/ 1990, de 20 de abril, ha desarrollado el Capítulo I del Título VI de la citada Ley 39/1988, en materia de presupuestos constituyendo, como en su propia Exposición de Motivos se dice, un auténtico «Reglamento Presupuestario».

En cuanto al contenido de la LRHL en materia presupuestaria debe resaltarse positivamente la introducción de principios, criterios y procedimientos en el régimen jurídico de la Hacienda local, hasta la fecha y propios de la Hacienda del Estado, recogidos en el texto refundido de la Ley General Presupuestaria, tanto por lo que hace referencia a la elaboración, estructura, modificación y liquidación del presupuesto, como por lo que se refiere a su ejecución y control. Las diferencias existentes en la legislación vigente para la Hacienda de ambos entes territoriales derivan, pues, de la distinta organización y funciones a desarrollar.

Comparativamente con la legislación anterior, las novedades de la nueva LRHL no sólo se refieren a aspectos importados de la legislación estatal, sino también a la supresión de conceptos existentes que en la actualidad ya no resultaban acordes con la estructura presupuestaria (gastos ordinarios y extraordinarios), ni con la autonomía local (pagos obligatorios y voluntarios). En relación con el Presupuesto y gasto público, deben resaltarse como aspectos más relevantes los siguientes:

1. La diferente estructura presupuestaria, consecuencia de un mayor predominio de los criterios vigentes para la legislación estatal y de la distinta configuración de los estados de ingresos y gastos, pues para los primeros ya no se fijan las líneas a seguir a las que se refería el artículo 444.3 del TRRL, y para el estado de gastos ya no se concreta su finalidad, como en el artículo 444.2 del TRRL, sino que se refiere la nueva ley en el artículo 146.1.*a*) a su finalidad genérica: cumplimiento de obligaciones.

2. El contenido y documentación que debe adjuntarse al proyecto de presupuestos (art. 149.1 LRHL) es relativamente distinta al conjugar previsiones que antes estaban en los artículos 444.3 y 445 del TRRL, con exigencias que para el Estado están previstas en el artículo 54 TRLGP.

3. Se adelanta la fecha de presentación del presupuesto al Pleno al día 15 de octubre (art. 149.4 LRHL), estableciéndose fecha concreta para la remisión de los presupuestos de las sociedades mercantiles y organismos autónomos, frente al 1 de noviembre que establecía el Real Decreto 2.513/1982, permitiéndose de este modo que puedan entrar en vigor el 1 de enero si han sido aprobados, al haber tiempo suficiente para su tramitación. Tiempo que se ha visto también reducido al modificarse el plazo para resolver las sugerencias y reclamaciones que se presenten contra el presupuesto inicialmente aprobado, ya que frente al plazo anterior de treinta días (no se contaban los días inhábiles), se establece ahora en un mes (de fecha a fecha) (art. 150.1 LRHL).

4. Es importante la nueva causa de impugnación de los presupuestos: la insuficiencia de los gastos presupuestados respecto de las necesidades para las que estén previstos [art. 151.2.*c*)]. Es importante por cuanto se juridifican unos criterios hasta ahora únicamente susceptibles de enjuiciar política y económicamente.

5. En la sección de los créditos y sus modificaciones se encuentra el mayor número de novedades provenientes de la normativa que rige para el Estado, tanto para el régimen de los créditos plurianuales, como para los créditos extraordinarios y suplementos de crédito —desapareciendo la anterior denominación (habilitación de créditos), no obstante deslizarse en el artículo 158.6— y el régimen de las transferencias de crédito, estableciendo que sean las bases de ejecución del presupuesto las que determinen el órgano competente para su autorización (art. 160.1). Es paradójico, no obstante, que no se haya enumerado los mismos supuestos de obligaciones exigibles que para el Estado (arts. 43 TRLGP y 154.1 LRHL), puesto que las operaciones de tesorería, que no se incluyen entre las que puedan dar lugar a obligaciones exigibles, sí están permitidas para la Hacienda local en los artículos 52 y 180 de la propia LRHL.

Auténticamente novedosa es la posibilidad de acudir a operaciones de crédito para financiar nuevos o mayores gastos, por operaciones corrientes, que determinen la aprobación de un crédito extraordinario o suplemento de crédito, en las condiciones previstas en el artículo 158.5.

6. De la sección de ejecución y liquidación del presupuesto, junto a la notable mejora introducida en la regulación de extremos ya contemplados en la anterior legislación, como puedan ser los pagos a justificar y la propia liquidación del presupuesto, deben destacarse como novedades más relevantes: la incorporación del procedimiento ordinario de ejecución del gasto público que rige para el Estado y al que se refiere el artículo 165.1 LRHL, aunque no se introduce la fase de propuesta de pago; y aprobación de un plan de disposición de fondos de la Tesorería (art. 168 LRHL).

7. Por lo que respecta a la Tesorería también se adapta, en la medida de lo posible, al régimen previsto en el TRLGP. Ley a la que se hace una remisión expresa en el artículo 175. Debe destacarse la concreción de tipos de cuentas bancarias que pueden aperturarse, contempladas en el artículo 178, frente a la mención genérica que hacía el anterior TRRL en el artículo 442. Igualmente, el reconocimiento expreso de la posibilidad de rentabilizar los excedentes temporales de Tesorería mediante inversiones que reúnan las condiciones de liquidez y seguridad (art. 180.2 LRHL).

9. Por lo que se refiere al control y fiscalización, también se deja sentir el régimen previsto para el Estado, especialmente por lo que respecta al control interno, tanto de la intervención como de los controles financiero y de eficacia, diferenciándose del régimen anterior en que ya no es el Presidente el que debe comunicar al Pleno las resoluciones contrarias a los reparos de la intervención (art. 440.4 TRRL), sino el órgano interventor (art. 199 LRHL).

Para el control externo, como hacía la LRBRL, se atribuye al Tribunal de Cuentas, debiendo rendir la Cuenta General antes del 15 de octubre, concretándose de este modo el régimen previsto en el artículo 35.2 de la Ley de Funcionamiento del Tribunal de Cuentas. Expresamente se establece que será el Pleno de la Corporación el destinatario de los informes de dicho Tribunal y se reconocen las funciones que en este ámbito podrán desarrollar las Comunidades Autónomas (art. 204 LRHL).

8. La contabilidad de las Entidades locales también va a adaptarse a la del Estado, al establecerse su adaptación al Plan General de contabilidad pública, existiendo una serie de remisiones que hacen que el régimen legal vigente sea más abierto que el anterior, por ejemplo en cuanto a los libros contables. Es de destacar la previsión de que los Entes locales con población inferior a 5.000 habitantes tengan un modelo simplificado de contabilidad y Cuenta General, así como que los superiores a 50.000 y demás Entidades superiores

acompañen a la cuenta general las memorias a las que se refiere el artículo 192, y para el Estado el artículo 134 TRLGP.

La concepción tradicional de la Contabilidad Pública la equiparaba de hecho a la Contabilidad Presupuestaria o de seguimiento presupuestario. Parece evidente que la contabilidad meramente presupuestaria resulta insuficiente para la cobertura de los fines y el cumplimiento de los principios asignados a los sistemas de información contable públicos en la actualidad. No obstante, el presupuesto constituye una pieza central y fundamental del sistema, y los objetivos informativos del seguimiento de su ejecución han de venir cubiertos por el subsistema de contabilidad publica presupuestaria.

Las Administraciones Públicas precisan de un sistema de información económico-financiera que permita a los distintos usuarios o destinatarios de la información la adopción de sus decisiones económicas. Al propio tiempo, ha de contar con controles efectivos que protejan a la entidad frente al fraude. Este sistema de información estará vertebrado en torno a la Contabilidad Pública, estructurada sobre la base de unos principios y normas claros, coherentes y sistemáticos, aplicables con carácter general a entidades con similares características.

En el caso de las empresas públicas, los principios contables aplicables no difieren de los de las empresas privadas, aun cuando su actividad está más constreñida por la normativa legal que les resulta aplicable, especialmente en lo relativo a su sujeción al régimen de contabilidad pública (lo que conlleva la obligación de rendir cuentas al Tribunal de Cuentas y/o a los órganos institucionales de control externo autonómicos) y a la legislación de contratación.

En cuanto a las Administraciones Públicas, los principios contables generales establecidos para las empresas precisan de matizaciones y puntualizaciones importantes, con el fin de que resulten adecuados a la realidad económica a la que tiene que aplicarse. En cualquier caso, esta adaptación no supone una ruptura con respecto al marco conceptual general de la Contabilidad, en el que deben insertarse con las matizaciones y puntualizaciones señaladas.

La consideración de estos principios generales de Contabilidad Pública comenzó a extenderse a medida que ésta dejó de estar subordinada exclusivamente al control de legalidad y la rendición de cuentas. En la medida en que la Contabilidad Pública deja de ser una contabilidad dirigida casi exclusivamente al seguimiento de los flujos presupuestarios, con predominio de las magnitudes de tesorería, y empieza a plantearse la representación razonable del patrimonio, la situación financiera y los resultados (en el ámbito de la contabilidad financiera), así como el cálculo de costes y rendimientos y el control de gestión (en el ámbito de la contabilidad analítica), el entramado conceptual y las prácticas tradicionales, se muestran totalmente insuficientes. Esos principios generales han de permitir diseñar unos criterios para la representación razonable de la situación económico-financiera y ofrecer una imagen fiel del patrimonio, la situación financiera y los resultados de las entidades que se integran en el sector público.

Dentro del régimen jurídico, el marco normativo general de la contabilidad pública a nivel de la Administración del Estado arranca de las bases generales sentadas por la Ley General Presupuestaria de 1977, cuyo desarrollo normativo no estuvo, sin embargo, disponible para su aplicación efectiva hasta 1986, año en el que se aprueba el Real Decreto que implanta el SICOP y las instrucciones contables más significativas. De este entramado normativo hay que resaltar dos piezas fundamentales: el Plan General de Contabilidad Pública y la implantación del sistema integrado de información contable y presupuestaria (SICOP)[1].

En lo referente a Corporaciones Locales, la secuencia temporal de normas es la siguiente:

— 1985: Ley de Bases de Régimen Local. Supone la acomodación del régimen contable de las Entidades Locales a la Ley General Presupuestaria.

— 1988: Ley Reguladora de las Haciendas Locales. Regula el presupuesto, la contabilidad y el control de las Entidades Locales.

— 1990: Instrucción de Contabilidad para la Administración Local (con un sistema simplificado para Municipios de menos de 5.000 habitantes). Constituye la mayor concreción de la normativa en materia contable, adaptando el Plan General de Contabilidad Pública a las características y operatoria de las Entidades Locales.

El sistema de información contable y presupuestaria se desarrolla a través del SICAL, estructurado de acuerdo con los mismos principios y objetivos generales que el SICOP de la Administración del Estado.

---

[1] Véase, de los mismos autores, *Normas de contabilidad pública*, Tecnos, Madrid, 1989.

Como anexo a la Instrucción se aprueba el Plan General de Contabilidad Pública para las Entidades Locales, que incorpora principios básicos, una relación detallada de cuentas con sus reglas de funcionamiento, modelos de estados financieros con sus notas y criterios de valoración.

Los Planes de Cuentas han sido y siguen siendo el principal instrumento de normalización contable en España, razón por la cual parecía lógico que una racionalización de los principios contables de las Administraciones Públicas, y su aproximación a un marco conceptual general, pasara por la promulgación e implantación de un Plan General de Contabilidad Pública, basado en la estructura y doctrina del Plan General de Contabilidad para la empresa española, adaptado a las características particulares de las Administraciones Públicas.

La situación de la normativa contable de los Entes Locales, que ha pervivido hasta la fecha, mostraba un claro desfase con relación a la de otros subsectores de la Administración Pública, en concreto la Administración del Estado y las Administraciones Autonómicas. Ha estado vigente hasta la aprobación de la nueva normativa el Texto Refundido de Régimen Local de 24 de junio de 1955, que remitía a la Instrucción de Contabilidad de las Corporaciones Locales anexa al Reglamento de Haciendas Locales de 1952. Con la aprobación de la normativa específica antes mencionada se cubre este importante desfase, situando la información económico-financiera de los Entes a un nivel homologable con el del resto de las Administraciones.

El Plan de Contabilidad Pública para Entidades Locales está adaptado al Plan General de Contabilidad Pública y, en consecuencia conectado con la doctrina y terminología del Plan General de Contabilidad para la empresa española, y consta de las partes siguientes:

I. Cuadro de cuentas.
II. Definiciones y relaciones contables.
III. Criterios de valoración.

— Libros de contabilidad.
— Estados y cuentas anuales.
— Estados de previsión para organismos autónomos, industriales, financieros y análogos.

En anexos diferentes, pero como partes que han de considerarse conjuntamente con las anteriores, se regulan:

El cuadro de cuentas está estructurado en grupos de cuentas, de los que cinco corresponde a las cuentas patrimoniales o de balance (grupos 1 a 5); los grupos 6 y 7 recogen cuentas de gestión (gastos e ingresos); el grupo 8, las cuentas de resultados; y el grupo 0, las cuentas de control presupuestario y de orden.

Las definiciones y relaciones contables recogen las reglas de funcionamiento de los subgrupos, cuentas y subcuentas comprendidos dentro de los grandes grupos de cuentas.

Los criterios de valoración están adaptados a las características de las entidades locales, a partir de los generales aplicables a las empresas.

En cuanto a los libros, se indica que la contabilidad se llevará en libros, registros y cuentas, según los procedimientos técnicos más convenientes. Los libros pueden ser de contabilidad principal y de contabilidad auxiliar y, unos y otros, obligatorios o voluntarios.

Los estados financieros de las entidades locales y sus organismos autónomos se componen de los estados y cuentas anuales y sus anexos. Se recogen en las normas dos formatos alternativos, entre los que elegirá cada ente. Las cuentas de la entidad local y sus organismos autónomos son las siguientes:

1. Balance de situación.
2. Cuenta de resultados.
3. Cuadro de financiación anual.
4. Liquidación del presupuesto.
5. Estado demostrativo de derechos a cobrar y obligaciones a pagar de presupuestos cerrados.
6. Estado de compromisos de gasto con cargo a ejercicios futuros.
7. Estado de tesorería.
8. Estado de la deuda.

El Plan está adaptado, como se ha dicho, del Plan General para la empresa española, con fecha de 1973, que ha sido objeto de revisión para ser adaptado a las normas contables de la Comunidad Económica Europea: ello conllevará lógicamente una revisión y adaptación posterior del Plan General de Contabilidad Pública y, en consecuencia, del aplicable a las Administraciones Locales.

Con respecto al Plan General de las empresas, las principales peculiaridades corresponden a la denominación y funcionamiento de las cuentas de acreedores y deudores, tanto presupuestarios como extrapresupuestarios; cuentas de gastos y de ingresos, y cuentas presupuestarias (no desarrolladas para las empresas).

El Plan Contable ofrece, pues, los principios, criterios y normas contables que luego se ensamblan con un soporte informático, dando lugar conjuntamente al sistema integrado de información economico-financiera.

Los principios generales del sistema de contabilidad de la Administración Local son los siguientes:

1. *Sujeción al régimen de Contabilidad Pública.*
2. *Obligación de rendir cuentas.*
3. *Adaptación al Plan General de Contabilidad Pública.*
4. *Método de partida doble.*
5. *Operaciones en otras estructuras contables del sistema de información.* Esta información es obligatoria en el caso de:

— Gastos con financiación afectada.
— Remanentes de crédito.

Y potestativa para:

— Proyectos de gastos.
— Pagos a justificar librados contra terceros.
— Anticipos de caja fija librados a cajeros, habilitados y pagadores.

5. Período contable. Es de un año, al final del cual las Entidades locales formarán y cerrarán:

— Los Estados y cuentas anuales.
— La cuenta general.

En cuanto al ámbito de aplicación, éste se extiende:

A) A las entidades locales (con tratamiento simplificado para la de menos de *5.000* habitantes).
B) A los organismos autónomos dependientes.
C) A las sociedades mercantiles de Cuentas y sin perjuicio de su adaptación a la legislación mercantil y al Plan General de Contabilidad para las empresas españolas).

Las competencias en materia dentro del ámbito local quedan delimitadas de forma que corresponde:

A) *Al Ministerio de Economía y Hacienda*, a propuesta de la IGAE, aprobar modificaciones del Plan General de Contabilidad para la Administración Local; dictar normas de desarrollo del mismo e interpretar las normas.

B) *A la Intervención de la Entidad Local*, llevar la Contabilidad Financiera; efectuar el seguimiento de la ejecución de los presupuestos e inspeccionar la contabilidad de los organismos autónomos y sociedades mercantiles dependientes de la entidad.

Digamos finalmente que el régimen simplificado para entidades de menos de 5.000 habitantes presenta las siguientes características:

— Las entidades podrán presentar y ejecutar sus presupuestos a nivel de grupo de función y artículo.

— Se reducen notablemente el desarrollo del Plan, el número de operaciones contables y los libros obligatorios.

— Se elimina el tratamiento contable de la Administración de recursos de otros entes públicos.

— Se simplifica la contabilización de las operaciones de ejecución del presupuesto de gastos:

Se elimina el reflejo contable de las fases de retención de crédito, autorización y disposición.

La ordenación del pago, pese a su carácter claramente diferenciado del reconocimiento de la obligación, se transforma en una nueva situación de las obligaciones reconocidas, por lo que no se recogerá ni en los Mayores de Conceptos Presupuestarios ni en el Diario General de Operaciones.

• En la agrupación de ejercicios posteriores únicamente se mantiene el compromiso de gasto como operación con reflejo en el Diario de Operaciones de gastos de ejercicios posteriores y en los correspondientes Mayores de Conceptos, aunque sin reflejo en el Diario General de Operaciones.

— Se simplifica la contabilidad del presupuesto de ingresos:

• Se elimina el reflejo contable de los compromisos de ingresos.
• Se propugna, con carácter general, la aplicación directa de los ingresos percibidos en la Tesorería, si bien no se excluye la posibilidad de una aplicación diferida más flexible y simplificada.
• Se elimina la aplicación anticipada de los ingresos.

— En la contabilidad de las operaciones no presupuestarias, si bien se mantiene la diferenciación entre acreedores, deudores, partidas pendientes de aplicación y movimientos internos, es objeto de simplificación, quedando limitada la aplicación provisional a casos muy excepcionales.

— La contabilidad de las operaciones de crédito se reduce notablemente, al eliminar las operaciones relativas a títulos-valores.

— Se elimina toda referencia a los procedimientos de seguimiento y control contable de los pagos a justificar, anticipos de caja fija, proyectos de gastos, remanentes de crédito y gastos con financiación afectada. En el caso de remanentes de crédito y gastos con financiación afectada, se mantiene exclusivamente la necesidad de su control, si bien se deja abierta la posibilidad de elegir cualquier método adecuado de seguimiento.

— Los organismos comerciales ajustarán su contabilidad al modelo normal.

— Los documentos contables han sido revisados de acuerdo con las simplificaciones y eliminaciones indicadas.

— Se establecen idénticos libros de contabilidad principal que en el modelo normal, si bien se prescinde de los relativos a la administración de recursos por cuenta de otros entes públicos y los relativos a operaciones comerciales.

— Los libros de contabilidad auxiliar pasan a ser voluntarios, excepto los registros de ingresos y de pagos.

— Los estados y cuentas a rendir e información a suministrar se han simplificado al máximo, reduciendo la estructura y el número de estados.

— Se simplifica el Plan Contable, eliminando el desarrollo en subcuentas y reduciendo al máximo el desarrollo de cuentas de primer orden, de forma que se produzca la mayor interrelación posible entre las rúbricas del Plan y el nivel de la clasificación económica, el artículo.

— Se establece el carácter supletorio de la Instrucción de Contabilidad en su modelo normal, excepto en lo relativo a estados y cuentas a rendir.

La obra que presentamos recoge la nueva normativa contable y presupuestaria de las Administraciones Locales, simplificando los anexos de las Instrucciones de Contabilidad, al no incorporarse los correspondientes modelos de documentos contables, libros de contabilidad y estados de cuentas, con el fin de evitar la presentación de un volumen excesivamente extenso y, en consecuencia, de difícil manejo y elevado coste, cuya utilidad para el lector iba a resultar bastante dudosa. No obstante, la integridad de la obra queda salvaguardada, constituyendo un instrumento completo de apoyo a los profesionales de la Administración Local con vistas a la adecuada adaptación de las entidades a la nueva normativa, obligatoria a partir del 1 de enero de 1992 y de aplicación facultativa por las entidades locales a partir de 1 de enero de 1991.

El contenido concreto de la obra es el siguiente:

— Título VI («Presupuesto y gasto público») de la Ley 39/1988, reguladora de las Haciendas Locales.

— Desarrollo del Capítulo I del Título VI de la Ley reguladora de las Haciendas Locales («De los Presupuestos»), recogido en el Real Decreto 500/1990.

— Estructura de los presupuestos de las Entidades Locales, establecida por Orden de 20 de septiembre de 1989.

— Instrucción de Contabilidad para la Administración Local, de 17 de julio de 1990.

— Instrucción de Contabilidad para Entidades Locales con población inferior a 5.000 habitantes, de 17 de julio de 1990.

Esta normativa se completa con el correspondiente índice analítico, lo que esperamos pueda redundar en una eficaz ayuda para los profesionales y estudiosos de estas cuestiones.

Valencia, marzo de 1991

PRÓLOGO A LA SEGUNDA EDICIÓN

La segunda edición de *Presupuestos y contabilidad de las entidades locales* presenta una estructura similar a la primera edición, a la que se ha añadido, como apartado VI, la Orden de 31 de mayo de 1991, por la que se aprueban instrucciones para la apertura de la contabilidad en el nuevo sistema de información contable para la Administración Local (*BOE* de 20 de junio de 1991).

La aprobación y entrada en vigor de las Instrucciones de Contabilidad para la Administración Local de 1990 han tenido una incidencia desigual en las entidades locales. Es cierto que las entidades de reducida dimensión han encontrado por lo general bastantes dificultades para la puesta en práctica del nuevo sistema de información contable, lo que ha sido motivo de abundantes reflexiones acerca de lo adecuado o inadecuado del proceso de implantación. Entre las razones que han venido comentándose como origen de las dificultades encontradas por las pequeñas corporaciones para implantar el nuevo sistema, pueden resaltarse las tres siguientes:

— Escasez de recursos humanos y materiales con una formación adecuada;
— déficit de asistencia técnica que, por parte de entidades supramunicipales (especialmente las Diputaciones Provinciales) debería haberse prestado a los ayuntamientos pequeños, y
— falta de modulación de las normas, de tal forma que pudieran aplicarse modelos efectivamente simplificados para entidades medianas y pequeñas.

Ninguna de estas razones puede considerarse insuperable o irresoluble, especialmente la segunda y tercera. Con mayor asistencia técnica y una conveniente modulación de las normas atendiendo al tamaño de las corporaciones locales, los recursos necesarios para la implantación de unos sistemas contables adecuados en todas las entidades locales pueden ser reducidos, sin que ello constituya una barrera infranqueable para la implantación de un sistema contable que, aunque simple, resulte eficaz y esté adaptado a los principios y normas de contabilidad generalmente aceptados.

La aprobación de un nuevo Plan General de Contabilidad Pública por Orden de 6 de mayo de 1994 (*BOE* de 20 de mayo; corrección de errores en *BOE* de 16 de junio)[1] plantea, sin duda, la necesidad de reflexionar sobre la adecuación del sistema vigente de contabilidad local, cuyas líneas normativas básicas se recogen en la presente publicación. Aparte de adaptar el texto de la Instrucción de Contabilidad para la Administración Local al nuevo Plan General de Contabilidad Pública, convendrá plantearse la conveniencia de desarrollar diferentes módulos normativos para las entidades locales grandes, medianas y pequeñas.

La implantación del nuevo sistema de información contable público derivado del Nuevo Plan de Contabilidad Pública de 1994 exige, sin duda, un esfuerzo muy importante, en recursos humanos, financieros y técnicos, así como un tiempo para su desarrollo, experimentación y puesta en práctica. En primer lugar, procederá su implantación efectiva para la Administración General del Estado y, posteriormente, para el resto de las Administraciones. Tal como se pone de manifiesto en la Resolución de 17 de febrero de 1995 de la Intervención General de la Administración del Estado, se ha producido un retraso en la puesta en funcionamiento del nuevo sistema de información contable para la Administración del Estado, que ha exigido dictar normas transitorias que hicieran posible la aplicación del Nuevo Plan General de Contabilidad Pública en el año 1995.

No hay que olvidar, por otra parte, que la aplicación del actual sistema de información contable público no comienza hasta el ejercicio de 1992, y en muchos casos la aplicación efectiva del nuevo sistema contable se ha retrasado de manera sustancial. Esta circunstancia hace aconsejable prolongar la vigencia del sistema que arranca de las Instrucciones de 1990 durante un período de tiempo prudencial, que como mínimo parece que ha de llegar hasta 1997. Con ello será posible ganar una experiencia y recoger opiniones bien decantadas sobre las modificaciones que podrían mejorar el sistema actualmente en vigor.

Por todo lo expuesto, y por la misma necesidad de consolidar en las entidades locales la nueva cultura de introducir unos nuevos estados financieros en partida doble, se estima que la normativa contable actual gozará todavía de una cierta estabilidad, y estará vigente

---

[1] Véase, de los mismos autores, *Normas de contabilidad pública*, 2.ª ed., Tecnos, Madrid, 1994.

durante varios años. Este marco normativo de la contabilidad y los presupuestos de las entidades locales es el que se ofrece en esta segunda edición de la presente obra, esperando que cuente con tan buena acogida por parte de los usuarios como la primera edición.

Valencia, julio de 1995

NOTA A LA DECIMOCUARTA EDICIÓN

En esta nueva edición se incorporan las novedades habidas en la normativa contable y presupuestaria de las entidades locales posteriores a la edición precedente. Estas novedades legislativas responden a una diversidad de disposiciones que, de una u otra manera, inciden en ámbito del contenido de esta obra.

Así, en el período transcurrido desde el cierre de la decimotercera edición, enero de 2013, aparece un número importante de disposiciones que tienen un impacto muy importante y significativo en el contenido de la obra, entre ellas las que inciden de forma significativa en los conceptos y aplicación de la normativa del Texto Refundido de la Ley Reguladora de las Haciendas Locales (TRLRHL), con disposiciones que suponen cambios e introducen nueva regulación en cuestiones tales como el apoyo financiero, las ayudas financieras, los derechos de difícil o imposible recaudación o la introducción del cálculo y publicación del coste efectivo de los servicios. La normativa referente a la estabilidad presupuestaria también se ha visto afectada por importantes disposiciones, en temas como la deuda comercial y el plazo de pago a proveedores, el contenido y seguimiento del plan económico-financiero, responsabilidades y transparencia. Del mismo modo, la estructura de los presupuestos de las entidades locales tiene una nueva regulación, recogido en la Orden HAP/419/2014, de 14 de marzo.

En cuanto a la normativa contable de las entidades locales, ésta presenta un cambio profundo y fundamental, al modificarse las instrucciones de contabilidad y el Plan General de Contabilidad Pública adaptado a la Administración Local, para ajustarlos a los principios y normas recogidos en el Plan General de Contabilidad Pública de 2010 y las Normas Internacionales de Contabilidad para el Sector Público, emitidas por la Federación Internacional de Contadores, con una decisiva influencia de las normas empresariales, recogidas en la normativa española, fundamentalmente, en el Plan General de Contabilidad de 2007. Ello ha conducido a un cambio completo de contenidos y estructura de la normativa contable local, plasmado en unas nuevas instrucciones de contabilidad, cuya aplicación efectiva está prevista para 2015. Así, aun cuando el modelo básico no presenta prácticamente ninguna modificación, los modelos normal y simplificado sufren un cambio radical, consecuencia de su adaptación al Plan General de 2010 y a las Normas Internacionales, lo que se traduce en modificaciones muy significativas en prácticamente todas las áreas, y en especial en lo relativo a los activos y pasivos financieros, las coberturas contables, el tratamiento de las infraestructuras, que se incorporan al activo del balance, las adscripciones y cesiones de bienes, los activos adquiridos o construidos para otras entidades, las subvenciones y, por supuesto, la estructura y presentación de las cuentas anuales. En el cuadro de cuentas, aun cuando se mantienen las cuentas de control presupuestario del grupo, su empleo pasa a ser de carácter voluntario.

Todos estos cambios normativos, por su amplia y profunda incidencia en la contabilidad y los presupuestos de las entidades, han exigido a los autores una nueva edición de la presente obra, que recoja el impacto de la nueva normativa en su ámbito específico. La diversidad de fuentes normativas, la complejidad de muchas de las cuestiones tratadas y la rápida secuencia de la evolución dispositiva añaden dificultad al seguimiento de las modificaciones, y a ello esperamos contribuir con la publicación de esta nueva edición.

Por último, queremos comentar que el proceso de reformas sigue abierto en cuestiones muy significativas, como es el caso del cálculo y divulgación del coste efectivo de los servicios públicos, cuya Orden se aprobó el pasado noviembre y se recoge en § I.8. A ello hay que sumar la reciente regulación del Fondo de Financiación de Entidades locales, al que se pueden acoger las que se encuentren en situación de riesgo financiero en los términos legalmente establecidos, y que comporta una suerte de régimen diferenciado por las condiciones financieras y fiscales que les resultan de aplicación, y cuya norma, por su proyección presupuestaria, hemos decidido incorporar como un nuevo supuesto de régimen especial en § III.3.

Esta edición se realiza en el marco del proyecto de investigación del Ministerio de Ciencia e innovación DER2010-21354, «Financiación de entidades locales: estudio del modelo actual y propuestas de reforma».

Valencia, enero de 2015

I. NORMAS GENERALES Y DE PRESUPUESTOS

§ I.1. REAL DECRETO LEGISLATIVO 2/2004, DE 5 DE MARZO, POR EL QUE SE APRUEBA EL TEXTO REFUNDIDO DE LA LEY REGULADORA DE LAS HACIENDAS LOCALES

(*BOE* n.º 59, de 9 de marzo de 2004; corrección de errores en *BOE* n.º 63, de 13 de marzo)

I

La disposición adicional quinta de la Ley 19/2003, de 4 de julio, sobre régimen jurídico de los movimientos de capitales y de las transacciones económicas con el exterior y sobre determinadas medidas de prevención del blanqueo de capitales, añade una disposición adicional decimotercera a la Ley 51/2002, de 27 de diciembre, de reforma de la Ley 39/1988, de 28 de diciembre, Reguladora de las Haciendas Locales, estableciendo que el Gobierno elaborará y aprobará en el plazo de un año a partir de la entrada en vigor de esta Ley el Texto Refundido de la Ley Reguladora de las Haciendas Locales.

El plazo de esta habilitación fue ampliado a quince meses por la disposición final decimosexta de la Ley 62/2003, de 30 de diciembre, de Medidas Fiscales, Administrativas y del Orden Social, que modifica la disposición adicional decimotercera de la Ley 51/2002, de 27 de diciembre, de reforma de la Ley 39/1988, de 28 de diciembre, Reguladora de las Haciendas Locales.

Esta habilitación tiene por finalidad dotar de mayor claridad al sistema tributario y financiero aplicable a las entidades locales mediante la integración en un único cuerpo normativo de la Ley 39/1988, de 28 de diciembre, y de la Ley 51/2002, de 27 de diciembre, en particular determinadas disposiciones adicionales y transitorias de esta última, contribuyendo con ello a aumentar la seguridad jurídica de la Administración tributaria y, especialmente, de los contribuyentes.

No obstante, esta delegación legislativa tiene el alcance más limitado de los previstos en el apartado 5 del artículo 82 de la Constitución, ya que se circunscribe a la mera formulación de un texto único y no incluye autorización para regularizar, aclarar y armonizar los textos legales a refundir.

II

La Ley 39/1988, de 28 de diciembre, publicada en el *Boletín Oficial del Estado* de 30 de diciembre de 1988, aprobó una nueva normativa reguladora de las haciendas locales, en su vertiente tributaria y financiera. No obstante, desde su entrada en vigor, dicha Ley ha experimentado diversas modificaciones, entre las que pueden destacarse, por su carácter reciente y su trascendencia, las llevadas a cabo por la Ley 50/1998, de 30 de diciembre, de Medidas Fiscales, Administrativas y del Orden Social, y por la ya comentada Ley 51/2002, de 27 de diciembre, la cual ha supuesto la modificación de múltiples preceptos de la Ley 39/1988, de 28 de diciembre, y una reforma de gran trascendencia en todo el régimen tributario y financiero propio de las haciendas locales.

El Texto Refundido aprobado por este Real Decreto Legislativo integra la Ley 39/1988, de 28 de diciembre, tanto su articulado como las disposiciones adicionales y transitorias cuya incorporación resulta pertinente, y determinadas disposiciones adicionales y transitorias de la Ley 51/2002, de 27 de diciembre, en particular aquellas cuya incorporación al Texto Refundido resulta procedente para dotarle de una mayor claridad en la conjunción entre la Ley 39/1988, de 28 de diciembre, y la Ley 51/2002, de 27 de diciembre.

También se han incorporado las modificaciones que los artículos 15 y 64 de la Ley 62/2003, de 30 de diciembre, de Medidas Fiscales, Administrativas y del Orden Social, realizan a la Ley 39/1988, de 28 de diciembre, Reguladora de las Haciendas Locales.

En concreto, se incorporan al Texto Refundido las disposiciones adicionales primera, segunda, séptima y octava y las disposiciones transitorias primera, segunda, tercera, cuarta, quinta, sexta, séptima, octava, décima, undécima y duodécima, todas ellas de la Ley 51/2002, de 27 de diciembre, en algunos casos con las adaptaciones de redacción precisas para darles el sentido que tuvieron en su incorporación a la ley citada.

Asimismo, en el Texto Refundido se recogen ya expresamente en euros las cuotas del Impuesto sobre Vehículos de Tracción Mecánica, así como la cuantía de los gastos menores no sometidos a intervención previa, con aplicación de las reglas de la Ley 46/1998, de 17 de diciembre, sobre la introducción del euro.

III

Este Real Decreto Legislativo contiene un artículo por el que se aprueba el Texto Refundido de la Ley Reguladora de las Haciendas Locales, dos disposiciones adicionales: la primera regula las remisiones normativas a los textos derogados, y la segunda hace referencia a la aplicación del régimen especial previsto en el Título X de la Ley 7/1985, de 2 de abril, Reguladora de las Bases del Régimen Local; tres disposiciones transitorias que regulan, la participación de las entidades locales en los tributos del Estado para ejercicios anteriores al 1 de enero de 2004 y la aplicación de las referencias a la nueva Ley General Tributaria y General Presupuestaria hasta su entrada en vigor; una disposición derogatoria que prevé la derogación de la Ley 39/1988, de 28 de diciembre, y de la Ley 51/2002, de 27 de diciembre, y una disposición final de entrada en vigor.

El Texto Refundido se estructura en un título preliminar, seis títulos, doscientos veintitrés artículos, doce disposiciones adicionales, diecisiete disposiciones transitorias y una disposición final. Asimismo, se incluye un índice de su articulado, cuyo objeto es facilitar la utilización de la norma por sus destinatarios mediante una rápida localización y ubicación sistemática de sus preceptos.

En su virtud, a propuesta del Ministro de Hacienda, de acuerdo con el Consejo de Estado y previa deliberación del Consejo de Ministros en su reunión del día 5 de marzo de 2004, dispongo:

Artículo único. *Aprobación del Texto Refundido de la Ley Reguladora de las Haciendas Locales.*—Se aprueba el Texto Refundido de la Ley Reguladora de las Haciendas Locales, que se incluye a continuación.

DISPOSICIONES ADICIONALES

1.ª *Remisiones normativas.*—Las referencias normativas efectuadas en ordenanzas y en otras disposiciones a la Ley 39/1988, de 28 de diciembre,

Reguladora de las Haciendas Locales, y a la Ley 51/2002, de 27 de diciembre, de reforma de la anterior, se entenderán efectuadas a los preceptos correspondientes de este Texto Refundido.

2.ª *Régimen especial de los municipios de gran población.*—Las disposiciones de esta Ley se aplicarán sin perjuicio del régimen especial previsto para los municipios de gran población en el título X de la Ley 7/1985, de 2 de abril, Reguladora de las Bases del Régimen Local.

DISPOSICIONES TRANSITORIAS

1.ª *Regulación anterior a 1 de enero de 2004.*—La participación de las entidades locales en los tributos del Estado, correspondiente a los ejercicios iniciados con anterioridad al 1 de enero de 2004, se regirá por la legislación derogada por este Real Decreto Legislativo.

2.ª *Ley 58/2003, de 17 de diciembre, General Tributaria.*—Hasta el 1 de julio de 2004, fecha de entrada en vigor de la Ley 58/2003, de 17 de diciembre, General Tributaria, las referencias efectuadas en el Texto Refundido que aprueba este Real Decreto Legislativo a la Ley 58/2003, de 17 de diciembre, se entenderán realizadas a los correspondientes de la Ley 230/1963, de 28 de diciembre, General Tributaria, y de la Ley 1/1998, de 26 de febrero, de Derechos y Garantías de los Contribuyentes, en los términos que disponía la Ley 39/1988, de 28 de diciembre, Reguladora de las Haciendas Locales.

3.ª *Ley 47/2003, de 26 de noviembre, General Presupuestaria.*—Hasta el 1 de enero de 2005, fecha de entrada en vigor de la Ley 47/2003, de 26 de noviembre, General Presupuestaria, las referencias efectuadas en el Texto Refundido que aprueba este Real Decreto Legislativo a la Ley 47/2003, de 26 de noviembre, se entenderán realizadas a los correspondientes del Texto Refundido de la Ley General Presupuestaria, aprobado por el Real Decreto Legislativo 1.091/1988, de 23 de septiembre, en los términos que dis-

---

Disp. Adic. 2.ª: El Capítulo III del citado Título X regula la Gestión económico-financiera de estos municipios de gran población (III.1).

ponía la Ley 39/1988, de 28 de diciembre, Reguladora de las Haciendas Locales.

DISPOSICIÓN DEROGATORIA

Única. *Derogación normativa.*—1. Quedan derogadas todas las disposiciones de igual o de inferior rango que se opongan a esta Ley y, en particular, las siguientes:

a) La Ley 39/1988, de 28 de diciembre, Reguladora de las Haciendas Locales, excepto las disposiciones adicionales primera, octava y decimonovena.

b) La Ley 51/2002, de 27 de diciembre, de reforma de la Ley 39/1988, de 28 de diciembre, Reguladora de las Haciendas Locales, con excepción de las disposiciones adicionales tercera, cuarta, quinta, sexta, décima, undécima y duodécima, así como de la disposición transitoria novena.

2. Lo previsto en esta disposición derogatoria no perjudicará los derechos de la Hacienda pública respecto a las obligaciones devengadas durante su vigencia.

DISPOSICIÓN FINAL

Única. *Entrada en vigor.*—1. El presente real decreto legislativo y el texto refundido que aprueba entrarán en vigor el día siguiente al de su publicación en el *Boletín Oficial del Estado*.

2. No obstante lo anterior, el modelo de financiación de las entidades locales descrito en los capítulos III y IV del título II y en los capítulos III y IV del título III del texto refundido adjunto entrará en vigor el 1 de enero de 2004 y será objeto de desarrollo anual por las Leyes de Presupuestos Generales del Estado, de conformidad con las directrices recogidas en el citado texto refundido.

TEXTO REFUNDIDO DE LA LEY REGULADORA DE LAS HACIENDAS LOCALES*

TÍTULO PRELIMINAR

Ámbito de aplicación

Artículo 1.º *Ámbito de aplicación.*—1. Tienen la consideración de bases del régimen jurídico financiero de la Administración local, dictadas al amparo del artículo 149.1.18.ª de la Constitución, los preceptos contenidos en esta Ley, con excepción de los apartados 2 y 3 del artículo 186, salvo los que regulan el sistema tributario local, dictados en virtud de lo dispuesto en el artículo 133 de la Constitución y los que desarrollan las participaciones en los tributos del Estado a que se refiere el artículo 142 de la Constitución; todo ello sin perjuicio de las competencias exclusivas que corresponden al Estado en virtud de lo dispuesto en el artículo 149.1.14.ª de la Constitución.

2. Esta Ley se aplicará en todo el territorio nacional, sin perjuicio de los regímenes financieros forales de los Territorios Históricos del País Vasco y Navarra.

3. Igualmente, esta Ley se aplicará sin perjuicio de los tratados y convenios internacionales.

---

* El apartado VI de la Exposición de Motivos de la Ley 39/1988, dedicado al régimen presupuestario es del siguiente tenor:

«En cuanto al régimen presupuestario y contable de las Entidades locales, la Ley tiende a acercar el mismo, al máximo posible, a los preceptos de la Ley General Presupuestaria, de los que, salvo en contados casos, las Haciendas locales estaban al margen.

»El proceso de acercamiento se inició en el año 1979 con el Real Decreto-ley 11/1979, de 20 de julio, sobre medidas urgentes de Financiación de las Corporaciones Locales, y prosiguió con la Orden de 14 de noviembre de 1979, por la que se aprobó la estructura presupuestaria de las Corporaciones Locales y con el Real Decreto-ley 3/1981, de 16 de enero, más tarde convertido en Ley 40/1981, de 28 de octubre, sobre Régimen Jurídico Local.

»Pese a estas normas, el régimen presupuestario y contable de municipios y provincias siguió sustancialmente influido por el texto refundido de Régimen Local de 24 de junio de 1955 y, muy en especial, por la Instrucción de Contabilidad de las Corporaciones Locales anexa al Reglamento de Haciendas Locales de 4 de agosto de 1952 lo que provocaba diferencias sensibles de comportamiento entre la Administración del Estado y la Local, en perjuicio de ésta, que se veía privada de medidas cada vez más ágiles y flexibles de las que aquélla se beneficiaba.

TÍTULO PRIMERO
Recursos de las haciendas locales

....

CAPÍTULO V

SUBVENCIONES

Art. 40. *Subvenciones.*— 1. Las subvenciones de toda índole que obtengan las entidades locales, con destino a sus obras y servicios no podrán ser aplicadas a atenciones distintas de aquellas para las que fueron otorgadas, salvo, en su caso, los sobrantes no reintegrables cuya utilización no estuviese prevista en la concesión.

»La Ley 7/1985, de 2 de abril reguladora de las Bases de Régimen Local en el corto espacio que dedica a las Haciendas locales, establece dos premisas fundamentales que orientan claramente la futura normativa, presupuestaria y contable de las Corporaciones Locales: de un lado, la existencia de un presupuesto único integrado por el de la propia Entidad y los de todos los Organismos y Empresas locales dependientes de aquélla con personalidad jurídica propia y, de otro, la declaración de que tanto la estructura de los presupuestos como el plan de cuentas serán determinados o establecidos por la Administración del Estado. Ello permite el que se vea facilitada la acomodación del régimen presupuestario y contable de las Corporaciones Locales a los preceptos de la Ley General Presupuestaria.

En la Ley reguladora de las Haciendas Locales el Presupuesto único se configura como un Presupuesto General integrado por el de la propia Entidad local, los de sus Organismos autónomos y por los estados de previsión de las Sociedades mercantiles de capital público local. Si bien cada parte del Presupuesto General conserva una cierta autonomía que permite su ejecución y liquidación independiente y, en el caso de las Sociedades, la utilización única de un sistema de contabilidad patrimonial, la Ley impone un estado de consolidación que lleva a conocer, en su conjunto, las previsiones de gastos e ingresos anuales, tanto corrientes como de capital, de todos los servicios de la Entidad, cualquiera que sea su forma de gestión.

»Aunque se difiere para un momento posterior la regulación concreta de la estructura presupuestaria, se deja ya prescrito que los ingresos serán objeto de clasificación económica y los gastos de la económico-funcional; que las Corporaciones podrán establecer la clasificación orgánica atendiendo a su propia estructura organizativa; que la partida presupuestaria viene definida, al menos, por la conjunción de las clasificaciones funcional y económica; y que el control fiscal y contable de los gastos se realizará sobre la partida presupuestaria así definida.

»Uno de los aspectos en que la acomodación a la Ley General Presupuestaria será más perceptible es el relativo a las transferencias de créditos.

»Frente a la situación hasta ahora existente en esta materia en las Corporaciones locales, la agilidad de trámites que la nueva Ley contempla es

2. Para garantizar el cumplimiento de lo dispuesto en el apartado anterior, las entidades públicas otorgantes de las subvenciones podrán verificar el destino dado a éstas. Si tras las actuaciones de verificación resultase que las subvenciones no fueron destinadas a los fines para los que se hubieran concedido, la entidad pública otorgante exigirá el reintegro de su importe o podrá compensarlo con otras subvenciones o transferencias a que tuviere derecho la entidad afectada, con independencia de las responsabilidades a que haya lugar.

....

CAPÍTULO VII

OPERACIONES DE CRÉDITO

Art. 48. *Ámbitos subjetivo y objetivo.*—En los términos

---

evidente al no ser necesaria ni la intervención del pleno ni la publicidad oficial respecto a la medida adoptada, salvo en el supuesto de que las transferencias provoquen modificaciones en los créditos asignados a cada grupo de función.

»En la ejecución de los Presupuestos de gastos se establecen para las Corporaciones locales las cuatro fases preceptivas en los Presupuestos del Estado: Autorización, disposición, obligación y pago. Desaparece así el vacío que al respecto se hacía visible en las Haciendas locales hasta ahora limitadas en sus normas, exclusivamente, a la ordenación del gasto y del pago lo que provocaba, en muchas ocasiones, dudas y vacilaciones respecto a la contabilización de operaciones y liquidación de los presupuestos.

»En relación con la contabilidad, la Ley se limita a dictar unas disposiciones generales declarando la competencia del Ministerio de Economía y Hacienda para desarrollar la materia, si bien se determinan los fines que la contabilidad local debe perseguir y los estados y cuentas que, en consecuencia, se deben formar y rendir. En consonancia con la existencia de un Presupuesto General, se establece, para el mismo, la formación de una Cuenta General integrada, como aquél, por la de la propia Entidad, las de sus Organismos autónomos, y las de las Sociedades Mercantiles de capital público local.

»Sin embargo, la situación, medios y organización interna de los Ayuntamientos de escasa población parecen obligar a plantearse la necesidad de un tratamiento especial simplificado para los mismos que afecta tanto a la materia presupuestaria como a la contable, esta última en su doble faceta de contabilidad y de rendición de cuentas. La Ley contempla el problema y prevé la solución oportuna a la expresada situación en el triple aspecto indicado.

»En cuanto a la fiscalización en las Corporaciones locales, venía centrada hasta ahora en el llamado control de legalidad, ignorándose, prácticamente, los otros controles que, incluso por precepto constitucional, son exigibles en las Administraciones Públicas. De ahí la necesidad, como la Ley lo hace, de regular no sólo el control interno en su faceta interventora sino también en sus acepciones de control financiero y control de eficacia.»

Art. 48: Se establecen operaciones especiales de endeudamiento en los previstos en esta Ley, las entidades locales, sus organismos autónomos y los entes y sociedades mercantiles dependientes podrán concertar operaciones de crédito en todas sus modalidades, tanto a corto como a largo plazo, así como operaciones financieras de cobertura y gestión del riesgo del tipo de interés y del tipo de cambio.

Art. 48 bis. *Principio de prudencia financiera.*—1. Todas las operaciones financieras que suscriban las Corporaciones Locales están sujetas al principio de prudencia financiera.

Se entiende por prudencia financiera el conjunto de condiciones que deben cumplir las operaciones financieras para minimizar su riesgo y coste.

2. Se consideran financieras todas aquellas operaciones que tengan por objeto los instrumentos siguientes:

a) Activos financieros. Están incluidos en este concepto los instrumentos de capital o de patrimonio neto de otras entidades, los derechos a recibir efectivo u otro activo financiero de un tercero o de intercambiar con un tercero activos o pasivos financieros en condiciones potencialmente favorables.

b) Pasivos financieros. Están incluidos en este concepto deudas representadas en valores, operaciones de crédito, operaciones de derivados y cualquier otra obligación exigible e incondicional de entregar efectivo u otro activo financiero a un tercero o de intercambiar con un tercero activos o pasivos financieros en condiciones desfavorables.

c) La concesión de avales, reavales u otra clase de garantías públicas o medidas de apoyo extrapresupuestario.

3. Las condiciones que deben cumplir las operaciones financieras previstas en la letra *b*) del apartado anterior se establecerán por Resolución de la Secretaría General del Tesoro y Política Financiera, y las de las letras *a*) y *c*) anteriores por Resolución de la Secretaría General de Coordinación Autonómica y Local.

4. Las Corporaciones Locales velarán por la aplicación del principio de prudencia financiera en el conjunto de su sector público.

---

términos que se reproducen en nota al art. 53 (I.1).

Art. 48 bis: Añadido por la Disp. Final 1.ª del Real Decreto-ley 17/2014, de 26 de diciembre, de medidas de sostenibilidad financiera de las comunidades autónomas y entidades locales y otras de carácter económico (III.3).

5. Precisará de autorización del órgano competente de la Administración Pública que tenga atribuida la tutela financiera de las Entidades Locales la formalización de las operaciones a las que se refiere la letra *c*) del apartado 2 de este artículo, cuando no se ajusten a las condiciones del principio de prudencia financiera.

Art. 49. *Finalidad, instrumentos y garantías reales y financieras.*—1. Para la financiación de sus inversiones, así como para la sustitución total o parcial de operaciones preexistentes, las entidades locales, sus organismos autónomos y los entes y sociedades mercantiles dependientes, que presten servicios o produzcan bienes que no se financien mayoritariamente con ingresos de mercado, podrán acudir al crédito público y privado, a largo plazo, en cualquiera de sus formas.

2. El crédito podrá instrumentarse mediante:

a) Emisión pública de deuda.

b) Contratación de préstamos o créditos.

c) Cualquier otra apelación al crédito público o privado.

d) Conversión y sustitución total o parcial de operaciones preexistentes.

3. La deuda pública de las entidades locales y los títulos-valores de carácter equivalente emitidos por éstas gozarán de los mismos beneficios y condiciones que la deuda pública emitida del Estado.

4. Para los casos excepcionales previstos en los artículos 177.5 y 193.2 de esta Ley, el crédito sólo podrá instrumentarse mediante préstamos o créditos concertados con entidades financieras.

5. El pago de las obligaciones derivadas de las operaciones de crédito podrá ser garantizado en la siguiente forma:

A) Tratándose de operaciones de crédito a corto plazo:

a) En el supuesto previsto en el artículo 51.*a*) mediante la afectación de los recursos tributarios objeto del anticipo, devengados en el ejercicio económico, hasta el límite máximo de anticipo o anticipos concedidos.

b) En las operaciones de préstamo o crédito concerta-

Art. 49.3: Vid. RD 705/2002, de 19 de julio, por el que se regula la autorización de las emisiones de Deuda Pública de las Entidades Locales (*BOE* n.º 183, de 1 de agosto), parcialmente transcrito en nota al art. 53.

das por organismos autónomos y sociedades mercantiles dependientes, con avales concedidos por la corporación correspondiente. Cuando la participación social sea detentada por diversas entidades locales, el aval deberá quedar limitado, para cada partícipe, a su porcentaje de participación en el capital social.

c) Con la afectación de ingresos procedentes de contribuciones especiales, tasas y precios públicos.

B) Tratándose de operaciones de crédito a largo plazo:

a) Con la constitución de garantía real sobre bienes patrimoniales.

b) Con el instrumento previsto en el apartado A).*b*) anterior.

c) Con la afectación de ingresos procedentes de contribuciones especiales, tasas y precios públicos, siempre que exista una relación directa entre dichos recursos y el gasto a financiar con la operación de crédito.

d) Cuando se trate de inversiones cofinanciadas con fondos procedentes de la Unión Europea o con aportaciones de cualquier Administración pública, con la propia subvención de capital, siempre que haya una relación directa de ésta con el gasto financiado con la operación de crédito.

6. Las corporaciones locales podrán, cuando lo estimen conveniente a sus intereses y a efectos de facilitar la realización de obras y prestación de servicios de su competencia, conceder su aval a las operaciones de crédito, cualquiera que sea su naturaleza y siempre de forma individualizada para cada operación, que concierten personas o entidades con las que aquéllas contraten obras o servicios, o que exploten concesiones que hayan de revertir a la entidad respectiva.

7. Las corporaciones locales también podrán conceder avales a sociedades mercantiles participadas por personas o entidades privadas, en las que tengan una cuota de participación en el capital social no inferior al 30 por 100.

El aval no podrá garantizar un porcentaje del crédito superior al de su participación en la sociedad.

8. Las operaciones a que se refieren los dos apartados anteriores estarán sometidas a fiscalización previa y el importe del préstamo garantizado no podrá ser superior al que hubiere supuesto la financiación directa mediante crédito de la obra o del servicio por la propia entidad.

Art. 50. *Inclusión de las operaciones de crédito en el presupuesto aprobado.*—La concertación de cualquiera de las modalidades de crédito previstas en esta Ley, excepto la regulada en el artículo 149, requerirá que la corporación o entidad correspondiente disponga del presupuesto aprobado para el ejercicio en curso, extremo que deberá ser justificado en el momento de suscribir el correspondiente contrato, póliza o documento mercantil en el que se soporte la operación, ante la entidad financiera correspondiente y ante el fedatario público que intervenga o formalice el documento.

Excepcionalmente, cuando se produzca la situación de prórroga del presupuesto, se podrán concertar las siguientes modalidades de operaciones de crédito:

a) Operaciones de tesorería, dentro de los límites fijados por la Ley, siempre que las concertadas sean reembolsadas y se justifique dicho extremo en la forma señalada en el párrafo primero de este artículo.

b) Operaciones de crédito a largo plazo para la financiación de inversiones vinculadas directamente a modificaciones de crédito tramitadas en la forma prevista en los apartados 1, 2, 3 y 6 del artículo 177.

Art. 51. *Operaciones de crédito a corto plazo.*—Para atender necesidades transitorias de tesorería, las entidades locales podrán concertar operaciones de crédito a corto plazo, que no exceda de un año, siempre que en su conjunto no superen el 30 por 100 de sus ingresos liquidados por operaciones corrientes en el ejercicio anterior, salvo que la operación haya de realizarse en el primer semestre del año sin que se haya producido la liquidación del presupuesto de tal ejercicio, en cuyo caso se tomará en consideración la liquidación del ejercicio anterior a este último. A estos efectos tendrán la consideración de operaciones de crédito a corto plazo, entre otras las siguientes:

a) Los anticipos que se perciban de entidades financieras, con o sin intermediación de los órganos de gestión recaudatoria, a cuenta de los productos recaudatorios de los impuestos devengados en cada ejercicio económico y liquidados a través de un padrón o matrícula.

b) Los préstamos y créditos concedidos por entidades

financieras para cubrir desfases transitorios de tesorería.

c) Las emisiones de deuda por plazo no superior a un año.

Art. 52. *Concertación de operaciones de crédito: régimen jurídico y competencias.*—1. En la concertación o modificación de toda clase de operaciones de crédito con entidades financieras de cualquier naturaleza, cuya actividad esté sometida a normas de derecho privado, vinculadas a la gestión del presupuesto en la forma prevista en la sección 1.ª del capítulo I del título VI de esta Ley, será de aplicación lo previsto en el artículo 3.1.*k*) del Real Decreto Legislativo 2/2000, de 16 de junio, por el que se aprueba el Texto Refundido de la Ley de Contratos de las Administraciones Públicas.

En caso de que no existan previsiones presupuestarias al efecto, será de aplicación, en todo caso, el artículo 9.1 y 3 del mencionado Texto Refundido de la Ley de Contratos de las Administraciones Públicas, salvo que se realice la oportuna adaptación del presupuesto o de sus bases de ejecución, como condición previa a la viabilidad de los compromisos adquiridos para suscribir la correspondiente operación de crédito. Dicha modificación deberá realizarse por acuerdo del Pleno de la corporación, en cualquier caso.

2. La concertación o modificación de cualesquiera operaciones deberá acordarse previo informe de la Intervención en el que se analizará, especialmente, la capacidad de la entidad local para hacer frente, en el tiempo, a las obligaciones que de aquéllas se deriven para ésta.

Los presidentes de las corporaciones locales podrán concertar las operaciones de crédito a largo plazo previstas en el presupuesto, cuyo importe acumulado, dentro de cada ejercicio económico, no supere el 10 por 100 de los recursos de carácter ordinario previstos en dicho presupuesto. La concertación de las operaciones de crédito a corto plazo le corresponderán cuando el importe acumulado de las operaciones vivas de esta naturaleza, incluida la nueva operación, no supere el 15 por 100 de los recursos corrientes liquidados en el ejercicio anterior.

Una vez superados dichos límites, la aprobación corresponderá al Pleno de la corporación local.

Art. 53. *Operaciones de crédito a largo plazo: régimen de autorización.*—1. No se podrán concertar nuevas opera-

Art. 53: La Sentencia del Tribunal Constitucional 120/2012, de 5 de junio, declara la constitucionalidad de la redacción del contenido de este precepto que tenía el ordinal 54 en la Ley 39/1988 (*BOE* n.º 159, de 4 de julio). Vid. arts. 13.5 LOEPSF (I.2) y 25 del RD 1.463/2007 (I.4).

Conforme a la Disp. Final 31.ª de la Ley 17/2012, de 27 de diciembre, de Presupuestos Generales del Estado para el año 2013 (*BOE* n.º 312, de 28 de diciembre), con efectos desde la entrada en vigor de esta Ley y vigencia indefinida, la Disp. Adic. 14.ª del Real Decreto-ley 20/2011, de 30 de diciembre, de medidas urgentes en materia presupuestaria, tributaria y financiera para la corrección del déficit público, queda redactada como sigue:

«Las Entidades Locales y sus entidades dependientes clasificadas en el sector Administraciones Públicas, de acuerdo con la definición y delimitación del Sistema Europeo de Cuentas, que liquiden el ejercicio inmediato anterior con ahorro neto positivo, calculado en la forma que establece el artículo 53 del Texto Refundido de la Ley Reguladora de las Haciendas Locales, aprobado por Real Decreto Legislativo 2/2004, de 5 de marzo, podrán concertar nuevas operaciones de crédito a largo plazo para la financiación de inversiones, cuando el volumen total del capital vivo no exceda del 75 por 100 de los ingresos corrientes liquidados o devengados según las cifras deducidas de los estados contables consolidados, con sujeción, en su caso, al Texto Refundido de la Ley Reguladora de las Haciendas Locales y a la Normativa de Estabilidad Presupuestaria.

»Las Entidades Locales que tengan un volumen de endeudamiento que, excediendo al citado en el párrafo anterior, no supere al establecido en el artículo 53 del Texto Refundido de la Ley Reguladora de las Haciendas Locales, aprobado por Real Decreto Legislativo 2/2004, de 5 de marzo, podrán concertar operaciones de endeudamiento previa autorización del órgano competente que tenga atribuida la tutela financiera de las entidades locales.

»Las entidades que presenten ahorro neto negativo o un volumen de endeudamiento vivo superior al recogido en el artículo 53 del Texto Refundido de la Ley Reguladora de las Haciendas Locales, aprobado por Real Decreto Legislativo 2/2004, de 5 de marzo, no podrán concertar operaciones de crédito a largo plazo.

»Para la determinación de los ingresos corrientes a computar en el cálculo del ahorro neto y del nivel de endeudamiento, se deducirá el importe de los ingresos afectados a operaciones de capital y cualesquiera otros ingresos extraordinarios aplicados a los capítulos 1 a 5 que, por su afectación legal y/o carácter no recurrente, no tienen la consideración de ingresos ordinarios.

»A efectos del cálculo del capital vivo, se considerarán todas las operaciones vigentes a 31 de diciembre del año anterior, incluido el riesgo deducido de avales, incrementado, en su caso, en los saldos de operaciones formalizadas no dispuestos y en el importe de la operación proyectada. En ese importe no se incluirán los saldos que deban reintegrar las Entidades Locales derivados de las liquidaciones definitivas de la participación en tributos del Estado.

»Las Entidades Locales pondrán a disposición de las entidades financieras que participen en sus procedimientos para la concertación de operaciones de crédito, el informe de la Intervención local regulado en el apartado 2 del artículo 52 del Texto Refundido de la Ley reguladora de las Haciendas Locales, ciones de crédito a largo plazo, incluyendo las operaciones que modifiquen las condiciones contractuales o añadan garantías

en el que se incluirán los cálculos que acrediten el cumplimiento de los límites citados en los párrafos anteriores y cualesquiera otros ajustes que afecten a la medición de la capacidad de pago, así como el cumplimiento, en los casos que resulte de aplicación, de la autorización preceptiva regulada en el artículo 53.5 de la citada norma y en el artículo 20 de la Ley Orgánica 2/2012, de 27 de abril, de Estabilidad Presupuestaria y Sostenibilidad Financiera, pudiendo las entidades financieras, en su caso, modificar o retirar sus ofertas, una vez conocido el contenido del informe.»

Por otro lado, esta misma Ley de Presupuestos, en su Disp. Adic. 73.ª1, excepciona, para supuestos de refinanciación de operaciones de crédito, lo establecido en el RD-ley que modifica y que se acaba de transcribir, en los siguientes términos:

«Uno. Como excepción a lo dispuesto en la disposición final trigésima primera de esta Ley, se autoriza la formalización de operaciones de refinanciación de operaciones de crédito a largo plazo concertadas con anterioridad a la entrada en vigor del Real Decreto-ley 4/2012, de 24 de febrero, por el que se determinan obligaciones de información y procedimientos necesarios para establecer un mecanismo de financiación para el pago a los proveedores de las entidades locales, siempre que tengan por finalidad la disminución de la carga financiera, la ampliación del período de amortización o el riesgo de aquellas operaciones, respecto a las obligaciones derivadas de las pendientes de vencimiento.

»En las anteriores operaciones se podrán incluir las formalizadas en aplicación del Real Decreto-ley 5/2009, de 24 de abril, de medidas extraordinarias y urgentes para facilitar a las Entidades Locales el saneamiento de deudas pendientes de pago con empresas y autónomos. No se podrán incluir en la citada refinanciación las operaciones formalizadas en aplicación de los artículos 177 y 193 del texto refundido de la Ley reguladora de las Haciendas Locales, aprobado por Real Decreto Legislativo 2/2004, de 5 de marzo.

»Para la formalización de las operaciones de refinanciación citadas será preciso la adopción de un acuerdo del órgano competente de la corporación local, con los requisitos de quórum y votaciones establecidos en la Ley 7/1985, de 2 de abril, Reguladora de las Bases del Régimen Local.

»Además, en el caso de que las entidades locales presenten ahorro neto negativo o endeudamiento superior al 75 por 100 de sus ingresos corrientes liquidados en el ejercicio inmediato anterior en los términos definidos en la disposición final trigésima primera de esta Ley, las corporaciones locales, mediante acuerdo de sus respectivos Plenos, deberán aprobar un plan de saneamiento financiero o de reducción de deuda para corregir, en un plazo máximo de tres años, el signo del ahorro neto o el volumen de endeudamiento, respectivamente.

»Los citados planes deberán comunicarse, para su aprobación, por las entidades locales al órgano competente del Ministerio de Hacienda y Administraciones Públicas, salvo que la Comunidad Autónoma correspondiente tenga atribuida en el Estatuto de Autonomía la tutela financiera de dichas entidades, en cuyo caso se comunicará a ésta.

»El interventor de la entidad local deberá emitir un informe anual del cumplimiento de estos planes, y presentarlo al Pleno de la corporación local para su conocimiento, y el correspondiente al último año de aquellos planes deberá, además, remitirlo al órgano competente adicionales con o sin intermediación de terceros, ni conceder avales, ni sustituir operaciones de crédito concertadas con an-

de la Administración Pública que tenga atribuida la tutela financiera de las entidades locales.

»En el caso de que se produzca un incumplimiento de los citados planes, la entidad local no podrá concertar operaciones de endeudamiento a largo plazo para financiar cualquier modalidad de inversión. Además, por parte del órgano competente de la Administración Pública que tenga atribuida la tutela financiera de las entidades locales se podrán proponer medidas extraordinarias que deberán adoptar las entidades locales afectadas. En el caso de que por éstas no se adopten dichas medidas se podrán aplicar las medidas coercitivas y de cumplimiento forzoso establecidas en los artículos 25 y 26 de la Ley Orgánica 2/2012, de 27 de abril, de Estabilidad Presupuestaria y Sostenibilidad Financiera.»

El art. 3.º de la Ley 18/2014, de 15 de octubre, de aprobación de medidas urgentes para el crecimiento, la competitividad y la eficiencia (*BOE* n.º 252, de 17 de octubre), dispone:

«*Art. 3.º Cancelación de las operaciones de préstamo formalizadas por las entidades locales con el Fondo para la Financiación de los Pagos a Proveedores.*—1. Como excepción a lo dispuesto en la Disposición final trigésima primera de la Ley 17/2012, de 27 de diciembre, de Presupuestos Generales del Estado para el año 2013, durante el año 2014 las entidades locales podrán concertar nuevas operaciones de endeudamiento para cancelar parcial o totalmente su deuda pendiente con el Fondo para la Financiación de los Pagos a Proveedores siempre que se cumplan todos los requisitos siguientes:

»*a*) La nueva operación de endeudamiento a suscribir tenga, como máximo, el mismo período de amortización que reste para la cancelación completa de las operaciones de crédito que la Entidad Local tenga suscritas con el mencionado Fondo. Los planes de ajuste aprobados y que posibilitaron la formalización de las operaciones que se cancelan mantendrán su vigencia hasta la total amortización de la nueva operación de endeudamiento, sin perjuicio de lo establecido en los apartados 4 y 5 de este artículo.

»*b*) Con la nueva operación de endeudamiento se genere una disminución de la carga financiera que suponga un ahorro financiero.

»*c*) Esta operación de endeudamiento no podrá incorporar la garantía de la participación en tributos del Estado ni podrán subrogarse las entidades de crédito que concierten estas nuevas operaciones en los derechos que correspondan al Fondo para la Financiación de los Pagos a Proveedores.

»*d*) Esta operación deberá destinarse en su totalidad a la amortización anticipada total o parcial de los préstamos formalizados con el Fondo para la Financiación de los Pagos a Proveedores, cumpliendo con los requisitos y condiciones establecidos en los contratos suscritos por las entidades locales con el citado Fondo.

»2. Para la formalización de las nuevas operaciones de endeudamiento citadas será preciso solicitar autorización del Ministerio de Hacienda y Administraciones Públicas.

»A estos efectos a la solicitud se adjuntará la siguiente documentación:

»*a*) El acuerdo del órgano competente de la corporación local, con los requisitos de quórum y votaciones establecidos en la Ley 7/1985, de 2 de abril, reguladora de las Bases del Régimen Local.

»*b*) El informe del interventor de la entidad local en el que se certifique el ahorro financiero anual que se producirá como consecuencia de la suscripción de la nueva operación de endeudamiento.

terioridad por parte de las entidades locales, sus organismos autónomos y los entes y sociedades mercantiles dependientes,

---

»3. Si el período medio de pago a proveedores, calculado por la entidad local de acuerdo con la metodología básica establecida, supera el plazo máximo establecido en la normativa sobre la morosidad, el ahorro financiero generado como consecuencia de la suscripción de la nueva operación de endeudamiento autorizada deberá destinarse a reducir su deuda comercial y, en consecuencia, el período medio de pago a proveedores, siendo esta una de las medidas que, en su caso, tendrá que incluir en el plan de tesorería al que se refiere la Ley Orgánica 2/2012, de 27 de abril, de Estabilidad Presupuestaria y Sostenibilidad Financiera.

»4. Si la entidad local hubiere cumplido en el ejercicio 2013 con el límite de deuda establecido en los artículos 51 y 53 del Texto Refundido de la Ley Reguladora de las Haciendas Locales, aprobado por Real Decreto Legislativo 2/2004, de 5 de marzo, con el objetivo de estabilidad presupuestaria y con la regla de gasto, y su período medio de pago a proveedores, calculado por la entidad local de acuerdo con la metodología básica establecida, no excede del plazo máximo establecido en la normativa sobre la morosidad, podrá formalizar la nueva operación. Si la entidad local cancela totalmente los préstamos formalizados con el Fondo para la Financiación de los Pagos a Proveedores quedará sin vigencia el plan de ajuste aprobado y que posibilitó su concertación. Si no se cancelaran totalmente dichos préstamos los planes de ajuste mantendrán su vigencia y el procedimiento de seguimiento de su ejecución al que estuvieren sujetos.

»5. Si la entidad local no hubiere cumplido en el ejercicio 2013 alguno de los límites o reglas citadas en el apartado 4 anterior, podrá formalizar la nueva operación de endeudamiento, pero el plan de ajuste aprobado mantendrá su vigencia aun cuando se cancelen totalmente los préstamos formalizados con el Fondo para la Financiación de los Pagos a Proveedores.

»6. Sin perjuicio de lo dispuesto en los apartados 4 y 5 anteriores, si la entidad local hubiere presentado en el ejercicio 2013 ahorro neto negativo o endeudamiento superior al 75 por 100 de sus ingresos corrientes liquidados en el ejercicio inmediato anterior, en los términos definidos en la Disposición final trigésima primera de la Ley 17/2012, de 27 de diciembre, de Presupuestos Generales del Estado para el año 2013, la entidad local, mediante acuerdo de su Pleno, deberá aprobar un plan de saneamiento financiero o de reducción de deuda para corregir, en un plazo máximo de cinco años, el signo del ahorro neto o el volumen de endeudamiento, respectivamente. Por lo que se refiere a este último deberá corregirse hasta el límite antes citado, en el caso de que dicho volumen se encuentre comprendido entre aquel porcentaje y el fijado en el artículo 53 del texto refundido de la Ley reguladora de las Haciendas Locales, aprobado por Real Decreto Legislativo 2/2004, de 5 de marzo. En los restantes supuestos de endeudamiento excesivo, el plan de reducción de deuda deberá corregir el nivel de deuda, como máximo, al porcentaje fijado en el último precepto citado.

»Los citados planes deberán comunicarse al Ministerio de Hacienda y Administraciones Públicas, junto con la solicitud de autorización a la que se refiere el apartado 2 del presente artículo.

»El interventor de la entidad local deberá emitir un informe anual del cumplimiento de estos planes, y presentarlo al Pleno de la corporación local para su conocimiento, y deberá, además, remitirlo al Ministerio de Hacienda y Administraciones Públicas.

que presten servicios o produzcan bienes que no se financien mayoritariamente con ingresos de mercado sin previa autoriza-

---

»En el caso de que se produzca un incumplimiento de los citados planes, la entidad local no podrá concertar operaciones de endeudamiento a largo plazo para financiar cualquier modalidad de inversión. Además, por parte del Ministerio de Hacienda y Administraciones Públicas se podrán proponer medidas extraordinarias que deberán adoptar las entidades locales afectadas. En el caso de que por éstas no se adopten dichas medidas se podrán aplicar las medidas coercitivas y de cumplimiento forzoso establecidas en los artículos 25 y 26 de la Ley Orgánica 2/2012, de 27 de abril, de Estabilidad Presupuestaria y Sostenibilidad Financiera.

»7. La nueva operación de endeudamiento que se suscriba, de acuerdo con lo previsto en los apartados anteriores, en el plazo de treinta días a contar desde la fecha de su formalización, se comunicará al Ministerio de Hacienda y Administraciones Públicas, de acuerdo con lo dispuesto en el artículo 55 del texto refundido de la Ley reguladora de las Haciendas Locales, aprobado por el Real Decreto Legislativo 2/2004, de 5 de marzo, y en el artículo 17 de la Orden HAP/2.105/2012, de 1 de octubre, por la que se desarrollan las obligaciones de suministro de información previstas en la Ley Orgánica 2/2012, de 27 de abril, de Estabilidad Presupuestaria y Sostenibilidad Financiera.»

El Real Decreto-ley 7/2012, de 9 de marzo, por el que se crea el Fondo para la financiación de los pagos a proveedores (*BOE* n.º 60, de 10 de marzo) —cuyos arts. 2.º a 6.º han sido derogados por la Ley 13/2014, de 14 de julio, de transformación del Fondo para la Financiación de los Pagos a Proveedores (*BOE* n.º 171, de 15 de julio), y que ha sido derogada a su vez por el Real Decreto-ley 4/2014, de 26 de diciembre (III.3)—, en sus arts. 7.º a 10 y Disp. Adic. 3.ª establece:

«TÍTULO II: OPERACIONES DE CRÉDITO CON ENTIDADES LOCALES Y COMUNIDADES AUTÓNOMAS.

»*Art. 7.º Concertación de operaciones de crédito.*—1. El Fondo concertará operaciones de crédito con las Comunidades Autónomas que se acojan al mecanismo extraordinario de financiación para el pago a proveedores y con las Entidades locales para el pago de las obligaciones pendientes de Entidades locales y Comunidades Autónomas.

»2. En su caso, el Fondo podrá realizar operaciones de cancelación de obligaciones pendientes de pago de dichas Administraciones territoriales por instrucción del Ministerio de Hacienda y Administraciones Públicas.

»3. En todo caso, la disposición de la financiación concedida a las Administraciones territoriales se hará mediante el pago directo a los proveedores, subrogándose el Fondo en los derechos que a dicho proveedor correspondieran frente a dichas Administraciones territoriales por el importe efectivamente satisfecho conforme al Real Decreto-ley 4/2012, de 24 de febrero, por el que se determinan obligaciones de información y procedimientos necesarios para establecer un mecanismo de financiación para el pago a los proveedores de las entidades locales.

»*Art. 8.º Retención de la participación de las Entidades locales en los tributos del Estado.*—1. Las operaciones de crédito previstas en el presente Título que concierten las Entidades locales estarán garantizadas por las retenciones previstas en el artículo 11 del Real Decreto-ley 4/2012, de 24 de febrero.

»2. El Estado transferirá al Fondo para la Financiación de los Pagos a Proveedores las participaciones en ción de los órganos competentes del Ministerio de Hacienda o, en el caso de operaciones denominadas en euros que se realicen

---

los ingresos del Estado retenidas a las Entidades locales para la satisfacción de las obligaciones derivadas de la operación, siendo de aplicación lo previsto en la disposición adicional cuarta del texto refundido de la Ley Reguladora de las Haciendas Locales aprobado por el Real Decreto Legislativo 2/2004, de 5 de marzo, en los términos que, en su caso, establezca la ley de presupuestos generales del Estado para cada ejercicio.

»3. Si la Entidad local no hubiera concertado la operación de endeudamiento, la retención prevista en el artículo 11 del Real Decreto-ley 4/2012, de 24 de febrero, compensará los gastos y costes financieros incurridos.

»4. Se aplicarán igualmente las normas anteriores a aquellas Entidades locales que no hubieran concertado la operación de crédito.

»*Art. 9.º Agente de pagos.*—Corresponderá al Instituto de Crédito Oficial la administración y gestión de las operaciones que se concierten al amparo de este real decreto-ley mediante el pago de la correspondiente compensación económica.

»TÍTULO III: SEGUIMIENTO DEL PLAN DE AJUSTE.

»*Art. 10. Obligaciones de información de Entidades Locales.*—Con carácter general, las Entidades locales que concierten las operaciones de endeudamiento previstas en este real decreto-ley, deberán presentar anualmente al Ministerio de Hacienda y Administraciones Públicas un informe del interventor sobre la ejecución de los planes de ajuste contemplados en el artículo 7 del Real Decreto-ley 4/2012, de 24 de febrero.

»En el caso de las Entidades locales incluidas en el ámbito subjetivo definido en los artículos 111 y 135 del texto refundido de la Ley Reguladora de las Haciendas Locales, se deberá presentar el informe anterior con periodicidad trimestral.

»Del informe del interventor se dará cuenta al Pleno de la Corporación Local.

»Dicho informe, cuyo contenido se determinará reglamentariamente, se someterá a requerimiento del Ministerio de Hacienda y Administraciones Públicas, a la valoración por los órganos competentes de éste, que informarán del resultado de dicha valoración al Ministerio de Economía y Competitividad.

»Asimismo, con el fin de garantizar el reembolso de las cantidades derivadas de las operaciones de endeudamiento concertadas, las Entidades locales que las hayan concertado podrán ser sometidas a actuaciones de control por parte de la Intervención General de la Administración del Estado. La Intervención General concretará los controles a realizar y su alcance, en función del riesgo que se derive del resultado de la valoración de los informes de seguimiento.

»Para la ejecución de dichas actuaciones de control, la Intervención General podrá recabar la colaboración de otros órganos públicos y de empresas privadas de auditoría, que deberán ajustarse a las normas e instrucciones que determine aquélla. La financiación necesaria para ello se realizará con cargo a los recursos del Fondo.

»[...]

»*Disp. Adic. 3.ª Aplicación del mecanismo de financiación para el pago a proveedores de las entidades locales.*—A los efectos de la aplicación del Real Decreto-ley 4/2012, de 24 de febrero, por el que se determinan obligaciones de información y procedimientos necesarios para establecer un mecanismo de financiación para el pago a los proveedores de las Entidades locales:

dentro del espacio territorial de los países pertenecientes a la Unión Europea y con entidades financieras residentes en

---

»1. Se entenderán incluidas en su ámbito de aplicación las obligaciones pendientes de pago derivadas de contratos de gestión de servicios públicos en su modalidad de concesión, siempre que cumplan los requisitos previstos en el mencionado real decreto-ley.

»2. En los supuestos de cancelación fraccionada, mencionados en artículo 3.3 del Real Decreto-ley 4/2012, de 24 de febrero, la exigibilidad de la obligación pendiente de pago a la que se refiere la misma norma se entenderá referida al importe total pendiente de pago en el momento en el que se emita la relación certificada por la entidad local deudora.

»3. Sólo se podrán considerar incluidas en el ámbito de aplicación de la citada norma las Entidades locales a las que resultan aplicables los modelos de participación en tributos del Estado, a las que se refieren los Capítulos III y IV, de los Títulos II y III del texto refundido de la Ley Reguladora de las Haciendas Locales, aprobado por el Real Decreto Legislativo 2/2004, de 5 de marzo.

»4. Como consecuencia de las especialidades de su régimen foral, el mencionado Real Decreto-ley 4/2012, de 24 de febrero, no será de aplicación a las entidades locales del País Vasco y de Navarra.

»5. El plan de ajuste regulado en el artículo 7 del Real Decreto-ley 4/2012, de 24 de febrero, se elaborará por las respectivas corporaciones locales, de acuerdo con su potestad de autoorganización, y se presentará, con informe del interventor, para su aprobación por el pleno de la corporación local.»

El Real Decreto-ley 4/2013, de 22 de febrero, de medidas de apoyo al emprendedor y de estímulo del crecimiento y de la creación de empleo (*BOE* n.º 47, de 23 de febrero), y el Real Decreto-ley 8/2013, de 28 de junio, de medidas urgentes contra la morosidad de las administraciones públicas y de apoyo a entidades locales con problemas financieros (*BOE* n.º 155, de 29 de junio), establecieron nuevas posibilidades de ayuda a las entidades locales, y en este último se contempla la posibilidad de autorizar determinadas operaciones de endeudamiento a las que se encuentren en las circunstancias en él previstas (arts. 20 ss.). El Real Decreto-ley 8/2014, de 4 de julio, de aprobación de medidas urgentes para el crecimiento, la competitividad y la eficiencia (*BOE* n.º 163, de 5 de julio), en su art. 3.º establece una nueva excepción al régimen general para poder concertar nuevas operaciones de endeudamiento para cancelar parcial o totalmente la deuda pendiente con el Fondo para la Financiación de los Pagos a Proveedores. Vid. Orden PRE/966/2014, de 10 de junio, por la que se publican las características principales de las operaciones de endeudamiento suscritas con cargo al mecanismo de financiación para el pago a los proveedores de las entidades locales (*BOE* n.º 141, de 11 de junio).

Por último, como continuación de la excepción prevista en la Disp. Adic. 1.ª del Real Decreto-ley 7/2013, de 28 de junio, de medidas urgentes de naturaleza tributaria, presupuestaria y de fomento de la investigación, el desarrollo y la innovación (*BOE* n.º 155, de 29 de junio), la Ley 36/2014, de 26 de diciembre, de PGE para 2015 (*BOE* n.º 315, de 30 de diciembre)—, en sus Disps. Adics. 77.ª y 78.ª dispone:

«*Disp. Adic. 77.ª Refinanciación de operaciones de crédito y régimen de endeudamiento aplicable a entidades dependientes o vinculadas a entidades locales.*—1. Como excepción a lo dispuesto en la disposición final trigésima primera de la Ley 17/2012, de 27 de diciembre, de Presupuestos Generales del Estado alguno de dichos países, de la Comunidad Autónoma a que la entidad local pertenezca que tenga atribuida en su Estatuto

---

para el año 2013, se autoriza la formalización de operaciones de refinanciación de operaciones de crédito a largo plazo concertadas con anterioridad a la entrada en vigor del Real Decreto-ley 4/2012, de 24 de febrero, por el que se determinan obligaciones de información y procedimientos necesarios para establecer un mecanismo de financiación para el pago a los proveedores de las entidades locales, siempre que tengan por finalidad la disminución de la carga financiera, la ampliación del período de amortización o el riesgo de aquellas operaciones, respecto a las obligaciones derivadas de las pendientes de vencimiento.

»En las anteriores operaciones se podrán incluir las formalizadas en aplicación del Real Decreto-ley 5/2009, de 24 de abril, de medidas extraordinarias y urgentes para facilitar a las Entidades Locales el saneamiento de deudas pendientes de pago con empresas y autónomos. No se podrán incluir en la citada refinanciación las operaciones formalizadas en aplicación de los artículos 177 y 193 del Texto Refundido de la Ley Reguladora de las Haciendas Locales, aprobado por Real Decreto Legislativo 2/2004, de 5 de marzo.

»Para la formalización de las operaciones de refinanciación citadas será preciso la adopción de un acuerdo del órgano competente de la corporación local, con los requisitos de quórum y votaciones establecidos en la Ley 7/1985, de 2 de abril, Reguladora de las Bases del Régimen Local.

»Además, en el caso de que las entidades locales presenten ahorro neto negativo o endeudamiento superior al 75 por 100 de sus ingresos corrientes liquidados en el ejercicio inmediato anterior en los términos definidos en la disposición final trigésima primera de la Ley 17/2012, de 27 de diciembre, de Presupuestos Generales del Estado para el año 2013, las corporaciones locales, mediante acuerdo de sus respectivos Plenos, deberán aprobar un plan de saneamiento financiero o de reducción de deuda para corregir, en un plazo máximo de cinco años, el signo del ahorro neto o el volumen de endeudamiento, respectivamente. Por lo que se refiere a este último deberá corregirse hasta el límite antes citado, en el caso de que dicho volumen se encuentre comprendido entre aquel porcentaje y el fijado en el artículo 53 del Texto Refundido de la Ley Reguladora de las Haciendas Locales, aprobado por Real Decreto Legislativo 2/2004, de 5 de marzo. En los restantes supuestos de endeudamiento excesivo, el plan de reducción de deuda deberá corregir el nivel de deuda, como máximo, al porcentaje fijado en el último precepto citado.

»Los citados planes deberán comunicarse, para su aprobación, por las entidades locales al órgano competente del Ministerio de Hacienda y Administraciones Públicas, salvo que la Comunidad Autónoma correspondiente tenga atribuida en el Estatuto de Autonomía la tutela financiera de dichas entidades, en cuyo caso se comunicará a ésta.

»La aprobación anterior implicará, a cualquier efecto, que la entidad local está cumpliendo con los límites que fija la legislación reguladora de las haciendas locales en materia de autorización de operaciones de endeudamiento. Este mismo efecto se derivará de los planes de saneamiento financiero o de reducción de deuda que se hubieren aprobado por el órgano competente que tenga atribuida la tutela financiera de las entidades locales, y a los que esté dando cumplimiento, en aplicación de la disposición adicional septuagésima tercera de la Ley 17/2012, de 27 de diciembre, de Presupuestos Generales del Estado para el año 2013.

competencia en la materia, cuando de los estados financieros que reflejen la liquidación de los presupuestos, los resultados

---

»El interventor de la entidad local deberá emitir un informe anual del cumplimiento de estos planes, y presentarlo al Pleno de la corporación local para su conocimiento, y el correspondiente al último año de aquellos planes deberá, además, remitirlo al órgano competente de la Administración Pública que tenga atribuida la tutela financiera de las entidades locales.

»En el caso de que se produzca un incumplimiento de los citados planes, la entidad local no podrá concertar operaciones de endeudamiento a largo plazo para financiar cualquier modalidad de inversión. Además, por parte del órgano competente de la Administración Pública que tenga atribuida la tutela financiera de las entidades locales se podrán proponer medidas extraordinarias que deberán adoptar las entidades locales afectadas. En el caso de que por éstas no se adopten dichas medidas se podrán aplicar las medidas coercitivas y de cumplimiento forzoso establecidas en los artículos 25 y 26 de la Ley Orgánica 2/2012, de 27 de abril, de Estabilidad Presupuestaria y Sostenibilidad Financiera.

»2. En cuanto al régimen de endeudamiento de las entidades dependientes o vinculadas a entidades locales será aplicable, en 2015, la disposición adicional primera del Real Decreto-ley 7/2013, de 28 de junio, de medidas urgentes de naturaleza tributaria, presupuestaria y de fomento de la investigación, el desarrollo y la innovación.

»*Disp. Adic. 78.ª Concertación de operaciones de crédito en los supuestos de disolución de mancomunidades y consorcios.*—Uno. En los supuestos de disolución de mancomunidades y consorcios, las entidades locales que las hubieren integrado, en tanto se subroguen en todos sus derechos y obligaciones, podrán formalizar operaciones de crédito a largo plazo para dar cumplimiento a dichas obligaciones en la parte que les corresponda de acuerdo con su porcentaje de participación en aquellas entidades.

»Dos. Para la formalización de las nuevas operaciones de endeudamiento citadas se requerirá el acuerdo del órgano competente de la corporación local que integrase la mancomunidad o consorcio, con los requisitos de quórum y votaciones establecidos en la Ley 7/1985, de 2 de abril, Reguladora de las Bases del Régimen Local, así como certificación del órgano liquidador relativa a:

»— la correspondencia de la deuda asumida con el porcentaje de participación mencionado en el apartado 1 anterior,

»— que se han ejecutado los derechos económicos de la mancomunidad o consorcio y que se han aplicado al cumplimiento de las obligaciones a cargo de la mancomunidad.

»Tres. En todo caso, se precisará autorización del órgano competente de la administración pública que tenga la tutela financiera de las entidades locales, que deberá verificar que el procedimiento de disolución y de liquidación se desarrolla con arreglo a lo que, en estos supuestos, establece la legislación aplicable.

»Cuatro. En el caso de que las entidades locales presenten ahorro neto negativo o endeudamiento superior al 75 por 100 de sus ingresos corrientes liquidados en el ejercicio inmediato anterior en los términos definidos en la Disposición final trigésima primera de la Ley 17/2012, de 27 de diciembre, de Presupuestos Generales del Estado para el año 2013, las corporaciones locales, mediante acuerdo de sus respectivos Plenos, deberán aprobar un plan de saneamiento financiero o de reducción de deuda para corregir, en un plazo máximo de cinco años, el signo corrientes y los resultados de la actividad ordinaria del último ejercicio, se deduzca un ahorro neto negativo.

---

del ahorro neto o el volumen de endeudamiento, respectivamente. Por lo que se refiere a este último deberá corregirse hasta el límite antes citado, en el caso de que dicho volumen se encuentre comprendido entre aquel porcentaje y el fijado en el artículo 53 del texto refundido de la Ley Reguladora de las Haciendas Locales, aprobado por Real Decreto Legislativo 2/2004, de 5 de marzo. En los restantes supuestos de endeudamiento excesivo, el plan de reducción de deuda deberá corregir el nivel de deuda, como máximo, al porcentaje fijado en el último precepto citado.

»El interventor de la entidad local deberá emitir un informe anual del cumplimiento de estos planes, y presentarlo al Pleno de la corporación local para su conocimiento, y deberá, además, remitirlo al órgano competente de la Administración Pública que tenga atribuida la tutela financiera de las entidades locales.

»En el caso de que se produzca un incumplimiento de los citados planes, la entidad local no podrá concertar operaciones de endeudamiento a largo plazo para financiar cualquier modalidad de inversión. Además, por parte del órgano competente de la Administración Pública que tenga atribuida la tutela financiera de las entidades locales se podrán proponer medidas extraordinarias que deberán adoptar las entidades locales afectadas. En el caso de que por éstas no se adopten dichas medidas se podrán aplicar las medidas coercitivas y de cumplimiento forzoso establecidas en los artículos 25 y 26 de la Ley Orgánica 2/2012, de 27 de abril, de Estabilidad Presupuestaria y Sostenibilidad Financiera.

»Cinco. La nueva operación de endeudamiento que se suscriba, de acuerdo con lo previsto en los apartados anteriores, en el plazo de treinta días a contar desde la fecha de su formalización, en la Central de Información de Riesgos de las entidades locales, de acuerdo con lo dispuesto en el artículo 55 del texto refundido de la Ley Reguladora de las Haciendas Locales, aprobado por el Real Decreto Legislativo 2/2004, de 5 de marzo, y en el artículo 17 de la Orden HAP/2.105/2012, de 1 de octubre, por la que se desarrollan las obligaciones de suministro de información previstas en la Ley Orgánica 2/2012, de 27 de abril, de Estabilidad Presupuestaria y Sostenibilidad Financiera.»

El RD 705/2002, de 19 de julio, por el que regula la autorización de las emisiones de Deuda Pública de las Entidades Locales (*BOE* n.º 183, de 1 de agosto), en su articulado dispone:

«CAPÍTULO I: NORMAS GENERALES.

»*Artículo 1.º Objeto.*—El presente Real Decreto tiene por objeto regular el procedimiento de autorización de la emisión de Deuda Pública por las entidades locales, sus organismos autónomos y sociedades mercantiles de capital íntegramente local, a que se refiere el párrafo b) del apartado 5 del artículo 54 de la Ley 39/1988, de 28 de diciembre, reguladora de las Haciendas Locales.

»*Art. 2.º Órgano competente.*—Corresponde a la Dirección General de Fondos Comunitarios y Financiación Territorial del Ministerio de Hacienda la tramitación y resolución de los procedimientos de autorización para la emisión de Deuda Pública por las entidades locales, de acuerdo a lo establecido en el artículo 12, apartado 1, párrafo m), del Real Decreto 1330/2000, de 7 de julio, por el que se desarrolla la estructura orgánica básica del Ministerio de Hacienda.

»CAPÍTULO II: PROCEDIMIENTO ORDINARIO.

»*Art. 3.º Ámbito de aplicación.*—Este procedimiento se aplicará a las

A estos efectos se entenderá por ahorro neto de las entidades locales y sus organismos autónomos de carácter

emisiones de deuda de las entidades locales, sus organismos autónomos y sociedades mercantiles de capital íntegramente local, cuando no sea de aplicación el procedimiento abreviado.

»*Art. 4.º Solicitud de autorización.*—1. La solicitud para la autorización de emisión de Deuda Pública deberá presentarse ante la Dirección General de Fondos Comunitarios y Financiación Territorial del Ministerio de Hacienda.

»2. Junto con la solicitud deberán aportarse los siguientes documentos:

»A) Relativos a la situación de la entidad local, sus organismos autónomos y sociedades mercantiles de capital íntegramente local, en términos consolidados:

»*a*) Relación completa de operaciones que afecten al riesgo financiero de la entidad local, incluyendo deudas vigentes a corto y largo plazo, riesgo derivado de los avales, así como las deudas formalizadas pendientes de disposición total o parcialmente.

»*b*) Liquidaciones de los presupuestos, balances y cuentas de resultados de los dos últimos ejercicios cerrados.

»*c*) Copia del presupuesto aprobado del año en curso y estado de ejecución presupuestaria en la fecha del acuerdo de emisión de la Deuda Pública.

»*d*) Planes y programas de financiación de la entidad local en un plazo de cuatro años.

»*e*) Plan económico-financiero para la corrección de los desequilibrios, previsto en el artículo 22 de la Ley General de Estabilidad Presupuestaria, en caso de incumplimiento del objetivo de estabilidad por la entidad local peticionaria. A estos efectos, los planes y programas de financiación citados en el párrafo anterior podrán integrarse en el plan económico-financiero.

»*f*) Informe de la intervención sobre el presupuesto de la entidad.

»*g*) Las cuentas anuales debidamente auditadas, de conformidad con la legislación mercantil, correspondientes a las sociedades mercantiles.

»B) Relativos a la emisión proyectada:

»*a*) Acuerdo de emisión.

»*b*) Informe de la intervención sobre la emisión proyectada.

»*c*) Características de los valores a emitir y derechos y obligaciones de los tenedores de los mismos.

»*d*) Procedimiento y plazos de colocación de los títulos en el mercado. Referencia al colectivo de suscriptores de los títulos.

»*Art. 5.º Comprobación y resolución.*—1. La Dirección General de Fondos Comunitarios y Financiación Territorial, previo examen de la documentación recibida, comprobará la situación económico-financiera de la entidad, su solvencia futura, así como las condiciones de la emisión proyectada.

»2. El órgano autorizante solicitará informe a la Dirección General del Tesoro y Política Financiera del Ministerio de Economía sobre la adecuación de la emisión a las condiciones de mercado, así como sobre el procedimiento de colocación de los títulos en el mercado. Asimismo, podrá solicitar informe a otros órganos, cuando así se estime conveniente para el correcto funcionamiento del mercado o del sistema financiero.

»La solicitud de informe preceptivo a la Dirección General del Tesoro y Política Financiera suspenderá el plazo para resolver el procedimiento y notificar la resolución, en los términos establecidos en el párrafo *c*) del apartado 5 del artículo 42 de la Ley 30/1992, de 26 de noviembre, de Régimen Jurídico de las Administraciones Públicas y del administrativo la diferencia entre los derechos liquidados

por los capítulos uno a cinco, ambos inclusive, del estado de

Procedimiento Administrativo Común, en la redacción dada al mismo por la Ley 4/1999, de 13 de enero, por la que se modifica la anterior.

»3. El órgano competente deberá dictar resolución expresa en el procedimiento y notificarla en un plazo de tres meses.

»4. La autorización concedida tendrá un período de vigencia de seis meses desde la fecha en que el emisor reciba la notificación. Dicha vigencia estará condiciona-da al mantenimiento de las circunstancias y condiciones que determinaron su otorgamiento.

»*Art. 6.º Publicidad y efectos.*—1. Las entidades locales y sus organismos autónomos deberán publicar íntegramente en el *Boletín Oficial del Estado* la resolución por la que se autorice la emisión de Deuda Pública.

»2. Una vez autorizada la emisión y publicadas sus características en el *Boletín Oficial del Estado*, la entidad local o el organismo autónomo podrá proceder a la emisión de la deuda. Asimismo podrán solicitar su admisión a negociación en el mercado correspondiente, siempre que cumpla con los requisitos mínimos de admisión que, en su caso, establezca el correspondiente mercado.

»CAPÍTULO III: PROCEDIMIENTO ABREVIADO.

»*Art. 7.º Ámbito de aplicación.*—1. Este procedimiento será aplicable a las entidades locales de más de 200.000 habitantes, sus organismos autónomos y sociedades mercantiles de capital íntegramente local, que tengan aprobado por el pleno de la entidad un plan de endeudamiento.

»2. El plan de endeudamiento deberá ser aprobado por la Dirección General de Fondos Comunitarios y Financiación Territorial del Ministerio de Hacienda. En él se recogerán la totalidad de las emisiones de Deuda Pública previstas en los siguientes cuatro años, junto con el marco presupuestario y la totalidad de endeudamiento previstos para dichos años, relativos tanto a la propia entidad como a sus organismos autónomos y sociedades mercantiles.

»3. El cumplimiento de los planes de endeudamiento en vigor será objeto de seguimiento anual por la Dirección General de Fondos Comunitarios y Financiación Territorial. El incumplimiento por parte de un emisor motivará su paso al procedimiento ordinario, regulado en el capítulo II. Además, dicho incumplimiento será tomado en consideración, en el caso de autorización de emisiones futuras, a efectos de lo establecido en el apartado 7 del artículo 54 de la Ley 39/1988, reguladora de las Haciendas Locales, mientras subsista la situación de incumplimiento.

»*Art. 8.º Solicitud de autorización.*—1. La solicitud para la autorización de emisión de Deuda Pública deberá presentarse ante la Dirección General de Fondos Comunitarios y Financiación Territorial del Ministerio de Hacienda.

»2. Junto con la solicitud deberán aportarse los siguientes documentos:

»A) Relativos a la situación de la entidad local, sus organismos autónomos y sociedades mercantiles de capital íntegramente local, en términos consolidados:

»*a*) Relación completa de operaciones que afecten al riesgo financiero de la entidad local, incluyendo deudas vigentes a corto y largo plazo, riesgo derivado de los avales, así como las deudas formalizadas pendientes de disposición total o parcialmente.

»*b*) Resumen de las liquidaciones de los presupuestos, balances y cuentas de resultados del último ejercicio cerrado.

ingresos, y de las obligaciones reconocidas por los capítulos uno, dos y cuatro del estado de gastos, minorada en el importe de una anualidad teórica de amortización de la operación proyectada y de cada uno de los préstamos y empréstitos propios y avalados a terceros pendientes de reembolso.

»*c*) Resumen del presupuesto aprobado del año en curso. Informe de la intervención sobre el Presupuesto.

»*d*) Plan económico-financiero para la corrección de los desequilibrios, previsto en el artículo 22 de la Ley General de Estabilidad Presupuestaria, en caso de incumplimiento del objetivo de estabilidad por la entidad local peticionaria. En este supuesto, el plan de endeudamiento previsto en el apartado 1 del artículo 7 podrá integrarse, como una parte de este plan económico-financiero, efectuándose las adaptaciones que fueran necesarias.

»*e*) Las cuentas anuales, debidamente auditadas, de conformidad con la legislación mercantil, correspondientes a las sociedades mercantiles.

»B) Relativos a la emisión proyectada:

»*a*) Acuerdo de emisión.

»*b*) Informe de la intervención sobre la emisión proyectada.

»*c*) Características de los valores a emitir y derechos y obligaciones de los tenedores de los mismos.

»*d*) Procedimiento y plazos de colocación de los títulos en el mercado. Referencia al colectivo de suscriptores de los títulos.

»*Art. 9.º Comprobación y resolución.*—1. La Dirección General de Fondos Comunitarios y Financiación Territorial, previo examen de la documentación recibida, comprobará el cumplimiento del plan de endeudamiento, así como las condiciones formales de la emisión proyectada.

»2. El órgano autorizante solicitará informe a la Dirección General del Tesoro y Política Financiera del Ministerio de Economía sobre la adecuación de la emisión a las condiciones de mercado, así como sobre el procedimiento de colocación de los títulos en el mercado. Asimismo, podrá solicitar informe a otros órganos, cuando así lo estime conveniente para el correcto funcionamiento del mercado o del sistema financiero.

»La solicitud de informe preceptivo a la Dirección General del Tesoro y Política Financiera suspenderá el plazo para resolver el procedimiento y notificar la resolución, en los términos establecidos en el párrafo *c*) del apartado 5 del artículo 42 de la Ley 30/1992, de 26 de noviembre, de Régimen Jurídico de las Administraciones Públicas y del Procedimiento Administrativo Común, en la redacción dada al mismo por la Ley 4/1999, de 13 de enero, por la que se modifica la anterior.

»3. El órgano competente deberá dictar la resolución expresa en el procedimiento y notificarla en un plazo de tres meses.

»4. La autorización concedida tendrá una vigencia de seis meses, desde la fecha en que el emisor reciba la notificación. Dicha vigencia estará condicionada al mantenimiento de las circunstancias y condiciones que determinaron su otorgamiento.

»*Art. 10. Publicidad y efectos.*—1. Las entidades locales y sus organismos autónomos deberán publicar íntegramente en el *Boletín Oficial del Estado* la resolución por la que se autorice la emisión de Deuda Pública.

»2. Una vez autorizada la emisión y publicadas sus características en el *Boletín Oficial del Estado*, la entidad local o el organismo autónomo podrán proceder a la emisión de la deuda. Asimismo podrán solicitar su admisión a negociación en el mercado correspondiente, siempre que cumpla con los requisitos mínimos de admisión que, en su caso, establezca el correspondiente mercado.»

El importe de la anualidad teórica de amortización, de cada uno de los préstamos a largo plazo concertados y de los avalados por la corporación pendientes de reembolso, así como la de la operación proyectada, se determinará en todo caso, en términos constantes, incluyendo los intereses y la cuota anual de amortización, cualquiera que sea la modalidad y condiciones de cada operación.

Se considera ahorro neto en los organismos autónomos de carácter comercial, industrial, financiero o análogo los resultados corrientes del ejercicio y, en las sociedades mercantiles locales, los resultados de la actividad ordinaria, excluidos los intereses de préstamos o empréstitos, en ambos casos, y minorados en una anualidad teórica de amortización, tal y como se define en el párrafo anterior, igualmente en ambos casos.

En el ahorro neto no se incluirán las obligaciones reconocidas, derivadas de modificaciones de créditos, que hayan sido financiadas con remanente líquido de tesorería.

No se incluirán en el cálculo de las anualidades teóricas, las operaciones de crédito garantizadas con hipotecas sobre bienes inmuebles, en proporción a la parte del préstamo afectado por dicha garantía.

Si el objeto de la actividad del organismo autónomo o sociedad mercantil local, es la construcción de viviendas, el cálculo del ahorro neto se obtendrá tomando la media de los dos últimos ejercicios.

Cuando el ahorro neto sea de signo negativo, el Pleno de la respectiva corporación deberá aprobar un plan de saneamiento financiero a realizar en un plazo no superior a tres años, en el que se adopten medidas de gestión, tributarias, financieras y presupuestarias que permitan como mínimo ajustar a cero el ahorro neto negativo de la entidad, organismo autónomo o sociedad mercantil. Dicho plan deberá ser presentado conjuntamente con la solicitud de la autorización correspondiente.

2. Precisarán de autorización de los órganos citados en el apartado 1 anterior, las operaciones de crédito a largo plazo de cualquier naturaleza, incluido el riesgo deducido de los avales, cuando el volumen total del capital vivo de las operaciones de crédito vigentes a corto y largo plazo, incluyendo el importe de la operación proyectada, exceda del 110 por 100 de los ingresos corrientes liquidados o devengados en el ejercicio inmediatamente anterior o, en su defecto, en el precedente a este último cuando el cómputo haya de realizarse en

el primer semestre del año y no se haya liquidado el presupuesto correspondiente a aquél, según las cifras deducidas de los estados contables consolidados de las entidades citadas en el apartado 1 de este artículo.

El cálculo del porcentaje regulado en el párrafo anterior se realizará considerando las operaciones de crédito vigentes, tanto a corto como a largo plazo, valoradas con los mismos criterios utilizados para su inclusión en el balance. El riesgo derivado de los avales se computará aplicando el mismo criterio anterior a la operación avalada.

3. No será precisa la presentación del plan de saneamiento financiero a que se refiere el apartado 1 anterior en el caso de autorización de operaciones de crédito que tengan por finalidad la sustitución de operaciones de crédito a largo plazo concertadas con anterioridad, en la forma prevista por la Ley, con el fin de disminuir la carga financiera o el riesgo de dichas operaciones, respecto a las obligaciones derivadas de aquellas pendientes de vencimiento.

4. No obstante lo previsto en los apartados 1 y 2 anteriores, las entidades locales de más de 200.000 habitantes podrán optar por sustituir las autorizaciones en ellos preceptuadas por la presentación de un escenario de consolidación presupuestaria, para su aprobación por el órgano competente.

El escenario de consolidación presupuestaria contendrá el compromiso por parte de la entidad local, aprobado por su Pleno, del límite máximo del déficit no financiero, e importe máximo del endeudamiento para cada uno de los tres ejercicios siguientes.

El órgano competente para aprobar el escenario de consolidación presupuestaria, será aquel a quien corresponde la autorización de las operaciones de endeudamiento, previo informe del Ministerio de Hacienda en el caso de que la competencia sea de la Comunidad Autónoma. En el caso de que el escenario de consolidación presupuestaria contenga alguna operación de las enumeradas en el apartado 5 de este artículo, la autorización corresponderá al Ministerio de Hacienda, previo informe, en su caso, de la Comunidad Autónoma con competencia en la materia.

5. En todo caso precisarán de la autorización del Ministerio de Hacienda las operaciones de crédito a corto y largo plazo, la concesión de avales, y las demás operaciones que modifiquen las condiciones contractuales o añadan garantías adicionales, con o sin intermediación de terceros, en los siguientes casos:

a) Las que se formalicen en el exterior o con entidades financieras no residentes en España, cualquiera que sea la divisa que sirva de determinación del capital de la operación proyectada, incluidas las cesiones a entidades financieras no residentes de las participaciones, que ostenten entidades residentes, en créditos otorgados a las entidades locales, sus organismos autónomos y los entes y sociedades mercantiles dependientes, que presten servicios o produzcan bienes que no se financien mayoritariamente con ingresos de mercado.

b) Las que se instrumenten mediante emisiones de deuda o cualquier otra forma de apelación al crédito público, sin perjuicio de lo previsto en la Ley 24/1988, de 28 de julio, del Mercado de Valores.

En relación con lo que se prevé en el párrafo *a*) anterior, no se considerarán financiación exterior las operaciones denominadas en euros que se realicen dentro del espacio territorial de los países pertenecientes a la Unión Europea y con entidades financieras residentes en alguno de dichos países. Estas operaciones habrán de ser, en todo caso, comunicadas previamente al Ministerio de Hacienda.

6. En los casos en que, de acuerdo con las reglas establecidas en este artículo, se precise autorización para concertar la operación de endeudamiento, no podrán adquirir firmeza los compromisos de gasto vinculados a tal operación, hasta tanto no se disponga de la correspondiente autorización.

7. Para el otorgamiento de la autorización de las operaciones a que se refieren los apartados anteriores el órgano autorizante tendrá en cuenta, con carácter preferente, el cumplimiento del principio de estabilidad presupuestaria establecido en la Ley General de Estabilidad Presupuestaria.

Asimismo, se atenderá a la situación económica de la entidad, organismo autónomo o sociedad mercantil local peticionarios, deducida al menos de los análisis y de la información contable a la que se hace referencia en el apartado 1 de este artículo, incluido el cálculo del remanente de tesorería, del estado de previsión de movimientos y situación de la deuda y, además, el plazo de amortización de la operación, a la futura rentabilidad económica de la inversión a realizar y a las demás condiciones de todo tipo que conlleve el crédito a concertar o a modificar.

8. Los órganos competentes del Ministerio de Hacienda habrán de tener conocimiento de las operaciones

de crédito autorizadas por las Comunidades Autónomas, así como de las que no requieran autorización, en la forma en que reglamentariamente se establezca.

9. Las Leyes de Presupuestos Generales del Estado podrán, anualmente, fijar límites de acceso al crédito de las entidades locales cuando se den circunstancias que coyunturalmente puedan aconsejar tal medida por razones de política económica general.

Art. 54. *Operaciones de crédito a largo plazo de organismos autónomos y sociedades mercantiles.*—Los organismos autónomos y los entes y sociedades mercantiles dependientes, precisarán la previa autorización del Pleno de la corporación e informe de la Intervención para la concertación de operaciones de crédito a largo plazo.

Art. 55. *Central de información de riesgos.*—1. El Ministerio de Hacienda mantendrá una central de riesgos que provea de información sobre las distintas operaciones de crédito concertadas por las entidades locales y las cargas financieras que supongan. Los bancos, cajas de ahorros y demás entidades financieras, así como las distintas Administraciones públicas remitirán los datos necesarios a tal fin, que tendrán carácter público en la forma que por aquél se señale.

2. El Banco de España colaborará con los órganos competentes del Ministerio de Hacienda con el fin de suministrar la información que se reciba a través de su Servicio Central de Información de Riesgos, establecido en virtud del artículo 16 del Decreto-ley 18/1962, de 7 de junio, de Nacionalización y Reorganización del Banco de España, sobre endeudamiento de las corporaciones locales en la forma y con el alcance y periodicidad que se establezca.

3. Con independencia de lo anterior, los órganos competentes del Ministerio de Hacienda podrán requerir al Banco de España la obtención de otros datos concretos relativos al endeudamiento de las corporaciones locales con entidades financieras declarantes al Servicio Central de Información de Riesgos en los términos que se fijen reglamentariamente.

4. Igualmente, las corporaciones locales informarán a los órganos competentes del

---

Art. 55: Vid. art. 28 LOEPSF (I.2) y arts. 36 ss. (I.4).

Ministerio de Hacienda sobre el resto de su endeudamiento y cargas financieras, en la forma y con el alcance, contenido y periodicidad, que reglamentariamente se establezca.

....

TÍTULO II

Recursos de los municipios

....

CAPÍTULO III

Cesión de recaudación de impuestos del Estado

SECCIÓN 1.ª

Alcance y condiciones generales de la cesión

Art. 111. *Ámbito subjetivo.*—Con el alcance y condiciones establecidas en este capítulo, se cede en la proporción establecida en el artículo 112 el rendimiento obtenido por el Estado en los impuestos relacionados en aquél, en favor de los municipios en los que concurra alguna de las siguientes condiciones:

a) Que sean capitales de provincia, o de Comunidad Autónoma, o

b) Que tengan población de derecho igual o superior a 75.000 habitantes. A estos efectos, se considerará la población resultante de la actualización del Padrón municipal de habitantes vigente a la entrada en vigor del modelo regulado en la presente sección.

....

Art. 111: Vid. arts. 20, 23.4, 24.4, 31 y Disp. Adic. 1.ª6 LOEPSF (I.2). La Disp. Final 10.ª de la Ley 2/2012, de 29 de junio, de Presupuestos Generales del Estado para el año 2012 (*BOE* n.º 156, de 30 de junio), establece:

«*Disp. Final 10.ª Reintegros de los saldos deudores resultantes a cargo de las Entidades locales en las liquidaciones definitivas de la participación en tributos del Estado de los años 2008 y 2009.*—A partir del año 2012, y con vigencia indefinida, se aplicarán las siguientes normas en los reintegros de los saldos deudores resultantes a cargo de las Entidades locales en las liquidaciones definitivas de la participación en tributos del Estado de los años 2008 y 2009.

»1. El importe que, a 1 de enero de 2012, hubiere estado pendiente de reintegrar por las Entidades locales a la Hacienda del Estado, derivado de las liquidaciones definitivas de la participación en tributos del Estado de los años 2008 y 2009 se fraccionará por el Ministerio de Hacienda y Administraciones Públicas en 120 mensualidades desde aquella fecha para aquellas Entidades locales que, a la fecha de publicación de la presente norma, hayan presentado la liquidación de sus presupuestos generales del ejercicio 2011.

»Las Entidades locales a las que se refieren los artículos 111 y 135 del Texto Refundido de la Ley Reguladora de las Haciendas Locales, aprobado por Real Decreto Legislativo 2/2004, de 5 de marzo, deberán presentar, con carácter previo, un compromiso aprobado por sus respectivos Plenos de acordar con el Ministerio de Hacienda y Administraciones Públicas un plan de ajuste que garantice el cumplimiento de los objetivos de estabilidad presupuestaria y de deuda pública, para lo que se tendrá en cuenta lo dispuesto en el siguiente párrafo.

»En el caso de que las Entidades locales incumplan los objetivos de estabilidad presupuestaria, los límites de endeudamiento que les resulten de aplicación o los plazos establecidos en la Ley 3/2004, de 29 de diciembre, por la que se establecen medidas de lucha contra la morosidad en las operaciones comerciales, deberán aprobar un plan de ajuste, que garantice la corrección de aquellos incumplimientos, mediante acuerdo de sus respectivos Plenos, que, además, deberán aceptar la posible imposición por el Ministerio de Hacienda y Administraciones Públicas de condiciones particulares en materia de seguimiento y remisión de información, así como, en su caso, de adopción de medidas de ajuste extraordinarias que permitan aquella corrección. Asimismo, aquellas entidades deberán presentar un certificado del secretario o del secretario-interventor del acuerdo del Pleno con el anterior contenido y aprobatorio del plan de ajuste antes citado, así como el informe del interventor o del secretario-interventor en el que se recojan las medidas de aquel plan.

»Se entenderá cumplido el requisito de la aprobación del plan de ajuste en aquellos casos en los que se hubiera aprobado el regulado en el artículo 7 del Real Decreto-ley 4/2012, de 24 de febrero, por el que se determinan obligaciones de información y procedimientos necesarios para establecer un mecanismo de financiación para el pago a los proveedores de las entidades locales.

»2. A las Entidades locales que, no habiendo presentado la documentación citada en el apartado anterior, lo hagan con posterioridad a la fecha de publicación de esta Ley y con fecha límite el día 30 de septiembre de 2012, el Ministerio de Hacienda y Administraciones Públicas les aplicará a partir de 1 de enero de 2013 el fraccionamiento en 108 mensualidades del importe pendiente de reintegro en dicha fecha correspondiente a las liquidaciones mencionadas en el apartado anterior.

»3. La aplicación efectiva del fraccionamiento citado en el apartado 1 anterior se iniciará en la entrega a cuenta de la participación en tributos del Estado del mes siguiente al de la publicación de la presente norma, de acuerdo con las siguientes reglas:

»A) A partir del importe que hubiere estado pendiente de reintegrar a 1 de enero de 2012 de las liquidaciones correspondientes a los años 2008 y 2009, se determinará la devolución mensual considerando el período de reintegro de 120 mensualidades.

»B) La cuantía anterior se elevará al año y se minorará en los importes reintegrados en las entregas a cuenta de 2012 anteriores a aquella en la que se aplique la modalidad de fraccionamiento regulada en esta disposición.

»C) Si el resultado anterior fuere positivo se distribuirá, por partes iguales, mediante reintegros aplicables en las entregas a cuenta en las que se aplique la modalidad de fraccionamiento regulada en esta disposición.

»D) Si el resultado de la operación descrita en la letra B) anterior fuere negativo, no se practicará reintegro alguno en las entregas a cuenta en las que se pudiese aplicar la modalidad de fraccionamiento regulada en esta disposición, y la diferencia reintegrada en exceso minorará la cuantía a devolver en el año 2013.

TÍTULO III

Recursos de las provincias

....

CAPÍTULO III

CESIÓN DE RECAUDACIÓN DE IMPUESTOS DEL ESTADO

SECCIÓN 1.ª

Alcance y condiciones generales de la cesión

Art. 135. *Ámbito subjetivo.*—Con el alcance y condiciones establecidas en este capítulo, se cede en la proporción establecida en el artículo 136 de esta Ley el rendimiento obtenido por el Estado en los impuestos relacionados en aquel, en favor de las provincias así como de las comunidades autónomas uniprovinciales que, a la entrada en vigor de esta Ley, no hubiesen integrado su participación en tributos del Estado

---

»4. A partir del año 2014 se mantendrá la modalidad de fraccionamiento establecida en los apartados 1 y 2 anteriores, siempre que las Entidades locales afectadas aporten la liquidación de sus presupuestos generales del ejercicio inmediato anterior y la del anterior a éste, acompañando a esta última un informe del interventor o del secretario-interventor especificando los ajustes que procedan y el cálculo de la capacidad de financiación conforme al Sistema Europeo de Cuentas Nacionales y Regionales. Este informe podrá ser objeto de estudio por el Ministerio de Hacienda y Administraciones Públicas, que, en su caso, podrá rectificar de forma fundada aquel cálculo.

»Los plazos y el desarrollo del procedimiento de remisión de aquella documentación se regularán por las Leyes de Presupuestos Generales del Estado para el año 2014 y siguientes.

»5. A aquellas Entidades locales que no se encuentren en los supuestos citados en los apartados 1 y 2 anteriores o que presenten necesidad de financiación de acuerdo con el Sistema Europeo de Cuentas Nacionales y Regionales conforme al informe que emita el interventor o el secretario-interventor de la entidad, o en su posible rectificación, citados en el apartado 4 anterior se les aplicará los procedimientos de reintegro establecidos en los apartados Dos y Cinco del artículo 91 de la Ley 26/2009, de 23 de diciembre, de Presupuestos Generales del Estado para el año 2010, por lo que se refiere a la liquidación definitiva del año 2008, y en los apartados Dos y Cinco del artículo 99 de la Ley 39/2010, de 22 de diciembre, de Presupuestos Generales del Estado para el año 2011, por lo que respecta a la liquidación definitiva del año 2009.

»6. La documentación a la que se refiere la presente disposición se deberá remitir al órgano competente del Ministerio de Hacienda y Administraciones Públicas por medios telemáticos y firmada electrónicamente.

»7. Si el importe pendiente de reintegro a la fecha de publicación de la presente norma fuese igual o inferior a 120 euros, se reintegrará por su totalidad en la entrega a cuenta de la participación en tributos del Estado del mes siguiente al de aquella fecha.»

Art. 135: Vid. nota al art. 111 (I.1).

como entidad análoga a las provincias en la que les pudiere corresponder con arreglo a su naturaleza institucional como comunidad autónoma.

....

TÍTULO VI

Presupuesto y gasto público*

CAPÍTULO PRIMERO

DE LOS PRESUPUESTOS

SECCIÓN 1.ª

Contenido y aprobación

Art. 162. *Definición.*—Los presupuestos generales de las entidades locales constituyen la expresión cifrada, conjunta y sistemática de las obligaciones que, como máximo, pueden reconocer la entidad, y sus organismos autónomos, y de los derechos que prevean liquidar durante el correspondiente ejercicio, así como de las previsiones de ingresos y gastos de las sociedades mercantiles cuyo capital social pertenezca íntegramente a la entidad local correspondiente.

---

* El régimen presupuestario local contenido en normas con rango de ley, además de las disposiciones de esta norma, está conformado por las disposiciones de la LBRL que se transcriben en el precepto concordante de esta disposición y por la LOEPSF (I.2), consecuencia esta última de la vigente redacción del art. 135 CE, que expresamente dispone que las Entidades locales deberán presentar equilibrio presupuestario.

El Acuerdo del Gobierno de 27 de junio de 2014 por el que se fijan los objetivos de estabilidad presupuestaria y de deuda pública para el conjunto de Administraciones Públicas y de cada uno de sus subsectores para el período 2015-2017 y el límite de gasto no financiero del Presupuesto del Estado para 2015 (*BOCG*, D-487, de 3 de julio de 2014), fija el objetivo de estabilidad para las entidades locales en el 0 por 100, y el de deuda en el 3,9, 3,8 y 3,6 por 100, respectivamente, para 2015, 2016 y 2017. El Congreso lo aprobó el 8 de julio (*BOCG*, Congreso de los Diputados, serie D, n.º 495, de 15 de julio de 2014) y el Senado lo aprobó el 9 de julio (*BOCG*, Senado, n.º 382, 11 de julio de 2014).

Para los municipios de gran población vid. los artículos de la LBRL introducidos por la Ley 57/2003, de 16 de diciembre (III.1).

Art. 162: El art. 112 de la Ley 7/1985 de 2 de abril, reguladora de las Bases del Régimen Local, dispone:

«1. Las Entidades locales aprueban anualmente un presupuesto único que constituye la expresión cifrada, conjunta y sistemática de las obligaciones que, como máximo, pueden reconocer, y de los derechos con vencimiento o que se prevean realizar durante el correspondiente ejercicio económico. El presupuesto coincide con el año natural y está integrado por el de la propia Entidad y los de todos los Organismos y Empresas locales con

Art. 163. *Ámbito temporal.*—El ejercicio presupuestario coincidirá con el año natural y a él se imputarán:

a) Los derechos liquidados en el ejercicio, cualquiera que sea el período de que deriven; y

b) Las obligaciones reconocidas durante el ejercicio.

Art. 164. *Contenido del presupuesto general.*—1. Las entidades locales elaborarán y aprobarán anualmente un presupuesto general en el que se integrarán:

a) El presupuesto de la propia entidad.

b) Los de los organismos autónomos dependientes de ésta.

---

personalidad jurídica propia dependientes de aquélla.

»2. La Administración del Estado determinará con carácter general la estructura de los presupuestos de las Entidades locales.

»3. Aprobado inicialmente el presupuesto, se expondrá al público durante el plazo que señale la legislación del Estado reguladora de las Haciendas locales, con objeto de que los interesados puedan interponer reclamaciones frente al mismo. Una vez resueltas las que se hayan presentado, en los términos que prevea la Ley, el presupuesto definitivamente aprobado será insertado en el *Boletín Oficial* de la Corporación, si lo tuviera, y resumido, en el de la Provincia.

»4. La aprobación definitiva del presupuesto por el Pleno de la Corporación habrá de realizarse antes del 31 de diciembre del año anterior al del ejercicio en que deba aplicarse.

»5. Si el presupuesto no fuera aprobado antes del primer día del ejercicio económico correspondiente, quedará automáticamente prorrogada la vigencia del anterior.»

El art. 116 ter LBRL, añadido por el art. 1.31 de la Ley 27/2013, de 27 de diciembre, de racionalización y sostenibilidad de la Administración Local (*BOE* n.º 312, de 30 de diciembre), dispone:

«*Coste efectivo de los servicios.*—1. Todas las entidades Locales calcularán antes del día 1 de noviembre de cada año el coste efectivo de los servicios que prestan, partiendo de los datos contenidos en la liquidación del presupuesto general y, en su caso, de las cuentas anuales aprobadas de las entidades vinculadas o dependientes, correspondiente al ejercicio inmediato anterior.

»2. El cálculo del coste efectivo de los servicios tendrá en cuenta los costes reales directos e indirectos de los servicios conforme a los datos de ejecución de gastos mencionados en el apartado anterior: Por Orden del Ministro de Hacienda y Administraciones Públicas se desarrollarán estos criterios de cálculo.

»3. Todas las entidades locales comunicarán los costes efectivos de cada uno de los servicios al Ministerio de Hacienda y Administraciones Públicas para su publicación.»

La Orden HAP/2.075/2014, de 6 de noviembre, establece los criterios de cálculo del coste efectivo de los servicios (I.8).

Vid. art. 2.º del RD 500/1990 (I.3); OM de 3 de diciembre de 2008, de estructura de los Presupuestos de las Entidades Locales (I.5); art. 32 de la Ley 47/2003, General Presupuestaria.

Art. 163: LBRL: art. 112, transcrito en nota al art. anterior; art. 3.º RD 500/1990 (I.3). LGP: art. 34.

Art. 164: Art. 5.º RD 500/1990 (I.3); LGP: art. 33.

Art. 164.1.a): Art. 6.º RD 500/1990 (I.3).

Art. 164.1.b): Arts. 106 a 110 RD 500/1990 (I.3).

c) Los estados de previsión de gastos e ingresos de las sociedades mercantiles cuyo capital social pertenezca íntegramente a la entidad local.

2. Los organismos autónomos de las entidades locales se clasifican, a efectos de su régimen presupuestario y contable, en la forma siguiente:

a) Organismos autónomos de carácter administrativo.

b) Organismos autónomos de carácter comercial, industrial, financiero o análogo.

Las normas de creación de cada organismo autónomo deberán indicar expresamente su carácter.

Art. 165. *Contenido de los presupuestos integrantes del presupuesto general.*—1. El presupuesto general atenderá al cumplimiento del principio de estabilidad en los términos previstos en la Ley 18/2001, General de Estabilidad Presupuestaria, y contendrá para cada uno de los presupuestos que en él se integren:

a) Los estados de gastos, en los que se incluirán, con la debida especificación, los créditos necesarios para atender al cumplimiento de las obligaciones.

b) Los estados de ingresos, en los que figurarán las estimaciones de los distintos recursos económicos a liquidar durante el ejercicio.

Asimismo, incluirá las bases de ejecución, que contendrán la adaptación de las disposiciones generales en materia presupuestaria a la organización y circunstancias de la propia entidad, así como aquellas otras necesarias para su acertada gestión, estableciendo cuantas prevenciones se consideren oportunas o convenientes para la mejor realización de los gastos y recaudación de los recursos, sin que puedan modificar lo legislado para la administración económica ni comprender preceptos de orden administrativo que requieran legalmente procedimiento y solemnidades específicas distintas de lo previsto para el presupuesto.

2. Los recursos de la entidad local y de cada uno de sus organismos autónomos y sociedades mercantiles se destinarán a satisfacer el con-

---

Art. 164.1.c): Arts. 111 a 114 RD 500/1990 (I.3).

Art. 164.2: Art. 7.º RD 500/1990 (I.3).

Art. 165: LBRL: art. 112, transcrito en nota al art. 162; LOEPSF (I.2); LGP: art. 33.2.

Art. 165.1: Arts. 8.º y 9.º RD 500/1990 (I.3).

Art. 165.2: Art. 10 RD 500/1990 (I.3).

junto de sus respectivas obligaciones, salvo en el caso de ingresos específicos afectados a fines determinados.

3. Los derechos liquidados y las obligaciones reconocidas se aplicarán a los presupuestos por su importe íntegro, quedando prohibido atender obligaciones mediante minoración de los derechos a liquidar o ya ingresados, salvo que la Ley lo autorice de modo expreso.

Se exceptúan de lo anterior las devoluciones de ingresos que se declaren indebidos por tribunal o autoridad competentes.

4. Cada uno de los presupuestos que se integran en el presupuesto general deberá aprobarse sin déficit inicial.

Art. 166. *Anexos al presupuesto general.*—1. Al presupuesto general se unirán como anexos:

a) Los planes y programas de inversión y financiación que, para un plazo de cuatro años, podrán formular los municipios y demás entidades locales de ámbito supramunicipal.

b) Los programas anuales de actuación, inversiones y financiación de las sociedades mercantiles de cuyo capital social sea titular único o partícipe mayoritario la entidad local.

c) El estado de consolidación del presupuesto de la propia entidad con el de todos los presupuestos y estados de previsión de sus organismos autónomos y sociedades mercantiles.

d) El estado de previsión de movimientos y situación de la deuda comprensiva del detalle de operaciones de crédito o de endeudamiento pendientes de reembolso al principio del ejercicio, de las nuevas operaciones previstas a realizar a lo largo del ejercicio y del volumen de endeudamiento al cierre del ejercicio económico, con distinción de operaciones a corto plazo, operaciones a largo plazo, de recurrencia al mercado de capitales y realizadas en divisas o similares, así como de las amortizaciones que se prevén realizar durante el mismo ejercicio.

2. El plan de inversiones que deberá coordinarse, en su caso, con el programa de actuación y planes de etapas de planeamiento urbanístico, se completará con el programa financiero, que contendrá:

a) La inversión prevista a realizar en cada uno de los cuatro ejercicios.

Art. 165.3: Art. 11 RD 500/1990 (I.3).
Art. 165.4: Art. 16 RD 500/1990 (I.3); art. 11.4 LOEPSF (I.2).

Art. 166: Arts. 12 a 15 y 115 a 118 RD 500/1990 (I.3); LGP: arts. 33 y 37.2.

b) Los ingresos por subvenciones, contribuciones especiales, cargas de urbanización, recursos patrimoniales y otros ingresos de capital que se prevean obtener en dichos ejercicios, así como una proyección del resto de los ingresos previstos en el citado período.

c) Las operaciones de crédito que resulten necesarias para completar la financiación, con indicación de los costes que vayan a generar.

3. De los planes y programas de inversión y financiación se dará cuenta, en su caso, al Pleno de la Corporación coincidiendo con la aprobación del presupuesto, debiendo ser objeto de revisión anual, añadiendo un nuevo ejercicio a sus previsiones.

Art. 167. *Estructura de los estados de ingresos y gastos.*—1. El Ministerio de Hacienda y Administraciones Públicas establecerá con carácter general la estructura de los presupuestos de las entidades locales teniendo en cuenta la naturaleza económica de los ingresos y de los gastos, las finalidades u objetivos que con estos últimos se propongan conseguir y de acuerdo con los criterios que se establecen en los siguientes apartados de este artículo.

2. Las entidades locales podrán clasificar los gastos e ingresos atendiendo a su propia estructura de acuerdo con sus reglamentos o decretos de organización.

3. Los estados de gastos de los presupuestos generales de las entidades locales aplicarán las clasificaciones por programas y económica de acuerdo con los siguientes criterios:

a) La clasificación por programas que constará de los siguientes niveles: el primero relativo al área de gasto, el segundo a la política de gasto, el tercero a los grupos de programas, que se subdividirán en programas. Esta clasificación podrá ampliarse en más nive-

---

Art. 167: Redactado conforme a la Disp. Final 10.ª de la Ley 8/2013, de 26 de junio, de rehabilitación, regeneración y renovación urbanas (*BOE* n.º 153, de 27 de junio).

LBRL: art. 112.2; TRLRHL Disp. Adic. 6.ª; art. 17 RD 500/1990 (I.3); OM de 3 de diciembre de 2008 (I.5); LGP: arts. 39 a 41. La Disp. Final 2.ª de la Ley 46/1998, de Introducción del Euro, en su n.º 1 dispone:

«Se faculta al Ministro de Economía y Hacienda, dentro del marco de introducción del euro, para:

»[...]

»*b*) Dictar normas en relación con los presupuestos de la Administración Local, al objeto de su adecuación a lo previsto en la presente Ley.»

les, relativos a subprogramas respectivamente.

En todo caso, y con las peculiaridades que puedan concurrir en el ámbito de las entidades locales, los niveles de área de gasto y de política de gasto se ajustarán a los establecidos para la Administración del Estado.

b) La clasificación económica presentará con separación los gastos corrientes y los gastos de capital, de acuerdo con los siguientes criterios:

En los créditos para gastos corrientes se incluirán los de funcionamiento de los servicios, los de intereses y las transferencias corrientes.

En los créditos para gastos de capital, los de inversiones reales, las transferencias de capital y las variaciones de activos y pasivos financieros.

c) La clasificación económica constará de tres niveles, el primero relativo al capítulo, el segundo al artículo y el tercero al concepto. Esta clasificación podrá ampliarse en uno o dos niveles, relativos al subconcepto y la partida respectivamente.

En todo caso, los niveles de capítulo y artículo habrán de ser los mismos que los establecidos para la Administración del Estado.

4. La aplicación presupuestaria cuya expresión cifrada constituye el crédito presupuestario vendrá definida, al menos, por la conjunción de las clasificaciones por programas y económica, a nivel de grupo de programa o programa y concepto o subconcepto respectivamente.

En el caso de que la entidad local opte por utilizar la clasificación orgánica, ésta integrará asimismo la aplicación presupuestaria.

El control contable de los gastos se realizará sobre la aplicación presupuestaria antes definida y el fiscal sobre el nivel de vinculación determinado conforme dispone el artículo 172 de esta Ley.

5. El Ministerio de Hacienda y Administraciones Públicas establecerá la estructura de la información de los presupuestos, de su ejecución y liquidación, a la que deberán ajustarse todas las entidades locales a efectos del cumplimiento de sus obligaciones de remisión de dicha información.

Art. 168. *Procedimiento de elaboración y aprobación inicial.*—1. El presupuesto de la Entidad Local será for-

---

Art. 168: Redactado por la Disp. Final 1.ª del Real Decreto-ley 17/2014, de 26 de diciembre, de medidas de sostenibilidad financiera de las comunimado por su Presidente y a él habrá de unirse la siguiente documentación:

a) Memoria explicativa de su contenido y de las principales modificaciones que presente en relación con el vigente.

b) Liquidación del presupuesto del ejercicio anterior y avance de la del corriente, referida, al menos, a seis meses del ejercicio corriente.

c) Anexo de personal de la Entidad Local.

d) Anexo de las inversiones a realizar en el ejercicio.

e) Anexo de beneficios fiscales en tributos locales conteniendo información detallada de los beneficios fiscales y su incidencia en los ingresos de cada Entidad Local.

f) Anexo con información relativa a los convenios suscritos con las Comunidades Autónomas en materia de gasto social, con especificación de la cuantía de las obligaciones de pago y de los derechos económicos que se deben reconocer en el ejercicio al que se refiere el presupuesto general y de las obligaciones pendientes de pago y derechos económicos pendientes de cobro, reconocidos en ejercicios anteriores, así como de la aplicación o partida presupuestaria en la que se recogen, y la referencia a que dichos convenios incluyen la cláusula de retención de recursos del sistema de financiación a la que se refiere el artículo 57 bis de la Ley 7/1985, de 2 de abril, reguladora de las Bases del Régimen Local.

g) Un informe económico-financiero, en el que se expongan las bases utilizadas para la evaluación de los ingresos y de las operaciones de crédito previstas, la suficiencia de los créditos para atender el cumplimiento de las obligaciones exigibles y los gastos de funcionamiento de los servicios y, en consecuencia, la efectiva nivelación del presupuesto.

2. El presupuesto de cada uno de los organismos autónomos integrantes del general, propuesto inicialmente por el órgano competente de aquéllos, será remitido a la Entidad Local de la que dependan antes del 15 de septiembre de cada año, acompañado de la documentación detallada en el apartado anterior.

---

dades autónomas y entidades locales y otras de carácter económico (*BOE* n.º 315, de 30 de diciembre), reproducido en III.3.

Vid. art. 27 LOEPSF (I.2); arts. 18 y 19 RD 500/1990 (I.3); LGP: art. 36. Para los municipios de la Comunidad Valenciana, conforme al art. 70 su Estatuto de Autonomía reformado por la Ley Orgánica 1/2006, de 10 de abril, «Los Ayuntamientos en la elaboración de sus presupuestos establecerán las medidas necesarias para dar participación a los ciudadanos y ciudadanas».

3. Las sociedades mercantiles, incluso de aquellas en cuyo capital sea mayoritaria la participación de la Entidad Local, remitirán a ésta, antes del día 15 de septiembre de cada año, sus previsiones de gastos e ingresos, así como los programas anuales de actuación, inversiones y financiación para el ejercicio siguiente.

4. Sobre la base de los presupuestos y estados de previsión a que se refieren los apartados anteriores, el presidente de la entidad formará el presupuesto general y lo remitirá, informado por la Intervención y con los anexos y documentación complementaria detallados en el apartado 1 del artículo 166 y en el presente artículo, al Pleno de la corporación antes del día 15 de octubre para su aprobación, enmienda o devolución.

5. El acuerdo de aprobación, que será único, habrá de detallar los presupuestos que integran el presupuesto general, no pudiendo aprobarse ninguno de ellos separadamente.

Art. 169. *Publicidad, aprobación definitiva y entrada en vigor.*—1. Aprobado inicialmente el presupuesto general, se expondrá al público, previo anuncio en el boletín oficial de la provincia o, en su caso, de la Comunidad Autónoma uni-

---

Art. 169: LBRL: art. 112.3 y 4; TRLRHL: art. 170; art. 20 RD 500/1990 (I.3).

La Disp. Adic. 16.ª LBRL, añadida por el art. 1.°38 de la Ley 27/2013, de 27 de diciembre, de racionalización y sostenibilidad de la Administración Local (*BOE* n.° 312, de 30 de diciembre), dispone:

«*Mayoría requerida para la adopción de acuerdos en las Corporaciones Locales.*—1. Excepcionalmente, cuando el Pleno de la Corporación Local no alcanzara, en una primera votación, la mayoría necesaria para la adopción de acuerdos prevista en esta Ley, la Junta de Gobierno Local tendrá competencia para aprobar:

»*a*) El presupuesto del ejercicio inmediato siguiente, siempre que previamente exista un presupuesto prorrogado.

»*b*) Los planes económico-financieros, los planes de reequilibrio y los planes de ajuste a los que se refiere la Ley Orgánica 2/2012, de 27 de abril.

»*c*) Los planes de saneamiento de la Corporación Local o los planes de reducción de deudas.

»*d*) La entrada de la Corporación Local en los mecanismos extraordinarios de financiación vigentes a los que se refiere la Ley Orgánica 2/2012, de 27 de abril, y, en particular, el acceso a las medidas extraordinarias de apoyo a la liquidez previstas en el Real Decreto-ley 8/2013, de 28 de junio, de medidas urgentes contra la morosidad de las administraciones públicas y de apoyo a Entidades Locales con problemas financieros.

»2. La Junta de Gobierno Local dará cuenta al Pleno en la primera sesión que se celebre con posterioridad a la adopción de los acuerdos mencionados en el apartado anterior, los cuales serán objeto de publicación de conformidad con las normas generales que les resulten de aplicación.»

provincial, por quince días, durante los cuales los interesados podrán examinarlos y presentar reclamaciones ante el Pleno. El presupuesto se considerará definitivamente aprobado si durante el citado plazo no se hubiesen presentado reclamaciones; en caso contrario, el Pleno dispondrá de un plazo de un mes para resolverlas.

2. La aprobación definitiva del presupuesto general por el Pleno de la corporación habrá de realizarse antes del día 31 de diciembre del año anterior al del ejercicio en que deba aplicarse.

3. El presupuesto general, definitivamente aprobado, será insertado en el boletín oficial de la corporación, si lo tuviera, y, resumido por capítulos de cada uno de los presupuestos que lo integran, en el de la provincia o, en su caso, de la Comunidad Autónoma uniprovincial.

4. Del presupuesto general definitivamente aprobado se remitirá copia a la Administración del Estado y a la correspondiente Comunidad Autónoma. La remisión se realizará simultáneamente al envío al boletín oficial a que se refiere el apartado anterior.

5. El presupuesto entrará en vigor, en el ejercicio correspondiente, una vez publicado en la forma prevista en el apartado 3 de este artículo.

6. Si al iniciarse el ejercicio económico no hubiese entrado en vigor el presupuesto correspondiente, se considerará automáticamente prorrogado el del anterior, con sus créditos iniciales, sin perjuicio de las modificaciones que se realicen conforme a lo dispuesto en los artículos 177, 178 y 179 de esta Ley y hasta la entrada en vigor del nuevo presupuesto. La prórroga no afectará a los créditos para servicios o programas que deban concluir en el ejercicio anterior o que estén financiados con crédito u otros ingresos específicos o afectados.

7. La copia del presupuesto y de sus modificaciones deberá hallarse a disposición del público, a efectos informativos, desde su aprobación definitiva hasta la finalización del ejercicio.

Art. 170. *Reclamación administrativa: legitimación activa y causas.*—1. A los efectos de lo dispuesto en el apartado 1 del artículo anterior, tendrán la consideración de interesados:

Art. 169.4: Vid. apartado 3 de la Res. de 14 de septiembre de 2009 (I.6).

Art. 169.6: LBRL: art. 112.5; art. 21 RD 500/1990 (I.3); LGP: art. 38.

Art. 170: Art. 22 RD 500/1990 (I.3).

a) Los habitantes en el territorio de la respectiva entidad local.

b) Los que resulten directamente afectados, aunque no habiten en el territorio de la entidad local.

c) Los colegios oficiales, cámaras oficiales, sindicatos, asociaciones y demás entidades legalmente constituidas para velar por intereses profesionales o económicos y vecinales, cuando actúen en defensa de los que les son propios.

2. Únicamente podrán entablarse reclamaciones contra el presupuesto:

a) Por no haberse ajustado su elaboración y aprobación a los trámites establecidos en esta Ley.

b) Por omitir el crédito necesario para el cumplimiento de obligaciones exigibles a la entidad local, en virtud de precepto legal o de cualquier otro título legítimo.

c) Por ser de manifiesta insuficiencia los ingresos con relación a los gastos presupuestados o bien de éstos respecto a las necesidades para las que esté previsto.

Art. 171. *Recurso contencioso-administrativo.*—1. Contra la aprobación definitiva del presupuesto podrá interponerse directamente recurso contencioso-administrativo, en la forma y plazos que establecen las normas de dicha jurisdicción.

2. El Tribunal de Cuentas deberá informar previamente a la resolución del recurso cuando la impugnación afecte o se refiera a la nivelación presupuestaria.

3. La interposición de recursos no suspenderá por sí sola la aplicación del presupuesto definitivamente aprobado por la corporación.

Art. 171: El art. 113 LBRL dispone:

«1. Contra los actos que pongan fin a las reclamaciones formuladas en relación con los acuerdos de las Corporaciones en materia de presupuestos, imposición, aplicación y efectividad de tributos o aprobación y modificación de Ordenanzas fiscales, los interesados podrán interponer directamente el recurso contencioso-administrativo.

»2. El Tribunal de Cuentas deberá en todo caso emitir informe cuando la impugnación afecte o se refiera a la nivelación presupuestaria.

»3. La interposición del recurso previsto en el párrafo primero y de las reclamaciones establecidas en los artículos 49, 108 y 112, número 3, no suspenderá por si sola la efectividad del acto o acuerdo impugnado.»

Vid. art. 23 RD 500/1990 (I.3).

SECCIÓN 2.ª

De los créditos y sus modificaciones

Art. 172. *Especialidad y limitación de los créditos.*—1. Los créditos para gastos se destinarán exclusivamente a la finalidad específica para la cual hayan sido autorizados en el presupuesto general de la entidad local o por sus modificaciones debidamente aprobadas.

2. Los créditos autorizados tienen carácter limitativo y vinculante. Los niveles de vinculación serán los que vengan establecidos en cada momento por la legislación presupuestaria del Estado, salvo que reglamentariamente se disponga otra cosa.

Art. 173. *Exigibilidad de las obligaciones, prerrogativas y limitación de los compromisos de gasto.*—1. Las obligaciones de pago sólo serán exigibles de la hacienda local cuando resulten de la ejecución de sus respectivos presupuestos, con los límites señalados en el artículo anterior, o de sentencia judicial firme.

2. Los tribunales, jueces y autoridades administrativas no podrán despachar mandamientos de ejecución ni dictar providencias de embargo contra los derechos, fondos, valores y bienes de la hacienda local ni exigir fianzas, depósitos y cauciones a las entidades locales, excepto cuando se trate de bienes patrimoniales no afectados a un uso o servicio público.

3. El cumplimiento de las resoluciones judiciales que determinen obligaciones a cargo de las entidades locales o de sus organismos autónomos corresponderá exclusivamente a aquéllas, sin perjuicio de las facultades de suspensión o inejecución de sentencias previstas en las leyes.

4. La Autoridad administrativa encargada de la ejecución acordará el pago en la forma y con los límites del respectivo presupuesto. Si para el pago fuere necesario un crédito extraordinario o un suplemento de crédito, deberá solicitarse del Pleno uno u otro dentro de los tres meses siguientes al día de notificación de la resolución judicial.

5. No podrán adquirirse compromisos de gastos por cuantía superior al importe de los créditos autorizados en los estados de gastos, siendo nulos

---

Art. 172: LBRL: art. 113; arts. 24, 25 y 27 a 29 RD 500/1990 (I.3); LGP: arts. 27, 35, 42, 43 y 46.

Art. 173: Art. 25.2 RD 500/1990 (I.3); LGP: arts. 21 y 23.

de pleno derecho los acuerdos, resoluciones y actos administrativos que infrinjan la expresada norma, sin perjuicio de las responsabilidades a que haya lugar.

6. No obstante lo previsto en el apartado anterior, la disponibilidad de los créditos presupuestarios quedará condicionada, en todo caso, a:

a) La existencia de documentos fehacientes que acrediten compromisos firmes de aportación, en caso de ayudas, subvenciones, donaciones u otras formas de cesión de recursos por terceros tenidos en cuenta en las previsiones iniciales del presupuesto a efecto de su nivelación y hasta el importe previsto en los estados de ingresos en orden a la afectación de dichos recursos en la forma prevista por la Ley o, en su caso, a las finalidades específicas de las aportaciones a realizar.

b) La concesión de las autorizaciones previstas en el artículo 53, de conformidad con las reglas contenidas en el capítulo VII del título I de esta Ley, en el caso de que existan previsiones iniciales dentro del capítulo IX del estado de ingresos.

Art. 174. *Compromisos de gasto de carácter plurianual.*—

1. La autorización o realización de los gastos de carácter plurianual se subordinará al crédito que para cada ejercicio autoricen los respectivos presupuestos.

2. Podrán adquirirse compromisos por gastos que hayan de extenderse a ejercicios posteriores a aquel en que se autoricen, siempre que su ejecución se inicie en el propio ejercicio y que, además, se encuentren en alguno de los casos siguientes:

a) Inversiones y transferencias de capital.

b) Los demás contratos y los de suministro, de consultoría, de asistencia técnica y científica, de prestación de servicios, de ejecución de obras de mantenimiento y de arrendamiento de equipos no habituales de las entidades locales, sometidos a las normas del Real Decreto Legislativo 2/2000, de 16 de junio, por el que se aprueba el Texto Refundido de la Ley de Contratos de las Administraciones Públicas, que no puedan ser estipulados o resulten antieconómicos por un año.

c) Arrendamientos de bienes inmuebles.

d) Cargas financieras de las deudas de la entidad local y de sus organismos autónomos.

Art. 174: Arts. 79 a 88 RD 500/1990 (I.3); LGP: art. 47.

e) Transferencias corrientes que se deriven de convenios suscritos por las corporaciones locales con otras entidades públicas o privadas sin ánimo de lucro.

3. El número de ejercicios a que pueden aplicarse los gastos referidos en los párrafos *a)*, *b)* y *e)* del apartado anterior no será superior a cuatro. Asimismo, en los casos incluidos en los párrafos *a)* y *e)*, el gasto que se impute a cada uno de los ejercicios futuros autorizados no podrá exceder de la cantidad que resulte de aplicar al crédito correspondiente del año en que la operación se comprometió los siguientes porcentajes: en el ejercicio inmediato siguiente, el 70 por 100; en el segundo ejercicio, el 60 por 100, y en el tercero y cuarto, el 50 por 100.

4. Con independencia de lo establecido en los apartados anteriores, para los programas y proyectos de inversión que taxativamente se especifiquen en las bases de ejecución del presupuesto, podrán adquirirse compromisos de gastos que hayan de extenderse a ejercicios futuros hasta el importe que para cada una de las anualidades se determine.

A estos efectos, cuando en los créditos presupuestarios se encuentren incluidos proyectos de las características señaladas anteriormente, los porcentajes a los que se refiere el apartado 3 de este artículo se aplicarán sobre dichos créditos una vez deducida la anualidad correspondiente a dichos proyectos.

5. En casos excepcionales el Pleno de la corporación podrá ampliar el número de anualidades así como elevar los porcentajes a que se refiere el apartado 3 de este artículo.

6. Los compromisos a que se refiere el apartado 2 de este artículo deberán ser objeto de adecuada e independiente contabilización.

Art. 175. *Bajas por anulación de créditos.*—Los créditos para gastos que el último día del ejercicio presupuestario no estén afectados al cumplimiento de obligaciones ya reconocidas quedarán anulados de pleno derecho, sin más excepciones que las señaladas en el artículo 182 de esta Ley.

Art. 176. *Temporalidad de los créditos.*—1. Con cargo a los créditos del estado de gastos de cada presupuesto sólo podrán contraerse obligaciones derivadas de adquisiciones, obras, servicios y demás

Art. 175: Art. 92 RD 500/1990 (I.3); LGP: art. 49.2.

Art. 176: Art. 26 RD 500/1990 (I.3); LGP: arts. 34.2 y 49.1.

prestaciones o gastos en general que se realicen en el año natural del propio ejercicio presupuestario.

2. No obstante lo dispuesto en el apartado anterior, se aplicarán a los créditos del presupuesto vigente, en el momento de su reconocimiento, las obligaciones siguientes:

a) Las que resulten de la liquidación de atrasos a favor del personal que perciba sus retribuciones con cargo a los presupuestos generales de la entidad local.

b) Las derivadas de compromisos de gastos debidamente adquiridos en ejercicios anteriores, previa incorporación de los créditos en el supuesto establecido en el artículo 182.3.

Art. 177. *Créditos extraordinarios y suplementos de crédito.*—1. Cuando haya de realizarse algún gasto que no pueda demorarse hasta el ejercicio siguiente, y no exista en el presupuesto de la corporación crédito o sea insuficiente o no ampliable el consignado, el presidente de la corporación ordenará la incoación del expediente de concesión de crédito extraordinario, en el primer caso, o de suplemento de crédito, en el segundo.

2. El expediente, que habrá de ser previamente informado por la Intervención, se someterá a la aprobación del Pleno de la corporación, con sujeción a los mismos trámites y requisitos que los presupuestos. Serán asimismo, de aplicación, las normas sobre información, reclamación y publicidad de los presupuestos a que se refiere el artículo 169 de esta Ley.

3. Si la inexistencia o insuficiencia de crédito se produjera en el presupuesto de un organismo autónomo, el expediente de crédito extraordinario o de suplemento de crédito propuesto inicialmente por el órgano competente del organismo autónomo a que aquél corresponda, será remitido a la entidad local para su tramitación conforme a lo dispuesto en el apartado anterior.

4. El expediente deberá especificar la concreta partida presupuestaria a incrementar y el medio o recurso que ha de financiar el aumento que se propone.

Art. 177.1: Arts. 35 y 37 RD 500/1990 (I.3); LGP: art. 55.

Art. 177.2: Arts. 37 y 38 RD 500/1990 (I.3).

Art. 177.3: Art. 37 RD 500/1990 (I.3).

Art. 177.4: Arts. 36 y 37.2 RD 500/1990 (I.3).

Dicho aumento se financiará con cargo al remanente líquido de tesorería, con nuevos o mayores ingresos recaudados sobre los totales previstos en el presupuesto corriente, y mediante anulaciones o bajas de créditos de gastos de otras partidas del presupuesto vigente no comprometidos, cuyas dotaciones se estimen reducibles sin perturbación del respectivo servicio. En el expediente se acreditará que los ingresos previstos en el presupuesto vengan efectuándose con normalidad, salvo que aquéllos tengan carácter finalista.

5. Excepcionalmente, y por acuerdos adoptados con el quórum establecido por el artículo 47.3 de la Ley 7/1985, de 2 de abril, se considerarán recursos efectivamente disponibles para financiar nuevos o mayores gastos, por operaciones corrientes, que expresamente sean declarados necesarios y urgentes, los procedentes de operaciones de crédito en que se den conjuntamente las siguientes condiciones:

— Que su importe total anual no supere el 5 por 100 de los recursos por operaciones corrientes del presupuesto de la entidad.

— Que la carga financiera total de la entidad, incluida la derivada de las operaciones proyectadas, no supere el 25 por 100 de los expresados recursos.

— Que las operaciones queden canceladas antes de que se proceda a la renovación de la Corporación que las concierte.

6. Los acuerdos de las entidades locales que tengan por objeto la habilitación o suplemento de créditos en casos de calamidades públicas o de naturaleza análoga de excepcional interés general, serán inmediatamente ejecutivos, sin perjuicio de las reclamaciones que contra ellos se promovieran, las cuales deberán sustanciarse dentro de los ocho días siguientes a la presentación, entendiéndose desestimadas de no notificarse su resolución al recurrente dentro de dicho plazo.

Art. 178. *Créditos ampliables.*—No obstante lo dispuesto en el apartado 2 del artículo 172 de esta Ley tendrán la condición de ampliables aquellos créditos que de modo taxativo y debidamente explicitados se relacionen en las bases de ejecución del presupuesto, y, en su virtud, podrá ser incrementada su cuantía, previo cumplimiento de los requisitos

---

Art. 177.5: Art. 36.3 RD 500/1990 (I.3).
Art. 177.6: Art. 38.4 RD 500/1990 (I.3).

Art. 178: Art. 39 RD 500/1990 (I.3); LGP: art. 54.

exigidos por vía reglamentaria, en función de la efectividad de los recursos afectados.

Art. 179. *Transferencias de crédito: límites formales y competencia.*—1. Las entidades locales regularán en las bases de ejecución del presupuesto el régimen de transferencias estableciendo, en cada caso, el órgano competente para autorizarlas.

2. En todo caso, la aprobación de las transferencias de crédito entre distintos grupos de función corresponderá al Pleno de la corporación salvo cuando las bajas y las altas afecten a créditos de personal.

3. Los organismos autónomos podrán realizar operaciones de transferencias de crédito con sujeción a lo dispuesto en los apartados anteriores.

4. Las modificaciones presupuestarias a que se refiere este artículo, en cuanto sean aprobadas por el Pleno, seguirán las normas sobre información, reclamaciones, recursos y publicidad a que se refieren los artículos 169, 170 y 171 de la Ley.

Art. 180. *Transferencias de crédito: límites objetivos.*—1. Las transferencias de créditos de cualquier clase estarán sujetas a las siguientes limitaciones:

a) No afectarán a los créditos ampliables ni a los extraordinarios concedidos durante el ejercicio.

b) No podrán minorarse los créditos que hayan sido incrementados con suplementos o transferencias, salvo cuando afecten a créditos de personal, ni los créditos incorporados como consecuencia de remanentes no comprometidos procedentes de presupuestos cerrados.

c) No incrementarán créditos que como consecuencia de otras transferencias hayan sido objeto de minoración, salvo cuando afecten a créditos de personal.

2. Las anteriores limitaciones no afectarán a las transferencias de crédito que se refieran a los programas de imprevistos y funciones no clasificadas ni serán de aplicación cuando se trate de créditos modificados como consecuencia de reorganizaciones administrativas aprobadas por el Pleno.

Art. 181. *Generaciones de crédito.*—Podrán generar cré-

Art. 179: Arts. 40 y 42 RD 500/1990 (I.3).

Art. 180: Art. 41 RD 500/1990 (I.3); LGP: art. 52.

Art. 181: Arts. 43 a 46 y 78 RD 500/1990 (I.3); LGP: art. 53.

dito en los estados de gastos de los presupuestos, en la forma que reglamentariamente se establezca, los ingresos de naturaleza no tributaria derivados de las siguientes operaciones:

a) Aportaciones o compromisos firmes de aportación de personas físicas o jurídicas para financiar, juntamente con la entidad local o con alguno de sus organismos autónomos, gastos que por su naturaleza están comprendidos en sus fines u objetivos.

b) Enajenaciones de bienes de la entidad local o de sus organismos autónomos.

c) Prestación de servicios.

d) Reembolso de préstamos.

e) Reintegros de pagos indebidos con cargo al presupuesto corriente, en cuanto a reposición del crédito en la correspondiente cuantía.

Art. 182. *Incorporaciones de crédito.*—1. No obstante lo dispuesto en el artículo 175 de esta Ley, podrán incorporarse a los correspondientes créditos de los presupuestos de gastos del ejercicio inmediato siguiente, siempre que existan para ello los suficientes recursos financieros:

a) Los créditos extraordinarios y los suplementos de créditos, así como las transferencias de crédito, que hayan sido concedidos o autorizados, respectivamente, en el último trimestre del ejercicio.

b) Los créditos que amparen los compromisos de gasto a que hace referencia el apartado 2.*b*) del artículo 176 de esta Ley.

c) Los créditos por operaciones de capital.

d) Los créditos autorizados en función de la efectiva recaudación de derechos afectados.

2. Los remanentes incorporados según lo prevenido en el apartado anterior podrán ser aplicados tan sólo dentro del ejercicio presupuestario al que la incorporación se acuerde y, en el supuesto del párrafo *a*) de dicho apartado, para los mismos gastos que motivaron, en cada caso, su concesión y autorización.

3. Los créditos que amparen proyectos financiados con ingresos afectados deberán incorporarse obligatoriamente, salvo que se desista total o parcialmente de iniciar o continuar la ejecución del gasto.

Art. 182: Arts. 47 y 48 RD 500/1990 (I.3); LGP: art. 58.

SECCIÓN 3.ª

Ejecución y liquidación

Art. 183. *Régimen jurídico.*—La ejecución de los créditos consignados en el presupuesto de gastos de las entidades locales se efectuará conforme a lo dispuesto en la presente sección y, complementariamente, por las normas que dicte cada entidad y queden plasmadas en las bases de ejecución del presupuesto.

Art. 184. *Fases del procedimiento de gestión de los gastos.*—1. La gestión del presupuesto de gastos se realizará en las siguientes fases cuyo contenido se establecerá reglamentariamente:

a) Autorización de gasto.

b) Disposición o compromiso de gasto.

c) Reconocimiento o liquidación de la obligación.

d) Ordenación de pago.

2. Las entidades locales podrán en la forma que reglamentariamente se establezca abarcar en un solo acto administrativo dos o más fases de ejecución de las enumeradas en el apartado anterior.

Art. 185. *Competencias en materia de gestión de gastos.*—1. Dentro del importe de los créditos autorizados en los presupuestos corresponde-

---

Art. 183: LBRL: Art 112.4; TRLRHL (I.1): arts. 168.4 y 5 y 150; arts. 52 ss. RD 500/1990 (I.3). Para los gastos a realizar a través del procedimiento de subvenciones, téngase en cuenta la Ley 38/2003, de 17 de noviembre, General de Subvenciones (*BOE* del 18), pues su art. 3.º incluye en su ámbito a la Administración local y cuya Disp. Adic. 14.ª dispone:

«*Entidades locales.*—Los procedimientos regulados en esta ley se adaptarán reglamentariamente a las condiciones de organización y funcionamiento de las corporaciones locales.

»La competencia para ejercer el control financiero de las subvenciones concedidas por las corporaciones locales y los organismos públicos de ellas dependientes corresponderá a los órganos o funcionarios que tengan atribuido el control financiero de la gestión económica de dichas corporaciones a que se refieren los artículos 194 y siguientes de la Ley 39/1988, de 28 de diciembre, reguladora de las Haciendas Locales.

»Lo establecido en el título III de esta ley sobre el objeto del control financiero, la obligación de colaboración de los beneficiarios, las entidades colaboradoras y los terceros relacionados con el objeto de la subvención o justificación, así como las facultades y deberes del personal controlador, será de aplicación al control financiero de las subvenciones de las Administraciones locales.»

El RD 887/2006, de 21 de julio, aprueba el Reglamento de la Ley 38/2003, de 17 de noviembre, General de Subvenciones (*BOE* de 25 de julio de 2006).

Art. 184: Arts. 52, a 54, 56, 58, 61, 67 y 68 RD 500/1990 (I.3).

Art. 185: TRLRHL (I.1): arts. 186.1 y 212.1 y 4; arts. 55, 57, 59 y 60 RD 500/1990 (I.3).

rá la autorización y disposición de los gastos al presidente o al Pleno de la entidad de acuerdo con la atribución de competencias que establezca la normativa vigente.

2. Corresponderá al presidente de la corporación el reconocimiento y liquidación de las obligaciones derivadas de compromisos de gastos legalmente adquiridos.

3. Las facultades a que se refieren los apartados anteriores podrán desconcentrarse o delegarse en los términos previstos por el artículo 23 de la Ley 7/1985, de 2 de abril, que deberán recogerse para cada ejercicio, en las bases de ejecución del presupuesto.

4. En los organismos autónomos las facultades indicadas se ejercerán en los términos expuestos anteriormente, correspondiendo a los órganos de aquellos a los que sus estatutos atribuyan dichas competencias.

Art. 186. *Ordenación de pagos.*—1. Competen al presidente de la entidad local las funciones de ordenación de pagos.

2. El Pleno de la entidad local, a propuesta del presidente, podrá crear una unidad de ordenación de pagos que, bajo la superior autoridad de éste, ejerza las funciones administrativas de la ordenación de pagos.

3. El Pleno de las entidades locales de más de 500.000 habitantes de derecho, a propuesta del presidente, podrá asimismo crear una unidad central de tesorería que, bajo la superior autoridad de éste, ejerza las funciones de la ordenación de pagos.

4. La ordenación de pagos en los organismos autónomos la ejercerá el órgano de éstos que, por estatutos, la tenga atribuida.

Art. 187. *Plan de disposición de fondos.*—La expedición de las órdenes de pago habrá de acomodarse al plan de disposición de fondos de la tesorería que se establezca por el presidente que, en todo caso,

---

Art. 186: Arts. 62 a 64 RD 500/1990 (I.3). El art. 1.º TRLRHL (I.1) excluye el carácter básico de los n.os 2 y 3, de conformidad con la STC 233/1999, de 16 de diciembre.

Art. 187: Art. 65 RD 500/1990 (I.3); los arts. 216.4, 217 y Disp. Trans. 6.ª del Real Decreto Legislativo 3/2011, de 14 de noviembre, por el que se aprueba el texto refundido de la Ley de Contratos del Sector Público (*BOE* n.º 276, de 16 de noviembre), redactado el primero de ellos por la Ley 13/2014, de 14 de julio, de transformación del Fondo para la Financiación de los Pagos a Proveedores (*BOE* n.º 171, de 15 de julio), disponen:

«*Art. 216. Pago del precio.*—[...] 4. La Administración tendrá la deberá recoger la prioridad de los gastos de personal y de las obligaciones contraídas en ejercicios anteriores.

---

obligación de abonar el precio dentro de los treinta días siguientes a la fecha de aprobación de las certificaciones de obra o de los documentos que acrediten la conformidad con lo dispuesto en el contrato de los bienes entregados o servicios prestados, sin perjuicio de lo establecido en el artículo 222.4, y si se demorase, deberá abonar al contratista, a partir del cumplimiento de dicho plazo de treinta días los intereses de demora y la indemnización por los costes de cobro en los términos previstos en la Ley 3/2004, de 29 de diciembre, por la que se establecen medidas de lucha contra la morosidad en las operaciones comerciales. Para que haya lugar al inicio del cómputo de plazo para el devengo de intereses, el contratista deberá de haber cumplido la obligación de presentar la factura ante el registro administrativo correspondiente, en tiempo y forma, en el plazo de treinta días desde la fecha de entrega efectiva de las mercancías o la prestación del servicio.

»Sin perjuicio de lo establecido en los artículos 222.4 y 235.1, la Administración deberá aprobar las certificaciones de obra o los documentos que acrediten la conformidad con lo dispuesto en el contrato de los bienes entregados o servicios prestados dentro de los treinta días siguientes a la entrega efectiva de los bienes o prestación del servicio, salvo acuerdo expreso en contrario establecido en el contrato y en alguno de los documentos que rijan la licitación, siempre que no sea manifiestamente abusivo para el acreedor en el sentido del artículo 9 de la Ley 3/2004, de 29 de diciembre, por la que se establecen medidas de lucha contra la morosidad en las operaciones comerciales.

»En todo caso, si el contratista incumpliera el plazo de treinta días para presentar la factura ante el registro administrativo, el devengo de intereses no se iniciará hasta transcurridos treinta días desde la fecha de presentación de la factura en el registro correspondiente, sin que la Administración haya aprobado la conformidad, si procede, y efectuado el correspondiente abono.»

«*Art. 217. Procedimiento para hacer efectivas las deudas de las Administraciones Públicas.*—Transcurrido el plazo a que se refiere el artículo 216.4 de esta Ley, los contratistas podrán reclamar por escrito a la Administración contratante el cumplimiento de la obligación de pago y, en su caso, de los intereses de demora. Si, transcurrido el plazo de un mes, la Administración no hubiera contestado, se entenderá reconocido el vencimiento del plazo de pago y los interesados podrán formular recurso contencioso-administrativo contra la inactividad de la Administración, pudiendo solicitar como medida cautelar el pago inmediato de la deuda. El órgano judicial adoptará la medida cautelar, salvo que la Administración acredite que no concurren las circunstancias que justifican el pago o que la cuantía reclamada no corresponde a la que es exigible, en cuyo caso la medida cautelar se limitará a esta última. La sentencia condenará en costas a la Administración demandada en el caso de estimación total de la pretensión de cobro.»

«*Disp. Trans. 6.ª Plazos a los que se refiere el artículo 216 de la Ley.*—El plazo de treinta días a que se refiere el apartado 4 del artículo 216 de esta Ley, se aplicará a partir del 1 de enero de 2013.

»Desde la entrada en vigor de esta Ley y el 31 de diciembre de 2011, el plazo en el que las Administraciones tienen la obligación de abonar el precio de las obligaciones a las que se refiere el apartado 4 del artículo 216 será dentro de los cincuenta días siguientes a la fecha de la expedición de las certificaciones de obra o de los correspondientes do-

Art. 188. *Responsabilidad personal.*—Los ordenadores de gastos y de pagos, en todo caso, y los interventores de las entidades locales, cuando no adviertan por escrito su impro-

---

cumentos que acrediten la realización total o parcial del contrato.

»Entre el 1 de enero de 2012 y el 31 de diciembre de 2012, el plazo en el que las Administraciones tienen la obligación de abonar el precio de las obligaciones a las que se refiere el apartado 4 del artículo 216 será dentro de los cuarenta días siguientes a la fecha de la expedición de las certificaciones de obra o de los correspondientes documentos que acrediten la realización total o parcial del contrato.»

Art. 188: LGP: arts. 176 ss. El Real Decreto-ley 4/2012, de 24 de febrero, por el que se determinan obligaciones de información y procedimientos necesarios para establecer un mecanismo de financiación para el pago a los proveedores de las entidades locales (*BOE* n.º 48, de 25 de febrero), excluye responsabilidad en los siguientes términos:

«*Art. 5.º Efectos de la expedición de certificados.*—La expedición tanto de las relaciones certificadas como de los certificados individuales conllevará la contabilización de las obligaciones pendientes de pago, en caso de no estarlo, sin que esto suponga responsabilidad del interventor en los términos previstos en el artículo 188 del Real Decreto Legislativo 2/2004, de 5 de marzo, por el que se aprueba el texto refundido de la Ley Reguladora de las Haciendas Locales.»

La Ley 19/2013, de 9 de diciembre, de transparencia, acceso a la información pública y buen gobierno (*BOE* n.º 295, de 10 de diciembre), modificada por la Disp. Final 3.ª de la Ley Orgánica 9/2013, de 20 de diciembre, de control de la deuda comercial en el sector público (*BOE* n.º 305, de 21 de diciembre), y de aplicación para altos cargos, dispone en los arts. 28 y 30:

«*Art. 28. Infracciones en materia de gestión económico-presupuestaria.*—Constituyen infracciones muy graves las siguientes conductas cuando sean culpables:

»*a*) La incursión en alcance en la administración de los fondos públicos cuando la conducta no sea subsumible en ninguno de los tipos que se contemplan en las letras siguientes.

»*b*) La administración de los recursos y demás derechos de la Hacienda Pública sin sujeción a las disposiciones que regulan su liquidación, recaudación o ingreso en el Tesoro.

»*c*) Los compromisos de gastos, reconocimiento de obligaciones y ordenación de pagos sin crédito suficiente para realizarlos o con infracción de lo dispuesto en la Ley 47/2003, de 26 de noviembre, General Presupuestaria, o en la de Presupuestos u otra normativa presupuestaria que sea aplicable.

»*d*) La omisión del trámite de intervención previa de los gastos, obligaciones o pagos, cuando ésta resulte preceptiva o del procedimiento de resolución de discrepancias frente a los reparos suspensivos de la intervención, regulado en la normativa presupuestaria.

»*e*) La ausencia de justificación de la inversión de los fondos a los que se refieren los artículos 78 y 79 de la Ley 47/2003, de 26 de noviembre, General Presupuestaria, o, en su caso, la normativa presupuestaria equivalente de las administraciones distintas de la General del Estado.

»*f*) El incumplimiento de la obligación de destinar íntegramente los ingresos obtenidos por encima de los previstos en el presupuesto a la reducción del nivel de deuda pública de conformidad con lo previsto en el artículo 12.5 de la Ley Orgánica 2/2012, de 27 de abril, de Estabilidad Presupuestaria y Sostenibilidad Financiera, y el incumplimiento de la obligación del destino del superávit presupuestario a la reducción del nivel de endeudamiento neto en los términos previstos en el artículo 32 y la disposición adicional sexta de la citada Ley.

»*g*) La realización de operaciones de crédito y emisiones de deudas que no cuenten con la preceptiva autorización o, habiéndola obtenido, no se cumpla con lo en ella previsto o se superen los límites previstos en la Ley Orgánica 2/2012, de 27 de abril, la Ley Orgánica 8/1980, de 22 de septiembre, de Financiación de las Comunidades Autónomas, y en el Texto Refundido de la Ley Reguladora de las Haciendas Locales, aprobado por el Real Decreto Legislativo 2/2004, de 5 de marzo.

»*h*) La no adopción en plazo de las medidas necesarias para evitar el riesgo de incumplimiento, cuando se haya formulado la advertencia prevista en el artículo 19 de la Ley Orgánica 2/2012, de 27 de abril.

»*i*) La suscripción de un Convenio de colaboración o concesión de una subvención a una Administración Pública que no cuente con el informe favorable del Ministerio de Hacienda y Administraciones Públicas previsto en el artículo 20.3 de la Ley Orgánica 2/2012, de 27 de abril.

»*j*) La no presentación o la falta de puesta en marcha en plazo del plan económico-financiero o del plan de reequilibrio de conformidad con el artículo 23 de la Ley Orgánica 2/2012, de 27 de abril.

»*k*) El incumplimiento de las obligaciones de publicación o de suministro de información previstas en la normativa presupuestaria y económico-financiera, siempre que en este último caso se hubiera formulado requerimiento.

»*l*) La falta de justificación de la desviación, o cuando así se le haya requerido la falta de inclusión de nuevas medidas en el plan económico-financiero o en el plan de reequilibrio de acuerdo con el artículo 24.3 de la Ley Orgánica 2/2012, de 27 de abril.

»*m*) La no adopción de las medidas previstas en los planes económico-financieros y de reequilibrio, según corresponda, previstos en los artículos 21 y 22 de la Ley Orgánica 2/2012, de 27 de abril.

»*n*) La no adopción en el plazo previsto del acuerdo de no disponibilidad al que se refieren los artículos 20.5.*a*) y 25 de la Ley Orgánica 2/2012, de 27 de abril, así como la no constitución del depósito previsto en el citado artículo 25 de la misma Ley, cuando así se haya solicitado.

»ñ) La no adopción de un acuerdo de no disponibilidad, la no constitución del depósito que se hubiere solicitado o la falta de ejecución de las medidas propuestas por la Comisión de Expertos cuando se hubiere formulado el requerimiento del Gobierno previsto en el artículo 26.1 de la Ley Orgánica 2/2012, de 27 de abril.

»*o*) El incumplimiento de las instrucciones dadas por el Gobierno para ejecutar las medidas previstas en el artículo 26.1 de la Ley Orgánica 2/2012, de 27 de abril.

»*p*) El incumplimiento de la obligación de rendir cuentas regulada en el artículo 137 de la Ley 47/2003, de 26 de noviembre, General Presupuestaria u otra normativa presupuestaria que sea aplicable.»

«*Art. 30. Sanciones.*—1. Las infracciones leves serán sancionadas con una amonestación.

»2. Por la comisión de una infracción grave se impondrán al infractor algunas de las siguientes sanciones:

»*a*) La declaración del incumplimiento y su publicación en el *Boletín Oficial del Estado* o diario oficial que corresponda.

»*b*) La no percepción, en el caso de que la llevara aparejada, de la correspondiente indemnización para el caso de cese en el cargo.

»3. En el caso de las infracciones muy graves, se impondrán en todo caso las sanciones previstas en el apartado anterior.

»4. Los sancionados por la comisión de una infracción muy grave serán destituidos del cargo que ocupen salvo que ya hubiesen cesado y no podrán ser nombrados para ocupar ningún puesto de alto cargo o asimilado durante un cedencia, serán personalmente responsables de todo gasto que autoricen y de toda obligación que reconozcan, liquiden o paguen sin crédito suficiente.

Art. 189. *Requisitos previos a la expedición de órdenes de pago.*—1. Previamente a la expedición de las órdenes de pago con cargo a los presupuestos de la entidad local y de sus organismos autónomos habrá de acreditarse documentalmente ante el órgano que haya de reconocer las obligaciones la realización de la prestación o el derecho del acreedor de conformidad con los acuerdos que en su día autorizaron y comprometieron el gasto.

2. Los perceptores de subvenciones concedidas con cargo a los presupuestos de las

---

período de entre cinco y diez años con arreglo a los criterios previstos en el apartado siguiente.

»5. La comisión de infracciones muy graves, graves o leves se sancionará de acuerdo con los criterios recogidos en el artículo 131.3 de la Ley 30/1992, de 26 de noviembre, de Régimen Jurídico de las Administraciones Públicas y del Procedimiento Administrativo Común, y los siguientes:

»*a*) La naturaleza y entidad de la infracción.

»*b*) La gravedad del peligro ocasionado o del perjuicio causado.

»*c*) Las ganancias obtenidas, en su caso, como consecuencia de los actos u omisiones constitutivos de la infracción.

»*d*) Las consecuencias desfavorables de los hechos para la Hacienda Pública respectiva.

»*e*) La circunstancia de haber procedido a la subsanación de la infracción por propia iniciativa.

»*f*) La reparación de los daños o perjuicios causados.

»En la graduación de las sanciones se valorará la existencia de perjuicios para el interés público, la repercusión de la conducta en los ciudadanos, y, en su caso, la percepción indebida de cantidades por el desempeño de actividades públicas incompatibles.

»6. Cuando las infracciones pudieran ser constitutivas de delito, la Administración pondrá los hechos en conocimiento del Fiscal General del Estado y se abstendrá de seguir el procedimiento mientras la autoridad judicial no dicte una resolución que ponga fin al proceso penal.

»7. Cuando los hechos estén tipificados como infracción en una norma administrativa especial, se dará cuenta de los mismos a la Administración competente para la instrucción del correspondiente procedimiento sancionador, suspendiéndose las actuaciones hasta la terminación de aquél. No se considerará normativa especial la Ley 47/2003, de 26 de noviembre, General Presupuestaria, respecto de las infracciones previstas en el artículo 28, pudiéndose tramitar el procedimiento de responsabilidad patrimonial simultáneamente al procedimiento sancionador.

»8. En todo caso la comisión de las infracciones previstas en el artículo 28 conllevará las siguientes consecuencias:

»*a*) La obligación de restituir, en su caso, las cantidades percibidas o satisfechas indebidamente.

»*b*) La obligación de indemnizar a la Hacienda Pública en los términos del artículo 176 de la Ley 47/2003, de 26 de noviembre, General Presupuestaria.»

Art. 189: Art. 59 RD 500/1990 (I.3); art. 34 de la Ley 38/2003, de 17 de noviembre, General de Subvenciones (*BOE* del 18).

entidades locales y de los organismos autónomos vendrán obligados a acreditar, antes de su percepción, que se encuentran al corriente de sus obligaciones fiscales con la entidad, así como, posteriormente, a justificar la aplicación de los fondos recibidos.

Art. 190. *Pagos a justificar. Anticipos de caja fija.*—1. Las órdenes de pago cuyos documentos no se puedan acompañar en el momento de su expedición, según previene el artículo anterior, tendrán el carácter de a justificar y se aplicarán a los correspondientes créditos presupuestarios.

2. Las bases de ejecución del presupuesto podrán establecer, previo informe de la Intervención, las normas que regulen la expedición de órdenes de pago a justificar con cargo a los presupuestos de gastos, determinando los criterios generales, los límites cuantitativos y los conceptos presupuestarios a los que sean aplicables.

Los perceptores de estas órdenes de pago quedarán obligados a justificar la aplicación de las cantidades percibidas en el plazo máximo de tres meses, y sujetos al régimen de responsabilidades que establece la normativa vigente.

En ningún caso podrán expedirse nuevas órdenes de pago a justificar, por los mismos conceptos presupuestarios, a perceptores que tuviesen aún en su poder fondos pendientes de justificación.

3. Para las atenciones de carácter periódico o repetitivo, los fondos librados a justificar podrán tener el carácter de anticipos de caja fija. Los perceptores de estos fondos quedarán obligados a justificar la aplicación de las cantidades percibidas a lo largo del ejercicio presupuestario en que se constituyó el anticipo.

Art. 191. *Cierre y liquidación del presupuesto.*—1. El presupuesto de cada ejercicio se liquidará en cuanto a la recaudación de derechos y al pago de obligaciones el 31 de diciembre del año natural correspondiente, quedando a cargo de la Tesorería local los ingresos y pagos pendientes, según sus respectivas contracciones.

2. Las obligaciones reconocidas y liquidadas no satisfechas el último día del ejerci-

---

Art. 190: LGP: arts. 78 y 79.
Art. 190.1: Art. 69 RD 500/1990 (I.3).
Art. 190.2: Arts.70 a 72 RD 500/1990 (I.3).
Art. 190.3: Arts.73 a 76 RD 500/1990 (I.3).
Art. 191: Arts. 89 a 104 RD 500/1990 (I.3): LGP: art. 34.

cio, los derechos pendientes de cobro y los fondos líquidos a 31 de diciembre configurarán el remanente de tesorería de la entidad local. La cuantificación del remanente de tesorería deberá realizarse teniendo en cuenta los posibles ingresos afectados y minorando de acuerdo con lo que reglamentariamente se establezca los derechos pendientes de cobro que se consideren de difícil o imposible recaudación.

3. Las entidades locales deberán confeccionar la liquidación de su presupuesto antes del día primero de marzo del ejercicio siguiente.

La aprobación de la liquidación del presupuesto corresponde al presidente de la entidad local, previo informe de la Intervención.

Art. 192. *Cierre y liquidación del presupuesto de organismos autónomos.*—1. La liquidación de los presupuestos de los organismos autónomos se ajustará a lo dispuesto en el apartado 1 del artículo anterior. Reglamentariamente se regularán las operaciones de cierre del ejercicio económico y de liquidación de los presupuestos, atendiendo al carácter de los citados organismos.

2. La liquidación de los presupuestos de los organismos autónomos, informada por la Intervención correspondiente y propuesta por el órgano competente de éstos, será remitida a la entidad local para su aprobación por su presidente y a los efectos previstos en el artículo siguiente.

Art. 193. *Liquidación del presupuesto con remanente de tesorería negativo. Remisión a otras Administraciones públicas.*—1. En caso de liquidación del presupuesto con remanente de tesorería negativo, el Pleno de la corporación o el órgano competente del organismo autónomo, según corresponda, deberán proce-

---

Art. 193: TRLRHL (I.1): arts. 204, 212 y 213; arts. 9.º y 27 LOEPSF (I.2); arts. 90, 91, 104 y 105 RD 500/1990 (I.3).

La Disp. Trans. 4.ª de la Ley 27/2013, de 27 de diciembre, de racionalización y sostenibilidad de la Administración Local (*BOE* n.º 312, de 30 de diciembre), establece:

«*Disolución de entidades de ámbito territorial inferior al Municipio.*—1. Las entidades de ámbito territorial inferior al Municipio existentes en el momento de la entrada en vigor de la presente Ley mantendrán su personalidad jurídica y la condición de Entidad Local.

»2. Con fecha de 31 de diciembre de 2014, las entidades de ámbito territorial inferior al Municipio deberán presentar sus cuentas ante los organismos correspondientes del Estado y de la Comunidad Autónoma respectiva para no incurrir en causa de disolución.

»3. La no presentación de cuentas por las entidades de ámbito territorial der, en la primera sesión que celebren, a la reducción de gastos del nuevo presupuesto por cuantía igual al déficit pro-

---

inferior al Municipio ante los organismos correspondientes del Estado y de la Comunidad Autónoma respectiva será causa de disolución. La disolución será acordada por Decreto del órgano de gobierno de la Comunidad Autónoma respectiva en el que se podrá determinar su mantenimiento como forma de organización desconcentrada.

»La disolución en todo caso conllevará:

»*a*) Que el personal que estuviera al servicio de la entidad disuelta quedará incorporado en el Ayuntamiento en cuyo ámbito territorial esté integrada.

»*b*) Que el Ayuntamiento del que dependa la entidad de ámbito territorial inferior al municipio queda subrogado en todos sus derechos y obligaciones.»

La Orden EHA/468/2007, de 22 de febrero, por la que se establecen las condiciones generales y el procedimiento para la presentación telemática de la liquidación de los presupuestos de las Entidades Locales y de la información adicional requerida para la aplicación efectiva del principio de transparencia en el ámbito de la estabilidad presupuestaria (*BOE* n.º 56 de 6/3/2007), dispone:

«El artículo 45 de la Ley 30/1992, de 26 de noviembre, de Régimen Jurídico de las Administraciones Públicas y del Procedimiento Administrativo Común, insta a las Administraciones Públicas a promover el empleo y la aplicación de técnicas y medios electrónicos, informáticos y telemáticos para el desarrollo de su actividad y el ejercicio de sus competencias.

»A su vez, el Real Decreto 263/1996, de 16 de febrero, por el que se regula la utilización de técnicas electrónicas, informáticas y telemáticas por la Administración General del Estado, aborda el desarrollo de dicho artículo, con la pretensión de delimitar en el ámbito de la Administración General del Estado, las garantías, requisitos y supuestos de utilización de dichas técnicas.

»El Ministerio de Economía y Hacienda promueve la utilización de las nuevas tecnologías en sus relaciones tanto con los ciudadanos como con otras Administraciones Públicas, entre ellas las Entidades Locales.

»El artículo 193.5 del Texto Refundido de la Ley Reguladora de las Haciendas Locales, aprobado por Real Decreto Legislativo 2/2004, de 5 de marzo, establece la obligación de las Entidades Locales de remitir una copia de la liquidación de sus presupuestos a la Administración del Estado antes de finalizar el mes de marzo del ejercicio siguiente al que corresponda.

»Por otra parte, el artículo 21 de la Ley 18/2001, de 12 de diciembre, General de Estabilidad Presupuestaria, modificada por Ley 15/2006, de 26 de mayo, establece que el Ministerio de Economía y Hacienda podrá recabar de las Entidades Locales la información necesaria para permitir la verificación de la adecuación al principio de estabilidad presupuestaria, dentro de la que se incluyen datos propios de la cuenta general de la Entidad Local.

»Con el fin de facilitar la transmisión de esta información por parte de las Entidades Locales, el Ministerio de Economía y Hacienda pone a su disposición una aplicación telemática, accesible a través de la Oficina Virtual de Coordinación Financiera con las Entidades Locales, en el Portal de Internet del Ministerio de Economía y Hacienda. La presente Orden acomete la regulación del procedimiento para la presentación telemática de dicha información, ofreciendo asimismo la posibilidad de firmar electrónicamente los datos transmitidos.

»La Ley 59/2003, de 19 de diciembre, de firma electrónica, define el concepto de firma electrónica reconocida como la firma electrónica avanzada basada ducido. La expresada reducción sólo podrá revocarse por acuerdo del Pleno, a propuesta del presidente, y previo informe del Interventor, cuando el desarrollo normal del presupuesto y la situación de la tesorería lo consintiesen.

---

en un certificado reconocido y generada mediante un dispositivo seguro de creación de firma, teniendo, respecto de los datos consignados en forma electrónica, el mismo valor que la firma manuscrita en relación con los consignados en papel.

» En otro orden de cosas, la Intervención General de la Administración del Estado (IGAE), en virtud del artículo 125.2.*g*) de la Ley 47/2003, de 26 de noviembre, General Presupuestaria, tiene encomendada la elaboración de las cuentas nacionales de las unidades que componen el sector de las Administraciones Públicas, dentro de las que se integran las Corporaciones Locales. Para la obtención de determinadas estimaciones iniciales, se ha diseñado una muestra de Entidades Locales para la realización de las cuentas provisionales de la Contabilidad Nacional, cuya captura corresponde a la Dirección General de Coordinación Financiera con las Entidades Locales, a través del procedimiento también regulado por la presente Orden.

»En su virtud, y previo informe de la Comisión Nacional de Administración Local, dispongo:

»*Art. 1.º Objeto y ámbito de aplicación.*—Esta Orden tiene por objeto la regulación de la presentación telemática de la liquidación de los presupuestos y de la información adicional que las entidades comprendidas en el ámbito de aplicación subjetivo del artículo 2.1.*d*) de la Ley 18/2001, de 12 de diciembre, General de Estabilidad Presupuestaria, han de suministrar al Ministerio de Economía y Hacienda.

»Están incluidas dentro de este ámbito las Entidades Locales, sus Organismos autónomos y los entes públicos dependientes de aquéllas, que presten servicios o produzcan bienes que no se financien mayoritariamente con ingresos comerciales.

»*Art. 2.º Condiciones generales para la presentación telemática de la liquidación del presupuesto de las Entidades Locales, así como de la información económico-financiera adicional requerida por el Ministerio de Economía y Hacienda.*—1. El necesario desglose informativo de la liquidación presupuestaria de las Entidades Locales, así como los datos económico-financieros adicionales a suministrar al Ministerio de Economía y Hacienda en el marco de la estabilidad presupuestaria y de la contabilidad nacional, serán incorporados anualmente a la aplicación telemática de captura de datos de la liquidación del presupuesto de las Entidades Locales, publicada en la Oficina Virtual de Coordinación Financiera con las Entidades Locales, integrada en el Portal de Internet del Ministerio de Economía y Hacienda (http://www.meh.es).

»2. El acceso a la aplicación a través del sistema de autenticación establecido da paso a una relación de cuestionarios adaptada al tipo y magnitud de la Entidad Local.

»*Art. 3.º Procedimiento para la presentación telemática de la liquidación del presupuesto de las Entidades Locales, así como de la información económico-financiera adicional requerida por el Ministerio de Economía y Hacienda.*—1. El Interventor o, en su caso, el titular del órgano de la Entidad Local que tenga atribuida la función de contabilidad, en adelante funcionario asimilado, recibirá de la Dirección General de Coordinación Financiera con las Entidades Locales los datos necesarios para su autenticación, que permitirán el acceso a la aplicación telemática de captura de datos de la liquidación del

2. Si la reducción de gastos no resultase posible, se podrá acudir al concierto de operación de crédito por su importe,

---

presupuesto. Mediante esta autenticación, basada en la generación de un usuario y de una contraseña secretos, el Interventor o funcionario asimilado podrá, a su vez, autorizar a otros funcionarios de la Entidad Local para que puedan introducir datos en la aplicación.

»2. El Interventor o funcionario asimilado de la Entidad Local podrá optar por cualquiera de las siguientes posibilidades a la hora de transmitir los datos:

»*a*) Transcribir manualmente los datos a los cuestionarios de la aplicación de captura de datos diseñada al efecto.

»*b*) Importar los datos desde archivos con los formatos ofimáticos que se determinen, descargables desde la propia aplicación de captura de datos, a las celdas de los cuestionarios respectivos.

»*c*) Utilizar el formato normalizado de archivo, basado en el estándar internacional XBRL (*eXtensible Business Reporting Language*) para simplificar la automatización del intercambio de información financiera, disponible para su descarga en la propia aplicación.

»3. La firma electrónica de los datos transmitidos por el Interventor o funcionario asimilado de la Entidad Local eximen de la obligación de remitir una copia legal en papel de la liquidación del presupuesto. Para llevar a cabo el procedimiento telemático con firma electrónica, deberán observarse los siguientes aspectos:

»*a*) El firmante de los datos ha de ser siempre el Interventor o funcionario asimilado de la Entidad Local, sin que pueda delegar su firma.

»*b*) El Interventor o funcionario asimilado deberá disponer de un certificado electrónico de usuario Clase 2CA, expedido por la Fábrica Nacional de Moneda y Timbre-Real Casa de la Moneda, de un certificado de DNI electrónico, expedido por la Dirección General de la Policía, o cualquier otro certificado admitido por el Ministerio de Economía y Hacienda, que figure en la relación de los tipos de certificados electrónicos reconocidos, así como de los prestadores de servicios de certificación que los expiden, publicada en el Portal de Internet de dicho Ministerio.

»*c*) El Interventor o funcionario asimilado utilizará, para la firma electrónica de los datos, el componente de firma electrónica incluido en la aplicación de captura de datos de la liquidación del presupuesto, que será desplegado sólo en el caso de que se active la utilidad de firma electrónica de los datos.

»*d*) La presentación telemática de datos firmados electrónicamente generará asiento de entrada en el registro de la aplicación o en el registro oficial que proceda, dejando constancia tanto de la entrega como de la fecha y hora en que se produjo, a efectos del cómputo de plazos. Este asiento motivará el correspondiente acuse de recibo.

»4. Si los datos son transmitidos sin firma electrónica, se mantiene la obligación, para la Entidad Local, de la remisión de una copia en papel de la liquidación presupuestaria firmada por el Interventor o funcionario asimilado.

»*Art. 4.º Muestra de Entidades Locales para la realización de las cuentas provisionales de la Contabilidad Nacional.*—1. Las Entidades Locales incluidas en la muestra para la realización de las cuentas provisionales de la Contabilidad Nacional a cargo de la Intervención General de la Administración del Estado deberán cumplimentar los cuestionarios que encontrarán al seleccionar el epígrafe "Datos Avance de la Liquidación de los Presupuestos", situado como primera de las opciones en la página de entrada.

»2. Estos datos, que habrán de anticiparse telemáticamente en cuanto se disponga de una estimación razonable siempre que se den las condiciones señaladas en el artículo 177.5 de esta Ley.

3. De no adoptarse ninguna de las medidas previstas en los dos apartados anteriores, el presupuesto del ejercicio siguiente habrá de aprobarse con un superávit inicial de cuantía no inferior al repetido déficit.

4. De la liquidación de cada uno de los presupuestos que integran el presupuesto general y de los estados financieros de las sociedades mercantiles dependientes de la entidad, una vez realizada su aprobación, se dará cuenta al Pleno en la primera sesión que celebre.

5. Las entidades locales remitirán copia de la liquidación de sus presupuestos a la Administración del Estado y a

---

de los mismos, sin que deban ser firmados electrónicamente, tendrán carácter provisional, y su uso por parte del Ministerio de Economía y Hacienda se restringirá exclusivamente a aspectos estadísticos. En cualquier caso, estos datos deben ser suministrados antes del 31 de marzo del año siguiente al que se refiera la información.

»3. Posteriormente, una vez aprobada la Liquidación del Presupuesto, se cotejará ésta con la información provisional y se cumplimentarán el resto de cuestionarios relacionados bajo el epígrafe "Datos definitivos de la Liquidación de los Presupuestos".

»*Disp. Final única. Entrada en vigor.*—La presente Orden entrará en vigor el día siguiente al de su publicación en el *Boletín Oficial del Estado*.»

Art. 193.5: Vid. apartado 3 de la Res. de 14 de septiembre de 2009 (I.6). La Ley 2/2011, de 4 de marzo, de Economía Sostenible (*BOE* n.º 55, del 5 de marzo), en su art. 36, modificado en su n.º 1 por la Disp. Final 3.ª de la Ley 27/2013, de 27 de diciembre, de racionalización y sostenibilidad de la Administración Local (*BOE* n.º 312, de 30 de diciembre), establece:

«*Art. 36. Incumplimiento por las Entidades locales de la obligación de remitir la información relativa a la liquidación de sus presupuestos a la Administración General del Estado.*—1. En el supuesto de que las Entidades Locales incumplan la obligación de remitir al Ministerio de Hacienda y Administraciones Públicas toda la información relativa a la liquidación de sus respectivos presupuestos de cada ejercicio, de acuerdo con lo establecido en el artículo 193.5 del texto refundido de la Ley Reguladora de las Haciendas Locales, aprobado por el Real Decreto Legislativo 2/2004, de 5 de marzo, la Secretaría General de Coordinación Autonómica y Local, procederá a retener a partir del mes de junio del ejercicio siguiente al que corresponda aquella liquidación, y hasta que se produzca la regularización de la citada remisión, así como la de las liquidaciones de los ejercicios a los que resulta de aplicación la presente norma, el importe de las entregas a cuenta y, en su caso, anticipos y liquidaciones definitivas de la participación en los tributos del Estado que les corresponda.

»Asimismo, en el supuesto de que las Entidades Locales incumplan la obligación de remitir al Tribunal de Cuentas la información a la que se refiere el artículo 212.5 del texto refundido de la Ley Reguladora de las Haciendas Locales, aprobado por el Real Decreto Legislativo 2/2004, de 5 de marzo, se podrá retener el importe de las entregas a cuenta y, en su caso, anticipos y liquidaciones definitivas de la participación en los tributos del Estado que les corresponla Comunidad Autónoma antes de finalizar el mes de marzo del ejercicio siguiente al que corresponda.

La falta de remisión de la liquidación en el plazo señalado facultará a la Administración para utilizar como actuales, a cualquier efecto, los datos que conozca relativos a la entidad de que se trate.

Art. 193 bis. *Derechos de difícil o imposible recaudación.*—Las entidades locales deberán informar al Ministerio de Hacienda y Administraciones Públicas y a su Pleno, u órgano equivalente, del resultado de la aplicación de los criterios determinantes de los derechos de difícil o imposible recaudación con los siguientes límites mínimos:

---

da, y hasta que se considere cumplida tal obligación de remisión. Para que la anterior retención, o suspensión de la misma, se pueda practicar será necesaria una comunicación del Tribunal de Cuentas a la Secretaría General de Coordinación Autonómica y Local.

»A estos efectos, será objeto de retención la cuantía resultante, una vez practicados, en su caso, los reintegros y las devoluciones de los anticipos regulados en las Leyes de Presupuestos Generales del Estado, así como las retenciones a las que se refiere la disposición adicional cuarta del mencionado texto refundido.

»2. En el supuesto de que las Entidades locales justifiquen razonadamente la imposibilidad material de dar cumplimiento a la obligación mencionada en el apartado anterior, la Dirección General de Coordinación Financiera con las Comunidades Autónomas y con las Entidades locales suspenderá por el tiempo que determine, de acuerdo con aquellas alegaciones, la retención de fondos a la que se refiere dicho apartado, previa solicitud del Pleno de la Entidad local afectada.

»3. Cuando se remita la mencionada información a la Dirección General de Coordinación Financiera con las Comunidades Autónomas y con las Entidades locales, ésta reanudará el pago de las entregas a cuenta, a partir de la que corresponda al mes siguiente al de su recepción, así como el de las cantidades retenidas con anterioridad. La remisión se podrá realizar utilizando el procedimiento de transmisión electrónica, de acuerdo con la norma de la Ley de Presupuestos Generales del Estado que regule la información a suministrar por las Corporaciones locales.

»4. Hasta la realización del pago citado en el apartado anterior, las cantidades retenidas podrán permanecer ingresadas en las cuentas de acreedores no presupuestarios habilitadas en la Dirección General del Tesoro y Política Financiera, citadas en las normas de gestión presupuestaria de determinados créditos a favor de las Entidades locales, contenidas en las Leyes de Presupuestos Generales del Estado.»

Conforme a la misma Disp. Adic. 22.ªdos de la Ley 17/2012, de 27 de diciembre: «Las referencias del citado artículo a la Dirección General de Coordinación Financiera con las Comunidades Autónomas y con las Entidades Locales y a la Dirección General del Tesoro y Política Financiera deberán considerarse realizadas a la Secretaría General de Coordinación Autonómica y Local y a la Secretaría General del Tesoro y Política Financiera.»

Art. 193 bis: Introducido por el art. 2.º de la Ley 27/2013, de 27 de diciembre, de racionalización y sostenibilidad de la Administración Local (*BOE* n.º 312, de 30 de diciembre).

a) Los derechos pendientes de cobro liquidados dentro de los presupuestos de los dos ejercicios anteriores al que corresponde la liquidación, se minorarán, como mínimo, en un 25 por 100.

b) Los derechos pendientes de cobro liquidados dentro de los presupuestos del ejercicio tercero anterior al que corresponde la liquidación, se minorarán, como mínimo, en un 50 por 100.

c) Los derechos pendientes de cobro liquidados dentro de los presupuestos de los ejercicios cuarto a quinto anteriores al que corresponde la liquidación, se minorarán, como mínimo, en un 75 por 100.

d) Los derechos pendientes de cobro liquidados dentro de los presupuestos de los restantes ejercicios anteriores al que corresponde la liquidación, se minorarán en un 100 por 100.

CAPÍTULO II

DE LA TESORERÍA DE LAS ENTIDADES LOCALES

Art. 194. *Definición y régimen jurídico.*—1. Constituyen la tesorería de las entidades locales todos los recursos financieros, sean dinero, valores o créditos, de la entidad local, tanto por operaciones presupuestarias como extrapresupuestarias.

2. Los preceptos contenidos en el presente capítulo serán de aplicación, asimismo, a los organismos autónomos.

3. La tesorería de las entidades locales se regirá por lo dispuesto en el presente capítulo y, en cuanto les sean de aplicación, por las normas del capítulo tercero del título cuarto de la Ley 47/2003, de 26 de noviembre, General Presupuestaria.

Art. 195. *Control y régimen contable.*—Las disponibilidades de la tesorería y sus variaciones quedan sujetas a intervención y al régimen de la contabilidad pública.

Art. 196. *Funciones.*—1. Son funciones encomendadas a la tesorería de las entidades locales:

a) Recaudar los derechos y pagar las obligaciones.

b) Servir al principio de unidad de caja, mediante la centralización de todos los

---

Art. 194: LGP: arts. 106 a 110.

Art. 196: El art. 4.º, números 3 a 5, de la Ley 15/2010, de 5 de julio, de modificación de la Ley 3/2004, de 29 de diciembre, por la que se establecen medidas de lucha contra la morosidad fondos y valores generados por operaciones presupuestarias y extrapresupuestarias.

c) Distribuir en el tiempo las disponibilidades dinerarias para la puntual satisfacción de las obligaciones.

d) Responder de los avales contraídos.

e) Realizar las demás que se deriven o relacionen con las anteriormente numeradas.

2. Las funciones enumeradas en el apartado anterior se ejercerán, en su caso, por la unidad central de tesorería a que hace referencia el artículo 186 de esta Ley.

Art. 197. *Caja y cuentas bancarias.*—1. Las entidades locales podrán concertar los servicios financieros de su tesorería con entidades de crédito y ahorro, mediante la apertura de los siguientes tipos de cuentas:

a) Cuentas operativas de ingresos y pagos.

b) Cuentas restringidas de recaudación.

c) Cuentas restringidas de pagos.

d) Cuentas financieras de colocación de excedentes de tesorería.

2. Asimismo las entidades locales podrán autorizar la existencia de cajas de efectivo, para los fondos de las operaciones diarias, las cuales estarán sujetas a las limitaciones que reglamentariamente se establezcan.

Art. 198. *Medios de ingreso y de pago.*—1. Las entidades locales podrán dictar reglas especiales para el ingreso del producto de la recaudación de los recursos que podrán realizarse en las cajas de efectivo o en las entidades de crédito colaboradoras mediante efec-

---

en las operaciones comerciales (*BOE* n.º 163, de 6 de julio), dispone:

«*Art. 4.º Morosidad de las Administraciones Públicas.*—[...]

»3. Los Tesoreros o, en su defecto, Interventores de las Corporaciones locales elaborarán trimestralmente un informe sobre el cumplimiento de los plazos previstos en esta Ley para el pago de las obligaciones de cada Entidad local, que incluirá necesariamente el número y cuantía global de las obligaciones pendientes en las que se esté incumpliendo el plazo.

»4. Sin perjuicio de su posible presentación y debate en el Pleno de la Corporación local, dicho informe deberá remitirse, en todo caso, a los órganos competentes del Ministerio de Economía y Hacienda y, en su respectivo ámbito territorial, a los de las Comunidades Autónomas que, con arreglo a sus respectivos Estatutos de Autonomía, tengan atribuida la tutela financiera de las Entidades locales. Tales órganos podrán igualmente requerir la remisión de los citados informes.

»5. La información así obtenida podrá ser utilizada por las Administraciones receptoras para la elaboración de un informe periódico y de carácter público sobre el cumplimiento de los plazos para el pago por parte de las Administraciones Públicas.»

tivo, transferencias, cheques o cualquier otro medio o documento de pago, sean o no bancarios, que se establezcan.

2. Las entidades locales podrán asimismo pagar sus obligaciones por cualquiera de los medios a que se refiere el apartado anterior.

Art. 199. *Gestión de la tesorería.*—1. Las entidades locales, de acuerdo con lo establecido en el artículo 51 de esta Ley, podrán concertar, con cualesquiera entidades financieras, operaciones de tesorería para cubrir déficit temporales de liquidez derivados de las diferencias de vencimientos de sus pagos e ingresos.

2. Igualmente, las entidades locales podrán rentabilizar sus excedentes temporales de tesorería mediante inversiones que reúnan las condiciones de liquidez y seguridad.

CAPÍTULO III

DE LA CONTABILIDAD*

SECCIÓN 1.ª

Disposiciones generales

Art. 200. *Régimen jurídico.*—1. Las entidades locales y sus organismos autónomos quedan sometidos al régimen de contabilidad pública en los términos establecidos en esta Ley.

2. Las sociedades mercantiles en cuyo capital tengan parti-

---

* Vid. normas II.1 a II.3. Para los municipios de gran población vid. los artículos de la LBRL introducidos por la ley 57/2003, de 16 de diciembre (III.1).

Art. 200: El art. 114 LBRL establece: «Las Entidades locales quedan sometidas al régimen de contabilidad pública. La Administración del Estado establecerá, con carácter general, el plan de cuentas de las Entidades Locales.»

La Disp. Final 2.ª de la Ley 46/1998, de 17 de diciembre, de introducción del Euro (*BOE* del 18), en su n.º 2, dispone: «Asimismo se faculta a la Intervención General de la Administración del Estado para determinar la información expresable en euros dentro de la información contable intermedia y de fin de ejercicio que no se rinde al Tribunal de Cuentas, y para determinar las reglas contables de aplicación del régimen de conversión en las entidades sujetas a contabilidad pública.»

Vid. reglas 1 y Tit. II de II.1, II.2 y II.3.

El PGC vigente ha sido aprobado por RD 1.514/2007, de 16 de noviembre (*BOE* del 20).

La Orden EHA/1.037/2010, de 13 de abril, aprobó el Plan General de Contabilidad Pública (*BOE* n.º 102, de 28 de abril).

Asimismo, para las empresas públicas téngase en cuenta la Ley 4/2007, de 3 de abril, de transparencia de las relaciones financieras entre las Administraciones públicas y las empresas públicas, y de transparencia financiera de determinadas empresas (*BOE* del 4 de abril), desarrollada por el RD 1.759/2007, de 28 de diciembre (*BOE* de 16 de enero de 2008).

cipación total o mayoritaria las entidades locales estarán igualmente sometidas al régimen de contabilidad pública, sin perjuicio de que se adapten a las disposiciones del Código de Comercio y demás legislación mercantil y al Plan General de Contabilidad vigente para las empresas españolas.

Art. 201. *Rendición de cuentas.*—La sujeción al régimen de contabilidad pública lleva consigo la obligación de rendir cuentas de las respectivas operaciones, cualquiera que sea su naturaleza, al Tribunal de Cuentas.

Art. 202. *Ejercicio contable.*—El ejercicio contable coincidirá con el ejercicio presupuestario.

Art. 203. *Competencia.*—1. Corresponderá al Ministerio de Hacienda a propuesta de la Intervención General de la Administración del Estado:

a) Aprobar las normas contables de carácter general a las que tendrá que ajustarse la organización de la contabilidad de los entes locales y sus organismos autónomos.

b) Aprobar el Plan General de Cuentas para las entidades locales, conforme al Plan General de Contabilidad Pública.

c) Establecer los libros que, como regla general y con carácter obligatorio, deban llevarse.

d) Determinar la estructura y justificación de las cuentas, estados y demás documentos relativos a la contabilidad pública.

2. A los efectos previstos en el apartado anterior, serán objeto de tratamiento contable simplificado aquellas entidades locales cuyas características así lo requieran y que serán fijadas reglamentariamente por el Ministerio de Hacienda.

Art. 204. *Función contable de la Intervención.*—1. A la Intervención de las entidades locales le corresponde llevar y desarrollar la contabilidad financiera y el seguimiento, en términos financieros, de la ejecución de los presupuestos de acuerdo con las normas generales y las dictadas por el Pleno de la corporación.

Art. 201: Vid. nota al art. 233 (I.1), Regla 2 de II.1, II.2 y II.3.

Art. 202: Regla 3 de II.1, II.2 y II.3.

Art. 203.1: Fruto de estas competencias son las Órdenes de 23 de noviembre de 2004 (II.1, II.2 y II.3). Más en concreto para competencias de la IGAE, reglas 9 (II.2) y 10 (II.3).

Art. 203.2: Vid. II.1 y II.3.

Art. 204: Regla 8 (II.2) y 9 (II.3).

2. Asimismo, competerá a la Intervención la inspección de la contabilidad de los organismos autónomos y de las sociedades mercantiles dependientes de la entidad local, de acuerdo con los procedimientos que establezca el Pleno.

Art. 205. *Fines de la contabilidad pública local.*—La contabilidad de los entes locales estará organizada al servicio de los siguientes fines:

a) Establecer el balance de la entidad local, poniendo de manifiesto la composición y situación de su patrimonio, así como sus variaciones.

b) Determinar los resultados desde un punto de vista económico-patrimonial.

c) Determinar los resultados analíticos poniendo de manifiesto el coste y rendimiento de los servicios.

d) Registrar la ejecución de los presupuestos generales de la entidad, poniendo de manifiesto los resultados presupuestarios.

e) Registrar los movimientos y situación de la tesorería local.

f) Proporcionar los datos necesarios para la formación de la cuenta general de la entidad, así como de las cuentas, estados y documentos que deban elaborarse o remitirse al Tribunal de Cuentas.

g) Facilitar la información necesaria para la confección de estadísticas económico-financieras por parte del Ministerio de Hacienda.

h) Facilitar los datos y demás antecedentes que sean precisos para la confección de las cuentas económicas del sector público y las nacionales de España.

i) Rendir la información económica y financiera que sea necesaria para la toma de decisiones, tanto en el orden político como en el de gestión.

j) Posibilitar el ejercicio de los controles de legalidad, financiero y de eficacia.

k) Posibilitar el inventario y el control del inmovilizado material, inmaterial y financiero, el control del endeudamiento y el seguimiento individualizado de la situación deudora o acreedora de los interesados que se relacionen con la entidad local.

Art. 206. *Soporte de las anotaciones contables.*—1. La

Art. 205: Reglas 8 (II.1), 12 (II.2) y 13 (II.3).

Art. 206: Tít. III de II.1, II.2 y II.3. Además téngase en cuenta que la Ley 25/2013, de 27 de diciembre, de impulso de la factura electrónica y creación del registro contable de facturas en el Sector Público (*BOE* n.º 311, de 28 de contabilidad pública se llevará en libros, registros y cuentas según los procedimientos técnicos que sean más convenientes por la índole de las operaciones y de las situaciones que en ellos deban anotarse y de forma que facilite el cumpli-

---

diciembre), desarrolla la obligación de presentación de facturas en el registro, debiendo disponer de un punto general de entrada de facturas electrónicas a través del cual se recibirán todas ellas, si bien las Entidades locales pueden adherirse a la utilización del punto general de entrada de facturas electrónicas que proporcione su Diputación, Comunidad Autónoma o el Estado. Los arts. 9.º, 10 y 12 y las Disps. Adics. 4.ª y 5.ª, disponen:

«*Art. 9.º Procedimiento para la tramitación de facturas.*—1. El registro administrativo en el que se reciba la factura la remitirá inmediatamente a la oficina contable competente para la anotación en el registro contable de la factura.

»Las facturas electrónicas presentadas en el correspondiente punto general de entrada de facturas electrónicas, serán puestas a disposición o remitidas electrónicamente, mediante un servicio automático proporcionado por dicho punto, al registro contable de facturas que corresponda en función de la oficina contable que figura en la factura. En la factura deberá identificarse los órganos administrativos a los que vaya dirigida de conformidad con la disposición adicional trigésima tercera del texto refundido de la Ley de Contratos del Sector Público, aprobado por el Real Decreto Legislativo 3/2011, de 14 de noviembre.

»No obstante, el Estado, las Comunidades Autónomas y los municipios de Madrid y Barcelona, podrán excluir reglamentariamente de esta obligación de anotación en el registro contable a las facturas cuyo importe sea de hasta 5.000 euros, así como las facturas emitidas por los proveedores a los servicios en el exterior de cualquier Administración Pública hasta que dichas facturas puedan satisfacer los requerimientos para su presentación a través del Punto general de entrada de facturas electrónicas, de acuerdo con la valoración del Ministerio de Hacienda y Administraciones Públicas, y los servicios en el exterior dispongan de los medios y sistemas apropiados para su recepción en dichos servicios.

»2. La anotación de la factura en el registro contable de facturas dará lugar a la asignación del correspondiente código de identificación de dicha factura en el citado registro contable. En el caso de las facturas electrónicas dicho código será comunicado al Punto general de entrada de facturas electrónicas.

»3. El órgano o unidad administrativa que tenga atribuida la función de contabilidad la remitirá o pondrá a disposición del órgano competente para tramitar, si procede, el procedimiento de conformidad con la entrega del bien o la prestación del servicio realizada por quien expidió la factura y proceder al resto de actuaciones relativas al expediente de reconocimiento de la obligación, incluida, en su caso, la remisión al órgano de control competente a efectos de la preceptiva intervención previa.

»4. Una vez reconocida la obligación por el órgano competente que corresponda, la tramitación contable de la propuesta u orden de pago identificará la factura o facturas que son objeto de la propuesta, mediante los correspondientes códigos de identificación asignados en el registro contable de facturas.

»*Art. 10. Actuaciones del órgano competente en materia de contabilidad.*—Los órganos o unidades administrativas que tengan atribuida la función miento de los fines señalados en el artículo anterior.

2. En los citados libros, registros y cuentas, se contabilizarán la totalidad de los actos u operaciones de carácter administrativo, civil o mercantil, con repercusión financiera,

---

de contabilidad en las Administraciones Públicas:

»1. Efectuarán requerimientos periódicos de actuación respecto a las facturas pendientes de reconocimiento de obligación, que serán dirigidos a los órganos competentes.

»2. Elaborarán un informe trimestral con la relación de las facturas con respecto a los cuales hayan transcurrido más de tres meses desde que fueron anotadas y no se haya efectuado el reconocimiento de la obligación por los órganos competentes. Este informe será remitido dentro de los quince días siguientes a cada trimestre natural del año al órgano de control interno.

»[...]

»*Art. 12. Facultades y obligaciones de los órganos de control interno.*—1. La Intervención General de la Administración del Estado y los órganos de control equivalentes en los ámbitos autonómico y local tendrán acceso a la documentación justificativa, a la información que conste en el registro contable de facturas, y a la contabilidad en cualquier momento.

»2. Anualmente, el órgano de control interno elaborará un informe en el que evaluará el cumplimiento de la normativa en materia de morosidad. En el caso de las Entidades Locales, este informe será elevado al Pleno.

»[...]

»*Disp. Adic. 4.ª Intercambio de información.*—La Agencia Estatal de Administración Tributaria, los órganos de recaudación de la Comunidades Autónomas y Entidades Locales, la Tesorería General de la Seguridad Social y los órganos pagadores de las Administraciones públicas, incluidas en el ámbito de aplicación de esta Ley, de acuerdo con el procedimiento que se establezca reglamentariamente, intercambiarán la información sobre deudores de las Administraciones y los pagos a los mismos con el objeto de realizar las actuaciones de embargo o compensación que procedan.

»La Agencia Estatal de Administración Tributaria creará y administrará la plataforma informática para el desarrollo de los intercambios de información y las actuaciones de gestión recaudatoria previstas en esta disposición.

»*Disp. Adic. 5.ª Adhesión al Punto General de Entrada de Facturas Electrónicas de la Administración General del Estado.*—1. En cumplimiento de la obligación de establecer un punto general de entrada de facturas electrónicas señalada en el artículo 6 de la presente Ley, las Comunidades Autónomas y las Entidades Locales podrán adherirse al punto general de entrada de facturas electrónicas establecido por la Administración General del Estado, que les proporcionará las funcionalidades previstas para el citado punto respecto de las facturas electrónicas de los proveedores.

»2. La adhesión al punto general de entrada de facturas electrónicas de la Administración General del Estado se realizará por medios telemáticos a través del portal electrónico establecido al efecto en el citado punto por la Secretaría de Estado de Administraciones Públicas del Ministerio de Hacienda y Administraciones Públicas.

»3. Este acto de adhesión, suscrito con firma electrónica avanzada por el órgano competente de la Comunidad Autónoma o Entidad Local de que se trate, deberá dejar constancia de la voluntad de dicha Comunidad o Entidad de adherirse al punto general de entrada de facturas electrónicas de la Administración General del Estado y de patrimonial o económica en general.

Art. 207. *Información periódica para el Pleno de la corporación.*—La Intervención de la entidad local remitirá al Pleno de la entidad, por conducto de la presidencia, información de la ejecución de los presupuestos y del movimiento de la tesorería por operaciones presupuestarias independientes y auxiliares del presupuesto y de su situación, en los plazos y con la periodicidad que el Pleno establezca.

SECCIÓN 2.ª

Estados de cuentas anuales de las entidades locales

Art. 208. *Formación de la cuenta general.*—Las entidades locales, a la terminación del ejercicio presupuestario, formarán la cuenta general que pondrá de manifiesto la gestión realizada en los aspectos económico, financiero, patrimonial y presupuestario.

Art. 209. *Contenido de la cuenta general de las entidades locales.*—1. La cuenta general estará integrada por:

a) La de la propia entidad.

b) La de los organismos autónomos.

c) Las de las sociedades mercantiles de capital íntegramente propiedad de las entidades locales.

2. Las cuentas a que se refieren los párrafos *a*) y *b*) del apartado anterior reflejarán la situación económico-financiera y patrimonial, los resultados económico-patrimoniales y la

---

aceptar en su integridad las condiciones de uso de la plataforma, determinadas por la Secretaría de Estado de Administraciones Públicas del Ministerio de Hacienda y Administraciones Públicas.

»4. Los desarrollos técnicos que, en su caso, deban implantar las Comunidades Autónomas y las Entidades Locales para integrar y hacer compatibles sus sistemas informáticos con el punto general de entrada de facturas electrónicas de la Administración General del Estado serán financiados con cargo a los Presupuestos de cada Comunidad Autónoma o Entidad Local.

»5. La adhesión de las Comunidades Autónomas o Entidades Locales al punto general de entrada de facturas electrónicas de la Administración General del Estado es voluntaria, si bien la no adhesión deberá justificarse en términos de eficiencia conforme al artículo 7 de la Ley Orgánica 2/2012, de 27 de abril, de Estabilidad Presupuestaria y Sostenibilidad Financiera.

»La adhesión al punto general entrada de facturas electrónicas de la Administración General del Estado podrá conllevar la repercusión de los costes económicos que se generen.»

Art. 207: Reglas 31 (II.1); 105 y 106 (II.2); 93 y 94 (II.3).

Art. 208: Reglas 100 y 101 (II.2); 88 y 89 (II.3).

Art. 209: Reglas 25 ss. (II.1); 97 a 99 (II.2); 85 a 87 (II.3).

ejecución y liquidación de los presupuestos.

Para las entidades locales con tratamiento contable simplificado, se establecerán modelos simplificados de cuentas que reflejarán, en todo caso, la situación financiera y la ejecución y liquidación de los presupuestos.

3. Las cuentas a que se refiere el apartado 1.*c*) anterior serán, en todo caso, las que deban elaborarse de acuerdo con la normativa mercantil.

4. Las entidades locales unirán a la cuenta general los estados integrados y consolidados de las distintas cuentas que determine el Pleno de la corporación.

Art. 210. *Competencia.*—El contenido, estructura y normas de elaboración de las cuentas a que se refieren los párrafos *a*) y *b*) del apartado 1 del artículo anterior, se determinarán por el Ministerio de Hacienda, a propuesta de la Intervención General de la Administración del Estado.

Art. 211. *Memorias que acompañan a la cuenta general.*—Los municipios de más de 50.000 habitantes y las demás entidades locales de ámbito superior acompañarán a la cuenta general:

a) Una memoria justificativa del coste y rendimiento de los servicios públicos.

b) Una memoria demostrativa del grado en que se hayan cumplido los objetivos programados con indicación de los previstos y alcanzados, con su coste.

Art. 212. *Rendición, publicidad y aprobación de la cuenta general.*—1. Los estados y cuentas de la entidad local serán rendidas por su presidente antes del día 15 de mayo del ejercicio siguiente al que correspondan. Las de los organismos autónomos y sociedades mercantiles cuyo capital pertenezca íntegramente a aquélla, rendidas y propuestas inicialmente por los órganos

---

Art. 210: Vid. nota al art. 209.

Art. 211: Regla 101 (II.2); 89 (II.3).

Art. 212: El art. 116 LBRL establece: «Las cuentas anuales se someterán antes del 1 de junio a informe de la Comisión Especial de Cuentas de la Entidad local la cual estará constituida por miembros de los distintos grupos políticos integrantes de la Corporación, y serán, asimismo, objeto de información pública antes de someterse a la aprobación del Pleno, a fin de que puedan formularse contra las mismas reclamaciones, reparos u observaciones. Todo ello sin perjuicio de que pueda denunciarse ante el Tribunal de Cuentas la existencia de irregularidades en la gestión económica y en las cuentas aprobadas.»

Vid. notas al art. 233 TRLRHL (I.1) y Reglas 24 (II.1); 102 a 104 (II.2); 90 a 92 (II.3).

competentes de éstos, serán remitidas a la entidad local en el mismo plazo.

2. La cuenta general formada por la Intervención será sometida antes del día 1 de junio a informe de la Comisión Especial de Cuentas de la entidad local, que estará constituida por miembros de los distintos grupos políticos integrantes de la corporación.

3. La cuenta general con el informe de la Comisión Especial a que se refiere el apartado anterior será expuesta al público por plazo de quince días, durante los cuales y ocho más los interesados podrán presentar reclamaciones, reparos u observaciones. Examinados éstos por la Comisión Especial y practicadas por ésta cuantas comprobaciones estime necesarias, emitirá nuevo informe.

4. Acompañada de los informes de la Comisión Especial y de las reclamaciones y reparos formulados, la cuenta general se someterá al Pleno de la corporación, para que, en su caso, pueda ser aprobada antes del día 1 de octubre.

5. Las entidades locales rendirán al Tribunal de Cuentas la cuenta general debidamente aprobada.

CAPÍTULO IV

CONTROL Y FISCALIZACIÓN*

Art. 213. *Control interno.*—Se ejercerán en las entidades locales con la extensión y efectos que se determina en

---

* Para los municipios de gran población vid. los artículos de la LBRL introducidos por la Ley 57/2003, de 16 de diciembre (III.1). Para subvenciones vid. la Disp. Adic. 14.ª de la Ley 38/2003, de 17 de noviembre, General de Subvenciones, reproducida en nota al art. 183 TRLRHL (I.1).

Art. 213: Redactado conforme al art. 2.º de la Ley 27/2013, de 27 de diciembre, de racionalización y sostenibilidad de la Administración Local (*BOE* n.º 312, de 30 de diciembre). La Disp. Adic. 7.ª de esta Ley dispone:

«*Colaboración con las Intervenciones locales.*—1. La Intervención General de la Administración del Estado podrá asumir, previa la formalización del oportuno convenio con la Entidad Local interesada, la realización de actuaciones de apoyo encaminadas a reforzar la autonomía y eficacia de los órganos responsables del control y fiscalización interna de la gestión económico-financiera, contable y presupuestaria en el ámbito de las Entidades Locales.

»2. En el convenio deberá preverse la contraprestación económica que habrá de satisfacer la Entidad Local al Estado y que podrá dar lugar a una generación de crédito de conformidad con lo dispuesto en la legislación presupuestaria.

»3. Suscrito el convenio mencionado en el apartado primero, la Intervención General podrá encomendar la realización de dichas actuaciones de apoyo técnico a la Intervención Delegada, Regional o Territorial que en cada caso se determine.»

LGP: art. 142.

los artículos siguientes las funciones de control interno respecto de su gestión económica, de los organismos autónomos y de las sociedades mercantiles de ellas dependientes, en sus modalidades de función interventora, función de control financiero, incluida la auditoría de cuentas de las entidades que se determinen reglamentariamente, y función de control de la eficacia.

A propuesta del Ministerio de Hacienda y Administraciones Públicas, el Gobierno establecerá las normas sobre los procedimientos de control, metodología de aplicación, criterios de actuación, derechos y deberes del personal controlador y destinatarios de los informes de control, que se deberán seguir en el desarrollo de las funciones de control indicadas en el apartado anterior.

Los órganos interventores de las entidades locales remitirán con carácter anual a la Intervención General de la Administración del Estado un informe resumen de los resultados de los citados controles desarrollados en cada ejercicio, en el plazo y con el contenido que se regulen en las normas indicadas en el párrafo anterior.

Art. 214. *Ámbito de aplicación y modalidades de ejercicio de la función interventora.*—1. La función interventora tendrá por objeto fiscalizar todos los actos de las entidades locales y de sus organismos autónomos que den lugar al reconocimiento y liquidación de derechos y obligaciones o gastos de contenido económico, los ingresos y pagos que de aquéllos se deriven, y la recaudación, inversión y aplicación, en general, de los caudales públicos administrados, con el fin de que la gestión se ajuste a las disposiciones aplicables en cada caso.

2. El ejercicio de la expresada función comprenderá:

a) La intervención crítica o previa de todo acto, documento o expediente susceptible de producir derechos u obligaciones de contenido económico o movimiento de fondos de valores.

b) La intervención formal de la ordenación del pago.

c) La intervención material del pago.

d) La intervención y comprobación material de las inversiones y de la aplicación de las subvenciones.

Art. 215. *Reparos.*—Si en el ejercicio de la función inter-

Art. 214: TRLRHL (I.1): art. 40; LGP: arts. 148 y 150.

Art. 215: TRLRHL(I.1): art. 188; LGP: art. 154.

ventora el órgano interventor se manifestara en desacuerdo con el fondo o con la forma de los actos, documentos o expedientes examinados, deberá formular sus reparos por escrito antes de la adopción del acuerdo o resolución.

Art. 216. *Efectos de los reparos.*—1. Cuando la disconformidad se refiera al reconocimiento o liquidación de derechos a favor de las entidades locales o sus organismos autónomos, la oposición se formalizará en nota de reparo que, en ningún caso, suspenderá la tramitación del expediente.

2. Si el reparo afecta a la disposición de gastos, reconocimiento de obligaciones u ordenación de pagos, se suspenderá la tramitación del expediente hasta que aquél sea solventado en los siguientes casos:

a) Cuando se base en la insuficiencia de crédito o el propuesto no sea adecuado.

b) Cuando no hubieran sido fiscalizados los actos que dieron origen a las órdenes de pago.

c) En los casos de omisión en el expediente de requisitos o trámites esenciales.

d) Cuando el reparo derive de comprobaciones materiales de obras, suministros, adquisiciones y servicios.

Art. 217. *Discrepancias.*—1. Cuando el órgano a que afecte el reparo no esté de acuerdo con éste, corresponderá al presidente de la entidad local resolver la discrepancia, siendo su resolución ejecutiva. Esta facultad no será delegable en ningún caso.

2. No obstante lo dispuesto en el apartado anterior, corresponderá al Pleno la resolución de las discrepancias cuando los reparos:

a) Se basen en insuficiencia o inadecuación de crédito.

b) Se refieran a obligaciones o gastos cuya aprobación sea de su competencia.

Art. 218. *Informes sobre resolución de discrepancias.*—1. El órgano interventor elevará informe al Pleno de todas las resoluciones adoptadas por el Presidente de la entidad local contrarias a los reparos efectuados,

---

Art. 216: LGP: art. 154.

Art. 217: LGP: art 155.

Art. 218: Redactado conforme al art. 2.° de la Ley 27/2013, de 27 de diciembre, de racionalización y sostenibilidad de la Administración Local (*BOE* n.° 312, de 30 de diciembre).

así como un resumen de las principales anomalías detectadas en materia de ingresos. Dicho informe atenderá únicamente a aspectos y cometidos propios del ejercicio de la función fiscalizadora, sin incluir cuestiones de oportunidad o conveniencia de las actuaciones que fiscalice.

Lo contenido en este apartado constituirá un punto independiente en el orden del día de la correspondiente sesión plenaria.

El Presidente de la Corporación podrá presentar en el Pleno informe justificativo de su actuación.

2. Sin perjuicio de lo anterior, cuando existan discrepancias, el Presidente de la entidad local podrá elevar su resolución al órgano de control competente por razón de la materia de la Administración que tenga atribuida la tutela financiera.

3. El órgano interventor remitirá anualmente al Tribunal de Cuentas todas las resoluciones y acuerdos adoptados por el Presidente de la entidad local y por el Pleno de la Corporación contrarios a los reparos formulados, así como un resumen de las principales anomalías detectadas en materia de ingresos. A la citada documentación deberá acompañar, en su caso, los informes justificativos presentados por la Corporación local.

Art. 219. *Fiscalización previa.*—1. No estarán sometidos a intervención previa los gastos de material no inventariable, contratos menores, así como los de carácter periódico y demás de tracto sucesivo, una vez intervenido el gasto correspondiente al período inicial del acto o contrato del que deriven o sus modificaciones, así como otros gastos menores de 3.005,06 euros que, de acuerdo con la normativa vigente, se hagan efectivos a través del sistema de anticipos de caja fija.

2. El Pleno podrá acordar, a propuesta del presidente y previo informe del órgano interventor, que la intervención previa se limite a comprobar los siguientes extremos:

a) La existencia de crédito presupuestario y que el propuesto es el adecuado a la naturaleza de gasto u obligación que se proponga contraer.

En los casos en que se trate de contraer compromisos de gastos de carácter plurianual se comprobará, además, si se cumple lo preceptuado en el artículo 174 de esta Ley.

Art. 219: LGP: art. 151 a 153.

b) Que las obligaciones o gasto se generan por órgano competente.

c) Aquellos otros extremos que, por su trascendencia en el proceso de gestión, se determinen por el Pleno a propuesta del presidente.

El órgano interventor podrá formular las observaciones complementarias que considere conveniente, sin que éstas tengan, en ningún caso, efectos suspensivos en la tramitación de los expedientes correspondientes.

3. Las obligaciones o gastos sometidos a la fiscalización limitada a que se refiere el apartado 2 de este artículo serán objeto de otra plena con posterioridad, ejercida sobre una muestra representativa de los actos, documentos o expedientes que dieron origen a la referida fiscalización, mediante la aplicación de técnicas de muestreo o auditoría, con el fin de verificar que se ajustan a las disposiciones aplicables en cada caso y determinar el grado del cumplimiento de la legalidad en la gestión de los créditos.

Los órganos de control interno que realicen las fiscalizaciones con posterioridad deberán emitir informe escrito en el que hagan constar cuantas observaciones y conclusiones se deduzcan de ellas. Estos informes se remitirán al Pleno con las observaciones que hubieran efectuado los órganos gestores.

4. Las entidades locales podrán determinar, mediante acuerdo del Pleno, la sustitución de la fiscalización previa de derechos por la inherente a la toma de razón en contabilidad y por actuaciones comprobatorias posteriores mediante la utilización de técnicas de muestreo o auditoría.

Art. 220. *Ámbito de aplicación y finalidad del control financiero.*—1. El control financiero tendrá por objeto comprobar el funcionamiento en el aspecto económico-financiero de los servicios de las entidades locales, de sus organismos autónomos y de las sociedades mercantiles de ellas dependientes.

2. Dicho control tendrá por objeto informar acerca de la adecuada presentación de la información financiera, del cumplimiento de las normas y directrices que sean de aplicación y del grado de eficacia y eficiencia en la consecución de los objetivos previstos.

3. El control financiero se realizará por procedimientos de auditoría de acuerdo con las normas de auditoría del sector público.

Art. 220: LGP: arts.157 ss.

4. Como resultado del control efectuado habrá de emitirse informe escrito en el que se haga constar cuantas observaciones y conclusiones se deduzcan del examen practicado. Los informes, conjuntamente con las alegaciones efectuadas por el órgano auditado, serán enviados al Pleno para su examen.

Art. 221. *Control de eficacia.*—El control de eficacia tendrá por objeto la comprobación periódica del grado de cumplimiento de los objetivos, así como el análisis del coste de funcionamiento y del rendimiento de los respectivos servicios o inversiones.

Art. 222. *Facultades del personal controlador.*—Los funcionarios que tengan a su cargo la función interventora así como los que se designen para llevar a efecto los controles financiero y de eficacia, ejercerán su función con plena independencia y podrán recabar cuantos antecedentes consideren necesarios, efectuar el examen y comprobación de los libros, cuentas y documentos que consideren precisos, verificar arqueos y recuentos y solicitar de quien corresponda, cuando la naturaleza del acto, documento o expediente que deba ser intervenido lo requiera, los informes técnicos y asesoramientos que estimen necesarios.

Art. 223. *Control externo.*—1. La fiscalización externa de las cuentas y de la gestión económica de las entidades locales y de todos los organismos y sociedades de ellas dependientes es función propia del Tribunal de Cuentas, con el alcance y condiciones que establece su Ley Orgánica Reguladora y su Ley de Funcionamiento.

2. A tal efecto, las entidades locales rendirán al citado Tribunal, antes del día 15 de octubre de cada año, la cuenta general a que se refiere el artículo 209 de esta Ley correspondiente al ejercicio económico anterior.

3. Una vez fiscalizadas las cuentas por el Tribunal, se someterá a la consideración de la entidad local la propuesta de corrección de las anomalías observadas y el ejercicio de las

---

Art. 221: TRLRHL (I.1): art. 205.*c*).

Art. 222: TRLRHL (I.1): arts. 204, 214 a 217 y 219; LGP: arts. 144 y 145.

Art. 223: TRLRHL (I.1): art. 201. El art. 115 LBRL establece: «La fiscalización externa de las cuentas y de la gestión económica de las Entidades locales corresponde al Tribunal de Cuentas, con el alcance y condiciones que establece la Ley Orgánica que lo regula, y sin perjuicio de los supuestos de delegación previstos en la misma.»

acciones procedentes, sin perjuicio, todo ello, de las actuaciones que puedan corresponder al Tribunal en los casos de exigencia de responsabilidad contable.

4. Lo establecido en el presente artículo se entiende sin menoscabo de las facultades que, en materia de fiscalización externa de las entidades

---

Vid. LO 2/1982, de 12 de mayo, del Tribunal de Cuentas, y Ley 7/1988, de 5 de abril, de Funcionamiento del Tribunal de Cuentas, en especial los arts. 27 y 34 a 38; LGP: art. 140.1.

La Resolución de 28 de julio de 2006, de la IGAE (reproducida en nota a la Regla 24 (II.1), recomienda un formato normalizado de la cuenta general de las entidades locales en soporte informático, que facilite su rendición (*BOE* n.º 189, de 9 de agosto).

La Resolución de 30 de marzo de 2007, de la Presidencia del Tribunal de Cuentas, hace público el Acuerdo de la Comisión de Gobierno, de 29 de marzo de 2007, sobre creación del Registro Telemático del Tribunal de Cuentas (*BOE* n.º 90, de 14 de abril), cuyo apartado Tercero, dedicado al ámbito de funcionamiento del Registro, entre otras cosas, dispone que: «El Registro Telemático del Tribunal de Cuentas se encargará de la recepción de las cuentas de las entidades locales, así como de la recepción y la remisión de documentos, escritos y comunicaciones relativos a la rendición de las mismas, en la forma y condiciones establecidas en la Resolución del Pleno del Tribunal de Cuentas de 30 de marzo de 2007», que después se reproduce. Dicho ámbito ha sido ampliado con la Resolución de 10 de mayo de 2012, de la Secretaría General del Tribunal de Cuentas, para la recepción de las relaciones anuales de contratos remitidas por las Entidades que integran el sector público local (*BOE* n.º 114, de 12 de mayo).

La Presidencia del Tribunal de Cuentas, por Resolución de 30 de marzo de 2007, hace público el Acuerdo del Pleno, de 29 de marzo de 2007, que aprueba la Instrucción que regula el formato de la Cuenta General de las Entidades Locales en soporte informático y el procedimiento telemático para la rendición de cuentas (*BOE* n.º 90, de 14 de abril; corrección de errores en *BOE* n.º 115, de 14 de mayo), modificada en su Disp. Trans. y Disp. Adic., así como en los Anexos, por la Res. de 20 de julio de 2009 (*BOE* n.º 181, de 28 de julio), y modificada en las reglas 2,4 y 5, y anexos, en los que se sustituye la sigla CIF por la abreviatura del Número de Identificación Fiscal (NIF), por la Res. de 26 de julio de 2010 (*BOE* n.º 184, de 30 de julio), del siguiente tenor:

«El Texto Refundido de Ley Reguladora de las Haciendas Locales, RD Legislativo 2/2004, de 5 de marzo, en desarrollo del artículo 136 de la Constitución y del art. 1.º de la Ley Orgánica 2/1982, de 12 de mayo, del Tribunal de Cuentas, establece en su art. 223, que la fiscalización externa de las cuentas y de la gestión económica de las Entidades locales y de todos los Organismos y Sociedades de ellas dependientes es función propia del Tribunal de Cuentas. A tal efecto, las Entidades locales rendirán al citado Tribunal, antes del día 15 de octubre de cada año, la Cuenta General a que se refiere el art. 209 de la presente Ley correspondiente al ejercicio económico anterior. Todo ello sin menoscabo de las facultades que, en materia de fiscalización externa de las Entidades locales, tengan atribuidas por sus Estatutos las Comunidades Autónomas.

»La Moción del Tribunal de Cuentas relativa a Las posibles soluciones legales y administrativas para que las Entidades Locales rindan sus cuentas de forma completa y en los plazos legalmente establecidos, aprobada por el

Pleno de 30 de abril de 2003, recogió la necesidad de que en el régimen contable local se incorporaran las nuevas tecnologías en la elaboración y rendición de las cuentas, en cumplimiento del art. 45 de la Ley de Régimen Jurídico de las Administraciones Públicas y del Procedimiento Administrativo Común (RJAP y PAC), que instaba a las Administraciones Públicas a que promovieran la incorporación de técnicas electrónicas, informáticas y telemáticas en el desarrollo de su actividad y en el ejercicio de sus competencias, regulación que en el ámbito local —a diferencia de la existente para la Administración Institucional y la General— el Ministerio de Hacienda no había desarrollado.

»El Tribunal recomendó que se estableciese el desarrollo normativo necesario para que el sector público local se incorporara de una forma homogénea al proceso de obtención y rendición de cuentas en soporte informático. Con respecto a esta propuesta, al igual que con las restantes contenidas en la Moción, la Comisión Mixta Congreso-Senado para las Relaciones con el Tribunal de Cuentas mediante Resolución de 28 de septiembre de 2004, publicada en el *BOE* de 18 de enero de 2005, acordó instar al Gobierno a incorporar a la Normativa en sus estrictos términos las propuestas que incorpora en su Moción el Tribunal de Cuentas.

»Por el Ministerio de Economía y Hacienda se han dictado las Instrucciones de Contabilidad para la Administración Local, aprobadas por Órdenes EHA/4.040, 4.041 y 4.042, de 23 de noviembre de 2004 —de aplicación a las cuentas del ejercicio 2006, a rendir en el 2007—, cuya Regla 2.1, idéntica en todas ellas, expresamente dispone: las entidades locales incluidas en el ámbito de aplicación de esta Instrucción están obligadas a rendir cuentas de sus operaciones, cualquiera que sea su naturaleza, al Tribunal de Cuentas y, en su caso, al órgano de control externo de su Comunidad Autónoma.

»En la línea de impulsar la implantación de las técnicas electrónicas, informáticas y telemáticas, la Instrucción contempla la posibilidad de que con el fin de facilitar el tratamiento flexible de la información contable, esta pueda plasmarse en cualquier tipo de soporte electrónico, informático y telemático, y puedan establecerse procedimientos de envío de las cuentas a los órganos de control externo a través de medios electrónicos, informáticos y telemáticos. La utilización de estos medios para la rendición de la Cuenta General deberá garantizar la autenticidad, integridad y conservación de la información contable que se rinda, así como la recepción por parte del órgano destinatario.

»Por ello, las reglas 24, 104.3 y 92.3 de las Órdenes de 23 de noviembre EHA/4.040/2004, EHA/4.041/2004 y EHA/4.042/2004, respectivamente, establecen que para la rendición de las Cuentas Generales los Órganos de Control Externo podrán establecer procedimientos de envío a través de medios electrónicos, informáticos o telemáticos, siempre que quede garantizada la autenticidad, integridad y conservación de la información contable que se rinda, así como la recepción del órgano destinatario.

»Teniendo en cuenta dichas reglas el Tribunal de Cuentas —tras acuerdo en este sentido de la Comisión de Coordinación de Entidades Locales— propuso a la Intervención General de la Administración del Estado que, en uso de las competencias establecidas en las reglas 9.*b*) de la Instrucción del Modelo Normal de Contabilidad Local y 10.b de la Instrucción del Modelo Simplificado, confeccionara un modelo de soporte reglado y homogéneo de rendición de la Cuenta General de las Entidades locales, para su rendición por medios electrónicos, informáticos o telemáticos, que culminó en la aprobación de la Resolución de 28 de julio de 2006, por la que se recomienda un formato normalizado de la Cuenta General de las Entidades locales en soporte informático, que facilite su rendición.

»Por otra parte, el elevado número de Entidades locales obligadas a rendir sus Cuentas, el evidente avance de la técnica informática, electrónica y telemática, y el propio interés del Tribunal de Cuentas en promover la utilización de las nuevas tecnologías, hacen necesario dotarle de medios materiales y personales que faciliten la gestión informatizada de las cuentas rendidas así como una fluida relación telemática con otros Órganos de Control Externo y con las Entidades Locales, e incluso la adopción de acuerdos dirigidos a facilitar a las Entidades Locales la simultánea rendición de cuentas a los Órganos de Control Externo.

»Procede, por ello, regular e implantar, con carácter general, un formato de Cuenta General que permita su remisión telemática y facilite tanto la explotación de la información en ella contenida como el propio cumplimiento de la obligación de rendir las cuentas, con la consiguiente reducción de costes y de errores tanto en la elaboración y remisión de las Cuentas Generales de las Entidades Locales, como en el posterior control de la actividad económico-financiera que aquellas revelan.

»Finalmente, la recepción de la documentación remitida telemáticamente requiere el establecimiento de un Registro Telemático que deje constancia del envío o recepción, según sea el caso, de las correspondientes comunicaciones electrónicas y, en lo que al Tribunal de Cuentas se refiere, con amparo en el artículo 38.9 de la Ley 30/1992, de 26 de noviembre de RJAP y PAC, dicho Registro se crea mediante Acuerdo adoptado por la Comisión de Gobierno de este Tribunal de Cuentas.

»Con fundamento en el artículo 45 de la Ley 30/1992, que insta a las Administraciones Públicas a que promuevan la incorporación de técnicas electrónicas, informáticas y telemáticas en el desarrollo de su actividad y en el ejercicio de sus competencias, atendida la reforma operada por la Ley 24/2001, de 27 de diciembre, de Medidas Fiscales, Administrativas y de Orden Social, por la que se modificó, por una parte, el artículo 38 de la Ley 30/1992 para habilitar la creación de registros telemáticos que faciliten e impulsen las comunicaciones entre las Administraciones y los ciudadanos; así como el artículo 59 de la misma Ley, a fin de proporcionar la necesaria cobertura legal al régimen jurídico de las notificaciones practicada por medios telemáticos, la presente Resolución regula el envío de las Cuentas de las Entidades Locales en soporte informático y mediante el procedimiento telemático, con firma electrónica reconocida del remitente y con sujeción a lo dispuesto en la Ley 59/2003, de 19 de diciembre, de Firma Electrónica.

»Por cuanto antecede, visto el contenido de las Instrucciones de Contabilidad Local, el Pleno del Tribunal en su sesión de 29 de marzo de 2007 acordó aprobar la siguiente:

»Instrucción por la que se regula el formato de la cuenta general de las entidades locales en soporte informático y el procedimiento telemático para la rendición de cuentas

»Regla 1.ª Objeto y ámbito de aplicación.—1. Esta Instrucción tiene por objeto implantar la rendición telemática de cuentas y regular el soporte informático y el procedimiento telemático de rendición de cuentas ante el Tribunal de Cuentas, así como articular el uso de la firma electrónica reconocida, con garantías de eficacia jurídica y seguridad, dentro de su ámbito de aplicación.

»2. Quedarán sujetas al ámbito de aplicación de la Instrucción todas las Entidades Locales sujetas al régimen general de contabilidad pública local establecido en las citadas Órdenes EHA 4.040, 4.041 y 4.042/2004, todas ellas de 23 de noviembre.

»3. Las Entidades Locales de aquellos ámbitos autonómicos cuyos Órganos de Control Externo hubieran suscrito Convenios con el Tribunal de Cuentas para la implantación de medidas de coordinación de la rendición telemática de las Cuentas Generales de las Entidades Locales, podrán también dar cumplimiento a tal obligación presentando las Cuentas al Órgano de Control Externo en los términos, requisitos y a los efectos previstos en el Convenio de referencia.

»*Regla 2.ª Rendición de las Cuentas Generales de las Entidades Locales en soporte informático.*—Las Cuentas Generales de las Entidades Locales serán rendidas al Tribunal de Cuentas por los cuentadantes responsables, exclusivamente mediante soporte informático, en el modelo y formato normalizado recomendado por la Resolución de la Intervención General del Estado de 28 de julio de 2006 (*BOE* de 9 de agosto de 2006), que este Tribunal de Cuentas hace propio, antes del 15 de octubre del año siguiente al que correspondan las cuentas rendidas, de acuerdo con lo establecido en el artículo 223 del TRLRHL. A las Cuentas Generales se acompañará la documentación adicional a que se refiere el anexo 1 de esta Instrucción y el documento de remisión recogido en el anexo 2, igualmente de esta Instrucción.

»Las cuentas de las Entidades locales no incorporarán los ficheros en formato pdf que contienen la información de la Cuenta General, según la estructura de los modelos de Cuentas Anuales establecidos en el Plan de Cuentas Local a los que se refiere el apartado A de los anexos II, III y IV, de la Resolución de la Intervención General del Estado de 28 de julio de 2006.

»Los restantes ficheros pdf no podrán ser objeto de fraccionamiento ni excederá su tamaño del publicado en el portal del Tribunal en Internet (www.tcu.es) y en el de rendición de cuentas (www.rendiciondecuentas.es).

»*Regla 3.ª Derechos y garantías generales.*—La aplicación de la Instrucción se realizará con sometimiento a las disposiciones contenidas en la Ley Orgánica 15/1999, de 13 de diciembre, de Protección de Datos de Carácter Personal y el resto de normas específicas que regulan la propiedad intelectual y el tratamiento electrónico de la información.

»*Regla 4.ª Definiciones de los conceptos utilizados.*—A los efectos de lo dispuesto en esta Instrucción, se entenderá por:

»*a*) [...]

»*b*) Aplicaciones: programa o conjunto de programas informáticos que tienen por objeto el tratamiento electrónico de la información.

»*c*) Documento electrónico: es el redactado en soporte electrónico que incorpore datos que estén firmados electrónicamente.

»*d*) Firma electrónica avanzada: es la firma electrónica que permite identificar al firmante y detectar cualquier cambio ulterior de los datos firmados, que está vinculada al firmante de manera única y a los datos a que se refiere y que ha sido creada por medios que el firmante puede mantener bajo su exclusivo control.

»*e*) Firma electrónica reconocida: es la firma electrónica avanzada basada en un certificado reconocido y generada mediante un dispositivo seguro de creación de firma.

»*f*) Certificado electrónico: documento firmado electrónicamente por un prestador de servicios de certificación que vincula unos datos de verificación de firma a un firmante permitiendo confirmar su identidad.

»*g*) Consignación electrónica de fecha y hora: sistema o servicio que permite acreditar el momento exacto en que la comunicación de un documento electrónico se produce y se accede a él por parte del destinatario.

»*Regla 5.ª Procedimiento telemático de rendición de cuentas.*—*a*) La rendición de cuentas con la aportación de los documentos legalmente exigidos se cursará por las Entidades Locales al Registro Telemático de este Tribunal, salvo que otra cosa se hubiere acordado con el Órgano de Control Externo autonómico, debiéndose cumplir los siguientes requisitos:

»La compatibilidad técnica de los medios, aplicaciones y soportes utilizados por el emisor y el destinatario.

»El formato de la documentación será el indicado en la presente Instrucción.

»La existencia de medidas de seguridad que eviten el que se intercepten y alteren las comunicaciones, así como los accesos no autorizados.

»Que exista constancia de la transmisión de la comunicación.

»Que el remitente utilice una firma electrónica reconocida basada en un certificado reconocido y producida por un dispositivo seguro de creación de firma.

»*b*) Las peticiones de documentación efectuadas por este Tribunal, tras una previa remisión telemática por parte de las Entidades afectadas requerirán igualmente de los mismos requisitos de firma electrónica reconocida y de su emisión a través del Registro Telemático del Tribunal de Cuentas.

»*c*) El uso de la firma electrónica se basará en los siguientes principios:

»Integridad de las comunicaciones telemáticas en las que se emplee la firma electrónica.

»Autenticidad y conservación de los documentos generados.

»Objetividad, transparencia y no discriminación en la prestación de servicios de certificación de firma electrónica reconocida.

»*d*) La firma electrónica reconocida tendrá, respecto de los datos consignados en forma electrónica, el mismo valor jurídico que la firma manuscrita en relación con los consignados en papel, de acuerdo con lo previsto en el artículo 3 de la Ley 59/2003, de 19 de diciembre, de Firma Electrónica, siempre que el certificado reconocido en que se base haya sido expedido por un prestador de servicios de certificación acreditado, y el dispositivo seguro de creación de firma con el que ésta se produzca se encuentre certificado.

»*e*) Las notificaciones, comunicaciones o remisión de documentación efectuados mediante firma electrónica reconocida gozarán de validez y eficacia, en los términos del artículo 45 de la Ley 30/1992, de 26 de noviembre, de Régimen Jurídico de las Administraciones Públicas y del Procedimiento Administrativo Común; desplegarán su eficacia cuando sean recibidos por sus destinatarios y serán válidos siempre que garanticen su autenticidad, integridad, conservación y demás garantías y requisitos exigidos por la normativa aplicable.

»*f*) Serán igualmente válidas las copias de documentos originales almacenados por medios electrónicos siempre que se cumplan los requisitos relacionados en el apartado anterior.

»*Regla 6.ª Cómputos para la remisión de documentación al Registro Telemático.*—La presentación de documentos electrónicos en el Registro Telemático, así como su recepción por aquel, se regirá, a los efectos de cómputo de los plazos fijados en días hábiles, por los criterios establecidos en el Acuerdo de la Comisión de Gobierno del Tribunal de Cuentas regulador del Registro Telemático del Tribunal de Cuentas.

»*Disp. Trans.* En tanto no se establezcan por las Entidades locales registros telemáticos, las peticiones de documentación ordinaria a que se refiere la Regla 5.ª*b*) podrán cursarse a través del Registro General del Tribunal.

»*Disp. Adic.* Todas las Entidades locales podrán acceder, a través de la dirección http://www.rendiciondecuentas.es/ a una aplicación informática que les permita la presentación y rendición telemática de la Cuenta General de la Entidad, de acuerdo con el formato exigido para ello, así como a los anexos referidos al documento de remisión y documentación adicional a que se refiere la presente Instrucción.

»*Disp. Final.* Esta Instrucción entrará en vigor al día siguiente de su publicación en el *Boletín Oficial del Estado.*

»ANEXO 1
»Documentación adicional

»Se acompañará unos ficheros "pdf" y "xml" relativos a la Información Adicional de la Entidad local, y por cada Sociedad mercantil de capital integramente local y por cada Entidad pública empresarial dependiente de la Entidad local, ficheros "xml" relativos a las Cuentas anuales, con las siguientes especificaciones:

»Información Adicional

»01. Información adicional de provincias, islas, municipios, Entidades locales menores.

INFORMACIÓN ADICIONAL PROVINCIAS, ISLAS, MUNICIPIOS, ENTIDADES LOCALES MENORES					
ENTIDAD LOCAL					
CÓDIGO MAP	ENTE LOCAL		NIF	EJERCICIO	
DIRECCIÓN ELECTRÓNICA ÚNICA					
NOMBRE			DIRECCIÓN		
LOCALIDAD	PROVINCIA		CÓDIGO POSTAL	TELÉFONO	
ALCALDE/PRESIDENTE	NIF/NIE		Apellidos	Nombre	
SECRETARIO	NIF/NIE		Apellidos	Nombre	DIR.CORREO ELECTRÓNICO
INTERVENTOR	NIF/NIE		Apellidos	Nombre	DIR.CORREO ELECTRÓNICO
TESORERO	NIF/NIE		Apellidos	Nombre	DIR.CORREO ELECTRÓNICO
RELACIÓN DE ENTIDADES LOCALES MENORES QUE INTEGRAN LA ENTIDAD LOCAL					
• DENOMINACIÓN				NIF	
• DENOMINACIÓN				NIF	
A/ ENTIDADES DEPENDIENTES QUE INTEGRAN LA CUENTA GENERAL					
ORGANISMOS AUTÓNOMOS					
DENOMINACIÓN	NIF				
DOCIMICILIO SOCIAL		CNAE (1)		CON ACTIVIDAD/SIN ACTIVIDAD/EN DISOLUCIÓN	
PRESIDENTE	Apellidos	Nombre		NIF/NIE	
ENTIDADES PUBLICAS EMPRESARIALES					
DENOMINACIÓN	NIF				
DOCIMICILIO SOCIAL		CNAE (1)		CON ACTIVIDAD/SIN ACTIVIDAD/EN DISOLUCIÓN	
PRESIDENTE	Apellidos	Nombre		NIF/NIE	
SOCIEDADES MERCANTILES DE CAPITAL INTEGRAMENTE DE LA ENTIDAD					
DENOMINACIÓN	NIF				
DOCIMICILIO SOCIAL		CNAE (1)		CON ACTIVIDAD/SIN ACTIVIDAD/EN DISOLUCIÓN	
PRESIDENTE	Apellidos	Nombre		NIF/NIE	
B/ OTRAS ENTIDADES EN LAS QUE PARTICIPA LA ENTIDAD LOCAL					
RESTO DE PARTICIPACIÓN EN SOCIEDADES MERCANTILES					
DENOMINACIÓN	NIF			CNAE (1)	
CAPITAL SOCIAL	PARTICIPACIÓN %		CON ACTIVIDAD/SIN ACTIVIDAD/EN DISOLUCIÓN		
FUNDACIONES					
DENOMINACIÓN	NIF	APORTACIÓN EJERCICIO	CNAE (1)	CON ACTIVIDAD/SIN ACTIVIDAD/EN DISOLUCIÓN	
CONSORCIOS					
DENOMINACIÓN	NIF	APORTACIÓN EJERCICIO	CNAE (1)	CON ACTIVIDAD/SIN ACTIVIDAD/EN DISOLUCIÓN	

C/ OTRAS ENTIDADES DE LAS QUE FORMA PARTE LA ENTIDAD LOCAL			
COMARCAS			
DENOMINACIÓN	NIF	CÓDIGO MAP	CON ACTIVIDAD/SIN ACTIVIDAD/EN DISOLUCIÓN
MANCOMUNIDADES			
DENOMINACIÓN	NIF	CÓDIGO MAP	CON ACTIVIDAD/SIN ACTIVIDAD/EN DISOLUCIÓN
ÁREAS METROPOLITANAS			
DENOMINACIÓN	NIF	CÓDIGO MAP	CON ACTIVIDAD/SIN ACTIVIDAD/EN DISOLUCIÓN
AGRUPACIONES DE MUNICIPIOS			
DENOMINACIÓN	NIF	CÓDIGO MAP	CON ACTIVIDAD/SIN ACTIVIDAD/EN DISOLUCIÓN
D/ ENTIDADES CREADAS EN EL EJERCICIO			
ENTIDAD	NIF	FECHA	CNAE (1)
E/ ENTIDADES LIQUIDADAS EN EL EJERCICIO			
ENTIDAD	NIF	FECHA	CNAE (1)
F/ PRESUPUESTO, LIQUIDACIÓN DEL PRESUPUESTO Y TRAMITACIÓN DE LA CUENTA GENERAL			
• FECHA DE APROBACIÓN DEFINITIVA DEL PRESUPUESTO		• FECHA INICIO EXPOSICIÓN PÚBLICA	
• FECHA APROBACIÓN LIQUIDACIÓN DEL PRESUPUESTO		• FECHA DE PRESENTACIÓN DE CUENTA GENERAL AL PLENO	
• FECHA FORMACIÓN CUENTA GENERAL		• FECHA APROBACIÓN DE LA CUENTA GENERAL	
• FECHA INFORME COMISIÓN ESPECIAL DE CUENTAS			
G/ EXPEDIENTES DE RECONOCIMIENTO DE OBLIGACIONES EXTRAJUDICIALES ACORDADOS EN EL EJERCICIO			
• NÚMERO DE EXPEDIENTES ACORDADOS EN EL EJERCICIO • IMPORTE TOTAL DE LAS OBLIGACIONES EXTRAJUDICIALES RECONOCIDAS EN EL EJERCICIO			
H/ REPAROS DE LEGALIDAD FORMULADOS DURANTE EL EJERCICIO			
• NÚMERO DE REPAROS FORMULADOS EN EL EJERCICIO			

»02. Información adicional de mancomunidades, comarcas, agrupaciones de municipios, consorcios, áreas.

INFORMACIÓN ADICIONAL MANCOMUNIDADES, COMARCAS, AGRUPACIONES DE MUNICIPIOS, CONSORCIOS, ÁREAS METROPOLITANAS					
ENTIDAD LOCAL					
CÓDIGO MAP	ENTE LOCAL		NIF	EJERCICIO	
DIRECCIÓN ELECTRÓNICA ÚNICA					
NOMBRE			DIRECCIÓN		
LOCALIDAD	PROVINCIA		CÓDIGO POSTAL	TELÉFONO	
ALCALDE/PRESIDENTE	NIF/NIE	Apellidos	Nombre		
SECRETARIO	NIF/NIE	Apellidos	Nombre		DIR.CORREO ELECTRÓNICO
INTERVENTOR	NIF/NIE	Apellidos	Nombre		DIR.CORREO ELECTRÓNICO
TESORERO	NIF/NIE	Apellidos	Nombre		DIR.CORREO ELECTRÓNICO

RELACIÓN DE ENTIDADES LOCALES QUE INTEGRAN LA MANCOMUNIDAD/COMARCA/CONSORCIO/AGRUPACIÓN			
• DENOMINACIÓN:		NIF	
• DENOMINACIÓN:		NIF	
A/ ENTIDADES DEPENDIENTES QUE INTEGRAN LA CUENTA GENERAL			
ORGANISMOS AUTÓNOMOS			
DENOMINACIÓN	NIF		
DOCIMICILIO SOCIAL		CNAE (1)	CON ACTIVIDAD/SIN ACTIVIDAD/EN DISOLUCIÓN
PRESIDENTE	Apellidos	Nombre	NIF/NIE
ENTIDADES PÚBLICAS EMPRESARIALES			
DENOMINACIÓN	NIF		
DOCIMICILIO SOCIAL		CNAE (1)	CON ACTIVIDAD/SIN ACTIVIDAD/EN DISOLUCIÓN
PRESIDENTE	Apellidos	Nombre	NIF/NIE
SOCIEDADES MERCANTILES DE CAPITAL ÍNTEGRAMENTE DE LA ENTIDAD			
DENOMINACIÓN	NIF		
DOCIMICILIO SOCIAL		CNAE (1)	CON ACTIVIDAD/SIN ACTIVIDAD/EN DISOLUCIÓN
PRESIDENTE	Apellidos	Nombre	NIF/NIE

A/ ENTIDADES DEPENDIENTES QUE INTEGRAN LA CUENTA GENERAL			
ORGANISMOS AUTÓNOMOS			
DENOMINACIÓN	NIF		
DOCIMCILIO SOCIAL		CNAE (1)	CON ACTIVIDAD/SIN ACTIVIDAD/EN DISOLUCIÓN
PRESIDENTE	Apellidos	Nombre	NIF/NIE
ENTIDADES PÚBLICAS EMPRESARIALES			
DENOMINACIÓN	NIF		
DOCIMCILIO SOCIAL		CNAE (1)	CON ACTIVIDAD/SIN ACTIVIDAD/EN DISOLUCIÓN
PRESIDENTE	Apellidos	Nombre	NIF/NIE
SOCIEDADES MERCANTILES DE CAPITAL ÍNTEGRAMENTE DE LA ENTIDAD			
DENOMINACIÓN	NIF		
DOCIMCILIO SOCIAL		CNAE (1)	CON ACTIVIDAD/SIN ACTIVIDAD/EN DISOLUCIÓN
PRESIDENTE	Apellidos	Nombre	NIF/NIE

B/ OTRAS ENTIDADES EN LAS QUE PARTICIPA LA ENTIDAD LOCAL		
RESTO DE PARTICIPACIÓN EN SOCIEDADES MERCANTILES		
DENOMINACIÓN	NIF	CNAE (1)
CAPITAL SOCIAL	PARTICIPACIÓN %	CON ACTIVIDAD/SIN ACTIVIDAD/EN DISOLUCIÓN

FUNDACIONES				
DENOMINACIÓN	NIF	APORTACIÓN EJERCICIO	CNAE (1)	CON ACTIVIDAD/SIN ACTIVIDAD/EN DISOLUCIÓN

CONSORCIOS				
DENOMINACIÓN	NIF	APORTACIÓN EJERCICIO	CNAE (1)	CON ACTIVIDAD/SIN ACTIVIDAD/EN DISOLUCIÓN

C/ ENTIDADES CREADAS EN EL EJERCICIO			
ENTIDAD	NIF	FECHA	CNAE (1)

D/ ENTIDADES LIQUIDADAS EN EL EJERCICIO			
ENTIDAD	NIF	FECHA	CNAE (1)

»La codificación de los ficheros "pdf" y "xml" relativos a la Información Adicional de la Entidad local que rinde la cuenta responde al siguiente esquema:

»ENTIDAD(9)_EJERCICIO(4)_CONTENIDO INFORMATIVO DEL FICHERO (17)

»En este esquema figura entre paréntesis el número máximo de caracteres de cada campo. El número máximo total se ha fijado en treinta caracteres.

»En el campo "ENTIDAD" deberá consignarse el CIF de la Entidad local de que se trate.

»En el campo "EJERCICIO" se hará constar aquel al que se refiere la Cuenta General.

»En el campo "CONTENIDO INFORMATIVO DEL FICHERO" deberá figurar la siguiente denominación de acuerdo al tipo de Entidad:

»INF-ADICIONAL-01, cuando la Entidad local sea una provincia, isla, municipio, o Entidad local menor.

»INF-ADICIONAL-02, cuando la Entidad local sea una mancomunidad, comarca, agrupación de municipios, un área metropolitana o un consorcio.

»Este esquema generará dos ficheros, cuyo nombre será como se indica a continuación:

»ENTIDAD(9)_EJERCICIO(4)_CONTENIDO INFORMATIVO DEL FICHERO(17).pdf.
»ENTIDAD(9)_EJERCICIO(4)_CONTENIDO INFORMATIVO DEL FICHERO(17).xml.

»El contenido y la estructura del fichero "xml" deberán cumplir las especificaciones técnicas (esquemas XSD) publicadas en el portal del Tribunal de Cuentas en internet (www.tcu.es).

»Para la presentación de la Información Adicional en el formato establecido, la Entidad local a través de la aplicación de Rendición telemática dispondrá de una pestaña dentro de su espacio, "Mi Información", que tendrá que cumplimentar con los datos exigidos en esta Instrucción generándose a partir de éstos, los ficheros anteriormente detallados.

»Cuentas anuales de las Sociedades Mercantiles y Entidades Públicas Empresariales

»Para cada una de las Sociedades mercantiles de capital íntegramente local y Entidades públicas empresariales dependientes de la Entidad local que rinde la Cuenta de los ejercicios 2006 y 2007 se incluirá un fichero xml relativo al Balance y Cuenta de Pérdidas y Ganancias.

»La codificación de los ficheros «xml» relativos a Sociedades mercantiles de capital íntegramente local y Entidades públicas empresariales dependientes de la Entidad local que rinde la Cuenta responde al siguiente esquema:

»ENTIDAD(9)_ EJERCICIO(4)_BALANCE.PYG.xml.

»En el campo "ENTIDAD" deberá consignarse el CIF de la entidad contable (Sociedad o Entidad pública empresarial).

»Para cada una de las Sociedades mercantiles de capital íntegramente local y Entidades públicas empresariales dependientes de la Entidad local que rinde la cuenta del ejercicio 2008 y posteriores, se incluirá un fichero xml que contendrá la información relativa a las cuentas anuales.

»La codificación de los ficheros «xml» relativos a Sociedades mercantiles de capital íntegramente local y Entidades públicas empresariales dependientes de la Entidad local que rinde la Cuenta responde al siguiente esquema:

»ENTIDAD(9)_ EJERCICIO(4)_ABR_CUENTAS-ANUALES.xml, para los modelos de cuentas anuales normales y abreviadas.

»ENTIDAD(9)_ EJERCICIO(4)_PYM_CUENTAS-ANUALES.xml, para el modelo de cuentas anuales de pymes.

»En el campo "ENTIDAD" deberá consignarse el CIF de la entidad contable (Sociedad o Entidad pública empresarial).

»El contenido y la estructura del fichero "xml" deberán cumplir las especificaciones técnicas (esquemas XSD) publicadas en el portal del Tribunal de Cuentas en internet (www.tcu.es).

»Para cada una de las Sociedades mercantiles de capital íntegramente local y Entidades públicas empresariales dependientes de la Entidad local que rinde la cuenta del ejercicio 2008 y posteriores, se incluirán ficheros pdf que complementarán los regulados en la Resolución de la Intervención General de la Administración del Estado.

»La codificación de los ficheros pdf responde al siguiente esquema:

»ENTIDAD(9)_EJERCICIO(4)_MODELO(3)_ECPN.pdf, para el Estado de Cambios en el Patrimonio Neto.

»ENTIDAD(9)_EJERCICIO(4)_MODELO(3)_EFE.pdf, para el Estado de Flujos de Efectivo.

»En el campo "ENTIDAD" deberá consignarse el NIF de la entidad contable (Sociedad o Entidad pública empresarial).

»En el campo "EJERCICIO" se hará constar aquél al que se refiere la Cuenta Anual.

»En el campo "MODELO" se hará constar las letras NOR, ABR, PYM o MEM según el modelo contable al que se refiere la Cuenta Anual.

»En la Documentación Complementaria a acompañar a la Cuenta General, para cada una de las Sociedades mercantiles de capital mayoritariamente local dependientes de la Entidad local que rinde la cuenta del ejercicio 2008 y posteriores, se incluirán ficheros pdf que complementarán los regulados en la Resolución de la Intervención General de la Administración del Estado, cuya codificación es la misma que la de los ficheros relativos a las Cuentas de las Sociedades mercantiles de capital íntegramente local y Entidades públicas empresariales dependientes de la Entidad local, con la única diferencia de que el nombre de la Cuenta Anual va precedida de las letras DC:

»ENTIDAD(9)_EJERCICIO(4)_MODELO(3)_DC_ECPN.pdf.

»ENTIDAD(9)_EJERCICIO(4)_MODELO(3)_DC_EFE.pdf.»

ANEXO 2

»Documento de remisión telemática

»El archivo conteniendo los estados contables, cuentas y justificantes, vendrá acompañado por un documento remisorio, igualmente protegido por firma digital, del siguiente tenor:

»D/D.ª .... (nombre y apellidos del cuentadante) .... (cargo que ostenta Alcalde de .... /Presidente de ....), rindo /a Cuenta Genera/ de ...., correspondiente al ejercicio de ...., conocida por la Entidad local en el Pleno de ...., cumplido el procedimiento establecido en los artículos 201 y 212 del Real Decreto Legislativo 2/2004, de 5 de marzo, TRLRHL, en la forma y con la documentación adicional a que se refiere la Instrucción del Tribunal de Cuentas, aprobada mediante Acuerdo de 29 de marzo de 2007 adoptado por su Pleno, por la que se regula el formato de la Cuenta General de las Entidades Locales en soporte informático y el procedimiento telemático para la rendición de cuentas.

»La información relativa a dicha cuenta queda contenida en el fichero ...., cuyo resumen electrónico es .... en los términos indicados por el apartado SEXTO de la Resolución de la IGAE de 28 de julio de 2006, por la que se recomienda el formato normalizado de las Cuentas Generales de las Entidades Locales en soporte informático (BOE de 9 de agosto).

»En ...., a ...... de ...... de 20....

»El Alcalde/Presidente de la Entidad local

»Este archivo será nombrado como se indica a continuación:

»ENTIDAD(9)_ EJERCICIO(4)_ DOC-REMISION.pdf.

»En el campo "ENTIDAD" deberá consignarse el CIF de la Entidad local de la que se trate.

»En el campo "EJERCICIO" se hará constar aquel al que se refiere la Cuenta General».

Por otro lado, la Presidencia del Tribunal de Cuentas, por Resolución de 5 de mayo de 2005 (*BOE* n.º 116, de 16 mayo) hace público el Acuerdo del Pleno, de 30 de marzo de 2005, que aprueba la instrucción relativa a la remisión al Tribunal de Cuentas de los extractos de los expedientes de contratación y de las relaciones de contratos celebrados por las entidades del sector público local; Resolución que, a pesar de no disponerse expresamente, cabe entender que queda sustituida por la Resolución de 10 de mayo de 2012, de la Presidencia del Tribunal de Cuentas, por la que se publica el Acuerdo del Pleno de 26 de abril de 2012, por el que se aprueba la Instrucción sobre remisión de los extractos de los expedientes de contratación y de las relaciones anuales de los contratos, celebrados por las Entidades del Sector Público Local, al Tribunal de Cuentas (*BOE* n.º114, de 12 de mayo), con el siguiente tenor:

«La contratación es una de las áreas de la actividad del Sector público local que mayor volumen de recursos económicos gestiona por lo que, tradicionalmente, ha sido materia dotada de una específica regulación y ha constituido uno de los objetivos prioritarios en la actividad fiscalizadora del Tribunal de Cuentas. El mejor desempeño de esta actividad exige disponer de la información adecuada con la menor utilización posible de recursos materiales y temporales.

»La Ley 7/1988, de 5 de abril, de Funcionamiento del Tribunal de Cuentas (LFTCu), en su artículo 39 sujeta a fiscalización todos los contratos celebrados por la Administración del Estado y demás entidades del Sector público y, en particular, aquellos que superen determinadas cuantías según tipo de contratos, así como todos los superiores a 60.101,21 euros que hubieren sido objeto de ampliaciones o modificaciones posteriores a su celebración que supongan incremento de gasto superior al 20 por 100 del presupuesto primitivo o eleven el precio total del contrato por encima de las cuantías anteriormente señaladas, así como los que hayan producido las mencionadas ampliaciones o modificaciones. Asimismo, se efectúa una previsión específica para cualquier contrato administrativo que, superando la citada cuantía, hubiere sido objeto de resolución y, en su caso, para aquellos otros que se otorguen en sustitución del resuelto.

»Esta misma Ley, en su artículo 40.2, establece que los Centros, Organismos o Entidades que hubieren celebrado contratos de los indicados enviarán, anualmente, al Tribunal una relación de los mismos, incluyendo copia autorizada de los respectivos documentos de formalización y de aquellos otros que acrediten su cumplimiento o extinción, sin perjuicio de remitir cualesquiera otros que aquél requiera.

»El artículo 29 del texto refundido de la Ley de Contratos del Sector Público, aprobado por Real Decreto Legislativo 3/2011, de 14 de noviembre (TRLCSP), regula la remisión de información sobre los contratos al Tribunal de Cuentas, estableciendo que dentro de los tres meses siguientes a la formalización del contrato, para el ejercicio de la función fiscalizadora, se remitirá al Tribunal u Órgano de fiscalización correspondiente de la Comunidad Autónoma, una copia certificada del documento mediante el que se hubiere formalizado el contrato, acompañada de un extracto del expediente de que se derive, siempre que la cuantía exceda de determinados importes según tipo de contrato. El precepto se incluye dentro del Libro primero, intitulado "Disposiciones generales de la contratación del sector público", y por tanto resulta de aplicación a todas las entidades que integran el sector público local.

»Se contempla en el citado artículo 29, asimismo, la obligación de comunicar las modificaciones, prórrogas o variaciones de plazos y extinción de los contratos indicados, sin perjuicio de las facultades reconocidas al Tribunal de Cuentas y a los Órganos de fiscalización de las Comunidades Autónomas para reclamar cuantos documentos y antecedentes se estimen pertinentes en relación con los contratos de cualquier naturaleza y cuantía.

»La nueva regulación del ámbito de aplicación implantado por la LCSP y mantenido en el vigente TRLCSP, contiene una notable ampliación respecto de la prevista en la LCAP e, incluso, en su posterior texto refundido, pues parte de que son contratos del sector público y, en consecuencia, están sometidos al TRLCSP, en la forma y términos previstos en el mismo, los contratos onerosos, cualquiera que sea su naturaleza jurídica, que celebren los entes, organismos y entidades enumerados en el artículo 3 TRLCSP, así como los subvencionados por ellos, en los términos del artículo 17 y 250 de ese mismo texto legal.

»Por su parte, el citado artículo 3.1 TRLCSP precisa que A los efectos de esta Ley, se considera que forman parte del sector público los siguientes entes, organismos y entidades:

»a) La Administración General del Estado, las Administraciones de las Comunidades Autónomas y las Entidades que integran la Administración Local.

»b) Las entidades gestoras y los servicios comunes de la Seguridad Social.

»c) Los organismos autónomos, las entidades públicas empresariales, las

Universidades Públicas, las Agencias Estatales y cualesquiera entidades de derecho público con personalidad jurídica propia vinculadas a un sujeto que pertenezca al sector público o dependientes del mismo, incluyendo aquellas que, con independencia funcional o con una especial autonomía reconocida por la Ley, tengan atribuidas funciones de regulación o control de carácter externo sobre un determinado sector o actividad.

»*d*) Las sociedades mercantiles en cuyo capital social la participación, directa o indirecta, de entidades de las mencionadas en las letras *a*) a *f*) del presente apartado sea superior al 50 por 100.

»*e*) Los consorcios dotados de personalidad jurídica propia a los que se refieren el artículo 6.5 de la Ley 30/1992, de 26 de noviembre, de Régimen Jurídico de las Administraciones Públicas y del Procedimiento Administrativo Común, y la legislación de régimen local.

»*f*) Las fundaciones que se constituyan con una aportación mayoritaria, directa o indirecta, de una o varias entidades integradas en el sector público, o cuyo patrimonio fundacional, con un carácter de permanencia, esté formado en más de un 50 por 100 por bienes o derechos aportados o cedidos por las referidas entidades.

»*g*) Las Mutuas de Accidentes de Trabajo y Enfermedades Profesionales de la Seguridad Social.

»*h*) Cualesquiera entes, organismos o entidades con personalidad jurídica propia, que hayan sido creados específicamente para satisfacer necesidades de interés general que no tengan carácter industrial o mercantil, siempre que uno o varios sujetos pertenecientes al sector público financien mayoritariamente su actividad, controlen su gestión, o nombren a más de la mitad de los miembros de su órgano de administración, dirección o vigilancia.

»*i*) Las asociaciones constituidas por los entes, organismos y entidades mencionados en las letras anteriores.

»Todo lo cual conlleva una notable ampliación del ámbito subjetivo de la obligación de información en relación con la contenida en el derogado artículo 57 del TRLCAP. El artículo 29 del TRLCSP extiende la obligación a todos los sujetos indicados en el artículo 3 del citado texto legal, mientras que el citado artículo 57 lo restringía a las Administraciones Públicas, lo que reduce notablemente las entidades vinculadas al sector público que estaban sometidas en su actividad contractual a las exigencias del TRLCAP.

»La nueva legislación, además de acoger las sucesivas modificaciones introducidas desde la publicación de la LCSP, pretende dotar de mayor transparencia a la información en la contratación pública, fomentar la realización de contratos de investigación y desarrollo, e impulsar la participación de pequeñas y medianas empresas en la contratación pública; se incluyen ciertas previsiones que completan el régimen jurídico de las fórmulas contractuales e institucionales de colaboración entre el sector público y el sector privado, para potenciar estas figuras y facilitar su empleo por el sector público, al tiempo que se regulan los términos en que los adjudicatarios de estos contratos pueden concurrir a los mercados de capitales para obtener financiación para la ejecución de los mismos.

»Con la finalidad de facilitar el cumplimiento de las previsiones legales de información al Tribunal de Cuentas, a través de sucesivas Instrucciones aprobadas por el Pleno de este Tribunal, se han establecido los criterios que permiten seleccionar la contratación a remitir y precisar la documentación que debe acompañarla. No obstante, la experiencia adquirida en ejercicios anteriores, el distinto alcance de las referencias normativas a las que se ha aludido y la conveniencia de efectuar un análisis armonizado de las mismas, junto con la oportunidad de extender a todos los órganos de contratación los criterios que deben aplicarse en la aportación de la información, hacen aconsejable actualizar la Instrucción vigente en relación con las Entidades locales.

»Por otra parte, el notable incremento de los recursos telemáticos del sector público local y su adecuada explotación permite implantar tratamientos unificados y homogéneos para la remisión de la información sobre contratación y, con ello, facilitar a los responsables de las entidades locales el conocimiento de la gestión contractual comunicada al Tribunal por ellas y sus entes y organismos dependientes. A este fin se arbitra un sistema de emisión de la relación anual de contratos que, procurando una única remisión telemática de toda la información correspondiente a cada entidad y sus entes dependientes, permita, simultáneamente, la participación e identificación de cada uno de los órganos contratantes responsables de la información comunicada.

»La implantación del sistema telemático para la Rendición de Cuentas por las Entidades locales, en la dirección www.rendiciondecuentas.es, y su desarrollo, ha dotado al Tribunal de Cuentas de una herramienta que facilita la relación telemática con las Entidades locales y el cumplimiento de obligaciones legales de remisión de información, que, como la de contratos, presenta aspectos susceptibles de incorporarse a este sistema electrónico de relación. La inclusión en este sistema permitirá mejorar la calidad del control externo e incluso del interno, así como el nivel de cumplimiento de las obligaciones legales de remisión de información sobre la actividad contractual desarrollada, al realizarse de forma más sencilla y menos costosa, tanto desde una perspectiva económica como funcional.

»Por todo ello, en virtud de las competencias reconocidas al Tribunal de Cuentas, tanto en sus normas específicas como en el TRLCSP, para llevar a cabo la fiscalización de la contratación del Sector público local, y teniendo en cuenta los recursos a tal fin disponibles, el Pleno del Tribunal de Cuentas, en su reunión del Pleno de 26 de abril de 2012, aprueba la siguiente Instrucción para la remisión de información sobre contratación.

»I. *Objetivo de la Instrucción.*

»Mediante la presente Instrucción el Tribunal de Cuentas concreta la información y documentación que le ha de ser remitida, en cumplimiento de las obligaciones contenidas en los artículos 40 de la LFTCu y 29 del TRLCSP, para, de este modo, facilitar y normalizar el cumplimiento de las obligaciones que en esta materia recaen sobre las Entidades del Sector público local.

»Una adecuada planificación de la fiscalización de la contratación desarrollada por el sector público local, exige disponer de información sobre la celebrada en cada ejercicio o, al menos, contar con una relación cuantitativamente relevante de los contratos celebrados en el ejercicio precedente, por lo que se excluyen los denominados contratos menores, de todas las entidades que constituyen el sector público local con independencia del régimen jurídico al que estén sometidas.

»Por otra parte, en el correspondiente anexo se relacionan los documentos que constituyen el extracto del expediente de contratación que deberá enviarse al Tribunal de Cuentas, dentro de los plazos referidos en el citado artículo 29 del TRLCSP, ordenados según tipo y tramitación de los correspondientes contratos.

»En consecuencia, se diferencia en el ámbito temporal una doble remisión, aquella que se materializa en una relación anual de la contratación formalizada en el ejercicio precedente, y otra, a efectuar dentro de los tres meses siguientes a la formalización de cada contrato o su finalización, y que se concreta en el envío de determinados documentos que se mencionan en el anexo I.

»El alcance de esta Instrucción, de conformidad con el objetivo perseguido, se limita a señalar la documentación que ha de remitirse regularmente al Tribunal para facilitar el control sobre esta actividad. No obstante, el Tribunal de Cuentas podrá ampliar el alcance de la relación anual de contratos a remitir al Tribunal o requerir que, junto con la documentación relacionada en esta Instrucción, sea aportada cualquier otra documentación relativa a los expedientes de los contratos que a continuación se indican en el epígrafe II o a cualquier otro contrato formalizado. En este caso, la entidad pública local requerida deberá facilitar la información y documentación solicitada, en cumplimiento del deber de colaboración previsto en el artículo 7 de la Ley 2/1982, de 12 de mayo, Orgánica del Tribunal de Cuentas y de lo expresamente establecido en los referidos artículos 40.2 de la LFTCu y en el artículo 29.3 del TRLCSP.

»II. *Documentación a remitir al Tribunal de Cuentas por las entidades del sector público local que tienen consideración de Administración Pública.*

»En concordancia con lo expuesto, la información y documentación a remitir al Tribunal de Cuentas, relativa a los contratos celebrados por las entidades del Sector público local, se ajustará a los siguientes criterios:

»II.1. Documentación a remitir una vez concluido el ejercicio correspondiente:

»A fin de tener un adecuado conocimiento de la actividad contractual llevada a cabo en cada ejercicio y poder planificar oportunamente la actividad fiscalizadora, todas las Entidades locales remitirán anualmente al Tribunal de Cuentas una relación certificada, comprensiva de todos los contratos formalizados por ellas y sus entidades dependientes en el ejercicio anterior, con independencia del régimen jurídico al que estén sometidas, exceptuados los contratos menores, identificados a estos efectos como los contratos de obras inferiores a 50.000 euros y los contratos de cualquier otra modalidad que no superasen el importe de 18.000 euros.

»La relación de anual de contratos se remitirá por procedimiento telemático a través de las aplicaciones informáticas ubicadas en la Plataforma de Rendición de Cuentas de las entidades locales del Tribunal de Cuentas (www.rendiciondecuentas.es), con anterioridad al vencimiento del plazo para la rendición de las cuentas del ejercicio y, en todo caso, antes del 15 de octubre del ejercicio siguiente al de formalización de los contratos incluidos en la relación. La información contendrá, entre otros, los datos relativos a la entidad y órgano contratante, y los básicos del contrato o sus modificaciones, descriptivos del objeto, procedimiento, adjudicatario, publicidad, precio y plazo. En el supuesto de que no se hubiese celebrado ningún contrato que superase las cuantías mencionadas, se hará constar dicha circunstancia mediante la comunicación negativa que la citada aplicación contiene, sea como información única de la Entidad local o, como información parcial de algunas de sus entidades contratantes u órganos de contratación.

»En los expedientes de contratación que hayan dado lugar a múltiples adjudicatarios, y por tanto a múltiples contratos, por la existencia de lotes o partidas, en el modelo establecido para relacionar los contratos sólo se deberá anotar un único número de orden por cada expediente de contratación y se hará constar el importe total de los contratos del expediente, relacionando a continuación los datos correspondientes a todos los contratos derivados del mismo, ordenados de mayor a menor importe de adjudicación, cualquiera que sea éste.

»A efectos de uniformar el criterio a seguir en la inclusión de los contratos en la mencionada relación anual, se atenderá al año de su formalización, por lo que la relación certificada deberá comprender todos aquellos contratos que hubieran sido formalizados en el ejercicio de referencia, aun cuando su ejecución se hubiera podido realizar en el ejercicio siguiente.

»II.2. Documentación a remitir a lo largo del ejercicio:

»1.º Dentro de los tres meses siguientes a la formalización del contrato, en los términos indicados en el artículo 29 del TRLCSP, las entidades del sector público local remitirán al Tribunal de Cuentas, o al órgano de control externo del correspondiente ámbito autonómico que corresponda, copia certificada del documento mediante el que se hubiere formalizado el contrato, acompañada de un extracto del expediente que a estos efectos se entenderá conformado por los documentos que se indican en el anexo I de esta Instrucción, sin perjuicio de lo que pudiera establecerse por el órgano de control externo competente para su ámbito autonómico, según la naturaleza, el procedimiento y la forma de adjudicación, siempre que el contrato supere las siguientes cuantías:

»— Contratos de obras, de concesión de obras públicas, de gestión de servicios públicos y de colaboración entre el sector público y el privado, cuya cuantía exceda de 600.000 euros.

»— Contratos de suministro de cuantía superior a 450.000 euros.

»— Contratos de servicios de cuantía superior a 150.000 euros.

»— Contratos administrativos especiales de cuantía superior a 150.000 euros.

»2.º Igualmente se comunicarán, dentro de los tres meses siguientes a la finalización del contrato, las modificaciones, prórrogas o variaciones de plazos y extinción de los contratos indicados, cumplimentando el anexo II, acompañados de la documentación que a este respecto se contempla en los apartados III y IV del anexo I.

»Asimismo, los órganos de contratación remitirán los extractos de todos los contratos administrativos de importe superior a 60.000 euros, que hubieran sido objeto de modificaciones posteriores a su celebración, las cuales, aislada o conjuntamente, supongan incremento de gasto superior al 20 por 100 del presupuesto primitivo o eleven el precio total del contrato por encima de los límites antes señalados para cada tipo de contrato, incluyendo en el extracto la documentación relativa a las mencionadas modificaciones. La remisión se efectuará cumplimentando el anexo II al que se acompañará el extracto con los documentos que con carácter general se mencionan en los apartados I y II, respecto del contrato original y III y IV del anexo I, que a cada modificación y tipo de contrato correspondan.

»En todo caso, con idéntica salvedad a la indicada en el primer párrafo del apartado precedente.

»3.º Las previsiones contenidas en los ordinales anteriores no serán de aplicación a los negocios y acuerdos recogidos en el artículo 4 del TRLCSP, por quedar expresamente excluidos de la misma.

»II.3. Requerimiento de otra documentación:

»Con independencia de la información y documentación señalada en los epígrafes anteriores, el Tribunal de Cuentas podrá requerir el envío de documentación adicional en relación con los contratos anteriormente identificados o con cualquier otro incluido en la relación anual de los contratos celebrados y que se haya previsto fiscalizar, así como, en su caso, información sobre los denominados contratos menores. Dicho requerimiento deberá ser atendido en los términos y plazos en que se hubiera planteado.

»III. *Documentación a remitir al Tribunal de Cuentas por los organismos y las entidades del sector público local que no tienen la consideración de Administración Pública.*

»Los organismos y las entidades del sector público local que no tienen la consideración de Administración Pública, en los términos antes indicados por el citado artículo 3 del TRLCSP, remitirán sus relaciones de contratos integradas en las de la entidad de la que son dependientes.

»La información sobre la contratación a la que se refiere el anterior apartado II.2, se remitirá en los plazos y modos que en dicho apartado se establecen. No obstante, los extractos de los expedientes comprenderán, únicamente, copia de las ofertas solicitadas y recibidas, la copia certificada del documento en el que se hubiera formalizado el contrato o las modificaciones, prórrogas o variaciones de plazos, y las variaciones de precio que se hubieren producido, así como de las comunicaciones efectuadas. Se remitirá, asimismo, copia del documento en el que hubiere quedado formalizada la nulidad o la extinción normal o anormal del correspondiente contrato.

»IV. *Cuantía de los contratos.*

»Se entenderá por cuantía o precio del contrato, a los efectos de esta instrucción, su valor estimado según el artículo 88 TRLCSP, IVA excluido. Asimismo, en los expedientes de contratación que den lugar a múltiples adjudicatarios y, por tanto, a múltiples contratos por la existencia de lotes o prestaciones diferenciadas, se tendrá en cuenta el importe agregado de todos los lotes integrantes del expediente para estimar el valor del contrato.

»V. *Instrucciones especiales respecto de la contratación del ejercicio 2011.*

»La remisión a este Tribunal de la documentación e información relativas a la contratación celebrada por los entes, organismos y entidades del Sector público a partir del ejercicio 2011, deberá ajustarse a las siguientes instrucciones complementarias:

»V.1. Relaciones certificadas de la contratación celebrada durante el ejercicio 2011:

»Las entidades locales deberán enviar una relación comprensiva de los contratos formalizados en el año 2011 de acuerdo con el procedimiento habilitado al efecto en la presente Instrucción salvo que, a la fecha de su publicación, ya hubieren enviado la correspondiente relación comprensiva de la contratación realizada por la entidad local y la totalidad de sus entidades dependientes.

»V.2. Extractos de los contratos formalizados con anterioridad a la publicación de la presente Instrucción:

»Los extractos de los contratos formalizados que, a la fecha de publicación de la presente Instrucción, no hubieran sido enviados al Tribunal de Cuentas se integrarán con los documentos especificados en la presente Instrucción.

»VI. *Entrada en vigor.*

»La presente Resolución entrará en vigor al día siguiente de su publicación en el *Boletín Oficial del Estado*.

»ANEXO I: DOCUMENTACIÓN INTEGRANTE DEL EXTRACTO DEL EXPEDIENTE A REMITIR AL TRIBUNAL DE CUENTAS, DENTRO DE LOS TRES MESES SIGUIENTES A LA FORMALIZACIÓN DEL CONTRATO.

»I. *Documentos preparatorios del expediente de contratación.*

»I.1. Expedientes ordinarios:

»1. Documentación acreditativa de la naturaleza y extensión de la necesidad a satisfacer mediante la contratación y de la idoneidad de ésta para conseguirlo (artículo 22 TRLCSP).

»2. Orden de inicio del expediente y motivación del mismo (artículos 22 y 109.1 TRLCSP; y 68 y 69 LRJPAC y artículos 73 RGLCAP).

»3. Pliego de cláusulas administrativas particulares aprobado por el órgano de contratación (artículo 109.4 TRLCSP) y, en su caso, informe jurídico (artículo 115.6 y disposición adicional segunda.7 y 8 TRLCSP).

»4. Resolución motivada aprobando el expediente de contratación y el gasto, en su caso (artículo 110.1 y disposición adicional segunda.7 TRLCSP).

»I.2. Expedientes urgentes:

Además de los documentos señalados en el apartado I.A anterior:

»5. Declaración motivada de urgencia (artículo 112.1 TRLCSP).

»I.3. Expedientes de emergencia:

»6. Orden de ejecución.

»7. Retención de crédito o documentación que justifique la iniciación del expediente de modificación de crédito [artículo 113.1.*a*) TRLCSP].

»II. *Documentos relativos a los procedimientos y formas de adjudicación, prestación de garantías, formalización y ejecución.*

»II.1. Comunes a todos los procedimientos:

»8. Certificación del Registro del órgano de contratación relativo a las proposiciones recibidas (artículo 80.5 RGLCAP).

»9. Actas de la mesa de contratación y propuesta de adjudicación al órgano de contratación con la copia, en su caso, de los informes técnicos en los que se basa dicha propuesta (artículos 320 y 150 TRLCSP; 81.3 y 87.3 RGLCAP).

»10. Acuerdo de adjudicación y notificaciones a los licitadores excluidos y descartados (artículo 151.4 TRLCSP).

»11. Resguardo acreditativo de la constitución de la garantía definitiva y, en su caso, de la complementaria que se hubiese establecido en el pliego (artículo 95 TRLCSP).

»12. Documento administrativo de formalización del contrato (artículo 156 TRLCSP).

»13. Copia Recursos administrativos interpuestos en la tramitación del contrato y Resolución de los mismos (artículos 40 y 47 TRLCSP).

»II.2. Específicos del procedimiento restringido:

»14. Acuerdo motivado del órgano de contratación relativo a la selección de los empresarios concurrentes (artículo 162 y 163 TRLCSP; y artículo 54.2 LRJPAC).

»15. Escritos dirigidos a las empresas admitidas invitándolas a presentar sus proposiciones (artículo 166 TRLCSP).

»II.3. Específicos del procedimiento negociado:

»16. Documentación justificativa de la concurrencia de alguna de las circunstancias que permiten la aplicación del procedimiento negociado (artículos 169 y 170 a 175 TRLCSP).

»17. Copia de las solicitudes dirigidas a las empresas interesando la presentación de ofertas y de las circunstancias documentadas que presuponen su capacitación (artículo 178.1 y 5 TRLCSP).

»II.4. Específicos del diálogo competitivo:

»18. Documento descriptivo (artículo 181 TRLCSP).

»19. Certificación del Registro relativa al número de propuestas recibidas e identidad de los proponentes (artículo 182.4 TRLCSP).

»20. Documento de evaluación de las ofertas (artículo 183 TRLCSP).

»II.5. Específicos de la subasta electrónica:

»21. Evaluación previa de las ofertas (artículo 148 TRLCSP).

»22. Clasificación de las ofertas por orden decreciente emitida por el órgano de contratación (artículos 148.11 y 151.1 del TRLCSP).

»II.6. Concurso de proyectos:

»23. Bases del concurso (artículo 185 TRLCSP).

»24. Informe del Jurado (artículo 188.5 TRLCSP).

»III. *Documentos relativos a las modificaciones, prórrogas o variaciones de plazos, otras incidencias y extinción de los contratos.*

»III.1. Modificación del contracto:

»25. Acuerdo motivado del órgano de contratación aprobando el expediente de modificación, así como los gastos complementarios precisos (artículos 20.2, 106, 107 y 219 TRLCSP).

»26. Informes relativos a la modificación propuesta (artículos 108, 211, 219 y disposición adicional segunda.7 y 8 TRLCSP).

»27. Resguardo acreditativo del reajuste de la garantía, derivado de la modificación, en su caso (artículo 99.3 TRLCSP).

»28. Formalización de la modificación (artículo 219.2 TRLCSP).

»III.2. Prórrogas del contrato:

»29. Resoluciones por las que se hayan concedido prórrogas en la ejecución del contrato o impuesto penalidades por demora en dicha ejecución (artículos 212 y 213 TRLCSP).

»III.3. Suspensión del contrato:

»30. Resolución del órgano de contratación acordando motivadamente la suspensión del contrato (artículo 220 TRLCSP).

»III.4. Cesión del contrato (artículo 226 TRLCSP):

»31. Autorización de la cesión por el órgano de contratación.

»32. Informe técnico relativo al grado de ejecución del contrato.

»33. Escritura pública de formalización de la cesión.

»III.5. Subcontratación (artículo 227 TRLCSP):

»34. Copia de la comunicación del adjudicatario anticipando su intención de subcontratar.

»III.6. Resolución del contrato (artículos 224 TRLCSP y 109 RGLCAP):

»35. Informe del Servicio Jurídico y de la Intervención (disposición adicional segunda.7 y 8 TRLCSP).

»36. Acuerdo de resolución del contrato y su liquidación.

»III.7. Finalización del contrato:

»37. Documentación acreditativa de la realización total o parcial del contrato a satisfacción de la Administración (artículo 222 TRLCSP).

»IV. *Documentos específicos de algunos tipos de contratos.*

»IV.1. Documentos específicos del contrato de obras:

»IV.1.*a*) Documentación general:

»38. Informe del proyecto por la Oficina de Supervisión de Proyectos (artículo 125 y disposición adicional segunda.12 TRLCSP).

»39. Aprobación del proyecto por el órgano de contratación (artículo 229 TRLCSP).

»40. Acta de replanteo del proyecto (artículos 126 TRLCSP y 138 RGLCAP)

»IV.1.*b*) Contratación de proyecto y obra (artículo 124 TRLCSP):

»41. Documentación acreditativa de la concurrencia del supuesto excepcional que la justifica.

»IV.1.*c*) Modificaciones del contrato de obras que no impliquen la suspensión parcial o total de la ejecución (artículo 234.3 TRLCSP):

»42. Aprobación del expediente y de los gastos precisos.

»43. Informe, en su caso, de la oficina de supervisión de proyectos.

»44. Acta de replanteo.

»IV.1.*d*) Modificaciones del contrato de obras que impliquen la suspensión parcial o total de la ejecución (artículo 234.4 TRLCSP):

»45. Propuesta técnica motivada del director facultativo de la obra.

»46. Aprobación del órgano de contratación.

»47. Certificado de existencia de crédito.

»IV.1.*e*) Finalización:

»48. Acta de medición general y certificación final de las obras (artículo 235.1 TRLCSP).

»49. Aprobación de la liquidación de la obra.

»50. Acta de recepción (artículo 235.2 TRLCSP).

»IV.2. Documentos específicos del contrato de gestión de servicios públicos:

»51. Acuerdos de aprobación del Régimen jurídico básico del servicio. Asimismo, Acuerdos de aprobación del anteproyecto de explotación y de las obras precisas, en su caso (artículos 132 y 133 TRLCSP).

»IV.3. Documentos específicos del contrato de suministro:

»52. Justificación de las razones técnicas o económicas que aconsejen que el pago del precio, en su caso, se realice, en parte, mediante la entrega de bienes de la misma clase que los que se deben suministrar (artículo 294 TRLCSP).

»IV.4. Documentos específicos de los contratos de servicios:

»53. Acuerdo de prórroga de la duración del contrato, en su caso (artículo 303.1 TRLCSP).

»IV.5. Documentos específicos del contrato de concesión de obras públicas:

»54. Acuerdo motivado por el que se sustituye el estudio de viabilidad por un estudio de viabilidad económico-financiera (artículo 128.6 TRLCSP).

»55. Informes emitidos, en el trámite de información pública del anteproyecto de construcción y explotación de la obra o, en su caso, del proyecto, por los organismos públicos afectados (artículo 130.2 TRLCSP).

»56. Acta de replanteo del proyecto (artículo 130 y disposición adicional segunda 12 TRLCSP).

»57. Modificaciones del proyecto de obras (artículo 243 TRLCSP):

»Resolución del órgano de contratación introduciendo las modificaciones.

»58. Acta de comprobación de la terminación de las obras (artículo 244.1 TRLCSP).

»59. Valoración del órgano de contratación sobre la obra pública ejecutada y, en su caso, declaración del cumplimiento de las condiciones impuestas en la declaración de impacto ambiental (artículo 244.2 TRLCSP).

»IV.6. Documentos específicos del contrato de colaboración entre los sectores público y privado:

»60. Programa funcional (artículo 135 TRLCSP).

»ANEXO II: COMUNICACIÓN DE MODIFICACIÓN O FINALIZACIÓN DEL CONTRATO.

»Entidad local:

»Entidad contratante:

»Órgano de contratación:

»N.º de expediente de contratación:

»Fecha de adjudicación:

»Contratista:

»NIF:

»Objeto del contrato:

»Lote:

»Habiéndose producido en el contrato identificado en el encabezamiento, alguna de las circunstancias que se expresan a continuación y que se encuentra incluidas en el artículo 29.2 del TRLCSP, y a efectos de completar el extracto del expediente ya remitido con anterioridad, adjunto a este escrito se da traslado de la documentación correspondiente, conforme a lo requerido por los anexos I y II de la vigente Instrucción del Tribunal de Cuentas.

»(Lugar, fecha y sello)

»(Representante de la entidad contratante)

»I. Circunstancias modificativas.

»Modificados/ampliaciones de plazo y prórrogas/cesiones y subcontrataciones.

»(Acompañar la documentación del anexo I, apartados III y IV, que resulte procedente).

»II. Finalización.

»Resolución/cumplimiento:

»Fecha de resolución/cumplimiento del contrato:

»Importe total abonado (sin IVA):

»(Acompañar la documentación del anexo I, apartados III y IV, que resulte procedente).

»ÍNDICE DE ABREVIATURAS UTILIZADAS:

»TRLCSP: Texto refundido de la Ley de Contratos del Sector Público, Real Decreto Legislativo 3/2011, de 14 de noviembre.

»LCSP: Ley 30/2007, de 30 de octubre, de contratos del Sector Público.

»LCAP: Ley 13/1995, de 18 de mayo, de Contratos de las Administraciones Públicas.

»RGLCAP: Reglamento General de la Ley de Contratos de las Administraciones Públicas, aprobado por Real Decreto 1.098/2001, de 12 de octubre.

locales, tengan atribuidas por sus Estatutos las Comunidades Autónomas.

....

DISPOSICIONES ADICIONALES

....

4.ª *Deudas de las entidades locales con acreedores públicos: modo de compensación y responsabilidad.*—El Estado podrá compensar las deudas firmes contraídas con este por las entidades locales con cargo a las órdenes de pago que se emitan para satisfacer su participación en los tributos del Estado.

Igualmente se podrán retener con cargo a dicha participación las deudas firmes que aquéllas hayan contraído con los organismos autónomos del Estado y deudas por cuotas de la Seguridad Social y conceptos de recaudación conjunta con las mismas, y la cuantía de todas ellas superase la cantidad retenida, aquélla se prorrateará en función de los importes de éstas.

»Dos. El importe de la retención será el 50 por 100 de la cuantía asignada a la respectiva entidad local, tanto en cada entrega a cuenta como en la liquidación definitiva anual correspondiente a la participación en los tributos del Estado, excepto cuando la cuantía de la deuda sea inferior a esa cantidad.

»Cuando se trate de deudas derivadas de tributos del Estado que hayan sido legalmente repercutidos, de ingresos a cuenta correspondientes a retribuciones en especie, de cantidades retenidas o que se hubieran debido retener a cuenta de cualquier impuesto, o de cotizaciones sociales que hayan sido o hubieran debido ser objeto de retención, la retención a practicar será del 100 por 100 de la cuantía asignada a la respectiva entidad local, tanto en cada entrega a cuenta como en la liquidación definitiva anual correspondiente a la participación en los tributos del Estado, excepto cuando la cuantía de la deuda sea inferior a esa cantidad.

»Tres. La cuantía a retener en el conjunto del ejercicio podrá reducirse cuando se justifique la existencia de gra-

---

»LRJPAC: Ley 30/1992, de 26 de noviembre, de Régimen Jurídico de las Administraciones Públicas y del Procedimiento Administrativo Común.

»TRLHL: Texto refundido de la Ley Reguladora de las Haciendas Locales, aprobado por Real Decreto Legislativo 2/2004, de 5 de marzo.

»LFTC: Ley 7/1988, de 5 de abril, de Funcionamiento del Tribunal de Cuentas».

Disp. Adic. 4.ª: La Ley 22/2013, de 23 de diciembre, de Presupuestos Generales del Estado para el año 2014 (*BOE* n.º 309, de 26 de diciembre), en su art. 123 dispone:

«*Art. 123. Retenciones a practicar a las entidades locales en aplicación de la disposición adicional cuarta del Texto Refundido de la Ley Reguladora de las Haciendas Locales, aprobado por Real Decreto Legislativo 2/2004, de 5 de marzo.*—Uno. Previa solicitud del órgano competente que tenga atribuida legalmente la gestión recaudatoria, de acuerdo con la normativa específica aplicable, la Secretaría General de Coordinación Autonómica y Local aplicará las retenciones que deban practicarse en la participación de los municipios y provincias en los tributos del Estado.

»Si concurrieran en la retención deudas derivadas de tributos del Estado y la Seguridad Social a efectos de proceder a su extinción mediante la puesta en disposición de las citadas entidades acreedoras de los fondos correspondientes.

---

ves desfases de tesorería generados por la prestación de aquellas obligaciones relativas:

»*a*) al cumplimiento regular de las obligaciones de personal;

»*b*) a la prestación de los servicios públicos obligatorios en función del número de habitantes del municipio;

»*c*) a la prestación de servicios sociales, protección civil y extinción de incendios, para cuya realización no se exija contraprestación alguna en forma de precio público o tasa equivalente al coste del servicio realizado.

»En ningún caso podrá establecerse un porcentaje de retención inferior al 25 por 100 de la entrega a cuenta.

»No será aplicable la reducción de retenciones a aquellas entidades locales que se hayan integrado en consorcios de saneamiento financiero del que formen parte instituciones de otras administraciones públicas.

»En los procedimientos de reducción del porcentaje de retención, la Secretaría General de Coordinación Autonómica y Local dictará la resolución correspondiente, teniendo en cuenta la situación financiera de la entidad y la necesidad de garantizar la prestación de los servicios públicos obligatorios. Para ello, la entidad local deberá aportar, con carácter imprescindible y no exclusivo:

»— Certificado expedido por los órganos de recaudación de las Entidades acreedoras por el que se acredite haber atendido el pago de las obligaciones corrientes en los doce meses precedentes al mes inmediato anterior a la fecha de solicitud de la certificación;

»— Informe de la situación financiera actual suscrito por el Interventor local que incluya el cálculo del remanente de tesorería a la fecha de solicitud de la reducción del porcentaje de retención y ponga de manifiesto los términos en los que dicha situación afecta al cumplimiento de las obligaciones recogidas en el párrafo primero del presente apartado;

»— Plan de Saneamiento, aprobado por el Pleno, que incluya el ejercicio en curso.

»En la resolución se fijará el período de tiempo en que el porcentaje de retención habrá de ser reducido, sin que quepa la extensión de este más allá de la finalización del ejercicio económico. En todo caso, tal reducción estará condicionada a la aprobación por la entidad local de un plan de saneamiento, o a la verificación del cumplimento de otro en curso.

»Cuatro. Cuando la deuda nazca como consecuencia del reintegro de anticipos de financiación a cargo del Tesoro Público, la retención habrá de adecuarse a las condiciones fijadas en la resolución de concesión del correspondiente anticipo, ya sea mediante la cancelación total del débito en forma singular, o en retenciones sucesivas hasta la definitiva extinción de éste.

»Cinco. Las resoluciones declarando la extinción de las deudas con cargo a las cantidades que se hayan retenido corresponderán, en cada caso, al órgano legalmente competente que tenga atribuida la gestión recaudatoria, de acuerdo con la normativa específica aplicable, produciendo sus efectos, en la parte concurrente de la deuda, desde el momento en que se efectuó la retención.

»Seis. Las normas contenidas en este artículo serán de aplicación en los supuestos de deudas firmes contraídas por las Entidades Locales con el Instituto de Crédito Oficial, por la línea de crédito instruida por este último a las

A los efectos previstos en los párrafos precedentes se declara la responsabilidad solidaria de las corporaciones locales res-

---

que se refiere la Sección 2.ª del Capítulo II del Real Decreto-ley 8/2011, de 1 de julio. Asimismo, serán de aplicación las normas de este precepto en los supuestos de deudas firmes contraídas con el Fondo para la financiación de los pagos a proveedores, que pudieran derivarse de la aplicación del artículo 8 del Real Decreto-ley 7/2012, de 9 de marzo, por el que se crea el Fondo para la financiación de los pagos a proveedores.»

El Real Decreto-ley 8/2011, de 1 de julio (*BOE* n.º 161, de 7 de julio), permite la aplicación de esta Disposición a favor de ICO, en los siguientes términos:

«*Art. 12. Aplicación prevista en la Disposición adicional cuarta del texto refundido de la Ley Reguladora de las Haciendas Locales aprobado por el Real Decreto Legislativo 2/2004, de 5 de marzo.*—1. Si, como consecuencia de la línea de crédito instruida por la Comisión Delegada del Gobierno para Asuntos Económicos al Instituto de Crédito Oficial para facilitar liquidez a las empresas y los autónomos que tengan créditos con las Entidades locales, estas últimas contrajeran con el Instituto de Crédito Oficial deudas firmes, impagadas en el período voluntario fijado, el órgano competente del Ministerio de Economía y Hacienda efectuará a su favor las retenciones que procedan con cargo a las órdenes de pago que se emitan para satisfacer su participación en los tributos del Estado. Para ello se aplicará el régimen previsto para los acreedores públicos en la Disposición adicional cuarta del texto refundido de la Ley Reguladora de las Haciendas Locales aprobado por el Real Decreto Legislativo 2/2004, de 5 de marzo.

»2. Las citadas retenciones se practicarán previa solicitud del Instituto de Crédito Oficial en la que se ponga de manifiesto que concurren en las deudas que las motivan los requisitos recogidos en el apartado anterior.

»3. Las garantías de las líneas de crédito que, en los términos previstos en el presente artículo, se habiliten para dotar de liquidez a las empresas y autónomos no podrán superar el 25 por 100 del importe anual de las entregas a cuenta de la participación de la entidad local en tributos del Estado del año 2011, una vez descontados los reintegros correspondientes a las liquidaciones definitivas de aquella participación del ejercicio 2008 y anteriores.

»*Art. 13. Ámbito objetivo de aplicación de la retención a favor del Instituto de Crédito Oficial.*—Lo previsto en el artículo anterior se aplicará a deudas firmes contraídas por las Entidades locales con el Instituto de Crédito Oficial exclusivamente durante el período de vigencia de la línea financiera, si bien las retenciones a practicar por el órgano competente del Ministerio de Economía y Hacienda podrán extenderse, si fuera necesario, a los ejercicios siguientes.»

El Real Decreto-ley 4/2012, de 24 de febrero, por el que se determinan obligaciones de información y procedimientos necesarios para establecer un mecanismo de financiación para el pago a los proveedores de las entidades locales (*BOE* n.º 48, de 25 de febrero), también se remite a esta Disposición en los siguientes términos:

«*Art. 11. Aplicación prevista en la disposición adicional cuarta del texto refundido de la Ley Reguladora de las Haciendas Locales aprobado por el Real Decreto Legislativo 2/2004, de 5 de marzo.*—En el caso de que las entidades locales no concierten la operación de endeudamiento citada, o en el caso de que la hayan concertado e pecto de las deudas tributarias o con la Seguridad Social, contraídas por las entidades a que se refieren los párrafos *b*) y *c*) del apartado 3 del artículo 85 de la Ley 7/1985, de 2 de abril, reguladora de las Bases del Régimen Local, así como de las que en su caso se contraigan por las mancomunidades, comarcas, áreas metropolitanas, entidades de ámbito inferior al municipio y por cualesquiera instituciones asociativas voluntarias públicas en las que aquéllas participen, en proporción a sus respectivas cuotas y sin perjuicio del derecho de repetir que les pueda asistir, en su caso.

....

6.ª *Actualización de la estructura de los presupuestos de las entidades locales.*—El Ministerio de Hacienda modificará tanto la estructura de

---

incumplan con las obligaciones de pago derivadas de la misma, el órgano competente del Ministerio de Hacienda y Administraciones Públicas u organismo público competente efectuará las retenciones que procedan con cargo a las órdenes de pago que se emitan para satisfacer su participación en los tributos del Estado, sin que pueda afectar al cumplimiento de las demás obligaciones derivadas de las operaciones de endeudamiento financiero contempladas en el plan de ajuste. Para ello se aplicará el régimen previsto para los acreedores públicos en la disposición adicional cuarta del texto refundido de la Ley Reguladora de las Haciendas Locales aprobado por el Real Decreto Legislativo 2/2004, de 5 de marzo, y lo que, en su caso y en desarrollo de aquélla, dispongan las Leyes de Presupuestos Generales del Estado.

»*Art. 12. Ámbito objetivo de aplicación de la retención.*—Lo previsto en el artículo anterior se aplicará a deudas firmes contraídas por las entidades locales exclusivamente en el marco y durante el período de vigencia del mecanismo de financiación que sea aprobado por la Comisión Delegada del Gobierno para Asuntos Económicos, si bien las retenciones a practicar por el órgano competente del Ministerio de Hacienda y Administraciones Públicas podrán extenderse, si fuera necesario, a los ejercicios siguientes.»

Conforme a la Disp. Adic. 2.ª del Real Decreto 635/2014, de 25 de julio, por el que se desarrolla la metodología de cálculo del período medio de pago a proveedores de las Administraciones Públicas y las condiciones y el procedimiento de retención de recursos de los regímenes de financiación, previstos en la Ley Orgánica 2/2012, de 27 de abril, de Estabilidad Presupuestaria y Sostenibilidad Financiera (*BOE* n.º 184, de 30 de julio):

«*Disp. Adic. 2.ª Práctica de retenciones de la participación de las entidades locales en los tributos del Estado.*—Las retenciones de la participación de las entidades locales en tributos del Estado que, en su caso, se apliquen para cancelar la deuda comercial de aquéllas, de acuerdo con lo previsto en este real decreto, deberán ajustarse a los límites y criterios que se establezcan en las Leyes de Presupuestos Generales del Estado en desarrollo de la disposición adicional cuarta del texto refundido de la Ley reguladora de las Haciendas Locales, aprobado por Real Decreto Legislativo 2/2004, de 5 de marzo.»

Disp. Adic. 6.ª: TRLRHL (I): art. 167 y Disp. Final 1.ª; LBRL: art. 112.2.

los presupuestos de las entidades locales como los criterios de clasificación a la que hace referencia el artículo 167 de esta Ley con objeto de adaptarlos a los establecidos para el sector público estatal en cada momento.

....

8.ª *Régimen foral vasco.*— 1. Los Territorios Históricos del País Vasco continuarán conservando su régimen especial en materia municipal en lo que afecta al régimen económico-financiero en los términos de la Ley del Concierto Económico, sin que ello pueda significar un nivel de autonomía de las corporaciones locales vascas inferior al que tengan las demás corporaciones locales, sin perjuicio de la aplicación de lo dispuesto en la Ley 7/1985, de 2 de abril, reguladora de las Bases del Régimen Local, y de las competencias que a este respecto puedan corresponder a la Comunidad Autónoma.

Las instituciones vascas podrán, en sus respectivos ámbitos competenciales, atribuir competencias como propias a los municipios de sus respectivos territorios, con sujeción, en todo caso, a los criterios señalados en los apartados 3, 4 y 5 del artículo 25 de la Ley 7/1985, de 2 de abril, reguladora de las Bases del Régimen Local.

2. De conformidad con la disposición final tercera de la Ley Orgánica 2/2012, de 27 de abril, de Estabilidad Presupuestaria y Sostenibilidad Financiera, y de la cláusula subrogatoria prevista en el artículo 48 quinto de la Ley del Concierto Económico con el País Vasco, los Territorios Históricos recibirán los informes a que se refieren los artículos 193 bis y 218 de la presente Ley. Asimismo, los órganos interventores de las administraciones locales del País Vasco remitirán también al Tribunal Vasco de Cuentas Públicas, sin perjuicio de las competencias atribuidas al Tribunal de Cuentas, los informes a que se refiere el artículo 218 de la presente Ley.

3. De conformidad con la Ley Orgánica 2/2012, de 27 de abril, y de la cláusula subrogatoria prevista en el artículo 48 quinto de la Ley del Concierto Económico con el País Vasco, las Diputaciones Forales en

---

Disp. Adic. 8.ª: Redactada conforme al art. 2.º de la Ley 27/2013, de 27 de diciembre, de racionalización y sostenibilidad de la Administración Local (*BOE* n.º 312, de 30 de diciembre).

sus respectivos ámbitos territoriales serán las competentes para formalizar convenios con las Entidades Locales para reforzar la autonomía y eficacia de los órganos responsables del control y fiscalización interna de la gestión económico-financiera, contable y presupuestaria de las citadas Entidades Locales.

....

16.ª *Inversión financieramente sostenible.*—A los efectos de lo dispuesto en la disposición adicional sexta de la Ley Orgánica 2/2012, de 27 de abril, de Estabilidad Presupuestaria y Sostenibilidad Financiera, se entenderá por inversión financieramente sostenible la que cumpla todos los requisitos siguientes:

1. Que la inversión se realice, en todo caso, por entidades locales que se encuentren al corriente en el cumplimiento de sus obligaciones tributarias y con la Seguridad Social. Además, deberá tener reflejo presupuestario en los siguientes grupos de programas recogidos en el anexo I de la Orden EHA/3.565/2008, de 3 de diciembre, por la que se aprueba la estructura de los presupuestos de la entidades locales:

161. Saneamiento, abastecimiento y distribución de aguas.

162. Recogida, eliminación y tratamiento de residuos.

165. Alumbrado público.

172. Protección y mejora del medio ambiente.

412. Mejora de las estructuras agropecuarias y de los sistemas productivos.

422. Industria.

425. Energía.

431. Comercio.

432. Ordenación y promoción turística.

441. Promoción, mantenimiento y desarrollo del transporte.

442. Infraestructuras del transporte.

452. Recursos hidráulicos.

463. Investigación científica, técnica y aplicada.

491. Sociedad de la información.

492. Gestión del conocimiento.

Disp. Adic. 16.ª: Añadida por la Disp. Final 1.ª del Real Decreto-ley 2/2014, de 21 de febrero, por el que se adoptan medidas urgentes para reparar los daños causados en los dos primeros meses de 2014 por las tormentas de viento y mar en la fachada atlántica y la costa cantábrica (*BOE* n.º 46, de 22 de febrero).

La inversión podrá tener reflejo presupuestario en alguno de los grupos de programas siguientes:

133. Ordenación del tráfico y del estacionamiento.

155. Vías públicas.

171. Parques y jardines.

336. Protección del Patrimonio Histórico-Artístico.

453. Carreteras.

454. Caminos vecinales.

933. Gestión del patrimonio: aplicadas a la rehabilitación y reparación de infraestructuras e inmuebles propiedad de la entidad local afectos al servicio público.

Cuando el gasto de inversión en estos grupos de programas, considerados en conjunto, sea superior a 10 millones de euros y suponga incremento de los capítulos 1 ó 2 del estado de gastos vinculado a los proyectos de inversión requerirá autorización previa de la Secretaría General de Coordinación Autonómica y Local, del Ministerio de Hacienda y Administraciones Públicas.

2. Quedan excluidas tanto las inversiones que tengan una vida útil inferior a cinco años como las que se refieran a la adquisición de mobiliario, enseres y vehículos, salvo que se destinen a la prestación del servicio público de transporte.

3. El gasto que se realice deberá ser imputable al capítulo 6 del estado de gastos del presupuesto general de la Corporación Local.

De forma excepcional podrán incluirse también indemnizaciones o compensaciones por rescisión de relaciones contractuales, imputables en otros capítulos del presupuesto de la Corporación Local, siempre que las mismas tengan carácter complementario y se deriven directamente de actuaciones de reorganización de medios o procesos asociados a la inversión acometida.

En el caso de las Diputaciones Provinciales, Consejos y Cabildos insulares podrán incluir gasto imputable también en el capítulo 6 y 7 del estado de gastos de sus presupuestos generales destinadas a financiar inversiones que cumplan lo previsto en esta disposición. y se asignen a municipios que:

a) cumplan con lo previsto en la disposición adicional sexta de la Ley Orgánica 2/2012, de 27 de abril,

b) o bien, no cumpliendo lo previsto en la disposición adicional sexta de la Ley Orgánica 2/2012, de 27 de abril, la inversión no conlleve gastos de mantenimiento y así quede acreditado en su Plan económico-financiero convenientemente aprobado.

4. Que la inversión permita durante su ejecución, mantenimiento y liquidación, dar cumplimiento a los objetivos de estabilidad presupuestaria, y deuda pública por parte de la Corporación Local. A tal fin se valorará, el gasto de mantenimiento, los posibles ingresos o la reducción de gastos que genere la inversión durante su vida útil.

5. La iniciación del correspondiente expediente de gasto y el reconocimiento de la totalidad de las obligaciones económicas derivadas de la inversión ejecutada se deberá realizar por parte de la Corporación Local antes de la finalización del ejercicio de aplicación de la disposición adicional sexta de la Ley Orgánica 2/2012, de 27 de abril.

No obstante, en el supuesto de que un proyecto de inversión no pueda ejecutarse íntegramente en 2014, la parte restante del gasto comprometido en 2014 se podrá reconocer en el ejercicio 2015 financiándose con cargo al remanente de tesorería de 2014 que quedará afectado a ese fin por ese importe restante y la entidad local no podrá incurrir en déficit al final del ejercicio 2015.

6. El expediente de gasto que se tramite incorporará una memoria económica específica, suscrita por el presidente de la Corporación Local, o la persona de la Corporación Local en quien delegue, en la que se contendrá la proyección de los efectos presupuestarios y económicos que podrían derivarse de la inversión en el horizonte de su vida útil. El órgano interventor de la Corporación Local informará acerca de la consistencia y soporte de las proyecciones presupuestarias que contenga la memoria económica de la inversión en relación con los criterios establecidos en los apartados anteriores.

Anualmente, junto con la liquidación del presupuesto, se dará cuenta al pleno de la Corporación Local del grado de cumplimiento de los criterios previstos en los apartados anteriores y se hará público en su portal web.

7. Sin perjuicio de los efectos que puedan derivarse de la aplicación de la normativa de estabilidad presupuestaria y sostenibilidad financiera, si el informe del interventor de la Corporación Local al que se refiere el apartado anterior fuera desfavorable, el interventor lo remitirá al órgano competente de la Administración pública que tenga atribuida la

tutela financiera de la Corporación Local.

8. El interventor de la Corporación Local informará al Ministerio de Hacienda y Administraciones públicas de las inversiones ejecutadas en aplicación de lo previsto en esta disposición.

DISPOSICIÓN FINAL

Única. *Potestad reglamentaria.*—1. Se faculta al Gobierno para dictar cuantas disposiciones sean necesarias para el desarrollo y ejecución de esta Ley.

....

§ I.2. LEY ORGÁNICA 2/2012, DE 27 DE ABRIL, DE ESTABILIDAD PRESUPUESTARIA Y SOSTENIBILIDAD FINANCIERA*

(*BOE* n.º 103, de 30 de abril de 2012)

PREÁMBULO

La estabilidad presupuestaria, consagrada constitucionalmente, es base para impulsar el crecimiento y la creación de empleo en la economía española, para garantizar el bienestar de los ciudadanos, crear oportunidades a los emprende-

---

* Esta Ley es consecuencia de la reforma constitucional habida en septiembre de 2011, que dio nueva redacción al art. 135 CE (*BOE* n.º 233, de 27 de septiembre), cuya Disp. Adic. estableció:

«1. La Ley Orgánica prevista en el artículo 135 de la Constitución Española deberá estar aprobada antes del 30 de junio de 2012.

»2. Dicha Ley contemplará los mecanismos que permitan el cumplimiento del límite de deuda a que se refiere el artículo 135.3 de la Constitución Española.

»3. Los límites de déficit estructural establecidos en el artículo 135.2 de la Constitución Española entrarán en vigor a partir de 2020.»

El art. 135 CE dispone:

«1. Todas las Administraciones Públicas adecuarán sus actuaciones al principio de estabilidad presupuestaria.

»2. El Estado y las Comunidades Autónomas no podrán incurrir en un déficit estructural que supere los márgenes establecidos, en su caso, por la Unión Europea para sus Estados Miembros.

»Una ley orgánica fijará el déficit estructural máximo permitido al Estado y a las Comunidades Autónomas, en relación con su producto interior bruto. Las Entidades Locales deberán presentar equilibrio presupuestario.

»3. El Estado y las Comunidades Autónomas habrán de estar autorizados por ley para emitir deuda pública o contraer crédito.

»Los créditos para satisfacer los intereses y el capital de la deuda pública de las Administraciones se entenderán siempre incluidos en el estado de gastos de sus presupuestos y su pago gozará de prioridad absoluta. Estos créditos no podrán ser objeto de enmienda o modificación, mientras se ajusten a las condiciones de la ley de emisión.

»El volumen de deuda pública del conjunto de las Administraciones Públicas en relación con el producto interior bruto del Estado no podrá superar el valor de referencia establecido en el Tratado de Funcionamiento de la Unión Europea.

»4. Los límites de déficit estructural y de volumen de deuda pública sólo podrán superarse en caso de catástrofes naturales, recesión económica o situaciones de emergencia extraordinaria que escapen al control del Estado y dores y ofrecer una perspectiva de futuro más próspera, justa y solidaria.

La salvaguardia de la estabilidad presupuestaria es un instrumento indispensable para lograr este objetivo, tanto para garantizar la financiación adecuada del sector público y los servicios públicos de calidad sobre los que descansa el sistema de bienestar, como para ofrecer seguridad a los inversores respecto a la capacidad de la economía española para crecer y atender nuestros compromisos.

El proceso de consolidación fiscal y reducción de la deuda pública que permitió la entrada de España en la Unión Económica y Monetaria europea, fue uno de los principales activos sobre los que se cimentó el largo período de crecimiento de la economía española hasta 2008. Sin embargo, ese año se inició una crisis económica de alcance mundial, especialmente severa en el ámbito europeo, cuyos efectos se vieron agravados en nuestra economía debido a la elevada tasa de desempleo, la más alta entre los países de la OCDE. El fuerte deterioro de las finanzas públicas registrado desde ese año, agotó rápidamente los márgenes de maniobra de la política fiscal, obligando ahora a practicar un fuerte ajuste que permita recuperar la senda hacia el equilibrio presupuestario y cumplir los compromisos de España con la Unión Europea.

La crisis económica puso rápidamente de manifiesto la insuficiencia de los mecanismos de

---

perjudiquen considerablemente la situación financiera o la sostenibilidad económica o social del Estado, apreciadas por la mayoría absoluta de los miembros del Congreso de los Diputados.

»5. Una ley orgánica desarrollará los principios a que se refiere este artículo, así como la participación, en los procedimientos respectivos, de los órganos de coordinación institucional entre las Administraciones Públicas en materia de política fiscal y financiera. En todo caso, regulará:

»*a*) La distribución de los límites de déficit y de deuda entre las distintas Administraciones Públicas, los supuestos excepcionales de superación de los mismos y la forma y plazo de corrección de las desviaciones que sobre uno y otro pudieran producirse.

»*b*) La metodología y el procedimiento para el cálculo del déficit estructural.

»*c*) La responsabilidad de cada Administración Pública en caso de incumplimiento de los objetivos de estabilidad presupuestaria.

»6. Las Comunidades Autónomas, de acuerdo con sus respectivos Estatutos y dentro de los límites a que se refiere este artículo, adoptarán las disposiciones que procedan para la aplicación efectiva del principio de estabilidad en sus normas y decisiones presupuestarias.»

disciplina de la anterior Ley de Estabilidad Presupuestaria. En el marco de esa Ley se alcanzó el mayor déficit de nuestras Administraciones Públicas, con un 11,2 por 100 del Producto Interior Bruto en 2009.

Paralelamente, las tensiones financieras desencadenadas en los mercados europeos, pusieron en evidencia la fragilidad del entramado institucional de la Unión Europea y la necesidad de avanzar en el proceso de integración económica, con la premisa de lograr una mayor coordinación y responsabilidad fiscal y presupuestaria de los Estados miembros. En este contexto, en los últimos meses se han aprobado una serie de iniciativas legislativas en el ámbito europeo orientadas a reforzar las reglas fiscales comunes y desarrollar una mayor supervisión económica y fiscal. El Pacto Fiscal europeo, la mayor coordinación, vigilancia y supervisión en materia presupuestaria, acompañados del desarrollo del mecanismo de estabilidad financiera para dar una respuesta conjunta a las tensiones de los mercados financieros, constituyen el marco de gobernanza económica que define una Unión Europea reforzada y capaz de hacer frente a los exigentes retos del nuevo escenario económico internacional.

Esta situación exige aplicar una política económica contundente basada en dos ejes complementarios que se refuerzan: La consolidación fiscal, es decir, la eliminación del déficit público estructural y la reducción de la deuda pública, y las reformas estructurales. Pero más allá de esta respuesta inmediata, es necesario consolidar el marco de política económica y fiscal que permite asegurar de forma permanente el crecimiento económico y la creación de empleo. Éste es un reto que debemos alcanzar de la mano de Europa, participando activamente en el diseño de las políticas y estrategias que definen la nueva gobernanza económica, y aplicando con rigor las exigencias que de ella dimanan.

La garantía de la estabilidad presupuestaria es una de las claves de la política económica que contribuirá a reforzar la confianza en la economía española, facilitará la captación de financiación en mejores condiciones y, con ello, permitirá recuperar la senda del crecimiento económico y la creación de empleo. Este convencimiento llevó en septiembre de 2011 a reformar el artículo 135 de la Constitución Española, introduciendo al máximo nivel normativo de nuestro ordenamiento jurídico una regla fiscal que limita el déficit público de carácter estructural en nuestro país y limita la deuda pública al valor de referencia del Tratado de Funcionamiento de la Unión Europea. El nuevo artículo 135 establece el mandato de desarrollar el contenido de este artículo en una Ley Orgánica antes del 30 de junio de 2012. Con la aprobación de la presente Ley Orgánica de Estabilidad Presupuestaria y Sostenibilidad Financiera de las Administraciones Públicas se da pleno cumplimiento al mandato constitucional.

Pero, además, la reforma de la Constitución pretende también manifestar el claro compromiso de España con las exigencias de coordinación y definición del marco de estabilidad común de la Unión Europea. Por ello, la referencia a la normativa de estabilidad europea, tanto en la Constitución como en la Ley Orgánica, es constante, siendo además España uno de los primeros países en incorporar el paquete de gobernanza económica europea a su ordenamiento jurídico interno. Además, esta Ley da cumplimiento al Tratado de Estabilidad, Coordinación y Gobernanza en la Unión Económica y Monetaria de 2 de marzo de 2012, garantizando una adaptación continua y automática a la normativa europea.

Los tres objetivos de la Ley son: Garantizar la sostenibilidad financiera de todas las Administraciones Públicas; fortalecer la confianza en la estabilidad de la economía española; y reforzar el compromiso de España con la Unión Europea en materia de estabilidad presupuestaria. El logro de estos tres objetivos contribuirá a consolidar el marco de la política económica orientada al crecimiento económico y la creación del empleo.

La primera novedad de la Ley es su propio título, ya que incorpora la sostenibilidad financiera como principio rector de la actuación económico financiera de todas las Administraciones Públicas españolas. Con ello se pretende reforzar la idea de estabilidad, no solo en un momento coyuntural, sino con carácter permanente, lo que contribuirá a preparar el camino para los retos a los que nuestro sistema de bienestar se enfrenta a medio y largo plazo.

A diferencia de la normativa anterior, la Ley regula en un texto único la estabilidad presupuestaria y sostenibilidad financiera de todas las Administraciones Públicas, tanto del Estado como de las Comunidades Autónomas, Corporaciones Locales y Seguridad Social. Esto mejora la coherencia en la regulación jurídica, supone una mayor claridad de la Ley y transmite una idea de igualdad en las exigencias presupuestarias, de responsabilidad y lealtad institucional entre todas las Administraciones Públicas.

La presente Ley consta de treinta y dos artículos, tres disposiciones adicionales, cuatro transitorias, una derogatoria y siete finales, y se estructura en seis capítulos. El capítulo I («Ámbito de aplicación») determina el objeto y ámbito de aplicación subjetivo de la Ley. Se delimita el sector público atendiendo al Sistema Europeo de Cuentas Nacionales y Regionales, ya que esta es la definición que adopta la normativa europea.

El capítulo II («Principios generales»), destinado a los principios generales de la Ley, mantiene los cuatro principios de la legislación anterior —estabilidad presupuestaria, plurianualidad, transparencia y eficacia y eficiencia en la asignación de los recursos públicos—, reforzando alguno de sus elementos, e introduce tres nuevos principios: Sostenibilidad financiera, responsabilidad y lealtad institucional. El principio de estabilidad presupuestaria se define como la situación de equilibrio o superávit. Se entenderá que se alcanza esta situación cuando las Administraciones Públicas no incurran en déficit estructural. Este principio se refuerza con el de sostenibilidad financiera, que consagra la estabilidad presupuestaria como conducta financiera permanente de todas las Administraciones Públicas. Debe destacarse también la inclusión en la Ley del principio de lealtad institucional, como principio rector para armonizar y facilitar la colaboración y cooperación entre las distintas administraciones en materia presupuestaria.

El capítulo III («Estabilidad presupuestaria y sostenibilidad financiera») dedicado a la estabilidad presupuestaria y sostenibilidad financiera, introduce importantes novedades en nuestra legislación. Todas las Administraciones Públicas deben presentar equilibrio o superávit, sin que puedan incurrir en déficit estructural. No obstante, el Estado y las Comunidades Autónomas podrán presentar déficit estructural en las situaciones excepcionales tasadas en la Ley: Catástrofes naturales, recesión económica o situación de emergencia extraordinaria, situaciones que deberán ser apreciadas por la mayoría absoluta del Congreso de los Diputados.

El capítulo incorpora, además, la regla de gasto establecida en la normativa europea, en virtud de la cual el gasto de las Administraciones Públicas no podrá aumentar por encima de la tasa de crecimiento de referencia del Producto Interior Bruto. Esta regla se completa con el mandato de que cuando se obtengan mayores ingresos de los previstos, éstos no se destinen a financiar nuevos gastos, sino que los mayores ingresos se destinen a una menor apelación al endeudamiento.

Asimismo, se fija el límite de deuda de las Administraciones Públicas, que no podrá superar el valor de referencia del 60 por 100 del Producto Interior Bruto establecido en la normativa europea, salvo en las mismas circunstancias excepcionales en que se puede presentar déficit estructural. Además, se establece la prioridad absoluta de pago de los intereses y el capital de la deuda pública frente a cualquier otro tipo de gasto, tal y como establece la Constitución, lo que constituye una garantía rotunda ante los inversores.

Se regulan los criterios para el establecimiento de los objetivos de estabilidad presupuestaria y de deuda pública para cada una de las Administraciones Públicas e individualmente para las Comunidades Autónomas.

Por último, se contemplan los informes sobre cumplimiento de los objetivos de estabilidad presupuestaria, de deuda pública y de la regla de gasto. Se informará sobre el cumplimiento de los objetivos tanto en los proyectos de Presupuesto, como en los Presupuestos iniciales y en su ejecución. La verificación del cumplimiento en las fases previas a la ejecución permitirá una actuación preventiva en caso de riesgo y la adopción, si fuera necesario, de medidas de corrección.

El capítulo IV («Medidas preventivas, correctivas y coercitivas») desarrolla tales medidas en tres secciones diferenciadas. En la sección primera se introduce un mecanismo automático de prevención para garantizar que no se incurre en déficit estructural al final de cada ejercicio, así como un umbral de deuda de carácter preventivo para evitar la superación de los límites establecidos.

La Ley establece un mecanismo de alerta temprana, similar al existente en la normativa europea, consistente en la formulación de una advertencia que permitirá que se anticipen las medidas necesarias de corrección en caso de que se aprecie riesgo de incumplimiento de los objetivos de estabilidad, de deuda pública o de la regla de gasto. La no adopción de medidas supone la aplicación de las medidas correctivas.

Las dos siguientes secciones son expresión de la responsabilidad de cada Administración en caso de incumplimiento de los objetivos de estabilidad presupuestaria prevista en el apartado *c*) del artículo 135.5 de la Constitución. El incumplimiento del objetivo de estabilidad exigirá la presentación de un plan económico-financiero que permita la corrección de la desviación en el plazo de un año. La Ley regula el contenido —que, entre otros extremos, deberá identificar las causas de la desviación y las medidas que permitirán retornar a los objetivos—, la tramitación y el seguimiento de estos planes.

Se da un tratamiento distinto en el supuesto de déficit por circunstancias excepcionales (catástrofes naturales, recesión económica o situación de emergencia extraordinaria). En estos casos, deberá presentarse un plan de reequilibrio que permita volver al equilibrio, detallando las medidas adecuadas para hacer frente a las consecuencias presupuestarias derivadas de estas situaciones excepcionales.

La Ley contempla medidas automáticas de corrección. Así, el cumplimiento de los objetivos de estabilidad se tendrá en cuenta tanto para autorizar las emisiones de deuda, como para la concesión de subvenciones o la suscripción de convenios. Además, en caso de incumplimiento de un plan económico-financiero, la administración responsable deberá aprobar automáticamente una no disponibilidad de créditos y constituir un depósito. Finalmente, en los supuestos de no adoptarse por las Comunidades Autónomas los acuerdos de no disponibilidad o de no acordarse las medidas propuestas por la comisión de expertos, la Ley habilita al amparo del artículo 155 de la Constitución a la adopción de medidas para obligar a su cumplimiento forzoso. En términos parecidos se establece la posibilidad de imponer a las Corporaciones Locales medidas de cumplimiento forzoso, o disponer en su caso la disolución de la Corporación Local.

El capítulo V («Transparencia») desarrolla el principio de la transparencia, reforzando sus elementos, entre los que destacan que cada Administración Pública deberá establecer la equivalencia entre el Presupuesto y la contabilidad nacional, ya que esta es la información que se remite a Europa para verificar el cumplimiento de nuestros compromisos en materia de estabilidad presupuestaria. Asimismo, con carácter previo a su aprobación, cada Administración Pública deberá dar información sobre las líneas fundamentales de su Presupuesto, con objeto de dar cumplimiento a los requerimientos de la normativa europea, especialmente a las previsiones contenidas en la Directiva 2011/85/UE del Consejo, de 8 de noviembre de 2011, sobre los requisitos aplicables a los marcos presupuestarios de los Estados miembros. Finalmente, se amplía la información a suministrar con objeto de mejorar la coordinación en la actuación económico-financiera de todas las Administraciones Públicas.

El capítulo VI («Gestión presupuestaria»), relativo a la gestión presupuestaria, refuerza la planificación presupuestaria a través de la definición de un marco presupuestario a medio plazo, que se ajusta a las previsiones de la Directiva de marcos presupuestarios antes mencionada. Como novedad importante, la Ley extiende la obligación de presentar un límite de gasto, hasta ahora solo previsto para el Estado, a las Comunidades Autónomas y a las Corporaciones Locales, así como la dotación en sus Presupuestos de un fondo de contingencia para atender necesidades imprevistas y no discrecionales. Por último, se regula el destino del superávit presupuestario, que deberá aplicarse a la reducción de endeudamiento neto, o al Fondo de Reserva en el caso de la Seguridad Social.

En las disposiciones adicionales, la Ley establece un mecanismo extraordinario de apoyo a la liquidez para aquellas Comunidades Autónomas y Corporaciones Locales que lo soliciten. El acceso a este mecanismo estará condicionado a la presentación de un plan de ajuste que garantice el cumplimiento de los objetivos de estabilidad presupuestaria y de deuda pública y estará sometido a rigurosas condiciones de seguimiento, remisión de información y medidas de ajuste extraordinarias. La Administración Pública que acceda a esta ayuda remitirá información trimestral sobre avales, líneas de crédito, deuda comercial, operaciones con derivados, etc. Igualmente será la jurisdicción contencioso-administrativa la competente para conocer de los recursos que se interpongan contra los actos y resoluciones dictados en aplicación de esta ley.

Igualmente se regula en una disposición adicional el principio de responsabilidad por incumplimiento de normas de Derecho comunitario, configurado como que las Administraciones Públicas y cualesquiera otras entidades integrantes del sector público que, en el ejercicio de sus competencias, incumplieran obligaciones derivadas de normas del derecho de la Unión Europea, dando lugar a que el Reino de España sea sancionado por las instituciones europeas asumirán, en la parte que les sea imputable, las responsabilidades que se devenguen de tal incumplimiento.

Por lo que se refiere a las disposiciones transitorias, la Ley contempla un período transitorio hasta el año 2020, tal como establece la Constitución. Durante este período se determina una senda de reducción de los desequilibrios presupuestarios hasta alcanzar los límites previstos en la Ley, es decir, el equilibrio estructural y una deuda pública del 60 por 100 del PIB.

La disposición derogatoria deroga expresamente la Ley Orgánica 5/2001, de 13 de diciembre, complementaria a la de estabilidad presupuestaria, así como el Texto Refundido de la Ley General de Estabilidad Presupuestaria, aprobado por Real Decreto Legislativo 2/2007, de 28 de diciembre, y cuantas disposiciones se opongan a lo previsto en la presente norma.

Por último, entre las disposiciones finales, se relacionan los títulos competenciales constitucionales de la presente ley orgánica. Igualmente se realizan las necesarias menciones adaptadas a los regímenes propios de Ceuta y Melilla, Navarra y País Vasco y se habilita al Consejo de Ministros para que dicte las disposiciones reglamentarias que sean precisas para el desarrollo de la presente ley orgánica.

CAPÍTULO PRIMERO

Ámbito de aplicación

Artículo 1.º *Objeto.*—Constituye el objeto de la presente Ley el establecimiento de los principios rectores, que vinculan a todos los poderes públicos, a los que deberá adecuarse la política presupuestaria del sector público orientada a la estabilidad presupuestaria y la sostenibilidad financiera, como garantía del crecimiento económico sostenido y la creación de empleo, en desarrollo del artículo 135 de la Constitución Española.

Asimismo, se establecen los procedimientos necesarios para la aplicación efectiva de los principios de estabilidad presupuestaria y de sostenibilidad financiera, en los que se garantiza la participación de los órganos de coordinación institucional entre las Administraciones Públicas en materia de política fiscal y financiera; el establecimiento de los límites de déficit y deuda, los supuestos excepcionales en que pueden superarse y los mecanismos de corrección de las desviaciones; y los instrumentos para hacer efectiva la responsabilidad de cada Administración Pública en caso de incumplimiento, en desarrollo del artículo 135 de la Constitución Española y en el marco de la normativa europea.

Art. 2.º *Ámbito de aplicación subjetivo.*—A los efectos de la presente Ley, el sector público se considera integrado por las siguientes unidades:

1. El sector Administraciones Públicas, de acuerdo con la definición y delimitación del Sistema Europeo de Cuentas Nacionales y Regionales aprobado por el Reglamento (CE) 2223/96 del Consejo, de 25 de junio de 1996 que incluye los siguientes subsectores, igualmente definidos conforme a dicho Sistema:

a) Administración central, que comprende el Estado y los organismos de la administración central.

b) Comunidades Autónomas.

c) Corporaciones Locales.

d) Administraciones de Seguridad Social.

2. El resto de las entidades públicas empresariales, sociedades mercantiles y demás entes de derecho público dependientes de las administraciones públicas, no incluidas en el apartado anterior, tendrán asimismo consideración de sector público y quedarán sujetos a lo dispuesto en las normas de esta Ley que específicamente se refieran a las mismas.

CAPÍTULO II

PRINCIPIOS GENERALES

Art. 3.º *Principio de estabilidad presupuestaria.*—1. La

Art. 2.º: Vid. art. 3.º de la Ley Orgánica 6/2013, de 14 de noviembre, de creación de la Autoridad Independiente de Responsabilidad Fiscal (*BOE* n.º 274, de 15 de noviembre).

elaboración, aprobación y ejecución de los Presupuestos y demás actuaciones que afecten a los gastos o ingresos de los distintos sujetos comprendidos en el ámbito de aplicación de esta Ley se realizará en un marco de estabilidad presupuestaria, coherente con la normativa europea.

2. Se entenderá por estabilidad presupuestaria de las Administraciones Públicas la situación de equilibrio o superávit estructural.

3. En relación con los sujetos a los que se refiere el artículo 2.2 de esta Ley se entenderá por estabilidad presupuestaria la posición de equilibrio financiero.

Art. 4.º *Principio de sostenibilidad financiera.*—1. Las

Art. 4.º: Redactado conforme al art. 1.º de la Ley Orgánica 9/2013, de 20 de diciembre, de control de la deuda comercial en el sector público (*BOE* n.º 305, de 21 de diciembre).

La Ley 2/2011, de 4 de marzo, de Economía Sostenible (*BOE* n.º 55, de 5 de marzo), en el Título I, Capítulo IV, «Sostenibilidad financiera del sector público», y sin que haya sido derogada expresamente en este punto, aunque sí podría tener cabida en la tácita de la Disp. Derog. única (I.2), en los arts. 32 y 33 dispuso:

«*Art. 32. Sostenibilidad presupuestaria de las Administraciones Públicas.*—1. Todas las Administraciones Públicas deben contribuir al logro de la sostenibilidad presupuestaria de las finanzas públicas, entendida como la capacidad para financiar los compromisos de gasto presentes y futuros.

»2. Para garantizar la sostenibilidad presupuestaria, las Administraciones Públicas aplicarán una política de racionalización y contención del gasto y se adecuarán a los principios de estabilidad presupuestaria, transparencia, plurianualidad y eficacia, en los términos definidos en la normativa de estabilidad presupuestaria.

»3. Las disposiciones legales y reglamentarias, los actos administrativos, los contratos y los convenios de colaboración y cualquier otra actuación de las Administraciones Públicas deberán valorar sus repercusiones y efectos, de forma que se garantice la sostenibilidad presupuestaria.

»4. Todo gasto se evaluará atendiendo a los principios de eficiencia y simplificación de los servicios prestados, incentivando la productividad del sector público. En especial, el Estado promoverá la colaboración entre las Administraciones Públicas para mejorar la eficiencia en la prestación de servicios públicos.

»*Art. 33. Cooperación con otras Administraciones Públicas.*—1. En el seno del Consejo de Política Fiscal y Financiera y de la Comisión Nacional de Administración Local, el Ministerio de Economía y Hacienda informará a las Comunidades Autónomas y a las Entidades locales, respectivamente, de las medidas adoptadas en cumplimiento de lo previsto en este Capítulo en el ejercicio inmediatamente anterior.

»2. Igualmente, el Gobierno impulsará la adopción de acuerdos de los citados órganos de cooperación y las actuaciones de las correspondientes administraciones con el fin de adoptar medidas de racionalización y contención del gasto público en sus respectiactuaciones de las Administraciones Públicas y demás sujetos comprendidos en el ámbito de aplicación de esta Ley estarán sujetas al principio de sostenibilidad financiera.

2. Se entenderá por sostenibilidad financiera la capacidad para financiar compromisos de gasto presentes y futuros dentro de los límites de déficit, deuda pública y morosidad de deuda comercial conforme a lo establecido en esta Ley, la normativa sobre morosidad y en la normativa europea.

Se entiende que existe sostenibilidad de la deuda comercial, cuando el período medio de pago a los proveedores no supere el plazo máximo previsto en la normativa sobre morosidad.

Art. 5.º *Principio de plurianualidad.*—La elaboración de los Presupuestos de las Administraciones Públicas y demás sujetos comprendidos en el ámbito de aplicación de esta Ley se encuadrará en un marco presupuestario a medio plazo, compatible con el principio de anualidad por el que se rigen la aprobación y ejecución de los Presupuestos, de conformidad con la normativa europea.

Art. 6.º *Principio de transparencia.*—1. La contabi-

---

vas áreas de competencia, en especial en el marco de los planes económico financieros de reequilibrio previstos en la normativa de estabilidad presupuestaria.»

Art. 6.º: La Ley 19/2013, de 9 de diciembre, de transparencia, acceso a la información pública y buen gobierno (*BOE* n.º 295, de 10 de diciembre), modificada por la Disp. Final 3.ª de la Ley Orgánica 9/2013, de 20 de diciembre, de control de la deuda comercial en el sector público (*BOE* n.º 305, de 21 de diciembre), y de aplicación para altos cargos, dispone en los arts. 6.º y 8.º:

«*Art. 6.º Información institucional, organizativa y de planificación.*—1. Los sujetos comprendidos en el ámbito de aplicación de este título publicarán información relativa a las funciones que desarrollan, la normativa que les sea de aplicación así como a su estructura organizativa. A estos efectos, incluirán un organigrama actualizado que identifique a los responsables de los diferentes órganos y su perfil y trayectoria profesional.

»2. Las Administraciones Públicas publicarán los planes y programas anuales y plurianuales en los que se fijen objetivos concretos, así como las actividades, medios y tiempo previsto para su consecución. Su grado de cumplimiento y resultados deberán ser objeto de evaluación y publicación periódica junto con los indicadores de medida y valoración, en la forma en que se determine por cada Administración competente.

»En el ámbito de la Administración General del Estado corresponde a las inspecciones generales de servicios la evaluación del cumplimiento de estos planes y programas.»

«*Art. 8.º Información económica, presupuestaria y estadística.*—1. Los lidad de las Administraciones Públicas y demás sujetos comprendidos en el ámbito de aplicación de esta Ley, así

---

sujetos incluidos en el ámbito de aplicación de este título deberán hacer pública, como mínimo, la información relativa a los actos de gestión administrativa con repercusión económica o presupuestaria que se indican a continuación:

»*a*) Todos los contratos, con indicación del objeto, duración, el importe de licitación y de adjudicación, el procedimiento utilizado para su celebración, los instrumentos a través de los que, en su caso, se ha publicitado, el número de licitadores participantes en el procedimiento y la identidad del adjudicatario, así como las modificaciones del contrato. Igualmente serán objeto de publicación las decisiones de desistimiento y renuncia de los contratos. La publicación de la información relativa a los contratos menores podrá realizarse trimestralmente.

»Asimismo, se publicarán datos estadísticos sobre el porcentaje en volumen presupuestario de contratos adjudicados a través de cada uno de los procedimientos previstos en la legislación de contratos del sector público.

»*b*) La relación de los convenios suscritos, con mención de las partes firmantes, su objeto, plazo de duración, modificaciones realizadas, obligados a la realización de las prestaciones y, en su caso, las obligaciones económicas convenidas. Igualmente, se publicarán las encomiendas de gestión que se firmen, con indicación de su objeto, presupuesto, duración, obligaciones económicas y las subcontrataciones que se realicen con mención de los adjudicatarios, procedimiento seguido para la adjudicación e importe de la misma.

»*c*) Las subvenciones y ayudas públicas concedidas con indicación de su importe, objetivo o finalidad y beneficiarios.

»*d*) Los presupuestos, con descripción de las principales partidas presupuestarias e información actualizada y comprensible sobre su estado de ejecución y sobre el cumplimiento de los objetivos de estabilidad presupuestaria y sostenibilidad financiera de las Administraciones Públicas.

»*e*) Las cuentas anuales que deban rendirse y los informes de auditoría de cuentas y de fiscalización por parte de los órganos de control externo que sobre ellos se emitan.

»*f*) Las retribuciones percibidas anualmente por los altos cargos y máximos responsables de las entidades incluidas en el ámbito de la aplicación de este título. Igualmente, se harán públicas las indemnizaciones percibidas, en su caso, con ocasión del abandono del cargo.

»*g*) Las resoluciones de autorización o reconocimiento de compatibilidad que afecten a los empleados públicos así como las que autoricen el ejercicio de actividad privada al cese de los altos cargos de la Administración General del Estado o asimilados según la normativa autonómica o local.

»*h*) Las declaraciones anuales de bienes y actividades de los representantes locales, en los términos previstos en la Ley 7/1985, de 2 de abril, Reguladora de las Bases del Régimen Local. Cuando el reglamento no fije los términos en que han de hacerse públicas estas declaraciones se aplicará lo dispuesto en la normativa de conflictos de intereses en el ámbito de la Administración General del Estado. En todo caso, se omitirán los datos relativos a la localización concreta de los bienes inmuebles y se garantizará la privacidad y seguridad de sus titulares.

»*i*) La información estadística necesaria para valorar el grado de cumcomo sus Presupuestos y liquidaciones, deberán contener información suficiente y adecuada que permita verificar su situación financiera, el cumplimiento de los objetivos de estabilidad presupuestaria y de sostenibilidad financiera y la observancia de los requerimientos acordados en la normativa europea en esta materia. A este respecto, los Presupuestos y cuentas generales de las distintas Administraciones integrarán información sobre todos los sujetos y entidades comprendidos en el ámbito de aplicación de esta ley.

2. Corresponde al Ministerio de Hacienda y Administraciones Públicas proveer la disponibilidad pública de la información económico-financiera relativa a los sujetos integrados en el ámbito de aplicación de esta Ley, con el alcance y periodicidad que se derive de la aplicación de las normas y acuerdos nacionales y de las disposiciones comunitarias.

Las Administraciones Públicas suministrarán toda la información necesaria para el cumplimiento de las disposiciones de esta Ley o de las normas y acuerdos que se adopten en su desarrollo, y garantizarán la coherencia de las normas y procedimientos contables, así como la integridad de los sistemas de recopilación y tratamiento de datos.

3. Igualmente estarán sometidas a disponibilidad pública las previsiones utilizadas para la planificación presupuestaria, así como la metodología, supuestos y parámetros en los que se basen.

Art. 7.º *Principio de eficiencia en la asignación y utilización de los recursos públicos.*—1. Las políticas de gasto público deberán encuadrarse en un marco de planificación plurianual y de programación y presupuestación, atendiendo a la situación económica, a los objetivos de

---

plimiento y calidad de los servicios públicos que sean de su competencia, en los términos que defina cada administración competente.

»2. Los sujetos mencionados en el artículo 3 deberán publicar la información a la que se refieren las letras *a*) y *b*) del apartado primero de este artículo cuando se trate de contratos o convenios celebrados con una Administración Pública. Asimismo, habrán de publicar la información prevista en la letra *c*) en relación a las subvenciones que reciban cuando el órgano concedente sea una Administración Pública.

»3. Las Administraciones Públicas publicarán la relación de los bienes inmuebles que sean de su propiedad o sobre los que ostenten algún derecho real.»

política económica y al cumplimiento de los principios de estabilidad presupuestaria y sostenibilidad financiera.

2. La gestión de los recursos públicos estará orientada por la eficacia, la eficiencia, la economía y la calidad, a cuyo fin se aplicarán políticas de racionalización del gasto y de mejora de la gestión del sector público.

3. Las disposiciones legales y reglamentarias, en su fase de elaboración y aprobación, los actos administrativos, los contratos y los convenios de colaboración, así como cualquier otra actuación de los sujetos incluidos en el ámbito de aplicación de esta Ley que afecten a los gastos o ingresos públicos presentes o futuros, deberán valorar sus repercusiones y efectos, y supeditarse de forma estricta al cumplimiento de las exigencias de los principios de estabilidad presupuestaria y sostenibilidad financiera.

Art. 8.º *Principio de responsabilidad.*—1. Las Administraciones Públicas que incumplan las obligaciones contenidas en esta Ley, así como las que provoquen o contribuyan a producir el incumplimiento de los compromisos asumidos por España de acuerdo con la normativa europea o las disposiciones contenidas en tratados o convenios internacionales de los que España sea parte, asumirán en la parte que les sea imputable las responsabilidades que de tal incumplimiento se hubiesen derivado.

En el proceso de asunción de responsabilidad a que se refiere el párrafo anterior se garantizará, en todo caso, la audiencia de la administración o entidad afectada.

2. El Estado no asumirá ni responderá de los compromisos de las Comunidades Autónomas, de las Corporaciones Locales y de los entes previstos en el artículo 2.2 de esta Ley vinculados o dependientes de aquellas, sin perjuicio de las garantías financieras mutuas para la realización conjunta de proyectos específicos.

Las Comunidades Autónomas no asumirán ni responderán de los compromisos de las Corporaciones Locales ni de los

---

Art. 8.º: Apartado 1 redactado conforme al art. 1.º de la Ley Orgánica 9/2013, de 20 de diciembre, de control de la deuda comercial en el sector público (*BOE* n.º 305, de 21 de diciembre).

Vid. nota al art. 188 (I.1) y Disp. Trans. 4.ª (I.2).

entes vinculados o dependientes de estas, sin perjuicio de las garantías financieras mutuas para la realización conjunta de proyectos específicos.

Art. 9.º *Principio de lealtad institucional.*—Las Administraciones Públicas se adecuarán en sus actuaciones al principio de lealtad institucional. Cada Administración deberá:

a) Valorar el impacto que sus actuaciones, sobre las materias a las que se refiere esta Ley, pudieran provocar en el resto de Administraciones Públicas.

b) Respetar el ejercicio legítimo de las competencias que cada Administración Pública tenga atribuidas.

c) Ponderar, en el ejercicio de sus competencias propias, la totalidad de los intereses públicos implicados y, en concreto, aquellos cuya gestión esté encomendada a otras Administraciones Públicas.

d) Facilitar al resto de Administraciones Públicas la información que precisen sobre la actividad que desarrollen en el ejercicio de sus propias competencias y, en particular, la que se derive del cumplimiento de las obligaciones de suministro de información y transparencia en el marco de esta Ley y de otras disposiciones nacionales y comunitarias.

e) Prestar, en el ámbito propio, la cooperación y asistencia activas que el resto de Administraciones Públicas pudieran recabar para el eficaz ejercicio de sus competencias.

Art. 10. *Disposiciones para la aplicación efectiva de la Ley y mecanismos de coordinación.*—1. Los sujetos comprendidos en el ámbito de aplicación de esta Ley vendrán obligados a establecer en sus normas reguladoras en materia presupuestaria los instrumentos y procedimientos necesarios para adecuarlas a la aplicación de los principios contenidos en esta Ley.

2. Corresponde al Gobierno, sin perjuicio de las competencias del Consejo de Política Fiscal y Financiera de las Comunidades Autónomas y de la Comisión Nacional de Administración Local, y respetando en todo caso el principio de autonomía financiera de las Comunidades Autónomas y Corporaciones Locales, velar por la aplicación de dichos principios en todo el ámbito subjetivo de la presente Ley.

3. El Gobierno establecerá mecanismos de coordinación entre todas las Administraciones Públicas para garantizar la aplicación efectiva de los principios contenidos en esta Ley y

su coherencia con la normativa europea.

CAPÍTULO III

ESTABILIDAD PRESUPUESTARIA Y SOSTENIBILIDAD FINANCIERA

Art. 11. *Instrumentación del principio de estabilidad presupuestaria.*—1. La elaboración, aprobación y ejecución de los Presupuestos y demás actuaciones que afecten a los gastos o ingresos de las Administraciones Públicas y demás entidades que forman parte del sector público se someterá al principio de estabilidad presupuestaria.

2. Ninguna Administración Pública podrá incurrir en déficit estructural, definido como déficit ajustado del ciclo, neto de medidas excepcionales y temporales. No obstante, en caso de reformas estructurales con efectos presupuestarios a largo plazo, de acuerdo con la normativa europea, podrá alcanzarse en el conjunto de Administraciones Públicas un déficit estructural del 0,4 por 100 del Producto Interior Bruto nacional expresado en términos nominales, o el establecido en la normativa europea cuando este fuera inferior.

3. Excepcionalmente, el Estado y las Comunidades Autónomas podrán incurrir en déficit estructural en caso de catástrofes naturales, recesión económica grave o situaciones de emergencia extraordinaria que escapen al control de las Administraciones Públicas y perjudiquen considerablemente su situación financiera o su sostenibilidad económica o social, apreciadas por la mayoría absoluta de los miembros del Congreso de los Diputados. Esta desviación temporal no puede poner en peligro la sostenibilidad fiscal a medio plazo.

A los efectos anteriores la recesión económica grave se define de conformidad con lo dispuesto en la normativa europea. En cualquier caso, será necesario que se dé una tasa de crecimiento real anual negativa del Producto Interior Bruto, según las cuentas anuales de la contabilidad nacional.

En estos casos deberá aprobarse un plan de reequilibrio que permita la corrección del déficit estructural teniendo en

---

Art. 11: Vid. Disp. Trans. 1.ª (I.2).

cuenta la circunstancia excepcional que originó el incumplimiento.

4. Las Corporaciones Locales deberán mantener una posición de equilibrio o superávit presupuestario.

5. Las Administraciones de Seguridad Social mantendrán una situación de equilibrio o superávit presupuestario. Excepcionalmente podrán incurrir en un déficit estructural de acuerdo con las finalidades y condiciones previstas en la normativa del Fondo de Reserva de la Seguridad Social. En este caso, el déficit estructural máximo admitido para la administración central se minorará en la cuantía equivalente al déficit de la Seguridad Social.

6. Para el cálculo del déficit estructural se aplicará la metodología utilizada por la Comisión Europea en el marco de la normativa de estabilidad presupuestaria.

Art. 12. *Regla de gasto.*— 1. La variación del gasto computable de la Administración Central, de las Comunidades Autónomas y de las Corporaciones Locales, no podrá superar la tasa de referencia de crecimiento del Producto Interior Bruto de medio plazo de la economía española.

No obstante, cuando exista un desequilibrio estructural en las cuentas públicas o una deuda pública superior al objetivo establecido, el crecimiento del gasto público computable se ajustará a la senda establecida en los respectivos planes económico-financieros y de reequilibrio previstos en los artículos 21 y 22 de esta Ley.

2. Se entenderá por gasto computable a los efectos previstos en el apartado anterior, los empleos no financieros definidos en términos del Sistema Europeo de Cuentas Nacionales y Regionales, excluidos los intereses de la deuda, el gasto no discrecional en prestaciones por desempleo, la parte del gasto financiado con fondos finalistas procedentes de la Unión Europea o de otras Administraciones Públicas y las transferencias a las Comunidades Autónomas y a las Corporaciones Locales vinculadas a los sistemas de financiación.

3. Corresponde al Ministerio de Economía y Competitividad calcular la tasa de

---

Art. 12: Vid. art. 15 de la Ley Orgánica 6/2013, de 14 de noviembre, de creación de la Autoridad Independiente de Responsabilidad Fiscal (*BOE* n.º 274, de 15 de noviembre), y Disp. Trans. 2.ª (I.2).

referencia de crecimiento del Producto Interior Bruto de medio plazo de la economía española, de acuerdo con la metodología utilizada por la Comisión Europea en aplicación de su normativa. Esta tasa se publicará en el informe de situación de la economía española al que se refiere el artículo 15.5 de esta Ley. Será la referencia a tener en cuenta por la Administración Central y cada una de las Comunidades Autónomas y Corporaciones Locales en la elaboración de sus respectivos Presupuestos.

4. Cuando se aprueben cambios normativos que supongan aumentos permanentes de la recaudación, el nivel de gasto computable resultante de la aplicación de la regla en los años en que se obtengan los aumentos de recaudación podrá aumentar en la cuantía equivalente.

Cuando se aprueben cambios normativos que supongan disminuciones de la recaudación, el nivel de gasto computable resultante de la aplicación de la regla en los años en que se produzcan las disminuciones de recaudación deberá disminuirse en la cuantía equivalente.

5. Los ingresos que se obtengan por encima de lo previsto se destinarán íntegramente a reducir el nivel de deuda pública.

Art. 13. *Instrumentación del principio de sostenibilidad*

Art. 13.1: Vid. Disp. Trans. 1.ª (I.2). La Disp. Adic. única de la Ley Orgánica 4/2012, de 28 de septiembre, por la que se modifica la Ley Orgánica 2/2012, de 27 de abril, de Estabilidad Presupuestaria y Sostenibilidad Financiera (*BOE* n.º 235, de 29 de septiembre), establece:

«*Disp. Adic. única. Instrumentación del principio de sostenibilidad financiera para las Comunidades Autónomas y Corporaciones Locales que se adhieran a los mecanismos adicionales de financiación de la disposición adicional primera de la Ley Orgánica 2/2012, de 27 de abril, de Estabilidad Presupuestaria y Sostenibilidad Financiera.*—A efectos del cumplimiento de los límites de endeudamiento a los que se refiere el párrafo segundo del artículo 13.1 de la Ley Orgánica 2/2012, de 27 de abril, de Estabilidad Presupuestaria y Sostenibilidad Financiera se tendrá en cuenta que, el incremento del volumen de deuda que pueda producirse en la Administración Central, de acuerdo con el Protocolo sobre Procedimiento de Déficit Excesivo, como consecuencia de las operaciones de endeudamiento que realice o haya realizado el Estado con el fin de desarrollar los mecanismos adicionales de financiación, se computará, respectivamente, en las Comunidades Autónomas y Corporaciones Locales en la cuantía equivalente a las cantidades percibidas por dichas Administraciones con cargo a aquellos mecanismos.»

financiera.—1. El volumen de deuda pública, definida de acuerdo con el Protocolo sobre Procedimiento de déficit excesivo, del conjunto de Administraciones Públicas no podrá superar el 60 por 100 del Producto Interior Bruto nacional expresado en términos nominales, o el que se establezca por la normativa europea.

Este límite se distribuirá de acuerdo con los siguientes porcentajes, expresados en términos nominales del Producto Interior Bruto nacional: 44 por 100 para la Administración central, 13 por 100 para el conjunto de Comunidades Autónomas y 3 por 100 para el conjunto de Corporaciones Locales. Si, como consecuencia de las obligaciones derivadas de la normativa europea, resultase un límite de deuda distinto al 60 por 100, el reparto del mismo entre Administración central, Comunidades Autónomas y Corporaciones Locales respetará las proporciones anteriormente expuestas.

El límite de deuda pública de cada una de las Comunidades Autónomas no podrá superar el 13 por 100 de su Producto Interior Bruto regional.

2. La Administración Pública que supere su límite de deuda pública no podrá realizar operaciones de endeudamiento neto.

3. Los límites de deuda pública solo podrán superarse por las circunstancias y en los términos previstos en el artículo 11.3 de esta Ley.

En estos casos deberá aprobarse un plan de reequilibrio que permita alcanzar el límite de deuda teniendo en cuenta la circunstancia excepcional que originó el incumplimiento.

4. El Estado y las Comunidades Autónomas habrán de estar autorizados por Ley para emitir deuda pública o contraer crédito.

La autorización del Estado a las Comunidades Autónomas para realizar operaciones de crédito y emisiones de deuda, en cumplimiento de lo establecido en el artículo 14.3 de la Ley Orgánica 8/1980, de 22 de septiembre, de Financiación de las Comunidades Autónomas, tendrá en cuenta el cumplimiento de los objetivos de estabilidad presupuestaria y de deuda pública, así como al cumplimiento de los principios y el resto de las obligaciones que se derivan de la aplicación de esta Ley.

5. La autorización del Estado, o en su caso de las Comunidades Autónomas, a las Corporaciones Locales para realizar operaciones de crédito y emisiones de deuda, en cumplimiento de lo establecido en el artículo 53 del

Texto Refundido de la Ley Reguladora de las Haciendas Locales, aprobada por Real Decreto Legislativo 2/2004, de 5 de marzo, tendrá en cuenta el cumplimiento de los objetivos de estabilidad presupuestaria y de deuda pública, así como al cumplimiento de los principios y las obligaciones que se derivan de la aplicación de esta Ley.

6. Las Administraciones Públicas deberán publicar

Art. 13.6: Este apartado ha sido añadido por el art. 1.º de la Ley Orgánica 9/2013, de 20 de diciembre, de control de la deuda comercial en el sector público (*BOE* n.º 305, de 21 de diciembre). El Real Decreto 635/2014, de 25 de julio, por el que se desarrolla la metodología de cálculo del período medio de pago a proveedores de las Administraciones Públicas y las condiciones y el procedimiento de retención de recursos de los regímenes de financiación, previstos en la Ley Orgánica 2/2012, de 27 de abril, de Estabilidad Presupuestaria y Sostenibilidad Financiera (*BOE* n.º 184, de 30 de julio), en sus Capítulos I y II dispone:

«CAPÍTULO I: DISPOSICIONES GENERALES.

»*Artículo 1.º Objeto.*—El presente real decreto tiene por objeto establecer la metodología económica para el cálculo y la publicidad del período medio de pago a proveedores de las Administraciones Públicas, así como la determinación de las condiciones para la retención de recursos de los regímenes de financiación para satisfacer las obligaciones pendientes de pago con los proveedores de acuerdo con lo previsto en la Ley Orgánica 2/2012, de 27 de abril, de Estabilidad Presupuestaria y Sostenibilidad Financiera.

»*Art. 2.º Ámbito subjetivo de aplicación.*—Este real decreto resulta de aplicación a todos los sujetos previstos en el artículo 2.1 de la Ley Orgánica 2/2012, de 27 de abril.

»CAPÍTULO II: DEL PERÍODO MEDIO DE PAGO A PROVEEDORES.

»SECCIÓN 1.ª: *Metodología de cálculo.*

»*Art. 3.º Operaciones seleccionadas para el cálculo del período medio de pago a proveedores.*—1. Para el cálculo económico del período medio de pago a proveedores, tanto global como de cada entidad, se tendrán en cuenta las facturas expedidas desde el 1 de enero de 2014 que consten en el registro contable de facturas o sistema equivalente y las certificaciones mensuales de obra aprobadas a partir de la misma fecha.

»2. Quedan excluidas las obligaciones de pago contraídas entre entidades que tengan la consideración de Administraciones Públicas en el ámbito de la contabilidad nacional y las obligaciones pagadas con cargo al Fondo para la Financiación de los Pagos a Proveedores. Asimismo, quedan excluidas las propuestas de pago que hayan sido objeto de retención como consecuencia de embargos, mandamientos de ejecución, procedimientos administrativos de compensación o actos análogos dictados por órganos judiciales o administrativos.

»*Art. 4.º Cálculo del período medio de pago global a proveedores.*—La Administración Central, las Comunidades Autónomas, las Corporaciones Locales y las Administraciones de la Seguridad Social calcularán el período medio de pago global a proveedores, al que se refiere la Ley Orgánica 2/2012, de 27 de abril, que comprenderá el de todas sus entidades incluidas en el artículo 2, de acuerdo con la siguiente fórmula:

su período medio de pago a proveedores y disponer de un plan de tesorería que incluirá, al menos, información rela-

$$\text{Período medio de pago global a proveedores} = \frac{\Sigma\ (\text{período medio de pago de cada entidad} \cdot \text{importe operaciones de la entidad})}{\Sigma\ \text{importe de las operaciones de las entidades}}$$

»Se entenderá por importe de las operaciones de la entidad el importe total de pagos realizados y de pagos pendientes en los términos indicados en los artículos siguientes.

»*Art. 5.º Cálculo del período medio de pago de cada entidad.*—1. A los efectos del cálculo del período medio de pago global al que se refiere el artículo anterior, el período medio de pago de cada entidad se calculará de acuerdo con la siguiente fórmula:

$$\text{Periodo medio de pago de cada entidad} = \frac{\text{ratio operaciones pagadas} \cdot \text{importe total pagos realizados} + \text{ratio operaciones pendientes de pago} \cdot \text{importe total pagos pendientes}}{\text{importe total pagos realizados} + \text{importe pagos pendientes}}$$

»2. Para los pagos realizados en el mes, se calculará el ratio de las operaciones pagadas de acuerdo con la siguiente fórmula:

$$\text{Ratio de las operaciones pagadas} = \frac{\Sigma\ (\text{número de días de pago} \cdot \text{importe de la operación pagada})}{\text{importe total de pagos realizados}}$$

»Se entenderá por número de días de pago, los días naturales transcurridos desde:

»Los treinta posteriores a la fecha de entrada de la factura en el registro administrativo, según conste en el registro contable de facturas o sistema equivalente, o desde la fecha de aprobación de la certificación mensual de obra, según corresponda, hasta la fecha de pago material por parte de la Administración. En los supuestos en los que no haya obligación de disponer de registro administrativo, se tomará la fecha de recepción de la factura.

»En el caso de las facturas que se paguen con cargo al Fondo de Liquidez Autonómico o con cargo a la retención de importes a satisfacer por los recursos de los regímenes de financiación para pagar directamente a los proveedores, se considerará como fecha de pago material la fecha de la propuesta de pago definitiva formulada por la Comunidad Autónoma o la Corporación Local, según corresponda.

»3. Para las operaciones pendientes de pago al final del mes se calculará la ratio de operaciones pendientes de pago de acuerdo con la siguiente fórmula:

$$\text{Ratio de operaciones pendiente de pago} = \frac{\Sigma\ (\text{número de días pendientes de pago} \cdot \text{importe de la operación pendiente de pago})}{\text{Importe total de pagos pendientes}}$$

tiva a la previsión de pago a proveedores de forma que se garantice el cumplimiento del plazo máximo que fija la nor-

---

»Se entenderá por número de días pendientes de pago, los días naturales transcurridos desde los treinta posteriores a la fecha de anotación de la factura en el registro administrativo, según conste en el registro contable de facturas o sistema equivalente, o desde la fecha de aprobación de la certificación mensual de obra, según corresponda, hasta el último día del período al que se refieran los datos publicados. En los supuestos en que no haya obligación de disponer de registro administrativo, se tomará la fecha de recepción de la factura.

»4. Para el caso de las Corporaciones Locales no incluidas en el ámbito subjetivo definido en los artículos 111 y 135 del texto refundido de la Ley Reguladora de las Haciendas Locales, aprobado por Real Decreto Legislativo 2/2004, de 5 de marzo, la referencia al mes prevista en este artículo se entenderá hecha al trimestre del año natural.

»SECCIÓN 2.ª: *Publicidad y seguimiento.*

»*Art. 6.º Publicidad del periodo medio de pago a proveedores.*—1. La Intervención General de la Administración del Estado calculará a partir de la información remitida, y publicará antes del día treinta de cada mes a través de la Central de Información económico-financiera de las Administraciones Públicas, la siguiente información relativa al período medio de pago a proveedores de la Administración Central referido al mes anterior:

»*a*) El período medio de pago global a proveedores mensual y su serie histórica mensual. Este indicador incluirá la información relativa a la Administración Central y a las Administraciones de la Seguridad Social.

»*b*) El período medio de pago mensual de cada entidad y su serie histórica mensual. Asimismo, se incluirá la información global relativa al Sistema de la Seguridad Social.

»*c*) La ratio de operaciones pagadas mensual de cada entidad y su serie histórica mensual.

»*d*) La ratio de operaciones pendientes de pago mensual de cada entidad y su serie histórica mensual.

»2. Las comunidades autónomas y las corporaciones locales remitirán al Ministerio de Hacienda y Administraciones Públicas y publicarán periódicamente, de acuerdo con lo que se prevea en la Orden HAP/2.105/2012, de 1 de octubre, por la que se desarrollan las obligaciones de suministro de información previstas en la Ley Orgánica 2/2012, de 27 de abril, la siguiente información relativa a su período medio de pago a proveedores referido, según corresponda, al mes o al trimestre anterior:

»*a*) El período medio de pago global a proveedores mensual o trimestral, según corresponda, y su serie histórica.

»*b*) El periodo medio de pago mensual o trimestral, según corresponda, de cada entidad y su serie histórica.

»*c*) La ratio mensual o trimestral, según corresponda, de operaciones pagadas de cada entidad y su serie histórica.

»*d*) La ratio de operaciones pendientes de pago, mensual o trimestral, según corresponda, de cada entidad y su serie histórica.

»La información se publicará en sus portales web siguiendo criterios homogéneos que permitan garantizar la accesibilidad y transparencia de la misma, para lo que el Ministerio de Hacienda y Administraciones Públicas facilitará a las comunidades autónomas y corporaciones locales modelos tipo de publicación.

mativa sobre morosidad. Las Administraciones Públicas velarán por la adecuación de su ritmo de asunción de compromisos de gasto a la ejecución del plan de tesorería.

---

3. La Intervención General de la Seguridad Social calculará y publicará antes del día treinta de cada mes y a través de la Central de Información económico-financiera de las Administraciones Públicas, la siguiente información relativa a su período medio de pago a proveedores del sistema de Seguridad Social referido al mes anterior:

»*a*) El período medio de pago global a proveedores mensual y su serie histórica mensual.

»*b*) El período medio de pago mensual de cada entidad y su serie histórica mensual.

»*c*) La ratio mensual de operaciones pagadas de cada entidad y su serie histórica mensual.

»*d*) La ratio de operaciones pendientes de pago mensual de cada entidad y su serie histórica mensual.

»*Art. 7.° Seguimiento del período medio de pago a proveedores de las comunidades autónomas.*—1. En ejercicio de las facultades atribuidas al Ministerio de Hacienda y Administraciones Públicas en el artículo 18.4 de la Ley Orgánica 2/2012, de 27 de abril, el citado Ministerio hará un seguimiento, a efectos de detectar posibles incumplimientos, de los datos publicados por las comunidades autónomas relativos al período medio de pago a proveedores y analizará su consistencia con el resto de información remitida por estas al Ministerio.

»2. El Ministerio comunicará la actualización del importe que las comunidades autónomas deben dedicar mensualmente al pago a proveedores, y si la comunicación de alerta hubiera sido realizada según lo previsto en el artículo 18.4 de la Ley Orgánica 2/2012, de 27 de abril, con el objeto de reducir el período medio de pago a proveedores. La indicada actualización se efectuará con la siguiente periodicidad:

»*a*) En tanto no se inicie el procedimiento de retención previsto en el artículo 20.6 de la Ley Orgánica 2/2012, de 27 de abril, cada seis meses desde la comunicación realizada en virtud del artículo 18.4 de dicha ley.

»*b*) Una vez publicado el período medio de pago que determina la aplicación del procedimiento de retención previsto en el artículo 20.6 de la Ley Orgánica 2/2012, de 27 de abril, antes del inicio de dicho procedimiento. Iniciado el mismo, la actualización se hará cada seis meses.

»Excepcionalmente, el Ministerio de Hacienda y Administraciones Públicas podrá actualizar este importe por períodos inferiores al semestre si de acuerdo con el seguimiento mensual del gasto, de los pagos realizados y de la evolución de la deuda comercial, entre otros datos, resulta necesario para que la comunidad autónoma cumpla con el plazo máximo de pago previsto en la normativa de morosidad. Esta actualización será comunicada a la comunidad autónoma.

»3. Si el Ministerio de Hacienda y Administraciones Públicas detecta un incumplimiento en la aplicación de la metodología de cálculo del período medio de pago a proveedores prevista en este real decreto o la inconsistencia de los datos publicados con la información remitida por las comunidades autónomas al Ministerio, formulará un requerimiento a la comunidad autónoma para que se cumpla lo previsto en este real decreto.

»El requerimiento de cumplimiento indicará el plazo, no superior a diez días naturales, para atender la obligación incumplida o la revisión del dato del

Cuando el período medio de pago de una Administración Pública, de acuerdo con los datos publicados, supere el plazo máximo previsto en la normativa sobre morosidad, la Administración deberá incluir, en la actualización de su plan de tesorería inmediatamente posterior a la mencionada publicación, como parte de dicho plan lo siguiente:

a) El importe de los recursos que va a dedicar mensualmente al pago a proveedores para poder reducir su período

---

período medio de pago a proveedores publicado, con apercibimiento de que transcurrido el mencionado plazo se procederá a dar publicidad del incumplimiento a través de la Central de Información económico-financiera de las Administraciones Públicas. Todo ello, sin perjuicio de la posible responsabilidad personal que pueda corresponder y la aplicación de las medidas previstas en la Ley 19/2013, de 9 de diciembre, de transparencia, acceso a la información pública y buen gobierno.»

La Disp. Adic. 3.ª y la Disp. Trans. única de este mismo Real Decreto establecen:

«*Disp. Adic. 3.ª Cálculo del período medio de pago a proveedores de las entidades a las que se refiere el artículo 2.2 de la Ley Orgánica 2/2012, de 27 de abril.*—1. Las entidades a las que se refiere el artículo 2.2 de la Ley Orgánica 2/2012, de 27 de abril, distintas de las sociedades mercantiles, calcularán mensualmente, en el caso de entidades vinculadas o dependientes a la Administración General del Estado o a una Comunidad Autónoma, o trimestralmente, en el caso de entidades vinculadas o dependientes a una Corporación Local, su período medio de pago a proveedores de acuerdo con la metodología establecida en este real decreto.

»2. Esta información deberá ser comunicada por las entidades, el día siguiente a su publicación y de acuerdo con los modelos tipo de publicación facilitados por el Ministerio de Hacienda y Administraciones Públicas, a la Administración a la que estén vinculadas o de la que sean dependientes, quien también publicará esta información con la periodicidad indicada en el apartado anterior.»

«*Disp. Trans. única. Publicación del período medio de pago a proveedores en comunidades autónomas y corporaciones locales.*—Mientras no se produzca la modificación de la Orden HAP/2.105/2012, de 1 de octubre, las comunidades autónomas y las corporaciones locales incluidas en el ámbito subjetivo definido en los artículos 111 y 135 del texto refundido de la Ley Reguladora de las Haciendas Locales, aprobado por Real Decreto Legislativo 2/2004, de 5 de marzo, remitirán al Ministerio de Hacienda y Administraciones Públicas, para su publicación y seguimiento, y publicarán antes del día treinta de cada mes en su portal web, la información a la que se refiere el artículo 6 referida al mes anterior. El resto de corporaciones locales publicarán y comunicarán al Ministerio de Hacienda y Administraciones Públicas esta información referida a cada trimestre del año antes del día treinta del mes siguiente a la finalización de dicho trimestre.

»La primera publicación mensual de la información prevista en este real decreto tendrá lugar en el mes de octubre de 2014 referida a los datos del mes de septiembre de 2014, y la primera publicación trimestral será en el mes de octubre de 2014 referida al trimestre anterior.»

medio de pago hasta el plazo máximo que fija la normativa sobre morosidad.

b) El compromiso de adoptar las medidas cuantificadas de reducción de gastos, incremento de ingresos u otras medidas de gestión de cobros y pagos, que le permita generar la tesorería necesaria para la reducción de su período medio de pago a proveedores hasta el plazo máximo que fija la normativa sobre morosidad.

Art. 14. *Prioridad absoluta de pago de la deuda pública.*— Los créditos presupuestarios para satisfacer los intereses y el capital de la deuda pública de las Administraciones se entenderán siempre incluidos en el estado de gastos de sus Presupuestos y no podrán ser objeto de enmienda o modificación mientras se ajusten a las condiciones de la Ley de emisión.

El pago de los intereses y el capital de la deuda pública de las Administraciones Públicas gozará de prioridad absoluta frente a cualquier otro gasto.

Art. 15. *Establecimiento de los objetivos de estabilidad presupuestaria y de deuda pública para el conjunto de Administraciones Públicas.*—1. En el primer semestre de cada año, el Gobierno, mediante acuerdo del Consejo de Ministros, a propuesta del Ministro de Hacienda y Administraciones Públicas y previo informe del Consejo de Política Fiscal y Financiera de las Comunidades Autónomas y de la Comisión Nacional de Administración Local en cuanto al ámbito de las mismas, fijará los objetivos de estabilidad presupuestaria, en términos de capacidad o necesidad de financiación de acuerdo con la definición contenida en el Sistema Europeo de Cuentas Nacionales y Regionales, y el objetivo de deuda pública referidos a los tres ejercicios siguientes, tanto para el

---

Art. 15: El Acuerdo del Gobierno de 27 de junio de 2014 por el que se fijan los objetivos de estabilidad presupuestaria y de deuda pública para el conjunto de Administraciones Públicas y de cada uno de sus subsectores para el período 2015-2017 y el límite de gasto no financiero del Presupuesto del Estado para 2015 (*BOCG*, D-487, de 3 de julio de 2014), fija el objetivo de estabilidad para las entidades locales en el 0 por 100, y el de deuda en el 3,9, 3,8 y 3,6 por 100, respectivamente, para 2015, 2016 y 2017. El Congreso lo aprobó el 8 de julio (*BOCG*, Congreso de los Diputados, serie D, n.º 495, de 15 de julio de 2014) y el Senado lo aprobó el 9 de julio (*BOCG*, Senado, n.º 382, de 11 de julio de 2014).

conjunto de Administraciones Públicas como para cada uno de sus subsectores. Dichos objetivos estarán expresados en términos porcentuales del Producto Interior Bruto nacional nominal.

A los efectos previstos en el párrafo anterior, antes del 1 de abril de cada año el Ministerio de Hacienda y Administraciones Públicas remitirá las respectivas propuestas de objetivos al Consejo de Política Fiscal y Financiera de las Comunidades Autónomas y a la Comisión Nacional de Administración Local, que deberán emitir sus informes en un plazo máximo de quince días a contar desde la fecha de recepción de las propuestas en la Secretaría General del Consejo de Política Fiscal y Financiera de las Comunidades Autónomas y en la Secretaría de la Comisión Nacional de Administración Local.

El acuerdo del Consejo de Ministros incluirá el límite de gasto no financiero del Presupuesto del Estado al que se refiere el artículo 30 de esta Ley.

2. Para la fijación del objetivo de estabilidad presupuestaria se tendrá en cuenta la regla de gasto recogida en el artículo 12 de esta Ley y el saldo estructural alcanzado en el ejercicio inmediato anterior.

3. La fijación del objetivo de deuda pública será coherente con el objetivo de estabilidad presupuestaria establecido. Si en los supuestos previstos en el artículo 13.3 se superan los límites señalados en el artículo 13.1 de esta Ley, el objetivo deberá garantizar una senda de reducción de deuda pública acorde con la normativa europea.

4. Para la fijación de los objetivos de estabilidad presupuestaria y de deuda pública se tendrán en cuenta las recomendaciones y opiniones emitidas por las instituciones de la Unión Europea sobre el Programa de Estabilidad de España o como consecuencia del resto de mecanismos de supervisión europea.

5. La propuesta de fijación de los objetivos de estabilidad presupuestaria y de deuda pública estará acompañada de un informe en el que se evalúe la situación económica que se prevé para cada uno de los años contemplados en el horizonte temporal de fijación de dichos objetivos.

Este informe será elaborado por el Ministerio de Economía y Competitividad, previa consulta al Banco de España, y teniendo en cuenta las previsiones del Banco Central Europeo y de la Comisión Europea. Contendrá el cuadro económico de horizonte plurianual en el que se especificará, entre otras variables, la previsión de evolución del Producto Interior Bruto, la brecha de producción, la tasa de referencia de la economía española prevista en el artículo 12 de esta Ley y el saldo cíclico del conjunto de las Administraciones Públicas, distribuido entre sus subsectores.

6. El acuerdo del Consejo de Ministros en el que se contengan los objetivos de estabilidad presupuestaria y de deuda pública se remitirá a las Cortes Generales acompañado de las recomendaciones y del informe a los que se refieren los apartados 4 y 5 de este artículo. En forma sucesiva y tras el correspondiente debate en Pleno, el Congreso de los Diputados y el Senado se pronunciarán aprobando o rechazando los objetivos propuestos por el Gobierno.

Si el Congreso de los Diputados o el Senado rechazan los objetivos, el Gobierno, en el plazo máximo de un mes, remitirá un nuevo acuerdo que se someterá al mismo procedimiento.

7. Aprobados los objetivos de estabilidad presupuestaria y de deuda pública por las Cortes Generales, la elaboración de los proyectos de Presupuesto de las Administraciones Públicas habrán de acomodarse a dichos objetivos.

8. El informe del Consejo de Política Fiscal y Financiera al que se refiere el apartado 1 del presente artículo, así como los acuerdos del mismo que se dicten para la aplicación de los objetivos de estabilidad presupuestaria y de deuda pública, se publicarán para general conocimiento.

Art. 16. *Establecimiento de los objetivos individuales para las Comunidades Autónomas.*— Aprobados por el Gobierno los objetivos de estabilidad presupuestaria y de deuda pública en las condiciones establecidas en el artículo 15 de esta Ley, el Ministerio de Hacienda y Administraciones Públicas, previo informe de la Autoridad Independiente de Responsabilidad Fiscal, formulará una propuesta de objetivos de estabilidad presupuestaria y de deuda pública para

Art. 16: Redactado por la Disp. Final 1.ª de la Ley Orgánica 6/2013, de 14 de noviembre, de creación de la Autoridad Independiente de Responsabilidad Fiscal (*BOE* n.º 274, de 15 de noviembre). Vid. art. 18 de esa misma Ley.

cada una de las Comunidades Autónomas.

A partir de la mencionada propuesta, el Gobierno previo informe de Consejo de Política Fiscal y Financiera que deberá pronunciarse en el plazo improrrogable de quince días desde la recepción de la propuesta en la Secretaría del Consejo de Política Fiscal y Financiera de las Comunidades Autónomas, fijará los objetivos de estabilidad presupuestaria y de deuda pública para cada una de ellas.

Art. 17. *Informes sobre cumplimiento de los objetivos de estabilidad presupuestaria, de deuda pública y de la regla de gasto.*—1. Antes del 15 de octubre la Autoridad Independiente de Responsabilidad Fiscal hará público, para general conocimiento, el informe elaborado sobre la adecuación a los objetivos de estabilidad, de deuda y a la regla de gasto del proyecto de Presupuestos Generales del Estado y de la información a la que se refiere el artículo 27, que podrá incluir recomendaciones en caso de apreciarse alguna desviación. El Ministerio de Hacienda y Administraciones Públicas podrá formular las recomendaciones adicionales que considere.

2. Antes del 1 de abril de cada año, la Autoridad Independiente de Responsabilidad Fiscal, elevará al Gobierno un informe sobre el grado de cumplimiento de los objetivos de estabilidad presupuestaria y de deuda pública en los Presupuestos iniciales de las Administraciones Públicas. Igualmente, el informe recogerá el cumplimiento de la regla de gasto de los Presupuestos de la Administración Central y de las Comunidades Autónomas. El Ministerio de Hacienda y Administraciones Públicas podrá formular las recomendaciones que considere sobre el grado de cumplimiento de los objetivos.

3. Antes del 15 de abril de cada año, el Ministro de Hacienda y Administraciones Pú-

---

Art. 17: Apartados 1 y 2 redactados por la Disp. Final 1.ª de la Ley Orgánica 6/2013, de 14 de noviembre, de creación de la Autoridad Independiente de Responsabilidad Fiscal (*BOE* n.º 274, de 15 de noviembre). Vid. art. 20 de esa misma Ley.

Apartados 3, 4 y 5 redactados conforme al art. 1.º de la Ley Orgánica 9/2013, de 20 de diciembre, de control de la deuda comercial en el sector público (*BOE* n.º 305, de 21 de diciembre).

blicas elevará al Gobierno un primer informe sobre el grado de cumplimiento de los objetivos de estabilidad presupuestaria y de deuda pública y de la regla de gasto del ejercicio inmediato anterior, así como de la evolución real de la economía y las desviaciones respecto de la previsión inicial contenida en el informe al que se refiere el artículo 15.5 de esta Ley. Este informe se elaborará sobre la base de la información que, en aplicación de la normativa europea, haya de remitirse a las autoridades europeas y a la hora de valorar el cumplimiento se tendrá en cuenta un margen razonable que pueda cubrir las variaciones respecto del informe contemplado en el apartado siguiente derivadas del calendario de disponibilidad de los datos.

4. Antes del 15 de octubre de cada año, el Ministro de Hacienda y Administraciones Públicas elevará al Gobierno un segundo informe sobre el grado de cumplimiento de los objetivos de estabilidad presupuestaria y de deuda pública y de la regla de gasto del ejercicio inmediato anterior, así como de la evolución real de la economía y las desviaciones respecto de la previsión inicial contenida en el informe al que se refiere el artículo 15.5 de esta Ley. Para la elaboración de este informe se tendrá en cuenta la información que, en aplicación de la normativa europea, haya de remitirse a las autoridades europeas y la información actualizada remitida por las Comunidades Autónomas al Ministerio de Hacienda y Administraciones Públicas.

Dicho informe incluirá también una previsión sobre el grado de cumplimiento en el ejercicio corriente, coherente con la información que se remita a la Comisión Europea de acuerdo con la normativa europea.

5. El Ministro de Hacienda y Administraciones Públicas informará al Consejo de Política Fiscal y Financiera de las Comunidades Autónomas y a la Comisión Nacional de Administración Local, en sus ámbitos respectivos de competencia, sobre el grado de cumplimiento de los objetivos de estabilidad presupuestaria, de deuda pública y de la regla de gasto.

Los informes a los que se refiere este artículo se publicarán para general conocimiento.

CAPÍTULO IV

MEDIDAS PREVENTIVAS, CORRECTIVAS Y COERCITIVAS*

SECCIÓN 1.ª

Medidas preventivas

Art. 18. *Medidas automáticas de prevención.*—1. Las Administraciones Públicas harán un seguimiento de los datos de ejecución presupuestaria y ajustarán el gasto público para garantizar que al cierre del ejercicio no se incumple el objetivo de estabilidad presupuestaria.

2. Cuando el volumen de deuda pública se sitúe por encima del 95 por 100 de los límites establecidos en el artículo 13.1 de esta Ley para cada Administración Pública, las únicas operaciones de endeudamiento permitidas a la Administración Pública correspondiente serán las de tesorería.

3. Los mecanismos de revalorización y ajuste que resulten necesarios para garantizar el equilibrio presupuestario y la sostenibilidad financiera del sistema de Seguridad Social se establecerán mediante norma con rango de Ley. El Gobierno hará un seguimiento de la aplicación de los mecanismos de revalorización y ajuste del sistema de pensiones, con el fin de velar por el equilibrio presupuestario y la sostenibilidad financiera del sistema de Seguridad Social.

4. El Ministerio de Hacienda y Administraciones Pú-

* La Ley Orgánica 6/2013, de 14 de noviembre, de creación de la Autoridad Independiente de Responsabilidad Fiscal (*BOE* n.º 274, de 15 de noviembre), dispone en su art. 21:

«*Informe sobre la aplicación de los mecanismos de corrección previstos en la Ley Orgánica 2/2012, de 27 de abril, de Estabilidad Presupuestaria y Sostenibilidad Financiera.*—La Autoridad Independiente de Responsabilidad Fiscal podrá informar sobre la conveniencia de activar las medidas preventivas, correctivas y coercitivas previstas en el capítulo IV de la Ley Orgánica 2/2012, de 27 de abril, de Estabilidad Presupuestaria y Sostenibilidad Financiera, así como sobre el seguimiento de las que se hubieran adoptado, especialmente por parte de las Administraciones que ejerzan la tutela financiera de las Entidades Locales, con ocasión de la publicación trimestral en términos de contabilidad nacional de las operaciones no financieras del conjunto del sector de las Administraciones Públicas, por cada uno de sus subsectores y de cada comunidad autónoma, o de los informes de seguimiento de los planes económico financieros.»

Art. 18: Redactado conforme al art. 1.º de la Ley Orgánica 9/2013, de 20 de diciembre, de control de la deuda comercial en el sector público (*BOE* n.º 305, de 21 de diciembre).

blicas hará un seguimiento del cumplimiento de los períodos medio de pago a proveedores de las Comunidades Autónomas.

Cuando el período medio de pago a los proveedores de la Comunidad Autónoma supere en más de treinta días el plazo máximo de la normativa de morosidad durante dos meses consecutivos a contar desde la actualización de su plan de tesorería de acuerdo con lo previsto en el artículo 13.6, el Ministerio de Hacienda y Administraciones Públicas formulará una comunicación de alerta indicándose el importe que deberá dedicar mensualmente al pago a proveedores y las medidas cuantificadas de reducción de gastos, incremento de ingresos u otras medidas de gestión de cobros y pagos, que deberá adoptar de forma que le permita generar la tesorería necesaria para la reducción de su período medio de pago a proveedores. La Comunidad Autónoma deberá incluir todo ello en su plan de tesorería en el mes siguiente a dicha comunicación de alerta.

Una vez que el Ministerio de Hacienda y Administraciones Públicas realice la comunicación de alerta a la que se refiere el párrafo anterior, sus efectos se mantendrán hasta que la Comunidad Autónoma cumpla el plazo máximo de pago previsto en la normativa de morosidad.

5. El órgano interventor de la Corporación Local realizará

Art. 18.5: El Real Decreto 635/2014, de 25 de julio, por el que se desarrolla la metodología de cálculo del período medio de pago a proveedores de las Administraciones Públicas y las condiciones y el procedimiento de retención de recursos de los regímenes de financiación, previstos en la Ley Orgánica 2/2012, de 27 de abril, de Estabilidad Presupuestaria y Sostenibilidad Financiera (*BOE* n.º 184, de 30 de julio), en su Capítulo III dispone:

«CAPÍTULO III: CONDICIONES PARA LA RETENCIÓN DE LOS IMPORTES A SATISFACER POR LOS RECURSOS DE LOS REGÍMENES DE FINANCIACIÓN DE LAS COMUNIDADES AUTÓNOMAS Y CORPORACIONES LOCALES.

»*Art. 8.º Inicio del procedimiento.*—1. Cuando el Ministerio de Hacienda y Administraciones Públicas detecte que se ha producido un incumplimiento del plazo máximo de pago a proveedores que determina la aplicación del procedimiento de retención previsto en el artículo 20.6 de la Ley Orgánica 2/2012, de 27 de abril, lo comunicará a la Comunidad Autónoma a la que solicitará, en su caso, la información necesaria, debidamente certificada por el Interventor General de la Comunidad Autónoma, para cuantificar y determinar la parte de la deuda comercial que se va a pagar con cargo a sus recursos del sistema de financiación sujetos a liquidación.

»Del incumplimiento mencionado en el apartado anterior también se informará, en el mismo día que a la Comunidad Autónoma, al Consejo de el seguimiento del cumplimiento del período medio de pago a proveedores.

En el caso de las Corporaciones Locales incluidas en el ámbito subjetivo definido

---

Política Fiscal y Financiera mediante una comunicación a sus miembros por medios electrónicos, a través de su Secretaría, no siendo necesaria la convocatoria del mismo.

»2. Efectuadas las comunicaciones previstas en el apartado anterior, el titular de la Secretaría General de Coordinación Autonómica y Local notificará a la Comunidad Autónoma el importe que será objeto de retención o deducción de acuerdo con lo establecido en el apartado 3 de la disposición adicional octava de la Ley Orgánica 8/1980, de 22 de septiembre, de Financiación de las Comunidades Autónomas.

»El importe objeto de retención o deducción se calculará mensualmente como la diferencia entre el importe mensual que la Comunidad Autónoma deba destinar al pago de proveedores según la última actualización comunicada conforme a lo previsto en el artículo 7.2, y el importe mensual medio de los pagos efectivamente realizados por la Comunidad Autónoma a proveedores en los últimos tres meses de los que se disponga de datos.

»3. Desde el momento en que se remita la notificación prevista en el apartado anterior, se tendrá por iniciado el procedimiento de retención. Esta notificación tendrá la consideración de acuerdo de retención para cada uno de los meses en los que se mantenga la aplicación del procedimiento de retención previsto en el artículo 20.6 de la Ley Orgánica 2/2012, de 27 de abril, para lo que se considerará que la fecha de entrada en la Secretaría General de Coordinación Autonómica y Local de dicho acuerdo es el día catorce de cada mes.

»4. Cuando el Ministerio de Hacienda y Administraciones Públicas detecte que se ha producido un incumplimiento del plazo máximo de pago a proveedores en los términos establecidos en el artículo 18.5 de la Ley Orgánica 2/2012, de 27 de abril, lo comunicará a la Corporación Local, previa comunicación a la Comunidad Autónoma en el caso de que esta ejerza la tutela financiera de dicha Corporación, y le podrá solicitar la información necesaria, debidamente certificada por el Interventor de la Corporación Local, para cuantificar y determinar la deuda comercial y la parte de ella que se va a pagar con cargo a sus recursos propios, cancelándose la diferencia mediante retenciones de la participación en tributos del Estado.

»Esta información será actualizada por el Interventor de la Corporación Local antes del día 15 del mes siguiente a la finalización de cada trimestre del año natural.

»*Art. 9.º Incumplimiento de la obligación de remisión de información.*—Sin perjuicio de la posible responsabilidad personal que corresponda, el incumplimiento de las obligaciones de remisión de información a las que se refiere este real decreto, en lo referido a los plazos establecidos, al correcto contenido e idoneidad de los datos requeridos o al modo de envío, dará lugar a un requerimiento de cumplimiento.

»El requerimiento de cumplimiento indicará el plazo, no superior a quince días naturales, para atender la obligación incumplida con apercibimiento de que transcurrido el mencionado plazo se procederá a dar publicidad al incumplimiento y a la adopción de las medidas automáticas de corrección previstas en el artículo 20 de la Ley Orgánica 2/2012, de 27 de abril, de conformidad con lo establecido en el artículo 27.7 de la mencionada ley.

en los artículos 111 y 135 del Texto Refundido de la Ley Reguladora de las Haciendas Locales, cuando el órgano in-

---

»*Art. 10. Procedimiento de cuantificación de importes y selección de facturas de las comunidades autónomas y corporaciones locales.*—1. En el mes en que se realice la notificación prevista en el artículo 8.2 y desde ese momento con periodicidad mensual, el titular de la Secretaría General de Coordinación Autonómica y Local comunicará al Interventor general de la Comunidad Autónoma el importe efectivo objeto de retención. Este importe se calculará como la diferencia entre el importe mensual que la Comunidad Autónoma deba destinar al pago de proveedores según la última actualización comunicada conforme a lo previsto en el artículo 7.2, y el importe mensual medio de los pagos efectivamente realizados por la Comunidad Autónoma a proveedores en los últimos tres meses de los que se disponga de datos.

»Cuando la Comunidad Autónoma cumpla con el plazo máximo de pago previsto en la normativa de morosidad durante seis meses consecutivos, finalizará el procedimiento de retención, sin perjuicio de que se continúe el procedimiento de pago iniciado en relación a las comunicaciones remitidas con anterioridad. La finalización del procedimiento de retención será comunicada por el titular de la Secretaría General de Coordinación Autonómica y Local a la Comunidad Autónoma y al Consejo de Política Fiscal y Financiera mediante una comunicación a sus miembros por medios electrónicos, a través de su Secretaría, no siendo necesaria la convocatoria del mismo.

»2. Determinado, de acuerdo con el artículo 8.4, el importe total de la deuda comercial que se va a cancelar mediante retenciones de la participación de las Corporaciones Locales en tributos del Estado, y una vez que se conozca el importe de la entrega mensual a cuenta que, efectivamente, va a ser objeto de retención por aplicación de los criterios contenidos en la disposición adicional segunda, la Secretaría General de Coordinación Autonómica y Local comunicará al Interventor de la Corporación Local el importe efectivo objeto de retención.

»3. Efectuada la comunicación prevista en los apartados anteriores, el Interventor General de la Comunidad Autónoma o de la Corporación Local, según corresponda, remitirá al Ministerio de Hacienda y Administraciones Públicas, a través de la plataforma habilitada al efecto y de acuerdo con las indicaciones y calendario que el mencionado Ministerio le comunique, una relación de las facturas que conforman la propuesta de pago, cuya suma alcance como máximo el importe efectivo objeto de retención comunicado.

»Esta relación incluirá, al menos: el importe y la fecha de cada factura o documento acreditativo de la obligación de pago; la fecha de inicio del cómputo del período de pago; la identificación del acreedor actual y, en caso de cesión del crédito, del acreedor originario, el número de cuenta corriente en la que se debe realizar el pago el tipo de deuda y la partida presupuestaria o cuenta contable en la que la obligación pendiente de pago está registrada.

»La relación de facturas irá acompañada de un certificado del Interventor General de la Comunidad o de la Corporación Local, según corresponda, en el que se acredite que las facturas remitidas se ajustan a las condiciones definidas en este real decreto.

»Realizadas las comprobaciones que, en su caso, puedan efectuarse por parte del Ministerio de Hacienda y Administraciones Públicas y de la propia Coterventor detecte que el período medio de pago de la Corporación Local supera en más de treinta días el plazo máximo de

---

munidad Autónoma o Corporación Local, el Interventor remitirá la relación definitiva de pagos propuestos dentro del mes en el que se efectúe la comunicación del importe efectivo objeto de retención.

»4. Para la selección de facturas prevista en este artículo, las comunidades autónomas y las corporaciones locales atenderán como criterio de prioridad de pago la obligación pendiente de pago más antigua en disposición de ser propuesta.

»5. El Ministerio de Hacienda y Administraciones Públicas sólo podrá abonar directamente las facturas de los proveedores de las comunidades autónomas o corporaciones locales que cumplan todos los requisitos siguientes:

»*a*) Sean obligaciones vencidas, líquidas y exigibles.

»*b*) Que la factura, la factura rectificativa o la solicitud de pago equivalente haya sido presentada en un registro administrativo con posterioridad a 1 de enero de 2014, antes de la formulación de la propuesta de pago por parte de la comunidad autónoma o corporación local, según el caso.

»*c*) La obligación debe encontrarse aplicada en los presupuestos o estados contables de la entidad, conforme a la normativa presupuestaria y contable que resulte de aplicación.

»*d*) Que se refieran a las operaciones a las que resulta aplicable este real decreto, a efectos del cálculo del período medio de pago a proveedores, de acuerdo con lo previsto en los artículos 2 y 3.

»A estos efectos, se entenderá por proveedor el titular de un derecho de crédito derivado de una relación jurídica, de las previstas en el artículo 3, con alguno de los sujetos previstos en el artículo 2 así como al cesionario a quien se le haya transmitido el derecho de cobro.

»6. Cuando el importe de la relación definitiva de los pagos propuestos por una comunidad autónoma o una corporación local sea inferior al importe efectivo a retener por el Estado, el excedente se acumulará al importe efectivo objeto de retención siguiente. En ningún caso se efectuará el pago parcial de facturas.

»*Art. 11. Procedimiento para el pago de facturas.*—1. La Comunidad Autónoma y la Corporación Local comunicarán a los proveedores y, en su caso, a los subcontratistas, la relación de obligaciones que vayan a pagarse en aplicación de este real decreto, permitiendo a estos consultar su inclusión en la información remitida al Ministerio de Hacienda y Administraciones Públicas. Si el proveedor está incluido podrá conocer la información que le afecte con respecto a la normativa de protección de datos de carácter personal.

»2. El abono a favor del proveedor conllevará la extinción de la deuda contraída por la Comunidad Autónoma o la Corporación Local con dicho proveedor por el importe satisfecho. La Administración General del Estado, que interviene por cuenta de la Comunidad Autónoma o la Corporación Local, según corresponda, solo efectuará la gestión del pago de las obligaciones con cargo al importe retenido, lo que no generará comunicación ni asunción de cualquier responsabilidad.

»Todos los intereses de demora y gastos que se devenguen conforme a la normativa vigente continuarán correspondiendo y serán abonados por la Comunidad Autónoma o Corporación Local, según corresponda.

»3. Será responsabilidad de la Comunidad Autónoma o de la Corporapago previsto en la normativa de morosidad durante dos meses consecutivos a contar desde la actualización de su plan de tesorería de acuerdo con lo previsto en el artículo 13.6, formulará una comunicación de alerta, en el plazo de quince días desde que lo detectara, a la Administración que tenga atribuida la tutela financiera de las Corporaciones Locales y a la junta de gobierno de la Corporación Local. La Administración que tenga atribuida la tutela financiera podrá establecer medidas cuantificadas de reducción de gastos, incremento de ingresos u otras medidas de gestión de cobros y pagos, que la Corporación Local deberá adoptar de forma que le permita generar la tesorería necesaria para la reducción de su período medio de pago a proveedores. Cuando sea la Comunidad Autónoma quien tenga atribuida la citada tutela financiera deberá informar de aquellas actuaciones al Ministerio de Hacienda y Administraciones Públicas.

Si aplicadas las medidas anteriores persiste la superación en más de treinta días el plazo máximo de pago previsto en la normativa de morosidad se podrá proceder por el órgano competente de la Administración General del Estado, previa comunicación de la Comunidad Autónoma en el caso de que ésta ostente la tutela financiera de la Corporación Local, a la retención de recursos derivados de la parti-

---

ción Local, según corresponda, el cumplimiento de las normas aplicables a los pagos propuestos, así como velar por la inexistencia de pagos duplicados con su tesorería ordinaria o mecanismos de financiación habilitados. Todo ello sin perjuicio de las comprobaciones que el Ministerio de Hacienda y Administraciones Públicas pueda efectuar, lo cual puede determinar la retirada o solicitud de sustitución de determinados pagos propuestos.

»4. Antes de la finalización del mes en el que deba satisfacerse los recursos de los regímenes de financiación de las comunidades autónomas o de la participación de las corporaciones locales en los tributos del Estado, según corresponda, que hayan sido objeto de la deducción o retención correspondiente, la Secretaría General de Coordinación Autonómica y Local remitirá las propuestas de pago a la Secretaría General del Tesoro y Política Financiera y la información relativa a las facturas cuyo pago vaya a efectuarse con cargo a estos importes, para que proceda a la ordenación de su pago. Las incidencias que impidan el pago material darán lugar a que el importe correspondiente sea acumulado a los importes efectivos objeto de retención siguientes.

»Se informará a la Comunidad Autónoma o la Corporación Local, según corresponda, de los pagos efectuados y las incidencias que, en su caso, impidan el pago material.»

cipación en tributos del Estado para satisfacer las obligaciones pendientes de pago que las Corporaciones Locales tengan con sus proveedores. Para ello, se recabará de la Corporación Local la información necesaria para cuantificar y determinar la parte de la deuda comercial que se va a pagar con cargo a los mencionados recursos.

Art. 19. *Advertencia de riesgo de incumplimiento.*—1. En caso de apreciar un riesgo de incumplimiento del objetivo de estabilidad presupuestaria, del objetivo de deuda pública o de la regla de gasto de las Comunidades Autónomas o de las Corporaciones Locales, el Gobierno, a propuesta del Ministro de Hacienda y Administraciones Públicas, formulará una advertencia motivada a la Administración responsable previa audiencia a la misma. Formulada la advertencia el Gobierno dará cuenta de la misma para su conocimiento al Consejo de Política Fiscal y Financiera, si la advertida es una Comunidad Autónoma, y a la Comisión Nacional de Administración Local, si es una Corporación Local. Dicha advertencia se hará pública para general conocimiento.

2. La Administración advertida tendrá el plazo de un mes para adoptar las medidas necesarias para evitar el riesgo, que serán comunicadas al Ministerio de Hacienda y Administraciones Públicas. Si no se adoptasen las medidas o el Ministro de Hacienda y Administraciones Públicas aprecia que son insuficientes para corregir el riesgo, se aplicarán las medidas correctivas previstas en los artículos 20 y 21 y 25, apartado 1.*a*).

SECCIÓN 2.ª

Medidas correctivas

Art. 20. *Medidas automáticas de corrección.*—1. En el supuesto en que el Gobierno, de acuerdo con los informes a que se refiere el artículo 17 de esta Ley, constate que existe incumplimiento del objetivo de estabilidad presupuestaria, de deuda pública o de la regla de gasto, todas las operaciones de endeudamiento de la Comunidad Autónoma incumplidora precisarán de

---

Art. 20: Redactado conforme al art. 1.º de la Ley Orgánica 9/2013, de 20 de diciembre, de control de la deuda comercial en el sector público (*BOE* n.º 305, de 21 de diciembre).

autorización del Estado en tanto persista el citado incumplimiento. Esta autorización podrá realizarse de forma gradual por tramos y será preceptiva hasta que el Ministerio de Hacienda y Administraciones Públicas constate que ha cumplido con los objetivos de estabilidad presupuestaria, de deuda pública y regla de gasto.

Una vez que el plan económico-financiero presentado por la Comunidad Autónoma por incumplimiento del objetivo de estabilidad presupuestaria, del objetivo de deuda pública o de la regla de gasto hubiera sido considerado idóneo por el Consejo de Política Fiscal y Financiera, las operaciones de crédito a corto plazo que no sean consideradas financiación exterior no precisarán de autorización del Estado.

2. En los supuestos de incumplimiento del objetivo de estabilidad presupuestaria o de deuda pública de las Corporaciones Locales incluidas en el ámbito subjetivo definido en los artículos 111 y 135 del Texto Refundido de la Ley Reguladora de las Haciendas Locales, todas las operaciones de endeudamiento a largo plazo de la corporación Local incumplidora, precisarán autorización del Estado o en su caso de la Comunidad Autónoma que tenga atribuida la tutela financiera.

3. En los supuestos de incumplimiento del objetivo de estabilidad presupuestaria, de deuda pública o de la regla de gasto, la concesión de subvenciones o la suscripción de convenios por parte de la Administración Central con Comunidades Autónomas incumplidoras precisará, con carácter previo a su concesión o suscripción, informe favorable del Ministerio de Hacienda y Administraciones Públicas.

Las Leyes de Presupuestos Generales del Estado establecerán los criterios que servirán de base para la emisión del informe regulado en este apartado, que en todo caso deberá tener en cuenta el grado de ejecución de las medidas que deben ser aplicadas por la Comunidad Autónoma para corregir la situación de incumplimiento.

4. Las medidas previstas en los apartados anteriores se aplicarán también en caso de formulación de la advertencia previa prevista en el artículo 19 de esta Ley.

5. Cuando el período medio de pago a los proveedores de la Comunidad Autónoma supere en más de treinta días el plazo máximo de la normativa de morosidad duran-

te dos meses consecutivos a contar desde la actualización de su plan de tesorería de acuerdo con lo previsto en el artículo 18.4, el Ministerio de Hacienda y Administraciones Públicas lo comunicará a la Comunidad Autónoma indicando que partir de ese momento:

a) Todas aquellas modificaciones presupuestarias que conlleven un aumento neto del gasto no financiero de la Comunidad Autónoma y que, de acuerdo con la normativa autonómica vigente no se financien con cargo al fondo de contingencia o con baja en otros créditos, requerirán la adopción un acuerdo de no disponibilidad de igual cuantía, del que se informará al Ministerio de Hacienda y Administraciones Públicas con indicación del crédito afectado, la medida de gasto que lo sustenta y la modificación presupuestaria origen de la misma.

b) Todas sus operaciones de endeudamiento a largo plazo precisarán de autorización del Estado. Esta autorización podrá realizarse de forma gradual por tramos.

c) La Comunidad Autónoma deberá incluir en la actualización de su plan de tesorería inmediatamente posterior nuevas medidas para cumplir con el plazo máximo de pago previsto en la normativa de morosidad.

6. Si aplicadas las medidas previstas en el apartado 5 anterior, el período medio de pago a los proveedores de la Comunidad Autónoma supere en más de treinta días el plazo máximo de la normativa de morosidad durante dos meses consecutivos a contar desde la actualización de su plan de tesorería referida en la letra *c*) del apartado 5 anterior, el Ministerio de Hacienda y Administraciones Públicas iniciará el procedimiento de retención de los importes a satisfacer por los recursos de los regímenes de financiación para pagar directamente a los proveedores. Para ello, se recabará de la Comunidad Autónoma la información necesaria para cuantificar y determinar la parte de la deuda comercial que se va a pagar con cargo a los mencionados recursos y se comunicará al Consejo de Política Fiscal y Financiera para su conocimiento.

7. Las medidas previstas en los apartados 5 y 6 anteriores, se mantendrán hasta que la Comunidad Autónoma cumpla con el plazo máximo de pago previsto en la normativa de morosidad durante seis meses consecutivos.

Art. 21. *Plan económico-financiero.*—1. En caso de incumplimiento del objetivo de estabilidad presupuestaria, del objetivo de deuda pública o de la regla de gasto, la Administración incumplidora formulará un plan económico-financiero que permita en el año en curso y el siguiente el cumplimiento de los objetivos o de la regla de gasto, con el contenido y alcance previstos en este artículo.

Art. 21: Apartado 1 redactado conforme al art. 1.° de la Ley Orgánica 9/2013, de 20 de diciembre, de control de la deuda comercial en el sector público (*BOE* n.° 305, de 21 de diciembre).

El art. 116 bis LBRL, añadido por el art. 1.°30 de la Ley 27/2013, de 27 de diciembre, de racionalización y sostenibilidad de la Administración Local (*BOE* n.° 312, de 30 de diciembre), dispone:

«*Art. 116 bis. Contenido y seguimiento del plan económico-financiero.*—1. Cuando por incumplimiento del objetivo de estabilidad presupuestaria, del objetivo de deuda pública o de la regla de gasto, las corporaciones locales incumplidoras formulen su plan económico-financiero lo harán de conformidad con los requisitos formales que determine el Ministerio de Hacienda y Administraciones Públicas.

»2. Adicionalmente a lo previsto en el artículo 21 de la Ley Orgánica 2/2012, de 27 de abril, de Estabilidad Presupuestaria y Sostenibilidad Financiera, el mencionado plan incluirá al menos las siguientes medidas:

»*a*) Supresión de las competencias que ejerza la Entidad Local que sean distintas de las propias y de las ejercidas por delegación.

»*b*) Gestión integrada o coordinada de los servicios obligatorios que presta la Entidad Local para reducir sus costes.

»*c*) Incremento de ingresos para financiar los servicios obligatorios que presta la Entidad Local.

»*d*) Racionalización organizativa.

»*e*) Supresión de entidades de ámbito territorial inferior al municipio que, en el ejercicio presupuestario inmediato anterior, incumplan con el objetivo de estabilidad presupuestaria o con el objetivo de deuda pública o que el período medio de pago a proveedores supere en más de treinta días el plazo máximo previsto en la normativa de morosidad.

»*f*) Una propuesta de fusión con un municipio colindante de la misma provincia.

»3. La Diputación provincial o entidad equivalente asistirá al resto de corporaciones locales y colaborará con la Administración que ejerza la tutela financiera, según corresponda, en la elaboración y el seguimiento de la aplicación de las medidas contenidas en los planes económico-financieros. La Diputación o entidad equivalente propondrá y coordinará las medidas recogidas en el apartado anterior cuando tengan carácter supramunicipal, que serán valoradas antes de aprobarse el plan económico-financiero, así como otras medidas supramunicipales distintas que se hubieran previsto, incluido el seguimiento de la fusión de Entidades Locales que se hubiera acordado.»

Vid. Disp. Trans. 2.ª (I.2) y art. 15 de la Ley Orgánica 6/2013, de 14 de noviembre, de creación de la Autoridad Independiente de Responsabilidad Fiscal (*BOE* n.° 274, de 15 de noviembre).

2. El plan económico-financiero contendrá como mínimo la siguiente información:

a) Las causas del incumplimiento del objetivo establecido o, en su caso, del incumplimiento de la regla de gasto.

b) Las previsiones tendenciales de ingresos y gastos, bajo el supuesto de que no se producen cambios en las políticas fiscales y de gastos.

c) La descripción, cuantificación y el calendario de aplicación de las medidas incluidas en el plan, señalando las partidas presupuestarias o registros extrapresupuestarios en los que se contabilizarán.

d) Las previsiones de las variables económicas y presupuestarias de las que parte el plan, así como los supuestos sobre los que se basan estas previsiones, en consonancia con lo contemplado en el informe al que se hace referencia en el apartado 5 del artículo 15.

e) Un análisis de sensibilidad considerando escenarios económicos alternativos.

3. En caso de estar incursos en Procedimiento de Déficit Excesivo de la Unión Europea o de otros mecanismos de supervisión europeos, el plan deberá incluir cualquier otra información adicional exigida.

Art. 22. *Plan de reequilibrio.*—1. La administración que hubiera incurrido en los supuestos previstos en el artículo 11.3 de esta Ley, presentará un plan de reequilibrio que, además de incluir lo dispuesto en el apartado 2 del artículo 21, recogerá la senda prevista para alcanzar el objetivo de estabilidad presupuestaria, desagregando la evolución de los ingresos y los gastos, y de sus principales partidas, que permiten cumplir dicha senda.

2. La administración que hubiera incurrido en los supuestos previstos en el artículo 13.3 de esta Ley, presentará un plan de reequilibrio que, además de incluir lo dispuesto en el apartado 2 del artículo 21, recogerá la siguiente información:

a) La senda prevista para alcanzar el objetivo de deuda pública, desagregando los factores de evolución que permiten el cumplimiento de la misma.

b) Un análisis de la dinámica de la deuda pública que incluirá, además de las variables que determinan su evolución, otros factores de riesgo y un análisis de la vida media de la deuda.

3. En caso de estar incursos en Procedimiento de Déficit Excesivo de la Unión Euro-

pea o de otros mecanismos de supervisión europeos, el plan deberá incluir cualquier otra información adicional exigida.

Art. 23. *Tramitación y seguimiento de los planes económico-financieros y de los planes de reequilibrio.*—1. Los planes económico-financieros y los planes de reequilibrio serán presentados, previo informe de la Autoridad Independiente de Responsabilidad Fiscal, en los supuestos en que resulte preceptivo, ante los órganos contemplados en los apartados siguientes en el plazo máximo de un mes desde que se constate el incumplimiento, o se aprecien las circunstancias previstas en el artículo 11.3, respectivamente. Estos planes deberán ser aprobados por dichos órganos en el plazo máximo de dos meses desde su presentación y su puesta en marcha no podrá exceder de tres meses desde la constatación del incumplimiento o de la apreciación de las circunstancias previstas en el artículo 11.3.

En el cómputo del plazo máximo de un mes previsto anteriormente no se computará el tiempo transcurrido entre la solicitud y la emisión del informe de la Autoridad Independiente de Responsabilidad Fiscal.

2. El plan económico-financiero y el plan de reequilibrio de la Administración central será elaborado por el Gobierno, a propuesta del Ministro de Hacienda y Administraciones Públicas, y se remitirá a las Cortes Generales para su aprobación, siguiendo el procedimiento establecido en el artículo 15.6 de esta Ley.

3. Los planes económico-financieros y los planes de reequilibrio elaborados por las Comunidades Autónomas serán remitidos al Consejo de Política Fiscal y Financiera, que comprobará la idoneidad de las medidas incluidas y la adecuación de sus previsiones a los objetivos que se hubieran fijado. A efectos de valorar esta idoneidad, se tendrá en cuenta el uso de la capacidad normativa en materia fiscal.

Si el Consejo de Política Fiscal y Financiera considerase que las medidas contenidas en el plan presentado no garantizan la corrección de la situación de desequilibrio, requerirá a la Comunidad Autónoma

---

Art. 23.1: Redactado por la Disp. Final 1.ª de la Ley Orgánica 6/2013, de 14 de noviembre, de creación de la Autoridad Independiente de Responsabilidad Fiscal (*BOE* n.º 274, de 15 de noviembre).

afectada la presentación de un nuevo plan.

Si la Comunidad Autónoma no presenta el nuevo plan en el plazo requerido o el Consejo considera que las medidas contenidas en el mismo no son suficientes para alcanzar los objetivos, se aplicarán las medidas coercitivas previstas en el artículo 25.

4. Los planes económico-financieros elaborados por las Corporaciones Locales deberán estar aprobados por el Pleno de la Corporación. Los correspondientes a las corporaciones incluidas en el ámbito subjetivo definido en los artículos 111 y 135 del Texto Refundido de la Ley Reguladora de las Haciendas Locales serán remitidos al Ministerio de Hacienda y Administraciones Públicas para su aprobación definitiva y seguimiento, salvo en el supuesto de que la Comunidad Autónoma en cuyo territorio se encuentre la Corporación Local tenga atribuida en su Estatuto de Autonomía la competencia de tutela financiera sobre las entidades locales.

En este último supuesto el plan será remitido a la correspondiente Comunidad Autónoma, la cual será la responsable de su aprobación y seguimiento. La Comunidad Autónoma deberá remitir información al Ministerio de Hacienda y Administraciones Públicas de dichos planes y de los resultados del seguimiento que efectúe sobre los mismos.

Los planes económico-financieros se remitirán para su conocimiento a la Comisión Nacional de Administración Local. Se dará a estos planes la misma publicidad que la establecida por las leyes para los Presupuestos de la entidad.

5. El Ministerio de Hacienda y Administraciones Públicas dará publicidad a los planes económico-financieros, a los planes de reequilibrio y a la adopción efectiva de las medidas aprobadas con un seguimiento del impacto efectivamente observado de las mismas.

Art. 24. *Informes de seguimiento de los planes económico-financieros y de los planes de reequilibrio*.—1. El Ministerio de Hacienda y Administraciones Públicas, elaborará, trimestralmente, un informe de seguimiento de la aplicación de las medidas contenidas en los planes económico-financieros y los planes de reequilibrio en vigor, para lo cual recabará la información necesaria.

2. El Ministro de Hacienda y Administraciones Públicas remitirá dicho informe al Consejo de Política Fiscal y Financiera de las Comunidades

Autónomas y a la Comisión Nacional de Administración Local, en sus ámbitos respectivos de competencia, a efectos de conocimiento sobre el seguimiento de dichos planes.

3. En el caso de que en los informes de seguimiento se verifique una desviación en la aplicación de las medidas, el Ministro de Hacienda y Administraciones Públicas requerirá a la Administración responsable para que justifique dicha desviación, aplique las medidas o, en su caso, incluya nuevas medidas que garanticen el cumplimiento del objetivo de estabilidad.

Si en el informe del trimestre siguiente a aquel en el que se ha efectuado el requerimiento, el Ministerio de Hacienda y Administraciones Públicas verifica que persiste el incumplimiento del objetivo de estabilidad, se aplicarán las medidas coercitivas del artículo 25.

4. En las Corporaciones Locales el informe de seguimiento se efectuará semestralmente, en relación a las entidades incluidas en el ámbito subjetivo de los artículos 111 y 135 del Texto Refundido de la Ley Reguladora de las Haciendas Locales, por el Ministerio de Hacienda y Administraciones Públicas, o en su caso, por la Comunidad Autónoma que ejerza la tutela financiera.

En caso de que el informe verifique que no se ha dado cumplimiento a las medidas incluidas en el plan y ello motivara el incumplimiento del objetivo de estabilidad, se aplicarán las medidas coercitivas previstas en el artículo 25.

5. Los informes a los que se refiere este artículo se publicarán para general conocimiento.

SECCIÓN 3.ª

Medidas coercitivas

Art. 25. *Medidas coercitivas.*—1. En caso de falta de presentación, de falta de aprobación o de incumplimiento del plan económico-financiero o del plan de reequilibrio, o cuando el período medio de pago a los proveedores de la Comunidad Autónoma supere en más de treinta días el plazo máximo de la normativa de morosidad durante dos meses consecutivos a contar desde la

Art. 25: Redactado conforme al art. 1.º de la Ley Orgánica 9/2013, de 20 de diciembre, de control de la deuda comercial en el sector público (*BOE* n.º 305, de 21 de diciembre).

comunicación prevista en el artículo 20.6 la Administración Pública responsable deberá:

a) Aprobar, en el plazo de quince días desde que se produzca el incumplimiento, la no disponibilidad de créditos y efectuar la correspondiente retención de créditos, que garantice el cumplimiento del objetivo establecido. Dicho acuerdo deberá detallar las medidas de reducción de gasto correspondientes e identificar el crédito presupuestario afectado, no pudiendo ser revocado durante el ejercicio presupuestario en el que se apruebe o hasta la adopción de medidas que garanticen el cumplimiento del objetivo establecido, ni dar lugar a un incremento del gasto registrado en cuentas auxiliares, a cuyo efecto esta información será objeto de un seguimiento específico. Asimismo, cuando resulte necesario para dar cumplimiento a los compromisos de consolidación fiscal con la Unión Europea, las competencias normativas que se atribuyan a las Comunidades Autónomas en relación con los tributos cedidos pasarán a ser ejercidas por el Estado.

b) Constituir, cuando se solicite por el Ministerio de Hacienda y Administraciones Públicas, un depósito con intereses en el Banco de España equivalente al 0,2 por 100 de su Producto Interior Bruto nominal. El depósito será cancelado en el momento en que se apliquen las medidas que garanticen el cumplimiento de los objetivos.

Si en el plazo de tres meses desde la constitución del depósito no se hubiera presentado o aprobado el plan, o no se hubieran aplicado las medidas, el depósito no devengará intereses. Si transcurrido un nuevo plazo de tres meses persistiera el incumplimiento podrá acordar que el depósito se convertirá en multa coercitiva.

2. De no adoptarse alguna de las medidas previstas en el apartado *a*) anterior o en caso de resultar éstas insuficientes el Gobierno podrá acordar el envío, bajo la dirección del Ministerio de Hacienda y Administraciones Públicas, de una comisión de expertos para valorar la situación económico-presupuestaria de la administración afectada. Esta comisión podrá solicitar, y la administración correspondiente estará obligada a facilitar, cualquier dato, información o antecedente respecto a las partidas de ingresos o gastos. La comisión deberá presentar una propuesta de medidas y sus conclusiones se harán públicas en una semana. Las medidas propuestas serán de

obligado cumplimiento para la administración incumplidora.

Art. 26. *Medidas de cumplimiento forzoso.*—1. En el supuesto de que una Comunidad Autónoma no adoptase el acuerdo de no disponibilidad de créditos previsto en el artículo 25.1.*a*), no constituyese el depósito obligatorio establecido en el artículo 25.1.*b*) o no implementase las medidas propuestas por la comisión de expertos prevista en el artículo 25.2, el Gobierno, de conformidad con lo dispuesto en el artículo 155 de la Constitución Española, requerirá al Presidente de la Comunidad Autónoma para que lleve a cabo, en el plazo que se indique al efecto, la adopción de un acuerdo de no disponibilidad, la constitución del depósito obligatorio establecido en el artículo 25.1.*b*) o la ejecución de las medidas propuestas por la comisión de expertos.

En caso de no atenderse el requerimiento, el Gobierno, con la aprobación por mayoría absoluta del Senado, adoptará las medidas necesarias para obligar a la Comunidad Autónoma a su ejecución forzosa. Para la ejecución de las medidas el Gobierno podrá dar instrucciones a todas las autoridades de la Comunidad Autónoma.

2. En el supuesto de que una Corporación Local no adoptase el acuerdo de no disponibilidad de créditos o no constituyese el depósito previsto en el artículo 25.1.*b*) o las medidas propuestas por la comisión de expertos prevista en el artículo 25.2, el Gobierno, o en su caso la Comunidad Autónoma que tenga atribuida la tutela financiera, requerirá al Presidente de la Corporación Local para que proceda a adoptar, en el plazo indicado al efecto, la adopción de un acuerdo de no disponibilidad, la constitución del depósito obligatorio establecido en el artículo 25.1.*b*), o la ejecución de las medidas propuestas por la comisión de expertos. En caso de no atenderse el requerimiento, el Gobierno, o en su caso la Comunidad Autónoma que tenga atribuida la tutela financiera, adoptará las medidas necesarias para obligar a la Corporación Local al cumplimiento forzoso de las medidas contenidas en el requerimiento.

En el caso de que la Comunidad Autónoma que tenga atribuida la tutela financiera no adoptase las medidas contempladas en este apartado, el Gobierno requerirá su cumplimiento por el procedimiento contemplado en el apartado 1.

3. La persistencia en el incumplimiento de alguna de las

obligaciones a que se refiere el apartado anterior, cuando suponga un incumplimiento del objetivo de estabilidad presupuestaria, del objetivo de deuda pública o de la regla de gasto, podrá considerarse como gestión gravemente dañosa para los intereses generales, y podrá procederse a la disolución de los órganos de la Corporación Local incumplidora, de conformidad con lo previsto en el artículo 61 de la Ley 7/1985, de 2 de abril, Reguladora de las Bases de Régimen Local.

CAPÍTULO V

TRANSPARENCIA

Art. 27. *Instrumentación del principio de transparencia.*—1. Los Presupuestos de cada Administración Pública se acompañarán de la información precisa para relacionar el saldo resultante de los ingresos y gastos del Presupuesto con la capacidad o necesidad de financiación calculada conforme a las normas del Sistema Europeo de Cuentas Nacionales y Regionales.

2. Antes del 1 de octubre de cada año, las Comunidades Autónomas y Corporaciones Locales remitirán al Ministerio de Hacienda y Administraciones Públicas información sobre las líneas fundamentales que contendrán sus Presupuestos, a efectos de dar cumplimiento a los requerimientos de la normativa europea.

3. El Ministerio de Hacienda y Administraciones Públicas podrá recabar de las Comunidades Autónomas y de las Corporaciones Locales la información necesaria para garantizar el cumplimiento de las previsiones de esta Ley, así como para atender cualquier otro requerimiento de información exigido por la normativa comunitaria.

La información suministrada contendrá, como mínimo, los siguientes documentos en función del período considerado:

a) Información de los proyectos de Presupuestos iniciales o de los estados financieros iniciales, con indicación de las

---

Art. 27: Redactado conforme al art. 1.º de la Ley Orgánica 9/2013, de 20 de diciembre, de control de la deuda comercial en el sector público (*BOE* n.º 305, de 21 de diciembre).

Vid. nota al art. 13.6 (I.2) y art. 4 de la Ley Orgánica 6/2013, de 14 de noviembre, de creación de la Autoridad Independiente de Responsabilidad Fiscal (*BOE* n.º 274, de 15 de noviembre).

líneas fundamentales que se prevean en dichos documentos.

b) Presupuesto general o en su caso estados financieros iniciales, y cuentas anuales de las Comunidades Autónomas y las Corporaciones Locales.

c) Liquidaciones de ingresos y gastos, o en su caso balance y cuenta de resultados, de las Corporaciones Locales en los términos que se desarrollen reglamentariamente.

d) Liquidaciones mensuales de ingresos y gastos de las Comunidades Autónomas.

e) Con carácter no periódico, detalle de todas las Corporaciones dependientes de las Comunidades Autónomas y Corporaciones Locales incluidas en el ámbito de aplicación de la Ley.

f) Cualquier otra información necesaria para calcular la ejecución presupuestaria en términos de contabilidad nacional.

4. La concreción, procedimiento y plazo de remisión de la información a suministrar por Comunidades Autónomas y Corporaciones Locales, así como la documentación que sea objeto de publicación para conocimiento general, serán objeto de desarrollo por Orden del Ministro de Hacienda y Administraciones Públicas, previo informe del Consejo de Política Fiscal y Financiera de las Comunidades Autónomas y de la Comisión Nacional de Administración Local, en sus ámbitos respectivos.

5. Con el fin de dar cumplimiento al principio de transparencia y a las obligaciones de publicidad derivadas de las disposiciones de la Ley, el Ministerio de Hacienda y Administraciones Públicas podrá publicar información económico-financiera de las Administraciones Públicas con el alcance, metodología y periodicidad que se determine conforme a los acuerdos y normas nacionales y las disposiciones comunitarias.

6. Las Administraciones Públicas y todas sus entidades y organismos vinculados o dependientes harán público su período medio de pago a los proveedores en los términos que se establezcan por Orden del Ministro de Hacienda y Administraciones Públicas.

7. El incumplimiento de las obligaciones de transparencia y de suministro de información, tanto en lo referido a los plazos establecidos, el correcto contenido e idoneidad de los datos o el modo de envío derivadas de las disposiciones de esta Ley podrá llevar aparejada la imposición de las medidas previstas en el artículo 20.

Art. 28. *Central de información.*—1. El Ministerio de Hacienda y Administraciones Públicas mantendrá una central de información, de carácter público, que provea de información sobre la actividad económico-financiera de las distintas Administraciones Públicas.

2. A estos efectos, los bancos, cajas de ahorros y demás entidades financieras, así como las distintas Administraciones Públicas, remitirán los datos necesarios, en la forma que se determine reglamentariamente.

3. El Banco de España colaborará con el Ministerio de Hacienda y Administraciones Públicas mediante el suministro de la información que reciba relacionada con las operaciones de crédito de las Comunidades Autónomas y Corporaciones Locales. Con independencia de lo anterior, el Ministerio de Hacienda y Administraciones Públicas podrá requerir al Banco de España la obtención de otros datos concretos relativos al endeudamiento de las Comunidades Autónomas y Corporaciones Locales en los términos que se fijen reglamentariamente.

4. La información obrante en la central a que se refiere este artículo estará, en los ámbitos en que les afecten, a disposición del Consejo de Política Fiscal y Financiera de las Comunidades Autónomas y de la Comisión Nacional de Administración Local.

5. Mediante Orden del Ministro de Hacienda y Administraciones Públicas, previo informe del Consejo de Política Fiscal y Financiera de las Comunidades Autónomas respecto a la información que les afecte, se determinarán los datos y documentos integrantes de la central de infor-

---

Art. 28: La Exposición de Motivos del El Real Decreto 636/2014, de 25 de julio, por el que se crea la Central de Información económico-financiera de las Administraciones Públicas y se regula la remisión de información por el Banco de España y las entidades financieras al Ministerio de Hacienda y Administraciones Públicas (*BOE* n.º 184, de 30 de julio), dice: «el presente real decreto no incrementa las obligaciones de suministro de información o publicación de las comunidades autónomas o entidades locales, que seguirán remitiendo la información a la que están ya obligadas con la misma periodicidad y a través de los mismos canales que establece la normativa vigente. Por el contrario, este real decreto, lejos de ser una carga para estas Administraciones, les facilitará el poder consultar de manera ordenada y a través de un único punto toda la información económico-financiera de carácter público que les afecta directamente».

mación, los plazos y procedimientos de remisión, incluidos los telemáticos, así como la información que sea objeto de publicación para conocimiento general, y los plazos y el modo en que aquéllos hayan de publicarse.

CAPÍTULO VI

GESTIÓN PRESUPUESTARIA

Art. 29. *Marco presupuestario a medio plazo.*—1. Se elaborará un plan presupuestario a medio plazo que se incluirá en el Programa de Estabilidad, en el que se enmarcará la elaboración de los presupuestos anuales y a través del cual se garantizará una programación presupuestaria coherente con los objetivos de estabilidad presupuestaria y de deuda pública y de conformidad con la regla de gasto.

2. El plan presupuestario a medio plazo abarcará un período mínimo de tres años y contendrá, entre otros parámetros:

a) Los objetivos de estabilidad presupuestaria, de deuda pública y regla de gasto de las respectivas Administraciones Públicas.

b) Las proyecciones de las principales partidas de ingresos y gastos teniendo en cuenta tanto su evolución tendencial, es decir, basada en políticas no sujetas a modificaciones, como el impacto de las medidas previstas para el período considerado.

c) Los principales supuestos en los que se basan dichas proyecciones de ingresos y gastos.

d) Una evaluación de cómo las medidas previstas pueden afectar a la sostenibilidad a largo plazo de las finanzas públicas.

3. Las proyecciones adoptadas en el plan presupuestario a medio plazo se basarán en previsiones macroeconómicas y presupuestarias elaboradas conforme a las metodologías y procedimientos establecidos en el proceso presupuestario anual.

4. Toda modificación del plan presupuestario a medio plazo o desviación respecto al mismo deberá ser explicada.

Art. 29: Redactado conforme al art. 1.º de la Ley Orgánica 9/2013, de 20 de diciembre, de control de la deuda comercial en el sector público (*BOE* n.º 305, de 21 de diciembre).

Art. 30. *Límite de gasto no financiero.*—1. El Estado, las Comunidades Autónomas y las Corporaciones Locales aprobarán, en sus respectivos ámbitos, un límite máximo de gasto no financiero, coherente con el objetivo de estabilidad presupuestaria y la regla de gasto, que marcará el techo de asignación de recursos de sus Presupuestos.

El límite de gasto no financiero excluirá las transferencias vinculadas a los sistemas de financiación de Comunidades Autónomas y Corporaciones Locales.

2. Antes del 1 de agosto de cada año el Ministerio de Hacienda y Administraciones Públicas informará al Consejo de Política Fiscal y Financiera sobre el límite de gasto no financiero del Presupuesto del Estado.

3. Antes del 1 de agosto de cada año las Comunidades Autónomas remitirán al Consejo de Política Fiscal y Financiera información sobre el límite de gasto no financiero que cada una de ellas haya aprobado.

Art. 31. *Fondo de contingencia.*—El Estado, las Comunidades Autónomas y las Corporaciones Locales incluidas en el ámbito subjetivo de los artículos 111 y 135 del Texto Refundido de la Ley Reguladora de las Haciendas Locales incluirán en sus Presupuestos una dotación diferenciada de créditos presupuestarios que se destinará, cuando proceda, a atender necesidades de carácter no discrecional y no previstas en el Presupuesto inicialmente aprobado, que puedan presentarse a lo largo del ejercicio.

La cuantía y las condiciones de aplicación de dicha dotación será determinada por cada Administración Pública en el ámbito de sus respectivas competencias.

Art. 32. *Destino del superávit presupuestario.*—1. En el supuesto de que la liquidación presupuestaria se sitúe en superávit, este se destinará, en el caso del Estado, Comunidades Autónomas, y Corporaciones Locales, a reducir el nivel de endeudamiento neto siempre con el límite del volumen de endeudamiento si éste fuera inferior al importe del superávit a destinar a la reducción de deuda.

Art. 32: Redactado conforme al art. 1.° de la Ley Orgánica 9/2013, de 20 de diciembre, de control de la deuda comercial en el sector público (*BOE* n.° 305, de 21 de diciembre).

2. En el caso de la Seguridad Social, el superávit se aplicará prioritariamente al Fondo de Reserva, con la finalidad de atender a las necesidades futuras del sistema.

3. A efectos de lo previsto en este artículo se entiende por superávit la capacidad de financiación según el sistema europeo de cuentas y por endeudamiento la deuda pública a efectos del procedimiento de déficit excesivo tal y como se define en la normativa europea.

DISPOSICIONES ADICIONALES

1.ª *Mecanismos adicionales de financiación para las Comunidades Autónomas y Corporaciones Locales.*—1. Las Comunidades Autónomas y Corporaciones Locales que soliciten al Estado el acceso a medidas extraordinarias de apoyo a la liquidez o lo hayan solicitado durante 2012, vendrán obligadas a acordar con el Ministerio de Hacienda y Administraciones Públicas un plan de ajuste que garantice el cumplimiento de los objetivos de estabilidad presupuestaria y de deuda pública. Por Acuerdo de la Comisión Delegada del Gobierno para Asuntos Económicos se podrán prorrogar estos plazos atendiendo a las dificultades de acceso a los mercados financieros que tengan las Comunidades Autónomas y Corporaciones Locales u otras circunstancias socioeconómicas que determinen la necesidad de prorrogar de forma extraordinaria las citadas medidas.

2. El acceso a estos mecanismos vendrá precedido de la aceptación por la Comunidad Autónoma o la Corporación Local de condiciones particulares en materia de seguimiento y remisión de información y de aquellas otras condicio-

---

Disp. Adic. 1.ª: Redactada por el art. único.uno de la Ley Orgánica 4/2012, de 28 de septiembre, por la que se modifica la Ley Orgánica 2/2012, de 27 de abril, de Estabilidad Presupuestaria y Sostenibilidad Financiera (*BOE* n.º 235, de 29 de septiembre).

Los apartados 7, 8 y 9 han sido añadidos por el art. 1.º de la Ley Orgánica 9/2013, de 20 de diciembre, de control de la deuda comercial en el sector público (*BOE* n.º 305, de 21 de diciembre).

Vid. Real Decreto-ley 17/2014, de 26 de diciembre, de medidas de sostenibilidad financiera de las comunidades autónomas y entidades locales y otras de carácter económico (III.3).

nes que se determinen en las disposiciones o acuerdos que dispongan la puesta en marcha de los mecanismos, así como de adopción de medidas de ajuste extraordinarias, en su caso, para alcanzar los objetivos de estabilidad presupuestaria, límites de deuda pública y obligaciones de pago a proveedores incluidas en la Ley 3/2004, de 29 de diciembre, por la que se establecen medidas de lucha contra la morosidad en las operaciones comerciales.

3. El plan de ajuste será público e incluirá un calendario preciso de aprobación, puesta en marcha y supervisión de las medidas acordadas. El cumplimiento del calendario establecido determinará el desembolso por tramos de la ayuda financiera establecida.

4. Durante la vigencia del plan de ajuste, la administración responsable deberá remitir al Ministerio de Hacienda y Administraciones Públicas para general conocimiento, información con una periodicidad trimestral, sobre los siguientes extremos:

a) Avales públicos recibidos y operaciones o líneas de crédito contratadas identificando la entidad, total del crédito disponible y el crédito dispuesto.

b) Deuda comercial contraída clasificada por su antigüedad y su vencimiento. Igualmente, se incluirá información de los contratos suscritos con entidades de crédito para facilitar el pago a proveedores.

c) Operaciones con derivados.

d) Cualquier otro pasivo contingente.

5. La falta de remisión, la valoración desfavorable o el incumplimiento del plan de ajuste por parte de una Comunidad Autónoma o Corporación Local dará lugar a la aplicación de las medidas coercitivas de los artículos 25 y 26 previstas para el incumplimiento del Plan Económico Financiero.

6. Las Corporaciones Locales con periodicidad anual deberán presentar al Ministerio de Hacienda y Administraciones Públicas un informe del interventor sobre la ejecución de los planes de ajuste.

En el caso de las Entidades Locales incluidas en el ámbito subjetivo definido en los artículos 111 y 135 del texto refundido de la Ley Reguladora de las Haciendas Locales, se deberá presentar el informe anterior con periodicidad trimestral.

Las Comunidades Autónomas deberán enviar la información prevista en el apartado 4 con periodicidad mensual, a través de su intervención general o unidad equivalente, y adicionalmente deberán presentar al Ministerio de Hacienda y Administraciones Públicas, la información actualizada sobre la ejecución de su Plan de ajuste relativa al menos a los siguientes elementos:

a) Ejecución presupuestaria mensual de los capítulos de gastos e ingresos.

b) Adecuación a la realidad del plan de ajuste y valoración de las medidas en curso.

c) Valoración de los riesgos a corto y medio plazo en relación con el cumplimiento de los objetivos que se pretenden con la aplicación del plan de ajuste. En particular, se analizarán las previsiones de liquidez y las necesidades de endeudamiento.

d) Análisis de las desviaciones que se han producido en la ejecución del plan de ajuste.

e) Recomendaciones, en su caso, de modificación del plan de ajuste con el objetivo de cumplir los objetivos de estabilidad presupuestaria y sostenibilidad financiera.

f) Información actualizada de su plan de tesorería.

El Ministerio de Hacienda y Administraciones Públicas será competente para realizar el seguimiento de los planes de ajuste, para lo cual podrá solicitar toda la información que resulte relevante, e informará del resultado de dicha valoración al Ministerio de Economía y Competitividad. Con la finalidad de garantizar el reembolso de las cantidades derivadas de las operaciones de endeudamiento concertadas, en función del riesgo que se derive de los informes de seguimiento de los planes de ajuste o del grado de cumplimiento de las condiciones a las que hace referencia el apartado 2, podrá acordar su sometimiento a actuaciones de control por parte de la Intervención General de la Administración del Estado, con el contenido y alcance que ésta determine. Para realizar las actuaciones de control, la Intervención General de la Administración del Estado podrá recabar la colaboración de otros órganos públicos y, en el caso de actuaciones de control en Comunidades Autónomas, concertar convenios con sus Intervenciones Generales.

En el caso de actuaciones de control en Corporaciones Locales, la Intervención General de la Administración del Estado, podrá contar con la colaboración de empresas privadas de auditoría, que deberán ajustarse a las normas e instrucciones que aquella determine. La financiación necesaria para estas actuaciones se realizará con cargo a los mismos fondos que se utilicen para dotar las medidas extraordinarias de apoyo a la liquidez.

7. A partir de la aplicación de las medidas previstas en el apartado 5 del artículo 20, el Ministerio de Hacienda y Administraciones Públicas podrá proponer a la Comunidad Autónoma su acceso a los mecanismos adicionales de financiación vigentes. Si transcurrido un mes, desde la propuesta formulada por el Ministerio de Hacienda y Administraciones Públicas, la Comunidad Autónoma no manifestara de manera justificada su rechazo, se entenderá automáticamente incluida en el mecanismo adicional de financiación propuesto. La Comunidad Autónoma sólo podrá justificar su rechazo si acredita que puede obtener la liquidez y a un precio menor del que le proporciona el mecanismo propuesto por el Estado.

8. Si a partir de la aplicación de lo previsto en el artículo 18.5 las Corporaciones Locales incluidas en el ámbito subjetivo definido en los artículos 111 y 135 del Texto Refundido de la Ley Reguladora de las Haciendas Locales persisten en el incumplimiento del plazo máximo de pago previsto en la normativa de morosidad, el Ministerio de Hacienda y Administraciones Públicas podrá determinar el acceso obligatorio de la Corporación Local a los mecanismos adicionales de financiación vigentes.

9. Las operaciones de crédito que las Comunidades Autónomas concierten con cargo a los mecanismos adicionales de financiación cuyas condiciones financieras hayan sido previamente aprobadas por la Comisión Delegada del Gobierno para Asuntos Económicos y su plazo no sea superior a diez años quedarán exceptuadas de la autorización preceptiva del Consejo de Ministros, y no les resultarán de aplicación las restricciones previstas en el apartado dos del artículo 14 de la Ley Orgánica 8/1980, de 22 de septiembre, de Financiación de las Comunidades Autónomas, y en la disposición transitoria tercera de esta Ley.

Excepcionalmente, las limitaciones de plazo recogidas en la disposición transitoria tercera de esta ley podrán no ser de aplicación a las operaciones de crédito mencionadas en el párrafo anterior cuando así lo aprecie el Consejo de Ministros en las autorizaciones de dichas operaciones.

2.ª *Responsabilidad por incumplimiento de normas de Derecho de la Unión Europea o de tratados o de convenios internacionales de los que España sea parte.*—1. Las Administraciones Públicas y cualesquiera otras entidades mencionadas en el apartado 2 del artículo 2 de esta Ley que, en el ejercicio de sus competencias, incumplieran obligaciones derivadas de normas del derecho de la Unión Europea o de tratados o convenios internacionales en los que España sea parte, dando lugar a que el Reino de España sea sancionado por las instituciones europeas, o condenado por tribunales internacionales o por órganos arbitrales, asumirán, en la parte que les sea imputable, las responsabilidades que se devenguen de tal incumplimiento, de conformidad con lo previsto en esta disposición y en las de carácter reglamentario que, en desarrollo y ejecución de la misma, se dicten.

2. El Consejo de Ministros, previa audiencia de las Administraciones o entidades afectadas, será el órgano competente para declarar las responsabilidades previstas en los apartados anteriores y acordar, en su caso, la compensación o retención de dichas deudas con las cantidades que deba transferir el Estado a la Administración o entidad responsable por cualquier concepto, presupuestario y no presupuestario. En dicha declaración se tendrán en cuenta los hechos y fundamentos contenidos en la resolución de las instituciones europeas, de los tribunales internacionales o de los órganos arbitrales y se recogerán los criterios de imputación tenidos en cuenta para declarar la responsabilidad. El acuerdo se publicará en el *Boletín Oficial del Estado*.

3. Se habilita al Gobierno para desarrollar reglamentariamente lo establecido en la presente disposición, regulando las especialidades que resulten aplicables a las diferentes Administraciones Públicas y entidades a que se refiere el apartado 1 de esta disposición.

Disp. Adic. 2.ª: Redactada por el art. 1.º de la Ley Orgánica 9/2013, de 20 de diciembre, de control de la deuda comercial en el sector público (*BOE* n.º 305, de 21 de diciembre). El Real Decreto 515/2013, de 5 de julio, regula los criterios y el procedimiento para determinar y repercutir las responsabilidades por incumplimiento del Derecho de la Unión Europea (*BOE* n.º 161, de 6 de julio).

3.ª *Control de constitucionalidad.*—1. En los términos previstos en la Ley Orgánica 2/1979, de 3 de octubre, del Tribunal Constitucional, podrán impugnarse ante el Tribunal Constitucional tanto las leyes, disposiciones normativas o actos con fuerza de ley de las Comunidades Autónomas como las disposiciones normativas sin fuerza de ley y resoluciones emanadas de cualquier órgano de las Comunidades Autónomas que vulneren los principios establecidos en el artículo 135 de la Constitución y desarrollados en la presente Ley.

2. En el caso de que, en aplicación de lo dispuesto en el artículo 161.2 de la Constitución, la impugnación de una Ley de Presupuestos produzca la suspensión de su vigencia se considerarán automáticamente prorrogados los Presupuestos del ejercicio anterior hasta la aprobación de los Presupuestos del ejercicio siguiente al impugnado, hasta la aprobación de una ley que derogue, modifique o sustituya las disposiciones impugnadas o, en su caso, hasta el levantamiento de la suspensión de la ley impugnada.

4.ª *Cumplimiento del pago de los vencimientos de deudas financieras.*—1. Las Administraciones Públicas deberán disponer de planes de tesorería que pongan de manifiesto su capacidad para atender el pago de los vencimientos de deudas financieras con especial previsión de los pagos de intereses y capital de la deuda pública.

2. La situación de riesgo de incumplimiento del pago de los vencimientos de deuda financiera, apreciada por el Gobierno a propuesta del Ministro de Hacienda y Administraciones Públicas, se considera que atenta gravemente al interés general procediéndose de conformidad con lo dispuesto en el artículo 26.

5.ª *Plazo de pago a proveedores.*—Las referencias en esta

Disp. Adic. 4.ª: Añadida por el art. único.dos de la Ley Orgánica 4/2012, de 28 de septiembre, por la que se modifica la Ley Orgánica 2/2012, de 27 de abril, de Estabilidad Presupuestaria y Sostenibilidad Financiera (*BOE* n.º 235, de 29 de septiembre).

Disp. Adic. 5.ª: Añadida por el al art. 1.º de la Ley Orgánica 9/2013, de 20 de diciembre, de control de la deuda comercial en el sector público (*BOE* n.º 305, de 21 de diciembre).

ley al plazo máximo que fija la normativa sobre morosidad para el pago a proveedores se entenderán hechas al plazo que en cada momento establezca la mencionada normativa vigente y que, en el momento de entrada en vigor de esta Ley, es de treinta días.

6.ª *Reglas especiales para el destino del superávit presupuestario.*—1. Será de aplicación lo dispuesto en los apartados siguientes de esta disposición adicional a las Corporaciones Locales en las que concurran estas dos circunstancias:

a) Cumplan o no superen los límites que fije la legislación reguladora de las Haciendas Locales en materia de autorización de operaciones de endeudamiento.

b) Que presenten en el ejercicio anterior simultáneamente superávit en términos de contabilidad nacional y remanente de tesorería positivo para gastos generales, una vez descontado el efecto de las medidas especiales de financiación que se instrumenten en el marco de la disposición adicional primera de esta Ley.

2. En el año 2014, a los efectos de la aplicación del artículo 32, relativo al destino del superávit presupuestario, se tendrá en cuenta lo siguiente:

a) Las Corporaciones Locales deberán destinar, en primer lugar, el superávit en contabilidad nacional o, si fuera menor, el remanente de tesorería para gastos generales a atender las obligaciones pendientes de aplicar a presupuesto contabilizadas a 31 de diciembre del ejercicio anterior en la cuenta de «Acreedores por operaciones pendientes de aplicar a presupuesto», o equivalentes en los términos establecidos en la normativa contable y presupuestaria que resulta de aplicación, y a cancelar, con posterioridad, el resto de obligaciones pendientes de pago con proveedores, contabilizadas y aplicadas a cierre del ejercicio anterior.

b) En el caso de que, atendidas las obligaciones citadas

Disp. Adic. 6.ª: Añadida por el al art. 1.º de la Ley Orgánica 9/2013, de 20 de diciembre, de control de la deuda comercial en el sector público (*BOE* n.º 305, de 21 de diciembre).

La Disp. Adic. 9.ª del Real Decreto-ley 17/2014, de 26 de diciembre, de medidas de sostenibilidad financiera de las comunidades autónomas y entidades locales y otras de carácter económico (*BOE* n.º 315, de 30 de diciembre), reproducido en III.3, prorroga para 2015 lo dispuesto en relación con el destino del superávit presupuestario de las entidades locales correspondiente al año 2014.

en la letra *a*) anterior, el importe señalado en la letra *a*) anterior se mantuviese con signo positivo y la Corporación Local optase a la aplicación de lo dispuesto en la letra *c*) siguiente, se deberá destinar, como mínimo, el porcentaje de este saldo para amortizar operaciones de endeudamiento que estén vigentes que sea necesario para que la Corporación Local no incurra en déficit en términos de contabilidad nacional en dicho ejercicio 2014.

c) Si cumplido lo previsto en las letras *a*) y *b*) anteriores la Corporación Local tuviera un saldo positivo del importe señalado en la letra *a*), éste se podrá destinar a financiar inversiones siempre que a lo largo de la vida útil de la inversión ésta sea financieramente sostenible. A estos efectos la ley determinará tanto los requisitos formales como los parámetros que permitan calificar una inversión como financieramente sostenible, para lo que se valorará especialmente su contribución al crecimiento económico a largo plazo.

Para aplicar lo previsto en el párrafo anterior, además será necesario que el período medio de pago a los proveedores de la Corporación Local, de acuerdo con los datos publicados, no supere el plazo máximo de pago previsto en la normativa sobre morosidad.

3. Excepcionalmente, las Corporaciones Locales que en el ejercicio 2013 cumplan con lo previsto en el apartado 1 respecto de la liquidación de su presupuesto del ejercicio 2012, y que además en el ejercicio 2014 cumplan con lo previsto en el apartado 1, podrán aplicar en el año 2014 el superávit en contabilidad nacional o, si fuera menor, el remanente de tesorería para gastos generales resultante de la liquidación de 2012, conforme a las reglas contenidas en el apartado 2 anterior, si así lo deciden por acuerdo de su órgano de gobierno.

4. El importe del gasto realizado de acuerdo con lo previsto en los apartados dos y tres de esta disposición no se considerará como gasto computable a efectos de la aplicación de la regla de gasto definida en el artículo 12.

5. En relación con ejercicios posteriores a 2014, mediante Ley de Presupuestos Generales del Estado se podrá habilitar, atendiendo a la coyuntura económica, la prórroga del plazo de aplicación previsto en este artículo.

DISPOSICIONES TRANSITORIAS

1.ª *Período transitorio.*— 1. En 2020 deberán cumplirse los límites establecidos en los artículos 11 y 13 de esta Ley, para lo cual:

a) La ratio de deuda pública sobre PIB para cada Administración se reducirá al ritmo necesario en promedio anual para alcanzar, en cualquier caso, el límite establecido en el artículo 13 de esta Ley. La senda de la reducción del volumen de deuda deberá, además, cumplir los siguientes requisitos:

1.º La variación de los empleos no financieros de cada Administración no podrá superar la tasa de crecimiento real del Producto Interior Bruto de la economía española.

2.º A partir del momento en que la economía nacional alcance una tasa de crecimiento real de, al menos el 2 por 100 anual o genere empleo neto con un crecimiento de al menos el 2 por 100 anual, la ratio de deuda pública se reducirá anualmente, como mínimo, en 2 puntos porcentuales del Producto Interior Bruto nacional.

No obstante, siempre que a dicha fecha no se superara el valor máximo de endeudamiento fijado por la Unión Europea, si alguna Administración superara el límite de deuda previsto en el artículo 13 habiendo cumplido con el objetivo de saldo estructural, deberá reducir anualmente la desviación entre la ratio de deuda y su límite, sin que el cómputo total del plazo de ajuste pueda superar el previsto en la normativa europea a contar desde la entrada en vigor de esta Ley.

b) El déficit estructural del conjunto de Administraciones Públicas se deberá reducir, al menos, un 0,8 por 100 del Producto Interior Bruto nacional en promedio anual. Esta reducción se distribuirá entre el Estado y las Comunidades Autónomas en función de los porcentajes de déficit estructural que hubiesen registrado el 1 de enero de 2012. En caso de Procedimiento de Déficit Excesivo, la reducción del déficit se adecuara a lo exigido en el mismo.

2. Estos límites no serán aplicables cuando se produzca alguna de las circunstancias y en los términos previstos en los artículos 11.3 y 13.3 de esta Ley.

3. Los límites de déficit estructural y de deuda pública del apartado 1 anterior, tendrán los mismos efectos y consecuencias que la Ley prevé

para los límites contemplados en los artículos 11 y 13, en particular respecto a los mecanismos preventivos y correctivos del capítulo IV.

4. En 2015 y 2018 se revisarán las sendas de reducción de la deuda pública y del déficit estructural, para alcanzar en 2020 los límites previstos en los artículos 11 y 13 de esta Ley, al efecto de actualizarlas según la situación económica y financiera.

2.ª *Desarrollo de la metodología para calcular las previsiones tendenciales de in-*

Disp. Trans. 2.ª: La Orden ECC/2.741/2012, de 20 de diciembre, de desarrollo metodológico de la Ley Orgánica 2/2012, de 27 de abril, de Estabilidad Presupuestaria y Sostenibilidad Financiera sobre el cálculo de las previsiones tendenciales de ingresos y gastos y de la tasa de referencia de la economía española (*BOE* n.º 308, de 24 de diciembre), modificada por la Orden ECC/493/2014, de 27 de marzo (*BOE* n.º 77, de 29 de marzo), dispone:

«La nueva redacción dada al artículo 135 de la Constitución Española, tras la reforma constitucional de 27 de septiembre de 2011 introdujo la utilización del concepto de déficit estructural y la Ley Orgánica 2/2012, de 27 de abril, de Estabilidad Presupuestaria y Sostenibilidad Financiera.

»En efecto, el artículo 11 de la Ley Orgánica 2/2012, de 27 de abril, establece que ninguna Administración Pública podrá incurrir en déficit estructural, salvo en algunas circunstancias fijadas en el párrafo tercero de dicho artículo. En el párrafo cuarto se establece la obligación, para las Corporaciones Locales, de mantener equilibrio o superávit presupuestario. De este artículo se deduce la necesidad de disponer de un cálculo del saldo estructural para cada Comunidad Autónoma, así como para el Estado y la Seguridad Social. Sin embargo, no resulta exigible disponer de dicho cálculo para cada una de las Corporaciones Locales, cálculo que además implicaría dificultades técnicas muy relevantes.

»De acuerdo con el artículo 15.5 de la Ley Orgánica, le corresponde al Ministerio de Economía y Competitividad elaborar periódicamente un informe de situación de la economía española. Dicho informe contendrá, entre otras informaciones, la tasa de referencia de crecimiento del Producto Interior Bruto de medio plazo de la economía española, que limitará la variación del gasto de las Administraciones Públicas, y el saldo cíclico del conjunto de las Administraciones Públicas distribuido entre sus subsectores. Asimismo, en la fijación de los objetivos de estabilidad presupuestaria para la Administración Pública y cada uno de los subsectores, que corresponde al Gobierno a propuesta del Ministro de Hacienda y Administraciones Públicas, se tendrá en cuenta la regla de gasto recogida en el artículo 12 de la ley y el saldo estructural alcanzado en el ejercicio inmediato anterior.

»La Ley Orgánica 2/2012 de 27 de abril, de Estabilidad Presupuestaria y Sostenibilidad Financiera, en su disposición transitoria segunda, insta al Ministerio de Economía y Competitividad a desarrollar metodológicamente estos aspectos de la Ley, entre otros fines para que las Administraciones que tengan que presentar planes económico financieros puedan elaborar las previsiones tendenciales de ingresos y gastos, necesarias en virtud del artículo 21.2.*b*).

gresos y gastos bajo el supuesto de que no se producen cambios en las políticas y la tasa de referencia de crecimiento.—

»La elaboración de una metodología específica resulta necesaria por cuanto que algunas de las magnitudes utilizadas para la aplicación de la Ley Orgánica no son directamente observables. La Ley Orgánica 2/2002, de 27 de abril, establece que el cálculo de estas variables no observables se base en la metodología utilizada por la Comisión Europea al respecto. No obstante, esta metodología, y en general los numerosos estudios y aplicaciones que se han hecho para el cálculo de estas variables no observables, se aplican habitualmente a los Estados y al conjunto de Administraciones Públicas. La aplicación a los distintos subsectores de las Administraciones Públicas y a cada una de las Comunidades Autónomas añade complejidad a la utilización de dicha normativa y exige decisiones adicionales para aplicar la metodología.

»Habitualmente, la obtención del saldo estructural de una Administración pública consiste en medir el componente cíclico de dicho saldo y calcular el componente estructural como diferencia entre el observado y el cíclico. Esta es también la práctica utilizada por la Comisión Europea y, en consecuencia, la que se utilizará en el desarrollo de la Ley Orgánica 2/2012, de 27 de abril.

»El cálculo del componente cíclico se realiza en dos fases. En primer lugar, se procede al cálculo de la brecha de producción, expresada como la diferencia entre el Producto Interior Bruto (PIB) real observado y el PIB potencial, expresado en porcentaje del Producto potencial. En segundo lugar, se estima una relación (elasticidad) entre el saldo observado y la brecha cíclica.

»El producto potencial no es una magnitud directamente observable. De las distintas posibilidades metodológicas, la remisión a la normativa europea obliga a utilizar el método de la función de producción desarrollado por la Comisión Europea. El cálculo del PIB potencial es necesario a efectos de inferir después el saldo cíclico, y también será el primer paso para el cálculo de la tasa de referencia de crecimiento de medio plazo de la economía española que limitará el crecimiento del gasto público en cada Administración, según el artículo 12 de la Ley Orgánica. El cálculo de la tasa de referencia se completará aplicando la normativa europea vigente, que actualmente fija como criterio en términos reales el crecimiento medio del producto potencial en un período de diez años. Estos diez años son los cinco previos al año para el que se calcula la tasa, el año para el que se realiza el cálculo y los cuatro siguientes. La tasa de referencia es el resultado de sumar a esa tasa media de crecimiento real una estimación del deflactor del PIB para fijar la referencia en términos nominales.

»El párrafo tercero del artículo 12 de la Ley Orgánica establece que esta referencia española sea la que se tenga en cuenta para cada una de las Administraciones en la elaboración de sus presupuestos. La coherencia necesaria entre las distintas reglas fiscales incluidas en la Ley Orgánica hace necesario que, a efectos de la obtención de un saldo cíclico, la referencia cíclica siga siendo la misma, esto es, la obtenida a partir del cálculo del producto potencial con la metodología de la Comisión Europea. La posibilidad de utilizar medidas de la posición cíclica diferentes en función del territorio, a efectos del cálculo de los saldos estructurales, introduciría una gran complejidad, además de romper la coherencia entre las reglas referidas al gasto y al saldo. Por otro lado, la evidencia empírica demuestra la existencia de una gran sincronía cí-

En los quince días siguientes a la aprobación de esta Ley, el Ministerio de Economía y Competitividad desarrollará

---

clica entre los ciclos regionales y entre éstos y el ciclo nacional, sincronía que además se ha ido acrecentando con los años. En consecuencia, la metodología desarrollada implica la elaboración de una única señal cíclica de carácter nacional medida a partir del método de la función de producción desarrollado por la Comisión Europea.

»El segundo paso para el cálculo del saldo cíclico consiste en la fijación de elasticidades. Es sabido que el impacto del ciclo económico sobre los gastos e ingresos públicos es bastante diferente en función de la naturaleza de los gastos e ingresos. Partidas de gasto como el desempleo dependen de la posición cíclica, mientras que otras, por ejemplo el gasto en pensiones, apenas se ven afectadas por el ciclo. Lo mismo sucede con los ingresos, siendo la sensibilidad al ciclo mayor en general en aquellas figuras tributarias dotadas de mayor progresividad. La sensibilidad cíclica de un determinado componente del gasto o del ingreso depende de su naturaleza y no del territorio en que se realice o genere. La existencia de algunas diferencias en la normativa tributaria por territorios no justifica la aplicación de elasticidades diferentes. En consecuencia, la distinta influencia del ciclo en las cuentas de una Administración o un subsector de la Administración Pública vendrá marcada por las diferentes estructuras de ingresos y gastos. Las Administraciones en cuyos ingresos tengan mayor peso las partidas más sensibles al ciclo, como por ejemplo los gastos por desempleo o el impuesto sobre la renta de las personas físicas, tendrán un saldo cíclico comparativamente mayor.

»Hechas estas consideraciones, el cálculo del saldo cíclico para las distintas Administraciones se hará en las dos etapas mencionadas. En primer lugar, se obtiene la brecha de producción a partir del producto potencial derivado de la aplicación de la normativa europea. En segundo lugar, a partir de una estructura simplificada de ingresos y gastos públicos, se aplicará una elasticidad única para cada una de las partidas, tomada también en general de los estudios de la Comisión Europea al respecto. La multiplicación de la elasticidad por el peso en el PIB de la categoría de ingresos o gastos y por la brecha de producción da la aportación de cada categoría al saldo cíclico y, sumadas todas ellas, se obtiene el saldo cíclico de cada Administración o subsector como porcentaje del PIB.

»La metodología que se aprueba en esta orden consiste en la aplicación de estos principios a cada Administración o subsector. En cuanto a la división de los sub-sectores se calculará el saldo de tres subsectores, las Comunidades Autónomas, las Corporaciones Locales y un subsector que recoja el ámbito consolidado de la Administración Central, incluyendo la Seguridad Social. La razón de esta consolidación es que el ciclo económico afecta conjuntamente al sector consolidado influyendo directamente en el gasto final en desempleo, con independencia de que se financie vía cotizaciones, vía impuestos o vía deuda.

»En cuanto a la elaboración de previsiones tendenciales por parte de las Administraciones que tengan que hacer planes económico-financieros, la fijación de dichas tendencias consistirá en la extracción del componente cíclico, aplicando el mismo método de estimación del ciclo derivado de la normativa europea. Es decir, las sensibilidades cíclicas que se utilizarán son las que se calcularán según la metodología aneja y se deducirán del peso en su presupuesto de los distintos tipos de ingresos y la aplicación de la metodología prevista, en el apartado 2.*b*) del artículo 21 sobre el cálculo de las previsiones tendenciales

---

gastos, mientras que la estimación de su PIB resultará de aplicar al último PIB anual conocido las correspondientes tasas de crecimiento del PIB nominal de España.

»Estas consideraciones son las que guían la adopción de las siguientes normas de carácter metodológico.

»La presente orden ha sido sometida a trámite de audiencia pública en el que han participado las Comunidades Autónomas y la Federación Española de Municipios y Provincias.

»En su virtud, de acuerdo con el Consejo de Estado, dispongo:

»*Artículo 1.º Aprobación de las metodologías.*—Se aprueban las metodologías de cálculo del PIB potencial de la economía española y de previsiones tendenciales de ingresos y gastos que se desarrollan en los anejos 1 y 2 respectivamente a esta orden.

»*Art. 2.º Revisión de las sensibilidades cíclicas.*—Los valores de la sensibilidad cíclica de las Comunidades Autónomas y del conjunto formado por la Administración Central incluyendo la Seguridad Social se actualizarán cuando la Unión Europea introduzca modificaciones en su procedimiento de cálculo. Los valores modificados por la Unión Europea de las elasticidades de ingresos y gastos o de las ponderaciones de los distintos ingresos se utilizarán en cuanto los aplique la Comisión Europea en sus estimaciones de saldo cíclico.

»*Art. 3.º Cálculo de las tasas de referencia del crecimiento del PIB de medio plazo de la economía española y de su deflactor.*—Las tasas de referencia de cada año se calcularán promediando las tasas de los cinco años anteriores, del año en curso y de los cuatro años posteriores. Para el crecimiento del PIB en términos reales se tomarán los datos de crecimiento potencial del PIB en esos años. Para el crecimiento del deflactor, cada año se elegirá el menor de los dos valores siguientes: o bien el 2 por 100 o bien la tasa de crecimiento del deflactor del PIB prevista o efectivamente registrada según la Contabilidad Nacional.

»El Ministerio de Economía y Competitividad publicará antes del final de cada año las tasas de referencia del año siguiente y sucesivos. Las tasas de referencia del año siguiente no podrán ser objeto de modificación.

»*Disp. Adic. única. Comunidad Foral de Navarra y Comunidad Autónoma del País Vasco.*—La presente orden será de aplicación a la Comunidad Autónoma del País Vasco y a la Comunidad Foral de Navarra de conformidad con lo dispuesto en la disposición final tercera de la Ley Orgánica 2/2012, de 27 de abril y sin perjuicio de que en el seno de la Comisión Mixta del Concierto y la Comisión Coordinadora, respectivamente, se puedan acordar especialidades derivadas del régimen foral.

»*Disp. Final única. Entrada en vigor.*—Esta orden entrará en vigor el día siguiente al de su publicación en el *Boletín Oficial del Estado*.

»ANEXO I: METODOLOGÍA PARA LA ESTIMACIÓN DEL CRECIMIENTO POTENCIAL Y DEL *OUTPUT GAP*.

»El crecimiento potencial y el *output gap* de una economía son conceptos de gran utilidad para el análisis económico y, en particular, para la toma de decisiones de política económica. Constituyen la referencia básica para valorar la posición cíclica de la economía y efectuar el diagnóstico sobre la orientación de las políticas macroeconómicas.

»Se define el *producto potencial* como el nivel de producción en términos reales que una economía es capaz de generar utilizando los factores productivos disponibles y la tecnología existente, sin y en el artículo 12 sobre la tasa de referencia de crecimiento.

3.ª *Autorizaciones de endeudamiento.*—Hasta 2020,

---

generar presiones inflacionistas. Es importante resaltar, sin embargo, que no es una variable observable por lo que requiere ser estimada. Por su parte, el *output gap* o *brecha de producción*, se define como la diferencia entre el cociente entre el nivel de PIB observado o previsto, también en términos reales, y el nivel estimado para el PIB potencial y uno. Es decir, en tanto por uno la brecha de producción (OG) viene dada por:

»OG = (PIB observado/PIB potencial)-1

»La estimación del producto potencial está sujeta a un elevado grado de incertidumbre, razón por la que la literatura existente recomienda efectuar el diagnóstico de la evolución de la brecha de producción a partir de una horquilla de estimaciones obtenidas a partir de diferentes metodologías. Entre ellas destaca la basada en la estimación de una función de producción, aplicada por los principales organismos económicos internacionales (FMI, OCDE y Comisión Europea).

»La estimación del PIB potencial basada en la función de producción presenta la ventaja tener un fundamento teórico sólido, del que carecen otros métodos puramente estadísticos (por ejemplo, aplicación del filtro de suavizado Hodrick-Prescott al PIB real observado), lo que permite un análisis económico de las fuentes del crecimiento del producto potencial. Como principal inconveniente hay que mencionar, sin embargo, los elevados requerimientos de información para su cálculo. En concreto, esta metodología exige, por un lado, la estimación de la productividad total de los factores (PTF) y, por otro, la evaluación de los factores productivos (empleo y capital) en su nivel potencial.

»El Ministerio de Economía y Competitividad elabora estimaciones de PIB potencial y *output gap* anual para la economía española aplicando la metodología de la función de producción utilizada por la Comisión Europea y acordada en el seno del Grupo de Trabajo del *Output Gap* (*Calculating potential growth rates and output gaps. A revised production function approach*, Denis C., Grenouilleau D., Mc Morrow K. and Röger W. European Commission. Economic papers number 247, March 2006). Sus principales características se detallan a continuación:

»Se utiliza una función de producción Cobb-Douglas del tipo:

»$PIB = PTF \cdot L^{1-\alpha} \cdot K^{\alpha}$ [1]

»Donde *PIB* es el PIB real, *PTF* la productividad total de los factores, *K* el *stock* de capital y *L* el factor trabajo. A las elasticidades del producto respecto de los factores capital (a) y trabajo (1-a) se les han asignado los valores 0,35 y 0,65, respectivamente, valores fijados en la metodología de la Comisión Europea para todos los Estados Miembros. Al estimarse al PIB potencial anual, las series que se utilizan para esta estimación son también anuales.

»Para estimar el producto potencial es preciso evaluar cada uno de los componentes de la función de producción en su valor potencial y sustituirlos en la función de producción.

»En relación con la determinación de los factores determinantes del PIB potencial, el *empleo potencial* se corresponde con el total de horas trabajadas al año por los ocupados de la economía con el supuesto de plena utilización de los recursos disponibles y sin presiones inflacionistas, obteniéndose a partir de la siguiente expresión:

»$L_{pot} = POB \cdot PART_{pot} \cdot (1 - NAWRU) \cdot H_{pot}$ [2]

»*POB* es la población en edad de trabajar (15-64 años), $PART_{pot}$ la tasa excepcionalmente, si como consecuencia de circunstancias económicas extraordinarias resultara necesario para

---

de actividad potencial, H_{pot} el número de horas potenciales trabajadas al año por ocupado y *NAWRU* la tasa de desempleo no aceleradora de los salarios.

»A su vez, la tasa de participación y el número de horas potenciales se obtienen aplicando un filtro de Hodrick-Prescott (HP) a la tasa de actividad y al número de horas trabajadas al año por trabajador, respectivamente, mientras que la NAWRU se estima como componente no observable en una curva de Phillips que incluye como regresores la aceleración de la participación de los salarios en el PIB, la productividad del factor trabajo y los términos de comercio definidos como la diferencia entre las tasas de crecimiento de los deflactores del PIB y del consumo privado.

»Por su parte, el *stock* de capital potencial se supone que coincide con el capital observado, evaluándose mediante la aplicación del método de inventario permanente a través de la ecuación dinámica de acumulación del capital.

»$K_t = K_{t-1} \cdot (1-\delta) + I_t$ [3]

»Siendo *I* la inversión real y δ la tasa de depreciación del capital.

»De este modo, el capital de un período será igual a la inversión bruta efectuada más el capital del período anterior corregido de depreciación.

»Por último, la *productividad total de los factores potencial* se determina extrayendo cada año la productividad total de los factores observada a partir de los valores del PIB, *stock* de capital y trabajo, y se estima su tendencia utilizando, de entre todos los métodos disponibles, el que se considere se adapta mejor a la realidad cíclica de la economía española. La PTF (o Residuo de Solow) se obtiene a partir de la expresión:

»$PTF = PIB / L^{1-\alpha} \cdot K^{\alpha}$ [4]

»Una vez obtenidos los diferentes componentes de la función de producción, en términos potenciales, esto es, el empleo potencial, el *stock* de capital y la PTF potencial, se está en disposición de calcular el PIB potencial aplicando la expresión:

»$PIB_{pot} = PTF_{pot} \cdot L^{0,65}_{pot} \cdot K^{0,35}$ [5]

»El período muestral analizado se extiende desde el año 1980 hasta seis años más allá del año en curso (año t). Entre 1980 y t-1 se utilizan datos tomados de las series de la Contabilidad Nacional, de la Encuesta de Población Activa y de las estimaciones intercensales de población; entre t y t+3 se utilizan las previsiones incluidas en el escenario macroeconómico del Ministerio de Economía y Competitividad, y entre t+4 y t+6 se lleva a cabo una extensión de las series de horas por trabajador, tasa de participación y PTF mediante la aplicación de modelos ARIMA. Dicha extrapolación tiene por objetivo limitar la sensibilidad del filtro de Hodrick-Prescott a la información disponible en los extremos del período muestral (problema del "punto final").

»El Ministerio de Economía y Competitividad en sus estimaciones de crecimiento potencial y *output gap* y, con el fin de obtener estimaciones más precisas y consistentes con la situación cíclica de la economía española utiliza las proyecciones de población de corto plazo publicadas por el Instituto Nacional de Estadística, al ser una fuente de datos más actualizada que la publicada por Eurostat.

»En línea con la práctica de la Comisión Europea, el parámetro de alisado del filtro de Hodrick Prescott utilizado para estimar la tasa de actividad potencial y las horas potenciales por trabajador en la expresión [2] toma el valor 10 para tener mejor en cuenta los cambios que se han producido en las horas por trabajador.

garantizar la cobertura de los servicios públicos fundamentales, podrán concertarse operaciones de crédito por plazo su-

---

»ANEXO II: METODOLOGÍA DEL CÁLCULO DEL SALDO PRESUPUESTARIO CÍCLICO.

»1. *Cálculo del saldo presupuestario cíclico del conjunto de las administraciones públicas.*

El saldo presupuestario estructural constituye un indicador central en el marco de supervisión fiscal en la UE que permite atribuir el saldo presupuestario de un país a dos tipos de factores: el automático, derivado de las variaciones de la actividad económica, y el discrecional, derivado de la política fiscal del gobierno.

»Recientemente, la Comisión Europea ha modificado la metodología de cálculo del saldo estructural para que su nuevo cómputo capte con mayor precisión el concepto correcto: el saldo estructural es el que se observaría si la economía estuviera en su nivel potencial. Hasta ahora, la metodología utilizada por los países de la UE, entre ellos España tal como figuraba en el anexo II de la Orden del Ministerio de Economía y Competitividad 2.741/2012, de 20 de diciembre, se basaba en el concepto de "sensibilidad" de las finanzas públicas al ciclo económico, lo que equivalía a expresar el saldo estructural en porcentaje del PIB observado en lugar del PIB potencial. La metodología revisada por la Comisión Europea implica sustituir el concepto de "sensibilidad" por el de "semi-elasticidad" en el cálculo del saldo presupuestario cíclico, a partir del cual se deriva el saldo estructural y sus componentes de ingresos y gastos. Es decir, formalmente, se pasa de la elasticidad que en una función $y = f(x)$, será igual al cociente de variaciones porcentuales de y y x ($\%\Delta y/\%\Delta x$) por la semi-elasticidad que es igual a $\%\Delta y/\%\Delta x$, es decir, la variación porcentual de y por unidad de aumento de x.

»Para descomponer el saldo presupuestario en sus componentes cíclico y estructural, siguiendo la metodología de la Comisión Europea, primero se obtiene la semi-elasticidad del conjunto de los ingresos y gastos públicos.

»La semi-elasticidad de los ingresos vendrá dada por la siguiente expresión:

$$\varepsilon_R = (\eta_R - 1)\frac{R}{Y} = \left(\Sigma_{i=1}^{5}\ \eta_{R,i}\ \frac{R_i}{R} - 1\right)\frac{R}{Y} \qquad [1]$$

»siendo εR la semi-elasticidad de los ingresos y ηR la elasticidad del nivel de ingresos que se obtiene como media ponderada de las elasticidades individuales respecto a la brecha de producción de las cinco categorías de ingresos ηR,i (IRPF, Impuesto de Sociedades, impuestos indirectos, cotizaciones sociales e ingresos no impositivos) utilizando como peso de cada uno de esos ingresos su participación en el conjunto de los ingresos (Ri /R). Se considera nula la elasticidad de los ingresos no impositivos dado que la influencia del ciclo económico sobre ellos no es significativa estadísticamente.

»La semi-elasticidad de los gastos (εG) será:

$$\varepsilon_G = (\eta_G - 1)\frac{G}{Y} = \left(\eta_{G,u}\ \frac{Gu}{G} - 1\right)\frac{G}{Y} \qquad [2]$$

perior a un año y no superior a diez, sin que resulten de aplicación las restricciones previstas en el apartado dos del artículo 14 de la Ley Orgánica 8/1980, de 22 de septiembre, de Financiación de las Comunidades Autónomas. Las operaciones que se concierten bajo esta excepción deberán ser autorizadas en cualquier caso por el Estado, quién apreciará si se dan las circunstancias previstas en esta disposición.

»siendo ηGu la elasticidad de la única categoría de gasto sensible al ciclo económico (gasto en prestaciones por desempleo) que, multiplicada por el peso del gasto en desempleo en el gasto total, se convierte en la elasticidad del gasto agregado ηG.

»Para obtener las semi-elasticidades de los ingresos y gastos respecto a la brecha de producción se les resta a las elasticidades la unidad y se multiplica el resultado por las ratios de ingresos-PIB $\left(\frac{R}{Y}\right)$ y de gastos-PIB $\left(\frac{G}{Y}\right)$, respectivamente, puesto que las variables fiscales suelen expresarse en porcentaje del PIB.

»Una vez obtenidas las semi-elasticidades de ingresos (εR) y gastos (εG) la semielasticidad del saldo presupuestario se obtendrá por diferencia:

$$\varepsilon = \varepsilon R - \varepsilon G \qquad [3]$$

»que multiplicada por la brecha de producción (OG) como porcentaje del PIB potencial dará el saldo cíclico en términos del PIB nominal:

$$\text{Saldo cíclico} = \varepsilon * OG \qquad [4]$$

»Finalmente, el saldo ajustado del ciclo se obtendrá restando el saldo cíclico del saldo observado:

$$\text{Saldo ajustado del ciclo} = \text{Saldo observado} - \varepsilon * OG \qquad [5]$$

»El paso al saldo estructural supone deducir del saldo ajustado del ciclo la diferencia entre ingresos y gastos no recurrentes, como pueden ser los derivados de un aumento de los impuestos para el que simultáneamente se anuncia su reducción o gastos como los asociados a una reestructuración bancaria:

$$\text{Saldo estructural} = \text{Saldo ajustado al ciclo} - (\text{ingresos no recurrentes} - \text{gastos no recurrentes}) \qquad [6]$$

»La Ley Orgánica 2/2012, de 27 de abril, de Estabilidad Presupuestaria y Sostenibilidad Financiera, establece que el cálculo del déficit estructural (y de otras variables no directamente observables) se base en la metodología utilizada por la Comisión Europea. Como parte de esa metodología, la Comisión Europea facilita los parámetros para el cálculo de las semi-elasticidades del saldo presupuestario respecto a la brecha de producción. En el cuadro 1 aparecen dichos parámetros para el caso de España y las operaciones necesarias para obtener el valor de 0,48 que los servicios de la Comisión Europea calculan para la semi-elasticidad del saldo público español. Dichas operaciones se deducen de las expresiones [1], [2] y [3].

CUADRO 1

Parámetros de España para el cálculo de las semi-elasticidades del saldo presupuestario respecto a la brecha de producción

Conceptos	[A] Elasticidades ingresos y gastos	[B] Pesos (%) (1)	[C] (A) x (B)	[D] Semi-elasticidades ingresos/PIB y Gastos/PIB (C)-1	[E] Pesos de ingresos y gastos totales (% PIB) (1)	[F] Semi-elasticidades de ingresos, gastos y saldo (D) x (E)
IRPF	1,92	19,55	0,38			
Impuesto de Sociedades	1,15	8,38	0,10			
Impuestos indirectos	1,00	28,91	0,29			
Cotizaciones sociales	0,68	34,57	0,24			
Ingresos no impositivos	0,00	8,59	0,00			
Total ingresos	1,00	100,00	1,00	0,00	38,14	0,00
Gastos de desempleo	–3,30	4,89	–0,16	–1,16	41,13	–0,48
Saldo presupuestario						0,48

(1) Media 2002-2011.
Fuentes: Economic paper 478 y Ministerio de Economía y Competitividad.

»En el caso de España, la Comisión Europea obtiene un resultado de una semi-elasticidad total de 0,48 que es la que se utilizará para calcular los saldos ajustados del ciclo mientras la Comisión Europea no modifique el período para el cálculo de las ponderaciones en el PIB de los distintos ingresos fiscales o la elasticidad de los distintos ingresos y gastos. Cuando alguno de los cambios anteriores tenga lugar, se actualizará este anexo.

»2. *Distribución del saldo cíclico del conjunto de las Administraciones Públicas españolas entre sus subsectores.*

»La Ley Orgánica 2/2012, de 27 de abril, encomienda al Ministerio de Economía y Competitividad la elaboración de un informe que contenga, entre otras informaciones, el saldo cíclico de las Administraciones Públicas distribuido entre sus subsectores.

»En este anexo se determina el procedimiento de cálculo del saldo cíclico de tres subsectores: la Administración Central (incluyendo la Seguridad Social), las Comunidades Autónomas y las Corporaciones Locales. La Seguridad Social se integra en la Administración Central porque el ciclo económico afecta conjuntamente al sector consolidado. Así, las prestaciones por desempleo, único gasto considerado cíclico en las metodologías de la UE y de la OCDE, pueden ser financiadas indistintamente por cotizaciones, impuestos o deuda del Estado.

»En esta metodología se opta por aplicar a cada tipo de impuesto las elasticidades que aplican la OCDE y la Comisión Europea a los impuestos españoles, por motivos de simplicidad, transparencia, y porque su comportamiento cíclico es independiente del subsector de la Administración Pública que finalmente recibe los ingresos.

»La metodología en este caso es similar a la descrita para el conjunto de las administraciones públicas del apartado 1 del presente Anexo (expresiones [1] y [2]), es decir, se calculan las elasticidades de los ingresos y gastos de cada subsector como media ponderada de las elasticidades de los componentes más sensibles a la evolución cíclica: impuestos, cotizaciones sociales y prestaciones por desempleo en la Administración Central, e impuestos en las Comunidades Autónomas y Corporaciones Locales. Para obtener las semielasticidades, a las elasticidades de los ingresos y gastos así calculadas se les resta la unidad y el resultado se multiplica por los pesos en el PIB nacional de los correspondientes ingresos y gastos de cada subsector, netos de transferencias entre administraciones públicas.

»Una vez calculada la semi-elasticidad presupuestaria de cada subsector por diferencia de las semi-elasticidades de ingresos y gastos, su producto por la brecha de producción dará la medida del saldo cíclico de cada subsector (expresión [4]). La brecha de producción que se utilizará en todos los casos será la calculada para la economía nacional en su conjunto.

»3. *Cálculo del saldo cíclico de cada Comunidad Autónoma y de las Corporaciones Locales.*

»La Ley Orgánica 2/2013, de 27 de abril, obliga a que ninguna Administración Pública incurra en déficit estructural lo que implica que el ejercicio metodológico de distribución del saldo cíclico (y estructural) entre las diferentes Administraciones Públicas no debe limitarse a la distribución de dichos saldos entre los tres subsectores analizados en el apartado anterior, sino que se trata de diseñar una metodología válida para todas y cada una de las Comunidades Autónomas españolas, lo que dificulta adicionalmente la tarea dado el elevado número de administraciones y las diferencias en sus estructuras de ingresos tanto entre ellas como en el tiempo (como consecuencia de las modificaciones del sistema de financiación autonómica).

»La aplicación concreta de la metodología descrita al caso de las Comunidades Autónomas consideradas individualmente suscita algunos interrogantes sobre el cálculo de las elasticidades de los impuestos de estas Administraciones Públicas y sobre la pertinencia de aplicar el ciclo económico nacional a cada una de las Comunidades Autónomas.

»A este respecto, cabe señalar que la estimación de las elasticidades de los impuestos de las Comunidades Autónomas, además de difícil por su corta e inestable evolución histórica, como consecuencia de los cambios del sistema de financiación autonómica a lo largo del tiempo (con frecuentes sustituciones de transferencias del Estado por impuestos), aumentaría extraordinariamente la complejidad del cálculo, sin obtener, a cambio, ganancias significativas de precisión. La sensibilidad cíclica de un determinado componente del gasto o del ingreso depende de su naturaleza y no del territorio en que se realice o se recaude. La existencia de algunas diferencias en la normativa tributaria por territorios no justifica la aplicación de diferentes elasticidades para tomarlas en consideración. En consecuencia, la distinta influencia del ciclo en las cuentas de una Administración o un subsector de la Administración Pública vendrá marcada por las diferentes estructuras de ingresos y gastos. Aquellas administraciones donde tengan un mayor peso las partidas más sensibles al ciclo, como por ejemplo el impuesto sobre la renta de las personas físicas, tendrán un saldo cíclico con mayores oscilaciones.

»Por otra parte, un cierto número de Comunidades Autónomas recibe transferencias del Fondo de Garantía cuya evolución está vinculada a los llamados Ingresos Tributarios del Estado

4.ª *Exclusión del ámbito de aplicación del apartado dos del artículo 8 de la Ley.*—Los mecanismos adicionales de financiación que se hayan habilitado o se habiliten por el Estado de conformidad con lo previsto en la disposición adicional primera con el fin de que las Comunidades Autónomas y las Corporaciones Locales hagan frente a las obligaciones pendientes de pago con sus proveedores, para financiar

---

que incluyen la recaudación del Estado por IRPF, IVA e Impuestos Especiales. La elasticidad respecto a la brecha de producción de esta cesta de impuestos es de 1,45.

»Por lo que se refiere a las elasticidades del gasto, cabe señalar que el único gasto que se considera cíclico en las metodologías de la UE y de la OCDE es el de las prestaciones por desempleo. Como las Comunidades Autónomas no realizan tal tipo de gasto, la sensibilidad cíclica del gasto de estas administraciones es inferior a la que tiene el sector consolidado de la Administración Central y Seguridad Social.

»En cuanto se refiere a la posible divergencia que pudiera existir entre el ciclo económico de cada una de las Comunidades Autónomas y el nacional, que exigiría una estimación separada para aquél, cabe señalar que la experiencia empírica disponible pone de manifiesto la existencia de un elevado grado de sincronía entre ambos ciclos y que, además, esta sincronía ha aumentado en los últimos años.

»En definitiva, en el cálculo del saldo cíclico de cada Comunidad Autónoma, por razones de la simplicidad y transparencia que debe poseer una regla fiscal, se utilizarán las mismas elasticidades y brecha de producción que a nivel nacional. Hay que recordar que en este anexo se analiza la metodología de cálculo de las semi-elasticidades cíclicas de cada Comunidad Autónoma, que constituye el primer paso para calcular el saldo cíclico, multiplicando dicha semi-elasticidad (que puede tomarse como fija durante un período más o menos prolongado de tiempo) por la brecha de producción que se calcule cada año.

»Las semi-elasticidades cíclicas de los ingresos y gastos de cada una de las Comunidades Autónomas se calcularán a partir de los datos de la ejecución presupuestaria de 2002 a 2011 en Contabilidad Nacional. Dentro de los ingresos, se considerarán, junto a los impuestos propios y cedidos, las transferencias recibidas del Estado y vinculadas al sistema de financiación autonómica. A estas transferencias se les atribuirá como elasticidad la que resulta de los impuestos del Estado que conforman los Ingresos Tributarios del Estado, es decir, 1,45. A efectos del cálculo de la sensibilidad cíclica del País Vasco se tomarán en cuenta los ingresos recaudados por las Diputaciones Forales de Álava, Guipúzcoa y Vizcaya.

»El saldo cíclico del conjunto de las Corporaciones Locales se calculará aplicando los mismos procedimientos descritos para las Comunidades Autónomas. A tal fin se utilizarán la brecha de producción nacional y las elasticidades de ingresos y gastos del cuadro 1 de este anexo.»

Disp. Trans. 4.ª: Redactada por el art. único.tres de la Ley Orgánica 4/2012, de 28 de septiembre, por la que se modifica la Ley Orgánica 2/2012, de 27 de abril, de Estabilidad Presupuestaria y Sostenibilidad Financiera (*BOE* n.º 235, de 29 de septiembre).

sus vencimientos de deuda o para dotar de liquidez a las Comunidades Autónomas, quedarán excluidos del ámbito de aplicación del apartado 2 del artículo 8 de esta Ley.

DISPOSICIÓN DEROGATORIA

Única. *Derogación de la Ley de Estabilidad.*—1. Queda derogada la Ley orgánica 5/2001, de 13 de diciembre, complementaria de la Ley General de Estabilidad Presupuestaria, así como el Texto Refundido de la Ley General de Estabilidad Presupuestaria, aprobado por Real Decreto Legislativo 2/2007, de 28 de diciembre.

2. Quedan derogadas cuantas disposiciones se opongan a lo previsto en esta Ley orgánica.

DISPOSICIONES FINALES

1.ª *Título competencial.*— La presente Ley Orgánica se aprueba en desarrollo del artículo 135 de la Constitución.

2.ª *Desarrollo normativo de la Ley.*—1. Se faculta al Consejo de Ministros en el ámbito de sus competencias, para dictar cuantas disposiciones reglamentarias sean necesarias para el desarrollo de la presente Ley, así como para acordar las medidas necesarias para garantizar la efectiva implantación de las previsiones de esta Ley. En particular, por Real Decreto del Consejo de Ministros se desarrollarán las condiciones y el procedimiento de retención de los importes a satisfacer por los recursos de los regímenes de financiación de las Comunidades Autónomas para pagar directamente a los proveedores, así como el resto de medidas necesarias para la aplicación de lo dispuesto en esta Ley en relación con la sostenibilidad de la deuda comercial.

Disp. Final 2.ª: Redactada por el art. 1.º de la Ley Orgánica 9/2013, de 20 de diciembre, de control de la deuda comercial en el sector público (*BOE* n.º 305, de 21 de diciembre).

2. Para hacer efectivo el cumplimiento del principio de transparencia, mediante Orden del Ministro de Hacienda y Administraciones Públicas, previo informe del Consejo de Política Fiscal y Financiera de las Comunidades Autónomas y de la Comisión Nacional de la Administración Local se determinarán los datos y documentos objeto de publicación periódica para conocimiento general, los plazos para su publicación, y el modo en que aquéllos hayan de publicarse.

3. Por Orden del Ministro de Hacienda y Administraciones Públicas, previo informe del Consejo de Política Fiscal y Financiera, se desarrollará la metodología de cálculo del período medio de pago a proveedores de las Administraciones Públicas conforme a criterios homogéneos y que tendrá en cuenta los pagos efectuados y las operaciones pendientes de pago.

4. Las normas de elaboración de los Presupuestos Generales del Estado así como de los escenarios presupuestarios plurianuales, se aprobarán por Orden del Ministro de Hacienda y Administraciones Públicas.

5. Las disposiciones reglamentarias dictadas por la Administración General del Estado en desarrollo de esta Ley que tengan el carácter de básicas, lo indicarán expresamente.

3.ª *Haciendas Forales.*—1. En virtud de su régimen foral, la aplicación a la Comunidad Foral de Navarra de lo dispuesto en esta Ley se llevará a cabo, según lo establecido en el artículo 64 de la Ley Orgánica de Reintegración y Amejoramiento del Régimen Foral de Navarra, conforme a lo dispuesto en el Convenio Económico entre el Estado y la Comunidad Foral de Navarra.

2. En virtud de su régimen foral, la aplicación a la Comunidad Autónoma del País Vasco de lo dispuesto en esta Ley, se entenderá sin perjuicio de lo dispuesto en la Ley del Concierto Económico.

4.ª *Modificación de la Ley Orgánica 8/1980, de 22 de septiembre, de Financiación de las Comunidades Autónomas.*—La Ley Orgánica 8/1980, de 22 de septiembre, de Financiación de las Comunidades Autónomas, queda modificada en los siguientes términos:

Uno. La letra *f)* del artículo undécimo queda redactada del siguiente modo:

«*f)* Los Impuestos Especiales de Fabricación, con carácter parcial con el límite máximo del 58 por 100 de cada uno de ellos, excepto el Impuesto sobre la Electricidad y el Impuesto sobre Hidrocarburos.»

Dos. La letra *j*) del artículo undécimo queda redactada del siguiente modo:

«*j*) El Impuesto sobre Hidrocarburos, con carácter parcial con el límite máximo del 58 por 100 para el tipo estatal general y en su totalidad para el tipo estatal especial y para el tipo autonómico.»

Tres. El apartado uno del artículo duodécimo queda redactado del siguiente modo:

«Uno. Las Comunidades Autónomas podrán establecer recargos sobre los tributos del Estado susceptibles de cesión, excepto en el Impuesto sobre Hidrocarburos. En el resto de Impuestos Especiales y en el Impuesto sobre el Valor Añadido únicamente podrán establecer recargos cuando tengan competencias normativas en materia de tipos de gravamen.»

Cuatro. La letra *g*) del apartado dos del artículo decimonoveno queda redactada del siguiente modo:

«*g*) En el Impuesto sobre Hidrocarburos, la regulación del tipo impositivo autonómico.»

Cinco. Se añade una disposición adicional séptima a la Ley Orgánica 8/1980, de 22 de septiembre, de Financiación de las Comunidades Autónomas, con la siguiente redacción:

«*Disposición adicional séptima. Integración del Impuesto sobre las Ventas Minoristas de Determinados Hidrocarburos en el Impuesto sobre Hidrocarburos.*—Como consecuencia de la integración del Impuesto sobre las Ventas Minoristas de Determinados Hidrocarburos en el Impuesto sobre Hidrocarburos, según el Acuerdo del Consejo de Política Fiscal y Financiera 3/2012, de 17 de enero, el tramo estatal de aquel impuesto queda sustituido por el tipo estatal especial del Impuesto sobre Hidrocarburos y el tramo autonómico del Impuesto sobre las Ventas Minoristas de Determinados Hidrocarburos queda sustituido por el tipo autonómico del Impuesto sobre Hidrocarburos.

»Todas las referencias normativas al Impuesto sobre las Ventas Minoristas de Determinados Hidrocarburos se entenderán realizadas al tipo estatal especial y al tipo autonómico del Impuesto sobre Hidrocarburos.»

Seis. Se añade una disposición adicional octava en la Ley Orgánica 8/1980, de 22 de septiembre, de Financiación de las Comunidades Autónomas con el siguiente texto:

«*Disposición adicional octava. Deducción o retención de recursos del sistema de financiación de las Comunidades Autónomas de régimen común y Ciudades con Estatuto de Autonomía.*—1. El Estado podrá deducir o retener de los importes satisfechos por todos los recursos del sistema de financiación de las Comunidades Autónomas de régimen común y Ciudades con Estatuto de Autonomía, las cantidades necesarias para hacer efectivas las garantías acordadas en el marco de las operaciones de crédito que se concierten por las Comunidades Autónomas y ciudades con estatuto de autonomía con el Instituto de Crédito Oficial o en aplicación de los mecanismos adicionales de financiación previstos en la Ley Orgánica de Estabilidad Presupuestaria y Sostenibilidad Financiera, siempre y cuando el mecanismo financiero aprobado por el Estado lo prevea.

»En el supuesto anterior el importe máximo deducido o retenido mensualmente no podrá exceder del 25 por 100 del líquido satisfecho por la entrega a cuenta o liquidación a favor de la Comunidad Autónoma o Ciudad con Estatuto de Autonomía.

2. Las deudas líquidas, vencidas y exigibles contraídas con la Hacienda Pública del Estado por las Comunidades Autónomas así como por las entidades de derecho público de ellas dependientes, por razón de los tributos cuya aplicación corresponde al Estado y por razón de las cotizaciones a la Seguridad Social, igualmente podrán ser objeto de deducción o retención sobre los importes satisfechos por todos los recursos del sistema de financiación, conforme al procedimiento actualmente previsto en la disposición adicional primera de la Ley 53/2002, de 30 de diciembre, de medidas fiscales, administrativas y del orden social, o en la norma estatal con rango de ley que lo regule.»

5.ª *Régimen de las Ciudades con Estatuto de Autonomía de Ceuta y Melilla.*—Las Ciudades con Estatuto de Autonomía de Ceuta y de Melilla se regirán en materia de estabilidad presupuestaria por las disposiciones contenidas en la presente Ley Orgánica que resulten de aplicación a las Corporaciones Locales, sin perjuicio de las especialidades que se deriven de su condición de miembros del Consejo de Política Fiscal y Financiera de las Comunidades Autónomas, y de que, a efectos de lo dispuesto en el artículo 13.5 de la presente norma, se deba considerar el régimen de endeudamiento que para las mismas se establece en sus respectivos Estatutos de Autonomía, teniendo carácter supletorio el Texto Refundido de la Ley Reguladora de las Haciendas Locales, aprobado por Real Decreto Legislativo 2/2004, de 5 de marzo.

6.ª El depósito a que se refiere el artículo 25.1, en el caso de las entidades locales será un 2,8 por 100 de los ingresos no financieros de las entidades locales.

7.ª *Entrada en vigor.*—La presente ley orgánica entrará en vigor el día siguiente al de su publicación en el *Boletín Oficial del Estado.*

No obstante, los límites previstos en los artículos 11 y 13 de esta Ley entrarán en vigor el 1 de enero de 2020.

La modificación de la Ley Orgánica 8/1980, de 22 de septiembre, de Financiación de las Comunidades Autónomas, prevista en los apartados Uno a Cinco de la disposición final cuarta, ambos inclusive, entrará en vigor el 1 de enero de 2013.

Los planes económico-financieros y de reequilibrio que hayan sido presentados durante el ejercicio 2012, así como los objetivos para 2012 fijados con arreglo a la anterior Ley, se regirán, en cuanto a su seguimiento y aplicación, por las disposiciones contenidas en la presente Ley.

§ I.3. REAL DECRETO 500/1990, DE 20 DE ABRIL, POR EL QUE SE DESARROLLA EL CAPÍTULO PRIMERO DEL TÍTULO SEXTO DE LA LEY 39/1988, DE 28 DE DICIEMBRE, REGULADORA DE LAS HACIENDAS LOCALES, EN MATERIA DE PRESUPUESTOS*

(*BOE* n.º 101, de 27 de abril; corrección de errores en *BOE* n.º 136, de 7 de junio)

La Ley 7/1985, de 2 de abril, Reguladora de las Bases de Régimen Local, dedicó su título VIII a tan sólo regular las líneas generales de un nuevo modelo de Hacienda local deducido del previsto por la Constitución Española de 1978.

En 1988, superados los impedimentos para llevar a cabo la regulación completa de la actividad financiera local, se promulgó la Ley 39, de 28 de diciembre, que, con carácter complementario de aquélla y con preceptos de la misma naturaleza, está constituida, de una parte, por la ordenación de un sistema financiero encaminado a la efectiva realización de los principios de autonomía y suficiencia financiera, y, de otra, por un conjunto de normas que configuran el régimen presupuestario y contable de los Entes locales, y que se plasman en su título VI.

La Ley 39/1988, en su artículo 148.1, encomienda al Ministerio de Economía y Hacienda el establecimiento, con carácter general, de la estructura de los Presupuestos de las Entidades locales; en el conjunto del articulado de su título VI obliga taxativamente al desarrollo reglamentario de aspectos diversos en materia presupuestaria y contable; y en el apartado I de la disposición

* La Disp. Adic. 1.ª del RD Legislativo 2/2004 (I.1) establece que las referencias normativas efectuadas en cualquier disposición a la Ley 39/1988 se entenderán efectuadas a los preceptos correspondientes del texto refundido. Como este Real Decreto incopora en su texto remisiones a artículos de la LRHL, hemos mantenido su texto original, y al pie se cita el artículo ahora correspondiente del TRLRHL.

final autoriza al Gobierno de la Nación para dictar cuantas disposiciones sean necesarias para su desarrollo y aplicación, desarrollo que, en relación con el contenido del título VI, y de acuerdo con lo dispuesto en la disposición transitoria octava habrá de realizarse en el plazo máximo de un año, contado a partir de la entrada en vigor de la repetida Ley.

Así como la estructura presupuestaria puede ser susceptible de aprobación por Orden ministerial, conforme a lo dispuesto por el artículo 148.1 de la Ley 39/1988, no ocurre lo mismo con los demás puntos en que ha de desarrollarse la materia presupuestaria de los Entes locales. Lo impide el artículo 97 de la Constitución, según el cual la potestad reglamentaria corresponde al Gobierno de la Nación.

En materia presupuestaria, única a la que hace referencia el presente Real Decreto, se ha optado por efectuar, a modo de «Reglamento Presupuestario», una regulación completa de toda ella y no tan sólo de los aspectos concretos que obligaba a desarrollar la Ley 39/1988. Con ello se consiguen distintas finalidades puesto que, de una parte, se da cumplimiento a las previsiones de la Ley, que impone el desarrollo reglamentario de determinadas cuestiones; de otra, se posibilita el desarrollo de otros aspectos presupuestarios respecto de los cuales se aprecia la necesidad de su definición, ampliación o explicación de su alcance, aunque su reglamentación no venga exigida por la Ley; y, por último, se evita la dispersión normativa al regularse en un texto único, incluso con repetición literal de los preceptos de la Ley, todos los aspectos presupuestarios, unidad que es especialmente importante tanto por la complejidad de la materia y la profunda reforma que en ella se introduce, como por la propia naturaleza y dispersión de los Entes locales.

En este sentido, conviene destacar que el Real Decreto está inspirado por tres notas o principios generales: El profundo respeto a la letra y al espíritu de la Ley 39/1988, muy en especial en lo que respecta al acercamiento del régimen presupuestario de las Entidades locales a los preceptos de la Ley General Presupuestaria, el ánimo didáctico en la redacción del articulado y la continua remisión a la autonomía y capacidad de autorregulación normativa de los Entes locales.

Obviamente, el respeto a la letra y al espíritu de la Ley es algo obligado que no precisa de aclaración o explicación alguna. En cuanto al ánimo didáctico, es consecuencia de la profundidad de la reforma que se produce en el ámbito presupuestario de los Entes locales, lo que ha llevado a introducir en el Real Decreto el máximo posible de definiciones y de aclaraciones aunque no constituyan propiamente preceptos imperativos. Finalmente, y en cuanto a la autorregulación normativa de los Entes locales, han sido muchos los aspectos en los que, después de definirse figuras presupuestarias y establecer unas normas mínimas, ya de obligado cumplimiento, ya de tipo supletorio, se declara la competencia de las distintas Entidades locales para el desarrollo de aquéllas. En tal sentido, adquieren una fuerza e importancia, que hasta ahora no tenían, las Bases de Ejecución del Presupuesto que se configuran, por su alcance y contenido, como auténticas normas presupuestarias propias aprobadas por las Corporaciones locales.

Finalmente, y por la importante modificación que supone con relación a la normativa hasta ahora existente, hay que destacar que los preceptos presupuestarios derivados de la Ley 7/1985, de 2 de abril, que han dado lugar a la Ley 39/1988, de 28 de diciembre, quedan materialmente desligados, a partir de ésta, de la normativa tanto tributaria como contable de los Entes locales. Si hasta diciembre de 1988, un Reglamento de Haciendas Locales, con su anexo de Instrucción de Contabilidad, constituía un texto reglamentario único, que incluía normativa reguladora de tributación, presupuestos y contabilidad de las Entidades locales, a partir de dicho momento y a nivel reglamentario, van a existir tres normativas diferenciadas aunque interrelacionadas en lo que proceda: La financiera y tributaria integrada por diversos e independientes preceptos para su armonización y desarrollo; la presupuestaria, formada por la Orden aprobatoria de la estructura de los Presupuestos y por el presente Real Decreto; y la contable, que va a ser objeto de regulación específica y separada.

En su virtud, al amparo de lo previsto en el apartado 1 de la disposición final de la Ley 39/1988, de 28 de diciembre (en lo sucesivo LRHL), previo informe favorable de la Comisión Nacional de Administración Local, de acuerdo con el Consejo de Estado, a propuesta del Ministro de Economía y Hacienda, y previa deliberación del Consejo de Ministros en su reunión del día 20 de abril de 1990, dispongo:

CAPÍTULO PRELIMINAR

ÁMBITO DE APLICACIÓN

Artículo 1.º Las normas de este Real Decreto, en los términos que en cada caso se establecen, serán aplicables:

a) A las Entidades locales a que se refiere el artículo 3.º de la Ley 7/1985, de 2 de abril, Reguladora de las Bases del Régimen Local.

b) A los Organismos autónomos dependientes de aquéllas.

c) A las Sociedades mercantiles cuyo capital social pertenezca total o mayoritariamente a la Entidad local.

CAPÍTULO PRIMERO

CONTENIDO Y APROBACIÓN DE LOS PRESUPUESTOS

SECCIÓN 1.ª

Contenido de los Presupuestos

Art. 2.º Los Presupuestos Generales de las Entidades locales constituyen la expresión cifrada, conjunta y sistemática de:

a) Las obligaciones que, como máximo, pueden reconocer la Entidad y sus Organismos autónomos, y los derechos que prevean liquidar durante el correspondiente ejercicio.

b) Las previsiones de ingresos y gastos de las Sociedades mercantiles cuyo capital social pertenezca íntegramente a la Entidad local correspondiente (art. 143 LRHL).

Art. 3.º El ejercicio presupuestario coincidirá con el año natural y a él se imputarán:

a) Los derechos liquidados en el mismo, cualquiera que sea el período de que se deriven [art. 144.*a*) LRHL]; y

b) Las obligaciones reconocidas durante el mismo [art. 144.*b*) LRHL].

Art. 4.º El Presupuesto general de la Entidad local incluirá la totalidad de los gastos e ingresos de la misma.

Art. 5.º Las Entidades locales elaborarán y aprobarán anualmente un Presupuesto General en el que se integrarán:

a) El Presupuesto de la propia Entidad [art. 145.1.*a*) LRHL].

b) Los de los Organismos autónomos dependientes de la misma [art. 145.1.*b*) LRHL].

Art. 2.º: Art. 162 TRLRHL (I.1).
Art. 3.º: Art. 163 TRLRHL (I.1).
Art. 5.º: Art. 164 TRLRHL (I.1).

c) Los estados de previsión de gastos e ingresos de las Sociedades mercantiles cuyo capital social pertenezca íntegramente a la Entidad local [art. 145.1.*c*) LRHL].

Art. 6.º Se integrarán en el Presupuesto de la propia Entidad los créditos de sus Órganos centralizados, de sus Órganos territoriales de gestión desconcentrada y de aquellos Órganos desconcentrados para la gestión de los servicios que carezcan de personalidad jurídica propia.

Art. 7.º 1. Los Organismos autónomos de las Entidades locales se clasifican, a efectos de su régimen presupuestario y contable, en la forma siguiente:

a) Organismos autónomos de carácter administrativo [art. 145.2.*a*) LRHL].

b) Organismos autónomos de carácter comercial, industrial, financiero o análogo [art. 145.2.*b*) LRHL].

2. Las normas de creación de cada Organismo autónomo deberán indicar expresamente el carácter del mismo, atendiendo a la naturaleza de las actividades que vaya a desarrollar.

Art. 8.º El Presupuesto General contendrá para cada uno de los presupuestos que en él se integren:

a) Los estados de gastos, en los que se incluirán, con la debida especificación, los créditos necesarios para atender al cumplimiento de las obligaciones [art. 146.1.*a*) LRHL].

b) Los estados de ingresos, en los que figurarán las estimaciones de los distintos recursos económicos a liquidar durante el ejercicio [art. 146.1.*b*) LRHL].

Art. 9.º 1. El Presupuesto General incluirá las bases de ejecución del mismo que contendrán, para cada ejercicio, la adaptación de las disposiciones generales en materia presupuestaria a la organización y circunstancias de la propia Entidad y de sus Organismos autónomos, así como aquellas otras necesarias para su acertada gestión, estableciendo cuantas prevenciones se consideren oportunas o convenientes para la mejor realización de los gastos y recaudación de los recursos, sin que se pueda modificar lo legislado para la administración económica ni comprender preceptos de orden administrativo que

Art. 7.º: Art. 164 TRLRHL (I.1).
Art. 8.º: Art. 165 TRLRHL (I.1).
Art. 9.º: Art. 165 TRLRHL (I.1).

requieran legalmente de procedimientos y solemnidades específicas distintas de lo preceptuado para el Presupuesto (art. 146.1 LRHL).

2. Las Entidades locales regularán, entre otras materias, en las bases de ejecución del Presupuesto lo siguiente:

a) Niveles de vinculación jurídica de los créditos.

b) Relación expresa y taxativa de los créditos que se declaren ampliables, con detalle de los recursos afectados.

c) Regulación de las transferencias de créditos, estableciendo, en cada caso, el órgano competente para autorizarlas.

d) Tramitación de los expedientes de ampliación y generación de créditos, así como de incorporación de remanentes de créditos.

e) Normas que regulen el procedimiento de ejecución del Presupuesto.

f) Desconcentraciones o delegaciones en materia de autorización y disposición de gastos, así como de reconocimiento y liquidación de obligaciones.

g) Documentos y requisitos que, de acuerdo con el tipo de gastos, justifiquen el reconocimiento de la obligación.

h) Forma en que los perceptores de subvenciones deban acreditar el encontrarse al corriente de sus obligaciones fiscales con la Entidad y justificar la aplicación de fondos recibidos.

i) Supuestos en los que puedan acumularse varias fases de ejecución del Presupuesto de gastos en un solo acto administrativo.

j) Normas que regulen la expedición de órdenes de pago a justificar y anticipos de caja fija.

k) Regulación de los compromisos de gastos plurianuales.

3. Las bases de ejecución del Presupuesto de cada ejercicio podrán remitirse a los Reglamentos o Normas de carácter general dictadas por el Pleno.

Art. 10. 1. Los recursos de la Entidad local y de cada uno de sus Organismos autónomos y Sociedades mercantiles se destinarán a satisfacer el conjunto de sus respectivas obligaciones, salvo en el caso de ingresos específicos afectados a fines determinados (art. 146.2 LRHL).

2. Sólo podrán afectarse a fines determinados aquellos

Art. 10: Art. 165 TRLRHL (I.1).

recursos que, por su naturaleza o condiciones específicas, tengan una relación objetiva y directa con el gasto a financiar, salvo en los supuestos expresamente establecidos en las Leyes.

Art. 11. 1. Los derechos liquidados y las obligaciones reconocidas se aplicarán a los Presupuestos por su importe íntegro, quedando prohibido atender obligaciones mediante minoración de los derechos a liquidar o ya ingresados, salvo que la Ley lo autorice de modo expreso (art. 146.3 LRHL).

2. Se exceptúan de lo anterior las devoluciones de ingresos que se declaren indebidos por Tribunal o Autoridad competente (art. 146.3 LRHL).

Art. 12. Se unirán como anexos al Presupuesto General:

a) Los programas anuales de actuación, inversiones y financiación de las Sociedades mercantiles de cuyo capital social sea titular único o partícipe mayoritario la Entidad local [art. 147.1.*b*) LRHL].

b) El estado de consolidación del Presupuesto de la propia Entidad con el de todos los Presupuestos y estados de previsión de sus Organismos autónomos y Sociedades mercantiles [art. 147.1.*c*) LRHL].

c) Los planes de inversión y sus programas de financiación que, en su caso y para un plazo de cuatro años, puedan formular los municipios y demás Entidades locales de ámbito supramunicipal.

Art. 13. 1. Los anexos a que se refieren los apartados *a*) y *b*) del artículo anterior se confeccionarán teniendo en cuenta lo que se dispone en los artícu-los 114 a 118 del presente Real Decreto.

2. El anexo a que se refiere el apartado *c*) del artículo anterior, que deberá coordinarse, en su caso, con el Programa de Actuación y Planes de Etapas de Planeamiento Urbanístico, recogerá la totalidad de los proyectos de inversión que se prevean realizar.

3. Los proyectos incluidos en el Plan de Inversiones se identificarán mediante el código que en aquél se les asigne y que no podrá ser alterado hasta su finalización.

4. Por cada proyecto deberá especificarse, como mínimo:

a) Código de identificación.

Art. 11: Art. 165 TRLRHL (I.1).

Art. 12: Art. 166 TRLRHL (I.1).

b) Denominación del proyecto.

c) Año de inicio y año de finalización previstos.

d) Importe total previsto.

e) Anualidad prevista para cada uno de los cuatro ejercicios.

f) Tipo de financiación, determinando si se financia con recursos generales o con ingresos afectados.

g) Previsible vinculación de los créditos asignados.

h) Órgano encargado de su gestión.

Art. 14. Los programas de financiación, que completarán los planes de inversión a que se refiere el artículo 12.*c*) anterior, contendrán:

a) La inversión prevista a realizar en cada uno de los cuatro ejercicios [art. 147.2.*a*) LRHL].

b) Los ingresos por subvenciones, contribuciones especiales, cargas de urbanización, recursos patrimoniales, y otros ingresos de capital que se prevean obtener en dichos ejercicios, así como una proyección del resto de los ingresos previstos en el citado período [art. 147.2.*b*) LRHL].

c) Las operaciones de crédito que resulten necesarias para completar la financiación, con indicación de los costes que vayan a generar [art. 147.2.*c*) LRHL].

Art. 15. De los Planes de Inversión y sus programas de financiación se dará cuenta, en su caso, al Pleno de la Corporación, coincidiendo con la aprobación del Presupuesto, debiendo ser objeto de revisión anual, añadiendo un nuevo ejercicio a sus previsiones (art. 147.3 LRHL).

Art. 16. 1. Cada uno de los Presupuestos que se integran en el Presupuesto General deberá aprobarse sin déficit inicial (art. 146.4 LRHL).

2. Asimismo, ninguno de los Presupuestos podrá presentar déficit a lo largo del ejercicio; en consecuencia todo incremento en los créditos presupuestarios o decremento en las previsiones de ingresos deberá ser compensado en el mismo acto en que se acuerde.

Art. 17. Corresponde al Ministerio de Economía y Hacienda establecer con carácter general la estructura de los

---

Art. 14: Art. 166 TRLRHL (I.1).
Art. 15: Art. 166 TRLRHL (I.1).
Art. 16: Art. 165.4 TRLRHL (I.1).
Art. 17: Art. 167 TRLRHL (I.1).

Presupuestos de las Entidades locales de acuerdo con los criterios que se establecen en el artículo 148 de la Ley 39/1988, de 28 de diciembre, teniendo en cuenta la naturaleza económica de los ingresos y de los gastos y las finalidades u objetivos que con estos últimos se propongan conseguir.

SECCIÓN 2.ª

Elaboración y aprobación del Presupuesto

Art. 18. 1. El Presupuesto de la Entidad local será formado por su Presidente y al mismo habrá de unirse, para su elevación al Pleno, la siguiente documentación:

a) Memoria suscrita por el Presidente explicativa de su contenido y de las principales modificaciones que presente en relación con el vigente.

b) Liquidación del Presupuesto del ejercicio anterior y avance de la del corriente, referida, al menos, a seis meses del mismo, suscritas, una y otro, por el Interventor y confeccionados conforme dispone la Instrucción de Contabilidad.

c) Anexo de personal de la Entidad local, en que se relacionen y valoren los puestos de trabajo existentes en la misma, de forma que se dé la oportuna correlación con los créditos para personal incluidos en el Presupuesto.

d) Anexo de las inversiones a realizar en el ejercicio, suscrito por el Presidente y debidamente codificado.

e) Un informe económico-financiero, en el que se expongan las bases utilizadas para la evaluación de los ingresos y de las operaciones de crédito previstas, la suficiencia de los créditos para atender el cumplimiento de las obligaciones exigibles y los gastos de funcionamiento de los servicios y, en consecuencia, la efectiva nivelación del Presupuesto [art. 149.1.*e*) LRHL].

En relación con las operaciones de crédito, se incluirá en el informe, además de su importe, el detalle de las características y condiciones financieras de todo orden en que se prevean concertar y se hará una especial referencia a la carga financiera que pese sobre la Entidad antes y después de su formalización.

2. El Presupuesto de cada uno de los Organismos autónomos integrantes del General, propuesto inicialmente por el órgano competente de

---

Art. 18: Art. 168 TRLRHL (I.1).

los mismos, será remitido a la Entidad local de la que dependan antes del 15 de septiembre de cada año, acompañado de la documentación detallada en el apartado anterior (art. 149.2 LRHL). Los Organismos autónomos de carácter comercial, industrial, financiero o análogo remitirán además en igual plazo y forma los estados de previsión establecidos en el artículo 106.

3. Las Sociedades mercantiles, cuyo capital pertenezcan íntegra o mayoritariamente a la Entidad local, remitirán a ésta antes del día 15 de septiembre de cada año, sus previsiones de gastos e ingresos, así como los programas anuales de actuación, inversiones y financiación, definidos en el artículo 112 y siguientes.

4. Sobre la base de los Presupuestos y estados de previsión a que se refieren los apartados anteriores, el Presidente de la Entidad formará el Presupuesto General y lo remitirá, informado por la Intervención y con los anexos y documentación complementaria detallada en el artículo 12 y en el presente artículo, al Pleno de la Corporación antes del día 15 de octubre para su aprobación inicial, enmienda o devolución.

La remisión a la Intervención se efectuará de forma que el Presupuesto, con todos sus anexos y documentación complementaria, pueda ser objeto de estudio durante un plazo no inferior a diez días e informado antes del 10 de octubre.

5. El acuerdo de aprobación, que será único, habrá de detallar los Presupuestos que integran el Presupuesto General no pudiendo aprobarse ninguno de ellos separadamente, salvo en el caso de los correspondientes a Organismos cuya creación tenga lugar una vez aprobado aquél.

Art. 19. El anexo de inversiones, integrado, en su caso, en el plan cuatrienal regulado por el artículo 12.*c*) del presente Real Decreto, recogerá la totalidad de los proyectos de inversión que se prevean realizar en el ejercicio y deberá especificar para cada uno de los proyectos:

a) Código de identificación.

b) Denominación de proyecto.

c) Año de inicio y año de finalización previstos.

d) Importe de la anualidad.

e) Tipo de financiación, determinando si se financia con recursos generales o con ingresos afectados.

f) Vinculación de los créditos asignados.

g) Órgano encargado de su gestión.

Art. 20. 1. El acto de aprobación provisional del Presupuesto General, señalando el lugar y fecha inicial del cómputo del plazo de exposición al público, se anunciará en el *Boletín Oficial* de la provincia o, en su caso, de la Comunidad Autónoma Uniprovincial, y simultáneamente se pondrá a disposición del público la correspondiente documentación por un plazo de quince días hábiles, durante los cuales los interesados podrán examinarlo y presentar reclamaciones ante el Pleno. El Presupuesto se considerará definitivamente aprobado si durante el citado período no se hubiesen presentado reclamaciones; en caso contrario, el Pleno dispondrá de un plazo de un mes para resolverlas.

Este último plazo se entenderá contado a partir del día siguiente a la finalización de la exposición al público y las reclamaciones se considerarán denegadas, en cualquier caso, si no se resolviesen en el acto de aprobación definitiva.

2. La aprobación definitiva del Presupuesto General por el Pleno de la Corporación habrá de realizarse antes del día 31 de diciembre del año anterior al del ejercicio en que deba aplicarse (art. 150.2 LRHL).

3. El Presupuesto General, definitivamente aprobado con o sin modificaciones sobre el inicial, será insertado en el *Boletín Oficial* de la Corporación, si lo tuviere y, resumido por capítulos de cada uno de los Presupuestos que lo integren, en el de la provincia o, en su caso, en el de la Comunidad Autónoma Uniprovincial (art. 150.3 LRHL).

4. Del Presupuesto General definitivamente aprobado se remitirá copia a la correspondiente Comunidad Autónoma y a la Dependencia del Ministerio de Economía y Hacienda que éste determine. La remisión se realizará simultáneamente al envio al *Boletín Oficial* a que se refiere el apartado anterior.

5. El Presupuesto entrará en vigor en el ejercicio correspondiente, una vez publicado en la forma prevista en el apartado 3 de este artículo (art. 150.5 LRHL).

6. Copia del Presupuesto de su documentación complementaria y de sus modificaciones deberá hallarse

Art. 20: Art. 169 TRLRHL (I.1).

a disposición del público, a efectos informativos, desde su aprobación definitiva hasta la finalización del ejercicio.

Art. 21. 1. Si al iniciarse el ejercicio económico no hubiese entrado en vigor el Presupuesto correspondiente, se considerará automáticamente prorrogado el del anterior hasta el límite global de sus créditos iniciales, como máximo.

2. En ningún caso tendrán singularmente la consideración de prorrogables las modificaciones de crédito ni los créditos destinados a servicios o programas que deban concluir en el ejercicio anterior o estén financiados con crédito u otros ingresos específicos o afectados que, exclusivamente, fueran a percibirse en dicho ejercicio.

3. En caso de que una vez ajustados a la baja los créditos iniciales del Presupuesto anterior en función de lo dispuesto en el párrafo precedente, se obtuviera un margen en relación con el límite global de los créditos iniciales de referencia, se podrán realizar ajustes al alza en los créditos del Presupuesto prorrogado cuando concurran simultáneamente las siguientes circunstancias:

a) Que existan compromisos firmes de gastos a realizar en el ejercicio corriente que correspondan a unas mayores cargas financieras anuales generadas por operaciones de crédito autorizadas en los ejercicios anteriores.

b) Que el margen de los créditos no incorporables, relativo a la dotación de servicios o programas que hayan concluido en el ejercicio inmediato anterior, permita realizar el ajuste correspondiente hasta alcanzar el límite global señalado, aunque sólo se puedan dotar parcialmente los mayores compromisos vinculados al reembolso de las operaciones de crédito correspondientes.

4. Igualmente se podrán acumular en la correspondiente resolución acuerdos sobre la incorporación de remanentes. En este caso, sin consideración del límite referido y siempre que la naturaleza del gasto y la situación del crédito disponible en el ejercicio finalizado, permitan proceder de acuerdo con lo previsto en los artículos 47 y 48 de este Real Decreto.

En cualquier caso, los ajustes de crédito determinados en los párrafos precedentes deberán ser objeto de imputación a las correspondientes partidas

---

Art. 21: Vid. apartado 2 de la Res. de 14 de septiembre de 2009 (I.6).

del Presupuesto prorrogado mediante resolución motivada dictada por el Presidente de la Corporación, previo informe del Interventor.

5. En tanto no se apruebe el Presupuesto definitivo, el prorrogado podrá ser objeto de cualquiera de las modificaciones previstas por la Ley.

6. El Presupuesto definitivo se aprobará con efectos de 1 de enero y los créditos en él incluidos tendrán la consideración de créditos iniciales. Las modificaciones y ajustes efectuados sobre el Presupuesto prorrogado se entenderán hechas sobre el Presupuesto definitivo, salvo que el Pleno disponga en el propio acuerdo de aprobación de este último que determinadas modificaciones o ajustes se consideran incluidas en los créditos iniciales, en cuyo caso deberán anularse los mismos.

7. Aprobado el Presupuesto definitivo, deberán efectuarse los ajustes necesarios para dar cobertura, en su caso, a las operaciones efectuadas durante la vigencia del Presupuesto prorrogado.

Art. 22. 1. A los efectos de lo dispuesto en el apartado 1 del artículo 20, tendrán la consideración de interesados:

a) Los habitantes en el territorio de la respectiva Entidad local [art. 151.1.*a*) LRHL].

b) Los que resulten directamente afectados, aunque no habiten en el territorio de la Entidad local [art. 151.1.*b*) LRHL].

c) Los Colegios Oficiales, Cámaras Oficiales, Sindicatos, Asociaciones y demás Entidades legalmente constituidas para velar por intereses profesionales o económicos y vecinales, cuando actúen en defensa de los que les son propios [art. 151.1.*c*) LRHL].

2. Únicamente podrán entablarse reclamaciones contra el Presupuesto:

a) Por no haberse ajustado su elaboración y aprobación a los trámites legales.

b) Por omitir el crédito necesario para el cumplimiento de obligaciones exigibles a la Entidad local, en virtud de precepto legal o de cualquier otro título legítimo [art. 151.2.*b*) LRHL].

c) Por ser de manifiesta insuficiencia los ingresos con relación a los gastos presupuestados o bien de éstos respecto a las necesidades para las que

---

Art. 22: Art. 170 TRLRHL (I.1).

estén previstos [art. 151.2.*c*) LRHL].

Art. 23. 1. Contra la aprobación definitiva del Presupuesto podrá interponerse directamente recurso contencioso-administrativo en la forma y plazos que establecen las normas de dicha jurisdicción (art. 152.1 LRHL).

2. El Tribunal de Cuentas, a requerimiento del Órgano judicial correspondiente, deberá informar previamente a la resolución del recurso cuando la impugnación afecte o se refiera a nivelación presupuestaria.

3. La interposición de recursos no suspenderá por sí sola la aplicación del presupuesto definitivamente aprobado por la Corporación (art. 152.3 LRHL).

CAPÍTULO II

DE LOS CRÉDITOS DEL PRESUPUESTO DE GASTOS

SECCIÓN 1.ª

Delimitación y situación de los créditos

Art. 24. Los créditos para gastos se destinarán exclusivamente a la finalidad específica para la cual hayan sido autorizados en el Presupuesto General de la Entidad local o por sus modificaciones debidamente aprobadas (art. 153.1 LRHL).

Art. 25. 1. Los créditos autorizados tienen carácter limitativo y vinculante (art. 153.2 LRHL).

2. No podrán adquirirse compromisos de gasto en cuantía superior al importe de los créditos autorizados en los estados de gastos, siendo nulos de pleno derecho los acuerdos, resoluciones y actos administrativos que infrinjan la expresada norma, sin perjuicio de las responsabilidades a que haya lugar (art. 154.5 LRHL).

3. El cumplimiento de las limitaciones expresadas en el párrafo anterior deberá verificarse al nivel en que se establezca en cada caso la vinculación jurídica de los créditos, conforme a lo previsto en el artículo 27 y siguientes del presente Real Decreto.

Art. 26. 1. Con cargo a los créditos del estado de gastos de cada Presupuesto sólo podrán contraerse obligacio-

Art. 23: Art. 171 TRLRHL (I.1).
Art. 24: Art. 172 TRLRHL (I.1).
Art. 25: Arts. 172 y 173 TRLRHL (I.1).
Art. 26: Art. 176 TRLRHL (I.1).

nes derivadas de adquisiciones, obras, servicios y demás prestaciones o gastos en general que se realicen en el año natural del propio ejercicio presupuestario (art. 157.1 LRHL).

2. No obstante lo dispuesto en el apartado anterior, se aplicarán a los créditos del Presupuesto vigente, en el momento de su reconocimiento, las obligaciones siguientes:

a) Las que resulten de la liquidación de atrasos a favor del personal que perciba sus retribuciones con cargo a los Presupuestos Generales de la Entidad local [art. 157.2.*a*) LRHL].

b) Las derivadas de compromisos de gastos debidamente adquiridos en ejercicios anteriores. En el supuesto establecido en el artículo 47.5 se requerirá la previa incorporación de los créditos correspondientes.

c) Las obligaciones procedentes de ejercicios anteriores a que se refiere el artículo 60.2 del presente Real Decreto.

Art. 27. 1. Con carácter general, los niveles de vinculación jurídica de los créditos serán los que vengan establecidos en cada momento por la legislación presupuestaria del Estado.

2. Los créditos que se declaren ampliables de acuerdo con lo establecido en el artículo 9.2.*d*), tendrán carácter de vinculantes al nivel de desagregación con que figuren en los estados de gastos del Presupuesto.

Art. 28. 1. En las bases de ejecución del Presupuesto se podrá establecer la vinculación de los créditos para gastos en los niveles de desarrollo funcional y económico que la Entidad local considere necesarios para su adecuada gestión.

2. Asimismo, en las bases de ejecución del Presupuesto se podrá establecer el carácter vinculante de los créditos en función de la clasificación orgánica en aquellas Entidades locales que hagan uso de la facultad contenida en el artículo 148.2 de la Ley 39/1988, Reguladora de las Haciendas Locales.

Art. 29. Las Entidades locales que hagan uso de la facultad recogida en el apartado 1 del artículo anterior deberán respetar, en todo caso, las siguientes limitaciones en cuanto a los niveles de vinculación:

Art. 28: Art. 167 TRLRHL (I.1).

a) Respecto de la clasificación funcional, el grupo de función.

b) Respecto de la clasificación económica, el capítulo.

Art. 30. 1. Los créditos consignados en el Presupuesto de gastos, así como los procedentes de las modificaciones presupuestarias a que se refiere el artículo 34 podrán encontrarse, con carácter general, en cualquiera de las tres situaciones siguientes:

a) Créditos disponibles.

b) Créditos retenidos pendientes de utilización.

c) Créditos no disponibles.

2. En principio, todos los créditos para gastos se encontrarán en la situación de créditos disponibles.

Art. 31. 1. Retención de crédito es el acto mediante el cual se expide, respecto al de una partida presupuestaria, certificación de existencia de saldo suficiente para la autorización de un gasto o de una transferencia de crédito, por una cuantía determinada, produciéndose por el mismo importe una reserva para dicho gasto o transferencia.

2. La verificación de la suficiencia del saldo de crédito antes citada deberá efectuarse:

a) En todo caso, al nivel a que esté establecida la vinculación jurídica del crédito.

b) En el caso de retenciones para transferencias de créditos a otras partidas presupuestarias, además de la indicada en el apartado anterior, al nivel de la propia partida presupuestaria contra la que se certifique.

Art. 32. 1. Los Órganos o Unidades que tengan a su cargo la gestión de los créditos y sean responsables de los programas de gasto podrán solicitar las certificaciones de existencia de crédito pertinentes, a los efectos de la tramitación de los expedientes de gasto.

En todo expediente de transferencia de crédito será requisito indispensable para su tramitación la previa certificación de la existencia de crédito suficiente en la partida presupuestaria que deba ceder crédito.

2. Corresponderá la expedición de certificaciones de existencia de crédito al Interventor.

Art. 33. 1. La no disponibilidad de crédito se deriva del acto mediente el cual se inmoviliza la totalidad o parte del saldo de crédito de una partida presupuestaria, declarándolo como no susceptible de utilización.

2. La declaración de no disponibilidad no supondrá la anulación del crédito, pero con cargo al saldo declarado no disponible no podrán acordarse autorizaciones de gastos ni transferencias y su importe no podrá ser incorporado al Presupuesto del ejercicio siguiente.

3. Corresponderá la declaración de no disponibilidad de créditos, así como su reposición a disponible, al Pleno de la Entidad.

SECCIÓN 2.ª

Modificaciones presupuestarias

Art. 34. Las modificaciones de crédito que podrán ser realizadas en los presupuestos de gastos de la Entidad y de sus Organismos autónomos son los siguientes:

a) Créditos extraordinarios.

b) Suplementos de créditos.

c) Ampliaciones de crédito.

d) Transferencias de crédito.

e) Generación de créditos por ingresos.

f) Incorporación de remanentes de crédito.

g) Bajas por anulación.

Art. 35. Los créditos extraordinarios son aquellas modificaciones del Presupuesto de gastos mediante los que se asigna crédito para la realización de un gasto específico y determinado que no puede demorarse hasta el ejercicio siguiente y para el que no existe crédito (art. 158.1 LRHL).

Los suplementos de créditos son aquellas modificaciones del Presupuesto de gastos en los que concurriendo las mismas circunstancias anteriores en relación con el gasto a realizar, el crédito previsto resulta insuficiente y no puede ser objeto de ampliación (art. 158.1 LRHL).

Art. 36. 1. Los créditos extraordinarios y suplementos de crédito, se podrán financiar indistintamente con alguno o algunos de los siguientes recursos:

a) Con cargo al Remanente Líquido de Tesorería, calculado de acuerdo con lo establecido en los artículos 101 a 104.

b) Con nuevos o mayores ingresos efectivamente recaudados sobre los totales pre-

---

Art. 35: Art. 177 TRLRHL (I.1).

Art. 36: Art. 177 TRLRHL (I.1).

vistos en algún concepto del Presupuesto corriente.

c) Mediante anulaciones o bajas de créditos de otras partidas del Presupuesto vigente no comprometidas, cuyas dotaciones se estimen reducibles sin perturbación del respectivo servicio.

2. Los créditos extraordinarios y los suplementos de crédito para gastos de inversión podrán financiarse, además de con los recursos indicados en el apartado anterior, con los procedentes de operaciones de crédito.

3. Siempre que se reconozca por el Pleno de la Entidad local la insuficiencia de otros medios de financiación, y con el quórum establecido por el artículo 47.3 de la Ley 7/1985, de 2 de abril, se considerarán recursos efectivamente disponibles para financiar nuevos o mayores gastos por operaciones corrientes que sean expresamente declarados necesarios y urgentes, los procedentes de operaciones de crédito en que se den conjuntamente las siguientes condiciones:

a) Que su importe total anual no supere el 5 por 100 de los recursos por operaciones corrientes del Presupuesto de la Entidad (art. 158.5 LRHL).

b) Que la carga financiera total de la Entidad, cualquiera que sea su naturaleza, incluida la derivada de las operaciones en tramitación, no supere el 25 por 100 de los expresados recursos (art. 158.5 LRHL).

c) Que las operaciones queden canceladas antes de que se proceda a la renovación de la Corporación que las concierte (art. 158.5 LRHL).

Art. 37. 1. Los expedientes de concesión de créditos extraordinarios y suplementos de crédito serán incoados, por orden del Presidente de la Corporación y, en su caso, de los Órganos competentes de los Organismos autónomos dependientes de la misma, en las unidades que tengan a su cargo la gestión de los créditos o sean responsables de los correspondientes programas.

2. A la propuesta se habrá de acompañar una Memoria justificativa de la necesidad de la medida que deberá precisar la clase de modificación a realizar, las partidas presupuestarias a las que afecta y los medios o recursos que han de financiarla, debiendo acreditarse:

a) El carácter específico y determinado del gasto a

Art. 37: Art. 177 TRLRHL (I.1).

realizar y la imposibilidad de demorarlo a ejercicios posteriores.

b) La inexistencia en el estado de gastos del presupuesto de crédito destinado a esa finalidad específica, en el caso de crédito extraordinario, o la insuficiencia del saldo de crédito no comprometido en la partida correspondiente, en caso de suplemento de crédito.

Dicha inexistencia o insuficiencia de crédito deberá verificarse en el nivel en que esté establecida la vinculación jurídica.

c) Si el medio de financiación se corresponde con nuevos o mayores ingresos sobre los previstos, que el resto de los ingresos vienen efectuándose con normalidad, salvo que aquéllos tengan carácter finalista.

d) La insuficiencia de los medios de financiación previstos en el artículo 36.1 en el caso de que se pretenda acudir a la financiación excepcional establecida por el artículo 158.5 de la Ley 39/1988, de 28 de diciembre.

3. La propuesta de modificación, previo informe de la Intervención, será sometida por el Presidente a la aprobación del Pleno de la Corporación (art. 158.2 LRHL).

Art. 38. 1. La aprobación de los expedientes por el Pleno se realizará con sujeción a los mismos trámites y requisitos que los Presupuestos, debiendo ser ejecutivos dentro del mismo ejercicio en que se autoricen.

2. En la tramitación de los expedientes de concesión de créditos extraordinarios y de los suplementos de crédito serán de aplicación las normas sobre información, reclamaciones y publicidad aplicables a la aprobación de los Presupuestos de la Entidad a que se refieren los artículos 20 y 22 (art. 158.2 LRHL).

3. Igualmente serán aplicables las normas referentes a los recursos contencioso-administrativos contra los Presupuestos de la Entidad a que se refiere el artículo 23.

4. Los Acuerdos de las Entidades locales que tengan por objeto la concesión de créditos extraordinarios o suplementos de crédito, en casos de calamidad pública o de naturaleza análoga, de excepcional interés general serán inmediatamente ejecutivos sin perjuicio de las reclamaciones que contra los mismos se promuevan. Dichas reclamaciones deberán sustanciarse dentro de los ocho días siguientes a su presentación,

---

Art. 38: Art. 177 TRLRHL (I.1).

entendiéndose denegadas de no notificarse su resolución al interesado dentro de dicho plazo (art. 158.6 LRHL).

Art. 39. 1. Ampliación de crédito es la modificación al alza del Presupuesto de gastos que se concreta en el aumento de crédito presupuestario en alguna de las partidas ampliables relacionadas expresa y taxativamente en las Bases de Ejecución del Presupuesto, previo cumplimiento de los requisitos exigidos en este artículo y en función de la efectividad de recursos afectados no procedentes de operaciones de crédito.

2. Únicamente pueden declararse ampliables aquellas partidas presupuestarias que correspondan a gastos financiados con recursos expresamente afectados (art. 159 LRHL).

3. En los expedientes de ampliación de crédito, cuya tramitación se regulará en las Bases de Ejecución del Presupuesto, habrán de especificarse los medios o recursos definidos en el apartado anterior que han de financiar el mayor gasto. Extremo que deberá acreditarse con el reconocimiento en firme de mayores derechos sobre los previstos en el Presupuesto de ingresos que se encuentren afectados al crédito que se pretende ampliar.

Art. 40. 1. Transferencia de crédito es aquella modificación del Presupuesto de gastos mediante la que, sin alterar la cuantía total del mismo, se imputa el importe total o parcial de un crédito a otras partidas presupuestarias con diferente vinculación jurídica.

2. Las Bases de Ejecución del Presupuesto deberán establecer el régimen de las transferencias de crédito y el órgano competente para autorizarlas en cada caso (art. 160.1 LRHL).

3. En todo caso la aprobación de las transferencias de crédito entre distintos grupos de función será competencia del Pleno de la Corporación, salvo cuando afecten a créditos de personal.

Art. 41. 1. Las transferencias de crédito de cualquier clase estarán sujetas a las siguientes limitaciones:

a) No afectarán a los créditos ampliables ni a los extraordinarios concedidos du-

---

Art. 39: Art. 178 TRLRHL (I.1).
Art. 40: Art. 179 TRLRHL (I.1).

Art. 41: Art. 180 TRLRHL (I.1).

rante el ejercicio [art. 161.1.*a*) LRHL].

b) No podrán minorarse los créditos que hayan sido incrementados con suplementos o transferencias, salvo cuando afecten a créditos de personal, ni los créditos incorporados como consecuencia de remanentes no comprometidos procedentes de Presupuestos cerrados [art. 161.1.*b*) LRHL].

c) No incrementarán créditos que, como consecuencia de otras transferencias, hayan sido objeto de minoración, salvo cuando afecten a créditos de personal [art. 161.1.*c*) LRHL].

2. Las anteriores limitaciones no afectarán a las transferencias de crédito que se refieran a los programas de imprevistos y funciones no clasificadas ni serán de aplicación cuando se trate de transferencias motivadas por reorganizaciones administrativas aprobadas por el Pleno (art. 161.2 LRHL).

Art. 42. 1. En la tramitación de los expedientes de transferencia de crédito, en cuanto sean aprobados por el Pleno, serán de aplicación las normas sobre información, reclamaciones y publicidad aplicables a la aprobación de los presupuestos de la Entidad a que se refieren los artículos 20 y 22 (art. 160.4 LRHL).

2. Igualmente, en tales casos, serán aplicables las normas sobre régimen de recursos contencioso-administrativos contra los presupuestos de la Entidad a que se refiere el artículo 23.

Art. 43. 1. Podrán generar crédito en los estados de gastos de los presupuestos los ingresos de naturaleza no tributaria derivados de las siguientes operaciones:

a) Aportaciones o compromisos firmes de aportación, de personas físicas o jurídicas para financiar, juntamente con la Entidad local o con alguno de sus Organismos autónomos, gastos que por su naturaleza estén comprendidos en los fines u objetivos de los mismos [art. 162.*a*) LRHL].

b) Enajenaciones de bienes de la Entidad local o de sus Organismos autónomos [art. 162.*b*) LRHL].

c) Prestación de servicios [art. 162.*c*) LRHL].

d) Reembolsos de préstamos [art. 162.*d*) LRHL].

e) Los importes procedentes de reintegros de pagos indebidos con cargo al presupuesto corriente, en cuanto a

---

Art. 42: Art. 180 TRLRHL (I.1).

Art. 43: Art. 181 TRLRHL (I.1).

la reposición de crédito en la correlativa partida presupuestaria.

2. En las bases de ejecución del presupuesto se regulará la tramitación de los expedientes de generación de créditos.

Art. 44. Para proceder a la generación de crédito será requisito indispensable:

a) En los supuestos establecidos en los apartados *a*) y *b*) del artículo anterior, el reconocimiento del derecho o a la existencia formal del compromiso firme de aportación.

b) En los supuestos establecidos en los apartados *c*) y *d*), el reconocimiento del derecho, si bien la disponibilidad de dichos créditos estará condicionada a la efectiva recaudación de los derechos.

c) En el supuesto de reintegros de presupuesto corriente, la efectividad del cobro del reintegro.

Art. 45. 1. El compromiso firme de ingreso a que se refieren los artículos anteriores es el acto por el que cualesquiera Entes o personas, públicas o privadas, se obligan, mediante un acuerdo o concierto con la Entidad local, a financiar total o parcialmente un gasto determinado de forma pura o condicionada.

Cumplidas por la Entidad local o el Organismo autónomo correspondiente las obligaciones que, en su caso, hubiese asumido en el acuerdo, el compromiso de ingreso dará lugar a un derecho de cobro exigible por la Entidad local o el Organismo correspondiente.

2. Las Entidades locales y sus Organismos autónomos podrán generar crédito en sus presupuestos de gastos hasta la cuantía del compromiso firme de ingreso o aportación, en la forma prevista en el artículo anterior.

Art. 46. Podrán formalizarse compromisos firmes de aportación que hayan de extenderse a ejercicios posteriores a aquel en que se concierten. Estos compromisos de ingreso serán objeto de adecuada e independiente contabilización, imputando secuencialmente los recursos al presupuesto de ingresos del año en que deban hacerse efectivos.

Art. 47. 1. No obstante lo dispuesto en el artículo 99 podrán ser incorporados a los correspondientes créditos de los presupuestos de gastos del ejercicio inmediato siguiente,

---

Art. 47: Art. 182 TRLRHL (I.1).

los remanentes de crédito no utilizados definidos en el artículo 98 procedentes de:

a) Los créditos extraordinarios y los suplementos de crédito, así como las transferencias de crédito que hayan sido concedidas o autorizados, respectivamente, en el último trimestre del ejercicio [art. 163.1.*a*) LRHL].

b) Los créditos que amparen compromisos de gasto del ejercicio anterior a que hace referencia el artículo 26.2.*b*) de este Real Decreto.

c) Los créditos por operaciones de capital [art. 163.1.*c*) LRHL].

d) Los créditos autorizados en función de la efectiva recaudación de los derechos afectados [art. 163.1.*d*) LRHL].

2. No serán incorporables los créditos declarados no disponibles ni los remanentes de créditos ya incorporados en el ejercicio precedente.

3. La tramitación de los expedientes de incorporación de créditos deberá regularse en las bases de ejecución del presupuesto.

4. Los remanentes incorporados, según lo previsto, en el apartado 1, podrán ser aplicados tan sólo dentro del ejercicio presupuestario al que la incorporación se acuerde y, en el supuesto del punto *a*) de dicho apartado, para los mismos gastos que motivaron en cada caso su concesión y autorización (art. 163.2 LRHL).

5. No obstante, los remanentes de crédito que amparen proyectos financiados con ingresos afectados deberán incorporarse obligatoriamente sin que les sean aplicables las reglas de limitación en el número de ejercicios, salvo que se desista total o parcialmente de iniciar o continuar la ejecución del gasto, o que se haga imposible su realización.

Art. 48. 1. La incorporación de remanentes de crédito quedará subordinada a la existencia de suficientes recursos financieros para ello (art. 163 LRHL).

2. A los efectos de incorporaciones de remanentes de crédito se considerarán recursos financieros:

a) El remanente líquido de Tesorería.

b) Nuevos o mayores ingresos recaudados sobre los totales previstos en el presupuesto corriente.

3. En el caso de incorporación de remanentes de créditos

Art. 48: Art. 182 TRLRHL (I.1).

para gastos con financiación afectada se considerarán recursos financieros suficientes:

a) Preferentemente, los excesos de financiación y los compromisos firmes de aportación afectados a los remanentes que se pretende incorporar.

b) En su defecto, los recursos genéricos recogidos en el apartado 2 de este artículo, en cuanto a la parte del gasto financiable, en su caso, con recursos no afectados.

Art. 49. Baja por anulación es la modificación del presupuesto de gastos que supone una disminución total o parcial en el crédito asignado a una partida del presupuesto.

Corresponderá al Pleno de la Entidad la aprobación de las bajas por anulación de créditos.

Art. 50. Puede darse por anulación cualquier crédito del presupuesto de gastos hasta la cuantía correspondiente al saldo de crédito siempre que dicha dotación se estime reducible o anulable sin perturbación del respectivo servicio.

Art. 51. Podrán dar lugar a una baja de créditos:

a) La financiación de remanentes de tesorería negativos.

b) La financiación de créditos extraordinarios y suplementos de crédito.

c) La ejecución de otros acuerdos del Pleno de la Entidad local.

CAPÍTULO III

EJECUCIÓN Y LIQUIDACIÓN

SECCIÓN 1.ª

Ejecución del Presupuesto de Gastos

Art. 52. La gestión de los presupuestos de gastos de las Entidades locales y de sus Organismos autónomos se realizará en las siguientes fases (art. 165.1 LRHL):

a) Autorización del gasto.

b) Disposición o compromiso del gasto.

c) Reconocimiento y liquidación de la obligación.

d) Ordenación del pago.

Art. 53. 1. Las Entidades locales establecerán en las bases de ejecución del presupuesto las normas que regulan el procedimiento de ejecución de los presupuestos de gastos en

---

Art. 52: Art. 184 TRLRHL (I.1).

el marco definido por las leyes y de acuerdo con lo previsto en el artículo 9.º del presente Real Decreto.

2. Sin perjuicio de lo establecido en el apartado 1 de este artículo, el Pleno de la Entidad local podrá aprobar Reglamentos o Normas generales que desarrollen los procedimientos de ejecución del presupuesto; en este supuesto no será necesario reiterar dichas normas en las bases de ejecución del presupuesto, bastando una remisión expresa a aquéllas.

Art. 54. 1. La autorización es el acto mediante el cual se acuerda la realización de un gasto determinado por una cuantía cierta o aproximada, reservando a tal fin la totalidad o parte de un crédito presupuestario.

2. La autorización constituye el inicio del procedimiento de ejecución del gasto, si bien no implica relaciones con terceros externos a la Entidad local.

Art. 55. 1. Dentro del importe de los créditos presupuestados corresponde la autorización de los gastos al Presidente o al Pleno de la Entidad, o a los órganos facultados para ello en los Estatutos de los Organismos autónomos de conformidad con la normativa vigente.

2. Las bases de ejecución del presupuesto para cada ejercicio recogerán las delegaciones o desconcentraciones que en materia de autorización de gastos se haya efectuado. En el supuesto de delegaciones o desconcentraciones con carácter permanente bastará una remisión expresa a éstas.

Art. 56. 1. La disposición o compromiso es el acto mediante el cual se acuerda, tras el cumplimiento de los trámites legalmente establecidos, la realización de gastos, previamente autorizados, por un importe exactamente determinado.

2. La disposición o compromiso es un acto con relevancia jurídica para con terceros, vinculando a la Entidad local a la realización de un gasto concreto y determinado tanto en su cuantía como en las condiciones de ejecución.

Art. 57. 1. Dentro del importe de los créditos autorizados corresponde la disposición de los gastos al Presidente o al Pleno de la Entidad o al Órgano facultado para ello en los correspondientes Estatutos, en el supuesto de los Organismos autónomos dependientes, de conformidad con la normativa vigente.

2. Las bases de ejecución del presupuesto para cada ejercicio recogerán las delegaciones o desconcentraciones que en materia de disposición o compromiso de gastos se hayan efectuado. En el supuesto de delegaciones o desconcentraciones con carácter permanente bastará una remisión expresa a éstas.

Art. 58. El reconocimiento y liquidación de la obligación es el acto mediante el cual se declara la existencia de un crédito exigible contra la Entidad derivado de un gasto autorizado y comprometido.

Art. 59. 1. Previamente al reconocimiento de las obligaciones habrá de acreditarse documentalmente ante el Órgano competente la realización de la prestación o el derecho del acreedor de conformidad con los acuerdos que en su día autorizaron y comprometieron el gasto.

2. Las Entidades locales establecerán, en las bases de ejecución del presupuesto, los documentos y requisitos que, de acuerdo con el tipo de gastos, justifiquen el reconocimiento de la obligación.

3. Igualmente establecerán la forma en que los perceptores de subvenciones acreditarán el encontrarse al corriente de sus obligaciones fiscales con la Entidad y justificarán la aplicación de los fondos recibidos.

Art. 60. 1. Corresponderá al Presidente de la Entidad local o al Órgano facultado estatutariamente para ello, en el caso de Organismos autónomos dependientes, el reconocimiento y la liquidación de obligaciones derivadas de los compromisos de gastos legalmente adquiridos (art. 166.2 y 4 LRHL).

2. Corresponderá al Pleno de la Entidad el reconocimiento extrajudicial de créditos, siempre que no exista dotación presupuestaria, operaciones especiales de crédito, o concesiones de quita y espera.

3. Las bases de ejecución del presupuesto para cada ejercicio recogerán las delegaciones o desconcentraciones que en materia de reconocimiento y liquidación de obligaciones se hayan efectuado. En el supuesto de delegaciones o desconcentraciones con carácter permanente bastará una remisión expresa a éstas.

Art. 61. La ordenación del pago es el acto mediante el cual el ordenador de pagos, en base a una obligación reconocida y liquidada, expide la correspondiente orden de pago contra la Tesorería de la Entidad.

Art. 62. 1. Competerán al Presidente de la Entidad local, o al Órgano que tenga estatutariamente atribuida la función en los Organismos autónomos dependientes las funciones de la ordenación de pagos (art. 167.1 y 4 LRHL).

2. El Presidente de la Entidad local podrá delegar el ejercicio de las funciones de la ordenación de pagos, de acuerdo con lo establecido en los artículos 21.3 y 34.2, de la Ley 7/1985, de 2 de abril.

Art. 63. 1. El Pleno de la Entidad local, a propuesta del Presidente, podrá crear una Unidad de Ordenación de Pagos que, bajo la superior autoridad de éste, ejerza las funciones administrativas de la ordenación de pagos (art. 167.2 LRHL).

Art. 64. El Pleno de las Entidades de más de 500.000 habitantes de derecho, a propuesta del Presidente, podrá crear una Unidad Central de Tesorería que, bajo la superior autoridad de éste, ejerza las funciones de la Ordenación de Pagos (art. 167.3 LRHL).

Art. 65. 1. La expedición de órdenes de pago se acomodará al plan de disposición de fondos, que se establezca, con la periodicidad y vigencia que el mismo determine, por el Presidente de la Entidad o por el órgano competente facultado para ello en el caso de Organismos autónomos dependientes.

2. El plan de disposición de fondos considerará aquellos factores que faciliten una eficiente y eficaz gestión de la Tesorería de la Entidad y recogerá necesariamente la prioridad de los gastos de personal y de las obligaciones contraídas en ejercicios anteriores (art. 168 LRHL).

Art. 66. 1. El acto administrativo de la ordenación se materializará en relaciones de órdenes de pago que recogerán, como mínimo y para cada una de las obligaciones en ellas incluidas, sus importes bruto y líquido, la identificación del acreedor y la aplicación o aplicaciones presupuestarias a que deban imputarse las operaciones.

2. Asimismo, la ordenación del pago puede efectuarse individualmente respecto de obligaciones específicas y concretas.

3. Cuando el reconocimiento de las obligaciones y

Art. 62: Art. 186 TRLRHL (I.1).
Art. 63: Art. 186 TRLRHL (I.1).
Art. 64: Art. 186 TRLRHL (I.1).
Art. 65: Art. 187 TRLRHL (I.1).

las órdenes de pago se imputen a las mismas partidas presupuestarias y obedezcan al cumplimiento de compromisos de igual naturaleza, la identificación de los acreedores y de los importes bruto y líquido podrá ser reflejada en relaciones adicionales, en base a las cuales se podrá proceder al pago individual de las respectivas obligaciones mediante transferencia de los fondos a las cuentas corrientes situadas en Bancos o Entidades financieras reseñadas por los interesados.

En este caso, en la orden de pago respectiva figurará como perceptor el Banco o Entidad financiera colaboradora encargada de ejecutar las órdenes de transferencia.

La orden de pago acumulada juntamente con las relaciones adicionales tendrán la misma eficacia en relación con los acreedores que las órdenes de pago singularizadas.

Art. 67. 1. Un mismo acto administrativo podrá abarcar más de una de las fases de ejecución del presupuesto de gastos enumeradas en el artículo 52, pudiéndose dar los siguientes casos:

a) Autorización-disposición.

b) Autorización-disposición-reconocimiento de la obligación.

2. El acto administrativo que acumule dos o más fases producirá los mismos efectos que si dicha fase se acordara en actos administrativos separados.

Art. 68. 1. Las Entidades locales deberán establecer en las bases de ejecución del presupuesto los supuestos en que, atendiendo a la naturaleza de los gastos y a criterios de economía y agilidad administrativa, se acumulen varias fases en un solo acto administrativo, de acuerdo con lo establecido en el artículo anterior.

2. En cualquier caso, el Órgano o la Autoridad que adopte el acuerdo deberá tener competencia, originaria, delegada o desconcentrada, para acordar todas y cada una de las fases que en aquél se incluyan.

Art. 69. 1. Tendrán el carácter de «a justificar» las órdenes de pago cuyos documentos justificativos no se puedan acompañar en el momento de su expedición (art. 171.1 LRHL).

2. Las órdenes de pago «a justificar» se expedirán en

Art. 69: Art. 190 TRLRHL (I.1).

base a resolución de la Autoridad competente para autorizar el gasto a que se refieran y se aplicarán a los correspondientes créditos presupuestarios.

3. La expedición de órdenes de pago «a justificar» habrá de acomodarse al plan de disposición de Fondos de la Tesorería que se establezca por el Presidente de la Entidad, salvo en el caso de que se trate de paliar las consecuencias de acontecimientos catastróficos, situaciones que supongan grave peligro o necesidades que afecten directamente a la seguridad pública.

Art. 70. 1. Los perceptores de las órdenes de pago a que se refiere el artículo anterior quedarán obligados a justificar la aplicación de las cantidades percibidas en el plazo máximo de tres meses desde la percepción de los correspondientes fondos (art. 171.2 LRHL).

2. Los perceptores de órdenes de pago «a justificar» estarán sujetos al régimen de responsabilidades que establece la normativa vigente y deberán reintegrar a la Entidad Local las cantidades no invertidas o no justificadas.

Art. 71. No podrán expedirse nuevas órdenes de pago «a justificar», por los mismos conceptos presupuestarios, a perceptores que tuvieran en su poder fondos pendientes de justificación (art. 171.2 LRHL).

Art. 72. 1. De acuerdo con lo previsto en el artículo 9.º, las Entidades Locales podrán establecer, en su caso, en las bases de ejecución del Presupuesto, previo informe de la Intervención, las normas que regulen la expedición de órdenes de pago a justificar con cargo a los Presupuestos de gastos y las formas de justificación posterior de la aplicación de los fondos librados mediante esta modalidad de provisión.

2. Las citadas normas deberán determinar necesariamente:

a) Forma de expedición y ejecución de las órdenes de pago «a justificar».
b) Situación y disposición de los fondos.
c) Pagos con fondos «a justificar».
d) Contabilidad y control.
e) Límites cuantitativos.
f) Conceptos presupuestarios a los que sean aplicables.

Art. 70: Art. 190 TRLRHL (I.1).

Art. 71: Art. 190 TRLRHL (I.1).

g) Régimen de las justificaciones.

3. Sin perjuicio de lo establecido en el punto 1 de este artículo las Entidades Locales podrán incluir la regulación de los pagos a justificar en los reglamentos o normas generales de ejecución del Presupuesto.

Art. 73. 1. Para las atenciones corrientes de carácter periódico o repetitivo, tales como dietas, gastos de locomoción, material de oficina no inventariable, conservación y otros de similares características, los fondos librados a justificar podrán tener el carácter de anticipos de caja fija (art. 171.3 LRHL).

2. Tendrán la consideración de anticipos de caja fija las provisiones de fondos de carácter no presupuestario y permanente que se realicen a pagadurías, cajas y habilitaciones para la atención inmediata y posterior aplicación al Presupuesto del año en que se realicen, de los gastos a que se refiere el apartado anterior.

3. Las provisiones en concepto de anticipos de caja fija se realizarán en base a una resolución dictada por la Autoridad competente para autorizar los pagos y se aplicarán inicialmente al concepto no presupuestario que, a tal objeto, se determine.

4. En ningún caso la cuantía global de los anticipos de caja fija podrá exceder de la cantidad que, a tal efecto, fije el Pleno de la Entidad.

Art. 74. 1. Los cajeros, pagadores y habilitados que reciban anticipos de caja fija, rendirán cuentas por los gastos atendidos con los mismos, a medida que sus necesidades de Tesorería aconsejen la reposición de los fondos utilizados, siempre de acuerdo con las normas que, a tal efecto, se dicten por el Pleno de la Entidad.

2. Las órdenes de pago de reposición de fondos se expedirán con aplicación a los conceptos presupuestarios a que correspondan las cantidades debidamente justificadas y por el importe de las mismas, previa prestación y aprobación por la Autoridad competente de las correspondientes cuentas.

3. Los fondos no invertidos que, en fin de ejercicio, se hallen en poder de los respectivos cajeros, pagadores o habilitados, se utilizarán por éstos, en el nuevo ejercicio, para las atenciones para las que el anticipo se concedió.

Art. 73: Art. 190 TRLRHL (I.1).

Art. 74: Art. 190 TRLRHL (I.1).

4. En cualquier caso, los perceptores de estos fondos quedarán obligados a justificar la aplicación de los percibidos a lo largo del ejercicio presupuestario en que se constituyó el anticipo, por lo que, al menos, en el mes de diciembre de cada año, habrán de rendir las cuentas a que se refiere el apartado 1 de este artículo (art. 171.3 LRHL).

Art. 75. 1. Las Entidades Locales podrán establecer en las bases de ejecución del Presupuesto, previo informe de la Intervención, las normas que regulen los anticipos de caja fija.

2. Las citadas normas deberán determinar, necesariamente:

a) Partidas presupuestarias cuyos gastos se podrán atender mediante anticipos de caja fija.

b) Límites cuantitativos.

c) Régimen de reposiciones.

d) Situación y disposición de los fondos.

e) Contabilidad y control.

3. Sin perjuicio de lo establecido en el apartado 1 de este artículo las Entidades Locales podrán incluir la regulación de los anticipos de caja fija en los reglamentos o normas generales de ejecución del Presupuesto.

Art. 76. Los anticipos de caja fija serán objeto del adecuado seguimiento contable.

Art. 77. 1. Tendrán la consideración de reintegros de Presupuesto corriente aquellos en los que el reconocimiento de la obligación, el pago material y el reintegro se produzcan en el mismo ejercicio presupuestario.

2. Tendrán la consideración de reintegros de ejercicios cerrados aquellos que se produzcan en ejercicio distinto de aquel en que se reconoció la obligación.

Art. 78. 1. Los reintegros de Presupuesto corriente podrán reponer crédito en la correspondiente cuantía [art. 162.*e*) LRHL].

2. Los reintegros de ejercicios cerrados constituyen un recurso del Presupuesto de ingresos de la Entidad local.

SECCIÓN 2.ª

Gastos de carácter plurianual

Art. 79. 1. Son gastos de carácter plurianual aquellos

Art. 78: Art. 181 TRLRHL (I.1).

Art. 79: Art. 174 TRLRHL (I.1).

que extienden sus efectos económicos a ejercicios posteriores a aquel en que se autoricen y comprometan.

2. La autorización y el compromiso de los gastos de carácter plurianual se subordinarán al crédito que para cada ejercicio se consigne en los respectivos Presupuestos (art. 155.1 LRHL).

Art. 80. 1. Podrán adquirirse compromisos de gastos con carácter plurianual siempre que su ejecución se inicie en el propio ejercicio y que, además, se encuentren en alguno de los casos siguientes (art. 155.2 LRHL):

a) Inversiones y transferencias de capital.

b) Contratos de suministros, de asistencia técnica y científica, de prestación de servicios, de ejecución de obras de mantenimiento y de arrendamiento de equipos que no puedan ser estipulados o resulten antieconómicos por un año.

c) Arrendamiento de bienes inmuebles.

d) Cargas financieras de las deudas de la Entidad local.

Art. 81. El número de ejercicios posteriores a que pueden aplicarse los gastos referidos en los apartados *a*) y *b*) del artículo anterior no será superior a cuatro (art. 155.3 LRHL).

Art. 82. 1. En el caso de inversiones y transferencias de capital el gasto que se impute a cada uno de los ejercicios futuros autorizados no podrá exceder de la cantidad que resulte de aplicar al crédito inicial correspondiente en el año en que se adquiera el compromiso en firme los siguientes porcentajes (art. 155.3 LRHL):

En el ejercicio inmediato siguiente, el 70 por 100.

En el segundo ejercicio, el 60 por 100.

En el tercer y cuarto ejercicio, el 50 por 100.

2. En los supuestos de créditos extraordinarios y suplementos de créditos, el Pleno de la Entidad local podrá acordar que los límites para gastos plurianuales se calculen sobre el importe del crédito extraordinario en el primer caso y sobre el importe del crédito inicial más el suplemento de crédito en el segundo.

3. Igualmente podrá el Pleno incrementar los límites citados cuando se trate de créditos modificados como consecuencia de reorganizaciones administrativas por él aprobadas.

Art. 80: Art. 174 TRLRHL (I.1).

Art. 81: Art. 174 TRLRHL (I.1).

4. La aplicación de los límites señalados en los apartados anteriores se efectuará teniendo en cuenta los niveles de vinculación jurídica de los créditos.

Art. 83. 1. Con independencia de lo establecido en el artículo anterior, para los programas y proyectos de inversión que taxativamente se especifiquen en las bases de ejecución del Presupuesto, podrán adquirirse compromisos de gastos plurianuales hasta el importe que para cada una de las anualidades se determine (art. 155.4 LRHL).

2. En cualquier caso, cuando los créditos presupuestarios se encuentren destinados en parte a la ejecución de anualidades de proyectos de inversión iniciados en ejercicios anteriores, los límites se calcularán una vez deducidas las anualidades correspondientes a estos últimos, salvo en el caso de que el compromiso procedente de ejercicios anteriores se refiera a la ejecución de la última de las anualidades autorizadas.

Art. 84. 1. En casos excepcionales el Pleno de la Entidad podrá ampliar el número de anualidades así como elevar los porcentajes a que se refiere el artículo 82 (art. 155.5 LRHL).

2. El Pleno de la Entidad podrá igualmente, a los efectos de facilitar su cálculo, fijar directamente el importe de los nuevos límites.

Art. 85. 1. La gestión de los gastos de carácter plurianual se realizará en las siguientes fases:

a) Autorización del gasto.

b) Disposición o compromiso del gasto.

2. El contenido y definición de ambas fases es el mismo que el de sus correlativas fases de ejecución en el ejercicio corriente y, con carácter general, serán simultáneas a éstas.

3. Las fases de autorización y disposición pueden acumularse en un solo acto administrativo.

Art. 86. Previamente a la autorización de gastos con imputación a ejercicio futuros, el Interventor deberá certificar que no se superan los límites cuantitativos regulados en el artículo 82, y, en su caso, 84.

Art. 87. Las certificaciones, autorizaciones y compromisos de gasto a que hacen referencia los artículos de

---

Art. 83: Art. 174 TRLRHL (I.1).

Art. 84: Art. 174 TRLRHL (I.1).

esta Sección serán objeto de una adecuada e independiente contabilización (art. 155.6 LRHL).

Art. 88. 1. Corresponde la autorización y disposición de los gastos plurianuales al Pleno de la Entidad.

2. El Pleno podrá delegar dicha competencia de acuerdo con la normativa vigente.

SECCIÓN 3.ª

Liquidación de los Presupuestos

Art. 89. 1. El cierre y liquidación de los Presupuestos de la Entidad local y de los Organismos autónomos de ella dependientes se efectuará, en cuanto a la recaudación de derechos y el pago de obligaciones, el 31 de diciembre del año natural (art. 172.1 LRHL).

2. La confección de los estados demostrativos de la liquidación del Presupuesto deberá realizarse antes del día primero de marzo del ejercicio siguiente (art. 172.3 LRHL).

Art. 90. 1. Corresponderá al Presidente de la Entidad local, previo informe de la Intervención, la aprobación de la liquidación del Presupuesto de la Entidad local y de las liquidaciones de los Presupuestos de los Organismos autónomos de ella dependientes (art. 172.3 LRHL).

2. De la liquidación de cada uno de los Presupuestos citados, una vez efectuada su aprobación, se dará cuenta al Pleno en la primera sesión que celebre (art. 174.4 LRHL).

Art. 91. Las Entidades locales remitirán copia de la liquidación de sus Presupuestos, antes de finalizar el mes de marzo del ejercicio siguiente al que corresponda, a la Comunidad Autónoma y al centro o Dependencia del Ministerio de Economía y Hacienda que éste determine (art. 174.5 LRHL).

Art. 92. 1. Los créditos para gastos que el último día del ejercicio presupuestario no estén afectados al cumplimiento de obligaciones ya reconocidas quedarán anulados de pleno derecho, sin más excepciones que las señaladas en el artículo 163 de la Ley 39/1988, de 28 de diciembre.

2. Los derechos liquidados pendientes de cobro y las obli-

Art. 87: Art. 174 TRLRHL (I.1).
Art. 89: Art. 191 TRLRHL (I.1).
Art. 90: Arts. 191 y 193 TRLRHL (I.1).
Art. 91: Art. 193 TRLRHL (I.1).
Art. 92: Art. 191 TRLRHL (I.1).

gaciones reconocidas pendientes de pago quedará a cargo de la Tesorería de la Entidad local (art. 172.1 LRHL).

Art. 93. 1. La Liquidación del Presupuesto pondrá de manifiesto:

a) Respecto del Presupuesto de gastos, y para cada partida presupuestaria, los créditos iniciales, sus modificaciones y los créditos definitivos, los gastos autorizados y comprometidos, las obligaciones reconocidas, los pagos ordenados y los pagos realizados.

b) Respecto del presupuesto de ingresos, y para cada concepto, las previsiones iniciales, sus modificaciones y las previsiones definitivas los derechos reconocidos y anulados así como los recaudados netos.

2. Como consecuencia de la liquidación del Presupuesto deberán determinarse:

a) Los derechos pendientes de cobro y las obligaciones pendientes de pago a 31 de diciembre.

b) El resultado presupuestario del ejercicio.

c) Los remanentes de crédito.

d) El remanente de Tesorería.

Art. 94. Los derechos pendientes de cobro y las obligaciones reconocidas pendientes de pago a 31 de diciembre integrarán la agrupación de Presupuestos cerrados y tendrán la consideración de operaciones de la Tesorería local.

Art. 95. 1. Sin perjuicio del carácter de los derechos y obligaciones de Presupuestos cerrados, las operaciones que les afecten deberán ser instrumentales, autorizadas y justificadas con los mismos requisitos exigidos para las operaciones aplicadas al Presupuesto corriente.

2. Las operaciones de la agrupación de Presupuestos cerrados será objeto de contabilidad independiente de la referida al Presupuesto corriente.

Art. 96. 1. El resultado de las operaciones presupuestarias del ejercicio vendrá determinado por la diferencia entre los derechos presupuestarios liquidados durante el ejercicio y las obligaciones presupuestarias reconocidas durante el mismo período.

2. A los efectos del cálculo del resultado presupuestario los derechos liquidados se to-

---

Art. 95: Vid. apartado 1 de la Res. de 14 de septiembre de 2009 (I.6).

marán por sus valores netos, es decir, derechos liquidados durante el ejercicio una vez deducidos aquellos que, por cualquier motivo, hubieran sido anulados.

3. Igualmente, las obligaciones reconocidas se tomarán por sus valores netos, es decir, obligaciones reconocidas durante el ejercicio una vez deducidas aquellas que, por cualquier motivo, hubieran sido anuladas.

Art. 97. El resultado presupuestario deberá, en su caso, ajustarse en función de las obligaciones financiadas con remanente de Tesorería y de las diferencias de financiación derivadas de gastos con financiación afectada.

Para los Organismos autónomos no administrativos, el ajuste se producirá, además, en función del resultado de operaciones comerciales.

Art. 98. 1. Los remanentes de crédito están constituidos por los saldos de créditos definitivos no afectados al cumplimiento de obligaciones reconocidas.

2. Integrarán los remanentes de crédito los siguientes componentes.

a) Los saldos de disposiciones, es decir, la diferencia entre los gastos dispuestos o comprometidos y las obligaciones reconocidas.

b) Los saldos de autorizaciones, es decir, las diferencias entre los gastos autorizados y los gastos comprometidos.

c) Los saldos de crédito, es decir, la suma de los créditos no disponibles y créditos retenidos pendientes de utilizar.

Art. 99. 1. Los remanentes de crédito sin más excepciones que las señaladas en el artículo 163 de la Ley 39/1988, de 28 de diciembre, quedarán anulados al cierre del ejercicio y, en consecuencia, no se podrán incorporar al Presupuesto del ejercicio siguiente.

2. Los remanentes de créditos no anulados podrán incorporarse al Presupuesto del ejercicio siguiente en los supuestos establecidos en el artículo 163 de la Ley 39/1988, de 28 de diciembre, y de acuerdo con lo previsto en el artículo 48 del presente Real Decreto, mediante la oportuna modificación presupuestaria y previa incoación de expedientes específicos en los que debe justificarse la existencia de suficientes recursos financieros.

Art. 99: Art. 182 TRLRHL (I.1).

3. En ningún caso serán incorporables los créditos declarados no disponibles ni los remanentes de créditos incorporados en el ejercicio que se liquida, sin perjuicio de la excepción prevista en el número 5 del artículo 47.

Art. 100. Se efectuará un seguimiento de los remanentes de crédito a los efectos de control de los expedientes de incorporación de los mismos.

Art. 101. 1. El remanente de Tesorería de la Entidad local estará integrado por los derechos pendientes de cobro, las obligaciones pendientes de pago y los fondos líquidos, todos ellos referidos a 31 de diciembre del ejercicio (art. 172.2 LRHL).

2. Los derechos pendientes de cobro comprenderán:

a) Derechos presupuestarios liquidados durante el ejercicio pendientes de cobro.

b) Derechos presupuestarios liquidados en ejercicios anteriores pendientes de cobro.

c) Los saldos de las cuentas de deudores no presupuestarios.

3. Las obligaciones pendientes de pago comprenderán:

a) Las obligaciones presupuestarias pendientes de pago reconocidas durante el ejercicio esté o no ordenado su pago.

b) Las obligaciones presupuestarias pendientes de pago, reconocidas en ejercicios anteriores, esté o no ordenado su pago.

c) Los saldos de las cuentas de acreedores no presupuestarios.

Art. 102. 1. En los supuestos de gastos con financiación afectada en los que los derechos afectados reconocidos superen a las obligaciones por aquellos financiadas, el remanente de Tesorería disponible para la financiación de gastos generales de la Entidad deberá minorarse en el exceso de financiación producido.

2. El citado exceso podrá financiar la incorporación de los remanentes de crédito correspondientes a los gastos con financiación afectada a que se imputan y, en su caso, las obligaciones devenidas a causa de la renuncia o imposibilidad de realizar total o parcialmente el gasto proyectado.

Art. 103. 1. El remanente de Tesorería se cuantificará de acuerdo con lo establecido en

---

Art. 101: Art. 191 TRLRHL (I.1).

Art. 103: Art. 191 TRLRHL (I.1).

los artículos anteriores, deducidos los derechos pendientes de cobro que se consideren de difícil o imposible recaudación (art. 172.2 LRHL).

2. La determinación de la cuantía de los derechos que se consideren de difícil o imposible recaudación podrá realizarse bien de forma individualizada, bien mediante la fijación de un porcentaje a tanto alzado.

3. Para determinar los derechos de difícil o imposible recaudación se deberán tener en cuenta la antigüedad de las deudas, el importe de las mismas, la naturaleza de los recursos de que se trate, los porcentajes de recaudación tanto en período voluntario como en vía ejecutiva y demás criterios de valoración que de forma ponderada se establezcan por la Entidad local.

4. En cualquier caso, la consideración de un derecho como de difícil o imposible recaudación no implicará su anulación ni producirá su baja en cuentas.

Art. 104. 1. Se entenderá por remanente de Tesorería inicial el obtenido una vez efectuadas las deducciones a que hacen referencias los artículos anteriores.

2. El remanente de Tesorería positivo constituye un recurso para la financiación de modificaciones de créditos en el presupuesto.

3. El remanente líquido de Tesorería será, en cada momento, el que resulte de deducir del remanente inicial las cuantías ya destinadas a financiar modificaciones de crédito.

4. En ningún caso el remanente de Tesorería formará parte de las previsiones iniciales de ingresos ni podrá financiar, en consecuencia, los créditos iniciales del presupuesto de gastos.

5. La utilización del remanente de Tesorería como recurso para la financiación de modificaciones de créditos no dará lugar ni al reconocimiento ni a la liquidación de derechos presupuestarios.

Art. 105. En caso de liquidación del presupuesto con un resultado negativo en el cálculo del remanente de Tesorería deberá procederse de acuerdo con lo establecido en el artículo 174, apartados 1, 2 y 3, de la Ley 39/1988, de 28 de diciembre.

Art. 105: Art. 193 TRLRHL (I.1).

CAPÍTULO IV

NORMAS ESPECÍFICAS

SECCIÓN 1.ª

Normas específicas complementarias para Organismos autónomos comerciales, industriales y financieros

Art. 106. A los presupuestos de los Organismos autónomos comerciales, industriales, financieros o análogos, se acompañarán los estados de previsión de:

a) La cuenta de explotación.

b) La cuenta resumen de operaciones comerciales.

c) El cuadro de financiación.

Art. 107. 1. El estado de previsión de la cuenta de explotación, elaborada de acuerdo con la normativa contable, incluirá los gastos e ingresos necesarios para el desarrollo de la actividad del Organismo.

2. En el Debe figurarán las previsiones de gastos de personal, de adquisición de bienes corrientes y servicios, los gastos financieros y las de transferencias, tanto corrientes como de capital. Figurarán además las existencias iniciales, las compras y gastos comerciales y las dotaciones del ejercicio para las amortizaciones y las provisiones.

3. En el Haber figurarán las previsiones de ingresos por impuestos directos e indirectos, tasas y precios públicos, transferencias corrientes recibidas, ingresos patrimoniales y otros ingresos corrientes. Figurarán además las existencias finales, las ventas y los ingresos comerciales.

4. El estado a que se refiere este artículo pondrá de manifiesto la previsión de beneficio o pérdida como resultado de la actividad del Organismo.

Art. 108. 1. En el estado de previsión de la cuenta resumen de operaciones comerciales se incluirán las estimaciones de todos los gastos e ingresos de dicha naturaleza. Recogerá en su Debe las compras y los gastos comerciales y en su Haber las ventas e ingresos comerciales. Su saldo mostrará el resultado que se prevé obtener por el Organismo en el desarrollo de su actividad comercial, excluyendo la imputación de costes de producción y de cualquier otra naturaleza, vinculados a actividades internas, en el caso de Organismos industriales.

2. El saldo de este estado de previsión se reflejará en el

presupuesto de ingresos, con signo positivo si se trata de saldo acreedor y con signo negativo si se trata de saldo deudor.

Art. 109. 1. Las previsiones figuradas en el Debe del estado de previsión de la cuenta-resumen de operaciones comerciales no tendrán en ningún caso la consideración de créditos presupuestarios y, por lo tanto, no serán ni limitativas ni vinculantes.

2. Los saldos de deudores y acreedores por operaciones comerciales, referidos a 31 de diciembre del ejercicio, se integrarán en el remanente de Tesorería.

3. El resultado de operaciones comerciales no dará lugar, en ningún caso, al reconocimiento y liquidación de derechos presupuestarios.

Art. 110. El cuadro de financiación anual, elaborado de acuerdo con la normativa contable, pondrá de manifiesto el origen y la cuantía prevista de las fuentes de financiación del Organismo y el empleo previsible de las mismas.

SECCIÓN 2.ª

Normas específicas para las Sociedades mercantiles

Art. 111. Las Sociedades mercantiles se regirán por las normas del derecho privado, salvo en las materias específicamente reguladas en este Real Decreto.

Art. 112. A efectos de lo dispuesto en el artículo 145.1.*c*) de la Ley 39/1988, los estados de previsión de gastos e ingresos de las Sociedades mercantiles serán los de:

a) La cuenta de explotación.

b) La cuenta de otros resultados.

c) La cuenta de pérdidas y ganancias.

d) El presupuesto de capital.

Art. 113. 1. Los estados de previsión de las cuentas de explotación, de otros resultados y de pérdidas y ganancias se elaborarán y presentarán de acuerdo con el Plan General de Contabilidad vigente para las

---

Art. 112: Art. 164 TRLRHL (I.1).

Art. 113: El PGC vigente fue aprobado por RD 1.514/2007, de 16 de noviembre (*BOE* del 20).

Empresas españolas o con sus adaptaciones sectoriales.

2. El presupuesto de capital de las Sociedades mercantiles, cuyo capital social pertenezca íntegramente a la Entidad local, estará formado por los documentos referidos en las letras *a*) y *b*) del artículo siguiente.

Art. 114. 1. Los programas anuales de actuación, inversiones y financiación de las Sociedades mercantiles a que se refiere el artículo 12 del presente Real Decreto comprenderán:

a) El estado de inversiones reales y financieras a efectuar durante el ejercicio.

b) El estado de las fuentes de financiación de las inversiones con especial referencia a las aportaciones a percibir de la Entidad local o de sus Organismos autónomos.

c) La relación de los objetivos a alcanzar y de las rentas que se esperan generar.

d) Memoria de las actividades que vayan a realizarse en el ejercicio.

SECCIÓN 3.ª

Normas específicas de consolidación

Art. 115. 1. Para efectuar la consolidación del presupuesto de la propia Entidad con el de todos los presupuestos y estados de previsión de sus Organismos y Sociedades mercantiles se procederá, con carácter general, del siguiente modo:

a) Deberán armonizarse, en su caso, los presupuestos de los Organismos autónomos y los estados de previsión de las Sociedades mercantiles con el presupuesto de la propia Entidad.

b) Deberá efectuarse la eliminación de las operaciones internas: Transferencias, subvenciones, aportaciones de capital o participaciones en beneficios y otras de similar naturaleza.

2. El estado de consolidación detallará las reclasificaciones que se hayan efectuado para armonizar las estructuras y las eliminaciones de operaciones internas.

Art. 116. La consolidación de los ingresos y gastos de la Entidad, de sus Organismos autónomos y de sus Sociedades mercantiles, se efectuará siguiendo el modelo de estructura presupuestaria establecida por el Ministerio de Economía y Hacienda para las Entidades locales.

Art. 117. 1. Se eliminarán de los estados de ingresos y gastos a que afectan las siguientes operaciones cuando se efectúen entre la Entidad, sus Organismos autónomos o sus Sociedades mercantiles:

a) Transferencias corrientes y de capital, cualquiera que sea su ubicación económica y su definición.

b) Gastos e ingresos derivados de cesiones de personal.

c) Compraventas de bienes corrientes o de capital.

d) Prestaciones de servicios.

e) Tributos locales y precios públicos o privados exigibles por las Entidades cuyos presupuestos se consoliden.

f) Otros ingresos y gastos de similar naturaleza.

Art. 118. 1. El estado de consolidación previsto en el artículo 147.1.*c*) de la Ley 39/1988, de 28 de diciembre se presentará, como mínimo, a nivel de grupo de función y capítulo.

2. Al estado de consolidación deberá obligatoriamente adjuntarse el desglose de las operaciones internas objeto de eliminación que se detallan en el artículo anterior.

DISPOSICIÓN TRANSITORIA

El Ministro de Economía y Hacienda podrá dictar, en relación con las liquidaciones de los presupuesto locales de los ejercicios 1989 y 1990, normas e instrucciones para su práctica, debiendo hacerlo necesariamente respecto a la liquidación del ejercicio 1991, a fin de que todas las Entidades locales, conforme dispone la disposición transitoria novena de la Ley 39/1988, de 28 de diciembre, puedan elaborar y ejecutar sus presupuestos de 1992 con criterios homogéneos que permitan el adecuado cumplimiento de cuanto al respecto se establece en el presente Real Decreto.

DISPOSICIONES FINALES

1.ª Se autoriza igualmente al Ministro de Economía y Hacienda para dictar las normas de desarrollo y aplicación de cuanto se establece en el presente Real Decreto.

2.ª El presente Real Decreto entrará en vigor el día siguiente al de su publicación en el *Boletín Oficial del Estado.*

No obstante, sus preceptos empezarán a aplicarse con carácter obligatorio a partir del día 1 de enero de 1992 para todas las Corporaciones, Entes y Sociedades a los que se hace referencia en el presente Real Decreto.

Art. 118: Art. 166 TRLRHL (I.1).

§ I.4. REAL DECRETO 1.463/2007, DE 2 DE NOVIEMBRE, POR EL QUE SE APRUEBA EL REGLAMENTO DE DESARROLLO DE LA LEY 18/2001, DE 12 DE DICIEMBRE, DE ESTABILIDAD PRESUPUESTARIA, EN SU APLICACIÓN A LAS ENTIDADES LOCALES*

(*BOE* n.º 264, de 3 de noviembre de 2007)

I

La disposición final cuarta de la Ley 15/2006, de 26 de mayo, de Reforma de la Ley 18/2001, de 12 de diciembre, General de Estabilidad Presupuestaria, establece la obligación del Gobierno de aprobar un reglamento de aplicación de la citada Ley 18/2001 a las entidades locales, que atienda a sus particularidades organizativas, funcionales y económico-financieras, así como a lo dispuesto en el texto refundido de la Ley reguladora de las Haciendas Locales, aprobado por Real Decreto Legislativo 2/2004, de 5 de marzo.

Aquella disposición final y las remisiones específicas que realiza el articulado de la Ley General de Estabilidad Presupuestaria fundamentan las normas contenidas en este reglamento.

II

Este real decreto consta de un artículo, una disposición adicional, una disposición derogatoria y cuatro disposiciones finales.

En virtud de su artículo único, se aprueba el Reglamento de la Ley General de Estabilidad Presupuestaria en su aplicación a las entidades locales.

La disposición adicional determina la aplicación del reglamento en el ámbito de las haciendas forales.

Las disposiciones finales recogen el carácter básico del presente real decreto, las facul-

* Este RD sólo será de aplicación en aquello que se pueda corresponder con lo dispuesto en la LOEPSF (I.2), que derogó la legislación que desarrolla precisamente este RD.

tades de desarrollo y ejecución, el procedimiento de modificación de los artículos 27, 29, 30 y 31, en cuanto disposiciones sobre remisión de información por las entidades locales, así como su entrada en vigor.

El texto que se aprueba está integrado por cuarenta y un artículos, agrupados en cinco títulos, y dos disposiciones adicionales.

El título I tiene por objeto identificar el sector público local regulando el Inventario de Entes del Sector Público Local, con el fin de desarrollar para dicho ámbito el artículo 2 de la Ley General de Estabilidad Presupuestaria.

El título II se refiere a la instrumentación del principio y al establecimiento del objetivo de estabilidad presupuestaria aplicable a las entidades locales, desarrollando los artículos 7, 8, 19 y 20 de la Ley. A estos efectos, se considera la diferenciación institucional que realizan los dos últimos preceptos citados de la ley, entre aquellos municipios, incluidos en el modelo de cesión de impuestos estatales, a los que se les podría aplicar el principio de estabilidad presupuestaria asociado al ciclo económico, y el resto de entidades locales.

En ese mismo título, y en relación con el primer grupo de entidades, se desarrollan las normas de la Ley General de Estabilidad Presupuestaria que regulan los programas destinados a atender actuaciones productivas que se podrán financiar parcialmente con déficit, dentro de los límites y condiciones que aquélla establece.

El título III regula las consecuencias del incumplimiento del objetivo de estabilidad presupuestaria y su interrelación con el régimen de autorización de operaciones de crédito y de emisión de deuda recogido en el artículo 53 del texto refundido de la Ley reguladora de las Haciendas Locales. El artículo 23 de la Ley General de Estabilidad Presupuestaria ha modificado parcialmente dicho régimen, ampliando los supuestos de autorización administrativa de las operaciones de endeudamiento para las entidades locales del artículo 111 del citado texto refundido de la Ley reguladora de las Haciendas Locales que hayan incumplido el objetivo de estabilidad. Estas entidades, si cuentan con un plan económico-financiero aprobado, deben someter a autorización administrativa la totalidad de sus operaciones de endeudamiento a largo plazo, estando sujetas también a autorización las de corto plazo en el caso de que no hayan presentado el plan o este no hubiera sido aprobado.

Asimismo, el título III regula el procedimiento de aprobación de los planes económico-financieros de reequilibrio para la corrección de las situaciones de incumplimiento del objetivo de estabilidad presupuestaria y su contenido y seguimiento por parte de la administración pública a la que corresponda la tutela financiera de las entidades locales que deban elaborarlos y presentarlos. Con las normas contenidas en este Título, el reglamento desarrolla los artículos 9, 10, 22 y 23 de la Ley General de Estabilidad Presupuestaria.

Por otra parte, la necesidad de disponer de información para realizar el seguimiento del cumplimiento de los objetivos de estabilidad presupuestaria, relativa a los presupuestos y sus liquidaciones para las entidades locales, exige disponer de una base de datos que centralice la información general precisa para llevar a cabo dicho seguimiento. Su formación y alcance, así como los plazos de remisión de la información por parte de las entidades locales, son objeto de tratamiento en el título IV, que define asimismo las relaciones interadministrativas de suministro de información, relevante a efectos de dar cumplimiento a los principios de transparencia y de estabilidad presupuestaria.

El título V desarrolla los artículos 24 de la Ley General de Estabilidad Presupuestaria y 55 del texto refundido de la Ley reguladora de las Haciendas Locales, ambos reguladores de la Central de Información de Riesgos de las Entidades Locales (CIR Local). La integración de este Título teniendo en cuenta las normas que lo fundamentan motiva la derogación del Real Decreto 1.438/2001, de 21 de diciembre, por el que se regulaba la mencionada Central de Información.

Finalmente, se incluyen dos disposiciones adicionales, la primera tratando de homogeneizar las referencias que se recogen en el reglamento a los diferentes órganos de gobierno de las entidades locales, recogiendo la segunda un mandato para la confirmación de la información contenida en la CIR-Local por parte de las entidades locales.

El presente real decreto ha recibido el informe favorable de la Comisión Nacional de Administración Local.

En su virtud, a propuesta del Ministro de Economía y Hacienda, con la aprobación previa de la Ministra de Administraciones Públicas, de acuerdo con el Consejo de Estado y previa deliberación del Consejo de Ministros en su reunión del día 2 de noviembre de 2007, dispongo:

Artículo único. *Aprobación del Reglamento de desarrollo de la Ley 18/2001, de 12 de diciembre, General de Estabilidad Presupuestaria, en su aplicación a las entidades locales.*—Se aprueba el Reglamento de desarrollo de la Ley 18/2001, de 12 de diciembre, General de Estabilidad Presupuestaria, en su aplicación a las entidades locales, cuyo texto se inserta a continuación.

DISPOSICIÓN ADICIONAL

Única. *Haciendas forales.*—1. En virtud de su régimen foral, la aplicación a la Comunidad Foral de Navarra de lo dispuesto en este real decreto se llevará a cabo, según lo establecido en el artículo 64 de la Ley Orgánica de Reintegración y Amejoramiento del Régimen Foral de Navarra, conforme a lo dispuesto en el Convenio Económico entre el Estado y la Comunidad Foral de Navarra.

2. En virtud de su régimen foral, la aplicación a la Comunidad Autónoma del País Vasco de lo dispuesto en este real decreto, se entenderá sin perjuicio de lo dispuesto en la Ley del Concierto Económico.

DISPOSICIÓN DEROGATORIA

Única. *Derogación normativa.*— A partir de la fecha de entrada en vigor de este real decreto, queda derogado el Real Decreto 1.438/2001, de 21 de diciembre, por el que se regula la Central de Información de Riesgos de las Entidades Locales (CIR Local).

DISPOSICIONES FINALES

1.ª *Carácter básico.*—1. El presente real decreto tiene carácter de norma básica de conformidad con lo dispuesto en las disposiciones finales segunda, apartado 1, y tercera de la Ley 18/2001, de 12 de diciembre, General de Estabilidad Presupuestaria.

2. El presente real decreto se dicta al amparo de lo dispuesto en los artículos 149.1.13.ª, 149.1.14.ª y 149.1.18.ª de la Constitución.

2.ª *Facultades de desarrollo y aplicación.*—Se autoriza al Ministro de Economía y Hacienda para dictar las normas que resulten necesarias para el desarrollo y la aplicación del presente real decreto.

3.ª *Modificación de las disposiciones sobre remisión*

de información.—De conformidad con lo establecido en el apartado 2 del artículo 21 de la Ley 18/2001, de 12 de diciembre, General de Estabilidad Presupuestaria, los artículos 27, 29, 30 y 31 del Reglamento, en cuanto concretan la información a suministrar, el procedimiento y el plazo de remisión de información por las entidades locales al Ministerio de Economía y Hacienda, podrán modificarse mediante orden del Ministro de Economía y Hacienda, previo informe de la Comisión Nacional de Administración Local.

4.ª *Entrada en vigor.*—El presente real decreto entrará en vigor el día siguiente al de su publicación en el *Boletín Oficial del Estado* y será aplicable a los Presupuestos cuya elaboración deba iniciarse a partir de la entrada en vigor de la Ley 15/2006, de 26 de mayo.

REGLAMENTO DE DESARROLLO DE LA LEY 18/2001, GENERAL DE ESTABILIDAD PRESUPUESTARIA, EN SU APLICACIÓN A LAS ENTIDADES LOCALES

TÍTULO PRIMERO

Inventario de Entes del Sector Público Local

Artículo 1.º *Inventario de entes del sector público local.*—1. El Ministerio de Economía y Hacienda, a través de la Dirección General de Coordinación Financiera con las Entidades Locales, formará y gestionará, a partir de la información contenida en la Base de Datos General de Entidades Locales regulada en el artículo 27 de este Reglamento, el Inventario de Entes del Sector Público Local.

2. El Inventario de Entes del Sector Público Local estará permanentemente actualizado y contendrá información suficiente sobre la naturaleza jurídica y fuentes de financiación de cada uno de los sujetos que aparecen en el mismo.

Art. 2.º *Alcance subjetivo del Inventario de Entes del Sector Público Local.*—1. A los efectos de lo dispuesto en este título, se consideran integrantes del Inventario de Entes del Sector Público Local:

a) Los ayuntamientos, diputaciones, consejos y cabildos insulares.

b) Los órganos de gobierno y administración de las áreas metropolitanas, las mancomunidades de municipios, las co-marcas u otras entidades que agrupen varios municipios y las entidades de ámbito territorial inferior al municipal, instituidas o reconocidas por las Comunidades Autónomas de conformidad con la Ley 7/1985, de 2 de abril, reguladora de las Bases de Régimen Local, y los correspondientes estatutos de autonomía.

c) Los organismos autónomos y entidades públicas empresariales vinculadas o dependientes de los sujetos enumerados en los apartados *a*) y *b*).

d) Las sociedades mercantiles en las que se dé alguna de las siguientes circunstancias:

Que la entidad local, sus entes dependientes, vinculados o participados por la misma, participen en su capital social, directa o indirectamente, de forma mayoritaria.

Que cualquier órgano, organismo o sociedad mercantil integrante o dependiente de la entidad local, disponga de derechos de voto mayoritarios en la sociedad, bien directamente, bien mediante acuerdos con otros socios de esta última.

Que cualquier órgano, organismo o sociedad mercantil integrante o dependiente de la entidad local, tenga derecho a nombrar o a destituir a la mayoría de los miembros de los órganos de gobierno de la sociedad, bien directamente, bien mediante acuerdos con otros socios de esta última.

Que el administrador único o la mayoría de los miembros del consejo de administración de la sociedad, hayan sido designados en su calidad de miembros o consejeros por la entidad local, organismo o sociedad mercantil dependientes de la entidad local.

e) Las instituciones sin ánimo de lucro que estén controladas o financiadas mayoritariamente por alguno o varios de los sujetos enumerados en este artículo.

f) Los consorcios que las entidades locales hayan podido constituir con otras administraciones públicas para fines de interés común o con entidades privadas que persigan fines de interés general, siempre que la participación de la o las entidades locales en dichos Consorcios sea mayoritaria, o bien que en caso de igualdad de participación con otras entidades que no sean de carácter local, se cumpla alguna de las siguientes características:

Que la o las entidades locales dispongan de mayoría de votos en los órganos de gobierno.

Que la o las entidades locales tengan facultades para nombrar o destituir a la mayoría de los miembros del órgano de gobierno.

g) Aquellos entes no incluidos en los párrafos anteriores, que se clasifiquen como agentes del sector público local por las instituciones con competencia en materia de contabilidad nacional citadas en el artículo 3.1 del presente reglamento.

2. A los efectos previstos en el párrafo *d)* del apartado 1, a los derechos de voto, nombramiento o destitución mencionados, se añadirán los que la entidad local, organismo o sociedad mercantil integrantes o dependientes de la entidad local, posea a través de otras sociedades.

Para la determinación del porcentaje de participación, en aquellos supuestos en que participen u ostenten derechos de voto, nombramiento o destitución varios sujetos de los enumerados en el apartado primero de este artículo, se sumarán los porcentajes de participación y disposición de derechos de todos ellos.

3. A los efectos previstos en los párrafos *e)* y *f)* del apartado 1, en caso de igualdad de participación, de aportación financiera y de derechos sociales, se atenderá al ámbito territorial donde se desarrolle la actuación objeto de dichas unidades institucionales.

Art. 3.º *Clasificación de agentes.*—1. El Instituto Nacional de Estadística, junto con la Intervención General de la Administración del Estado, como órganos competentes en la elaboración de las cuentas nacionales de las unidades que componen el sector de las Administraciones Públicas, y con la colaboración técnica del Banco de España, efectuarán la clasificación de los agentes del sector público local, a los efectos de su inclusión en las categorías previstas en el artículo 4.1 o en el artículo 4.2 del presente reglamento. Para este fin, se utilizará la información contenida en el Inventario de Entes del Sector Público Local y en la Base de Datos General de las Entidades Locales regulada en el artículo 27 de este reglamento, así como cualquier otra que sea necesaria y que se requiera al efecto.

2. La clasificación será notificada a las entidades locales concernidas y a la Dirección General de Coordinación Financiera con las Entidades Locales, a efectos de su anotación en el Inventario de Entes del Sector Público Local, y tendrá una vigencia de cinco años, coincidiendo con la du-

ración de las Bases de la Contabilidad Nacional, salvo que se produzca un cambio en el objeto social, una modificación sustancial de la actividad desarrollada o un cambio en las fuentes de financiación de alguno de los agentes, en cuyo caso se estudiará de nuevo su clasificación.

3. En todo caso, la Intervención General de la Administración del Estado podrá dirigirse a las entidades locales para recabar la información necesaria para la clasificación de sus entidades dependientes en las categorías previstas en los apartados 1 y 2 del artículo 4 del presente reglamento.

TÍTULO II

Instrumentación del principio y determinación del objetivo de estabilidad presupuestaria aplicables a las entidades locales

CAPÍTULO PRIMERO

Disposiciones generales

Art. 4.º *Instrumentación del principio de estabilidad presupuestaria.*—1. Las entidades locales, sus organismos autónomos y los entes públicos dependientes de aquéllas, que presten servicios o produzcan bienes no financiados mayoritariamente con ingresos comerciales, aprobarán, ejecutarán y liquidarán sus presupuestos consolidados ajustándose al principio de estabilidad definido en los apartados 1 y 3 del artículo 19 de la Ley General de Estabilidad Presupuestaria.

A los efectos anteriores, y en cuanto a la ejecución de presupuestos, se entenderá que se deberá ajustar al principio de estabilidad presupuestaria cualquier alteración de los presupuestos iniciales definitivamente aprobados de la entidad local y de sus organismos autónomos, y, en su caso, cualquier variación de la evolución de los negocios respecto de la previsión de ingresos y gastos de los entes públicos dependientes.

2. Las restantes entidades públicas empresariales, sociedades mercantiles y demás entes de derecho público dependientes de las entidades locales, aprobarán, ejecutarán y liquidarán sus respectivos

presupuestos o aprobarán sus respectivas cuentas de pérdidas y ganancias en situación de equilibrio financiero, de acuerdo con los criterios del plan de contabilidad que les sea de aplicación.

Art. 5.º *Procedimiento de instrumentación del principio de estabilidad presupuestaria de las entidades locales asociado al ciclo económico.*—1. Dentro de los dos primeros meses de cada año, las asociaciones de las entidades locales representadas en la Comisión Nacional de Administración Local podrán presentar a la misma una propuesta de los municipios que, estando incluidos en el ámbito subjetivo definido en el artículo 111 del texto refundido de la Ley reguladora de las Haciendas Locales, aprobado por Real Decreto Legislativo 2/2004, de 5 de marzo, ajustarán sus presupuestos, correspondientes a los tres ejercicios siguientes, al principio de estabilidad presupuestaria entendido como la situación de equilibrio o de superávit computada, a lo largo del ciclo económico, en términos de capacidad de financiación de acuerdo con la definición contenida en el Sistema Europeo de Cuentas Nacionales y Regionales.

2. En el caso de que se presente dicha propuesta, la Comisión Nacional de Administración Local determinará, dentro de los quince días hábiles siguientes a la conclusión del plazo citado en el apartado anterior, los municipios que ajustarán sus presupuestos al principio de estabilidad presupuestaria en los términos del artículo 19.1 de la Ley General de Estabilidad Presupuestaria.

3. De no recibirse en el plazo citado la propuesta anterior, salvo acuerdo del Gobierno, no será de aplicación a ninguna entidad local el principio de estabilidad presupuestaria entendido como la situación de equilibrio o de superávit a lo largo del ciclo económico. Dicha circunstancia se pondrá en conocimiento de la Comisión Nacional de Administración Local.

Art. 6.º *Fijación del objetivo de estabilidad presupuestaria.*—1. Antes de su aprobación por el Gobierno, la Comisión Nacional de Administración Local informará, en el plazo máximo de quince días hábiles a partir de la recepción de la propuesta del Ministerio de Economía y Ha-cienda, el objetivo de estabilidad presupuestaria referido a los tres ejercicios siguientes para el conjunto del sector público local, que se entenderá aplicable a cada una de las entidades locales en términos consolidados, considerando los entes del artículo 4.1 del presente reglamento.

2. El objetivo de estabilidad presupuestaria citado en el apartado anterior se identificará, con carácter general, con una situación de equilibrio o de superávit computado en términos de capacidad de financiación de acuerdo con la definición contenida en el Sistema Europeo de Cuentas Nacionales y Regionales, sin perjuicio de lo previsto en los artículos 7, 8 y 9 siguientes.

Art. 7.º *Informe de evaluación de la fase del ciclo económico.*—1. Con carácter previo a la determinación por el Gobierno del objetivo de estabilidad presupuestaria de los municipios a los que se refiere el artículo 5 de este Reglamento, la Comisión Nacional de Administración Lo-cal informará la propuesta del Ministerio de Economía y Hacienda relativa a la tasa de variación del Producto Interior Bruto nacional real que determine el umbral mínimo de crecimiento económico por debajo del cual las entidades locales citadas podrán excepcionalmente presentar déficit y el umbral máximo de crecimiento económico por encima del que deberán presentar superávit.

2. El informe citado de la Comisión Nacional de Administración Local se emitirá en la misma sesión a la que se refiere el artículo 5.2 de este reglamento.

3. A la propuesta del Ministerio de Economía y Hacienda citada en el artículo 6.1, se acompañará el informe al que se refiere el artículo 8.2 de la Ley General de Estabilidad Presupuestaria, relativo a la evaluación de la fase del ciclo económico prevista para cada uno de los años a los que se refiere la determinación del objetivo de estabilidad presupuestaria, con los efectos que se recogen en los dos artículos siguientes.

Art. 8.º *Objetivo de estabilidad presupuestaria: Superávit.*—1. Si el informe citado en el apartado 3 del artículo anterior prevé un crecimiento económico superior al umbral máximo de la tasa de variación citada en el apartado 1 de ese artículo, el objetivo de estabilidad de los municipios incluidos en el artículo 5 deberá ser de superávit. Dicho superávit se determinará de acuerdo con la definición de «capacidad de financiación» contenida en el Sistema Europeo de Cuentas Nacionales y Regionales.

2. El superávit presupuestario de los municipios incluidos en el artículo 5 deberá garantizar el cumplimiento del

objetivo de estabilidad y, en su caso, el previsto en el artículo 193.3 del texto refundido de la Ley reguladora de las Haciendas Locales.

Art. 9.º *Objetivo de estabilidad presupuestaria: Déficit.*—1. Si el informe citado en el apartado 3 del artículo 7 del presente reglamento prevé un crecimiento económico inferior al umbral mínimo de la tasa de variación citada en su apartado 1, el objetivo de estabilidad de los municipios incluidos en el artículo 5 de este reglamento podrá ser de déficit.

2. Teniendo en cuenta los datos referentes a las liquidaciones presupuestarias de los municipios incluidos en el artículo 5 de este reglamento suministrados por la Dirección General de Coordinación Financiera con las Entidades Locales, en el plazo establecido en el artículo 5.1 de este reglamento, las asociaciones de las entidades locales representadas en la Comisión Nacional de Administración Local podrán presentar una propuesta del porcentaje de los ingresos no financieros consolidados, correspondientes al ejercicio inmediato anterior, que determinará el límite máximo del déficit en el que podrá incurrir cada uno de aquellos municipios en términos consolidados, considerando los entes del artículo 4.1 del presente reglamento, en el ejercicio presupuestario de que se trate, y que, globalmente, no podrá superar el 0,05 por 100 del producto interior bruto nacional.

3. Sobre la citada propuesta, en el mismo plazo establecido en el artículo 5.2 de este reglamento, se pronunciará la Comisión Nacional de Administración Local.

4. De no formularse la propuesta del apartado 2 anterior, el Gobierno fijará el límite máximo del déficit, en porcentaje de ingresos no financieros consolidados, que será de aplicación a cada uno de los municipios incluidos en el ámbito del artículo 5, o, en su caso, establecerá en términos absolutos el límite de déficit en el que podrá incurrir cada entidad.

5. Para la aplicación efectiva de lo dispuesto en este artículo, los municipios incluidos en el artículo 5 de este reglamento deberán presentar a la Dirección General de Coordinación Financiera con las Entidades Locales, del Ministerio de Economía y Hacienda, una memoria plurianual acerca de la evolución prevista de los saldos presupuestarios corres-

pondientes a las operaciones no financieras, que deberá garantizar la estabilidad a lo largo del ciclo.

CAPÍTULO II

DÉFICIT ASOCIADO A PROGRAMAS DE INVERSIONES PRODUCTIVAS

Art. 10. *Ámbito subjetivo de aplicación del déficit.*—Con independencia del objetivo al que se refieren los artículos 8 y 9 anteriores, y con carácter excepcional, los municipios incluidos en el acuerdo citado en el artículo 5 de este reglamento podrán presentar un déficit adicional destinado exclusivamente a la financiación de incrementos de inversión en programas destinados a actuaciones productivas.

Art. 11. *Determinación de los programas de inversiones productivas.*—1. A los efectos del artículo anterior, se determinarán los programas destinados a atender actuaciones productivas de acuerdo con los criterios generales establecidos por la Comisión Nacional de Administración Local.

2. Los criterios anteriores se adecuarán, en su caso, a las peculiaridades de los municipios citados en el artículo 10 de este reglamento, a lo dispuesto en el artículo 7.6 de la Ley General de Estabilidad Presupuestaria y a lo que se acuerde, en su ámbito de actuación, por el Consejo de Política Fiscal y Financiera de las Comunidades Autónomas.

Art. 12. *Financiación con ahorro bruto de los programas de inversiones productivas.*—Los programas destinados a atender actuaciones productivas deberán ser financiados al menos en un 30 por 100 con ahorro bruto del municipio que los proponga. Esta magnitud se entenderá en términos consolidados, considerando los entes del artículo 4.1 del presente reglamento, y se medirá en términos de contabilidad nacional.

Art. 13. *Financiación de los programas de inversiones productivas mediante endeudamiento.*—1. Los programas destinados a atender actuaciones productivas podrán ser financiados como máximo en un 70 por 100 con endeudamiento financiero, dentro de los límites que establecen los artículos 7.5 y 19.2 de la Ley General de Estabilidad Presupuestaria.

2. Teniendo en cuenta los datos referentes a las liquidaciones presupuestarias de los municipios incluidos en el

artículo 5 de este Reglamento suministrados por la Dirección General de Coordinación Financiera con las Entidades Locales, en el plazo establecido en el artículo 5.1 de este reglamento, las asociaciones de las entidades locales representadas en la Comisión Nacional de Administración Local podrán presentar una propuesta del porcentaje de los ingresos no financieros consolidados, correspondientes al ejercicio inmediato anterior, que determinará el límite máximo del déficit en el que podrá incurrir cada uno de los municipios, en términos consolidados, citados en aquel precepto, y que, globalmente, no podrá superar el 0,05 por 100 del producto interior bruto nacional.

3. Sobre la citada propuesta, en el mismo plazo establecido en el artículo 5.2 de este reglamento, se pronunciará la Comisión Nacional de Administración Local.

4. De no formularse la propuesta del apartado 2 anterior, el Gobierno fijará el porcentaje de los ingresos no financieros consolidados, correspondientes al ejercicio inmediato anterior, que determinará el límite máximo del déficit en el que podrán incurrir cada uno de los municipios, o, en su caso, establecerá en términos absolutos el límite de déficit en el que podrá incurrir cada entidad. De dicho acuerdo se dará conocimiento a la Comisión Nacional de Administración Local.

Art. 14. *Autorización de los programas de inversiones productivas.*—1. Los programas destinados a atender actuaciones productivas deberán ser aprobados por el Pleno de la Corporación.

2. Los programas podrán tener carácter plurianual y deberán ajustarse a los criterios y límites a los que se refieren los artículos 11, 12 y 13 anteriores.

3. Para dar cumplimiento a lo establecido en el artículo 19.2 de la Ley General de Estabilidad Presupuestaria y en el presente reglamento, los programas de inversiones productivas serán presentados, en todo caso, en la Dirección General de Coordinación Financiera con las Entidades Locales para su autorización por el Ministerio de Economía y Hacienda.

Con independencia de la duración de los programas aprobados por la entidad local, la autorización del Ministerio de Economía y Hacienda tendrá carácter anual y efectos para el ejercicio presupuestario correspondiente.

4. La resolución que se dicte al efecto tendrá en cuen-

ta el régimen jurídico al que se refiere el apartado anterior y el artículo 53.2 del texto refundido de la Ley reguladora de las Haciendas Locales.

5. El Ministerio de Economía y Hacienda elaborará, al final de cada semestre natural, un informe relativo a los programas de inversiones presentados y a su autorización. Este informe se trasladará para conocimiento de la Comisión Nacional de Administración Local.

6. El Ministerio de Economía y Hacienda comunicará al órgano competente de la comunidad autónoma que ejerza la tutela financiera los programas de inversiones productivas que autorice.

TÍTULO III

Cumplimiento del objetivo de estabilidad presupuestaria

Art. 15. *Cumplimiento del objetivo de estabilidad.*—1. Se entenderá cumplido el objetivo de estabilidad cuando los presupuestos iniciales o, en su caso, modificados, y las liquidaciones presupuestarias de los sujetos comprendidos en el artículo 4.1 del presente reglamento, alcancen, una vez consolidados, y en términos de capacidad de financiación, de acuerdo con la definición contenida en el Sistema Europeo de Cuentas Nacionales y Regionales, el objetivo individual establecido para cada una de las entidades locales a las que se refiere el artículo 5 o el objetivo de equilibrio o superávit establecido para las restantes entidades locales, sin perjuicio de lo dispuesto, en su caso, en los planes económico-financieros aprobados y en vigor.

Lo indicado en el párrafo anterior será igualmente aplicable a los supuestos en los que, conforme el artículo 169.6 del texto refundido de la Ley reguladora de las Haciendas Locales, se considere prorrogado el presupuesto del ejercicio anterior.

2. En relación a las restantes entidades a las que se refiere el artículo 4.2 del presente reglamento, se entenderá cumplido el objetivo de estabilidad cuando, individualmente consideradas, aprueben, ejecuten y liquiden sus respectivos presupuestos o aprueben sus respectivas cuentas de pérdidas y ganancias en situación de equilibrio financiero.

Art. 16. *Evaluación del cumplimiento del objetivo de estabilidad.*—1. La evaluación del cumplimiento del objetivo de estabilidad de las entidades locales a las que se refiere el artículo 5 del presente reglamento, en cuanto a la liquidación del presupuesto o la aprobación de la cuenta general, corresponderá a la Intervención General de la Administración del Estado, que deberá pronunciarse en el plazo máximo de cuarenta y cinco días naturales a contar desde la recepción de la documentación completa. Sin perjuicio de la información que se detalla en el título IV de este reglamento, la Intervención General de la Administración del Estado podrá solicitar cualquier otra adicional para la evaluación de dicho cumplimiento.

El resultado de la evaluación será notificado, simultáneamente, a la entidad local y a la Dirección General de Coordinación Financiera con las Entidades Locales o al órgano competente de la comunidad autónoma que ejerza la tutela financiera; a estas últimas, a los efectos de requerimiento, en su caso, del plan económico financiero de reequilibrio que ha de elaborar la entidad local afectada de incumplimiento y que, en aplicación del artículo 22.2 de la Ley General de Estabilidad Presupuestaria, ha de ser aprobado por alguno de los órganos citados.

En cuanto al presupuesto inicial y, en su caso, sus modificaciones, la evaluación del cumplimiento del objetivo de estabilidad corresponderá a la Intervención local, en los mismos términos previstos en el apartado siguiente.

2. En las restantes entidades locales, la Intervención local elevará al Pleno un informe sobre el cumplimiento del objetivo de estabilidad de la propia entidad local y de sus organismos y entidades dependientes.

El informe se emitirá con carácter independiente y se incorporará a los previstos en los artículos 168.4, 177.2 y 191.3 del texto refundido de la Ley reguladora de las Haciendas Locales, referidos, respectivamente, a la aprobación del presupuesto general, a sus modificaciones y a su liquidación.

El Interventor local detallará en su informe los cálculos efectuados y los ajustes practicados sobre la base de los datos de los capítulos 1 a 9 de los estados de gastos e ingresos presupuestarios, en términos de Contabilidad Nacional, según el Sistema Europeo de Cuentas Nacionales y Regionales.

Asimismo, la Intervención de la entidad local elevará al Pleno informe sobre los estados financieros, una vez aprobados por el órgano competente, de cada una de las entidades dependientes del artículo 4.2 del presente reglamento.

Cuando el resultado de la evaluación sea de incumplimiento, la entidad local remitirá el informe correspondiente a la Dirección General de Coordinación Financiera con Entidades Locales o al órgano competente de la comunidad autónoma que ejerza la tutela financiera, en el plazo máximo de quince días hábiles, contados desde el conocimiento del Pleno.

Art. 17. *Informes sobre el cumplimiento del objetivo de estabilidad presupuestaria.*—1. El Ministerio de Economía y Hacienda elaborará el informe sobre el grado de cumplimiento del objetivo de estabilidad presupuestaria a que se refiere el artículo 9 de la Ley General de Estabilidad Presupuestaria, en la parte relativa a las entidades locales.

2. A efectos de la elaboración del citado informe, la Dirección General de Coordinación Financiera con las Entidades Locales suministrará a la Intervención General de la Administración del Estado, antes del 31 de mayo de cada año y en relación a las entidades locales incluidas en el ámbito del artículo 111 del texto refundido de la Ley reguladora de las Haciendas Locales, la información disponible para la evaluación del cumplimiento del objetivo de estabilidad presupuestaria, deducida de los planes económico financieros aprobados y en vigor en el ejercicio anterior.

La citada Dirección General comunicará asimismo, antes del 31 de mayo de cada año y en relación a todas las entidades locales, utilizando como fuente la Base de Datos de Presupuestos y Liquidaciones de Entidades Locales a que se refiere el artículo 28 del presente reglamento, la información recibida de las mismas contenida en el artículo 30.1 de este reglamento y, tan pronto esté disponible, la información a que se refieren los artículos 30.2 y 31.

3. Elaborado el informe por el Ministerio de Economía y Hacienda, se dará traslado, en la parte relativa a las entidades locales y antes de su elevación al Gobierno, a la Comisión Nacional de Administración Local.

Art. 18. *Riesgo de incumplimiento del objetivo de estabilidad presupuestaria.*—1. Con el fin de dar cumplimiento a lo dispuesto en el artículo 10.1 de la Ley General de Estabilidad Presupuestaria, la Dirección General de Coordinación Financiera con las Entidades Locales podrá iniciar un procedimiento de advertencia de riesgo de incumplimiento del objetivo de estabilidad presupuestaria de una entidad local, cuando ésta se encuentre en alguna de las siguientes situaciones:

a) Que no haya remitido dentro del plazo establecido la información citada en los artículos 29, 30 y 31 de este reglamento.

b) Que no haya remitido la información mensual recogida en el artículo 40.2.*c*) del presente reglamento de las variaciones que, en su caso, se produzcan en relación con las operaciones citadas en el artículo 36 de este reglamento, y la Dirección General de Coordinación Financiera con las Entidades Locales hubiera verificado en la información recibida del Banco de España la concertación de operaciones financieras no previstas en el presupuesto general vigente de la entidad local.

c) Que no haya remitido el informe anual, que se debe elaborar por la Intervención local y poner en conocimiento del Pleno de la corporación, relativo al cumplimiento del plan económico-financiero, en los términos del artículo 22.2 de este reglamento.

d) Cualquier otro hecho, acto u omisión que ponga de manifiesto un riesgo de incumplimiento del objetivo de estabilidad.

2. A los fines establecidos en este artículo, las comunidades autónomas que ejercen tutela financiera sobre las entidades locales de su territorio, remitirán a la Dirección General de Coordinación Financiera con las Entidades Locales, con periodicidad trimestral, un informe relativo a las entidades locales que se encuentren en las situaciones especificadas en los párrafos *b*), *c*) y *d*) del apartado 1 anterior, y que podrían dar lugar al inicio del procedimiento de advertencia de riesgo de incumplimiento del objetivo de estabilidad presupuestaria.

3. La Dirección General de Coordinación Financiera con las Entidades Locales notificará el inicio del procedimiento de advertencia de riesgo de incumplimiento del objetivo de estabilidad presupuestaria, con indicación de la situación que lo ha motivado, a la entidad local responsable, que dispondrá de un plazo de quince días hábiles a contar desde la recepción de dicha

comunicación, para presentar alegaciones, con conocimiento del Pleno de la corporación. En ese mismo plazo, se podrá, en su caso, corregir la situación que hubiera motivado el inicio del procedimiento.

4. Finalizado el plazo de alegaciones, la Dirección General de Coordinación Financiera con las Entidades Locales dictará propuesta de advertencia a la entidad local de riesgo de incumplimiento del objetivo de estabilidad presupuestaria o acordará el archivo de las actuaciones, lo que se notificará a la entidad local, y, en su caso, al órgano competente de la Comunidad Autónoma que ejerza la tutela financiera de las entidades locales. Cuando se formule propuesta de advertencia de riesgo de incumplimiento, se elevará al Ministro de Economía y Hacienda.

5. El Gobierno, a propuesta del Ministerio de Economía y Hacienda, podrá formular la advertencia a la entidad local responsable de la existencia de riesgo de incumplimiento del objetivo de estabilidad presupuestaria. Formulada dicha advertencia, se informará de la misma, a través del Ministerio de Economía y Hacienda y para su conocimiento, a la Comisión Nacional de Administración Local y, en su caso, al órgano competente de la comunidad autónoma que ejerza la tutela financiera.

Art. 19. *Plan económico-financiero.*—1. Procederá la elaboración de un plan económico-financiero cuando el resultado de la evaluación del objetivo de estabilidad presupuestaria efectuado por la Intervención General de la Administración del Estado o el realizado por la Intervención de la entidad local, en la forma establecida en el artículo 16 de este reglamento, sea de incumplimiento del objetivo individual establecido para cada una de las entidades locales a las que se refiere el artículo 5 o el objetivo de equilibrio o superávit establecido para las restantes entidades, salvo que el Gobierno, en aplicación del artículo 10.3 de la Ley General de Estabilidad Presupuestaria, proponga a la Comisión Nacional de Administración Local la no aplicación a la entidad local del plan de reequilibrio.

2. El plan económico-financiero se obtendrá como consolidación de los planes individuales de las entidades a las que se refiere el artículo 4.1 del presente reglamento, con una proyección temporal máxima para alcanzar el reequilibrio a tres años, contados a partir del inicio del año si-

guiente al que se ponga de manifiesto el desequilibrio.

Art. 20. *Contenido del Plan económico-financiero.*— El Plan económico-financiero contendrá como mínimo la siguiente información:

a) Relación de entidades dependientes, recogida en el artículo 2 de este reglamento, con mención expresa a la forma jurídica, participación total o parcial, directa o indirecta y delimitación sectorial de cada una de ellas de acuerdo con el Sistema Europeo de Cuentas Nacionales y Regionales.

b) El Informe de evaluación del incumplimiento del objetivo de estabilidad emitido por el órgano competente, recogido en el artículo 16 de este reglamento.

c) Información de ingresos y gastos, a nivel de capítulo, del presupuesto o, en su caso, de la liquidación presupuestaria aprobada con desequilibrio, y las proyecciones presupuestarias de ingresos y gastos del ejercicio o ejercicios posteriores hasta alcanzar el reequilibrio, con un máximo de tres años.

Las proyecciones presupuestarias incluirán, en su caso, las previsiones de inversión y su propuesta de financiación.

La información anterior se consolidará y contendrá el desglose individual que permita verificar la agregación de las diferentes entidades dependientes integradas y los correspondientes ajustes de consolidación.

Si la elaboración y aprobación del plan por el Pleno se hubiera realizado sin haberse efectuado la liquidación consolidada de las entidades dependientes, por darse la situación concreta referida en el apartado 2 del artículo siguiente, se omitirá la información correspondiente a la liquidación consolidada del año del incumplimiento.

d) Explicación individual de los ajustes practicados a las previsiones presupuestarias de ingresos y gastos, en cada uno de los años de vigencia del plan, al objeto de adecuar la información presupuestaria a los criterios establecidos en el Sistema Europeo de Cuentas Nacionales y Regionales, cuando resulte procedente.

e) Memoria explicativa de las variaciones interanuales en las previsiones de ingresos y gastos, con indicación de las actividades y medidas concretas a adoptar en cada ejercicio y los efectos económicos de las mismas en el propio ejercicio, y en los sucesivos hasta la finalización del plan.

f) La entidad local podrá completar la información anterior con otra relevante que, en su opinión, pueda tener incidencia en la consecución del reequilibrio.

Art. 21. *Aprobación de los planes económico-financieros por el Pleno.*—1. La aprobación del plan económico-financiero por el Pleno de la entidad local podrá efectuarse en la misma sesión que la correspondiente a la aprobación del presupuesto general o de las modificaciones al mismo que sean de su competencia, mediante acuerdo específico y separado del de aprobación del presupuesto, en el supuesto de que sea el propio presupuesto inicial o modificaciones posteriores las que incumplan el objetivo. En todo caso, el plazo máximo para la aprobación del plan es de tres meses a contar desde la aprobación del presupuesto general o sus modificaciones.

Se exceptúan de lo dispuesto en el párrafo anterior las modificaciones presupuestarias financiadas con remanente de tesorería para gastos generales, las cuales no precisarán de elaboración de Plan económico financiero hasta la liquidación del presupuesto, en su caso.

2. Practicada la liquidación del presupuesto, será condición suficiente que incumpla el objetivo de estabilidad alguna de las entidades a las que se refiere el artículo 2.1, párrafos *a*) o *b*), del presente reglamento, para que nazca la obligación de elaborar el plan, computándose el plazo máximo de tres meses para la aprobación del mismo por el Pleno, desde la fecha de aprobación de la liquidación del presupuesto de la referida entidad local.

Antes de la expiración del plazo de tres meses, las entidades a las que se refiere el párrafo anterior podrán solicitar a la Dirección General de Coordinación Financiera con las Entidades Locales o al órgano competente de la comunidad autónoma que ejerza la tutela financiera, prórroga de hasta tres meses adicionales, siempre que no se exceda la fecha de 31 de octubre, para la elaboración del plan económico-financiero, cuando quede acreditado documentalmente que de los avances de liquidación o liquidaciones ya practicadas al resto de entidades afectadas, pueda inducirse que una vez efectuada la consolidación se cumple con el objetivo de estabilidad.

Sin perjuicio de lo anterior, el Pleno dejará sin efecto el plan inicialmente aprobado si, efectuada la consolidación de las liquidaciones presupuestarias y estados financieros del grupo de entidades locales afectadas por el objetivo, el resultado de la evaluación a que se refiere el artículo 16 de este Reglamento fuera de cumplimiento del objetivo de estabilidad.

3. A los efectos de lo dispuesto en este artículo, las entidades locales que no estén incluidas en el ámbito del artículo 111 del texto refundido de la Ley reguladora de las Haciendas Locales, comunicarán a la Dirección General de Coordinación Financiera con las Entidades Locales o al órgano competente de la comunidad autónoma que ejerza la tutela financiera, los planes económico-financieros que hayan aprobado.

Art. 22. *Aprobación y seguimiento de los planes económico-financieros por el Ministerio de Economía y Hacienda y las comunidades autónomas con tutela financiera, en relación a las entidades locales del artículo 111 del texto refundido de la Ley reguladora de las Haciendas Locales.*—1. En aplicación del artículo 22 de la Ley General de Estabilidad Presupuestaria, las entidades locales incluidas en el ámbito del artículo 111 del texto refundido de la Ley reguladora de las Haciendas Locales que incumplan el objetivo de estabilidad, remitirán las propuestas de planes económico-financieros aprobados por sus respectivos plenos a la Dirección General de Coordinación Financiera con las entidades locales o, en su caso, al órgano competente de la Comunidad Autónoma que ejerza la tutela financiera, en el plazo máximo de quince días hábiles a contar desde la aprobación del Pleno.

Los citados órganos, previa revisión de la documentación recibida y sin perjuicio de solicitar las aclaraciones e información complementaria que consideren conveniente, serán los competentes para la aprobación del plan que, una vez efectuada, será notificada por escrito a la entidad local.

Al objeto de dar cumplimiento a lo dispuesto en el artículo 22.2 de la Ley General de Estabilidad Presupuestaria, los órganos competentes de las comunidades autónomas con tutela financiera trasladarán a la Dirección General de Coordinación Financiera con las Entidades Locales, un informe semestral en el que se relacionarán las entidades con planes aprobados y rechazados, un resumen del contenido de los planes aprobados y el informe de evaluación emitido por el órgano correspondiente del artículo 16 del presente reglamento.

2. La verificación del cumplimiento de los planes apro-

bados, durante su período de vigencia, se efectuará anualmente por la propia entidad local, a cuyo efecto la Intervención local emitirá informe anual relativo al cumplimiento del plan, en las diferentes fases de aprobación, ejecución o liquidación del presupuesto, que se pondrá en conocimiento del Pleno en la sesión informativa correspondiente.

De dicho informe, una vez conocido por el Pleno, se dará traslado a la Dirección General de Coordinación Financiera con las Entidades Locales o, en su caso, al órgano competente de la comunidad autónoma que ejerza la tutela financiera, a los efectos del seguimiento regulado en el mismo artículo 22 de la Ley General de Estabilidad Presupuestaria, en el plazo máximo de quince días hábiles.

El Pleno de la entidad local dejará sin efecto el plan económico-financiero que alcance el equilibrio en fase de liquidación, aunque no se haya agotado el horizonte temporal inicialmente previsto.

Art. 23. *Comunicación de los planes económico-financieros aprobados a la Comisión Nacional de Administración Local.*—La comunicación a la Comisión Nacional de Administración Local de los planes aprobados a que se refiere el artículo 22.3 de la Ley General de Estabilidad Presupuestaria, se efectuará por la Dirección General de Coordinación Financiera con las Entidades Locales.

La referida comunicación, que se efectuará con carácter semestral, comprenderá un resumen de los planes recibidos en la citada Dirección General, distinguiendo los aprobados por la misma o el órgano competente de la comunidad autónoma que ejerza la tutela financiera, los desestimados por alguno de los órganos anteriores y los que no necesitan aprobación por éstos.

Art. 24. *Incumplimiento del equilibrio financiero por las entidades del artículo 4.2 de este reglamento.*—1. Se considerará que las entidades comprendidas en el ámbito del artículo 4.2 del presente reglamento se encuentran en situación de desequilibrio financiero cuando, de acuerdo con los criterios del plan de contabilidad que les resulte aplicable, incurran en pérdidas cuyo saneamiento requiera la dotación de recursos no previstos en el escenario de estabilidad de la entidad del artículo 4.1 a quien corresponda aportarlos.

La situación de desequilibrio se deducirá tanto de los

estados de previsión de gastos e ingresos, como de sus cuentas anuales, y conllevará la elaboración, bajo la supervisión de los servicios competentes de la entidad local de la que dependan, de un plan de saneamiento para corregir el desequilibrio, entendiendo por tal que la entidad elimine pérdidas o aporte beneficios en el plazo de tres años.

2. Cuando se produzca la situación definida en el apartado anterior, las cuentas anuales de la entidad en desequilibrio se complementarán con un informe de corrección de desequilibrios a efectos de la Ley General de Estabilidad Presupuestaria, en el que se detallarán las medidas a adoptar en el futuro para corregirla y, una vez aprobadas por su junta general u órgano competente, se elevará al Pleno de la entidad local de la que depende, para conocimiento.

El plan de saneamiento previsto en el párrafo segundo del apartado anterior habrá de presentarse a la aprobación del Pleno de la entidad local de la que dependa, dentro del plazo de tres meses contados a partir de la fecha de aprobación de las cuentas por la junta general u órgano competente.

Aprobado por el Pleno, el plan de saneamiento se someterá a los mismos requisitos de aprobación y seguimiento establecidos para los planes económico-financieros de la correspondiente entidad local.

Art. 25. *Autorización de operaciones de endeudamiento a las entidades locales.*—1. Los expedientes de solicitud de autorización de endeudamiento tramitados ante la Dirección General de Coordinación Financiera con las Entidades Locales o el órgano competente de la Comunidad Autónoma que ejerza la tutela financiera, al amparo de lo establecido en el artículo 53 del texto refundido de la Ley reguladora de las Haciendas Locales, deberán incorporar los informes de evaluación sobre el cumplimiento del objetivo de estabilidad de la liquidación del presupuesto del ejercicio anterior y del presupuesto aprobado para el ejercicio corriente, emitidos por la Intervención General de la Administración del Estado o la Intervención local, en aplicación del artículo 16 de este reglamento.

La evaluación del presupuesto en vigor incluirá, además de las modificaciones, en su caso, ya aprobadas, la incidencia en el cumplimiento del objetivo de las modificaciones previsibles hasta final del ejercicio, no instrumentadas a la fecha, con especial referencia a las incorporaciones de crédito de ejercicios anteriores.

De las modificaciones al presupuesto en vigor, no comunicadas, que resulte preciso efectuar con posterioridad a la resolución del expediente de autorización de endeudamiento, por causas sobrevenidas o imprevisibles y que afecten al cumplimiento del objetivo de estabilidad, se dará cuenta, previamente a su tramitación, al órgano competente para la misma, adjuntando el correspondiente informe de evaluación.

2. Si el informe de evaluación es de incumplimiento en alguno de los dos ejercicios, el anterior o el corriente, además de la información anterior, la solicitud deberá incorporar el plan económico-financiero aprobado por el Pleno, compatible con las medidas de saneamiento que procedan para corregir el remanente de tesorería para gastos generales o el ahorro neto cuando resulten negativos, si se diera alguno o los dos supuestos, en los términos establecidos para cada uno de los casos en el texto refundido de la Ley reguladora de las Haciendas Locales.

3. Si la entidad local ya dispusiera de un plan económico-financiero en vigor, la Intervención local deberá emitir un informe de verificación del cumplimiento del plan en relación al ejercicio anterior y al presupuesto corriente, que se elevará al Pleno y se adjuntará al expediente junto con el plan informado.

Si hubiera desviaciones en el citado plan, se incorporarán medidas adicionales que permitan su absorción en el periodo de vigencia del plan inicial, en particular si aquellas afectasen al saneamiento del remanente de tesorería para gastos generales o al ahorro neto cuando resulten negativos.

4. El incumplimiento del objetivo de estabilidad en el último año de vigencia del plan, será causa suficiente de denegación de la autorización de endeudamiento.

5. Las entidades locales incluidas en el ámbito subjetivo definido en el artículo 111 del texto refundido de la Ley reguladora de las Haciendas Locales que, habiendo incumplido el objetivo de estabilidad, tengan aprobado un plan económico-financiero de reequilibrio, deberán someter a autorización administrativa las operaciones de crédito a largo plazo que pretendan concertar durante el período de vigencia de aquél.

Las entidades locales incluidas en el ámbito subjetivo definido en el artículo 111 del texto refundido de la Ley reguladora de las Haciendas

Locales que, habiendo incumplido el objetivo de estabilidad, no hayan presentado el plan económico-financiero o éste no hubiere sido aprobado por el órgano competente de la administración pública que ejerza la tutela financiera, deberán solicitar autorización para concertar cualquier operación de endeudamiento a corto y a largo plazo.

En el procedimiento de autorización de endeudamiento se aplicará lo dispuesto en los apartados 1 a 4 del presente artículo.

Art. 26. *Publicidad del plan económico-financiero.*—1. El plan económico-financiero aprobado por el Pleno de la corporación local y, en su caso, por la Dirección General de Coordinación Financiera con las Entidades Locales o el órgano competente de la comunidad autónoma que ejerza la tutela financiera, será insertado, a efectos exclusivamente informativos, en el boletín oficial de la corporación si lo tuviera, y en el de la provincia o, en su caso, de la comunidad autónoma uniprovincial.

2. También a efectos exclusivamente informativos, una copia del plan económico-financiero deberá hallarse a disposición del público desde su aprobación por el Pleno de la corporación local y, en su caso, por los órganos competentes de la administración pública que ejerza la tutela financiera de las entidades locales, hasta la finalización de la vigencia de aquel plan.

TÍTULO IV

Suministro de información*

Art. 27. *Base de Datos General de Entidades Locales.*—[...]

Art. 28. *Base de Datos de Presupuestos y Liquidaciones de Entidades Locales.*—1. El Ministerio de Economía y Hacienda, a través de la Dirección General de Coordinación Financiera con las Entidades Locales, mantendrá una Base

* Vid. I.7, que, además, en su Disp. Final 3.ª deja sin efecto los arts. 27, 29, 30 y 31.

de Datos de Presupuestos y Liquidaciones de Entidades Locales, que provea de información suficiente y adecuada para permitir la verificación del cumplimiento del principio de estabilidad presupuestaria de las entidades locales y demás sujetos de ellas dependientes incluidos en las categorías previstas en los apartados 1 y 2 del artículo 4 del presente reglamento.

En todo caso, la Intervención General de la Administración del Estado podrá solicitar las aclaraciones que estime necesarias para la verificación del cumplimiento de dicho principio.

2. El Presidente de cada entidad local remitirá a la Dirección General de Coordinación Financiera con las Entidades Locales los datos relativos a las entidades locales incluidas en el ámbito subjetivo definido en los apartados 1 y 2 del artículo 4 del presente reglamento, en los plazos señalados para ello.

Art. 29. *Información relativa al presupuesto general de la entidad local.*—[...]

Art. 30. *Información relativa a las liquidaciones y a la cuenta general de las entidades locales incluidas en el artículo 4.1 de este reglamento.*—[...]

Art. 31. *Información relativa a los entes dependientes o vinculados a las entidades locales incluidos en el artículo 4.2 de este reglamento.*—[...]

Art. 32. *Información trimestral relativa a la liquidación del presupuesto de las entidades locales.*—Las entidades locales incluidas en el ámbito del artículo 5 del presente reglamento, deberán remitir a la Dirección General de Coordinación Financiera con las Entidades Locales estados de ejecución trimestrales de los presupuestos de ingresos y gastos, con el desglose necesario para permitir la verificación del cumplimiento de las normas contenidas en este reglamento, o, en su caso, balance y cuenta de pérdidas y ganancias de los sujetos comprendidos en el artículo 4.1 del presente reglamento.

Art. 33. *Acceso a la información centralizada por parte de las comunidades autónomas.*—Las comunidades autónomas que ejercen tutela financiera sobre las entidades locales de su territorio, tendrán acceso a la información contenida respecto de aquellas en el Inventario de Entes del Sector Público Local y en la Base de Datos de Presupuestos y Liquidaciones de Entidades Locales, en los términos que se determine, en su caso, en los correspondientes convenios de colaboración que se suscriban para el intercambio de información.

Art. 34. *Procedimientos telemáticos y formatos para el suministro de información.*—1. La información que las entidades locales han de suministrar a la Dirección General de Coordinación Financiera con las Entidades Locales, contemplada en este Reglamento, podrá remitirse bien directamente, utilizando la Oficina Virtual para la Coordinación Financiera con las Entidades Locales, bien a través de las Delegaciones Especiales y Provinciales del Ministerio de Economía y Hacienda.

2. El Ministro de Economía y Hacienda, a propuesta de la Dirección General de Coordinación Financiera con las Entidades Locales, determinará mediante orden los procedimientos telemáticos apropiados, así como los formatos de intercambio de datos, que faciliten a las Entidades Locales el suministro de la información contemplada en este reglamento.

Art. 35. *Incumplimiento en el suministro de información.*—Con periodicidad anual, el Ministerio de Economía y Hacienda elevará informe detallado a la Comisión Nacional de Administración Local de los incumplimientos que se produzcan en cuanto a las obligaciones de suministro de información contempladas en el presente título.

TÍTULO V

Central de Información de Riesgos de las Entidades Locales (CIR Local)

Art. 36. *Objeto de la Central de Información de Riesgos de las Entidades Locales.*—La Central de Información de Riesgos de las Entidades Locales contendrá información de las operaciones de préstamo, crédito y emisiones de deuda pública en todas sus modalidades, los avales y garantías prestados en cualquier clase de crédito, las operaciones de arrendamiento financiero, así como cualesquiera otras que afecten a la posición financiera futura de la entidad, concertadas por las entidades locales, sus organismos autónomos y las sociedades mercantiles participadas de forma directa o indirecta, así como por los consorcios en que participen dichas entidades locales y sus entes dependientes. La información comprenderá todas las operaciones, con independencia de su plazo.

Art. 37. *Órgano competente.*—La Dirección General de Coordinación Financiera con las Entidades Locales será el órgano encargado de la gestión de la Central de Información de Riesgos de las Entidades Locales.

Art. 38. *Fuentes de información.*—1. De conformidad con lo previsto en el artículo 55 del texto refundido de la Ley reguladora de las Haciendas Locales, están obligados a suministrar información a la Central de Información de Riesgos de las Entidades Locales:

a) El Banco de España, respecto de la información que reciba de las entidades financieras a través de su Central de Información de Riesgos, relativa al endeudamiento de las entidades locales y sus entes dependientes.

b) Las comunidades autónomas que ejercen tutela financiera sobre las entidades locales de su territorio, respecto de la información sobre endeudamiento local que conozcan en el ejercicio de la citada competencia y, especialmente, la referida a las operaciones que, de acuerdo con el texto refundido de la Ley reguladora de las Haciendas Locales, están sometidas a autorización.

La Administración General del Estado podrá establecer convenios de colaboración con las comunidades autónomas para el intercambio de información sobre riesgos asumidos por las entidades locales de su área geográfica, que se extenderán a la información sobre operaciones de crédito que no precisando autorización pueda ser facilitada por aquéllas a la Central de Información de Riesgos de las Entidades Locales. Estos convenios se basarán en el principio de reciprocidad, lo que permitirá a las comunidades autónomas disponer de la información existente en la Central de Información de Riesgos de las Entidades Locales referida a las entidades de su demarcación.

c) las entidades locales, respecto de las operaciones establecidas en el artículo 36 del presente reglamento, concertadas por la propia entidad, sus organismos autónomos, las sociedades mercantiles participadas directa o indirectamente y los consorcios en los que aquéllas participen. Esta obligación alcanzará tanto a las operaciones a corto plazo como a largo plazo, independientemente de que estén sometidas a autorización o no de acuerdo con las leyes.

2. Los bancos, las cajas de ahorros y las restantes entidades financieras y de crédito remitirán a la Central de Información de Riesgos del Banco de España la información sobre riesgos locales establecida en el artículo 36 de este reglamento, en la forma y con la periodicidad establecida en la normativa del Banco de España.

Art. 39. *Contenido de la información.*—1. La información a suministrar por las comunidades autónomas y las corporaciones locales a la Central de Información de Riesgos de las Entidades Locales comprenderá, para cada una de las operaciones, independientemente de que estén sometidas a autorización o no de acuerdo con las leyes, los siguientes datos: fecha del contrato, importe, plazo de reembolso con indicación de los períodos de carencia en su caso, tipo de interés con indicación de la referencia si es variable, destino de los recursos, garantías prestadas, comisiones y otros gastos, así como aquellos otros que se consideren necesarios.

2. Por orden del Ministro de Economía y Hacienda se regularán los procedimientos, preferentemente telemáticos, a seguir para la recogida de la información necesaria, así como el formato y contenido de los soportes a utilizar. Igualmente, se regularán los tipos de operaciones financieras de las que informará la Central de Información de Riesgos de las Entidades Locales y sus características.

3. El Banco de España remitirá la información relativa a la situación a fin de mes de cada una de las operaciones de endeudamiento local, tanto a corto plazo como a largo plazo, que comprenderá los importes correspondientes al crédito disponible y crédito dispuesto pendiente de reembolso, así como aquellos otros datos que resulten necesarios para identificar sin lugar a dudas las distintas operaciones de deuda.

Art. 40. *Remisiones inicial y posteriores de la información.*—1. La primera remisión de información que realicen las comunidades autónomas y las entidades locales a que se refieren los párrafos *b*) y *c*) del apartado 2 siguiente, alcanzará la totalidad de operaciones de cualquier naturaleza vigentes en esa fecha.

2. Las remisiones posteriores de información se ajustarán

en cuanto a su periodicidad a las siguientes normas:

a) El Banco de España remitirá la información con periodicidad mensual y los datos relativos a posiciones deudoras estarán referidos al último día de cada mes.

b) Las comunidades autónomas que ejercen tutela financiera sobre las entidades locales de su territorio, remitirán mensualmente la información referida a aquellas entidades locales en las que se hayan producido variaciones, bien en la propia corporación o en alguno de sus entes dependientes, durante el período correspondiente. Dicha información alcanzará exclusivamente a los datos referentes a las variaciones producidas en la propia entidad local, sus organismos autónomos y sociedades mercantiles en las que participe de forma directa o indirecta.

c) Las entidades locales remitirán información mensual, referida sólo a aquellos meses en que se hayan producido variaciones en la entidad local o en alguno de sus entes dependientes. Dicha información alcanzará exclusivamente a los datos referentes a las variaciones producidas en la propia entidad local, sus organismos autónomos y sociedades mercantiles en las que participe de forma directa o indirecta.

No obstante lo establecido en los párrafos *b*) y *c*) anteriores y en función de las necesidades del sistema, en los casos en que la inconsistencia interna de la información procedente de las diversas fuentes lo aconseje, podrá solicitarse de determinadas entidades locales o grupos de las mismas, información comprensiva de la totalidad de sus operaciones vigentes.

A estos efectos, se entiende por variaciones la concertación de una nueva operación, la modificación de las condiciones contractuales de alguna de las vigentes o la cancelación anticipada de alguna de éstas.

3. Con periodicidad anual, el Ministerio de Economía y Hacienda elevará informe detallado a la Comisión Nacional de Administración Local de los incumplimientos que se produzcan en cuanto a la remisión de información de las variaciones recogidas en el párrafo *c*) del apartado 2 anterior.

Art. 41. *Usuarios de la información.*—1. El acceso a la información contenida en la Central de Información de Riesgos de las Entidades Locales se realizará con arreglo a los siguientes criterios:

a) Las entidades locales podrán acceder a la totalidad de la información propia existente en la Central de Información de Riesgos de las Entidades Locales, resultante del tratamiento de los datos procedentes de las distintas fuentes.

b) Las comunidades autónomas que ejercen tutela financiera sobre las entidades locales de su territorio recibirán toda la información existente en la Central de Información de Riesgos de las Entidades Locales referida a éstas, en los términos que se establezcan en los correspondientes convenios de colaboración.

c) El Banco de España recibirá toda la información existente en la Central de Información de Riesgos de las Entidades Locales, procedente del procesamiento de los datos obtenidos de las restantes fuentes de información.

d) La Intervención General de la Administración del Estado tendrá acceso a la información contenida en la Central de Información de Riesgos.

e) Las restantes personas o entidades interesadas podrán tener acceso a la información relativa a cualquier entidad existente en la Central de Información de Riesgos de las Entidades Locales, a condición de que acrediten por escrito la autorización de la entidad local titular de la información.

2. Dentro del primer trimestre de cada ejercicio, el Ministerio de Economía y Hacienda elevará informe detallado a la Comisión Nacional de Administración Local, de la deuda viva, a 31 de diciembre del ejercicio inmediato anterior, de cada entidad local, en términos agregados y expresados en euros.

El informe anterior será publicado por el Ministerio de Economía y Hacienda.

DISPOSICIONES ADICIONALES

1.ª *Remisiones orgánicas.*—1. Cuando se trate de entidades locales de ámbito territorial inferior al municipal, las referencias contenidas en este reglamento a la entidad local, al Pleno de ésta y a su Presidente se entenderán hechas, respectivamente, a la entidad local respectiva, a la junta o asamblea vecinal y al Alcalde pedáneo.

2. Cuando se trate de áreas metropolitanas, mancomunidades de municipios, comarcas u otras entidades que agrupen varios municipios, las referencias contenidas en este

reglamento a la entidad local, al pleno de ésta y a su presidente se entenderán hechas, respectivamente, a la entidad local respectiva, al órgano colegiado superior de gobierno y administración de la entidad, si lo hubiere, y al Presidente de aquél.

De no existir órgano colegiado superior, las referencias al Pleno y al Presidente de la entidad local se entenderán hechas al órgano unipersonal de gobierno y administración de la entidad en uno y otro caso.

2.ª *Confirmación de la información de la CIR-Local.*—1. En el plazo de seis meses desde la entrada en vigor del presente reglamento, las entidades locales deberán confirmar la información referida a las mismas contenida en la Central de Información de Riesgos de las Entidades Locales o, en su caso, efectuar la remisión inicial de la información que deba integrarla.

2. A 31 de diciembre del año de entrada en vigor del presente reglamento, el Ministerio de Economía y Hacienda elevará informe detallado de los incumplimientos producidos a la Comisión Nacional de Administración Local.

§ I.5. ORDEN EHA/3.565/2008, DE 3 DE DICIEMBRE, POR LA QUE SE APRUEBA LA ESTRUCTURA DE LOS PRESUPUESTOS DE LAS ENTIDADES LOCALES*

(*BOE* n.º 297, de 10 de diciembre de 2008)

El artículo 167.1 del texto refundido de la Ley Reguladora de las Haciendas Locales, aprobado por Real Decreto Legislativo 2/2004, de 5 de marzo, encomienda al Ministerio de Economía y Hacienda el establecimiento, con carácter general, de la estructura de los presupuestos de las entidades locales, teniendo en cuenta la naturaleza económica de los ingresos y de los gastos, así como las finalidades u objetivos que con estos últimos se propongan conseguir.

Por otra parte, la disposición adicional sexta de aquella Ley establece que el Ministerio de Economía y Hacienda modificará tanto las estructuras de los presupuestos de las Entidades locales como los criterios de clasificación a los que hace referencia el mencionado artículo 167, con objeto de adaptarlos a los establecidos para el sector público estatal en cada momento.

La estructura presupuestaria y los criterios de clasificación actualmente vigentes se recogen en la Orden del Ministerio de Economía y Hacienda de 20 de septiembre de 1989, que resultó ser de aplicación obligatoria para los presupuestos correspondientes a los ejercicios iniciados a partir del 1 de enero de 1992.

Desde ese año se han producido múltiples modificaciones no sólo en la primigenia Ley 39/1988, de 28 de diciembre, Reguladora de las Haciendas Locales, sino también en el marco presupuestario de la Administración del Estado.

En el contexto anterior deben destacarse la Ley 51/2002,

---

* Esta OM deroga con efectos de 1 de enero de 2010 la de 20 de septiembre de 1989, que puede consultarse en ediciones anteriores de esta obra. Asimismo, ha sido desarrollada por la Res. de 14 de septiembre de 2009 (I.6).

de 27 de diciembre, de Reforma de la Ley Reguladora de las Haciendas Locales, que, introdujo importantes modificaciones en el ámbito tributario, así como en el financiero, con la definición de un nuevo modelo de participación de las Entidades locales en los tributos del Estado, incluyendo elementos de cesión de determinados rendimientos recaudatorios de impuestos estatales (IRPF, IVA e Impuestos Especiales sobre fabricación) en el caso de las provincias y de municipios significados bien por su población (igual o superior a 75.000 habitantes), bien por su carácter de capitalidad (de provincia o de Comunidad Autónoma). Debe destacarse asimismo la reforma que en la Ley 7/1985, de 2 de abril, Reguladora de las Bases del Régimen Local, supuso la Ley 57/2003, de 16 de diciembre, de medidas para la modernización del gobierno local.

En su aplicación a los presupuestos de las Entidades locales es relevante la Ley 18/2001, de 12 de diciembre, General de Estabilidad Presupuestaria, y su reforma instrumentada mediante la Ley 15/2006, de 26 de mayo.

Asimismo, es preciso recordar que la Ley Orgánica 3/2007, de 22 de marzo, para la igualdad efectiva de mujeres y hombres, en su artículo 15 impone a las Administraciones públicas, y, por tanto, a las entidades locales, la obligación de integrar, de forma activa, en la definición y presupuestación de sus políticas públicas en todos los ámbitos el principio de igualdad de trato y oportunidades entre mujeres y hombres.

Por último, y ya con incidencia específica en el marco presupuestario aplicable a la Administración del Estado, se deben tener en cuenta la Ley 47/2003, de 26 de noviembre, General Presupuestaria, cuyos artículos 39 a 41 establecen los criterios que deben regir la estructura de los Presupuestos Generales del Estado, y cuya entrada en vigor se produjo, a estos efectos, con los correspondientes al año 2005 (disposición final quinta de la Ley 47/2003, de 26 de noviembre, citada). Estructura que fue aprobada mediante la Orden EHA/1.645/2004, de 3 de junio, por la que se dictaban las normas para la elaboración de los Presupuestos Generales del Estado para 2005.

En relación con estas últimas normas merece destacarse el artículo 40.1 que dispone que los estados de gastos de los presupuestos se estructurarán de acuerdo con las clasificaciones orgánica, por programas y económica. La nueva clasificación por programas viene a sustituir a la anterior clasificación funcional, y, como señala el preámbulo de la citada Orden EHA/1.645/2004, se vincula a las políticas públicas de gasto que delimitan las distintas áreas de actuación del Presupuesto. En consecuencia, como se establece en su apartado 3.1.1, *Estructura de programas*, los programas de gasto se agregarán en áreas de gasto, políticas de gasto y grupos de programas.

En definitiva, la estructura de los presupuestos de las Entidades locales ha tenido hasta el momento su fundamento jurídico en una norma que, con el paso del tiempo, se ha ido separando paulatinamente de las sucesivas reformas normativas que, de algún modo, han podido tener incidencia presupuestaria.

Cabe recordar que la única modificación operada en la Orden que ahora se reforma lo fue mediante otra del Ministerio de Economía y Hacienda de 8 de septiembre de 1999 y que afectaba a las tasas, que se recogen en el artículo 31, del capítulo 3 del estado de ingresos de los presupuestos de las entidades locales.

Por otra parte, el marco contable de las Entidades locales ha sido objeto de reforma mediante las instrucciones de los modelos de contabilidad local (modelos básico, normal y simplificado) aprobadas por las Órdenes de aquel Ministerio de 23 de noviembre de 2004 (Órdenes EHA/4.040/2004, EHA/4.041/2004 y EHA/4.042/2004).

Con esta Orden Ministerial se pretende dar cumplimiento a la disposición adicional sexta del texto refundido de la Ley Reguladora de las Haciendas Locales, teniendo en cuenta los artículos 39 a 41 de la Ley General Presupuestaria y las Órdenes del Ministerio de Economía y Hacienda que las han venido desarrollando para la elaboración de los Presupuestos Generales del Estado correspondientes a los ejercicios 2005 y siguientes, de modo que tanto la estructura de los presupuestos de las entidades locales como los criterios de clasificación de sus ingresos y gastos se adapten a los actualmente establecidos para el sector público estatal, teniendo en cuenta las peculiaridades de la actividad financiera de aquellas entidades.

Estas peculiaridades tienen un mayor reflejo en el contenido de la clasificación por programas, y, dentro de ésta, merece destacarse el área de gastos *Servicios públicos básicos* (área de gasto 1) por cuanto éstos difieren sustancialmente de los que corresponden a la Administración General del Estado, teniéndose en cuenta a estos efectos la enumeración que realiza la Ley 7/1985, de 2 de abril, Reguladora de las Bases del Régimen Local, de los servicios públicos de prestación obligatoria a cargo de los municipios y de las provincias.

Los mencionados criterios y estructura se definen en el articulado de la presente Orden y son objeto de desarrollo en los anexos que la acompañan. Éstos contienen la clasificación por programas, que sustituye a la clasificación funcional, una tabla de equivalencias entre ambas, al objeto de posibilitar la mejor aplicación de la nueva clasificación, así como la clasificación económica de los gastos y de los ingresos de las entidades locales.

Dentro de la nueva clasificación por programas las áreas de gasto sustituyen a los grupos de función, las políticas de gasto a las funciones y los grupos de programas a las subfunciones.

Por otra parte, se sustituye la denominación *partida presupuestaria* por la de *aplicación presupuestaria* con el fin de evitar posibles confusiones con la *partida* como nivel de desagregación del subconcepto económico, así como mantener una definición homogénea con la Ley 47/2003, de 26 de noviembre, General Presupuestaria.

La presente Orden Ministerial ha sido informada favorablemente por los Servicios Jurídicos de este Ministerio.

En virtud de lo expuesto, y de acuerdo con el Consejo de Estado, dispongo:

Artículo 1.º *Objeto y ámbito subjetivo.*—1. Se aprueban por la presente Orden la estructura, normas y códigos a los que deberán adaptarse los presupuestos de las entidades locales.

2. La normativa contenida en la presente Orden por la que se establece la estructura presupuestaria prevista en el artículo 167.1 del texto refundido de la Ley Reguladora de las Haciendas Locales, aprobado por Real Decreto Legislativo 2/2004, de 5 de marzo, será de aplicación tanto para las entidades locales como para los organismos autónomos de ellas dependientes.

Art. 2.º *Estructura de los presupuestos.*—1. Las entidades locales elaborarán sus presupuestos teniendo en cuenta la naturaleza económica de los ingresos y de los gastos, y las finalidades y objetivos que con estos últimos se pretendan conseguir.

2. Igualmente podrán clasificar los gastos e ingresos atendiendo a su propia estructura de acuerdo con sus reglamentos o decretos de organización.

Art. 3.º *Criterios generales de clasificación del estado de gastos.*—Los estados de gastos de los presupuestos de las entidades locales se clasificarán con los siguientes criterios:

a) Por programas.

b) Por categorías económicas.

c) Opcionalmente, por unidades orgánicas.

Art. 4.º *Clasificación por programas.*—1. Los créditos se ordenarán según su finalidad y los objetivos que con ellos se proponga conseguir, con arreglo a la clasificación por áreas de gasto, políticas de gasto, grupos de programas y programas que se detallan en el anexo I. Estos últimos podrán desarrollarse en subprogramas.

2. Con carácter general, el detalle de los créditos se presentará, como mínimo, en el nivel de grupos de programas de gasto. No obstante, este detalle se deberá presentar en el nivel de programas de gasto en los casos que se especifican en el anexo I.

3. La estructura que se especifica en el anexo I se debe considerar cerrada y obligatoria para todas las entidades locales. No obstante, será abierta a partir del nivel de programas y subprogramas, por lo que podrán crearse los programas y subprogramas que se consideren necesarios cuando no figuren en la estructura que por esta Orden se establece.

4. En los supuestos en que la Entidad local asuma competencias por delegación del Estado o de las Comunidades Autónomas, en aplicación del artículo 27 de la Ley 7/1985, de 2 de abril, reguladora de las Bases del Régimen Local, deberá realizar el necesario desarrollo de los grupos de programa, a fin de que exista una exacta correspondencia entre cada servicio asumido y un único programa o subprograma presupuestario.

Art. 5.º *Clasificación económica del gasto.*—1. La clasificación económica del gasto agrupará los créditos por capí-

---

Art. 4.º: Redactado conforme a la Orden HAP/419/2014, de 14 de marzo, por la que se modifica la Orden EHA/3.565/2008, de 3 de diciembre, por la que se aprueba la estructura de los presupuestos de las entidades locales (*BOE* n.º 67, de 19 de marzo).

tulos separando las operaciones corrientes, las de capital y las financieras.

2. Atendiendo a su naturaleza económica, los capítulos se desglosarán en artículos, y éstos, a su vez, en conceptos, que se podrán subdividir en subconceptos.

3. Los créditos se clasificarán de acuerdo con la estructura que, por capítulos, artículos, conceptos y subconceptos, se detalla en el Anexo III de la presente Orden.

4. La estructura por conceptos y subconceptos es abierta, por lo que podrán crearse los que se consideren necesarios cuando no figuren en la estructura que esta Orden establece.

5. Los subconceptos podrán desarrollarse en partidas, cuya estructura es igualmente abierta.

Art. 6.º *Aplicación presupuestaria.*—La aplicación presupuestaria cuya expresión cifrada constituye el crédito presupuestario vendrá definida, al menos, por la conjunción de las clasificaciones por programas y económica, en el nivel de grupo de programa o programa y concepto o subconcepto respectivamente.

En el caso de que la entidad local opte por utilizar la clasificación orgánica, la aplicación presupuestaria vendrá definida por la conjunción de las clasificaciones orgánica, por programas y económica.

Art. 7.º *Registro contable.*—1. El registro contable de los créditos, de sus modificaciones y de las operaciones de ejecución del gasto se realizará, como mínimo, sobre la aplicación presupuestaria definida en el artículo anterior.

2. Las entidades locales podrán efectuar el seguimiento contable a un mayor nivel de desglose.

Art. 8.º *Créditos iniciales y definitivos.*—1. Se entenderá por crédito inicial el asignado a cada aplicación presupuestaria en el presupuesto de la entidad definitivamente aprobado.

2. El crédito definitivo vigente en cada momento vendrá determinado por el crédito inicial aumentado o disminuido como consecuencia de modificaciones presupuestarias.

Art. 6.º: Redactado conforme a la Orden HAP/419/2014, de 14 de marzo, por la que se modifica la Orden EHA/3.565/2008, de 3 de diciembre, por la que se aprueba la estructura de los presupuestos de las entidades locales (*BOE* n.º 67, de 19 de marzo).

Art. 9.º *Clasificación económica del ingreso.*—1. Las previsiones incluidas en los estados de ingresos del presupuesto de la entidad local se clasificarán separando las operaciones corrientes, las de capital y las financieras, de acuerdo con la estructura que por capítulos, artículos, conceptos y subconceptos se detalla en el Anexo IV de la presente Orden.

2. La estructura por conceptos y subconceptos es abierta, por lo que podrán crearse los que se consideren necesarios cuando no figuren en la estructura que esta Orden establece.

Art. 10. *Clasificaciones aplicables a las entidades locales de menos de 5.000 habitantes.*—[...]

DISPOSICIÓN ADICIONAL

Única. *Equivalencias de la clasificación por programas.*—Las áreas de gasto, políticas de gasto y grupos de programas se corresponden, respectivamente, con los grupos de funciones, funciones y subfunciones, de acuerdo con las denominaciones utilizadas en los presupuestos de las Entidades Locales anteriores al ejercicio 2010, conforme a la tabla de equivalencias recogida en el Anexo II de la presente Orden.

DISPOSICIÓN TRANSITORIA

Única. *Aplicación de la Orden del Ministerio de Economía y Hacienda de 20 de septiembre de 1989.*—A los presupuestos de las Entidades Locales correspondientes a ejercicios iniciados con anterioridad al día 1 de enero de 2010 les será de aplicación la Orden del Ministerio de Economía y Hacienda de 20 de septiembre de 1989 por la que se establece la estructura de los presupuestos de las entidades locales.

DISPOSICIÓN DEROGATORIA

Única. *Derogación normativa.*—A partir del día 1 de enero de 2010 queda derogada la Orden del Ministerio de Economía y Hacienda de 20 de septiembre de 1989 por la que

---

Art. 10: Derogado por la Orden HAP/419/2014, de 14 de marzo, por la que se modifica la Orden EHA/3.565/2008, de 3 de diciembre, por la que se aprueba la estructura de los presupuestos de las entidades locales (*BOE* n.º 67, de 19 de marzo).

se establecía la estructura de los presupuestos de las entidades locales.

DISPOSICIONES FINALES

1.ª *Desarrollo de competencias.*—En virtud del artículo 12.1.*g*) del Real Decreto 1.127/2008, de 4 de julio, por el que se desarrolla la estructura orgánica básica del Ministerio de Economía y Hacienda, corresponde a la Dirección General de Coordinación Financiera con las Comunidades Autónomas y con las Entidades Locales la competencia para emitir informes a las consultas relativas al contenido y a la aplicación de la presente Orden ministerial.

2.ª *Desarrollo normativo.*—La Dirección General de Coordinación Financiera con las Comunidades Autónomas y con las Entidades Locales, del Ministerio de Economía y Hacienda, podrá dictar las medidas precisas para el desarrollo y ejecución de la presente Orden.

3.ª *Entrada en vigor.*—La presente Orden entrará en vigor el día siguiente al de su publicación en el *Boletín Oficial del Estado*, y resultará de aplicación a los presupuestos correspondientes al ejercicio 2010 y siguientes.

ANEXO I*

Códigos de la clasificación por programas de los gastos del presupuesto de las entidades locales y sus organismos autónomos

Para la correcta clasificación de los gastos atendiendo a los programas correspondientes se tendrá en cuenta lo que se determina en la codificación a la que se refiere este anexo.

Si algún gasto fuese susceptible de aplicarse a más de una política de gasto, se imputará a aquella que se considere más adecuada en relación con el conjunto de objetivos y finalidades definidos. A tales efectos, se podrán tener en cuenta tanto criterios cualitativos como cuantitativos de la gestión presupuestaria.

La presente codificación tiene carácter cerrado y obligatorio para todas las entidades locales en sus niveles de áreas de gasto, políticas de gasto, grupos de programas y programas que están especificados en la misma. Por lo que se refiere a programas o subprogramas, se considera abierto, en tanto no se recojan en este anexo.

---

* Anexo I redactado conforme a la Orden HAP/419/2014, de 14 de marzo, por la que se modifica la Orden EHA/3.565/2008, de 3 de diciembre, por la que se aprueba la estructura de los presupuestos de las entidades locales (*BOE* n.º 67, de 19 de marzo).

ÁREA DE GASTO 1

SERVICIOS PÚBLICOS BÁSICOS

Comprende esta área todos aquellos gastos originados por los servicios públicos básicos que, con carácter obligatorio, deben prestar los municipios, por sí o asociados, con arreglo al artículo 26.1 de la Ley 7/1985, de 2 de abril, reguladora de las Bases del Régimen Local, o, en su caso, las provincias con arreglo al artículo 31.2 de la misma Ley, atendiendo a su función de cooperación y asistencia a los municipios.

A estos efectos, se incluyen, en los términos que se exponen para cada una de ellas, cuatro políticas de gasto básicas: seguridad y movilidad ciudadana, vivienda y urbanismo, bienestar comunitario y medio ambiente.

En esta área no se consideran aquellas políticas de gasto de carácter sectorial y que, en consecuencia, integran otras áreas de gasto de la presente estructura.

Política de gasto 13. *Seguridad y movilidad ciudadana.*—Comprende todos los gastos de los servicios relacionados con la seguridad y movilidad ciudadana y aquellos que tenga que realizar la Entidad local para colaborar con la Administración General del Estado o de la respectiva Comunidad Autónoma en apoyo de los servicios de protección y defensa civil, actuaciones en caso de calamidades o catástrofes, prevención y extinción de incendios y acciones en general destinadas a la protección de los bienes de la Entidad local o de los particulares, así como las que se refieran a la ordenación del tráfico y del estacionamiento de vehículos.

Se tipifican cinco grupos de programas, distinguiéndose aquellos que tienen por finalidad la cobertura de gastos generales de administración asociados directamente a los servicios de seguridad ciudadana y protección civil. A estos efectos, se entiende por Administración General las actividades dirigidas a la planificación, coordinación, control, organización, gestión administrativa y desarrollo de funciones de apoyo de los distintos centros directivos que integran la política de gasto.

— 130. Administración general de la seguridad y protección civil.
— 132. Seguridad y Orden Público.
— 133. Ordenación del tráfico y del estacionamiento.
— 134. Movilidad urbana.
— 135. Protección civil.
— 136. Servicio de prevención y extinción de incendios.

Política de gasto 15. *Vivienda y urbanismo.*—Se incluyen todos los gastos de los servicios relacionados con la vivienda y el urbanismo, así como de los complementarios de éstos.

Así pues, se imputarán a ella los gastos referentes a la construcción, mejora y conservación de viviendas y albergues, incluida la adquisición de terrenos; los derivados del planeamiento y régimen urbanístico del suelo; viales urbanos y otros de naturaleza análoga.

Se imputan a esta política de gasto los llevados a cabo en concepto de ayudas que posibilitan el acceso a la vivienda en cualquier régimen, en acciones propias o en colaboración con otras Administraciones Públicas. También se incluyen los gastos derivados de fomento de la promoción pública de viviendas.

Se tipifican cuatro grupos de programas distinguiéndose aquellos que tienen por finalidad la cobertura de gastos generales de administración asociados directamente al desarrollo de la política de la vivienda y del urbanismo:

—150. Administración General de Vivienda y Urbanismo.
—151. Urbanismo: planeamiento, gestión, ejecución y disciplina urbanística.

—152. Vivienda.
—153. Vías públicas.

Dentro del grupo de programas de Vivienda se tipifican dos programas, relativos a la Promoción y gestión de vivienda de protección pública y a Conservación y rehabilitación de la edificación.

—1521. Promoción y gestión de vivienda de protección pública.
—1522. Conservación y rehabilitación de la edificación.

Dentro del grupo de programas de vías públicas se tipifican dos programas, relativos al acceso a los núcleos de población y a la pavimentación de las vías públicas.

—1531. Acceso a los núcleos de población.
—1532. Pavimentación de vías públicas.

Política de gasto 16. *Bienestar comunitario.*—Comprende todos los gastos relativos a actuaciones y servicios cuya finalidad es la mejora de la calidad de vida en general.

Se imputarán a ella los derivados de la construcción, mantenimiento, conservación y funcionamiento de los servicios de alcantarillado, abastecimiento domiciliario de agua potable; recogida, eliminación o tratamiento de basuras; limpieza viaria; cementerios y servicios funerarios; y otros servicios de bienestar comunitario. Se tipifican seis grupos de programas:

—160. Alcantarillado.
—161. Abastecimiento domiciliario de agua potable.
—162. Recogida, gestión y tratamiento de residuos.
—163. Limpieza viaria.
—164. Cementerios y servicios funerarios.
—165. Alumbrado público.

Dentro del grupo de programas Recogida, gestión y tratamiento de residuos se tipifican tres programas, relativos a recogida de residuos, gestión de residuos sólidos urbanos y tratamiento de residuos.

—1621. Recogida de residuos.
—1622. Gestión de residuos sólidos urbanos.
—1623. Tratamiento de residuos.

Política de gasto 17. *Medio ambiente.*—Se incluirán en esta política de gasto todos los gastos relativos a la protección y mejora del medio ambiente así como los de inversión y funcionamiento de los servicios de protección del medio natural; repoblación forestal, realizada por la propia Entidad o en consorcio con otras Administraciones Públicas; defensa contra incendios forestales, deslinde y amojonamiento o lucha contra la desertización; mantenimiento de playas y otros de naturaleza análoga.

Se tipifican tres grupos de programas:

—170. Administración general del medio ambiente.
—171. Parques y jardines.
—172. Protección y mejora del medio ambiente.

Dentro del grupo de programas de Protección y mejora del medio ambiente se tipifica un programa, relativo a la protección contra la contaminación acústica, lumínica y atmosférica en las zonas urbanas.

—1721. Protección contra la contaminación acústica, lumínica y atmosférica en las zonas urbanas.

ÁREA DE GASTO 2

ACTUACIONES DE PROTECCIÓN Y PROMOCIÓN SOCIAL

Se incluyen en esta área o grupo todos aquellos gastos y transferencias que constituyen el régimen de previsión; pensiones de funcionarios, atenciones de carácter benéfico-asistencial; atenciones a grupos con necesidades especiales, como jóvenes, mayores, minusválidos físicos y tercera edad; medidas de fomento del empleo.

Política de gasto 21. *Pensiones.*—Pensiones graciables, mejoras de pensiones y pensiones extraordinarias a cargo de la Entidad local de funcionarios y personal laboral o sus derechohabientes y otros gastos de naturaleza similar.

Se tipifica un grupo de programas:

— 211. Pensiones.

Política de gasto 22. *Otras prestaciones económicas a favor de empleados.*—Comprende todos los gastos de este tipo, así como los derivados de la acción social a favor de los empleados, excepto las cuotas a cargo del empleador de Mutualidades y Seguridad Social.

Se tipifica un grupo de programas:

— 221. Otras prestaciones económicas a favor de empleados.

Política de gasto 23. *Servicios sociales y promoción social.*—Se imputarán a esta política de gasto los llevados a cabo por la entidad local para desarrollar la asistencia social primaria: la promoción de la igualdad de género, promoción y reinserción social de marginados, así como para la gestión de los servicios sociales; prestación de servicios a personas dependientes y de asistencia social, residencias de ancianos y otros de naturaleza análoga; la evaluación e información de situaciones de necesidad social y la atención inmediata a personas en situación o riesgo de exclusión social. También se incluirán las transferencias finalistas a entidades y familias que colaboren en la consecución de estos fines.

Se incluirán los gastos correspondientes a la Administración General, que corresponderán a las actividades dirigidas a la planificación, coordinación, control, organización, gestión administrativa y desarrollo de funciones de apoyo de los distintos centros directivos que integran la política de gasto.

Se tipifica un grupo de programas:

— 231. Asistencia social primaria.

Política de gasto 24. *Fomento del empleo.*—Se imputan a esta política de gasto aquellos que tienen por objeto el fomento y promoción del empleo en acciones propias o en colaboración con otras Administraciones Públicas.

Se tipifica un grupo de programas:

— 241. Fomento del empleo.

ÁREA DE GASTO 3

PRODUCCIÓN DE BIENES PÚBLICOS DE CARÁCTER PREFERENTE

Comprende esta área o grupo todos los gastos que realice la Entidad local en relación con la sanidad, educación, cultura, con el ocio y el tiempo libre, deporte, y, en general, todos aquellos tendentes a la elevación o mejora de la calidad de vida.

Política de gasto 31. *Sanidad.*—En esta política de gasto se incluyen los gastos que tienen por objeto la prevención y curación de enfermedades, así como el mantenimiento de un estado de inmunidad sanitario en la población. Quedan comprendidos los gastos destinados a la creación, construcción, equipamiento y funcionamiento de hospitales, clínicas y sanatorios de cualquier naturaleza, casas de socorro, dispensarios, botiquines de urgencia, balnearios, laboratorios de análisis, así como sus servicios complementarios, entre los que cabe citar ambulancias; servicios de salud pública; control y suministro de medicamentos y productos sanitarios; higiene pública; laboratorios de análisis agroalimentarios; actuaciones de seguridad alimentaria; campañas de desinfección, desinsectación o desratización, y otros de naturaleza análoga.

Se tipifican dos grupos de programas:

— 311. Protección de la salubridad pública.

— 312. Hospitales, servicios asistenciales y centros de salud.

Política de gasto 32. *Educación.*—Comprende esta política de gasto todos los gastos derivados de la creación, conservación y funcionamiento de centros e Instituciones de enseñanzas de todo tipo y sus servicios complementarios, así como las transferencias a otros entes o familias para ayuda y fomento de la misma.

Los gastos incluidos en el grupo de programas de Administración General corresponderán a actividades dirigidas a la planificación, coordinación, control, organización, gestión administrativa y desarrollo de funciones de apoyo de los distintos centros directivos que integran la política de gasto.

Así, se imputarán a esta política de gasto los gastos de construcción, dotación y funcionamiento de centros de enseñanza, distribuyéndose de acuerdo con los distintos niveles educativos a que se refieran. También se incluirán los gastos de centros benéfico-asistenciales cuando en ellos predomine el carácter educativo.

Los gastos en concepto de transporte escolar, becas, ayudas, se consideran servicios complementarios de educación.

Asimismo, se incluyen los gastos cuyo objeto sea la mejora del nivel educativo de los ciudadanos.

Se tipifican siete grupos de programas:

— 320. Administración general de educación.

— 321. Creación de Centros docentes de enseñanza infantil y primaria.

— 322. Creación de Centros docentes de enseñanza secundaria.

— 323. Funcionamiento de centros docentes de enseñanza infantil y primaria y educación especial.

— 324. Funcionamiento de centros docentes de enseñanza secundaria.

— 325. Vigilancia del cumplimiento de la escolaridad obligatoria.

— 326. Servicios complementarios de educación.

— 327. Fomento de la convivencia ciudadana.

Política de gasto 33. *Cultura.*—Esta política de gasto comprende los originados por los servicios a que se refiere su denominación, incluso los de carácter recreativo.

Los gastos incluidos en el grupo de programas de Administración General corresponderán a actividades dirigidas a la planificación, coordinación, control, organización, gestión administrativa y desarrollo de funciones de apoyo de los distintos centros directivos que integran la política de gasto.

Se incluyen los gastos de creación, conservación y funcionamiento de los edificios destinados a bibliotecas, museos, archivos, casas de la cultura, actividades culturales, de esparcimiento y tiempo libre como hogares del jubilado o casas de la juventud; salas de exposiciones, palacios de congresos, parques zoológicos, bandas de música y agrupaciones musicales, fiestas locales de carácter popular, actividades recreativas en playas, actuaciones en orden a la conservación, promoción y gestión del patrimonio histórico-artístico y otros gastos recreativos y culturales; comunicación, autorización, inspección y sanción de los espectáculos públicos; así como las transferencias a Entidades o familias que colaboren en el fomento de estas actividades.

Se tipifican siete grupos de programas distinguiéndose aquellos que tienen por finalidad la cobertura de gastos generales de administración asociados directamente a los servicios de cultura y ocio:

— 330. Administración general de cultura.
— 332. Bibliotecas y Archivos.
— 333. Equipamientos culturales y museos.
— 334. Promoción cultural.
— 336. Protección y gestión del Patrimonio Histórico-Artístico.
— 337. Instalaciones de ocupación del tiempo libre.
— 338. Fiestas populares y festejos.

Dentro del grupo de programas Bibliotecas y Archivos se tipifican dos programas, relativos a Bibliotecas públicas y Archivos.

— 3321. Bibliotecas públicas.
— 3322. Archivos.

Política de gasto 34. *Deporte.*—Esta política de gasto comprende los originados por los servicios a que se refiere su denominación, tales como promoción y difusión deportiva, gastos de creación, conservación y funcionamiento de los edificios destinados a piscinas, instalaciones deportivas de todo tipo o cualquier otra actuación directamente relacionada con el deporte o la política deportiva de la respectiva entidad local.

Los gastos incluidos en el grupo de programas de Administración General corresponderán a actividades dirigidas a la planificación, coordinación, control, organización, gestión administrativa y desarrollo de funciones de apoyo de los distintos centros directivos que integran la política de gasto.

Se consideran en esta política de gasto, tres grupos de programas:

— 340. Administración general de deportes.
— 341. Promoción y fomento del deporte.
— 342. Instalaciones deportivas.

ÁREA DE GASTO 4

ACTUACIONES DE CARÁCTER ECONÓMICO

Se integran en esta área los gastos de actividades, servicios y transferencias que tienden a desarrollar el potencial de los distintos sectores de la actividad económica. Se incluirán también los gastos en infraestructuras básicas y de transportes; infraestructuras agrarias; comunicaciones; investigación, desarrollo e innovación.

Política de gasto 41. *Agricultura, ganadería y pesca.*—Comprende los gastos de toda índole destinados a la mejora, fomento y ordenación de las actividades agrícolas, ganaderas y piscícolas.

Los gastos incluidos en el grupo de programas de Administración General corresponderán a actividades dirigidas a la planificación, coordinación, control, organización, gestión administrativa y desarrollo de funciones de apoyo de los distintos centros directivos que integran la política de gasto.

Se imputarán los gastos relativos a planes de ordenación del sector; colonización y concentración parcelaria; fomento del movimiento cooperativo y promoción del asociacionismo; fomento de la industrialización agroalimentaria; formación de jóvenes empresarios; centros de extensión agraria y otros de igual naturaleza.

Se incluirán, además, los gastos relacionados con el control y erradicación de plagas; mejora y selección de semillas y de ganados, centros de biotecnología; explotaciones experimentales agrícolas y otras de naturaleza similar.

Asimismo comprende los gastos relacionados con la creación, mejora y mantenimiento de infraestructuras básicas en actividades agrícolas, ganaderas, piscícolas o cinegéticas; regadíos; modificación y mejora de las estructuras; conservación y saneamiento de suelos y otras de naturaleza similar.

Igualmente se imputará a esta política de gasto, en su caso, la aportación o cuota al depósito agrícola.

Se tipifican cinco grupos de programas:

— 410. Administración general de agricultura, ganadería y pesca.
— 412. Mejoras de las estructuras agropecuarias y de los sistemas productivos.
— 414. Desarrollo rural.
— 415. Protección y desarrollo de los recursos pesqueros.
— 419. Otras actuaciones en agricultura, ganadería y pesca.

Política de gasto 42. *Industria y energía.*—Comprende los gastos de todo tipo destinados a la promoción, apoyo y desarrollo de la industria en el ámbito de acción de la entidad local.

Los gastos incluidos en el grupo de programas de administración general corresponderán a actividades dirigidas a la planificación, coordinación, control, organización, gestión administrativa y desarrollo de funciones de apoyo de los distintos centros directivos que integran la política de gasto.

Se imputarán a esta política de gasto los ocasionados con motivo de inversión en capital de empresas; fomento de la acción empresarial; ayudas para la reconversión y reindustrialización; fomento del asociacionismo de empresas industriales, y todo tipo de transferencias con destino a estos fines y de incentivos a la localización industrial.

Se incluirán, además, los gastos relacionados con el apoyo a la minería, investigación, preparación, comercialización y otras actividades de la producción minera.

Asimismo comprende los gastos relacionados con la producción, transmisión y distribución de energía, en especial de gas y electricidad. También se imputarán a esta política de gasto las transferencias a otros agentes con el fin específico propio de las actividades que se contemplan en la misma.

Se tipifican cuatro grupos de programas:

— 420. Administración general de industria y energía.
— 422. Industria.
— 423. Minería.
— 425. Energía.

Política de gasto 43. *Comercio, turismo y pequeñas y medianas empresas.*—Se incluirán los gastos de cualquier naturaleza de los servicios de la entidad relacionados con el comercio o la actividad comercial.

Los gastos incluidos en el grupo de programas de Administración General corresponderán a actividades dirigidas a la planificación, coordinación, control, organización, gestión administrativa y desarrollo de funciones de apoyo de los distintos centros directivos que integran la política de gasto.

Comprenderá, los gastos correspondientes a mercados centrales o de minoristas, lonjas y a cualesquiera otras instalaciones similares; actuaciones en defensa de la competencia; control de pesas y medidas y otros de naturaleza análoga; inspección y sanción de establecimientos.

Se incluirán también los gastos de cualquier naturaleza asociados al desarrollo y fomento del turismo.

Se imputarán los gastos de construcción, mejora, conservación y funcionamiento de establecimientos hoteleros, campings, oficinas de turismo, edición de folletos, carteles y libros y campañas publicitarias. Se recogen también las transferencias que se conceden a otras entidades públicas o privadas, con destino al cumplimiento de estos fines.

Por último, se incluirán en esta política de gasto los destinados al desarrollo de las pequeñas y medianas empresas.

Se tipifican cinco grupos de programas:

— 430. Administración General de Comercio, turismo y pequeñas y medianas empresas.
— 431. Comercio.
— 432. Información y promoción turística.
— 433. Desarrollo empresarial.
— 439. Otras actuaciones sectoriales.

Dentro del grupo de programas de Comercio se tipifican tres programas, relativos a Ferias, Mercados y Comercio ambulante.

— 4311. Ferias.
— 4312. Mercados, abastos y lonjas.
— 4313. Comercio ambulante.

Política de gasto 44. *Transporte público.*—Se incluirán los gastos a cargo de las entidades locales destinados al mantenimiento, desarrollo y financiación del servicio de transporte público.

Los gastos incluidos en el grupo de programas de Administración General corresponderán a actividades dirigidas a la planificación, coordinación, control, organización, gestión administrativa y desarrollo de funciones de apoyo de los distintos centros directivos que integran la política de gasto.

Se aplicarán a esta política de gastos todos los de inversión destinados a la adquisición de medios de transporte; y a la creación, mejora y mantenimiento de infraestructuras, como estaciones de autobuses, puertos, aeropuertos y otras de naturaleza análoga.

Se tipifican cuatro grupos de programas:

— 440. Administración general del transporte.
— 441. Transporte de viajeros.
— 442. Infraestructuras del transporte.
— 443. Transporte de mercancías.

Dentro del grupo de programas Transporte de viajeros se crean dos programas, relativos a Transporte colectivo urbano de viajeros y Otro transporte de viajeros.

— 4411. Transporte colectivo urbano de viajeros.
— 4412. Otro transporte de viajeros.

Política de gasto 45. *Infraestructuras.*—Comprende los gastos de toda índole tendentes a la creación, mejora y mantenimiento de las infraestructuras básicas no incluidas en políticas de gasto anteriores.

Los gastos incluidos en el grupo de programas de Administración General corresponderán a actividades dirigidas a la planificación, coordinación, control, organización, gestión administrativa y desarrollo de funciones de apoyo de los distintos centros directivos que integran la política de gasto.

Se aplicarán a esta política de gasto todos los de inversión destinados a la construcción y mejora de carreteras y caminos vecinales a cargo de la entidad local y otros gastos complementarios de los anteriores, como puentes, viaductos, señalización o balizamiento, así como gastos relativos a estudios y servicios de asistencia técnica que resulten necesarios. En cuanto a recursos hidráulicos se incluirán gastos en obras de captación, acumulación y canalización hasta el inicio de la red de distribución urbana y otros de similar naturaleza.

Se tipifican cinco grupos de programas, distinguiéndose aquellos que tienen por finalidad la cobertura de gastos generales de administración asociados directamente a las infraestructuras a las que se refiere la presente política de gasto:

— 450. Administración general de infraestructuras.
— 452. Recursos hidráulicos.
— 453. Carreteras.
— 454. Caminos vecinales.
— 459. Otras infraestructuras.

Política de gasto 46. *Investigación, desarrollo e innovación.*—Comprende los gastos de administración, infraestructuras, funcionamiento y apoyo destinados a la investigación básica y aplicada, incluso las transferencias a otros agentes con esta finalidad.

Se imputarán a esta política de gasto los relativos a actividades dirigidas al fomento de los conocimientos científicos puros y aquellos con objetivos prácticos, específicos o concretos y que no puedan aplicarse a ninguna otra política de gasto.

Se tipifican dos grupos de programas:

— 462. Investigación y estudios relacionados con los servicios públicos.
— 463. Investigación científica, técnica y aplicada.

Política de gasto 49. *Otras actuaciones de carácter económico.*—Comprende los gastos de gestión, funcionamiento, apoyo, suministro y promoción de los servicios de telecomunicaciones, de la Sociedad de la Información, de la gestión del conocimiento y otros de naturaleza análoga; medios de comunicación, producción y difusión de programas audiovisuales, administración electrónica, oficinas de atención y defensa al consumidor; así como las transferencias a otros agentes para el cumplimiento de estos fines.

Se tipifican tres grupos de programas:

— 491. Sociedad de la información.
— 492. Gestión del conocimiento.
— 493. Protección de consumidores y usuarios.

ÁREA DE GASTO 9

ACTUACIONES DE CARÁCTER GENERAL

Se incluyen en esta área los gastos relativos a actividades que afecten, con carácter general, a la entidad local, y que consistan en el ejercicio de funciones de gobierno o de apoyo administrativo y de soporte lógico y técnico a toda la organización.

Recogerá los gastos generales de la entidad, que no puedan ser imputados ni aplicados directamente a otra área de las previstas en esta clasificación por programas.

Se incluirán en este área las transferencias de carácter general que no puedan ser aplicadas a ningún otro epígrafe de esta clasificación por programas, ya que en caso contrario se imputarán en la política de gasto específica que corresponda.

Política de gasto 91. Órganos de gobierno.—Comprende los gastos relativos a la constitución y funcionamiento de los órganos de gobierno de la entidad local y de representación de los mismos. Se incluirán, por tanto, las asignaciones e indemnizaciones del Presidente y miembros de la corporación; secretarías particulares de la presidencia; dietas y gastos de viaje y otros de naturaleza análoga. También se imputarán a esta política de gasto los de material y los necesarios para la atención de los órganos de gobierno.

Se tipifica un grupo de programas:

— 912. Órganos de gobierno.

Política de gasto 92. *Servicios de carácter general.*—Comprende los gastos de aquellos servicios que sirven o apoyan a todos los demás de la entidad local.

Se imputarán, por tanto, a esta política de gasto los de oficina y dependencias generales; información, publicaciones, registro y relaciones; desarrollos y soportes informáticos de carácter interno; coordinación y control general: archivo, organización y métodos, racionalización y mecanización; administración de personal; elecciones; atención y participación ciudadana, parque móvil, con exclusión de los vehículos afectados a servicios determinados que se imputarán a la correspondiente rúbrica y gastos de asesoramiento y defensa de los intereses de la entidad.

Esta política de gasto integrará los derivados de actividades relacionadas con la elaboración de información básica de carácter general y series estadísticas sobre los distintos servicios de la entidad local.

Se imputarán, asimismo, los gastos referentes a gabinetes de estudio e información y documentación de carácter general.

Se tipifican siete grupos de programas:

— 920. Administración General.

— 922. Coordinación y organización institucional de las entidades locales.

— 923. Información básica y estadística.

— 924. Participación ciudadana.

— 925. Atención a los ciudadanos.

— 926. Comunicaciones internas.

— 929. Imprevistos y funciones no clasificadas.

Dentro del grupo de programas de Información básica y estadística se tipifica un programa, relativo a la Gestión del Padrón Municipal de Habitantes.

— 9231. Gestión del Padrón Municipal de Habitantes.

En cumplimiento de lo dispuesto en el artículo 31 de la Ley Orgánica 2/2012, de 27 de abril, de Estabilidad Presupuestaria y Sostenibilidad Financiera, las entidades locales incluidas en el ámbito subjetivo de los artículos 111 y 135 del texto refundido de la Ley reguladora de las Haciendas Locales, aprobado por Real Decreto Legislativo 2/2004, de 5 de marzo, incluirán dentro del grupo de programas 929 «Imprevistos, situaciones transitorias y contingencias de ejecución» una dotación diferenciada de créditos presupuestarios en concepto de Fondo de Contingencia de ejecución presupuestaria, para atender necesidades de carácter no discrecional y no previstas en el presupuesto inicialmente aprobado, que puedan presentarse a lo largo del ejercicio. Las entidades locales no incluidas en aquel ámbito subjetivo aplicarán este mismo criterio en el caso de que aprueben la dotación de un Fondo de contingencia con la misma finalidad citada.

Política de gasto 93. *Administración financiera y tributaria.*—Comprende esta política de gasto todos los gastos correspondientes a la administración financiera de la entidad local.

Se imputarán los gastos generales de los servicios de economía y hacienda; planificación y presupuestos y fiscalidad; control interno y contabilidad y cuentas generales; gestión de la tesorería; gestión del patrimonio, contabilidad patrimonial y rendición de cuentas; gestión, inspección y recaudación de tributos, formación y actualización de padrones fiscales; órganos de resolución de reclamaciones económico-administrativas y de defensa al contribuyente y otros gastos relacionados con la actividad económica y financiera de la entidad.

Asimismo se incluyen los gastos referentes a la construcción, mejora y conservación, incluida la adquisición de terrenos, de edificios oficiales de uso múltiple.

Se tipifican cuatro grupos de programas:

— 931. Política económica y fiscal.
— 932. Gestión del sistema tributario.
— 933. Gestión del patrimonio.
— 934. Gestión de la deuda y de la tesorería.

Política de gasto 94. *Transferencias a otras Administraciones Públicas.*—Se imputarán a esta política de gasto las transferencias genéricas que ordene la entidad local hacia el Estado o la Comunidad Autónoma o a favor de otros entes locales, como son las participaciones en ingresos, cuotas de mancomunidades o consorcios y cualesquiera otras de naturaleza similar. Se distinguen, a estos efectos las entidades locales territoriales (artículo 3.1 de la Ley 7/1985, de 2 de abril, de la Ley reguladora de las Bases del Régimen Local) y el resto de entidades locales.

Se tipifican cuatro grupos de programas en razón del agente receptor de la misma.

— 941. Transferencias a Comunidades Autónomas.
— 942. Transferencias a entidades locales territoriales.
— 943. Transferencias a otras entidades locales.
— 944. Transferencias a la Administración General del Estado.

ÁREA DE GASTO 0

DEUDA PÚBLICA

Comprende los gastos de intereses y amortización de la Deuda Pública y demás operaciones financieras de naturaleza análoga, con exclusión de los gastos que ocasione la formalización de las mismas.

Se imputarán a esta área los gastos destinados a atender la carga financiera de la entidad local, amortización e intereses, derivados de las operaciones de crédito contratadas. Los gastos de formalización de los correspondientes contratos se llevarán a la política de gasto 93, grupo de programas 934.

Se tipifica un solo grupo de programas:

— 011. Deuda Pública.

Clasificación por programas de gastos

Área de Gasto	Política de Gasto	Grupo de Programas	Programas	Denominación
1				SERVICIOS PÚBLICOS BÁSICOS.
	13			Seguridad y movilidad ciudadana.
		130		Administración general de la seguridad y protección civil.
		132		Seguridad y Orden Público.
		133		Ordenación del tráfico y del estacionamiento
		134		Movilidad urbana.
		135		Protección civil.
		136		Servicio de prevención y extinción de incendios.
	15			Vivienda y urbanismo.
		150		Administración General de Vivienda y urbanismo.
		151		Urbanismo: planeamiento, gestión, ejecución y disciplina urbanística.
		152		Vivienda.
			1521	Promoción y gestión de vivienda de protección pública.
			1522	Conservación y rehabilitación de la edificación.
		153		Vías públicas.
			1531	Acceso a los núcleos de población.
			1532	Pavimentación de vías públicas.
	16			Bienestar comunitario.
		160		Alcantarillado.
		161		Abastecimiento domiciliario de agua potable.
		162		Recogida, gestión y tratamiento de residuos.
			1621	Recogida de residuos.
			1622	Gestión de residuos sólidos urbanos.
			1623	Tratamiento de residuos.
		163		Limpieza viaria.
		164		Cementerio y servicios funerarios.

Área de Gasto	Política de Gasto	Grupo de Programas	Programas	Denominación
		165		Alumbrado público.
	17			Medio ambiente.
		170		Administración general del medio ambiente.
		171		Parques y jardines.
		172		Protección y mejora del medio ambiente.
			1721	Protección contra la contaminación acústica, lumínica y atmosférica en las zonas urbanas.
2				ACTUACIONES DE PROTECCIÓN Y PROMOCIÓN SOCIAL.
	21			Pensiones.
		211		Pensiones.
	22			Otras prestaciones económicas a favor de empleados.
		221		Otras prestaciones económicas a favor de empleados.
	23			Servicios Sociales y promoción social.
		231		Asistencia social primaria.
	24			Fomento del Empleo.
		241		Fomento del Empleo.
3				PRODUCCIÓN DE BIENES PÚBLICOS DE CARÁCTER PREFERENTE.
	31			Sanidad.
		311		Protección de la salubridad pública.
		312		Hospitales, servicios asistenciales y centros de salud.
	32			Educación.
		320		Administración general de educación.
		321		Creación de Centros docentes de enseñanza preescolar y primaria.
		322		Creación de Centros docentes de enseñanza secundaria.
		323		Funcionamiento de centros docentes de enseñanza preescolar y primaria y educación especial.

Área de Gasto	Política de Gasto	Grupo de Programas	Programas	Denominación
		324		Funcionamiento de centros docentes de enseñanza secundaria.
		325		Vigilancia del cumplimiento de la escolaridad obligatoria.
		326		Servicios complementarios de educación
		327		Fomento de la convivencia ciudadana.
	33			Cultura.
		330		Administración general de cultura.
		332		Bibliotecas y Archivos.
			3321	Bibliotecas públicas.
			3322	Archivos.
		333		Equipamientos culturales y museos.
		334		Promoción cultural.
		336		Protección y gestión del Patrimonio Histórico-Artístico.
		337		Instalaciones de ocupación del tiempo libre
		338		Fiestas populares y festejos.
	34			Deporte.
		340		Administración general de deportes.
		341		Promoción y fomento del deporte.
		342		Instalaciones deportivas.
4				ACTUACIONES DE CARÁCTER ECONÓMICO.
	41			Agricultura, Ganadería y Pesca.
		410		Administración general de agricultura, ganadería y pesca.
		412		Mejora de las estructuras agropecuarias y de los sistemas productivos.
		414		Desarrollo rural.
		415		Protección y desarrollo de los recursos pesqueros.
		419		Otras actuaciones en agricultura, ganadería y pesca.
	42			Industria y energía.
		420		Administración General de Industria y energía.

Área de Gasto	Política de Gasto	Grupo de Programas	Programas	Denominación
		422		Industria.
		423		Minería.
		425		Energía.
	43			Comercio, turismo y pequeñas y medianas empresas.
		430		Administración general de comercio, turismo y pequeñas y medianas empresas.
		431		Comercio.
			4311	Ferias.
			4312	Mercados, abastos y lonjas.
			4313	Comercio ambulante.
		432		Información y promoción turística.
		433		Desarrollo empresarial.
		439		Otras actuaciones sectoriales.
	44			Transporte público.
		440		Administración general del transporte.
		441		Transporte de viajeros.
			4411	Transporte colectivo urbano de viajeros.
			4412	Otro transporte de viajeros.
		442		Infraestructuras del transporte.
		443		Transporte de mercancías.
	45			Infraestructuras.
		450		Administración general de infraestructuras.
		452		Recursos Hidráulicos.
		453		Carreteras.
		454		Caminos vecinales.
		459		Otras infraestructuras.
	46			Investigación, desarrollo e innovación.
		462		Investigación y estudios relacionados con los servicios públicos.
		463		Investigación científica, técnica y aplicada.

Área de Gasto	Política de Gasto	Grupo de Programas	Programas	Denominación
	49			Otras actuaciones de carácter económico.
		491		Sociedad de la información.
		492		Gestión del conocimiento.
		493		Protección de consumidores y usuarios.
9				ACTUACIONES DE CARÁCTER GENERAL.
	91			Órganos de gobierno.
		912		Órganos de gobierno.
	92			Servicios de carácter general.
		920		Administración General.
		922		Coordinación y organización institucional de las entidades locales.
		923		Información básica y estadística.
			9231	Gestión del Padrón Municipal de Habitantes.
		924		Participación ciudadana.
		925		Atención a los ciudadanos.
		926		Comunicaciones internas.
		929		Imprevistos, situaciones transitorias y contingencias de ejecución.
	93			Administración financiera y tributaria.
		931		Política económica y fiscal.
		932		Gestión del sistema tributario.
		933		Gestión del patrimonio.
		934		Gestión de la deuda y de la tesorería.
	94			Transferencias a otras Administraciones Públicas.
		941		Transferencias a Comunidades Autónomas.
		942		Transferencias a Entidades Locales territoriales.
		943		Transferencias a otras Entidades Locales.
		944		Transferencias a la Administración General del Estado.

Área de Gasto	Política de Gasto	Grupo de Programas	Programas	Denominación
0				DEUDA PÚBLICA.
	01			Deuda Pública.
		011		Deuda Pública.

ANEXO II

Tabla de equivalencias de la clasificación por programas recogida en esta Orden ministerial en relación con la clasificación funcional aprobada por la Orden del Ministerio de Economía y Hacienda de 20 de septiembre de 1989

Código presupuestario según la presente Orden Ministerial	Denominación	Código presupuestario según la Orden de 20 de septiembre de 1989
1	*Servicios públicos básicos.*	
13	Seguridad y movilidad ciudadana.	22
130	Administración General de la Seguridad y Protección Civil.	222/223
132	Seguridad y Orden Público.	222
133	Ordenación del tráfico y del estacionamiento.	222
134	Protección civil.	223
135	Servicio de extinción de incendios.	223
15	Vivienda y urbanismo.	43
150	Administración General de Vivienda y Urbanismo.	431/432/511
151	Urbanismo.	432
152	Vivienda.	431
153	Acceso a la vivienda.	431
154	Fomento de la edificación protegida.	431
155	Vías públicas.	511
16	Bienestar comunitario.	43/44/46
161	Saneamiento, abastecimiento y distribución de aguas.	441
162	Recogida, eliminación, tratamiento de residuos	442
163	Limpieza viaria.	442
164	Cementerio y servicios funerarios.	443
165	Alumbrado público.	43_
169	Otros servicios de bienestar comunitario.	44_,/46_
17	Medio Ambiente.	43/44
170	Administración General del Medio Ambiente.	43_/44_

Código presupuestario según la presente Orden Ministerial	Denominación	Código presupuestario según la Orden de 20 de septiembre de 1989
171	Parques y jardines.	43_
172	Protección y mejora del medio ambiente.	44_
179	Otras actuaciones relacionadas con el medio ambiente.	44_
2	*Actuaciones de protección y promoción social.*	
21	Pensiones.	314
211	Pensiones.	314
22	Otras prestaciones económicas a favor de empleados.	31_
221	Otras prestaciones económicas a favor de empleados.	31_
23	Servicios Sociales y promoción social.	31/32/46
230	Administración General de servicios sociales.	31_/32_/46_
231	Acción social.	313
232	Promoción social.	323
233	Asistencia a personas dependientes.	313/323
24	Fomento del Empleo.	322
241	Fomento del Empleo.	322
3	*Producción de bienes públicos de carácter preferente.*	
31	Sanidad.	41
312	Hospitales, servicios asistenciales y centros de salud.	412
313	Acciones públicas relativas a la salud.	413
32	Educación.	32/42
320	Administración general de educación.	42_
321	Educación preescolar y primaria.	422
322	Enseñanza secundaria.	422
323	Promoción educativa.	321
324	Servicios complementarios de educación.	422
33	Cultura.	45
331	Administración General de la Cultura.	451
332	Bibliotecas y Archivos.	451
333	Museos y Artes Plásticas.	451
334	Promoción cultural.	451
335	Artes escénicas.	451
336	Arqueología y protección del Patrimonio Histórico-Artístico.	453
337	Ocio y tiempo libre.	452
338	Fiestas populares y festejos.	451
34	Deporte.	452
340	Administración General de Deportes.	452
341	Promoción y fomento del deporte.	452
342	Instalaciones deportivas.	452
4	*Actuaciones de carácter económico.*	
41	Agricultura, Ganadería y Pesca.	71/53

Código presupuestario según la presente Orden Ministerial	Denominación	Código presupuestario según la Orden de 20 de septiembre de 1989
410	Administración General de Agricultura, Ganadería y Pesca.	531/533/711
412	Mejoras de las estructuras agropecuarias y de los sistemas productivos.	531
414	Desarrollo rural.	531/533
415	Protección y desarrollo de los recursos pesqueros.	531
419	Otras actuaciones en agricultura, ganadería y pesca.	711/531
42	Industria y Energía.	72/73/74
420	Administración General de Industria y Energía.	721/731/741
422	Industria.	721
423	Minería.	741
425	Energía.	731
43	Comercio, Turismo y pequeñas y medianas empresas.	62/75
430	Administración General de Comercio, Turismo y pequeñas y medianas empresas.	62/44/75
431	Comercio.	622/44
432	Ordenación y promoción turística.	751
433	Desarrollo empresarial.	622
439	Otras actuaciones sectoriales.	62/75
44	Transporte público.	51
440	Administración general del transporte.	513
441	Promoción, mantenimiento y desarrollo del transporte.	513
442	Infraestructuras del transporte.	513
45	Infraestructuras.	51
450	Administración General de Infraestructuras.	5
452	Recursos Hidráulicos.	512
453	Carreteras.	511
454	Caminos vecinales.	511
459	Otras infraestructuras.	513
46	Investigación, desarrollo e innovación.	54
462	Investigación y estudios relacionados con los servicios públicos.	541
463	Investigación científica, técnica y aplicada.	541
49	Otras actuaciones de carácter económico.	44/45/52
491	Sociedad de la información.	521/451
492	Gestión del conocimiento.	52
493	Oficinas de defensa al consumidor.	44_
9	*Actuaciones de carácter general.*	
91	Órganos de gobierno.	111
912	Órganos de gobierno.	111
92	Servicios de carácter general.	12/46/55
920	Administración general.	121/122

Código presupuestario según la presente Orden Ministerial	Denominación	Código presupuestario según la Orden de 20 de septiembre de 1989
922	Coordinación y organización institucional de las Entidades locales.	121
923	Información básica y estadística.	551
924	Participación ciudadana.	463
925	Atención a los ciudadanos.	46_
926	Comunicaciones internas.	
929	Imprevistos y funciones no clasificadas.	
93	Administración financiera y tributaria.	43/61
931	Política económica y fiscal.	611
932	Gestión del sistema tributario.	611
933	Gestión del patrimonio.	43_
934	Gestión de la deuda y de la tesorería.	611
94	Trans. a otras Administraciones Públicas.	91
941	Transferencias a Comunidades Autónomas.	911
942	Transferencias a Entidades locales territoriales.	911
943	Transferencias a otras Entidades locales.	911
944	Transferencias a la Administración General del Estado.	911
0	*Deuda Pública.*	0
01	Deuda Pública.	01
011	Deuda Pública.	011

ANEXO III

Códigos de la clasificación económica de los gastos del presupuesto de las entidades locales y sus organismos autónomos

Se distinguen las operaciones no financieras (capítulos de gasto 1 a 7) de las financieras (capítulos de gasto 8 y 9), subdividiéndose las primeras en operaciones corrientes (capítulos de gasto 1 a 4) y de capital (capítulos 6 y 7).

El presente anexo desarrolla la estructura de la clasificación económica de los gastos de las entidades locales y de sus organismos autónomos, relacionando a continuación de cada capítulo, artículo y concepto las clases de gastos imputables a los mismos, con el grado de detalle apropiado para cada uno de ellos.

El código tiene carácter cerrado y obligatorio en sus niveles de capítulo y artículo. Por lo que se refiere a concepto, subconcepto y partida, se considera abierto, si bien en esta Orden se tipifican y codifican algunos conceptos y subconceptos obligatorios de general utilización, pudiendo crearse por cada Entidad local cuantos epígrafes adicionales estime necesarios.

A. OPERACIONES NO FINANCIERAS

A.1 *Operaciones corrientes*

El presupuesto de gastos clasifica en sus capítulos 1 al 4 los gastos por operaciones corrientes, separando los gastos de funcionamiento de los servicios (personal y gastos en bienes corrientes y servicios), los intereses y las transferencias corrientes.

Los gastos aplicables a cada capítulo, artículo y concepto se describen en el presente anexo, teniendo en cuenta que se pueden a su vez desglosar los conceptos en subconceptos y partidas, según sea conveniente para la mejor gestión de los programas a cargo de la entidad local y para la adecuada administración y contabilización de los créditos.

CAPÍTULO PRIMERO

GASTOS DE PERSONAL

Se aplicarán a este capítulo los gastos siguientes:

— Todo tipo de retribuciones fijas y variables e indemnizaciones, en dinero y en especie, a satisfacer por las entidades locales y por sus Organismos autónomos al personal que preste sus servicios en las mismas.

— Cotizaciones obligatorias de las entidades locales y de sus organismos autónomos a los distintos regímenes de Seguridad Social del personal a su servicio.

— Prestaciones sociales, que comprenden toda clase de pensiones y las remuneraciones a conceder en razón de las cargas familiares.

— Gastos de naturaleza social realizados, en cumplimiento de acuerdos y disposiciones vigentes, por las entidades locales y sus organismos autónomos para su personal.

Art. 10. *Órganos de gobierno y personal directivo.*—Comprende los siguientes conceptos retributivos de los miembros de los órganos de gobierno, así como el personal directivo:

— Concepto 100. Retribuciones básicas y otras remuneraciones de los miembros de los órganos de gobierno.

— Concepto 101. Retribuciones básicas y otras remuneraciones del personal directivo.

Los conceptos anteriores comprenden todas las remuneraciones que se satisfagan a los miembros de los órganos de gobierno y directivos por cualquier concepto. En cada uno de ellos se distinguen dos subconceptos, atendiendo al carácter básico o complementario de las retribuciones:

• Subconcepto 100.00 / 101.00. Retribuciones básicas.

• Subconcepto 100.01./ 101.01 Otras remuneraciones.

— Concepto 107. Contribuciones a planes y fondos de pensiones.

Aportaciones de la entidad local a planes y fondos de pensiones cuyos beneficiarios sean miembros de los órganos de gobierno y personal directivo. Se distinguen dos subconceptos atendiendo a esta diferenciación:

• Subconcepto 107.00. De los miembros de los órganos de gobierno.

• Subconcepto 107.01 Del personal directivo.

Art. 11. *Personal eventual.*—Comprende las retribuciones básicas y otras remuneraciones del personal eventual nombrado por el órgano competente de la entidad local, de acuerdo con las disposiciones vigentes, y que cesa automáticamente cuando lo hace la autoridad que efectuó el nombramiento.

— Concepto 110. Retribuciones básicas y otras remuneraciones de personal eventual.

Con cargo a este concepto se pagará la totalidad de las retribuciones que correspondan a este personal según la normativa vigente. Se distinguirán subconceptos según la naturaleza de los componentes de las retribuciones:

• Subconcepto 110.00. Retribuciones básicas.
• Subconcepto 110.01. Retribuciones complementarias.
• Subconcepto 110.02. Otras remuneraciones.

— Concepto 117. Contribuciones a planes y fondos de pensiones.

Art. 12. *Personal Funcionario.*—Se imputarán a este artículo los siguientes conceptos retributivos del personal funcionario, incluido el que esté realizando prácticas, dentro de un proceso selectivo:

— Retribuciones básicas.
— Retribuciones complementarias.
— Retribuciones en especie.

— Concepto 120. Retribuciones básicas.

Comprende:

• Sueldo.
• Trienios.

Se podrán establecer subconceptos para distinguir entre sueldo, trienios y otras retribuciones básicas. Los sueldos se podrán detallar con arreglo a los grupos de clasificación profesional del personal funcionario de carrera establecidos por el artículo 76 de la Ley 7/2007, de 12 de abril, del Estatuto Básico del Empleado Público.

Las pagas extraordinarias se imputarán a los subconceptos correspondientes a sueldos y trienios.

En definitiva, se recogen los siguientes subconceptos:

• Subconcepto 120.00. Sueldos del Grupo A1.
• Subconcepto 120.01. Sueldos del Grupo A2.
• Subconcepto 120.02. Sueldos del Grupo B.
• Subconcepto 120.03. Sueldos del Grupo C1.
• Subconcepto 120.04. Sueldos del Grupo C2.
• Subconcepto 120.05. Sueldos del Grupo E.
• Subconcepto 120.06. Trienios.
• Subconcepto 120.09. Otras retribuciones básicas.

— Concepto 121. Retribuciones complementarias.

Créditos destinados a satisfacer el complemento de destino, indemnización por residencia, complemento específico y complementos transitorios, así como cualesquiera otros que se determinen con arreglo a lo dispuesto en el artículo 24 de la Ley 7/2007, de 12 de abril, del Estatuto Básico del Empleado Público, salvo los incentivos al rendimiento.

Se establecen subconceptos correspondientes a cada uno de los mencionados complementos:

• Subconcepto 121.00. Complemento de destino.
• Subconcepto 121.01. Complemento específico.
• Subconcepto 121.03. Otros complementos.

— Concepto 122. Retribuciones en especie.

Créditos destinados a conceder a funcionarios determinadas retribuciones en especie que tengan carácter personal y no puedan ser considerados como gastos sociales de un conjunto de funcionarios (a título indicativo, billetes de medios de locomoción, indemnizaciones por vestuario en los casos en que sea procedente).

— Concepto 124. Retribuciones de funcionarios en prácticas.

Créditos destinados a satisfacer las retribuciones de los funcionarios que no han podido tomar posesión del cargo por ser preceptivo el período de prácticas. Se podrán desagregar por los grupos de clasificación profesional del personal funcionario de carrera recogidos en el concepto 120.

— Concepto 127. Contribuciones a planes y fondos de pensiones.

Art. 13. *Personal laboral.*—Este artículo comprende retribuciones e indemnizaciones a satisfacer al personal laboral al servicio de las entidades locales y sus organismos autónomos en virtud de los convenios colectivos o normas laborales que les sean de aplicación.

— Concepto 130. Laboral fijo.

Incluye las siguientes remuneraciones del personal laboral fijo:

• Subconcepto 130.00. Retribuciones básicas.

• Retribuciones que tengan establecido este carácter en los respectivos convenios colectivos o normas laborales de obligado cumplimiento.

• Subconcepto 130.01. Horas extraordinarias.

• Subconcepto 130.02. Otras remuneraciones

Comprende todas aquellas retribuciones que deban satisfacerse al personal laboral fijo, según la normativa que les sea de aplicación, no incluidas en el subconcepto anterior.

No se incluirán en este concepto los créditos destinados a vestuario de personal laboral al que se impone el uso de uniformes durante el horario de servicio, ni las dietas de viaje y gastos de locomoción. En estos casos, los créditos correspondientes deben incluirse en el capítulo 2, *Gastos en bienes corrientes y servicios*.

— Concepto 131. Laboral temporal.

Se incluyen en este concepto las remuneraciones que correspondan al personal laboral temporal, de acuerdo con la normativa que les sea de aplicación.

— Concepto 132. Retribuciones en especie.

— Concepto 137. Contribuciones a planes y fondos de pensiones.

Art. 14. *Otro personal.*—Retribuciones del personal que desarrolla tareas esporádicas o atípicas, y del personal contratado de acuerdo con la legislación vigente.

Este artículo no incluye los créditos destinados a retribuir a funcionarios interinos, que deban percibir sus emolumentos con cargo a dotaciones libres por vacantes no cubiertas en las plazas del personal funcionario de carrera.

— Concepto 143. Otro personal.

Se imputarán a este concepto las retribuciones del personal que no tengan cabida en el resto de los conceptos de este capítulo.

— Concepto 147. Contribuciones a planes y fondos de pensiones.

Art. 15. *Incentivos al rendimiento*—Comprende las retribuciones destinadas a remunerar el especial rendimiento, la actividad extraordinaria y el interés o iniciativa en el desempeño de las funciones encomendadas.

— Concepto 150. Productividad.

Se imputarán los gastos destinados a retribuir el excepcional rendimiento, la actividad y dedicación extraordinaria, el interés o iniciativa con que se desempeñen los puestos de trabajo.

— Concepto 151. Gratificaciones.

A este concepto se imputarán las retribuciones de carácter excepcional reconocidas por servicios extraordinarios prestados fuera de la jornada normal de trabajo, sin que en ningún caso puedan ser fijas en su cuantía ni periódicas en su devengo.

— Concepto 152. Otros incentivos al rendimiento.

— Concepto 153. Complemento dedicación especial.

Art. 16. *Cuotas, prestaciones y gastos sociales a cargo del empleador.*—Comprende las cuotas de los seguros sociales, prestaciones y otros gastos sociales a cargo del empleador.

Se abrirán, al menos, los conceptos siguientes:

— Concepto 160. Cuotas sociales.

Aportaciones de las entidades locales y de los organismos autónomos a los regímenes de la Seguridad Social y de previsión (mutualidades de funcionarios) del personal a su servicio. Gastos médico-farmacéuticos del personal, no cubiertos por los regímenes de previsión social y asumidos por las entidades locales.

A tal efecto se abren en la estructura los siguientes subconceptos:

• Subconcepto 160.00. Seguridad Social.

• Subconcepto 160.08. Asistencia médico-farmacéutica.

• Subconcepto 160.09. Otras cuotas.

— Concepto 161. Prestaciones sociales.

Complementos o mejoras de pensiones que con arreglo a la normativa vigente, corresponda abonar a la entidad local en favor de sus clases pasivas.

Pensiones excepcionales otorgadas a título personal, complemento familiar de pensionistas; otros gastos sociales de pensionistas.

Incluye los subconceptos siguientes:

• Subconcepto 161.03. Pensiones excepcionales. Pensiones aprobadas, a título individual, por la entidad local a favor de funcionarios, personal laboral o de terceros.

• Subconcepto 161.04. Indemnizaciones al personal laboral por jubilaciones anticipadas.

• Subconcepto 161.05. Pensiones a cargo de la entidad local. Las que, de acuerdo con la normativa vigente, debe asumir la Entidad local. Incluirá el complemento familiar de pensionistas.

• Subconcepto 161.07. Asistencia médico-farmacéutica a pensionistas. La que proceda por precepto legal o reglamentario.

— Concepto 162. Gastos sociales del personal.

Comprende:

— Los servicios de acción social, tales como formativos, culturales, deportivos o recreativos, guarderías, etc., y ayudas para atenciones extraordinarias personales o familiares; servicios de economatos, comedores y similares.

— Transporte de personal: Gastos de traslado del personal al centro o lugar de trabajo y que no deban imputarse al concepto 122, *Retribuciones en especie*, siempre que se establezca con carácter colectivo.

— Seguros de accidente de vida o responsabilidad civil que cubran las contingencias que se produzcan con ocasión del desempeño, por el personal al servicio de la entidad local o de sus organismos autónomos, de funciones en las que concurran circunstancias que hagan necesaria dicha cobertura.

Se establecen los subconceptos siguientes:

• Subconcepto 162.00. Formación y perfeccionamiento del personal. Incluye los gastos de formación y perfeccionamiento del personal que esté prestando sus servicios en el propio centro, salvo los honorarios que deba percibir el personal al servicio de la Administración Local por impartición de clases. Incluye entre otros los libros adquiridos para la formación del personal que se entreguen a éste y las ayudas de estudio que la Entidad local sufrague a sus propios empleados para que asistan a ciclos, conferencias, cursos y seminarios.

• Subconcepto 162.01. Economatos y comedores. Incluye la distribución de vales de comidas al personal.

• Subconcepto 162.02. Transporte de personal.

• Subconcepto 162.04. Acción social.

• Subconcepto 162.05. Seguros.

• Subconcepto 162.09. Otros gastos sociales.

— Concepto 164. Complemento familiar.

La remuneración complementaria que se conceda en razón de las cargas familiares del personal funcionario en activo.

CAPÍTULO II

Gastos corrientes en bienes y servicios

Este capítulo comprende los gastos en bienes y servicios necesarios para el ejercicio de las actividades de las Entidades locales y de sus Organismos autónomos que no produzcan un incremento del capital o del patrimonio público.

Serán imputables a los créditos de este capítulo los gastos originados para la adquisición de bienes que reúnan alguna de las siguientes características:

a) Ser bienes fungibles.

b) Tener una duración previsiblemente inferior al ejercicio presupuestario.

c) No ser susceptibles de inclusión en inventario.

d) Ser gastos que previsiblemente sean reiterativos.

Además se aplicarán a este capítulo los gastos de carácter inmaterial que puedan tener carácter reiterativo, no sean susceptibles de amortización y no estén directamente relacionados con la realización de las inversiones.

Art. 20. *Arrendamientos y cánones.*—Gastos de esta naturaleza por el alquiler de bienes muebles e inmuebles. Incluye, entre otros, el arrendamiento de terrenos, edificios y locales, el alquiler de equipos informáticos y de transporte.

— Concepto 200. Arrendamientos de terrenos y bienes naturales.

Gastos por arrendamiento de solares, fincas rústicas y otros.

— Concepto 202. Arrendamientos de edificios y otras construcciones.

Gastos derivados de los contratos de alquiler de edificios y otras construcciones, entre los que se incluyen, a título indicativo, edificios para prestación de servicios, salas de espectáculos, museos o almacenes, aunque en los contratos correspondientes vayan incluidos servicios conexos (calefacción, refrigeración, agua, alumbrado, seguros o limpieza). Asimismo, se incluirán los gastos de comunidad, así como el Impuesto sobre de Bienes Inmuebles cuando se establezca en el contrato con cargo al arrendatario.

— Concepto 203. Arrendamientos de maquinaria, instalaciones y utillaje.

Gastos de esta naturaleza, incluidos los gastos de equipo empleado en conservación y reparación de inversiones.

— Concepto 204. Arrendamientos de material de transporte.

Gastos de alquiler de vehículos de todas clases utilizables para el transporte de personas o mercancías.

— Concepto 205. Arrendamientos de mobiliario y enseres.

Gastos de alquiler de mobiliario, equipos de oficina o material.

— Concepto 206. Arrendamientos de equipos para procesos de información.

Gastos derivados del alquiler de equipos informáticos, de transmisiones de datos y otros especiales, sistemas operativos, aplicaciones de gestión de base de datos y cualquier otra clase de equipos informáticos y de *software*.

— Concepto 208. Arrendamientos de otro inmovilizado material.

Alquiler de inmovilizado diverso no incluido en los conceptos precedentes.

— Concepto 209. Cánones.

Cantidades satisfechas periódicamente por la cesión de un bien, el uso de la propiedad industrial y la utilización de otros bienes de naturaleza material o inmaterial.

Art. 21. *Reparaciones, mantenimiento y conservación.*—Se imputarán a este artículo los gastos de mantenimiento y conservación de infraestructuras, edificios y locales, maquinaria, material de transporte y otro inmovilizado material, desglosados en los mismos conceptos indicados en el artículo 20, *Arrendamientos*. A título indicativo, se incluyen los siguientes:

— Gastos de conservación y reparación de infraestructuras y bienes inmuebles destinados al uso general, ya sean propios o arrendados, pudiendo afectar, a modo de ejemplo, a vías públicas, alumbrado público, instalaciones de semáforos e instalaciones industriales.

— Gastos de conservación y reparación del mobiliario.

— Gastos por vigilancia, revisión, conservación y mantenimiento de máquinas e instalaciones de oficinas.

— Gastos de mantenimiento o de carácter análogo que originen los equipos de proceso y transmisión de datos e informáticos y de instalaciones telefónicas o de control de emisiones radioeléctricas.

Como norma general, las reparaciones importantes que supongan un incremento de capacidad, rendimiento, eficiencia o alargamiento de la vida útil del bien, se imputarán al capítulo 6, *Inversiones reales*.

Por conceptos se efectuará el siguiente desglose:

— Concepto 210. Infraestructuras y bienes naturales.

— Concepto 212. Edificios y otras construcciones.

Gastos de reparaciones, mantenimiento y conservación de edificios administrativos y construcciones de la entidad local

— Concepto 213. Maquinaria, instalaciones técnicas y utillaje.

Gastos destinados a reparaciones, mantenimiento y conservación de maquinaria, entendida ésta como el conjunto de máquinas de la entidad local, incluyéndose los elementos de transporte interno destinados al transporte de personal, animales, materiales y mercancías dentro de talleres o instalaciones análogas, sin salir al exterior.

Asimismo, se incluirán los gastos de reparaciones, mantenimiento y conservación de instalaciones técnicas de la entidad local, entendidas como unidades complejas de uso especializado comprensivas de edificaciones, maquinaria, elementos, incluidos los sistemas informáticos, que aun siendo separables por naturaleza, están unidos de forma definitiva para su funcionamiento y están sometidos al mismo ritmo de amortización. Se incluyen los repuestos o recambios válidos exclusivamente para estas instalaciones.

Por último, se recogerán en este concepto los gastos de reparaciones, mantenimiento y conservación del utillaje, definido como conjunto de utensilios o herramientas que se pueden utilizar con la maquinaria, incluidos los moldes y plantillas.

— Concepto 214. Elementos de transporte.

Gastos de reparaciones, mantenimiento y conservación de vehículos de la entidad local. Se incluyen vehículos destinados al transporte terrestre, marítimo o aéreo de personas, animales, materiales o mercancías, excepto los que se deban recoger en el concepto 213, *Maquinaria, instalaciones técnicas y utillaje*.

— Concepto 215. Mobiliario.

Gastos de reparaciones, mantenimiento y conservación de mobiliario, material y equipos de oficina de la entidad local, con excepción de los que deben figurar en el concepto 216, *Equipos para procesos de información.*

— Concepto 216. Equipos para procesos de información.

Gastos de reparaciones, mantenimiento y conservación de ordenadores y demás conjuntos electrónicos de comunicaciones y de procesos de datos, de la entidad local.

— Concepto 219. Otro inmovilizado material.

Gastos de reparaciones, mantenimiento y conservación de otros elementos no incluidos en los conceptos anteriores.

Art. 22. *Material, suministros y otros.*—Gastos correspondientes a los siguientes conceptos:

— Concepto 220. Material de oficina.

— Comprende, entre otros, los siguientes gastos:

• Subconcepto 220.00. Ordinario no inventariable. Gastos ordinarios de material de oficina no inventariable.

• Subconcepto 220.01. Prensa, revistas, libros y otras publicaciones. Incluye gastos de adquisiciones de publicaciones, revistas, y otros similares, así como de libros cuando no proceda su inclusión en inventario.

• Subconcepto 220.02. Material informático no inventariable.

Gastos de material para el normal funcionamiento de equipos informáticos, transmisión y otros, tales como adquisición de soportes físicos o *paquetes de software.*

— Concepto 221. Suministros.

Gastos de agua, gas, electricidad y otros servicios o abastecimientos que no sean susceptibles de ser almacenados, para los que se establecen los siguientes subconceptos:

• Subconcepto 221.00. Energía eléctrica.

• Subconcepto 221.01. Agua.

• Subconcepto 221.02. Gas.

• Subconcepto 221.03. Combustibles y carburantes.

Se imputan a los subconceptos anteriores los gastos que respondan a las denominaciones recogidas, siempre que no estén comprendidos en el precio de los alquileres.

• Subconcepto 221.04. Vestuario. Vestuario y otras prendas con destino al personal cuyo cometido lo requiera.

• Subconcepto 221.05. Productos alimenticios. Adquisición de productos alimenticios para su consumo en relación con la prestación de servicios.

• Subconcepto 221.06. Productos farmacéuticos y material sanitario. Gastos de medicinas o productos de asistencia sanitaria cuya aplicación no corresponda al Capítulo 1, *Gastos de personal.*

• Subconcepto 221.10. Productos de limpieza y aseo. Gastos de productos de limpieza y aseo destinados a su uso en las dependencias y servicios municipales.

• Subconcepto 221.11. Suministros de repuestos de maquinaria, utillaje y elementos de transportes.

• Subconcepto 221.12. Suministros de material electrónico y de telecomunicaciones.

• Subconcepto 221.13. Manutención de animales.

• Subconcepto 221.99. Otros suministros.

— Concepto 222. Comunicaciones.

Detallado en subconceptos, incluye los gastos por servicios telefónicos, servicios postales y telegráficos, así como cualquier otro tipo de comunicación.

Se establecen, en consecuencia, los siguientes subconceptos:

• Subconcepto 222.00. Servicios de telecomunicaciones.
• Subconcepto 222.01. Postales.
• Subconcepto 222.02. Telegráficas.
• Subconcepto 222.03. Informáticas.
• Subconcepto 222.99. Otros gastos en comunicaciones.

— Concepto 223. Transportes.

Gastos de transportes de todo tipo, excepto de personal.

— Concepto 224. Primas de seguros.

Gastos por seguros de vehículos, de bienes inmuebles, de otro inmovilizado y de cualquier elemento material, cualquiera que sea la naturaleza de los riesgos objeto de cobertura, excepto los seguros de vida o accidente del personal que se incluirán en el Capítulo 1, *Gastos de personal*, concepto 162, *Gastos sociales del personal*.

— Concepto 225. Tributos.

Se incluirán en este concepto los gastos destinados a satisfacer tasas, contribuciones e impuestos, sean estatales, autonómicos o locales.

Se establecen subconceptos atendiendo al sujeto activo de la relación jurídico-tributaria:

• Subconcepto 225.00. Tributos estatales.
• Subconcepto 225.01. Tributos de las Comunidades Autónomas.
• Subconcepto 225.02. Tributos de las Entidades locales.

— Concepto 226. Gastos diversos.

Se incluirán todos aquellos gastos de naturaleza corriente que no tienen cabida en otros conceptos del Capítulo 2, *Gastos corrientes en bienes y servicios*.

Se desglosará, entre otros, en los subconceptos siguientes:

• Subconcepto 226.01. Atenciones protocolarias y representativas.
• Subconcepto 226.02. Publicidad y propaganda. Gastos de divulgación, y cualquier otro de propaganda y publicidad, conducente a informar a la comunidad de los servicios de la entidad local. Las campañas de sensibilización y concienciación ciudadana que sean susceptibles de producir efectos en varios ejercicios se imputarán al artículo 64.
• Subconcepto 226.03. Publicación en Diarios Oficiales. Se incluirán los gastos derivados de la publicación de anuncios en los boletines oficiales: del Estado, de la Comunidad Autónoma, de la provincia, europeos, etc.
• Subconcepto 226.04. Jurídicos, contenciosos. Se incluirán todos los gastos destinados a la defensa jurídica y cualesquiera de naturaleza análoga que sean necesarios para salvaguardar los bienes y derechos de la entidad.
• Subconcepto 226.06. Reuniones, conferencias y cursos. Gastos de organización y celebración de conferencias, asambleas, congresos, grupos de trabajo, seminarios, y convenciones y reuniones análogas.
• Subconcepto 226.07. Oposiciones y pruebas selectivas.
• Subconcepto 226.09. Actividades culturales y deportivas.
• Subconcepto 226.99. Otros gastos diversos.

— Concepto 227. Trabajos realizados por otras empresas y profesionales.

Se incluirán aquellos gastos que correspondan a actividades que, siendo de la competencia de las entidades locales o sus organismos autónomos, se ejecutan mediante contratación con empresas externas o profesionales independientes.

• Subconcepto 227.00. Limpieza y aseo.
• Subconcepto 227.01. Seguridad.
• Subconcepto 227.02. Valoraciones y peritajes.

• Subconcepto 227.04. Custodia, depósitos y almacenaje.
• Subconcepto 227.05. Procesos electorales.
• Subconcepto 227.06. Estudios y trabajos técnicos. Gastos de estudio, trabajos técnicos, estadísticos o de otro carácter que se deriven de tareas encomendadas a empresas especializadas, profesionales independientes o expertos, que no sean aplicados a planes, programas, anteproyectos y proyectos de inversión, en cuyo caso figurarán en el Capítulo 6, *Inversiones reales*.
• También se incluirán en este subconcepto, la dotación de premios de investigación y estudio de concursos de ideas, de trabajos, publicaciones, ediciones, exposiciones y participaciones de carácter cultural, artístico, científico, técnico, jurídico y económico, relacionados con la actividad de la entidad local o de sus organismos autónomos. Cuando sean susceptibles de aplicación a planes, programas, anteproyectos y proyectos de inversión, figurarán en el Capítulo 6, *Inversiones reales*.
• Subconcepto 227.08. Servicios de recaudación a favor de la Entidad. Gastos derivados de la recaudación de los derechos económicos de la entidad local o de sus organismos autónomos cuando aquélla se efectúe por otras entidades locales o entes públicos dependientes de otras Administraciones Públicas, así como los gastos derivados de los contratos que, en esta materia, se suscriban con entidades colaboradoras.
• Subconcepto 227.99. Otros trabajos realizados por otras empresas y profesionales. Se incluyen gastos originados por trabajos realizados por otras empresas no mencionados en los subconceptos anteriores.

Art. 23. *Indemnizaciones por razón del servicio.*—Las indemnizaciones que para resarcir gastos derivados de comisiones de servicio y de acuerdo con la legislación vigente deban satisfacerse a miembros de los órganos de gobierno, funcionarios, personal laboral, eventual y contratado.

Se imputarán a este concepto las indemnizaciones reglamentarias por asistencia a tribunales y órganos colegiados y, en general, por concurrencia personal a reuniones, consejos o comisiones.

Se abrirán los siguientes conceptos:

— Concepto 230. Dietas.

Se establecen los siguientes subconceptos atendiendo al personal de la entidad local:

• Subconcepto 230.00. De los miembros de los órganos de gobierno.
• Subconcepto 230.10. Del personal directivo.
• Subconcepto 230.20. Del personal no directivo.

— Concepto 231. Locomoción.

Gastos de viaje de los miembros de los órganos de gobierno, así como del personal que preste servicios en la entidad local, con independencia de su puesto de trabajo.

Se establecen los siguientes subconceptos atendiendo al personal de la entidad local:

• Subconcepto 231.00. De los miembros de los órganos de gobierno.
• Subconcepto 231.10. Del personal directivo.
• Subconcepto 231.20. Del personal no directivo.

— Concepto 233. Otras indemnizaciones.

Art. 24. *Gastos de publicaciones.*

— Concepto 240. Gastos de edición y distribución.

Gastos en publicaciones institucionales tales como presupuestos, ordenanzas, memorias y análogas.

En el caso de que la actividad de edición se haga con medios propios, los diferentes gastos se imputarán a los conceptos económicos correspondientes.

Art. 25. *Trabajos realizados por administraciones públicas y otras entidades públicas.*

Art. 26. *Trabajos realizados por Instituciones sin fines de lucro.*

Art. 27. [...]*.

CAPÍTULO III

Gastos financieros

Este capítulo comprende los intereses, incluidos los implícitos, y demás gastos derivados de todo tipo de operaciones financieras y de deudas contraídas o asumidas por la Entidad local o sus Organismos autónomos, así como los gastos de emisión o formalización, modificación y cancelación de las mismas, diferencias de cambio y otros rendimientos implícitos.

Los gastos de esta naturaleza especificados en artículos y conceptos, incluyen:

Art. 30. *De Deuda Pública en euros*—Intereses de todo tipo de deuda emitida o asumida por la entidad local o sus organismos autónomos en euros, así como los gastos derivados de cualquier operación relacionada con las mismas, en particular los relativos a rendimientos implícitos.

— Concepto 300. Intereses.

Importes de los intereses, incluidos los implícitos, derivados de emisiones de títulos de Deuda Pública nominados en euros, cualquiera que sea su plazo de amortización.

— Concepto 301. Gastos de emisión, modificación y cancelación.

Comisiones y otros gastos producidos por la puesta en circulación, modificación y cancelación de emisiones de títulos de Deuda Pública nominados en euros.

— Concepto 309. Otros gastos financieros de Deuda Pública en euros.

Rendimientos implícitos de las deudas reseñadas en este artículo, excepto los intereses implícitos de valores emitidos al descuento, que se deben recoger en el concepto 300.

Gastos de naturaleza financiera no recogidos en los conceptos anteriores.

Art. 31. *De préstamos y otras operaciones financieras en euros.*—Intereses de todo tipo de préstamos contratados o asumidos por la entidad local o sus organismos autónomos en euros, así como los rendimientos implícitos y gastos derivados de cualquier operación relacionada con los mismos.

— Concepto 310. Intereses.

Importes de los intereses correspondientes a préstamos recibidos y a otras operaciones financieras, pendientes de amortizar, nominados en euros, cualquiera que sea el plazo y el modo en el que se instrumenten dichos intereses.

---

* Suprimido por la Orden HAP/419/2014, de 14 de marzo, por la que se modifica la Orden EHA/3.565/2008, de 3 de diciembre, por la que se aprueba la estructura de los presupuestos de las entidades locales (*BOE* n.º 67, de 19 de marzo).

— Concepto 311. Gastos de formalización, modificación y cancelación.

Gastos necesarios para llevar a efecto las operaciones reseñadas en la denominación del concepto. Comisiones de apertura y mantenimiento de créditos y otros gastos financieros referentes a préstamos y a otras operaciones financieras.

— Concepto 319. Otros gastos financieros de préstamos y otras operaciones financieras en euros.

Rendimientos implícitos de préstamos en euros y gastos no recogidos en los conceptos anteriores.

Art. 32. *De Deuda Pública en moneda distinta del euro.*—Intereses de todo tipo de deudas, emitidas o asumidas por la entidad local o sus organismos autónomos en moneda distinta del euro, así como los rendimientos implícitos y diferencias de cambio, derivadas de la cancelación de la deuda, y gastos producidos por cualquier operación relacionada con las mismas.

— Concepto 320. Intereses.

Importes de los intereses, incluidos los implícitos, derivados de títulos de Deuda Pública emitida o asumida por la entidad local o sus organismos autónomos nominados en moneda distinta del euro, cualquiera que sea el plazo de amortización.

— Concepto 321. Gastos de emisión, modificación y cancelación.

Comisiones y otros gastos producidos por la puesta en circulación, modificación y cancelación de emisiones de títulos de Deuda Pública nominados en moneda distinta del euro.

— Concepto 322. Diferencias de cambio.

Pérdidas producidas por variaciones en el tipo de cambio de las deudas hasta el momento de su amortización y, en su caso, entre ésta y el momento del pago efectivo.

— Concepto 329. Otros gastos financieros de Deuda Pública en moneda distinta del euro.

Rendimientos implícitos de los títulos de deuda a los que se refiere este artículo, con excepción de los intereses implícitos de la deuda emitida al descuento, que se deben recoger en el concepto 320.

Gastos de naturaleza financiera no recogidos en los conceptos anteriores.

Art. 33. *De préstamos y otras operaciones financieras en moneda distinta del euro.*—Recoge los intereses de todo tipo de préstamos contratados o asumidos por la entidad local o sus organismos autónomos en moneda distinta del euro, rendimientos implícitos y gastos producidos por cualquier operación relacionada con los mismos y diferencia de cambio derivada de su cancelación.

— Concepto 330. Intereses.

Importes de los intereses correspondientes a préstamos recibidos y a otras operaciones financieras, pendientes de amortizar, nominados en moneda distinta del euro, cualquiera que sea el plazo y el modo en el que se instrumenten dichos intereses.

— Concepto 331. Gastos de formalización, modificación y cancelación.

Gastos necesarios para llevar a efecto las operaciones reseñadas en la denominación del concepto. Comisiones de apertura y mantenimiento de créditos y otros gastos financieros referentes a préstamos y a otras operaciones financieras en moneda distinta del euro.

— Concepto 332. Diferencias de cambio.

Pérdidas producidas por variaciones en el tipo de cambio de los préstamos y otras operaciones financieras hasta el momento de su amortización y, en su caso, entre ésta y el momento del pago efectivo.

— Concepto 339. Otros gastos financieros de préstamos y otras operaciones financieras en moneda distinta del euro.

Rendimientos implícitos de préstamos en moneda extranjera y otros gastos de naturaleza financiera no recogidos en los conceptos anteriores.

Art. 34. *De depósitos, fianzas y otros.*

— Concepto 340. Intereses de depósitos.

Intereses legalmente establecidos que se deban pagar por depósitos realizados en la tesorería de la Entidad local o de sus organismos autónomos.

— Concepto 341. Intereses de fianzas.

Intereses legalmente establecidos que se deban satisfacer por fianzas efectuadas en la tesorería de la Entidad local o de sus organismos autónomos.

Art. 35. *Intereses de demora y otros gastos financieros.*

— Concepto 352. Intereses de demora.

Intereses de demora a pagar como consecuencia del incumplimiento del pago de obligaciones, en los plazos establecidos.

— Concepto 353. Operaciones de intercambio financiero.

Se incluirán los gastos por intereses, o por diferencia de intereses, o por diferencias de cambio o cualquier otro de naturaleza financiera, derivados de operaciones financieras de cobertura y gestión del riesgo del tipo de interés y del tipo de cambio.

— Concepto 357. Ejecución de avales.

Se recogerá el importe de los gastos financieros derivados de la ejecución de avales prestados por la entidad local o sus organismos autónomos.

— Concepto 358. Intereses por operaciones de arrendamiento financiero (*leasing*).

Se recogerá el importe de los intereses incluidos en las cuotas fijadas en los contratos de arrendamiento financiero correspondientes al ejercicio presupuestario.

Se presume la naturaleza financiera de la operación cuando concurra alguna de estas condiciones:

• el precio de la opción de compra o valor residual sea inferior al valor que tendrá el bien objeto del contrato de leasing, al término de éste;

• el plazo del contrato y la vida útil estimada del bien objeto del contrato de *leasing* sean equivalentes, o

• el valor actualizado de las cuotas, utilizando un tipo de interés de mercado, sea similar al precio de adquisición al contado del inmovilizado.

En el caso de que no concurra ninguna de estas condiciones, se trataría de una operación de *leasing* operativo o de arrendamiento puro, y, por lo tanto, se incluiría en el concepto que proceda, según la naturaleza del bien, del artículo 20, *Arrendamientos*.

— Concepto 359. Otros gastos financieros.

Gastos de esta naturaleza no incluidos en los anteriores conceptos, como son los gastos por transferencias bancarias, gastos de descuentos o diferencias negativas de cambio derivadas de pagos en moneda distinta del euro que no correspondan a operaciones de endeudamiento y otras comisiones bancarias no incluidas en otros conceptos.

CAPÍTULO IV

TRANSFERENCIAS CORRIENTES

Comprende los créditos para aportaciones por parte de la entidad local o de sus organismos autónomos, sin contrapartida directa de los agentes perceptores, y con destino a financiar operaciones corrientes.

Se incluye también las *subvenciones en especie* de carácter corriente, referidas a bienes o servicios que adquiera la Entidad local o sus organismos autónomos para su entrega a los beneficiarios en concepto de una subvención previamente concedida.

Se imputará atendiendo a su destinatario.

Por subconceptos se podrán distinguir las transferencias de acuerdo con la Administración Pública o con el ente destinatario de las mismas.

Art. 40. *A la Administración General de la Entidad local.*—Este artículo sólo será de aplicación en los presupuestos de los organismos autónomos de la entidad local.

Art. 41. *A Organismos Autónomos de la Entidad local.*—Transferencias corrientes que la entidad local o sus organismos autónomos prevean conceder a organismos autónomos.

Art. 42. *A la Administración del Estado.*—Transferencias corrientes que la entidad local o sus organismos autónomos prevean conceder a la Administración General del Estado, sus organismos autónomos, fundaciones, entes públicos o sociedades mercantiles.

— Concepto 420. A la Administración General del Estado.

— Concepto 421. A Organismos Autónomos y agencias del Estado.

Se establecen dos subconceptos:

• Subconcepto 421.00. Al Servicio Público de Empleo Estatal.

• Subconcepto 421.10. A otros organismos autónomos.

— Concepto 422. A Fundaciones estatales.

— Concepto 423. A sociedades mercantiles estatales, entidades públicas empresariales y otros organismos públicos.

Se establecen los siguientes subconceptos, atendiendo al objeto de las subvenciones que se prevean conceder:

• Subconcepto 423.00. Subvenciones para fomento del empleo.

• Subconcepto 423.10. Subvenciones para bonificaciones de intereses y primas de seguros.

• Subconcepto 423.20. Subvenciones para reducir el precio a pagar por los consumidores.

• Subconcepto 423.90. Otras subvenciones a sociedades mercantiles estatales, entidades públicas empresariales y otros organismos públicos

Art. 43. *A la Seguridad Social.*—Transferencias corrientes que la entidad local o sus organismos autónomos prevean conceder a cualquiera de los entes que integran el sistema de la Seguridad Social.

Art. 44. *A entes públicos y sociedades mercantiles de la Entidad local.*—Se establecen los siguientes conceptos, atendiendo a la finalidad de las subvenciones que se prevean conceder:

— Concepto 440. Subvenciones para fomento del empleo.

— Concepto 441. Subvenciones para bonificaciones de intereses y primas de seguros.

— Concepto 442. Subvenciones para reducir el precio a pagar por los consumidores.

— Concepto 449. Otras subvenciones a entes públicos y sociedades mercantiles de la Entidad local.

Art. 45. *A Comunidades Autónomas.*
— Concepto 450. A la Administración General de las Comunidades Autónomas.
— Concepto 451. A Organismos Autónomos y agencias de las Comunidades Autónomas.
— Concepto 452. A fundaciones de las Comunidades Autónomas.
— Concepto 453. A sociedades mercantiles, entidades públicas empresariales y otros organismos públicos dependientes de las Comunidades Autónomas.

Se establecen los siguientes subconceptos, atendiendo a la finalidad para la que se prevea conceder las subvenciones:

- Subconcepto 453.00. Subvenciones para fomento del empleo.
- Subconcepto 453.10. Subvenciones para bonificaciones de intereses y primas de seguros.
- Subconcepto 453.20. Subvenciones para reducir el precio a pagar por los consumidores.
- Subconcepto 453.90. Otras subvenciones a sociedades mercantiles, entidades públicas empresariales y otros organismos públicos dependientes de las Comunidades Autónomas.

Art. 46. *A Entidades locales.*
— Concepto 461. A Diputaciones, Consejos o Cabildos insulares.
— Concepto 462. A Ayuntamientos.
— Concepto 463. A Mancomunidades.
— Concepto 464. A Áreas Metropolitanas.
— Concepto 465. A Comarcas.
— Concepto 466. A otras Entidades que agrupen municipios.
— Concepto 467. A Consorcios.
— Concepto 468. A Entidades locales Menores.

Art. 47. *A Empresas privadas.*—Se establecen los siguientes conceptos, atendiendo a la finalidad para la que se prevea conceder las subvenciones:
— Concepto 470. Subvenciones para fomento del empleo.
— Concepto 471. Subvenciones para bonificaciones de intereses y primas de seguros.
— Concepto 472. Subvenciones para reducir el precio a pagar por los consumidores.
— Concepto 479. Otras subvenciones a Empresas privadas.

Art. 48. *A Familias e Instituciones sin fines de lucro.*—Transferencias para gastos corrientes relacionados con atenciones benéficas y asistenciales. Premios, becas de estudios e investigación. Subvenciones a favor de fundaciones, instituciones, entidades benéficas o deportivas y grupos políticos de la entidad local.

Art. 49. *Al exterior.*—Transferencias para gastos corrientes destinados a cooperación al desarrollo y a agentes económicos situados fuera del territorio nacional, o con estatuto de extraterritorialidad, o cuando deban realizarse en moneda distinta del euro.

CAPÍTULO 5*

FONDO DE CONTINGENCIA Y OTROS IMPREVISTOS

Comprende este capítulo la dotación al Fondo de Contingencia al que se refiere el artículo 31 de la Ley Orgánica 2/2012, de 27 de abril, de Estabilidad Presupuestaria y Sostenibilidad Financiera, que obligatoriamente han de incluir en sus presupuestos las Entidades Locales del ámbito subjetivo de los artículos 111 y 135 del texto refundido de la Ley reguladora de las Haciendas Locales, para la atención de necesidades imprevistas, inaplazables y no discrecionales, para las que no exista crédito presupuestario o el previsto resulte insuficiente. Las entidades locales no incluidas en aquel ámbito subjetivo aplicarán este mismo criterio en el caso de que aprueben la dotación de un Fondo de contingencia con la misma finalidad citada.

Art. 50. *Dotación al Fondo de Contingencia de ejecución presupuestaria.*
— Concepto 500. Fondo de Contingencia de Ejecución Presupuestaria. Artículo 31 de la Ley Orgánica 2/2012, de Estabilidad Presupuestaria y Sostenibilidad Financiera.

A.2 *Operaciones de capital*

Comprende los Capítulos 6, *Inversiones reales*, y 7, *Transferencias de capital*, y describen los gastos en inversiones reales y en transferencias destinadas a financiar operaciones de capital.

CAPÍTULO VI

INVERSIONES REALES

Este Capítulo comprende los gastos en los que incurran o prevean incurrir las entidades locales o sus organismos autónomos destinados a la creación de infraestructuras y a la creación o adquisición de bienes de naturaleza inventariable necesarios para el funcionamiento de los servicios y aquellos otros gastos que tengan carácter amortizable.

Serán imputables a los créditos de este capítulo los gastos originados por la adquisición de bienes a que se refiere el párrafo anterior que reúnan alguna de las siguientes características:

a) Que no sean bienes fungibles.
b) Que tengan una duración previsiblemente superior al ejercicio presupuestario.
c) Que sean susceptibles de inclusión en inventario.
d) Ser gastos que previsiblemente no sean reiterativos.

En general serán imputables a este capítulo los gastos previstos en los anexos de inversiones reales que se unan a los presupuestos generales de las entidades locales.

Art. 60. *Inversión nueva en infraestructuras y bienes destinados al uso general.*—Se incluyen en este artículo aquellas inversiones en infraestructura y bienes

* Capítulo añadido por la Orden HAP/419/2014, de 14 de marzo, por la que se modifica la Orden EHA/3.565/2008, de 3 de diciembre, por la que se aprueba la estructura de los presupuestos de las entidades locales (*BOE* n.º 67, de 19 de marzo).

destinados al uso general que incrementen el stock de capital de la entidad local o de sus organismos autónomos.

— Concepto 600. Inversiones en terrenos.

Adquisición de suelo por parte de la entidad local o sus organismos autónomos.

— Concepto 609. Otras inversiones nuevas en infraestructuras y bienes destinados al uso general.

Art. 61. *Inversiones de reposición de infraestructuras y bienes destinados al uso general.*—Este artículo recogerá aquellos gastos de idéntica naturaleza a los del artículo anterior, que sean consecuencia de la rehabilitación o reposición de infraestructuras y bienes destinados al uso general, incluidas las operaciones que supongan un incremento de capacidad, rendimiento, eficiencia o ampliación de la vida útil del bien.

— Concepto 610. Inversiones en terrenos.

Adecuación y remodelación de solares por parte de la entidad local o sus organismos autónomos.

— Concepto 619. Otras inversiones de reposición de infraestructuras y bienes destinados al uso general.

Art. 62. *Inversión nueva asociada al funcionamiento operativo de los servicios.*—Recogerá los gastos de aquellos proyectos de inversión que incrementan el stock de capital de la entidad local o de sus organismos autónomos destinados a posibilitar o mejorar el funcionamiento de los servicios públicos.

— Concepto 621. Terrenos y bienes naturales.

— Concepto 622. Edificios y otras construcciones.

Gastos de inversión en edificios administrativos y construcciones destinados al funcionamiento de los servicios públicos prestados por la entidad local.

— Concepto 623. Maquinaria, instalaciones técnicas y utillaje.

Gastos destinados a inversión en maquinaria, entendida ésta como el conjunto de máquinas utilizadas para el funcionamiento operativo de los servicios públicos por parte de la entidad local, incluyéndose los elementos de transporte interno destinados al transporte de personal, animales, materiales y mercancías dentro de talleres o instalaciones análogas, sin salir al exterior.

Asimismo, se incluirán los gastos de inversión en instalaciones técnicas utilizadas para el funcionamiento operativo de los servicios públicos, entendidas como unidades complejas de uso especializado comprensivas de edificaciones, maquinaria, elementos, incluidos los sistemas informáticos, que aun siendo separables por naturaleza, están unidos de forma definitiva para su funcionamiento y están sometidos al mismo ritmo de amortización. Se incluyen los repuestos o recambios válidos exclusivamente para estas instalaciones.

Por último, se recogerán en este concepto los gastos de inversión en utillaje utilizado para el funcionamiento operativo de los servicios públicos, definido como conjunto de utensilios o herramientas que se pueden emplear con la maquinaria, incluidos los moldes y plantillas.

— Concepto 624. Elementos de transporte.

Gastos de inversión en vehículos utilizados para el funcionamiento operativo de los servicios públicos. Se incluyen vehículos destinados al transporte terrestre, marítimo o aéreo de personas, animales, materiales o mercancías, excepto los que se deban recoger en el concepto 623, *Maquinaria, instalaciones técnicas y utillaje.*

— Concepto 625. Mobiliario.

Gastos de inversión en mobiliario, material y equipos de oficina utilizados para el funcionamiento operativo de los servicios públicos, con excepción de los que deben figurar en el concepto 626, *Equipos para procesos de información.*

— Concepto 626. Equipos para procesos de información.

Gastos de inversión en ordenadores y demás conjuntos electrónicos de comunicaciones y de procesos de datos, utilizados para el funcionamiento operativo de los servicios públicos.

— Concepto 627. Proyectos complejos.

Gastos de inversión en proyectos que, comprendiendo distintos elementos aplicables en principio a los conceptos anteriores, tengan tratamiento unitario y estén destinados al funcionamiento operativo de los servicios públicos.

— Concepto 629. Otras inversiones nuevas asociadas al funcionamiento operativo de los servicios.

Gastos de inversión en otros elementos no incluidos en los conceptos anteriores y que se destinen al funcionamiento operativo de los servicios públicos.

Art. 63. *Inversión de reposición asociada al funcionamiento operativo de los servicios.*—Recogerá aquellos gastos de idéntica naturaleza a los del artículo 62, *Inversión nueva asociada al funcionamiento operativo de los servicios*, que sean consecuencia de rehabilitación o de reposición, incluidos los que correspondan a reparaciones importantes que supongan un incremento de capacidad, rendimiento, eficiencia o alargamiento de la vida útil del bien.

Las definiciones de los elementos a los que se refieren los diferentes conceptos incluidos en el presente artículo son idénticas a las recogidas en el anterior artículo 62, *Inversión nueva asociada al funcionamiento operativo de los servicios*.

— Concepto 631. Terrenos y bienes naturales.

— Concepto 632. Edificios y otras construcciones.

— Concepto 633. Maquinaria, instalaciones técnicas y utillaje.

— Concepto 634. Elementos de transporte.

— Concepto 635. Mobiliario.

— Concepto 636. Equipos para procesos de información.

— Concepto 637. Proyectos complejos.

— Concepto 639. Otras inversiones de reposición asociadas al funcionamiento operativo de los servicios.

Art. 64. *Gastos en inversiones de carácter inmaterial.*—Gastos realizados en un ejercicio, no materializados en activos, susceptibles de producir sus efectos en varios ejercicios futuros, campañas de promoción de turismo, ferias, exposiciones, estudios y trabajos técnicos, investigación y similares, así como aquellas inversiones en activos inmovilizados intangibles, tales como concesiones administrativas, propiedad industrial, obtención de patentes, marcas y propiedad intelectual, o cualesquiera otros de esta naturaleza, relacionados con la actividad de la entidad local o sus organismos autónomos.

Se incluyen los contratos de *leasing* cuando se vaya a ejercitar la opción de compra en los términos que, a continuación, se especifican.

— Concepto 640. Gastos en inversiones de carácter inmaterial.

— Concepto 641. Gastos en aplicaciones informáticas

Se incluirá en este concepto el importe satisfecho por la propiedad o el derecho al uso de programas informáticos, o bien, el coste de producción de los elaborados por la propia entidad local, cuando esté prevista su utilización en varios ejercicios.

— Concepto 648. Cuotas netas de intereses por operaciones de arrendamiento financiero (*leasing*).

Se recogerá el importe de las cuotas fijadas en los contratos de arrendamiento financiero cuando se vaya a ejercitar la opción de compra, correspondientes a la recuperación del coste del bien y al ejercicio presupuestario. El resto, es decir, los intereses, se aplicará al concepto 358, *Intereses por operaciones de arrendamiento financiero (leasing).*

Se presume que existe voluntad de ejercitar la opción de compra cuando concurra alguna de las condiciones especificadas en el mencionado concepto 358.

En el caso de que no se diese ninguna de estas condiciones, se trataría de una operación de *leasing* operativo o de arrendamiento puro, y, por lo tanto, se incluiría en el concepto que proceda, según la naturaleza del bien, del artículo 20, *Arrendamientos.*

Art. 65. *Inversiones gestionadas para otros entes públicos.*—Recogerá el conjunto de gastos efectivos relacionados con una obra o un proyecto que, una vez finalizados deban ser transferidos a otros entes públicos, con independencia de que éstos participen o no en su financiación.

Se incluye un concepto:

— Concepto 650. Gastos en inversiones gestionadas para otros entes públicos.

Art. 68. *Gastos en inversiones de bienes patrimoniales.*—Recogerá los gastos de aquellos proyectos de inversión que afecten a los bienes a que se refiere el artículo 6 del Reglamento de Bienes de las Entidades Locales, aprobado por Real Decreto 1.372/1986, de 13 de junio, es decir los que, siendo propiedad de la entidad local, no estén destinados a uso público ni afectados a algún servicio público y puedan constituir fuentes de ingresos para aquélla.

— Concepto 681. Terrenos y bienes naturales.

Gastos en adquisición, adecuación y urbanización de suelo patrimonial

— Concepto 682. Edificios y otras construcciones.

Gastos en adquisición y reforma de edificios y construcciones de carácter patrimonial.

— Concepto 689. Otros gastos en inversiones de bienes patrimoniales.

Gastos en la adquisición y reforma de bienes patrimoniales no incluidos en los conceptos anteriores.

Art. 69. *Inversiones en bienes comunales.*—Comprenderá todos los gastos de esta naturaleza tanto de nueva inversión como de reposición, con exclusión de los relativos a los bienes de uso general y servicio público y los bienes de carácter patrimonial.

— Concepto 690. Terrenos y bienes naturales.

— Concepto 692. Inversión en infraestructuras.

CAPÍTULO VII

TRANSFERENCIAS DE CAPITAL

Comprende los créditos para aportaciones por parte de la entidad local o de sus Organismos autónomos, sin contrapartida directa de los agentes beneficiarios y con destino a financiar operaciones de capital.

Se incluyen también las *subvenciones en especie* de capital, referidas a bienes que adquiera la entidad local o sus organismos autónomos para su entrega a los beneficiarios en concepto de una subvención previamente concedida, debiendo imputarse al artículo que corresponda según su destinatario.

En el artículo o concepto que corresponda, atendiendo al beneficiario de las transferencias, se incluirán las aportaciones de capital no incluidas en el artículo 87 de la clasificación económica de gastos, es decir, las que se deriven de la participación en la propiedad de otras entidades públicas, siempre que las entidades locales y sus organismos autónomos no reciban activos financieros de valor igual que el pago que realicen y no existan expectativas de recuperación de las aportaciones.

Por subconceptos se podrán distinguir las transferencias de acuerdo con el ente beneficiario.

Art. 70. *A la Administración General de la entidad local.*—Este artículo sólo será de aplicación en los presupuestos de los organismos autónomos de la entidad local.

Art. 71. *A Organismos Autónomos de la entidad local.*—Transferencias de capital que la entidad local o sus organismos autónomos prevean conceder a organismos autónomos.

Art. 72. *A la Administración del Estado.*—Transferencias de capital que la entidad local o sus organismos autónomos prevean conceder a la Administración General del Estado, sus organismos autónomos, fundaciones, entes públicos o sociedades mercantiles.

— Concepto 720. A la Administración General del Estado.

— Concepto 721. A Organismos Autónomos y agencias.

Se establecen dos subconceptos:

• Subconcepto 721.00. Al Servicio Público de Empleo Estatal

• Subconcepto 721.09. A otros organismos autónomos.

— Concepto 722. A fundaciones estatales.

— Concepto 723. A sociedades mercantiles estatales, entidades públicas empresariales y otros organismos públicos.

Art. 73. *A la Seguridad Social.*—Transferencias de capital que la entidad local o sus organismos autónomos prevean conceder a cualquiera de los entes que integran el sistema de la Seguridad Social.

Art. 74. *A entes públicos y sociedades mercantiles de la entidad local.*

Art. 75. *A Comunidades Autónomas.*

— Concepto 750. A la Administración General de las Comunidades Autónomas.

— Concepto 751. A organismos autónomos y agencias de las Comunidades Autónomas.

— Concepto 752. A fundaciones de las Comunidades Autónomas.

— Concepto 753. A sociedades mercantiles, entidades públicas empresariales y otros organismos públicos dependientes de las Comunidades Autónomas.

Art. 76. *A Entidades locales.*

— Concepto 761. A Diputaciones, Consejos o Cabildos.

— Concepto 762. A Ayuntamientos.

— Concepto 763. A Mancomunidades.

— Concepto 764. A Áreas Metropolitanas.

— Concepto 765. A Comarcas.

— Concepto 766. A Entidades que agrupen Municipios.

— Concepto 767. A Consorcios.

— Concepto 768. A Entidades locales menores.

Art. 77. *A Empresas privadas.*—Transferencias de capital que se concedan o prevean conceder por la entidad local o sus organismos autónomos.

Art. 78. *A Familias e Instituciones sin fines de lucro.*—Transferencias de capital que la entidad local o sus organismos autónomos concedan o prevean conceder a familias, fundaciones, instituciones o entidades benéficas o deportivas.

Art. 79. *Al exterior.*—En éstas se incluirán, entre otras, las transferencias de capital correspondientes a programas de cooperación al desarrollo o a agentes económicos situados fuera del territorio nacional, o con estatuto de extraterritorialidad, o cuando deban efectuarse en moneda distinta del euro.

B. OPERACIONES FINANCIERAS

Los Capítulos 8 y 9 reflejan las transacciones de débitos y créditos correspondientes a operaciones financieras tanto a corto (de plazo no superior a un año) como a largo plazo (superior a un año), poniendo de manifiesto las variaciones netas de activos financieros (diferencia entre los Capítulos 8 de gastos e ingresos) y las variaciones netas de pasivos financieros (diferencia entre los Capítulos 9 de ingresos y gastos).

CAPÍTULO VIII

Activos financieros

Este capítulo recoge el gasto que realizan las entidades locales y sus organismos autónomos en la adquisición de activos financieros, cualquiera que sea la forma de instrumentación y su vencimiento.

Los anticipos de sueldos y salarios y demás préstamos al personal se recogerán en los Conceptos 830, *Préstamos a corto plazo. Desarrollo por sectores*, y 831, *Préstamos a largo plazo. Desarrollo por sectores*, pudiéndose, en su caso, crear un subconcepto específico.

Igualmente, este capítulo es el destinado para recoger la constitución de depósitos y fianzas que les sean exigidas a las entidades locales.

La clasificación de los activos financieros podrá desarrollarse por sectores, haciendo uso de los subconceptos que procedan.

Art. 80. *Adquisición de deuda del sector público.*—Adquisición de todo tipo de deuda del sector público, a corto (de vencimiento no superior a un año) y a largo plazo (de vencimiento superior a un año).

— Concepto 800. Adquisición de deuda del sector público a corto plazo.

Adquisición de efectos, bonos y otros títulos emitidos por el sector público, con vencimiento no superior a doce meses. Se distinguirán, mediante subconceptos, los subsectores emisores correspondientes:

- Subconcepto 800.00. Al Estado.
- Subconcepto 800.10. A Comunidades Autónomas.
- Subconcepto 800.20. A Entidades locales.
- Subconcepto 800.90. A otros subsectores.

— Concepto 801. Adquisición de deuda del sector público a largo plazo.

Compras de efectos, bonos y otros títulos emitidos por el sector público con un plazo de vencimiento superior a doce meses. Se distinguirán, mediante subconceptos, los subsectores emisores correspondientes:
- Subconcepto 801.00. Al Estado
- Subconcepto 801.10. A Comunidades Autónomas.
- Subconcepto 801.20. A Entidades locales.
- Subconcepto 801.90. A otros subsectores.

Art. 81. *Adquisición de obligaciones y bonos fuera del sector público.*—Adquisición de obligaciones y bonos, a corto (de vencimiento no superior a un año) y a largo plazo (de vencimiento superior a un año), documentada en títulos-valores y cuyos emisores son agentes ajenos al sector público.

— Concepto 810. Adquisición de obligaciones y bonos fuera del sector público a corto plazo. Desarrollo por sectores.

Compra de efectos, bonos y otros títulos emitidos por entidades ajenas al sector público, con un vencimiento no superior a doce meses.

— Concepto 811. Adquisición de obligaciones y bonos fuera del sector público a largo plazo. Desarrollo por sectores.

Adquisición de efectos, bonos y otros títulos emitidos por entidades ajenas al sector público, con un vencimiento superior a doce meses.

Art. 82. *Concesión de préstamos al sector público.*—Préstamos y anticipos con o sin interés, con plazo de reembolso a corto (no superior a un año) y a largo plazo (superior a un año) concedidos al sector público.

— Concepto 820. Préstamos a corto plazo.

Anticipos y préstamos con o sin interés, cuyo plazo de reembolso y cancelación no sea superior a doce meses. Se distinguirán mediante subconceptos los subsectores prestatarios:
- Subconcepto 820.00. Al Estado
- Subconcepto 820.10. A Comunidades Autónomas.
- Subconcepto 820.20. A Entidades locales.
- Subconcepto 820.90. A otros subsectores.

— Concepto 821. Préstamos a largo plazo.

Anticipos y préstamos con o sin interés, cuyo plazo de reembolso y cancelación sea superior a doce meses. Se distinguirán mediante subconceptos los subsectores prestatarios:
- Subconcepto 821.00. Al Estado
- Subconcepto 821.10. A Comunidades Autónomas.
- Subconcepto 821.20. A Entidades locales.
- Subconcepto 821.90. A otros subsectores.

Art. 83. *Concesión de préstamos fuera del sector público.*—Préstamos concedidos fuera del sector público con o sin interés con plazo de reembolso a corto (no superior a un año) y a largo plazo (superior a un año).

— Concepto 830. Préstamos a corto plazo. Desarrollo por sectores.

Anticipos y préstamos con o sin interés, cuyo plazo de reembolso y cancelación no sea superior a doce meses.

En este concepto se incluirán, entre otros, los préstamos y anticipos concedidos por la entidad local y los organismos autónomos a su personal.

— Concepto 831. Préstamos a largo plazo. Desarrollo por sectores.

Anticipos y préstamos con o sin interés concedidos por la entidad local, cuyo plazo de reembolso y cancelación sea superior a doce meses.

Se incluirán los anticipos y préstamos a largo plazo por la entidad local y los organismos autónomos a su personal.

Art. 84. *Constitución de depósitos y fianzas.*—Entregas de fondos en concepto de depósitos o fianzas realizadas por la entidad local y sus organismos autónomos en la tesorería o cajas de otros agentes económicos.

— Concepto 840. Depósitos.

Se recogerán las aportaciones de efectivo en concepto de depósitos irregulares. Se establecen dos subconceptos atendiendo al plazo por el que se constituyan los depósitos: a largo plazo, cuando lo sean por plazo superior a un año, y a corto plazo, en caso contrario.

• Subconcepto 840.00. A corto plazo.

• Subconcepto 840.10. A largo plazo.

— Concepto 841. Fianzas.

Se recogerán las aportaciones en efectivo realizadas como cumplimiento de una obligación. Se establecen dos subconceptos atendiendo al plazo por el que se constituyan las fianzas: a largo plazo, cuando lo sean por plazo superior a un año, y a corto plazo, en caso contrario.

• Subconcepto 841.00. A corto plazo.

• Subconcepto 841.10. A largo plazo.

Art. 85. *Adquisición de acciones y participaciones del sector público.*—Se recogerá la compra de títulos representativos de la propiedad del capital.

— Concepto 850. Adquisición de acciones y participaciones del sector público.

Gastos correspondientes a adquisiciones de acciones y participaciones en entes pertenecientes al Sector Público. Se distinguirá, a nivel de los siguientes subconceptos, la finalidad de dichas compras:

• Subconcepto 850.10. Adquisición de acciones y participaciones para compensar pérdidas.

• Subconcepto 850.20. Adquisición de acciones y participaciones para financiar inversiones no rentables.

• Subconcepto 850.90. Resto de adquisiciones de acciones dentro del sector público.

Art. 86. *Adquisición de acciones y participaciones fuera del sector público.*—Se recogerá la compra de títulos representativos de la propiedad de capital.

— Concepto 860. Adquisición de acciones y participaciones fuera del sector público.

Gastos correspondientes a adquisiciones de acciones y participaciones de entes no pertenecientes al Sector Público.

Se distinguen los siguientes subconceptos:

• Subconcepto 860.10. De empresas nacionales.

• Subconcepto 860.20. De empresas de la Unión Europea.

• Subconcepto 860.90. De otras empresas.

Art. 87. *Aportaciones patrimoniales.*—Aportaciones de esta naturaleza realizadas por las entidades locales o sus organismos autónomos siempre que reciban, por igual valor, activos financieros o un aumento en la participación del ente y existan expectativas de recuperación de las aportaciones. En otro caso, deberán considerarse como transferencias de capital.

Se establecen los siguientes conceptos:

— Concepto 870. Aportaciones a fundaciones.

— Concepto 871. Aportaciones a consorcios.
— Concepto 872. Aportaciones a otros entes.
Se distinguen los siguientes subconceptos:
• Subconcepto 872.10. Aportaciones para compensar pérdidas.
• Subconcepto 872.20. Aportaciones para financiar inversiones no rentables.
• Subconcepto 872.90. Resto de aportaciones.

CAPÍTULO IX

PASIVOS FINANCIEROS

Este capítulo recoge el gasto que realizan las entidades locales y sus organismos autónomos destinado a la amortización de deudas, tanto, en euros como en moneda distinta, cualquiera que sea la forma en que se hubieran instrumentado y con independencia de que el vencimiento sea a largo (por plazo superior a un año) o a corto plazo (no superior a un año). Se recogerá por su valor efectivo, aplicando los rendimientos implícitos al capítulo 3.

Asimismo, este capítulo es el destinado para recoger las previsiones para la devolución de los depósitos y fianzas que se hubieran constituido a favor de la entidad local y de sus organismos autónomos.

La clasificación de los conceptos de estos pasivos financieros podrá desarrollarse por subconceptos, atendiendo a los sectores que procedan.

Art. 90. *Amortización de Deuda Pública en euros*—Cancelación de todo tipo de deuda en euros, a corto (con plazo de vencimiento no superior a un año) y a largo plazo (con vencimiento superior a un año), documentada en títulos valores, anotaciones en cuenta o cualquier otro documento que formalmente la reconozca, excluidos los préstamos.

— Concepto 900. Amortización de Deuda Pública en euros a corto plazo.

Cancelación de la deuda antes citada cuyo plazo de vencimiento y extinción no sea superior a doce meses.

— Concepto 901. Amortización de Deuda Pública en euros a largo plazo.

Cancelación de la deuda mencionada en el artículo cuyo plazo de vencimiento y extinción sea superior a doce meses.

Art. 91. *Amortización de préstamos y de operaciones en euros.*—Cancelación de préstamos y operaciones análogas en euros concertados o asumidos por las Entidades locales y sus organismos autónomos.

— Concepto 910. Amortización de préstamos a corto plazo de entes del sector público.

Cancelación de las operaciones antes citadas cuyo plazo de vencimiento no sea superior a doce meses.

— Concepto 911. Amortización de préstamos a largo plazo de entes del sector público.

Cancelación de las operaciones citadas en el artículo cuando el plazo de vencimiento sea superior a doce meses.

— Concepto 912. Amortización de préstamos a corto plazo de entes de fuera del sector público.

Cancelación de préstamos en euros concertados o asumidos por las Entidades locales y sus organismos autónomos obtenidos fuera del sector público, cuyo plazo de vencimiento no sea superior a doce meses.

— Concepto 913. Amortización de préstamos a largo plazo de entes de fuera del sector público.

Cancelación de las deudas citadas en el concepto 912 cuando el plazo de vencimiento sea superior a doce meses.

Art. 92. *Amortización de Deuda Pública en moneda distinta del euro.*—Cancelación de deuda pública en moneda distinta del euro, emitida o asumida por las entidades locales y sus organismos autónomos, excluidos préstamos.

— Concepto 920. Amortización de Deuda Pública en moneda distinta del euro a corto plazo.

Cancelación de deudas emitidas o asumidas por las entidades locales o sus organismos autónomos en moneda distinta del euro cuyo vencimiento y extinción no sea superior a doce meses.

— Concepto 921. Amortización de Deuda Pública en moneda distinta del euro a largo plazo.

Cancelación de deudas emitidas o asumidas por las entidades locales o sus organismos autónomos en moneda distinta del euro cuyo vencimiento y extinción sea superior a doce meses.

Art. 93. *Amortización de préstamos en moneda distinta del euro.*—Cancelación de préstamos en moneda distinta del euro concertados o asumidos por las entidades locales y sus organismos autónomos a corto (con plazo de vencimiento no superior a un año) y a largo plazo (con vencimiento superior a un año).

— Concepto 930. Amortización de préstamos en moneda distinta del euro a corto plazo.

Cancelación de préstamos en moneda distinta del euro concertados o asumidos por las entidades locales y sus organismos autónomos cuyo plazo de vencimiento no sea superior a doce meses.

— Concepto 931. Amortización de préstamos en moneda distinta del euro a largo plazo.

Cancelación de préstamos en moneda distinta del euro concertados o asumidos por las entidades locales o sus organismos autónomos cuyo plazo de vencimiento sea superior a doce meses.

Art. 94. *Devolución de depósitos y fianzas.*—Operaciones de devolución de depósitos constituidos o de fianzas ingresadas en la tesorería de la entidad local o de sus organismos autónomos.

— Concepto 940. Devolución de depósitos.

— Concepto 941. Devolución de fianzas.

Clasificación económica de gastos

Capítulo	Artículo	Concepto	Subconcepto	Denominación
1				GASTOS DE PERSONAL.
	10			Órganos de gobierno y personal directivo.
		100		Retribuciones básicas y otras remuneraciones de los miembros de los órganos de gobierno.
			100.00	Retribuciones básicas.
			100.01	Otras remuneraciones.
		101		Retribuciones básicas y otras remuneraciones del personal directivo.
			101.00	Retribuciones básicas.
			101.01	Otras remuneraciones.
		107		Contribuciones a planes y fondos de pensiones.
			107.00	De los miembros de los órganos de gobierno.
			107.01	Del personal directivo.
	11			Personal eventual.
		110		Retribuciones básicas y otras remuneraciones de personal eventual.
			110.00	Retribuciones básicas.
			110.01	Retribuciones complementarias.
			110.02	Otras remuneraciones.
		117		Contribuciones a planes y fondos de pensiones.
	12			Personal Funcionario.
		120		Retribuciones básicas.
			120.00	Sueldos del Grupo A1.
			120.01	Sueldos del Grupo A2.
			120.02	Sueldos del Grupo B.
			120.03	Sueldos del Grupo C1.
			120.04	Sueldos del Grupo C2.
			120.05	Sueldos del Grupo E.
			120.06	Trienios.
			120.09	Otras retribuciones básicas.
		121		Retribuciones complementarias.
			121.00	Complemento de destino.
			121.01	Complemento específico.
			121.03	Otros complementos.
		122		Retribuciones en especie.
		124		Retribuciones de funcionarios en prácticas (mismo desglose que 120).
		127		Contribuciones a planes y fondos de pensiones.
	13			Personal Laboral.
		130		Laboral Fijo.
			130.00	Retribuciones básicas.
			130.01	Horas extraordinarias.

Capítulo	Artículo	Concepto	Subconcepto	Denominación
			130.02	Otras remuneraciones.
		131		Laboral temporal.
		132		Retribuciones en especie.
		137		Contribuciones a planes y fondos de pensiones.
	14			Otro personal.
		143		Otro personal.
		147		Contribuciones a planes y fondos de pensiones.
	15			Incentivos al rendimiento.
		150		Productividad.
		151		Gratificaciones.
		152		Otros incentivos al rendimiento.
		153		Complemento de dedicación especial.
	16			Cuotas, prestaciones y gastos sociales a cargo del empleador.
		160		Cuotas sociales.
			160.00	Seguridad Social.
			160.08	Asistencia médico-farmacéutica.
			160.09	Otras cuotas.
		161		Prestaciones sociales.
			161.03	Pensiones excepcionales.
			161.04	Indemnizaciones al personal laboral por jubilaciones anticipadas.
			161.05	Pensiones a cargo de la Entidad local.
			161.07	Asistencia médico-farmacéutica a pensionistas.
		162		Gastos sociales del personal.
			162.00	Formación y perfeccionamiento del personal.
			162.01	Economatos y comedores.
			162.02	Transporte de personal.
			162.04	Acción social.
			162.05	Seguros.
			162.09	Otros gastos sociales.
		164		Complemento familiar.
2				GASTOS CORRIENTES EN BIENES Y SERVICIOS.
	20			Arrendamientos y cánones.
		200		Arrendamientos de terrenos y bienes naturales.
		202		Arrendamientos de edificios y otras construcciones.
		203		Arrendamientos de maquinaria, instalaciones y utillaje.
		204		Arrendamientos de material de transporte.
		205		Arrendamientos de mobiliario y enseres.

Capítulo	Artículo	Concepto	Subconcepto	Denominación
		206		Arrendamientos de equipos para procesos de información.
		208		Arrendamientos de otro inmovilizado material.
		209		Cánones.
	21			Reparaciones, mantenimiento y conservación.
		210		Infraestructuras y bienes naturales.
		212		Edificios y otras construcciones.
		213		Maquinaria, instalaciones técnicas y utillaje.
		214		Elementos de transporte.
		215		Mobiliario.
		216		Equipos para procesos de información.
		219		Otro inmovilizado material.
	22			Material, suministros y otros.
		220		Material de oficina.
			220.00	Ordinario no inventariable.
			220.01	Prensa, revistas, libros y otras publicaciones.
			220.02	Material informático no inventariable.
		221		Suministros.
			221.00	Energía eléctrica.
			221.01	Agua.
			221.02	Gas.
			221.03	Combustibles y carburantes.
			221.04	Vestuario.
			221.05	Productos alimenticios.
			221.06	Productos farmacéuticos y material sanitario.
			221.10	Productos de limpieza y aseo.
			221.11	Suministros de repuestos de maquinaria, utillaje y elementos de transporte.
			221.12	Suministros de material electrónico, eléctrico y de telecomunicaciones.
			221.13	Manutención de animales.
			221.99	Otros suministros.
		222		Comunicaciones.
			222.00	Servicios de Telecomunicaciones.
			222.01	Postales.
			222.02	Telegráficas.
			222.03	Informáticas.
			222.99	Otros gastos en comunicaciones.
		223		Transportes.
		224		Primas de seguros.
		225		Tributos.
			225.00	Tributos estatales.
			225.01	Tributos de las Comunidades Autónomas.
			225.02	Tributos de las Entidades locales.

Capítulo	Artículo	Concepto	Subconcepto	Denominación
		226		Gastos diversos.
			226.01	Atenciones protocolarias y representativas.
			226.02	Publicidad y propaganda.
			226.03	Publicación en Diarios Oficiales.
			226.04	Jurídicos, contenciosos.
			226.06	Reuniones, conferencias y cursos.
			226.07	Oposiciones y pruebas selectivas.
			226.09	Actividades culturales y deportivas.
			226.99	Otros gastos diversos.
		227		Trabajos realizados por otras empresas y profesionales.
			227.00	Limpieza y aseo.
			227.01	Seguridad.
			227.02	Valoraciones y peritajes.
			227.04	Custodia, depósito y almacenaje.
			227.05	Procesos electorales.
			227.06	Estudios y trabajos técnicos.
			227.08	Servicios de recaudación a favor de la entidad.
			227.99	Otros trabajos realizados por otras empresas y profesionales.
	23			Indemnizaciones por razón del servicio.
		230		Dietas.
			230.00	De los miembros de los órganos de gobierno.
			230.10	Del personal directivo.
			230.20	Del personal no directivo.
		231		Locomoción.
			231.00	De los miembros de los órganos de gobierno.
			231.10	Del personal directivo.
			231.20	Del personal no directivo.
		233		Otras indemnizaciones.
	24			Gastos de publicaciones.
		240		Gastos de edición y distribución.
	25			Trabajos realizados por administraciones públicas y otras entidades públicas.
	26			Trabajos realizados por Instituciones sin fines de lucro.
	27			Gastos imprevistos y funciones no clasificadas.
3				GASTOS FINANCIEROS.
	30			De Deuda Pública en euros.
		300		Intereses.
		301		Gastos de emisión, modificación y cancelación.
		309		Otros gastos financieros de Deuda Pública en euros.

Capítulo	Artículo	Concepto	Subconcepto	Denominación
	31			De préstamos y otras operaciones financieras en euros.
		310		Intereses.
		311		Gastos de formalización, modificación y cancelación.
		319		Otros gastos financieros de préstamos y otras operaciones financieras en euros.
	32			De Deuda Pública en moneda distinta del euro.
		320		Intereses.
		321		Gastos de emisión, modificación y cancelación.
		322		Diferencias de cambio.
		329		Otros gastos financieros de Deuda Pública en moneda distinta del euro.
	33			De préstamos y otras operaciones financieras en moneda distinta del euro.
		330		Intereses.
		331		Gastos de formalización, modificación y cancelación.
		332		Diferencias de cambio.
		339		Otros gastos financieros de préstamos y otras operaciones financieras en moneda distinta del euro.
	34			De depósitos, fianzas y otros.
		340		Intereses de depósitos.
		341		Intereses de fianzas.
	35			Intereses de demora y otros gastos financieros.
		352		Intereses de demora.
		353		Operaciones de intercambio financiero.
		357		Ejecución de avales.
		358		Intereses por operaciones de arrendamiento financiero (leasing).
		359		Otros gastos financieros.
4				TRANSFERENCIAS CORRIENTES.
	40			A la Administración General de la Entidad Local.
	41			A Organismos Autónomos de la Entidad Local.
	42			A la Administración del Estado.
		420		A la Administración General del Estado.
		421		A Organismos Autónomos yAgencias estatales.
			421.00	Al Servicio Público de Empleo Estatal.
			421.10	A otros organismos autónomos.
		422		A Fundaciones estatales.

Capítulo	Artículo	Concepto	Subconcepto	Denominación
		423		A sociedades mercantiles estatales, entidades públicas empresariales y otros organismos públicos.
			423.00	Subvenciones para fomento del empleo.
			423.10	Subvenciones para bonificación de intereses y primas de seguros.
			423.20	Subvenciones para reducir el precio a pagar por los consumidores.
			423.90	Otras subvenciones a sociedades mercantiles estatales, entidades públicas empresariales y otros organismos públicos.
	43			A la Seguridad Social.
	44			A entes públicos y sociedades mercantiles de la Entidad Local.
		440		Subvenciones para fomento del empleo.
		441		Subvenciones para bonificación de intereses y primas de seguros.
		442		Subvenciones para reducir el precio a pagar por los consumidores.
		449		Otras subvenciones a entes públicos y sociedades mercantiles de la Entidad Local.
	45			A Comunidades Autónomas.
		450		A la Administración General de las Comunidades Autónomas.
		451		A Organismos Autónomos y agencias de las Comunidades Autónomas.
		452		A fundaciones de las Comunidades Autónomas.
		453		A sociedades mercantiles, entidades públicas empresariales y otros organismos públicos dependientes de las Comunidades Autónomas.
			453.00	Subvenciones para fomento del empleo.
			453.10	Subvenciones para bonificación de intereses y primas de seguros.
			453.20	Subvenciones para reducir el precio a pagar por los consumidores.
			453.90	Otras subvenciones a sociedades mercantiles, entidades públicas empresariales y otros organismos públicos dependientes de las Comunidades Autónomas.
	46			A Entidades Locales.
		461		A Diputaciones, Consejos o Cabildos insulares.
		462		A Ayuntamientos.
		463		A Mancomunidades.

Capítulo	Artículo	Concepto	Subconcepto	Denominación
		464		A Áreas Metropolitanas.
		465		A Comarcas.
		466		A otras Entidades que agrupen municipios.
		467		A Consorcios.
		468		A Entidades Locales Menores.
	47			A Empresas privadas.
		470		Subvenciones para fomento del empleo.
		471		Subvenciones para bonificación de intereses y primas de seguros.
		472		Subvenciones para reducir el precio a pagar por los consumidores.
		479		Otras subvenciones a Empresas privadas.
	48			A Familias e Instituciones sin fines de lucro.
	49			Al exterior.
5*				FONDO DE CONTINGENCIA Y OTROS IMPREVISTOS.
	50			Dotación al Fondo de Contingencia de Ejecución Presupuestaria.
		500		Fondo de Contingencia de Ejecución Presupuestaria. Artículo 31 Ley Orgánica 2/2012, de Estabilidad Presupuestaria y Sostenibilidad Financiera.
6				INVERSIONES REALES.
	60			Inversión nueva en infraestructuras y bienes destinados al uso general.
		600		Inversiones en terrenos.
		609		Otras inversiones nuevas en infraestructuras y bienes destinados al uso general.
	61			Inversiones de reposición de infraestructuras y bienes destinados al uso general.
		610		Inversiones en terrenos.
		619		Otras inversiones de reposición en infraestructuras y bienes destinados al uso general.
	62			Inversión nueva asociada al funcionamiento operativo de los servicios.

* Capítulo (con su artículo, concepto y denominación) añadido por la Orden HAP/419/2014, de 14 de marzo, por la que se modifica la Orden EHA/3.565/2008, de 3 de diciembre, por la que se aprueba la estructura de los presupuestos de las entidades locales (*BOE* n.º 67, de 19 de marzo).

Capítulo	Artículo	Concepto	Subconcepto	Denominación
		621		Terrenos y bienes naturales.
		622		Edificios y otras construcciones.
		623		Maquinaria, instalaciones técnicas y utillaje.
		624		Elementos de transporte.
		625		Mobiliario.
		626		Equipos para procesos de información.
		627		Proyectos complejos.
		629		Otras inversiones nuevas asociadas al funcionamiento operativo de los servicios.
	63			Inversión de reposición asociada al funcionamiento operativo de los servicios.
		631		Terrenos y bienes naturales.
		632		Edificios y otras construcciones.
		633		Maquinaria, instalaciones técnicas y utillaje.
		634		Elementos de transporte.
		635		Mobiliario.
		636		Equipos para procesos de información.
		637		Proyectos complejos.
		639		Otras inversiones de reposición asociadas al funcionamiento operativo de los servicios.
	64			Gastos en inversiones de carácter inmaterial.
		640		Gastos en inversiones de carácter inmaterial.
		641		Gastos en aplicaciones informáticas.
		648		Cuotas netas de intereses por operaciones de arrendamiento financiero (leasing).
	65			Inversiones gestionadas para otros entes públicos.
		650		Gastos en inversiones gestionadas para otros entes públicos.
	68			Gastos en inversiones de bienes patrimoniales.
		681		Terrenos y bienes naturales.
		682		Edificios y otras construcciones.
		689		Otros gastos en inversiones de bienes patrimoniales.
	69			Inversiones en bienes comunales.
		690		Terrenos y bienes naturales.
		692		Inversión en infraestructuras.
7				TRANSFERENCIAS DE CAPITAL.
	70			A la Administración General de la Entidad Local.

Capítulo	Artículo	Concepto	Subconcepto	Denominación
	71			A Organismos Autónomos de la Entidad Local.
	72			A la Administración del Estado.
		720		A la Administración General del Estado.
		721		A Organismos Autónomos y agencias.
			721.00	Al Servicio Público de Empleo Estatal.
			721.09	A otros organismos autónomos.
		722		A fundaciones estatales.
		723		A sociedades mercantiles estatales, entidades públicas empresariales y otros organismos públicos.
	73			A la Seguridad Social.
	74			A entes públicos y sociedades mercantiles de la Entidad local.
	75			A Comunidades Autónomas.
		750		A la Administración General de las Comunidades Autónomas.
		751		A Organismos Autónomos y agencias de las Comunidades Autónomas.
		752		A fundaciones de las Comunidades Autónomas.
	753			A sociedades mercantiles, entidades públicas empresariales y otros organismos públicos dependientes de las Comunidades Autónomas.
	76			A Entidades Locales.
		761		A Diputaciones, Consejos o Cabildos.
		762		A Ayuntamientos.
		763		A Mancomunidades.
		764		A Áreas Metropolitanas.
		765		A Comarcas.
		766		A Entidades que agrupen Municipios.
		767		A Consorcios.
		768		A Entidades Locales Menores.
	77			A empresas privadas.
	78			A familias e instituciones sin fines de lucro.
	79			Al exterior.
8				ACTIVOS FINANCIEROS.
	80			Adquisición de deuda del sector público.
		800		Adquisición de deuda del sector público a corto plazo.
			800.00	Al Estado.
			800.10	A Comunidades Autónomas.
			800.20	A Entidades locales.
			800.90	A otros subsectores.

Capítulo	Artículo	Concepto	Subconcepto	Denominación
		801		Adquisición de deuda del sector público a largo plazo.
			801.00	Al Estado.
			801.10	A Comunidades Autónomas.
			801.20	A Entidades locales.
			801.90	A otros subsectores.
	81			Adquisición de Obligaciones y Bonos fuera del sector público.
		810		Adquisición de obligaciones y bonos fuera del sector público a corto plazo. Desarrollo por sectores.
		811		Adquisición de obligaciones y bonos fuera del sector público a largo plazo. Desarrollo por sectores.
	82			Concesión préstamos al sector público.
		820		Préstamos a corto plazo.
			820.00	Al Estado.
			820.10	A Comunidades Autónomas.
			820.20	A Entidades locales.
			820.90	A otros subsectores.
		821		Préstamos a largo plazo.
			821.00	Al Estado.
			821.10	A Comunidades Autónomas.
			821.20	A Entidades locales.
			821.90	A otros subsectores.
	83			Concesión de préstamos fuera del sector público.
		830		Préstamos a corto plazo. Desarrollo por sectores.
		831		Préstamos a largo plazo. Desarrollo por sectores.
	84			Constitución de depósitos y fianzas.
		840		Depósitos.
			840.00	A corto plazo.
			840.10	A largo plazo.
		841		Fianzas.
			841.00	A corto plazo.
			841.10	A largo plazo.
	85			Adquisición de acciones y participaciones del sector público.
		850		Adquisición de acciones y participaciones del sector público.
			850.10	Adquisición de acciones y participaciones para compensar pérdidas.
			850.20	Adquisición de acciones y participaciones para financiar inversiones no rentables.
			850.90	Resto de adquisiciones de acciones dentro del sector público.

Capítulo	Artículo	Concepto	Subconcepto	Denominación
	86			Adquisición de acciones y participaciones fuera del sector público.
		860		Adquisición de acciones y participaciones fuera del sector público.
			860.10	De empresas nacionales.
			860.20	De empresas de la Unión Europea.
			860.90	De otras empresas.
	87			Aportaciones patrimoniales.
		870		Aportaciones a fundaciones.
		871		Aportaciones a consorcios.
		872		Aportaciones a otros entes.
			872.10	Aportaciones para compensar pérdidas.
			872.20	Aportaciones para financiar inversiones no rentables.
			872.90	Resto de aportaciones.
9				PASIVOS FINANCIEROS.
	90			Amortización de Deuda Pública en euros.
		900		Amortización de Deuda Pública en euros a corto plazo.
		901		Amortización de Deuda Pública en euros a largo plazo.
	91			Amortización de préstamos y de operaciones en euros.
		910		Amortización de préstamos a corto plazo de entes del sector público.
		911		Amortización de préstamos a largo plazo de entes del sector público.
		912		Amortización de préstamos a corto plazo de entes de fuera del sector público.
		913		Amortización de préstamos a largo plazo de entes de fuera del sector público.
	92			Amortización de Deuda Pública en moneda distinta del euro.
		920		Amortización de Deuda Pública en moneda distinta del euro a corto plazo.
		921		Amortización de Deuda Pública en moneda distinta del euro a largo plazo.
	93			Amortización de préstamos en moneda distinta del euro.
		930		Amortización de préstamos en moneda distinta del euro a corto plazo.
		931		Amortización de préstamos en moneda distinta del euro a largo plazo.

Capítulo	Artículo	Concepto	Subconcepto	Denominación
	94			Devolución de depósitos y fianzas.
		940		Devolución de depósitos.
		941		Devolución de fianzas.

ANEXO IV

Códigos de la clasificación económica de los ingresos del presupuesto de las entidades locales y sus organismos autónomos

Se distinguen las operaciones no financieras (Capítulos 1 a 7) de las financieras (Capítulos 8 y 9), subdividiéndose las primeras en operaciones corrientes (Capítulos 1 a 5) y de capital (Capítulos 6 y 7).

El presente anexo desarrolla la estructura de la clasificación económica de los ingresos de las entidades locales y de sus organismos autónomos, relacionando a continuación de cada capítulo, artículo y concepto las clases de ingresos imputables a los mismos, con el grado de detalle apropiado para cada uno de ellos.

El código tiene carácter cerrado y obligatorio en sus niveles de capítulo y artículo. Por lo que se refiere a concepto, subconcepto y partida, se considera abierto, si bien en esta Orden se tipifican y codifican algunos conceptos y subconceptos obligatorios de general utilización, pudiendo crearse por cada Entidad local cuantos epígrafes adicionales estime necesarios.

A. OPERACIONES NO FINANCIERAS

A.1 *Operaciones corrientes*

Comprende los Capítulos 1 al 5 inclusive del presupuesto de ingresos, recogiendo los tres primeros capítulos los ingresos de naturaleza tributaria o análoga, el Capítulo 4 los ingresos por transferencias corrientes y subvenciones destinadas a financiar gastos corrientes o no destinadas a ninguna finalidad específica, y el Capítulo 5 recoge los ingresos patrimoniales, derivados de depósitos, dividendos o rentas de bienes inmuebles, así como, entre otros, el producto correspondiente al canon de concesiones administrativas y las contraprestaciones del derecho de superficie.

CAPÍTULO PRIMERO

IMPUESTOS DIRECTOS

En este capítulo se incluirán los recursos exigidos sin contraprestación cuyo hecho imponible esté constituido por negocios, actos o hechos de naturaleza jurídica o económica, que pongan de manifiesto la capacidad contributiva del sujeto pasivo, como consecuencia de la posesión de un patrimonio o la obtención de renta.

Art. 10. *Impuestos sobre la Renta.*—Recoge los ingresos que, en su caso, se pueden derivar de los impuestos sobre la renta de las personas físicas o jurídicas.

— Concepto 100. Impuesto sobre la Renta de las Personas Físicas.

Se incluirán los derivados de la cesión del Impuesto sobre la Renta de las Personas Físicas a favor de las entidades locales cuando la Ley Reguladora de las Haciendas Locales establezca dicho recurso.

— Concepto 101. Impuesto sobre Sociedades.

— Concepto 102. Impuesto sobre la renta de no residentes.

Art. 11. *Impuestos sobre el capital.*—Recoge los ingresos derivados de los impuestos que gravan la titularidad de un patrimonio o incrementos de valor puestos de manifiesto por la transmisión de elementos integrantes del mismo.

— Concepto 110. Impuesto sobre Sucesiones y Donaciones.

— Concepto 111. Impuesto sobre Patrimonio.

— Concepto 112. Impuesto sobre Bienes Inmuebles. Bienes inmuebles de Naturaleza Rústica.

— Concepto 113. Impuesto sobre Bienes Inmuebles. Bienes inmuebles de Naturaleza Urbana.

— Concepto 114. Impuesto sobre Bienes Inmuebles. Bienes inmuebles de características especiales.

— Concepto 115. Impuesto sobre Vehículos de Tracción Mecánica.

— Concepto 116. Impuesto sobre Incremento del Valor de los Terrenos de Naturaleza Urbana.

— Concepto 117. Impuesto sobre viviendas desocupadas.

Art. 13. *Impuestos sobre las actividades económicas.*—Incluye los ingresos derivados del impuesto cuyo hecho imponible esté constituido por el ejercicio en territorio nacional de actividades empresariales, profesionales o artísticas, con arreglo a lo que, en su caso, disponga la Ley Reguladora de las Haciendas Locales.

— Concepto 130. Impuesto sobre Actividades Económicas.

Art. 16. *Recargos sobre impuestos directos del Estado y de la Comunidad Autónoma.*—Recogerá los recargos que resulten exigibles sobre los impuestos directos del Estado y de las Comunidades Autónomas.

— Concepto 160. Sobre impuestos del Estado.

— Concepto 161. Sobre impuestos de la Comunidad Autónoma.

Art. 17. *Recargos sobre impuestos directos de otros entes locales.*

— Concepto 170. En el Impuesto sobre Bienes Inmuebles.

— Concepto 171. Recargo provincial en el Impuesto sobre Actividades Económicas.

— Concepto 179. Otros recargos sobre impuestos directos de otros entes locales.

Art. 18. *Impuestos directos extinguidos.*—Incluye el rendimiento de aquellos impuestos locales directos que se supriman por la Ley Reguladora de las Haciendas Locales.

Las entidades locales podrán incluir en su presupuesto los recursos señalados de forma conjunta, o establecer un desarrollo por conceptos o subconceptos, para recoger de forma individualizada el producto de cada uno de los tributos que se extingan.

Art. 19. *Otros impuestos directos.*

CAPÍTULO II

IMPUESTOS INDIRECTOS

Art. 21. *Sobre el Valor Añadido.*—Recoge los ingresos que, en su caso, se puedan derivar del Impuesto sobre el Valor Añadido. Se incluirán los que resulten de la cesión de este impuesto a favor de las Entidades locales cuando la Ley Reguladora de las Haciendas Locales establezca dicho recurso.

— Concepto 210. Impuesto sobre el Valor Añadido.

Art. 22. *Impuesto sobre consumos específicos.*—Recoge los ingresos que, en su caso, se puedan derivar de los Impuestos Especiales sobre fabricación y consumos específicos. Se incluirán los que resulten de la cesión de estos impuestos cuando la Ley Reguladora de las Haciendas Locales establezca dicho recurso.

— Concepto 220. Impuestos Especiales.

Se definen subconceptos correspondientes a cada uno de los Impuestos Especiales sobre fabricación y consumo específicos, por los que las Entidades locales perciben ingresos.

- Subconcepto 220.00. Impuesto sobre el alcohol y bebidas derivadas.
- Subconcepto 220.01. Impuesto sobre la cerveza.
- Subconcepto 220.02. Impuesto sobre el vino y bebidas fermentadas.
- Subconcepto 220.03. Impuesto sobre las labores del tabaco.
- Subconcepto 220.04. Impuesto sobre hidrocarburos.
- Subconcepto 220.05. Impuesto sobre determinados medios de transporte.
- Subconcepto 220.06. Impuesto sobre productos intermedios.
- Subconcepto 220.07. Impuesto sobre la energía.
- Subconcepto 220.08. Impuesto sobre ventas minoristas de hidrocarburos.
- Subconcepto 220.09. Exacción sobre la gasolina.

Art. 26. *Recargos sobre impuestos indirectos del Estado y de la Comunidad Autónoma.*—Recargos sobre impuestos indirectos del Estado, de las Comunidades Autónomas.

— Concepto 260. Sobre impuestos del Estado.

— Concepto 261. Sobre impuestos de la Comunidad Autónoma.

Art. 27. *Recargos sobre impuestos indirectos de otros entes locales.*—Recursos sobre impuestos indirectos cuya exacción corresponda a otras entidades locales.

— Concepto 270. Sobre impuestos de otros entes locales.

Art. 28. *Impuestos indirectos extinguidos.*—Impuestos indirectos locales que se supriman por la Ley Reguladora de las Haciendas Locales, y recargos sobre impuestos indirectos municipales, autonómicos o estatales que se extingan. Las entidades locales podrán incluir en su presupuesto los recursos señalados de forma conjunta, o establecer un desarrollo por conceptos o subconceptos, para recoger de forma individualizada el producto de cada uno de los tributos que se extingan.

Art. 29. *Otros impuestos indirectos.*—Recoge otros ingresos derivados de la recaudación de impuestos indirectos en vigor, así como los derivados de la recaudación del impuesto por la realización, dentro del término municipal, de cualquier construcción, instalación y obra y de los arbitrios e impuestos incluidos en los regímenes fiscales especiales de las Islas Canarias, Ceuta y Melilla.

— Concepto 290. Impuesto sobre construcciones, instalaciones y obras.

— Concepto 291. Impuesto sobre gastos suntuarios (cotos de caza y pesca).

— Concepto 292. Arbitrio sobre importaciones y entregas de mercancías en Canarias (AIEM).

— Concepto 293. Impuesto General Indirecto Canario (IGIC).

— Concepto 294. Impuesto sobre la producción, los servicios y la importación (IPSI) de Ceuta y Melilla.

— Concepto 295. Impuesto sobre primas de seguros.

— Concepto 296. Impuesto sobre transmisiones patrimoniales y actos jurídicos documentados.

— Concepto 299. Otros Impuestos indirectos.

CAPÍTULO III

TASAS, PRECIOS PÚBLICOS Y OTROS INGRESOS

Art. 30. *Tasas por la prestación de servicios públicos básicos.*

Ingresos derivados de la prestación de servicios públicos básicos, entendiendo por tales los incluidos en el área de gasto 1 de la clasificación por programas, afecten o beneficien de modo particular al sujeto pasivo, cuando se produzca cualquiera de las circunstancias siguientes:

— Que los servicios no sean de solicitud o recepción voluntaria para los administrados. Éstas no se considerarán voluntarias cuando vengan impuestas por disposiciones legales o reglamentarias o cuando los bienes o servicios requeridos sean imprescindibles para la vida privada o social del solicitante.

— Que los servicios no se presten por el sector privado, esté o no establecida su reserva a favor del sector público, conforme a la normativa vigente.

— Concepto 300. Servicio de abastecimiento de agua.

— Concepto 301. Servicio de alcantarillado.

— Concepto 302. Servicio de recogida de basuras.

— Concepto 303. Servicio de tratamiento de residuos.

— Concepto 304. Canon de saneamiento.

— Concepto 309. Otras tasas por prestación de servicios básicos.

Art. 31. *Tasas por la prestación de servicios públicos de carácter social y preferente.*—Ingresos derivados de la prestación de servicios públicos de carácter social y preferente, entendiendo por tales los incluidos en el área de gasto 2 y 3 de la clasificación por programas, afecten o beneficien de modo particular al sujeto pasivo, cuando se produzca cualquiera de las circunstancias descritas en el artículo anterior.

— Concepto 310. Servicios hospitalarios.

— Concepto 311. Servicios asistenciales.

— Concepto 312. Servicios educativos.

— Concepto 313. Servicios deportivos.

— Concepto 319. Otras tasas por prestación de servicios de carácter preferente.

Art. 32. *Tasas por la realización de actividades de competencia local.*—Tasas por realización de actividades administrativas en régimen de Derecho público de competencia local.

Ingresos derivados de la realización de una actividad administrativa en régimen de derecho público de competencia local que se refiera, afecte o beneficie de modo particular al sujeto pasivo, cuando se produzca cualquiera de las circunstancias citadas en relación con el anterior artículo 31, *Tasas por la prestación de servicios.*

— Concepto 320. Licencias de caza y pesca.

— Concepto 321. Licencias urbanísticas.
— Concepto 322. Cédulas de habitabilidad y licencias de primera ocupación.
— Concepto 323. Tasas por otros servicios urbanísticos.
— Concepto 324. Tasas sobre el juego.
— Concepto 325. Tasa por expedición de documentos.
— Concepto 326. Tasa por retirada de vehículos.
— Concepto 329. Otras tasas por la realización de actividades de competencia local.

Art. 33. *Tasas por la utilización privativa o el aprovechamiento especial del dominio público local.*—Ingresos percibidos como contraprestación a la utilización privativa o el aprovechamiento especial del dominio público local, en el que se podrán distinguir en conceptos diferenciados, según las necesidades de información de cada entidad local, los ingresos relativos a:
— Tasas por ocupación de la vía pública.
— Tasas por aprovechamiento del suelo.
— Tasas por aprovechamiento del subsuelo.
— Tasas por aprovechamiento del vuelo.
— Otros aprovechamientos especiales.
— Concepto 330. Tasa de estacionamiento de vehículos.
— Concepto 331. Tasa por entrada de vehículos.
— Concepto 332. Tasa por utilización privativa o aprovechamiento especial por empresas explotadoras de servicios de suministros.
— Concepto 333. Tasa por utilización privativa o aprovechamiento especial por empresas explotadoras de servicios de telecomunicaciones.
— Concepto 334. Tasa por apertura de calas y zanjas.
— Concepto 335. Tasa por ocupación de la vía pública con terrazas.
— Concepto 336. Tasa por ocupación de la vía pública con suspensión temporal del tráfico rodado.
— Concepto 337. Tasas por aprovechamiento del vuelo.
— Concepto 338. Compensación de Telefónica de España, S. A.
— Concepto 339. Otras tasas por utilización privativa del dominio público.

Art. 34. *Precios públicos.*—Precios públicos por la prestación de servicios o la realización de actividades de la competencia local.

Ingresos percibidos como contraprestación de los servicios prestados por las Entidades locales o por la realización de actividades de su competencia, siempre que no concurran las circunstancias exigidas para su inclusión en el artículo 31, *Tasas por prestación de servicios*.
— Concepto 340. Servicios hospitalarios.
— Concepto 341. Servicios asistenciales.
— Concepto 342. Servicios educativos.
— Concepto 343. Servicios deportivos.
— Concepto 344. Entradas a museos, exposiciones o espectáculos.
— Concepto 345. Servicio de transporte público urbano.
— Concepto 349. Otros precios públicos.

Art. 35. *Contribuciones especiales.*—Ingresos percibidos como contraprestación a la obtención de un beneficio especial o de un aumento de valor de determinados bienes como consecuencia de la realización de obras públicas o del establecimiento o ampliación de servicios públicos de carácter local. Necesariamente a nivel de subconcepto se debe detallar la obra o el servicio de que se deriven.
— Concepto 350. Para la ejecución de obras.

— Concepto 351. Para el establecimiento o ampliación de servicios.

Art. 36. *Ventas.*—Ingresos percibidos en transacciones con salida o entrega material de bienes, excepto de aquellos que formen parte del inmovilizado, y no tengan la consideración de material desechable. A título indicativo, se recogerán, entre otros, ingresos por ventas de efectos, impresos.

Art. 38. *Reintegros de operaciones corrientes.*—Ingresos realizados en la tesorería de la entidad local o de sus organismos autónomos, originados por reintegros de ejercicios cerrados (aquellos producidos en ejercicio distinto a aquel en el que se reconoció la obligación) por operaciones corrientes.

Los reintegros del presupuesto corriente se imputarán al propio presupuesto de gastos con cargo al que se hubiesen reconocido las respectivas obligaciones, minorando el importe de éstas, así como el de los pagos correspondientes.

Se incluirán los reintegros a favor de la entidad local o de sus organismos autónomos de avales previamente ejecutados.

Se recogen dos conceptos:

— Concepto 380. Reintegro de avales.

— Concepto 389. Otros reintegros de operaciones corrientes.

Art. 39. *Otros ingresos*—Recoge los ingresos que, siendo propios de este capítulo, no se han incluido en los artículos anteriores.

— Concepto 391. Multas.

Ingresos derivados de las sanciones impuestas por acciones u omisiones debidamente tipificadas en la legislación vigente.

Se definen los tres subconceptos siguientes:

• Subconcepto 391.00. Multas por infracciones urbanísticas.
• Subconcepto 391.10. Multas por infracciones tributarias y análogas.
• Subconcepto 391.20. Multas por infracciones de la Ordenanza de circulación.
• Subconcepto 391.90. Otras multas y sanciones.

Las sanciones correspondientes a los conceptos de ingresos recogidos en los capítulos 1, 2 y 3, que tengan su origen en la gestión de cada uno de ellos, con carácter específico, se aplicarán al subconcepto 391.10.

— Concepto 392. Recargos del periodo ejecutivo y por declaración extemporánea sin requerimiento previo.

Ingresos derivados de falta de pago de las deudas en período voluntario a través del recargo ejecutivo, de apremio reducido y de apremio ordinario. Asimismo se incluyen los recargos por declaración extemporánea sin requerimiento previo.

Se definen los subconceptos siguientes:

• Subconcepto 392.00. Recargo por declaración extemporánea sin requerimiento previo.
• Subconcepto 392.10. Recargo ejecutivo.
• Subconcepto 392.11. Recargo de apremio.

— Concepto 393. Intereses de demora.

Ingresos derivados de intereses de demora por el tiempo que medie entre el vencimiento del plazo de ingreso en período voluntario y el ingreso efectivo de la deuda que constituya la obligación principal.

Los intereses de demora liquidados junto con el principal de la deuda no se aplicarán a este concepto, sino al concepto que corresponda.

— Concepto 394. Prestación personal.

Ingresos derivados de la redención a metálico de la prestación personal.

— Concepto 395. Prestación de transporte.

Ingresos derivados de la redención a metálico de la prestación de transporte.

— Concepto 396. Ingresos por actuaciones de urbanización.

• Subconcepto 396.00. Canon de urbanización.

Ingresos derivados de actuaciones urbanísticas, como consecuencia de aportaciones exigidas a través de una norma con rango de ley de las Administraciones Públicas competentes a los peticionarios de licencias o propietarios de los terrenos para implantar infraestructuras complementarias a la urbanización que se desarrolle.

• Subconcepto 396.10. Cuotas de urbanización.

Ingresos derivados de actuaciones urbanísticas, como consecuencia de aportaciones exigidas por la Entidad local a los propietarios de los terrenos para urbanizar al objeto de financiar los gastos de urbanización.

— Concepto 397. Aprovechamientos urbanísticos.

• Subconcepto 397.00. Canon por aprovechamientos urbanísticos.

Ingresos procedentes del canon por aprovechamiento urbanístico establecido a través de una norma con rango de ley de las Administraciones Públicas competentes recibido por actuaciones declaradas de interés comunitario en suelo no urbanizable.

• Subconcepto 397.10. Otros ingresos por aprovechamientos urbanísticos.

Ingresos derivados de la sustitución en metálico de los aprovechamientos urbanísticos correspondientes a la Entidad local, distintos del canon incluido en el subconcepto anterior.

— Concepto 398. Indemnizaciones de seguros de no vida.

Ingresos correspondientes a indemnizaciones derivadas de contratos de seguros de no vida.

— Concepto 399. Otros ingresos diversos.

Recoge los ingresos propios de este artículo, no incluidos en los conceptos anteriores.

Entre otros, se encontrarían los ingresos esporádicamente recibidos por la entidad local, procedentes de deudas presupuestarias o extrapresupuestarias, los ingresos derivados de expedientes de responsabilidad contable.

CAPÍTULO IV

Transferencias corrientes

Ingresos de naturaleza no tributaria, percibidos por las Entidades locales sin contraprestación directa por parte de las mismas, destinados a financiar operaciones corrientes.

Por conceptos y subconceptos, se diferenciarán las transferencias en función de los agentes que las conceden. Asimismo, se diferenciarán las que tengan carácter finalista.

Art. 40. *De la Administración General de la Entidad local.*—Este artículo sólo será de aplicación en los presupuestos de los Organismos autónomos de la Entidad.

Art. 41. *De Organismos Autónomos de la Entidad local.*—Transferencias corrientes que las Entidades locales y sus organismos autónomos prevean percibir de organismos autónomos de las mismas entidades.

Art. 42. *De la Administración del Estado.*—Concepto 420. De la Administración General del Estado.

Se incluirán las transferencias a favor de las entidades locales correspondientes a la participación en tributos del Estado de las entidades excluidas del modelo de cesión de impuestos estatales, a la participación en el Fondo Complementario de

Financiación establecido por la Ley Reguladora de las Haciendas Locales a favor de las entidades locales incluidas en el citado modelo de cesión.

Asimismo, se recogerán los importes reconocidos por la Administración General del Estado a favor de las entidades locales en concepto de compensaciones por beneficios fiscales en tributos locales concedidos por normas estatales con rango de ley.

En definitiva, se establecen los siguientes subconceptos:

• Subconcepto 420.00. Participación en tributos del Estado.
• Subconcepto 420.10. Fondo Complementario de Financiación.
• Subconcepto 420.20. Compensación por beneficios fiscales.
• Subconcepto 420.90. Otras transferencias corrientes de la Administración General del Estado.

— Concepto 421. De organismos autónomos y agencias estatales.

Transferencias corrientes procedentes de organismos autónomos del Estado. Se distinguen los siguientes subconceptos:

• Subconcepto 421.00. Del Servicio Público de Empleo Estatal.
• Subconcepto 421.90. De otros Organismos Autónomos y agencias.

— Concepto 422. De fundaciones estatales.

Transferencias corrientes procedentes de fundaciones estatales.

— Concepto 423. De sociedades mercantiles estatales, entidades públicas empresariales y otros organismos públicos.

Transferencias corrientes procedentes de las entidades y sociedades citadas en el literal. Se distinguen dos subconceptos:

• Subconcepto 423.00. De Loterías y Apuestas del Estado.
• Subconcepto 423.90. De otras sociedades mercantiles estatales, entidades públicas empresariales y organismos públicos.

Art. 43. *De la Seguridad Social.*—Transferencias corrientes que las entidades locales y sus organismos autónomos prevean recibir de cualquiera de los entes que integran el sistema de la Seguridad Social.

Art. 44. *De Entes Públicos y Sociedades Mercantiles de la Entidad local.*—Se establecen dos conceptos atendiendo a la entidad de la que proceden las transferencias corrientes:

— Concepto 440. De entes públicos.

— Concepto 441. De sociedades mercantiles.

Art. 45. *De Comunidades Autónomas.*—Transferencias corrientes que las entidades locales y sus organismos autónomos prevean recibir de las Comunidades Autónomas.

— Concepto 450. De la Administración General de las Comunidades Autónomas.

Se incluirán, en su caso, los importes de la participación en tributos de las Comunidades Autónomas y los que traigan causa de convenios suscritos con éstas por las entidades locales para financiar sus obligaciones corrientes.

Se establecen los subconceptos:

• Subconcepto 450.00. Participación en los tributos de la Comunidad Autónoma.
• Subconcepto 450.01. Otras transferencias incondicionadas.

Por materias, se podrán distinguir tantos subconceptos como convenios suscritos, teniendo en cuenta la siguiente codificación:

• Subconcepto 450.02. Transferencias corrientes en cumplimiento de convenios suscritos con la Comunidad Autónoma en materia de Servicios Sociales y Políticas de Igualdad.

• Subconcepto 450.30. Transferencias corrientes en cumplimiento de convenios suscritos con la Comunidad Autónoma en materia de Educación.

• Subconcepto 450.50. Transferencias corrientes en cumplimiento de convenios suscritos con la Comunidad Autónoma en materia de Empleo y Desarrollo local.

• Subconcepto 450.60. Otras transferencias corrientes en cumplimiento de convenios suscritos con la Comunidad Autónoma.

• Subconcepto 450.80. Otras subvenciones corrientes de la Administración General de la Comunidad Autónoma.

— Concepto 451. De Organismos Autónomos y agencias de las Comunidades Autónomas.

— Concepto 452. De fundaciones de Comunidades Autónomas.

— Concepto 453. De sociedades mercantiles, entidades públicas empresariales y otros organismos públicos dependientes de las Comunidades Autónomas.

Art. 46. *De Entidades locales.*

— Concepto 461. De Diputaciones, Consejos o Cabildos.

— Concepto 462. De Ayuntamientos.

— Concepto 463. De Mancomunidades.

— Concepto 464. De Áreas Metropolitanas.

— Concepto 465. De Comarcas.

— Concepto 466. De otras Entidades que agrupen municipios.

— Concepto 467. De Consorcios.

— Concepto 468. De Entidades locales menores.

Art. 47. *De Empresas privadas.*

Art. 48. *De Familias e Instituciones sin fines de lucro.*

Art. 49. *Del exterior.*—Se recogen, detallados, los ingresos por transferencias corrientes recibidos de las instituciones de la Unión Europea, y, de forma conjunta, los procedentes, en su caso, de otras instituciones y organizaciones internacionales, así como de agentes situados fuera del territorio nacional o con estatuto de extraterritorialidad.

Se establecen los siguientes conceptos:

— Concepto 490. Del Fondo Social Europeo.

— Concepto 491. Del Fondo de Desarrollo Regional.

— Concepto 492. Del Fondo de Cohesión.

— Concepto 493. Del Fondo Europeo Agrícola de Garantía (FEAGA).

— Concepto 494. Del Fondo Europeo Agrícola de Desarrollo Rural (FEADER).

— Concepto 495. Del FEOGA-Orientación.

— Concepto 496. Del Fondo Europeo de la Pesca (FEP).

— Concepto 497. Otras transferencias de la Unión Europea.

— Concepto 499. Otras transferencias del exterior, excluyendo la Unión Europea.

CAPÍTULO V

Ingresos patrimoniales

Recoge los ingresos de naturaleza no tributaria procedentes de rentas de la propiedad o del patrimonio de las entidades locales y sus organismos autónomos, así como los derivados de actividades realizadas en régimen de derecho privado.

Art. 50. *Intereses de títulos y valores.*—Comprende los ingresos por intereses derivados de las inversiones financieras en títulos-valores.

Por conceptos, se diferenciarán los intereses percibidos en función de los grupos de entidades o sujetos emisores de los títulos-valores.

— Concepto 500. Del Estado.

— Concepto 501. De Organismos Autónomos y agencias.

— Concepto 504. De sociedades estatales, entidades públicas empresariales y otros organismos públicos.

— Concepto 505. De Comunidades Autónomas.

— Concepto 506. De Entidades locales.

— Concepto 507. De empresas privadas.

Art. 51. *Intereses de anticipos y préstamos concedidos.*—Intereses de deuda no documentada en títulos valores, préstamos de todo tipo, anticipos o pólizas de crédito.

Por conceptos, se diferenciarán los intereses percibidos en función de los grupos de Entidades o sujetos deudores.

— Concepto 511. De Organismos Autónomos y agencias.

— Concepto 514. De sociedades mercantiles, entidades públicas empresariales y otros organismos públicos.

— Concepto 518. De familias e instituciones sin ánimo de lucro.

Art. 52. *Intereses de depósitos.*—Intereses que devenguen los depósitos monetarios en bancos y cajas de ahorro efectuados por las entidades locales.

Por conceptos, se diferenciarán los intereses percibidos en función de las Entidades o sujetos depositarios.

Art. 53. *Dividendos y participación beneficios.*—Recursos procedentes de dividendos y participaciones en beneficios derivados de inversiones financieras o de derechos legalmente establecidos.

Por conceptos, se diferenciarán los dividendos y participaciones en beneficios percibidas en función de las entidades y sujetos participados por la entidad local.

— Concepto 531. De organismos autónomos y agencias.

— Concepto 534. De sociedades mercantiles, entidades públicas empresariales y otros organismos públicos.

Se incluirán tanto los dividendos y participaciones en beneficios de sociedades y entidades dependientes de la entidad local como los correspondientes a sociedades y entidades en las que la entidad local sea un mero partícipe.

A los efectos anteriores, se entenderá que la sociedad o entidad depende de la entidad local cuando concurra alguna de las siguientes circunstancias:

— Que la Entidad Local, sus entes dependientes, vinculados o participados por la misma, participen en su capital social, directa o indirectamente de forma mayoritaria.

— Que cualquier órgano, organismo o sociedad mercantil integrantes o dependientes de la Entidad Local o participados por ésta, disponga de derechos de voto mayoritarios en la sociedad, bien directamente, bien mediante acuerdos con otros socios de esta última.

— Que cualquier órgano, organismo o sociedad mercantil integrantes o dependientes de la Entidad Local o participados por ésta, tenga derecho a nombrar o a destituir a la mayoría de los miembros de los órganos de gobierno de la sociedad, bien directamente, bien mediante acuerdos con otros socios de esta última.

— Que el administrador único o alguno de los miembros del Consejo de Administración de la sociedad, hayan sido designados en su calidad de miembros o consejeros por la Entidad Local, organismo o sociedad mercantil dependientes de la Entidad Local o participados por ésta.

En consecuencia, se distinguirán los siguientes subconceptos:

• Subconcepto 534.00. Sociedades y entidades dependientes de las entidades locales.

• Subconcepto 534.10. Sociedades y entidades no dependientes de las entidades locales.

— Concepto 537. De empresas privadas.

Art. 54. *Rentas de bienes inmuebles.*—Ingresos derivados del aprovechamiento, uso o disfrute por terceros de los bienes inmuebles patrimoniales.

— Concepto 541. Arrendamientos de fincas urbanas.

Ingresos derivados de la cesión en alquiler de inmuebles urbanos en general.

— Concepto 542. Arrendamientos de fincas rústicas.

Ingresos derivados del arrendamiento de fincas rústicas propiedad de la Entidad local.

— Concepto 544. Censos.

Ingresos en concepto de pensiones anuales y de otros derechos económicos derivados de contratos de censos enfitéuticos, o de cualesquiera otra naturaleza, por la cesión del dominio útil de bienes inmuebles de la entidad local, reservándose ésta su dominio directo.

— Concepto 549. Otras rentas de bienes inmuebles.

Recoge los ingresos de esta naturaleza no incluidos en los anteriores conceptos.

Art. 55. *Productos de concesiones y aprovechamientos especiales.*—Ingresos obtenidos de derechos de investigación o explotación otorgados por las Entidades locales y, en general, los derivados de todo tipo de concesiones y aprovechamientos especiales que éstas puedan percibir, distinguiéndose los que consistan en una suma a tanto alzado de los que consistan en un canon periódico u otra modalidad.

— Concepto 550. De concesiones administrativas con contraprestación periódica.

Ingresos de esta naturaleza derivados de concesiones administrativas. Se incluirá el canon que, con carácter periódico, corresponda percibir de los concesionarios a los que la entidad local confíe la gestión de un servicio público, conservando su titularidad.

— Concepto 551. De concesiones administrativas con contraprestación no periódica.

Ingresos de esta naturaleza derivados de concesiones administrativas. Se incluirá el canon que, a tanto alzado o con carácter no periódico, corresponda percibir de los concesionarios a los que la entidad local confíe la gestión de un servicio público, conservando su titularidad.

— Concepto 552. Derecho de superficie con contraprestación periódica.

Se incluirá el derecho económico o el ingreso de la contraprestación a favor de la entidad local por la cesión de terrenos de su propiedad para su uso, con fines edificatorios, por el superficiario durante el tiempo que se establezca por los planes o convenios correspondientes, revirtiendo a la entidad local dichos terrenos y edificaciones cuando se produzca la extinción del derecho.

La contraprestación que se incluya en este concepto consistirá en un canon periódico.

— Concepto 553. Derecho de superficie con contraprestación no periódica.

Se incluirá el derecho económico o el ingreso de la contraprestación a favor de la entidad local por la cesión de terrenos de su propiedad para su uso, con fines edificatorios, por el superficiario durante el tiempo que se establezca por los planes o convenios correspondientes, revirtiendo a la entidad local dichos terrenos y edificaciones cuando se produzca la extinción del derecho.

La contraprestación citada tendrá carácter no periódico, pudiendo consistir en una suma a tanto alzado, en la adjudicación de los derechos de propiedad o de arrendamiento de bienes inmuebles, o en una combinación de las anteriores.

— Concepto 554. Aprovechamientos agrícolas y forestales.

Incluye los ingresos de esta naturaleza obtenidos de los aprovechamientos agrícolas y forestales.

Recoge dos subconceptos:

• Subconcepto 554.00. Productos de explotaciones forestales.

• Subconcepto 554.10. Fondo de mejora de montes.

— Concepto 555. Aprovechamientos especiales.

Incluye los ingresos de esta naturaleza obtenidos de aprovechamientos especiales.

— Concepto 559. Otras concesiones y aprovechamientos.

Art. 59. *Otros ingresos patrimoniales.*—Recoge todos aquellos ingresos de esta naturaleza no comprendidos en los artículos anteriores.

Se incluirán los conceptos siguientes:

— Concepto 591. Beneficios por realización de inversiones financieras.

Recoge los beneficios derivados de la enajenación de títulos y valores que integran las inversiones financieras, incluyéndose los ingresos derivados de la venta de derechos de suscripción.

— Concepto 592. Ingresos por operaciones de intercambio financiero.

Se incluirán los ingresos por intereses a cobrar, o por diferencia acreedora de intereses, o por diferencias positivas de tipo de cambio o cualquier otro ingreso de naturaleza financiera, derivado de operaciones financieras de cobertura y gestión del riesgo del tipo de interés y tipo de cambio.

— Concepto 599. Otros ingresos patrimoniales.

Recoge los ingresos patrimoniales no incluidos en los conceptos anteriores.

A.2 *Operaciones de capital*

Comprende los Capítulos 6, *Enajenación de inversiones reales*, y 7, *Transferencias de capital*, del presupuesto de ingresos. Recoge, entre otros, los ingresos procedentes de ventas de inmuebles y de otro inmovilizado, así como las transferencias reconocidas a favor de la entidad local para financiar gastos de capital.

CAPÍTULO VI

ENAJENACIÓN DE INVERSIONES REALES

Ingresos provenientes de transacciones con salida o entrega de bienes de capital propiedad de las entidades locales o de sus organismos autónomos.

Art. 60. *De terrenos.*—Comprende los ingresos derivados de la venta de solares, fincas rústicas y otros terrenos.

— Concepto 600. Venta de solares.

Ingresos derivados de la venta de solares sin edificar.

— Concepto 601. Venta de fincas rústicas.

Ingresos derivados de la venta de fincas rústicas.

— Concepto 602. Parcelas sobrantes de la vía pública.

Ingresos derivados de la venta de parcelas sobrantes de la vía pública, conceptuadas como tales conforme al artículo 7 del Reglamento de Bienes de las Entidades Locales.

— Concepto 603. Patrimonio Público del Suelo.

Ingresos derivados de la venta de bienes integrantes del patrimonio público del suelo.

— Concepto 609. Otros terrenos.

Ingresos derivados de la venta de terrenos sin edificar, no comprendidos en los conceptos anteriores.

Art. 61. *De las demás inversiones reales*.—Comprende los ingresos derivados de la venta de las inversiones reales no comprendidas en el artículo anterior.

— Concepto 611. De inversiones de carácter inmaterial.

Recogerá los ingresos derivados de la venta de la propiedad industrial o intelectual por parte de la entidad local o sus organismos autónomos.

— Concepto 612. De objetos valiosos.

Se incluirán los ingresos obtenidos por la venta de objetos que no se deterioran en el tiempo y que han sido adquiridos y mantenidos por la entidad local o sus organismos autónomos como depósitos de valor (a título de ejemplo, metales preciosos u obras de arte).

— Concepto 619. De otras inversiones reales.

Recogerá los ingresos derivados de la enajenación de otros bienes de inmovilizado material no incluidos en los conceptos anteriores.

Art. 68. *Reintegros por operaciones de capital*.—Ingresos realizados en la tesorería de la entidad local o de sus organismos autónomos, originados por reintegros de ejercicios cerrados (aquellos producidos en ejercicio distinto a aquel en el que se reconoció la obligación) por operaciones de los Capítulos 6 y 7.

Los reintegros del presupuesto corriente se imputarán al propio presupuesto de gastos con cargo al que se hubiesen reconocido las respectivas obligaciones, minorando el importe de éstas, así como el de los pagos correspondientes.

Se distingue el concepto:

— Concepto 680. De ejercicios cerrados.

Recoge los ingresos por reintegros de pagos realizados con cargo a los créditos antes citados de los presupuestos correspondientes a ejercicios anteriores de la entidad local o sus organismos autónomos.

CAPÍTULO VII

TRANSFERENCIAS DE CAPITAL

Ingresos de naturaleza no tributaria, percibidos por las entidades locales, sin contraprestación directa por parte de las mismas, destinados a financiar operaciones de capital.

Por conceptos, se diferenciarán las transferencias en función de los agentes que las conceden. Asimismo, se diferenciarán las que tengan carácter finalista.

Art. 70. *De la Administración General de la Entidad local*.—Este artículo sólo será de aplicación en los presupuestos de los Organismos autónomos de la entidad local.

Art. 71. *De organismos autónomos de la Entidad local.*—Transferencias de capital que la entidad local y sus organismos autónomos prevean recibir de organismos autónomos de la propia entidad.

Art. 72. *De la Administración del Estado.*

— Concepto 720. De la Administración General del Estado.

— Concepto 721. De organismos autónomos y agencias del Estado.

Transferencias de capital procedentes de organismos autónomos del Estado. Se distinguen dos subconceptos:

• Subconcepto 721.00. Del Servicio Público de Empleo Estatal.

• Subconcepto 721.90. De otros.

— Concepto 722. De fundaciones estatales.

— Concepto 723. De sociedades mercantiles estatales, entidades públicas empresariales y otros organismos públicos.

Transferencias de capital procedentes de las sociedades y entidades citada en el literal. Se distinguen dos subconceptos.

• Subconcepto 723.00. De Loterías y Apuestas del Estado.

• Subconcepto 723.90. De otras sociedades mercantiles estatales, entidades públicas empresariales y organismos públicos.

Art. 73. *De la Seguridad Social.*—Transferencias de capital que las entidades locales y sus organismos autónomos prevean recibir de cualquiera de los entes que integran el sistema de la Seguridad Social.

Art. 74. *De entes públicos y sociedades mercantiles de la entidad local.*—Se establecen dos conceptos atendiendo a la entidad de la que proceden las transferencias de capital:

— Concepto 740. De entes públicos.

— Concepto 741. De sociedades mercantiles.

Art. 75. *De Comunidades Autónomas.*

— Concepto 750. De la Administración General de las Comunidades Autónomas.

Dentro de este concepto, se distinguirán, mediante un subconcepto, las subvenciones que perciban las entidades locales de la Administración General de la Comunidad Autónoma y que estén afectadas a la amortización de préstamos y otras operaciones financieras a corto o a largo plazo concertados por aquellas entidades.

• Subconcepto 750.00. Subvenciones afectas a la amortización de préstamos y operaciones financieras.

• Subconcepto 750.02. Transferencias de capital en cumplimiento de convenios suscritos con la Comunidad Autónoma en materia de Servicios Sociales y Políticas de Igualdad.

• Subconcepto 750.30. Transferencias de capital en cumplimiento de convenios suscritos con la Comunidad Autónoma en materia de Educación.

• Subconcepto 750.50. Transferencias de capital en cumplimiento de convenios suscritos con la Comunidad Autónoma en materia de Empleo y Desarrollo local.

• Subconcepto 750.60. Otras transferencias de capital en cumplimiento de convenios suscritos con la Comunidad Autónoma.

• Subconcepto 750.80. Otras transferencias de capital de la Administración General de la Comunidad Autónoma.

— Concepto 751. De organismos autónomos y agencias de las Comunidades Autónomas.

— Concepto 752. De fundaciones de las Comunidades Autónomas.
— Concepto 753. De sociedades mercantiles, entidades públicas empresariales y otros organismos públicos dependientes de las Comunidades Autónomas.

Art. 76. *De Entidades locales.*
— Concepto 761. De Diputaciones, Consejos o Cabildos.
— Concepto 762. De Ayuntamientos.
— Concepto 763. De Mancomunidades.
— Concepto 764. De Áreas Metropolitanas.
— Concepto 765. De Comarcas.
— Concepto 766. De otras Entidades que agrupen municipios.
— Concepto 767. De Consorcios.
— Concepto 768. De Entidades locales Menores.

Art. 77. *De Empresas privadas.*

Art. 78. *De Familias e Instituciones sin fines de lucro.*

Art. 79. *Del exterior.*—Se recogen, detallados, los ingresos por transferencias de capital recibidos de las instituciones de la Unión Europea, y, de forma conjunta, los procedentes, en su caso, de otras instituciones y organizaciones internacionales, así como de agentes situados fuera del territorio nacional o con estatuto de extraterritorialidad.
Se establecen los siguientes conceptos:
— Concepto 790. Del Fondo Social Europeo.
— Concepto 791. Del Fondo de Desarrollo Regional.
— Concepto 792. Del Fondo de Cohesión.
— Concepto 793. Del Fondo Europeo Agrícola de Garantía (FEAGA).
— Concepto 794. Del Fondo Europeo Agrícola de Desarrollo Rural (FEADER).
— Concepto 795. Del FEOGA-Orientación.
— Concepto 796. Del Fondo Europeo de la Pesca (FEP).
— Concepto 797. Otras transferencias de la Unión Europea.
— Concepto 799. Otras transferencias del exterior, excluyendo la Unión Europea.

B. OPERACIONES FINANCIERAS

Las operaciones financieras tanto a corto (por plazo no superior a un año) como a largo plazo (superior a un año) se recogen en los Capítulos 8, *Activos financieros,* y 9, *Pasivos financieros.* El primero recogerá las enajenaciones de activos financieros así como los reintegros de préstamos concedidos, depósitos y fianzas constituidos por la entidad local. El artículo 87, *Remanente de tesorería,* recogerá, a lo largo del ejercicio, las aplicaciones a presupuesto del remanente de tesorería.

El Capítulo 9, *Pasivos financieros,* incluirá la concertación o emisión de pasivos financieros.

CAPÍTULO VIII

ACTIVOS FINANCIEROS

Este capítulo recoge el ingreso que obtienen las entidades locales y sus organismos autónomos por la enajenación de activos financieros, tanto del interior como del exterior, cualquiera que sea la forma de instrumentación y su vencimiento.

Los reintegros de anticipos de sueldos y salarios y demás préstamos al personal se recogerán en los Conceptos 830, *Préstamos a corto plazo. Desarrollo por sectores*, y 831, *Préstamos a largo plazo. Desarrollo por sectores*, pudiéndose, en su caso, crear un subconcepto específico.

Igualmente, este capítulo es el destinado para recoger la devolución de depósitos y fianzas constituidos por las entidades locales.

La clasificación de los activos financieros podrá desarrollarse por sectores, haciendo uso de los subconceptos que procedan.

Como se ha indicado anteriormente, el artículo 87, *Remanente de tesorería*, recogerá, a lo largo del ejercicio, las aplicaciones a presupuesto del remanente de tesorería.

Art. 80. *Enajenación de deuda del sector público.*—Comprende los ingresos procedentes de la venta de todo tipo de deuda emitida por el sector público, a corto (con plazo de vencimiento no superior a un año) y a largo plazo (vencimiento superior a un año), y documentada en títulos valores, anotaciones en cuenta, o cualquier otro documento, excepto contrato de préstamo.

— Concepto 800. Enajenación de deuda del sector público a corto plazo.

Comprende los ingresos obtenidos por la enajenación de deuda del sector público con vencimiento no superior a doce meses. Se distinguen los siguientes subconceptos atendiendo al agente emisor:

- Subconcepto 800.00. Del Estado.
- Subconcepto 800.10. De Comunidades Autónomas.
- Subconcepto 800.20. De Entidades locales.

— Concepto 801. Enajenación de deuda del sector público a largo plazo.

Comprende los ingresos obtenidos por la enajenación de deuda del sector público con vencimiento superior a doce meses. Se distinguen los siguientes subconceptos atendiendo al agente emisor:

- Subconcepto 801.00. Del Estado.
- Subconcepto 801.10. De Comunidades Autónomas.
- Subconcepto 801.20. De Entidades locales.

Art. 81. *Enajenación de obligaciones y bonos de fuera del sector público.*—Comprende los ingresos procedentes de la venta de toda clase de obligaciones y bonos, a corto (con plazo de vencimiento no superior a un año) y a largo plazo (vencimiento superior a un año), emitidos por agentes externos al sector público, y documentados en títulos-valores.

— Concepto 810. Enajenación de obligaciones y bonos de fuera del sector público a corto plazo.

Comprende los ingresos obtenidos por enajenación de deuda de fuera del sector público, con vencimiento no superior a doce meses.

— Concepto 811. Enajenación de obligaciones y bonos fuera del sector público a largo plazo.

Comprende los ingresos obtenidos por enajenación de deuda de fuera del sector público, con vencimiento superior a doce meses.

Art. 82. *Reintegro de préstamos y anticipos concedidos al sector público.*—Comprende los ingresos obtenidos por reintegros de préstamos y anticipos concedidos al sector público, con o sin interés, con plazo de reembolso a corto (no superior a un año) y largo plazo (superior a un año).

— Concepto 820. Reintegro de préstamos y anticipos concedidos al sector público a corto plazo.

Comprende los reintegros de préstamos y anticipos concedidos a entes del sector público, con o sin interés, cuando el plazo de vencimiento no sea superior a doce meses.

Se distinguen los siguientes subconceptos, según el agente al que se concedieron aquéllos:

- Subconcepto 820.00. Del Estado.
- Subconcepto 820.10. De Comunidades Autónomas.
- Subconcepto 820.20. De Entidades locales.

— Concepto 821. Reintegro de préstamos y anticipos concedidos al sector público a largo plazo.

Comprende los reintegros de préstamos y anticipos concedidos a entes del sector público, con o sin interés, cuando el plazo de vencimiento sea superior a doce meses.

- Subconcepto 821.00. Del Estado.
- Subconcepto 821.10. De Comunidades Autónomas.
- Subconcepto 821.20. De Entidades locales.

Art. 83. *Reintegro de préstamos de fuera del sector público.*—Comprende los recursos obtenidos por reintegros de préstamos o anticipos concedidos a agentes externos al sector público, con o sin interés, con plazo de reembolso a corto (no superior a un año) o a largo plazo (superior a un año).

En los conceptos 830 y 831 se incluirán los reintegros de los anticipos de pagas al personal, pudiéndose, en su caso, crear un subconcepto específico a tal efecto.

— Concepto 830. Reintegros de préstamos de fuera del sector público a corto plazo.

Comprende los reintegros y anticipos concedidos a entidades no pertenecientes al sector público, cuando el plazo de vencimiento no sea superior a doce meses.

— Concepto 831. Reintegros de préstamos de fuera del sector público a largo plazo.

Comprende los reintegros y anticipos concedidos a entidades no pertenecientes al sector público, cuando el plazo de vencimiento sea superior a doce meses.

Art. 84. *Devolución de depósitos y fianzas constituidos.*—Recoge los ingresos procedentes del reintegro de depósitos y fianzas constituidos por la entidad local o sus organismos autónomos.

Se distinguen los siguientes conceptos:

— Concepto 840. Devolución de depósitos.

— Concepto 841. Devolución de fianzas.

Art. 85. *Enajenación de acciones y participaciones del sector público.*—Recoge los ingresos procedentes de la venta de títulos representativos de la propiedad del capital de entes encuadrados dentro del sector público.

Art. 86. *Enajenación de acciones y participaciones fuera del sector público.*—Recoge los ingresos procedentes de la venta de títulos representativos de la propiedad del capital de entidades no pertenecientes al sector público.

Art. 87. *Remanente de tesorería.*—Se incluirá la parte del remanente de tesorería que se utilice como medio de financiación de modificaciones de crédito.

— Concepto 870. Remanente de tesorería.

Se diferenciarán, por subconceptos, la parte destinada a gastos con financiación afectada de la destinada a gastos generales.

• Subconcepto 870.00. Para gastos generales.

• Subconcepto 870.10. Para gastos con financiación afectada.

CAPÍTULO IX

PASIVOS FINANCIEROS

En este capítulo se recoge la financiación de las entidades locales y sus organismos autónomos procedente de la emisión de Deuda Pública y de préstamos recibidos cualquiera que sea la moneda en la que estén nominados, su naturaleza y plazo de reembolso.

Las operaciones financieras citadas se incluyen por su importe efectivo, minorado, en su caso, por las diferencias negativas que se aplican al concepto 399 de ingresos.

Además, se imputarán los ingresos que obtengan las entidades locales y sus organismos autónomos procedentes de depósitos y fianzas recibidos.

Art. 90. *Emisión de Deuda Pública en euros.*—Recoge los ingresos obtenidos por la emisión de deuda en euros, en cualquiera de las modalidades en las que puedan hacerlo las Entidades locales, tanto a corto (con plazo de vencimiento no superior a un año) como a largo plazo (con vencimiento superior a un año).

— Concepto 900. Emisión de Deuda Pública en euros a corto plazo.

Recoge los ingresos obtenidos por la emisión, por las entidades locales y sus organismos autónomos, de deuda pública en euros a corto plazo (con vencimiento no superior a un año).

— Concepto 901. Emisión de Deuda Pública en euros a largo plazo.

Recoge los ingresos obtenidos por la emisión, por las entidades locales y sus organismos autónomos, de deuda pública en euros a largo plazo (con vencimiento superior a un año).

Art. 91. *Préstamos recibidos en euros*—Recoge los ingresos derivados de préstamos recibidos en euros, concedidos tanto por entes del sector público como los concedidos por agentes de fuera del sector público, tanto a corto (con plazo de vencimiento no superior a un año) como a largo plazo (con vencimiento superior a un año).

Por conceptos, se diferenciarán en función de la naturaleza pública o privada del prestamista, y del plazo de amortización.

— Concepto 910. Préstamos recibidos a corto plazo de entes del sector público.

— Concepto 911. Préstamos recibidos a largo plazo de entes del sector público.

— Concepto 912. Préstamos recibidos a corto plazo de entes de fuera del sector público.

— Concepto 913. Préstamos recibidos a largo plazo de entes de fuera del sector público.

Art. 92. *Emisión de Deuda Pública en moneda distinta del euro.*—Recoge los ingresos obtenidos por la emisión de deuda en moneda distinta del euro, a corto (con plazo de vencimiento no superior a un año) y a largo plazo (con vencimiento superior a un año).

— Concepto 920. Emisión de Deuda Pública en moneda distinta del euro a corto plazo.

— Concepto 921. Emisión de Deuda Pública en moneda distinta del euro a largo plazo.

Art. 93. *Préstamos recibidos en moneda distinta del euro.*—Recoge los ingresos derivados de préstamos nominados en moneda distinta del euro, cualquiera que sea el plazo de reembolso de los mismos, distinguiéndose éste a corto plazo (con plazo no superior a un año) y a largo plazo (con plazo superior a un año).

— Concepto 930. Préstamos recibidos en moneda distinta del euro a corto plazo.

— Concepto 931. Préstamos recibidos en moneda distinta del euro a largo plazo.

Art. 94. *Depósitos y fianzas recibidos.*—Recoge los depósitos constituidos y las fianzas ingresadas en metálico en las cajas de las entidades locales o sus organismos autónomos.

— Concepto 940. Depósitos recibidos.

— Concepto 941. Fianzas recibidas.

Clasificación económica de ingresos

Capítulo	Artículo	Concepto	Subconcepto	Denominación
1				Impuestos directos.
	10			Impuesto sobre la Renta.
		100		Impuestos sobre la Renta de las Personas Físicas.
		101		Impuesto sobre Sociedades.
		102		Impuesto sobre la Renta de No Residentes.
	11			Impuestos sobre el capital.
		110		Impuesto sobre Sucesiones y Donaciones.
		111		Impuesto sobre Patrimonio.
		112		Impuesto sobre Bienes Inmuebles. Bienes Inmuebles de Naturaleza Rústica.
		113		Impuesto sobre Bienes Inmuebles. Bienes inmuebles de Naturaleza Urbana.
		114		Impuesto sobre Bienes Inmuebles. Bienes Inmuebles de características especiales.
		115		Impuesto sobre Vehículos de Tracción Mecánica.
		116		Impuesto sobre Incremento del Valor de los Terrenos de Naturaleza Urbana.
		117		Impuesto sobre viviendas desocupadas.
	13			Impuesto sobre las Actividades Económicas.

Capítulo	Artículo	Concepto	Subconcepto	Denominación
		130		Impuesto sobre Actividades Económicas.
	16			Recargos sobre impuestos directos del Estado y de la Comunidad Autónoma.
		160		Sobre impuestos del Estado.
		161		Sobre impuestos de la Comunidad Autónoma.
	17			Recargos sobre impuestos directos de otros entes locales.
		170		En el Impuesto sobre Bienes Inmuebles.
		171		Recargo provincial en el Impuesto sobre Actividades Económicas.
		179		Otros recargos sobre impuestos directos de otros entes locales.
	18			Impuestos directos extinguidos.
	19			Otros impuestos directos.
2				Impuestos indirectos.
	21			Impuestos sobre el Valor Añadido.
		210		Impuesto sobre el Valor Añadido.
	22			Sobre consumos específicos.
		220		Impuestos Especiales.
			220.00	Impuesto sobre el alcohol y bebidas derivadas.
			220.01	Impuesto sobre la cerveza.
			220.02	Impuesto sobre el vino y bebidas fermentadas.
			220.03	Impuesto sobre las labores del tabaco.
			220.04	Impuesto sobre hidrocarburos.
			220.05	Impuesto sobre determinados medios de transporte.
			220.06	Impuesto sobre productos intermedios.
			220.07	Impuesto sobre la energía.
			220.08	Impuesto sobre ventas minoristas de hidrocarburos.
			220.09	Exacción sobre la gasolina.
	26			Recargos sobre impuestos indirectos del Estado y de la Comunidad Autónoma.
		260		Sobre impuestos del Estado.
		261		Sobre impuestos de la Comunidad Autónoma.
	27			Recargos sobre impuestos indirectos de otros entes locales.
		270		Sobre impuestos de otros entes locales.
	28			Impuestos indirectos extinguidos.
	29			Otros impuestos indirectos.
		290		Impuesto sobre construcciones, instalaciones y obras.

Capítulo	Artículo	Concepto	Subconcepto	Denominación
		291		Impuesto sobre gastos suntuarios (Cotos de caza y pesca).
		292		Arbitrio sobre importaciones y entregas de mercancías en Canarias (AIEM).
		293		Impuesto general indirecto canario (IGIC).
		294		Impuesto sobre la producción, los servicios y la importación (IPSI) de Ceuta y Melilla.
		295		Impuesto sobre primas de seguros.
		296		Impuesto sobre transmisiones patrimoniales y actos jurídicos documentados.
		299		Otros Impuestos indirectos.
3				Tasas, precios públicos y otros ingresos.
	30			Tasas por la prestación de servicios públicos básicos.
		300		Servicio de abastecimiento de agua.
		301		Servicio de alcantarillado.
		302		Servicio de recogida de basuras.
		303		Servicio de tratamiento de residuos.
		304		Canon de saneamiento.
		309		Otras tasas por prestación de servicios básicos.
	31			Tasas por la prestación de servicios públicos de carácter social y preferente.
		310		Servicios hospitalarios.
		311		Servicios asistenciales.
		312		Servicios educativos.
		313		Servicios deportivos.
		319		Otras tasas por prestación de servicios de carácter preferente.
	32			Tasas por la realización de actividades de competencia local.
		320		Licencias de caza y pesca.
		321		Licencias urbanísticas.
		322		Cédulas de habitabilidad y licencias de primera ocupación.
		323		Tasas por otros servicios urbanísticos.
		324		Tasas sobre el juego.
		325		Tasa por expedición de documentos.
		326		Tasa por retirada de vehículos.
		329		Otras tasas por la realización de actividades de competencia local.
	33			Tasas por la utilización privativa o el aprovechamiento especial del dominio público local.

Capítulo	Artículo	Concepto	Subconcepto	Denominación
		330		Tasa de estacionamiento de vehículos.
		331		Tasa por entrada de vehículos.
		332		Tasa por utilización privativa o aprovechamiento especial por empresas explotadoras de servicios de suministros.
		333		Tasa por utilización privativa o aprovechamiento especial por empresas explotadoras de servicios de telecomunicaciones.
		334		Tasa por apertura de calas y zanjas.
		335		Tasa por ocupación de la vía pública con terrazas.
		336		Tasa por ocupación de la vía pública con suspensión temporal del tráfico rodado.
		337		Tasas por aprovechamiento del vuelo.
		338		Compensación de Telefónica de España S.A.
		339		Otras tasas por utilización privativa del dominio público.
	34			Precios públicos.
		340		Servicios hospitalarios.
		341		Servicios asistenciales.
		342		Servicios educativos.
		343		Servicios deportivos.
		344		Entradas a museos, exposiciones, espectáculos.
		345		Servicio de transporte público urbano.
		349		Otros precios públicos.
	35			Contribuciones especiales.
		350		Para la ejecución de obras.
		351		Para el establecimiento o ampliación de servicios.
	36			Ventas.
	38			Reintegros de operaciones corrientes.
		380		Reintegro de avales.
		389		Otros reintegros de operaciones corrientes.
	39			Otros ingresos.
		391		Multas.
			391.00	Multas por infracciones urbanísticas.
			391.10	Multas por infracciones tributarias y análogas.
			391.20	Multas por infracciones de la Ordenanza de circulación.
			391.90	Otras multas y sanciones.
		392		Recargos del período ejecutivo y por declaración extemporánea sin requerimiento previo.

Capítulo	Artículo	Concepto	Subconcepto	Denominación
			392.00	Recargos por declaración extemporánea sin requerimiento previo.
			392.10	Recargo ejecutivo.
			392.11	Recargo de apremio.
		393		Intereses de demora.
		394		Prestación personal.
		395		Prestación de transporte.
		396		Ingresos por actuaciones de urbanización.
			396.00	Canon de urbanización.
			396.10	Cuotas de urbanización.
		397		Aprovechamientos urbanísticos.
			397.00	Canon por aprovechamientos urbanísticos.
			397.10	Otros ingresos por aprovechamientos urbanísticos.
		398		Indemnizaciones de seguros de no vida.
		399		Otros ingresos diversos.
4				Transferencia corrientes.
	40			De la Administración General de la Entidad Local.
	41			De Organismos Autónomos de la Entidad Local.
	42			De la Administración del Estado.
		420		De la Administración General del Estado.
			420.00	Participación en los Tributos del Estado.
			420.10	Fondo Complementario de Financiación.
			420.20	Compensación por beneficios fiscales.
			420.90	Otras transferencias corrientes de la Administración General del Estado.
		421		De Organismos Autónomos y agencias estatales.
			421.00	Del Servicio Público de Empleo Estatal.
			421.90	De otros Organismos Autónomos y Agencias.
		422		De fundaciones estatales.
		423		De sociedades mercantiles estatales, entidades públicas empresariales y otros organismos públicos.
			423.00	De Loterías y Apuestas del Estado.
			423.90	De otras sociedades mercantiles estatales, entidades públicas empresariales y organismos públicos.
	43			De la Seguridad Social.

Capítulo	Artículo	Concepto	Subconcepto	Denominación
	44			De entes públicos y sociedades mercantiles de la Entidad local.
		440		De entes públicos.
		441		De sociedades mercantiles.
	45			De Comunidades Autónomas.
		450		De la Administración General de las Comunidades Autónomas.
			450.00	Participación en tributos de la Comunidad Autónoma.
			450.01	Otras transferencias incondicionadas.
			450.02	Transferencias corrientes en cumplimiento de convenios suscritos con la Comunidad Autónoma en materia de Servicios Sociales y Políticas de Igualdad.
			450.30	Transferencias corrientes en cumplimiento de convenios suscritos con la Comunidad Autónoma en materia de Educación.
			450.50	Transferencias corrientes en cumplimiento de convenios suscritos con la Comunidad Autónoma en materia de Empleo y Desarrollo local.
			450.60	Otras transferencias corrientes en cumplimiento de convenios suscritos con la Comunidad Autónoma.
			450.80	Otras subvenciones corrientes de la Administración General de la Comunidad Autónoma.
		451		De Organismos Autónomos y agencias de las Comunidades Autónomas.
		452		De fundaciones de las Comunidades Autónomas.
		453		De sociedades mercantiles, entidades públicas empresariales y otros organismos públicos dependientes de las Comunidades Autónomas.
	46			De Entidades Locales.
		461		De Diputaciones, Consejos o Cabildos.
		462		De Ayuntamientos.
		463		De Mancomunidades.
		464		De Áreas Metropolitanas.
		465		De Comarcas.
		466		De otras Entidades que agrupen Municipios.
		467		De Consorcios.
		468		De Entidades locales Menores.
	47			De Empresas privadas.
	48			De familias e instituciones sin fines de lucro.

Capítulo	Artículo	Concepto	Subconcepto	Denominación
	49			Del exterior.
		490		Del Fondo Social Europeo.
		491		Del Fondo de Desarrollo Regional.
		492		Del Fondo de Cohesión.
		493		Del Fondo Europeo Agrícola de Garantía (FEAGA).
		494		Del Fondo Europeo Agrícola de Desarrollo Rural (FEADER).
		495		Del FEOGA-Orientación.
		496		Del Fondo Europeo de la Pesca (FEP).
		497		Otras transferencias de la Unión Europea.
		499		Otras transferencias del exterior, excluyendo la Unión Europea.
5				Ingresos patrimoniales.
	50			Intereses de títulos y valores.
		500		Del Estado.
		501		De Organismos Autónomos y agencias.
		504		De sociedades mercantiles estatales, entidades públicas empresariales y otros organismos públicos.
		505		De Comunidades Autónomas.
		506		De Entidades locales.
		507		De empresas privadas.
	51			Intereses de anticipos y préstamos concedidos.
		511		De Organismos Autónomos y agencias.
		514		De sociedades mercantiles, entidades públicas empresariales y otros organismos públicos.
		518		De familias e instituciones sin ánimo de lucro.
	52			Intereses de depósitos.
	53			Dividendos y participación beneficios.
		531		De Organismos Autónomos y agencias.
		534		De Sociedades mercantiles, entidades públicas empresariales y otros organismos públicos.
			534.00	De sociedades y entidades dependientes de las entidades locales.
			534.10	De sociedades y entidades no dependientes de las entidades locales.
		537		De empresas privadas.
	54			Rentas de bienes inmuebles.
		541		Arrendamientos de fincas urbanas.
		542		Arrendamientos de fincas rústicas.
		544		Censos.
		549		Otras rentas de bienes inmuebles.
	55			Productos de concesiones y aprovechamientos especiales.

Capítulo	Artículo	Concepto	Subconcepto	Denominación
		550		De concesiones administrativas con contraprestación periódica.
		551		De concesiones administrativas con contraprestación no periódica.
		552		Derecho de superficie con contraprestación periódica.
		553		Derecho de superficie con contraprestación no periódica.
		554		Aprovechamientos agrícolas y forestales.
			554.00	Producto de explotaciones forestales.
			554.10	Fondo de mejora de montes.
		555		Aprovechamientos especiales con contraprestación.
		559		Otras concesiones y aprovechamientos.
	59			Otros ingresos patrimoniales.
		591		Beneficios por realización de inversiones financieras.
		592		Ingresos por operaciones de intercambio financiero.
		599		Otros ingresos patrimoniales.
6				Enajenación de inversiones reales.
	60			De terrenos.
		600		Venta de solares.
		601		Venta de fincas rústicas.
		602		Parcelas sobrantes de la vía pública.
		603		Patrimonio público del suelo.
		609		Otros terrenos.
	61			De las demás inversiones reales.
		611		De inversiones de carácter inmaterial.
		612		De objetos valiosos.
		619		De otras inversiones reales.
	68			Reintegros por operaciones de capital.
		680		De ejercicios cerrados.
7				Transferencias de capital.
	70			De la Administración General de la Entidad Local.
	71			De Organismos Autónomos de la Entidad Local.
	72			De la Administración del Estado.
		720		De la Administración General del Estado.
		721		De Organismos Autónomos y agencias estatales.
			721.00	Del Servicio Público de Empleo Estatal.
			721.90	De otros Organismos Autónomos y agencias.
		722		De fundaciones estatales.

Capítulo	Artículo	Concepto	Subconcepto	Denominación
		723		De sociedades mercantiles estatales, entidades públicas empresariales y otros organismos públicos.
			723.00	De Loterías y Apuestas del Estado.
			723.90	De otras sociedades mercantiles estatales, entidades públicas empresariales y otros organismos públicos.
	73			De la Seguridad Social.
	74			De entes públicos y sociedades mercantiles de la Entidad local.
		740		De entes públicos.
		741		De sociedades mercantiles.
	75			De Comunidades Autónomas.
		750		De la Administración General de las Comunidades Autónomas.
			750.00	Subvenciones afectas a la amortización de préstamos y operaciones financieras.
			750.02	Transferencias de capital en cumplimiento de convenios suscritos con la Comunidad Autónoma en materia de Servicios Sociales y Políticas de Igualdad.
			750.30	Transferencias de capital en cumplimiento de convenios suscritos con la Comunidad Autónoma en materia de Educación.
			750.50	Transferencias de capital en cumplimiento de convenios suscritos con la Comunidad Autónoma en materia de Empleo y Desarrollo local.
			750.60	Otras transferencias de capital en cumplimiento de convenios suscritos con la Comunidad Autónoma.
			750.80	Otras transferencias de capital de la Administración General de la Comunidad Autónoma.
		751		De Organismos Autónomos y agencias de las Comunidades Autónomas.
		752		De fundaciones de las Comunidades Autónomas.
		753		De sociedades mercantiles, entidades públicas empresariales y otros organismos públicos dependientes de las Comunidades Autónomas.
	76			De Entidades Locales.
		761		De Diputaciones, Consejos o Cabildos.
		762		De Ayuntamientos.
		763		De Mancomunidades.
		764		De Áreas Metropolitanas.

Capítulo	Artículo	Concepto	Subconcepto	Denominación
		765		De Comarcas.
		766		De otras Entidades que agrupen Municipios.
		767		De Consorcios.
		768		De Entidades locales Menores.
	77			De empresas privadas.
	78			De familias e instituciones sin fines de lucro.
	79			Del exterior.
		790		Del Fondo Social Europeo.
		791		Del Fondo de Desarrollo Regional.
		792		Del Fondo de Cohesión.
		793		Del Fondo Europeo Agrícola de Garantía (FEAGA).
		794		Del Fondo Europeo Agrícola de Desarrollo Rural (FEADER).
		795		Del FEOGA-Orientación.
		796		Del Fondo Europeo de la Pesca (FEP).
		797		Otras transferencias de la Unión Europea.
		799		Otras transferencias del exterior, excluyendo la Unión Europea.
8				Activos financieros.
	80			Enajenación de deuda del sector público.
		800		Enajenación de deuda del sector público a corto plazo.
			800.00	Del Estado.
			800.10	De Comunidades Autónomas.
			800.20	De Entidades locales.
		801		Enajenación de deuda del sector público a largo plazo.
			801.00	Del Estado.
			801.10	De Comunidades Autónomas.
			801.20	De Entidades locales.
	81			Enajenación de obligaciones y bonos fuera del sector público.
		810		Enajenación de obligaciones y bonos fuera del sector público a corto plazo.
		811		Enajenación de obligaciones y bonos fuera del sector público a largo plazo.
	82			Reintegro de préstamos y anticipos concedidos al sector público.
		820		Reintegro de préstamos y anticipos concedidos al sector público a corto plazo.
			820.00	Del Estado.
			820.10	De Comunidades Autónomas.

Capítulo	Artículo	Concepto	Subconcepto	Denominación
			820.20	De Entidades locales.
		821		Reintegro de préstamos y anticipos concedidos al sector público a largo plazo.
			821.00	Del Estado.
			821.10	De Comunidades Autónomas.
			821.20	De Entidades locales.
	83			Reintegros de préstamos de fuera del sector público.
		830		Reintegros de préstamos de fuera del sector público a corto plazo.
		831		Reintegros de préstamos de fuera del sector público a largo plazo.
	84			Devolución de depósitos y fianzas constituidos.
		840		Devolución de depósitos.
		841		Devolución de fianzas.
	85			Enajenación de acciones y participaciones del sector público.
	86			Enajenación de acciones y participaciones fuera del sector público.
	87			Remanente de tesorería.
		870		Remanente de tesorería.
			870.00	Para gastos generales.
			870.10	Para gastos con financiación afectada.
9				Pasivos financieros.
	90			Emisión de Deuda Pública en euros.
		900		Emisión de Deuda Pública en euros a corto plazo.
		901		Emisión de Deuda Pública en euros a largo plazo..
	91			Préstamos recibidos en euros.
		910		Préstamos recibidos a corto plazo de entes del sector público.
		911		Préstamos recibidos a largo plazo de entes del sector público.
		912		Préstamos recibidos a corto plazo de entes de fuera del sector público.
		913		Préstamos recibidos a largo plazo de entes de fuera del sector público.
	92			Emisión de Deuda Pública en moneda distinta del euro.
		920		Emisión de Deuda Pública en moneda distinta del euro a corto plazo.
		921		Emisión de Deuda Pública en moneda distinta del euro a largo plazo.
	93			Préstamos recibidos en moneda distinta del euro.
		930		Préstamos recibidos en moneda distinta del euro a corto plazo.

Capítulo	Artículo	Concepto	Subconcepto	Denominación
		931		Préstamos recibidos en moneda distinta del euro a largo plazo.
	94			Depósitos y fianzas recibidos.
		940		Depósitos recibidos.
		941		Fianzas recibidas.

§ I.6. RESOLUCIÓN DE 14 DE SEPTIEMBRE DE 2009, DE LA DIRECCIÓN GENERAL DE COORDINACIÓN FINANCIERA CON LAS COMUNIDADES AUTÓNOMAS Y CON LAS ENTIDADES LOCALES, POR LA QUE SE DICTAN MEDIDAS PARA EL DESARROLLO DE LA ORDEN EHA/3.565/2008, DE 3 DE DICIEMBRE, POR LA QUE SE APRUEBA LA ESTRUCTURA DE LOS PRESUPUESTOS DE LAS ENTIDADES LOCALES

(*BOE* n.º 235, de 29 de septiembre de 2009)

Con fecha 10 de diciembre de 2008 se publicó la Orden EHA/3.565/2008, de 3 de diciembre, por la que se aprueba la estructura de los presupuestos de las entidades locales. Esta nueva estructura viene a reformar otra anterior aprobada mediante Orden del Ministerio de Economía y Hacienda, de 20 de septiembre de 1989.

La Orden ministerial entró en vigor al día siguiente de su publicación en el *Boletín Oficial del Estado* y resultará de aplicación a los presupuestos generales de las entidades locales de los ejercicios 2010 y siguientes, según determina su disposición final tercera.

La disposición final segunda de la citada Orden Ministerial EHA/3.565/2008 habilita a la Dirección General de Coordinación Financiera con las Comunidades Autónomas y con las Entidades Locales, del Ministerio de Economía y Hacienda, a dictar las medidas precisas para el desarrollo y ejecución dc aquella Orden.

Se ha considerado que hay determinados aspectos que sería aconsejable que se desarrollaran o clarificasen utilizando la habilitación normativa anterior. La primera cuestión que conviene resolver consiste en definir la estructura aplicable a los derechos pendientes de cobro y a las obligaciones reconocidas pendientes de pago que integran la Agrupación de presupuestos cerrados, y que son objeto de contabilidad independiente de la que corresponda al presupuesto corriente, con arreglo a lo dispuesto en el artículo 95 del Real Decreto 500/1990, de 20 de abril, por el que se desarrolla el capítulo primero del título sexto de la Ley Reguladora de las Haciendas Locales, en materia de presupuestos.

En segundo lugar, es conveniente clarificar la situación de prórroga presupuestaria cuando no se produzca la aprobación de los presupuestos generales de las Entidades Locales del ejercicio 2010, antes de su inicio.

Como última cuestión, es necesario desarrollar y precisar la transmisión telemática de la información presupuestaria de acuerdo con la estructura de los presupuestos de las entidades locales que se aplicará a partir del ejercicio 2010.

De acuerdo con lo anterior, la Dirección General de Coordinación Financiera con las Comunidades Autónomas y con las Entidades Locales dicta la presente Resolución, en el ejercicio de las competencias que le corresponden según lo dispuesto en la disposición final segunda de la Orden del Ministerio de Economía y Hacienda EHA/3.565/2008, de 3 de diciembre.

Apartado 1. *Agrupación de presupuestos cerrados.*—Las entidades locales presentarán los derechos pendientes de cobro y las obligaciones reconocidas pendientes de pago a 31 de diciembre de 2009, clasificados por ejercicios y aplicaciones presupuestarias, contenidos en la agrupación de presupuestos cerrados a la fecha antes citada, de acuerdo con la estructura presupuestaria aprobada por Orden del Ministerio de Economía y Hacienda EHA/ 3.565/2008, de 3 de diciembre.

Apartado 2. *Presupuesto prorrogado.*—En el caso de que al iniciarse el ejercicio de 2010 no se hubiese aprobado el presupuesto correspondiente y, con arreglo al artículo 169 del texto refundido de la Ley Reguladora de las Haciendas Locales, aprobado por Real Decreto Legislativo 2/2004, de 5 de marzo, se considerase prorrogado el del ejercicio anterior, su estructura se mantendrá en los términos de lo dispuesto en la Orden del Ministerio de Economía y Hacienda de 20 de septiembre de 1989, en tanto no se apruebe definitivamente el presupuesto general de la entidad local correspondiente al ejercicio de 2010.

No obstante lo anterior, a los exclusivos efectos de

suministrar información al Ministerio de Economía y Hacienda dando cumplimiento al artículo 193.5 del citado texto refundido, se adaptará, en todo caso, a la estructura presupuestaria aprobada por Orden EHA/3.565/2008, de 3 de diciembre, la liquidación del presupuesto del ejercicio 2010.

Apartado 3. *Suministro de información. Formato XBRL de datos etiquetados.*—3.1. En relación con la remisión de la copia del presupuesto general y de la liquidación del presupuesto de las entidades locales a la Dirección General de Coordinación Financiera con las Comunidades Autónomas y con las Entidades Locales, la Oficina Virtual de Coordinación Financiera con las Entidades Locales ofrecerá dos posibilidades para su transmisión telemática: el formulario electrónico y el archivo o documento de instancia XBRL de datos etiquetados.

3.2. Aquellas entidades locales que tengan implantada en sus sistemas informáticos la opción XBRL para la transmisión de datos de la liquidación del presupuesto, disponible en la Oficina Virtual desde el ejercicio 2007 para la captura de datos correspondiente a la liquidación del presupuesto del ejercicio 2006, deberán tener en cuenta que para la remisión de la liquidación del presupuesto del ejercicio 2010 y posteriores se procederá a una actualización de la taxonomía LENLOC, con objeto de adaptarla a la nueva estructura presupuestaria. En este sentido, es necesario que la aplicación informática utilizada para la generación automática del documento XBRL se adecue a la nueva taxonomía LENLOC.

3.3. A partir del ejercicio 2010, los datos del presupuesto general de cada entidad local podrán transmitirse en formato XBRL utilizando la taxonomía PENLOC, también basada en la nueva estructura presupuestaria.

3.4. Ambas taxonomías, PENLOC para el presupuesto general, y LENLOC para la liquidación del presupuesto, serán públicas y estarán a disposición de los usuarios en la Oficina Virtual de Coordinación Financiera con las Entidades Locales.

Apartado 4. *Autorización para la transmisión de datos del presupuesto general y de la liquidación del presupuesto a través de la Oficina Virtual de coordinación financiera con las entidades locales.*—Mediante acuerdo del Pleno de su Corporación, la entidad local responsable de la entrega de la copia del presupuesto general y de su liquidación a la Dirección General de Coordinación Financiera con las Comunidades Autónomas y con las Entidades Locales podrá autorizar a un representante de la Diputación provincial, Cabildo o Consejo insular o, en su caso, Comunidad Autónoma uniprovincial, para que realice la transmisión en su nombre de aquella información a través de la Oficina Virtual de Coordinación Financiera con las Entidades Locales, firmando electrónicamente el envío con un certificado electrónico personal.

La autorización anterior deberá ser publicada en el boletín oficial de la corporación, si lo tuviera, o, en otro caso, en el de la provincia o comunidad autónoma uniprovincial.

Apartado 5. *Entrada en vigor.*—La presente resolución entrará en vigor en la fecha de su publicación en el *Boletín Oficial del Estado* y resultará de aplicación a los presupuestos correspondientes al ejercicio 2010 y siguientes, teniendo en cuenta, en su caso, lo dispuesto en el apartado 1 de la misma.

§ I.7. ORDEN HAP/2.105/2012, DE 1 DE OCTUBRE, POR LA QUE SE DESARROLLAN LAS OBLIGACIONES DE SUMINISTRO DE INFORMACIÓN PREVISTAS EN LA LEY ORGÁNICA 2/2012, DE 27 DE ABRIL, DE ESTABILIDAD PRESUPUESTARIA Y SOSTENIBILIDAD FINANCIERA

(*BOE* n.º 240, de 5 de octubre de 2012)

El principio de transparencia como base del funcionamiento de las Administraciones Públicas resulta clave para la rendición de cuentas y el control de la gestión pública, así como contribuye a generar confianza en correcto funcionamiento del sector público.

La importancia de este principio llevó al legislador a establecer en el artículo 6 de la Ley Orgánica 2/2012, de 27 de abril, de Estabilidad Presupuestaria y Sostenibilidad Financiera, la obligación de las Administraciones Públicas de suministrar toda la información necesaria para el cumplimiento de las disposiciones de la citada Ley así como de las normas y acuerdos que se adopten en su desarrollo.

Asimismo, las Administraciones Públicas se comprometen a garantizar no sólo la coherencia de las normas y procedimientos contables, sino también la integridad de los sistemas de recopilación y tratamiento de datos, asegurando de este modo que se mantiene la exactitud de la información suministrada y se permite la verificación de su situación financiera.

Con esta Orden Ministerial se da un paso más en la aplicación del mencionado principio de transparencia por entender que éste es un instrumento indispensable que permitirá llevar a cabo un seguimiento más efectivo del cumplimiento de los objetivos de estabilidad presupuestaria, y del resto de obligaciones fiscales europeas, del conjunto de las Administraciones, con las que España está plenamente comprometida.

Un desarrollo correcto de este principio favorece, no sólo

una mejor coordinación y una adecuada remisión de información entre las diferentes Administraciones, sino que también, refuerza el compromiso de España de cumplir con las obligaciones europeas en materia de estabilidad presupuestaria, que son una prioridad absoluta, y con el resto de instituciones internacionales que han ido incrementando sus exigencias de transparencia a todas las Administraciones Públicas.

Se trata de aumentar la transparencia concretando las obligaciones legales de información de las Administraciones territoriales y mejorar la calidad de la información al coordinarla, hacerla comparable y más fiable.

A esta apuesta por mejorar la cantidad y calidad de información disponible hay que añadir la potenciación de la publicidad activa de una información más completa, centralizada, homogénea y de fácil acceso que contribuye a la rendición de cuentas y a un mejor control de la gestión pública.

El interés por fortalecer el principio de transparencia no responde sólo a dar cumplimiento a una obligación prevista en la Ley Orgánica 2/2012, de 27 de abril, de Estabilidad Presupuestaria y Sostenibilidad Financiera, sino también a mejorar la credibilidad y confianza en la economía española que cuenta con unas Administraciones Públicas transparentes y fiables.

En efecto, contar con más información, de mejor calidad y accesible mitiga los problemas de información asimétrica y disipa incertidumbres sobre el funcionamiento de las Administraciones Públicas españolas, pues permite un seguimiento más riguroso de su situación económica y financiera.

Todo ello contribuirá a la generación de confianza en las Administraciones y facilitará la rendición de cuentas y exigencia de responsabilidades cuando corresponda.

Por otra parte, la Ley Orgánica 2/2012 no sólo recoge el principio de transparencia como principio general en su artículo 6 sino que además lo concreta su instrumentación en su artículo 27 en el que autoriza al Ministerio de Hacienda y Administraciones Públicas a recabar de las Comunidades Autónomas y las Corporaciones Locales la información necesaria para garantizar el cumplimiento de las previsiones establecidas en la Ley, así como para atender cualquier otro requerimiento de información que exija la normativa europea. Todo ello, amparado en el principio de lealtad institucional que debe presidir las relaciones entre Administraciones, y que respalda las peticiones de información que, para el ejercicio de sus propias competencias, formule el Ministerio de Hacienda y Administraciones Públicas al resto de Administraciones.

A tal efecto, esta Orden viene a establecer las especificaciones del contenido de la información que debe ser remitida, así como la frecuencia y la forma de suministro para cumplir así con eficacia con la instrumentación del principio de transparencia.

En concreto, los dos primeros capítulos de esta Orden regulan con carácter general las obligaciones de remisión de información que las Administraciones territoriales tienen con la Administración General del Estado. Para ello, se detalla quiénes son los sujetos obligados, el procedimiento, preferentemente electrónico, por el que debe remitirse la información y se regulan las obligaciones de información, tanto periódicas como no periódicas que resultan comunes a las Comunidades Autónomas y Corporaciones Locales.

En este sentido, se ha desarrollado lo previsto en la disposición adicional tercera del Real Decreto-ley 20/2012, de 13 de julio, de medidas para garantizar la estabilidad presupuestaria y de fomento de la competitividad, estableciendo como obligación periódica de información, tanto para las Comunidades Autónomas como para las Corporaciones Locales, la remisión de información en materia de personal.

Entre las obligaciones no periódicas de información, destacan las referidas al seguimiento de los planes de ajuste en desarrollo de lo previsto en la disposición adicional primera de la Ley Orgánica 2/2012, de 27 de abril, de Estabilidad Presupuestaria y Sostenibilidad Financiera. En particular, se desarrolla el contenido mínimo de los informes de seguimiento de los planes de ajuste que las Corporaciones Locales deben remitir al Ministerio de Hacicnda y Administraciones Públicas de conformidad con lo dispuesto en el artículo 10 del Real Decreto-ley 7/2012, de 9 de marzo, por el que se crea el Fondo para la financiación de los pagos a proveedores. Este seguimiento resulta prioritario para cumplir con los objetivos de consolidación fiscal.

El capítulo III establece cuáles son las obligaciones de suministro de información de las Comunidades Autónomas. Para ello, se refiere a las que tienen un carácter periódico, especificando la información que debe remitirse con una frecuencia anual o mensual, según corresponda.

El capítulo IV se refiere a las obligaciones de suministro de información de las Corporaciones Locales. En este sentido, también distingue entre las obligaciones periódicas de información que tienen una frecuencia anual y trimestral, según los casos, y las obligaciones no periódicas de suministro de información referida a operaciones de endeudamiento.

El capítulo V, en desarrollo de lo dispuesto en el apartado 2 de la disposición final segunda de la Ley Orgánica 2/2012, de 27 de abril, de Estabilidad Presupuestaria y Sostenibilidad Financiera, establece las obligaciones de publicación para conocimiento general por parte del Ministerio de Hacienda y Administraciones Públicas en relación a la información de las Administraciones territoriales, así como los plazos para su publicación. Asimismo, se recoge en este capítulo las consecuencias que la Ley Orgánica 2/2012 prevé en caso de incumplimiento de las obligaciones de remisión de información.

Por otra parte, se recoge en la disposición adicional única una referencia a la aplicación de la Orden a las Comunidades Autónomas de Navarra y País Vasco.

La disposición transitoria única regula las normas aplicables mientras no se desarrollen los sistemas electrónicos de comunicación necesarios, y las disposiciones finales establecen la habilitación para dictar las resoluciones y adoptar las medidas necesarias para el desarrollo y ejecución de la presente Orden, así como su inmediata entrada en vigor salvo alguna excepción. En este sentido, cabe destacar que esta Orden se dicta en desarrollo de la ya mencionada Ley Orgánica 2/2012, de 27 de abril, que se dictó en desarrollo del artículo 135 de la Constitución.

Esta Orden se dicta en desarrollo de las habilitaciones otorgadas al Ministro de Hacienda y Administraciones Públicas en el artículo 27.4 y en la disposición final segunda de la Ley Orgánica 2/2012, de 27 de abril, de Estabilidad Presupuestaria y Sostenibilidad Financiera, así como en la disposición final segunda del Real Decreto-ley 7/2012, de 9 de marzo, por el que se crea el Fondo para la financiación de los pagos a proveedores y en la disposición adicional tercera del Real Decreto-ley 20/2012, de 13 de julio, de medidas para garantizar la estabilidad presupuestaria y de fomento de la competitividad.

En su virtud, previo informe del Consejo de Política Fiscal y Financiera de las Comunidades Autónomas y de la Comisión Nacional de la Administración Local y de acuerdo con el Consejo de Estado, dispongo:

CAPÍTULO PRIMERO

Disposiciones generales

Artículo 1.º *Objeto*.—La presente Orden tiene por objeto determinar el procedimiento, contenido y frecuencia de remisión de la información económico-financiera a suministrar por los sujetos integrados en el ámbito de aplicación de esta Orden, así como definir la información objeto de publicación periódica para conocimiento general, los plazos para su publicación, y el modo en que debe publicarse.

Todo ello en desarrollo y aplicación del principio de transparencia recogido en la Ley Orgánica 2/2012, de 27 de abril, de Estabilidad Presupuestaria y Sostenibilidad Financiera, y de conformidad con el resto de disposiciones nacionales y comunitarias relativas a requerimientos de información.

Art. 2.º *Ámbito subjetivo de aplicación*.—Están incluidos en el ámbito subjetivo de aplicación de esta Orden y, por tanto, sujetos a las obligaciones de suministro de información:

1. Las Comunidades Autónomas y Corporaciones Locales de acuerdo con la definición y delimitación del Sistema Europeo de Cuentas Nacionales y Regionales aprobado por el Reglamento (CE) 2223/96 del Consejo, de 25 de junio de 1996.

2. El resto de las entidades públicas empresariales, sociedades mercantiles y demás entes dependientes de las Comunidades Autónomas y Corporaciones Locales, no incluidas en el apartado anterior, quedarán sujetos a lo dispuesto en las normas de esta Orden que específicamente se refieran a las mismas.

Art. 3.º *Ámbito objetivo de aplicación*.—1. Esta orden será de aplicación a las obligaciones de remisión de información, periódicas, no periódicas y a cualquier otra petición de información adicional que se formule por el Ministerio de Hacienda y Administraciones Públicas, en el ejercicio de sus propias competencias al resto de Administraciones, y, en particular, a las que deriven del cumplimiento de las obligaciones de suministro de información y transparencia establecidas en la Ley Orgánica 2/2012, de 27 de abril, de Estabilidad Presupuestaria y Sostenibilidad Financiera, y en otras disposiciones nacionales y comunitarias en materia de transparencia, estabilidad presupuestaria y sostenibilidad financiera.

2. La presente Orden también será de aplicación a la publicación para conocimiento general que se haga de la mencionada información.

CAPÍTULO II

Disposiciones comunes para Comunidades Autónomas y Corporaciones Locales

SECCIÓN 1.ª

Sujetos obligados y procedimiento

Art. 4.º *Sujetos obligados a la remisión y recepción de información.*—1. La remisión de la información económico-financiera correspondiente a la totalidad de las unidades dependientes de cada Comunidad Autónoma o Corporación Local se centralizará a través de:

a) En el caso de las Comunidades Autónomas, la intervención general o unidad equivalente que tenga competencias en materia de contabilidad.

b) En las Corporaciones Locales, la intervención o unidad que ejerza sus funciones.

2. Corresponde al Ministerio de Hacienda y Administraciones Públicas la recepción y recopilación de la información prevista en esta Orden.

3. El Ministerio de Hacienda y Administraciones Públicas facilitará a las Comunidades Autónomas que, de acuerdo con sus respectivos Estatutos de Autonomía, ejerzan la tutela financiera, el acceso a la información que éste recabe, de conformidad con la presente Orden, en relación a las Corporaciones Locales de su territorio.

4. Las Corporaciones Locales de los territorios históricos del País Vasco y las corporaciones locales de la Comunidad Foral de Navarra podrán remitir la información económico-financiera de acuerdo con

---

Art. 4.º4: Añadido por el art. único.1 de la Orden HAP/2.082/2014, de 7 de noviembre, por la que se modifica la Orden HAP/2.105/2012, de 1 de octubre, por la que se desarrollan las obligaciones de suministro de información previstas en la Ley Orgánica 2/2012, de 27 de abril, de Estabilidad Presupuestaria y Sostenibilidad Financiera (*BOE* n.º 271, de 8 de noviembre).

lo previsto en el apartado 1, o bien, a través de la intervención o unidad que ejerza sus funciones en las Diputaciones Forales del País Vasco o la Comunidad Foral de Navarra, según corresponda, quienes la remitirán al Ministerio de Hacienda y Administraciones Públicas de conformidad con los medios y procedimientos previstos en el artículo 5.

Art. 5.º *Medios de remisión de la información.*—1. A las obligaciones de remisión de información se les dará cumplimiento por medios electrónicos a través del sistema que el Ministerio de Hacienda y Administraciones Públicas habilite al efecto, y mediante firma electrónica avanzada basada en un certificado reconocido, de acuerdo con la Ley 59/2003, de 19 de diciembre, de firma electrónica, salvo en aquellos casos en los que el Ministerio de Hacienda y Administraciones Públicas considere que no es necesaria su utilización.

2. El envío y captura de la información prevista en esta Orden se realizará a través de modelos normalizados o sistemas de carga masiva de datos habilitados al efecto.

La determinación de los formularios normalizados y de los formatos de ficheros de carga masiva de información se realizará de forma conjunta por la Secretaría de Estado de Presupuestos y Gastos y la Secretaría de Estado de Administraciones Públicas, y se informará al Consejo de Política Fiscal y Financiera.

A estos efectos, el Ministerio de Hacienda y Administraciones Públicas habilitará los mecanismos necesarios para la remisión electrónica de los estados numéricos comprensivos de los presupuestos generales y de la Cuenta General o Cuentas Anuales.

SECCIÓN 2.ª

Obligaciones periódicas

Art. 6.º *Información sobre los planes presupuestarios a medio plazo.*—Antes del 15 de marzo de cada año, de acuerdo con la información disponible sobre el objetivo de estabilidad presupuestaria y de deuda pú-

Art. 6.º: Redactado conforme al art. único.2 de la Orden HAP/2.082/2014, de 7 de noviembre, por la que se modifica la Orden HAP/2.105/2012, de 1 de octubre, por la que se desarrollan las obligaciones de suministro de información previstas en la Ley Orgánica 2/2012, de 27 de abril, de Estabilidad Presupuestaria y Sostenibilidad Financiera (*BOE* n.º 271, de 8 de noviembre).

blica, se remitirán los planes presupuestarios a medio plazo en los que se enmarcará la elaboración de sus Presupuestos anuales. Dichos planes presupuestarios a medio plazo deben incluir información sobre los pasivos contingentes, como son las garantías públicas y préstamos morosos, que puedan incidir de manera significativa en los presupuestos públicos, así como la información necesaria para la elaboración del programa de estabilidad y la relativa a las políticas y medidas previstas para el período considerado que, a partir de la evolución tendencial, permitan la consecución de los objetivos presupuestarios.

Art. 7.º *Información sobre personal.*—1. Las Comunidades Autónomas y las Entidades Locales remitirán, una vez aprobados sus correspondientes presupuestos y estados financieros, información detallada sobre los gastos de personal, contenidos en los mismos con el desglose y alcance que se determina en el apartado 2 de este artículo.

Asimismo, remitirán información sobre la ejecución de los gastos de personal durante el mencionado ejercicio, así como la ejecución definitiva de dicho presupuesto o estados financieros.

2. La estructura y contenido de la información se referirá a los siguientes apartados, ámbitos y partidas en el correspondiente ejercicio presupuestario:

a) Órganos estatutarios, como pueden ser las asambleas legislativas, tribunales de cuentas o cualquier otro órgano de esta naturaleza y entes integrantes del Inventario de Entes del sector publico autonómico y local. Se recogerán por separado los datos referidos a los sectores sanitario, educativo universitario, educativo no universitario, de la Administración de justicia y policía autonómica y local.

b) Retribuciones básicas, complementarias, acción social, aportaciones a planes de pensiones, cotizaciones al sistema de seguridad social a cargo del empleador e indemnizaciones.

c) Efectivos por clases de personal, incluyendo altos cargos.

d) Dotaciones o plantillas presupuestarias de personal, con el desglose orgánico expresado en el apartado *a*).

3. La información mencionada en el apartado 2 se referirá tanto al presupuesto inicial como al presupuesto ejecutado y se remitirá en los plazos previstos en los artículos 13 y siguientes.

4. Igualmente se remitirá información de los efectivos de personal, así como sobre sus retribuciones de acuerdo con el siguiente desglose y referido al mismo ámbito de entidades indicado en la letra *a*) del apartado 2, en los términos que se establezcan en las correspondientes instrucciones, de acuerdo con las siguientes reglas:

a) Número de efectivos y clases de personal diferenciando: altos cargos o asimilados, funcionarios de carrera e interinos, personal estatutario fijo y temporal, personal eventual de confianza, personal laboral fijo y temporal incluyendo, en ambos casos, tanto el acogido a Convenio Colectivo, como al excluido del mismo, máximos responsables, personal directivo y otro tipo de personal que se determine en el modelo normalizado e instrucciones aprobadas al efecto.

b) Todas las retribuciones, de manera individualizada, de los puestos de trabajo ocupados por el personal mencionados en el apartado *a*), diferenciando las retribuciones básicas y las complementarias asignadas al puesto de trabajo así como aportaciones a planes de pensiones o seguros colectivos y cualquier retribución de carácter extra salarial.

Respecto a las retribuciones de carácter variable se remitirá para todos los colectivos citados, los módulos y el gasto anual de cada concepto incluyendo, en el caso de incentivos al rendimiento, los criterios existentes para su distribución y fijación de las cuantías individuales.

c) Por tipo de personal citado en la letra *a*) el número de efectivos por modalidades de jornada.

d) La siguiente información referida a los cargos electos de las entidades locales:

1.º El número de cargos electos diferenciando: alcaldes, concejales, o asimilado, presidentes, diputados y consejeros de las diputaciones forales, diputaciones provinciales y cabildos y consejos insulares. o cargo asimilado.

2.º Todas las retribuciones, cantidades percibidas por asistencia a los órganos colegiados o cualesquiera otra que hubiesen sido asignadas al cargo y

---

Art. 7.º4: Redactado conforme al art. único.3 de la Orden HAP/2.082/2014, de 7 de noviembre, por la que se modifica la Orden HAP/2.105/2012, de 1 de octubre, por la que se desarrollan las obligaciones de suministro de información previstas en la Ley Orgánica 2/2012, de 27 de abril, de Estabilidad Presupuestaria y Sostenibilidad Financiera (*BOE* n.º 271, de 8 de noviembre).

no correspondan a la compensación de un gasto previo efectivamente realizado, de manera individualizada, percibidas por los cargos electos recogidos en el apartado 1.º anterior.

La información mencionada en este apartado se referirá a 31 de diciembre y se remitirá anualmente antes del 30 de abril siguiente.

5. Si la Comunidad Autónoma o la Entidad local lo autoriza, el Ministerio de Hacienda y Administraciones Públicas podrá acceder a la información que conste en sus respectivos Registros de personal.

SECCIÓN 3.ª

Obligaciones no periódicas

Art. 8.º *Medidas para evitar el riesgo de incumplimiento.*—En el plazo de un mes desde la formulación de la advertencia por parte del Gobierno, de acuerdo con lo previsto en el artículo 19 de la Ley Orgánica 2/2012, de 27 de abril, la Comunidad Autónoma o la Corporación Local advertida comunicará al Ministerio de Hacienda y Administraciones Públicas las medidas concretas que se hayan adoptado o se vayan a adoptar, identificando su naturaleza, el plazo de entrada en vigor y el resultado esperado de su eficacia, para evitar el riesgo de incumplimiento del objetivo de estabilidad presupuestaria, del objetivo de deuda pública o de la regla de gasto, según proceda.

Art. 9.º *Plan económico-financiero y plan de reequilibrio.*—1. Cuando se den las circunstancias previstas en la Ley Orgánica 2/2012, de 27 de abril, la Comunidad Autónoma presentará al Consejo de Política Fiscal y Financiera un plan económico-financiero o un plan de reequilibrio, según corresponda, de acuerdo con los principios, criterios y formato derivados de lo previsto en los artículos 21 y 22 de la mencionada Ley Orgánica.

2. Cuando se den las circunstancias previstas en la Ley Orgánica 2/2012, de 27 de abril, la Corporación Local aprobará un plan económico-

Art. 9.º2: Redactado conforme al art. único.4 de la Orden HAP/2.082/2014, de 7 de noviembre, por la que se modifica la Orden HAP/2.105/2012, de 1 de octubre, por la que se desarrollan las obligaciones de suministro de información previstas en la Ley Orgánica 2/2012, de 27 de abril, de Estabilidad Presupuestaria y Sostenibilidad Financiera (*BOE* n.º 271, de 8 de noviembre).

financiero que, además de lo previsto en el artículo 21.2 de la mencionada Ley Orgánica, contendrá, al menos, la siguiente información:

a) Las medidas correctoras aprobadas, cuantificadas y fundamentadas, señalando la fecha de su implementación. Estas medidas deberán ser coherentes con la variación interanual de sus previsiones presupuestarias respectivas.

b) La estimación y justificación de los ajustes de contabilidad nacional y la coherencia con el límite de gasto no financiero, calculado en la forma que establece la regla del gasto.

c) La evolución de la deuda, el cumplimiento del límite de deuda, las magnitudes de ahorro bruto y neto, la estimación de los saldos de tesorería, el exceso de financiación afectada y el remanente de tesorería para gastos generales.

La Corporación Local, en el plazo de cinco días naturales desde la aprobación del plan económico-financiero por la propia Corporación Local o por el órgano que ejerza la tutela financiera, según proceda, lo remitirá al Ministerio de Hacienda y Administraciones Públicas para su aprobación y/o publicación en su portal web, según corresponda.

La obligación de remisión de esta información a la Comisión Nacional de Administración Local se entenderá cumplida con el envío, dentro de los dos primeros meses de cada año, de la indicación de que los planes han sido publicados a través de la central de información económico-financiera de las Administraciones Públicas del Ministerio de Hacienda y Administraciones Públicas, el envío de un resumen de los planes recibidos en el ejercicio inmediato anterior en el Ministerio, así como un resumen de los planes de los que se haya obtenido información, distinguiendo: los aprobados por el mencionado Ministerio o por el órgano competente de la Comunidad Autónoma que ejerza la tutela financiera de las Entidades Locales, los planes desestimados y los que no necesitan aprobación de alguno de estos órganos.

En los dos meses siguientes a la finalización de cada semestre del año, las Comunidades Autónomas que ejerzan la tutela financiera de sus Corporaciones Locales remitirán al Ministerio de Hacienda y Administraciones Públicas el resultado del seguimiento efectuado de los planes económicos-financieros.

Las Comunidades Autónomas que ejercen competencias

en materia de tutela financiera, con independencia de la publicación trimestral que realicen a través de sus respectivos portales web, remitirán al Ministerio de Hacienda y Administraciones Públicas, antes del día quince del primer mes siguiente a cada trimestre del año natural, una memoria comprensiva de la documentación, informes, actos, resoluciones y solicitudes presentados por las Corporaciones Locales en cumplimiento de aquellas competencias de tutela financiera, así como de las resoluciones adoptadas al respecto por la Comunidad Autónoma.

3. Las Comunidades Autónomas, antes del día quince de cada mes, y la Corporaciones Locales incluidas en el ámbito subjetivo de los artículos 111 y 135 del texto refundido de la Ley Reguladora de las Haciendas Locales aprobado por Real Decreto Legislativo 2/2004, de 5 de marzo, sobre las que el Estado ejerza la tutela financiera, antes del día quince del primer mes de cada trimestre, remitirán al Ministerio de Hacienda y Administraciones Públicas la información necesaria para el seguimiento de las medidas previstas en los planes económicos-financieros y en los planes de reequilibrio, según corresponda.

Para el caso de las Entidades Locales entre esta información estará: la ejecución de las medidas de ingresos y gastos previstas en el Plan y, en su caso, de las medidas adicionales adoptadas y el cumplimiento de las previsiones contenidas en el Plan para ese año y explicación de las desviaciones si las hubiera.

Para el caso de las Comunidades Autónomas, entre esta información estará, al menos: la actualización para el ejercicio en curso del «Escenario de la evolución financiera de la Comunidad Autónoma» contenido en los planes, la liquidación del trimestre cerrado y la previsión de la liquidación de los trimestres pendientes del año, explicaciones que justifiquen los importes, una descripción para cada una de las medidas de ingresos y gastos incluidas en el plan, su impacto en el capítulo o capítulos presupuestarios afectados por la aplicación de la medida y la relación existente entre los ahorros o aumento de los ingresos conseguidos por las medidas y, en su caso, las posibles desviaciones entre las previsiones presupuestarias del plan y la ejecución realizada, tanto intertrimestralmente como en la proyección anual del trimestre o trimestres liquidados, indicando en este último supuesto medidas adicionales para compensar estas diferencias. Asimismo, remitirán información en los primeros antes del día quince de cada mes sobre el calendario actualizado de medidas aprobadas y ya ejecutadas del plan, con especial referencia a las medidas aprobadas en el mes anterior.

Art. 10. *Plan de ajuste.*—1. La Administración que cuente con un plan de ajuste acordado con el Ministerio de Hacienda y Administraciones Públicas, durante su vigencia, deberá remitir al mencionado Ministerio antes del día quince de cada mes, en el caso de la Comunidad Autónoma, y antes del día 30 del primer mes siguiente a la finalización de cada trimestre en el caso de la Corporación Local, información sobre, al menos, los siguientes extremos:

a) Avales públicos otorgados y operaciones o líneas de crédito contratadas identificando la entidad, total del crédito disponible y el crédito dispuesto.

b) Deuda comercial contraída clasificada por su antigüedad y su vencimiento. Igualmente, se incluirá información de los contratos suscritos con entidades de crédito para facilitar el pago a proveedores.

c) Operaciones con derivados.

d) Cualquier otro pasivo contingente.

e) Análisis de las desviaciones producidas en el calendario de ejecución o en las medidas del plan de ajuste.

2. En el caso de que sea una Comunidad Autónoma la que cuente con un Plan de ajuste acordado, además de la información referida en el apartado anterior, deberá también remitir al Ministerio de Hacienda y Administraciones Públicas, antes del día quince de cada mes, información actualizada sobre la ejecución de su Plan de ajuste relativa, al menos, a los siguientes elementos:

a) Informe de la intervención general de la Comunidad Autónoma sobre la ejecución del plan de ajuste.

b) Ejecución presupuestaria mensual de los capítulos de gastos e ingresos.

c) Adecuación a la realidad del plan de ajuste y va-

Art. 10: Redactado conforme al art. único.5 de la Orden HAP/2.082/2014, de 7 de noviembre, por la que se modifica la Orden HAP/2.105/2012, de 1 de octubre, por la que se desarrollan las obligaciones de suministro de información previstas en la Ley Orgánica 2/2012, de 27 de abril, de Estabilidad Presupuestaria y Sostenibilidad Financiera (*BOE* n.° 271, de 8 de noviembre).

loración de las medidas en curso, así como el calendario actualizado de las medidas ya aprobadas y ejecutadas y las medidas pendientes, con especial mención de las medidas aprobadas en el mes anterior.

d) Valoración de los riesgos a corto y medio plazo en relación con el cumplimiento de los objetivos que se pretenden con la aplicación del plan de ajuste. En particular, se analizarán las previsiones de liquidez y las necesidades de endeudamiento.

e) Análisis de las desviaciones que se han producido en la ejecución del plan de ajuste.

f) Recomendaciones, en su caso, de modificación del plan de ajuste con el objetivo de cumplir los objetivos de estabilidad presupuestaria y sostenibilidad financiera.

g) Información actualizada de su plan de tesorería y detalle de las operaciones de deuda viva, incluyendo las emisiones de deuda efectuadas en el mes anterior y la Tasa Interna de Rentabilidad.

3. Las Corporaciones Locales deberán remitir al Ministerio de Hacienda y Administraciones Públicas antes del día 31 de enero de cada año o antes del día 30 del primer mes siguiente a la finalización de cada trimestre, si se trata de Corporaciones Locales incluidas en el ámbito subjetivo de los artículos 111 y 135 del texto refundido de la Ley Reguladora de las Haciendas Locales, el informe sobre la ejecución del plan de ajuste, con el siguiente contenido mínimo:

a) Resumen trimestral del estado de ejecución del presupuesto. Si se trata de Corporaciones Locales incluidas en el ámbito subjetivo de los artículos 111 y 135 del texto refundido de la Ley Reguladora de las Haciendas Locales también se incluirá información referida a la previsión de liquidación del ejercicio, considerando la ejecución trimestral acumulada.

b) Ejecución de las medidas de ingresos y gastos previstas en el Plan y, en su caso, de las medidas adicionales adoptadas.

c) Comparación de los detalles informativos anteriores con las previsiones contenidas en el Plan para ese año y explicación, en su caso, de las desviaciones.

Art. 11. *Obligaciones no periódicas de suministro de información referidas al Inventario de entes del sector publico autonómico y local.*—1. En el plazo máximo de un mes a contar desde la creación, extinción o modificación institucional, estatutaria o financiera de la entidad, la intervención de la Corporación Local o la intervención general o unidad equivalente que tenga competencias en materia de contabilidad en la Comunidad Autónoma, según corresponda, comunicará al Ministerio de Hacienda y Administraciones Publicas el detalle que en cada caso sea necesario para el mantenimiento del Inventario de Entes Dependientes de las Comunidades Autónomas, de la Base de Datos General de Entidades Locales y del Inventario de Entes del Sector Público Local.

2. A estos efectos, la Base de Datos General de Entidades Locales está constituida por los datos relativos a la Entidad local y todos los organismos, entes, instituciones, consorcios y sociedades mercantiles vinculados, dependientes o en los que la Entidad local participe.

Los sujetos integrantes del Inventario de Entes del Sector Público Local seguirán siendo los previstos en el Real Decreto 1.463/2007, de 2 de noviembre, por el que se aprueba el reglamento de desarrollo de la Ley 18/2001, de 12 de diciembre, de Estabilidad Presupuestaria, en su aplicación a las Entidades Locales.

3. Se consideran integrantes del Inventario de Entes Dependientes de las Comunidades Autónomas las siguientes entidades en cada una de las Comunidades Autónomas:

a) La Administración de la Comunidad Autónoma.

b) Los organismos autónomos, entidades públicas empresariales, agencias y demás entes públicos vinculados o dependientes de la Administración autonómica.

c) Las universidades.

d) Las sociedades mercantiles, de acuerdo con lo previsto en el apartado 4.

e) Los consorcios y las instituciones sin ánimo de lucro que estén controlados o financiados al menos al 50 por 100 por alguno de los sujetos enumerados en las letras anteriores.

4. Se considerarán incluidas en el Inventario de Entes dependicntes de las Comunidades Autónomas las sociedades mercantiles en las que concurra alguna de las siguientes circunstancias:

a) Que la participación, directa o indirecta, de la Comunidad Autónoma y demás entidades dependientes o vinculadas a la Comunidad Autónoma o participadas por ella en su capital social, sea, al menos, del 50 por 100.

b) Que cualquier órgano, organismo o sociedad mercantil integrantes o dependientes de la Comunidad Autónoma o participados por ella disponga de, al menos, la mitad de los derechos de voto de la sociedad, bien directamente, bien mediante acuerdos con otros socios de esta última.

c) Que cualquier órgano, organismo o sociedad mercantil integrantes o dependientes de la Comunidad Autónoma o participados por ella tenga derecho a nombrar o a destituir al menos, a la mitad de los miembros de los órganos de gobierno de la sociedad, bien directamente, bien mediante acuerdos con otros socios de esta última.

d) Que el administrador único o al menos la mitad de los miembros del Consejo de Administración de la sociedad hayan sido designados en su calidad de miembros o consejeros por parte de la Comunidad Autónoma, organismo o sociedad mercantil dependientes de la Comunidad Autónoma o participados por ella.

5. El Inventario de Entes Dependientes de las Comunidades Autónomas incluirá también a las sociedades mercantiles u otros entes en los que participen los sujetos comprendidos en los apartados anteriores junto a otras Administraciones Públicas o entidades privadas, aun cuando la Comunidad Autónoma, individualmente considerada, no ostente una posición de dominio, directa o indirecta, sobre la sociedad o entidad participada, y siempre y cuando dicha entidad deba ser considerada pública debido a que esté controlada o financiada al menos en un 50 por 100 por el sector Administraciones Públicas en su conjunto y una única Administración Pública no ostente una mayoría del control o financiación de la entidad.

En todo caso, se incluirán en el correspondiente Inventario de Entes Dependientes de las Comunidades Autónomas las entidades que se encuentren sectorizadas en el subsector Comunidades Autónomas reguladas en el artículo 2.

Cada una de las Comunidades Autónomas que participe en los entes señalados deberá comunicarlo al Ministerio de Hacienda y Administraciones Públicas.

6. La información remitida deberá incluir, como mínimo:

a) La denominación de la Comunidad Autónoma o la Corporación local, según corresponda, y de las entidades, organismos, entes, instituciones, consorcios y sociedades mercantiles vinculadas o dependientes de ella o en las que participe.

b) Los códigos INE y NIF identificativos.

c) El domicilio y código postal.

d) El teléfono, fax y dirección de correo electrónico.

e) Las fechas de alta, baja o modificación, en su caso.

f) La finalidad institucional, estatutaria o societaria atribuida a cada sujeto.

g) Las competencias y actividades que tengan encomendadas por su respectiva norma o acuerdo de creación.

h) Los recursos que financian sus actividades.

i) El régimen presupuestario y contable.

j) En el supuesto de entidades de carácter asociativo, a todo lo anterior se añadirá su composición y, en su caso, el porcentaje de participación de cada entidad.

En este sentido, deberán especificarse los derechos de voto, nombramiento o destitución que la Comunidad Autónoma o Entidad Local, según corresponda, o cualquiera de sus organismos o sociedades mercantiles integrantes, dependientes o participados, posean de forma directa o a través de otras sociedades participadas o dominadas por ellos.

Para la determinación del porcentaje de participación, en aquellos supuestos en que participen u ostenten derechos de voto, nombramiento o destitución varios sujetos de los enumerados con anterioridad, se sumarán los porcentajes de participación y disposición de derechos de todos ellos.

k) Cualesquiera otros datos de carácter jurídico, económico u organizativo que, pudieran resultar de interés para el análisis económico-financiero de los entes integrantes del Inventario. En particular, la Intervención General de la Administración del Estado podrá recabar de las Comunidades Autónomas y Corporaciones Locales cuanta información sea necesaria para realizar la clasificación de las entidades participadas o dependientes de las Comunidades Autónomas y Corporaciones Locales.

Asimismo, podrá solicitarse información relativa a la participación de la Administración autonómica o Local, o del resto de sujetos enumerados en este artículo, en cualquier tipo de entidad, aun cuando se trate de participaciones minoritarias que no impliquen control público de la entidad.

7. La información incorporada al Inventario de Entes Dependientes de las Comunidades Autónomas y a la Base de Datos General de Entidades Locales y al Inventario de Entes del Sector Público Local se soportará documentalmen-

te mediante la correspondiente disposición normativa, o en su caso, mediante el documento público o privado inscrito, en su caso, en el registro público correspondiente. Dichos documentos habrán de ser remitidos al Ministerio de Hacienda y Administraciones Públicas salvo que sea posible su obtención completa en el diario o boletín oficial en el que se publique.

Art. 11 bis. *Información por incumplimiento del período medio de pago a proveedores.*—1. Cuando el período medio de pago a proveedores de una Administración Pública, de acuerdo con los datos publicados, supere el plazo máximo previsto en la normativa sobre morosidad, la Administración deberá incluir, en la actualización de su plan de tesorería inmediatamente posterior a la mencionada publicación, como parte de dicho plan lo siguiente:

a) El importe de los recursos que va a dedicar mensualmente al pago a proveedores para poder reducir su período medio de pago hasta el plazo máximo que fija la normativa sobre morosidad.

b) El importe de las medidas a las que se compromete la Administración de reducción de gastos, incremento de ingresos u otras medidas de gestión de cobros y pagos, que le permita generar la tesorería necesaria para la reducción de su período medio de pago a proveedores hasta el plazo máximo que fija la normativa sobre morosidad.

2. Cuando se den las circunstancias previstas en el artículo 13.6 de la Ley Orgánica 2/2012, de 27 de abril, de Estabilidad Presupuestaria y Sostenibilidad Financiera, determinantes de la superación del plazo máximo de pago, la Comunidad Autónoma, sin perjuicio de la actualización de su plan de tesorería, deberá remitir con periodicidad trimestral información detallada de las medidas cuantificadas, y de su impacto, de tal forma que permitan la reducción de su período medio de pago a proveedores hasta el plazo máximo fijado en la normativa de morosidad.

3. Cuando el período medio de pago a los proveedores supere el plazo estipulado en el artículo 18.4 de la Ley Orgánica 2/2012, de 27 de abril, duran-

---

Art. 11 bis: Añadido por el art. único.6 de la Orden HAP/2.082/2014, de 7 de noviembre, por la que se modifica la Orden HAP/2.105/2012, de 1 de octubre, por la que se desarrollan las obligaciones de suministro de información previstas en la Ley Orgánica 2/2012, de 27 de abril, de Estabilidad Presupuestaria y Sostenibilidad Financiera (*BOE* n.º 271, de 8 de noviembre).

te el período previsto en dicho artículo, la Comunidad Autónoma, sin perjuicio de la actualización de su plan de tesorería, deberá remitir con periodicidad mensual información detallada del impacto de las medidas aplicadas que permitan la reducción de su período medio de pago a proveedores hasta el plazo máximo fijado en la normativa de morosidad.

4. En el caso de que se den los supuestos previstos en el artículo 20.5 de la Ley Orgánica 2/2012, de 27 de abril, adicionalmente a lo señalado en el apartado anterior y sin perjuicio de la actualización de su plan de tesorería, la Comunidad Autónoma deberá informar sobre las modificaciones presupuestarias y los acuerdos de no disponibilidad adoptados en los términos indicados en dicho artículo, en el plazo de quince días desde su adopción.

5. Cuando se comunique a la Comunidad Autónoma que se ha producido un incumplimiento del plazo máximo de pago a proveedores que determina la aplicación del procedimiento de retención previsto en el artículo 20.6 de la Ley Orgánica 2/2012, de 27 de abril, de Estabilidad Presupuestaria y Sostenibilidad Financiera, dicha Comunidad habrá de remitir la información que se le solicite para poder cuantificar y determinar la parte de la deuda comercial que se va a pagar con cargo a sus recursos del Sistema de Financiación sujetos a liquidación, conforme a las disposiciones normativas vigentes.

Art. 12. *Otros requerimientos de información.*—En todo caso, para cumplir con las obligaciones de información previstas en esta Orden, en particular las que deriven de requerimientos comunitarios, se podrá solicitar cualquier información adicional que resulte necesaria mediante petición singular o mediante modelo normalizado por el órgano competente del Ministerio de Hacienda y Administraciones Públicas.

CAPÍTULO III

OBLIGACIONES DE SUMINISTRO DE INFORMACIÓN EN EL ÁMBITO DE LAS COMUNIDADES AUTÓNOMAS

Art. 13. *Obligaciones anuales de suministro de informa-*

Art. 13: Redactado conforme al art. único.7 de la Orden HAP/2.082/2014, de 7 de noviembre, por la que se modifica la Orden HAP/2.105/2012, de 1 de octubre, por la que se desarrollan las obligaciones de suministro de in-

ción.—Con carácter anual se remitirá la siguiente información:

1. Antes del 31 de marzo, una previsión anual de endeudamiento, que contendrá la deuda viva a principio de ejercicio, conforme a las normas del Protocolo de Déficit Excesivo, las previsiones de operaciones de crédito, emisiones de deuda y amortizaciones del ejercicio desglosadas por entes del sector Administración pública y la situación prevista para cada uno de ellos a final de cada año.

2. Antes del 1 de agosto el límite de gasto no financiero de la Comunidad Autónoma para el ejercicio siguiente con una memoria descriptiva de los principales elementos considerados para la fijación de dicho límite, así como de su composición.

3. Antes del 15 de septiembre las líneas fundamentales de los Presupuestos para el ejercicio siguiente, conteniendo toda la información necesaria conforme a la normativa europea y al menos la siguiente información:

a) Definición de las principales políticas que inspiran el presupuesto con indicación de las medidas de ingresos y gastos en las que se basan.

b) Saldos presupuestarios y explicación de su adecuación al objetivo de estabilidad fijado. Toda la información complementaria que permita relacionar el saldo resultante de los ingresos y gastos del presupuesto con la capacidad y necesidad de financiación calculada conforme a normas del sistema europeo de cuentas.

c) Información sobre los ingresos previstos en el proyecto de presupuestos, tanto en lo relativo a los recursos del sistema de financiación sujetos a entregas a cuenta y posterior liquidación como al resto de ingresos en sus principales rúbricas.

d) Información sobre las dotaciones de gastos contenidas en el proyecto de presupuesto y sus evoluciones respecto al ejercicio precedente.

e) Modificaciones significativas en los criterios de presupuestación que permitan una comparativa homogénea con el ejercicio precedente.

f) Información sobre las diferencias existentes en los objetivos y previsiones, así como en las medidas o resto de variables consideradas para la elaboración de las líneas fundamentales de los Presu-

formación previstas en la Ley Orgánica 2/2012, de 27 de abril, de Estabilidad Presupuestaria y Sostenibilidad Financiera (*BOE* n.º 271, de 8 de noviembre).

puestos del ejercicio siguiente, en relación a las utilizadas para la elaboración del marco presupuestario establecido en el artículo 6. En el caso de producirse tales diferencias, debe procederse a la remisión de la información actualizada relativa a dicho marco presupuestario.

4. En el plazo de quince días desde la presentación de los Proyectos de Presupuestos en las Asambleas de las Comunidades Autónomas, y en todo caso antes del 20 de noviembre, los Proyectos de Presupuestos iniciales o Estados financieros iniciales de los sujetos comprendidos en el ámbito de aplicación de esta Orden. Dichos proyectos deberán contener información detallada sobre los beneficios fiscales y su incidencia en los ingresos. A estos efectos, el Ministerio de Hacienda y Administraciones Públicas podrá habilitar los mecanismos necesarios para la remisión electrónica de la información a la que se refiere este apartado.

5. Antes de quince días desde la fecha de su remisión al Parlamento o Cámara de Cuentas, y en todo caso antes del 20 de noviembre, las Cuentas Anuales del ejercicio anterior de la Comunidad Autónoma. A estos efectos, el Ministerio de Hacienda y Administraciones Públicas podrá habilitar los mecanismos necesarios para la remisión electrónica de los estados numéricos comprensivos de la Cuenta General y Cuentas Anuales de todas las entidades previstas en el artículo 2. En la misma fecha se remitirán los datos de ejecución presupuestaria previstos en los apartados 1 y 2 del artículo 7.

6. Antes de quince días desde la publicación de la Ley de Presupuestos, y en todo caso antes del 31 de enero, el contenido completo de los Presupuestos Generales del ejercicio correspondiente, que integrará, al menos, los presupuestos y estados financieros iniciales de todos los sujetos y entidades comprendidos en el ámbito de aplicación de esta Orden y la información relativa a personal recogida en los apartados 1 y 2 del artículo 7. A estos efectos, el Ministerio de Hacienda y Administraciones Públicas podrá habilitar los mecanismos necesarios para la remisión electrónica de los estados numéricos comprensivos del presupuesto.

Si el 31 de enero no se hubieran aprobado los presupuestos autonómicos, deberá remitirse el Presupuesto General prorrogado con las modificaciones derivadas de las normas reguladoras de la prórroga, así como la respectiva información de personal a la que se hace referencia en los apartados 1 y 2 del artículo 7. En este caso, una vez aprobado el Presupuesto General o Estado financieros iniciales, se remitirán en los quince días siguientes a su publicación.

Esta información se referirá a todos los sujetos comprendidos en el ámbito de aplicación de esta Orden.

En todo caso se incluirá la información que permita relacionar el saldo resultante de los ingresos y gastos del presupuesto con la capacidad o necesidad de financiación, calculada conforme a las normas del Sistema Europeo de Cuentas.

7. Antes del 30 de abril del año siguiente al cual se refiere la información, el cuestionario de información contable normalizado de todas las unidades del artículo 2.1 que contendrá cuanta información sea necesaria para elaborar las cuentas conforme al Sistema Europeo de Cuentas y para el seguimiento de la ejecución presupuestaria con el contenido y alcance fijado en el artículo 14. Asimismo, se procederá a la actualización de la información remitida en el ámbito del apartado 7 de dicho artículo.

Art. 14. *Obligaciones mensuales de suministro de información.*—Antes del día quince de cada mes la Comunidad Autónoma enviará un modelo de información con el alcance y contenido fijado por el Ministerio de Hacienda y Administraciones Públicas que, al menos, contendrá la siguiente información:

1. Ejecución del presupuesto en sus distintas fases, con indicación de las modificaciones presupuestarias tramitadas y/o las previstas tramitar en los dos meses siguientes.

2. Detalle de las obligaciones frente a terceros, vencidas, líquidas, exigibles, no imputadas al presupuesto.

3. Información que permita relacionar el saldo resultante de los ingresos y los gastos del presupuesto con la capacidad y necesidad de financiación calculada conforme a las normas del Sistema Europeo de Cuentas.

4. Información relativa al uso dado a las autorizaciones

Art. 14: Redactado conforme al art. único.8 de la Orden HAP/2.082/2014, de 7 de noviembre, por la que se modifica la Orden HAP/2.105/2012, de 1 de octubre, por la que se desarrollan las obligaciones de suministro de información previstas en la Ley Orgánica 2/2012, de 27 de abril, de Estabilidad Presupuestaria y Sostenibilidad Financiera (*BOE* n.º 271, de 8 de noviembre).

de operaciones de endeudamiento concedidas.

5. Las actualizaciones de su Plan de tesorería relativas al ejercicio corriente y detalle de operaciones de deuda viva que contendrá al menos información relativa a:

a) Calendario y presupuesto de Tesorería que contenga sus cobros y pagos mensuales por rúbricas, distinguiendo los pagos incluidos en el cálculo del período medio de pago a proveedores. Asimismo se incluirá la previsión de su mínimo mensual de tesorería.

b) Previsión mensual de ingresos.

c) Saldo de deuda viva.

d) Impacto de las medidas de ahorro y medidas de ingresos previstas y calendario previsto de impacto en presupuesto.

e) Vencimientos mensuales de deuda a corto y largo plazo.

f) Calendario y cuantías de necesidades de endeudamiento.

g) Evolución del saldo de las obligaciones reconocidas pendientes de pago tanto del ejercicio corriente como de los años anteriores, distinguiendo el importe de las obligaciones pendiente de pago incluidas en el cálculo del período medio de pago a proveedores.

h) Período medio de pago global a proveedores, calculado según el Real Decreto 635/2014, de 25 de julio, por el que se desarrolla la metodología de cálculo del período medio de pago a proveedores de las Administraciones Públicas y las condiciones y el procedimiento de retención de recursos de los regímenes de financiación, previstos en la Ley Orgánica 2/2012, de 27 de abril, de Estabilidad Presupuestaria y Sostenibilidad Financiera.

i) Perfil de vencimientos de la deuda de los próximos diez años.

j) Información, incluida la Tasa Interna de Rentabilidad, de las emisiones de deuda y resto de operaciones financieras realizadas en el mes anterior.

k) Información sobre los pasivos contingentes, como son las garantías públicas otorgadas y préstamos morosos, que puedan incidir de manera significativa en los presupuestos.

A partir de la finalización del mes de noviembre de cada ejercicio, la Comunidad Autónoma incluirá las actualizaciones de su Plan de Tesorería previstas para el ejercicio siguiente.

6. Los datos de ejecución previstos en los apartados 1 y 2 del artículo 7 relativos a las unidades integrantes del sector

Administraciones Públicas de la contabilidad nacional así como el número de efectivos referidos al último día del mes anterior.

Cuando la información prevista en este artículo se refiera al mes de diciembre el plazo para su envío será hasta el 31 de enero siguiente.

7. De acuerdo con lo previsto en el Real Decreto 635/2014, de 25 de julio, por el que se desarrolla la metodología de cálculo del período medio de pago a proveedores de las Administraciones Públicas y las condiciones y el procedimiento de retención de recursos de los regímenes de financiación, previstos en la Ley Orgánica 2/2012, de 27 de abril, de Estabilidad Presupuestaria y Sostenibilidad Financiera, la siguiente información relativa a su período medio de pago a proveedores referido al mes anterior:

a) El período medio de pago global a proveedores mensual y su serie histórica.

b) El período medio de pago mensual de cada entidad y su serie histórica.

c) La ratio mensual de operaciones pagadas de cada entidad y su serie histórica.

d) La ratio de operaciones pendientes de pago mensual de cada entidad y su serie histórica.

8. Información en materia de morosidad en el pago referida a las entidades integradas en el sector Administraciones Públicas. Entre esta información se incluirá, al menos, de acuerdo con la metodología de cálculo establecida para el período medio de pago a proveedores de las Administraciones Públicas, lo siguiente:

a) Detalle del período medio de pago global a proveedores.

b) Detalle del período medio de pago mensual y acumulado a proveedores, así como de las operaciones pagadas y pendientes de pago de cada entidad y del conjunto de la comunidad.

c) Datos relativos a deuda no financiera, comercial y pagos mensuales, costes financieros derivados del tipo de interés legal de demora aplicable, las indemnizaciones por costes de cobro, así como otra información relevante en materia de morosidad comercial de las Administraciones Públicas.

La información que sea objeto de actualización posterior en la serie histórica publicada por la Comunidad Autónoma requerirá del envío de los cuestionarios mensuales correspondientes a los datos modificados.

CAPÍTULO IV

OBLIGACIONES DE SUMINISTRO DE INFORMACIÓN EN EL ÁMBITO DE LAS CORPORACIONES LOCALES

Art. 15. *Obligaciones anuales de suministro de información.*—Con carácter anual se remitirá la siguiente información:

1. Antes del 15 de septiembre de cada año:

Las líneas fundamentales de los Presupuestos para el ejercicio siguiente conteniendo toda la información necesaria conforme a la normativa europea y al menos la siguiente información:

a) Definición de las principales políticas que inspiran el presupuesto con indicación de las medidas de ingresos y gastos en las que se basan.

b) Saldos presupuestarios y explicación de su adecuación al objetivo de estabilidad fijado. Toda la información complementaria que permita relacionar el saldo resultante de los ingresos y gastos del presupuesto con la capacidad y necesidad de financiación calculada conforme a normas del sistema europeo de cuentas.

c) Información sobre los ingresos previstos en el proyecto de presupuestos, tanto en lo relativo a los recursos del sistema de financiación sujetos a entregas a cuenta y posterior liquidación como al resto de ingresos en sus principales rúbricas.

d) Información sobre las dotaciones de gastos contenidas en el proyecto de presupuesto y sus evoluciones respecto al ejercicio precedente.

e) Modificaciones significativas en los criterios de presupuestación que permitan una comparativa homogénea con el ejercicio precedente.

f) Información sobre las diferencias existentes en los objetivos y previsiones, así como en las medidas o resto de variables consideradas para la elaboración de las líneas fundamentales de los Presupuestos del ejercicio siguiente, en relación a las utilizadas para la elaboración del plan presupuestario a medio plazo establecido en el artículo 6. En el caso de producirse tales diferencias, debe procederse a la

---

Art. 15: Redactado conforme al art. único.9 de la Orden HAP/2.082/2014, de 7 de noviembre, por la que se modifica la Orden HAP/2.105/2012, de 1 de octubre, por la que se desarrollan las obligaciones de suministro de información previstas en la Ley Orgánica 2/2012, de 27 de abril, de Estabilidad Presupuestaria y Sostenibilidad Financiera (*BOE* n.º 271, de 8 de noviembre).

remisión de la información actualizada relativa a dicho plan presupuestario.

g) El estado de previsión de movimiento y situación de la deuda.

h) El informe de la intervención de evaluación del cumplimiento del objetivo de estabilidad y del límite de deuda.

2. Antes del 1 de noviembre de cada año, la información relativa al coste efectivo de los servicios que prestan, partiendo de los datos contenidos en la liquidación del presupuesto general y, en su caso, de las cuentas anuales aprobadas de las entidades vinculadas o dependientes, correspondientes al ejercicio inmediato anterior, de acuerdo lo previsto en la Orden por la que se establecen los criterios de cálculo del coste efectivo de los servicios prestados por las entidades locales.

3. Antes del 31 de enero de cada año:

a) Los presupuestos aprobados y los estados financieros iniciales de todos los sujetos y entidades comprendidos en el ámbito de aplicación de esta Orden, de las inversiones previstas realizar en ejercicio y en los tres siguientes, con su correspondiente propuesta de financiación y los estados de previsión de movimiento y situación de la deuda.

Si a 31 de enero no se hubiera aprobado el Presupuesto, deberá remitirse el prorrogado con las modificaciones derivadas de las normas reguladoras de la prórroga, hasta la entrada en vigor del nuevo Presupuesto.

b) La información que permita relacionar el saldo resultante de los ingresos y gastos del presupuesto con la capacidad o necesidad de financiación, calculada conforme a las normas del Sistema Europeo de Cuentas.

c) El informe de la intervención de evaluación del cumplimiento del objetivo de estabilidad y del límite de la deuda.

d) La información relativa a personal recogida en los apartados 1 y 2 del artículo 7.

e) Información sobre los pasivos contingentes, como son las garantías públicas y préstamos morosos, que puedan incidir de manera significativa en los presupuestos de las Corporaciones Locales.

f) Las Corporaciones Locales incluidas en el ámbito subjetivo de los artículos 111 y 135 del texto refundido de la Ley Reguladora de las Haciendas Locales aprobado por el Real Decreto Legislativo 2/2004, de 5 de marzo, deberán remitir Información detallada de los beneficios fiscales y su incidencia en los ingresos de cada entidad local.

El resto de Corporaciones Locales remitirán esa información de acuerdo con lo previsto en sus respectivos presupuestos, en los términos establecidos por la citada Ley Reguladora de las Haciendas Locales.

4. Antes del 31 de marzo del año siguiente al ejercicio en que vayan referidas las liquidaciones:

a) Los presupuestos liquidados y las cuentas anuales formuladas por los sujetos y entidades sometidos al Plan General de Contabilidad de Empresas o a sus adaptaciones sectoriales, con sus anexos y estados complementarios.

b) Las obligaciones frente a terceros, vencidas, líquidas, exigibles no imputadas a presupuesto.

c) La situación a 31 de diciembre del ejercicio anterior de la deuda viva, incluidos los cuadros de amortización.

d) La información que permita relacionar el saldo resultante de los ingresos y gastos del Presupuesto con la capacidad o necesidad de financiación, calculada conforme a las normas del Sistema Europeo de Cuentas.

e) El informe de la intervención de evaluación del cumplimiento del objetivo de estabilidad, de la regla de gasto y del límite de la deuda.

f) Información relativa a las inversiones financieramente sostenibles ejecutadas en aplicación de lo previsto en la disposición adicional decimosexta del texto refundido de la Ley reguladora de las Haciendas Locales, aprobado por el Real Decreto Legislativo 2/2004, de 5 de marzo.

5. Con anterioridad a 31 de octubre del año siguiente al ejercicio al que vayan referidas las liquidaciones, se remitirá:

a) Las cuentas anuales aprobadas por la junta general de accionistas u órgano competente, acompañadas, en su caso, del informe de auditoría, de todos los sujetos y entidades comprendidos en el ámbito de aplicación de esta Orden.

b) La copia de la cuenta general así como los documentos adicionales precisos para obtener la siguiente información: liquidación del presupuesto completa, detalle de operaciones no presupuestarias, estado de la deuda, incluida la deuda aplazada en convenio con otras Administraciones Públicas y avales otorgados.

c) La información relativa a personal recogida en los apartados 1 y 2 del artículo 7.

Art. 16. *Obligaciones trimestrales de suministro de información.*—Antes del último día del mes siguiente a la finalización de cada trimestre del año se remitirá la siguiente información:

1. La actualización de los presupuestos en ejecución, incorporadas las modificaciones presupuestarias ya tramitadas y/o las previstas tramitar hasta final de año, y de las previsiones de ingresos y gastos de las entidades sujetas al Plan general de Contabilidad de Empresas o a sus adaptaciones sectoriales, y sus estados complementarios.

2. Las obligaciones frente a terceros, vencidas, líquidas, exigibles, no imputadas a presupuesto.

3. La información que permita relacionar el saldo resultante de los ingresos y gastos del presupuesto con la capacidad o necesidad de financiación, calculada conforme a las normas del Sistema Europeo de Cuentas.

4. La actualización del informe de la intervención del cumplimiento del objetivo de estabilidad y del límite de la deuda. Asimismo, la intervención realizará una valoración del cumplimiento de la regla de gasto al cierre del ejercicio.

5. Un resumen del estado de ejecución del presupuesto acumulado a final de cada trimestre, de los ingresos y gastos del presupuesto, y de sus estados complementarios, con indicación de los derechos recaudados del ejercicio corriente y de los ejercicios cerrados y las desviaciones respecto a las previsiones.

Los estados de ejecución, para el mismo período, de los ingresos y gastos, para las entidades sujetas al Plan General de Contabilidad de Empresas o a sus adaptaciones sectoriales.

6. El informe trimestral, regulado en el artículo 4 de la Ley 15/2010, de 5 de julio, de modificación de la Ley 3/2004, de 29 de diciembre, por la que se establecen medidas de lucha contra la morosidad en las operaciones comerciales, en la que se incluirá, al menos, de acuerdo con la metodología establecida para el cálculo el período medio de pago a proveedores de las Administraciones Públicas, el detalle del

---

Art. 16: Redactado conforme al art. único.10 de la Orden HAP/2.082/2014, de 7 de noviembre, por la que se modifica la Orden HAP/2.105/2012, de 1 de octubre, por la que se desarrollan las obligaciones de suministro de información previstas en la Ley Orgánica 2/2012, de 27 de abril, de Estabilidad Presupuestaria y Sostenibilidad Financiera (*BOE* n.º 271, de 8 de noviembre).

período medio de pago global a proveedores y del período medio de pago mensual y acumulado a proveedores, así como de las operaciones pagadas y pendientes de pago de cada entidad y del conjunto de la Corporación Local.

7. Las actualizaciones de su Plan de tesorería y detalle de las operaciones de deuda viva que contendrá al menos información relativa a:

a) Calendario y presupuesto de Tesorería que contenga sus cobros y pagos mensuales por rúbricas, distinguiendo los pagos incluidos en el cálculo del período medio de pago a proveedores e incluyendo la previsión de su mínimo mensual de tesorería.

b) Previsión mensual de ingresos.

c) Saldo de deuda viva.

d) Impacto de las medidas de ahorro y medidas de ingresos previstas y calendario previsto de impacto en presupuesto.

e) Vencimientos mensuales de deuda a corto y largo plazo.

f) Calendario y cuantías de necesidades de endeudamiento.

g) Evolución del saldo de las obligaciones reconocidas pendientes de pago tanto del ejercicio corriente como de los años anteriores, distinguiendo el importe de las obligaciones pendientes de pago incluidas en el cálculo del período medio de pago a proveedores.

h) Perfil de vencimientos de la deuda de los próximos diez años.

8. De acuerdo con lo previsto en el Real Decreto 635/2014, de 25 de julio, por el que se desarrolla la metodología de cálculo del período medio de pago a proveedores de las Administraciones Públicas y las condiciones y el procedimiento de retención de recursos de los regímenes de financiación, previstos en la Ley Orgánica 2/2012, de 27 de abril, de Estabilidad Presupuestaria y Sostenibilidad Financiera, la siguiente información relativa a su período medio de pago a proveedores referido al trimestre anterior:

a) El período medio de pago global a proveedores trimestral y su serie histórica.

b) El período medio de pago trimestral de cada entidad y su serie histórica.

c) La ratio trimestral de operaciones pagadas de cada entidad y su serie histórica.

d) La ratio de operaciones pendientes de pago trimestral de cada entidad y su serie histórica.

9. Los datos de ejecución previstos en los apartados 1 y

2 del artículo 7 relativos a las unidades integrantes del sector Administraciones Públicas de la contabilidad nacional así como el número de efectivos referidos al último día del trimestre anterior.

10. Del cumplimiento de la obligación de suministro de información a la que se refiere este precepto, y en lo que se refiere a los tres primeros trimestres da cada año, quedarían excluidas las Corporaciones Locales de población no superior a 5.000 habitantes, salvo la información mencionada en los apartados 7 y 8 anteriores.

Art. 17. *Obligaciones no periódicas de suministro de información referidas a operaciones de préstamo y emisiones de deuda.*—En el plazo máximo de un mes desde que se suscriba, cancele o modifique, una operación de préstamo, crédito o emisiones de deuda, en todas sus modalidades, los avales y garantías prestados en cualquier clase de crédito, las operaciones de arrendamiento financiero, así como cualesquiera otras que afecten a la posición financiera futura, concertadas por las Corporaciones Locales o sus entidades dependientes incluidas en el ámbito subjetivo de esta Orden, se comunicará al Ministerio de Hacienda y Administraciones Publicas las condiciones de la operación y su cuadro de amortización.

CAPÍTULO V

PUBLICIDAD DE LA INFORMACIÓN Y CONSECUENCIAS DE LOS INCUMPLIMIENTOS

Art. 18. *Publicidad de la información para conocimiento general.*—1. El Ministerio de Hacienda y Administraciones Públicas publicará periódicamente a través de la central de información económico-financiera de las Administraciones Públicas la siguiente información sobre cada Comunidad Autónoma para conocimiento general:

a) Información anual sobre los Proyectos de Presupuestos Generales de las Comunidades Autónomas que será publicada en el mes de diciembre del año anterior al que van referidos.

Art. 18: Redactado conforme al art. único.11 de la Orden HAP/2.082/2014, de 7 de noviembre, por la que se modifica la Orden HAP/2.105/2012, de 1 de octubre, por la que se desarrollan las obligaciones de suministro de información previstas en la Ley Orgánica 2/2012, de 27 de abril, de Estabilidad Presupuestaria y Sostenibilidad Financiera (*BOE* n.º 271, de 8 de noviembre).

b) Información anual sobre los Presupuestos Generales de las Comunidades Autónomas, con el siguiente alcance y plazos: en el primer trimestre del año, datos de avance y en el último trimestre del año, datos definitivos.

c) Información anual sobre la liquidación de los presupuestos de las Comunidades Autónomas referida al penúltimo ejercicio anterior, con el siguiente alcance y plazos: en el primer trimestre del año, datos de avance y en el segundo trimestre del año, datos definitivos.

d) En el mes de abril se publicará información anual del subsector de las Comunidades Autónomas del año anterior en términos de contabilidad nacional, incluyendo el detalle de las principales rúbricas dc ingresos y gastos. En el cuarto trimestre del año se actualizará la información anterior y, además, se publicará la clasificación funcional del gasto de las Comunidades Autónomas según la clasificación de las funciones de las administraciones públicas y el detalle de las rúbricas de impuestos percibidos por las Comunidades Autónomas.

e) Los informes sobre el cumplimiento de los objetivos de estabilidad presupuestaria, de deuda pública y de la regla de gasto regulados en el artículo 17 de la Ley Orgánica 2/2012, de 27 de abril, de Estabilidad Presupuestaria y Sostenibilidad, que se refieran a las Comunidades Autónomas, en las fechas mencionadas en el citado artículo de la Ley Orgánica.

f) Información mensual del subsector de las Comunidades Autónomas en términos de contabilidad nacional, detallando las principales rúbricas de ingresos y gastos, dentro de los cuarenta y cinco días siguientes a la finalización del plazo para la remisión de la información mensual.

g) Información mensual sobre la ejecución de los presupuestos de las Comunidades Autónomas, en el mes siguiente a la finalización del plazo para la remisión de la información mensual.

h) Inventario de Entes dependientes de las Comunidades Autónomas.

i) Informe semestral sobre el impacto del sector público autonómico en la actividad económica-financiera, en el mes siguiente a la actualización del Inventario de Entes Dependientes de las Comunidades Autónomas,.

j) Información detallada anual sobre los beneficios

fiscales y su incidencia en los ingresos.

k) En el mes siguiente a la finalización del plazo para la remisión de los datos mensuales, el dato del período medio de pago a proveedores comunicado al Ministerio de Hacienda y Administraciones Públicas por las Comunidades Autónomas, así como el detalle de la información más relevante en materia de morosidad y deuda comercial. Todo ello, sin perjuicio de que la Comunidad Autónoma publique antes del día treinta de cada mes la información relativa al período medio de pago a proveedores referida al mes anterior.

l) Información sobre los pasivos contingentes, como son las garantías públicas, que puedan incidir de manera significativa en los presupuestos públicos.

2. El Ministerio de Hacienda y Administraciones Públicas publicará periódicamente a través de la central de información económico-financiera de las Administraciones Públicas la siguiente información sobre Corporaciones Locales para conocimiento general:

a) Información anual de Presupuestos Generales de las Corporaciones Locales y/o estados financieros iniciales con el siguiente alcance y plazos: en el segundo y tercer trimestre del año datos de avance y en el cuarto trimestre datos definitivos.

b) Información anual de liquidación de los presupuestos del ejercicio anterior de las Corporaciones Locales y las cuentas anuales para las entidades sometidas al Plan General de Contabilidad de Empresas o a sus adaptaciones sectoriales con el siguiente alcance y plazos: en el segundo y tercer trimestre, los datos de avance de liquidación de presupuesto y cuentas formuladas, y en el cuarto trimestre los datos definitivos de liquidación de presupuesto y cuentas aprobadas.

c) En el mes de abril de cada año se publicará información anual del subsector de las Corporaciones Locales del año anterior en términos de contabilidad nacional, con el detalle de las principales rúbricas de ingresos y gastos. En el cuarto trimestre se actualizará la información anterior y, además, se publicará la clasificación funcional del gasto de las Corporaciones Locales según la clasificación de las funciones de las administraciones públicas y el destalle de las rúbricas de impuestos percibidos por las Corporaciones Locales.

d) Antes del 1 de diciembre de cada año se publicará información relativa al coste efectivo de los servicios públicos, con el contenido establecido en la Orden por la que se establecen los criterios de cálculo del coste efectivo de los servicios prestados por las entidades locales.

e) Los informes sobre el cumplimiento de los objetivos de estabilidad presupuestaria, de deuda pública y de la regla de gasto regulados en el artículo 17 de la Ley Orgánica 2/2012, de 27 de abril, que se refieran a las Corporaciones Locales, en las fechas mencionadas en el citado artículo de la Ley Orgánica.

f) Información trimestral resumida de la ejecución acumulada a final de cada trimestre de los presupuestos de las Corporaciones Locales y de los ingresos y gastos para las entidades sujetas al Plan General de Contabilidad de Empresas o a sus adaptaciones sectoriales, en el segundo mes desde la finalización del plazo para la remisión de la información trimestral.

g) En el primer trimestre del año, el Informe sobre Deuda viva a 31 de diciembre del ejercicio anterior, según el Protocolo de Déficit Excesivo de las Entidades, a partir de la información remitida por el Banco de España.

h) En el mes siguiente a la finalización del plazo para la remisión de los datos mensuales, el dato del período medio de pago a proveedores comunicado al Ministerio de Hacienda y Administraciones Públicas por las Corporaciones Locales incluidas en el ámbito subjetivo definido en los artículos 111 y 135 del texto refundido de la Ley Reguladora de las Haciendas Locales, aprobado por Real Decreto Legislativo 2/2004, de 5 de marzo. Todo ello, sin perjuicio de que la Corporación Local publique antes del día treinta de cada mes la información relativa al período medio de pago a proveedores referida al mes anterior.

La citada periodicidad será trimestral en cuanto al resto de Corporaciones Locales. La mencionada información se publicará dentro de los treinta días siguientes a la finalización del plazo para la remisión de la información mensual o trimestral, según proceda.

i) Información trimestral del subsector de las Corporaciones Locales en términos de contabilidad nacional, detallando las principales rúbricas de ingresos y gastos, dentro del trimestre siguiente al que se refieran.

j) Información de la Base de Datos de Entidades Locales e Inventario de Entes del Sector Público Local.

k) Información sobre los pasivos contingentes, como son las garantías públicas, que puedan incidir de manera significativa en los presupuestos públicos.

l) Información detallada anual sobre los beneficios fiscales y su incidencia en los ingresos de las entidades locales de conformidad con lo previsto en esta Orden.

3. El Ministerio de Hacienda y Administraciones Públicas publicará, a través de la central de información económico-financiera, de las Administraciones Públicas la siguiente información para conocimiento general:

a) Información de los planes de ajuste, el día siguiente al que hayan sido acordados con el Ministerio de Hacienda y Administraciones Públicas.

b) La advertencia formulada por el Gobierno a una Comunidad Autónoma o una Corporación Local en caso de apreciar un incumplimiento del objetivo de estabilidad, del objetivo de deuda pública o de la regla de gasto, el día siguiente al de su formulación.

c) Los Planes económico-financieros o de reequilibrio, según corresponda, el día siguiente al de su presentación en el Consejo de Política Fiscal y Financiera.

d) El plan económico-financiero de la Corporación Local, en el plazo de cinco días naturales desde su recepción o su aprobación por el Ministerio de Hacienda y Administraciones Públicas, según corresponda.

e) Los informes de seguimiento de los planes económico-financieros o de reequilibrio de las Comunidades Autónomas, según corresponda, serán publicados en el plazo máximo de quince días naturales a contar desde la publicación de los datos de ejecución presupuestaria autonómica.

f) Los informes de seguimiento de los planes económico-financieros de las Corporaciones Locales, serán publicados en el plazo máximo de dos meses a contar desde la finalización del semestre al que se refiere.

Art. 19. *Incumplimiento de la obligación de remisión de información.*—Sin perjuicio de la posible responsabilidad personal que corresponda, el incumplimiento de las obligaciones de remisión de información recogidas en esta Orden, tanto en lo referido a los plazos establecidos, el correcto contenido e idoneidad de los datos requeridos o el modo de envío, dará lugar a un requerimiento de cumplimiento.

El requerimiento de cumplimiento indicará el plazo, no superior a quince días naturales, para atender la obligación incumplida con apercibimiento de que transcurrido el mencionado plazo se procederá a dar publicidad al incumplimiento y a la adopción de las medidas automáticas de corrección previstas en el artículo 20 de la Ley Orgánica 2/2012, de 27 de abril, de conformidad con lo establecido en el artículo 27.6 de la mencionada Ley.

DISPOSICIÓN ADICIONAL

Única. *Comunidad Foral de Navarra y Comunidad Autónoma del País Vasco.*—La presente Orden será de aplicación a la Comunidad Foral de Navarra y a la Comunidad Autónoma del País Vasco de conformidad con lo dispuesto en la disposición final tercera de la Ley Orgánica 2/2012, de 27 de abril, y sin perjuicio de que en el seno de la Comisión Mixta del Concierto y la Comisión Coordinadora, respectivamente, se puedan acordar especialidades derivadas del régimen foral.

DISPOSICIÓN TRANSITORIA

Única. *Obligaciones de suministro de información y medios de remisión.*—[...]

DISPOSICIÓN DEROGATORIA

Única. *Derogación normativa.*—Quedan derogadas cuantas disposiciones de igual o inferior rango se opongan a lo dispuesto en la presente Orden.

DISPOSICIONES FINALES

1.ª *Habilitación competencial.*—Esta Orden se dicta en ejercicio de la habilitación competencial contenida en el artículo 27.4 y en la disposición final segunda de la Ley Orgánica 2/2012, de 27 de abril, de Estabilidad Pre-

---

Dip. Trans. única: Derogada por la Orden HAP/2.082/2014, de 7 de noviembre, por la que se modifica la Orden HAP/2.105/2012, de 1 de octubre, por la que se desarrollan las obligaciones de suministro de información previstas en la Ley Orgánica 2/2012, de 27 de abril, de Estabilidad Presupuestaria y Sostenibilidad Financiera (*BOE* n.º 271, de 8 de noviembre).

supuestaria y Sostenibilidad Financiera, así como en la disposición final segunda del Real Decreto-ley 7/2012, de 9 de marzo, por el que se crea el Fondo para la financiación de los pagos a proveedores y en la disposición adicional tercera del Real Decreto-ley 20/2012, de 13 de julio, de medidas para garantizar la estabilidad presupuestaria y de fomento de la competitividad.

2.ª *Aplicación y ejecución de la Orden.*—Se habilita a los titulares de la Secretaría de Estado de Presupuestos y Gastos y de la Secretaría General de Coordinación Autonómica y Local, en el ámbito de sus respectivas competencias, a adoptar las resoluciones y medidas necesarias para la aplicación y ejecución de lo dispuesto en esta Orden.

3.ª *Modificación del Real Decreto 1.463/2007, de 2 de noviembre, por el que se aprueba el reglamento de desarrollo de la Ley 18/2001, de 12 de diciembre, de Estabilidad Presupuestaria, en su aplicación a las Entidades Locales.*—De acuerdo con lo previsto en la disposición final tercera del Real Decreto 1.463/2007, de 2 de noviembre, por el que se aprueba el reglamento de desarrollo de la Ley 18/2001, de 12 de diciembre, de Estabilidad Presupuestaria, en su aplicación a las Entidades Locales, se modifican los artículos 27, 29, 30 y 31 del reglamento de desarrollo de la Ley 18/2001, de 12 de diciembre, de Estabilidad Presupuestaria, en su aplicación a las Entidades Locales, que quedan sin contenido.

4.ª *Entrada en vigor.*—La presente Orden entrará en vigor el día siguiente al de su publicación en el *Boletín Oficial del Estado*. A partir de ese momento deberá remitirse la información que estará referida al ejercicio 2012 y siguientes.

No obstante, los artículos 14 y 16 sobre obligaciones mensuales y trimestrales de suministro de información de las Comunidades Autónomas y las Corporaciones Locales entrarán en vigor el 1 de enero de 2013.

§ I.8. ORDEN HAP/2.075/2014, DE 6 DE NOVIEMBRE, POR LA QUE SE ESTABLECEN LOS CRITERIOS DE CÁLCULO DEL COSTE EFECTIVO DE LOS SERVICIOS PRESTADOS POR LAS ENTIDADES LOCALES

(*BOE* n.º 270, de 7 de noviembre de 2014)

PREÁMBULO

La reciente reforma del régimen local instrumentada por la Ley 27/2013, de 27 de diciembre, de Racionalización y Sostenibilidad de la Administración Local, en su apartado treinta y uno del artículo 1.º, ha introducido un nuevo precepto, el artículo 116 ter, en la Ley 7/1985, de 2 de abril, reguladora de las Bases del Régimen Local, en el que se contienen determinados criterios básicos relativos al coste efectivo de los servicios prestados por las entidades locales.

Se refieren esos criterios al ámbito objetivo de aplicación de dicha magnitud, a la fuente de información en la que se debe fundamentar su cálculo y a la publicidad que, de la misma, se deberá realizar al objeto de profundizar en el cumplimiento de los principios de eficiencia y de transparencia de la gestión pública local.

De ese modo, dispone aquel precepto que la totalidad de entidades locales, y en relación con todos y cada uno de los servicios que presten, deberán calcular antes del día 1 de noviembre de cada año el coste efectivo correspondiente. Para ello, se tendrá que utilizar como fuente de información la liquidación del presupuesto general y, en su caso, de las cuentas anuales aprobadas de las entidades vinculadas o dependientes, correspondiente al ejercicio inmediato anterior. Como criterio de determinación del coste efectivo se considera que deben estar integrados por costes reales directos e indirectos que se deriven de la ejecución de gastos. En consecuencia, se identifica con las obligaciones reconocidas por determinados conceptos de gasto el coste de un servicio prestado por una entidad sujeta al régimen presupuestario, y, asimismo, se identifica con los gastos de explotación reflejados en la cuenta de pérdidas y ganancias en los supuestos de que el servicio se preste por una entidad sujeta al plan general de contabilidad de la empresa.

Establece el mencionado artículo 116 ter que, por Orden del Ministro de Hacienda y Administraciones Públicas se desarrollarán esos criterios de cálculo y que todas las entidades locales comunicarán los costes efectivos de cada uno de los servicios al Ministerio de Hacienda y Administraciones Públicas para su publicación.

Por otra parte, la Orden HAP/419/2014, de 14 de marzo, por la que se modifica la Orden EHA/3.565/2008, de 3 de diciembre, por la que se aprueba la estructura de los presupuestos de las entidades locales, al presentar una mayor desagregación de la clasificación por programas permitirá identificar con mayor precisión el coste efectivo de los servicios locales.

En definitiva, la presente norma tiene por finalidad responder al mandato previsto en la Ley 7/1985, de 2 de abril, mediante una regulación sistemática que se desarrolla en siete artículos agrupados en dos Capítulos, una disposición transitoria y tres disposiciones finales. A la misma se acompañan dos anexos.

Es preciso reseñar que no es finalidad de la presente Orden determinar ni fundamentar los costes de los servicios públicos a los efectos de su consideración en los informes técnico-económicos que se deben emitir con carácter previo a los acuerdos de establecimiento de tasas o de precios públicos a los que se refiere el artículo 25 del texto refundido de la Ley reguladora de las Haciendas Locales, aprobado por Real Decreto Legislativo 2/2004, de 5 de marzo, ni a la fijación de los precios públicos en los términos de su artículo 44, ni al contenido de la memoria justificativa del coste y rendimiento de los servicios públicos mencionada en el artículo 211 del mismo texto legal ni a la información sobre costes de las actividades e indicadores de gestión a incluir en la Memoria de las Cuentas anuales previstas en los Planes Generales de Contabilidad Pública adaptados a la Administración Local.

El Capítulo I contiene los artículos 1 y 2 con disposiciones generales que, en ese orden, se refieren al objeto y al ámbito de aplicación de la norma, de acuerdo con el mencionado artículo 116 ter de la Ley 7/1985, de 2 de abril.

El Capítulo II contiene los artículos 3 a 7, y en ellos se regulan los principios y las directrices para el cálculo del coste efectivo.

Los artículos 3 a 6 determinan los criterios de cálculo, identificando los que resultan de aplicación para determinar tanto los costes directos como los indirectos, teniendo en cuenta las distintas fuentes de información, bien las liquidaciones de los presupuestos generales de las entidades locales o bien las cuentas anuales de las entidades dependientes o vinculadas a las entidades locales principales.

Por lo que se refiere a la información derivada de las liquidaciones de presupuestos deberá atenderse a la desagregación de la clasificación por programas contenida en la Orden HAP/419/2014, de 14 de marzo, antes citada.

El artículo 7 recoge determinadas previsiones relativas al suministro de la información y a su publicidad, separando los servicios de prestación obligatoria de los derivados del ejercicio de competencias delegadas o que no son propias ni delegadas, en los términos establecidos en los artículos 7 y 27 de la Ley 7/1985, de 2 de abril.

La disposición transitoria única recoge el plazo de remisión de los cálculos que realicen las entidades locales de los costes efectivos de los servicios para su publicación en tanto no se produzca la aprobación de la modificación de la Orden HAP/2.105/2012, de 1 de octubre, por la que se desarrollan las obligaciones de suministro de información previstas en la Ley Orgánica 2/2012, de 27 de abril, de Estabilidad Presupuestaria y Sostenibilidad Financiera. Excepcionalmente, se recoge que la publicación del año 2014 referida a los datos de 2013 se realizará por el Ministerio de Hacienda y Administraciones Públicas a partir de la información contenida en las liquidaciones de presupuestos suministradas por las entidades locales y con un mayor grado de agregación.

Las dos disposiciones finales recogen la habilitación que se otorga para la aplicación y ejecución de esta norma, así como para la determinación del contenido de sus anexos mediante Resolución de la Secretaría General de Coordinación Autonómica y Local, previo informe de la asociación representativa de las entidades locales con mayor implantación en territorio nacional, y, la entrada en vigor de la presente, en la que se distingue la información relativa a los costes efectivos de los servicios de prestación obligatoria de la relativa a los costes efectivos de los servicios restantes que se calcularán y publicarán en 2015 y en referencia al año 2014.

Esta Orden se dicta en desarrollo de la habilitación otorgada al Ministro de Hacienda y Administraciones Públicas en el artículo 116 ter de la Ley 7/1985, de 2 de abril.

La presente Orden Ministerial ha sido informada por las Entidades Locales a través de la Comisión Nacional de Administración Local.

En virtud de lo expuesto, de acuerdo con el Consejo de Estado, dispongo:

CAPÍTULO PRIMERO

DISPOSICIONES GENERALES

Artículo 1.º *Objeto de la Orden.*—El objeto la presente Orden es la regulación de los criterios de cálculo del coste efectivo de los servicios locales en desarrollo de lo previsto en el artículo 116 ter de la Ley 7/1985, de 2 de abril, reguladora de las Bases del Régimen Local.

Art. 2.º *Ámbito de aplicación.*—Las Entidades Locales deberán calcular, de acuerdo con lo previsto en esta Orden, los costes efectivos de todos los servicios que presten directamente o a través de entidades y organismos vinculados o dependientes de conformidad con lo previsto en la Ley 7/1985, de 2 de abril, y la Ley 27/2013, de 27 de diciembre, de racionalización y sostenibilidad de la Administración Local.

CAPÍTULO II

PRINCIPIOS Y DIRECTRICES PARA EL CÁLCULO DEL COSTE EFECTIVO

Art. 3.º *Cálculo del coste efectivo de los servicios.*—El coste efectivo de los servicios prestados por las entidades locales es el resultado, para cada uno de ellos, de la aplicación de los criterios contenidos en la presente Orden, y vendrá determinado por la agregación de dos componentes: costes directos, exclusivamente asociados a cada servicio, y costes indirectos determinados con arreglo a los criterios de imputación establecidos en la presente norma.

Los costes directos e indirectos se identificarán con las obligaciones reconocidas, incluyendo también las obligaciones pendientes de aplicación a presupuestos, conforme a los datos de ejecución de gasto de los presupuestos generales de las entidades locales, y, en su caso, con las cuentas anuales aprobadas de las entidades y organismos vinculados o dependientes, correspondientes al ejercicio inmediato anterior a aquel en el que el coste efectivo se vaya a calcular, comunicar y publicar. A estos efectos se aplicará el nivel de desagregación de la clasificación por programas contenido en la Orden HAP/419/2014, de 14 de marzo, por la que se modifica la Orden EHA/3.565/2008, de 3 de diciembre, por la que se aprueba la estructura de los presupuestos de las entidades locales.

Art. 4.º *Gastos directos imputables a los servicios.*—1. En los casos de las entidades locales, y organismos y entidades dependientes o vinculados sujetos a presupuestos limitativo se calculará para cada servicio el gasto directo mediante la agregación de los importes que les sean directamente imputables en los siguientes términos:

a) Gastos de personal: artículos 10, en lo que se refiera a personal directivo, 11, 12, 13, 14, 15 y 16 de la clasificación económica del gasto, aprobada por la Orden EHA/3.565/2008.

b) Gastos corrientes en bienes y servicios: artículos 20, 21, 22, 23, 24, 25 y 26 de la clasificación económica del gasto, aprobada por la Orden EHA/3.565/2008.

c) Gastos derivados de la amortización de la inversión realizada en el ejercicio y en los anteriores: los gastos incluidos en los artículos 60 y 62 de la clasificación económica, aprobada por la Orden EHA/3.565/2008, por lo que se refiere a las inversiones nuevas, y los incluidos en los artículos 61 y 63 de la misma clasificación por lo que se refiere a la inversión de reposición, se periodificarán por el número de anualidades al que se extienda la vida útil de los inmovilizados correspondientes, y, en su caso, se tendrán en cuenta los criterios que se apliquen por la entidad local de acuerdo con la normativa contable que resulte de aplicación.

A las infraestructuras y los bienes del patrimonio de la entidad local que tengan una vida útil ilimitada, no se les aplicará el criterio de periodificación antes citado.

Asimismo, se incluirán los gastos derivados de la amortización de inmovilizado inmaterial o intangible directamente relacionados con la prestación del servicio, a los que se refiere el artículo 64 de la clasificación económica citada, excepto el concepto 648 de la misma.

d) En los casos de existencia de operaciones de arrendamiento financiero, se considerará el gasto reflejado en el concepto 648, en cuanto a las cuotas netas de intereses, de la clasificación económica del gasto, aprobada por la Orden EHA/3.565/2008.

e) Gastos en transferencias corrientes y de capital contenidos en los artículos 48 y 78 de la clasificación económica de los presupuestos de las entidades locales, siempre que estén directamente relacionados con la prestación de los servicios cuyo coste es objeto de cálculo, y no estén recogidos en otros conceptos de gasto de los considerados para dicho cálculo.

f) Cualquier otro gasto no financiero no señalado anteriormente que tenga relación con la prestación del servicio.

2. En los casos de las entidades dependientes o vinculadas a las entidades locales que apliquen el plan general de contabilidad de la empresa tendrán en cuenta los gastos de explotación incluidos en la cuenta de pérdidas y ganancias recogidos en las partidas 4, «Aprovisionamientos»; 6, «Gastos de personal»; 7, «Otros gastos de explotación», y 8, «Amortización del inmovilizado», así como cualquier otro gasto no financiero no señalado anteriormente que tenga relación con la prestación del servicio.

Art. 5.º *Gastos indirectos e imputación a los servicios.*—Los gastos recogidos en los grupos de programas relativos a la Administración General de las políticas de gasto se imputarán proporcionalmente a cada grupo de programas o programa atendiendo a su volumen de gasto.

Si en la liquidación del presupuesto se recoge información agregada correspondiente a varios servicios, el gasto total se imputará a cada uno de ellos proporcionalmente de conformidad con lo recogido en el párrafo anterior.

Art. 6.º *Gastos en los casos de gestión indirecta de los servicios.*—En los casos de gestión indirecta, mediante las distintas formas previstas para el contrato de gestión de servicios públicos en el texto refundido de la Ley de Contratos del Sector Público, aprobado por Real Decreto Legislativo 3/2011, de 14 de noviembre, el coste efectivo vendrá determinado por la totalidad de las contraprestaciones económicas que abone la entidad local al contratista, incluidas las contraprestaciones en concepto de precio del contrato, así como, en su caso, las subvenciones de explotación o de cobertura del precio del servicio.

En los casos de gestión indirecta en los que la retribución del contratista se perciba directamente por éste de los usuarios, el coste efectivo vendrá determinado por los ingresos derivados de las tarifas que aquellos abonen, así como, en su caso, por las subvenciones de cobertura del precio del servicio que pudieran corresponder a la entidad local a la que corresponde la titularidad del servicio.

Art. 7.º *Suministro de la información y publicidad.*—El Ministerio de Hacienda y Administraciones Públicas publicará antes del 1 de diciembre de cada año en su portal web, sobre la base de la información que remitan las Entidades Locales, de acuerdo con lo que se prevea en la Orden HAP/2.105/2012, de 1 de octubre, por la que se desarrollan las obligaciones de suministro de información previstas en la Ley Orgánica 2/2012, de 27 de abril, de Estabilidad Presupuestaria y Sostenibilidad Financiera, la información prevista en los anexos de esta orden correspondiente a cada uno de los siguientes servicios:

a) A los servicios de prestación obligatoria mencionados en los artículos 26.1 y 36 de la Ley 7/1985, de 2 de abril.

b) A los servicios derivados del ejercicio de las competencias citadas en los artículos 7, 25.2 y 27 de la Ley 7/1985, de 2 de abril.

DISPOSICIÓN TRANSITORIA

Única. *Publicación del coste efectivo.*—Las Entidades Locales remitirán al Ministerio de Hacienda y Administraciones Públicas antes del 1 de noviembre la información a que se refiere el artículo 7 relativa al año anterior. Esta remisión se realizará de acuerdo con los modelos facilitados por el citado Ministerio, en tanto no se produzca la modificación de la Orden HAP/2.105/2012, de 1 de octubre.

Con carácter excepcional, la información relativa al año 2013 se publicará por el Ministerio de Hacienda y Administraciones Públicas antes de 1 de diciembre de 2014 comprendiendo exclusivamente los importes totales de las obligaciones reconocidas por las entidades locales referidos al nivel de las áreas de gasto contenidas en la clasificación por programas, de acuerdo con las liquidaciones de presupuestos generales suministradas por las citadas entidades.

La información que las entidades locales remitan al Ministerio de Hacienda y Administraciones Públicas correspondiente al año 2014 deberá tener en cuenta el nivel de desagregación de la clasificación por programas contenido en la Orden HAP/419/2014, de 14 de marzo.

DISPOSICIONES FINALES

1.ª *Habilitación normativa.*—Se habilita al titular de la Secretaría General de Coordinación Autonómica y Local, en el ámbito de sus competencias, a adoptar las resoluciones y medidas necesarias para la aplicación y ejecución de lo dispuesto en esta Orden.

El contenido de los anexos de esta Orden se determinará por resolución del titular de la Secretaría General de Coordinación Autonómica y Local, que se deberá aprobar con la fecha límite de 30 de junio de 2015, especificando todos los elementos citados en los anexos de esta Orden Ministerial. Las Entidades Locales deberán facilitar desde ese ejercicio, la información relativa al año anterior, detallando todos los elementos citados en los anexos de esta Orden para cada uno de los servicios que recoge.

Las modificaciones de la presente Orden Ministerial y el contenido de los anexos requerirán informe previo de la asociación representativa de las Entidades Locales con mayor implantación en territorio nacional.

2.ª *Entrada en vigor.*—La presente Orden entrará en vigor el día siguiente al de su publicación en el *Boletín Oficial del Estado*. No obstante:

El artículo 7 sobre suministro de información y publicidad del coste efectivo de los servicios derivados del ejercicio de las competencias citadas en los artículos 7 y 27 de la Ley 7/1985, de 2 de abril, entrará en vigor el 1 de enero de 2015 y se referirá a la información económico-financiera de 2014.

ANEXO I

Servicios de prestación obligatoria para los municipios

Descripción	*Programa presupuestario*	*Importe total (según el cap. II de la presente Orden)*	*Unidades de referencia* (1)	*Forma de prestación del servicio* (2)
Alumbrado público.	165			
Cementerio.	164			
Recogida de residuos.	1621			
Limpieza viaria.	163			
Abastecimiento domiciliario de agua potable.	161			
Alcantarillado.	160			
Acceso a los núcleos de población.	1531/150P(*)			
Pavimentación de las vías públicas.	1532/150P			
Parque público.	171/170P			
Biblioteca pública.	3321/330P			
Tratamiento de residuos.	1623			
Protección civil.	135/130P			
Evaluación e información de situaciones de necesidad social y la atención inmediata a personas en situación o riesgo de exclusión social.	231			
Prevención y extinción de incendios.	136/130P			
Instalaciones deportivas de uso público.	342/340P			
Transporte colectivo urbano de viajeros.	4411/440P			
Medio ambiente urbano.	1721/170P			
Medio ambiente urbano: Parques y jardines públicos.	171/170P			
Medio ambiente urbano: Gestión de los residuos sólidos urbanos.	1622			

Descripción	*Programa presupuestario*	*Importe total (según el cap. II de la presente Orden)*	*Unidades de referencia* (1)	*Forma de prestación del servicio* (2)
Medio ambiente urbano: Protección contra la contaminación acústica, lumínica y atmosférica en las zonas urbanas.	1721/170P			

*(P): Parcial. Se refiere a que parte del grupo de programas o programas tiene relación con el servicio mencionado.

(1) Las fuentes de información podrán estar determinadas por los datos que, en su caso, hayan facilitado las entidades locales para la elaboración de la Encuesta de Infraestructura y Equipamientos Locales, salvo en relación con el servicio de transporte público urbano que será la facilitada con motivo de la solicitud de la subvención del transporte público urbano a la que se refiere la disposición adicional quinta del texto refundido de la Ley reguladora de las Haciendas Locales.

(2) Se indicará la forma de gestión que proceda de entre las siguientes:

Gestión directa por la entidad local.

Gestión directa por organismo autónomo de la entidad local.

Gestión directa por entidad pública empresarial.

Gestión directa por sociedad mercantil local.

Gestión indirecta mediante concesión, gestionando el concesionario el servicio a su riesgo y ventura.

Gestión indirecta interesada, compartiendo la entidad local y el empresario los resultados de explotación en la proporción fijada en el contrato.

Gestión indirecta por concierto.

Gestión indirecta por sociedad de economía mixta.

Gestión mancomunada.

Gestión por convenio de colaboración interadministrativo.

Gestión consorciada.

ANEXO II

Servicios correspondientes a competencias propias de los municipios

Descripción	*Grupo de programa/ Programa*	*Importe total (según el cap. II de la presente Orden)*	*Unidades físicas de referencia* (1)	*Forma de prestación del servicio/ Gestión* (2)
Urbanismo: planeamiento, gestión, ejecución y disciplina urbanística.	151/150P			
Protección y gestión del Patrimonio histórico.	336/330P			

Descripción	*Grupo de programa/ Programa*	*Importe total (según el cap. II de la presente Orden)*	*Unidades físicas de referencia* (1)	*Forma de prestación del servicio/ Gestión* (2)
Promoción y gestión de la vivienda de protección pública con criterios de sostenibilidad financiera.	1521/150P			
Conservación y rehabilitación de la edificación.	1522/150P			
Evacuación y tratamiento de aguas residuales.	160			
Infraestructura viaria y otros equipamientos de titularidad de la entidad local.	45			
Policía local.	132/130P			
Tráfico, estacionamiento de vehículos y movilidad.	134/130P			
Información y promoción de la actividad turística de interés y ámbito local.	432/430P			
Ferias.	4311/430P			
Abastos, mercados, lonjas.	4312/430P			
Comercio ambulante.	4313/430P			
Protección de la salubridad pública.	311			
Actividades funerarias.	164			
Promoción del deporte.	341/340P			
Instalaciones deportivas.	342/340P			
Instalaciones de ocupación del tiempo libre.	337/330P			
Promoción de la cultura.	334/330P			
Equipamientos culturales.	333/330P			
Participar en la vigilancia del cumplimiento de la escolaridad obligatoria.	325/320P			
Cooperar con las Administraciones educativas correspondientes en la obtención de los solares necesarios para la construcción de nuevos centros docentes.	321/322/320P			

Descripción	*Grupo de programa/ Programa*	*Importe total (según el cap. II de la presente Orden)*	*Unidades físicas de referencia (1)*	*Forma de prestación del servicio/ Gestión (2)*
Conservación, mantenimiento y vigilancia de los edificios de titularidad local destinados a centros públicos de educación infantil, de educación primaria o de educación especial.	323/324/320P			
Promoción en su término municipal de la participación de los ciudadanos en el uso eficiente y sostenible de las tecnologías de la información y las comunicaciones.	491/492			

*(P): Parcial. Se refiere a que parte del grupo de programas o programas tiene relación con el servicio mencionado.

(1) Las fuentes de información podrán estar determinadas por los datos que, en su caso, hayan facilitado las entidades locales para la elaboración de la Encuesta de Infraestructura y Equipamientos Locales, salvo en relación con el servicio de transporte público urbano que será la facilitada con motivo de la solicitud de la subvención del transporte público urbano a la que se refiere la disposición adicional quinta del texto refundido de la Ley reguladora de las Haciendas Locales.

(2) Se indicará la forma de gestión que proceda de entre las siguientes:

Gestión directa por la entidad local.

Gestión directa por organismo autónomo de la entidad local.

Gestión directa por entidad pública empresarial.

Gestión directa por sociedad mercantil local.

Gestión indirecta mediante concesión, gestionando el concesionario el servicio a su riesgo y ventura.

Gestión indirecta interesada, compartiendo la entidad local y el empresario los resultados de explotación en la proporción fijada en el contrato.

Gestión indirecta por concierto.

Gestión indirecta por sociedad de economía mixta.

Gestión mancomunada.

Gestión por convenio de colaboración interadministrativo.

Gestión consorciada.

II. NORMAS ESPECÍFICAS DE CONTABILIDAD

§ II.1. ORDEN EHA/4.040/2004, DE 23 DE NOVIEMBRE, POR LA QUE SE APRUEBA LA INSTRUCCIÓN DEL MODELO BÁSICO DE CONTABILIDAD LOCAL*

(*BOE* n.º 296, de 9 de diciembre de 2004)

La Ley 39/1988, de 28 de diciembre, Reguladora de las Haciendas Locales, estableció las líneas básicas a las que debía adaptarse la contabilidad de las entidades locales y de sus organismos autónomos, atribuyendo al Ministerio de Economía y Hacienda, a propuesta de la Intervención General de la Administración del Estado, su desarrollo normativo.

Aprobado el Texto Refundido de la citada Ley, por Real Decreto Legislativo 2/2004, de 5 de marzo, dicho desarrollo normativo comprende, a tenor del apartado 1 del artículo 203 del mencionado Texto Refundido:

a) Aprobar las normas contables de carácter general a las que tendrá que ajustarse la organización de la contabilidad de los entes locales y sus organismos autónomos.

b) Aprobar el Plan General de Cuentas para las entidades locales, conforme al Plan General de Contabilidad Pública.

c) Establecer los libros que, como regla general y con carácter obligatorio, deban llevarse.

d) Determinar la estructura y justificación de las cuentas, estados y demás documentos relativos a la contabilidad pública.

Por su parte, el apartado 2 del citado artículo 203 establece que serán objeto de tratamiento contable simplificado aquellas entidades locales cuyas características así lo requieran y que serán fijadas reglamentariamente por el Ministerio de Economía y Hacienda. Dichas características se han vinculado a dos variables

---

* De conformidad con el art. 2.º1 de la Orden HAP/1.782/2013, de 20 de septiembre, por la que se aprueba la Instrucción del modelo simplificado de contabilidad local y se modifica la Instrucción del modelo básico de contabilidad local, aprobada por Orden EHA/4.040/2004, de 23 de noviembre (*BOE* n.º 237, de 3 de octubre), «las expresiones relativas a las estructuras presupuestarias del gasto se entenderán sustituidas por sus equivalentes según la terminología de la Orden EHA/3.565/2008, de 3 de diciembre, por la que se aprueba la estructura de los presupuestos de las entidades locales».

representativas de la dimensión de la entidad, como son la población y el importe de su Presupuesto y, así, con carácter general, serán objeto de tratamiento contable simplificado aquellas entidades locales que tengan un Presupuesto no superior a 300.000 euros, cualquiera que sea su población, y aquellas cuyo Presupuesto supere 300.000 euros y no exceda de 3.000.000 de euros, siempre que su población no supere los 5.000 habitantes. Este tratamiento contable simplificado prevé que las entidades locales más pequeñas, las de Presupuesto no superior a 300.000 euros, puedan aplicar las normas contables básicas contempladas en esta Orden.

La presente Orden ha sido propuesta por la Intervención General de la Administración del Estado e informada favorablemente por la Comisión Nacional de Administración local, y junto con la que aprueba la Instrucción del modelo simplificado de contabilidad local, da cumplimiento al referido mandato de simplificación contable y completa el nuevo marco jurídico de la contabilidad de las entidades locales y sus organismos autónomos definido por la Orden que aprueba la Instrucción del modelo normal de contabilidad local.

En su virtud, de acuerdo con el Consejo de Estado, dispongo:

Apartado único. Se aprueba la Instrucción del modelo básico de contabilidad local que se inserta a continuación.

DISPOSICIÓN TRANSITORIA

Única. *Formación y rendición de cuentas de ejercicios anteriores a 2006.*—La formación y rendición de cuentas de ejercicios anteriores a 2006 se ajustará a las normas previstas en la Instrucción de contabilidad para la Administración local o en la Instrucción de contabilidad del tratamiento especial simplificado para entidades locales de ámbito territorial con población inferior a 5.000 habitantes, aprobadas por Órdenes del Ministro de Economía y Hacienda, de 17 de julio de 1990, que se hubiera aplicado en el ejercicio correspondiente, o a las normas contenidas en la Instrucción que aprueba esta Orden.

DISPOSICIÓN FINAL

Única. *Entrada en vigor.*—La presente Orden y la Instrucción de contabilidad que aprueba entrarán en vigor el día 1 de enero de 2006.

INSTRUCCIÓN DEL MODELO BÁSICO DE CONTABILIDAD LOCAL

ÍNDICE

PREÁMBULO

El sistema contable hasta ahora vigente para las entidades locales y sus organismos autónomos se articulaba a través de dos modelos, conocidos como el modelo normal y el modelo simplificado, aplicables desde el 1 de enero de 1992.

La regulación de ambos modelos se efectuó a través de dos Órdenes del Ministerio de Economía y Hacienda, de 17 de julio de 1990, que aprobaron las respectivas Instrucciones de Contabilidad.

El actual modelo simplificado se desarrolló en cumplimiento del mandato contenido en el artículo 184.2 de la Ley 39/1988, de 28 de diciembre, Reguladora de las Haciendas Locales, según su redacción original, que imponía el establecimiento de un tratamiento contable simplificado para las entidades locales de ámbito territorial con población inferior a 5.000 habitantes.

La redacción actual del artículo citado, dada por la Ley 13/1996, de 30 de diciembre, de Medidas Fiscales, Administrativas y del Orden Social y recogida en el artículo 203.2 del Texto Refundido de la Ley Reguladora de las Haciendas Locales, aprobado por Real Decreto Legislativo 2/2004, de 5 de marzo, permite el desarrollo de una normativa contable simplificada para las entidades locales sin necesidad de atenerse al límite de 5.000 habitantes, facultando para el establecimiento de diversos modelos simplificados e incluso para la utilización de criterios distintos al puramente poblacional, al disponer que «... serán objeto de tratamiento contable simplificado aquellas entidades locales cuyas características así lo requieran y que serán fijadas reglamentariamente por el Ministerio de Economía y Hacienda».

Al amparo del citado artículo 203.2 del Texto Refundido de la Ley Reguladora de las Haciendas Locales, el sistema contable local pasa a articularse a través de tres modelos: uno normal, el más complejo, y dos simplificados, el simplificado propiamente dicho, y el más sencillo llamado básico, y su ámbito de aplicación se delimita en función de dos variables representativas de la dimensión de la entidad: la población y el importe del Presupuesto.

Los valores de dichas variables que sirven para determinar el ámbito de aplicación de cada modelo contable se basan en las cifras utilizadas a efectos de clasificación del puesto de trabajo que en las distintas entidades locales tiene encomendada la llevanza de la contabilidad, con el fin de que exista la adecuada proporcionalidad entre el grado de complejidad del modelo contable a aplicar y el nivel de especialización que la Ley exige al funcionario que tenga a su cargo la contabilidad.

La experiencia acumulada a lo largo de los diez años de aplicación de los actuales modelos contables, permite apreciar una tendencia decreciente en el nivel de rendición de cuentas de las entidades locales más pequeñas. Entre las diversas causas de la no rendición destaca la falta de medios personales y materiales para la llevanza de la contabilidad, carencia que suele ser más acusada cuanto menor es la dimensión de la entidad local. Se trata de unas entidades locales que por su reducida dimensión suelen carecer de los medios humanos y materiales necesarios para cumplir por sí mismas las obligaciones contables que les imponían las Instrucciones de Contabilidad.

El modelo básico está llamado a resolver esta situación configurándose como un modelo contable de aplicación voluntaria por aquellas entidades locales de muy pequeña dimensión, que impone a éstas las obligaciones contables mínimas para garantizar la obtención de la información económico-financiera esencial a que se refiere el párrafo segundo del apartado 2 del artículo 209 del Texto Refundido de la Ley Reguladora de las Haciendas Locales.

Estructura y contenido:

La Instrucción se divide en cuatro Títulos e incorpora un Anexo en el que se incluyen los modelos de los estados que configuran la Cuenta de la entidad local.

En el Título I, denominado «Principios generales del modelo básico de contabilidad local», se delimitan los siguientes extremos:

El «ámbito de aplicación», estableciéndose la posibilidad de que las entidades locales ajusten su contabilidad a las prescripciones contenidas en esta Instrucción siempre que no existan organismos autónomos, sociedades mercantiles o entidades públicas empresariales dependientes de las mismas y su nivel de Presupuesto no exceda de 300.000 euros, siendo el nivel de Presupuesto a tomar como referencia el correspondiente a las últimas previsiones iniciales de ingresos aprobadas por la entidad. Con esta regulación se consigue el objetivo anteriormente señalado de arbitrar un modelo contable, de carácter voluntario, lo suficientemente simple para permitir el cumplimiento de unos requerimientos mínimos por parte de aquellas entidades locales de reducida dimensión que, debido de la precariedad de medios de que pudiesen disponer y a la relativa complejidad del hasta ahora vigente sistema contable, no lo venían consiguiendo en los últimos tiempos.

Además, ante un aumento en el nivel de Presupuesto que implique un exceso sobre el límite establecido para la aplicación del modelo básico, se fija un período de tres años durante el que se ha de mantener dicho aumento, al objeto de eliminar la incidencia de posibles circunstancias económicas de carácter coyuntural.

La «obligación de rendir cuentas», que se establece, como no podía ser de otra manera, en los mismos términos con que figura recogida en la Ley Reguladora de las Haciendas Locales.

El «ejercicio contable» que, como en la regulación anterior, se le hace coincidir con el ejercicio presupuestario.

Se fija el «método de partida simple» como procedimiento a seguir en el registro de las operaciones, lo que supone una importante simplificación respecto a lo previsto en la regulación anterior, ya que se elimina la obligación de aplicar la partida doble a través de una adaptación del Plan General de Contabilidad Pública.

Por último, se hace referencia a la Instrucción de Contabilidad del modelo simplificado en el sentido de considerarla como «regulación supletoria» en materia de contabilidad.

El Título II «Del modelo básico del sistema de información contable para la Administración Local» configura el modelo contable básico como un sistema de registro, elaboración y comunicación de información sobre la actividad desarrollada por las entidades locales que lo apliquen, debiendo destacarse los aspectos siguientes:

Se concretan las operaciones que deben ser objeto de registro en el sistema (Regla 7) y los fines del mismo (Regla 8), clasificando estos últimos en fines de gestión, de control y de análisis y divulgación.

En la Regla 9 se delimitan, desde el punto de vista teórico, los subsistemas o áreas contables a través de los que se ha de estructurar el registro de las operaciones, detallándose su contenido en las Reglas siguientes. Estas áreas contables, establecidas con el criterio de dotar al sistema del mayor grado posible de simplicidad y flexibilidad, son las siguientes:

Área de Presupuesto de Gastos.

Área de Presupuesto de Ingresos.

Área de Operaciones no presupuestarias.

Área de Tesorería.

Área de Endeudamiento.

Área de Recursos afectados.

Al regular el soporte de los registros contables (Regla 16), se establece como norma general la utilización de procedimientos y medios informáticos tanto en el tratamiento de los datos como en el archivo y conservación de la información; aunque, manteniendo el criterio de flexibilidad antes apuntado, se abre la puerta a la existencia de los tradicionales Libros de contabilidad que, a pesar de suponer una visión un tanto trasnochada del sistema contable, podrían aportar la solución para el caso excepcional de entidades contables con una importante carencia de recursos materiales y personales.

Respecto a esta referencia que se hace a los Libros de contabilidad, se debe indicar que, a diferencia con la regulación anterior, no se recoge explícitamente su contenido ni se aportan modelos de los mismos, dejando libertad de diseño a las entidades locales que opten por esta vía siempre que se respeten los mínimos establecidos en la propia Instrucción en relación con las operaciones a registrar y los datos a reflejar en las diferentes áreas contables.

Concluye este Título con una Regla, la 17, donde se fija

el período durante el que se han de conservar los registros de las operaciones contabilizadas.

En el Título III «De los datos a incorporar al sistema», se recogen Reglas donde se regula la justificación de las operaciones y el soporte documental de las anotaciones contables, el procedimiento a seguir para el registro de las operaciones cuando se disponga de herramientas informáticas para la llevanza de la contabilidad, que será el supuesto más habitual en la práctica, y el proceso de toma de razón de las anotaciones en el documento donde consten los datos de la operación en cuestión. En línea con lo recogido en las partes anteriores de la Instrucción, todo el conjunto de la regulación contenida en este Título III abre el camino a la utilización de medios electrónicos, informáticos o telemáticos para cualquiera de las cuestiones referidas.

El Título IV «De la información a obtener del sistema», es el último de los que componen la Instrucción y su contenido, que se estructura a través de tres Capítulos, se puede resumir de la siguiente forma:

En el Capítulo I, dedicado a la Cuenta General de las entidades locales a que se dirige el modelo contable básico, se establece que dicha Cuenta General está constituida únicamente por la propia Cuenta de la entidad local, como no podría ser de otra forma, dadas las restricciones que se fijan en cuanto a la aplicación del modelo; también determina la información complementaria que se ha de unir a dicha Cuenta General, limitándola al Acta de arqueo de las existencias en Caja y a las notas o certificaciones de los saldos bancarios que se acompañarán, en su caso, del oportuno estado conciliatorio; y recoge lo previsto en el Texto Refundido de la Ley Reguladora de las Haciendas Locales por lo que se refiere a la fecha de rendición de la Cuenta General, incorporando, como novedad, la posibilidad de utilizar medios electrónicos, informáticos o telemáticos para la remisión de la información contable a los órganos de control externo.

El Capítulo II regula las distintas partes que configuran la Cuenta de la entidad local, estableciendo su contenido y la forma de obtención de la información que debe figurar en las mismas.

Reiterando algo que se señaló anteriormente, al hablar de la Cuenta de la entidad local parece oportuno mencionar que los formatos de los modelos a través de los que se ha de plasmar su contenido se incorporan en la Instrucción a través de un Anexo.

Finalmente, el Capítulo III que se titula «Otra información a suministrar» desarrolla lo dispuesto en el Texto Refundido de la Ley Reguladora de las Haciendas Locales en cuanto a la información a facilitar al Pleno de la Entidad y al Avance de la liquidación del Presupuesto del ejercicio corriente que, en el momento de su formación, se ha de unir al Presupuesto de la entidad local. Asimismo, dentro de este Capítulo también se incorpora lo recogido en el citado Texto Refundido en relación con la remisión de información sobre la liquidación de sus Presupuestos que las entidades locales deberán efectuar a la Administración del Estado y a la Comunidad Autónoma a que pertenezcan.

TÍTULO PRIMERO

Principios generales del Modelo Básico de Contabilidad Local

Regla 1. *Ámbito de aplicación.*—1. Podrán aplicar las normas contenidas en la presente Instrucción las entidades locales cuyo Presupuesto no exceda de 300.000 euros. A estos efectos, se tomará como importe del Presupuesto el de las previsiones iniciales de ingresos del último Presupuesto aprobado definitivamente por la entidad.

No podrán ejercitar la opción anterior aquellas entidades locales de las que dependan organismos autónomos, sociedades mercantiles o entidades públicas empresariales.

2. Cuando las entidades locales que apliquen la presente Instrucción aprueben definitivamente un Presupuesto superior a 300.000 euros, sólo vendrán obligadas a aplicar la Instrucción de Contabilidad local del modelo simplificado o del modelo normal, según corresponda, si dicha circunstancia se mantiene durante tres ejercicios consecutivos.

El cambio de modelo contable surtirá efectos, con carácter obligatorio, desde el 1 de enero siguiente a la entrada en vigor del tercer Presupuesto consecutivo superior a 300.000 euros.

Regla 2. *Obligación de rendir cuentas.*—1. Las entidades locales incluidas en el ámbito de aplicación de esta Instrucción están obligadas a rendir cuentas de sus operaciones, cualquiera que sea su naturaleza, al Tribunal de Cuentas y, en su caso, al órgano de control externo de su Comunidad Autónoma.

2. A los efectos anteriores, dichas entidades se habrán de ajustar a lo dispuesto en el Título IV de esta Instrucción.

Regla 3. *Ejercicio contable.* El ejercicio contable coincidirá con el ejercicio presupuestario.

Regla 4. *Método de partida simple.* Las operaciones que de conformidad con lo dispuesto en la presente Instrucción deban ser objeto de contabilización se registrarán por el método de partida simple.

Regla 5. *Regulación supletoria.* Supletoriamente serán de aplicación las normas contenidas en la Instrucción de Contabilidad del modelo simplificado.

TÍTULO II

Del Modelo Básico del Sistema de Información Contable para la Administración Local

Regla 6. *Definición.*—La contabilidad de las entidades locales que apliquen el Modelo Básico regulado en esta Instrucción se configurará como un sistema de registro, elaboración y comunicación de información sobre la actividad desarrollada por las mismas, cuyo objeto y fines serán los definidos en las Reglas 7 y 8 siguientes.

Regla 7. *Objeto.*—1. El Modelo Básico del Sistema de Información Contable para la Administración Local (en adelante SICAL-Básico) tiene por objeto registrar las operaciones de naturaleza presupuestaria y no presupuestaria que se produzcan en el ámbito de la entidad local sujeto de la contabilidad, de acuerdo con el contenido que se determina en el presente Título para cada una de las áreas contables que lo integran.

2. A los efectos indicados en el apartado anterior, en el SICAL-Básico deberán tener reflejo las siguientes operaciones:

a) Los créditos del Presupuesto de Gastos de cada ejercicio y sus modificaciones, así como los compromisos de gasto, obligaciones reconocidas y pagos que se realicen con cargo a dichos créditos, de forma que se posibilite el adecuado control en la ejecución de los mismos.

b) Los pagos de obligaciones de Presupuestos cerrados, así como las rectificaciones y bajas que pudiesen afectar a los saldos pendientes de pago correspondientes a dichas obligaciones.

c) Los compromisos de gasto a que se refiere el artículo 174 del Texto Refundido de la Ley Reguladora de las Haciendas Locales.

d) Las previsiones del Presupuesto de Ingresos de cada ejercicio, sus modificaciones y todas aquellas operaciones de gestión de los recursos de la entidad local que den lugar al reconocimiento de derechos presupuestarios, su recaudación o su baja en cuentas, así como las obligaciones de pago que se deriven de los acuerdos de devolución que se dicten, los pagos de dichas obligaciones y cualesquiera otras operaciones que supongan rectificaciones o bajas en el importe de dichos saldos acreedores.

e) La recaudación de derechos de Presupuestos cerrados, así como las rectificaciones y bajas que pudiesen afectar a los saldos pendientes de cobro correspondientes a dichos derechos.

f) Los cobros, pagos y cualesquiera otras operaciones que supongan el nacimiento, cancelación o rectificación de saldos de carácter no presupuestario, ya sean éstos de naturaleza deudora o acreedora.

g) Las variaciones que se produzcan en las Cajas y cuentas bancarias que conforman la Tesorería de la entidad, de forma que se puedan conocer las disponibilidades existentes en cada momento.

En relación con estas operaciones, en el ámbito de las entidades locales que apliquen el SICAL-Básico, y a los únicos efectos de lo previsto en esta Instrucción de Contabilidad, no se considerarán como Tesorería de dichas entidades los fondos librados en concepto de pagos «a justificar» o de «anticipos de caja fija» que existan en Cajas o cuentas restringidas de pagos.

h) Las operaciones de endeudamiento, entendiéndose como tales las que, ya sean presupuestarias o no presupuestarias, supongan el nacimiento o cancelación de obligaciones derivadas de préstamos y créditos, los intereses derivados de dichos pasivos que se imputen al Presupuesto de Gastos, la constitución y cancelación de fianzas y depósitos recibidos que sean objeto de imputación presupuestaria y todas aquellas otras operaciones de análoga naturaleza que den lugar al surgimiento de situaciones pasivas de la entidad para con terceros.

i) Las que supongan la realización de ingresos presupuestarios como consecuencia de aportaciones de terceros ajenos a la entidad local para financiar, total o parcialmente, un gasto concreto, al objeto de relacionar adecuadamente dichos ingresos con las obligaciones presupuestarias que se deriven de la realización del gasto en cuestión.

Regla 8. *Fines.*—El SICAL-Básico deberá organizarse de forma que permita el cumplimiento de los siguientes fines:

a) Fines de gestión:

*a.*1) Suministrar información útil para la toma de decisiones.

*a.*2) Mostrar la ejecución del Presupuesto de la entidad local, poniendo de manifiesto el Resultado presupuestario.

*a.*3) Poner de manifiesto los movimientos y situación de la Tesorería local.

*a.*4) Posibilitar el control del endeudamiento y el seguimiento de la situación deudora o acreedora de los terceros que se relacionen con la entidad local.

b) Fines de control:

*b.*1) Proporcionar los datos necesarios para la formación de la Cuenta General de la entidad, así como de las cuentas, estados y documentos que deban elaborarse o remitirse al Tribunal de Cuentas y, en su caso, a cualquier otro órgano de control externo que tuviese atribuidas facultades en materia de fiscalización externa de la entidad local.

*b.*2) Proporcionar información para el ejercicio de los controles de legalidad, financiero y de eficacia.

c) Fines de análisis y divulgación:

*c.*1) Facilitar los datos y demás antecedentes que sean precisos para la confección de las cuentas nacionales de las unidades que componen el sector de las Administraciones Públicas.

*c.*2) Suministrar información de utilidad para asociaciones e instituciones, empresas, ciudadanos en general y cualquier otro posible destinatario.

Regla 9. *Delimitación del SICAL-Básico.*—1. El SICAL-Básico integrará los subsistemas o áreas contables que seguidamente se relacionan:

a) Presupuesto de Gastos.

b) Presupuesto de Ingresos.

c) Operaciones no presupuestarias.

d) Tesorería.

e) Endeudamiento.
f) Recursos afectados.

2. Las anotaciones a realizar en cada una de estas áreas, según el contenido que para las mismas se señala en las Reglas siguientes, se efectuarán tomando como base los datos de las operaciones que, de acuerdo con lo previsto en el apartado 2 de la Regla 7, deben ser objeto de registro.

Regla 10. *Área de Presupuesto de Gastos.*—A través de esta área se realizará el seguimiento contable del Presupuesto de Gastos del ejercicio en curso, así como de las obligaciones pendientes de pagar procedentes de Presupuestos de gastos de ejercicios anteriores y de los compromisos de gasto de carácter plurianual a que se refiere el artículo 174 del Texto Refundido de la Ley Reguladora de las Haciendas Locales, siendo su contenido el siguiente:

a) Por lo que se refiere al Presupuesto de Gastos del ejercicio en curso o Presupuesto de Gastos corriente, para cada una de las partidas presupuestarias a través de las que se efectúe su ejecución, se detallarán:

— Crédito inicial.
— Modificaciones de crédito.
— Gastos comprometidos.
— Obligaciones reconocidas.
— Pagos realizados.

Las anulaciones de compromisos de gasto y obligaciones reconocidas se registrarán en negativo. Los reintegros de Presupuesto corriente se considerarán pagos negativos.

b) En cuanto a las obligaciones pendientes de pagar procedentes de Presupuestos de gastos de ejercicios anteriores o Presupuestos cerrados, para cada una de las partidas presupuestarias a las que afecten dichas obligaciones, se recogerán los siguientes datos:

— Obligaciones pendientes de pago al inicio del ejercicio.
— Rectificaciones y bajas.
— Pagos realizados.

Las rectificaciones que afecten a obligaciones de Presupuestos cerrados, que podrán ser tanto al alza como a la baja, tendrán su origen en errores u omisiones que se hubiesen producido en su registro contable. Las bajas de dichas obligaciones se corresponderán con anulaciones o prescripciones de las mismas.

c) Respecto a los compromisos de gasto de carácter plurianual a que se refiere el artículo 174 del Texto Refundido de la Ley Reguladora de las Haciendas Locales se recogerán los compromisos adquiridos para cada una de las partidas presupuestarias en las que se puedan presentar este tipo de operaciones.

Las anulaciones de compromisos de gasto se registrarán en negativo.

Regla 11. *Área de Presupuesto de Ingresos.*—En esta área se realizará el seguimiento contable del Presupuesto de Ingresos del ejercicio en curso, así como de los derechos pendientes de cobrar procedentes de Presupuestos de ingresos de ejercicios anteriores. Su contenido será el siguiente:

a) En relación con el Presupuesto de Ingresos del ejercicio en curso o Presupuesto de Ingresos corriente, para cada una de las aplicaciones presupuestarias en que se desarrolle, presentará la siguiente información:

— Previsiones iniciales.

— Modificaciones de las previsiones.

— Derechos reconocidos totales.

— Bajas de derechos.

Se considerarán como bajas de derechos cualesquiera anulaciones o cancelaciones de los mismos que se produzcan por motivos diferentes de su cobro.

Los aplazamientos y fraccionamientos que se concedan para el pago de deudas no supondrán en modo alguno la anulación presupuestaria de los derechos reconocidos.

— Recaudación total.

— Devoluciones de ingresos reconocidas pendientes de pago al inicio del ejercicio.

— Rectificaciones y bajas del saldo inicial de devoluciones de ingresos pendientes de pago.

Las rectificaciones al saldo inicial de devoluciones pendientes de pago, que podrán ser tanto al alza como a la baja, tendrán su origen en errores u omisiones que se hubiesen producido en el registro contable de las respectivas obligaciones. Las bajas que afecten a dichas obligaciones se corresponderán con anulaciones o prescripciones de las mismas.

— Devoluciones de ingresos reconocidas durante el ejercicio.

— Devoluciones de ingresos pagadas.

b) En cuanto a los derechos pendientes de cobro procedentes de Presupuestos de ingresos de ejercicios anteriores o Presupuestos cerrados, para cada una de las aplicaciones presupuestarias a las que afecten, se recogerán los siguientes datos:

— Derechos pendientes de cobro al inicio del ejercicio.

— Rectificaciones y bajas.

— Recaudación.

Las rectificaciones que afecten a derechos de Presupuestos cerrados, que podrán ser tanto al alza como a la baja, tendrán su origen en errores u omisiones que se hubiesen producido en su registro contable. Las bajas de dichos derechos se corresponderán con cualesquiera anulaciones o cancelaciones de los mismos que se produzcan por motivos diferentes de su cobro, sin que en ningún caso tengan esta consideración los aplazamientos y fraccionamientos que se concedan en el pago de las deudas.

Regla 12. *Área de Operaciones no Presupuestarias.*— 1. Se contendrán en esta área los movimientos y situación de los conceptos que se utilicen para reflejar los derechos y obligaciones que se reconozcan por operaciones que no deban tener imputación a Presupuesto, así como los cobros y pagos que se produzcan por este tipo de operaciones. A estos efectos, para cada uno de los conceptos a que se ha hecho referencia, se pondrán de manifiesto los siguientes datos:

— Saldo al inicio del ejercicio, que en función de la naturaleza del concepto a que corresponda podrá ser deudor o acreedor.

— Rectificaciones y bajas del saldo inicial.

Las rectificaciones, que podrán ser tanto al alza como a la baja, tendrán su origen en errores u omisiones que se hubiesen producido en el registro contable del respectivo saldo.

Las bajas se corresponderán con anulaciones o prescripciones de derechos u obligaciones de carácter no presupuestario que se hubiesen reconocido en ejercicios anteriores, así como, en su caso, cancelaciones de dichos derechos u obligaciones que tuviesen su origen en causas distintas a su cobro o pago.

Cargos del ejercicio.

En función del tipo de concepto, los cargos se corresponderán con pagos, reconocimiento de derechos, aplicación definitiva de cobros, impuestos soportados, liquidación de impuestos repercutidos o cualesquiera otras operaciones de análoga naturaleza.

Las anulaciones de cargos del ejercicio se anotarán con signo negativo.

Abonos del ejercicio.

En función del tipo de concepto, los abonos se corresponderán con cobros, reconocimiento de obligaciones, aplicación definitiva de pagos, impuestos repercutidos, liquidación de impuestos soportados u operaciones de naturaleza análoga.

Las anulaciones de abonos del ejercicio se anotarán con signo negativo.

2. Respecto a los conceptos no presupuestarios, las entidades locales que apliquen el SICAL-Básico podrán establecer los que estimen convenientes en función de las operaciones de esta naturaleza que se presenten en el ejercicio de su actividad y de los procedimientos técnicos con que cuenten para su registro, debiéndose posibilitar, en todo caso, la obtención de la información sobre operaciones no presupuestarias que se incluye en la Cuenta de la entidad local, según el contenido previsto para dicha información en la Regla 30 de esta Instrucción.

En cualquier caso, los conceptos no presupuestarios a utilizar habrán de responder a alguna de las siguientes categorías:

a) Conceptos de naturaleza deudora:

*a.*1) Deudores no presupuestarios.

Estos conceptos se utilizarán para registrar los siguientes tipos de operaciones:

— Deudores procedentes de pagos y que en general, se cancelarán mediante su cobro. En particular, dentro de esta categoría se establecerán conceptos diferenciados para:

• Provisiones de fondos con el carácter de «anticipo de caja fija».

• Fianzas y depósitos constituidos por la entidad local que sean objeto de tratamiento no presupuestario.

• Créditos de la Seguridad Social y otros Organismos de Previsión Social, derivados de determinadas prestaciones sociales que por éstos se efectúan.

• Créditos de la Hacienda Pública como consecuencia de liquidaciones negativas del Impuesto sobre el Valor Añadido (IVA) o del Impuesto General Indirecto Canario (IGIC).

• Saldos deudores que correspondan a impuestos soportados (IVA o IGIC) que tengan la consideración de deducibles y que, posteriormente, se cancelarán cuando se produzca su liquidación.

— Deudores que surjan por el reconocimiento de derechos que no se imputen al Presupuesto y que, en general, se cancelarán mediante su cobro. Entre los conceptos a utilizar dentro de esta categoría se incluirán los necesarios para reflejar los derechos de cobro que se deriven de impuestos repercutidos (IVA o IGIC) como consecuencia de entrega de bienes o prestación de servicios.

— Cualesquiera otras operaciones de naturaleza análoga por las que se generen saldos deudores cuyo nacimiento y cancelación no deban ser objeto de imputación presupuestaria.

a.2) Pagos pendientes de aplicación.

Mediante conceptos de este tipo se reflejarán los pagos que, de acuerdo con las disposiciones legales vigentes, sean objeto de un tratamiento provisional de carácter no presupuestario para en un momento posterior ser imputados al Presupuesto.

b) Conceptos de naturaleza acreedora:

b.1) Acreedores no presupuestarios.

A través de este tipo de conceptos se reflejarán operaciones de alguno de los tipos que seguidamente se indican:

— Acreedores procedentes de cobros y que, en general, se cancelarán mediante pagos. En los conceptos de esta categoría se diferenciarán, entre otros los siguientes:

— Fianzas y depósitos recibidos en la entidad local que sean objeto de tratamiento no presupuestario.

— Débitos para con la Hacienda Pública, Seguridad Social y otros Organismos de Previsión Social, derivados de retenciones practicadas en los pagos que se realicen por la entidad local o, en su caso, de ingresos realizados directamente por los perceptores de dichos pagos. Se establecerán conceptos independientes para cada uno de los distintos motivos que den lugar a la realización de retenciones.

— Débitos para con la Hacienda Pública como consecuencia de liquidaciones positivas del Impuesto sobre el Valor Añadido (IVA) o del Impuesto General Indirecto Canario (IGIC).

— Saldos acreedores que correspondan a impuestos repercutidos (IVA o IGIC) y que, posteriormente, se cancelarán cuando se produzca su liquidación.

— Acreedores que surjan por el reconocimiento de obligaciones que no se imputen al Presupuesto y que, en general, se cancelarán mediante su pago. Entre los conceptos a utilizar dentro de esta categoría se incluirán los necesarios para reflejar las obligaciones de pago que se deriven de impuestos soportados (IVA o IGIC) que tengan la consideración de deducibles, como consecuencia de la adquisición de bienes o servicios.

— Cualesquiera otras operaciones de naturaleza análoga por las que se generen saldos acreedores cuyo nacimiento y cancelación no deban ser objeto de imputación presupuestaria.

b.2) Cobros pendientes de aplicación.

Mediante conceptos de este tipo se reflejarán los ingresos que se produzcan en la entidad local que sean objeto de un tratamiento provisional de carácter no presupuestario para en un momento posterior ser debidamente imputados según su naturaleza.

Regla 13. *Área de Tesorería.*—1. Esta área permitirá conocer la situación de la Tesorería local así como los movimientos que se produzcan durante el ejercicio. A estos efectos, para cada una de las Cajas de efectivo o cuentas bancarias de las que sea titular la entidad local, se pondrán de manifiesto los siguientes datos:

— Saldo al inicio del ejercicio.
— Cobros.
— Pagos.

2. En el registro de los cobros y pagos se seguirán los criterios que a continuación se indican:

a) Los cobros y pagos en Caja se registrarán con la fecha en que los mismos se hayan producido.

b) Los cobros a través de bancos se registrarán con la fecha en que se produzcan los respectivos abonos en cuenta.

c) Los pagos mediante cheque se registrarán con la fecha de entrega del cheque al interesado.

d) Los pagos por transferencia bancaria se registrarán con la fecha en que se curse la oportuna orden a la entidad de crédito que deba materializarla.

e) Los cobros y pagos que se produzcan como consecuencia del trasvase de fondos entre Cajas deberán registrarse con idéntica fecha. Asimismo, en el caso de que dichos trasvases de fondos se efectúen entre la Caja y una cuenta bancaria, o entre dos cuentas bancarias, los correspondientes cobro y pago también deberán quedar registrados con idéntica fecha, sin perjuicio de cuándo queden materializados los cargos y abonos en la cuenta bancaria en cuestión.

A los efectos indicados, la fecha con que deberán anotarse las operaciones mencionadas será la que corresponda al pago que se realice desde la Caja o cuenta bancaria origen del trasvase de fondos, teniendo en cuenta lo previsto en los epígrafes anteriores de este apartado respecto a la fecha de contabilización de los pagos.

3. Si al confeccionar el Acta de arqueo de las existen-

cias en Caja que ha de unirse a la Cuenta General de la entidad local, según lo previsto en la Regla 23 de esta Instrucción, se produjesen discrepancias entre el saldo contable y los fondos realmente existentes en Caja como consecuencia de la aplicación de los criterios establecidos en el apartado anterior, dicha circunstancia será debidamente justificada en la propia Acta mediante la oportuna indicación de las causas que hubiesen motivado dicha discrepancia.

Asimismo, si las discrepancias surgiesen entre los saldos real y contable de cuentas bancarias, a la Cuenta General de la entidad local se adjuntará el correspondiente estado conciliatorio, autorizado por el responsable de la contabilidad, donde se motiven las respectivas diferencias.

4. De acuerdo con el criterio establecido en el epígrafe *g*) de la Regla 7.2, lo previsto en los apartados anteriores de la presente Regla no será de aplicación a los fondos que pudiesen existir en Cajas o cuentas bancarias como consecuencia de pagos «a justificar» o en concepto de «anticipos de caja fija».

Regla 14. *Área de Endeudamiento.*—1. A través del área de Endeudamiento se llevará el seguimiento de las situaciones pasivas de la entidad local para con terceros, independientemente de que su vencimiento sea a largo o a corto plazo, que surjan de operaciones de crédito, de fianzas y depósitos recibidos que, al haberse imputado como ingresos presupuestarios, deban ser objeto de cancelación con cargo al Presupuesto de Gastos de la entidad, y de cualesquiera otras operaciones de análoga naturaleza.

Los datos contables a incorporar en esta área figurarán asociados a la operación específica de endeudamiento a que se refieran, por lo que habrán de existir tantos registros individualizados como operaciones de dicha naturaleza, debiendo entenderse como tales cada una de las que genere una posición deudora de la entidad según la delimitación recogida en el párrafo anterior.

2. A efectos de su identificación, en el registro correspondiente de cada operación concreta de endeudamiento deberán hacerse constar los siguientes datos de carácter general:

—VModalidad de formalización: préstamo, crédito, operación de Tesorería, fianza, depósito u otras.

— Fecha de formalización.

— Identificación del tercero titular del crédito frente a la entidad local.

— Destino de los recursos, cuando éstos estén afectados a un gasto concreto.

— Tipo de interés, para el caso de operaciones préstamo, crédito u otras de similar naturaleza.

— Si el interés fuese variable se hará constar dicha circunstancia, así como los tipos aplicables en cada momento.

— Período de carencia, en su caso.

— Período de vigencia del endeudamiento o plazo de reembolso.

— Garantía prestada, en su caso, indicando la modalidad e importe de la misma.

— Partida presupuestaria a la que se ha de imputar el reembolso de los pasivos.

Las operaciones de Tesorería que, de acuerdo con la normativa vigente, se concierten para cubrir déficit temporales de liquidez, no tendrán tratamiento presupuestario, haciéndose constar para las mismas dicha circunstancia.

Cualesquiera otros datos que se consideren relevantes para la identificación de la operación.

3. Al margen de los datos de carácter general indicados en el apartado anterior, para cada una de las operaciones de endeudamiento se recogerá la siguiente información:

— Saldo pendiente de cancelar al inicio del ejercicio.

— Altas de endeudamiento.

Se reflejarán todas aquellas operaciones del ejercicio que supongan el nacimiento de pasivos de la entidad local como consecuencia de ingresos, tanto presupuestarios como no presupuestarios, o por cualquier otra causa que origine dicha circunstancia.

Cancelaciones de endeudamiento.

Como cancelaciones de endeudamiento se recogerán las operaciones del ejercicio que supongan una disminución de los pasivos, ya sea por gastos de carácter presupuestario, pagos no presupuestarios, asunción de deudas por parte de otros entes o cualesquiera motivos distintos de los anteriores por los que este tipo de obligaciones sea objeto de minoración.

Intereses imputados al Presupuesto.

Se recogerán las obligaciones reconocidas que se imputen al Presupuesto de Gastos en concepto de intereses derivados de la operación de endeudamiento en cuestión, ya sean éstos explícitos o implícitos.

Regla 15. *Área de Recursos afectados.*—1. En el área de Recursos afectados se relacionarán las aportaciones que se perciban por la entidad local para la financiación de gastos concretos y específicos, con las cantidades realmente utilizadas en la realización de dichos gastos, de forma que se puedan determinar los desfases ocasionados como consecuencia de un mayor o menor grado de realización del gasto en relación con los ingresos recibidos.

El seguimiento de este tipo de ingresos, debidamente relacionado con los gastos a que vayan destinados, se efectuará desde el momento en que se reciba la primera de las aportaciones, concluyéndose cuando se dé por finalizada la percepción de los recursos afectados o, en su caso, la realización total de los gastos, si ésta se produjese con posterioridad. Dicho seguimiento será independiente del que se realice desde el punto de vista presupuestario, ya que tanto los ingresos obtenidos como los gastos a los que se afecten deberán tener la adecuada imputación al Presupuesto de la entidad local.

2. Al objeto de incorporar los oportunos registros en esta área contable, tendrán la consideración de recursos afectados los siguientes:

a) Los procedentes de la enajenación o gravamen de bienes y derechos que tengan la consideración de patrimoniales, en tanto deban destinarse a la financiación de operaciones de capital, según lo previsto en el artículo 5 del Texto Refundido de la Ley Reguladora de las Haciendas Locales.

b) Las contribuciones especiales, como financiación específica de la obra o servicio por cuya razón se hubiesen exigido (artículo 29.3 del Texto Refundido de la Ley Reguladora de las Haciendas Locales).

c) Las subvenciones de toda índole que deban destinarse a la financiación de obras o servicios de las entidades locales, en los términos previstos en el artículo 40.1 del Texto Refundido de la Ley Reguladora de las Haciendas Locales.

d) Las operaciones de crédito a largo plazo que se destinen a la financiación de inversiones (artículo 49.1 del Texto Refundido de la Ley Reguladora de las Haciendas Locales).

e) Los ingresos obtenidos mediante enajenación de terrenos del Patrimonio Municipal del Suelo o sustitución del aprovechamiento urbanístico correspondiente a la Administración por su equivalente en metálico, en tanto deban destinarse a la conservación y ampliación de dicho Patrimonio (artículo 276.2 del Texto Refundido de la Ley sobre el Régimen del Suelo y Ordenación Urbana, aprobado por Real Decreto Legislativo 1/1992, de 26 de junio).

f) Aquellos otros ingresos presupuestarios que, bien por establecerlo una Ley, bien por decidirlo la Corporación en los supuestos previstos reglamentariamente, se deban destinar a financiar gastos presupuestarios específicos.

3. Se entenderá por aportaciones de recursos afectados las cantidades procedentes de un tercero perfectamente determinado, independientemente de que se trate de una persona física o jurídica, pública o privada, que se perciban a lo largo del tiempo, a través de uno o varios ingresos, como consecuencia de alguno de los supuestos que se han delimitado en el apartado anterior.

En el caso de aportaciones de la misma naturaleza efectuadas por un número importante de terceros (como en el supuesto de contribuciones especiales), se podrá considerar como aportación el conjunto de todas las que se perciban como consecuencia de la realización del gasto a cuya financiación fuesen a ser destinadas.

4. Los datos contables a incorporar en esta área figurarán asociados a cada una de las aportaciones concretas que se reciban para la financiación de gastos, de forma que existan tantos registros individualizados como aportaciones.

A efectos de su identificación, en el registro correspondiente a cada aportación deberán hacerse constar los siguientes datos de carácter general:

— Datos del tercero que realice la aportación.

— Estos datos estarán constituidos por el NIF del tercero y su nombre o razón social. En el supuesto a que se ha hecho referencia en el apartado anterior: aportaciones que engloben ingresos de una multiplicidad de terceros, se establecerán unos datos específicos que permitan poner de manifiesto esta circunstancia.

— Concepto económico al que se imputen los ingresos.

— Identificación de la unidad de gasto financiada con las aportaciones.

— La unidad de gasto a la que se afecten los ingresos podrá estar constituida por una estructura funcional y/o económica del Presupuesto de Gastos, un Proyecto de Inversión o cualquier otro Proyecto de Gasto. En estos dos últimos supuestos: Proyecto de Inversión o Proyecto de Gasto, la identificación de la unidad de gasto deberá permitir la adecuada delimitación de las partidas presupuestarias con cargo a las que se vaya a realizar la ejecución del gasto, de tal forma que a través de la información contenida en la Contabilidad del Presupuesto de Gastos corriente, o en su caso de Presupuestos de Gastos cerrados, se pueda tener el detalle correspondiente a su ejecución.

— Coeficiente de financiación que corresponda a la aportación de que se trate.

— Expresará el tanto por uno con que la aportación en cuestión financia el gasto para cuya realización se percibe.

— Fecha de alta de la aportación en el área de Recursos afectados.

— Se corresponderá con la fecha en que se produzca el reconocimiento de los derechos presupuestarios por el primero de los ingresos correspondientes a la aportación en cuestión.

— Fecha de finalización del seguimiento de la aportación.

— Se indicará la fecha en que se produzca el último de los cobros correspondiente a los ingresos afectados o la del último de los pagos derivados del gasto que aquéllos financien, en el caso de que ésta sea posterior.

— Los datos relativos a las aportaciones cuyo seguimiento se considere finalizado no se trasladarán a la contabilidad del ejercicio siguiente.

5. Con independencia de los datos generales indicados en el apartado anterior, para cada una de las aportaciones que se reciban, a partir del ejercicio en que se produzca el primero de los ingresos, se reflejarán los siguientes datos:

— Importe acumulado de los ingresos recibidos en ejercicios anteriores.

— Se corresponderá con el total de derechos reconocidos netos imputados a Presupuestos de ejercicios anteriores como consecuencia de ingresos procedentes de la aportación de que se trate.

— En su cuantificación serán de aplicación los criterios que se establecen en este apartado para el dato de «ingresos realizados en el ejercicio».

— Importe acumulado del gasto realizado en ejercicios anteriores.

— Expresará el total de obligaciones reconocidas netas con cargo a Presupuestos de ejercicios anteriores como consecuencia de la ejecución del gasto para el cual se recibe la aportación.

— En su cuantificación serán de aplicación los criterios que se establecen en este apartado para el dato de «gasto realizado en el ejercicio».

— Ingresos realizados en el ejercicio.

— Se recogerán como tales los derechos reconocidos netos correspondientes a la aportación en cuestión que se imputen al Presupuesto de Ingresos corriente y, en positivo o negativo, las posibles rectificaciones o bajas de ingresos pendientes de cobrar relativos a dicha aportación que hubiesen sido imputados a Presupuestos de ejercicios anteriores.

— Se entenderán como derechos reconocidos netos imputados al Presupuesto de Ingresos corriente el total de los que se reconozcan, minorado en las bajas y devoluciones pagadas que afecten a los mismos.

Gasto realizado en el ejercicio.

Se reflejará como gasto del ejercicio el importe de las obligaciones netas reconocidas durante el mismo relativas a la unidad de gasto objeto de financiación a través de la aportación de que se trate y, en positivo o negativo, las posibles rectificaciones o bajas de obligaciones relativas a dicha unidad de gasto que reconocidas en ejercicios anteriores estuviesen pendientes de pagar. En el caso de que se produjesen, también se incluirán, minorando, los reintegros de ejercicios cerrados derivados de pagos correspondientes a dicho gasto.

Se entenderán como obligaciones netas reconocidas durante el ejercicio el total de las que se imputen al Presupuesto de Gastos corriente, minorado en las anulaciones que afecten a las mismas.

6. A partir de la información citada en los apartados anteriores, al finalizar el ejercicio se podrá determinar la desviación de financiación acumulada para cada una de las aportaciones destinadas a financiar gastos concretos. Esta desviación de financiación se obtendrá de la forma que a continuación se indica:

$$DF = I - CF \times G$$

Para cada una de las aportaciones finalistas, los datos de la fórmula anterior serán los siguientes:

DF: Desviación de financiación acumulada.

I: Importe acumulado de los ingresos recibidos en ejercicios anteriores más los ingresos realizados en el ejercicio.

CF: Coeficiente de financiación.

G: Importe acumulado del gasto realizado en ejercicios anteriores más el gasto realizado en el ejercicio.

Las desviaciones así calculadas que resulten positivas constituirán el exceso de financiación afectada a la realización del gasto para el cual se recibe la respectiva aportación, no pudiendo utilizarse más que en la financiación de dicho gasto. El importe total del exceso de financiación afectada, para el conjunto de los distintos gastos que se financien con ingresos específicos, deberá figurar como tal en la información del Remanente de Tesorería que se incluye en la Cuenta de la entidad local, según se establece en el apartado 7 de la Regla 27 de esta Instrucción.

Regla 16. *Soporte de los registros contables.*—1. El registro de las operaciones y del resto de la información que, de acuerdo con lo previsto en las Reglas anteriores, se ha de contener en el SICAL-Básico se realizará por alguno de los siguientes procedimientos:

a) Mediante la utilización de bases de datos soportadas informáticamente.

b) A través de Libros de contabilidad.

2. Como norma general, y sin perjuicio de lo que se establece en el apartado 3 siguiente, el SICAL-Básico se sustentará en la utilización de procedimientos y medios informáticos tanto en el tratamiento de los datos como en el archivo y conservación de la información.

A estos efectos, las entidades locales que apliquen el SICAL-Básico habrán de disponer de un sistema informático que cuente con las aplicaciones y bases de datos necesarias para registrar y almacenar la información de las operaciones que deben ser objeto de contabilización, de acuerdo con los requerimientos establecidos en las Reglas anteriores para las diferentes áreas contables en que se estructura el sistema, garantizándose debidamente la integridad y coherencia de la información procesada.

Asimismo, dicho sistema informático habrá de posibilitar que, a partir de la información contable almacenada en las referidas bases de datos, se puedan obtener los estados que integran la Cuenta de la entidad local.

En todo caso, el sistema informático que se utilice se deberá adecuar a las medidas de seguridad exigidas por la normativa vigente en materia de ficheros de datos de carácter personal.

3. Cuando circunstancias de cualquier índole así lo acon-

sejen, para la totalidad o parte de las áreas contables que configuran el SICAL-Básico se podrá establecer un procedimiento de registro a través de Libros de contabilidad. En este caso, cada área contable afectada por esta medida habrá de contar con su propio Libro de contabilidad donde se anotarán, en el adecuado orden secuencial de fechas, todas las operaciones que afecten al área en cuestión, según el contenido fijado en las Reglas 10 a 15 para las diferentes áreas que conforman el sistema.

En estos Libros de contabilidad se podrán realizar anotaciones de forma global siempre que las operaciones que las generen queden registradas individualizadamente en la base de datos informática correspondiente a otra área contable o, en su caso, en el Libro de contabilidad que sustituyese a la misma. También podrán emplearse Libros de contabilidad de carácter auxiliar que posibiliten que la información recogida en estos últimos, sometida a los oportunos procesos de agregación y clasificación, sirva de enlace entre las anotaciones globales a que se ha hecho referencia y las correspondientes operaciones individualizadas.

La realización de asientos y anotaciones en los Libros de contabilidad se podrá efectuar sobre hojas que después habrán de ser encuadernadas, correlativamente, para formar los mencionados Libros.

Los Libros de Contabilidad deberán ser llevados con claridad y exactitud, por orden de fechas, sin interpolaciones, raspaduras ni tachaduras. Deberán salvarse inmediatamente que se adviertan, los errores y omisiones mediante las correspondientes anotaciones contables.

4. Tanto si se utilizan bases de datos informáticas, como Libros de contabilidad, o ambos procedimientos simultáneamente, los registros contables deberán realizarse expresando los valores en euros.

Regla 17. *Conservación de los Registros Contables.*—Los registros de las operaciones anotadas en el SICAL-Básico, ya se contengan en bases de datos informáticas o en Libros de contabilidad, se conservarán debidamente ordenados a disposición del órgano u órganos de control externo competentes, no siendo precisa su remisión junto con la Cuenta General de la entidad local.

Transcurrido el período de seis años contados desde la fecha de remisión de la Cuenta General, los registros de las operaciones correspondientes a dicha Cuenta podrán ser destruidos siempre que, mediando la oportuna comunicación, no existiesen impedimentos por parte del órgano u órganos de control a que correspondiese actuar.

TÍTULO III

De los datos a incorporar al sistema

Regla 18. *Justificantes de las operaciones.*—1. Todo acto o hecho que, en aplicación de lo previsto en el Título II de esta Instrucción, deba dar lugar a anotaciones en el SICAL-Básico, habrá de estar debidamente acreditado con el correspondiente justificante que ponga de manifiesto su realización.

2. La justificación de los distintos hechos susceptibles de incorporación al SICAL-Básico podrá estar soportada en documentos en papel o a través de medios electrónicos, informáticos o telemáticos, debiendo ajustarse, en todo caso, a los requisitos y garantías que se establezcan para cada uno de los distintos tipos de operaciones, de acuerdo con las normas que regulen los procedimientos administrativos a través de los que dichos hechos se materialicen.

Cuando la justificación de estos hechos se efectúe a través de medios electrónicos, informáticos o telemáticos se asegurará la validez y eficacia jurídica de los mismos, así como el adecuado cumplimiento de la normativa aplicable respecto a la protección de datos de carácter personal.

3. Los justificantes a los que se refieren los apartados anteriores deberán conservarse debidamente ordenados por la entidad local y estarán a disposición del órgano u órganos de control competentes, al objeto de posibilitar y facilitar las actuaciones de control y verificación de la contabilidad que proceda realizar.

Los justificantes de los hechos que se registren en el SICAL-Básico, con independencia del tipo de soporte en que originalmente se hubieran plasmado, podrán conservarse por medios o en soportes electrónicos, informáticos o telemáticos, siempre que quede garantizada su autenticidad, integridad, calidad, protección y conservación. En estos casos, las copias obtenidas de dichos soportes gozarán de la validez y eficacia de la justificación original.

4. Tanto los justificantes formalizados en documentos en papel como los que lo estén en soportes electrónicos, informáticos o telemáticos se deberán conservar durante un plazo de seis años contados desde la fecha de remisión, al órgano u órganos de control externo, de las cuentas anuales donde se pongan de manifiesto las respectivas operaciones. Una vez transcurrido dicho plazo se podrá proceder a la destrucción de dichos justificantes, previa comunicación al órgano u órganos de control externo a que hubiese correspondido actuar.

Lo previsto en el párrafo anterior no será de aplicación en aquellos casos en que la justificación de que se trate esté sometida a otros plazos de conservación, se hubiera interrumpido el plazo de prescripción de la posible responsabilidad contable o cuando en dicha justificación se pusiesen de manifiesto valoraciones de elementos patrimoniales de los que siguiese siendo titular la entidad local.

Regla 19. *Soporte documental de las anotaciones contables.*—1. Como norma general, el registro de las operaciones en el SICAL-Básico se realizará a partir de los datos que consten en el propio justificante de la operación.

No obstante, se podrán utilizar documentos contables específicos para el registro de la totalidad o parte de las operaciones, al margen de la justificación que para las mismas sea exigible. Estos documentos contables se establecerán por la propia entidad local en función de sus necesidades de información y de la operatoria que se siga en la tramitación de los diferentes tipos de operaciones a que pudiesen afectar.

2. La utilización de documentos contables específicos para el registro de las operaciones quedará supeditada a la adecuada acreditación de los mismos por parte de la autoridad competente en cada caso, de acuerdo con lo previsto al respecto por cada entidad local.

Los documentos contables también podrán ser utilizados como soporte del acto administrativo por el que se ejecute la respectiva operación; en este supuesto, en el correspondiente documento deberán constar todos los requisitos necesarios para que dicho acto administrativo tenga validez.

3. Los documentos contables deberán ser objeto de custodia y conservación, conjuntamente con los justificantes

respectivos, según las especificaciones y plazos establecidos en la Regla 18.

Regla 20. *Proceso de anotación contable a través de medios informáticos.*—1. Cuando el SICAL-Básico esté soportado informáticamente, las anotaciones contables se realizarán por alguno de los procedimientos siguientes:

a) Mediante captura directa en el sistema de los datos que consten en el propio justificante de la operación o, en su caso, en el oportuno documento contable.

b) A través de la incorporación de dichos datos al sistema mediante la utilización de procedimientos o soportes electrónicos, informáticos o telemáticos.

2. Si las operaciones se incorporan al sistema mediante la utilización de soportes electrónicos, informáticos o telemáticos, los procedimientos de autorización y control mediante diligencias, firmas manuscritas, sellos u otros medios manuales podrán ser sustituidos por autorizaciones y controles establecidos en las propias aplicaciones informáticas que garanticen la identificación y el ejercicio de la competencia por quien la tenga atribuida.

Regla 21. *Toma de razón.*—1. En todo documento que produzca anotaciones en contabilidad, ya se trate del propio justificante de la operación o de un documento contable es-pecífico para el registro de la misma, deberá figurar una diligencia de toma de razón, certificada por el responsable de la contabilidad, acreditativa, como mínimo, de la fecha, el número de asiento y el importe con que dicho documento hubiese quedado anotado individualizadamente.

2. Si las anotaciones en contabilidad se realizan a través de procedimientos y medios informáticos, dicha diligencia podrá estar constituida por una certificación obtenida del propio equipo informático en que se soporte el SICAL-Básico, y en el caso de que las operaciones sean registradas a partir de los datos contenidos en soportes electrónicos, informáticos o telemáticos, la diligencia de toma de razón se sustituirá por los oportunos procesos de validación en el sistema, mediante los cuales dichas operaciones queden referenciadas en relación con las anotaciones contables que hayan producido.

TÍTULO IV

De la información a obtener del sistema

CAPÍTULO PRIMERO

LA CUENTA GENERAL

Regla 22. *Delimitación de la Cuenta General.*—La Cuenta General estará constituida por la Cuenta de la propia entidad local cuyo contenido se ajustará a lo previsto en el Capítulo II del presente Título.

Regla 23. *Documentación complementaria.*—1. A la Cuenta General de las entidades locales que apliquen el SICAL-Básico deberá unirse, en todo caso, la siguiente documentación.

a) Acta de arqueo de las existencias en Caja referidas a fin de ejercicio.

Si existiesen varias Cajas de efectivo se confeccionará una única Acta comprensiva de las existencias en todas ellas.

b) Notas o certificaciones de cada entidad bancaria de los saldos existentes en las mismas a favor la entidad local, referidos a fin de ejercicio y agrupados por nombre o razón social de la entidad. En caso de discrepancia entre saldos contables y bancarios, se aportará el oportuno estado conciliatorio.

2. El Acta de arqueo y el estado conciliatorio a los que se refiere el apartado anterior se confeccionarán teniendo en cuenta lo establecido en los apartados 3 y 4 de la Regla 13 de esta Instrucción.

Regla 24. *Rendición de la Cuenta General.*—Cumplidos los requisitos establecidos por

---

Regla 24: Vid. la Resolución de la Presidencia del Tribunal de Cuentas de 30 de marzo de 2007, que hace público el Acuerdo del Pleno, de 29 de marzo de 2007, que aprueba la Instrucción que regula el formato de la Cuenta General de las Entidades Locales en soporte informático y el procedimiento telemático para la rendición de cuentas (*BOE* n.º 90, de 14 de abril; corrección de errores en *BOE* n.º 115, de 14 de mayo), reproducida en nota al art. 233 (I.1). La Resolución de 28 de julio de 2006, de la Intervención General de la Administración del Estado, por la que se recomienda un formato normalizado de la cuenta general de las entidades locales en soporte informático, que facilite su rendición (*BOE* n.º 189, de 9 de agosto) dispone:

«La importancia de las nuevas tecnologías en nuestra sociedad es cada vez más patente. Su utilización está cada vez más extendida en nuestros días, conllevando su no implantación un verdadero obstáculo para el progreso de cualquier actividad. Por supuesto, la actividad administrativa no es una excepción.

la normativa vigente, la Cuenta General de la entidad local se rendirá al órgano u órganos de control externo competen-

---

»De esta importancia se hacen eco las Instrucciones reguladoras de los modelos Básico, Simplificado y Normal de contabilidad local, aprobadas por las Órdenes del Ministro de Economía y Hacienda 4040, 4042 y 4041, de 23 de noviembre de 2004, siendo necesario destacar el impulso que dan a la utilización de medios electrónicos, informáticos y telemáticos en la función contable, en la línea seguida por la Administración General del Estado y sus organismos autónomos.

»En este sentido, en las Instrucciones se contienen diversas manifestaciones de la utilización de estos medios en la función contable, siendo destacables las relativas a la configuración informática del sistema contable, al registro de las operaciones, a los justificantes de éstas, a la incorporación de datos al sistema, al archivo y conservación de la información contable y a la rendición de cuentas.

»Las Instrucciones de contabilidad local imponen la configuración informática del sistema contable de las entidades locales y sus organismos autónomos, pero no una configuración informática concreta. En consecuencia, se reconoce la facultad de las entidades contables para decidir la configuración informática concreta de su sistema contable, y esta facultad no favorece la uniformidad en la obtención de la información a remitir a los distintos destinatarios de la información contable y, por tanto, tampoco en su posterior tratamiento.

»La información contable debe plasmarse en estados contables que pueden estar soportados en listados, informes y, en general, documentos en papel, o mediante cualquier tipo de soporte electrónico, informático o telemático que garantice la autenticidad, integridad y conservación de la información que contenga, así como su recepción por el destinatario (en este caso, los órganos de control externo) y su tratamiento por éste en forma idónea para el cumplimiento de los fines que haya de satisfacer.

»Por lo que a la rendición de cuentas se refiere, las Instrucciones de contabilidad recogen que, una vez aprobada la Cuenta General por el Pleno de la Corporación, se rendirá por el Presidente de la entidad local al órgano u órganos de control externo competentes en los plazos previstos en la normativa vigente, y reconocen de forma expresa la posibilidad que tienen dichos órganos de control externo de establecer procedimientos de envío a través de medios electrónicos, informáticos o telemáticos.

»Teniendo en cuenta, por otro lado, la existencia de una pluralidad de órganos de control externo, la Intervención General de la Administración del Estado, con el fin de alcanzar el máximo grado de homogeneidad tanto en la elaboración y remisión de la Cuenta General, como en su posterior tratamiento por los órganos de control externo, en uso de la atribución que para dictar recomendaciones que faciliten la aplicación de las normas reguladoras de la contabilidad pública local, le confieren las reglas 9.*b*) de la Instrucción del modelo normal y 10.*b*) de la Instrucción del modelo Simplificado de contabilidad local, promueve la implementación de un modelo de referencia para la rendición normalizada de cuentas en soporte informático, por parte de las entidades sujetas a los modelos Básico, Simplificado y Normal de contabilidad local.

»El modelo de referencia que se establece mediante esta Resolución contendrá la información que, de acuerdo con la Instrucción de contabilidad tes en los plazos previstos en la normativa vigente.

Para la remisión de la información contable a rendir,

---

aplicable, se integre en la Cuenta General de la entidad local, así como la documentación complementaria que de acuerdo con la misma Instrucción deba acompañarla. Además, contendrá la información adicional solicitada por los órganos de control externo, que las entidades locales podrán incluir en la propia Cuenta General.

»En el modelo de referencia la información a enviar combina dos formatos: el formato pdf, que presentará la información con la forma establecida en la correspondiente Instrucción de contabilidad local y permitirá una visualización directa e intuitiva de la propia Cuenta General por el analista contable, y el formato xml, que presentará la información numérica estructurada facilitando su tratamiento y análisis. Este formato se limitará a la información relativa a la propia entidad local y a sus organismos autónomos.

»En virtud de lo anteriormente expuesto y de acuerdo con los órganos de control externo, dispongo:

Primero. Objeto.—Por la presente Resolución la Intervención General de la Administración del Estado recomienda a los órganos de control externo un formato normalizado para la Cuenta General de las entidades locales, que favorezca la homogeneización en la rendición de cuentas por parte de éstas y facilite a dichos órganos el establecimiento de procedimientos de envío de las cuentas por medios electrónicos, informáticos y telemáticos.

Segundo. Formato de la Cuenta General en el modelo Básico de contabilidad local.—La Cuenta General de la entidad local, integrada por la Cuenta de la propia entidad local, se presentará con los formatos pdf y xml, de acuerdo con lo siguiente:

Un fichero en formato pdf que contendrá la información de las distintas partes que componen la Cuenta de la propia entidad local, presentada según los modelos establecidos en el Anexo de la Instrucción del modelo Básico de contabilidad local, aprobada por Orden EHA/4040, de 23 de noviembre de 2004.

Un fichero en formato xml que contendrá la información numérica de la Cuenta de la propia entidad local.

El contenido y la estructura del fichero xml deberán cumplir las especificaciones técnicas (esquemas XSD) publicadas en el portal de la Administración Presupuestaria en internet (www.igae.pap.meh.es), así como las normas que sobre integridad de los ficheros xml se incluyen en el apartado SEXTO de esta Resolución.

Cuando los medios técnicos de la entidad local lo permitan, a los ficheros anteriores se acompañará un fichero en formato «pdf» comprensivo de la documentación complementaria a unir a la Cuenta General, a que se refiere la regla 23 de la Instrucción del modelo Básico de contabilidad local:

Acta de Arqueo de las existencias en Caja en la Corporación, a fin de ejercicio.

Notas o certificaciones de cada entidad bancaria de los saldos existentes en las mismas a favor de la entidad local, a fin de ejercicio.

Estado de conciliación, en caso de discrepancia entre los saldos contables y los bancarios.

En caso contrario, los órganos de control externo establecerán las prescripciones oportunas en relación con dicha documentación complementaria.

Tercero. Formato de la Cuenta General en el modelo Simplificado de contabilidad local.—La Cuenta General de la entidad local, integrada por la Cuenta de la propia entidad local, la Cuenta de sus organismos autónomos, las los órganos de control externo podrán establecer procedimientos de envío a través de medios electrónicos, informáticos o

---

cuentas de las sociedades mercantiles cuyo capital pertenezca íntegramente a la entidad local y las cuentas de las entidades públicas empresariales locales, así como la documentación complementaria que debe acompañarla en virtud de lo dispuesto en la regla 89 de la Instrucción del modelo Simplificado de contabilidad local, aprobada por Orden EHA/4.042, de 23 de noviembre de 2004, se presentará con los formatos pdf y xml, de acuerdo con lo siguiente:

Ficheros en formato «pdf» que contendrán la información de la Cuenta General según la estructura de los modelos de Cuentas Anuales establecidos en el Plan de Cuentas Local Simplificado y en el Plan General de Contabilidad de la empresa española.

Ficheros en formato «pdf» comprensivos de la documentación complementaria a acompañar a la Cuenta General que se detalla a continuación:

Acta de Arqueo de las existencias en Caja en la Corporación y en cada organismo autónomo, a fin de ejercicio.

Notas o certificaciones de cada entidad bancaria de los saldos existentes en las mismas a favor de la entidad local o de cada organismo autónomo, a fin de ejercicio.

Estado de conciliación, en caso de discrepancia entre los saldos contables y los bancarios.

Las Cuentas Anuales de las sociedades mercantiles en cuyo capital social tenga participación mayoritaria la entidad local.

Los estados integrados y consolidados de las cuentas que, en su caso, haya establecido la Corporación.

Un fichero en formato «xml» por cada entidad contable que contendrá la información numérica de las Cuentas de la entidad local y de sus organismos autónomos.

El contenido y la estructura de cada fichero «xml» deberán cumplir las especificaciones técnicas (esquemas XSD) publicadas en el portal de la Administración Presupuestaria en internet (www. igae.pap.meh.es), así como las normas que sobre integridad de los ficheros «xml» se incluyen en el apartado SEXTO de esta Resolución.

Cuarto. Formato de la Cuenta General en el modelo Normal de contabilidad local.—La Cuenta General de la entidad local, integrada por la Cuenta de la propia entidad local, la Cuenta de sus organismos autónomos, las cuentas de las sociedades mercantiles cuyo capital pertenezca íntegramente a la entidad local y las cuentas de las entidades públicas empresariales locales, así como la documentación complementaria que debe acompañarla en virtud de lo dispuesto en la regla 101 de la Instrucción del modelo Normal de contabilidad local, aprobada por Orden EHA/4.041, de 23 de noviembre de 2004, se presentará con los formatos «pdf» y «xml», de acuerdo con lo siguiente:

Ficheros en formato pdf que contendrán la información de la Cuenta General según la estructura de los modelos de Cuentas Anuales establecidos en el Plan General de Contabilidad Pública adaptado a la Administración local y en el Plan General de Contabilidad de la empresa española.

Ficheros en formato pdf comprensivos de la documentación complementaria a acompañar a la Cuenta General que se detalla a continuación:

Acta de Arqueo de las existencias en Caja en la Corporación y en cada organismo autónomo, a fin de ejercicio.

Notas o certificaciones de cada entidad bancaria de los saldos existentes en las mismas a favor de la entidad local o de cada organismo autónomo, a fin de ejercicio.

Estado de conciliación, en caso de discrepancia entre los saldos contables y los bancarios.

telemáticos, siempre que quede garantizada la autenticidad, integridad y confidencialidad de la información contable que se rinda, así como su recepción por parte del órgano destinatario.

Las Cuentas Anuales de las sociedades mercantiles en cuyo capital social tenga participación mayoritaria la entidad local.

Los estados integrados y consolidados de las cuentas que, en su caso, haya establecido la Corporación.

Los municipios con población superior a 50.000 habitantes y las demás entidades locales de ámbito superior: Memoria justificativa del coste y rendimiento de los servicios públicos y Memoria demostrativa del grado en que se hayan cumplido los objetivos programados con indicación de los previstos y alcanzados con el coste de los mismos.

Un fichero en formato xml por cada entidad contable que contendrá la información numérica de las Cuentas de la entidad local y de sus organismos autónomos.

El contenido y la estructura de cada fichero «xml» deberán cumplir las especificaciones técnicas (esquemas XSD) publicadas en el portal de la Administración Presupuestaria en internet (www.igae.pap.meh.es), así como las normas que sobre integridad de los ficheros xml se incluyen en el apartado SEXTO de esta Resolución.

Quinto. Codificación de los ficheros en formato «pdf» y «xml».—Los ficheros a que se refieren los apartados SEGUNDO, TERCERO y CUARTO anteriores se codificarán de acuerdo con lo previsto en los Anexos de la presente Resolución.

Sexto. Integridad de los ficheros en formato «xml».—Con el fin de permitir la integridad de los datos de los ficheros «xml» y su correspondencia con los expresados en formato «pdf», se generará por cada fichero «xml» un resumen electrónico a partir de los datos en él contenidos.

Dicho resumen consistirá en una clave alfanumérica de treinta y dos caracteres que se obtendrá aplicando al fichero «xml» el algoritmo público MD5.

El resumen electrónico será almacenado en un fichero texto con el mismo nombre que el «xml» correspondiente pero con extensión «MD5» y deberá acompañar siempre al fichero con el que ha sido generado.

Para comprobar la correspondencia entre los datos de los ficheros «xml» y los expresados en los «pdf» se incorporará el resumen antes indicado a aquellos «pdf» que contengan información incluida en el «xml». Este resumen se añadirá al final del fichero «pdf» bajo el literal «Resumen electrónico».

Disposición Final Única. Entrada en vigor.—La presente Resolución entrará en vigor el día siguiente al de su publicación en el *Boletín Oficial del Estado*.

ANEXO I

Criterios generales de codificación de los ficheros en formato «pdf» y «xml»

La codificación de los ficheros «pdf» y «xml» relativos a la Cuenta General de las entidades locales que se contiene en los Anexos II, III y IV responde al siguiente esquema:

ENTIDAD(9)_EJERCICIO(4)_
MODELO(3)_CONTENIDO
INFORMATIVO
DEL FICHERO(21)

En este esquema figura entre paréntesis el número máximo de caracteres de cada campo. El número máximo total se ha fijado en cuarenta caracteres.

En el campo «ENTIDAD» deberá consignarse el CIF de la entidad contable de que se trate (entidad local, organismo autónomo, sociedad mercantil dependiente o entidad pública empresarial).

En el campo «EJERCICIO» se hará constar aquél al que se refiere la Cuenta General.

En el campo «MODELO»:

si la entidad contable es una entidad local o un organismo autónomo, se consignarán las letras BAS, SIM o NOR según el modelo contable (Básico, Simplificado o Normal) que sigan la entidad local y sus organismos autónomos, y

si la entidad contable es una sociedad mercantil dependiente o una entidad pública empresarial, se consignarán las letras NOR o ABR según que los modelos de las cuentas anuales sean los normales o los abreviados.

En el campo «CONTENIDO INFORMATIVO DEL FICHERO» deberá figurar la denominación asignada en los Anexos II, III y IV a la información que contiene cada fichero.

Cuando el gran tamaño de algún fichero «pdf» lo exija, la información correspondiente podrá fraccionarse en dos o más ficheros, manteniendo la codificación asignada al fichero único en los Anexos II, III y IV y añadiendo, al final, un número que refleje la fracción que el fichero representa (1, 2, 3,...). A título de ejemplo, si el fichero «pdf» correspondiente a la MEMORIA de una entidad local sujeta al modelo Simplificado tuviera un tamaño excesivo y se fraccionara en dos, la codificación de cada uno de ellos sería la siguiente:

ENTIDAD_20XX_SIM_MEMORIA-1.pdf ENTIDAD_20XX_SIM_MEMORIA-2.pdf

La codificación de los ficheros relativos a las Cuentas Anuales de las sociedades mayoritarias es la misma que la de los ficheros relativos a las Cuentas de las sociedades 100 por 100 locales, con la única diferencia de que el nombre de la Cuenta Anual (BALANCE, PYG y MEMORIA) va precedido de las letras DC (Documentación Complementaria). En consecuencia todos los ficheros referidos a Cuentas Anuales de sociedades que incorporen el distintivo DC corresponderán a sociedades mercantiles mayoritarias.

ANEXO II

Codificación de los ficheros relativos a la CUENTA GENERAL del modelo BÁSICO de contabilidad local

A. FICHERO «PDF» DE LA CUENTA DE LA PROPIA ENTIDAD LOCAL (CUENTA GENERAL DE LA ENTIDAD LOCAL):

ENTIDAD_20XX_BAS_CUENTA-ENTIDADLOCAL.pdf

B. FICHERO «XML» DE LA CUENTA DE LA PROPIA ENTIDAD LOCAL (CUENTA GENERAL DE LA ENTIDAD LOCAL):

ENTIDAD_20XX_BAS_CUENTA-ENTIDADLOCAL.xml

C. FICHERO «PDF» DE LA DOCUMENTACIÓN COMPLEMEN-

CAPÍTULO II

La Cuenta de la propia entidad

Regla 25. *Contenido de la cuenta de la propia entidad Local.*

—1. La Cuenta de la entidad local se compondrá de las siguientes partes:

a) Liquidación del Presupuesto.

b) Información sobre ejecución presupuestaria.

c) Información sobre Tesorería.

d) Información sobre endeudamiento.

TARIA A ACOMPAÑAR A LA CUENTA GENERAL:

Acta de arqueo, Justificantes de los saldos bancarios y Estado de conciliación:

ENTIDAD_20XX_BAS_DC-TESORERIA.pdf

ANEXO III

Codificación de los ficheros relativos a la CUENTA GENERAL del modelo SIMPLIFICADO de contabilidad local

A. FICHEROS «PDF» DE LA CUENTA GENERAL DE LA ENTIDAD LOCAL.

1) Ficheros «pdf» de las CUENTAS ANUALES de la entidad local y de sus organismos autónomos:

BALANCE

ENTIDAD_20XX_SIM_BALANCE.pdf

CUENTA DEL RESULTADO ECO-NÓMICO PATRIMONIAL

ENTIDAD_20XX_SIM_CUENTARESULTADO.pdf

ESTADO DE LIQUIDACIÓN DEL PRESUPUESTO

Liquidación del Presupuesto de gastos, Liquidación del Presupuesto de ingresos y Resultado presupuestario:

ENTIDAD_20XX_SIM_LIQUIDACION.pdf

Resúmenes de la Liquidación:

ENTIDAD_20XX_SIM_LIQUIDACION-RESUMENES.pdf

MEMORIA

ENTIDAD_20XX_SIM_MEMORIA.pdf

2) Ficheros «pdf» de las CUENTAS ANUALES (en sus modelos normales y abreviados) de las sociedades mercantiles cuyo capital pertenezca íntegramente a la entidad local y de las entidades públicas empresariales:

MODELOS NORMALES:

BALANCE

ENTIDAD_20XX_NOR_BALANCE.pdf

CUENTA DE PÉRDIDAS Y GANANCIAS

ENTIDAD_20XX_NOR_PYG.pdf

MEMORIA

ENTIDAD_20XX_NOR_MEMORIA.pdf

MODELOS ABREVIADOS:

BALANCE

ENTIDAD_20XX_ABR_BALANCE.pdf

CUENTA DE PÉRDIDAS Y GANANCIAS

ENTIDAD_20XX_ABR_PYG.pdf

MEMORIA

ENTIDAD_20XX_ABR_MEMORIA.pdf

B. FICHEROS «PDF» DE LA DOCUMENTACIÓN COMPLEMENTARIA A ACOMPAÑAR A LA CUENTA GENERAL.

1) Acta de arqueo, Justificantes de los saldos bancarios y Estado de conciliación:

ENTIDAD_20XX_SIM_DC-TESORERIA.pdf

2) Cuentas Anuales de las sociedades mercantiles mayoritarias:

MODELOS NORMALES:

ENTIDAD_20XX_NOR_DC-BALANCE.pdf

ENTIDAD_20XX_NOR_DC-PYG.pdf

ENTIDAD_20XX_NOR_DC-MEMORIA.pdf

MODELOS ABREVIADOS:

ENTIDAD_20XX_ABR_DC-BALANCE.pdf

ENTIDAD_20XX_ABR_DC-PYG.pdf

ENTIDAD_20XX_ABR_DC-MEMORIA.pdf

3) Estados integrados y consolidados:

e) Información sobre operaciones no presupuestarias.

2. Las diferentes partes que integran la Cuenta de la

ENTIDAD_20XX_SIM_DC-CONSOLIDACION.pdf

C. FICHERO «XML» DE LAS CUENTAS ANUALES DE LA ENTIDAD LOCAL Y DE SUS ORGANISMOS AUTÓNOMOS:

ENTIDAD_20XX_SIM_CUENTAS-ANUALES.xml

ANEXO IV

Codificación de los ficheros relativos a la CUENTA GENERAL del modelo NORMAL de contabilidad local

A. FICHEROS «PDF» DE LA CUENTA GENERAL DE LA ENTIDAD LOCAL:

1) Ficheros «pdf» de las CUENTAS ANUALES de la entidad local y de sus organismos autónomos:

BALANCE

ENTIDAD_20XX_NOR_BALANCE.pdf

CUENTA DEL RESULTADO ECO-NÓMICO PATRIMONIAL

ENTIDAD_20XX_NOR_CUENTA-RESULTADO.pdf

ESTADO DE LIQUIDACIÓN DEL PRESUPUESTO

Liquidación del Presupuesto de gastos, Liquidación del Presupuesto de ingresos y Resultado presupuestario:

ENTIDAD_20XX_NOR_LIQUIDACION.pdf

Resúmenes de la Liquidación:

ENTIDAD_20XX_NOR_LIQUIDACION-RESUMENES.pdf

MEMORIA

ENTIDAD_20XX_NOR_MEMORIA.pdf

2) Ficheros «pdf» de las CUENTAS ANUALES (en sus modelos normales y abreviados) de las sociedades mercantiles cuyo capital pertenezca íntegramente a la entidad local y de las entidades públicas empresariales:

MODELOS NORMALES:

BALANCE

ENTIDAD_20XX_NOR_BALANCE.pdf

CUENTA DE PÉRDIDAS Y GANANCIAS

ENTIDAD_20XX_NOR_PYG.pdf

MEMORIA

ENTIDAD_20XX_NOR_MEMORIA.pdf

MODELOS ABREVIADOS:

BALANCE

ENTIDAD_20XX_ABR_BALANCE.pdf

CUENTA DE PÉRDIDAS Y GANANCIAS

ENTIDAD_20XX_ABR_PYG.pdf

MEMORIA

ENTIDAD_20XX_ABR_MEMORIA.pdf

B. FICHEROS «PDF» DE LA DOCUMENTACIÓN COMPLEMENTARIA A ACOMPAÑAR A LA CUENTA GENERAL:

1) Acta de arqueo, Justificantes de los saldos bancarios y Estado de conciliación:

ENTIDAD_20XX_NOR_DC-TESORERIA.pdf

2) Cuentas Anuales de las sociedades mercantiles mayoritarias:

MODELOS NORMALES:

ENTIDAD_20XX_NOR_DC-BALANCE.pdf

ENTIDAD_20XX_NOR_DC-PYG.pdf

ENTIDAD_20XX_NOR_DC-MEMORIA.pdf

MODELOS ABREVIADOS:

ENTIDAD_20XX_ABR_DC-BALANCE.pdf

ENTIDAD_20XX_ABR_DC-PYG.pdf

ENTIDAD_20XX_ABR_DC-MEMORIA.pdf

entidad local se habrán de ajustar al contenido que presentan los estados que se incluyen en el Anexo de la presente Instrucción, debiendo cumplimentarse de acuerdo con las normas que se recogen en las Reglas siguientes de este Capítulo.

3. Cuando, como consecuencia de la ausencia de operaciones, carezcan de contenido determinadas partes de la Cuenta de la entidad local, según el detalle que de dichas partes se establece en la presente Regla y en las Reglas siguientes de este Capítulo, éstas también deberán incorporarse en la Cuenta de la entidad local, haciendo constar en las mismas dicha circunstancia.

Regla 26. *Liquidación del Presupuesto.*—1. La Liquidación del Presupuesto constará de las siguientes partes:

a) Liquidación del Presupuesto de Gastos.

b) Liquidación del Presupuesto de Ingresos.

c) Resultado Presupuestario.

2. La Liquidación del Presupuesto de Gastos se obtendrá a partir de los datos que figuren registrados en el Área de Presupuesto de Gastos, relativos al Presupuesto del ejercicio que se liquide, teniendo en cuenta las siguientes normas:

a) La información se presentará detallada para cada una de las partidas presupuestarias, al nivel con que éstas se hubiesen recogido en el Presupuesto inicial o en posteriores modificaciones del mismo.

Asimismo, se presentarán sendos resúmenes que agreguen dicha información por Grupos de Función, para la clasificación funcional, y por Capítulos, para la clasificación económica.

b) Las obligaciones reconocidas netas se obtendrán por diferencia entre las obligaciones reconocidas totales y las anulaciones que se hubiesen producido de las mismas.

c) Los pagos realizados netos se obtendrán minorando

---

3) Estados integrados y consolidados:

ENTIDAD_20XX_NOR_DC-CONSOLIDACION.pdf

4) Memoria justificativa del coste y rendimiento de los servicios públicos y Memoria demostrativa del grado de cumplimiento de los objetivos:

ENTIDAD_20XX_NOR_DC-MEMORIAS.pdf

C. FICHERO «XML» DE LAS CUENTAS ANUALES DE LA ENTIDAD LOCAL Y DE SUS ORGANISMOS AUTÓNOMOS:

ENTIDAD_20XX_NOR_CUENTAS-ANUALES.xml>>

los pagos realizados totales en el importe de los reintegros de Presupuesto corriente.

d) Los remanentes de crédito comprometidos estarán constituidos por el saldo de gastos comprometidos a la fecha de liquidación del Presupuesto, determinándose dicho saldo por diferencia entre el importe de los gastos comprometidos y el de las obligaciones reconocidas netas, considerados ambos importes en su valor neto, es decir, una vez deducidas las anulaciones que les pudiesen haber afectado.

e) Los remanentes de crédito no comprometidos se calcularán por diferencia entre los créditos definitivos y los gastos comprometidos, tomando estos últimos por su valor neto, en el sentido definido para éste en el epígrafe anterior.

f) Los remanentes de crédito totales, obtenidos por diferencia entre los créditos definitivos y las obligaciones reconocidas netas, deberán coincidir con la suma de los remanentes de crédito comprometidos y no comprometidos.

3. La Liquidación del Presupuesto de Ingresos se obtendrá a partir de los datos contenidos en el Área de Presupuesto de Ingresos, relativos al Presupuesto del ejercicio que se liquide, teniendo en consideración lo siguiente:

a) La información se presentará detallada para cada una de las aplicaciones presupuestarias, al nivel con que éstas se hubiesen recogido en el Presupuesto inicial o en posteriores modificaciones del mismo.

Asimismo, se presentará un resumen que agregue dicha información por Capítulos de la clasificación económica.

b) Los derechos reconocidos netos se obtendrán minorando los derechos reconocidos totales en el importe de las bajas que se hubiesen producido de dichos derechos y en el correspondiente a las devoluciones de ingresos pagadas.

c) La recaudación neta se determinará por diferencia entre la recaudación total y las devoluciones de ingresos pagadas.

4. El Resultado Presupuestario, que pondrá de manifiesto las posibles desigualdades que se produzcan en la ejecución de los ingresos y gastos presupuestarios, se calculará por diferencia entre los derechos reconocidos netos y las obligaciones reconocidas netas, que se hubiesen imputado al Presupuesto del ejercicio que se liquida.

Estos datos se presentarán en el correspondiente estado diferenciando los distintos importes según correspondan a operaciones no financieras (capítulos 1 a 7 del Presupuesto, distinguiendo a su vez las operaciones de naturaleza corriente —capítulos 1 a 5— de las demás no financieras), activos financieros (capítulo 8) y pasivos financieros (capítulo 9).

Teniendo en consideración la agrupación de capítulos señalada, en el conjunto de la información relativa a la Liquidación del Presupuesto deberán presentarse las siguientes correspondencias entre datos:

a) Los derechos reconocidos netos que se incluyan en el estado del Resultado Presupuestario serán los que, como tales, se recojan en la Liquidación del Presupuesto de Ingresos.

b) Las obligaciones reconocidas netas que se incluyan en el estado del Resultado Presupuestario serán las que, como tales, se contengan en la Liquidación del Presupuesto de Gastos.

Regla 27. *Información sobre ejecución presupuestaria.*—1. La información sobre ejecución presupuestaria se referirá a los siguientes aspectos:

a) Devoluciones de ingresos.

b) Obligaciones de Presupuestos cerrados.

c) Derechos a cobrar de Presupuestos cerrados.

d) Compromisos de gasto con cargo a Presupuestos de ejercicios posteriores.

e) Recursos afectados.

f) Remanente de Tesorería.

2. La información relativa a devoluciones de ingreso se obtendrá a partir de los datos que figuren registrados en el Área de Presupuesto de Ingresos, relativos al Presupuesto del ejercicio que se liquide, teniendo en cuenta las siguientes normas:

a) La información se presentará detallada para cada una de las aplicaciones presupuestarias, al nivel con que éstas se hubiesen recogido en el Presupuesto inicial o en posteriores modificaciones del mismo.

b) Las devoluciones pendientes de pago al inicio del ejercicio a que la información se refiera deberán corresponderse con las devoluciones pendientes de pago a fin del ejercicio anterior.

3. La información sobre obligaciones de Presupuestos cerrados se obtendrá a partir de los datos que figuren registrados en el Área de Presupuesto de Gastos, relativos a obligaciones pendientes de pagar procedentes de Presupuestos de gastos de ejercicios anteriores, teniendo en consi-

deración los siguientes extremos:

a) La información se presentará detallada según los años de procedencia de las obligaciones.

b) Las obligaciones pendientes de pago al inicio del ejercicio a que la información se refiera deberán corresponderse con las que estuviesen pendientes de pago a fin del ejercicio anterior, tanto procedentes del Presupuesto de Gastos de este último, como de Presupuestos de Gastos de ejercicios anteriores al mismo.

4. La información sobre derechos a cobrar de Presupuestos cerrados se obtendrá a partir de los datos que figuren registrados en el Área de Presupuesto de Ingresos, relativos a derechos pendientes de cobro procedentes de Presupuestos de ingresos de ejercicios anteriores, teniendo presente lo siguiente:

a) La información se presentará detallada según los años de procedencia de los derechos.

b) Los derechos pendientes de cobro al inicio del ejercicio a que la información se refiera deberán corresponderse con las que estuviesen pendientes de cobro a fin del ejercicio anterior, tanto procedentes del Presupuesto de Ingresos de este último, como de Presupuestos de Ingresos de ejercicios anteriores al mismo.

5. La información sobre compromisos de gasto con cargo a Presupuestos de ejercicios posteriores se obtendrá a partir de los datos que figuren registrados en el Área de Presupuesto de Gastos, relativos a los compromisos de gasto de carácter plurianual a que se refiere el artículo 174 del Texto Refundido de la Ley Reguladora de las Haciendas Locales.

La información se presentará detallada para cada una de las partidas presupuestarias, al nivel con que éstas se hubiesen recogido en el Presupuesto de Gastos inicial o en posteriores modificaciones del mismo.

Asimismo, se presentarán sendos resúmenes que agreguen dicha información por Grupos de Función, para la clasificación funcional, y por Capítulos, para la clasificación económica.

6. La información relativa a recursos afectados detallará los ingresos percibidos por la entidad local correspondientes a aportaciones que se deban destinar a la financiación de gastos concretos, así como las cantidades utilizadas en la realización de dichos gastos, poniendo de manifiesto las desviaciones de financiación acumuladas que, a la finali-

zación del ejercicio a que los datos se refieran, se hubiesen producido como consecuencia de la realización de dichos ingresos y gastos.

La elaboración de esta información se realizará a partir de los datos que figuren recogidos en el Área de Recursos afectados, teniendo en cuenta las siguientes normas:

a) Sólo se incluirán los datos correspondientes a aportaciones que hayan sido objeto de seguimiento durante el ejercicio a que la información se refiere.

b) La información se agrupará por cada una de aportaciones, figurando éstas ordenadas por antigüedad, de mayor a menor, según la fecha en que se hubiese efectuado el alta de su seguimiento.

c) Los datos generales que se harán constar serán los siguientes:

c.1) Identificación de la aportación, que al menos deberá reseñar los datos del tercero que realice la aportación: NIF y nombre o razón social, y la aplicación presupuestaria a la que se imputen los ingresos.

c.2) Identificación del gasto destinatario, con detalle de las partidas presupuestarias afectadas.

c.3) Coeficiente de financiación correspondiente a la aportación, en tanto por uno.

d) Los datos relativos a la realización, tanto de ingresos como de gastos, figurarán desglosados en los importes imputados al Presupuesto del ejercicio a que se refiera la información y los que se hubiesen imputado a Presupuestos de ejercicios anteriores.

e) Para cada aportación, la desviación de financiación acumulada que resulte al final del ejercicio a que la información se refiera se consignará como positiva o negativa, en función de su signo.

f) En la aplicación de las normas recogidas en los epígrafes anteriores de este apartado se seguirán los criterios establecidos en la Regla 15 de esta Instrucción, relativa al contenido del Área de Recursos afectados.

7. El Remanente de Tesorería se obtiene como suma de los fondos líquidos más los

---

Regla 27.7: Apartado redactado conforme al art. 2.°2 de la Orden HAP/1.782/2013, de 20 de septiembre, por la que se aprueba la Instrucción del modelo simplificado de contabilidad local y se modifica la Instrucción del modelo básico de contabilidad local, aprobada por Orden EHA/4.040/2004, de 23 de noviembre (§ II.3).

derechos pendientes de cobro, deduciendo las obligaciones pendientes de pago y agregando las partidas pendientes de aplicación, de conformidad con los criterios siguientes:

a) Su cuantificación se realizará, a partir de los datos que a fin de ejercicio figuren reflejados en otras partes de la Cuenta de la entidad local.

b) Los fondos líquidos estarán constituidos por el importe que figure como saldo final de Tesorería en la «Información sobre Tesorería» que se establece en la Regla 28.

c) Los derechos pendientes de cobro incluirán:

c.1) Los derechos pendientes de cobro del Presupuesto corriente. Su importe será el total de los derechos pendientes de cobro a 31 de diciembre que se obtenga en la «Liquidación del Presupuesto de Ingresos» a que se ha hecho referencia en la Regla 26.

c.2) Los derechos pendientes de cobro de Presupuestos cerrados, cuyo importe será el total de los derechos pendientes de cobro a 31 de diciembre que figuren en la información sobre «Derechos a cobrar de Presupuestos cerrados» a que se refiere el apartado 4 anterior.

c.3) Los derechos pendientes de cobro de operaciones no presupuestarias. Su importe se obtendrá de la información sobre «Operaciones no presupuestarias de naturaleza deudora» que se establece en el apartado 2 de la Regla 30, acumulando el importe del saldo pendiente a 31 de diciembre que corresponda a los diferentes conceptos que figuren en la información mencionada, con excepción del saldo que figure en el concepto de «Pagos pendientes de aplicación».

d) Las obligaciones pendientes de pago comprenderán:

d.1) Las obligaciones pendientes de pago del Presupuesto corriente. Su importe será el total de las obligaciones pendientes de pago a 31 de diciembre que se ponga de manifiesto en la «Liquidación del Presupuesto de Gastos» a que se ha hecho mención en la Regla 26.

d.2) Las obligaciones pendientes de pago de Presupuestos cerrados, cuyo importe será el total de las obligaciones pendientes de pago a 31 de diciembre que figuren en la información sobre «Obligaciones de Presupuestos cerrados» a que se refiere el apartado 3 anterior.

d.3) Las obligaciones pendientes de pago de operaciones no presupuestarias, cuya cuantía se determinará por suma de las cantidades que seguidamente se indican:

— El importe acumulado del saldo pendiente a 31 de diciembre que corresponda a los diferentes conceptos que figuren en la información sobre «Operaciones no presupuestarias de naturaleza acreedora» que se establece en el apartado 3 de la Regla 30, con excepción del saldo que figure en el concepto de «Cobros pendientes de aplicación».

— El saldo pendiente a 31 de diciembre por «Operaciones de Tesorería» que figure en la «Información sobre endeudamiento» a que se hace referencia en la Regla 29.

e) En las partidas pendientes de aplicación se distinguirán:

e.1) Las cantidades cobradas que a fin de ejercicio estuviesen pendientes de aplicación por no haberse efectuado la adecuada imputación en función de la naturaleza de los ingresos a que correspondan. Su importe, que se obtendrá de la información sobre «Operaciones no presupuestarias de naturaleza acreedora» establecida en el apartado 3 de la Regla 30, será el correspondiente al saldo pendiente a 31 de diciembre que figure en el concepto de «Cobros pendientes de aplicación».

e.2) Las cantidades pagadas que a fin de ejercicio estuviesen pendientes de aplicación por no haberse efectuado su adecuada imputación definitiva a Presupuesto. Su importe, que se obtendrá de la información sobre «Operaciones no presupuestarias de naturaleza deudora» a que se hace mención en el apartado 2 de la Regla 30, será el correspondiente al saldo pendiente a 31 de diciembre que figure en el concepto de «Pagos pendientes de aplicación».

f) El Remanente de Tesorería calculado según lo indicado en los epígrafes anteriores constituirá el Remanente de Tesorería total.

El Remanente de Tesorería disponible para financiar gastos generales, se determinará minorando el Remanente de Tesorería total en el importe de los derechos pendientes de cobro que, en fin de ejercicio, se consideren de difícil o imposible recaudación y en el exceso de financiación afectada producido.

La determinación del importe de los derechos pendientes de cobro a 31 de diciembre, de difícil o imposible recaudación, se realizará de acuerdo con los criterios que se establecen en el artículo 103 del Real Decreto 500/1990, de 20 de abril, por el que se desarrolla el Capítulo primero del Título sexto de la Ley reguladora de las Haciendas locales en materia de Presupuestos. En la información relativa al Remanente de Tesorería se deberán especificar los criterios adoptados por la entidad para cuantificar los derechos pendientes de cobro de difícil o imposible recaudación.

El importe total del exceso de financiación afectada a que se refiere el apartado 6 de la Regla 15, se obtendrá de la información relativa a «Recursos afectados» establecida en el apartado 6 de la presente Regla, acumulando el importe de las desviaciones de financiación acumuladas positivas que existiesen a fin de ejercicio para las distintas aportaciones que se hubiesen percibido por la entidad para la financiación de gastos concretos.

Regla 28. *Información sobre Tesorería.*—La información sobre Tesorería se obtendrá a partir de los datos que figuren registrados en el Área de Tesorería y de los que se hagan constar en otras partes de la Cuenta de la entidad local, teniendo en cuenta las siguientes normas:

a) Los cobros del Presupuesto de Ingresos corriente se reflejarán por sus importes netos, es decir, deduciendo de la recaudación total las devoluciones de ingresos pagadas. Su importe será el total de la recaudación neta que figure en la «Liquidación del Presupuesto de Ingresos» a que se ha hecho referencia en la Regla 26.

b) El importe de los cobros de Presupuestos de Ingresos cerrados coincidirá con el total que figure como recaudación en la información sobre «Derechos a cobrar de Presupuestos cerrados» a que se refiere el apartado 4 de la Regla 27.

c) Los cobros de operaciones no presupuestarias se determinarán como suma de las cantidades siguientes:

El total de abonos del ejercicio que figure en la información sobre «Operaciones no presupuestarias de naturaleza deudora» que se establece en el apartado 2 de la Regla 30.

El total de abonos del ejercicio que figure en la información sobre «Operaciones no presupuestarias de naturaleza acreedora» que se establece en el apartado 3 de la Regla 30.

El importe que, por «Operaciones de Tesorería», figure como altas en la «Información sobre endeudamiento» a que se hace referencia en la Regla 29.

En el caso de que, durante el ejercicio, se hubiesen producido altas de endeudamiento por «Operaciones de Tesorería» que no se deriven de ingresos, las cantidades correspondientes a dichas altas no se incluirán como cobros de esta naturaleza.

d) Los pagos del Presupuesto de Gastos corriente se reflejarán por sus importes netos, es decir, deduciendo de los pagos realizados totales los reintegros de Presupuesto corriente. Su importe será el total de los pagos realizados netos que figure en la «Liquidación del Presupuesto de Gastos» a que se ha hecho mención en la Regla 26.

e) El importe de los pagos de Presupuestos de Gastos cerrados coincidirá con el total que figure como pagos realizados en la información sobre «Obligaciones de Presupuestos cerrados» a que se refiere el apartado 3 de la Regla 27.

f) Los pagos de operaciones no presupuestarias se determinarán como suma de las cantidades siguientes:

— El total de cargos del ejercicio que figure en la información sobre «Operaciones no presupuestarias de naturaleza deudora» que se establece en el apartado 2 de la Regla 30.

— El total de cargos del ejercicio que figure en la información sobre «Operaciones no presupuestarias de naturaleza acreedora» que se establece en el apartado 3 de la Regla 30.

— El importe que, por «Operaciones de Tesorería», figure como bajas en la «Información sobre endeudamiento» a que se hace referencia en la Regla 29.

En el caso de que, durante el ejercicio, se hubiesen producido bajas de endeudamiento por «Operaciones de Tesorería» que no se deriven de pagos, las cantidades correspondientes a dichas bajas no se incluirán como pagos de esta naturaleza.

g) El saldo inicial de Tesorería se obtendrá a partir de los datos que figuren registrados en el Área de Tesorería, correspondiéndose con la suma del saldo al inicio del ejercicio de todas y cada una de las Cajas de efectivo y cuentas bancarias para las que existan anotaciones contables.

h) El saldo final de Tesorería se obtendrá a partir de los datos que figuren registrados en el Área de Tesorería, correspondiéndose con la suma del saldo a fin de ejercicio de todas y cada una de las Cajas de efectivo y cuentas bancarias para las que existan anotaciones contables.

A estos efectos el saldo final de cada una de estas Cajas y cuentas bancarias se determinará incrementando el saldo inicial en el importe de los cobros y minorándolo por los pagos.

Regla 29. *Información sobre endeudamiento.*—La información sobre endeudamiento se obtendrá a partir de los datos que figuren registrados en el Área de Endeudamiento, teniendo presente lo siguiente:

a) La información figurará clasificada según el siguiente detalle de tipos de endeudamiento:

Préstamos y créditos.
Operaciones de Tesorería.
Fianzas y depósitos.
Otros pasivos.

Cada una de estas rúbricas recogerá la información acumulada de la totalidad de operaciones específicas de endeudamiento que respondan al tipo en cuestión.

b) Se clasificarán como «Operaciones de Tesorería» las operaciones de endeudamiento concertadas por la entidad local que hubiesen dado lugar a cobros no imputados a Presupuesto. En el caso de que existiese, también se incluiría dentro de esta rúbrica el endeudamiento que no proceda de ingresos percibidos por la entidad, siempre que su cancelación esté previsto que vaya a realizarse mediante pagos de carácter no presupuestario.

El resto de operaciones de endeudamiento figurarán clasificadas según los otros tipos que se han indicado en el epígrafe anterior.

Regla 30. *Información sobre operaciones no presupuestarias.*—1. La información sobre operaciones no presupuestarias contendrá las siguientes partes:

a) Operaciones no presupuestarias de naturaleza deudora.

b) Operaciones no presupuestarias de naturaleza acreedora.

2. La información relativa a operaciones no presupuestarias de naturaleza deudora se obtendrá de los datos que figuren registrados en el Área de Operaciones no presupuestarias, relativos a conceptos de naturaleza deudora, mostrándose clasificada según el siguiente detalle:

— Anticipos de caja fija.
— Fianzas y depósitos constituidos.
— Organismos de Previsión Social deudores.
— Hacienda Pública deudora.
— Impuestos soportados pendientes de liquidar.
— Deudores por impuestos repercutidos.
— Otros deudores.
— Pagos pendientes de aplicación.

3. La información de operaciones no presupuestarias de naturaleza acreedora se obtendrá de los datos referentes a conceptos de naturaleza acreedora que figuren registrados en el Área de Operaciones no

presupuestarias, presentándose de acuerdo con la siguiente clasificación:

— Fianzas y depósitos recibidos.

— Organismos de Previsión social acreedores.

— Hacienda Pública acreedora.

— Impuestos repercutidos pendientes de liquidar.

— Acreedores por impuestos soportados.

— Otros acreedores.

— Cobros pendientes de aplicación.

4. Mediante las clasificaciones indicadas en los apartados 2 y 3 anteriores se integrará la información de las operaciones registradas a través de los distintos conceptos que, en aplicación de lo previsto en la Regla 12, se hubiesen establecido por la entidad local, de forma que en cada una de las rúbricas previstas se acumulen los datos de los conceptos a que las mismas hacen referencia.

CAPÍTULO III

OTRA INFORMACIÓN A SUMINISTRAR

Regla 31. *Información periódica para el Pleno de la Corporación.*—1. En cumplimiento de lo establecido en el artículo 207 del Texto Refundido de la Ley Reguladora de las Haciendas Locales, el responsable de la contabilidad de la entidad local deberá remitir al Pleno de la Corporación, por conducto de la Presidencia, información relativa a:

a) Ejecución del Presupuesto de Gastos corriente.

b) Ejecución del Presupuesto de Ingresos corriente.

c) Movimientos y situación de la Tesorería.

2. La información sobre la ejecución del Presupuesto de Gastos corriente se referirá a las obligaciones reconocidas y pagos realizados con cargo a los créditos presupuestarios del ejercicio.

Esta información se presentará con detalle de las clasificaciones funcional y económica correspondientes a las partidas presupuestarias a las que hubiesen afectado las operaciones realizadas.

3. La información referente a la ejecución del Presupuesto de Ingresos corriente detallará los derechos reconocidos y la recaudación obtenida que se hubiesen aplicado al Presupuesto del ejercicio en curso, con indicación de las clasificaciones económicas a que correspondan.

4. La información de los movimientos y situación de

la Tesorería pondrá de manifiesto los cobros y pagos realizados durante el período a que se refiera, distinguiendo los originados por la ejecución del Presupuesto y los no presupuestarios, así como las existencias en la Tesorería al comienzo del ejercicio y al final del período en cuestión.

5. La información a que se refiere la presente Regla se remitirá en los plazos y con la periodicidad que se establezca por el Pleno de la Corporación.

6. El responsable de la contabilidad de la entidad local determinará la estructura de los estados en que habrá de reflejar la información a que se refieren las Reglas anteriores, de conformidad con lo que, en cada caso, haya establecido el Pleno de la Corporación.

Regla 32. *Avance de la liquidación del Presupuesto corriente.*—1. El Avance de la Liquidación del Presupuesto del ejercicio corriente que, de acuerdo con lo establecido en el artículo 168 del Texto Refundido de la Ley Reguladora de las Haciendas Locales, habrá de unirse al Presupuesto de la entidad local, pondrá de manifiesto la ejecución realizada durante, al menos, seis meses del mismo, detallándose la información que seguidamente se indica:

a) En relación con el Presupuesto de Gastos, y como mínimo a nivel de Capítulo:

a.1) Los créditos iniciales, las modificaciones aprobadas y los créditos definitivos.

a.2) Las obligaciones reconocidas netas y el porcentaje de ejecución que, sobre los créditos presupuestarios, representan.

a.3) Los pagos realizados líquidos y los porcentajes de ejecución que representan sobre los créditos presupuestarios y las obligaciones reconocidas.

b) Respecto al Presupuesto de Ingresos, y también como mínimo a nivel de Capítulo:

b.1) Las previsiones presupuestarias de ingresos.

b.2) Los derechos reconocidos netos y el porcentaje de ejecución que, sobre las previsiones, representan.

b.3) La recaudación líquida y los porcentajes de ejecución que representa sobre las previsiones y los derechos reconocidos.

2. El responsable de la contabilidad de la entidad local determinará la estructura de los estados en que habrá de reflejarse la información a que se refiere el apartado anterior, de conformidad con lo que se establezca por el Pleno de la Entidad.

Regla 33. *Información para Otras Administraciones Públicas.*—Las entidades locales remitirán copia de la Liquidación de sus Presupuestos al órgano o Centro del Ministerio de Hacienda que éste señale y a la Comunidad Autónoma a que pertenezcan, antes de finalizar el mes de marzo del ejercicio siguiente al que corresponda.

La falta de remisión de la Liquidación en el plazo señalado facultará a la Administración para utilizar como actuales, a cualquier efecto, los datos que conozca relativos a la entidad de que se trate.

ANEXO*

Modelos de la cuenta de la entidad local

ÍNDICE

---

* Anexo redactado conforme al art. 2.º3 de la Orden HAP/1.782/2013, de 20 de septiembre, por la que se aprueba la Instrucción del modelo simplificado de contabilidad local y se modifica la Instrucción del modelo básico de contabilidad local, aprobada por Orden EHA/4.040/2004, de 23 de noviembre (§ II.3).

(DENOMINACIÓN DE LA ENTIDAD LOCAL)

EJERCICIO ....

1. LIQUIDACIÓN DEL PRESUPUESTO.

1.1 LIQUIDACIÓN DEL PRESUPUESTO DE GASTOS – POR APLICACIONES PRESUPUESTARIAS.

Clasificación por programas

....

CLASIFICACIÓN ECONÓMICA		CRÉDITOS PRESUPUESTARIOS			OBLIGACIONES RECONOCIDAS NETAS	PAGOS REALIZADOS NETOS	OBLIGACIONES PENDIENTES DE PAGO A 31 DE DICIEMBRE	REMANENTES DE CRÉDITO (7) + (8) = (3) – (4)	
CÓDIGO	DESCRIPCIÓN	INICIALES (1)	MODIFICACIONES (2)	DEFINITIVOS (3) = (1) + (2)	(4)	(5)	(6) = (4) – (5)	COMPROMETIDOS (7)	NO COMPROMETIDOS (8)
	TOTAL								

Las modificaciones de los créditos se consignarán con su signo: positivo para los aumentos y negativo para las disminuciones.

En este estado se realizarán totalizaciones parciales por Capítulos de la clasificación económica del Presupuesto de Gastos. Cuando dichas clasificaciones económicas figuren a nivel de concepto o con un mayor grado de desarrollo, también se incluirán totalizaciones parciales por Artículos.

1.1. LIQUIDACIÓN DEL PRESUPUESTO DE GASTOS – RESUMEN POR ÁREAS DE GASTO.

ÁREA DE GASTO		CRÉDITOS PRESUPUESTARIOS			OBLIGACIONES RECONOCIDAS NETAS	PAGOS REALIZADOS NETOS	OBLIGACIONES PENDIENTES DE PAGO A 31 DE DICIEMBRE	REMANENTES DE CRÉDITO (7) + (8) = (3) – (4)	
CÓDIGO	DESCRIPCIÓN	INICIALES (1)	MODIFICACIONES (2)	DEFINITIVOS (3) = (1) + (2)	(4)	(5)	(6) = (4) – (5)	COMPROMETIDOS (7)	NO COMPROMETIDOS (8)
TOTAL PRESUPUESTO									

Las modificaciones de los créditos se consignarán con su signo: positivo para los aumentos y negativo para las disminuciones.

1.3. RESULTADO PRESUPUESTARIO.

CONCEPTOS	DERECHOS RECONOCIDOS NETOS (1)	OBLIGACIONES RECONOCIDAS NETAS (2)	DIFERENCIA (3) = (1) – (2)
a) Operaciones corrientes........			
b) Operaciones de capital........			
I. Total operaciones no financieras (a + b)........			
II. Activos financieros........			
III. Pasivos financieros........			
RESULTADO PRESUPUESTARIO DEL EJERCICIO (I+II+III)			

2. INFORMACIÓN SOBRE EJECUCIÓN PRESUPUESTARIA.

2.4. COMPROMISOS DE GASTO CON CARGO A PRESUPUESTOS DE EJERCICIOS POSTERIORES – POR APLICACIONES PRESUPUESTARIAS.

Clasificación por programas

....

CLASIFICACIÓN ECONÓMICA		COMPROMISOS DE GASTO ADQUIRIDOS CON CARGO AL PRESUPUESTO DEL EJERCICIO				
CÓDIGO	DESCRIPCIÓN	AÑO	AÑO	AÑO	AÑO	AÑOS SUCESIVOS
	TOTAL					

Las columnas de anualidades corresponderán, de menor a mayor, a los años siguientes a aquél a que se refiera la información.

2.4. COMPROMISOS DE GASTO CON CARGO A PRESUPUESTOS DE EJERCICIOS POSTERIORES – RESUMEN POR ÁREAS DE GASTO.

ÁREA DE GASTO		COMPROMISOS DE GASTO ADQUIRIDOS CON CARGO AL PRESUPUESTO DEL EJERCICIO				
CÓDIGO	DESCRIPCIÓN	AÑO	AÑO	AÑO	AÑO	AÑOS SUCESIVOS
	TOTAL					

Las columnas de anualidades corresponderán, de menor a mayor, a los años siguientes a aquél a que se refiera la información.

2.6. REMANENTE DE TESORERÍA.

COMPONENTES	IMPORTES	
1. (+) Fondos líquidos	———	———
2. (+) Derechos pendientes de cobro	———	———
- (+) del Presupuesto corriente	———	
- (+) de Presupuestos cerrados	———	
- (+) de operaciones no presupuestarias	———	
3. (-) Obligaciones pendientes de pago	———	———
- (+) del Presupuesto corriente	———	
- (+) de Presupuestos cerrados	———	
- (+) de operaciones no presupuestarias	———	
4. (+) Partidas pendientes de aplicación	———	———
- (-) cobros realizados pendientes de aplicación definitiva	———	
- (+) pagos realizados pendientes de aplicación definitiva	———	
I. Remanente de Tesorería total (1 + 2 – 3 + 4)		———
II. Saldos de dudoso cobro		———
III. Exceso de financiación afectada		———
IV. Remanente de Tesorería para gastos generales (I – II – III)		———

(*) En hoja aparte se especificarán los criterios adoptados por la entidad local para cuantificar dichos saldos.

§ II.2. ORDEN HAP/1.781/2013, DE 20 DE SEPTIEMBRE, POR LA QUE SE APRUEBA LA INSTRUCCIÓN DEL MODELO NORMAL DE CONTABILIDAD LOCAL

(*BOE* n.º 237, de 3 de octubre de 2013)

A raíz de la aprobación de la Ley 39/1988, de 28 de diciembre, reguladora de las Haciendas locales, se inició un importante proceso de reforma en la contabilidad de las entidades locales y sus organismos autónomos, que se tradujo en un cambio radical en la llevanza de la contabilidad al completarse el tradicional método de partida simple con el método de partida doble, estableciéndose la obligatoriedad de aplicar un Plan General de Cuentas conforme al Plan General de Contabilidad Pública (en adelante PGCP).

Al objeto de minimizar la mayor complejidad que el nuevo sistema contable incorporaba en la gestión de las entidades locales con una menor dimensión en su actividad económico-financiera, la propia Ley 39/1988, en su artículo 184.2, abrió la puerta a un tratamiento contable simplificado para entidades locales de ámbito territorial con población inferior a 5.000 habitantes, entidades éstas que podían encontrarse, en principio, en peores condiciones para poder asumir el reto que suponía el nuevo régimen a implantar.

La aplicación efectiva de este nuevo sistema contable se efectuó a partir del ejercicio 1992, mediante la utilización de dos modelos: el llamado «modelo normal» y el «modelo simplificado», al que se ha hecho referencia, cuya regulación quedó recogida en sendas Órdenes del Ministerio de Economía y Hacienda, de 17 de julio de 1990, a través de las que se aprobaron las respectivas Instrucciones de Contabilidad: Instrucción de contabilidad para la Administración Local, para el «modelo normal», e Instrucción de contabilidad del tratamiento especial simplificado para entidades locales de ámbito territorial con población inferior a

5.000 habitantes, en el caso del «modelo simplificado». Cada una de estas dos Instrucciones de contabilidad incorporó, en un Anexo, el Plan Contable aplicable por las entidades que estuviesen sujetas al modelo en cuestión, «normal» o «simplificado», tratándose en los dos casos de un Plan Contable que suponía una adaptación de la versión del PGCP que fue aprobada mediante Resolución de 11 de noviembre de 1983 de la Intervención General de la Administración del Estado.

La experiencia adquirida en la aplicación del nuevo sistema contable puso de manifiesto la falta de adecuación del «modelo simplificado» a las necesidades reales de las entidades locales de más pequeña dimensión debido, fundamentalmente, a la falta de medios personales y materiales que se presentaba en las mismas para la llevanza de la contabilidad. Esta circunstancia exigía un replanteamiento en el diseño de modelos que se había establecido, viéndose la necesidad de habilitar un tratamiento contable todavía mucho más simple para el tipo de entidades mencionado. A estos efectos, la Ley 13/1996, de 30 de diciembre, de medidas fiscales, administrativas y del orden social, modificó el artículo 184.2 de la Ley reguladora de las Haciendas Locales en el sentido de no limitar el tratamiento simplificado a un único modelo, dejando la definición de los parámetros que definirían la simplificación para su desarrollo reglamentario por parte del Ministerio de Economía y Hacienda.

Además, en el año 1994, y a través de Orden de 6 de mayo del Ministerio de Economía y Hacienda, vio la luz un nuevo PGCP que vino a sustituir al PGCP de 1983, lo que obligaba a revisar las diferentes normas contables que se basaban en este último.

La revisión de la normativa contable para la Administración Local de 1990 se produjo en el año 2004, articulándose a través de tres modelos contables que vinieron a sustituir a los dos que existían con anterioridad, quedando fijada su aplicación efectiva para el ejercicio 2006. Estos tres modelos quedaron regulados en las disposiciones siguientes:

— Instrucción del modelo normal de contabilidad local, aprobada por Orden EHA/4.041/2004, de 23 de noviembre.

— Instrucción del modelo simplificado de contabilidad local, aprobada por Orden EHA/4.042/2004, de 23 de noviembre.

— Y, por último, Instrucción del modelo básico de

contabilidad local, aprobada por Orden EHA/4.040/2004, de 23 de noviembre.

El ámbito de aplicación de los tres modelos se definió en función de dos variables representativas de la dimensión de las entidades locales: la población y el importe de su presupuesto, y no sólo de la población como venía siendo tradicional.

Al igual que sucedió en el caso de las Instrucciones de 1990, las nuevas Instrucciones del «modelo normal» y del «modelo simplificado» de contabilidad local del 2004 incorporaron, como Anexo, el Plan Contable aplicable por las entidades sujetas al modelo en cuestión, siendo el mismo una adaptación de la versión del PGCP de 1994, al que anteriormente se ha hecho referencia. Sin embargo, en el «modelo básico», donde se optó por la partida simple como único método de registro, dadas las dosis de simplicidad en que se mueve, no existe una adaptación del PGCP de 1994 equivalente a las previstas para los modelos «normal» y «simplificado», limitándose la regulación de dicho modelo a establecer un procedimiento de registro que, de la forma más simple posible, permite obtener una información contable con el suficiente grado de relevancia para las entidades a las que se dirige dicho modelo.

Con la aparición en el año 2010 de un nuevo PGCP, aprobado por Orden EHA/1.037/2010 de 13 de abril, se entra en una nueva etapa de la contabilidad de las administraciones públicas al incorporarse sustanciales diferencias respecto al PGCP anterior, tanto en lo que se refiere al marco conceptual de la contabilidad, como en las normas de reconocimiento y valoración, presentando especial relevancia las que se dan en el contenido de las «cuentas anuales».

Este nuevo PGCP, que en el artículo único de la propia Orden EHA/1.037/2010 se cataloga como «plan contable marco para todas las Administraciones Públicas», obliga a efectuar una revisión de la normativa contable de aplicación a las entidades locales y sus organismos autónomos. Teniendo en cuenta que dicha normativa contable engloba los tres modelos antes mencionados: «modelo normal», «modelo simplificado» y «modelo básico», se analizó en qué medida se veía afectado cada uno de estos modelos por la aparición del nuevo PGCP. En el caso de los modelos «normal» y «simplificado», dado que ambos están basados en el PGCP de 1994 a través de la oportuna adaptación del mismo diseñada en función de los sujetos contables a los que se dirige, resulta necesario realizar una actualización de la normativa que los regula, de forma que se ajuste a los requerimientos del PGCP de 2010. Por lo que se refiere al «modelo básico» se ha considerado conveniente mantener su simplicidad, conservando su regulación actual e incorporando cambios de índole exclusivamente formal como son la adaptación de la Instrucción de contabilidad a la terminología presupuestaria acuñada por la Orden EHA/3.565/2008, de 3 de diciembre, por la que se aprueba la estructura de los presupuestos de las entidades locales, y la adaptación de la estructura del remanente de tesorería a la que presenta esta magnitud en los nuevos modelos «normal» y «simplificado».

Con la presente Orden se pretende efectuar la actualización de la normativa contable correspondiente al «modelo normal»; es decir, la puesta al día de la Instrucción del modelo normal de contabilidad local, aprobada por Orden EHA/4.041/2004 de 23 de noviembre, a efectos de que dicha norma contemple las soluciones contables que se recogen en el PGCP de 2010.

Esta actualización se ha creído oportuno realizarla mediante la elaboración de una Instrucción de contabilidad nueva, fundamentalmente por los tres motivos siguientes:

El alcance de las novedades que se incorporan en el PGCP de 2010 en relación con el del año 2004.

La conveniencia de homogeneizar el contenido de la normativa contable de las diferentes administraciones públicas, cuando dicha normativa emana del Ministerio de Hacienda y Administraciones públicas. Esta homogeneización se traduce en la coherencia de la nueva Instrucción de contabilidad local con la Instrucción de Contabilidad para la Administración General del Estado, aprobada por Orden EHA/3.067/2011, de 8 de noviembre, y con la Instrucción de Contabilidad para la Administración Institucional del Estado, aprobada por Orden EHA/2.045/2011, de 14 de julio.

La eliminación de aquellos contenidos que figuraban en la Instrucción de contabilidad anterior que, de alguna forma, ya están desarrollados en el propio Plan General de Contabilidad Pública adaptado a la Administración local anexo a la Instrucción.

La Instrucción de Contabilidad que ahora se aprueba sustituye y deroga a la aprobada por Orden EHA/4.041/2004 de 23 de noviembre, y, de acuerdo con lo previsto en el artículo único de esta Orden, será de aplicación las entidades locales, sus organismos autónomos, sociedades mercantiles locales y entidades públicas empresariales locales, en los términos que al respecto se establecen en la propia Instrucción.

Además del artículo a que se refiere el párrafo anterior, esta Orden incluye cuatro disposiciones transitorias, una disposición derogatoria y una disposición final.

La disposición transitoria primera regula el proceso de apertura de la contabilidad del ejercicio 2015 fijando los criterios a los que se habrá de ajustar este proceso:

— Traslado a la contabilidad del ejercicio 2015 de todos y cada uno de los saldos que se hubiesen reflejado en el cierre de la contabilidad del ejercicio 2014.

— Prohibición de incorporar saldos diferentes de los señalados en el párrafo anterior.

— Imputación de dichos saldos según las cuentas del nuevo Plan General de Contabilidad Pública adaptado a la Administración Local, que está basado en el PGCP de 2010 y que se anexa a la Instrucción que se aprueba.

— Realización de ajustes, una vez hecho el asiento de apertura de la contabilidad del ejercicio 2015, para reflejar todos los activos y pasivos no recogidos en el referido asiento cuyo reconocimiento venga exigido por el Plan General de Contabilidad Pública adaptado a la Administración Local. Asimismo, también se realizarán ajustes para dar de baja todas las partidas (activos y pasivos) cuyo reconocimiento no esté permitido por el mismo y que, como consecuencia de la existencia de saldos contables al finalizar el ejercicio 2014, se hubiesen reflejado en la apertura de la contabilidad de 2015.

Como excepcionalidad de todo este proceso se posibilita la no incorporación en la contabilidad de 2015 de las infraestructuras, los bienes del patrimonio histórico y demás elementos patrimoniales existentes en la entidad con anterioridad a dicho ejercicio, que no estuviesen activados en virtud de lo establecido en la anterior adaptación del Plan General de Contabilidad Pública.

Todos los elementos patrimoniales se valorarán por sus valores contables a 31 de diciembre de 2014, con algunas excepciones.

Se elaborará, por la Intervención General de la Administración del Estado, una guía para facilitar la apertura de la contabilidad el 1 de enero de 2015.

En la disposición transitoria segunda se establecen determinadas especialidades de las cuentas anuales del ejercicio 2015, como consecuencia de ser el primero de los ejercicios en los que se aplicará el nuevo Plan General de Contabilidad Pública adaptado a la Administración Local. Así, se establece que, en dichas cuentas, no deben figurar las cifras relativas al ejercicio o ejercicios anteriores en todos aquellos estados que incluyan información comparativa, incorporándose una nota adicional en la memoria de estas cuentas anuales, a efectos de clarificar el proceso de transición de la contabilidad del ejercicio 2014 a la del ejercicio 2015; esta nota adicional (la número 29) debe contener:

Un estado de conciliación que ponga de manifiesto la correspondencia existente entre los saldos recogidos en el asiento de apertura de la contabilidad del ejercicio 2015 y los que hubiesen figurado en el de cierre de la contabilidad del ejercicio 2014.

El balance, la cuenta del resultado económico-patrimonial y el Remanente de Tesorería incluidos en la cuentas del ejercicio 2014, a efectos de suplir la información comparativa que, como ya quedó señalado, se excluye de las cuentas anuales de 2015.

Una descripción de los ajustes contables que se produzcan en cumplimiento de lo previsto en la disposición transitoria primera que anteriormente se ha comentado, con el objeto de clarificar los motivos que hayan llevado a su realización.

La disposición transitoria tercera excepciona la obligación de incluir en las cuentas anuales de los ejercicios 2015 y 2016 la información sobre el coste de las actividades y los indicadores de gestión, a efectos de facilitar un período de tiempo razonable que permita la implantación de una adecuada contabilidad de costes por parte de las entidades que han de aplicar la nueva Instrucción de Contabilidad.

Mediante la disposición transitoria cuarta se señala cuál debe ser la normativa contable a aplicar en la elaboración y rendición de cuentas correspondientes a ejercicios anteriores al 2015.

La disposición derogatoria única deja sin efecto todas aquellas normas de igual o inferior rango en lo que se opongan, contradigan o resulten incompatibles con lo dispuesto en la nueva Instrucción de

Contabilidad, derogándose de forma expresa la Instrucción del modelo normal de contabilidad local aprobada por Orden EHA/4.041/2004, de 23 de noviembre.

Por último, la disposición final única establece la entrada en vigor de la presente Orden el 1 de enero de 2015.

La presente Orden da cumplimiento al mandato contenido en el artículo 203.1 del texto refundido de la Ley reguladora de las Haciendas Locales, aprobado por Real Decreto Legislativo 2/2004, de 5 de marzo, que atribuye las competencias para el desarrollo normativo en materia de contabilidad al Ministro de Hacienda (hoy de Hacienda y Administraciones Públicas), a propuesta de la Intervención General de la Administración del Estado, estableciendo que le corresponderá:

a) Aprobar las normas contables de carácter general a las que tendrá que ajustarse la organización de la contabilidad de los entes locales y sus organismos autónomos.

b) Aprobar el Plan General de Cuentas para las entidades locales, conforme al PGCP.

c) Establecer los libros que, como regla general y con carácter obligatorio, deban llevarse.

d) Determinar la estructura y justificación de las cuentas, estados y demás documentos relativos a la contabilidad pública.

En consecuencia y en uso de las facultades que a este Ministro otorga dicho artículo, a propuesta de la Intervención General de la Administración del Estado, previo informe favorable de la Comisión Nacional de Administración Local y de acuerdo con el Consejo de Estado, dispongo:

Artículo único. *Aprobación de la Instrucción del modelo normal de contabilidad local.*—Se aprueba la Instrucción del modelo normal de contabilidad local que se inserta como anexo de la presente Orden.

Dicha Instrucción será de aplicación por las entidades locales, sus organismos autónomos, sociedades mercantiles locales y entidades públicas empresariales locales, en los términos que al respecto se establecen en su regla 1.

DISPOSICIONES TRANSITORIAS

1.ª *Apertura de la contabilidad del ejercicio 2015.*—1. Las entidades que apliquen la Instrucción que se aprueba por esta Orden realizarán el asiento de apertura de la contabilidad del ejercicio 2015 de acuerdo con los siguientes criterios:

a) Se recogerán todos y cada uno de los saldos que se hubiesen reflejado en el asiento de cierre de la contabilidad del ejercicio 2014, no debiendo incorporase ningún otro al margen de dichos saldos.

b) Estos saldos se imputarán a las cuentas que correspondan según el desarrollo que se recoge en el Plan General de Contabilidad Pública adaptado a la Administración Local anexo a dicha Instrucción.

2. Una vez realizado el asiento de apertura de la contabilidad del ejercicio 2015, se procederá a realizar los asientos de ajuste necesarios para que a fecha 1 de enero de 2015 queden registrados todos los activos y pasivos cuyo reconocimiento exige el mencionado Plan General de Contabilidad Pública adaptado a la Administración Local y se den de baja todas las partidas (todos los activos y pasivos) cuyo reconocimiento no esté permitido por el mismo.

No obstante, las infraestructuras, los bienes del patrimonio histórico y demás elementos patrimoniales existentes en la entidad con anterioridad a 1 de enero de 2015, que no estuviesen activados en virtud de lo establecido en la anterior adaptación del Plan General de Contabilidad Pública, podrán no incorporarse al activo cuando su valoración no pueda efectuarse de forma fiable.

3. Todos los elementos patrimoniales se valorarán por su valor contable al cierre del ejercicio 2014, con la excepción de los activos y pasivos financieros que se clasifiquen en las categorías de «Activos financieros a valor razonable con cambios en resultados» y «Pasivos financieros a valor razonable con cambios en resultados», y de los activos financieros que se clasifiquen en la categoría de «Activos financieros disponibles para la venta», que se valorarán por su valor razonable en 1 de enero de 2015.

Para el cálculo del tipo de interés efectivo se tomará como fecha inicial de referencia el 1 de enero de 2015.

Asimismo, las inversiones en el patrimonio de entidades de derecho público del grupo, multigrupo y asociadas anteriores a 1 de enero de 2015 se valorarán, en aquellos casos en los que no pueda establecerse el valor contable correspondiente a su coste, por el valor recuperable de las mismas en dicha fecha, para cuya determinación, salvo mejor evidencia, se tendrá en cuenta el patrimonio neto de la entidad participada corregido por las plusvalías tácitas existentes en la fecha de la valoración.

4. La Intervención General de la Administración del Estado elaborará una guía para facilitar la apertura de la contabilidad el 1 de enero de 2015. Dicha guía se publicará en el portal de la Administración Presupuestaria en Internet (www.pap.minhap.gob.es).

2.ª *Información a incluir en las cuentas anuales del ejercicio 2015.*—Las cuentas anuales relativas al ejercicio 2015 se elaborarán teniendo presente lo siguiente:

1. No se reflejarán en el balance, en la cuenta del resultado económico patrimonial ni en el resto de estados que incluyan información comparativa, las cifras relativas al ejercicio o ejercicios anteriores.

2. En la memoria se incluirá una nota adicional con el siguiente contenido:

«29. Aspectos derivados de la transición a las nuevas normas contables.

A efectos de clarificar el proceso de transición de la contabilidad del ejercicio 2014 a la del ejercicio 2015, se aportará la siguiente información:

1. Un estado de conciliación que ponga de manifiesto la correspondencia existente entre los saldos recogidos en el asiento de apertura de la contabilidad del ejercicio 2015 y los que hubiesen figurado en el de cierre de la contabilidad del ejercicio 2014.

2. El balance, la cuenta del resultado económico-patrimonial y el Remanente de Tesorería incluidos en las cuentas del ejercicio 2014.

3. Una descripción de los ajustes realizados en cumplimiento de lo previsto en el apartado 2 de la disposición transitoria anterior, indicando para cada uno de ellos:

— Identificación del asiento.

— Motivo de su realización.

— Criterios contables aplicados para el ejercicio contable 2015 y diferencias con los que se aplicaron en el ejercicio anterior.

— Cuantificación del impacto que produce en el patrimonio neto de la entidad el cambio de criterios contables.

— Cualquier otra circunstancia que se considere relevante para clarificar la realización del asiento.»

3.ª *Información sobre el coste de las actividades e indicadores de gestión.*—Hasta las cuentas anuales que correspondan al ejercicio 2017, las entidades que apliquen la Instrucción que se aprueba por la presente Orden no tendrán la obligación de incluir la «Información sobre el coste de las actividades» y los «Indicadores de gestión» que conforman las notas 26 y 27 de la Memoria.

4.ª *Formación y rendición de cuentas de ejercicios anteriores a 2015.*—La formación y rendición de cuentas de ejercicios anteriores a 2015 se ajustará a las normas previstas en la Instrucción de contabilidad local que se hubiera aplicado en el ejercicio correspondiente.

DISPOSICIÓN DEROGATORIA

Única. *Derogación normativa.*—Quedan derogadas cuantas disposiciones de igual o inferior rango se opongan, contradigan o resulten incompatibles con lo dispuesto en esta Orden y en la Instrucción que aprueba y, en particular, la Instrucción del modelo normal de contabilidad local aprobada por Orden EHA/4.041/2004, de 23 de noviembre.

DISPOSICIÓN FINAL

Única. *Entrada en vigor.*—La presente Orden entrará en vigor el día 1 de enero de 2015.

ANEXO

INSTRUCCIÓN DEL MODELO NORMAL DE CONTABILIDAD LOCAL

ÍNDICE

La Ley 39/1988, de 28 de diciembre, reguladora de las Haciendas Locales, hoy refundida en el Texto aprobado por Real Decreto Legislativo 2/2004, de 5 de marzo, supuso el punto de partida del proceso de normalización de la contabilidad, y una profunda transformación del régimen contable vigente hasta entonces, regulado en la Instrucción de Contabilidad de las Corporaciones Locales anexa al Reglamento de Haciendas Locales, de 4 de agosto de 1952.

La citada Ley estableció las líneas generales de la contabilidad de las entidades locales, atribuyendo al Ministerio de Economía y Hacienda su desarrollo normativo, que debía comprender un tratamiento contable simplificado para las entidades locales de pequeña dimensión.

Este desarrollo normativo se llevó a cabo a través de dos Órdenes del Ministerio de Economía y Hacienda, de 17 de julio de 1990, por las que se aprobaron la Instrucción de Contabilidad para la Administración Local y la Instrucción de Contabilidad del tratamiento especial simplificado para entidades locales de ámbito territorial con población inferior a 5.000 habitantes.

Si bien en su redacción original la Ley reguladora de las Haciendas Locales imponía, en el artículo 184.2, el establecimiento de un tratamiento contable simplificado para las entidades locales de ámbito territorial con población inferior a 5.000 habitantes, la última redacción del precepto citado, dada por la Ley 13/1996, de 30 de diciembre, de medidas fiscales, administrativas y del orden social, y recogida en el artículo 203.2 del texto refundido de la Ley reguladora de las Haciendas Locales, permite el desarrollo de una normativa contable simplificada para las entidades locales sin atenerse exclusivamente a aquel límite de población, facultando para el establecimiento de diversos modelos simplificados, e incluso para la utilización de criterios distintos al puramente poblacional.

La aprobación del Plan General de Contabilidad Pública, por Orden del Ministerio de Economía y Hacienda, de 6 de mayo de 1994, y la necesidad de simplificar, al máximo posible, la contabilidad de las entidades locales más pequeñas hicieron necesaria la reforma del régimen contable local, adaptando los Planes de Cuentas Locales al Plan General de Contabilidad Pública de 1994 e instaurando, junto a los modelos normal y simplificado, el modelo básico de contabilidad local.

Esta reforma contable se articuló a través de las Órdenes EHA/4.041/2004, 4.042/2004 y 4.040/2004, de 23 de noviembre, que aprobaron, respectivamente, las Instrucciones de los modelos Normal, Simplificado y Básico de contabilidad local que comenzaron a aplicarse el 1 de enero de 2006.

Con la aprobación de un nuevo Plan General de Contabilidad Pública (PGCP), por Orden EHA/1.037/2010, de 13 de abril, cambia el referente obligado de los Planes de Cuentas Locales, que por mandato legal deben ser conformes con el PGCP.

El PGCP de 2010 se adapta a las Normas Internacionales aplicables a la Contabilidad del Sector Público, elaboradas por la Federación Internacional de contables (IFAC, en sus siglas inglesas), a través de la Junta de Normas Contables Internacionales para el Sector Público (IPSASB, en su sigla en inglés). Asimismo, el PGCP toma como modelo el Plan General de Contabilidad, aprobado por el Real Decreto 1.514/2007, de 16 de noviembre, con las especialidades propias de las entidades del sector público al que va dirigido.

La presente Instrucción presenta gran similitud con su predecesora de 2004, si bien es bastante más breve, como consecuencia de su alineación con el contenido de la Instrucción de Contabilidad para la Administración Institucional del Estado, aprobada por Orden EHA/2.045/2011, de 14 de julio.

Desde el punto de vista formal, en la redacción de esta Instrucción se han tratado de evitar reiteraciones superfluas de preceptos contenidos en otras normas.

A continuación se analizan la estructura y el contenido de la presente Instrucción:

La Instrucción del modelo normal de contabilidad local se divide en cuatro títulos y un anexo, y los títulos, a su vez, en capítulos y éstos, a veces, en secciones:

Título I, «Principios generales del modelo normal de contabilidad local».

Título II, «Del modelo normal del sistema de información contable para la Administración local».

Título III, «De los datos a incorporar al sistema».

Título IV, «De la información a obtener del sistema».

Anexo, «Plan General de Contabilidad Pública adaptado a la Administración local».

El título I, «Principios generales del modelo normal de contabilidad local», consta de dos capítulos:

Capítulo I, «Principios generales».

Capítulo II, «Competencias y funciones».

En el capítulo I se regulan los principios generales propiamente dichos: el ámbito de aplicación, las entidades contables, la obligación de rendir cuentas, el ejercicio contable, el modelo contable, la aplicación del Plan General de Contabilidad Pública adaptado a la Administración local y los destinatarios de la información contable.

Se mantiene el ámbito de aplicación, que sigue constituido por los municipios cuyo presupuesto sea superior a 3.000.000 euros, cualquiera que sea su población, y por aquellos que tengan un presupuesto igual o inferior a dicho importe y superior a 300.000 euros y una población que exceda de 5.000 habitantes. La presente Instrucción se aplicará también a las demás entidades locales (provincias, islas, comarcas, mancomunidades...) siempre que su presupuesto exceda de 3.000.000 euros. Los organismos autónomos locales aplicarán el modelo contable que adopte la entidad local de la que dependan.

La flexibilidad del modelo contable permite que las entidades locales puedan optar por un modelo más complejo que el que les corresponda por razón de población y presupuesto; así, las entidades locales incluidas en el ámbito de aplicación de la Instrucción del modelo simplificado de contabilidad local podrán optar por aplicar la Instrucción del modelo normal de contabilidad local, en cuyo caso ésta se aplicará en su integridad.

Se considera entidad contable a cada entidad local y cada organismo autónomo incluido en el ámbito de aplicación de la Instrucción.

El modelo de contabilidad de esta Instrucción se caracteriza por tratarse de un modelo contable centralizado, con independencia del lugar físico donde se capturen las operaciones, y porque éstas se registran (además de por el método de partida simple) por el método de partida doble, aplicando el Plan General de Contabilidad Pública adaptado a la Administración local incluido como anexo de la Instrucción.

En relación con la aplicación del Plan General de Contabilidad Pública adaptado a la Administración local resulta novedosa la utilización, con carácter vinculante, del desarrollo de cuentas de tercer orden (codificadas con cinco dígitos).

Se hace una mención específica a los destinatarios de la información contable, incluyéndose no sólo a los órganos de control sino también a los órganos responsables de la gestión, a los órganos de las Administraciones Públicas que ejerzan funciones de tutela, a los acreedores de la entidad, a los analistas financieros y económicos, así como a cualquier entidad, asociación y ciudadanos, en general. Se trata de una manifestación explícita de que se ha superado la visión tradicional de la contabilidad pública, orientada fundamentalmente al seguimiento de la ejecución presupuestaria y a la rendición de cuentas.

En el capítulo II se relacionan las competencias y funciones que, en materia contable, corresponden al Pleno de la Corporación, a la Intervención u órgano de la entidad local que tenga atribuida la función de contabilidad y a la Intervención General de la Administración del Estado, y que se recogen, en ocasiones de forma dispersa, en la legislación vigente. Con esta recopilación de competencias y funciones se pretende contribuir al correcto ejercicio de las funciones contables.

El título II, «Del modelo normal del sistema de información contable para la Administración local», se divide en dos capítulos en los que se regulan las normas generales del sistema y las áreas contables de especial trascendencia.

En el capítulo I, «Normas generales», se establecen las características básicas del sistema de información contable normal (en adelante SICAL-Normal).

En él se define la contabilidad de las entidades contables configurándola como un sistema de registro, elaboración y comunicación de información económico-financiera y presupuestaria sobre la actividad de las mismas durante el ejercicio contable, se describen el objeto y los fines del SICAL-Normal, se establecen los requerimientos de su configuración informática y se regulan los registros contables.

El SICAL-Normal se configura como un conjunto integrado de subsistemas o áreas contables que debe garantizar la concordancia, exactitud, y automatismo de los registros que, para cada una de las operaciones contables se produzcan en los distintos subsistemas afectados, así como la debida coherencia entre los distintos niveles de información, tanto agregados como de detalle.

Los fines cuyo cumplimiento debe permitir el SICAL-Normal son los enumerados en el artículo 205 del texto refundido de la Ley reguladora de las Haciendas locales, si bien algunos de ellos se presentan agrupados con una formulación más general.

La presente Instrucción da respuesta a dos interrogantes fundamentales: ¿qué operaciones se deben contabilizar? y ¿cómo deben contabilizarse?

En relación con el primer interrogante, la Instrucción establece que deben registrarse todas las operaciones de naturaleza presupuestaria, económica, financiera y patrimonial que se produzcan en el ámbito de la entidad contable.

Respecto a cómo deben contabilizarse las operaciones, la Instrucción de contabilidad para la Administración local de 1990 contenía una regulación muy pormenorizada de cómo debían contabilizarse las distintas operaciones que se podían presentar, y ello la convertía en un auténtico manual de contabilidad, imprescindible entonces, dada la profundidad de la reforma contable que se operó. La siguiente Instrucción, la del modelo normal de contabilidad local de 2004, no regulaba con aquel detalle la forma concreta de contabilizar las distintas operaciones remitiendo, a estos efectos, a lo dispuesto en el Plan General de Contabilidad Pública anexo a la propia Instrucción, dada la madurez alcanzada por las entidades locales en la aplicación práctica de los modelos contables anteriores. Ahora, esta Instrucción hace descansar en exclusiva el tratamiento contable de cada operación (cómo contabilizarla, cuándo y por cuánto) en el Plan General de Contabilidad Pública adaptado a la Administración local anexo a ella, especialmente en sus partes Primera, «Marco conceptual de la contabilidad pública», Segunda «Normas de reconocimiento y valoración», y Quinta, «Definiciones y relaciones contables», que presentan un desarrollo mucho mayor que en Planes anteriores.

La presente Instrucción continúa impulsando la utilización de medios electrónicos, informáticos y telemáticos en la función contable, en la línea seguida por la Administración General del Estado e iniciada en el ámbito local con la Instrucción del modelo normal de contabilidad local de 2004. La Instrucción mantiene su apuesta por la incorporación de las técnicas electrónicas, informáticas y telemáticas a la actividad administrativa citada siempre que, tal y como se establece en el artículo 45.5 de la Ley 30/1992, de 26 de noviembre, de Régimen Jurídico de las Administraciones Públicas y del Procedimiento Administrativo Común, quede garantizada la autenticidad, integridad y conservación y, en su caso la recepción por el interesado, así como el cumplimiento de las garantías y requisitos exigidos por ésta (la Ley de Régimen Jurídico de las Administraciones Públicas y del Procedimiento Administrativo Común) u otras leyes.

De acuerdo con lo anterior, en la Instrucción se contienen diversas manifestaciones de la utilización de estos medios en la función contable como las relativas al registro de las operaciones, a los justificantes de éstas, a la incorporación de datos al sistema, al archivo y conservación de la información contable y, de manera destacada en estos momentos, la relativa a la rendición de cuentas.

En esta línea, se establece que las bases de datos del sistema informático donde residan los registros contables constituirán soporte suficiente para la llevanza de la contabilidad de la entidad, debiendo ser la propia entidad la que determine la estructura concreta de aquéllas.

El capítulo II del título II, dividido en secciones, se dedica a la regulación de cuatro áreas contables (o subsistemas) de especial relevancia: «Remanentes de crédito», «Proyectos de gasto», «Gastos con financiación afectada» y «Administración de recursos por cuenta de otros entes públicos». La especial relevancia de las tres primeras áreas reside en el seguimiento y control contable de que tienen que ser objeto, mientras que la especial trascendencia del área contable de

«Administración de recursos por cuenta de otros entes públicos» obedece a lo novedoso del tratamiento contable de estas operaciones, tanto en el ente gestor como en el ente titular de los recursos.

Las Secciones dedicadas a «Remanentes de crédito», «Proyectos de gasto» y «Gastos con financiación afectada» mantienen la regulación que de estas áreas contables se incluía en la Instrucción del modelo normal de contabilidad local de 2004.

La Sección dedicada a la «Administración de recursos por cuenta de otros entes públicos» distingue dos situaciones en función de si la entidad gestora suministra a la entidad titular de los recursos toda la información sobre las operaciones de gestión que resulte necesaria para su registro en contabilidad o si, por el contrario, la entidad gestora no está en condiciones de proporcionar a la entidad titular dicha información, debiendo en este caso suministrar, al menos, el detalle de los pagos de la recaudación líquida que le haga.

En la primera situación:

— La entidad gestora sólo usará las cuentas del subgrupo 45, «Deudores y acreedores por administración de recursos por cuenta de otros entes públicos» que reflejen sus relaciones con la entidad titular, es decir, la cuenta 453, «Entes públicos, por ingresos pendientes de liquidar», y, en caso de entregas a cuenta, la 456, «Entes públicos, c/c. efectivo».

— La entidad gestora suministrará información en la Memoria, exclusivamente, de sus relaciones con las entidades titulares.

— La entidad titular contabilizará todas las operaciones relativas a los recursos que le administren e informará de ellos en sus cuentas anuales como si los gestionara ella misma.

En la segunda situación (la entidad gestora no proporciona toda la información sobre las operaciones de gestión a la entidad titular):

— La entidad gestora usará todo el subgrupo 45, «Deudores y acreedores por administración de recursos por cuenta de otros entes públicos».

— La entidad gestora suministrará información en la Memoria tanto de sus relaciones con las entidades titulares como de la gestión de los recursos.

— La entidad titular únicamente registrará en su contabilidad las entregas directas de la recaudación, las entregas a cuenta y la liquidación definitiva de los recursos que le gestionen.

Dejan de considerarse áreas contables de especial trascendencia el «Inmovilizado», el «Endeudamiento», los «Pagos a justificar» y los «Anticipos de caja fija».

Las áreas contables de «Inmovilizado» y «Endeudamiento» dejan de considerarse de especial trascendencia porque tanto una como otra son objeto de una detallada regulación en las correspondientes normas de reconocimiento y valoración y en las definiciones y relaciones contables del Plan General de Contabilidad Pública adaptado a la Administración local, que no requiere desarrollo en la Instrucción.

Respecto a las áreas de «Pagos a justificar» y «Anticipos de caja fija», la razón de que hayan perdido la especial trascendencia que tenían reside en que el tratamiento contable de las provisiones de fondos para pagos a justificar y anticipos de caja fija es el mismo que venían teniendo, en la medida que tanto los fondos librados a justificar como los librados en concepto de anticipo de caja fija siguen teniendo la consideración de fondos públicos y deben formar parte integrante de la tesorería de la entidad hasta que el habilitado o cajero pague a los acreedores finales. Los pequeños cambios que se introducen en su contabilización derivan, fundamentalmente, de la nueva codificación de las cuentas.

No se ha estimado conveniente mantener en la nueva Instrucción la sistematización de las operaciones contables que deben realizarse al inicio y final de cada ejercicio contenida en el capítulo III del título II de la Instrucción del modelo normal de contabilidad local de 2004, por considerar que su conocimiento está ampliamente consolidado y no encontrar acomodo en el nuevo formato de Instrucción (similar al de la Instrucción de contabilidad de la Administración institucional del Estado). Por ello desaparecen de la presente Instrucción quedando recogido su tratamiento contable en el Plan de Cuentas anexo a la misma.

Por último, la regulación de las magnitudes de carácter presupuestario contenida en el capítulo IV del título II de la Instrucción de contabilidad del modelo normal de contabilidad local de 2004, se traslada a la Tercera parte, «Cuentas Anuales», del Plan de Cuentas anexo a la presente Instrucción. En concreto, la regulación del Resultado presupuestario se traslada a las normas de elaboración del Estado de Liquidación del Presupuesto y la regulación del Remanente de tesorería al apartado 24.6 de la Memoria.

El título III, «De los datos a incorporar al sistema», se divide en tres capítulos que regulan los justificantes de las operaciones, la incorporación de datos al sistema y el archivo y conservación de la información contable.

Respecto a los justificantes de las operaciones la Instrucción dispone que todo acto que deba dar lugar a anotaciones en el SICAL-Normal deberá estar debidamente acreditado con el correspondiente justificante que podrá estar soportado en documentos en papel o a través de medios electrónicos, informáticos o telemáticos.

Por lo que se refiere a la incorporación de datos al sistema, se deja libertad para capturar directamente los datos que consten en el propio justificante de la operación o, en su caso, en el oportuno documento contable, así como para incorporarlos mediante la utilización de procedimientos electrónicos, informáticos o telemáticos. Los documentos contables que, en su caso, se utilicen, se establecerán por cada entidad local en función de sus necesidades de información y de la operatoria que siga en la tramitación de los diferentes tipos de operaciones.

En relación con el archivo y conservación de los justificantes de las operaciones y de los soportes de las anotaciones contables, que alcanza no sólo a los tipos de soporte permitidos sino también al plazo de conservación que, por un lado, permita la exigencia de las responsabilidades a que hubiera lugar y, por otro lado, posibilite la destrucción de la información cuando aquéllas no sean exigibles.

En la línea de seguir fomentando la aplicación de procedimientos y medios electrónicos, informáticos y telemáticos en la función contable, se mantiene que los justificantes de los hechos que se registren en el SICAL-Normal podrán conservarse por medios o en soportes electrónicos, informáticos o telemáticos, con independencia del tipo de soporte en que originalmente se hubieran plasmado, siempre que quede garantizada su autenticidad, integridad, calidad, protección y conservación. En estos casos las copias obtenidas de dichos soportes informáticos gozarán de la validez y eficacia de la justificación original.

Los justificantes de las operaciones, junto con los correspondientes documentos contables, en su caso, se conservarán durante un plazo de seis años contados desde la fecha de remisión de las cuentas anuales a los órganos de control externo, salvo que una norma establezca otros plazos o se hubiera interrumpido el plazo de prescripción de la posible responsabilidad contable o se tratara de documentación justificativa de las valoraciones asignadas a activos y pasivos que figuren en balance. Los registros contables deberán conservarse también por plazo de seis años.

Como novedad se incorpora la no procedencia de destruir los justificantes y los registros contables que deban enviarse a un archivo histórico de documentos.

El título IV, «De la información a obtener del sistema», se divide en tres capítulos dedicados a las normas generales, la Cuenta General de la entidad local y otra información contable.

En cumplimiento de lo establecido en el artículo 210 del texto refundido de la Ley reguladora de las Haciendas Locales, en la presente Instrucción y en su Plan de Cuentas anexo, se determinan el contenido, la estructura y las normas de elaboración de las cuentas a rendir por la entidad local y sus organismos autónomos.

Las cuentas anuales que deben rendir la entidad local y sus organismos autónomos comprenden:

a) El Balance.

b) La Cuenta del resultado económico-patrimonial.

c) El Estado de cambios en el patrimonio neto.

d) El Estado de flujos de efectivo.

e) El Estado de Liquidación del Presupuesto.

f) La Memoria.

Resulta novedosa la inclusión, entre las cuentas anuales a rendir, del Estado de cambios en el patrimonio neto y del Estado de flujos de efectivo.

Las cuentas anuales deberán elaborarse siguiendo las normas de elaboración y ajustándose a los modelos que se recogen en la Tercera parte del Plan General de Contabilidad Pública adaptado a la Administración Local anexo a esta Instrucción.

Se mantiene la obligación de remitir a los órganos de control externo, junto con la Cuenta General, los justificantes de la Tesorería.

En aplicación del principio de transparencia consagrado en el artículo 6 de la Ley Orgánica 2/2012, de 27 de abril, de Estabilidad Presupuestaria y Sostenibilidad Financiera, y con el fin de dar cumplimiento a lo dispuesto en el apartado 1 del citado artículo en relación con las cuentas generales de las Administraciones Públicas, se incluyen como documentación complementaria a acompañar a la Cuenta General las cuentas anuales de todas las unidades dependientes de la entidad local incluidas en el ámbito de aplicación de la citada Ley Orgánica cuyas cuentas no se integren en la Cuenta General.

Al igual que en la Instrucción de 2004, se insiste en que la aprobación de la Cuenta General por el Pleno de la Corporación, nada tiene que ver con la responsabilidad en la que pudieran incurrir los miembros del mismo que hubieran adoptado las resoluciones o realizado los actos reflejados en dicha Cuenta. Asimismo, se separa la responsabilidad en que pudieran incurrir, como cuentadantes en sentido material, los encargados de la gestión que adopten las resoluciones o realicen los actos reflejados en las cuentas que se rinden, de la responsabilidad que incumbe a quien debe rendir cuentas como cuentadante en sentido formal, que no es otra que responder de la veracidad de éstas.

Continuando en la línea de impulsar la implantación de las técnicas electrónicas, informáticas y telemáticas, se contempla la posibilidad de que, con el fin de facilitar el tratamiento flexible de la información contable, ésta pueda plasmarse en cualquier tipo de soporte electrónico, informático o telemático. Asimismo, se reconoce que los órganos de control externo han establecido ya procedimientos de envío de las cuentas a los mismos a través de medios electrónicos, informáticos o telemáticos y que, en estos casos, la obtención de las cuentas se realiza mediante la generación de ficheros cuyo contenido y estructura deberá ajustarse a las especificaciones técnicas establecidas por los propios órganos de control externo.

En el capítulo III, «Otra información contable», se regula la información periódica para el Pleno de la Corporación, el Avance de la Liquidación del presupuesto y la información para los órganos de gestión y de control interno, y para otras Administraciones Públicas, adaptándose la información a remitir al Pleno en cumplimiento del artículo 207 del texto refundido de la Ley reguladora de las Haciendas Locales y el Avance de la Liquidación del presupuesto a la estructura del Estado de Liquidación del Presupuesto que se incluye en la Cuarta parte del Plan General de Contabilidad Pública adaptado a la Administración Local.

Por último, en anexo a la presente Instrucción se incluye el Plan General de Contabilidad Pública adaptado a la Administración Local, cuyos aspectos más significativos se exponen en la Introducción del propio Plan.

TÍTULO PRIMERO

Principios generales del modelo normal de contabilidad local

CAPÍTULO PRIMERO

PRINCIPIOS GENERALES

Regla 1. *Ámbito de aplicación.*—1. Deben aplicar las normas contenidas en la presente Instrucción:

a) Los municipios cuyo presupuesto exceda de 3.000.000 euros, así como aquellos cuyo presupuesto no supere este importe pero exceda de 300.000 euros y cuya población sea superior a 5.000 habitantes.

b) Las demás entidades locales siempre que su presupuesto exceda de 3.000.000 euros.

c) Los organismos autónomos dependientes de las entidades locales contempladas en los apartados anteriores.

2. Las entidades locales incluidas en el ámbito de aplicación de la Instrucción del modelo simplificado de contabilidad local podrán aplicar la presente Instrucción.

En todo caso, los organismos autónomos deberán aplicar la misma Instrucción de contabilidad que la entidad local de la que dependan.

3. A efectos de lo previsto en el apartado 1 anterior, se tomará como importe del Presupuesto el de las previsiones iniciales de ingresos del último Presupuesto aprobado definitivamente por la entidad local y, en su caso, el de las previsiones iniciales de ingresos que, para la entidad local y sus organismos autónomos, se deduzca del estado de consolidación del Presupuesto a que se refiere el apartado 1.*c*) del artículo 166 del texto refundido de la Ley 39/1988, de 28 de diciembre, Reguladora de las Haciendas Locales, correspondiente al último Presupuesto aprobado.

4. La determinación del número de habitantes se efectuará en función de las cifras de población resultantes de la última revisión del padrón municipal.

5. Las sociedades mercantiles dependientes de entidades locales que apliquen esta Instrucción, adaptarán su contabilidad a las disposiciones del Código de Comercio y demás legislación mercantil y al Plan General de Contabilidad o al de Pequeñas y Medianas empresas, siéndoles de aplicación esta Instrucción sólo en lo que se refiere a rendición de cuentas a los órganos de control externo.

Lo dispuesto en el párrafo anterior será aplicable a las entidades públicas empresariales locales, en virtud de la disposición transitoria segunda de la Ley 57/2003, de 16 de diciembre, de medidas para la modernización del gobierno local.

Regla 2. *Entidades contables.*—Cada entidad local u organismo autónomo incluido en el ámbito de aplicación de esta Instrucción constituye una entidad contable, a los efectos previstos en la misma.

Regla 3. *Obligación de rendir cuentas.*—1. De acuerdo con lo establecido en el artículo 201 del texto refundido de la Ley Reguladora de las Haciendas Locales, las entidades incluidas en el ámbito de aplicación de esta Instrucción están obligadas a rendir cuentas de sus operaciones, cualquiera que sea la naturaleza de las mismas, al Tribunal de Cuentas. En su caso, también se deberán rendir al órgano de control externo de su Comunidad Autónoma.

2. A efectos de lo previsto en el apartado anterior, las cuentas y el procedimiento a seguir en su rendición será el establecido en el capítulo II del título IV de esta Instrucción.

Regla 4. *Ejercicio contable.*—El ejercicio contable coincidirá con el año natural, salvo en los casos de disolución o creación de la entidad. En los casos de disolución de una entidad las cuentas anuales se referirán al período que va desde el 1 de enero hasta la fecha de disolución, mientras que en los casos de creación de una entidad, las cuentas anuales se referirán al período que va desde la fecha de creación hasta el 31 de diciembre de dicho ejercicio.

Regla 5. *Modelo contable.*—Cada entidad contable deberá aplicar un modelo contable centralizado, de acuerdo con lo indicado en la regla siguiente y teniendo en cuenta los siguientes principios:

a) Se centralizará en la Unidad de contabilidad de la entidad contable el registro de todas las operaciones, con independencia del lugar físico donde se capturen las mismas o donde se obtenga la información contable.

b) Las cuentas anuales tendrán carácter unitario y mostrarán la situación patrimonial y financiera, el resultado económico patrimonial y la ejecución del Presupuesto de la entidad contable en su conjunto.

Regla 6. *Aplicación del Plan General de Contabilidad Pública adaptado a la Admi-*

nistración local.—La contabilidad de las entidades contables se llevará por el método de partida doble, de acuerdo con las normas contenidas en la presente Instrucción y con las que se dicten en desarrollo de la misma, debiendo ajustarse al Plan General de Contabilidad Pública adaptado a la Administración local anexo a esta Instrucción, en los términos que se indican a continuación:

a) El registro de las operaciones contables se realizará con sujeción al marco conceptual de la contabilidad pública y a las normas de reconocimiento y valoración recogidos en sus partes Primera y Segunda.

b) Se aplicará un modelo contable centralizado, tal y como ha quedado definido en la regla anterior, debiendo utilizarse con carácter vinculante el desarrollo de grupos, subgrupos, cuentas de primer orden (codificadas con tres dígitos), cuentas de segundo orden (codificadas con cuatro dígitos) y cuentas de tercer orden (codificadas con cinco dígitos) previsto en sus partes Cuarta y Quinta.

En función de sus necesidades de gestión e información, la entidad contable podrá:

b.1) Desarrollar sus propias cuentas de primer orden en los casos expresamente previstos en el Plan.

b.2) Utilizar cuentas de segundo orden y de tercer orden no previstas en el Plan, así como otras divisionarias.

c) Las cuentas anuales de cada entidad contable se formarán y rendirán según lo dispuesto en su parte Tercera y en el título IV de esta Instrucción.

Regla 7. *Destinatarios de la información contable*.—La información contable que se elabore por las entidades contables irá dirigida a los siguientes destinatarios:

a) El Pleno de la Corporación local.

b) Los órganos de gestión, tanto en el nivel político como en el administrativo.

c) El Tribunal de Cuentas y los órganos de control externo de las Comunidades Autónomas, así como la Comisión Especial de Cuentas de cada entidad local.

d) Los órganos encargados del control interno de las entidades contables en sus distintas acepciones: función interventora y controles financiero y de eficacia.

e) Los órganos de las Administraciones públicas que ejerzan funciones de tutela en relación con la entidad contable.

f) Los órganos de la Unión Europea, tanto administrativos como de control.

g) Los acreedores de la propia entidad contable.

h) Los analistas financieros y económicos.

i) Otras entidades públicas y privadas, asociaciones, usuarios de los servicios prestados por la entidad contable y ciudadanos en general.

CAPÍTULO II

COMPETENCIAS Y FUNCIONES

Regla 8. *Del Pleno de la Corporación.*—Corresponde al Pleno de la Corporación:

a) Aprobar la Cuenta General de la entidad local.

b) Aprobar, previo informe de la Intervención u órgano de la entidad local que tenga atribuida la función de contabilidad, las normas que regulen los procedimientos administrativos a seguir en la gestión contable de la entidad local, a fin de garantizar el adecuado registro en el sistema de información contable de todas las operaciones, en el oportuno orden cronológico y con la menor demora posible.

c) Determinar, a propuesta de la Intervención u órgano de la entidad local que tenga atribuida la función de contabilidad, los criterios a seguir por la entidad en la aplicación del marco conceptual de la contabilidad pública y de las normas de reconocimiento y valoración recogidos en el Plan General de Contabilidad Pública adaptado a la Administración local.

Se deberán determinar, entre otros, los criterios para calcular el importe de los derechos de cobro de dudosa o imposible recaudación, así como los criterios para la amortización de los elementos del inmovilizado y se deberá optar, en su caso, por el modelo de la revalorización para la valoración posterior del inmovilizado.

d) Dictar, a propuesta de la Intervención u órgano de la entidad local que tenga atribuida la función de contabilidad, cualesquiera otras normas relativas a la organización de la contabilidad de la entidad, al amparo de lo establecido en el artículo 204.1 del texto refundido de la Ley Reguladora de las Haciendas Locales.

e) Establecer, a propuesta de la Intervención u órgano de la entidad local que tenga atribuida la función de contabilidad, los procedimientos a seguir para la inspección de la contabilidad de los organismos autónomos, de las sociedades mercantiles dependientes de la entidad local, así como de sus entidades públicas empresariales.

f) Establecer los plazos y la periodicidad para la remisión, por la Intervención u órgano de la entidad local que tenga atribuida la función de contabilidad, de la información a que se refiere el artículo 207 del texto refundido de la Ley Reguladora de las Haciendas Locales, que se detalla en el capítulo III del título IV de esta Instrucción.

Regla 9. *De la Intervención u órgano de la entidad local que tenga atribuida la función de contabilidad.*—Corresponde a la Intervención u órgano de la entidad local que tenga atribuida la función de contabilidad:

a) Llevar y desarrollar la contabilidad financiera y la de ejecución del presupuesto de la entidad local de acuerdo con la presente Instrucción, las demás normas de carácter general que dicte el Ministro de Hacienda y Administraciones Públicas y las dictadas por el Pleno de la Corporación.

b) Formar la Cuenta General de la entidad local.

c) Formar, con arreglo a criterios usualmente aceptados, los estados integrados y consolidados de las cuentas que determine el Pleno de la Corporación.

d) Recabar de los organismos autónomos, de las sociedades mercantiles dependientes de la entidad local, así como de sus entidades públicas empresariales, la presentación de las cuentas y demás documentos que deban acompañarse a la Cuenta General, así como la información necesaria para efectuar, en su caso, los procesos de agregación o consolidación contable.

e) Coordinar las funciones o actividades contables de la entidad local, emitiendo las instrucciones técnicas oportunas e inspeccionando su aplicación.

f) Organizar un adecuado sistema de archivo y conservación de toda la documentación e información contable que permita poner a disposición de los órganos de control los justificantes, documentos, cuentas o registros del sistema de información contable por ellos solicitados en los plazos requeridos.

g) Inspeccionar la contabilidad de los organismos autónomos, de las sociedades mercantiles dependientes de la entidad local, así como de sus entidades públicas empresariales, de acuerdo con los procedimientos que establezca el Pleno.

h) Elaborar la información a que se refiere el artículo 207 del texto refundido de la Ley Reguladora de las Haciendas Locales, desarrollada en el capítulo III del título IV de esta Instrucción y remitirla al Pleno de la Corporación, por conducto de la Presidencia, en los plazos y con la periodicidad establecida.

i) Elaborar el Avance de la Liquidación del presupuesto corriente que debe unirse al Presupuesto de la entidad local, a que se refiere el artículo 18.*b*) del Real Decreto 500/1990, de 20 de abril, que desarrolla el capítulo I del título VI de la Ley 39/1988, Reguladora de las Haciendas Locales.

j) Determinar la estructura del Avance de la Liquidación del presupuesto corriente a que se refiere el artículo 168 del texto refundido de la Ley Reguladora de las Haciendas Locales, de conformidad con lo que se establezca por el Pleno de la entidad.

Regla 10. *De la Intervención General de la Administración del Estado.*—Corresponde a la Intervención General de la Administración del Estado:

a) Promover el ejercicio de la potestad reglamentaria atribuida al Ministro de Hacienda (hoy de Hacienda y Administraciones Públicas) en materia contable, por el texto refundido de la Ley Reguladora de las Haciendas Locales.

b) Emitir pronunciamientos y dictar recomendaciones en orden a facilitar la aplicación de las normas reguladoras de la contabilidad pública local.

c) Resolver las consultas que le formulen en relación con las normas a que se refiere el apartado anterior.

TÍTULO II

Del modelo normal del sistema de información contable para la Administración Local

CAPÍTULO PRIMERO

NORMAS GENERALES

Regla 11. *Definición.*—La contabilidad de las entidades locales y sus organismos autónomos se configura como un sistema de registro, elaboración y comunicación de información sobre la actividad económico-financiera y presupuestaria desarrollada durante el ejercicio contable, de acuerdo con los principios recogidos en el texto refundido de la Ley

Reguladora de las Haciendas Locales y en esta Instrucción.

Regla 12. *Objeto.*—1. El modelo normal del sistema de información contable para la Administración local (en adelante SICAL-Normal) tiene por objeto registrar todas las operaciones de naturaleza presupuestaria, económica, financiera y patrimonial que se produzcan en el ámbito de la entidad contable, así como mostrar, a través de estados e informes, la imagen fiel de su patrimonio, de su situación financiera, del resultado económico patrimonial y de la ejecución de su presupuesto, para satisfacer los fines que se describen en la regla siguiente.

2. El SICAL-Normal se configura como un conjunto integrado de subsistemas o áreas contables que debe garantizar la concordancia, exactitud y automatismo de los registros que, para cada una de las operaciones contables, se deban producir en los distintos subsistemas a los que la operación afecte, así como la existencia de la debida coherencia entre los distintos niveles de información, tanto agregados como de detalle.

3. A los efectos anteriores, el SICAL-Normal debe estar organizado de forma que, al menos, permita a cada entidad contable:

a) Registrar las operaciones que vayan a tener incidencia en la obtención del Balance y en la determinación del resultado económico-patrimonial, de acuerdo con los criterios contenidos en la regla 6.

b) Registrar la situación de los créditos, las modificaciones presupuestarias, las operaciones de ejecución del Presupuesto de gastos, los compromisos de ingreso y las operaciones de ejecución del Presupuesto de ingresos, poniendo de manifiesto el Resultado presupuestario. Asimismo, deberá permitir el seguimiento y control de los remanentes de crédito.

También, deberá permitir el registro de las operaciones derivadas de obligaciones y derechos que provengan de presupuestos cerrados, y de las certificaciones, autorizaciones y compromisos de gasto e ingreso con cargo a presupuestos de ejercicios posteriores, así como el seguimiento y control de los gastos con financiación afectada y de los demás proyectos de gasto, y la obtención y control del Remanente de tesorería que permita determinar en cada momento la parte utilizada para financiar gasto y la parte pendiente de utilizar que constituye el remanente líquido de tesorería.

c) Registrar las operaciones de naturaleza no presupuestaria.

d) Registrar las operaciones de administración de recursos por cuenta de otros entes públicos.

e) Registrar y poner de manifiesto los movimientos y situación de la tesorería, posibilitando el control de las diferentes cuentas que constituyen la tesorería de la entidad contable.

f) Registrar las operaciones relativas a la gestión y control del inmovilizado material e intangible, de las inversiones inmobiliarias, del patrimonio público del suelo, de las inversiones financieras y del endeudamiento, incluidos los avales concedidos por la entidad.

g) Registrar la información relativa a los terceros que se relacionen con la entidad contable.

h) Efectuar el seguimiento y control de los pagos a justificar y de los anticipos de caja fija.

i) Efectuar el seguimiento y control de los valores recibidos en depósito por la entidad contable.

Regla 13. *Fines.*—El SICAL-Normal debe permitir el cumplimiento de los siguientes fines:

a) Suministrar la información económica y financiera que sea necesaria para la toma de decisiones, tanto en el orden político como en el de gestión.

b) Facilitar información para la determinación del coste y rendimiento de los servicios públicos.

c) Proporcionar los datos necesarios para la formación y rendición de la Cuenta General de la entidad local, así como de las cuentas, estados y documentos que deban elaborarse o remitirse a los órganos de control externo.

d) Posibilitar el ejercicio de los controles de legalidad, financiero y de eficacia.

e) Facilitar los datos y demás antecedentes que sean precisos para la confección de las cuentas nacionales de las unidades que componen el sector de las Administraciones Públicas.

f) Facilitar la información necesaria para la confección de estadísticas económico-financieras por parte del Ministerio de Hacienda y Administraciones Públicas.

g) Suministrar información de utilidad para otros destinatarios, como asociaciones e instituciones, empresas y ciudadanos en general.

Regla 14. *Configuración informática del Sistema.*—La

configuración informática del SICAL-Normal que adopte cada entidad contable debe responder a los siguientes criterios:

a) Estará orientada al cumplimiento del objeto y los fines establecidos en las reglas anteriores, de conformidad con las restantes normas contenidas en esta Instrucción.

b) Debe garantizar la integridad, coherencia, exactitud y automatismo de las anotaciones que, para cada una de las operaciones contables, se deban producir en los diferentes subsistemas a los que la operación afecte.

c) Debe existir la debida concordancia entre los distintos niveles de información agregada que se establezcan en el SICAL-Normal y la información de detalle que, para cada tipo de operación, se incorpore al mismo.

d) Debe propiciar progresivamente la simplificación de los procedimientos contables mediante la aplicación intensiva de procedimientos y medios electrónicos, informáticos y telemáticos que garanticen la validez y eficacia jurídica de la información recibida desde los centros gestores para el registro contable de las operaciones y de la suministrada a los destinatarios de la información contable a través de estos medios, así como la de la documentación contable archivada y conservada por el sistema.

e) Deben aplicarse las medidas de seguridad exigidas por la normativa vigente en materia de ficheros de datos de carácter personal.

Regla 15. *Soporte de los registros contables.*—1. Los registros de las operaciones y del resto de la información capturada en el SICAL-Normal, estarán soportados informáticamente según la configuración que se establece en la regla anterior, constituyendo el soporte único y suficiente que garantice su conservación de acuerdo con la regla 40.

2. Las bases de datos del sistema informático donde residan los registros contables constituirán soporte suficiente para la llevanza de la contabilidad de la entidad contable, sin que sea obligatoria la obtención y conservación de libros de contabilidad en papel o por medios electrónicos, informáticos o telemáticos.

3. El registro contable de las operaciones deberá efectuarse expresando los valores en euros.

CAPÍTULO II

ÁREAS CONTABLES DE ESPECIAL TRASCENDENCIA

SECCIÓN 1.ª

Remanentes de crédito

Regla 16. *Seguimiento y control contable de los remanentes de crédito.*—1. Los remanentes de crédito serán objeto de un seguimiento y control individualizado, a efectos de su posible incorporación a los créditos del presupuesto del ejercicio inmediato siguiente.

2. Dicho seguimiento y control se realizará a través del sistema de información contable y deberá mostrar en cada momento:

a) Los remanentes de crédito iniciales.

b) Las rectificaciones.

c) Los acuerdos de no incorporabilidad.

d) Los remanentes de crédito totales.

e) Las certificaciones de existencia de remanentes de crédito expedidas.

f) Los saldos de remanentes de crédito pendientes de certificar.

Regla 17. *Remanentes de crédito iniciales.*—1. Los remanentes de crédito iniciales son los que deben determinarse como consecuencia de la liquidación del Presupuesto.

2. Dichos remanentes de crédito se clasificarán en comprometidos y no comprometidos, y unos y otros, a su vez, en incorporables y no incorporables.

Regla 18. *Rectificación de remanentes de crédito.*—Cuando, como consecuencia de rectificaciones del saldo entrante de obligaciones de presupuestos cerrados, proceda la rectificación de los remanentes de crédito iniciales, éstos se modificarán en los importes correspondientes.

Regla 19. *Certificación de existencia de remanentes de crédito.*—1. Cuando se tramiten expedientes de incorporación de remanentes de crédito será necesaria la oportuna certificación de existencia de remanente de crédito suficiente del ejercicio anterior.

2. Dicha existencia de remanente de crédito se certificará para cada aplicación presupuestaria al nivel de vinculación jurídica de los créditos vigente en el ejercicio de procedencia.

3. Sólo podrán expedirse certificaciones de existencia de remanente de crédito, a los efectos de su incorporación,

sobre los saldos de remanentes de crédito clasificados como incorporables.

4. Podrán anularse certificaciones expedidas, ya sea por resultar improcedentes o como consecuencia de errores en sus datos. Nunca podrán anularse certificaciones que hayan dado lugar a las correspondientes incorporaciones de remanentes de crédito sin que, previamente, se hayan anulado dichas incorporaciones.

Regla 20. *No incorporabilidad de remanentes de crédito.*—La no incorporabilidad de remanentes de crédito es el acuerdo por el cual se declara como no incorporable la totalidad o una parte del saldo de remanentes, a efectos de impedir que puedan expedirse certificaciones contra dicho saldo.

SECCIÓN 2.ª

Proyectos de gasto

Regla 21. *Concepto.*—1. Un proyecto de gasto es una unidad de gasto presupuestario perfectamente identificable, en términos genéricos o específicos, cuya ejecución, se efectúe con cargo a créditos de una o varias aplicaciones presupuestarias y se extienda a uno o más ejercicios, requiere un seguimiento y control individualizado.

2. Tendrán la consideración de proyectos de gasto:

a) Los proyectos de inversión incluidos en el Anexo de Inversiones que acompaña al Presupuesto.

b) Los gastos con financiación afectada a que se refiere la Sección 3.ª de este Capítulo.

c) Cualesquiera otras unidades de gasto presupuestario sobre las que la entidad quiera efectuar un seguimiento y control individualizado.

Regla 22. *Estructura.*—1. Todo proyecto de gasto estará identificado por un código único e invariable a lo largo de su vida, determinado según lo establecido por la propia entidad local.

2. Cada proyecto de gasto podrá desglosarse en niveles inferiores: expediente, subexpediente, etc.

3. Asimismo, si la entidad local lo considerara oportuno, podrá establecer el nivel de superproyecto.

Este nivel constituye la unidad necesaria de agregación de varios proyectos que contribuyen de forma conjunta a la realización de un mismo objetivo o conjunto de objetivos.

Regla 23. *Vinculación jurídica.*—1. Los créditos asignados a los proyectos de gasto quedan sujetos a los niveles de vinculación jurídica establecidos en las Bases de Ejecución del Presupuesto para las aplicaciones presupuestarias con cargo a las que se haya previsto su realización.

2. No obstante el crédito asignado a un proyecto de gasto podrá ser vinculante en sí mismo, quedando sujeto a las limitaciones cualitativas y cuantitativas que esta circunstancia impone.

3. Podrán existir proyectos de gasto que sólo queden afectados por las limitaciones cualitativas de la vinculación jurídica, pudiendo realizarse mayor gasto del previsto sin necesidad de recurrir a modificaciones formales de los créditos asignados.

Regla 24. *Seguimiento y control contable de los proyectos de gasto.*—1. El seguimiento y control de los proyectos de gasto se realizará a través del sistema de información contable y alcanzará, como mínimo, a todas las operaciones de gestión presupuestaria que les afecten durante su período de ejecución, se extienda éste a uno o a varios ejercicios.

2. El seguimiento y control de los proyectos de gasto tendrá por objeto, entre otros, la consecución de los siguientes fines:

a) Asegurar el cumplimiento de las vinculaciones jurídicas que para los distintos proyectos se hayan establecido.

b) Controlar la ejecución presupuestaria de cada proyecto, de forma que los importes de cada fase no puedan superar a los de fases anteriores.

c) Posibilitar, cuando proceda, el inventario de los proyectos de inversión.

3. Para el cumplimiento de los fines anteriores el sistema de seguimiento y control de los proyectos de gasto deberá ofrecer, al menos, la siguiente información:

a) Datos generales del proyecto:

a.1) El código identificativo y la denominación del proyecto de gasto.

a.2) El año de inicio y las anualidades a que vaya a extender su ejecución.

a.3) Para cada una de las anualidades, la aplicación o aplicaciones presupuestarias a través de las que se vaya a realizar.

a.4) Cuantía total del gasto estimado inicialmente.

b) Información sobre la gestión presupuestaria, tanto del presupuesto corriente como de presupuestos cerrados y futuros.

4. Cuando un proyecto de gasto se desglose en niveles inferiores (expediente, subexpediente, etc.), cada uno de ellos deberá ser objeto de seguimiento y control individualizado.

5. Cuando un proyecto de gasto se ejecute en varias anualidades y con cargo a más de una aplicación presupuestaria, se realizará su seguimiento y control para cada una de las anualidades y aplicaciones.

SECCIÓN 3.ª

Gastos con financiación afectada

Regla 25. *Concepto.*—1. Un gasto con financiación afectada es cualquier proyecto de gasto que se financie, en todo o en parte, con recursos concretos que en caso de no realizarse el gasto no podrían percibirse o si se hubieran percibido deberían reintegrarse a los agentes que los aportaron.

2. Dada su condición de proyectos de gasto, a los gastos con financiación afectada les serán aplicables las normas previstas en la Sección anterior.

Regla 26. *Estructura.*—Todo gasto con financiación afectada estará identificado por un código único e invariable a lo largo de su vida, determinado según lo establecido por la propia entidad local.

Regla 27. *Seguimiento y control contable de los gastos con financiación afectada.*—1. El seguimiento y control de los gastos con financiación afectada se realizará a través del sistema de información contable y alcanzará, como mínimo, a todas las operaciones de gestión presupuestaria que les afecten durante su período de ejecución, se extienda éste a uno o a varios ejercicios, correlacionando debidamente la realización de los gastos con los ingresos específicos que los financien.

2. En todo caso, el seguimiento y control de los gastos con financiación afectada ha de garantizar el cumplimiento de los siguientes fines:

a) Asegurar que la ejecución, en términos económico-presupuestarios, de todo gasto con financiación afectada se efectúe en su totalidad, de modo tal que se cumplan las condiciones que, en su caso, se hubiesen acordado para la percepción de los recursos afectados.

b) Calcular, en la liquidación de cada uno de los presupuestos a que afecte la realización de los gastos con financiación afectada, las desviaciones de financiación que, en su caso, se hayan producido como consecuencia de desfases, cualquiera que sea su origen, en el ritmo de ejecución del gasto y de los ingresos específicos que los financien.

c) Controlar la ejecución presupuestaria de cada gasto con financiación afectada, tanto la del gasto como la de los ingresos afectados.

3. Para el cumplimiento de los fines anteriores el sistema de seguimiento y control de los gastos con financiación afectada deberá ofrecer, al menos, la siguiente información:

a) Datos generales del proyecto:

a.1) El código identificativo y la denominación del proyecto de gasto.

a.2) El año de inicio y las anualidades a que vaya a extender su ejecución.

a.3) Para cada una de las anualidades, la aplicación o aplicaciones presupuestarias de gastos a través de las que se vaya a realizar.

a.4) Para cada una de las anualidades, la aplicación o aplicaciones presupuestarias de ingresos a través de las que se prevean obtener los recursos afectados.

a.5) La cuantía total del gasto estimado inicialmente y de los ingresos previstos.

b) Información sobre la gestión del gasto presupuestario, tanto del presupuesto corriente como de presupuestos cerrados y futuros.

c) Información sobre la gestión de los ingresos presupuestarios afectados, tanto del presupuesto corriente como de presupuestos cerrados y futuros.

4. Cuando un gasto con financiación afectada se desglose en niveles inferiores (expediente, subexpediente, etc.), cada uno de ellos deberá ser objeto de seguimiento y control individualizado.

5. Cuando un gasto con financiación afectada se ejecute en varias anualidades, con cargo a más de una aplicación presupuestaria y la financiación afectada proceda de más de un agente financiador, se realizará su seguimiento y control para cada una de las anualidades, aplicaciones y agentes.

A estos efectos, se considerará agente financiador a cada uno de los terceros de los que proceda cada uno de los recursos afectados. Es decir, el agente financiador viene dado por la combinación del tercero y la aplicación presupuestaria que corresponda a cada uno de los recursos que él aporta.

Cuando la financiación afectada de un gasto proceda de un mismo recurso aportado por una pluralidad de terceros, se considerará agente financiador único a todos ellos.

Regla 28. *Coeficiente de financiación.*—1. El coeficiente de financiación es el resultado de dividir los ingresos presupuestarios (reconocidos y pendientes de reconocer) afectados a la realización de un gasto presupuestario, por el importe total de éste (realizado y a realizar).

2. La totalidad de los ingresos presupuestarios incluye todos los derechos reconocidos netos hasta la fecha de cálculo del coeficiente relativos a ese gasto con financiación afectada, así como los que se prevea obtener desde ese momento hasta la conclusión del gasto.

3. El gasto presupuestario total incluye tanto las obligaciones reconocidas netas hasta la fecha de cálculo del coeficiente relativas a ese gasto con financiación afectada, como los créditos que se prevea asignar o incorporar hasta la completa realización de la unidad de gasto.

4. El coeficiente de financiación será global cuando exprese la parte del gasto que queda cubierta con la totalidad de los ingresos a él afectados, y será parcial cuando exprese la parte del gasto que queda cubierta con una parte de los ingresos seleccionada según un cierto criterio (el agente del que provienen, la aplicación presupuestaria, etc.).

Regla 29. *Desviaciones de financiación.*—1. La desviación de financiación es la magnitud que representa el desfase existente entre los ingresos presupuestarios reconocidos durante un período determinado, para la realización de un gasto con financiación afectada y los que, en función de la parte del mismo efectuada en ese período, deberían haberse reconocido, si la ejecución de los ingresos afectados se realizase armónicamente con la del gasto presupuestario.

2. Las desviaciones de financiación, para cada gasto con financiación afectada, se calcularán por diferencia entre los derechos reconocidos netos por los ingresos afectados y el producto del coeficiente de financiación por el total de obligaciones reconocidas netas, referidos unos y otras al período considerado.

3. Las desviaciones de financiación que han de calcularse al final del ejercicio a efectos de ajustar el Resultado presupuestario y de cuantificar el exceso de financiación afectada producido son, respectivamente, las desviaciones de financiación del ejercicio y

las desviaciones de financiación acumuladas a lo largo del período de ejecución del gasto con financiación afectada.

4. Las desviaciones de financiación del ejercicio se calcularán tomando en consideración el coeficiente de financiación parcial por agente financiador y el importe de las obligaciones y los derechos reconocidos relativos al agente de que se trate, referidos unas y otros al ejercicio presupuestario.

5. Las desviaciones de financiación acumuladas se calcularán del mismo modo que las imputables al ejercicio, pero tomando en consideración las obligaciones y los derechos reconocidos desde el inicio de la ejecución del gasto con financiación afectada hasta el final del ejercicio.

SECCIÓN 4.ª

Administración de recursos por cuenta de otros entes públicos

Regla 30. *Delimitación.*—1. El tratamiento contable de las operaciones de administración de recursos por cuenta de otros entes públicos que realicen las entidades contables como consecuencia de actuaciones de gestión relativas a la liquidación y recaudación de recursos cuya titularidad corresponda a otro u otros entes públicos, así como la entrega de las cantidades que a estos últimos pertenezcan como resultado de la gestión realizada, se ajustará a lo previsto en la presente Sección.

2. Asimismo, también habrá de ajustarse a las normas de la presente Sección el tratamiento, por parte del ente titular de los recursos, de las referidas operaciones, cuando dicho ente sea una entidad contable según lo previsto en la regla 2 de esta Instrucción.

A estos efectos debe considerarse como ente titular de los recursos a aquel que legalmente tenga atribuido el producto de su recaudación, es decir, aquel en cuyo presupuesto de ingresos deba figurar el recurso en cuestión.

Regla 31. *Relaciones entre el ente gestor y el ente titular de los recursos.*—1. Cuando una entidad administre recursos por cuenta de otros entes públicos, deberá facilitar periódicamente, a cada uno de los entes por cuya cuenta se realice la oportuna gestión, la información necesaria para que estos últimos puedan imputar a su presupuesto las diferentes operaciones que se hubiesen efectuado respecto de los recursos de los que sean titulares.

Para cada uno de dichos recursos y por cada período al que se refiera la información a facilitar, esta diferenciará entre las siguientes operaciones:

— Derechos reconocidos en el ejercicio en curso.

— Posibles rectificaciones de los derechos reconocidos en ejercicios anteriores.

— Anulaciones de derechos que correspondan a recursos cuyo reconocimiento del derecho se hubiese producido en el ejercicio en curso, diferenciando entre anulaciones de liquidaciones y aplazamientos o fraccionamientos.

— Anulaciones de derechos que correspondan a recursos cuyo reconocimiento del derecho se hubiese producido en ejercicios anteriores, diferenciando también entre anulaciones de liquidaciones y aplazamientos o fraccionamientos.

— Cancelación de derechos que correspondan a recursos cuyo reconocimiento del derecho se hubiese producido en el ejercicio en curso, distinguiendo entre cancelaciones por cobros en especie, por insolvencias o por otras causas.

— Cancelación de derechos que correspondan a recursos cuyo reconocimiento del derecho se hubiese producido en ejercicios anteriores, distinguiendo entre cancelaciones por cobros en especie, por insolvencias, por prescripción o por otras causas.

— Recaudación de derechos reconocidos en el ejercicio en curso.

— Recaudación de derechos reconocidos en ejercicios anteriores.

— Recaudación de recursos por autoliquidaciones u otros ingresos sin reconocimiento previo del derecho.

— Devoluciones de ingreso reconocidas en el ejercicio.

— Posibles rectificaciones y anulaciones de devoluciones de ingreso reconocidas en ejercicios anteriores que estuviesen pendientes de pago.

— Prescripciones de devoluciones de ingreso reconocidas.

— Pagos de devoluciones de ingreso.

La información anterior deberá complementarse con todos aquellos datos que sean necesarios para el adecuado registro contable de las respectivas operaciones.

2. La periodicidad con la que se ha de remitir la información señalada deberá ser igual o inferior a la que esté establecida para el pago del producto de la recaudación líquida al ente titular de los recursos, ya se efectúe dicho pago de forma directa o me-

diante el procedimiento de entregas a cuenta.

3. Si la entidad que administra recursos por cuenta de otros entes públicos no estuviese en condiciones de suministrar la información indicada, al menos deberá aportar, a los entes titulares de los recursos, los datos de detalle de los pagos de la recaudación líquida que realice a los mismos, de forma que quede constancia de los recursos a que corresponden dichos pagos, independientemente de que se trate de entregas directas o de entregas a cuenta de dicha recaudación.

Cuando desaparezcan las causas que impidan el suministro de información, la entidad gestora de los recursos habrá de facilitar la misma en los términos recogidos en los apartados anteriores, debiendo tenerse en cuenta que el cambio de procedimiento en el suministro de la información tendrá que producirse, necesariamente, con referencia a un ejercicio contable completo, no pudiendo afectar tan sólo a una parte del mismo. A estos efectos, cuando se produzca el cambio de procedimiento en el suministro de información, la primera vez que se suministren los datos relativos a las operaciones realizadas a partir del inicio del ejercicio contable en que se produzca dicho cambio de procedimiento, la entidad gestora de los recursos habrá de comunicar, a cada una de los entes titulares de los mismos, los saldos pendientes de cobro correspondientes a derechos reconocidos en ejercicios anteriores, así como los saldos pendientes de pago relativos a devoluciones de ingreso reconocidas en esos mismos ejercicios.

4. Tomando como base la información a que se refieren los apartados anteriores, las entidades contables titulares de los respectivos recursos registrarán en su contabilidad las operaciones realizadas por el ente gestor, incorporándolas a su presupuesto cuando ello proceda.

Regla 32. *Tratamiento contable de las operaciones de administración de recursos por cuenta de otros entes públicos en el ente gestor.*—1. Las entidades que administren recursos por cuenta de otros entes públicos registrarán en su contabilidad patrimonial las operaciones derivadas de la gestión que realicen en relación con dichos recursos de acuerdo con los criterios que seguidamente se indican:

a) Cuando se suministre la información indicada en el apartado 1 de la regla anterior a las entidades titulares de los recursos, sólo se incorporarán al balance de la entidad gestora los débitos y créditos existentes con dichas entidades derivados de los cobros y pagos que se hubiesen producido en relación con los recursos gestionados.

A estos efectos, se utilizarán exclusivamente las cuentas 453, «Entes públicos, por ingresos pendientes de liquidar», y 456, «Entes públicos, c/c efectivo», de acuerdo con lo que se establece para las mismas en el Plan General de Contabilidad Pública adaptado a la Administración Local anexo a esta Instrucción.

b) Si la información indicada en el apartado 1 de la regla anterior no se suministra, dándose la circunstancia señalada en el párrafo primero de su apartado 3, al margen de los débitos y créditos referidos para el caso anterior, también deberán incorporarse al balance de la entidad gestora los créditos y débitos que se deriven de las actuaciones de gestión que se hubiesen realizado en relación con recursos de otros entes públicos.

En esta situación las entidades que administren recursos por cuenta de otros entes públicos utilizarán la totalidad de las cuentas que se contienen en el subgrupo 45, «Deudores y acreedores por administración de recursos por cuenta de otros entes públicos», del mencionado plan contable.

2. Al margen del tratamiento contable que ha quedado indicado, las entidades que administren recursos por cuenta de otros entes públicos registrarán de forma individualizada todas y cada una de las operaciones derivadas de la gestión que realicen en relación con dichos recursos, quedando integradas en su contabilidad mediante una estructura de datos que permita obtener la información requerida en la nota 20, «Operaciones por administración de recursos por cuenta de otros entes públicos», de la Memoria incluida en la parte Tercera del Plan General de Contabilidad Pública adaptado a la Administración Local anexo a esta Instrucción, así como la que se indica en el apartado 1 de la regla anterior.

Regla 33. *Tratamiento contable de las operaciones relativas a recursos administrados por otro ente público en el ente titular.*—1. Las anotaciones que corresponda efectuar en la contabilidad de las entidades titulares de recursos que se hubiesen gestionado por otro ente público se realizarán tomando como base los datos agregados que, en relación con la gestión de dichos recursos, sean facilitados por el ente gestor en cada uno de los períodos establecidos para el suministro de información.

Dichas anotaciones contables variarán según la información de que disponga el ente titular, en función de la que fuese suministrada por el ente gestor, pudiéndose presentar dos situaciones:

a) La información disponible abarca la totalidad de las operaciones realizadas, tal y como se prevé en el apartado 1 de la regla 31.

b) La información disponible no abarca la totalidad de las operaciones realizadas y se refiere, al menos, a los pagos realizados por el ente gestor a la entidad titular de los recursos como consecuencia de las entregas correspondientes a la recaudación líquida que se hubiese obtenido, tal y como se prevé en el párrafo primero del apartado 3 de dicha regla 31.

En los apartados siguientes de esta regla se establecen los criterios a seguir, en cada una de estas situaciones, para el registro de las operaciones por parte de las entidades titulares de los recursos.

En todo caso, independientemente del tratamiento contable que se produzca en la entidad titular de los recursos, el registro individualizado de las operaciones que se hubiesen producido como consecuencia de la gestión de dichos recursos estará contenido en la contabilidad del ente encargado de la misma.

2. Cuando las entidades que sean titulares de recursos gestionados por otro ente público dispongan de información relativa a la totalidad de las operaciones realizadas por el ente gestor, en la contabilización de las respectivas operaciones se seguirán los siguientes criterios:

a) Las operaciones relativas a la recaudación de derechos darán lugar al nacimiento de un crédito a favor de la entidad que se recogerá en la cuenta 4420, «Entes públicos deudores por recursos recaudados», disminuyéndose dicho crédito por las operaciones de pagos de devoluciones de ingreso.

El ingreso de la recaudación líquida obtenida mediante la entrega directa de la misma por parte del ente gestor dará lugar a la cancelación de este crédito. También se cancelará dicho crédito en el momento de la liquidación definitiva de los recursos recaudados por el ente gestor, cuando por parte de éste se efectúen entregas a cuenta de la correspondiente recaudación.

b) La imputación al presupuesto de ingresos de las diferentes operaciones se efectuará de la forma prevista para los ingresos presupuestarios en el Plan General de Contabilidad Pública adaptado a la Administración local anexo a esta Instrucción, sin que haya ninguna particularidad en comparación con las operaciones que realice la propia entidad en relación con los recursos que ella misma gestione. Si en el momento de aplicar la recaudación hubiese que realizar imputaciones no presupuestarias, las anotaciones correspondientes se realizarán de acuerdo con lo previsto al respecto en el referido plan contable.

Asimismo, las devoluciones de ingreso acordadas por el ente gestor se registrarán de la misma forma que las tramitadas en el caso de los recursos gestionados directamente por la propia entidad.

c) Cuando el ente gestor de los recursos efectúe entregas a cuenta de la recaudación, dichas entregas a cuenta se reflejarán en la contabilidad de las entidades titulares de los mismos mediante un débito que se recogerá en la cuenta 5500, «Cuentas corrientes no bancarias con entes públicos, por administración de recursos». Cuando se realice la liquidación definitiva de los recursos recaudados se compensará contablemente este débito con el crédito recogido en la cuenta 4420, «Entes públicos deudores por recursos recaudados»; los saldos deudores a favor de la entidad titular de los recursos, o en su caso acreedores, que resulten de dicha liquidación quedarán recogidos en la citada cuenta 5500.

3. En el caso de que las entidades titulares de recursos gestionados por otro ente público no dispongan de información sobre la totalidad de las operaciones realizadas, los criterios a seguir en la contabilización de estas operaciones serán los siguientes:

a) Por las cantidades que reciban las entidades titulares de los recursos como consecuencia de los pagos que se realicen desde el ente gestor de los mismos, ya sea en concepto de entregas directas de la recaudación, entregas a cuenta de la misma o liquidación definitiva de los recursos gestionados, se efectuará la imputación presupuestaria de los respectivos ingresos, registrando simultáneamente el reconocimiento del derecho y su cobro. No obstante, el ente titular podrá reconocer el ingreso presupuestario con anterioridad a su cobro si conoce de forma cierta su importe; tratándose de entregas a cuenta, el ente titular podrá reconocer el ingreso presupuestario al inicio del período al que se refieran dichas entregas, una vez que tenga constancia documental del importe de las mismas.

Las anotaciones a que se refiere el párrafo anterior se realizarán de la forma prevista para los ingresos presupuestarios en el Plan General de Contabilidad Pública adaptado a la Administración local anexo a esta Instrucción, sin que haya ninguna particularidad en comparación con esas mismas operaciones cuando correspondan a los recursos que la propia entidad gestione.

Si fuese necesario realizar imputaciones no presupuestarias, las anotaciones correspondientes se realizarán de acuerdo con lo previsto al respecto en el referido plan contable.

b) Al margen de las operaciones descritas, las entidades titulares de los recursos no registrarán ninguna otra de las que se hubiesen producido en el ámbito del ente gestor de los mismos.

4. El cambio de procedimiento en el suministro de la información por parte del ente gestor de los recursos a que se refiere el párrafo segundo del apartado 3 de la regla 31 tendrá la consideración de cambio de criterio contable, en virtud de lo dispuesto en la norma de reconocimiento y valoración n.º 21, «Cambios en criterios y estimaciones contables y errores». A estos efectos, los datos relativos a los saldos pendientes de cobro por derechos reconocidos en ejercicios anteriores y los pendientes de pago por devoluciones de ingreso reconocidas en esos mismos ejercicios, que sean facilitados por dicho ente gestor, se incorporarán a la contabilidad de las entidades titulares de los recursos mediante la oportuna operación de modificación del saldo inicial de derechos pendientes de cobro o de devoluciones pendientes de pago, según corresponda.

TÍTULO III

De los datos a incorporar al sistema

CAPÍTULO PRIMERO

JUSTIFICANTES DE LAS OPERACIONES

Regla 34. *Justificación.*—Todo acto o hecho que, en aplicación de lo previsto en el título II de esta Instrucción, deba dar lugar a anotaciones en el SICAL-Normal, debe estar debidamente acreditado con el correspondiente justificante que ponga de manifiesto su realización.

Regla 35. *Medios de justificación.*—1. La justificación de los distintos hechos susceptibles de incorporación al SICAL-Normal podrá estar soportada en documentos en papel o a través de medios electrónicos, informáticos o telemáticos, debiendo ajustarse, en todo caso, a los requisitos y garantías que se establezcan para cada uno de los distintos tipos de operaciones, de acuerdo con las normas que regulen los procedimientos administrativos a través de los que dichos hechos se materialicen.

2. Cuando la justificación de estos hechos se efectúe a través de medios electrónicos, informáticos o telemáticos se asegurará la validez y eficacia jurídica de los mismos, así como el cumplimiento de la normativa aplicable respecto a la protección de datos de carácter personal.

CAPÍTULO II

INCORPORACIÓN DE DATOS AL SISTEMA

Regla 36. *Soporte de las anotaciones contables.*—1. Las operaciones que hayan de ser contabilizadas se incorporarán al SICAL-Normal con el máximo nivel de desarrollo, de forma que sus datos queden debidamente registrados en todas las áreas contables a las que la operación afecte en función de su naturaleza.

2. El registro de las operaciones en el SICAL-Normal se podrá realizar por alguno de los siguientes procedimientos:

a) Mediante captura directa en el sistema de los datos que consten en el propio justificante de la operación o, en su caso, en el oportuno documento contable.

b) A través de la incorporación de dichos datos al sistema mediante la utilización de procedimientos o soportes electrónicos, informáticos o telemáticos.

En ambos procedimientos, el registro de las operaciones en el SICAL-Normal podrá realizarse de forma individual por cada operación o, en su caso, mediante incorporación masiva de datos relativos a grupos de operaciones.

3. Los documentos contables que, en su caso, se utilicen se establecerán por la propia entidad local en función de sus necesidades de información y de la operatoria que se siga en la tramitación de los diferentes tipos de operaciones a que pudiesen afectar.

4. Cuando se utilicen medios electrónicos, informáticos o telemáticos como soporte de las anotaciones contables, se asegurará la validez y eficacia jurídica de los mismos, así como el cumplimiento de la normativa aplicable respecto a la protección de datos de carácter personal.

Regla 37. *Autorización.*— 1. Cuando las operaciones se incorporen al sistema mediante captura directa de los datos que consten en el propio justificante o en el oportuno documento contable, para que aquella incorporación tenga efecto es necesario que dichos documentos (justificantes y documentos contables) estén debidamente autorizados, mediante diligencias, firmas manuscritas, sellos u otros medios manuales, por quien tenga atribuidas facultades para ello.

2. Cuando las operaciones se incorporen al sistema mediante la utilización de soportes electrónicos, informáticos o telemáticos, los procedimientos de autorización y control mediante diligencias, firmas manuscritas, sellos u otros medios manuales podrán ser sustituidos por autorizaciones y controles establecidos en las propias aplicaciones informáticas que garanticen la identificación y el ejercicio de la competencia por quien la tenga atribuida.

Regla 38. *Toma de razón.*— 1. En todo documento que haya producido anotaciones en contabilidad, ya se trate del propio justificante de la operación o de un documento contable específico para el registro de la misma, deberá figurar una diligencia de toma de razón, certificada por el responsable de la contabilidad, acreditativa, como mínimo, de la fecha, el número de asiento y el importe con que dicho documento hubiese quedado registrado individualizadamente. Dicha diligencia podrá realizarse mediante certificación mecánica efectuada por el propio equipo informático en que esté soportado el SICAL-Normal.

2. En el caso de que las operaciones sean registradas a partir de los datos contenidos en soportes electrónicos, informáticos o telemáticos, la diligencia de toma de razón se sustituirá por los oportunos procesos de validación en el sistema, mediante los cuales dichas operaciones queden referenciadas en relación con las anotaciones contables que hayan producido.

CAPÍTULO III

Archivo y conservación

Regla 39. *Archivo y conservación de los justificantes de las operaciones y de los soportes de las anotaciones contables.*—1. Los justificantes de las operaciones a que se refiere el capítulo I de este título III, junto con los correspondientes documentos contables, en su caso, deberán conservarse por la entidad y estarán a disposición del órgano u órganos de control competentes, al objeto de posibilitar y facilitar las actuaciones de control y verificación de la contabilidad que proceda realizar.

2. Los justificantes de los hechos que se registren en el SICAL-Normal y, en su caso, los correspondientes documentos contables, podrán conservarse por medios o en soportes electrónicos, informáticos o telemáticos, con independencia del tipo de soporte en que originalmente se hubieran plasmado, siempre que quede garantizada su autenticidad, integridad, calidad, protección y conservación. En estos casos, las copias obtenidas de dichos soportes gozarán de la validez y eficacia de los documentos originales.

3. Tanto los justificantes formalizados en documentos en papel como los que lo estén en soportes electrónicos, informáticos o telemáticos se deberán conservar durante un plazo de seis años contados desde la fecha de remisión, al órgano u órganos de control externo, de las cuentas anuales donde se pongan de manifiesto las respectivas operaciones, salvo que la justificación de que se trate esté sometida a otros plazos de conservación o se hubiera interrumpido el plazo de prescripción de la posible responsabilidad contable.

Sin perjuicio de lo establecido en el párrafo anterior, la documentación justificativa de las valoraciones asignadas a activos y pasivos deberá conservarse, al menos, durante el período en que dichos activos y pasivos figuren en balance.

4. Se podrá proceder a la destrucción de los justificantes, siempre y cuando se hayan cumplido los plazos a que se refiere el apartado anterior, previa comunicación al órgano u órganos de control externo a que hubiese correspondido actuar y sin que éstos hayan manifestado impedimentos al respecto.

No procederá la destrucción de los justificantes en aquellos supuestos en que, por la naturaleza de los documentos de que se trate, esté establecido su envío a un archivo histórico de documentos.

Regla 40. *Conservación de los registros contables.*— 1. Los registros de las operaciones anotadas en el SICAL-Normal se conservarán durante un período de seis años contados desde la fecha de remisión, al órgano u órganos de control externo, de las cuentas anuales donde se hubiese plasmado la información contenida en dichos registros, salvo que esta información esté sometida a otros plazos de conservación o se hubiera comunicado la interrupción del plazo de prescripción de la posible responsabilidad contable.

2. Una vez hayan transcurrido los plazos de conservación, a los que se refiere el párrafo anterior, así como el plazo de prescripción de la posible responsabilidad contable, los registros de las operaciones podrán ser destruidos siempre que, mediando la oportuna comunicación, no existiesen impedimentos por parte del órgano u órganos de control externo a que correspondiese actuar.

No procederá la destrucción de los registros contables en aquellos supuestos en que, por la naturaleza de los mismos, esté establecido su envío a un archivo histórico de documentos.

TÍTULO IV

De la información a obtener del sistema

CAPÍTULO PRIMERO

NORMAS GENERALES

Regla 41. *Tipos de información.*—Para el cumplimiento de los fines del sistema de información contable, que se relacionan en la regla 13, y para poder satisfacer las necesidades de información contable de los destinatarios de la misma, enumerados en la regla 7, la información a obtener del sistema de información contable será, al menos:

a) La necesaria para la formación de las cuentas anuales de la entidad contable de que se trate.

b) La que, en virtud del artículo 207 del texto refundido de la Ley Reguladora de las Haciendas Locales, debe remitir la Intervención u órgano de la entidad local que tenga atribuida la función de contabilidad al Pleno de la Corporación.

c) La necesaria para la confección del Avance de la Liquidación del Presupuesto corriente a que se refiere el artículo 168 del texto refundido de la Ley Reguladora de las Haciendas Locales.

d) La información económico-financiera necesaria para facilitar la toma de decisiones en el ámbito de la gestión y el ejercicio del control interno en sus distintas acepciones.

e) La información económico-financiera que deba remitirse a otras Administraciones Públicas.

Regla 42. *Soporte de la información.*—1. La información contable ha de plasmarse en estados contables que podrán estar soportados en listados, informes y, en general, documentos en papel, o mediante cualquier tipo de soporte electrónico, informático o telemático que garantice la autenticidad, integridad y conservación de la información que contenga, así como su recepción por el destinatario y su tratamiento por éste en forma idónea para el cumplimiento de los fines que haya de satisfacer.

2. Sin perjuicio del soporte en que queden plasmados los estados contables, su contenido y obtención se habrá de ajustar a las normas que se contienen en el presente título.

Regla 43. *Garantía de la información contable.*—Respecto a la información contable facilitada a los distintos destinatarios, el responsable de la contabilidad únicamente responde de la identidad entre la misma y la existente en las bases de datos del sistema.

CAPÍTULO II

La cuenta general de la entidad local

SECCIÓN 1.ª

Contenido

Regla 44. *Delimitación de la Cuenta General.*—1. La Cuenta General de la entidad local mostrará la imagen fiel del patrimonio, de la situación financiera, de los resultados y de la ejecución del presupuesto.

2. La Cuenta General estará integrada por:

a) La Cuenta de la propia entidad.

b) La Cuenta de los organismos autónomos.

c) Las cuentas anuales de las sociedades mercantiles de capital íntegramente propiedad de la entidad local.

d) Las cuentas anuales de las entidades públicas empresariales.

3. Cada uno de los sujetos contables a que se refiere el apartado anterior deberá elaborar sus propias cuentas anuales de acuerdo con lo previsto en las reglas siguientes.

Regla 45. *La Cuenta de la propia entidad local y la Cuenta de los organismos autónomos.*—1. Las cuentas anuales que integran la Cuenta de la propia entidad local y las que deberá formar cada uno de sus organismos autónomos son las siguientes:

a) El Balance.

b) La Cuenta del resultado económico-patrimonial.

c) El Estado de cambios en el patrimonio neto.

d) El Estado de flujos de efectivo.

e) El Estado de Liquidación del Presupuesto.

f) La Memoria.

2. Las cuentas a que se refiere el apartado anterior deberán elaborarse siguiendo las normas y ajustándose a los modelos que se establecen en la Tercera parte del Plan General de Contabilidad Pública adaptado a la Administración local anexo a esta Instrucción.

3. A las cuentas anuales de la propia entidad local y de cada uno de sus organismos autónomos deberá unirse la siguiente documentación:

a) Actas de arqueo de las existencias en Caja referidas a fin de ejercicio.

b) Notas o certificaciones de cada entidad bancaria de los saldos existentes en las mismas a favor de la entidad local o del organismo autónomo, referidos a fin de ejercicio y agrupados por nombre o razón social de la entidad bancaria. En caso de discrepancia entre los saldos contables y los bancarios, se aportará el oportuno estado conciliatorio, autorizado por el Interventor u órgano de la entidad local que tenga atribuida la función de contabilidad.

Regla 46. *Las cuentas anuales de las sociedades mercantiles y de las entidades públicas empresariales dependientes de la entidad local.*—1. Las cuentas anuales que deberán formar las sociedades mercantiles en cuyo capital social tenga participación total o mayoritaria la entidad local serán, en todo caso, las previstas en el Plan General de Contabilidad o en el de Pequeñas y Medianas Empresas con las adaptaciones a los criterios específicos de las microempresas que, en su caso, procedan.

2. A las cuentas anuales que deberán formar las entidades públicas empresariales dependientes de la entidad local les será de aplicación lo previsto en el párrafo anterior.

SECCIÓN 2.ª

Formación

Regla 47. *Formación de la Cuenta General.*—1. La Cuenta General de cada ejercicio se formará por la Intervención u órgano de la entidad local que tenga atribuida la función de contabilidad.

2. A los efectos anteriores, la Intervención u órgano de la entidad local que tenga atribuida la función de contabilidad podrá recabar la presentación de las cuentas que hayan de rendirse al órgano u órganos de control externo.

3. La Intervención u órgano de la entidad local que tenga atribuida la función de contabilidad podrá recabar de las distintas entidades implicadas la información que considere necesaria para efectuar los procesos de agregación o consolidación contable que, en su caso, haya establecido el Pleno de la Corporación.

En su caso, se podrán agregar o consolidar las cuentas de una entidad aunque en el informe de auditoría de cuentas se hubiera denegado opinión o se hubiera emitido informe desfavorable o con salvedades, si bien estas circunstancias se harán constar en informe explicativo de la Cuenta General.

Regla 48. *Documentación complementaria.*—1. A la Cuenta General se acompañarán:

a) Los documentos a que se refiere la regla 45.3.

b) Las cuentas anuales de las sociedades mercantiles en cuyo capital social tenga participación mayoritaria la entidad local.

c) Las cuentas anuales de aquellas unidades dependientes de la entidad local incluidas en el ámbito de aplicación de la Ley Orgánica 2/2012, de 27 de abril, de Estabilidad Presupuestaria y Sostenibilidad Financiera, no comprendidas en el apartado *b*) anterior ni integradas en la Cuenta General.

2. En caso de que el Pleno de la Corporación así lo haya establecido, a la Cuenta General se acompañarán los estados integrados y consolidados de las cuentas que haya determinado.

3. Los municipios con población superior a 50.000 habitantes y las demás entidades locales de ámbito superior acompañarán, además, a la Cuenta General:

a) Una Memoria justificativa del coste y rendimiento de los servicios públicos.

b) Una Memoria demostrativa del grado en que se hayan cumplido los objetivos programados con indicación de los previstos y alcanzados con el coste de los mismos.

SECCIÓN 3.ª

Aprobación

Regla 49. *Aprobación de la Cuenta General.*—1. La Cuenta General de cada ejercicio se someterá antes del 1 de junio del ejercicio inmediato siguiente a informe de la Comisión Especial de Cuentas de la entidad local.

2. La Cuenta General y el informe de la Comisión Especial de Cuentas se expondrán al público por plazo de quince días, durante los cuales y ocho más los interesados podrán presentar reclamaciones, reparos u observaciones. Examinados éstos por la Comisión Especial y practicadas por la misma cuantas comprobaciones estime necesarias, emitirá nuevo informe.

3. Acompañada de los informes de la Comisión Especial de Cuentas y de las reclamaciones y reparos formulados, la Cuenta General se someterá al Pleno de la Corporación para que, en su caso, pueda ser aprobada antes del día 1 de octubre.

4. La aprobación de la Cuenta General es un acto esencial para la fiscalización

de ésta por los órganos de control externo, que no requiere la conformidad con las actuaciones reflejadas en ella, ni genera responsabilidad por razón de las mismas.

SECCIÓN 4.ª

Rendición de cuentas

Regla 50. *Cuentadantes.*—1. Serán cuentadantes los titulares de las entidades y órganos sujetos a la obligación de rendir cuentas y en todo caso:

a) El Presidente de la entidad local.

b) Los Presidentes o Directores de los organismos autónomos y de las entidades públicas empresariales.

c) Los Presidentes del Consejo de Administración de las sociedades mercantiles dependientes de la entidad local.

d) Los liquidadores de las sociedades mercantiles dependientes de la entidad local en proceso de liquidación.

2. Los cuentadantes a que se refiere el apartado anterior son responsables de la información contable, es decir, de suministrar información veraz y de que las cuentas anuales reflejen la imagen fiel del patrimonio, de la situación financiera, del resultado económico patrimonial y de la ejecución del presupuesto de la entidad contable.

A los cuentadantes les corresponde rendir, antes del 15 de mayo del ejercicio inmediato siguiente al que correspondan y debidamente autorizadas, las cuentas que hayan de enviarse al órgano u órganos de control externo.

3. La responsabilidad en que se concreta la rendición de cuentas es independiente de la responsabilidad en la que incurran quienes adoptaron las resoluciones o realizaron los actos reflejados en dichas cuentas.

Regla 51. *Procedimiento de rendición.*—1. En cumplimiento de su obligación de rendir cuentas, los cuentadantes deberán remitir sus cuentas anuales, acompañadas de la documentación complementaria a que se refiere la regla 45.3, a la Intervención u órgano de la entidad local que tenga atribuida la función de contabilidad, en el plazo previsto en el apartado 2 de la regla anterior.

2. Una vez aprobada la Cuenta General por el Pleno de la Corporación, se rendirá por el Presidente de la entidad local al órgano u órganos de control externo competentes

en los plazos previstos en la normativa vigente.

3. Cuando los órganos de control externo tengan establecidos procedimientos de envío a través de medios electrónicos, informáticos o telemáticos, la rendición de la Cuenta General se deberá ajustar a los requisitos que, para la transmisión y recepción de comunicaciones a través de medios y aplicaciones informáticas, telemáticas y electrónicas, se establecen en la Ley Orgánica 15/1999, de 13 de diciembre, de Protección de Datos de Carácter Personal; en la Ley 30/1992, de 26 de noviembre, de Régimen Jurídico de las Administraciones Públicas y del Procedimiento Administrativo Común; en la Ley 11/2007, de 22 de junio, de acceso electrónico de los ciudadanos a los Servicios Públicos; en la vigente normativa sobre firma electrónica; así como en la normativa de desarrollo de las normas citadas en esta regla.

En estos casos, la obtención de las cuentas anuales se realizará mediante la generación de ficheros comprensivos de la información que deban mostrar, cuyo contenido y estructura deberá ajustarse a las especificaciones técnicas establecidas por los órganos de control externo.

CAPÍTULO III

OTRA INFORMACIÓN CONTABLE

SECCIÓN 1.ª

Información periódica para el Pleno

Regla 52. *Elaboración.*—1. En cumplimiento de lo previsto en el artículo 207 del texto refundido de la Ley Reguladora de las Haciendas Locales, la Intervención u órgano de la entidad local que tenga atribuida la función de contabilidad elaborará la información de la ejecución de los presupuestos y del movimiento y la situación de la tesorería, que debe remitir al Pleno de la Corporación, por conducto de la Presidencia, en los plazos y con la periodicidad que el Pleno haya establecido.

2. La Intervención u órgano de la entidad local que tenga atribuida la función de contabilidad determinará la estructura de los estados que habrán de reflejar la información a que se refiere el apartado anterior, de acuerdo con lo establecido por el Pleno de la Corporación.

Regla 53. *Contenido.*—1. La información a que se refiere la regla anterior contendrá datos relativos a:

a) La ejecución del presupuesto de gastos corriente.

b) La ejecución del presupuesto de ingresos corriente.

c) Los movimientos y la situación de la tesorería.

2. La información sobre la ejecución del presupuesto de gastos corriente pondrá de manifiesto para cada aplicación presupuestaria, al menos el importe correspondiente a:

a) Los créditos iniciales, sus modificaciones y los créditos definitivos.

b) Los gastos comprometidos.

c) Las obligaciones reconocidas netas.

d) Los pagos realizados.

Asimismo, se hará constar el porcentaje que representan: los gastos comprometidos respecto a los créditos definitivos, las obligaciones reconocidas netas respecto a los créditos definitivos y los pagos realizados respecto a las obligaciones reconocidas netas.

3. La información sobre la ejecución del presupuesto de ingresos corriente pondrá de manifiesto para cada aplicación presupuestaria, al menos el importe correspondiente a:

a) Las previsiones iniciales, sus modificaciones y las previsiones definitivas.

b) Los derechos reconocidos netos.

c) La recaudación neta.

Asimismo, se hará constar el porcentaje que representan: los derechos reconocidos netos respecto a las previsiones definitivas y la recaudación neta respecto a los derechos reconocidos netos.

4. La información sobre los movimientos y la situación de la tesorería pondrá de manifiesto, al menos, los cobros y pagos realizados durante el período a que se refiera la información, así como las existencias en la tesorería al principio y al final de dicho período.

SECCIÓN 2.ª

Avance de la Liquidación del presupuesto corriente

Regla 54. *Elaboración.*—La Intervención u órgano de la entidad local que tenga atribuida la función de contabilidad elaborará el Avance de la Liquidación del presupuesto corriente, a que se refiere el artículo 18.*b*) del Real Decreto 500/1990, de 20 de abril, que desarrolla el capítulo I del título VI de la Ley 39/1988, reguladora de las Haciendas Locales, que habrá de unirse al presupuesto de la entidad local.

Regla 55. *Contenido.*—1. El Avance de la Liquidación del presupuesto corriente a que se refiere el artículo 168 del texto refundido de la Ley reguladora de las Haciendas Locales, que habrá de unirse al correspondiente presupuesto de los integrados en el Presupuesto General, constará de dos partes:

Primera parte: Liquidación del presupuesto referida, al menos, a seis meses del ejercicio.

Segunda parte: Estimación de la Liquidación del presupuesto referida a 31 de diciembre.

2. Su estructura se determinará por la Intervención u órgano de la entidad local que tenga atribuida la función de contabilidad, de conformidad con lo que se establezca por el Pleno de la entidad.

Regla 56. *Primera parte: Liquidación del presupuesto referida, al menos, a seis meses del ejercicio.*—Esta primera parte pondrá de manifiesto el importe correspondiente a:

1. En relación con el estado de gastos, y como mínimo a nivel de capítulo:

a) Los créditos iniciales, sus modificaciones (distinguiendo, al menos, las incorporaciones de remanentes de crédito de las demás modificaciones) y los créditos definitivos.

b) Los gastos comprometidos, con indicación del porcentaje de ejecución sobre los créditos definitivos.

c) Las obligaciones reconocidas netas, con indicación del porcentaje de ejecución sobre los créditos definitivos.

d) Los pagos realizados, con indicación del porcentaje de ejecución sobre las obligaciones reconocidas netas.

e) Las obligaciones pendientes de pago.

f) Los remanentes de crédito.

2. En relación con el estado de ingresos, y como mínimo a nivel de capítulo:

a) Las previsiones iniciales, sus modificaciones y las previsiones definitivas.

b) Los derechos reconocidos.

c) Los derechos anulados.

d) Los derechos cancelados.

e) Los derechos reconocidos netos, con indicación del porcentaje de ejecución sobre las previsiones definitivas.

f) La recaudación neta, con indicación del porcentaje de ejecución sobre los derechos reconocidos netos.

g) Los derechos pendientes de cobro.

h) La comparación de los derechos reconocidos netos y las previsiones definitivas.

3. El Resultado presupuestario.

Regla 57. *Segunda parte: Estimación de la Liquidación del presupuesto referida a 31 de diciembre.*—La Segunda parte pondrá de manifiesto los importes que se estime presentará la Liquidación del presupuesto del ejercicio. Esta información incluirá, al menos, los créditos y previsiones definitivos y las obligaciones y derechos reconocidos netos, con indicación del porcentaje de ejecución sobre los créditos y las previsiones definitivos, respectivamente.

SECCIÓN 3.ª

Información para los órganos de gestión y de control interno

Regla 58. *Información para los órganos de gestión y de control interno.*—El sistema de información contable deberá permitir obtener la información económico-financiera que, para el adecuado ejercicio de sus funciones, sea demandada por los distintos órganos de gestión y por los órganos encargados del control interno de la entidad.

En todo caso, el acceso a esta información estará sujeto a las prescripciones que, a este respecto, establezca la normativa vigente.

SECCIÓN 4.ª

Información para otras Administraciones Públicas

Regla 59. *Información para otras Administraciones Públicas.*—El sistema de información contable deberá permitir obtener la información económico-financiera cuya remisión a otras Administraciones Públicas venga impuesta por la normativa vigente.

ANEXO

Plan General de Contabilidad Pública adaptado a la Administración Local

INTRODUCCIÓN

El Plan General de Contabilidad Pública adaptado a la Administración Local, que se aprobó mediante Orden EHA/4.041/2004 de 23 de noviembre (en adelante PCN'04), continuó con la línea iniciada por el primer Plan General de Contabilidad Pública adaptado a la Administración Local de 1990 para la consecución de la normalización contable en el ámbito de las administraciones públicas y con la contabilidad empresarial. El PCN'04 tomó como referencia el Plan General de Contabilidad Pública de 1994 y éste, a su vez, se inspiró en el Plan General de Contabilidad para la empresa aprobado por el Real Decreto 1.643/1990, de 20 de diciembre, con las adaptaciones propias a las características jurídicas y económicas de las administraciones públicas.

Siguiendo en esta línea de normalización, el actual Plan General de Contabilidad Pública (en adelante, PGCP), aprobado por Orden EHA/1.037/2010, de 13 de abril, se inspira en el Plan General de Contabilidad (en adelante, PGC), aprobado por Real Decreto 1.514/2007, de 16 de noviembre. Además, y como elemento diferenciador en este nuevo proceso de normalización, destaca la adaptación de nuestra normativa contable a las Normas Internacionales aplicables a la Contabilidad del Sector Público (en adelante, NIC-SP), elaboradas por la Federación Internacional de Contables (IFAC, en sus siglas inglesas), a través de la Junta de Normas Contables Internacionales para el Sector Público (IPSASB, en su sigla en inglés). Las NIC-SP están basadas en las NIC-NIIF (Normas Internacionales de Contabilidad-Normas Internacionales de Información Financiera, para el ámbito de la contabilidad privada), con el objetivo de establecer un marco de referencia para la elaboración de la información financiera por las administraciones públicas de los diferentes países. Las NIC-SP son normas generales de información financiera de alta calidad para su aplicación a entidades del sector público diferentes de las empresas públicas y, en la medida en que no existe una aplicación directa de ellas, se configuran como un referente a la hora de interpretar el PCN.

Por otro lado, cabe destacar que los Documentos de Principios contables públicos aprobados por la Comisión de Principios y Normas contables públicas se podrán seguir aplicando en aquellos aspectos que no se opongan al PCN.

Otro objetivo que se ha pretendido con este PCN, siguiendo la línea apuntada por el PGCP de 2010, es incrementar la información proporcionada por las cuentas anuales del PCN'04. El resultado económico-patrimonial del PCN'04 no constituía un indicador suficiente para evaluar la gestión, como sucede en el ámbito de las empresas; la información financiera y presupuestaria debe ser complementada con información adicional que permita apoyar la adopción de decisiones para la gestión. En esta línea, se ha incluido por primera vez en la memoria de las cuentas anuales información de costes por actividades y se han ampliado los indicadores, financieros y de gestión que ya se elaboraban, lo cual contribuirá a mejorar la calidad de la información contable en el sector público local.

El PCN se estructura en cinto partes, precedidas por esta Introducción en la que se explican las características fundamentales del Plan y las principales deferencias con respecto al PCN'04. Las cinco partes en que se divide el Plan son:

Primera parte: Marco conceptual de la contabilidad pública.

Segunda parte: Normas de reconocimiento y valoración.

Tercera parte: Cuentas anuales.

Cuarta parte: Cuadro de cuentas.

Quinta parte: Definiciones y relaciones contables.

PRIMERA PARTE: MARCO CONCEPTUAL DE LA CONTABILIDAD PÚBLICA

El marco conceptual de la contabilidad pública constituye una novedad respecto al anterior Plan de cuentas y recoge los documentos que integran las cuentas anuales, los requisitos de la información contable, los principios contables, la definición de los elementos de las cuentas anuales y los criterios contables para el registro y valoración de dichos elementos, con el fin de lograr el objetivo de la imagen fiel. Este marco conceptual sustituye y amplía la primera parte «Principios contables públicos» del PCN'04 y contiene seis apartados: 1.º Imagen fiel de las cuentas anuales, 2.º Requisitos de la información a incluir en las cuentas anuales, 3.º Principios contables, 4.º Elementos de las cuentas anuales, 5.º Criterios de registro o reconocimiento contable de los elementos de las cuentas anuales y 6.º Criterios de valoración.

Este marco conceptual armoniza los conceptos contables básicos y constituye el soporte para el análisis y la interpretación de las normas contables. Para su redacción se ha tomado como marco de referencia el marco conceptual del PGCP de 2010 que, a su vez, tomó como referencia la NIC-SP n.º 1: «Presentación de estados financieros», el marco conceptual del Consejo de Normas Internacionales de Contabilidad (IASB, en sus siglas inglesas) con las características específicas del sector público, los Documentos de Principios contables públicos y el marco conceptual de la contabilidad recogido en la primera parte del PGC.

El objetivo de las cuentas anuales sigue siendo, como en el PCN'04, mostrar la imagen fiel del patrimonio, de la situación financiera, del resultado económico patrimonial y de la ejecución del presupuesto de la entidad contable, y para lograr dicho objetivo se introducen dos documentos nuevos en las cuentas anuales: el «estado de cambios en el patrimonio neto» y el «estado de flujos de efectivo».

Como novedad, se señala que al efecto de conseguir la imagen fiel a la que deben conducir las cuentas anuales, en la contabilización de las operaciones se atenderá a su realidad económica y no sólo a su forma jurídica. Un ejemplo de esta nueva regla lo constituye la contabilización del arrendamiento financiero, en el que la forma jurídica de una transacción puede tener una apariencia diferente del auténtico fondo económico, de tal manera, que si se siguieran únicamente las características derivadas de la forma jurídica, las cuentas anuales no reflejarían la imagen fiel de la situación financiera y del resultado económico patrimonial de la entidad.

La información incluida en las cuentas anuales debe cumplir los requisitos de: claridad, relevancia, fiabilidad y comparabilidad.

Entre estos requisitos cabe destacar el de la fiabilidad. La información es fiable cuando está libre de errores materiales y sesgos y se puede considerar como imagen fiel de lo que pretende representar. El cumplimiento de este requisito implica que la información sea completa y objetiva, que prevalezca el fondo económico de las operaciones sobre su forma jurídica y que se deba ser prudente en las estimaciones y valoraciones a efectuar en condiciones de incertidumbre.

Los principios contables se presentan agrupados, distinguiendo por un lado los de carácter económico patrimonial (gestión continuada, devengo, uniformidad, prudencia, no compensación e importancia relativa) y, por otro lado, los de carácter presupuestario (imputación presupuestaria y desafectación). Los antiguos principios contables de precio de adquisición, correlación de ingresos y gastos, registro y entidad contable, que figuraban en el PCN'04, pierden dicho carácter en este nuevo Plan de cuentas, si bien aparecen incluidos en otras partes del marco conceptual. Así, los principios de correlación de ingresos y gastos y de registro aparecen formulados como criterios de registro en el apartado 5.º, el principio de entidad contable pasa al apartado 1.º y el principio del precio de adquisición se incluye entre los criterios de valoración del apartado 6.º

El principio de devengo se enuncia de forma más general, refiriéndose no sólo a los ingresos y gastos, sino también a los activos, pasivos y patrimonio neto, abarcando, por tanto, a todas las operaciones de la entidad.

Otra novedad a señalar es la desaparición de la jerarquía de los principios contables, debiendo prevalecer, en caso de conflicto, el principio que mejor conduzca a que las cuentas anuales expresen la imagen fiel del patrimonio, de la situación financiera y del resultado económico patrimonial de la entidad.

La definición, en el apartado 4.º del marco conceptual, de los elementos de las cuentas anuales (activos, pasivos, patrimonio neto, ingresos y gastos, ingresos y gastos presupuestarios y cobros y pagos), constituye otra novedad a resaltar.

Por lo que afecta a los activos, además de tener el control económico de los mismos, tiene que ser probable que la entidad obtenga en un futuro rendimientos económicos o un potencial de servicio. Se distingue, por tanto, entre los activos portadores de «rendimientos económicos futuros» empleados para generar flujos netos de entrada de efectivo y los activos portadores de «potencial de servicio» empleados para generar flujos económicos sociales que benefician a la colectividad. Una de las consecuencias de la definición de los activos, es la desaparición de los conocidos en la anterior regulación como «activos ficticios», como los gastos a distribuir en varios ejercicios, que no reúnen los requisitos de activo en este PCN.

Los pasivos se definen como obligaciones actuales surgidas como consecuencia de sucesos pasados, cuya extinción es probable que dé lugar a una disminución de recursos que incorporen rendimientos económicos o un potencial de servicio. Con esta definición entre los pasivos se incluyen las provisiones. La provisión para grandes reparaciones del PCN'04 no cumple la definición de pasivo por lo que se contabiliza como una sustitución. Hay que resaltar como novedad, que de la propia definición de los pasivos como «obligaciones actuales», se deriva la necesidad, con carácter general, de actualizar su valor.

En relación con las definiciones de ingresos y gastos, constituye una novedad importante la previsión de que determinados ingresos y gastos se contabilicen directamente en el patrimonio neto, sin perjuicio, en su caso, de su posterior imputación a la cuenta del resultado económico patrimonial. En el nuevo PCN no se identifica el concepto de ingreso con el componente positivo de la cuenta del resultado económico patrimonial, como sucedía en el PCN'04. Tal es el caso, por ejemplo, de la valoración por el valor razonable de determinados activos, ya que mientras permanecen en balance y no se deterioran, el incremento por su valor razonable se imputa a una cuenta específica de patrimonio neto, o el de las subvenciones recibidas, que se contabilizan, con carácter general, como ingresos en una partida específica de patrimonio neto, imputándose con posterioridad al resultado económico patrimonial de acuerdo con su finalidad. Una consecuencia de esta nueva categoría de ingresos y gastos imputados al patrimonio neto, es la necesidad de recoger en un nuevo estado de las cuentas anuales, el «estado de cambios en el patrimonio neto», además de otras operaciones, los ingresos y gastos reconocidos directamente en el patrimonio neto.

En el apartado 5.º del marco conceptual «Criterios de registro o reconocimiento contable de los elementos de las cuentas anuales», se recogen las condiciones que deben cumplir los activos, pasivos, gastos, ingresos, etc., para su reconocimiento en dichas cuentas.

Los criterios de valoración recogidos en el apartado 6.º del marco conceptual, son desarrollados posteriormente en las normas de reconocimiento y valoración de la segunda parte del Plan contable y la principal novedad es la incorporación del valor razonable que se utiliza para la valoración de determinados activos y pasivos, y que es definido como el importe por el que puede ser adquirido un activo o liquidado un pasivo, entre partes interesadas y debidamente informadas, que realizan una transacción en condiciones de independencia mutua. En cualquier caso, el valor razonable tiene que estar referido a un valor de mercado fiable.

Otros criterios de valoración también novedosos son: el valor residual, el valor en uso, el importe recuperable y el coste amortizado.

En relación con el «valor residual» de un activo, se destaca la diferencia entre vida útil y vida económica de un activo, ya que la primera hace referencia a un concepto subjetivo del activo, en cuanto período de utilización del mismo por la entidad contable, mientras que la vida económica es un concepto objetivo: período durante el cual el activo se espera que sea utilizable por uno o más usuarios.

El «valor en uso» se define de forma diferente para los activos que incorporan rendimientos económicos futuros y para los activos portadores de potencial de servicio. Para los primeros, se define como el valor actual de los flujos de efectivo esperados a través de su utilización en el curso normal de la actividad de la entidad y, en su caso, de su enajenación, actualizado a un tipo de interés de mercado sin riesgo. Para los activos portadores de potencial de servicio, el «valor en uso» se define como el valor actual del activo manteniendo su potencial de servicio, estableciéndose que su determinación se realizará por el coste de reposición del activo menos la amortización acumulada calculada sobre la base de ese coste para reflejar el uso ya efectuado del activo.

El «importe recuperable» de un activo se define como el mayor entre su valor razonable menos los costes de venta y su valor en uso. Este «importe recuperable» se utiliza para calcular el deterioro del inmovilizado no financiero.

Por último, se incluye la definición del «coste amortizado» de un activo o pasivo financiero, que se utiliza en la valoración de créditos y débitos y que es el valor actual de los mismos utilizando para su actualización el tipo de interés efectivo. El «coste amortizado» es el importe al que inicialmente fue valorado un activo o pasivo financiero, menos los reembolsos del principal, más o menos según proceda, la parte de la diferencia entre el importe inicial y el valor de reembolso en el vencimiento imputada en la cuenta del resultado económico patrimonial mediante la utilización del tipo de interés efectivo, y menos cualquier reducción de valor por deterioro en el caso de los activos financieros. El tipo de interés efectivo es el tipo que iguala el valor contable del activo o pasivo financiero con los flujos de efectivo estimados a lo largo de la vida del mismo. Una de las consecuencias de este cambio en el criterio de valoración de las deudas es la desaparición de los «gastos a distribuir en varios ejercicios», ya que con la nueva valoración al coste amortizado, los rendimientos implícitos pasan a devengarse y reconocerse como mayor valor de la deuda a lo largo de la vida de la misma utilizando el tipo de interés efectivo.

SEGUNDA PARTE: NORMAS DE RECONOCIMIENTO Y VALORACIÓN

Comprende las normas de reconocimiento y valoración, que constituyen un desarrollo de los principios contables y demás disposiciones recogidas en la primera parte de este Plan relativa al marco conceptual de la contabilidad pública. Estas normas son más amplias que las contenidas en la quinta parte, «Normas de valoración», del PCN'04 y en ellas se incluyen criterios de reconocimiento y valoración aplicables a diversos elementos patrimoniales.

En la norma n.º 1, relativa al inmovilizado material, se desarrollan los criterios para el reconocimiento de los elementos de este inmovilizado, añadiéndose a los criterios de valoración tradicionales (precio de adquisición y coste de producción) el valor razonable, de acuerdo con la definición contenida en el marco conceptual.

Se incorpora al precio de adquisición, como novedad, el valor actual de las obligaciones derivadas del desmantelamiento del activo y la restauración de su emplazamiento, en la medida en que se reconozca una provisión.

Se permite, al igual que en el PCN'04, la activación de los gastos financieros, pero se exigen unos mayores requisitos y condiciones para ello.

En relación con el coste de producción, se ha concretado algo más el proceso de distribución de los costes indirectos.

Una novedad importante es la admisión en la valoración posterior del inmovilizado material del valor razonable cuando las circunstancias del mercado impliquen unos incrementos sustanciales en el precio, que hagan que el valor contable sea poco significativo respecto a su valor real. Además, se han establecido unas cautelas respecto a la utilización de dicho valor razonable, ya que sólo será aplicable en aquellos casos en los que exista un mercado suficientemente significativo y transparente que minimice el sesgo que pudiera producirse en el cálculo de las plusvalías.

Por lo que se refiere a las permutas de bienes, se distinguen dos casos en función de si los activos intercambiados son o no similares desde un punto de vista funcional o de vida útil.

El tratamiento contable de la Provisión para grandes reparaciones también experimenta un cambio respecto al PCN'04. En el nuevo PCN, para determinar el importe del inmovilizado material se tendrá en cuenta la incidencia de los costes relacionados con grandes reparaciones o inspecciones generales, y si estos costes no estuvieran especificados en la adquisición o construcción podrá utilizarse el precio actual de mercado de una reparación o inspección general similar, contabilizándose como una sustitución, dando de baja cualquier importe procedente de una gran reparación que pudiera permanecer en el valor contable del inmovilizado. Estos costes se amortizarán de forma distinta a la del resto del elemento, durante el período que medie hasta la gran reparación o inspección general.

En relación con las amortizaciones cabe señalar, como novedad, que se permite la amortización del coste del terreno cuando incluya costes de desmantelamiento, traslado y rehabilitación, amortizándose esa porción del terreno a lo largo del período en el que se obtengan los rendimientos económicos o el potencial de servicio por haber incurrido en esos gastos.

En la norma se establece la necesidad de revisar periódicamente la vida útil y el método de amortización de los elementos del inmovilizado material, pudiendo utilizarse, entre otros, el método de amortización lineal, el de tasa constante sobre valor contable o el de suma de unidades producidas. La elección del método se hará tomando como base los patrones esperados de obtención de rendimientos económicos o potencial de servicio y si estos no pudieran determinarse de forma fiable, se adoptará el método lineal de amortización.

Hay que hacer mención a las correcciones valorativas por deterioro de valor, pues implican cambios con respecto al PCN'04. El deterioro se determina, con carácter general, como la cantidad que exceda el valor contable a su importe recuperable, siempre que la diferencia sea significativa. La norma recoge las circunstancias que deberán tenerse en cuenta por la entidad al cierre del ejercicio para evaluar si existe algún indicio de deterioro.

Respecto al registro de los casos particulares del inmovilizado material (infraestructuras, bienes comunales y patrimonio histórico) se produce un cambio importante. En el PCN'04 estos bienes, generalmente, sólo se registraban en el activo cuando se estaba desarrollando la inversión y se daban de baja con cargo a una cuenta de patrimonio cuando se entregaban al uso general. En el nuevo PCN se van a registrar en contabilidad cuando cumplan la definición de activo y los criterios de reconocimiento recogidos en los apartados 4.º y 5.º del marco conceptual, aplicándose en estos casos las normas de valoración del inmovilizado material.

Por lo que afecta a los bienes del patrimonio histórico, teniendo en cuenta que en algunas ocasiones es poco probable que su valor en términos culturales, medioambientales o histórico-artístico quede reflejado en un precio de mercado, se ha regulado en la norma que, cuando no se puedan valorar de forma fiable, se dará información sobre los mismos en la memoria.

El Patrimonio público del suelo al que se refiere la norma de reconocimiento y valoración n.º 3 sigue teniendo el mismo tratamiento contable que en el PCN'04, como patrimonio separado, y se le aplican los criterios de valoración del inmovilizado material.

Las inversiones inmobiliarias a que se refiere la norma de reconocimiento y valoración n.º 4 constituyen otra novedad en el nuevo Plan de Cuentas. Se trata de inmuebles (terrenos o edificios) que se tienen para obtener rentas, plusvalías o ambas, a través de su arrendamiento o enajenación, y no para su uso en la producción o suministro de bienes o servicios, ni para fines administrativos, ni para su venta en el curso ordinario de las operaciones. A estas inversiones se les aplican los criterios de valoración del inmovilizado material. En el balance figuran singularizadas en una partida específica del activo no corriente.

Respecto al registro del inmovilizado intangible (norma n.º 5), se exige adicionalmente a los criterios de reconocimiento del activo del marco conceptual (probabilidad en la obtención de rendimientos económicos o potencial de servicio y fiabilidad en la valoración), la necesidad de que el inmovilizado intangible sea identificable (por ser separable o haber surgido de derechos legales o contractuales).

Como novedad, se contempla la posibilidad de que existan activos intangibles con vida útil indefinida, en aquellos casos en que no exista un límite previsible al período a lo largo del cual se espera que genere rendimientos económicos o potencial de servicio para la entidad; por ejemplo: una licencia que se puede ir renovando constantemente a un coste que no se considera significativo. Estos activos no se amortizarán, sin perjuicio de su posible deterioro.

En cuanto al tratamiento contable de los gastos de investigación, se permite su activación cuando se cumplan determinadas condiciones estableciéndose su amortización durante su vida útil, y siempre dentro del plazo de cinco años, teniendo, por tanto, el mismo tratamiento que en el PCN'04. Por lo que afecta a los gastos de desarrollo, en el nuevo Plan, si se cumplen todas las condiciones recogidas en la norma, la activación será obligatoria, a diferencia del anterior Plan, en el que la activación era opcional. Además, la amortización de los gastos de desarrollo capitalizados se efectuará durante la vida útil de los mismos que se presume, salvo prueba en contrario, no superior a cinco años.

Cabe también destacar el tratamiento contable de las inversiones realizadas sobre activos utilizados en régimen de arrendamiento operativo o cedidos en uso por un período inferior a la vida económica del bien, que se contabilizan en una rúbrica del inmovilizado intangible. Este tratamiento contable no coincide con el del PGC de las empresas, en el que se tratan como inmovilizado material, ya que si los activos recibidos en uso por un período inferior a la vida económica del bien se contabilizan en este nuevo Plan de Cuentas como intangible, se ha considerado coherente que las inversiones realizadas sobre dichos bienes se contabilicen como mayor valor del intangible, siendo estas operaciones más frecuentes en las administraciones públicas que en las empresas.

La norma n.º 6, «Arrendamientos y otras operaciones de naturaleza similar», introduce importantes cambios, respecto al PCN'04, en lo que afecta al arrendamiento financiero. La norma establece que el arrendamiento es financiero, cuando de las condiciones económicas de un acuerdo de arrendamiento se deduzca que se transfieren sustancialmente todos los riesgos y ventajas inherentes a la propiedad del activo objeto del contrato, regulando la norma los supuestos en los que se presume dicha transferencia.

Para los activos portadores de potencial de servicio, se ha considerado necesario establecer criterios especiales en relación con el arrendamiento financiero. En este sentido, se presume, en todo caso, que para este tipo de activos la transferencia de los riesgos y ventajas inherentes a la propiedad del activo objeto del contrato no se produce cuando la entidad pública retiene el potencial de servicio público que dichos activos tienen incorporado al generar flujos económicos sociales que benefician a la colectividad.

La norma regula el registro contable de la operación desde la perspectiva del arrendatario y del arrendador. A diferencia del PCN'04, en que el arrendatario registraba un inmovilizado inmaterial, en el nuevo Plan el arrendatario registrará un activo, según la naturaleza del bien arrendado, siendo la contrapartida un pasivo financiero. El activo y el pasivo se contabilizan en el nuevo PCN por el menor valor entre el valor razonable del activo arrendado y el valor actual de los pagos acordados con el arrendador durante el plazo del arrendamiento, incluyendo, en su caso, la opción de compra y con exclusión de las cuotas de carácter contingente (importe que depende de una variable establecida en el contrato), así como de los costes de los servicios y gastos que no se puedan activar. El arrendador, por su parte, registrará un derecho a cobrar por el valor razonable del bien más los costes directos iniciales del arrendador, y simultáneamente dará de baja el activo por su valor contable registrándose, en su caso, un resultado del ejercicio.

A diferencia del PCN'04, se ha regulado de forma específica el tratamiento contable de la venta con arrendamiento posterior, de modo que, cuando de las condiciones económicas de la operación se desprenda que se trata de un método de financiación, el arrendatario no variará la calificación del activo, ni reconocerá resultados derivados de esta transacción, registrando el importe recibido con abono a una partida de pasivo financiero. El arrendador contabilizará la operación según lo dispuesto en la norma de reconocimiento y valoración n.º 8, «Activos financieros».

Otra novedad del PCN son los activos en estado de venta. La norma de reconocimiento y valoración n.º 7, «Activos en estado de venta», los define como activos clasificados inicialmente como no corrientes cuyo valor contable se va a recuperar mediante su venta en un futuro próximo, en lugar de por su uso continuado. Para aplicar esta clasificación, el activo debe estar disponible en sus condiciones actuales para la venta inmediata y ésta ha de ser altamente probable, recogiendo la norma las circunstancias que se tienen que cumplir para considerar que esta venta sea altamente probable. En el balance se ha incluido una partida específica en el activo no corriente para recoger los activos en estado de venta.

La norma prescribe la no amortización de estos activos y detalla el tratamiento contable de las reclasificaciones entre los activos en estado de venta y las inversiones inmobiliarias, el inmovilizado intangible o el material, según se trate de activos contabilizados de acuerdo con el modelo de coste o con el de la revalorización.

Las normas n.º 8, «Activos financieros», y n.º 9, «Pasivos financieros», constituyen una de las novedades más importantes de este Plan de Cuentas. La valoración de estos activos y pasivos financieros no depende, como en el PCN'04, de su naturaleza sino de la clasificación inicial asignada a los mismos, que dependerá, en algunos casos, de que la entidad tenga la intención de mantenerlos hasta el vencimiento o pretenda venderlos en el corto plazo. La norma conceptúa de activos financieros al dinero en efectivo, los instrumentos de capital o de patrimonio neto de otra entidad y los derechos de recibir efectivo u otro activo financiero de un tercero o de intercambiar con un tercero activos o pasivos financieros en condiciones potencialmente favorables.

Los activos financieros se clasifican, a efectos de su valoración, en: *a*) créditos y partidas a cobrar, *b*) inversiones mantenidas hasta el vencimiento, *c*) activos financieros a valor razonable con cambios en resultados, *d*) inversiones en el patrimonio de entidades del grupo, multigrupo y asociadas y *e*) activos financieros disponibles para la venta.

En los créditos y partidas a cobrar se incluyen, además de los créditos por operaciones derivadas de la actividad habitual de la entidad, otros activos financieros que, no siendo instrumentos de patrimonio ni negociándose en un mercado activo, generan flujos de efectivo de importe determinado o determinable, y respecto de los que se espera recuperar todo el desembolso realizado, excluido el deterioro crediticio.

En las inversiones mantenidas hasta el vencimiento se incluyen valores de deuda con vencimiento fijo y flujos de efectivo de importe determinado o determinable, que se negocian en un mercado activo y respecto de los cuales la entidad tiene, desde su reconocimiento y en cualquier momento posterior, la intención efectiva y la capacidad financiera para conservarlos hasta su vencimiento.

En los activos financieros a valor razonable con cambios en resultados se incluyen: los activos financieros que, negociándose en un mercado activo, se adquieren con el propósito de realizarlos en el corto plazo, excepto los adquiridos con el acuerdo posterior de venta a un precio fijo o al precio inicial más la rentabilidad normal del prestamista, y los derivados, excepto los que sean contratos de garantía financiera o hayan sido designados como instrumentos de cobertura.

Las inversiones en el patrimonio de entidades del grupo, multigrupo y asociadas, son las definidas como tales en las Normas para la formulación de cuentas anuales consolidadas en el ámbito del sector público aprobadas por Orden HAP/1.489/2013, de 18 de julio.

Los activos financieros disponibles para la venta son todos los activos financieros que no cumplan los requisitos para ser incluidos en alguna de las otras categorías.

Hay que mencionar como novedad, la valoración posterior a valor razonable de los activos financieros a valor razonable con cambios en resultados y los activos financieros disponibles para la venta (excepto los instrumentos de patrimonio que no se negocien en un mercado activo que se valorarán por su coste menos, en su caso, las correcciones valorativas por deterioro), con la diferencia de que, en el caso de los disponibles para la venta, las diferencias en el valor razonable se registrarán en el patrimonio neto de la entidad hasta su enajenación o deterioro, momento en el que se imputarán a resultados.

También hay que resaltar, como cambio respecto al PCN'04, la necesidad de actualizar la valoración de los créditos y partidas a cobrar. No obstante, se ha establecido que los créditos y partidas a cobrar a corto plazo que no tengan un tipo de interés contractual se valoren por su valor nominal. Las partidas a cobrar a largo plazo que no tengan un tipo de interés contractual se podrán valorar por el nominal y los préstamos concedidos a largo plazo con intereses subvencionados se podrán valorar por el importe entregado, cuando el efecto de la no actualización globalmente considerado sea poco significativo en las cuentas anuales de la entidad. Las fianzas y depósitos constituidos se valorarán en todo momento por el importe entregado sin actualizar.

Se introducen unas reglas relativas a la reclasificación de activos financieros. La reclasificación va a suponer que los activos financieros pasen de una categoría a otra y, por lo tanto, que ajusten sus valoraciones. La norma establece las condiciones en las que se pueden efectuar estas reclasificaciones y algunas limitaciones a las mismas.

Por último, la norma regula la baja de activos financieros. La principal novedad es la forma en la que se registran las cesiones de activos financieros cuando la entidad mantenga los riesgos y ventajas inherentes a la propiedad de los mismos, en cuyo caso, no dará de baja el activo financiero y reconocerá un pasivo financiero por la contraprestación recibida.

Los pasivos financieros, regulados en la norma de reconocimiento y valoración n.º 9, se definen como una obligación exigible e incondicional de entregar efectivo u otro activo financiero a un tercero o de intercambiar con un tercero activos o pasivos financieros en condiciones potencialmente desfavorables.

Los pasivos financieros se clasifican, a efectos de su valoración, en: *a*) pasivos financieros a coste amortizado y *b*) pasivos financieros a valor razonable con cambios en resultados.

Los pasivos financieros a coste amortizado incluyen los débitos y partidas a pagar por operaciones derivadas de la actividad habitual; las deudas representadas en valores negociables con la intención de mantenerlos hasta el vencimiento y las que se espera recomprar antes del vencimiento a precio de mercado en un plazo superior a un año desde su emisión; las deudas representadas en valores negociables emitidos con el acuerdo de recomprarlos antes del vencimiento a un precio fijo o a un precio igual al de emisión más la rentabilidad normal del prestamista; las deudas con entidades de crédito y otros débitos y partidas a pagar.

Los pasivos financieros a valor razonable con cambios en resultados incluyen las deudas representadas en valores negociables emitidos con el acuerdo u objetivo de recomprarlos a corto plazo, excepto aquellos en los que el acuerdo se fije a un precio fijo o igual al de emisión más la rentabilidad normal del prestamista, y los derivados, excepto aquellos que sean contratos de garantía financiera o hayan sido designados como instrumentos de cobertura.

En la misma línea que los activos financieros, las partidas a pagar con vencimiento a corto plazo que no tengan un tipo de interés contractual se valorarán por su valor nominal. Las partidas a pagar a largo plazo sin tipo de interés contractual se podrán valorar por su valor nominal y los préstamos recibidos a largo plazo con intereses subvencionados se podrán valorar por el importe recibido cuando el efecto de la no actualización globalmente considerado sea poco significativo en las cuentas anuales de la entidad. Las fianzas y depósitos recibidos se valorarán en todo momento por el importe recibido sin actualizar.

La baja de los pasivos financieros, con carácter general, se registrará cuando la obligación se haya cumplido o cancelado. No obstante, no se dará de baja el pasivo en el supuesto de compraventas dobles de pasivos propios cuando la posterior venta del pasivo recomprado se pacte a un precio fijo o a un precio igual al de venta más la rentabilidad normal del prestamista, ya que en estos casos el fondo económico de estas operaciones consiste en la concesión de un préstamo, o la constitución de un depósito financiero, actuando el pasivo propio recibido como garantía.

También hay que resaltar la inclusión del tratamiento contable de determinados instrumentos financieros que han ido apareciendo como consecuencia de la naturaleza dinámica de los mercados financieros. Como novedades hay que mencionar la inclusión del tratamiento contable del intercambio de pasivos financieros y los contratos de garantía financiera.

El tratamiento contable de las coberturas es otra de las novedades del PCN. Mediante una operación de cobertura, uno o varios instrumentos financieros, denominados de cobertura, son designados para cubrir un riesgo específicamente identificado que puede tener impacto en la cuenta de resultados o en el estado de cambios en el patrimonio neto, como consecuencia de variaciones en el valor razonable o en los flujos de efectivo de una o varias partidas cubiertas. La norma n.º 10, «Coberturas contables», recoge los elementos patrimoniales que pueden designarse como instrumentos de cobertura y como partidas cubiertas, así como los requisitos que deben cumplirse para que una cobertura pueda calificarse como cobertura contable, la valoración del instrumento de cobertura y de la partida cubierta, así como la interrupción de la contabilidad de coberturas.

Respecto a la norma de reconocimiento y valoración n.º 11, «Existencias», hay que señalar como novedad la posibilidad, en la medida que sea significativo, de mantener un inventario por la prestación de servicios con contraprestación, en cuyo caso, las existencias incluirán el coste de producción de los servicios, siempre que no se haya reconocido el ingreso correspondiente.

Al igual que en el PCN'04, se establece la utilización con carácter general del método del precio medio o coste medio ponderado, admitiéndose el método FIFO cuando la entidad lo considere más conveniente para su gestión; sin embargo, no se admite el método LIFO. También señala la norma que en el caso de que no se pueda asignar el valor por los métodos anteriores, se podrá determinar tomando el valor razonable menos un margen adecuado.

La norma de reconocimiento y valoración n.º 12, «Activos construidos o adquiridos para otras entidades», también presenta cambios. Esta norma se refiere a las inversiones gestionadas para otros entes ya reguladas en el PCN'04. La norma contempla dos opciones para contabilizar estas inversiones.

Cuando se trate de construcción de los bienes, si los ingresos y los costes pueden ser estimados con suficiente grado de fiabilidad, los ingresos se reconocerán en el resultado del ejercicio en base al grado de avance o realización de la obra al final de cada ejercicio, y los costes se calcularán conforme a lo establecido en la norma de reconocimiento y valoración de existencias. Cuando los ingresos y los costes no puedan ser estimados con el suficiente grado de fiabilidad, y en los casos en los que los activos no se construyan directamente por la entidad gestora, los costes asociados a la construcción o adquisición se reconocerán como existencias, reconociéndose los ingresos cuando los activos se entreguen a la entidad destinataria de los mismos.

Por tanto, se produce un cambio respecto al PCN'04 en el que las inversiones gestionadas para otros entes públicos se incluían en el grupo 2, «Inmovilizado», permaneciendo en el activo de la entidad hasta el momento de la entrega, en la que se contabilizaba la baja con imputación a una cuenta de gastos por subvenciones.

La norma de reconocimiento y valoración n.º 13, «Moneda extranjera», define lo que se entiende por partidas monetarias y partidas no monetarias. En cada fecha de presentación de los estados financieros, las partidas monetarias se valorarán aplicando el tipo de cambio al contado existente en esa fecha (pudiéndose utilizar un tipo de cambio medio del período —como máximo mensual—, salvo que dicho tipo haya sufrido variaciones significativas durante el mismo) y las diferencias tanto positivas como negativas se reconocerán en la cuenta del resultado económico patrimonial, excepto las partidas designadas como instrumentos de cobertura a las que les será de aplicación la norma de coberturas contables. La norma recoge el caso particular de los activos financieros monetarios clasificados como disponibles para la venta, en los que la parte del cambio asociada a cambios en el coste amortizado se reconoce como resultado del ejercicio y los demás cambios de valor se reconocen en el patrimonio neto.

Las partidas no monetarias se valorarán aplicando el tipo de cambio de la fecha en que fueron registradas, y las valoradas al valor razonable se valorarán aplicando el tipo de cambio al contado de la fecha en la que se determinó el valor razonable y las diferencias de cambio se reconocerán, en el patrimonio neto o en el resultado del ejercicio, en función de cómo se haya registrado cualquier cambio en la valoración de dicho elemento patrimonial. Las amortizaciones se calcularán sobre el importe anteriormente calculado.

La norma de reconocimiento y valoración n.º 14, «Impuesto sobre el valor añadido e impuesto general indirecto canario», no sufre cambios importantes respecto a la norma de reconocimiento y valoración correspondiente del PCN'04. La norma precisa que, sin perjuicio de lo establecido en la norma relativa a cambios en criterios y estimaciones contables y errores, no alterarán las valoraciones iniciales las rectificaciones en el importe del impuesto soportado no deducible, en particular, los ajustes que sean consecuencia de la regularización derivada de la prorrata definitiva, incluida la regularización por bienes de inversión. Tales rectificaciones se reconocerán como gasto o ingreso en el resultado del ejercicio.

La norma de reconocimiento y valoración n.º 15, «Ingresos con contraprestación», concreta los requisitos que debe cumplir la transacción para que se puedan reconocer los ingresos derivados de la misma. En el caso de ingresos por ventas, además de los criterios generales se deben cumplir los siguientes: *a*) que la entidad haya transferido al comprador los riesgos y ventajas de tipo significativo, con independencia de la cesión o no del título legal de propiedad, *b*) que la entidad no conserva ninguna implicación en la gestión corriente de los bienes vendidos, ni retiene el control efectivo de los mismos y *c*) que los gastos asociados a la transacción pueden ser medidos con fiabilidad.

La norma de reconocimiento y valoración n.º 16, «Ingresos sin contraprestación», presenta como principal novedad la posibilidad de reconocer los ingresos por impuestos cuando tenga lugar el hecho imponible y se cumplan los criterios de reconocimiento del activo, permitiendo la utilización de modelos estadísticos siempre que tengan un alto grado de fiabilidad para determinar el importe del activo cuando la liquidación del impuesto se practique en un ejercicio posterior al de realización del hecho imponible. Además se establece que el ingreso tributario se determinará por su importe bruto. Los beneficios que se paguen a los contribuyentes a través del sistema tributario, que en otras circunstancias serían pagados utilizando otro medio de pago, constituyen un gasto y deben reconocerse independientemente, debiéndose incrementar el ingreso por el importe de estos gastos. En cambio, no se debe incrementar el ingreso por el importe de los gastos fiscales (deducciones), ya que son ingresos a los que se renuncia y no dan lugar a flujos de entrada o salida de recursos.

La norma de reconocimiento y valoración n.º 17, «Provisiones, activos y pasivos contingentes», recoge los criterios de reconocimiento que se deben cumplir para contabilizar una provisión, en particular: que exista una obligación presente (legal, contractual o implícita), como resultado de un suceso pasado, que sea probable que la entidad tenga que desprenderse de recursos y que pueda hacerse una estimación fiable de su importe. Cuando la obligación no reúna los requisitos anteriores y exista un pasivo contingente se informará en memoria.

En relación con los activos contingentes la norma establece que se facilitará información sobre los mismos en la memoria.

Una de las principales novedades respecto al PCN'04 es la necesidad de actualizar los desembolsos que se espera que sean necesarios para cancelar las obligaciones, excepto para las provisiones con vencimiento inferior o igual a un año y en las que el efecto financiero de su no actualización, en virtud del principio de importancia relativa, no sea significativo. El tipo de descuento a aplicar será el equivalente al tipo de deuda pública para un vencimiento análogo y la actualización de su cuantía se realizará, con carácter general, con cargo a cuentas representativas de gastos financieros.

La norma de reconocimiento y valoración n.º 18, «Transferencias y subvenciones», presenta importantes novedades con respecto al PCN'04. La norma define, en primer lugar, lo que se entiende por transferencias y subvenciones a los únicos efectos de este Plan, es decir, a efectos contables. Las subvenciones, cuando existan dudas sobre el cumplimiento de las condiciones y requisitos asociados a su disfrute, tendrán la consideración de reintegrables y la operación se tratará como un pasivo en la entidad beneficiaria.

Respecto a las transferencias y subvenciones concedidas no existen cambios significativos respecto al PCN'04, tan sólo cabe destacar la obligación de contabilizar una provisión cuando al cierre del ejercicio esté pendiente el cumplimiento de alguna de las condiciones establecidas para su percepción, pero no existan dudas razonables sobre su futuro cumplimiento.

Por lo que afecta a las transferencias y subvenciones recibidas, el ingreso se reconocerá por la entidad beneficiaria cuando exista un acuerdo individualizado de concesión a favor de la entidad, se hayan cumplido las condiciones asociadas a su disfrute y no existan dudas razonables sobre su percepción, sin perjuicio de la imputación presupuestaria. En el supuesto de que la condición asociada al disfrute de una subvención implique un determinado comportamiento de la entidad beneficiaria durante un número de años, por ejemplo mantener un activo o un nivel de empleo durante un período de tiempo, se presumirá el cumplimiento de las condiciones asociadas al disfrute siempre que así sea en el momento de la elaboración de las cuentas anuales de cada uno de los ejercicios a los que afecte.

En cuanto a su registro contable, las subvenciones recibidas no reintegrables se califican, con carácter general, como ingresos directamente imputados al patrimonio neto que posteriormente se trasladarán a la cuenta del resultado económico patrimonial de acuerdo con su finalidad; por ejemplo, cuando financian gastos, de forma correlacionada con los mismos, y cuando financien la adquisición de activos, en proporción a la vida útil o cuando se produzca su baja o enajenación. Por su parte, las transferencias recibidas se imputarán al resultado del ejercicio en que se reconozcan.

Las transferencias y subvenciones otorgadas por las entidades propietarias a favor de una entidad pública dependiente, se contabilizarán de acuerdo con los criterios anteriores. No obstante, la aportación patrimonial inicial, así como las posteriores ampliaciones por asunción de nuevas competencias por la entidad dependiente, se registrarán por las entidades propietarias como inversiones en el patrimonio de las entidades públicas dependientes, valorándose de acuerdo con los criterios establecidos en la norma de reconocimiento y valoración n.º 8, «Activos financieros». Para la entidad dependiente constituirá una aportación que se registrará en el patrimonio neto.

La norma de reconocimiento y valoración n.º 19, «Adscripciones y otras cesiones gratuitas de uso de bienes y derechos», también presenta novedades respecto al PCN'04. En esta norma, que remite a los criterios de reconocimiento y valoración de la norma de transferencias y subvenciones, se incluyen las operaciones por las que se transfieren gratuitamente activos de una entidad pública a otra para su utilización por esta última en un destino o fin determinado, de forma que si los bienes o derechos no se utilizaran para la finalidad prevista deberían ser objeto de reversión o devolución a la entidad aportante.

Si la adscripción o cesión gratuita del bien es por un período inferior a la vida económica del mismo, la entidad beneficiaria registrará un inmovilizado intangible por el valor razonable del derecho de uso del bien cedido. Si la adscripción o cesión gratuita es por un período indefinido o similar a la vida económica del bien, la entidad beneficiaria registrará en su activo el elemento recibido en función de su naturaleza y por el valor razonable del mismo en la fecha de la cesión.

En el supuesto de la adscripción de bienes o derechos de una entidad pública a sus organismos públicos dependientes, la entidad beneficiaria registrará el bien o derecho recibido por el valor razonable del mismo con abono a una cuenta de patrimonio. El PCN'04, sin embargo, prescribía su registro por el valor neto contable que tenía el mismo en la entidad adscribiente con abono a una cuenta de patrimonio recibido en adscripción.

La entidad adscribiente, con carácter general, contabilizará un activo financiero por el valor razonable del bien o derecho aportado con abono a la cuenta del bien adscrito registrando, en su caso, un resultado por la diferencia entre el valor razonable del bien y su valor contable, mientras que con el PCN'04 la entidad adscribiente contabilizaba la baja del bien entregado por su valor neto contable, utilizando como contrapartida una cuenta compensadora de patrimonio entregado en adscripción.

Por lo que se refiere a las cesiones gratuitas de bienes y derechos (cuando no exista dependencia entre las entidades), en el nuevo PCN la entidad cesionaria que recibe el bien o derecho lo registrará por el valor razonable con abono a una cuenta de patrimonio neto y, posteriormente, se imputará al resultado económico patrimonial en proporción a la dotación a la amortización del bien o derecho o, en su caso, cuando se produzca su enajenación o baja en inventario. En el PCN'04 la entidad cesionaria registraba el bien por el valor venal con abono a una cuenta de patrimonio recibido en cesión, permaneciendo en dicha cuenta hasta que se producía la reversión del bien. La entidad cedente del bien o derecho, en el nuevo PCN registra un gasto por subvenciones, por el valor contable del bien o derecho cedido, con abono a la cuenta que corresponda según la naturaleza del bien o derecho cedido. En el PCN'04, la entidad cedente daba de baja el bien cedido, por su valor neto contable, con cargo a una cuenta de patrimonio entregado en cesión.

En el caso de bienes inmuebles recibidos en cesión o adscripción se permite que, en ausencia de otros valores, la valoración se pueda realizar por el valor que a los mismos les asigne, a efectos tributarios de las transmisiones patrimoniales, la Comunidad Autónoma en la que radiquen.

La norma de reconocimiento y valoración n.º 20, «Actividades conjuntas», que es una novedad en el PCN, define lo que se entiende por actividad conjunta, distinguiendo entre las actividades conjuntas que no requieren la constitución de una nueva entidad, en cuyo caso cada partícipe reconocerá en sus cuentas anuales la parte proporcional que le corresponda de activos, pasivos, ingresos y gastos, y las actividades conjuntas que requieren la constitución de una persona jurídica independiente que son las entidades multigrupo, definidas en los términos previstos en la norma de activos financieros.

El tratamiento contable de la norma de reconocimiento y valoración n.º 21, «Cambios en criterios y estimaciones contables y errores», difiere del recogido en el PCN'04, en el que se consideraba que el cambio se producía al inicio del ejercicio y se incluía como resultado extraordinario el efecto acumulado de las variaciones de activos y pasivos calculadas a esa fecha. En el nuevo PCN, los cambios en criterios contables y los errores que tengan importancia relativa se aplican de forma retrospectiva desde el ejercicio más antiguo del que se tenga información contra una cuenta de patrimonio neto. Si el cambio de criterio contable se produce por imposición normativa se tratará según lo establecido en las disposiciones transitorias de la norma que impone el cambio y, en su defecto, se aplicará el criterio anterior.

Los cambios en estimaciones contables que son consecuencia de la obtención de información adicional, de una mayor experiencia o del conocimiento de nuevos hechos se contabilizarán de forma prospectiva afectando, según la naturaleza de la operación de que se trate, al resultado del ejercicio o al patrimonio neto.

Por último, la regulación de los hechos posteriores al cierre en la norma de reconocimiento y valoración n.º 22 constituye otra novedad. La norma distingue entre:

a) Los hechos posteriores que pongan de manifiesto condiciones que ya existían al cierre del ejercicio, que deberán tenerse en cuenta para la formulación o, en su caso, para la reformulación de las cuentas anuales, siempre antes de su aprobación por el órgano competente, motivando un ajuste, información en la memoria o ambos; y

b) Los hechos posteriores al cierre del ejercicio que pongan de manifiesto condiciones que no existían al cierre del mismo, no suponiendo un ajuste en las cuentas anuales, sin perjuicio de incluir, en su caso, información en la memoria con una estimación de su efecto, o de la imposibilidad de realizar dicha estimación.

TERCERA PARTE: CUENTAS ANUALES

Los documentos que integran las cuentas anuales comprenden: el balance, la cuenta del resultado económico patrimonial, el estado de cambios en el patrimonio neto, el estado de flujos de efectivo, el estado de liquidación del presupuesto y la memoria.

En esta parte del PCN la principal novedad es la incorporación de dos nuevos estados: el estado de cambios en el patrimonio neto y el estado de flujos de efectivo.

En el balance hay que destacar la distinción entre activos y pasivos corrientes y no corrientes (en el PCN'04, se distinguía entre corto y largo plazo); la presentación de las amortizaciones acumuladas y de las correcciones valorativas por deterioro minorando las correspondientes partidas del activo, que figurarán por su importe neto (en el PCN'04 se reflejaban en el balance en partidas independientes, disminuyendo los correspondientes epígrafes de activo); la nueva estructura del patrimonio neto, figurando en epígrafes independientes el patrimonio, el patrimonio generado, los ajustes por cambios de valor y las subvenciones recibidas pendientes de imputación a resultados.

Esta nueva clasificación obedece a las normas de reconocimiento y valoración de los elementos patrimoniales en los que pueden surgir ajustes por cambios de valor que deben ser imputados directamente al patrimonio neto y al nuevo tratamiento contable de las subvenciones recibidas. Desaparecen, por tanto, respecto al PCN'04, las cuentas de patrimonio en adscripción, en cesión y entregado al uso general, así como los derechos sobre bienes en régimen de arrendamiento financiero, por el nuevo criterio de reconocimiento y valoración de los arrendamientos financieros, y los gastos a distribuir en varios ejercicios, que pasarán a formar parte del pasivo a medida que se vayan devengando de acuerdo con el criterio del coste amortizado. Otros epígrafes aparecen de forma novedosa en el balance, como las inversiones inmobiliarias y los activos en estado de venta, en línea con lo recogido en las normas de reconocimiento y valoración. También hay que destacar la segregación de los deudores y acreedores presupuestarios que pasan a figurar en diferentes partidas según los criterios de las normas de elaboración del balance:

Los deudores presupuestarios figurarán en las partidas «Deudores por operaciones de gestión», «Otras cuentas a cobrar» y «Créditos y valores representativos de deuda» (diferenciando estas inversiones financieras en función de si corresponden a entidades vinculadas a la entidad o a otras entidades con las que no existe vinculación).

Los acreedores presupuestarios figurarán en las partidas «Acreedores por operaciones de gestión», «Otras cuentas a pagar» y «Otras deudas» (del epígrafe II, «Deudas a corto plazo»), y en el epígrafe «Deudas con entidades del grupo, multigrupo y asociadas a corto plazo».

En relación con la cuenta del resultado económico patrimonial hay que resaltar como novedad su presentación en forma de lista, en lugar de en dos columnas que es como figuraba en el PCN'04. A diferencia de éste, en la nueva cuenta de resultados se conforman varios márgenes intermedios que por agregación formarán el resultado total del ejercicio (ahorro o desahorro).

El estado de cambios en el patrimonio neto es uno de los nuevos estados que se incorpora en las cuentas anuales e informa de la cuantía y composición del patrimonio neto de la entidad y de las causas o motivos de su variación. Consta de tres partes: 1) estado total de cambios en el patrimonio neto, 2) estado de ingresos y gastos reconocidos y 3) estado de operaciones con la entidad o entidades propietarias.

La primera parte de este estado (estado total de cambios en el patrimonio neto) informa de todos los cambios originados en el patrimonio neto derivados de los ajustes por cambios de criterios contables y correcciones de errores, de ingresos y gastos reconocidos en el ejercicio y de operaciones patrimoniales con la entidad o entidades propietarias, así como de otras variaciones en el patrimonio neto. La segunda parte (estado de ingresos y gastos reconocidos) recoge, además del resultado económico patrimonial de la entidad, los ingresos y gastos reconocidos directamente en el patrimonio neto y los traspasos a la cuenta del resultado económico patrimonial o al valor inicial de la partida cubierta. La tercera parte (estado de operaciones con la entidad o entidades propietarias) detalla las operaciones realizadas con la entidad o entidades propietarias de la entidad, distinguiendo las operaciones patrimoniales de las otras operaciones.

Por su parte, el estado de flujos de efectivo, el otro de los nuevos estados de las cuentas anuales, informa del origen y destino de los movimientos habidos en las partidas monetarias de activo representativas de efectivo y otros activos líquidos equivalentes, e indica la variación neta sufrida por las mismas en el ejercicio. Se ha optado por aplicar el método directo en la confección de este estado, en sintonía con lo establecido en el PGCP de 2010, al proporcionar este método una información más útil en la estimación de los flujos de efectivo futuros, frente al método indirecto, que parte del resultado económico patrimonial, sobre el que se aplican los correspondientes ajustes.

En este estado de flujos de efectivo se distingue entre actividades de gestión, de inversión y de financiación. Las actividades de gestión incluyen las transacciones que intervienen en la determinación del resultado de la gestión ordinaria de la entidad y aquellas otras que no se clasifican como de inversión o financiación. Las actividades de inversión incluyen los pagos y cobros que tienen su origen en la adquisición, enajenación o amortización de elementos del inmovilizado no financiero y de inversiones financieras. Las actividades de financiación incluyen los cobros procedentes de la adquisición por terceros de títulos valores emitidos por la entidad, aportaciones de la entidad o entidades propietarias, deudas con entidades de crédito, así como los pagos a la entidad o entidades propietarias o los reembolsos de pasivos financieros.

El estado de liquidación del presupuesto no sufre modificaciones importantes respecto al PCN'04.

La memoria incluye una información más amplia y detallada que la del PCN'04. Se debe informar de las normas de reconocimiento y valoración aplicadas y de otra información adicional que se considere relevante para la comprensión por los usuarios de las cuentas anuales. Se ha incorporado información sobre el medio ambiente, sobre contratación administrativa y sobre las nuevas categorías de elementos patrimoniales incorporadas. En la información presupuestaria se ha eliminado el detalle individualizado de cada uno de los gastos con financiación afectada. Se han reforzado los indicadores relativos a la situación económico-financiera de la entidad y a la gestión de los servicios públicos, manteniéndose casi en su totalidad los indicadores presupuestarios. En concreto, el «período medio de pago» y el «período medio de cobro», con nueva fórmula para su elaboración, se han trasladado del grupo de indicadores presupuestarios al grupo de indicadores financieros y patrimoniales, debido a que su nueva configuración incluye tanto pagos y cobros por operaciones presupuestarias como no presupuestarias. En relación con el «período medio de pago» que pasa a llamarse «período medio de pago a acreedores comerciales», denominación más ajustada a su nueva configuración, hay que destacar que será el mismo período medio de pago que las entidades locales deben elaborar a efectos del control de la morosidad en las operaciones comerciales, pero referido a todo el ejercicio y a las operaciones comerciales en su conjunto. Asimismo, se ha añadido un apartado de información sobre el coste de las actividades.

CUARTA PARTE: CUADRO DE CUENTAS

La cuarta parte incluye el «Cuadro de cuentas» que, al igual que en el PCN'04, tiene carácter obligatorio, excepto en los casos expresamente previstos: en el grupo 3, «Existencias y otros activos en estado de venta», son orientativos los códigos y las denominaciones de las cuentas de los subgrupos 30 a 38, y el grupo 0, «Cuentas de control presupuestario», tiene carácter opcional.

El «Cuadro de cuentas» amplía su contenido para dar cabida a nuevas operaciones recogidas en las normas de reconocimiento y valoración, incluyendo dos nuevos grupos, el 8, «Gastos imputados al patrimonio neto», y el 9, «Ingresos imputados al patrimonio neto».

Del análisis detallado del «Cuadro de cuentas» merecen especial mención los siguientes aspectos:

Grupo 1. «Financiación básica»:

El subgrupo 10, «Patrimonio», se estructura en dos cuentas, la 100, «Patrimonio», y la 101, «Patrimonio recibido», para recoger el patrimonio de las entidades contables en función de si son entidades propietarias o no. Así, la cuenta 100, reservada para entidades propietarias, recoge la diferencia entre el activo y el pasivo exigible, deducidos los resultados y los incrementos y disminuciones patrimoniales pendientes de imputar a resultados, mientras que la cuenta 101, utilizable por el resto de entidades contables, recoge las aportaciones patrimoniales recibidas de su entidad o entidades propietarias.

El subgrupo 13, «Subvenciones y ajustes por cambio de valor», recoge las subvenciones que al recibirse se consideren ingresos de patrimonio neto y no ingresos del ejercicio, y los ajustes en el valor razonable de determinados activos (activos financieros e inmovilizado tangible).

Los nuevos subgrupos 16, «Deudas a largo plazo con entidades del grupo, multigrupo y asociadas», y 17, «Deudas a largo plazo con otras entidades», recogen el endeudamiento a largo plazo no formalizado mediante emisiones en masa, desagregado entre el existente con entidades del grupo, multigrupo y asociadas y el mantenido con otras entidades. También en estos subgrupos se recogen las deudas por subvenciones calificadas de reintegrables que pueden surgir como consecuencia del novedoso tratamiento contable que tienen las subvenciones recibidas.

En el subgrupo 18, «Fianzas y depósitos recibidos y ajustes por periodificación a largo plazo», se incluye la cuenta 186, «Ingresos anticipados a largo plazo», para recoger ingresos contabilizados en el ejercicio o en ejercicios anteriores cuyo devengo sea a largo plazo.

Grupo 2. «Activo no corriente»:

El subgrupo 21, «Inmovilizaciones materiales», incluye los elementos patrimoniales (infraestructuras, patrimonio histórico, bienes comunales) que en el PCN'04 se incluían en el antiguo subgrupo 20, «Inversiones destinadas al uso general». En el nuevo Plan estos bienes se consideran inmovilizado material y no se dan de baja en contabilidad cuando entran en funcionamiento, dado que cumplen la definición de activo.

Se incluye un nuevo subgrupo 22, «Inversiones inmobiliarias», para recoger aquellos bienes inmuebles que estén dedicados a obtener flujos de efectivo mediante su arrendamiento o venta, y no a la producción o suministro de bienes o servicios ni a fines administrativos.

— El subgrupo 23, «Inversiones gestionadas para otros entes públicos», del PCN'04 se suprime y estos bienes pasan a contabilizarse de acuerdo con la norma de reconocimiento y valoración n.º 11, «Existencias».

El nuevo subgrupo 23, «Inmovilizaciones materiales e inversiones inmobiliarias en curso», incluye los trabajos de adaptación, construcción y montaje de los bienes que forman el inmovilizado tangible, salvo los realizados sobre bienes del patrimonio público que se incluyen en su subgrupo específico (el 24). También recoge los anticipos sobre dichos bienes.

El antiguo subgrupo 25, «Inversiones financieras permanentes», se desgaja en el nuevo PCN en dos, el 25, «Inversiones financieras a largo plazo en entidades del grupo, multigrupo y asociadas», y el 26, «Otras inversiones financieras a largo plazo», para diferenciar las inversiones financieras en entidades vinculadas a la entidad contable de aquellas inversiones en entidades que no mantienen ninguna vinculación con ella.

Los deudores a largo plazo por aplazamiento y fraccionamiento que venían recogiéndose en la cuenta 444 del PCN'04, pasan a recogerse en cuentas representativas del inmovilizado de carácter financiero.

El subgrupo 29, «Deterioro de valor de activos no corrientes», amplía su desarrollo en cuentas para recoger todos los elementos patrimoniales susceptibles de esta corrección valorativa. Entre dichas cuentas se incluye la 299, «Deterioro de valor por usufructo cedido del inmovilizado material», para recoger las correcciones de valor derivadas de la cesión gratuita del uso de elementos del inmovilizado material a terceros por un período de tiempo inferior a la vida económica del bien cedido.

Grupo 3. «Existencias y otros activos en estado de venta»:

Se crean dos subgrupos nuevos: el 37, «Activos construidos o adquiridos para otras entidades», donde se ubican las anteriores inversiones gestionadas para otros entes públicos, y el 38, «Activos en estado de venta», que recoge los activos no financieros clasificados inicialmente como no corrientes y que se prevé enajenar en un plazo no superior al año.

Las denominaciones y códigos de las cuentas de los subgrupos 30 a 38 son orientativos, por tanto, cada entidad podrá desarrollar tantas cuentas como su actividad exija.

Grupo 4. «Acreedores y deudores»:

Las cuentas de los subgrupos 40, «Acreedores presupuestarios», y 43, «Deudores presupuestarios», se desagregan en subcuentas con el detalle contemplado en las normas de elaboración del Balance.

Se elimina el desglose en cuentas de cuatro cifras, según el tipo de liquidación, contemplado en el PCN'04 para las cuentas del subgrupo 43, «Deudores presupuestarios», aunque ello no es obstáculo para que las entidades puedan mantener dicho desglose en cuentas de cinco cifras o más, siempre respetando la desagregación en subcuentas que se contiene en el nuevo PCN.

Se incluye en el subgrupo 41, «Acreedores no presupuestarios», la cuenta 418, «Acreedores por devolución de ingresos y otras minoraciones», que en el PCN'04 estaba ubicada en el subgrupo 40, «Acreedores presupuestarios».

La cuenta 444, «Deudores a largo plazo por aplazamiento y fraccionamiento», del PCN'04 se elimina y estos deudores se trasladan a cuentas del inmovilizado no corriente de carácter financiero, para darles un encaje más apropiado dado su período de vencimiento.

En el subgrupo 45, «Deudores y acreedores por administración de recursos por cuenta de otros entes públicos», se distinguen dos situaciones respecto al tratamiento contable de las operaciones en el ente gestor, en función de si éste suministra a la entidad titular de los recursos toda la información sobre las operaciones de gestión que resulte necesaria para su registro en contabilidad o si, por el contrario, el ente gestor no está en condiciones de proporcionar a la entidad titular dicha información. En el caso de que el ente gestor proporcione la información necesaria para que el ente titular refleje todas las operaciones de sus recursos como si los gestionara él mismo, el ente gestor sólo deberá utilizar las cuentas 453, «Entes públicos, por ingresos pendientes de liquidar», y 456, «Entes públicos, c/c. efectivo»; en otro caso deberá utilizar el subgrupo 45 al completo, igual que en el PCN'04.

En el subgrupo 49, «Deterioro de valor de créditos», la única cuenta existente (490, «Deterioro de valor de créditos») recoge el mismo desglose contemplado para las cuentas del subgrupo 43, «Deudores presupuestarios».

Grupo 5. «Cuentas financieras»:

En los subgrupos 51, «Deudas a corto plazo con entidades del grupo, multigrupo, multigrupo y asociadas», y 52, «Deudas a corto plazo por préstamos recibidos y otros conceptos», se incluyen cuentas para recoger las deudas a corto plazo por subvenciones reintegrables.

Los activos financieros a corto plazo (principalmente, inversiones en patrimonio, valores representativos de deuda y créditos) se distribuyen en dos subgrupos distintos, dependiendo de que sean activos financieros de entidades vinculadas con la entidad (53, «Inversiones financieras a corto plazo en entidades del grupo, multigrupo y asociadas»), o de que no lo sean (54, «Inversiones financieras a corto plazo).

En el subgrupo 55, «Otras cuentas financieras», se incluye, entre otras, la cuenta 550, «Cuentas corrientes no bancarias», que recogerá, además de otras operaciones, las entregas a cuenta recibidas por el ente titular de parte del administrador de sus recursos, así como la liquidación definitiva que se practique periódicamente. Asimismo, se incluyen las cuentas 556, «Movimientos internos de tesorería», y 557, «Formalización». Estas operaciones, en el PCN'04, se incluían en el subgrupo 57, «Tesorería».

Se trasladan al subgrupo 56, «Fianzas y depósitos recibidos y constituidos a corto plazo y ajustes por periodificación», los ajustes por periodificación de carácter financiero que, en el PCN'04, se registraban en el subgrupo 58, «Ajustes por periodificación».

En el subgrupo 57, «Tesorería», se crea la cuenta 577, «Activos líquidos equivalentes al efectivo», para recoger las inversiones financieras que tengan un alto grado de liquidez y, como ya se ha expuesto, las cuentas para recoger los movimientos internos de tesorería y los cobros y pagos en formalización se trasladan al subgrupo 55, «Otras cuentas financieras».

En el nuevo subgrupo 58, «Provisiones a corto plazo», se recogen aquellas obligaciones estimadas cuya cancelación se prevea en el corto plazo. Este subgrupo añade, respecto a las especificadas en el subgrupo 14, «Provisiones a largo plazo», la provisión a corto plazo para devolución de ingresos (cuenta 585), que recoge aquellas devoluciones de impuestos y de otros ingresos que la entidad espera realizar en un plazo no superior al año y en las que existe incertidumbre sobre su exacto importe o vencimiento.

Grupo 6. «Compras y gastos por naturaleza»:

Este grupo no presenta grandes novedades, a excepción de una mayor desagregación de las cuentas, en especial, las relacionadas con operaciones financieras que llegan a un desarrollo de 5 dígitos.

Grupo 7. «Ventas e ingresos por naturaleza»:

Se crea la cuenta 707, «Ingresos por activos construidos o adquiridos para otras entidades», para que el ente gestor refleje los ingresos recibidos de terceros para financiar la construcción o adquisición del bien a entregar, que dejarán de figurar contablemente como subvenciones recibidas.

En el subgrupo 75, «Transferencias y subvenciones», se crean cuentas específicas para recoger la imputación al resultado económico patrimonial de las subvenciones recibidas que originalmente han sido calificadas como ingresos de patrimonio neto.

Grupos 8. «Gastos imputados al patrimonio neto», y 9. «Ingresos imputados al patrimonio neto»:

Se crean estos dos nuevos grupos para recoger aquellas disminuciones o incrementos del patrimonio neto de la entidad que no se imputan al resultado económico patrimonial del ejercicio en el que se generan.

Grupo 0. «Cuentas de control presupuestario»:

La utilización de las cuentas de control presupuestario del Grupo 0 pasa a tener carácter opcional, sin perjuicio de que las operaciones se registren por partida simple en la contabilidad de desarrollo de la ejecución del presupuesto y se facilite la correspondiente información en las cuentas anuales. No obstante, para aquellas entidades que consideren oportuna su utilización, se han mantenido las cuentas y definido sus movimientos.

QUINTA PARTE: DEFINICIONES Y RELACIONES CONTABLES

Se dedica a las definiciones y relaciones contables de los grupos, subgrupos y cuentas del Plan. Las relaciones contables definen los motivos más comunes de cargo y abono de las cuentas, sin agotar todas las posibilidades que cada una de ellas admite. Por lo tanto, cuando se trate de operaciones cuya contabilización no se haya recogido de forma expresa, su registro se efectuará practicando las anotaciones contables que procedan por aplicación de los criterios establecidos con carácter general.

PRIMERA PARTE

Marco conceptual de la contabilidad pública

1.º Imagen fiel de las cuentas anuales.

Las cuentas anuales deben suministrar información útil para la toma de decisiones económicas y constituir un medio para la rendición de cuentas de la entidad por los recursos que le han sido confiados. Para ello, deben redactarse con claridad y mostrar la imagen fiel del patrimonio, de la situación financiera, del resultado económico patrimonial, y de la ejecución del presupuesto de la entidad contable.

A tales efectos, constituye la entidad contable todo ente con personalidad jurídica y presupuesto propio, que deba formar y rendir cuentas.

Las cuentas anuales comprenden los siguientes documentos que forman una unidad: el balance, la cuenta del resultado económico patrimonial, el estado de cambios en el patrimonio neto, el estado de liquidación del presupuesto, el estado de flujos de efectivo y la memoria.

La aplicación sistemática y regular de los requisitos de la información y principios y criterios contables incluidos en los apartados siguientes deberá conducir a que las cuentas anuales muestren la anteriormente citada imagen fiel. A tal efecto, en la contabilización de las operaciones, se atenderá a su realidad económica y no sólo a su forma jurídica.

Cuando se considere que el cumplimiento de los requisitos de la información y principios y criterios contables incluidos en este Plan General de Contabilidad Pública no sea suficiente para mostrar la mencionada imagen fiel, se suministrará en la memoria la información complementaria precisa para alcanzar este objetivo.

En aquellos casos excepcionales en los que dicho cumplimiento fuera incompatible con la imagen fiel que deben proporcionar las cuentas anuales, se considerará improcedente dicha aplicación. En tales casos, en la memoria se motivará suficientemente esta circunstancia, y se explicará su influencia sobre el patrimonio, la situación financiera y los resultados de la entidad.

2.º Requisitos de la información a incluir en las cuentas anuales.

La información incluida en las cuentas anuales debe cumplir los requisitos o características siguientes:

a) Claridad. La información es clara cuando los destinatarios de la misma, partiendo de un conocimiento razonable de las actividades de la entidad y del entorno en el que opera, pueden comprender su significado.

b) Relevancia. La información es relevante cuando es de utilidad para la evaluación de sucesos (pasados, presentes o futuros), o para la confirmación o corrección de evaluaciones anteriores. Esto implica que la información ha de ser oportuna, y comprender toda aquella que posea importancia relativa, es decir, que su omisión o inexactitud pueda influir en la toma de decisiones económicas de cualquiera de los destinatarios de la información.

c) Fiabilidad. La información es fiable cuando está libre de errores materiales y sesgos y se puede considerar como imagen fiel de lo que pretende representar. El cumplimiento de este requisito implica que:

— La información sea completa y objetiva.

— El fondo económico de las operaciones prevalezca sobre su forma jurídica.

— Se deba ser prudente en las estimaciones y valoraciones a efectuar en condiciones de incertidumbre.

d) Comparabilidad. La información es comparable, cuando se pueda establecer su comparación con la de otras entidades, así como con la de la propia entidad correspondiente a diferentes períodos.

3.º Principios contables.

1. La contabilidad de la entidad se desarrollará aplicando los principios contables de carácter económico patrimonial que se indican a continuación:

a) Gestión continuada. Se presumirá, salvo prueba en contrario, que continúa la actividad de la entidad por tiempo indefinido. Por tanto, la aplicación de los presentes principios no irá encaminada a determinar el valor liquidativo del patrimonio.

b) Devengo. Las transacciones y otros hechos económicos deberán reconocerse en función de la corriente real de bienes y servicios que los mismos representan, y no en el momento en que se produzca la corriente monetaria o financiera derivada de aquéllos. Los elementos reconocidos de acuerdo con este principio son activos, pasivos, patrimonio neto, ingresos y gastos.

Si no puede identificarse claramente la corriente real de bienes y servicios se reconocerán los gastos o los ingresos, o el elemento que corresponda, cuando se produzcan las variaciones de activos o pasivos que les afecten.

c) Uniformidad. Adoptado un criterio contable dentro de las alternativas permitidas, deberá mantenerse en el tiempo y aplicarse a todos los elementos patrimoniales que tengan las mismas características en tanto no se alteren los supuestos que motivaron su elección.

Si procede la alteración justificada de los criterios utilizados, dicha circunstancia se hará constar en la memoria, indicando la incidencia cuantitativa y cualitativa de la variación sobre las cuentas anuales.

d) Prudencia. Se deberá mantener cierto grado de precaución en los juicios de los que se derivan estimaciones bajo condiciones de incertidumbre, de tal manera que los activos o los ingresos no se sobrevaloren, y que las obligaciones o los gastos no se infravaloren. Pero, además, el ejercicio de la prudencia no debe suponer la minusvaloración de activos o ingresos ni la sobrevaloración de obligaciones o gastos, realizados de forma intencionada, ya que ello privaría de neutralidad a la información, suponiendo un menoscabo a su fiabilidad.

e) No compensación. No podrán compensarse las partidas del activo y del pasivo del balance, ni las de gastos e ingresos que integran la cuenta del resultado económico patrimonial o el estado de cambios en el patrimonio neto, y se valorarán separadamente los elementos integrantes de las cuentas anuales, salvo aquellos casos en que de forma excepcional así se regule.

f) Importancia relativa. La aplicación de los principios y criterios contables, deberá estar presidida por la consideración de la importancia en términos relativos que los mismos y sus efectos pudieran presentar. Por consiguiente, podrá ser admisible la no aplicación estricta de alguno de ellos, siempre y cuando la importancia relativa en términos cuantitativos o cualitativos de la variación constatada sea escasamente significativa y no altere, por tanto, la imagen fiel de la situación patrimonial y de los resultados del sujeto económico. Las partidas o importes cuya importancia relativa sea escasamente significativa podrán aparecer agrupados con otros de similar naturaleza o función. La aplicación de este principio no podrá implicar en caso alguno la trasgresión de normas legales.

En los casos de conflicto entre los anteriores principios contables deberá prevalecer el que mejor conduzca a que las cuentas anuales expresen la imagen fiel del patrimonio, de la situación financiera y del resultado económico patrimonial de la entidad.

2. También se aplicarán los principios contables de carácter presupuestario recogidos en la normativa presupuestaria aplicable, y en especial los siguientes:

a) Principio de imputación presupuestaria. La imputación de las operaciones que deban aplicarse a los Presupuestos de gastos e ingresos deberá efectuarse de acuerdo con los siguientes criterios:

Los gastos e ingresos presupuestarios se imputarán de acuerdo con su naturaleza económica y, en el caso de los gastos, además, de acuerdo con la finalidad que con ellos se pretende conseguir. Los gastos e ingresos presupuestarios se clasificarán, en su caso, atendiendo al órgano encargado de su gestión.

Las obligaciones presupuestarias derivadas de adquisiciones, obras, servicios, prestaciones o gastos en general se imputarán al Presupuesto del ejercicio en que éstos se realicen y con cargo a los respectivos créditos; los derechos se imputarán al Presupuesto del ejercicio en que se reconozcan o liquiden.

b) Principio de desafectación. Con carácter general, los ingresos de carácter presupuestario se destinarán a financiar la totalidad de los gastos de dicha naturaleza, sin que exista relación directa entre unos y otros. En el supuesto de que determinados gastos presupuestarios se financien con ingresos presupuestarios específicos a ellos afectados, el sistema contable deberá reflejar esta circunstancia y permitir su seguimiento.

4.º Elementos de las cuentas anuales.

1. Los elementos de las cuentas anuales relacionados con el patrimonio y la situación financiera de la entidad, que se registran en el balance son:

a) Activos: bienes, derechos y otros recursos controlados económicamente por la entidad, resultantes de sucesos pasados, de los que es probable que la entidad obtenga en el futuro rendimientos económicos o un potencial de servicio. También serán calificados como activos aquellos que sean necesarios para obtener los rendimientos económicos o el potencial de servicio de otros activos.

Los activos portadores de «rendimientos económicos futuros» son aquellos que se poseen con el fin de generar un rendimiento comercial a través de la provisión de bienes o prestación de servicios con los mismos: un activo genera un rendimiento comercial cuando se utiliza de una forma consistente con la adoptada por las entidades orientadas a la obtención de beneficios. La posesión de un activo para generar un rendimiento comercial indica que la entidad pretende obtener flujos de efectivo a través de ese activo (o a través de la unidad a la que pertenece el activo) y obtener un rendimiento que refleje el riesgo que implica la posesión del mismo.

Los activos portadores de «potencial de servicio» son aquellos que se poseen con una finalidad distinta a la de generar un rendimiento comercial, como pueden ser los flujos económicos sociales que generan dichos activos y que benefician a la colectividad, esto es, su beneficio social o potencial de servicio.

b) Pasivos: obligaciones actuales surgidas como consecuencia de sucesos pasados, cuya extinción es probable que dé lugar a una disminución de recursos que incorporen rendimientos económicos o un potencial de servicio. A estos efectos, se entienden incluidas las provisiones.

c) Patrimonio neto: constituye la parte residual de los activos de la entidad, una vez deducidos todos sus pasivos. Incluye las aportaciones realizadas, ya sea en el momento de su constitución o en otros posteriores, por la entidad o entidades propietarias, que no tengan la consideración de pasivos, así como los resultados acumulados u otras variaciones que le afecten.

2. Los elementos relacionados con la medida del resultado económico patrimonial y otros ajustes en el patrimonio neto, que

se reflejan en la cuenta del resultado económico patrimonial o en el estado de cambios en el patrimonio neto son:

a) Ingresos: incrementos en el patrimonio neto de la entidad, ya sea en forma de entradas o aumentos en el valor de los activos, o de disminución de los pasivos, siempre que no tengan su origen en aportaciones patrimoniales, monetarias o no, de la entidad o entidades propietarias cuando actúen como tales.

b) Gastos: decrementos en el patrimonio neto de la entidad, ya sea en forma de salidas o disminuciones en el valor de los activos, o de reconocimiento o aumento de los pasivos, siempre que no tengan su origen en devoluciones de aportaciones patrimoniales y en su caso distribuciones, monetarias o no, a la entidad o entidades propietarias cuando actúen como tales.

Los ingresos y gastos del ejercicio se imputarán al resultado del mismo, excepto cuando proceda su imputación directa al patrimonio neto de acuerdo con lo previsto en la segunda parte de este Plan General de Contabilidad Pública o en su normativa de desarrollo.

3. Los elementos relacionados con la ejecución del presupuesto que se reflejan en el estado de liquidación del presupuesto son:

a) Gastos presupuestarios: Son aquellos flujos que suponen el empleo de créditos consignados en el presupuesto de gastos de la entidad. Su realización conlleva obligaciones a pagar presupuestarias con origen en gastos, en adquisición de activos o en la cancelación de pasivos financieros.

Por tanto, este término se reserva para aquellos flujos que deben imputarse al estado de liquidación del presupuesto de la entidad. No debe confundirse con el término «gasto», ya que existen gastos presupuestarios que no constituyen un gasto y viceversa.

b) Ingresos presupuestarios: Son aquellos flujos que determinan recursos para financiar los gastos presupuestarios de la entidad. Generan derechos de cobro presupuestarios, que deben imputarse al correspondiente presupuesto, con origen en ingresos, en la enajenación, el vencimiento o la cancelación de activos, en la emisión de pasivos financieros, en la disminución de gastos o en el incremento del patrimonio neto.

Por tanto, este término se reserva para aquellos flujos que deben imputarse al estado de liquidación del presupuesto de la entidad. No debe confundirse con el término «ingreso», ya que existen ingresos presupuestarios que no constituyen ingreso y viceversa.

4. Los elementos relacionados con movimientos de tesorería que tienen su reflejo en el estado de flujos de efectivo son:

a) Cobros: Son los flujos de entrada de efectivo y suponen un aumento de la tesorería de la entidad.

b) Pagos: Son los flujos de salida de efectivo y suponen una disminución de la tesorería de la entidad.

5.º Criterios de registro o reconocimiento contable de los elementos de las cuentas anuales.

1. Criterios de registro.

El registro o reconocimiento contable es el proceso por el que se incorporan a la contabilidad los diferentes elementos de las cuentas anuales cuando cumplan las definiciones del apartado anterior y los criterios establecidos en este apartado. Todos los hechos económicos deben ser registrados en el oportuno orden cronológico.

2. Activos y pasivos.

Los activos deben reconocerse en el balance cuando:

— Se considere probable que la entidad obtenga, a partir de los mismos, rendimientos económicos o un potencial de servicio en el futuro.

— Y siempre que puedan valorarse con fiabilidad.

La primera de las dos condiciones supone que los riesgos y ventajas asociados al activo han sido traspasados a la entidad.

El reconocimiento contable de un activo implica también el reconocimiento simultáneo de un pasivo, o de un ingreso, o bien la disminución de otro activo o de un gasto, o el incremento del patrimonio neto. Asimismo, habrá de reconocerse cualquier disminución en los rendimientos económicos o el potencial de servicio esperados de los activos, ya venga motivada por su deterioro físico, por su desgaste a través del uso, o por su obsolescencia.

Se reconocerá un pasivo en el balance cuando:

— Se considere probable que, a su vencimiento, y para liquidar la obligación, deban de entregarse o cederse recursos que incorporen rendimientos económicos o un potencial de servicio futuros.

— Y es necesario que su valor pueda determinarse con fiabilidad.

El reconocimiento contable de un pasivo implica el reconocimiento simultáneo de un activo o de un gasto, o la disminución de otro pasivo, o de ingresos o del patrimonio neto.

Cuando se trate de activos y pasivos que también tengan reflejo en la ejecución del presupuesto, el mencionado reconocimiento podrá realizarse cuando, de acuerdo con el procedimiento establecido en cada caso, se dicten los correspondientes actos que determinan el reconocimiento de gastos o ingresos presupuestarios. En este caso, al menos a la fecha de cierre del período, aunque no hayan sido dictados los mencionados actos, deberán reconocerse en el balance los activos y pasivos devengados por la entidad hasta dicha fecha.

3. Ingresos y gastos.

El reconocimiento de ingresos en la cuenta del resultado económico patrimonial o en el estado de cambios en el patrimonio neto, tiene lugar como consecuencia de un incremento de los recursos económicos o del potencial de servicio de la entidad, ya sea mediante un incremento de activos, o una disminución de los pasivos, y siempre que su cuantía pueda determinarse con fiabilidad. Por lo tanto, conlleva el reconocimiento simultáneo de un activo, o de un incremento en un activo, o la desaparición o disminución de un pasivo.

Debe reconocerse un gasto en la cuenta del resultado económico patrimonial o en el estado de cambios en el patrimonio neto, cuando se produzca una disminución de recursos económicos o del potencial de servicio de la entidad, ya sea mediante un decremento en los activos, o un aumento en los pasivos, y siempre que pueda valorarse o estimarse su cuantía con fiabilidad. El reconocimiento de un gasto implica, por tanto, el simultáneo reconocimiento de un pasivo, o de un incremento en éste, o la desaparición o disminución de un activo. *Sensu contrario*, el reconocimiento de una obligación sin reconocer simultáneamente un activo relacionado con la misma, implica la existencia de un gasto, que debe ser reflejado contablemente.

Cuando se trate de gastos e ingresos que también tengan reflejo en la ejecución del presupuesto el mencionado reconocimiento se podrá realizar cuando, de acuerdo con el procedimiento establecido en cada caso, se dicten los correspondientes actos que determinan el reconocimiento de gastos o ingresos presupuestarios. En este caso, al menos a la fecha de cierre del período, aunque no hayan sido dictados los mencionados actos, deberán reconocerse en la cuenta del resultado económico patrimonial o en el estado de cambios en el patrimonio neto los gastos e ingresos devengados por la entidad hasta dicha fecha.

En cualquier caso, se registrarán en el mismo período de cuentas anuales, los gastos e ingresos que surjan directa y conjuntamente de las mismas transacciones u otros hechos económicos.

4. Gastos e ingresos presupuestarios.

Se reconocerá un gasto presupuestario en el estado de liquidación del presupuesto cuando, de acuerdo con el procedimiento establecido, se dicte el correspondiente acto administrativo de reconocimiento y liquidación de la obligación presupuestaria. Supone el reconocimiento de la obligación presupuestaria a pagar y, simultáneamente, el de un activo o de un gasto o la disminución de otro pasivo.

Debe reconocerse un ingreso presupuestario en el estado de liquidación del presupuesto cuando, de acuerdo con el procedimiento establecido, se dicte el correspondiente acto administrativo de liquidación del derecho de cobro, o documento equivalente que lo cuantifique. Supone el reconocimiento del derecho presupuestario a cobrar, y simultáneamente el de un pasivo, o de un ingreso, o bien la disminución de otro activo, o de un gasto o el incremento del patrimonio neto.

El reconocimiento del ingreso presupuestario derivado de transferencias o subvenciones recibidas debe realizarse cuando se produzca el incremento del activo en el que se materialicen (tesorería). No obstante el ente beneficiario de las mismas podrá reconocer el ingreso presupuestario con anterioridad, si conoce de forma cierta que el ente concedente ha dictado el acto de reconocimiento de su correlativa obligación.

Asimismo, en aquellas subvenciones y transferencias nominativas que, de acuerdo con su regulación específica, se hacen efectivas mediante entregas a cuenta de una liquidación definitiva posterior, la entidad beneficiaria podrá reconocer como ingresos presupuestarios las entregas a cuenta al inicio del período al que se refieran (esto es con periodicidad mensual, trimestral, etc.). El reconocimiento, en su caso, del ingreso presupuestario derivado de la liquidación definitiva se efectuará de acuerdo con el criterio establecido en el párrafo anterior.

La concesión de aplazamientos o fraccionamientos en los derechos a cobrar presupuestarios reconocidos que implique el traslado del vencimiento del derecho a un ejercicio posterior supondrá la reclasificación de tales créditos en el balance y la anulación presupuestaria de los mismos, que deberán aplicarse al presupuesto en vigor en el ejercicio de su nuevo vencimiento.

6.º Criterios de valoración.

La valoración es el proceso por el que se asigna un valor monetario a cada uno de los elementos integrantes de las cuentas anuales, de acuerdo con lo dispuesto en las normas de valoración relativas a cada uno de ellos, incluidas en la parte segunda de este Plan General de Contabilidad Pública.

Si existe un desarrollo de criterios de valoración en alguna norma de reconocimiento y valoración particular habrá que atender a ello.

A tal efecto, se tendrán en cuenta las siguientes definiciones:

1. Precio de adquisición.

El precio de adquisición de un activo es el importe, en efectivo u otros activos, pagado o pendiente de pago, que corresponda al mismo, así como cualquier coste directamente relacionado con la compra o puesta en condiciones de servicio del activo para el uso al que está destinado.

2. Coste de producción.

El coste de producción de un activo incluye el precio de adquisición de las materias primas y otros materiales consumidos, el de los factores de producción directamente imputables al mismo, y la fracción que razonablemente corresponda de los indirectamente relacionados con el activo, en la medida en que se refieran al período de producción, construcción o fabricación, y se basen en el nivel de utilización de la capacidad normal de trabajo de los medios de producción y sean necesarios para la puesta del activo en condiciones operativas.

3. Coste de un pasivo.

El coste de un pasivo es el valor de la contrapartida recibida a cambio de incurrir en la deuda.

4. Valor razonable.

Es el importe por el que puede ser adquirido un activo o liquidado un pasivo, entre partes interesadas y debidamente informadas, que realizan una transacción en condiciones de independencia mutua. El valor razonable se determinará sin deducir los costes de transacción en los que pudiera incurrirse en su enajenación. No tendrá en ningún caso el carácter de valor razonable el que sea resultado de una transacción forzada, urgente, o como consecuencia de una liquidación involuntaria.

Con carácter general, el valor razonable se calculará con referencia a un valor de mercado fiable. En este sentido, el precio cotizado en un mercado activo será la mejor referencia del valor razonable, entendiéndose por tal aquel en el que se den las siguientes condiciones:

— Los bienes o servicios intercambiados en el mercado son homogéneos.

— Pueden encontrarse en todo momento compradores o vendedores para un determinado bien o servicio, y

— Los precios son conocidos y fácilmente accesibles para el público. Estos precios, además, reflejan transacciones de mercado reales y actuales y producidas con regularidad.

En aquellos elementos para los que no exista un mercado activo, el valor razonable se obtendrá mediante la aplicación de modelos y técnicas de valoración. Entre los modelos y técnicas de valoración se incluye el empleo de transacciones recientes en condiciones de independencia mutua entre partes interesadas y debidamente informadas, si estuviesen disponibles, referencias al valor razonable de otros activos que son sustancialmente iguales, descuentos de flujos de efectivo y modelos generalmente aceptados para valorar opciones. En cualquier caso, las técnicas de valoración empleadas deberán ser consistentes con las metodologías generalmente aceptadas por el mercado para la fijación de precios, debiéndose usar, si existe, la técnica de valoración empleada por el mercado que haya demostrado ser la que obtiene unas estimaciones más realistas de los precios.

Las técnicas de valoración empleadas deberán maximizar el uso de datos observables de mercado y otros factores que los participantes en el mercado considerarían al fijar el precio, y limitar en todo lo posible el empleo de datos no observables.

La entidad deberá evaluar la técnica de valoración de manera periódica, empleando los precios observables de transacciones recientes en ese mismo activo o utilizando los precios basados en datos observables de mercado que estén disponibles.

Se considerará que el valor razonable obtenido a través de los modelos y técnicas de valoración anteriores no es fiable cuando:

— La variabilidad en el rango de las estimaciones del valor razonable es significativa, o

— Las probabilidades de las diferentes estimaciones dentro de este rango no se pueden medir razonablemente para ser utilizadas en la estimación del valor razonable.

Cuando proceda la valoración por el valor razonable, los elementos que no puedan valorarse de manera fiable, con referencia a un valor de mercado o mediante los modelos y técnicas de valoración antes señalados, se valorarán, según proceda, por su precio de adquisición, coste de producción o coste amortizado, haciendo mención en la memoria de este hecho y de las circunstancias que lo motivan.

5. Valor realizable neto.

El valor realizable neto de un activo es el importe que se puede obtener por su enajenación en el mercado, de manera natural o no forzada, deduciendo los costes estimados necesarios para llevarla a cabo, así como, en el caso de los productos en curso, los costes estimados necesarios para terminar su producción, construcción o fabricación.

6. Valor en uso.

El valor en uso de aquellos activos que incorporan rendimientos económicos futuros para la entidad, es el valor actual de los flujos de efectivo esperados a través de su utilización en el curso normal de la actividad de la entidad, y, en su caso, de su enajenación u otra forma de disposición, actualizados a un tipo de interés de mercado sin riesgos. Cuando la distribución de los flujos de efectivo esté sometida a incertidumbre, se considerará ésta asignando probabilidades a las distintas estimaciones de flujos de efectivo. En cualquier caso, esas estimaciones deberán tener en cuenta cualquier otra asunción que los participantes en el mercado considerarían, tal como el grado de liquidez inherente al activo valorado.

El valor en uso de aquellos activos portadores de potencial de servicio para la entidad, es el valor actual del activo manteniendo su potencial de servicio. Se determina por el coste de reposición del activo menos la amortización acumulada calculada sobre la base de ese coste, para reflejar el uso ya efectuado del activo.

7. Costes de venta.

Son los gastos directamente atribuibles a la venta de un activo en los que la entidad no habría incurrido de no haber tomado la decisión de vender, excluidos los gastos financieros. Se incluyen los gastos legales necesarios para transferir la propiedad del activo y las comisiones de venta.

8. Importe recuperable.

El importe recuperable de un activo es el mayor entre su valor razonable menos los costes de venta y su valor en uso.

9. Valor actual de un activo o de un pasivo.

El valor actual es el importe de los flujos de efectivo a recibir o pagar en el curso normal de la actividad de la entidad, según se trate de un activo o de un pasivo, respectivamente, actualizados a un tipo de descuento adecuado.

10. Coste amortizado de un activo o pasivo financiero.

El coste amortizado de un activo financiero es el importe al que inicialmente fue valorado un activo financiero menos los reembolsos de principal, más o menos, según proceda, la parte que de la diferencia entre el importe inicial y el valor de reembolso en el vencimiento se haya imputado en la cuenta de resultado económico patrimonial mediante la utilización del método del tipo de interés efectivo y menos cualquier reducción de valor por deterioro reconocida mediante una cuenta correctora de su valor.

El coste amortizado de un pasivo financiero, es el importe al que inicialmente fue valorado un pasivo financiero menos los reembolsos de principal y, más o menos, según proceda, la parte que de la diferencia entre el importe inicial y el valor de reembolso en el vencimiento se haya imputado en la cuenta de resultado económico patrimonial mediante la utilización del método del tipo de interés efectivo.

El tipo de interés efectivo es el tipo de actualización que iguala exactamente el valor contable de un activo o un pasivo financiero con los flujos de efectivo estimados a lo largo de la vida del mismo, a partir de sus condiciones contractuales y sin considerar las pérdidas por riesgo de crédito futuras; en su cálculo se incluirán las comisiones financieras que se carguen por adelantado en la concesión de financiación. Cuando no se disponga de una estimación fiable de los flujos de efectivo a partir de un determinado período, se considerará que los flujos restantes son iguales a los del último período para el que se dispone de una estimación fiable.

11. Costes de transacción atribuibles a un activo o pasivo financiero.

Son los gastos directamente atribuibles a la compra o enajenación de un activo financiero, o a la emisión o asunción de un pasivo financiero, en los que no se habría incurrido si la entidad no hubiera realizado la transacción. Entre ellos se incluyen las comisiones pagadas a intermediarios, tales como las de corretaje, los gastos de intervención de fedatario público y otros, y se excluyen las primas o descuentos obtenidos en la compra o emisión, los gastos financieros, los administrativos internos y los incurridos por estudios y análisis previos.

12. Valor contable.

El valor contable es el importe por el que un activo o un pasivo se encuentra registrado en balance, una vez deducida, en el caso de los activos, su amortización acumulada y cualquier corrección valorativa acumulada por deterioro que se haya registrado.

13. Valor residual de un activo.

El valor residual de un activo es el importe que la entidad podría obtener en el momento actual por su venta u otra forma de disposición, una vez deducidos los costes estimados para realizar ésta, tomando en consideración que el activo hubiese alcanzado la antigüedad y demás condiciones que se espera que tenga al final de su vida útil.

La vida útil de un activo es el período durante el que se espera utilizar el activo por parte de la entidad o el número de unidades de producción o similares que se espera obtener del mismo por parte de la entidad.

La vida económica de un activo es el período durante el cual el activo se espera que sea utilizable económicamente por parte de uno o más usuarios o el número de unidades de producción que se espera obtener del activo por parte de uno o más usuarios.

SEGUNDA PARTE

Normas de reconocimiento y valoración

Desarrollo del marco conceptual.

Las normas de reconocimiento y valoración desarrollan los principios contables y otras disposiciones contenidas en la primera parte de este texto, relativa al marco conceptual de la Contabilidad Pública. Incluyen criterios y reglas aplicables a distintas transacciones o hechos económicos, así como a diversos elementos patrimoniales.

1.º Inmovilizado material.

1. Concepto.

El inmovilizado material son los activos tangibles, muebles e inmuebles que:

a) Posee la entidad para su uso en la producción o suministro de bienes y servicios o para sus propios propósitos administrativos.

b) Se espera tengan una vida útil mayor a un año.

Con carácter general, podrán excluirse del inmovilizado material y, por tanto, considerarse gasto del ejercicio, aquellos bienes muebles cuyo precio unitario e importancia relativa, dentro de la masa patrimonial, así lo aconsejen.

2. Criterios de valoración aplicables.

a) Precio de adquisición.

Comprende su precio de compra, incluidos los aranceles de importación y los impuestos indirectos no recuperables que recaigan sobre la adquisición, así como cualquier coste directamente relacionado con la compra o puesta en condiciones de servicio del activo para el uso al que está destinado. Se deducirá del precio del elemento cualquier clase de descuento o rebaja que se haya obtenido.

Se consideran costes directamente relacionados con la compra o puesta en condiciones de servicio, entre otros, los siguientes:

1) Los de preparación del emplazamiento físico;

2) Los correspondientes a la entrega inicial y los de manipulación o transporte posterior;

3) Los relativos a la instalación;

4) Los honorarios profesionales, tales como los pagados a arquitectos, ingenieros o fedatarios públicos, así como las comisiones y remuneraciones pagadas a agentes o intermediarios; y

5) El valor actual del coste estimado de desmantelamiento del activo y la restauración de su emplazamiento, en la medida en que se reconozca una provisión.

En el caso de que la entidad devengue gastos provenientes de su propia organización, sólo se considerará que forman parte del precio de adquisición si cumplen todas las condiciones siguientes:

a) Son directamente atribuibles a la adquisición o puesta en condiciones de servicio del elemento patrimonial.

b) Pueden ser medidos e imputados con fiabilidad, aplicándoles un criterio estricto de seguimiento y control.

c) Son necesarios para la adquisición o puesta en condiciones de servicio, de tal forma que, de no haber utilizado medios propios, hubiese sido imprescindible incurrir en un gasto externo a la entidad.

Cuando se difiere el pago de un elemento integrante del inmovilizado material, su precio de compra será el precio equivalente al contado. A los efectos de establecer el precio equivalente al contado se atenderá a lo dispuesto en el punto 4.1 de la norma de reconocimiento y valoración n.º 9, «Pasivos financieros», para la valoración inicial de las partidas a pagar.

Se podrán incluir los gastos financieros en el precio de adquisición cuando se cumplan los requisitos y condiciones establecidos en el apartado 3, «Activación de gastos financieros», de esta norma de reconocimiento y valoración.

En el caso de solares sin edificar, se incluirán en su precio de adquisición los gastos de acondicionamiento, como cierres, movimiento de tierras, obras de saneamiento y drenaje, los de derribo de construcciones cuando sea necesario para poder efectuar obras de nueva planta, los gastos de inspección y levantamiento de planos cuando se efectúen con carácter previo a su adquisición, así como, en su caso, la estimación inicial del valor actual de las obligaciones presentes derivadas de los costes de rehabilitación del solar.

b) Coste de producción.

El coste de producción de un activo fabricado o construido por la propia entidad se determina utilizando los mismos principios aplicados al precio de adquisición de los activos.

Dicho coste se obtendrá añadiendo al precio de adquisición de las materias primas y otros materiales consumidos, aplicando el criterio de identificación directa o en su defecto el coste medio ponderado o FIFO, los demás costes directamente imputables a la fabricación o elaboración del bien. Igualmente se añadirá la parte que razonablemente corresponda de los costes indirectos relacionados con la fabricación o elaboración.

El proceso de distribución de los costes indirectos fijos a cada unidad producida se basará en la capacidad normal de trabajo de los medios utilizados, o el nivel real de producción siempre que se aproxime a la capacidad normal.

En períodos en los que exista capacidad ociosa o un bajo nivel de producción, la cantidad anteriormente determinada de coste indirecto fijo distribuido a cada unidad de producción, no se incrementará, reconociéndose como gastos del ejercicio los costes indirectos incurridos y no distribuidos a las unidades producidas.

En cambio, en períodos de producción anormalmente alta, la cantidad de coste indirecto distribuido a cada unidad producida se disminuirá, de manera que no se valore el activo por encima del coste real.

Los costes indirectos variables se distribuirán, a cada unidad producida, sobre la base del nivel real de uso de los medios de producción.

No se incluirán, en el coste de producción del activo, las cantidades que excedan los rangos normales de consumo de material, mano de obra u otros factores empleados ni cualquier tipo de beneficio interno.

La asignación e imputación de costes al activo se realizará hasta que el elemento patrimonial esté terminado, es decir, hasta que esté en condiciones de servicio para el uso al que está destinado.

Se podrán incluir los gastos financieros en el coste de producción cuando se cumplan los requisitos y condiciones establecidos en el apartado 3, «Activación de gastos financieros», de esta misma norma.

c) Valor razonable.

Corresponde al importe definido en el marco conceptual de la contabilidad pública de este Plan.

3. Activación de gastos financieros.

En los inmovilizados que necesiten un período de tiempo superior a un año para estar en condiciones de uso, las entidades podrán incorporar al precio de adquisición o coste de producción los gastos financieros que se hayan devengado con anterioridad a su puesta en condiciones de funcionamiento, de acuerdo con lo establecido en los párrafos siguientes.

Se consideran gastos financieros los intereses y otros costes en los que incurre la entidad en relación con la financiación recibida. Entre otros, se incluyen:

— Los intereses de préstamos recibidos o asumidos, sean singulares o emitidos en masa.

— La imputación de primas o descuentos relativos a los préstamos.

— La imputación de los gastos de formalización de préstamos.

— Las diferencias de cambio procedentes de préstamos en moneda extranjera en la medida en que se consideren ajustes a los costes por intereses.

Podrán activarse aquellos gastos financieros que cumplan la totalidad de los siguientes requisitos y condiciones:

a) Que provengan de préstamos recibidos o asumidos con la finalidad exclusiva de financiar la adquisición, acondicionamiento o fabricación de un activo.

b) Que se hayan devengado por la efectiva utilización de la financiación recibida o asumida. En aquellos casos en los que se haya percibido previamente una parte o todo el efectivo necesario, se considerará únicamente los gastos financieros devengados a partir de los pagos relacionados con la adquisición, acondicionamiento o fabricación del activo.

c) Sólo se activarán durante el período de tiempo en el que se estén llevando a cabo tareas de acondicionamiento o fabricación, entendiendo como tales, las actividades necesarias para dejar el activo en las condiciones de servicio y uso al que está destinado. La activación se suspenderá durante los períodos de interrupción de las mencionadas actividades.

d) Cuando el acondicionamiento o fabricación de un activo se realice por partes, y cada una de estas partes pueda estar en condiciones de servicio y uso por separado aunque no haya finalizado el acondicionamiento o producción de las restantes, la activación de gastos financieros de cada parte finalizará cuando cada una de ellas esté terminada.

4. Valoración inicial.

La valoración inicial de los distintos elementos patrimoniales pertenecientes al inmovilizado material se hará al coste. Dicho concepto incluye los distintos sistemas de valoración expuestos en el apartado 2 anterior. En concreto, se entenderá como coste:

a) Para los activos adquiridos a terceros mediante una transacción onerosa: el precio de adquisición.

b) Para los activos producidos por la propia entidad: el coste de producción.

c) Para los activos adquiridos a terceros a un precio simbólico o nulo: se aplicarán los criterios de valoración establecidos en la norma de reconocimiento y valoración n.º 18, «Transferencias y subvenciones».

d) Para los activos adquiridos en permuta:

d.1) En aquellos supuestos en los que los activos intercambiados no son similares desde un punto de vista funcional o vida útil y se pueda establecer una estimación fiable del valor razonable de los mismos: el valor razonable del activo recibido. En el caso de no poder valorar con fiabilidad el valor razonable del activo recibido, el valor razonable del bien entregado, ajustado por el importe de cualquier eventual cantidad de efectivo transferida en la operación.

Las diferencias de valoración, que pudieran surgir al dar de baja el activo entregado, se imputarán a la cuenta del resultado económico patrimonial.

Cuando las diferencias entre los valores razonables de los activos que se intercambian no se ajusten, de acuerdo con la legislación patrimonial aplicable, mediante efectivo, se tratarán como subvenciones recibidas o entregadas, según el caso.

d.2) En aquellos supuestos en los que activos intercambiados son similares desde un punto de vista funcional y vida útil:

(*a*) Si en la operación no se realiza ningún intercambio de efectivo: por el valor contable del activo entregado con el límite del valor razonable del activo recibido si éste fuera menor.

(*b*) Si en la operación se efectuara algún pago adicional de efectivo: por el valor contable del activo entregado incrementado por el importe del pago en efectivo realizado adicionalmente con el límite del valor razonable del activo recibido si éste fuera menor.

(*c*) Si en la operación hubiera un cobro adicional de efectivo: la entidad deberá diferenciar la parte de la operación que supone una venta —contraprestación en tesorería— de la parte de la operación que se materializa en una permuta —activo recibido— debiéndose tener en cuenta a este respecto la proporción que cada una de estas partes supone sobre el total de la contraprestación —tesorería y valor razonable del bien recibido—.

Por la parte de la operación que supusiera una venta, la diferencia entre el precio de venta y el valor contable de la parte del bien enajenada supondrá un resultado, positivo o negativo, procedente del inmovilizado.

Por la parte de la operación que supusiera una permuta se aplicará lo previsto en el apartado (*a*) anterior.

e) Para los activos aflorados como consecuencia de la realización de un inventario inicial: el valor razonable, siempre y cuando no pudiera establecerse el valor contable correspondiente a su precio de adquisición o coste de producción original e importes posteriores susceptibles de activación.

f) Para los activos recibidos de otra entidad de la misma organización, para su dotación inicial: su coste se obtendrá conforme se establece en la norma de reconocimiento y valoración n.º 18, «Transferencias y subvenciones».

g) Para los activos adquiridos como consecuencia de un contrato de arrendamiento financiero o figura análoga: se valorarán por lo indicado en la norma de reconocimiento y valoración n.º 6, «Arrendamientos y otras operaciones de naturaleza similar».

h) Para activos recibidos en adscripción o cesión gratuita: se valorarán según lo indicado en la norma de reconocimiento y valoración n.º 19, «Adscripciones y otras cesiones gratuitas de uso de bienes y derechos».

i) Para los activos recibidos en virtud de contrato, convenio o acuerdo de construcción o adquisición con una entidad gestora: se valorarán por su valor razonable.

5. Desembolsos posteriores.

Los desembolsos posteriores al registro inicial deben ser añadidos al importe del valor contable cuando sea probable que de los mismos se deriven rendimientos económicos futuros o un potencial de servicio, adicionales a los originalmente evaluados para el activo existente, tales como:

a) modificación de un elemento para ampliar su vida útil o para incrementar su capacidad productiva;

b) puesta al día de componentes del elemento, para conseguir un incremento sustancial en la calidad de los productos o servicios ofrecidos; y

c) adopción de procesos de producción nuevos que permiten una reducción sustancial en los costes de operación estimados previamente.

Los desembolsos destinados a reparaciones y mantenimiento del inmovilizado material se realizan para restaurar o mantener los rendimientos económicos futuros o potencial de servicio estimados originalmente para el activo. Como tales, se reconocen como gastos en el resultado del ejercicio.

En aquellos supuestos en los que los principales componentes de algunos elementos pertenecientes al inmovilizado material deban ser reemplazados a intervalos regulares, dichos componentes se pueden contabilizar como activos separados si tienen vidas útiles claramente diferenciadas a las de los activos con los que están relacionados.

Siempre que se cumplan los criterios de reconocimiento, los gastos incurridos en el reemplazo o renovación del componente se contabilizan como una adquisición de un activo incorporado y una baja del valor contable del activo reemplazado. Si no fuera posible para la entidad determinar el valor contable de la parte sustituida, podrá utilizarse, a los efectos de su identificación, el precio actual de mercado del componente sustituido.

En la valoración del inmovilizado material se tendrá en cuenta la incidencia de los costes relacionados con grandes reparaciones o inspecciones generales por defectos que fuera necesario realizar para que el activo continúe operando. En este sentido el importe equivalente a estos costes se amortizará de forma distinta a la del resto del elemento, durante el período que medie hasta la gran reparación o inspección general. Si estos costes no estuvieran especificados en la adquisición o construcción, a efectos de la identificación de los mismos, podrá utilizarse el precio actual de mercado de una reparación o inspección general similar.

El coste de una gran reparación o inspección general por defectos, (independientemente de que las partes del elemento sean sustituidas o no) para que algún elemento de inmovilizado material continúe operando, se reconocerá en el valor contable del inmovilizado como una sustitución, siempre y cuando se cumplan las condiciones para su reconocimiento. Al mismo tiempo, se dará de baja cualquier importe procedente de una gran reparación o inspección previa, que pudiera permanecer en el valor contable del citado inmovilizado.

6. Valoración posterior.

a) Tratamiento general: Modelo del coste.

Con posterioridad a su reconocimiento inicial como activo, todos los elementos del inmovilizado material, deben ser contabilizados a su valoración inicial, incrementada, en su caso, por los desembolsos posteriores, y descontando la amortización acumulada practicada y la corrección valorativa acumulada por deterioro que hayan sufrido a lo largo de su vida útil.

b) Tratamiento especial: Modelo de la revalorización.

Cuando las circunstancias del mercado impliquen unos incrementos sustanciales en el precio, que hagan que el valor contable de un elemento del inmovilizado material sea poco significativo respecto a su valor real, se permite que el valor de los activos afectados por esta circunstancia se exprese por su valor razonable, en el momento de la revalorización, menos la amortización acumulada practicada posteriormente y la corrección valorativa acumulada por deterioro que haya sufrido el elemento desde la fecha de la revalorización hasta la fecha de las cuentas anuales. De persistir los incrementos en el precio de mercado, las revalorizaciones deben ser hechas con suficiente regularidad, de manera que el valor contable, en todo momento, no difiera significativamente del que podrá determinarse utilizando el valor razonable en la fecha de las cuentas anuales.

El modelo de revalorización sólo será aplicable en aquellos casos en los que exista un mercado suficientemente significativo y transparente que minimice el sesgo que pudiera producirse en el cálculo de las plusvalías.

Cuando se incrementa el valor contable como consecuencia de una revalorización, tal aumento debe ser registrado en una partida específica de patrimonio neto. No obstante, el incremento se imputará al resultado del ejercicio en la medida en que exprese la reversión de un deterioro de valor del mismo activo, que fue reconocido previamente como un gasto en el resultado del ejercicio.

Cuando se reduce el valor contable de un inmovilizado como consecuencia de un deterioro de valor, tal disminución debe ser imputada como un gasto en el resultado del ejercicio. No obstante, la disminución se imputará en la partida específica de patrimonio neto registrada previamente en relación con el mismo activo, siempre en la medida en que tal disminución no exceda el saldo de la citada partida.

Cuando se revaloriza un elemento de inmovilizado material se incrementará, por el importe de dicha revalorización, la cuenta representativa del activo contra la misma partida específica de patrimonio neto.

Si se revaloriza un determinado elemento perteneciente al inmovilizado material, también deben ser revalorizados todos los activos que pertenezcan a la misma clase de activos, siempre que el cambio de valor sea significativo. Se entiende por misma clase de activos a un conjunto de activos de similar naturaleza y uso en las actividades de una entidad.

7. Amortización.

a) Concepto.

La amortización es la distribución sistemática de la depreciación de un activo a lo largo de su vida útil. Su determinación se realizará, en cada momento, distribuyendo la base amortizable del bien entre la vida útil que reste, según el método de amortización utilizado. La base amortizable será igual al valor contable del bien en cada momento detrayéndole en su caso el valor residual que pudiera tener.

Para determinar la vida útil del inmovilizado material, deben tenerse en cuenta, entre otros, los siguientes motivos:

— El uso que la entidad espera realizar del activo. El uso se estima por referencia a la capacidad o rendimiento físico esperado del activo;

— El deterioro natural esperado, que depende de factores operativos tales como el número de turnos de trabajo en los que será usado el bien, el programa de reparaciones y mantenimiento de la entidad, así como el nivel de cuidado y mantenimiento mientras el activo no está siendo dedicado a tareas productivas;

— La obsolescencia técnica derivada de los cambios y mejoras en la producción, o bien de los cambios en la demanda del mercado de los productos o servicios que se obtienen con el activo; y

— Los límites legales o restricciones similares sobre el uso del activo, tales como las fechas de caducidad de los contratos de servicio relacionados con el bien.

La dotación de la amortización de cada período debe ser reconocida como un gasto en el resultado del ejercicio por la parte correspondiente al valor contable si se hubiese registrado el inmovilizado por el modelo del coste e imputándose el resto, en el caso de que se aplique el modelo de la revalorización, a la partida específica de patrimonio neto.

b) Métodos de amortización.

Se podrán utilizar, entre otros, el método de amortización lineal, el de tasa constante sobre valor contable o el de suma de unidades producidas. El método finalmente usado para cada activo se seleccionará tomando como base los patrones esperados de obtención de rendimientos económicos o potencial de servicio, y se aplicará de forma sistemática de un período a otro, a menos que se produzca un cambio en los patrones esperados de obtención de rendimientos económicos o potencial de servicio de ese activo. Si no pudieran determinarse de forma fiable dichos patrones de obtención de rendimientos o potencial de servicio se adoptará el método lineal de amortización.

c) Revisión de la vida útil y del método de amortización.

La vida útil de un elemento del inmovilizado material debe revisarse periódicamente y, si las expectativas actuales varían significativamente de las estimaciones previas, deben ajustarse los cargos en los períodos que restan de vida útil.

Igualmente, el método de amortización aplicado a los elementos que componen el inmovilizado material deberá revisarse de forma periódica y, si se ha producido un cambio importante en el patrón esperado de rendimientos económicos o potencial de servicio de esos activos, debe cambiarse el método para que refleje el nuevo patrón. Cuando tal modificación en el método de amortización se haga necesaria, debe ser contabilizada como un cambio en una estimación contable, salvo que se trate de un error.

d) Casos particulares.

Los terrenos y los edificios son activos independientes y se tratarán contablemente por separado, incluso si han sido adquiridos conjuntamente. Con algunas excepciones, tales como minas, canteras y vertederos, los terrenos tienen una vida ilimitada y por tanto no se amortizan. Los edificios tienen una vida limitada y, por tanto, son activos amortizables. Un incremento en el valor de los terrenos en los que se asienta un edificio no afectará a la determinación del importe amortizable del edificio.

No obstante, si el coste del terreno incluye los costes de desmantelamiento, traslado y rehabilitación, esa porción del terreno se amortizará a lo largo del período en el que se obtengan los rendimientos económicos o potencial de servicio por haber incurrido en esos gastos. En algunos casos, el terreno en sí mismo puede tener una vida útil limitada, en cuyo caso se amortizará de forma que refleje los rendimientos económicos o potencial de servicio que se van a derivar del mismo.

8. Deterioro.

El deterioro del valor de un activo perteneciente al inmovilizado material, se determinará, con carácter general, por la cantidad que exceda el valor contable de un activo a su importe recuperable, siempre que la diferencia sea significativa.

A estos efectos, al menos al cierre del ejercicio, la entidad evaluará si existen indicios de que algún elemento del inmovilizado material pueda estar deteriorado, en cuyo caso deberá estimar su importe recuperable, efectuando las correcciones valorativas que procedan.

Para evaluar si existe algún indicio de deterioro de los elementos del inmovilizado material portadores de rendimientos económicos futuros, la entidad contable deberá tener en cuenta, entre otras, las siguientes circunstancias:

1. Fuentes externas de información:

a) Cambios significativos en el entorno tecnológico o legal en los que opera la entidad acaecidos durante el ejercicio o que se espera se produzcan a corto plazo y que tengan una incidencia negativa sobre la entidad.

b) Disminución significativa del valor de mercado del activo, si este existe y está disponible, y superior a la esperada por el paso del tiempo o uso normal.

2. Fuentes internas de información:

a) Evidencia de obsolescencia o deterioro físico del activo.

b) Cambios significativos en cuanto a la forma de utilización del activo acaecidos durante el ejercicio o que se espera se produzcan a corto plazo y que tengan una incidencia negativa sobre la entidad.

c) Evidencia acreditada mediante los oportunos informes de que el rendimiento del activo es o será significativamente inferior al esperado.

Para evaluar si existe algún indicio de deterioro de los elementos del inmovilizado material portadores de un potencial de servicio, la entidad contable deberá tener en cuenta entre otras, además de las circunstancias anteriores, con la salvedad de la prevista en el punto 1.*b*) anterior, las siguientes circunstancias:

a) Interrupción de la construcción del activo antes de su puesta en condiciones de funcionamiento.

b) Cese o reducción significativa de la demanda o necesidad de los servicios prestados.

Para el cálculo del deterioro serán de aplicación las siguientes reglas:

Un deterioro de valor asociado a un activo no revalorizado se reconocerá en el resultado del ejercicio. No obstante, el deterioro del valor correspondiente a un activo revalorizado se imputará directamente a la partida específica de patrimonio neto hasta el límite del saldo que corresponde a dicho activo.

Tras el reconocimiento de un deterioro de valor, los cargos por amortización del activo se ajustarán en los ejercicios futuros, con el fin de distribuir el valor contable revisado del activo, menos su eventual valor residual, de una forma sistemática a lo largo de su vida útil restante.

Se revertirá el deterioro de valor reconocido en ejercicios anteriores para un activo cuando el importe recuperable sea superior a su valor contable.

La reversión de un deterioro de valor en un activo, se reconocerá en el resultado del ejercicio, a menos que el activo se contabilizase según su valor revalorizado. La reversión de un deterioro de valor de un activo revalorizado, se abonará a la partida específica patrimonio neto. No obstante, y en la medida en que el deterioro de valor del mismo activo revalorizado haya sido reconocido previamente en el resultado del ejercicio, la reversión también se reconocerá en el resultado del ejercicio.

Después de haber reconocido una reversión de un deterioro de valor, los cargos por amortización del activo se ajustarán para los ejercicios futuros, con el fin de distribuir el valor contable revisado del activo menos su eventual valor residual, de una forma sistemática a lo largo de su vida útil restante.

9. Activos dados de baja y retirados del uso.

Todo elemento componente del inmovilizado material que haya sido objeto de venta o disposición por otra vía, debe ser dado de baja del balance, al igual que cualquier elemento del inmovilizado material que se haya retirado de forma permanente de uso, siempre que no se espere obtener rendimientos económicos o potencial de servicio adicionales por su disposición. Los resultados derivados de la baja de un elemento deberán determinarse como la diferencia entre el importe neto que se obtiene por la disposición y el valor contable del activo.

El saldo que hubiese, en su caso, en la cuenta específica de patrimonio neto relativa a dicho inmovilizado, se traspasará al resultado del ejercicio.

Las operaciones de venta con arrendamiento posterior se tratarán de acuerdo con lo establecido en la norma de reconocimiento y valoración n.º 6, «Arrendamientos y otras operaciones de naturaleza similar». Igualmente, los activos dados de baja y retirados del uso por adscripción y cesión gratuita tendrán el tratamiento recogido en la norma de reconocimiento y valoración n.º 19, «Adscripciones y otras cesiones gratuitas de uso de bienes y derechos».

Los elementos componentes del inmovilizado material que se retiren temporalmente del uso activo y se mantengan para un uso posterior se seguirán amortizando y, en su caso, deteriorando. No obstante, si se utilizara un método de amortización en función del uso, el cargo por la amortización podría ser nulo.

2.º Casos particulares de inmovilizado material: Infraestructuras, bienes comunales y patrimonio histórico.

1. Concepto.

Infraestructuras: Son activos no corrientes, que se materializan en obras de ingeniería civil o en inmuebles, utilizables por la generalidad de los ciudadanos o destinados a la prestación de servicios públicos, adquiridos a título oneroso o gratuito, o construidos por la entidad, y que cumplen alguno de los requisitos siguientes:

— son parte de un sistema o red,

— tienen una finalidad específica que no suele admitir otros usos alternativos.

Bienes comunales: Aquellos bienes que aun siendo del dominio público, su aprovechamiento corresponde exclusivamente al común de los vecinos.

Patrimonio histórico: Elementos patrimoniales muebles o inmuebles de interés artístico, histórico, paleontológico, arqueológico, etnográfico, científico o técnico, así como el patrimonio documental y bibliográfico, los yacimientos, zonas arqueológicas, sitios naturales, jardines y parques que tengan valor artístico, histórico o antropológico. Estos bienes presentan, en general, determinadas características, incluyendo las siguientes:

a) Es poco probable que su valor en términos culturales, medioambientales, educacionales e histórico-artísticos quede perfectamente reflejado en un valor financiero basado puramente en un precio de mercado.

b) Las obligaciones legales o estatutarias pueden imponer prohibiciones o severas restricciones a su disposición por venta.

c) Son a menudo irremplazables y su valor puede incrementarse con el tiempo, incluso si sus condiciones físicas se deterioran.

d) Puede ser difícil estimar su vida útil, la cual en algunos casos puede ser de cientos de años.

2. Reconocimiento y valoración.

Las infraestructuras, los bienes comunales y los bienes del patrimonio histórico, deberán registrarse en contabilidad cuando se cumplan los criterios de reconocimiento de un activo previstos en el marco conceptual de la contabilidad pública de este Plan y su valoración se realizará de acuerdo con lo establecido en la norma de reconocimiento y valoración n.° 1 «Inmovilizado material».

Cuando no se puedan valorar inicialmente de forma fiable los bienes del patrimonio histórico, no serán objeto de reconocimiento en el balance, si bien se informará de los mismos en la memoria.

Cuando los bienes del patrimonio histórico tengan una vida útil ilimitada o teniéndola limitada no sea posible estimarla con fiabilidad no se les aplicará el régimen de amortización.

3. Patrimonio público del suelo.

1. Concepto.

Son activos no corrientes materializados generalmente en bienes inmuebles, afectados al destino de dicho patrimonio.

2. Reconocimiento y valoración.

Los bienes del patrimonio público del suelo deberán registrarse en contabilidad cuando se cumplan los criterios de reconocimiento de un activo previstos en el marco conceptual de la contabilidad pública de este Plan y su valoración se realizará de acuerdo con lo establecido en la norma de reconocimiento y valoración n.º 1, «Inmovilizado material».

3.º Patrimonio público del suelo.

1. Concepto.

Son activos no corrientes materializados generalmente en bienes inmuebles, afectados al destino de dicho patrimonio.

2. Reconocimiento y valoración.

Los bienes del patrimonio público del suelo deberán registrarse en contabilidad cuando se cumplan los criterios de reconocimiento de un activo previstos en el marco conceptual de la contabilidad pública de este Plan y su valoración se realizará de acuerdo con lo establecido en la norma de reconocimiento y valoración n.º 1, «Inmovilizado material».

4.º Inversiones inmobiliarias.

1. Concepto.

Las inversiones inmobiliarias son inmuebles (terrenos o edificios, considerados en su totalidad o en parte, o ambos) que se tienen (por parte del propietario o por parte del arrendatario que haya acordado un arrendamiento financiero) para obtener rentas, plusvalías o ambas, no para su uso en la producción o suministro de bienes o servicios, ni para fines administrativos, ni para su venta en el curso ordinario de las operaciones.

Asimismo se considerarán inversiones inmobiliarias aquellos bienes patrimoniales distintos de los que forman el patrimonio público del suelo que no se clasifiquen a su entrada en el patrimonio de la entidad como inmovilizado material.

En aquellos supuestos en los que una parte del inmovilizado material de las entidades se tiene para obtener rentas o plusvalías y otra parte se utiliza en la producción o suministro de bienes o servicios, o bien para fines administrativos, la entidad las contabilizará por separado si dichas partes pueden ser vendidas separadamente. Si estas partes no pueden ser vendidas separadamente, la entidad únicamente la calificará como inversión inmobiliaria, si sólo una parte insignificante se utiliza para la producción o prestación de bienes o servicios, o para fines administrativos.

2. Valoración inicial, valoración posterior y baja.

A las inversiones inmobiliarias le serán de aplicación lo establecido en la norma de reconocimiento y valoración n.º 1, «Inmovilizado material».

3. Reclasificaciones.

Cuando los bienes a que se refiere este apartado dejen de reunir los requisitos necesarios para ser considerados inversiones inmobiliarias deberán ser reclasificados en la rúbrica correspondiente.

La reclasificación entre inversiones inmobiliarias e inmovilizado material se registrará atendiendo a los siguientes criterios:

a) Sin cambios en el modelo contable.

Cuando la entidad siga utilizando el modelo del coste o el modelo de la revalorización, las reclasificaciones entre inversiones inmobiliarias e inmovilizado material no modificarán el valor contable de los inmuebles afectados.

b) Cambio del modelo de la revalorización al modelo de coste.

El valor contable del inmueble afectado por la reclasificación será el que correspondería al mismo según el modelo de coste. Para ello, se eliminarán, en el momento de su reclasificación el saldo pendiente de imputación de la partida específica del patrimonio neto así como el correspondiente a la amortización acumulada relativa a dicha revalorización.

c) Cambio del modelo de coste al modelo de la revalorización.

La diferencia que pudiera existir en la fecha de la reclasificación, entre el valor contable del inmueble y su valor razonable, se tratará de la siguiente forma:

Cualquier disminución en el valor contable del inmueble se reconocerá en el resultado del ejercicio.

Cualquier aumento en el valor contable se tratará como sigue:

1. En la medida en que tal aumento sea la reversión de un deterioro del valor, previamente reconocido para ese inmueble, el aumento se reconocerá en el resultado del ejercicio.

2. Cualquier remanente del aumento sobre la reversión anterior habrá de ser abonado directamente en una partida específica de patrimonio neto.

La reclasificación entre inversiones inmobiliarias y activos en estado de venta se registrará siguiendo los criterios previstos en la norma de reconocimiento y valoración n.º 7, «Activos en estado de venta».

5.º Inmovilizado intangible.

1. Concepto.

El inmovilizado intangible se concreta en un conjunto de activos intangibles y derechos susceptibles de valoración económica de carácter no monetario y sin apariencia física que cumplen, además, las características de permanencia en el tiempo y utilización en la producción de bienes y servicios o constituyen una fuente de recursos de la entidad.

Con carácter general, podrán excluirse del inmovilizado intangible y, por tanto, considerarse gasto del ejercicio, aquellos bienes y derechos cuyo precio unitario e importancia relativa, dentro de la masa patrimonial, así lo aconsejen.

2. Reconocimiento.

Deben cumplir la definición de activo y los criterios de registro o reconocimiento del marco conceptual de la contabilidad pública. La entidad evaluará la probabilidad en la obtención de rendimientos económicos futuros o en el potencial de servicio, utilizando hipótesis razonables y fundadas, que representen las mejores estimaciones respecto al conjunto de condiciones económicas que existirán durante la vida útil del activo.

Los activos que integren el inmovilizado intangible deberán cumplir con el criterio de identificabilidad.

Un inmovilizado intangible será identificable cuando cumpla alguno de los dos requisitos siguientes:

a) Es separable y susceptible de ser enajenado, cedido, arrendado, intercambiado o entregado para su explotación.

b) Surge de derechos contractuales o de otros derechos legales, con independencia de que esos derechos sean transferibles o separables o de otros derechos u obligaciones.

Si un activo incluye elementos tangibles e intangibles, para su tratamiento como inmovilizado material o intangible, la entidad realizará el oportuno juicio para distribuir el importe que corresponda a cada tipo de elemento, salvo que el relativo a algún tipo de elemento sea poco significativo con respecto al valor total del activo.

3. Valoración.

3.1. Valoración inicial y valoración posterior: Se aplicarán los criterios establecidos en la norma de reconocimiento y valoración n.º 1, «Inmovilizado material», sin perjuicio de lo señalado a continuación en esta norma de reconocimiento y valoración.

3.2. Desembolsos posteriores: Los desembolsos posteriores a la adquisición de un activo reconocido como inmovilizado intangible deben incorporarse como más importe en el activo sólo cuando sea posible que este desembolso vaya a permitir a dicho activo generar rendimientos económicos futuros o un potencial de servicio y el desembolso pueda estimarse y atribuirse directamente al mismo. Cualquier otro desembolso posterior debe reconocerse como un gasto en el resultado del ejercicio.

3.3. Amortización y deterioro: Se deberá valorar por la entidad si la vida útil del activo es definida o indefinida. Se considerará que un activo tiene una vida útil indefinida cuando, sobre la base de un análisis de todos los factores relevantes, no exista un límite previsible al período a lo largo del cual se espera que el activo genere rendimientos económicos o potencial de servicio para la entidad, o a la utilización en la producción de bienes y servicios públicos; por ejemplo: una licencia que se puede ir renovando constantemente a un coste que no se considera significativo. En estos casos se comprobará si el activo ha experimentado un deterioro de valor, que se contabilizará de acuerdo con lo establecido en la norma de reconocimiento y valoración n.º 1, «Inmovilizado material».

Los activos con vida útil indefinida no se amortizarán, sin perjuicio de su posible deterioro, debiendo revisarse dicha vida útil cada ejercicio para determinar si existen hechos y circunstancias que permitan seguir manteniendo una vida útil indefinida para ese activo. En el supuesto de que no se den esas circunstancias, se cambiará la vida útil de indefinida a definida, contabilizándose como un cambio en la estimación contable, de acuerdo con la norma de reconocimiento y valoración n.º 21, «Cambios en criterios y estimaciones contables y errores».

Los activos con vida útil definida se amortizarán durante su vida útil. Será admisible cualquier método que contemple las características técnico-económicas del activo, o derecho y, si no pudieran determinarse de forma fiable se adoptará el método lineal de amortización. La amortización de un inmovilizado intangible con una vida útil definida no cesará cuando el activo esté sin utilizar, a menos que se encuentre amortizado por completo o haya sido clasificado como activo en estado de venta.

4. Activos dados de baja y retirados del uso.

Se aplicarán los criterios establecidos en la norma de reconocimiento y valoración n.º 1 «Inmovilizado material».

5. Normas particulares sobre el inmovilizado intangible.

5.1. Gastos de investigación y desarrollo: La investigación es el estudio original y planificado realizado con el fin de obtener nuevos conocimientos científicos o tecnológicos.

El desarrollo es la aplicación concreta de los logros obtenidos en la investigación.

Si la entidad no fuera capaz de distinguir la fase de investigación de la fase de desarrollo en un proyecto interno, tratará los desembolsos que ocasione ese proyecto como si hubiesen sido soportados sólo en la fase de investigación.

Los gastos de investigación serán gastos del ejercicio en el que se realicen. No obstante podrán activarse como inmovilizado intangible desde el momento en el que cumplan todas las condiciones siguientes:

a) Que el inmovilizado intangible vaya a generar probables rendimientos económicos futuros o potencial de servicio. Entre otras cosas, la entidad puede demostrar la existencia de un mercado para la producción que genere el inmovilizado intangible o para el activo en sí, o bien en el caso de que vaya a ser utilizado internamente, la utilidad del mismo para la entidad.

b) La disponibilidad de los adecuados recursos técnicos, financieros o de otro tipo, para completar el desarrollo y para utilizar o vender el inmovilizado intangible.

c) Que estén específicamente individualizados por proyectos y se dé una asignación, imputación y distribución temporal de los costes claramente establecida.

Los gastos de investigación que figuren en el activo deberán amortizarse durante su vida útil, y siempre dentro del plazo de cinco años. En el caso de que las condiciones del párrafo anterior que justifican la capitalización dejen de cumplirse, el saldo que permanezca sin amortizar deberá llevarse a resultados del ejercicio.

Los gastos de desarrollo, cuando cumplan las condiciones indicadas para la activación de los gastos de investigación, deberán reconocerse en el activo y se amortizarán durante su vida útil que, se presume, salvo prueba en contrario, que no es superior a cinco años. En el caso de que las condiciones que justifican la capitalización dejen de cumplirse, el saldo que permanezca sin amortizar deberá llevarse a resultados del ejercicio.

5.2. Inversiones realizadas sobre activos utilizados en régimen de arrendamiento operativo o cedidos en uso por un período inferior a la vida económica del bien cedido.

Las inversiones realizadas sobre activos utilizados en régimen de arrendamiento operativo o cedidos en uso, por un período inferior a la vida económica, cuando de conformidad con la norma de reconocimiento y valoración n.º 6, «Arrendamientos y otras operaciones de naturaleza similar», no deban calificarse como arrendamientos financieros, se contabilizarán en una rúbrica del inmovilizado intangible, siempre que dichas inversiones no sean separables de los citados activos, y aumenten su capacidad o los rendimientos económicos futuros o potencial de servicio. La amortización de estos elementos del inmovilizado intangible se realizará en función de la vida útil de las inversiones realizadas.

5.3. Propiedad industrial e intelectual: Es el importe satisfecho por la propiedad o por el derecho al uso, o a la concesión del uso de las distintas manifestaciones de la propiedad industrial o de la propiedad intelectual.

Se incluirán los gastos de desarrollo capitalizados y que, cumpliendo los requisitos legales, se inscriban en el correspondiente registro, incluyendo el coste de registro y de formalización de la patente.

5.4. Aplicaciones informáticas: Se incluirá en el activo el importe satisfecho por los programas informáticos, el derecho al uso de los mismos, o el coste de producción de los elaborados por la propia entidad, cuando esté prevista su utilización en varios ejercicios. Los desembolsos realizados en las páginas *web* generadas internamente por la entidad, deberán cumplir este requisito, además de los requisitos generales de reconocimiento de activos.

Se aplicarán los mismos criterios de activación que los establecidos para los gastos de investigación.

Los programas informáticos integrados en un equipo que no puedan funcionar sin él, serán tratados como elementos del inmovilizado material. Lo mismo se aplica al sistema operativo de un ordenador.

En ningún caso podrán figurar en el activo los gastos de mantenimiento de la aplicación informática.

5.5. Otro inmovilizado intangible: Recoge otros derechos no singularizados anteriormente, entre otros, las concesiones administrativas; las cesiones de uso por períodos inferiores a la vida económica, cuando de acuerdo con la norma de reconocimiento y valoración n.º 6, «Arrendamientos y otras operaciones de naturaleza similar», no se deba contabilizar como arrendamiento financiero; los derechos de traspaso y los aprovechamientos urbanísticos que detentan las entidades locales u otras entidades públicas, siempre que no estén materializados en terrenos.

6.º Arrendamientos y otras operaciones de naturaleza similar.

Se entiende por arrendamiento, a efectos de esta norma, cualquier acuerdo, con independencia de su instrumentación jurídica, por el que el arrendador cede al arrendatario, a cambio de percibir una suma única de dinero o una serie de pagos o cuotas, el derecho a utilizar un activo durante un período de tiempo determinado.

1. Arrendamientos financieros.

1.1. Concepto: Cuando de las condiciones económicas de un acuerdo de arrendamiento se deduzca que se transfieren sustancialmente todos los riesgos y ventajas inherentes a la propiedad del activo objeto del contrato, el arrendamiento deberá calificarse como financiero.

Se presumirá que se transfieren sustancialmente todos los riesgos y ventajas inherentes a la propiedad en un acuerdo de arrendamiento de un activo con opción de compra, cuando no existan dudas razonables de que se va a ejercitar dicha opción de compra. Se entenderá que por las condiciones económicas del contrato de arrendamiento no existen dudas razonables de que se va a ejercitar la opción de compra, cuando el precio de la opción de compra sea menor que el valor razonable del activo en el momento en que la opción de compra sea ejercitable.

Se presumirá también que se transfieren los riesgos y ventajas inherentes a la propiedad del activo, aunque no exista opción de compra, cuando se cumpla alguna de las siguientes circunstancias:

a) El plazo del contrato de arrendamiento coincide o cubre la mayor parte de la vida económica del activo o, cuando no cumpliendo lo anterior, exista evidencia de que ambos períodos van a coincidir, no siendo significativo su valor residual al finalizar su período de utilización.

b) Al inicio del arrendamiento el valor actual de las cantidades a pagar suponga un importe sustancial del valor razonable del activo arrendado.

c) Cuando los activos arrendados tengan una naturaleza tan especializada que su utilidad quede restringida al arrendatario y los bienes arrendados no pueden ser fácilmente reemplazados por otros bienes.

Otros indicadores de situaciones que podrían llevar a la clasificación de un arrendamiento como de carácter financiero son:

a) Si el arrendatario puede cancelar el contrato de arrendamiento y las pérdidas sufridas por el arrendador a causa de tal cancelación fueran asumidas por el arrendatario.

b) Los resultados derivados de las fluctuaciones en el valor razonable del importe residual recaen sobre el arrendatario.

c) El arrendatario tiene la posibilidad de prorrogar el arrendamiento durante un segundo período, con unos pagos por arrendamiento que sean sustancialmente inferiores a los habituales del mercado.

En los acuerdos de arrendamiento a terceros de activos portadores de potencial de servicio, con o sin opción de compra, se presumirá, en todo caso, que no se transfieren los riesgos y ventajas inherentes a la propiedad del mismo, en tanto la entidad mantenga el potencial de servicio que dichos activos tienen incorporado. Por tanto, no serán aplicables a este tipo de activos las presunciones señaladas en los párrafos anteriores de este apartado.

1.2. Reconocimiento y valoración: Los activos objeto de arrendamiento financiero se registrarán y valorarán de acuerdo a la norma de reconocimiento y valoración que les corresponda de acuerdo con su naturaleza, salvo lo especificado en los párrafos siguientes.

Dado que los terrenos normalmente tienen una vida útil indefinida, si no se espera que su propiedad pase al arrendatario al término del plazo de arrendamiento, éste no recibirá todos los riesgos y ventajas que inciden en la propiedad del mismo. En un arrendamiento financiero conjunto los componentes del terreno y edificio se considerarán de forma separada si al finalizar el plazo del arrendamiento la propiedad del terreno no va a ser transmitida al arrendatario, en cuyo caso el componente de terreno se clasificará como arrendamiento operativo, para lo cual se distribuirán los pagos acordados entre el terreno y el edificio en proporción a los valores razonables que representen los derechos de arrendamiento de ambos componentes, a menos que tal distribución no sea fiable en cuyo caso todo el arrendamiento se clasificará como financiero salvo que resulte evidente que es operativo.

1.3. Contabilidad del arrendatario: El arrendatario en el momento inicial deberá reconocer el activo según su naturaleza y la obligación asociada al mismo como pasivo por el mismo importe, que será el menor valor entre el valor razonable del activo arrendado y el valor actual de los pagos acordados con el arrendador durante el plazo del arrendamiento, incluyendo, en su caso, la opción de compra, y con exclusión de las cuotas de carácter contingente así como de los costes de los servicios y demás gastos que, de acuerdo con las normas de valoración n.º 1, «Inmovilizado material», y n.º 5, «Inmovilizado intangible», no se puedan activar. A estos efectos se entiende por cuotas de carácter contingente aquellas cuyo importe futuro dependa de una variable establecida en el contrato.

Para calcular el valor actual de estas partidas se tomará como tipo de actualización el tipo de interés reflejado en el contrato. Si este tipo no estuviera determinado, se aplicará el tipo de interés que el arrendatario habría de pagar en un arrendamiento similar o, si éste no fuera determinable, el tipo de interés al que obtendría los fondos necesarios para comprar el activo.

Los costes directos iniciales inherentes a la operación en los que incurra el arrendatario deberán considerarse como mayor valor del activo.

Cada una de las cuotas del arrendamiento estará constituida por dos partes que representan, respectivamente, la carga financiera y la reducción de la deuda pendiente de pago. La carga financiera total se distribuirá a lo largo del plazo del arrendamiento y se imputará a los resultados del ejercicio en el que se devengue, aplicando el método del tipo de interés efectivo para el arrendatario.

1.4. Contabilidad del arrendador: Cuando una entidad transfiera sustancialmente todos los riesgos y ventajas de un activo mediante una operación a la que sea aplicable la presente norma de reconocimiento y valoración, registrará un derecho a cobrar por el valor razonable del bien más los costes directos iniciales del arrendador. Simultáneamente dará de baja el activo por su valor contable en el momento del inicio de la operación, registrándose, en su caso, un resultado del ejercicio.

La diferencia entre el crédito contabilizado en el activo del balance y la cantidad a cobrar, correspondiente a intereses no devengados, se imputará a la cuenta del resultado económico patrimonial del ejercicio en que dichos intereses se devenguen de acuerdo con el método del tipo de interés efectivo.

2. Arrendamientos operativos.

Se trata de un contrato de arrendamiento en el que no se transfieren los riesgos y ventajas que son inherentes a la propiedad.

Las cuotas derivadas de los arrendamientos operativos deben ser reconocidas por los arrendatarios como gastos en el resultado del ejercicio en el que se devenguen durante el plazo del arrendamiento.

Los ingresos procedentes de los arrendamientos operativos se registrarán por el arrendador en el resultado del ejercicio en que se devenguen durante el plazo del arrendamiento.

3. Venta con arrendamiento posterior.

Cuando por las condiciones económicas de una enajenación, conectada al posterior arrendamiento o cesión de uso de los activos enajenados, se desprenda que se trata de un método de financiación, el arrendatario no variará la calificación del activo, ni reconocerá resultados derivados de esta transacción. Además, registrará el importe recibido con abono a una partida que ponga de manifiesto el correspondiente pasivo financiero. Los gastos por intereses asociados a la operación se contabilizarán a lo largo de la vida del contrato de acuerdo con el método del tipo de interés efectivo.

El arrendador contabilizará la operación de acuerdo con lo dispuesto en la norma de reconocimiento y valoración n.º 8, «Activos financieros».

7.º Activos en estado de venta.

1. Concepto.

Los activos en estado de venta son activos no financieros, excluidos los del patrimonio público del suelo, clasificados inicialmente como no corrientes cuyo valor contable se recuperará fundamentalmente a través de una transacción de venta, en lugar de por su uso continuado. Para aplicar la clasificación anterior, el activo debe estar disponible, en sus condiciones actuales, para su venta inmediata, sujeto exclusivamente a los términos usuales y habituales para la venta de estos activos, y su venta debe ser altamente probable. Se considera que su venta será altamente probable, cuando concurran las siguientes circunstancias:

a) La entidad debe encontrarse comprometida por un plan para vender el activo y haber iniciado un programa para encontrar comprador y concretar el plan.

b) Se espera completar la venta dentro del año siguiente a la fecha de clasificación del activo como en estado de venta, salvo que por hechos o circunstancias fuera del control de la entidad, el plazo de venta se tenga que alargar y exista evidencia suficiente de que la entidad siga comprometida con el plan de disposición del activo.

2. Valoración inicial.

La entidad valorará estos activos al valor contable que correspondería en ese momento al activo no corriente, según el modelo del coste. Para ello, se darán de baja todas las cuentas representativas del inmovilizado que cambia de uso y se darán de alta las cuentas representativas del activo en estado de venta que incluirán, en su caso, el deterioro acumulado que existiese previamente a su clasificación.

3. Valoración posterior.

La entidad valorará estos activos al menor valor entre su valor contable, según el modelo de coste, y su valor razonable menos los costes de venta.

La entidad reconocerá un deterioro de valor por un importe equivalente a la diferencia que pudiera existir entre el valor contable y el valor razonable menos los costes de venta debido a las reducciones del valor del activo.

La entidad reconocerá un resultado por cualquier incremento posterior derivado de la valoración a valor razonable menos los costes de venta del activo. En todo caso, el valor contable del activo después de la reversión de un deterioro, no podrá superar el importe asignado a su valor inicial.

Los activos en estado de venta no son objeto de amortización mientras estén clasificados como tales.

4. Reclasificaciones.

Cuando un activo deje de cumplir los requisitos para ser clasificado como activo en estado de venta se reclasificará en la partida del balance que corresponda a su naturaleza.

Su registro se realizará atendiendo a los siguientes criterios:

a) Activos contabilizados según el modelo de coste.

La entidad valorará el activo no corriente que deje de estar clasificado como «activo en estado de venta» por el valor contable del mismo antes de que fuera clasificado como tal, ajustado por cualquier deterioro o dotación a la amortización que se hubiera reconocido si el activo no se hubiera clasificado como activo en estado de venta.

Para ello, la entidad dará de alta de nuevo todas las cuentas representativas del activo no corriente y dará de baja todas las cuentas representativas del activo en estado de venta, imputándose, en su caso a la cuenta del resultado económico patrimonial del ejercicio en el que se produzca la reclasificación, la diferencia entre los valores contables indicados.

b) Activos contabilizados según el modelo de la revalorización.

La entidad valorará el activo no corriente que deje de estar clasificado como «activo en estado de venta» por el valor contable del mismo antes de que fuera clasificado como tal, ajustado por cualquier deterioro, dotación a la amortización o revalorización, en su caso, que se hubiera reconocido si el activo no se hubiera clasificado como activo en estado de venta.

Para ello, se dará de alta la cuenta representativa del bien por su valor según el modelo del coste —siguiendo el procedimiento previsto en el apartado *a*) anterior— más el importe total acumulado de la revalorización, con abono, además de a las cuentas que corresponda de amortización acumulada o deterioro, en su caso, a la cuenta específica del patrimonio neto que se correspondería con dicha revalorización si el activo nunca se hubiera reclasificado como activo en estado de venta. Asimismo se darán de baja todas las cuentas representativas del activo en estado de venta, imputándose, en su caso a la cuenta del resultado económico patrimonial del ejercicio en el que produzca la reclasificación, la diferencia entre los valores contables indicados.

8.º Activos financieros.

1. Concepto.

Son activos financieros el dinero en efectivo, los instrumentos de capital o de patrimonio neto de otra entidad, los derechos a recibir efectivo u otro activo financiero de un tercero o de intercambiar con un tercero activos o pasivos financieros en condiciones potencialmente favorables.

Los criterios establecidos en esta norma de reconocimiento y valoración serán aplicables a todos los activos financieros, excepto a aquellos para los que se hayan establecidos criterios específicos en otra norma de reconocimiento y valoración.

2. Clasificación de los activos financieros.

Los activos financieros, a efectos de su valoración, se clasificarán inicialmente en alguna de las siguientes categorías:

a) Créditos y partidas a cobrar.

Se incluirán en esta categoría:

a.1) Los créditos por operaciones derivadas de la actividad habitual.

a.2) Otros activos financieros, que no siendo instrumentos de patrimonio ni negociándose en un mercado activo, generan flujos de efectivo de importe determinado o determinable y respecto de los que se espera recuperar todo el desembolso realizado por la entidad, excluidas las razones imputables al deterioro crediticio.

a.3) Las operaciones de adquisición de instrumentos de deuda con el acuerdo de posterior venta a un precio fijo o al precio inicial más la rentabilidad normal del prestamista.

b) Inversiones mantenidas hasta el vencimiento.

Se incluirán en esta categoría los valores representativos de deuda con vencimiento fijo y flujos de efectivo de importe determinado o determinable, que se negocian en un mercado activo, y respecto de los que la entidad tiene, desde su reconocimiento y en cualquier fecha posterior, la intención efectiva y la capacidad financiera para conservarlos hasta su vencimiento.

c) Activos financieros a valor razonable con cambios en resultados.

En esta categoría se incluirán:

c.1) Los activos financieros que, negociándose en un mercado activo, se adquieren con el propósito de realizarlos en el corto plazo, excepto los adquiridos con el acuerdo de posterior venta a un precio fijo o al precio inicial más la rentabilidad normal del prestamista.

c.2) Los derivados, excepto aquellos que sean contratos de garantía financiera o hayan sido designados como instrumentos de cobertura y cumplan los requisitos de la norma de reconocimiento y valoración n.º 10, «Coberturas contables».

d) Inversiones en el patrimonio de entidades del grupo, multigrupo y asociadas.

Los conceptos de entidad del grupo, entidad multigrupo y entidad asociada serán los definidos en las Normas para la formulación de cuentas anuales consolidadas en el ámbito del sector público aprobadas por Orden HAP/1.489/2013, de 18 de julio.

e) Activos financieros disponibles para la venta.

En esta categoría se incluirán todos los activos financieros que no cumplan los requisitos para ser incluidos en alguna de las categorías anteriores.

3. Reconocimiento.

La entidad reconocerá un activo financiero en su balance cuando se convierta en parte obligada según las cláusulas del contrato o acuerdo mediante el que se formalice la inversión financiera.

Para determinar el momento del reconocimiento de los activos financieros que surjan de derechos no contractuales, se estará a lo dispuesto al efecto en la correspondiente norma de reconocimiento y valoración.

4. Créditos y partidas a cobrar.

4.1. Valoración inicial: Con carácter general los créditos y partidas a cobrar se valorarán inicialmente por su valor razonable que, salvo evidencia en contrario, será el precio de la transacción, que equivaldrá al valor razonable de la contraprestación entregada más los costes de transacción que les sean directamente atribuibles. Sin embargo los costes de transacción se podrán imputar a resultados del ejercicio en el que se reconoce el activo cuando tengan poca importancia relativa.

No obstante lo señalado en el párrafo anterior, los créditos y partidas a cobrar con vencimiento a corto plazo que no tengan un tipo de interés contractual, se valorarán por su valor nominal.

Las partidas a cobrar con vencimiento a largo plazo que no tengan un tipo de interés contractual y los préstamos concedidos a largo plazo con intereses subvencionados, se valorarán por su valor razonable que será igual al valor actual de los flujos de efectivo a cobrar, aplicando la tasa de interés de la Deuda del

Estado vigente en cada plazo. No obstante las partidas a cobrar a largo plazo se podrán valorar por el nominal y los préstamos concedidos a largo plazo con intereses subvencionados se podrán valorar por el importe entregado, cuando el efecto de la no actualización, globalmente considerado, sea poco significativo en las cuentas anuales de la entidad.

Cuando el activo financiero, con intereses subvencionados, se valore por su valor actual, la diferencia entre dicho valor y el valor nominal o el importe entregado, según el caso, se imputará como subvención concedida en la cuenta del resultado económico patrimonial del ejercicio en el que se reconoce el activo financiero.

En todo caso, las fianzas y depósitos constituidos se valorarán siempre por el importe entregado, sin actualizar.

4.2. Valoración posterior: Los créditos y partidas a cobrar se valorarán por su coste amortizado. Los intereses devengados se contabilizarán como resultados del ejercicio utilizando el método del tipo de interés efectivo.

No obstante, las partidas a cobrar que, sin tipo de interés contractual, se hayan valorado inicialmente por su valor nominal, y los préstamos concedidos con intereses subvencionados que se hayan valorado inicialmente por el importe entregado, continuarán valorándose por dicho importe, salvo que se hubieran deteriorado. Asimismo, las fianzas y depósitos constituidos mantendrán su valor inicial, salvo que se hubiesen deteriorado.

4.3. Deterioro: Al menos al cierre del ejercicio, deberán efectuarse las correcciones valorativas necesarias, siempre que exista evidencia objetiva de que el valor de un crédito o de un grupo de créditos con similares características de riesgo valorados colectivamente, se ha deteriorado como resultado de uno o más sucesos que hayan ocurrido después de su reconocimiento inicial y que ocasionen una reducción o retraso en los flujos de efectivo estimados futuros, como puede ser la insolvencia del deudor.

El deterioro de valor de estos activos financieros será la diferencia entre su valor contable y el valor actual de los flujos de efectivo futuros que se estima se van a generar, descontados al tipo de interés efectivo calculado en el momento de su reconocimiento inicial. Para los créditos a tipo de interés variable, se empleará el tipo de interés efectivo que corresponda de acuerdo con las condiciones contractuales a la fecha de cierre del ejercicio.

Las correcciones valorativas por deterioro, así como su reversión, se reconocerán como un gasto o un ingreso, respectivamente, en el resultado del ejercicio. La reversión del deterioro tendrá como límite el valor contable que tendría el crédito en la fecha de reversión si no se hubiese registrado el deterioro de valor.

5. Inversiones mantenidas hasta el vencimiento.

5.1. Valoración inicial: Las inversiones mantenidas hasta el vencimiento se valorarán inicialmente por su valor razonable, que, salvo evidencia en contrario, será el precio de la transacción, que equivaldrá al valor razonable de la contraprestación entregada más los costes de transacción que les sean directamente atribuibles. No obstante, los costes de transacción se podrán imputar a resultados del ejercicio en que se reconoce la inversión cuando tengan poca importancia relativa.

5.2. Valoración posterior: Las inversiones mantenidas a vencimiento se valorarán por su coste amortizado. Los intereses devengados se contabilizarán como resultados del ejercicio utilizando el método del tipo de interés efectivo.

5.3. Deterioro: Al menos al cierre del ejercicio, deberán efectuarse las correcciones valorativas necesarias, de conformidad con los criterios señalados en el apartado 4.3 anterior.

No obstante, como sustituto del valor actual de los flujos de efectivo futuros se podrá utilizar el valor de mercado del activo financiero, siempre que éste sea lo suficientemente fiable como para considerarlo representativo del valor que pudiera recuperar la entidad.

6. Activos financieros a valor razonable con cambios en resultados.

6.1. Valoración inicial: Los activos financieros a valor razonable con cambios en resultados se valorarán inicialmente por su valor razonable, que, salvo evidencia en contrario, será el precio de la transacción, que equivaldrá al valor razonable de la contraprestación entregada. Los costes de transacción que le sean directamente atribuibles, se imputarán a resultados del ejercicio en que se produzca la adquisición.

En el caso de los instrumentos de patrimonio, formará parte del valor inicial, el importe de los derechos preferentes de suscripción y similares, que, en su caso, se hubiesen adquirido.

6.2. Valoración posterior: Los activos financieros a valor razonable con cambios en resultados, se valorarán por su valor razonable, sin deducir los costes de transacción en que se pudiera incurrir en su enajenación. Los cambios que se produzcan en el valor razonable, se imputarán a resultados del ejercicio, una vez imputados los intereses devengados según el tipo de interés efectivo y, en su caso, las diferencias de cambio.

7. Inversiones en el patrimonio de entidades del grupo, multigrupo y asociadas.

7.1. Valoración inicial: Las inversiones en el patrimonio de entidades del grupo, multigrupo y asociadas se valorarán inicialmente al coste, que equivaldrá al valor razonable de la contraprestación entregada más los costes de transacción que les sean directamente atribuibles.

No obstante, si existiera una inversión anterior a su calificación como entidad del grupo, multigrupo o asociada, se considerará como coste de dicha inversión el valor contable que debiera tener la misma antes de que la entidad pase a tener esa calificación. En su caso, los ajustes valorativos previos asociados con dicha inversión y contabilizados directamente en el patrimonio neto, se mantendrán en éste hasta la baja o deterioro.

Formará parte del valor inicial, el importe de los derechos preferentes de suscripción y similares, que, en su caso, se hubiesen adquirido.

En caso de aportaciones no dinerarias, para la valoración inicial de la inversión se aplicará lo establecido en el punto 4.*d*) de la norma de reconocimiento y valoración n.º 1, «Inmovilizado material», para los activos adquiridos en permuta.

7.2. Valoración posterior: Las inversiones en el patrimonio de entidades del grupo, multigrupo y asociadas, se valorarán por su coste, menos, en su caso, el importe acumulado de las correcciones valorativas por deterioro.

Cuando deba asignarse valor a estos activos por enajenación u otro motivo, se aplicará el método del coste medio ponderado por grupos homogéneos, entendiéndose por éstos los valores que otorgan los mismos derechos.

7.3. Deterioro: Al menos al cierre del ejercicio, y en todo caso en el momento que se acuerde la enajenación o transmisión de la participación, deberán efectuarse las correcciones valorativas necesarias siempre que exista evidencia objetiva de que el valor contable de la inversión no será recuperable como consecuencia, por ejemplo, de un descenso prolongado y significativo de los fondos propios de la entidad participada.

En el caso de entidades cuyas participaciones se negocien en un mercado activo, el importe de la corrección valorativa será la diferencia entre su valor contable y el valor razonable calculado con referencia al mercado activo.

En el caso de entidades cuyas participaciones no se negocien en un mercado activo, para determinar el importe de la corrección valorativa se tendrá en cuenta el patrimonio neto de la entidad participada corregido por las plusvalías tácitas existentes en la fecha de la valoración.

Las correcciones valorativas por deterioro, así como su reversión, se reconocerán como un gasto o un ingreso, respectivamente, en el resultado del ejercicio. La reversión del deterioro tendrá como límite el valor contable que tendría la inversión si no se hubiese registrado el deterioro de valor.

En el caso de que se hubiera producido una inversión en la entidad previa a su calificación como entidad del grupo, multigrupo o asociada, y con anterioridad a esa calificación, se hubieran realizado ajustes valorativos imputados directamente al patrimonio neto derivados de tal inversión, dichos ajustes se mantendrán tras la calificación hasta la enajenación o baja de la inversión, momento en el que se registrarán en la cuenta del resultado económico patrimonial, o hasta que se produzcan las siguientes circunstancias:

a) En el caso de ajustes valorativos previos por aumentos de valor, las correcciones valorativas por deterioro se registrarán contra la partida del patrimonio neto que recoja dichos ajustes hasta el importe de los mismos, y el exceso, en su caso, se registrará como resultado del ejercicio. La corrección valorativa por deterioro imputada directamente al patrimonio neto no revertirá.

b) En el caso de ajustes valorativos previos por reducciones de valor, cuando posteriormente el importe recuperable sea superior al valor contable de las inversiones, este último se incrementará hasta el límite de la indicada reducción de valor, contra la partida que haya recogido los ajustes valorativos previos. El nuevo importe así surgido, se considerará a partir de ese momento coste de la inversión. Sin embargo, si existe evidencia objetiva de deterioro del valor de la inversión, la partida de patrimonio neto que recoja los correspondientes ajustes negativos de valor, se imputará íntegramente a resultados del ejercicio.

8. Activos financieros disponibles para la venta.

8.1. Valoración inicial: Los activos financieros disponibles para la venta se valorarán inicialmente por su valor razonable, que, salvo evidencia en contrario, será el precio de la transacción, que equivaldrá al valor razonable de la contraprestación entregada más los costes de transacción que les sean directamente atribuibles. No obstante, en el caso de valores representativos de deuda, los costes de transacción se podrán imputar a resultados del ejercicio en que se reconoce la inversión cuando tengan poca importancia relativa.

En el caso de los instrumentos de patrimonio, formará parte del valor inicial, el importe de los derechos preferentes de suscripción y similares, que, en su caso, se hubiesen adquirido.

8.2. Valoración posterior: Los activos financieros disponibles para la venta se valorarán por su valor razonable, sin deducir los costes de transacción en que se pudiera incurrir en su enajenación. Los cambios que se produzcan en el valor razonable se registrarán directamente en el patrimonio neto, hasta la enajenación o deterioro del activo financiero, momento en que se imputará a resultados.

Cuando deba asignarse valor a estos activos por enajenación u otro motivo, se aplicará el método del coste medio ponderado por grupos homogéneos.

No obstante, se registrarán en la cuenta del resultado económico patrimonial las correcciones por deterioro de valor, los intereses devengados según el tipo de interés efectivo, y los resultados por diferencias de cambio en activos financieros monetarios en moneda extranjera, de conformidad con lo dispuesto en la norma de reconocimiento y valoración n.º 13, «Moneda extranjera».

Los instrumentos de patrimonio que no se negocien en un mercado activo, se valorarán por su coste, menos, en su caso, el importe acumulado de las correcciones valorativas por deterioro.

8.3. Deterioro: Al menos al cierre del ejercicio, deberán efectuarse las correcciones valorativas necesarias siempre que exista evidencia objetiva de que el valor de un activo financiero disponible para la venta o grupo de activos financieros disponibles para la venta con similares características se ha deteriorado como resultado de uno o más eventos ocurridos después de su reconocimiento inicial y que ocasionen, en el caso de los instrumentos de deuda, una reducción o retraso en los flujos de efectivo estimados futuros, como puede ser el caso de la insolvencia del deudor, o bien, en el caso de instrumentos de patrimonio, la falta de recuperabilidad del valor contable del mismo, debido a un descenso prolongado o significativo en su cotización o de sus fondos propios, en el caso de instrumentos de patrimonio que no se negocien en un mercado activo. En todo caso, se presumirá que el instrumento se ha deteriorado ante una caída de un año y medio o de un 40 por 100 de su cotización, sin que se haya producido la recuperación de su valor, sin perjuicio de que pudiera ser necesario reconocer una pérdida por deterioro antes de que haya transcurrido dicho plazo o descendido la cotización en el mencionado porcentaje.

La corrección valorativa por deterioro de valor de estos activos financieros será la diferencia entre su coste o coste amortizado, menos, en su caso, cualquier corrección valorativa por deterioro previamente reconocida en la cuenta del resultado económico patrimonial y el valor razonable en el momento en que se efectúe la valoración.

Las disminuciones acumuladas de valor razonable de estos activos reconocidas en el patrimonio neto, se imputarán a resultados cuando exista evidencia objetiva del deterioro de valor.

Si en ejercicios posteriores se incrementa el valor razonable del activo, la corrección valorativa reconocida en ejercicios anteriores revertirá con abono a resultados del ejercicio, salvo en el caso de los instrumentos de patrimonio, que se registrará un incremento de valor razonable directamente contra patrimonio neto.

No obstante, para los instrumentos de patrimonio valorados al coste por no negociarse en un mercado activo, la corrección valorativa por deterioro se calculará teniendo en cuenta el patrimonio neto de la entidad participada corregido por las plusvalías tácitas existentes en la fecha de la valoración y no será posible la reversión de la corrección valorativa reconocida en ejercicios anteriores.

9. Reclasificaciones entre las diferentes categorías de activos financieros.

Las reclasificaciones entre las diferentes categorías de activos financieros, deben atenerse a las siguientes reglas:

a) La entidad no podrá reclasificar ningún activo financiero a la categoría de activos financieros a valor razonable con cambios en resultados.

b) Los instrumentos financieros derivados no podrán reclasificarse fuera de la categoría de activos financieros a valor razonable con cambios en resultados.

c) Si como consecuencia de un evento inusual y altamente improbable de que se repita en un futuro, surgido con posterioridad a su clasificación inicial, un instrumento de deuda clasificado en la categoría de activos financieros a valor razonable con cambios en resultados no se mantiene ya con la intención de realizarlo en el corto plazo, la entidad podrá reclasificarlo a la categoría de inversiones mantenidas hasta el vencimiento, si tiene la intención efectiva y la capacidad financiera de conservarlo hasta su vencimiento.

En tal caso, el activo se valorará por su valor razonable en la fecha de la reclasificación que pasará a ser su nuevo coste o coste amortizado y no se revertirá ningún beneficio o pérdida previamente reconocidos en resultados.

d) En cuanto a las inversiones mantenidas hasta el vencimiento, la entidad no podrá clasificar ni tener clasificado ningún activo financiero en dicha categoría si durante el ejercicio actual o los dos ejercicios anteriores ha vendido o reclasificado activos financieros incluidos en esta categoría, salvo que fuese por un importe insignificante en relación con el importe total de los activos incluidos en la misma o se tratase de alguna de las siguientes ventas o reclasificaciones:

1. Las que estén muy próximas al vencimiento.
2. Las que tengan lugar después de que la entidad haya cobrado la práctica totalidad del principal del activo financiero, de acuerdo con su plan de amortización.
3. Las que sean atribuibles a un suceso aislado, no recurrente, y que no pudieron ser razonablemente anticipadas por la entidad.

Cuando la calificación de un activo financiero como inversión mantenida hasta el vencimiento deje de ser adecuada como consecuencia de ventas o reclasificaciones por un importe que no sea insignificante, según lo dispuesto en el apartado anterior, así como por cambios en la intención o en la capacidad financiera de la entidad para mantenerlas, todos los activos financieros incluidos en dicha categoría se reclasificarán inmediatamente a la categoría de activos financieros disponibles para la venta, y se valorarán por su valor razonable, no siendo posible además clasificar activos financieros como inversiones mantenidas a vencimiento durante los dos ejercicios siguientes.

La entidad registrará la diferencia entre el valor contable y el valor razonable del activo, en el momento de la reclasificación, directamente en el patrimonio neto de la entidad, y se aplicarán las reglas relativas a los activos financieros disponibles para la venta.

Una vez transcurridos los dos ejercicios a que se refiere el apartado anterior, los activos que hasta ese momento estaban clasificados como disponibles para la venta, se podrán reclasificar de nuevo como mantenidos a vencimiento, si la entidad tiene la intención efectiva y la capacidad financiera de mantenerlos hasta el vencimiento. El valor contable del activo financiero en esa fecha se convertirá en su nuevo coste amortizado. La diferencia que pudiera existir entre este valor y el importe a vencimiento se imputará a resultados según el método del tipo de interés efectivo.

En cuanto a los incrementos y disminuciones de valor reconocidos hasta ese momento en el patrimonio neto de la entidad, se llevarán a resultados a lo largo de la vida residual del activo financiero utilizando el método del tipo de interés efectivo.

e) Los valores representativos de deudas clasificados inicialmente en la categoría activos financieros disponibles para la venta podrán reclasificarse a la categoría inversiones mantenidas hasta el vencimiento si la entidad tiene la intención y la capacidad financiera de mantenerlos hasta el vencimiento, sin perjuicio de lo previsto en el apartado *d*) anterior.

f) Las inversiones en el patrimonio de entidades del grupo, multigrupo y asociadas, cuando dejen de tener tal calificación se valorarán de acuerdo con las reglas aplicables a los activos financieros disponibles para la venta.

10. Dividendos e intereses recibidos de activos financieros.

Los intereses y dividendos devengados con posterioridad al momento de la adquisición se reconocerán como resultados del ejercicio.

A estos efectos, en la valoración inicial de los activos financieros se registrarán de forma independiente, atendiendo a su vencimiento, el importe de los dividendos acordados por el órgano competente en el momento de la adquisición así como el importe de los intereses explícitos devengados y no vencidos en dicho momento.

Los dividendos acordados después de la adquisición que correspondan a beneficios obtenidos antes de la adquisición, se registrarán como modificación del valor inicial de la inversión.

Los intereses devengados se reconocerán utilizando el método del tipo de interés efectivo, incluso para aquellos instrumentos de deuda clasificados en las categorías de activos financieros disponibles para la venta y activos financieros a valor razonable con cambios en resultados.

En los activos financieros a interés variable, las variaciones entre los intereses explícitos liquidados y los inicialmente previstos no alterarán la distribución de los intereses implícitos inicialmente calculados. Dichas variaciones se imputarán como mayor o menor importe de los correspondientes intereses explícitos.

El cálculo del tipo de interés efectivo se podrá realizar por capitalización simple cuando el activo financiero se adquiera con vencimiento a corto plazo o cuando se trate de activos financieros a valor razonable con cambios en resultados.

11. Baja en cuentas.

La entidad dará de baja en cuentas un activo financiero o una parte del mismo sólo cuando hayan expirado o se hayan transmitido los derechos sobre los flujos de efectivo que el activo genera, siempre que, en este último caso, se hayan transferido de forma sustancial los riesgos y ventajas inherentes a la propiedad del activo financiero.

La entidad evaluará en qué medida retiene o transmite los riesgos y ventajas inherentes a la propiedad del activo financiero, comparando su exposición, antes y después de la transmisión a la variación en los importes y en el calendario de los flujos de efectivo netos del activo transmitido.

Si la entidad transfiere de forma sustancial los riesgos y ventajas, dará de baja en cuentas el activo financiero, reconociendo de forma separada, como activo o pasivo, cualquier derecho u obligación creados o retenidos como consecuencia de la transmisión.

Si la entidad retiene de forma sustancial los riesgos y ventajas, mantendrá en cuentas el activo financiero en su integridad, reconociendo un pasivo financiero por la contraprestación recibida.

Si la entidad ni transmite ni retiene de manera sustancial los riesgos y beneficios inherentes a la propiedad del activo, dará de baja el activo cuando no retenga el control sobre el mismo, circunstancia que dependerá de la capacidad del adquirente para transmitir el activo financiero. Si la entidad retiene el control sobre el activo financiero transmitido, continuará reconociéndolo por el importe de la exposición de la entidad a las variaciones de valor del activo transmitido, es decir, por su implicación continuada, y reconocerá un pasivo asociado.

Cuando el activo financiero se dé de baja en cuentas, la diferencia entre la contraprestación recibida, considerando cualquier nuevo activo obtenido menos cualquier pasivo asumido, y el valor contable del activo financiero, o de la parte del mismo que se haya transmitido, más cualquier importe acumulado reconocido directamente en el patrimonio neto, se imputará a resultados del ejercicio en que tenga lugar la baja en cuentas.

9.º Pasivos financieros.

1. Concepto.

Un pasivo financiero es una obligación exigible e incondicional de entregar efectivo u otro activo financiero a un tercero o de intercambiar con un tercero activos o pasivos financieros en condiciones potencialmente desfavorables.

Los criterios establecidos en esta norma de reconocimiento y valoración serán aplicables a todos los pasivos financieros, excepto a aquellos para los que se hayan establecido criterios específicos en otra norma de reconocimiento y valoración.

2. Clasificación de los pasivos financieros.

A los solos efectos de su valoración, los pasivos financieros se clasificarán inicialmente en las siguientes categorías:

a) Pasivos financieros a coste amortizado, que incluyen:

a.1) Débitos y partidas a pagar por operaciones derivadas de la actividad habitual.

a.2) Deudas representadas en valores negociables emitidos con la intención de mantenerlos hasta el vencimiento y aquellas que se espera recomprar antes del vencimiento a precio de mercado en un plazo superior al año desde su emisión.

a.3) Deudas representadas en valores negociables emitidos con el acuerdo de recomprarlos antes del vencimiento a un precio fijo, o a un precio igual al de emisión más la rentabilidad normal del prestamista.

a.4) Deudas con entidades de crédito.

a.5) Otros débitos y partidas a pagar.

b) Pasivos financieros a valor razonable con cambios en resultados, que incluyen:

b.1) Deudas representadas en valores negociables emitidos con el acuerdo o el objetivo de recomprarlos a corto plazo, excepto aquellos en los que el acuerdo se efectúe a un precio fijo o a un precio igual al de emisión más la rentabilidad normal del prestamista, y *b*.2) Los derivados, excepto aquellos que sean contratos de garantía financiera o hayan sido designados como instrumentos de cobertura y cumplan los requisitos de la norma de reconocimiento y valoración n.º 10, «Coberturas contables».

No obstante, en el caso de transferencias de activos financieros en las que la entidad deba seguir reconociendo el activo transferido en función de su implicación continuada, el pasivo originado en dicha transferencia se debe valorar de forma consistente con el activo transferido.

Por tanto, si el activo transferido se valora por su valor razonable, las variaciones en el valor razonable del pasivo financiero asociado se reconocerán en el resultado del ejercicio, salvo cuando el activo transferido esté clasificado como activo financiero disponible para la venta, en cuyo caso las variaciones en el valor razonable del pasivo asociado se reconocerán en el patrimonio neto.

La entidad no podrá reclasificar ningún pasivo financiero de la categoría pasivos financieros a coste amortizado a la de pasivos financieros a valor razonable con cambios en resultados, ni de ésta a aquélla.

3. Reconocimiento.

La entidad reconocerá un pasivo financiero en su balance, cuando se convierta en parte obligada según las cláusulas contractuales del instrumento financiero. En las operaciones de tesorería, en todo caso, y en los supuestos en que la operación de crédito se instrumente mediante un crédito de disposición gradual, se considerará que la entidad se convierte en parte obligada cuando se produzca la recepción de las disponibilidades líquidas en su tesorería.

Para determinar el momento del reconocimiento de los pasivos financieros que surjan de obligaciones no contractuales, se estará a lo dispuesto al efecto en la correspondiente norma de reconocimiento y valoración.

4. Valoración inicial.

4.1. Pasivos financieros a coste amortizado: Con carácter general, los pasivos financieros a coste amortizado se valorarán inicialmente por su valor razonable, que salvo evidencia en contrario será el precio de la transacción, que equivaldrá al valor razonable de la contraprestación recibida, ajustado con los costes de transacción que sean directamente atribuibles a la emisión. No obstante, los costes de transacción se podrán imputar al resultado del ejercicio en el que se reconoce el pasivo cuando tengan poca importancia relativa.

Para la valoración inicial de las deudas asumidas se aplicará la norma de reconocimiento y valoración n.º 18, «Transferencias y subvenciones».

Las partidas a pagar con vencimiento a corto plazo que no tengan un tipo de interés contractual se valorarán por su valor nominal.

Las partidas a pagar con vencimiento a largo plazo que no tengan un tipo de interés contractual y los préstamos recibidos a largo plazo con intereses subvencionados se valorarán por su valor razonable que será igual al valor actual de los flujos de efectivo a pagar, aplicando la tasa de interés a la que la entidad deba liquidar los intereses por aplazamiento o demora en el pago.

No obstante, las partidas a pagar a largo plazo sin tipo de interés contractual se podrán valorar por el nominal y los préstamos recibidos a largo plazo con intereses subvencionados se podrán valorar por el importe recibido, cuando el efecto de la no actualización, globalmente considerado, sea poco significativo en las cuentas anuales de la entidad.

Cuando el pasivo financiero con intereses subvencionados se valore por su valor actual, la diferencia entre dicho valor y el valor nominal o el importe recibido, según el caso, se reconocerá como una subvención recibida y se imputará a resultados de acuerdo con los criterios establecidos en la norma de reconocimiento y valoración n.º 18, «Transferencias y subvenciones».

En todo caso, las fianzas y depósitos recibidos se valorarán siempre por el importe recibido, sin actualizar.

4.2. Pasivos financieros a valor razonable con cambios en resultados: Se valorarán inicialmente por su valor razonable que, salvo evidencia en contrario, será el precio de la contraprestación recibida.

Los costes de transacción de la emisión se imputarán al resultado del ejercicio en que se produzcan.

5. Valoración posterior.

5.1. Pasivos financieros a coste amortizado: Los pasivos financieros a coste amortizado se valorarán por su coste amortizado. Los intereses devengados se contabilizarán como resultados del ejercicio utilizando el método del tipo de interés efectivo.

No obstante, las partidas a pagar sin tipo de interés contractual que se hayan valorado inicialmente por su valor nominal y los préstamos recibidos con intereses subvencionados que se hayan valorado inicialmente por el importe recibido continuarán valorándose por dichos importes. Asimismo, las fianzas y depósitos recibidos mantendrán su valor inicial.

En los pasivos financieros a interés variable, las variaciones entre los intereses explícitos liquidados y los inicialmente previstos no alterarán la distribución de los intereses implícitos inicialmente calculados. Dichas variaciones se imputarán como mayor o menor importe de los correspondientes intereses explícitos.

En el caso de modificación de las fechas previstas de amortización se recalculará el tipo de interés efectivo, que será aquel que iguale, en la fecha de modificación, el valor actual de los nuevos flujos de efectivo con el coste amortizado del pasivo en ese momento. El tipo de interés efectivo recalculado se utilizará para determinar el coste amortizado del pasivo financiero en el período restante de vida del mismo.

5.2. Pasivos financieros a valor razonable con cambios en resultados: Se valorarán por su valor razonable:

El importe que surja de la variación del valor razonable se imputará al resultado del ejercicio, una vez imputados los intereses devengados y las diferencias de cambio, en su caso.

5.3. Tipo de interés efectivo: A los efectos de la imputación de los intereses devengados según el método del tipo de interés efectivo que se contempla en los puntos 5.1 y 5.2 anteriores, se podrá utilizar la capitalización simple en el caso de pasivos financieros a coste amortizado emitidos a corto plazo y en los pasivos financieros a valor razonable con cambios en resultados.

6. Baja en cuentas.

6.1. Criterio general: La entidad dará de baja un pasivo financiero cuando se haya extinguido, esto es, cuando la obligación que dio origen a dicho pasivo se haya cumplido o cancelado.

La compra de un pasivo financiero propio implica su baja en cuentas aunque se vaya a recolocar de nuevo, excepto en el caso previsto en el punto 6.3 siguiente.

6.2. Resultados en la cancelación: La diferencia entre el valor contable del pasivo financiero, o de la parte del mismo, que se haya cancelado o cedido a un tercero y la contraprestación entregada a dicho tercero, en la que se incluirá cualquier activo cedido diferente del efectivo o pasivo asumido, se reconocerá en el resultado del ejercicio en que tenga lugar.

6.3. Compraventas dobles de pasivos propios: No se dará de baja en cuentas el pasivo en el caso de compraventas dobles de pasivos propios cuando la posterior venta del pasivo recomprado se pacte a un precio fijo, o a un precio igual al de venta más la rentabilidad normal del prestamista; ya que el fondo económico de estas operaciones consiste en la concesión de un préstamo, o en la constitución de un depósito financiero, actuando el pasivo propio recibido como garantía de la devolución de los fondos prestados.

En este caso, se mantendrá en cuentas el pasivo propio y se registrará la operación de compraventa doble como un préstamo concedido o depósito financiero, según proceda. Los gastos del pasivo propio y los ingresos del activo financiero se reconocerán, sin compensar, en la cuenta del resultado económico patrimonial.

Si la venta del pasivo recomprado se pactara a precio de mercado, la operación se tratará como extinción del pasivo y posterior emisión de otro pasivo.

6.4. Intercambio de pasivos financieros: El intercambio de instrumentos de deuda a coste amortizado entre la entidad emisora y el prestamista se tratará contablemente de acuerdo con las siguientes reglas:

a) Cuando los instrumentos de deuda intercambiados tengan condiciones sustancialmente diferentes.

La operación se registrará como una cancelación del pasivo financiero original y el reconocimiento de un nuevo pasivo financiero. Cualquier coste o comisión por la operación se registrará como parte del resultado procedente de la extinción.

b) Cuando los instrumentos de deuda intercambiados no tengan condiciones sustancialmente diferentes.

El pasivo financiero original no se dará de baja en cuentas y el importe de los costes y comisiones se registrará como un ajuste de su valor en cuentas y se amortizarán a lo largo de la vida restante del pasivo modificado.

Se calculará un nuevo tipo de interés efectivo que será aquel que iguale el valor en cuentas del pasivo financiero en la fecha de modificación con los flujos de efectivo a pagar según las nuevas condiciones.

Para determinar el coste amortizado del pasivo financiero en el período restante de vida del mismo, se utilizará el tipo de interés efectivo calculado según el párrafo anterior.

A estos efectos, se considerará que los instrumentos de deuda intercambiados tienen condiciones sustancialmente diferentes cuando el valor actual de los flujos de efectivo del nuevo pasivo financiero, incluyendo las comisiones netas cobradas o pagadas, difiera al menos en un 10 por 100 del valor actual de los flujos de efectivo restantes del pasivo financiero original, actualizados ambos al tipo de interés efectivo original.

6.5. Modificación de las condiciones actuales de un pasivo financiero: Se considerará que se ha producido una modificación sustancial de las condiciones actuales de un pasivo financiero, cuando el valor actual de los flujos de efectivo del pasivo financiero según las nuevas condiciones, incluyendo las comisiones netas cobradas o pagadas, difiera al menos en un 10 por 100 del valor actual de los flujos de efectivo restantes del pasivo financiero según las condiciones anteriores, actualizados ambos al tipo de interés efectivo original.

Las modificaciones sustanciales de las condiciones actuales de un pasivo financiero se registrarán con el mismo criterio que el establecido en el apartado *a*) del punto 6.4 anterior para el intercambio de instrumentos de deuda que tengan condiciones sustancialmente diferentes. Para la valoración inicial del nuevo pasivo se utilizará como tipo de actualización de los flujos a pagar el tipo de mercado de un pasivo semejante.

Las modificaciones no sustanciales de las condiciones actuales de un pasivo financiero se registrarán con el mismo criterio que el establecido en el apartado *b*) del punto 6.4 anterior para el intercambio de instrumentos de deuda que no tengan condiciones sustancialmente diferentes.

6.6. Extinción del pasivo por asunción: Cuando un acreedor exima a la entidad de su obligación de realizar pagos porque un nuevo deudor ha asumido la deuda, la entidad extinguirá el pasivo financiero original.

El resultado de la extinción se reconocerá de acuerdo con lo establecido en la norma de reconocimiento y valoración n.º 18, «Transferencias y subvenciones», y será igual a la diferencia entre el valor en cuentas del pasivo financiero original y cualquier contraprestación entregada por la entidad.

6.7. Extinción del pasivo por prescripción: Cuando haya prescrito la obligación de la entidad de rembolsar al acreedor el pasivo financiero, la baja en cuentas del correspondiente pasivo se imputará al resultado del ejercicio en que se acuerde la prescripción.

7. Contratos de garantía financiera.

Un contrato de garantía financiera es un contrato que exige que el emisor efectúe pagos para rembolsar al tenedor por la pérdida en la que incurre cuando un deudor específico incumpla su obligación de pago, de acuerdo con las condiciones, originales o modificadas, de un instrumento de deuda, tal como una fianza o un aval.

El emisor de un contrato de garantía financiera registrará las comisiones o primas a percibir conforme se devenguen, imputándolas a resultados como ingreso financiero, de forma lineal a lo largo de la vida de la garantía.

Asimismo provisionará las garantías clasificadas como dudosas de acuerdo con la norma de reconocimiento y valoración n.º 17, «Provisiones, activos y pasivos contingentes».

10.º Coberturas contables.

1. Concepto.

Mediante una operación de cobertura, uno o varios instrumentos financieros denominados instrumentos de cobertura, son designados para cubrir un riesgo específicamente identificado que puede tener impacto en la cuenta del resultado económico patrimonial o en el estado de cambios en el patrimonio neto, como consecuencia de variaciones en el valor razonable o en los flujos de efectivo de una o varias partidas cubiertas.

Cuando una cobertura se califique como cobertura contable, por cumplir con los requisitos exigidos en el apartado 4 de esta norma, la contabilización del instrumento de cobertura y de la partida cubierta se regirá por los criterios establecidos en el apartado 5 de esta norma de reconocimiento y valoración.

2. Instrumentos de cobertura.

Con carácter general, los instrumentos que se pueden designar como instrumentos de cobertura son los derivados. En el caso de coberturas de tipo de cambio, también se podrán designar como instrumentos de cobertura activos financieros y pasivos financieros distintos de los derivados.

En una relación de cobertura, el instrumento de cobertura se designa en su integridad, aunque sólo lo sea por un porcentaje de su importe total, salvo en los contratos a plazo, que se podrá designar como instrumento de cobertura el precio de contado, excluyendo el componente de interés.

La relación de cobertura debe designarse por la totalidad del tiempo durante el cual el instrumento de cobertura permanece en circulación.

Dos o más derivados, o proporciones de ellos, podrán designarse conjuntamente como instrumentos de cobertura.

Un instrumento se puede designar para cubrir más de un riesgo siempre que:

— se puedan identificar claramente los diferentes riesgos cubiertos,

— exista una designación específica del instrumento de cobertura para cada uno de los diferentes riesgos cubiertos, y

— la eficacia de la cobertura pueda ser demostrada.

3. Partidas cubiertas.

Se podrán designar como partidas cubiertas, los activos y pasivos reconocidos en balance, los compromisos en firme no reconocidos como activos o pasivos, y las transacciones previstas altamente probables de realizar que expongan a la entidad a riesgos específicamente identificados de variaciones en el valor razonable o en los flujos de efectivo.

Los activos y pasivos que compartan la exposición al riesgo que se pretende cubrir, podrán cubrirse en grupo sólo si el cambio en el valor razonable atribuible al riesgo cubierto para cada partida individual debe esperarse que sea aproximadamente proporcional al cambio total del valor razonable del grupo atribuible al riesgo cubierto.

No se podrá designar como partida cubierta una posición neta global de activos y pasivos. No obstante, si se quiere cubrir del riesgo de tipo de interés el valor razonable de una cartera compuesta de activos y pasivos financieros, se podrá designar como partida cubierta un importe monetario de activos o de pasivos equivalente al importe neto de la cartera, siempre que la totalidad de los activos o de los pasivos de los que se extraiga el importe monetario cubierto estén expuestos al riesgo cubierto.

Los activos financieros y pasivos financieros podrán cubrirse parcialmente, tal como un determinado importe o porcentaje de sus flujos de efectivo o de su valor razonable, siempre que pueda medirse la eficacia de la cobertura.

Los activos o pasivos no financieros solamente podrán designarse como partidas cubiertas:

a) por los riesgos asociados a las diferencias de cambio en moneda extranjera, o *b*) en su integridad, es decir, por todos los riesgos que soporte.

4. Requisitos para aplicar la contabilidad de coberturas.

Una cobertura se calificará como cobertura contable únicamente cuando se cumplan todas las condiciones siguientes:

a) En el momento inicial, se debe designar y documentar la relación de cobertura, así como fijar el objetivo y la estrategia que pretende la entidad a través de dicha relación.

Dicha documentación deberá incluir:

— La identificación del instrumento de cobertura, de la partida o transacción cubierta y de la naturaleza del riesgo concreto que se está cubriendo.

— En el caso de que el instrumento de cobertura no se vaya a valorar por su valor razonable, se justificará que se cumplen todos los requisitos que, a tal efecto, se contemplan al final del apartado 5.1, «Valoración del instrumento de cobertura», de esta norma.

— El criterio y método para valorar la eficacia del instrumento de cobertura para compensar la exposición a las variaciones de la partida cubierta, ya sea en el valor razonable o en los flujos de efectivo, que se atribuyen al riesgo cubierto.

b) Se espera que la cobertura sea altamente eficaz durante todo el plazo previsto para compensar las variaciones en el valor razonable o en los flujos de efectivo que se atribuyan al riesgo cubierto, de manera congruente con la estrategia de gestión del riesgo inicialmente documentado.

Una cobertura se considerará altamente eficaz si se cumplen las dos siguientes condiciones:

— Al inicio de la cobertura y durante su vida, la entidad puede esperar que los cambios en el valor razonable o en los flujos de efectivo de la partida cubierta que sean atribuibles al riesgo cubierto sean compensados casi completamente por los cambios en el valor razonable o en los flujos de efectivo del instrumento de cobertura.

— La eficacia real de la cobertura, es decir, la relación entre el resultado del instrumento de cobertura y el de la partida cubierta, está en un rango del ochenta al ciento 25 por 100.

c) La eficacia de la cobertura puede ser determinada de forma fiable, esto es, el valor razonable o los flujos de efectivo de la partida cubierta y el valor razonable del instrumento de cobertura deben poderse determinar de forma fiable.

La eficacia se valorará, como mínimo, cada vez que se preparen las cuentas anuales.

Para valorar la eficacia de las coberturas se utilizará el método que mejor se adapte a la estrategia de gestión del riesgo por la entidad, siendo posible adoptar métodos diferentes para las distintas coberturas.

5. Criterios valorativos de las coberturas contables.

5.1. Valoración del instrumento de cobertura: El instrumento de cobertura que sea un derivado, o el componente de tipo de cambio de un activo o pasivo financiero designado instrumento de cobertura en una cobertura del riesgo de tipo de cambio, se valorará por su valor razonable.

La imputación del resultado obtenido en el instrumento de cobertura atribuible a la parte del mismo que haya sido calificada como cobertura eficaz, deberá realizarse en el mismo ejercicio en el que las variaciones en la partida cubierta atribuibles al riesgo cubierto afecten al resultado económico patrimonial.

Cuando para cumplir con lo establecido en el párrafo anterior, la imputación del resultado obtenido en el instrumento de cobertura deba diferirse a ejercicios posteriores, los importes diferidos se registrarán en una cuenta de patrimonio neto.

El importe reconocido en el patrimonio neto será el menor de:

— El resultado acumulado por el instrumento de cobertura desde el inicio de ésta; o

— La variación acumulada en el valor actual de los flujos de efectivo futuros esperados de la partida cubierta desde el inicio de la cobertura.

Con carácter general, el importe acumulado en el patrimonio neto se imputará a resultados a medida que se imputen los ingresos y gastos derivados de la partida cubierta atribuibles al riesgo cubierto, excepto cuando se permita su inclusión en el valor inicial del activo o pasivo que surja del cumplimiento de un compromiso en firme o de la realización de una transacción prevista.

Las variaciones en el valor razonable del instrumento de cobertura, atribuibles a la parte del mismo calificada como cobertura ineficaz, se imputarán en el resultado del ejercicio aplicando la norma de reconocimiento y valoración que corresponda, n.º 8, «Activos financieros», o n.º 9, «Pasivos financieros».

No obstante, el instrumento de cobertura no tendrá que valorarse por su valor razonable, sino con el mismo criterio que la partida cubierta, cuando la cobertura cumpla los siguientes requisitos:

— El instrumento de cobertura es una permuta financiera de divisas, una permuta financiera de intereses, o un contrato a plazo de divisas.

— La partida cubierta es un pasivo financiero a coste amortizado o una inversión mantenida hasta el vencimiento.

— El instrumento de cobertura se designa para compensar las variaciones en los flujos de efectivo de la partida cubierta debidas a los riesgos del tipo de cambio o de tipo de interés a los que está efectivamente expuesta.

— La entidad, en la documentación de la cobertura, declara que tiene la intención y la capacidad financiera de mantener el instrumento de cobertura y la partida cubierta hasta el vencimiento de la cobertura y que no revocará la designación de la cobertura.

— Por las características del instrumento de cobertura y de la partida cubierta, se puede asegurar, en el momento inicial, que la cobertura va a ser plenamente eficaz hasta su vencimiento, es decir, que los cambios en los flujos de efectivo del instrumento de cobertura van a compensar íntegramente los cambios en los flujos de efectivo de la partida cubierta correspondientes al importe y al riesgo cubiertos. Ello se conseguirá cuando, por ejemplo, se cubra un pasivo financiero mediante una permuta en la que la corriente deudora tenga las mismas características (moneda, tipo de interés de referencia, vencimiento de intereses, etc.) que la partida cubierta.

5.2. Valoración de la partida cubierta.

5.2.1. Activos y pasivos reconocidos en balance: Cuando se cubra un activo o un pasivo de las variaciones en su valor razonable, las variaciones de la partida cubierta atribuibles al riesgo cubierto se reconocerán inmediatamente en el resultado del ejercicio ajustando el valor contable de la partida cubierta, incluso cuando ésta se valore al coste amortizado o sea un activo financiero disponible para la venta.

El ajuste realizado en el valor contable de una partida cubierta que se valore al coste amortizado se imputará al resultado del ejercicio utilizando el método del tipo de interés efectivo recalculado en la fecha que comience la imputación. Dicha imputación podrá empezar tan pronto como se realice el ajuste y en todo caso deberá empezar en el momento en que la partida cubierta deje de ser ajustada por los cambios en el valor razonable del instrumento de cobertura.

Las variaciones en el valor razonable de la partida cubierta no atribuibles al riesgo cubierto se reconocerán según los criterios generales aplicables a la partida cubierta.

Las variaciones en los flujos de efectivo de la partida cubierta se imputarán a resultados según los criterios generales aplicables a la partida cubierta.

5.2.2. Compromisos en firme no reconocidos como activos o pasivos: Las variaciones en el valor razonable de un compromiso en firme no reconocido como activo o pasivo, designado como partida cubierta, que sean atribuibles al riesgo cubierto, se reconocerán como un activo o pasivo con imputación al resultado del ejercicio.

Cuando la entidad suscriba un compromiso en firme para adquirir un activo o asumir un pasivo y dicho compromiso se designe partida cubierta, el importe inicial en cuentas del activo o pasivo que resulte del cumplimiento de dicho compromiso se ajustará para incluir el cambio acumulado en el valor razonable de dicho compromiso atribuible al riesgo cubierto que se reconozca en el resultado del ejercicio.

No obstante, en el caso de coberturas del riesgo del tipo de cambio, la entidad podrá optar por no reconocer las variaciones en el valor razonable del compromiso en firme durante el período de cobertura. En este caso, las variaciones en el valor del instrumento de cobertura que se hayan reconocido en el patrimonio neto durante el período de cobertura, se imputarán en la cuenta del resultado económico patrimonial de acuerdo con los criterios previstos en el punto 5.2.3 siguiente, según que el compromiso en firme diese lugar al reconocimiento de un activo financiero o un pasivo financiero, al reconocimiento de un activo no financiero o un pasivo no financiero, o no diese lugar al reconocimiento de un activo o un pasivo, respectivamente.

5.2.3. Transacciones previstas altamente probables: Durante el período de cobertura no se reconocerán las variaciones en el valor previsto de la transacción cubierta.

Si la cobertura de una transacción prevista diese lugar al reconocimiento de un activo financiero o un pasivo financiero, las variaciones en el valor del instrumento de cobertura que se hayan reconocido en el patrimonio neto, se imputarán en el resultado del ejercicio a medida que el activo adquirido o el pasivo asumido afecte al mismo. No obstante, las pérdidas registradas en el patrimonio neto que la entidad espere no poder recuperarlas en ejercicios futuros se reconocerán inmediatamente en el resultado del ejercicio.

Si la cobertura de una transacción prevista diese lugar al reconocimiento de un activo no financiero o un pasivo no financiero, o bien al reconocimiento de un compromiso en firme, los importes reconocidos en el patrimonio neto se incluirán en el valor inicial del activo o pasivo, cuando sean adquiridos o asumidos.

Si la cobertura de una transacción prevista no diese lugar al reconocimiento de un activo o pasivo, las variaciones en el valor del instrumento de cobertura que se hayan reconocido en el patrimonio neto, se imputarán en el resultado del ejercicio a medida que la transacción cubierta afecte al resultado.

6. Interrupción de la contabilidad de coberturas.

La contabilidad de coberturas se interrumpirá en cualquiera de las siguientes circunstancias:

a) El instrumento de cobertura expira o es vendido, resuelto o ejercido; o

b) La cobertura deje de cumplir los requisitos señalados en el apartado 4 anterior; o

c) La entidad revoque la designación.

La sustitución o renovación de un instrumento de cobertura por otro instrumento no supondrá la interrupción de la cobertura, a menos que así esté contemplado en la estrategia de cobertura documentada por la entidad.

Los efectos contables derivados de la interrupción se aplicarán de acuerdo con los siguientes criterios:

— El importe acumulado en el patrimonio neto durante el período en el que la cobertura haya sido eficaz se continuará reconociendo en dicha partida hasta que la transacción prevista ocurra, en cuyo momento se aplicarán los criterios del punto 5.2.3. En el momento que no se espere que la transacción prevista ocurra, el importe acumulado en el patrimonio neto se imputará al resultado del ejercicio.

— El ajuste realizado en el valor en cuentas de una partida cubierta que se valore al coste amortizado se imputará al resultado del ejercicio según el criterio del segundo párrafo del punto 5.2.1 de esta norma de reconocimiento y valoración.

11.º Existencias.

1. Valoración inicial.

Los bienes y servicios comprendidos en las existencias se valorarán por el precio de adquisición o el coste de producción.

En las existencias que necesiten un período superior a un año para estar en condiciones de ser vendidas, se podrán incluir, en el precio de adquisición o coste de producción, los gastos financieros, en los términos previstos en la norma de reconocimiento y valoración n.º 1, «Inmovilizado material», con el límite del valor realizable neto de las existencias en las que se integren.

Los débitos derivados de estas operaciones se valorarán de acuerdo con lo dispuesto en la norma de reconocimiento y valoración n.º 9, «Pasivos financieros».

1.1. Precio de adquisición: El precio de adquisición comprenderá el consignado en factura, los impuestos indirectos no recuperables que recaigan sobre la adquisición más todos los costes adicionales que se produzcan hasta que los bienes se hallen en la ubicación y condición necesaria para su uso, tales como transportes, aranceles de aduanas, seguros y otros directamente atribuibles a la adquisición de las existencias.

Los descuentos, rebajas y otras partidas similares se deducirán del precio de adquisición, así como los intereses contractuales incorporados al nominal de los débitos. También se deducirán del precio de adquisición, los intereses incorporados al nominal de los débitos con vencimiento superior al año, que no tengan un tipo de interés contractual, cuando se valoren inicialmente por el valor actual de los flujos de efectivo a pagar, de acuerdo con lo previsto en el apartado 4.1, «Pasivos financieros a coste amortizado», de la norma de reconocimiento y valoración n.º 9, «Pasivos financieros».

1.2. Coste de producción: El coste de producción se determinará añadiendo al precio de adquisición de las materias primas y otras materias consumidas, los costes directamente imputables al producto. También deberá añadirse la parte que razonablemente corresponda de los costes indirectamente imputables a los productos de que se trate, en la medida en que tales costes correspondan al período de fabricación, elaboración o construcción y se basen en el nivel de utilización de la capacidad normal de trabajo de los medios de producción, según los criterios indicados en la norma de reconocimiento y valoración n.º 1, «Inmovilizado material».

1.3. Métodos de asignación de valor: Cuando se trate de bienes concretos que forman parte de un inventario de bienes intercambiables entre sí, se adoptará con carácter general el método del precio medio o coste medio ponderado. El método FIFO es aceptable y puede adoptarse, si la entidad lo considera más conveniente para su gestión. Se utilizará el mismo método para inventarios de la misma naturaleza o uso.

Cuando no se pueda asignar el valor por los métodos anteriores se podrá determinar tomando el valor razonable menos un margen adecuado.

Cuando se trate de bienes no intercambiables entre si o bienes producidos y segregados para un proyecto específico, el valor se asignará identificando el precio o los costes específicamente imputables a cada bien individualmente considerado.

2. Coste de las existencias en la prestación de servicios.

En la medida que sea significativo, se podrá mantener un inventario por la prestación de servicios con contraprestación, en cuyo caso, las existencias incluirán el coste de producción de los servicios en tanto no se haya reconocido el ingreso correspondiente conforme a lo establecido en la norma de reconocimiento y valoración n.º 15 «Ingresos con contraprestación».

Los criterios indicados en los apartados precedentes resultarán aplicables para determinar el coste de las existencias de los servicios.

3. Valoración posterior.

Cuando el valor realizable neto de las existencias sea inferior a su precio de adquisición o a su coste de producción, se efectuarán las oportunas correcciones valorativas, reconociéndose como gasto en el resultado del ejercicio y teniendo en cuenta tal circunstancia al valorar las existencias.

En el caso de las materias primas, la anterior comparación se realizará con su precio de reposición, en lugar de su valor realizable neto, y la correspondiente corrección valorativa se realizará hasta situarlas a dicho precio de reposición. Sin embargo, no se rebajará el valor de las materias primas y otros suministros mantenidos para su uso en la producción de existencias, para situar su valor contable por debajo del coste, siempre que se espere que los productos terminados a los que se incorporen sean vendidos a su coste de producción o por encima de él.

Los bienes que hubieren sido objeto de un contrato de venta o de prestación de servicios en firme cuyo cumplimiento deba tener lugar posteriormente no serán objeto de la corrección valorativa indicada en los párrafos precedentes, a condición de que el precio de venta estipulado en dicho contrato cubra, como mínimo, el precio de adquisición o el de coste de producción de tales bienes, más todos los costes pendientes de realizar que sean necesarios para la ejecución del contrato.

Cuando se trate de existencias que se van a distribuir sin contraprestación o esta es insignificante, su precio de adquisición o su coste de producción se comparará con su precio de reposición, o bien, si no se pueden adquirir en el mercado, con una estimación del mismo.

Si las circunstancias que causaron la corrección del valor de las existencias han dejado de existir, el importe de la corrección será objeto de reversión, reconociéndose como ingreso en el resultado del ejercicio.

12.º Activos construidos o adquiridos para otras entidades.

1. Concepto.

Son los bienes construidos o adquiridos por una entidad gestora, con base en el correspondiente contrato, convenio o acuerdo, con el objeto de que una vez finalizado el proceso de adquisición o construcción de los mismos se transfieran necesariamente a otra entidad destinataria, con independencia de que esta última participe o no en su financiación.

2. Reconocimiento y valoración por la entidad gestora.

En el caso de construcción de los bienes, cuando los ingresos y los costes asociados al contrato o acuerdo puedan ser estimados con suficiente grado de fiabilidad, los ingresos derivados del mismo se reconocerán en el resultado del ejercicio, en base al grado de avance o realización de la obra al final de cada ejercicio.

El coste de la obra se calculará conforme a lo establecido para la determinación del coste de producción en la norma de reconocimiento y valoración n.º 11, «Existencias».

Se considera que se pueden estimar con suficiente fiabilidad los ingresos y los costes de un contrato de construcción cuando concurren las siguientes circunstancias:

a) Se pueden medir razonablemente los recursos totales del contrato.

b) Es probable que la entidad obtenga los rendimientos económicos o el potencial de servicio derivados del contrato.

c) Tanto los costes que faltan para la terminación del contrato como el grado de terminación del mismo a la fecha de las cuentas anuales, pueden ser medidos con suficiente fiabilidad.

d) Los costes atribuibles al contrato pueden ser claramente identificados y medidos con suficiente fiabilidad, de manera que los costes reales del contrato pueden ser comparados con las estimaciones previas de los mismos.

Cuando los ingresos y los costes asociados al contrato o acuerdo de construcción no puedan ser estimados con el suficiente grado de fiabilidad, y en los casos en los que los activos no se construyan directamente por la entidad gestora, los costes asociados con la construcción o adquisición de los activos se reconocerán como existencias. En este caso, los ingresos se reconocerán cuando los activos se entreguen a la entidad destinataria de los mismos.

Los ingresos asociados al contrato o acuerdo de construcción o adquisición no tendrán, a efectos contables, la consideración de subvenciones recibidas.

En todo caso, los costes asociados al contrato o acuerdo que financie la entidad gestora se imputarán como subvención concedida al resultado del ejercicio que proceda de acuerdo con los criterios establecidos en la norma de reconocimiento y valoración n.º 18 «Transferencias y subvenciones».

No será de aplicación el apartado 3, «Valoración posterior», de la norma de reconocimiento y valoración n.º 11, «Existencias», para este tipo de activos.

3. Reconocimiento y valoración por la entidad destinataria.

Los desembolsos que efectúe la entidad destinataria del contrato o acuerdo de construcción o adquisición, para financiar la obra se registrarán como anticipos de inmovilizado.

La entidad registrará el activo en el momento de su recepción, cuantificando su importe de acuerdo con lo establecido en la norma de reconocimiento y valoración n.º 1, «Inmovilizado material». La subvención, que en su caso se derive de la operación, se reconocerá de acuerdo con lo establecido en la norma de reconocimiento y valoración n.º 18, «Transferencias y subvenciones», cuantificándose su importe por la diferencia entre el valor del activo recibido y el de los anticipos efectuados para financiar la obra.

13.º Moneda extranjera.

1. Conceptos.

Transacción en moneda extranjera: Es toda operación que se establece o exige su liquidación en una moneda extranjera.

Se entiende por moneda extranjera cualquier moneda distinta del euro.

Partidas monetarias: Son unidades monetarias mantenidas en efectivo, así como activos y pasivos que se van a recibir o pagar, al vencimiento, mediante una cantidad fija o determinable de unidades monetarias. Incluyen entre otros: los saldos disponibles en cajas de efectivo y cuentas bancarias, préstamos, valores representativos de deuda, cuentas a cobrar, cuentas a pagar y provisiones.

Partidas no monetarias: Son activos y pasivos que no dan derecho a recibir ni obligación de entregar, una cantidad determinada o determinable de unidades monetarias. Incluyen entre otros, los activos materiales o intangibles, las existencias, así como los instrumentos de patrimonio.

2. Valoración inicial.

Toda transacción en moneda extranjera se registrará, en el momento de su reconocimiento en las cuentas anuales, en euros, aplicando al importe correspondiente en moneda extranjera el tipo de cambio al contado, existente en la fecha de la operación.

Se podrá utilizar un tipo de cambio medio del período (como máximo mensual) para todas las transacciones que tengan lugar durante ese intervalo, en cada una de las clases de moneda extranjera en que éstas se hayan realizado, salvo que dicho tipo haya sufrido variaciones significativas durante el intervalo de tiempo considerado.

3. Valoración posterior.

En cada fecha de presentación de las cuentas anuales se aplicarán las siguientes reglas para realizar la conversión de los saldos denominados en moneda extranjera a euros:

a) Partidas monetarias.

Los elementos patrimoniales de carácter monetario denominados en moneda extranjera se valorarán aplicando el tipo de cambio al contado existente en esa fecha.

b) Partidas no monetarias.

b.1) Las partidas no monetarias valoradas al coste se valorarán aplicando el tipo de cambio al contado de la fecha en que fueron registradas.

b.2) Las partidas no monetarias valoradas al valor razonable se valorarán aplicando el tipo de cambio al contado de la fecha en la que se determinó el valor razonable.

Las amortizaciones deberán dotarse sobre el importe anteriormente calculado.

La conversión a euros de los valores necesarios para estimar el deterioro de valor, se realizará aplicando el tipo de cambio en el momento de su determinación.

4. Tratamiento de las diferencias de cambio.

a) Partidas monetarias.

Las diferencias de cambio surgidas en la liquidación de las partidas monetarias, o en la fecha de presentación de las cuentas anuales, por causa de tipos de cambio diferentes a los utilizados en el registro de la operación en el período, deben reconocerse como resultados del período en que han aparecido, con la excepción de aquellas partidas designadas como instrumentos de cobertura, a los que les será de aplicación la norma de reconocimiento y valoración n.º 10, «Coberturas contables».

Para el caso particular de un activo financiero monetario clasificado como disponible para la venta se tratará como si se contabilizase a coste amortizado en moneda extranjera. En consecuencia, para dicho activo financiero, las diferencias de cambio asociadas a cambios en el coste amortizado se reconocen como resultados del ejercicio, y los demás cambios de valor, se tratarán tal como se dispone en la norma de reconocimiento y valoración n.º 8, «Activos financieros», para este tipo de activos.

b) Partidas no monetarias.

El efecto en la valoración de una partida no monetaria producido con motivo de la aplicación de un tipo de cambio diferente a aquel por el que figure en las cuentas anuales, no será objeto de un tratamiento individualizado sino que tendrá la misma consideración que cualquier cambio en la valoración de dicho elemento patrimonial.

14.º Impuesto sobre el valor añadido (IVA) e impuesto general indirecto canario (IGIC).

1. Impuestos soportados.

El IVA soportado deducible no formará parte del precio de adquisición de los bienes y servicios objeto de las operaciones gravadas por el impuesto, y será objeto de registro en una rúbrica específica.

El IVA soportado no deducible formará parte del precio de adquisición de los bienes y servicios objeto de las operaciones gravadas por el impuesto. En el caso de operaciones de autoconsumo interno (producción propia con destino al inmovilizado de la entidad) que sean objeto de gravamen, el IVA no deducible se sumará al coste de los respectivos activos.

Sin perjuicio de lo establecido en la norma relativa a cambios en criterios y estimaciones contables y errores, no alterarán las valoraciones iniciales las rectificaciones en el importe del IVA soportado no deducible, en particular los ajustes que sean consecuencia de la regularización derivada de la prorrata definitiva, incluida la regularización por bienes de inversión. Tales rectificaciones se reconocerán como gasto o ingreso, según proceda, en el resultado del ejercicio.

Las reglas sobre el IVA soportado serán aplicables, en su caso, al IGIC y a cualquier otro impuesto indirecto soportado en la adquisición de bienes o servicios que no sean recuperables directamente de la Hacienda Pública.

2. Impuestos repercutidos.

El IVA repercutido no formará parte del ingreso derivado de las operaciones gravadas por dicho impuesto o del importe neto obtenido en la enajenación o disposición por otra vía en el caso de baja en cuentas de activos no corrientes, y será objeto de registro en una rúbrica específica.

Las reglas sobre el IVA repercutido serán aplicables, en su caso, al IGIC y a cualquier otro impuesto indirecto soportado en la adquisición de activos o servicios que no sean recuperables directamente de la Hacienda Pública.

15.º Ingresos con contraprestación.

1. Concepto.

Los ingresos con contraprestación son aquellos que se derivan de transacciones en las que la entidad recibe activos o servicios, o cancela obligaciones, y da directamente un valor aproximadamente igual (mayoritariamente en forma de productos, servicios o uso de activos) a la otra parte del intercambio.

2. Reconocimiento y valoración.

Con carácter general los ingresos con contraprestación deben reconocerse cuando se cumplan las siguientes condiciones:

a) Cuando su importe pueda medirse con fiabilidad.

b) Cuando sea probable que la entidad reciba los rendimientos económicos o potencial de servicio asociados a la transacción.

Los ingresos surgidos de transacciones con contraprestación se valorarán por el valor razonable de la contrapartida, recibida o por recibir, derivada de los mismos, que salvo evidencia en contrario, será el precio acordado para dichos bienes o servicios, deducido el importe de cualquier descuento, bonificación o rebaja comercial que la entidad pueda conceder, así como los intereses contractuales incorporados al nominal de los créditos. También se deducirán los intereses incorporados al nominal de los créditos con vencimiento superior al año, que no tengan un tipo de interés contractual, cuando se valoren inicialmente por el valor actual de los flujos de efectivo a cobrar, de acuerdo con lo previsto en el apartado 4.1, «Valoración inicial», de la norma de reconocimiento y valoración n.º 8, «Activos financieros».

Los impuestos que gravan las operaciones de venta de bienes y prestación de servicios que la entidad debe repercutir a terceros como el impuesto sobre el valor añadido y los impuestos especiales, así como las cantidades recibidas por cuenta de terceros, no formarán parte de los ingresos.

Los créditos por operaciones derivadas de la actividad habitual se valorarán de acuerdo con lo dispuesto en la norma de reconocimiento y valoración n.º 8, «Activos financieros».

Cuando se intercambien bienes o servicios por otros de naturaleza y valor similar, tal intercambio no dará lugar al reconocimiento de ingresos.

3. Ingresos por ventas.

Los ingresos procedentes de la venta de bienes deben ser registrados cuando se cumplan además de los requisitos generales todos y cada uno de los siguientes:

a) La entidad ha transferido al comprador los riesgos y ventajas, de tipo significativo, derivados de la propiedad de los bienes, con independencia de la cesión o no del título legal de propiedad.

b) La entidad no conserva para sí ninguna implicación en la gestión corriente de los bienes vendidos, ni retiene el control efectivo sobre los mismos.

c) Los gastos asociados con la transacción pueden ser medidos con fiabilidad.

4. Ingresos por prestación de servicios.

Los ingresos procedentes de una prestación de servicios deben reconocerse cuando el resultado de una transacción puede ser estimado con fiabilidad, considerando el grado de avance o realización de la prestación a la fecha de las cuentas anuales. El resultado de una transacción puede ser estimado con fiabilidad cuando además de los requisitos generales para el reconocimiento de ingresos se cumplan todos y cada uno de los siguientes:

a) El grado de avance o realización de la prestación, en la fecha de las cuentas anuales pueda ser medido con fiabilidad.

b) Los costes ya incurridos en la prestación, así como los que quedan por incurrir hasta completarla, pueden ser medidos con fiabilidad.

Cuando los servicios se presten a través de un número indeterminado de actos, en un plazo especificado, los ingresos podrán reconocerse de forma lineal en ese plazo.

Cuando el resultado de una transacción, que implique la prestación de servicios, no pueda ser estimado de forma fiable, los ingresos correspondientes deben ser reconocidos como tales sólo en la cuantía de los gastos reconocidos que se consideren recuperables.

16.º Ingresos sin contraprestación.

1. Concepto.

Los ingresos sin contraprestación son aquellos que se derivan de transacciones en las que la entidad recibe activos o servicios, o cancela obligaciones, y no da directamente un valor aproximadamente igual a la otra parte del intercambio.

2. Reconocimiento y valoración.

El reconocimiento de ingresos procedentes de transacciones sin contraprestación va asociado al reconocimiento del activo derivado de dicha transacción, excepto en la medida que sea reconocido un pasivo también respecto al mismo flujo de entrada. El surgimiento de dicho pasivo viene motivado por la existencia de una condición que implique la devolución del activo.

Para proceder al reconocimiento del ingreso deben cumplirse los criterios de reconocimiento del activo.

Si se ha reconocido un pasivo, cuando se cancele el mismo porque se realice el hecho imponible o se satisfaga la condición, se dará de baja el pasivo y se reconocerá el ingreso.

Los ingresos procedentes de transacciones sin contraprestación se valorarán por el importe del incremento de los activos netos en la fecha de reconocimiento.

3. Impuestos.

En el caso de los impuestos, se reconocerá el ingreso y el activo cuando tenga lugar el hecho imponible y se satisfagan los criterios de reconocimiento del activo.

Los impuestos se cuantificarán siguiendo el criterio general establecido en el apartado 2 anterior. En aquellos casos en los que la liquidación de un impuesto se realice en un ejercicio posterior a la realización del hecho imponible podrán utilizarse modelos estadísticos para determinar el importe del activo, siempre que dichos modelos tengan un alto grado de fiabilidad.

El ingreso tributario se determinará por su importe bruto. En el caso de que se paguen beneficios a los contribuyentes a través del sistema tributario, que en otras circunstancias serían pagados utilizando otro medio de pago, estos constituyen un gasto y deben reconocerse independientemente, sin perjuicio de su imputación presupuestaria. El ingreso, a su vez, debe incrementarse por el importe de cualquiera de estos gastos pagados a través del sistema tributario.

El ingreso tributario sin embargo no debe incrementarse por el importe de los gastos fiscales (deducciones), ya que estos gastos son ingresos a los que se renuncia y no dan lugar a flujos de entrada o salida de recursos.

4. Multas y sanciones pecuniarias.

Las multas y sanciones pecuniarias son ingresos de Derecho público detraídos sin contraprestación y de forma coactiva como consecuencia de la comisión de infracciones al ordenamiento jurídico.

El reconocimiento de los ingresos se efectuará cuando se recauden las mismas o cuando en el ente que tenga atribuida la potestad para su imposición surja el derecho a cobrarlas.

El nacimiento del derecho de cobro se producirá cuando el ente impositor cuente con un título legal ejecutivo con que hacer efectivo dicho derecho de cobro.

La existencia de tal título ejecutivo, en el caso de multas y sanciones pecuniarias se produce, en cualquiera de los casos siguientes:

1. Cuando la legislación reguladora de las mismas establezca la ejecutividad del acto de imposición en el momento de su emisión.

2. Cuando la legislación reguladora de las mismas establezca la ejecutividad del acto de imposición en un momento posterior al de su emisión:

a) Por el transcurso del plazo legalmente establecido, en cada caso, para que el infractor reclame el acto de imposición de la sanción, sin que se haya producido tal reclamación.

b) Por resolución confirmatoria del acto de imposición en el último recurso posible a interponer por el sujeto infractor con anterioridad a la ejecutividad del acto.

5. Transferencias y subvenciones.

Los criterios de reconocimiento de este tipo de ingresos se recogen en la norma de reconocimiento y valoración n.º 18, «Transferencias y subvenciones».

6. Cesiones gratuitas de uso de bienes y derechos.

El tratamiento de estas operaciones queda establecido en la norma de reconocimiento y valoración n.º 19, «Adscripciones y otras cesiones gratuitas de uso de bienes y derechos».

17.º Provisiones, activos y pasivos contingentes.

1. Provisiones.

Esta norma de reconocimiento y valoración se aplicará con carácter general, excepto si en otra norma de reconocimiento y valoración contenida en este Plan se establece un criterio singular. Tampoco se aplicará para el registro de provisiones en las que sean necesarios cálculos actuariales para su determinación y las que afectan a los denominados beneficios sociales.

1.1. Concepto: Una provisión es un pasivo sobre el que existe incertidumbre acerca de su cuantía o vencimiento.

Dará origen al pasivo todo suceso del que nace una obligación de pago, de tipo legal, contractual o implícita para la entidad, de forma que a la entidad no le queda otra alternativa más realista que satisfacer el importe correspondiente.

Una obligación implícita es aquella que se deriva de las actuaciones de la propia entidad, en las que:

a) debido a un patrón establecido de comportamiento en el pasado, a políticas gubernamentales que son de dominio público o a una declaración efectuada de forma suficientemente concreta, la entidad haya puesto de manifiesto ante terceros que está dispuesta a aceptar cierto tipo de responsabilidades; y *b*) como consecuencia de lo anterior, la entidad haya creado una expectativa válida, ante aquellos terceros con los que debe cumplir sus compromisos o responsabilidades.

1.2. Reconocimiento: Debe reconocerse una provisión cuando se den la totalidad de las siguientes condiciones:

a) la entidad tiene una obligación presente (ya sea legal, contractual o implícita) como resultado de un suceso pasado;

b) es probable que la entidad tenga que desprenderse de recursos que incorporen rendimientos económicos o potencial de servicio para cancelar tal obligación; y

c) puede hacerse una estimación fiable del importe de la obligación.

A los efectos anteriores debe tenerse en cuenta lo siguiente:

— Se reconocerán como provisiones sólo aquellas obligaciones surgidas a raíz de sucesos pasados, cuya existencia sea independiente de las acciones futuras de la entidad.

— No se pueden reconocer provisiones para gastos en los que sea necesario incurrir para funcionar en el futuro.

— Un suceso que no haya dado lugar al nacimiento inmediato de una obligación, puede hacerlo en una fecha posterior, por causa de los cambios legales o por actuaciones de la entidad. A estos efectos, también se consideran cambios legales aquellos en los que la normativa haya sido objeto de aprobación pero aún no haya entrado en vigor.

— La salida de recursos se considerará probable siempre que haya mayor posibilidad de que se presente que de lo contrario, es decir, que la probabilidad de que un suceso ocurra sea mayor que la probabilidad de que no se presente en el futuro.

1.3. Valoración inicial: El importe reconocido como provisión debe ser la mejor estimación del desembolso necesario para cancelar la obligación presente o para transferirla a un tercero.

Para su cuantificación se deberán tener en cuenta las siguientes cuestiones:

a) La base de las estimaciones de cada uno de los desenlaces posibles, así como de su efecto financiero, se determinarán conforme a:

— el juicio de la gerencia de la entidad,
— la experiencia que se tenga en operaciones similares, y
— los informes de expertos.

b) El importe de la provisión debe ser el valor actual de los desembolsos que se espera sean necesarios para cancelar la obligación. Cuando se trate de provisiones con vencimiento inferior o igual a un año y el efecto financiero no sea significativo no será necesario llevar a cabo ningún tipo de descuento.

c) Reembolso por parte de terceros: En el caso de que la entidad tenga asegurado que una parte o la totalidad del desembolso necesario para liquidar la provisión le sea reembolsado por un tercero, tal reembolso será objeto de reconocimiento como un activo independiente, cuyo importe no debe exceder al registrado en la provisión. Asimismo, el gasto relacionado con la provisión debe ser objeto de presentación como una partida independiente del ingreso reconocido como reembolso. En su caso será objeto de información en memoria respecto a aquellas partidas que estén relacionadas y que sirva para comprender mejor una operación.

1.4. Valoración posterior.

1.4.1. Consideraciones generales: Las provisiones deben ser objeto de revisión al menos a fin de cada ejercicio y ajustadas, en su caso, para reflejar la mejor estimación existente en ese momento. En el caso de que no sea ya probable la salida de recursos que incorporen rendimientos económicos o potencial de servicio, para cancelar la obligación correspondiente, se procederá a revertir la provisión, cuya contrapartida será una cuenta de ingresos del ejercicio.

Con independencia de lo anterior, y dado que representan un valor actual, la actualización de su cuantía, se realizará, con carácter general con cargo a cuentas representativas de gastos financieros. El tipo de descuento a aplicar será el equivalente al tipo de deuda pública para un vencimiento análogo.

1.4.2. Consideraciones particulares: Los cambios en la valoración de un pasivo existente por desmantelamiento, restauración o similar que sean consecuencia de cambios en el calendario o importe estimado de la salida de recursos para liquidar la obligación o de un cambio en el tipo de descuento, se contabilizarán de acuerdo con los siguientes criterios:

a) Si el activo se valora según el modelo de coste:

a.1) Los cambios en el pasivo incrementarán o disminuirán el coste del activo correspondiente.

a.2) El importe deducido del coste del activo no excederá de su valor contable. Si una disminución en el pasivo excede el importe del valor contable del activo, el exceso se reconocerá inmediatamente en el resultado del ejercicio.

Como consecuencia del ajuste del activo, la base amortizable deberá ser modificada y las cuotas de amortización se repartirán durante su vida útil restante.

b) Si el activo se valora según el modelo de la revalorización:

b.1) Los cambios en el pasivo modifican la partida específica de patrimonio neto previamente reconocida, de forma que:

— Una disminución del pasivo se abonará directamente a dicha partida específica de patrimonio neto, excepto cuando deba contabilizarse un ingreso como consecuencia de la reversión de una minoración del activo reconocida previamente en el resultado del ejercicio.

— Un incremento en el pasivo se cargará contra la cuenta representativa de dicha partida específica de patrimonio neto, hasta el límite del saldo acreedor que exista en ese momento. De resultar insuficiente el saldo mencionado, la diferencia se registrará como resultado del ejercicio.

b.2) En el caso de que una disminución en el pasivo exceda el valor contable que se habría reconocido si el activo se hubiese contabilizado por el modelo del coste, el exceso se reconocerá como un ingreso del ejercicio.

b.3) Del cambio en la partida específica de patrimonio que surja de un cambio en el pasivo se dará información en la memoria.

1.5. Aplicación de las provisiones: Cada provisión deberá ser destinada sólo para afrontar los desembolsos para los cuales fue originalmente reconocida.

2. Activos contingentes.

2.1. Concepto: Un activo contingente es un activo de naturaleza posible, surgido a raíz de sucesos pasados, cuya existencia ha de ser confirmada sólo por la ocurrencia, o en su caso por la no ocurrencia, de uno o más acontecimientos inciertos en el futuro, que no están enteramente bajo el control de la entidad.

2.2. Información a facilitar: Los activos contingentes no serán objeto de reconocimiento en el balance, si bien, se informará de los mismos en la memoria en el caso de que sea probable la entrada de rendimientos económicos o potencial de servicio a la entidad.

Los activos contingentes han de ser objeto de evaluación continuada.

3. Pasivos contingentes.

3.1. Concepto: Un pasivo contingente es:

a) una obligación posible, surgida a raíz de sucesos pasados, cuya existencia ha de ser confirmada sólo por la ocurrencia, o en su caso por la no ocurrencia, de uno o más acontecimientos inciertos en el futuro, que no están enteramente bajo el control de la entidad; o bien

b) una obligación presente, surgida a raíz de sucesos pasados, que no se ha reconocido contablemente porque:

— no es probable que la entidad tenga que satisfacerla, desprendiéndose de recursos que incorporen rendimientos económicos o prestación de servicios; o bien

— el importe de la obligación no puede ser valorado con la suficiente fiabilidad.

3.2. Información a facilitar: La entidad no debe proceder al reconocimiento de ningún pasivo contingente en el balance. No obstante se informará en memoria, salvo en el caso de que la posibilidad de tener una salida de recursos que incorporen rendimientos económicos o prestación de servicios, se considere remota.

Los pasivos contingentes han de ser objeto de evaluación continuada.

18.º Transferencias y subvenciones.

1. Concepto.

A los únicos efectos de este plan:

— Las transferencias tienen por objeto una entrega dineraria o en especie entre los distintos agentes de las administraciones públicas, y de éstos a otras entidades públicas o privadas y a particulares, y viceversa, todas ellas sin contrapartida directa por parte de los beneficiarios, destinándose a financiar operaciones o actividades no singularizadas.

— Las subvenciones tienen por objeto una entrega dineraria o en especie entre los distintos agentes de las administraciones públicas, y de éstos a otras entidades públicas o privadas y a particulares, y viceversa, todas ellas sin contrapartida directa por parte de los beneficiarios, destinándose a un fin, propósito, actividad o proyecto específico, con la obligación por parte del beneficiario de cumplir las condiciones y requisitos que se hubieran establecido o, en caso contrario, proceder a su reintegro.

— Las transferencias y subvenciones suponen un aumento del patrimonio neto del beneficiario de las mismas y, simultáneamente, una correlativa disminución del patrimonio neto del concedente.

2. Reconocimiento.

a) Transferencias y subvenciones concedidas.

a.1) Monetarias: Las transferencias y subvenciones concedidas se contabilizarán como gastos en el momento en que se tenga constancia de que se han cumplido las condiciones establecidas para su percepción, sin perjuicio de la imputación presupuestaria de las mismas, que se efectuará de acuerdo con los criterios recogidos en la primera parte de este texto relativa al marco conceptual de la contabilidad pública.

Cuando al cierre del ejercicio esté pendiente el cumplimiento de alguna de las condiciones establecidas para su percepción, pero no existan dudas razonables sobre su futuro cumplimiento, se deberá dotar una provisión por los correspondientes importes, con la finalidad de reflejar el gasto.

a.2) No monetarias o en especie: En el caso de entrega de activos, la entidad concedente deberá reconocer la transferencia o subvención concedida en el momento de la entrega al beneficiario.

En el caso de deudas asumidas de otros entes, la entidad que asume la deuda deberá reconocer la subvención concedida en el momento en que entre en vigor la norma o el acuerdo de asunción, registrando como contrapartida el pasivo surgido como consecuencia de esta operación.

b) Transferencias y subvenciones recibidas.

b.1) Transferencias recibidas: Las transferencias recibidas se reconocerán como ingreso imputable al resultado del ejercicio en que se reconozcan.

Las transferencias monetarias se reconocerán simultáneamente al registro del ingreso presupuestario de conformidad con los criterios recogidos en la primera parte de este texto, relativa al marco conceptual de la contabilidad pública. No obstante, podrán reconocerse con anterioridad cuando se hayan cumplido las condiciones establecidas para su percepción.

Las transferencias recibidas en especie se reconocerán en el momento de la recepción del bien.

b.2) Subvenciones recibidas: Las subvenciones recibidas se considerarán no reintegrables y se reconocerán como ingresos por el ente beneficiario cuando exista un acuerdo individualizado de concesión de la subvención a favor de dicho ente, se hayan cumplido las condiciones asociadas a su disfrute y no existan dudas razonables sobre su percepción, sin perjuicio de la imputación presupuestaria de las mismas, que se efectuará de acuerdo con los criterios recogidos en la primera parte de este texto relativa al marco conceptual de la contabilidad pública. En los demás casos las subvenciones recibidas se considerarán reintegrables y se reconocerán como pasivo.

A los exclusivos efectos de su registro contable, se entenderán cumplidas las condiciones asociadas al disfrute de la subvención en los siguientes casos:

— Cuando el cumplimiento de las condiciones asociadas a su disfrute se extienda a varios ejercicios, se presumirá el cumplimiento una vez realizada la inversión o el gasto, si en el momento de elaboración de las cuentas anuales de cada uno de los ejercicios a que afecte, se está cumpliendo y no existen dudas razonables sobre el cumplimiento de las condiciones que afecten a los ejercicios posteriores.

— En el caso de subvenciones para la construcción de activos, cuando las condiciones asociadas al disfrute exijan su finalización y puesta en condiciones de funcionamiento y su ejecución se realice en varios ejercicios, se entenderán cumplidas las condiciones siempre que en el momento de elaboración de las cuentas anuales no existan dudas razonables de que se vayan a cumplir. En este caso la subvención se considerará no reintegrable en proporción a la obra ejecutada.

Este tratamiento será de aplicación a las subvenciones para gastos corrientes de ejecución plurianual cuando se exija la finalización de las actividades subvencionadas.

— En el caso de activos recibidos como subvención en especie, el beneficiario reconocerá la subvención recibida como ingreso o pasivo, según proceda, en el momento de la recepción.

— En el caso de deudas asumidas por otros entes, la entidad cuya deuda ha sido asumida deberá reconocer como ingreso la subvención recibida en el momento en que entre en vigor la norma o el acuerdo de asunción, registrando simultáneamente la cancelación del pasivo asumido.

Las subvenciones recibidas deberán imputarse a resultados de acuerdo con los criterios que se detallan a continuación, que serán aplicables tanto a las de carácter monetario como a las de carácter no monetario o en especie:

Las subvenciones recibidas se contabilizarán, con carácter general, como ingresos directamente imputados al patrimonio neto, en una partida específica, debiéndose imputar al resultado del ejercicio sobre una base sistemática y racional de forma correlacionada con los gastos derivados de la subvención de que se trate, para lo que se tendrá en cuenta la finalidad fijada en su concesión:

— Subvenciones para financiar gastos: Se imputarán al resultado del mismo ejercicio en el que se devenguen los gastos que estén financiando.

— Subvenciones por adquisición de activos: Se imputarán al resultado de cada ejercicio en proporción a la vida útil del bien, aplicando el mismo método que para la dotación a la amortización de los citados elementos, o, en su caso, cuando se produzca su enajenación o baja en inventario.

En el caso de activos no amortizables, se imputarán como ingresos en el ejercicio en el que se produzca la enajenación o baja en inventario de los mismos. En el supuesto de que la condición asociada al disfrute de la subvención por el ente beneficiario suponga que éste deba realizar determinadas aplicaciones de fondos (gastos o inversiones), se podrá registrar como ingreso a medida que se vayan imputando a resultados los gastos derivados de esas aplicaciones de fondos.

— Subvenciones por cancelación de pasivos: Se imputarán al resultado del ejercicio en que se produzca dicha cancelación, salvo cuando se otorguen en relación con una financiación específica, en cuyo caso se imputarán en función del elemento financiado.

3. Valoración.

Las transferencias y subvenciones de carácter monetario se valorarán por el importe concedido, tanto por el ente concedente como por el beneficiario.

Las transferencias y subvenciones de carácter no monetario o en especie se valorarán por el valor contable de los elementos entregados, en el caso del ente concedente, y por su valor razonable en el momento del reconocimiento, en el caso del ente beneficiario, salvo que, de acuerdo con otra norma de reconocimiento y valoración, se deduzca otra valoración del elemento patrimonial en que se materialice la transferencia o subvención.

Las subvenciones recibidas por asunción de deudas se valorarán por el valor contable de la deuda en el momento en el que ésta es asumida.

Las subvenciones concedidas por asunción de deudas se valorarán por el valor razonable de la deuda en el momento de la asunción.

4. Transferencias y subvenciones otorgadas por las entidades públicas propietarias.

Las transferencias y subvenciones otorgadas por la entidad o entidades propietarias a favor de una entidad pública dependiente se contabilizarán de acuerdo con los criterios contenidos en los apartados anteriores de esta norma de reconocimiento y valoración.

No obstante lo previsto en el párrafo anterior, la aportación patrimonial inicial directa, así como las posteriores ampliaciones de la misma por asunción de nuevas competencias por la entidad dependiente deberán registrarse por la entidad o entidades propietarias como inversiones en el patrimonio de las entidades públicas dependientes a las que se efectúa la aportación, valorándose de acuerdo con los criterios establecidos en la norma de reconocimiento y valoración n.º 8, «Activos financieros», y por la entidad dependiente como patrimonio neto, valorándose, en este caso, de acuerdo con los criterios indicados en el apartado anterior de esta norma de reconocimiento y valoración.

19.º Adscripciones, y otras cesiones gratuitas de uso de bienes y derechos.

1. Concepto.

Se incluyen en este epígrafe aquellas operaciones por las que se transfieren gratuitamente activos para su utilización por la entidad receptora en un destino o fin determinado, de forma que si los bienes o derechos no se utilizaran para la finalidad prevista deberían ser objeto de reversión o devolución a la entidad aportante de los mismos, ya sea como consecuencia de lo establecido en la normativa aplicable o mediante un acuerdo vinculante entre dichas entidades.

Dentro de las adscripciones se incluyen tanto las realizadas desde una entidad pública a sus organismos públicos dependientes como entre organismos públicos dependientes de una misma entidad pública. En cuanto a las cesiones gratuitas de uso de bienes y derechos se incluyen las efectuadas entre dos entidades públicas entre las que no exista relación de dependencia ni sean dependientes de una misma entidad pública, y las efectuadas entre entidades públicas y entidades privadas.

2. Reconocimiento y valoración.

Estas operaciones se registrarán y valorarán, tanto en la entidad beneficiaria o cesionaria de los bienes o derechos como en la entidad aportante o cedente, de acuerdo con los criterios establecidos en la norma de reconocimiento y valoración n.º 18, «Transferencias y subvenciones». En el caso de que existan dudas sobre la utilización del bien o derecho para la finalidad prevista, la operación tendrá la consideración de pasivo para la entidad beneficiaria. Se presumirá la utilización futura del bien o derecho para la finalidad prevista siempre que sea ese su uso en el momento de elaborar las cuentas anuales. Si la adscripción o cesión gratuita del bien es por un período inferior a la vida económica del mismo, la entidad beneficiaria del mismo registrará un inmovilizado intangible por el valor razonable del derecho de uso del bien cedido. Si la adscripción o cesión gratuita es por un período indefinido o similar a la vida económica del bien recibido, la entidad beneficiaria registrará en su activo el elemento recibido en función de su naturaleza y por el valor razonable del mismo en la fecha de la adscripción o cesión.

En ausencia de otros valores determinados de acuerdo con los criterios establecidos en el Marco conceptual de la contabilidad pública en relación con el valor razonable, la valoración de los bienes inmuebles recibidos en adscripción o cesión se podrá realizar por el valor que a los mismos les asigne, a efectos tributarios de las transmisiones patrimoniales, la Comunidad Autónoma en la que radiquen.

Por último, por lo que se refiere a las adscripciones de bienes, cuando éstas se produzcan desde una entidad pública a sus entidades dependientes y, a los efectos de la aplicación a las mismas de lo establecido en el apartado 4 de la norma valoración n.º 18, «Transferencias y subvenciones», se entenderá que los bienes objeto de adscripción constituyen para la entidad dependiente una aportación patrimonial inicial o una ampliación de la misma como consecuencia de la asunción de nuevas competencias por dicha entidad dependiente.

20.º Actividades conjuntas.

1. Concepto.

Una actividad conjunta es un acuerdo en virtud del cual dos o más entidades denominadas partícipes emprenden una actividad económica que se somete a gestión conjunta, lo que supone compartir la potestad de dirigir las políticas financiera y operativa de dicha actividad con el fin de obtener rendimientos económicos o potencial de servicio, de tal manera que las decisiones estratégicas, tanto de carácter financiero como operativo requieran el consentimiento unánime de todos los partícipes.

2. Categorías de actividades conjuntas.

A efectos de esta norma se distinguen los siguientes tipos de actividades conjuntas:

a) Actividades conjuntas que no requieren la constitución de una persona jurídica independiente.

Se trata de actividades controladas conjuntamente, que implican el uso de activos y otros recursos de los que son titulares los partícipes o bien únicamente el control conjunto por los partícipes (y a menudo también la propiedad conjunta) sobre uno o más activos aportados o adquiridos para cumplir con los objetivos de la actividad conjunta.

b) Actividades conjuntas que requieren la constitución de una persona jurídica independiente.

Son las entidades controladas de forma conjunta, también denominadas entidades multigrupo, a que se refiere la norma de reconocimiento y valoración n.º 8, «Activos financieros».

3. Actividades conjuntas que no requieren la constitución de una nueva entidad.

a) Cada partícipe reconocerá en sus cuentas anuales, clasificados de acuerdo con su naturaleza:

— la parte proporcional que le corresponda, en función de su porcentaje de participación, de los activos que controle conjuntamente con los demás partícipes y de los pasivos en los que haya incurrido conjuntamente, así como los activos afectos a la actividad conjunta que controle de forma individual y los pasivos en que incurra individualmente como consecuencia de la actividad conjunta, y

— la parte proporcional que le corresponda de los ingresos generados y de los gastos incurridos en la actividad conjunta, así como los gastos incurridos individualmente como consecuencia de su participación en la actividad conjunta.

En el reconocimiento y valoración de dichos activos, pasivos, ingresos y gastos se aplicarán los criterios previstos en la norma de reconocimiento y valoración correspondiente.

b) Transacciones entre un partícipe y la actividad conjunta.

Cuando el partícipe aporte o venda activos a la actividad conjunta, el reconocimiento de cualquier porción de los resultados económicos derivados de la transacción, reflejará el fondo económico de la misma.

Mientras la actividad conjunta conserve los activos cedidos y el partícipe haya transferido los riesgos y ventajas inherentes a la propiedad, éste reconocerá sólo la porción de los resultados económicos que sea atribuible a las inversiones de los demás partícipes.

El partícipe reconocerá el importe total de cualquier resultado negativo cuando la aportación o la venta hayan puesto de manifiesto una reducción del valor realizable neto de los activos corrientes o un deterioro del valor de los bienes transferidos.

Cuando un partícipe compre activos procedentes de la actividad conjunta, no debe reconocer su parte proporcional en el resultado positivo o negativo de la actividad conjunta correspondiente a dicha transacción hasta que los activos sean revendidos a un tercero independiente, salvo que los resultados negativos representen una reducción en el valor realizable neto de los activos corrientes o un deterioro del valor de los bienes transferidos, que se reconocerán de forma inmediata.

4. Entidades controladas de forma conjunta.

El partícipe registrará su participación en una entidad controlada de forma conjunta de acuerdo con lo previsto respecto a las inversiones en entidades del grupo, multigrupo y asociadas en la norma de reconocimiento y valoración n.º 8, «Activos financieros».

21.º Cambios en criterios y estimaciones contables y errores.

1. Cambios en criterios contables.

Los cambios en criterios contables pueden obedecer, bien a una decisión voluntaria, debidamente justificada, que implique la obtención de una mejor información, o bien a la imposición de una norma.

a) Adopción voluntaria de un cambio de criterio contable.

Por la aplicación del principio de uniformidad no podrán modificarse los criterios contables de un ejercicio a otro, salvo casos excepcionales que se indicarán y justificarán en la memoria y siempre dentro de los criterios permitidos en este Plan General de Contabilidad Pública. En estos supuestos, se considerará que el cambio debe ser aplicado retroactivamente desde el ejercicio más antiguo para el que se disponga de información. Debe incluirse como un ajuste por cambios de criterio en el patrimonio neto el efecto acumulado de las variaciones de activos y pasivos, calculadas al inicio del ejercicio que sean consecuencia de un cambio de criterio. Esta corrección motivará el correspondiente ajuste en la información comparativa, salvo que no fuera factible.

Cuando no sea posible determinar el efecto acumulado de los ajustes de forma razonable al principio del ejercicio se aplicará el nuevo criterio contable de forma prospectiva.

b) Cambio de criterio contable por imposición normativa.

Un cambio de criterio contable por la adopción de una norma que regule el tratamiento de una transacción o hecho debe ser tratado de acuerdo con las disposiciones transitorias que se establezcan en la propia norma. En ausencia de tales disposiciones transitorias el tratamiento será el mismo que el establecido en el punto *a*) anterior.

2. Cambios en las estimaciones contables.

Los cambios en aquellas partidas que requieren para su valoración realizar estimaciones y que son consecuencia de la obtención de información adicional, de una mayor experiencia o del conocimiento de nuevos hechos, no deben considerarse a los efectos señalados en el párrafo anterior como cambios de criterio contable o error.

Cuando sea difícil distinguir entre un cambio de criterio contable o de estimación contable, se considerará éste como cambio de estimación contable.

El efecto del cambio en una estimación contable se contabilizará de forma prospectiva, afectando, según la naturaleza de la operación de que se trate, al resultado del ejercicio en que tiene lugar el cambio o, cuando proceda, directamente al patrimonio neto. El eventual efecto sobre ejercicios futuros se irá imputando en el transcurso de los mismos.

3. Errores.

Las entidades elaborarán sus cuentas anuales corrigiendo los errores que se hayan puesto de manifiesto antes de su formulación.

Al elaborar las cuentas anuales pueden descubrirse errores surgidos en ejercicios anteriores, que son el resultado de omisiones o inexactitudes resultantes de fallos al emplear o utilizar información fiable, que estaba disponible cuando las cuentas anuales para tales períodos fueron formuladas y la entidad debería haber empleado en la elaboración de dichos estados.

Los errores correspondientes a ejercicios anteriores que tengan importancia relativa se corregirán aplicando las mismas reglas establecidas en el apartado 1 de esta norma de reconocimiento y valoración.

En ningún caso, los errores de ejercicios anteriores podrán corregirse afectando al resultado del ejercicio en que son descubiertos, salvo en el supuesto de que no tengan importancia relativa o sea impracticable determinar el efecto de tal error.

22.º Hechos posteriores al cierre del ejercicio.

Los hechos posteriores que pongan de manifiesto condiciones que ya existían al cierre del ejercicio deberán tenerse en cuenta para la formulación de las cuentas anuales o, en su caso, para su reformulación, siempre antes de su aprobación por el órgano competente. Estos hechos posteriores motivarán en las cuentas anuales, en función de su naturaleza, un ajuste, información en la memoria, o ambos.

Los hechos posteriores al cierre del ejercicio que pongan de manifiesto condiciones que no existían al cierre del mismo, no supondrán un ajuste en las cuentas anuales. No obstante, cuando los hechos sean de tal importancia que si no se facilitara información al respecto podría distorsionarse la capacidad de evaluación de los usuarios de las cuentas anuales, se deberá incluir en la memoria información respecto a la naturaleza del hecho posterior conjuntamente con una estimación de su efecto o, en su caso, una manifestación acerca de la imposibilidad de realizar dicha estimación.

En todo caso deberá incluirse información sobre los hechos posteriores que afecte a la aplicación del principio de gestión continuada.

TERCERA PARTE

Cuentas anuales

1. Normas de elaboración de las cuentas anuales

1.º Documentos que integran las cuentas anuales.

Las cuentas anuales comprenden el balance, la cuenta del resultado económico patrimonial, el estado de cambios en el patrimonio neto, el estado de flujos de efectivo, el estado de liquidación del presupuesto y la memoria. Estos documentos forman una unidad y deben ser redactados con claridad y mostrar la imagen fiel del patrimonio, de la situación financiera, del resultado económico patrimonial, y de la ejecución del presupuesto de la entidad de conformidad con este Plan de Cuentas.

2.º Formulación de las cuentas anuales.

1. Las cuentas anuales deberán ser formuladas por la entidad en el plazo establecido por la legislación vigente.
2. Las cuentas anuales se referirán al año natural, salvo en los casos de disolución o creación de la entidad. En los casos de disolución de una entidad las cuentas anuales se referirán al período que va desde el 1 de enero hasta la fecha de disolución, mientras que en los casos de creación de una entidad, las cuentas anuales se referirán al período que va desde la fecha de creación hasta el 31 de diciembre de dicho ejercicio.
3. El balance, la cuenta del resultado económico patrimonial, el estado de cambios en el patrimonio neto, el estado de flujos de efectivo, el estado de liquidación del presupuesto y la memoria deberán estar identificados; indicándose de forma clara y en cada uno de dichos documentos su denominación, la entidad a la que corresponden y el ejercicio a que se refieren.
4. Las cuentas anuales se elaborarán expresando sus valores en euros.

3.º Estructura de las cuentas anuales.

Las cuentas anuales de las entidades deberán adaptarse a los modelos establecidos en este Plan de Cuentas.

4.º Entidades del grupo, multigrupo y asociadas.

A efectos de la presentación de las cuentas anuales se tendrán en cuenta los conceptos de «entidad del grupo, entidad multigrupo y entidad asociada» que se definen en las Normas para la formulación de cuentas anuales consolidadas en el ámbito del sector público aprobadas por Orden HAP/1.489/2013, de 18 de julio.

5.º Normas comunes al balance, la cuenta de resultado económico patrimonial, el estado de cambios en el patrimonio neto y el estado de flujos de efectivo.

Sin perjuicio de lo dispuesto en las normas particulares de cada uno de los estados que componen las cuentas anuales, el balance, la cuenta del resultado económico patrimonial, el estado de cambios en el patrimonio neto y el estado de flujos de efectivo se formularán teniendo en cuenta las siguientes reglas:

1. En cada partida deberán figurar, además de las cifras del ejercicio que se cierra las correspondientes al ejercicio inmediatamente anterior, salvo en la primera parte del estado de cambios en el patrimonio neto. A estos efectos, cuando unas y otras no sean comparables, bien por haberse producido una modificación en la estructura de las cuentas, bien por realizarse un cambio de criterio contable o subsanación de error o bien porque se ha producido una reorganización administrativa, se deberá proceder a adaptar los importes del ejercicio precedente a efectos de su presentación en el ejercicio al que se refieren las cuentas anuales, informando de ello en la memoria.

2. No podrán modificarse los criterios de registro y valoración de un ejercicio a otro, salvo casos excepcionales que se indicarán y justificarán en la memoria.

3. No figurarán las partidas a las que no corresponda importe alguno en el ejercicio ni en el precedente.

4. Cuando proceda, cada partida contendrá una referencia cruzada a la información correspondiente dentro de la memoria.

6.º Balance.

El balance comprende con la debida separación, el activo, el pasivo y el patrimonio neto de la entidad, y deberá formularse teniendo en cuenta que:

1. La clasificación entre partidas corrientes y no corrientes se realizará de acuerdo con los siguientes criterios:

a) Un activo debe clasificarse como activo corriente cuando:

a.1) Se espere realizar en el corto plazo, es decir, dentro del período de doce meses contados a partir de la fecha de las cuentas anuales, o

a.2) Se trate de efectivo u otro medio líquido equivalente.

Todos los demás activos deben clasificarse como no corrientes.

b) Un pasivo debe clasificarse como pasivo corriente cuando deba liquidarse a corto plazo, es decir, dentro del período de doce meses a partir de la fecha de las cuentas anuales.

Todos los demás pasivos deben clasificarse como no corrientes.

2. Las correcciones valorativas por deterioro y las amortizaciones acumuladas minorarán la partida del activo en la que figure el correspondiente elemento patrimonial.

3. Los desembolsos pendientes sobre participaciones minorarán la partida del activo en la que figure la correspondiente inversión financiera.

4. La partida 4, «Bienes del patrimonio histórico», del epígrafe A.II, «Inmovilizado material», del activo incluirá todos los bienes que participen de esta naturaleza con independencia de que estén siendo utilizados o no por la entidad.

5. La partida 1, «Deudores por operaciones de gestión», del epígrafe B.III, «Deudores y otras cuentas a cobrar a corto plazo», del activo incluirá todos los deudores de carácter presupuestario excepto los de naturaleza financiera del capítulo 5, «Ingresos patrimoniales», los del capítulo 6 de enajenación de inversiones reales y los de los capítulos 8 y 9 de activos y pasivos financieros, respectivamente. También se incluirán los deudores de carácter no presupuestario que a su vencimiento se conviertan en deudores presupuestarios incluidos en esta partida.

En todo caso, los deudores presupuestarios y no presupuestarios derivados de activos construidos o adquiridos para otras entidades se incluirán en esta partida.

6. Dentro de la partida 2, «Otras cuentas a cobrar», del epígrafe B.III, «Deudores y otras cuentas a cobrar a corto plazo», del activo, se incluirán los deudores presupuestarios derivados del capítulo 9, «Pasivos financieros», además de los deudores de carácter no presupuestario que, de acuerdo con estas normas, no deban figurar en otras partidas del balance.

7. El epígrafe A.VII del activo, «Deudores y otras cuentas a cobrar a largo plazo», incluirá las cuentas deudoras del epígrafe B.III del activo con vencimiento superior a un año.

8. Los epígrafes B.IV, «Inversiones financieras a corto plazo en entidades del grupo, multigrupo y asociadas», y B.V, «Inversiones financieras a corto plazo», del activo incluirán los activos financieros derivados del capítulo 8, «Activos financieros», así como los derivados de ingresos de naturaleza financiera del capítulo 5, «Ingresos patrimoniales», y los derivados del capítulo 6, «Enajenación de inversiones reales», cuando no se refieran a activos construidos o adquiridos para otras entidades, con independencia de que estén vencidos o no y por tanto clasificados en cuentas de deudores presupuestarios o no presupuestarios. También se incluirán en estos epígrafes aquellos activos financieros similares a los citados que se encuentren clasificados en cuentas de deudores no presupuestarios de tesorería.

9. Por su parte, las subvenciones pendientes de imputar a resultados, de acuerdo con lo previsto en la norma de reconocimiento y valoración n.º 18, «Transferencias y subvenciones», se registrarán en el epígrafe A.IV del pasivo, «Subvenciones recibidas pendientes de imputación a resultados».

10. Los epígrafes C.II, «Deudas a corto plazo», y C.III, «Deudas con entidades del grupo, multigrupo y asociadas a corto plazo», del pasivo incluirán los pasivos financieros derivados del capítulo 9, «Pasivos financieros», así como los derivados del capítulo 3, «Gastos financieros», y los derivados del capítulo 6, «Inversiones reales», cuando no se refieran a activos construidos o adquiridos para otras entidades, con independencia de que estén vencidos o no y por tanto clasificados en cuentas de acreedores presupuestarios o no presupuestarios. También se incluirán en estos epígrafes aquellos pasivos financieros similares a los citados que se encuentren clasificados en cuentas de acreedores no presupuestarios de tesorería.

11. La partida 1, «Acreedores por operaciones de gestión», del epígrafe C.IV, «Acreedores y otras cuentas a pagar a corto plazo», del pasivo incluirá todos los acreedores de carácter presupuestario excepto los relativos al capítulo 3, «Gastos financieros», al capítulo 6, «Inversiones reales», y a los capítulos 8 y 9 de activos y pasivos financieros, respectivamente. También se incluirán los acreedores de carácter no presupuestario que a su

vencimiento se conviertan en acreedores presupuestarios incluidos en esta partida.

En todo caso, los acreedores presupuestarios y no presupuestarios derivados de activos construidos o adquiridos para otras entidades se incluirán en esta partida.

12. Dentro de la partida 2, «Otras cuentas a pagar», del epígrafe C.IV, «Acreedores y otras cuentas a pagar a corto plazo», del pasivo se incluirán los acreedores presupuestarios derivados del capítulo 8, «Activos financieros», además de los acreedores de carácter no presupuestario que, de acuerdo con estas normas, no deban figurar en otras partidas del balance.

13. El epígrafe B.IV del pasivo, «Acreedores y otras cuentas a pagar a largo plazo», incluirá las cuentas acreedoras del epígrafe C.IV del pasivo con vencimiento superior a un año.

14. Cuando no se pueda reexpresar en la columna relativa al ejercicio anterior una corrección de un error material o un cambio de criterio, en su caso se deberá informar en la memoria.

7.º Cuenta del resultado económico patrimonial.

Esta cuenta recoge el resultado económico patrimonial obtenido en el ejercicio y está formada por los ingresos y los gastos del mismo, excepto cuando proceda su imputación directa al patrimonio neto de acuerdo con lo previsto en las normas de reconocimiento y valoración. La cuenta del resultado económico patrimonial se formulará teniendo en cuenta que:

1. Los ingresos y los gastos se clasificarán de acuerdo con su naturaleza económica.

2. El importe correspondiente a los ingresos tributarios y urbanísticos, las ventas, prestaciones de servicios y otros ingresos de gestión ordinaria se reflejará en la cuenta del resultado económico patrimonial por su importe neto.

3. Las transferencias y subvenciones recibidas se imputarán al resultado económico patrimonial de acuerdo con la correspondiente norma de reconocimiento y valoración y se reflejarán en las siguientes partidas:

a) Las subvenciones recibidas para financiar gastos del ejercicio, las transferencias y las subvenciones recibidas para la cancelación de pasivos que no supongan una financiación específica de un elemento patrimonial, se reflejarán en la partida 2.*a*), «Transferencias y subvenciones recibidas. Del ejercicio».

b) Las subvenciones recibidas para financiar activos no corrientes de carácter amortizable (materiales, intangibles, inversiones inmobiliarias y patrimonio público del suelo), las recibidas para la cancelación de un pasivo que suponga una financiación específica de un elemento patrimonial de los anteriores y las recibidas para financiar activos no corrientes y no amortizables que exijan realizar determinadas aplicaciones de fondos figurarán en la partida 2.*b*), «Transferencias y subvenciones recibidas. Imputación de subvenciones para el inmovilizado no financiero».

c) Las subvenciones recibidas para financiar activos corrientes distintos de los construidos o adquiridos para otras entidades o gastos corrientes de ejecución plurianual se reflejarán en la partida 2.*c*), «Transferencias y subvenciones recibidas. Imputación de subvenciones para activos corrientes y otras».

d) Si los activos a que se refiere el apartado *b*) anterior se enajenaran o dieran de baja, las subvenciones recibidas para su financiación que estuvieran pendientes de imputación a resultados se reflejarán en la partida 13.*c*), «Deterioro de valor y resultados por enajenación del inmovilizado no financiero y activos en estado de venta. Imputación de subvenciones para el inmovilizado no financiero». En esta misma partida figurarán las subvenciones recibidas para financiar activos no corrientes y no amortizables y activos en estado de venta.

e) Cuando la subvención financie un gasto o un activo de naturaleza financiera, el ingreso correspondiente se incluirá en la partida 21, «Subvenciones para la financiación de operaciones financieras».

4. Cuando la entidad realice contratos o acuerdos de construcción o adquisición de activos para otras entidades, los ingresos derivados de los mismos se incluirán en la partida 3.*c*), «Ventas y prestaciones de servicios. Imputación de ingresos por activos construidos o adquiridos para otras entidades». Cuando no pueda, de acuerdo con la norma de reconocimiento y valoración n.º 12, «Activos construidos o adquiridos para otras entidades», utilizarse el grado de realización para la valoración de los ingresos derivados de estas inversiones, la variación de existencias de las mismas se incluirá en la partida 4, «Variación de existencias de productos terminados y en curso de fabricación y deterioro de valor».

5. La partida 7, «Excesos de provisiones», recoge estas operaciones, mientras que las dotaciones e incrementos de provisiones se incluirán en la partida de gastos correspondiente en función de su naturaleza.

6. Los resultados derivados de la venta de activos en estado de venta, así como los originados por la enajenación de inversiones inmobiliarias o de patrimonio público del suelo se reflejarán en la partida 13.*b*), «Deterioro de valor y resultados por enajenación de inmovilizado no financiero y activos en estado de venta. Bajas y enajenaciones».

7. Los ingresos y gastos originados por los instrumentos de cobertura que, de acuerdo con lo dispuesto en las normas de reconocimiento y valoración, deban imputarse a la cuenta del resultado económico patrimonial, figurarán en la partida de gastos o ingresos que genera la partida cubierta, informando de ello detalladamente en la memoria.

En el caso de coberturas para las que no haya divisionarias previstas en las subcuentas 6645, «Pérdidas en derivados financieros designados instrumentos de cobertura», y 7645, «Beneficios en derivados financieros designados instrumentos de cobertura», la entidad habilitará las divisionarias necesarias de dichas subcuentas, que figurarán en el epígrafe de la cuenta de resultado económico patrimonial correspondiente a la partida cubierta, al objeto de cumplir con lo previsto en el párrafo anterior.

8. Los resultados originados fuera de la actividad normal de la entidad así como de su control, como por ejemplo, las multas o sanciones soportadas se incluirán en la partida 14, «Otras partidas no ordinarias», informando de ello en la memoria.

9. El deterioro de los derechos a cobrar incluidos en el epígrafe del balance «Deudores y otras cuentas a cobrar» se reflejará en la partida 20, «Deterioro de valor, bajas y enajenaciones de activos y pasivos financieros».

10. La línea «+ Ajustes en la cuenta del resultado del ejercicio anterior» recogerá los ajustes derivados de un error material o un cambio de criterio en el resultado del ejercicio anterior que no se puedan registrar en sus conceptos definitivos, y sólo admitirá importe (positivo o negativo) en la columna correspondiente al ejercicio anterior al de referencia de las cuentas. El importe de esta misma columna correspondiente a la última línea «Resultado del ejercicio anterior ajustado» se obtendrá por agregación del importe de la línea de «+ Ajustes en la cuenta del resultado del ejercicio anterior» y del importe de la línea «IV. Resultado (ahorro o desahorro) neto del ejercicio».

11. El importe de las cuentas con saldo acreedor figurará con signo positivo y el de las cuentas con saldo deudor con signo negativo.

8.º Estado de cambios en el patrimonio neto.

El estado de cambios en el patrimonio neto está dividido en tres partes:

1. Estado total de cambios en el patrimonio neto.
2. Estado de ingresos y gastos reconocidos.
3. Estado de operaciones con la entidad o entidades propietarias.

Dichos estados tendrán la estructura que figura en los modelos de cuentas anuales.

A los efectos de dar información en la memoria sobre las partidas de dichos estados, cuando sea significativa, se considerarán los importes brutos incluidos en cada partida, en lugar del importe neto de la misma, en el caso de partidas en las que se integren importes de distinto signo.

1. En la primera parte, «estado total de cambios en el patrimonio neto», se informará de todos los cambios habidos en el patrimonio neto distinguiendo entre:

— Los ajustes en el patrimonio neto debidos a cambios de criterios contables y correcciones de errores.

— Los ingresos y gastos reconocidos en el ejercicio.

— Las operaciones patrimoniales con la entidad o entidades propietarias, en las que éstas actúen como tales.

— Otras variaciones que se produzcan en el patrimonio neto.

2. En la segunda parte, «estado de ingresos y gastos reconocidos», se recogerán los cambios en el patrimonio neto derivados de:

— El resultado económico patrimonial.

— Los ingresos y gastos reconocidos directamente en el patrimonio neto, distinguiendo los ingresos de los gastos.

— Las transferencias a la cuenta del resultado económico patrimonial, o al valor inicial de la partida cubierta, de ingresos y gastos reconocidos directamente en el patrimonio neto.

Este estado desarrolla el epígrafe D.1 del «Estado total de cambios en el patrimonio neto».

En la columna relativa al ejercicio inmediatamente anterior al que se cierra figurarán los importes ajustados, es decir, los importes de dicho ejercicio corregidos, en su caso, por los ajustes por cambios de criterio y correcciones de errores.

Las partidas de gastos reconocidos directamente en el patrimonio neto figurarán con signo negativo.

La partida II.4, «Subvenciones recibidas», podrá tener signo positivo o negativo, al recoger las subvenciones imputadas a patrimonio neto, así como las devoluciones de las mismas cuando aún no hubieran sido imputadas totalmente al resultado económico patrimonial.

Las partidas del epígrafe III, «Transferencias a la cuenta del resultado económico patrimonial o al valor inicial de la partida cubierta», en las que las transferencias de ingresos superen a las transferencias de gastos figurarán por su importe neto con signo negativo y en caso contrario con signo positivo.

No obstante, en los registros contables de la entidad deberán figurar por sus importes brutos los importes transferidos a la cuenta del resultado económico patrimonial o al valor inicial de la partida cubierta, según lo dispuesto en este Plan de Cuentas.

3. En la tercera parte, «Estado de operaciones con la entidad o entidades propietarias», se presentarán dos tipos de información:

3.*a*) Las operaciones patrimoniales con la entidad o entidades propietarias. Esta información es un desarrollo del epígrafe D.2 del «Estado total de cambios en el patrimonio neto».

3.*b*) Otras operaciones con la entidad o entidades propietarias, diferenciando los ingresos y gastos reconocidos directamente en la cuenta del resultado económico patrimonial y los ingresos y gastos reconocidos directamente en el patrimonio neto.

En la columna relativa al ejercicio inmediatamente anterior al que se cierra figurarán los importes ajustados, es decir, las operaciones de dicho ejercicio corregidas, en su caso, por los ajustes por cambios de criterio y correcciones de errores.

En relación con la información sobre las operaciones patrimoniales con la entidad o entidades propietarias en las partidas 1, «Aportación patrimonial dineraria», y 2, «Aportación de bienes y derechos», se incluirán las aportaciones recibidas de la entidad o entidades propietarias ya sea como aportación patrimonial inicial directa o como posteriores ampliaciones como consecuencia de asunción de nuevas competencias por la entidad contable.

En la partida 3, «Asunción y condonación de pasivos financieros», se incluirán las aportaciones efectuadas por la entidad o entidades propietarias mediante la asunción o condonación de pasivos financieros de la entidad contable.

En la partida 5, «Devolución de bienes y derechos», se incluirán las devoluciones a la entidad o entidades propietarias de bienes y derechos, como por ejemplo la reversión de bienes y derechos adscritos.

9.º Estado de flujos de efectivo.

El estado de flujos de efectivo informa sobre el origen y destino de los movimientos habidos en las partidas monetarias de activo representativas de efectivo y otros activos líquidos equivalentes, e indica la variación neta sufrida por las mismas en el ejercicio.

Se entiende por efectivo y otros activos líquidos equivalentes los que como tales figuran en el epígrafe B.VII del activo del balance, es decir, la tesorería depositada en la caja de la entidad y los depósitos bancarios a la vista; también formarán parte los activos financieros que sean fácilmente convertibles en efectivo y que en el momento de su adquisición, su vencimiento no fuera superior a tres meses, siempre que no exista riesgo de cambios de valor y formen parte de la política de gestión normal de la tesorería de la entidad.

Los movimientos de efectivo y otros activos líquidos equivalentes se muestran en el estado de flujos de efectivo agrupados por tipos de actividades. No se recogen en el estado de flujos de efectivo los pagos por adquisición, ni cobros por amortización o vencimiento de activos financieros a los que se les ha dado la consideración de activos líquidos equivalentes a efectivo. Tampoco se recogen los movimientos internos de tesorería.

Las agrupaciones del estado de flujos de efectivo son las que se indican a continuación:

I. Flujos de efectivo de las actividades de gestión son los que constituyen su principal fuente de generación de efectivo y, fundamentalmente los ocasionados por las transacciones que intervienen en la determinación del resultado de gestión ordinaria de la entidad. Se incluyen también los que no deban clasificarse en ninguna de las dos categorías siguientes, de inversión o de financiación.

Forman parte de estos flujos los pagos de intereses ocasionados por pasivos financieros de la entidad, así como los cobros de intereses y dividendos generados por la existencia de activos financieros de la entidad.

II. Flujos de efectivo de las actividades de inversión son los pagos que tienen su origen en la adquisición de elementos del inmovilizado no financiero y de inversiones financieras, tanto de corto como de largo plazo, no consideradas activos líquidos equivalentes a efectivo, así como los cobros procedentes de su enajenación o de su amortización al vencimiento.

También forman parte de estos flujos los cobros derivados de la venta de activos en estado de venta y todos los pagos satisfechos por la adquisición del inmovilizado no financiero cuyo pago se aplaza, así como los derivados del arrendamiento financiero.

III. Los flujos de efectivo de las actividades de financiación comprenden los cobros procedentes de la adquisición por terceros de títulos valores emitidos por la entidad o de recursos concedidos por entidades financieras o terceros, en forma de préstamos u otros instrumentos de financiación y, los correspondientes a aportaciones al patrimonio de la entidad o entidades propietarias. También comprenden los pagos realizados por amortización o devolución de los anteriores instrumentos de financiación y por reparto de resultados a la entidad o entidades propietarias.

IV. Los flujos de efectivo pendientes de clasificación recogen los cobros y pagos cuyo origen se desconoce en el momento de elaborar el estado de flujos de efectivo.

El saldo de la cuenta 558, «Provisiones de fondos para pagos a justificar y anticipos de caja fija», figurará entre los pagos de esta agrupación cuando no sea posible su clasificación en una de las tres agrupaciones anteriores.

V. Efecto de las variaciones de los tipos de cambio. Este apartado recoge, con el fin de permitir la conciliación entre las existencias de efectivo al principio y al final del período, el efecto de la variación de los tipos de cambio, sobre el efectivo y otros activos líquidos equivalentes que figuraran denominados en moneda extranjera. El valor en euros de estos últimos, será el que corresponda al tipo de cambio de 31 de diciembre.

En la elaboración del estado de flujos de efectivo, se ha de tener en cuenta también lo siguiente:

1. Los pagos del estado de flujos de efectivo se mostrarán netos de los cobros realizados por el reintegro o devolución de aquéllos, cuando éstos se produjeran en el mismo ejercicio. En caso contrario, si los cobros por reintegros de pagos previos, se producen en distinto ejercicio, no se descontarán de los mismos, y se reflejarán como flujos de efectivo de las actividades de gestión.

Los cobros del estado de flujos de efectivo se mostrarán, en todos los casos, netos de los pagos realizados por la devolución de aquéllos.

2. Los cobros y pagos por cuenta de otras entidades, o de terceros podrán mostrarse netos, siempre que se refieran a operaciones de naturaleza no presupuestaria.

3. Los cobros y pagos procedentes de activos financieros, distintos a los considerados como activos líquidos equivalentes a efectivo, así como los procedentes de pasivos financieros, cuando

ambos sean de rotación elevada, podrán mostrarse en términos netos en el estado de flujos de efectivo. Se considerará que el período de rotación es elevado cuando el número de rotaciones en el año no sea inferior a cuatro. Cuando se presente esta información en términos netos, se dejará constancia de ello en la memoria.

4. Los flujos de efectivo por cobros y pagos de importes correspondientes a impuestos indirectos repercutidos o soportados, que posteriormente se habrán de liquidar con la hacienda pública, se clasificarán de igual forma que la operación que los origina.

Los flujos que saldan la liquidación con la hacienda pública, se clasificarán como actividades de gestión.

5. En la correcta clasificación de los flujos por la realización de trabajos para formar el propio inmovilizado, se tendrá en cuenta su importancia relativa, pudiendo no realizarse aquélla cuando el importe de los pagos sea escasamente significativo.

6. Los flujos procedentes de transacciones en moneda extranjera se convertirán a euros al tipo de cambio vigente en la fecha en que se produjo cada flujo en cuestión.

7. Cuando exista una cobertura contable, los flujos del instrumento de cobertura se incorporarán en la misma partida que los de la partida cubierta, indicando en la memoria este efecto.

8. Cuando existan transacciones no monetarias, es decir operaciones de inversión y financiación que no hayan supuesto el uso de efectivo o de activos líquidos equivalentes, y por tanto no se incluyan en el estado de flujos de efectivo, se presentará en la memoria toda la información significativa con respecto a las mismas. Una operación de este tipo será, por ejemplo, la adquisición de un activo mediante un arrendamiento financiero.

En caso de existir una operación de inversión que implique una contraprestación parte en efectivo o activos líquidos equivalentes y parte en otros elementos, se deberá informar sobre la parte no monetaria independientemente de la información sobre la parte en efectivo o activos líquidos equivalentes que se haya incluido en el estado de flujos de efectivo.

9. La variación de efectivo y otros activos líquidos equivalentes ocasionada por el alta o baja de un conjunto de activos y pasivos que conformen una entidad o línea de actividad de una organización se incluirá, en su caso, como una única partida denominada «Unidad de actividad» en las actividades de inversión, en el epígrafe de cobros o en el de pagos según corresponda.

10. Respecto de los cobros y pagos pendientes de clasificar, se presentará su correcta clasificación en el ejercicio siguiente, formando parte de la información relativa al ejercicio precedente, dentro del estado de flujos de efectivo.

No obstante, en relación con los flujos de efectivo pendientes de clasificar, referentes a cantidades pagadas por los perceptores de pagos a justificar y los cajeros de caja fija y pendientes de justificar, recogidas en la cuenta 558, «Provisiones de fondos para pagos a justificar y anticipos de caja fija», podrá optarse por informar sobre su correcta clasificación en la memoria de las cuentas anuales del ejercicio siguiente.

En todo caso, se podrán no realizar las anteriores reclasificaciones cuando los importes pendientes de clasificar en uno u otro caso sean escasamente significativos.

10.º Estado de liquidación del Presupuesto.

El Estado de liquidación del Presupuesto, comprende, con la debida separación, la liquidación del Presupuesto de gastos y del Presupuesto de ingresos de la entidad, así como el Resultado presupuestario.

La liquidación del Presupuesto de gastos y la liquidación del Presupuesto de ingresos se presentarán al menos con el nivel de desagregación del Presupuesto aprobado y de sus modificaciones posteriores. La liquidación del Presupuesto de gastos se presentará, además, agrupando los créditos en función de los niveles de vinculación jurídica, es decir, resumida por bolsas de vinculación jurídica de los créditos.

En la liquidación del Presupuesto de ingresos, en la columna denominada «derechos anulados» se incluirán los derechos anulados por anulación de liquidaciones, cobradas previamente o no, así como, los anulados por aplazamiento o fraccionamiento; en la columna denominada «derechos cancelados» se incluirán los cobros en especie y los derechos cancelados por insolvencias y otras causas. Asimismo, en la columna denominada «derechos reconocidos netos» se incluirá el total de derechos reconocidos durante el ejercicio minorado por el total de derechos anulados y cancelados durante el mismo. En la columna «exceso/defecto previsión», se recogerá la diferencia entre los derechos reconocidos netos y las previsiones de ingreso definitivas.

El Resultado presupuestario del ejercicio es la diferencia entre los derechos presupuestarios netos liquidados durante el ejercicio y las obligaciones presupuestarias netas reconocidas durante el mismo período y deberá, en su caso, ajustarse en función de las obligaciones financiadas con remanente de tesorería para gastos generales y de las desviaciones de financiación del ejercicio derivadas de gastos con financiación afectada.

Los derechos reconocidos netos y las obligaciones reconocidas netas que conforman el resultado presupuestario se presentarán en las siguientes agrupaciones:

a) Operaciones corrientes: operaciones imputadas a los capítulos 1 a 5 del Presupuesto.

b) Operaciones de capital: operaciones imputadas a los capítulos 6 y 7 del Presupuesto.

c) Activos financieros: operaciones imputadas al capítulo 8 del Presupuesto.

d) Pasivos financieros: operaciones imputadas al capítulo 9 del Presupuesto.

11.º Memoria.

La memoria completa, amplía y comenta la información contenida en los otros documentos que integran las cuentas anuales. Se formulará teniendo en cuenta que:

a) El modelo de memoria recoge la información mínima a cumplimentar; no obstante, en aquellos casos en que la información que se solicita no sea significativa no se cumplimentarán las notas correspondientes a la misma. Si como consecuencia de lo anterior ciertas notas carecieran de contenido y, por tanto, no se cumplimentaran, se mantendrá, para aquellas notas que sí tengan contenido, la numeración prevista en el modelo de memoria de este Plan y se incorporará en dicha memoria una relación de aquellas notas que no tengan contenido.

b) Deberá indicarse cualquier otra información no incluida en el modelo de la memoria que sea necesaria para permitir el conocimiento de la situación y actividad de la entidad en el ejercicio, facilitando la comprensión de las cuentas anuales objeto de presentación, con el fin de que las mismas reflejen la imagen fiel del patrimonio, de la situación financiera, del resultado económico patrimonial y de la liquidación del presupuesto de la entidad contable.

c) Cuando en los apartados de la Memoria se incluyan cuadros para reflejar toda o parte de la información que se solicita será obligatoria su cumplimentación.

d) La información contenida en la Memoria relativa al Estado de liquidación del Presupuesto se presentará con el mismo nivel de desagregación que éste.

e) Con carácter general, en relación con la nota 20, «Operaciones por administración de recursos por cuenta de otros entes públicos», las entidades contables que administren recursos por cuenta de otros entes públicos sólo vendrán obligadas a cumplimentar la información relativa a «1. Obligaciones derivadas de la gestión», así como la información relativa a «2. Entes públicos, cuentas corrientes en efectivo» en el caso de que efectúen entregas a cuenta a las entidades titulares.

Además, vendrán obligadas a cumplimentar la información relativa a «3. Desarrollo de la gestión» cuando no hubieran suministrado a las entidades titulares de los recursos la información necesaria para que éstas hubiesen incorporado a su presupuesto todas las operaciones derivadas de la gestión realizada.

f) La información contenida en las notas 26, «Información sobre el coste de las actividades», y 27, «Indicadores de gestión», se elaborará, al menos, para los servicios y actividades que se financien con tasas o precios públicos y, únicamente, estarán obligados a cumplimentarla los municipios de más de 50.000 habitantes y las demás entidades locales de ámbito superior.

Para la confección de la información a que se refieren las citadas notas se tendrán en cuenta los criterios establecidos en los documentos «Principios generales sobre Contabilidad Analítica de las Administraciones Públicas» (IGAE 2004) y «Los Indicadores de Gestión en el ámbito del Sector Público» (IGAE 2007), publicados en el portal de la Administración Presupuestaria en internet (www.pap.minhap.gob.es, apartado Intervención General de la Administración del Estado), así como en la Resolución de 28 de julio de 2011, de la Intervención General de la Administración del Estado, por la que se regulan los criterios para la elaboración de la información sobre los costes de actividades e indicadores de gestión a incluir en la memoria de las cuentas anuales del Plan General de Contabilidad Pública.

2. MODELOS DE CUENTAS ANUALES

Balance

N.º CUENTA	ACTIVO	NOTAS EN MEMORIA	20XX	20XX-1	Nº CUENTA	PATRIMONIO NETO Y PASIVO	NOTAS EN MEMORIA	20XX	20XX-1
	A) Activo no corriente					**A) Patrimonio neto**			
	I. Inmovilizado intangible				100, 101	**I. Patrimonio**			
200, 201 (2800) (2801)	1. Inversión en investigación y desarrollo					**II. Patrimonio generado**			
203 (2803) (2903)	2. Propiedad industrial e intelectual				120	1. Resultados de ejercicios anteriores			
					129	2. Resultado del ejercicio			
						III. Ajustes por cambios de valor			
					136	1. Inmovilizado no financiero			
206 (2806) (2906)	3. Aplicaciones informáticas				133	2. Activos financieros disponibles para la venta			
207 (2807) (2907)	4. Inversiones sobre activos utilizados en régimen de arrendamiento o cedidos				134	3. Operaciones de cobertura			
					130, 131, 132	**IV. Subvenciones recibidas pendientes de imputación a resultados**			
208, 209 (2809) (2909)	5. Otro inmovilizado intangible					**B) Pasivo no corriente**			
					14	**I. Provisiones a largo plazo**			
	II. Inmovilizado material					**II. Deudas a largo plazo**			
210 (2810) (2910) (2990)	1. Terrenos				15	1. Obligaciones y otros valores negociables			
					170, 177	2. Deudas con entidades de crédito			
211 (2811) (2911) (2991)	2. Construcciones				176	3. Derivados financieros			
					173, 174, 178 179, 180, 185	4. Otras deudas			
212 (2812) (2912) (2992)	3. Infraestructuras								
213 (2813) (2913) (2993)	4. Bienes del patrimonio histórico				16	**III. Deudas con entidades del grupo, multigrupo y asociadas a largo plazo**			
					172	**IV. Acreedores y otras cuentas a pagar a largo plazo**			
214, 215, 216, 217, 218, 219 (2814) (2815) (2816) (2817) (2818) (2819) (2914) (2915) (2916) (2917) (2918) (2919) (2999)	5. Otro inmovilizado material				186	**V. Ajustes por periodificación a largo plazo**			
						C) Pasivo corriente			
					58	**I. Provisiones a corto plazo**			
						II. Deudas a corto plazo			
					50	1. Obligaciones y otros valores negociables			
					520, 521, 527	2. Deudas con entidades de crédito			
					526	3. Derivados financieros			
2300, 2310, 232 233, 234, 235 237, 238, 2390	6. Inmovilizado material en curso y anticipos				4003, 4013 4133, 4183 523, 524, 528 529, 560, 561	4. Otras deudas			

N.º CUENTA	ACTIVO	NOTAS EN MEMORIA	20XX	20XX-1	Nº CUENTA	PATRIMONIO NETO Y PASIVO	NOTAS EN MEMORIA	20XX	20XX-1
	III. Inversiones inmobiliarias				4002, 4012 4132, 4182 51	**III. Deudas con entidades del grupo, multigrupo y asociadas a corto plazo**			
220 (2820) (2920)	1. Terrenos								
221 (2821) (2921)	2. Construcciones					**IV. Acreedores y otras cuentas a pagar a corto plazo**			
					4000, 4010 411, 4130 416, 4180 522	1. Acreedores por operaciones de gestión			
2301, 2311 2391	3. Inversiones inmobiliarias en curso y anticipos								
	IV. Patrimonio público del suelo								
240 (2840) (2930)	1. Terrenos				4001, 4011 410, 4131, 414, 4181 419, 550 554, 559	2. Otras cuentas a pagar			
241 (2841) (2831)	2. Construcciones								
243,244,248	3. En construcción y anticipos				47	3. Administraciones públicas			
249 (2849) (2939)	4. Otro patrimonio público del suelo				45	4. Acreedores por administración de recursos por cuenta de otros entes públicos			
	V. Inversiones financieras a largo plazo en entidades del grupo, multigrupo y asociadas				485, 568	**V. Ajustes por periodificación a corto plazo**			
2500, 2510 (2940)	1. Inversiones financieras en patrimonio de entidades de derecho público								
2501, 2511 (259) (2941)	2. Inversiones financieras en patrimonio de sociedades								
2502, 2512 (2942)	3. Inversiones financieras en patrimonio de otras entidades								
252, 253, 255 (295) (2960)	4. Créditos y valores representativos de deuda								
257, 258 (2961) (2962)	5. Otras inversiones financieras								
	VI. Inversiones financieras a largo plazo								
260 (269)	1. Inversiones financieras en patrimonio								
261,2620,2629 264,266,267 (297) (2980)	2. Créditos y valores representativos de deuda								

N.º CUENTA	ACTIVO	NOTAS EN MEMORIA	20XX	20XX-1	Nº CUENTA	PATRIMONIO NETO Y PASIVO	NOTAS EN MEMORIA	20XX	20XX-1
263	3. Derivados financieros								
268, 27 (2981) (2982)	4. Otras inversiones financieras								
2621, (2983)	**VII. Deudores y otras cuentas a cobrar a largo plazo**								
	B) Activo corriente								
38 (398)	**I. Activos en estado de venta**								
	II. Existencias								
37	1. Activos construidos o adquiridos para otras entidades								
30, 35 (390) (395)	2. Mercaderías y productos terminados								
31, 32, 33, 34 36 (391) (392) (393) (394) (396)	3. Aprovisionamientos y otros								
	III. Deudores y otras cuentas a cobrar a corto plazo								
4300, 4310 4430, 446 (4900)	1. Deudores por operaciones de gestión								
4301, 4311 4431, 440, 441, 442, 449, (4901) 550, 555, 558	2. Otras cuentas a cobrar								
47	3. Administraciones públicas								
45	4. Deudores por administración de recursos por cuenta de otros entes públicos								
	IV. Inversiones financieras a corto plazo en entidades del grupo, multigrupo y asociadas								
530, 531 (539) (594)	1. Inversiones financieras en patrimonio de entidades del grupo, multigrupo y asociadas								
4302, 4312 4432, (4902)	2. Créditos y valores representativos de deuda								

N.º CUENTA	ACTIVO	NOTAS EN MEMORIA	20XX	20XX-1	Nº CUENTA	PATRIMONIO NETO Y PASIVO	NOTAS EN MEMORIA	20XX	20XX-1
532, 533, 535 (595) (5960)									
536, 537, 538 (5961) (5962)	3. Otras inversiones								
	V. Inversiones financieras a corto plazo								
540 (549)	1. Inversiones financieras en patrimonio								
4303, 4313 4433, (4903) 541, 542, 544 546, 547 (597) (5980)	2. Créditos y valores representativos de deuda								
543	3. Derivados financieros								
545, 548, 565 566 (5981) (5982)	4. Otras inversiones financieras								
480, 567	**VI. Ajustes por periodificación**								
	VII. Efectivo y otros activos líquidos equivalentes								
577	1. Otros activos líquidos equivalentes								
556, 570, 571 573, 574, 575	2. Tesorería								
TOTAL ACTIVO (A+B)					TOTAL PATRIMONIO NETO Y PASIVO (A+B+C)				

CUENTA DE RESULTADO ECONÓMICO PATRIMONIAL

N.º CUENTA		NOTAS EN MEMORIA	20XX	20XX-1
	1. Ingresos tributarios y urbanísticos			
72,73	a) Impuestos			
740,742	b) Tasas			
744	c) Contribuciones especiales			
745, 746	d) Ingresos urbanísticos			
	2. Transferencias y subvenciones recibidas			
	a) Del ejercicio			
751	a.1) Subvenciones recibidas para financiar gastos del ejercicio			
750	a.2) Transferencias			
752	a.3) Subvenciones recibidas para cancelación de pasivos que no supongan financiación específica de un elemento patrimonial			
7530	b) Imputación de subvenciones para el inmovilizado no financiero			
754	c) Imputación de subvenciones para activos corrientes y otras			
	3. Ventas y prestaciones de servicios			
700,701,702,703, 704	a)Ventas			
741,705	b) Prestación de servicios			
707	c) Imputación de ingresos por activos construidos o adquiridos para otras entidades			
71, 7940 (6940)	**4. Variación de existencias de productos terminados y en curso de fabricación y deterioro de valor**			
780,781,782,783 784	**5. Trabajos realizados por la entidad para su inmovilizado**			
776,777	**6. Otros ingresos de gestión ordinaria**			
795	**7. Excesos de provisiones**			
	A) TOTAL INGRESOS DE GESTIÓN ORDINARIA (1+2+3+4+5+6+7)			
	8. Gastos de personal			
(640),(641)	a) Sueldos, salarios y asimilados			
(642),(643),(644) (645)	b) Cargas sociales			
(65)	**9. Transferencias y subvenciones concedidas**			
	10. Aprovisionamientos			
(600),(601),(602) (605), (607), 61	a) Consumo de mercaderías y otros aprovisionamientos			
(6941), (6942) (6943) 7941,7942,7943	b) Deterioro de valor de mercaderías, materias primas y otros aprovisionamientos			
	11.Otros gastos de gestión ordinaria			
(62)	a) Suministros y servicios exteriores			
(63)	b) Tributos			
(676)	c) Otros			
(68)	**12. Amortización del inmovilizado**			

N.º CUENTA		NOTAS EN MEMORIA	20XX	20XX-1
	B) TOTAL GASTOS DE GESTIÓN ORDINARIA (8+9+10+11+12)			
	I. Resultado (ahorro o desahorro) de la gestión ordinaria (A+B)			
	13. Deterioro de valor y resultados por enajenación del inmovilizado no financiero y activos en estado de venta			
(690),(691),(692) (693),(6948) 790,791,792,793 7948, 799	a) Deterioro de valor			
770,771,772,773 774, (670), (671) (672),(673) (674)	b) Bajas y enajenaciones			
7531	c) Imputación de subvenciones para el inmovilizado no financiero			
	14. Otras partidas no ordinarias			
775,778	a) Ingresos			
(678)	b) Gastos			
	II. Resultado de las operaciones no financieras (I +13+14)			
	15. Ingresos financieros			
	a) De participaciones en instrumentos de patrimonio			
7630	a.1) En entidades del grupo, multigrupo y asociadas			
760	a.2) En otras entidades			
	b) De valores representativos de deuda, de créditos y de otras inversiones financieras			
7631,7632	b.1) En entidades del grupo, multigrupo y asociadas			
761,762,769 76454, (66454)	b.2) Otros			
	16. Gastos financieros			
(663)	a) Por deudas con entidades del grupo, multigrupo y asociadas			
(660),(661),(662) (669), 76451 (66451)	b) Otros			
785,786,787, 788 789	**17. Gastos financieros imputados al activo**			
	18. Variación del valor razonable en activos y pasivos financieros			
7646 (6646),76459 (66459)	a) Derivados financieros			
7640,7642,76452, 76453,(6640),(6642) (66452), (66453)	b) Otros activos y pasivos a valor razonable con imputación en resultados			
7641, (6641)	c) Imputación al resultado del ejercicio por activos financieros disponibles para la venta			
768, (668)	**19. Diferencias de cambio**			
	20. Deterioro de valor, bajas y enajenaciones de activos y pasivos financieros			
796,7970,766 (6960),(6961),(6962) (6970),(666),7980, 7981, 7982, (6980), (6981) (6982),(6670)	a) De entidades del grupo, multigrupo y asociadas			
765,7971, 7983, 7984,7985,(665), (6671),(6963),(6971) (6983),(6984),(6985)	b) Otros			
755, 756	**21. Subvenciones para la financiación de operaciones financieras**			

N.º CUENTA		NOTAS EN MEMORIA	20XX	20XX-1
	III. Resultado de las operaciones financieras (15+16+17+18+19+20+21)			
	IV. Resultado (ahorro o desahorro) neto del ejercicio (II + III)			
	+ Ajustes en la cuenta del resultado del ejercicio anterior			
	Resultado del ejercicio anterior ajustado (IV + Ajustes)			

1. ESTADO TOTAL DE CAMBIOS EN EL PATRIMONIO NETO

	NOTAS EN MEMORIA	I. Patrimonio	II. Patrimonio generado	III. Ajustes por cambios de valor	IV. Subvenciones recibidas	TOTAL
PATRIMONIO NETO AL FINAL DEL EJERCICIO 20XX-1						
AJUSTES POR CAMBIOS DE CRITERIOS CONTABLES Y CORRECCIÓN DE ERRORES						
PATRIMONIO NETO INICIAL AJUSTADO DEL EJERCICIO 20XX (A+B)						
VARIACIONES DEL PATRIMONIO NETO EJERCICIO 20XX						
1. Ingresos y gastos reconocidos en el ejercicio						
2. Operaciones patrimoniales con la entidad o entidades propietarias						
3. Otras variaciones del patrimonio neto						
PATRIMONIO NETO AL FINAL DEL EJERCICIO 20XX (C+D)						

2. ESTADO DE INGRESOS Y GASTOS RECONOCIDOS

Nº CTAS.		NOTAS EN MEMORIA	20XX	20XX-1
129	**I. Resultado económico patrimonial**			
	II. Ingresos y gastos reconocidos directamente en el patrimonio neto:			
	1. Inmovilizado no financiero			
920	1.1 Ingresos			
(820), (821) (822)	1.2 Gastos			
	2. Activos y pasivos financieros			
900, 991	2.1 Ingresos			
(800), (891)	2.2 Gastos			
	3. Coberturas contables			
910	3.1 Ingresos			
(810)	3.2 Gastos			
94	**4. Subvenciones recibidas**			
	Total (1+2+3+4)			
	III. Transferencias a la cuenta del resultado económico patrimonial o al valor inicial de la partida cubierta:			
(823)	**1. Inmovilizado no financiero**			
(802), 902, 993	**2. Activos y pasivos financieros**			
	3. Coberturas contables			
(8110) 9110	3.1 Importes transferidos a la cuenta del resultado económico patrimonial			
(8111) 9111	3.2 Importes transferidos al valor inicial de la partida cubierta			
(84)	**4. Subvenciones recibidas**			
	Total (1+2+3+4)			
	IV. TOTAL ingresos y gastos reconocidos (I + II + III)			

3. ESTADO DE OPERACIONES CON LA ENTIDAD O ENTIDADES PROPIETARIAS.

a) OPERACIONES PATRIMONIALES CON LA ENTIDAD O ENTIDADES PROPIETARIAS

	NOTAS EN MEMORIA	20XX	20XX-1
1. Aportación patrimonial dineraria			
2. Aportación de bienes y derechos			
3. Asunción y condonación de pasivos financieros			
4. Otras aportaciones de la entidad o entidades propietarias			
5. (-) Devolución de bienes y derechos			
6. (-) Otras devoluciones a la entidad o entidades propietarias			
TOTAL			

b) OTRAS OPERACIONES CON LA ENTIDAD O ENTIDADES PROPIETARIAS

	NOTAS EN MEMORIA	20XX	20XX-1
I. Ingresos y gastos reconocidos directamente en la cuenta del resultado económico patrimonial (1+2+3)			
1. Transferencias y subvenciones			
1.1 Ingresos			
1.2 Gastos			
2. Prestación de servicios y venta de bienes			
2.1 Ingresos			
2.2 Gastos			
3. Otros			
3.1 Ingresos			
3.2 Gastos			
II. Ingresos y gastos reconocidos directamente en el patrimonio neto (1+2)			
1. Subvenciones recibidas			
2. Otros			
TOTAL (I+II)			

ESTADO DE FLUJOS DE EFECTIVO

	NOTAS EN MEMORIA	20XX	20XX-1
I. FLUJOS DE EFECTIVO DE LAS ACTIVIDADES DE GESTIÓN			
A) Cobros:			
1. Ingresos tributarios y urbanísticos			
2. Transferencias y subvenciones recibidas			
3. Ventas y prestaciones de servicios			
4. Gestión de recursos recaudados por cuenta de otros entes			
5. Intereses y dividendos cobrados			
6. Otros cobros			
B) Pagos:			
7. Gastos de personal			
8. Transferencias y subvenciones concedidas			
9. Aprovisionamientos			
10. Otros gastos de gestión			
11. Gestión de recursos recaudados por cuenta de otros entes			
12. Intereses pagados			
13. Otros pagos			
Flujos netos de efectivo por actividades de gestión (+A-B)			
II. FLUJOS DE EFECTIVO DE LAS ACTIVIDADES DE INVERSIÓN			
C) Cobros:			
1. Venta de inversiones reales			
2. Venta de activos financieros			
3. Unidad de actividad			
4. Otros cobros de las actividades de inversión			
D) Pagos:			
5. Compra de inversiones reales			
6. Compra de activos financieros			
7. Unidad de actividad			
8. Otros pagos de las actividades de inversión			
Flujos netos de efectivo por actividades de inversión (+C-D)			
III. FLUJOS DE EFECTIVO DE LAS ACTIVIDADES DE FINANCIACIÓN			
E) Aumentos en el patrimonio:			
1. Cobros por aportaciones de la entidad o entidades propietarias			
F) Pagos a la entidad o entidades propietarias:			
2. Devolución de aportaciones y reparto de resultados a la entidad o entidades propietarias			
G) Cobros por emisión de pasivos financieros:			
3. Obligaciones y otros valores negociables			
4. Préstamos recibidos			

	NOTAS EN MEMORIA	20XX	20XX-1
5. Otras deudas			
H) Pagos por reembolso de pasivos financieros:			
6. Obligaciones y otros valores negociables			
7. Préstamos recibidos			
8. Otras deudas			
Flujos netos de efectivo por actividades de financiación (+E-F+G-H)			
IV. FLUJOS DE EFECTIVO PENDIENTES DE CLASIFICACIÓN			
I) Cobros pendientes de aplicación			
J) Pagos pendientes de aplicación			
Flujos netos de efectivo pendientes de clasificación (+I-J)			
V. EFECTO DE LAS VARIACIONES DE LOS TIPOS DE CAMBIO			
VI. INCREMENTO/DISMINUCIÓN NETA DEL EFECTIVO Y ACTIVOS LÍQUIDOS EQUIVALENTES AL EFECTIVO (I + II + III + IV + V)			
Efectivo y activos líquidos equivalentes al efectivo al inicio del ejercicio			
Efectivo y activos líquidos equivalentes al efectivo al final del ejercicio			

ESTADO DE LIQUIDACIÓN DEL PRESUPUESTO

I. LIQUIDACIÓN DEL PRESUPUESTO DE GASTOS

APLICACIÓN PRESUPUESTARIA	DESCRIPCIÓN	CRÉDITOS PRESUPUESTARIOS			GASTOS COMPROMETIDOS (4)	OBLIGACIONES RECONOCIDAS NETAS (5)	PAGOS (6)	OBLIGACIONES PENDIENTES DE PAGO A 31 DE DICIEMBRE (7=5-6)	REMANENTES DE CRÉDITO (8=3-5)
		INICIALES (1)	MODIFICACIONES (2)	DEFINITIVOS (3=1+2)					
	TOTAL								

II. LIQUIDACIÓN DEL PRESUPUESTO DE INGRESOS

APLICACIÓN PRESUPUESTARIA	DESCRIPCIÓN	PREVISIONES PRESUPUESTARIAS			DERECHOS RECONOCIDOS (4)	DERECHOS ANULADOS (5)	DERECHOS CANCELADOS (6)	DERECHOS RECONOCIDOS NETOS (7=4-5-6)	RECAUDACIÓN NETA (8)	DERECHOS PENDIENTES DE COBRO A 31 DE DICIEMBRE (9=7-8)	EXCESO / DEFECTO PREVISIÓN (10=7-3)
		INICIALES (1)	MODIFICACIONES (2)	DEFINITIVAS (3=1+2)							
	TOTAL										

III. RESULTADO PRESUPUESTARIO

CONCEPTOS	DERECHOS RECONOCIDOS NETOS	OBLIGACIONES RECONOCIDAS NETAS	AJUSTES	RESULTADO PRESUPUESTARIO
a) Operaciones corrientes.	—	—		—
b) Operaciones de capital	—	—		—
1. Total operaciones no financieras (a+b)	—	—		—
c) Activos financieros	—	—		—
d) Pasivos financieros	—	—		—
2. Total operaciones financieras (c+d)	—	—		—
I. RESULTADO PRESUPUESTARIO DEL EJERCICIO (I = 1+2)	—	—		—
AJUSTES:				
3. Créditos gastados financiados con remanente de tesorería para gastos generales			—	
4. Desviaciones de financiación negativas del ejercicio			—	
5. Desviaciones de financiación positivas del ejercicio			—	
II. TOTAL AJUSTES (II = 3+4-5)			—	—
RESULTADO PRESUPUESTARIO AJUSTADO (I+II)				—

MEMORIA

CONTENIDO DE LA MEMORIA

1. Organización y Actividad.
2. Gestión indirecta de servicios públicos, convenios y otras formas de colaboración.
3. Bases de presentación de las cuentas.
4. Normas de reconocimiento y valoración.
5. Inmovilizado material.
6. Patrimonio público del suelo.
7. Inversiones inmobiliarias.
8. Inmovilizado intangible.
9. Arrendamientos financieros y otras operaciones de naturaleza similar.
10. Activos financieros.
11. Pasivos financieros.
12. Coberturas contables.
13. Activos construidos o adquiridos para otras entidades y otras existencias.
14. Moneda extranjera.
15. Transferencias, subvenciones y otros ingresos y gastos.
16. Provisiones y contingencias.
17. Información sobre medio ambiente.
18. Activos en estado de venta.
19. Presentación por actividades de la cuenta del resultado económico patrimonial.
20. Operaciones por administración de recursos por cuenta de otros entes públicos.
21. Operaciones no presupuestarias de tesorería.
22. Contratación administrativa. Procedimientos de adjudicación.
23. Valores recibidos en depósito.
24. Información presupuestaria.
25. Indicadores financieros, patrimoniales y presupuestarios.
26. Información sobre el coste de las actividades.
27. Indicadores de gestión.
28. Hechos posteriores al cierre.

1. Organización y Actividad.

Se informará sobre:

1. Población oficial y cuantos otros datos de carácter socioeconómico contribuyan a la identificación de la entidad.
2. Norma de creación de la entidad (no será necesario informar acerca de la norma de creación del Municipio, la Provincia y la Isla).
3. Actividad principal de la entidad (no será necesario informar acerca de la actividad de la Administración General del Municipio, la Provincia y la Isla), su régimen jurídico, económico-financiero y de contratación. En el supuesto de servicios públicos gestionados de forma indirecta, se indicará la forma de gestión.
4. Descripción de las principales fuentes de ingresos y, en su caso, tasas y precios públicos percibidos.
5. Consideración fiscal de la entidad a efectos del impuesto de sociedades y, en su caso, operaciones sujetas a IVA y porcentaje de prorrata.
6. Estructura organizativa básica, en sus niveles político y administrativo.
7. Número medio de empleados durante el ejercicio y a 31 de diciembre, tanto funcionarios como personal laboral, distinguiendo por categorías y sexos.
8. Identificación, en su caso, de la entidad o entidades propietarias y porcentaje de participación de éstas en el patrimonio de la entidad contable.
9. Identificación, en su caso, de las entidades del grupo, multigrupo y asociadas de las que forme parte la entidad contable, indicando su actividad (excepto del Municipio, la Provincia y la Isla) así como el porcentaje de participación en el capital social o patrimonio de cada una de ellas.

2. Gestión indirecta de servicios públicos, convenios y otras formas de colaboración.

En relación con los servicios públicos gestionados de forma indirecta, los convenios y otras formas de colaboración, cuando tengan un importe significativo, la entidad informará, junto con los datos identificativos de la entidad con la que se efectúe la gestión, el convenio o la colaboración, sobre:

1. En la gestión indirecta: el objeto, plazo, los bienes de dominio público afectos a la gestión, las aportaciones no dinerarias, las transferencias o subvenciones comprometidas durante la vida de la concesión, los anticipos reintegrables, los préstamos participativos, subordinados o de otra naturaleza concedidos por el titular del servicio al gestor y los bienes objeto de reversión.
2. En los convenios: el objeto, el plazo y las transferencias o subvenciones comprometidas durante la vida del convenio.
3. En las actividades conjuntas que no requieran la constitución de una nueva entidad y que no estén contempladas en las notas anteriores, se indicarán: el objeto, plazo y los compromisos asumidos durante la vida de la misma.
4. En el caso de otras formas de colaboración público-privadas: el objeto, el plazo y las trasferencias o subvenciones comprometidas durante la vida del acuerdo de colaboración, así como en su caso el precio acordado.

3. Bases de presentación de las cuentas.

Se informará sobre:

1. Imagen fiel:
   a) Requisitos de la información, principios contables públicos y criterios contables no aplicados por interferir el objetivo de la imagen fiel y, en su caso, incidencia en las cuentas anuales.
   b) Principios, criterios contables aplicados e información complementaria necesaria para alcanzar el objetivo de imagen fiel y ubicación de ésta en la memoria.

2. Comparación de la información:
   a) Explicación de las causas que impiden la comparación de las cuentas anuales del ejercicio con las del precedente.
   b) Explicación de la adaptación de los importes del ejercicio precedente para facilitar la comparación o, en su caso, de la imposibilidad de realizar esta adaptación.
3. Razones e incidencia en las cuentas anuales de los cambios en criterios de contabilización y corrección de errores.
4. Información sobre cambios en estimaciones contables cuando sean significativos.

4. Normas de reconocimiento y valoración.

Se indicarán los criterios contables aplicados en relación con las siguientes partidas:

1. Inmovilizado material; indicando los criterios sobre amortización, correcciones valorativas por deterioro y reversión de las mismas, capitalización de gastos financieros, costes de ampliación, modernización y mejoras, costes de gran reparación o inspección general, costes de desmantelamiento del activo y restauración de su emplazamiento, y los criterios sobre la determinación del coste de los trabajos efectuados por la entidad para su inmovilizado material.

   Se indicará el modelo de valoración posterior utilizado para cada clase de inmovilizado, bien sea el del coste o el de revalorización.
2. Patrimonio público del suelo; especificando para los terrenos, construcciones y demás bienes y derechos integrantes de este patrimonio los criterios señalados en el apartado 1 anterior.
3. Inversiones inmobiliarias; señalando el criterio para calificar los terrenos y construcciones como inversiones inmobiliarias, especificando para éstas los criterios señalados en el apartado 1 anterior.
4. Inmovilizado intangible; indicando los criterios utilizados de capitalización o activación, amortización y correcciones valorativas por deterioro.

   Justificación de las circunstancias que han llevado a calificar como indefinida la vida útil de un inmovilizado intangible.

   Se indicará el criterio de valoración posterior utilizado para cada clase de inmovilizado, bien sea el del coste o el de revalorización.
5. Arrendamientos; indicando los criterios de contabilización de los contratos de arrendamiento financiero y otras operaciones de naturaleza similar.
6. Permutas; indicando el criterio seguido y la justificación de su aplicación, en particular, las circunstancias que han llevado a considerar a una permuta como de activos no similares desde un punto de vista funcional o vida útil.
7. Activos y pasivos financieros; indicando:
   a) Criterios empleados para la calificación y valoración de las diferentes categorías de activos financieros y pasivos financieros, así como para el reconocimiento de cambios de valor razonable.
   b) Para los activos financieros:
      - La naturaleza de los clasificados inicialmente como a valor razonable con cambios en la cuenta del resultado económico patrimonial, así como los criterios aplicados en dicha clasificación y una explicación de cómo la entidad ha cumplido los requerimientos señalados en la norma de registro y valoración relativa a activos financieros.
      - Los criterios aplicados para determinar la existencia de evidencia objetiva de deterioro, así como de registro de la corrección de valor y su reversión y la baja definitiva de activos financieros deteriorados. En particular, se destacarán los criterios utilizados para calcular las correcciones valorativas de los deudores por operaciones de gestión y otras cuentas a cobrar. Asimismo, se indicarán los criterios contables aplicados a los activos financieros cuyas condiciones hayan sido renegociadas y que, de otro modo, estarían vencidos o deteriorados.

c) Criterios empleados para el registro de la baja de activos financieros y pasivos financieros.
d) Contratos de garantías financieras; indicando el criterio seguido tanto en la valoración inicial como posterior, así como, en su caso, para la dotación de provisiones por garantías clasificadas como dudosas.
e) Inversiones en entidades del grupo, multigrupo y asociadas; se informará sobre el criterio aplicado para registrar las correcciones valorativas por deterioro.
f) Los criterios empleados en la determinación de los ingresos o gastos procedentes de las distintas categorías de instrumentos financieros: intereses, primas o descuentos, dividendos, etc.

8. Coberturas contables; indicando los criterios de valoración del instrumento de cobertura y de la partida cubierta, distinguiendo entre coberturas de activos o pasivos reconocidos, compromisos en firme y transacciones previstas, así como los criterios de valoración aplicados para el registro de la interrupción de la cobertura.
9. Existencias; indicando los criterios de valoración y, en particular, los seguidos sobre correcciones valorativas.
10. Activos construidos o adquiridos para otras entidades; indicando los criterios de reconocimiento de los ingresos y gastos derivados del contrato o acuerdo de construcción o adquisición, y en su caso, el método utilizado para determinar el grado de avance o realización y se informará en el caso de que no se hubiese podido aplicar dicho método.
11. Transacciones en moneda extranjera; indicando los criterios de valoración de saldos en moneda distinta del euro, y el procedimiento empleado para calcular el tipo de cambio en euros de elementos patrimoniales que, en la actualidad o en su origen, hubiesen sido expresados en moneda distinta del euro.
12. Ingresos y gastos; indicando los criterios generales aplicados.
13. Provisiones y contingencias; indicando el criterio de valoración así como, en su caso, el tratamiento de las compensaciones a recibir de un tercero. En particular, en relación con las provisiones, deberá realizarse una descripción de los métodos de estimación y cálculo de cada uno de los riesgos.
14. Transferencias y subvenciones; indicando el criterio empleado para su clasificación y, en su caso, su imputación a resultados.
15. Actividades conjuntas; indicando los criterios seguidos por la entidad para integrar en sus cuentas anuales los saldos correspondientes a la actividad conjunta en que participe.
16. Activos en estado de venta: se indicarán los criterios seguidos para calificar y valorar dichos activos.

Opcionalmente, esta información podrá incluirse en aquellas notas de la Memoria que correspondan a los elementos patrimoniales afectados.

5. Inmovilizado material.

1. Análisis del movimiento durante el ejercicio de cada partida del balance incluida en este epígrafe y de sus correspondientes amortizaciones acumuladas y correcciones valorativas acumuladas, distinguiendo entre aquellos activos valorados según el modelo de coste de aquellos valorados de acuerdo con el modelo de revalorización, indicando lo siguiente:

   a) Saldo inicial.
   b) Entradas.
   c) Aumentos por traspasos de otras partidas.
   d) Salidas.
   e) Disminuciones por traspasos a otras partidas.
   f) Correcciones valorativas netas por deterioro del ejercicio (dotaciones menos reversiones de dotaciones).
   g) Amortizaciones del ejercicio.
   h) Incremento por revalorización en el ejercicio (modelo de revalorización).
   i) Saldo final.

2. Información sobre:

a) Costes estimados de desmantelamiento del activo y de la restauración de su emplazamiento incluidos como mayor valor de los activos, así como grandes reparaciones o inspecciones generales incorporadas, especificando las circunstancias que se han tenido en cuenta para su valoración.

b) Vidas útiles o coeficientes de amortización utilizados en los diferentes tipos de elementos, así como información, en su caso, sobre los coeficientes aplicados a distintas partes de un mismo elemento.

c) Siempre que tenga incidencia significativa en el ejercicio presente o en ejercicios futuros, se informará de los cambios de estimación que afecten a valores residuales, a los costes estimados de desmantelamiento del activo y la restauración de su emplazamiento, vidas útiles y métodos de amortización, así como grandes reparaciones o inspecciones generales.

d) Importe de los gastos financieros capitalizados, en su caso, en el ejercicio.

e) Criterio utilizado para determinar el valor razonable de los bienes valorados de acuerdo con el modelo de revalorización, en particular, del ejercicio en que se ha efectuado la última revalorización.

f) Bienes recibidos en adscripción, a nivel partida de balance, con indicación, de su valor activado, amortización y correcciones valorativas por deterioro acumuladas.
Identificación de los bienes recibidos en adscripción durante el ejercicio.

g) Identificación de los entes a los que se hayan entregado bienes en adscripción durante el ejercicio.

h) Identificación de los bienes recibidos en cesión durante el ejercicio.

i) Identificación de los entes a los que se hayan entregado bienes en cesión durante el ejercicio.

j) Arrendamientos financieros y otras operaciones de naturaleza similar de importe significativo sobre bienes del inmovilizado material, sin perjuicio de la información requerida en otras partes de la memoria.

k) Se informará de los bienes que se encuentren destinados al uso general, distinguiendo entre infraestructuras, bienes comunales y bienes del patrimonio histórico, desglosando la información por tipos en el primer y segundo caso, y para el caso de los bienes del patrimonio histórico, distinguiendo, al menos, entre construcciones y el resto.

l) Valor activado en el ejercicio de los bienes construidos por la entidad, cuando sea de un importe significativo.

m) Cualquier otra circunstancia de carácter sustantivo que afecte a bienes del inmovilizado material, tal como garantías, restricciones de titularidad, litigios y situaciones análogas.

6. Patrimonio público del suelo.

Se dará la información requerida en la nota anterior.

7. Inversiones inmobiliarias.

Se dará la información requerida en la nota 5 relativa al inmovilizado material.

8. Inmovilizado intangible.

1. Análisis del movimiento durante el ejercicio de cada partida del balance incluida en este epígrafe y de sus correspondientes amortizaciones acumuladas y correcciones valorativas acumuladas, distinguiendo entre aquellos activos valorados según el modelo de coste de aquellos valorados de acuerdo con el modelo de revalorización, indicando lo siguiente:

a) Saldo inicial.

b) Entradas.

c) Aumentos por traspasos de otras partidas.

d) Salidas.

e) Disminuciones por traspasos a otras partidas.

f) Correcciones valorativas netas por deterioro (dotaciones menos reversiones de dotaciones).

g) Amortizaciones del ejercicio.

h) Aumento por revalorización en el ejercicio (cuando la entidad utilice el modelo de la revalorización para la valoración posterior).

i) Saldo final.

2. Información sobre:

a) Vidas útiles o coeficientes de amortización utilizados en los diferentes tipos de elementos.

b) Siempre que tenga incidencia significativa en el ejercicio presente o en ejercicios futuros se informará de los cambios de estimación que afecten a valores residuales, vidas útiles y métodos de amortización.

c) Importe de los gastos financieros capitalizados, en su caso, en el ejercicio.

d) Criterio utilizado para determinar el valor razonable de los bienes valorados de acuerdo con el modelo de revalorización, en particular del ejercicio en que se ha efectuado la última revalorización.

e) Importe agregado de los desembolsos por investigación y desarrollo que se han reconocido como gastos durante el ejercicio, así como la justificación del cumplimiento de las circunstancias que soportan la capitalización de gastos de investigación y desarrollo.

f) Cualquier otra circunstancia dearácter sustantivo que afecte al inmovilizado intangible, tal como garantías, restricciones de titularidad, litigios y situaciones análogas.

9. Arrendamientos financieros y otras operaciones de naturaleza similar.

Los arrendatarios suministrarán la siguiente información:

- Para cada clase de activos, el importe por el que se ha reconocido inicialmente el activo, indicando si éste corresponde al valor razonable del activo o, en su caso, al valor actual de los pagos a realizar y existencia, en su caso, de la opción de compra.
- Una descripción general de los acuerdos significativos de arrendamiento financiero.
- A los activos que surjan de estos contratos, les será de aplicación la información a incluir en memoria correspondiente a la naturaleza de los mismos, establecidas en las notas anteriores, relativas a inmovilizado material, inversiones inmobiliarias, inmovilizado intangible y patrimonio público del suelo.

10. Activos financieros.

Para los activos financieros, excepto los créditos por operaciones derivadas de la actividad habitual[1], el efectivo y otros activos líquidos equivalentes, y los derivados designados instrumentos de cobertura, se informará sobre:

1. Información relacionada con el balance.

a) Se presentará un estado resumen de la conciliación entre la clasificación de activos financieros del balance y las categorías que se establecen de los mismos en la norma de reconocimiento y valoración n.º 8, "Activos Financieros", de acuerdo con la siguiente estructura:

[1] Se considerarán créditos derivados de operaciones habituales los incluidos en los epígrafes A.VII "Deudores y otras cuentas a cobrar a largo plazo" y B.III "Deudores y otras cuentas a cobrar a corto plazo" del balance.

CLASES / CATEGORIAS	ACTIVOS FINANCIEROS A LARGO PLAZO						ACTIVOS FINANCIEROS A CORTO PLAZO						TOTAL	
	INVERSIONES EN PATRIMONIO		VALORES REPRESENTATIVOS DE DEUDA		OTRAS INVERSIONES		INVERSIONES EN PATRIMONIO		VALORES REPRESENTATIVOS DE DEUDA		OTRAS INVERSIONES			
	20XX	20XX-1	20XX	20XX-1	20XX	20XX-1	20XX	20XX-1	20XX	20XX-1	20XX	20XX-1	20XX	20XX-1
CRÉDITOS Y PARTIDAS A COBRAR														
INVERSIONES MANTENIDAS HASTA EL VENCIMIENTO														
ACTIVOS FINANCIEROS A VALOR RAZONABLE CON CAMBIO EN RESULTADOS														
INVERSIONES EN ENTIDADES DEL GRUPO, MULTIGRUPO Y ASOCIADAS														
ACTIVOS FINANCIEROS DISPONIBLES PARA LA VENTA														
TOTAL														

b) Reclasificación.

Si, de conformidad con lo establecido en el apartado 9 de la norma de reconocimiento y valoración nº 8, "Activos Financieros", la entidad hubiese reclasificado durante el ejercicio un activo financiero, de forma que éste pase a valorarse al coste o al coste amortizado en lugar de a valor razonable, o viceversa, informará sobre:

- Importe reclasificado de cada una de estas categorías; y
- El motivo de la reclasificación.

c) Activos financieros entregados en garantía.

La entidad informará del valor contable de los activos financieros entregados en garantía así como de la clase de activos financieros a la que pertenecen.

d) Correcciones por deterioro del valor.

La entidad informará, para cada clase de activo financiero, del movimiento de las cuentas correctoras utilizadas para registrar el deterioro de valor, para lo cual cumplimentará el siguiente estado:

MOVIMIENTO CUENTAS CORRECTORAS / CLASES DE ACTIVOS FINANCIEROS	SALDO INICIAL	DISMINUCIONES DE VALOR POR DETERIORO CREDITICIO DEL EJERCICIO	REVERSIÓN DEL DETERIORO CREDITICIO EN EL EJERCICIO	SALDO FINAL
Activos financieros a Largo Plazo				
Inversiones en patrimonio				
Valores representativos de deuda				
Otras inversiones				
Activos financieros a Corto Plazo				
Inversiones en patrimonio				
Valores representativos de la deuda				
Otras inversiones				

2. Información relacionada con la cuenta del resultado económico- patrimonial.

La entidad informará sobre:

a) Los resultados del ejercicio netos procedentes de las distintas categorías de activos financieros definidas en la norma de reconocimiento y valoración nº 8, "Activos financieros".

b) Los ingresos financieros calculados por aplicación del método del tipo de interés efectivo.

3. Información sobre los riesgos de tipo de cambio y de tipo de interés.

a) Riesgo de tipo de cambio.

Se informará sobre las inversiones financieras en moneda distinta del euro, agrupadas por monedas, según el siguiente formato:

MONEDAS	INVERSIONES EN PATRIMONIO	VALORES REPRESENTATIVOS DE LA DEUDA	OTRAS INVERSIONES	TOTAL
TOTAL				
% INVERSIONES EN MONEDA DISTINTA DEL EURO SOBRE INVERSIONES TOTALES				

b) Riesgo de tipo de interés.

Para los activos financieros que se valoren al coste amortizado, se informará sobre su distribución entre activos a tipo de interés fijo y a tipo variable, en términos absolutos y porcentuales, según el siguiente formato:

TIPO DE INTERÉS / CLASES DE ACTIVOS FINANCIEROS	A TIPO INTERÉS FIJO	A TIPO INTERÉS VARIABLE	TOTAL
VALORES REPRESENTATIVOS DE LA DEUDA			
OTROS ACTIVOS FINANCIEROS			
TOTAL IMPORTE			
% DE ACTIVOS FINANCIEROS A TIPO DE INTERES FIJO O VARIABLE SOBRE EL TOTAL			

4. Otra información.

Cualquier otra información de carácter sustantivo que afecte a los activos financieros.

11. Pasivos financieros.

Para los pasivos financieros, excepto para las cuentas a pagar por operaciones habituales de la entidad[2] y los derivados designados instrumentos de cobertura, se incluirá la siguiente información:

1. Situación y movimientos de las deudas:

Para cada deuda se cumplimentará la información requerida en los estados 1 a) Deudas al coste amortizado y 2 a) Deudas a valor razonable.

Asimismo se presentará un estado resumen de la conciliación entre la clasificación de pasivos financieros del balance y las categorías que se establecen en la norma de reconocimiento y valoración nº 9, "Pasivos financieros", que tendrá la estructura que figura en el estado 1 c) Resumen por categorías.

[2] Se considerarán cuentas a pagar por operaciones habituales las incluidas en los epígrafes B.IV "Acreedores y otras cuentas a pagar a largo plazo" y C.IV "Acreedores y otras cuentas a pagar a corto plazo" del balance.

1. SITUACIÓN Y MOVIMIENTOS DE LAS DEUDAS

a) DEUDAS AL COSTE AMORTIZADO.

IDENTIFICACIÓN DEUDA	T.I.E.	DEUDA AL 1 ENERO		CREACIONES		INTERESES DEVENGADOS SEGÚN T.I.E.		INTERESES CANCELADOS (7)	DIFERENCIAS DE CAMBIO		DISMINUCIONES		DEUDA AL 31 DICIEMBRE	
		COSTE AMORTIZADO (1)	INTERESES EXPLÍCITOS (2)	EFECTIVO (3)	GASTOS (4)	EXPLÍCITOS (5)	RESTO (6)		DEL COSTE AMORTIZADO (8)	DE INTERESES EXPLÍCITOS (9)	VALOR CONTABLE (10)	RESULTADO (11)	COSTE AMORTIZADO (12)=(1)+(3)-(4)+(6) +(8)-(10)	INTERESES EXPLÍCITOS (13)=(2)+(5) -(7) +(9)
TOTAL														

b) DEUDAS A VALOR RAZONABLE.

IDENTIFICACIÓN DEUDA	DEUDA AL 1 ENERO		CREACIONES		INTERESES DEVENGADOS (5)	INTERESES CANCELADOS (6)	VARIACIÓN VALOR RAZONABLE (7)	DIFERENCIAS DE CAMBIO		DISMINU-CIONES (10)	DEUDA AL 31 DICIEMBRE	
	VALOR EX-CUPÓN (1)	INTERESES EXPLÍCITOS (2)	EFECTIVO (3)	GASTOS (4)				DEL VALOR EX-CUPON (8)	DE INTERESES EXPLÍCITOS (9)		VALOR EX-CUPÓN (11)=(1)+(3)+(7)+(8)-(10)	INTERESES EXPLÍCITOS (10)=(2)+(5)+(9)-(6)
TOTAL												

c) RESUMEN POR CATEGORÍAS.

CLASES / CATEGORÍAS	LARGO PLAZO						CORTO PLAZO						TOTAL	
	OBLIGACIONES Y OTROS VALORES NEGOCIABLES		DEUDAS CON ENTIDADES DE CRÉDITO		OTRAS DEUDAS		OBLIGACIONES Y OTROS VALORES NEGOCIABLES		DEUDAS CON ENTIDADES DE CRÉDITO		OTRAS DEUDAS			
	20XX	20XX-1	20XX	20XX-1	20XX	20XX-1	20XX	20XX-1	20XX	20XX-1	20XX	20XX-1	20XX	20XX-1
DEUDAS A COSTE AMORTIZADO														
DEUDAS A VALOR RAZONABLE														
TOTAL														

2. Líneas de crédito. Para cada línea de crédito se informará del importe disponible, indicando también el límite concedido, la parte dispuesta, y la comisión, en porcentaje, sobre la parte no dispuesta, según el siguiente formato:

IDENTIFICACIÓN	LÍMITE CONCEDIDO	DISPUESTO	DISPONIBLE	COMISIÓN S/ NO DISPUESTO
TOTAL				

3. Información sobre los riesgos de tipo de cambio y de tipo de interés.

a) Riesgo de tipo de cambio. Se informará sobre las deudas en moneda distinta del euro, agrupadas por monedas, según el siguiente formato:

MONEDAS	OBLIGACIONES Y OTROS VALORES NEGOCIABLES	DEUDAS CON ENTIDADES DE CRÉDITO	OTRAS DEUDAS	TOTAL
TOTAL				
% DEUDA EN MONEDA DISTINTA DEL EURO SOBRE DEUDA TOTAL				

b) Riesgo de tipo de interés. Para los pasivos financieros a coste amortizado, se informará sobre su distribución entre pasivos a tipo de interés fijo y a tipo variable, en términos absolutos y porcentuales, según el siguiente formato:

TIPO DE INTERÉS / CLASES DE PASIVOS FINANCIEROS	A TIPO INTERÉS FIJO	A TIPO INTERÉS VARIABLE	TOTAL
OBLIGACIONES Y OTROS VAL. NEGOC.			
DEUDAS CON ENTIDADES DE CRÉDITO			
OTRAS DEUDAS			
TOTAL IMPORTE			
% DE PASIVOS FINANCIEROS A TIPO DE INTERES FIJO O VARIABLE SOBRE EL TOTAL			

4. Avales y otras garantías concedidas.

garantizado, detallando su evolución durante el ejercicio, y de las provisiones netas (dotaciones menos reversiones) que se hayan dotado, de acuerdo con el detalle del cuadro que se adjunta.

b) Para cada aval ejecutado en el año, distinguiendo los relativos a entidades del grupo, multigrupo y asociadas del resto, se informará de los pagos efectuados por razón de la ejecución, indicando las aplicaciones presupuestarias (o conceptos no presupuestarios) a que se hubieran imputado, de acuerdo con el detalle del cuadro que se adjunta.

c) Asimismo, se informará de las cantidades percibidas por la entidad durante el ejercicio como consecuencia de avales ejecutados en el año o en años anteriores, y de las aplicaciones presupuestarias (o conceptos no presupuestarios) a las que se hubieran imputado, distinguiendo las relativas a entidades del grupo, multigrupo y asociadas del resto, de acuerdo con el detalle del cuadro que se adjunta.

La misma información que para los avales se presentará en relación con otras garantías que hubiera concedido la entidad contable.

4. AVALES Y OTRAS GARANTÍAS CONCEDIDAS

a) AVALES CONCEDIDOS.

IDENTIFICACIÓN AVAL	ENTIDAD AVALADA		FECHA CONCESIÓN AVAL	FECHA VENCIMIENTO AVAL	FINALIDAD AVAL	AVALES PENDIENTES A 1 DE ENERO	AVALES CONCEDIDOS EN EL EJERCICIO	AVALES CANCELADOS EN EL EJERCICIO			AVALES PENDIENTES A 31 DE DICIEMBRE	PROVISIONES	
	NIF	DENOMINACIÓN						POR EJECUCIÓN	POR OTRAS CAUSAS	TOTAL		EJERCICIO	ACUMULADA
SUBTOTAL ENTIDADES DEL GRUPO, MULTIGRUPO Y ASOCIADAS													
SUBTOTAL OTRAS ENTIDADES													
TOTAL													

b) AVALES EJECUTADOS.

IDENTIFICACIÓN AVAL	ENTIDAD AVALADA		FECHA CONCESIÓN AVAL	FECHA VENCIMIENTO AVAL	FINALIDAD AVAL	AVALES CANCELADOS EN EL EJERCICIO POR EJECUCIÓN	APLICACIÓN PRESUPUESTARIA	CONCEPTO NO PRESUPUESTARIO
	NIF	DENOMINACIÓN						
SUBTOTAL ENTIDADES DEL GRUPO, MULTIGRUPO Y ASOCIADAS								
SUBTOTAL OTRAS ENTIDADES								
TOTAL								

c) AVALES REINTEGRADOS.

AÑO DE EJECUCIÓN	IMPORTE REINTEGRADO EN EL EJERCICIO	APLICACIÓN PRESUPUESTARIA	CONCEPTO NO PRESUPUESTARIO
SUBTOTAL ENTIDADES DEL GRUPO, MULTIGRUPO Y ASOCIADAS			
SUBTOTAL OTRAS ENTIDADES			
TOTAL			

5. Otra información:

a) El importe de las deudas con garantía real.

b) Deudas impagadas durante el ejercicio y situación del impago a la fecha de formulación de las cuentas anuales.

c) Otras situaciones distintas del impago que hayan otorgado al prestamista el derecho a reclamar el pago anticipado.

d) Derivados financieros que al cierre del ejercicio sean pasivos a los que no se aplique la contabilidad de coberturas, indicando los motivos por los que se mantiene el instrumento derivado.

e) Cualquier otra información de carácter sustantivo que afecte a los pasivos financieros.

12. Coberturas contables.

Para cada operación a la que sea aplicable la norma de reconocimiento y valoración n.º 10, "Coberturas contables" se presentará la siguiente información:

1. Descripción detallada del instrumento de cobertura, de la partida cubierta y de la naturaleza de los riesgos que han sido cubiertos.
2. Justificación de que se siguen cumpliendo los requisitos para aplicar la contabilidad de coberturas.
3. Valor contable del instrumento de cobertura al inicio y al cierre del ejercicio.
4. Para las coberturas en las que las variaciones en la partida cubierta debidas al riesgo cubierto afecten al resultado de ejercicios posteriores, se informará de:
   - Variaciones de valor del instrumento de cobertura que se hayan reconocido durante el ejercicio en el patrimonio neto (parte eficaz) y, en su caso, en la cuenta del resultado económico patrimonial (parte ineficaz).
   - Importe que se haya reducido del patrimonio neto durante el ejercicio, detallando si se ha imputado a la cuenta del resultado económico patrimonial o se ha incluido en el valor inicial de la partida cubierta, indicando en el primer caso las partidas en las que se han registrado.
   - Importes reconocidos en el patrimonio neto que, al cierre del ejercicio, estén pendientes de traspasar a la cuenta del resultado económico patrimonial o al valor inicial de la partida cubierta y los ejercicios en los cuales se espera realizar dicho traspaso.
5. Para las coberturas en las que las variaciones en la partida cubierta debidas al riesgo cubierto afecten al resultado del ejercicio, se informará sobre el importe de las variaciones de valor del instrumento de cobertura y el importe de las variaciones de valor de la partida cubierta atribuibles al riesgo cubierto imputadas a la cuenta del resultado económico patrimonial del ejercicio.
6. Operaciones para las que se ha interrumpido la contabilidad de coberturas, indicando su causa.

13. Activos construidos o adquiridos para otras entidades y otras existencias.

Se informará a nivel de partida de balance sobre:

1. Circunstancias que han motivado las correcciones valorativas por deterioro de las existencias y, en su caso, la reversión de dichas correcciones, reconocidas en el ejercicio, así como su importe.
2. Importe de los costes capitalizados en su caso durante el ejercicio en las obras en curso o en otras existencias de ciclo de producción superior al año.
3. Limitaciones en la disponibilidad de las obras y otras existencias por garantías, pignoraciones, fianzas y otras razones análogas, indicando las partidas a que afectan, su importe y proyección temporal.

4. Cualquier circunstancia de carácter sustantivo que afecte a la titularidad, disponibilidad o valoración de los activos construidos o adquiridos para otras entidades y resto de existencias.

14. Moneda extranjera.

Se informará sobre:

1. Importe global, a nivel de partida del balance, de los elementos de activo y pasivo denominados en moneda extranjera.
2. Importe de las diferencias de cambio reconocidas en el resultado del ejercicio, presentando por separado las que provienen de transacciones que se han liquidado a lo largo del periodo de las que están vivas o pendientes de vencimiento a la fecha de cierre del ejercicio, con excepción de las procedentes de los activos y pasivos financieros que se valoren al valor razonable con cambios en resultados.

15 Transferencias, subvenciones y otros ingresos y gastos.

Se informará sobre:

1. Importe y características de las transferencias y subvenciones recibidas, cuyo importe sea significativo, así como sobre el cumplimiento o incumplimiento de las condiciones impuestas para la percepción y disfrute de las subvenciones, el criterio de imputación a resultados y los importes imputados.
2. Importe y características de las transferencias y subvenciones concedidas, cuyo importe sea significativo. Además se facilitará la siguiente información:
   a) Normativa con base en la cual se han efectuado o concedido.
   b) Importe de las obligaciones reconocidas durante el ejercicio.
   c) Datos identificativos de la entidad receptora.

   Se añadirá la siguiente información con respecto a las subvenciones concedidas:
   d) Finalidad.
   e) Reintegros que se hubiesen producido durante el ejercicio por incumplimiento de condiciones o requisitos, con especificación de su causa.
3. Cualquier circunstancia de carácter sustantivo que afecte a los ingresos o a los gastos de la entidad. En particular, las entidades que construyan o adquieran activos para otros entes públicos informarán de los ingresos asociados al contrato o acuerdo de construcción o adquisición, cuyo importe sea significativo, indicando al menos su importe y características, así como el cumplimiento o incumplimiento de las condiciones impuestas para su obtención.

16. Provisiones y contingencias.

1. Para cada provisión reconocida en el balance, salvo las relativas a avales y otras garantías concedidas, deberá indicarse:

   a) Análisis del movimiento de cada epígrafe del balance durante el ejercicio, indicando:
   - Saldo inicial
   - Aumentos
   - Disminuciones
   - Saldo final

   b) Aumento durante el ejercicio, en los saldos actualizados al tipo de descuento por causa del paso del tiempo, así como el efecto que haya podido tener cualquier cambio en el tipo de descuento.
   c) Naturaleza de la obligación asumida, así como el calendario previsto para hacer frente a la obligación.
   d) Estimaciones y procedimientos de cálculo aplicados para la valoración de los correspondientes importes y las incertidumbres que pudieran aparecer en dichas estimaciones. Se justificarán, en su caso, los ajustes que haya procedido realizar.

e) Importes de cualquier derecho de reembolso, señalando las cantidades que, en su caso, se hayan reconocido en el balance por esos derechos.

2. A menos que sea remota la salida de recursos, para cada tipo de pasivo contingente, salvo los relativos a avales y otras garantías concedidas, se indicará:

a) Una breve descripción de su naturaleza.

b) Evolución previsible, así como los factores de los que depende.

c) En el caso excepcional en que una provisión no se haya podido registrar en el balance debido a que no puede ser valorada de forma fiable, adicionalmente, se explicarán los motivos por los que no se puede hacer dicha valoración.

3. Para cada tipo de activo contingente se indicará:

a) Una breve descripción de su naturaleza.

b) Evolución previsible, así como los factores de los que depende.

17. Información sobre medio ambiente.

Se informará sobre:

1. Las obligaciones reconocidas en el ejercicio con cargo a cada grupo de programas de la política de gasto 17, "Medio Ambiente".
2. Importe de los beneficios fiscales por razones medioambientales que afecten a los tributos propios.

18. Activos en estado de venta.

Se facilitará una descripción detallada de los activos en estado de venta cuando su importe sea significativo, indicando su importe.

19. Presentación por actividades de la cuenta del resultado económico patrimonial.

La entidad podrá presentar la cuenta del resultado económico patrimonial clasificando los gastos económicos incluidos en la misma por actividades.

Para la elaboración de esta información se tendrán en cuenta las siguientes normas:

a) Los ingresos totales se agruparán en las tres categorías siguientes:

- Ingresos de gestión ordinaria.
- Ingresos financieros.
- Otros ingresos.

b) Para la presentación de los gastos habrá que distinguir entre gastos que constituyan a su vez gastos presupuestarios y gastos que no sean gastos presupuestarios:

- Los gastos que a su vez constituyan gastos presupuestarios se presentarán distribuidos entre los grupos de programas presupuestarios a que correspondan.

- Los gastos que no constituyan gastos presupuestarios del ejercicio se distribuirán entre los grupos de programas en función de criterios objetivos que relacionen dichos gastos con cada grupo de programas o, en ausencia de dichos criterios, en la proporción que, sobre el gasto total que constituya a su vez gasto presupuestario, suponga cada uno de los grupos de programas.

La información de la cuenta del resultado económico patrimonial por actividades se estructurará de acuerdo con el siguiente modelo:

GASTOS (GRUPO DE PROGRAMAS)	EJERCICIO 20XX	EJERCICIO 20XX-1	INGRESOS	EJERCICIO 20XX	EJERCICIO 20XX-1
			- Ingresos de gestión ordinaria - Ingresos financieros - Otros ingresos		
TOTAL			TOTAL		

20. Operaciones por administración de recursos por cuenta de otros entes públicos.

En relación con las operaciones de administración de recursos que contablemente deban ser registradas a través de cuentas del subgrupo 45, "Deudores y acreedores por administración de recursos por cuenta de otros entes públicos", se habrá de obtener la información que se indica en los cuadros correspondientes:

1. Obligaciones derivadas de la gestión.

   Esta información se presentará para cada entidad titular y por cada uno de los conceptos representativos de los recursos gestionados.

2. Entes públicos, cuentas corrientes en efectivo.

   Esta información se presentará para cada entidad titular.

3. Desarrollo de la gestión:

   a) Resumen.

   b) Derechos anulados.

   c) Derechos cancelados.

   d) Devoluciones de ingresos

   Esta información se presentará para cada uno de los conceptos representativos de los recursos gestionados.

   La cumplimentación de esta información sobre el desarrollo de la gestión sólo será obligatoria en el caso previsto en la norma e) de elaboración de la memoria.

OPERACIONES POR ADMINISTRACIÓN DE RECURSOS POR CUENTA DE OTROS ENTES PÚBLICOS

1. OBLIGACIONES DERIVADAS DE LA GESTIÓN

ENTE TITULAR		CONCEPTO		PENDIENTE DE PAGO A 1 DE ENERO	MODIFICACIONES SALDO INICIAL	RECAUDACIÓN LÍQUIDA	REINTEGROS	TOTAL A PAGAR	PAGOS REALIZADOS	PENDIENTE DE PAGO A 31 DE DICIEMBRE
NIF	DENOMINACIÓN	CÓDIGO	DESCRIPCIÓN							
TOTAL ENTE TITULAR										
TOTAL ENTE TITULAR										
TOTAL										

2. ENTES PÚBLICOS, CUENTAS CORRIENTES EN EFECTIVO

ENTE TITULAR		CARGO			ABONO			SALDO A 31 DE DICIEMBRE	
NIF	DENOMINACIÓN	SALDO INICIAL DEUDOR	PAGOS	TOTAL CARGO	SALDO INICIAL ACREEDOR	COBROS	TOTAL ABONO	DEUDOR	ACREEDOR
TOTAL									

3. DESARROLLO DE LA GESTIÓN

a) RESUMEN

CONCEPTO		DERECHOS PENDIENTES DE COBRO A 1 DE ENERO	MODIFICACIONES SALDO INICIAL	DERECHOS RECONOCIDOS	DERECHOS ANULADOS	DERECHOS CANCELADOS	RECAUDACIÓN NETA	DERECHOS PENDIENTES DE COBRO A 31 DE DICIEMBRE
CÓDIGO	DESCRIPCIÓN							
TOTAL								

b) DERECHOS ANULADOS

CONCEPTO		ANULACIÓN DE LIQUIDACIONES	DEVOLUCIÓN DE INGRESOS	TOTAL DERECHOS ANULADOS
CÓDIGO	DESCRIPCIÓN			
TOTAL				

c) DERECHOS CANCELADOS

CONCEPTO		COBROS EN ESPECIE	INSOLVENCIAS	PRESCRIPCIONES	OTRAS CAUSAS	TOTAL DERECHOS CANCELADOS
CÓDIGO	DESCRIPCIÓN					
TOTAL						

d) DEVOLUCIONES DE INGRESOS

CONCEPTO		PENDIENTES DE PAGO A 1 DE ENERO	MODIFICACIONES SALDO INICIAL Y ANULACIONES	RECONOCIDAS EN EL EJERCICIO	TOTAL DEVOLUCIONES RECONOCIDAS	PRESCRIPCIONES	PAGADAS EN EL EJERCICIO	PENDIENTES DE PAGO A 31 DE DICIEMBRE
CÓDIGO	DESCRIPCIÓN							
TOTAL								

21. Operaciones no presupuestarias de tesorería.

Se informará sobre las operaciones no presupuestarias de tesorería que comprenden aquellas operaciones realizadas durante el ejercicio que hayan dado lugar al nacimiento o extinción de:

- Deudores y acreedores que, de acuerdo con la normativa vigente para la entidad, no deban imputarse al presupuesto de la misma, ni en el momento de su nacimiento ni en el de su vencimiento.
- Partidas representativas de cobros y pagos pendientes de aplicación definitiva, tanto por operaciones presupuestarias como no presupuestarias.

Esta información se compondrá de los siguientes estados:

1. Estado de deudores no presupuestarios.
2. Estado de acreedores no presupuestarios.
3. Estado de partidas pendientes de aplicación:
   a) Cobros pendientes de aplicación.
   b) Pagos pendientes de aplicación.

En dichos estados se presentará para las distintas cuentas y conceptos de operaciones no presupuestarias en que se desarrollen, el detalle de las realizadas en el ejercicio, mostrando su situación y movimientos, de acuerdo con los cuadros adjuntos correspondientes.

OPERACIONES NO PRESUPUESTARIAS DE TESORERÍA

1. ESTADO DE DEUDORES NO PRESUPUESTARIOS

CUENTA	CONCEPTO		SALDO A 1 ENERO	MODIFICACIONES SALDO INICIAL	CARGOS REALIZADOS EN EL EJERCICIO	TOTAL DEUDORES	ABONOS REALIZADOS EN EL EJERCICIO	DEUDORES PENDIENTES DE COBRO A 31 DICIEMBRE
	CÓDIGO	DESCRIPCIÓN						
TOTAL CUENTA								
TOTAL CUENTA								
	TOTAL							

2. ESTADO DE ACREEDORES NO PRESUPUESTARIOS

CUENTA	CONCEPTO		SALDO A 1 ENERO	MODIFICACIONES SALDO INICIAL	ABONOS REALIZADOS EN EL EJERCICIO	TOTAL ACREEDORES	CARGOS REALIZADOS EN EL EJERCICIO	ACREEDORES PENDIENTES DE PAGO A 31 DICIEMBRE
	CÓDIGO	DESCRIPCIÓN						
TOTAL CUENTA								
TOTAL CUENTA								
	TOTAL							

3. ESTADO DE PARTIDAS PENDIENTES DE APLICACIÓN

a) COBROS PENDIENTES DE APLICACIÓN

CUENTA	CONCEPTO		COBROS PENDIENTES DE APLICACIÓN A 1 ENERO	MODIFICACIONES SALDO INICIAL	COBROS REALIZADOS EN EL EJERCICIO	TOTAL COBROS PENDIENTES APLICACIÓN	COBROS APLICADOS EN EL EJERCICIO	COBROS PENDIENTES APLICACIÓN A 31 DICIEMBRE
	CÓDIGO	DESCRIPCIÓN						
TOTAL CUENTA								
TOTAL CUENTA								
	TOTAL							

b) PAGOS PENDIENTES DE APLICACIÓN

CUENTA	CONCEPTO		PAGOS PENDIENTES DE APLICACIÓN A 1 ENERO	MODIFICACIONES SALDO INICIAL	PAGOS REALIZADOS EN EL EJERCICIO	TOTAL PAGOS PENDIENTES APLICACIÓN	PAGOS APLICADOS EN EL EJERCICIO	PAGOS PENDIENTES APLICACIÓN A 31 DICIEMBRE
	CÓDIGO	DESCRIPCIÓN						
TOTAL CUENTA								
TOTAL CUENTA								
	TOTAL							

22. Contratación administrativa. Procedimientos de adjudicación.

Información, por tipos de contratos, sobre los importes adjudicados según los diferentes procedimientos establecidos en la normativa vigente sobre contratación.

CONTRATACIÓN ADMINISTRATIVA. PROCEDIMIENTOS DE ADJUDICACIÓN

TIPO DE CONTRATO	PROCEDIMIENTO ABIERTO			PROCEDIMIENTO RESTRINGIDO			PROCEDIMIENTO NEGOCIADO			DIÁLOGO COMPETITIVO	ADJUDICACIÓN DIRECTA	TOTAL
	MULTIPLIC. CRITERIO	ÚNICO CRITERIO	TOTAL	MULTIPLIC. CRITERIO	ÚNICO CRITERIO	TOTAL	CON PUBLICIDAD	SIN PUBLICIDAD	TOTAL			
• De obras												
• De suministro												
• Patrimoniales												
• De gestión de servicios públicos												
• De servicios												
• De concesión de obra pública												
• De colaboración entre el sector público y el sector privado												
• De carácter administrativo especial												
• Otros												
TOTAL												

23. Valores recibidos en depósito.

Se informará, para cada uno de los conceptos mediante los que se registren contablemente los valores depositados, dentro de los cuales se incluyen los avales y seguros de caución recibidos, con el detalle que presenta el cuadro adjunto.

ESTADO DE VALORES RECIBIDOS EN DEPÓSITO

CONCEPTO		SALDO A 1 DE ENERO	MODIFICACIONES SALDO INICIAL	DEPÓSITOS RECIBIDOS EN EJERCICIO	TOTAL DEPÓSITOS RECIBIDOS	DEPÓSITOS CANCELADOS	DEPÓSITOS PENDIENTES DE DEVOLUCIÓN A 31 DE DICIEMBRE
CÓDIGO	DESCRIPCION						
TOTAL							

24. Información presupuestaria.

La información a suministrar versará sobre los siguientes aspectos:

24.1. Ejercicio corriente.

1) Presupuesto de gastos.

a) Modificaciones de crédito.

Información sobre las modificaciones de crédito de acuerdo con el detalle que presenta el cuadro adjunto.

EJERCICIO CORRIENTE
PRESUPUESTO DE GASTOS

a) MODIFICACIONES DE CRÉDITO

APLICACIÓN PRESUPUESTARIA	DESCRIPCIÓN	CRÉDITOS EXTRAORDINARIOS	SUPLEMENTOS DE CRÉDITO	AMPLIACIONES DE CRÉDITO	TRANSFERENCIAS DE CRÉDITO		INCORPORACIONES DE REMANENTES DE CRÉDITO	CRÉDITOS GENERADOS POR INGRESOS	BAJAS POR ANULACIÓN	AJUSTES POR PRÓRROGA	TOTAL MODIFICACIONES
					POSITIVAS	NEGATIVAS					
	TOTAL										

b) Remanentes de crédito.

Información sobre los remanentes de crédito de acuerdo con el detalle que presenta el cuadro adjunto.

b) REMANENTES DE CRÉDITO

APLICACIÓN PRESUPUESTARIA	DESCRIPCIÓN	REMANENTES COMPROMETIDOS			REMANENTES NO COMPROMETIDOS		
		INCORPORABLES	NO INCORPORABLES	TOTAL	INCORPORABLES	NO INCORPORABLES	TOTAL
	TOTAL						

c) Acreedores por operaciones pendientes de aplicar a Presupuesto.

Información de cada gasto efectuado indicando:

- Descripción del gasto.
- Aplicación presupuestaria a la que debiera de haberse imputado.
- Importe de las obligaciones pendientes de aplicar a 1 de enero.
- Importe de las obligaciones pendientes de aplicar a presupuesto surgidas en el año (Abonos), es decir, obligaciones pendientes de aplicar a presupuesto registradas en la cuenta 413 "Acreedores por operaciones pendientes de aplicar a presupuesto" en el ejercicio.
- Importe de las obligaciones pendientes de aplicar imputadas al presupuesto del ejercicio, ya procedan del propio ejercicio o de ejercicios anteriores (Cargos).
- Importe de las obligaciones pendientes de aplicar a 31 de diciembre.
- Importe de las obligaciones pendientes de aplicar a 31 de diciembre que estuviera pagado a dicha fecha.
- Observaciones. Al menos, se indicará si en el momento de elaboración de la cuenta ya se ha realizado la aplicación al presupuesto del ejercicio y se explicará la causa en caso de que el importe pendiente de aplicar a 1 de enero no coincida con el pendiente de aplicar a 31 de diciembre del año inmediatamente anterior.

EJERCICIO CORRIENTE

PRESUPUESTO DE GASTOS

c) ACREEDORES POR OPERACIONES PENDIENTES DE APLICAR A PRESUPUESTO

DESCRIPCIÓN DEL GASTO		APLICACIÓN PRESUPUESTARIA	IMPORTE PENDIENTE DE APLICAR A PRESUPUESTO				IMPORTE PAGADO A 31 DE DICIEMBRE	OBSERVACIONES
CÓDIGO	DENOMINACIÓN		A 1 DE ENERO	ABONOS	CARGOS	A 31 DE DICIEMBRE		

2) Presupuesto de ingresos.

a) Proceso de gestión.

Información sobre derechos anulados, cancelados y sobre la recaudación neta de acuerdo con el detalle que presentan los cuadros adjuntos correspondientes.

EJERCICIO CORRIENTE
PRESUPUESTO DE INGRESOS

a.1) DERECHOS ANULADOS

APLICACIÓN PRESUPUESTARIA	DESCRIPCIÓN	ANULACIÓN DE LIQUIDACIONES	APLAZAMIENTO Y FRACCIONAMIENTO	DEVOLUCIÓN DE INGRESOS	TOTAL DERECHOS ANULADOS
TOTAL					

a.2) DERECHOS CANCELADOS

APLICACIÓN PRESUPUESTARIA	DESCRIPCIÓN	COBROS EN ESPECIE	INSOLVENCIAS	OTRAS CAUSAS	TOTAL DERECHOS CANCELADOS
TOTAL					

a.3) RECAUDACIÓN NETA

APLICACIÓN PRESUPUESTARIA	DESCRIPCIÓN	RECAUDACIÓN TOTAL	DEVOLUCIONES DE INGRESO	RECAUDACIÓN NETA
TOTAL				

b) Devoluciones de ingresos.

Información sobre:

- Devoluciones pendientes de pago a 1 de enero.
- Modificaciones al saldo inicial y anulaciones de devoluciones acordadas en ejercicios anteriores.
- Devoluciones reconocidas durante el ejercicio.
- Total de devoluciones.
- Prescripciones.
- Pagos realizados en el ejercicio.
- Devoluciones pendientes de pago a 31 de diciembre.

EJERCICIO CORRIENTE

PRESUPUESTO DE INGRESOS

) DEVOLUCIONES DE INGRESOS

APLICACIÓN PRESUPUESTARIA	DESCRIPCIÓN	PENDIENTES DE PAGO A 1 DE ENERO	MODIFICACIONES SALDO INICIAL Y ANULACIONES	RECONOCIDAS EN EL EJERCICIO	TOTAL DEVOLUCIONES RECONOCIDAS	PRESCRIPCIONES	PAGADAS EN EL EJERCICIO	PENDIENTES DE PAGO A 31 DE DICIEMBRE
TOTAL								

c) Compromisos de ingreso.

Información sobre compromisos de ingreso con el detalle que presenta el cuadro adjunto.

) COMPROMISOS DE INGRESO

APLICACIÓN PRESUPUESTARIA	DESCRIPCIÓN	COMPROMISOS CONCERTADOS			COMPROMISOS REALIZADOS	COMPROMISOS PENDIENTES DE REALIZAR A 31 DE DICIEMBRE
		INCORPORADOS DE PRESUPUESTOS CERRADOS	EN EL EJERCICIO	TOTAL		
TOTAL						

24.2. Ejercicios cerrados.

1) Presupuesto de gastos. Obligaciones de presupuestos cerrados.

Para cada ejercicio se presentará información sobre las obligaciones de presupuestos cerrados con el detalle que presenta el cuadro adjunto.

EJERCICIOS CERRADOS

PRESUPUESTO DE GASTOS

1. OBLIGACIONES DE PRESUPUESTOS CERRADOS

APLICACIÓN PRESUPUESTARIA	DESCRIPCIÓN	OBLIGACIONES PENDIENTES DE PAGO A 1 DE ENERO	MODIFICACIONES SALDO INICIAL Y ANULACIONES	TOTAL OBLIGACIONES	PRESCRIPCIONES	PAGOS REALIZADOS	OBLIGACIONES PENDIENTES DE PAGO A 31 DE DICIEMBRE
	TOTAL						

2) Derechos a cobrar de presupuestos cerrados.

Para cada ejercicio se presentará información sobre los derechos a cobrar de presupuestos cerrados de acuerdo con el detalle de los cuadros adjuntos correspondientes.

PRESUPUESTO DE INGRESOS

2. DERECHOS A COBRAR DE PRESUPUESTOS CERRADOS

a) DERECHOS PENDIENTES DE COBRO TOTALES

APLICACIÓN PRESUPUESTARIA	DESCRIPCIÓN	DERECHOS PENDIENTES DE COBRO A 1 DE ENERO	MODIFICACIONES SALDO INICIAL	DERECHOS ANULADOS	DERECHOS CANCELADOS	RECAUDACIÓN	DERECHOS PENDIENTES DE COBRO A 31 DE DICIEMBRE
	TOTAL						

b) DERECHOS ANULADOS

APLICACIÓN PRESUPUESTARIA	DESCRIPCIÓN	ANULACIÓN DE LIQUIDACIONES	APLAZAMIENTO Y FRACCIONAMIENTO	TOTAL DERECHOS ANULADOS
	TOTAL			

c) DERECHOS CANCELADOS

APLICACIÓN PRESUPUESTARIA	DESCRIPCIÓN	COBROS EN ESPECIE	INSOLVENCIAS	PRESCRIPCIONES	OTRAS CAUSAS	TOTAL DERECHOS CANCELADOS
	TOTAL					

3) Variación de resultados presupuestarios de ejercicios anteriores.

Se informará de las variaciones de obligaciones y derechos a cobrar de presupuestos cerrados, que supongan la alteración de los importes calculados como resultados presupuestarios en ejercicios anteriores. Se presentará con el detalle que se contempla en el cuadro adjunto.

En la columna "Total variación derechos" se recogerán las modificaciones del saldo inicial, las anulaciones y las cancelaciones de derechos de presupuestos cerrados producidas en el ejercicio, que se detallan en la nota 24.2.2 de esta memoria.

En la columna "Total variación obligaciones" se recogerán las modificaciones del saldo inicial, las anulaciones y las prescripciones de obligaciones de presupuestos cerrados producidas en el ejercicio, que se detallan en la nota 24.2.1 de esta memoria.

EJERCICIOS CERRADOS

3. VARIACIÓN DE RESULTADOS PRESUPUESTARIOS DE EJERCICIOS ANTERIORES

	TOTAL VARIACIÓN DERECHOS	TOTAL VARIACIÓN OBLIGACIONES	VARIACIÓN DE RESULTADOS PRESUPUESTARIOS DE EJERCICI ANTERIORES
a) Operaciones corrientes b) Operaciones de capital			
1. TOTAL VARIACIÓN OPERACIONES NO FINANCIERAS (a+b)			
c) Activos financieros d) Pasivos financieros			
2. TOTAL VARIACIÓN OPERACIONES FINANCIERAS (c+d)			
TOTAL (1+2)			

24.3. Ejercicios posteriores.

1) Compromisos de gasto con cargo a presupuestos de ejercicios posteriores.

Información sobre los compromisos de gasto adquiridos durante el ejercicio, así como en los precedentes, imputables a presupuestos de ejercicios sucesivos, con el detalle que presenta el cuadro adjunto.

EJERCICIOS POSTERIORES

1). COMPROMISOS DE GASTO CON CARGO A PRESUPUESTOS DE EJERCICIOS POSTERIORES

APLICACIÓN PRESUPUESTARIA	DESCRIPCIÓN	COMPROMISOS DE GASTO ADQUIRIDOS CON CARGO AL PRESUPUESTO DEL EJERCICIO				
		(AÑO)	(AÑO)	(AÑO)	(AÑO)	AÑOS SUCESIVOS
TOTAL						

2) Compromisos de ingreso con cargo a presupuestos de ejercicios posteriores.

Se informará de los compromisos de ingreso concertados durante el ejercicio, así como los concertados en ejercicios anteriores, que tengan repercusión en presupuestos de ejercicios posteriores, con el detalle que presenta el cuadro adjunto.

2) COMPROMISOS DE INGRESO CON CARGO A PRESUPUESTOS DE EJERCICIOS POSTERIORES

APLICACIÓN PRESUPUESTARIA	DESCRIPCIÓN	COMPROMISOS DE INGRESO CONCERTADOS IMPUTABLES AL EJERCICIO				
		(AÑO)	(AÑO)	(AÑO)	(AÑO)	AÑOS SUCESIVOS
TOTAL						

24.4. Ejecución de proyectos de gasto.

Se presentará información individualizada de los proyectos de gasto que estuviesen en ejecución en 1 de enero o que se hubiesen iniciado en el ejercicio, con el detalle que presentan los cuadros adjuntos.

En la columna "Financiación afectada" se indicará si el proyecto cuenta con recursos afectados a su financiación.

EJECUCIÓN DE PROYECTOS DE GASTO

1. RESUMEN DE EJECUCIÓN

CÓDIGO PROYECTO	DENOMINACIÓN	AÑO DE INICIO	DURACIÓN	GASTO PREVISTO	GASTO COMPROMETIDO	OBLIGACIONES RECONOCIDAS			GASTO PENDIENTE DE REALIZAR	FINANCIACIÓN AFECTADA
						A 1 DE ENERO	EN EL EJERCICIO	TOTAL		
			TOTAL							

2. ANUALIDADES PENDIENTES

CÓDIGO PROYECTO	DENOMINACIÓN	GASTO PENDIENTE DE REALIZAR			
		(AÑO)	(AÑO)	(AÑO)	AÑOS SUCESIVOS
	TOTAL				

24.5. Gastos con financiación afectada.

Se informará para cada gasto con financiación afectada de las desviaciones de financiación por agente, tanto del ejercicio como acumuladas, de acuerdo con el detalle que presenta el cuadro adjunto.

GASTOS CON FINANCIACIÓN AFECTADA

DESVIACIONES DE FINANCIACIÓN POR AGENTE FINANCIADOR

CÓDIGO DE GASTO	DESCRIPCIÓN	AGENTE FINANCIADOR		COEFICIENTE DE FINANCIACIÓN	DESVIACIONES DEL EJERCICIO		DESVIACIONES ACUMULADAS	
		TERCERO	APLICACIÓN PRESUPUESTARIA		POSITIVAS	NEGATIVAS	POSITIVAS	NEGATIVAS
TOTAL								

24.6. Remanente de tesorería.

Se incluirá información sobre el remanente de tesorería con el detalle que contempla el cuadro adjunto. Asimismo, se incluirá información detallada de los saldos de dudoso cobro que comprenderá, al menos, el método de estimación y los criterios establecidos por la entidad para la determinación de su cuantía, así como los importes obtenidos por aplicación de dichos criterios.

El remanente de tesorería se obtiene como suma de los fondos líquidos más los derechos pendientes de cobro, deduciendo las obligaciones pendientes de pago y agregando las partidas pendientes de aplicación, de conformidad con los criterios siguientes:

1. Su cuantificación se efectuará tomando en consideración el saldo a fin de ejercicio de las cuentas que intervienen en su cálculo.
2. Los fondos líquidos a fin de ejercicio están constituidos por los saldos disponibles en cajas de efectivo y cuentas bancarias, salvo aquellos que se hayan dotado con imputación al presupuesto, así como por aquellas inversiones financieras, de carácter no presupuestario, que reúnan el suficiente grado de liquidez, en que se hayan materializado excedentes temporales de tesorería. A estos efectos, no se tendrán en cuenta los saldos de las subcuentas 5740 "Caja. Pagos a justificar" y 5750 "Bancos e instituciones de crédito. Pagos a justificar", ni la parte del saldo de la cuenta 577 "Activos líquidos equivalentes al efectivo" que tenga tratamiento presupuestario.
3. En los derechos pendientes de cobro se distinguirá:
   a) El importe de los derechos pendientes de cobro del presupuesto corriente. Este importe se obtiene del saldo de la cuenta 430 "Deudores por derechos reconocidos. Presupuesto de ingresos corriente", siendo éste la agregación de los saldos correspondientes a sus divisionarias.
   b) El importe de los derechos pendientes de cobro de presupuestos cerrados. Este importe se obtiene del saldo de la cuenta 431 "Deudores por derechos reconocidos. Presupuestos de ingresos cerrados", siendo éste la agregación de los saldos correspondientes a sus divisionarias.
   c) El importe de los derechos pendientes de cobro correspondientes a cuentas de deudores que, de acuerdo con la normativa vigente, no son presupuestarios y tampoco lo serán en el momento de su vencimiento. Este importe se obtiene por agregación de los siguientes:
      - La parte del saldo de la cuentas 257 "Fianzas constituidas a largo plazo en entidades del grupo, multigrupo y asociadas" y 270 "Fianzas constituidas a largo plazo", que corresponda a aquellas fianzas que se hayan tratado de forma no presupuestaria.

- La parte del saldo de las cuentas 258 "Depósitos constituidos a largo plazo en entidades del grupo, multigrupo y asociadas" y 275 "Depósitos constituidos a largo plazo", que corresponda a aquellos depósitos que se hayan tratado de forma no presupuestaria.
- El importe correspondiente a las deudas de terceros como consecuencia de la repercusión del IVA. Dicho importe viene dado por el saldo de la cuenta 440 "Deudores por IVA repercutido".
- El importe de los créditos a favor de la entidad como consecuencia de los ingresos efectuados en las entidades encargadas de la gestión de cobro. Dicho importe viene dado por el saldo de la cuenta 442 "Deudores por servicio de recaudación", siendo éste la agregación de los saldos correspondientes a sus divisionarias.
- El importe correspondiente al resto de deudores no presupuestarios que continuarán siendo no presupuestarios a su vencimiento. Dicho importe viene dado por el saldo de la cuenta 449 "Otros deudores no presupuestarios".
- En el caso de que se gestionen, liquiden y recauden recursos por cuenta de otros entes públicos, el importe de los créditos a favor del sujeto contable que existan, generalmente como consecuencia de las entregas a cuenta realizadas. Dicho importe se obtiene generalmente de los saldos deudores de la cuenta 456 "Entes públicos, c/c efectivo".
- El importe correspondiente a los saldos de las cuentas del subgrupo 47 "Administraciones Públicas" que pongan de manifiesto la situación deudora de las mismas, es decir, los saldos de las cuentas 470 "Hacienda pública, deudor por diversos conceptos" y 471 "Organismos de Previsión Social, deudores".

  Cuando el sujeto contable realice operaciones sujetas al IVA y existan cantidades pendientes de liquidar, también habrá de considerarse el saldo de la cuenta 472 "Hacienda Pública, IVA soportado".
- La parte del saldo de las cuentas 537 "Fianzas constituidas a corto plazo en entidades del grupo, multigrupo y asociadas" y 565 "Fianzas constituidas a corto plazo" que corresponda a aquellas fianzas que se hayan tratado de forma no presupuestaria.
- La parte del saldo de las cuentas 538 "Depósitos constituidos a corto plazo en entidades del grupo, multigrupo y asociadas" y 566 "Depósitos constituidos a corto plazo" que corresponda a aquellos depósitos que se hayan tratado de forma no presupuestaria.
- Los saldos deudores de la cuenta 550 "Cuentas corrientes no bancarias".

4. En las obligaciones pendientes de pago se distinguirá:

a) El importe de las obligaciones pendientes de pago del presupuesto corriente. Este importe se obtiene del saldo de la cuenta 400 "Acreedores por obligaciones reconocidas. Presupuesto de gastos corriente", siendo éste la agregación de los saldos correspondientes a sus divisionarias.

b) El importe de las obligaciones pendientes de pago de presupuestos cerrados. Este importe se obtiene del saldo de la cuenta 401 "Acreedores por obligaciones reconocidas. Presupuestos de gastos cerrados", siendo éste la agregación de los saldos correspondientes a sus divisionarias.

c) El importe de las obligaciones pendientes de pago correspondientes a cuentas de acreedores que, de acuerdo con la normativa vigente, no son presupuestarios y tampoco lo serán en el momento de su vencimiento. Este importe se obtiene por agregación de los siguientes:

- La parte del saldo de las cuentas 165 "Fianzas recibidas a largo plazo de entidades del grupo, multigrupo y asociadas" y 180 "Fianzas recibidas a largo plazo", que corresponda a aquellas fianzas que se hayan tratado de forma no presupuestaria.

- La parte del saldo de las cuentas 166 "Depósitos recibidos a largo plazo de entidades del grupo, multigrupo y asociadas" y 185 "Depósitos recibidos a largo plazo", que corresponda a aquellos depósitos que se hayan tratado de forma no presupuestaria.

- El importe pendiente de pago a los acreedores como consecuencia del IVA soportado que tiene la condición de deducible. Dicho importe viene dado por el saldo de la cuenta 410 "Acreedores por IVA soportado".

- En el caso de que se preste el servicio de recaudación a otros entes públicos, el importe de los débitos que la entidad tenga con dichos entes por la recaudación efectuada. Dicho importe se obtiene del saldo que presente la cuenta 414 "Entes públicos acreedores por recaudación de recursos".

- El importe correspondiente al resto de acreedores no presupuestarios que continuarán siendo no presupuestarios a su vencimiento. Dicho importe viene dado por el saldo de la cuenta 419 "Otros acreedores no presupuestarios".

- En el caso de que se gestionen, liquiden y recauden recursos por cuenta de otros entes públicos, el importe de los débitos a cargo del sujeto contable que existan como consecuencia de los recursos recaudados. Dicho importe se obtiene del saldo de la cuenta 453 "Entes públicos por ingresos pendientes de liquidar". Asimismo, se habrá de incluir el importe de los débitos de la entidad como consecuencia de las entregas a cuenta efectuadas a los entes titulares de los recursos. Dicho importe viene dado por los saldos acreedores de la cuenta 456 "Entes públicos, c/c efectivo".

  Si al finalizar el ejercicio existiesen cobros pendientes de aplicación definitiva relativos a recursos de otros entes públicos, se habrá de aumentar el importe de los débitos a cargo del sujeto contable en la cuantía de los mencionados cobros, calculándose ésta como la parte que del saldo de la cuenta 554 "Cobros pendientes de aplicación" corresponda a dichos recursos.

- El importe correspondiente a los saldos de las cuentas del subgrupo 47 "Administraciones Públicas" que pongan de manifiesto la situación acreedora de las mismas, es decir, los saldos de las cuentas 475 "Hacienda Pública, acreedor por diversos conceptos" y 476 "Organismos de Previsión Social, acreedores".

  Cuando el sujeto contable realice operaciones sujetas al IVA y existan cantidades pendientes de liquidar, también habrá de incluirse el saldo de la cuenta 477 "Hacienda Pública. IVA repercutido".

- El importe de las deudas contraídas por la entidad para cubrir desfases temporales de tesorería. Dicho importe viene dado por el saldo de las cuentas 502 "Empréstitos y otras emisiones análogas por Operaciones de Tesorería" y 521 "Deudas por Operaciones de Tesorería"".

- La parte del saldo de las cuentas 515 "Fianzas recibidas a corto plazo de entidades del grupo, multigrupo y asociadas" y 560 "Fianzas recibidas a corto plazo", que corresponda a aquellas fianzas que se hayan tratado de forma no presupuestaria.

- La parte del saldo de la cuenta 516 "Depósitos recibidos a corto plazo de entidades del grupo, multigrupo y asociadas" y 561 "Depósitos recibidos a corto plazo", que corresponda a aquellos depósitos que se hayan tratado de forma no presupuestaria.

- Los saldos acreedores de la cuenta 550 "Cuentas corrientes no bancarias".

5. En las partidas pendientes de aplicación se distinguirán:

a) Las cantidades cobradas pendientes de aplicación definitiva recogidas en las cuentas 554 "Cobros pendientes de aplicación" y 559 "Otras partidas pendientes de aplicación". Se exceptúan aquellos cobros pendientes de aplicación definitiva relativos a recursos de otros entes públicos, que se incluirán como obligaciones pendientes de pago.

b) Las cantidades pagadas pendientes de aplicación definitiva en las que se incluyen, además de las recogidas en la cuenta 555 "Pagos pendientes de aplicación", los pagos realizados con cargo a los anticipos de caja fija pendientes de reposición, recogidos en la subcuenta 5581 "Provisiones de fondos para anticipos de caja fija pendientes de justificación". Asimismo, se incluirá el saldo de la subcuenta 5585 "Libramientos para la reposición de anticipos de caja fija pendientes de pago".

6. El remanente de tesorería disponible para la financiación de gastos generales se determina minorando el remanente de tesorería en el importe de los derechos pendientes de cobro que, en fin de ejercicio, se consideren de difícil o imposible recaudación y en el exceso de financiación afectada producido.

7. El importe de los derechos pendientes de cobro de difícil o imposible recaudación (saldos de dudoso cobro) viene dado por la parte del saldo de las subcuentas que se relacionan, que corresponda a derechos de cobro que se hayan considerado para el cálculo del remanente de tesorería total:

a) 2961 "Deterioro de valor de fianzas constituidas a largo plazo en entidades del grupo, multigrupo y asociadas".

b) 2962 "Deterioro de valor de depósitos constituidos a largo plazo en entidades del grupo, multigrupo y asociadas".

c) 2981 "Deterioro de valor de fianzas constituidas a largo plazo".

d) 2982 "Deterioro de valor de depósitos constituidos a largo plazo".

e) 4900 "Deterioro de valor de créditos. Operaciones de gestión".

f) 4901 "Deterioro de valor de créditos. Otras cuentas a cobrar".

g) 4902 "Deterioro de valor de créditos. Inversiones financieras en entidades del grupo, multigrupo y asociadas".

h) 4903 "Deterioro de valor de créditos. Otras inversiones financieras".

i) 5961 "Deterioro de valor de fianzas constituidas a corto plazo en entidades del grupo, multigrupo y asociadas".

j) 5962 "Deterioro de valor de depósitos constituidos a corto plazo en entidades del grupo, multigrupo y asociadas".

k) 5981 "Deterioro de valor de fianzas constituidas a largo plazo".

l) 5982 "Deterioro de valor de depósitos constituidos a largo plazo".

Para determinar el importe de los saldos de dudoso cobro se deberá tener en cuenta la antigüedad de las deudas, el importe de las mismas, la naturaleza de los recursos de que se trate, los porcentajes de recaudación tanto en período voluntario como en vía ejecutiva y los demás criterios de valoración que de forma ponderada se establezcan por la entidad local.

8. El exceso de financiación afectada está constituido por la suma de las desviaciones de financiación positivas acumuladas a fin de ejercicio. Estas desviaciones se calculan en la forma establecida en la regla 29.5 de la Instrucción del modelo normal de contabilidad local.

El exceso de financiación afectada sólo podrá tomar valor cero o positivo.

ESTADO DEL REMANENTE DE TESORERÍA

Nº DE CUENTAS	COMPONENTES	20XX		20XX-1	
57,556	1. (+) Fondos líquidos		______		______
	2. (+) Derechos pendientes de cobro........................		______		______
430	- (+) del Presupuesto corriente........................	______		______	
431	- (+) de Presupuestos cerrados........................	______		______	
257,258,270,275,440, 442,449,456,470,471, 472,537,538,550,565, 566	- (+) de operaciones no presupuestarias	______		______	
	3. (-) Obligaciones pendientes de pago		______		______
400	- (+) del Presupuesto corriente........................	______		______	
401	- (+) de Presupuestos cerrados........................	______		______	
165,166,180,185,410, 414,419,453,456,475, 476,477,502,515,516, 521,550,560,561	- (+) de operaciones no presupuestarias	______		______	
	4. (+) Partidas pendientes de aplicación		______		______
554, 559	- (-) cobros realizados pendientes de aplicación definitiva	______		______	
555, 5581, 5585	- (+) pagos realizados pendientes de aplicación definitiva .	______		______	
	I. Remanente de tesorería total (1 + 2 – 3 + 4)		______		______
2961,2962,2981,2982, 4900,4901,4902,4903, 5961,5962,5981, 5982	II. Saldos de dudoso cobro		______		______
	III. Exceso de financiación afectada		______		______
	IV. Remanente de tesorería para gastos generales (I – II – III)		______		______

25. Indicadores financieros, patrimoniales y presupuestarios.

1. ***Indicadores financieros y patrimoniales.***

a) LIQUIDEZ INMEDIATA: Refleja el porcentaje de deudas presupuestarias y no presupuestarias que pueden atenderse con la liquidez inmediatamente disponible.

$$\frac{\text{Fondos líquidos}}{\text{Pasivo corriente}}$$

Fondos líquidos: Efectivo y otros activos líquidos equivalentes.

b) LIQUIDEZ A CORTO PLAZO: Refleja la capacidad que tiene la entidad para atender a corto plazo sus obligaciones pendientes de pago.

$$\frac{\text{Fondos líquidos + Derechos pendientes de cobro}}{\text{Pasivo corriente}}$$

c) LIQUIDEZ GENERAL. Refleja en qué medida todos los elementos patrimoniales que componen el activo corriente cubren el pasivo corriente.

$$\frac{\text{Activo corriente}}{\text{Pasivo corriente}}$$

d) ENDEUDAMIENTO POR HABITANTE: En las entidades territoriales y sus organismos autónomos, este índice distribuye la deuda total de la entidad entre el número de habitantes.

$$\frac{\text{Pasivo corriente + Pasivo no corriente}}{\text{Número de habitantes}}$$

e) ENDEUDAMIENTO: Representa la relación entre la totalidad del pasivo exigible (corriente y no corriente) respecto al patrimonio neto más el pasivo total de la entidad.

$$\frac{\text{Pasivo corriente + Pasivo no corriente}}{\text{Pasivo corriente + Pasivo no corriente + Patrimonio neto}}$$

f) RELACIÓN DE ENDEUDAMIENTO: Representa la relación existente entre el pasivo corriente y el no corriente.

$$\frac{\text{Pasivo corriente}}{\text{Pasivo no corriente}}$$

g) CASH – FLOW: Refleja en que medida los flujos netos de gestión de caja cubren el pasivo de la entidad.

$$\frac{\text{Pasivo no corriente}}{\text{Flujos netos de gestión}} + \frac{\text{Pasivo corriente}}{\text{Flujos netos de gestión}}$$

Flujos netos de gestión: Importe de los "Flujos netos de efectivo por actividades de gestión" del estado de flujos de efectivo.

h) PERÍODO MEDIO DE PAGO A ACREEDORES COMERCIALES: Refleja el número de días que por término medio tarda la entidad en pagar a sus acreedores comerciales derivados, en general, de la ejecución de los capítulos 2 y 6 del presupuesto.

Este indicador se obtendrá aplicando las reglas establecidas para calcular el "período medio de pago" a efectos del suministro de información sobre el cumplimiento de los plazos de pago de las entidades locales. Se calculará un único indicador referido a todo el ejercicio y al conjunto de las deudas incluidas en su cálculo.

$$PMPAC = \frac{\sum(\textit{Número días período pago x importe pago})}{\sum \textit{importe pago}}$$

i) PERÍODO MEDIO DE COBRO: Refleja el número de días que por término medio tarda la entidad en cobrar sus ingresos, es decir, en recaudar sus derechos reconocidos derivados de la ejecución de los capítulos 1 a 3 y 5, excluidos de este último capítulo los ingresos que deriven de operaciones financieras[3].

$$PMC = \frac{\sum(\textit{Número días período cobro x importe cobro})}{\sum \textit{importe cobro}}$$

Cada entidad contable deberá calcular el período medio de cobro respecto de los recursos de los que sea titular, salvo cuando la entidad sea titular de recursos gestionados por otro ente público y

[3] En consecuencia, para la elaboración del "período medio de cobro", del capítulo 5 sólo se considerarán los ingresos de los artículos 54 y 55 y del concepto 599 (según codificación de la clasificación económica de los ingresos del presupuesto incluida en el Anexo IV de la Orden EHA/3565/2008, de 3 de diciembre, por la que se aprueba la estructura de los presupuestos de las entidades locales).

entidad sea titular de recursos gestionados por otro ente público y no disponga de información sobre la totalidad de las operaciones realizadas por el ente gestor. En este caso, el indicador a elaborar por la entidad titular se referirá exclusivamente a los recursos no gestionados por otro ente público, y el ente gestor, además del indicador referido a los recursos de su titularidad, deberá elaborar el indicador referido a los recursos que gestiona por cuenta de otros entes públicos.

j) RATIOS DE LA CUENTA DEL RESULTADO ECONÓMICO PATRIMONIAL.

Para la elaboración de las siguientes ratios se tendrán en cuenta las equivalencias con los correspondientes epígrafes de la cuenta del resultado económico patrimonial de la entidad:

ING.TRIB.: Ingresos tributarios y urbanísticos.

TRANSFR.: Transferencias y subvenciones recibidas.

V. Y PS.: Ventas y prestación de servicios.

G. PERS.: Gastos de personal.

TRANSFC.: Transferencias y subvenciones concedidas.

APROV.: Aprovisionamientos.

1) Estructura de los ingresos.

INGRESOS DE GESTIÓN ORDINARIA (IGOR)			
ING. TRIB / IGOR	TRANSFR / IGOR	V y PS / IGOR	Resto IGOR / IGOR

2) Estructura de los gastos.

GASTOS DE GESTIÓN ORDINARIA (GGOR)			
G. PERS. / GGOR	TRANSFC / GGOR	APROV / GGOR	Resto GGOR / GGOR

3) Cobertura de los gastos corrientes: Pone de manifiesto la relación existente entre los gastos de gestión ordinaria y los ingresos de la misma naturaleza.

$$\frac{\text{Gastos de gestión ordinaria}}{\text{Ingresos de gestión ordinaria}}$$

2. Indicadores presupuestarios.

a) *Del presupuesto de gastos corriente:*

1) EJECUCIÓN DEL PRESUPUESTO DE GASTOS: Refleja la proporción de los créditos aprobados en el ejercicio que han dado lugar a reconocimiento de obligaciones presupuestarias.

$$\frac{\text{Obligaciones reconocidas netas}}{\text{Créditos definitivos}}$$

2) REALIZACIÓN DE PAGOS: Refleja la proporción de obligaciones reconocidas en el ejercicio cuyo pago ya se ha realizado al finalizar el mismo con respecto al total de obligaciones reconocidas.

$$\frac{\text{Pagos realizados}}{\text{Obligaciones reconocidas netas}}$$

3) GASTO POR HABITANTE: Para las entidades territoriales y sus organismos autónomos, este índice distribuye la totalidad del gasto presupuestario realizado en el ejercicio entre los habitantes de la entidad.

$$\frac{\text{Obligaciones reconocidas netas}}{\text{Número de habitantes}}$$

4) INVERSIÓN POR HABITANTE: Para las entidades territoriales y sus organismos autónomos, este índice distribuye la totalidad del gasto presupuestario por operaciones de capital realizado en el ejercicio entre el número de habitantes de la entidad.

$$\frac{\text{Obligaciones reconocidas netas (Capítulos 6 y 7)}}{\text{Número de habitantes}}$$

5) ESFUERZO INVERSOR: Muestra la proporción que representan las operaciones de capital realizadas en el ejercicio en relación con la totalidad de los gastos presupuestarios realizados en el mismo.

$$\frac{\text{Obligaciones reconocidas netas (Capítulos 6 y 7)}}{\text{Total obligaciones reconocidas netas}}$$

b) *Del presupuesto de ingresos corriente*:

1) EJECUCIÓN DEL PRESUPUESTO DE INGRESOS: Refleja la proporción que sobre los ingresos presupuestarios previstos suponen los ingresos presupuestarios netos, esto es, los derechos reconocidos netos.

$$\frac{\text{Derechos reconocidos netos}}{\text{Previsiones definitivas}}$$

2) REALIZACIÓN DE COBROS: Refleja la proporción que suponen los cobros obtenidos en el ejercicio sobre los derechos reconocidos netos.

$$\frac{\text{Recaudación neta}}{\text{Derechos reconocidos netos}}$$

3) AUTONOMÍA: Muestra la proporción que representan los ingresos presupuestarios realizados en el ejercicio (excepto los derivados de subvenciones y de pasivos financieros) en relación con la totalidad de los ingresos presupuestarios realizados en el mismo.

$$\frac{\text{Derechos reconocidos netos (Capítulos 1 a 3, 5, 6 y 8 + transferencias recibidas)}}{\text{Total derechos reconocidos netos}}$$

4) AUTONOMÍA FISCAL: Refleja la proporción que representan los ingresos presupuestarios de naturaleza tributaria realizados en el ejercicio en relación con la totalidad de los ingresos presupuestarios realizados en el mismo.

$$\frac{\text{Derechos reconocidos netos (de ingresos de naturaleza tributaria)}}{\text{Total derechos reconocidos netos}}$$

5) SUPERÁVIT (O DÉFICIT) POR HABITANTE en las entidades territoriales y sus organismos autónomos:

$$\frac{\text{Resultado presupuestario ajustado}}{\text{Número de habitantes}}$$

c) *De presupuestos cerrados*

1) REALIZACIÓN DE PAGOS: Pone de manifiesto la proporción de pagos que se han efectuado en el ejercicio de las obligaciones pendientes de pago de presupuestos ya cerrados.

$$\frac{\text{Pagos}}{\text{Saldo inicial de obligaciones (+/-modificaciones y anulaciones)}}$$

2) REALIZACIÓN DE COBROS: Pone de manifiesto la proporción de cobros que se han efectuado en el ejercicio relativos a derechos pendientes de cobro de presupuestos ya cerrados.

$$\frac{\text{Cobros}}{\text{Saldo inicial de derechos (+/-modificaciones y anulaciones)}}$$

26. Información sobre el coste de las actividades.

Para confeccionar la información que se recoge en los cuadros que a continuación se incluyen se tendrá en cuenta lo previsto en la norma f) de elaboración de la memoria.

1. RESUMEN GENERAL DE COSTES DE LA ENTIDAD.

ELEMENTOS	IMPORTE	%
COSTES DE PERSONAL		
Sueldos y salarios		
Indemnizaciones		
Cotizaciones sociales a cargo del empleador		
Otros costes sociales		
Indemnizaciones por razón del servicio		
Transporte de personal		
ADQUISICIÓN DE BIENES Y SERVICIOS		
Coste de materiales de reprografía e imprenta		
Coste de otros materiales		
Adquisición de bienes de inversión		
Trabajos realizados por otras entidades		
SERVICIOS EXTERIORES		
Costes de investigación y desarrollo del ejercicio		
Arrendamientos y cánones		
Reparaciones y conservación		
Servicios de profesionales independientes		
Transportes		
Servicios bancarios y similares		
Publicidad, propaganda y relaciones públicas		
Suministros		
Comunicaciones		
Costes diversos		
TRIBUTOS		
COSTES CALCULADOS		
Amortizaciones		
COSTES FINANCIEROS		
COSTES DE TRANSFERENCIAS		
OTROS COSTES		
TOTAL		

2. RESUMEN DEL COSTE POR ELEMENTOS DE LAS ACTIVIDADES.

ACTIVIDAD:

ELEMENTOS	Coste Directo	Coste Indirecto	TOTAL	%
COSTES DE PERSONAL				
ADQUISICIÓN DE BIENES Y SERVICIOS				
SERVICIOS EXTERIORES				
TRIBUTOS				
COSTES CALCULADOS				
COSTES FINANCIEROS				
COSTES DE TRANSFERENCIAS				
OTROS COSTES				
TOTAL				

Coste Directo.- Aquél que se vincula a las actividades resultantes del proceso de producción sin necesidad de aplicar método de reparto alguno.

Coste Indirecto.- Aquél que no puede vincularse directamente con las actividades resultantes del proceso de producción, por lo que debe imputarse a través de un criterio o clave de reparto.

3. RESUMEN DE COSTES POR ACTIVIDAD.

ACTIVIDADES	IMPORTE	%
ACTIVIDAD ………..		
ACTIVIDAD ………..		
ACTIVIDAD ………..		
ACTIVIDAD ………..		
………………………………		
TOTAL		

4. RESUMEN RELACIONANDO COSTES E INGRESOS DE LAS ACTIVIDADES.

ACTIVIDADES	Coste Total Actividad	Ingresos	Margen	% Cobertura
ACTIVIDAD				
ACTIVIDAD				
ACTIVIDAD				
ACTIVIDAD				
....				
TOTAL				

27. Indicadores de gestión.

Los indicadores de gestión son instrumentos de medición elegidos como variables relevantes que pretenden informar sobre aspectos globales o concretos de la organización, atendiendo, especialmente, a la evaluación de la eficacia, eficiencia y economía en la prestación de, al menos, los servicios o actividades financiados con tasas o precios públicos.

Opcionalmente, estos indicadores podrán incluirse en la nota 26. “Información sobre el coste de las actividades” junto con la información relativa a la actividad correspondiente.

Para la confección de los indicadores que a continuación se relacionan se tendrá en cuenta lo previsto en la norma f) de elaboración de la memoria.

1) Indicadores de eficacia:

a)

$$\frac{\text{Número de actuaciones realizadas}}{\text{Número de actuaciones previstas}}$$

b) Plazo medio de espera para recibir un determinado servicio público.

c) Porcentaje de población cubierta por un determinado servicio público.

d)

$$\frac{\dfrac{\text{Número de actuaciones realizadas año 20XX}}{\text{Número de actuaciones previstas año 20XX}}}{\dfrac{\text{Número medio de actuaciones realizadas (serie años anteriores)}}{\text{Número medio de actuaciones previstas (serie años anteriores)}}}$$

2) Indicadores de eficiencia:

a)

$$\frac{\text{Coste de la actividad}}{\text{Número de usuarios}}$$

b)

$$\frac{\text{Coste real de la actividad}}{\text{Coste previsto de la actividad}^{4}}$$

c)

$$\frac{\text{Coste de la actividad}}{\text{Número de unidades equivalentes producidas}}$$

Unidad equivalente de producción: Parámetro que hace homogénea la producción de un determinado periodo mediante la adición de las unidades totalmente terminadas en el mismo y las incompletas expresadas en términos de unidades terminadas en función de su grado de avance.

3) Indicador de economía:

$$\frac{\text{Precio o coste de adquisición del factor de producción "x"}}{\text{Precio medio del factor de producción "x" en el mercado}}$$

4) Indicador de medios de producción:

$$\frac{\text{Coste de personal}}{\text{Número de personas equivalentes}}$$

Persona equivalente: Parámetro que hace homogénea la relación persona/tiempo atendiendo a las situaciones individuales (baja, absentismo, lactancia, reducción de jornada, etc.). Esa relación hace que se considere como base de proporción (una persona equivalente) la prestación de la jornada que en cada caso se considere como normal o habitual.

---

[4] En caso de que no se hayan desarrollado sistemas de determinación de costes "a priori" en el momento de confeccionar estos indicadores, se considerará como coste previsto de la actividad el coste medio de la misma en los cinco años anteriores (convenientemente actualizado).

En caso de que no se disponga de información de costes de los años anteriores para confeccionar la información anterior se considerará como "coste previsto" el derivado de la asignación presupuestaria referido a la actividad o servicio con los correspondientes ajustes que determinen una homogeneización de los importes presupuestarios respecto a los determinantes del coste.

La entidad informará de:

a) Los hechos posteriores que pongan de manifiesto circunstancias que ya existían en la fecha de cierre del ejercicio y que, por aplicación de las normas de registro y valoración, hayan supuesto la inclusión de un ajuste en las cifras contenidas en los documentos que integran las cuentas anuales.

b) Los hechos posteriores que pongan de manifiesto circunstancias que ya existían en la fecha de cierre del ejercicio que no hayan supuesto, de acuerdo con su naturaleza, la inclusión de un ajuste en las cifras contenidas en las cuentas anuales, si bien la información contenida en la memoria debe ser modificada de acuerdo con dicho hecho posterior.

c) Los hechos posteriores que muestren condiciones que no existían al cierre del ejercicio y que sean de tal importancia que, si no se suministra información al respecto, podría afectar a la capacidad de evaluación de los usuarios de las cuentas anuales.

CUARTA PARTE

Cuadro de Cuentas

GRUPO 1

FINANCIACIÓN BÁSICA

10. PATRIMONIO.

100. Patrimonio.

101. Patrimonio recibido.

1010. Aportación patrimonial dineraria.

1011. Aportación de bienes y derechos.

1012. Asunción y condonación de pasivos financieros.

1013. Otras aportaciones de la entidad o entidades propietarias.

1014. Devolución de bienes y derechos.

1015. Otras devoluciones.

12. RESULTADOS.

120. Resultados de ejercicios anteriores.

129. Resultado del ejercicio.

13. SUBVENCIONES Y AJUSTES POR CAMBIO DE VALOR.

130. Subvenciones para la financiación del inmovilizado no financiero y de activos en estado de venta.

131. Subvenciones para la financiación de activos corrientes y gastos.

132. Subvenciones para la financiación de operaciones financieras.

133. Ajustes por valoración de activos financieros disponibles para la venta.

134. Ajustes por valoración de instrumentos de cobertura.

136. Ajustes por valoración del inmovilizado no financiero.

14. PROVISIONES A LARGO PLAZO.

142. Provisión a largo plazo para responsabilidades.

143. Provisión a largo plazo por desmantelamiento, retiro o rehabilitación del inmovilizado no financiero.

148. Provisión a largo plazo para transferencias y subvenciones.

149. Otras provisiones a largo plazo.

15. EMPRESTITOS Y OTRAS EMISIONES ANÁLOGAS A LARGO PLAZO.

150. Obligaciones y bonos a largo plazo.

156. Intereses a largo plazo de empréstitos y otras emisiones análogas.

1560. Intereses a largo plazo de obligaciones y bonos.

1569. Intereses a largo plazo de otros valores negociables.

159. Deudas representadas en otros valores negociables a largo plazo.

16. DEUDAS A LARGO PLAZO CON ENTIDADES DEL GRUPO, MULTIGRUPO Y ASOCIADAS.

163. Deudas a largo plazo transformables en subvenciones con entidades del grupo, multigrupo y asociadas.

164. Deudas a largo plazo con entidades del grupo, multigrupo y asociadas representadas en valores negociables.

165. Fianzas recibidas a largo plazo de entidades del grupo, multigrupo y asociadas.

166. Depósitos recibidos a largo plazo de entidades del grupo, multigrupo asociadas.

167. Intereses a largo plazo de deudas con entidades del grupo, multigrupo y asociadas.

169. Otras deudas a largo plazo con entidades del grupo, multigrupo y asociadas.

17. DEUDAS A LARGO PLAZO POR PRÉSTAMOS RECIBIDOS Y OTROS CONCEPTOS.

170. Deudas a largo plazo con entidades de crédito.

172. Deudas a largo plazo transformables en subvenciones.

173. Proveedores de inmovilizado a largo plazo.

174. Acreedores por arrendamiento financiero a largo plazo.

176. Pasivos por derivados financieros a largo plazo.

1760. Pasivos por derivados financieros a largo plazo designados instrumentos de cobertura.

1761. Pasivos por otros derivados financieros a largo plazo.

177. Intereses a largo plazo de deudas con entidades de crédito.

178. Intereses a largo plazo de otras deudas.

179. Otras deudas a largo plazo.

18. FIANZAS Y DEPOSITOS RECIBIDOS Y AJUSTES POR PERIODIFICACIÓN A LARGO PLAZO.

180. Fianzas recibidas a largo plazo.

185. Depósitos recibidos a largo plazo.

186. Ingresos anticipados a largo plazo.

GRUPO 2

ACTIVO NO CORRIENTE

20. INMOVILIZACIONES INTANGIBLES.

200. Inversión en investigación.

201. Inversión en desarrollo.

203. Propiedad industrial e intelectual.

206. Aplicaciones informáticas.

207. Inversiones sobre activos utilizados en régimen de arrendamiento o cedidos.

208. Anticipos para inmovilizaciones intangibles.

209. Otro inmovilizado intangible.

21. INMOVILIZACIONES MATERIALES.

210. Terrenos y bienes naturales.

211. Construcciones.

212. Infraestructuras.

213. Bienes del patrimonio histórico.

214. Maquinaria y utillaje.

215. Instalaciones técnicas y otras instalaciones.

216. Mobiliario.

217. Equipos para procesos de información.

218. Elementos de transporte.

219. Otro inmovilizado material.

22. INVERSIONES INMOBILIARIAS.

220. Inversiones en terrenos.

221. Inversiones en construcciones.

23. INMOVILIZACIONES MATERIALES E INVERSIONES INMOBILIARIAS EN CURSO.

230. Adaptación de terrenos y bienes naturales.

2300. Adaptación de terrenos y bienes naturales. Inmovilizado material.

2301. Adaptación de terrenos y bienes naturales. Inversiones inmobiliarias.

231. Construcciones en curso.

2310. Construcciones en curso. Inmovilizado material.

2311. Construcciones en curso. Inversiones inmobiliarias.

232. Infraestructuras en curso.

233. Bienes del patrimonio histórico en curso.

234. Maquinaria y utillaje en montaje.

235. Instalaciones técnicas y otras instalaciones en montaje.

237. Equipos para procesos de información en montaje.

238. Otro inmovilizado material en curso.

239. Anticipos para inmovilizaciones materiales e inversiones inmobiliarias.

2390. Anticipos para inmovilizaciones materiales.

2391. Anticipos para inversiones inmobiliarias.

24. PATRIMONIO PÚBLICO DEL SUELO.

240. Terrenos del Patrimonio público del suelo.

241. Construcciones del Patrimonio público del suelo.

243. Adaptación de terrenos del Patrimonio público del suelo.

244. Construcciones en curso del Patrimonio público del suelo.

248. Anticipos para bienes y derechos del Patrimonio público del suelo.

249. Otros bienes y derechos del Patrimonio público del suelo.

25. INVERSIONES FINANCIERAS A LARGO PLAZO EN ENTIDADES DEL GRUPO, MULTIGRUPO Y ASOCIADAS.

250. Participaciones a largo plazo en entidades del grupo.

2500. En entidades de derecho público.

2501. En sociedades mercantiles.

2502. En otras entidades.

251. Participaciones a largo plazo en entidades multigrupo y asociadas.

2510. En entidades de derecho público.

2511. En sociedades mercantiles y sociedades cooperativas.

2512. En otras entidades.

252. Valores representativos de deuda a largo plazo de entidades del grupo, multigrupo y asociadas.

2520. Valores representativos de deuda a largo plazo de entidades del grupo, multigrupo y asociadas mantenidos a vencimiento.

2521. Valores representativos de deuda a largo plazo de entidades del grupo, multigrupo y asociadas disponibles para la venta.

253. Créditos a largo plazo a entidades del grupo, multigrupo y asociadas.

255. Intereses a largo plazo de inversiones financieras en entidades del grupo, multigrupo y asociadas.

257. Fianzas constituidas a largo plazo en entidades del grupo, multigrupo y asociadas.

258. Depósitos constituidos a largo plazo en entidades del grupo, multigrupo y asociadas.

259. Desembolsos pendientes sobre participaciones a largo plazo en entidades del grupo, multigrupo y asociadas.

26. OTRAS INVERSIONES FINANCIERAS A LARGO PLAZO.

260. Inversiones financieras a largo plazo en instrumentos de patrimonio.

261. Valores representativos de deuda a largo plazo.

2610. Valores representativos de deuda a largo plazo mantenidos a vencimiento.

2611. Valores representativos de deuda a largo plazo disponibles para la venta.

262. Créditos a largo plazo.

2620. Créditos a largo plazo por enajenación de inmovilizado.

2621. Deudores a largo plazo por aplazamiento y fraccionamiento.

2629. Otros créditos a largo plazo.

263. Activos por derivados financieros a largo plazo.

2630. Activos por derivados financieros a largo plazo designados instrumentos de cobertura.

2631. Activos por otros derivados financieros a largo plazo.

264. Créditos a largo plazo al personal.

266. Intereses a largo plazo de valores representativos de deuda.

267. Intereses a largo plazo de créditos.

268. Imposiciones a largo plazo.

269. Desembolsos pendientes sobre participaciones en el patrimonio neto a largo plazo.

27. FIANZAS Y DEPÓSITOS CONSTITUIDOS A LARGO PLAZO.

270. Fianzas constituidas a largo plazo.

275. Depósitos constituidos a largo plazo.

28. AMORTIZACIÓN ACUMULADA DEL INMOVILIZADO.

280. Amortización acumulada del inmovilizado intangible.

2800. Amortización acumulada de inversión en investigación.

2801. Amortización acumulada de inversión en desarrollo.

2803. Amortización acumulada de propiedad industrial e intelectual.

2806. Amortización acumulada de aplicaciones informáticas.

2807. Amortización acumulada de inversiones sobre activos utilizados en régimen de arrendamiento o cedidos.

2809. Amortización acumulada de otro inmovilizado intangible.

281. Amortización acumulada del inmovilizado material.

2810. Amortización acumulada de terrenos y bienes naturales.

2811. Amortización acumulada de construcciones.

2812. Amortización acumulada de infraestructuras.

2813. Amortización acumulada de bienes del patrimonio histórico.

2814. Amortización acumulada de maquinaria y utillaje.

2815. Amortización acumulada de instalaciones técnicas y otras

2816. Amortización acumulada de mobiliario.

2817. Amortización acumulada de equipos para procesos de información.

2818. Amortización acumulada de elementos de transporte.

2819. Amortización acumulada de otro inmovilizado material.

282. Amortización acumulada de inversiones inmobiliarias.

2820. Amortización acumulada de inversiones en terrenos.

2821. Amortización acumulada de inversiones en construcciones.

284. Amortización acumulada del Patrimonio público del suelo.

2840. Amortización acumulada de terrenos del Patrimonio público del suelo.

2841. Amortización acumulada de construcciones del Patrimonio público del suelo.

2849. Amortización acumulada de otros bienes y derechos del Patrimonio público del suelo.

29. DETERIORO DE VALOR DE ACTIVOS NO CORRIENTES.

290. Deterioro de valor del inmovilizado intangible.

2903. Deterioro de valor de propiedad industrial e intelectual.

2906. Deterioro de valor de aplicaciones informáticas.

2907. Deterioro de valor de inversiones sobre activos utilizados en régimen de arrendamiento o cedidos.

2909. Deterioro de valor de otro inmovilizado intangible.

291. Deterioro de valor del inmovilizado material.

2910. Deterioro de valor de terrenos y bienes naturales.

2911. Deterioro de valor de construcciones.

2912. Deterioro de valor de infraestructuras.

2913. Deterioro de valor de bienes del patrimonio histórico.

2914. Deterioro de valor de maquinaria y utillaje.

2915. Deterioro de valor de instalaciones técnicas y otras instalaciones.

2916 Deterioro de valor de mobiliario.

2917. Deterioro de valor de equipos para procesos de información.

2918. Deterioro de valor de elementos de transporte.

2919. Deterioro de valor de otro inmovilizado material.

292. Deterioro de valor de las inversiones inmobiliarias.

2920. Deterioro de valor de inversiones en terrenos.

2921. Deterioro de valor de inversiones en construcciones.

293. Deterioro de valor del Patrimonio público del suelo.

2930. Deterioro de valor de terrenos del Patrimonio público del suelo.

2931. Deterioro de valor de construcciones del Patrimonio público del suelo.

2939. Deterioro de valor de otros bienes y derechos del Patrimonio público del suelo.

294. Deterioro de valor de participaciones a largo plazo en entidades del grupo, multigrupo y asociadas.

2940. Deterioro de valor de participaciones a largo plazo en entidades de derecho público del grupo, multigrupo y asociadas.

2941. Deterioro de valor de participaciones a largo plazo en sociedades mercantiles y cooperativas del grupo, multigrupo y asociadas.

2942. Deterioro de valor de participaciones a largo plazo en otras entidades del grupo, multigrupo y asociadas.

295. Deterioro de valor de valores representativos de deuda a largo plazo de entidades del grupo, multigrupo y asociadas.

2950. Deterioro de valor de valores mantenidos a vencimiento de entidades del grupo, multigrupo y asociadas.

2951. Deterioro de valor de valores disponibles para la venta de entidades del grupo, multigrupo y asociadas.

296. Deterioro de valor de créditos y otras inversiones financieras a largo plazo en entidades del grupo, multigrupo y asociadas.

2960. Deterioro de valor de créditos a largo plazo a entidades del grupo, multigrupo y asociadas.

2961. Deterioro de valor de fianzas constituidas a largo plazo en entidades del grupo, multigrupo y asociadas.

2962. Deterioro de valor de depósitos constituidos en entidades del grupo, multigrupo y asociadas.

297. Deterioro de valor de valores representativos de deuda a largo plazo.

2970. Deterioro de valor de valores mantenidos a vencimiento.

2971. Deterioro de valor de valores disponibles para la venta.

298. Deterioro de valor de créditos y otras inversiones financieras a largo plazo.

2980. Deterioro de valor de créditos a largo plazo.

2981. Deterioro de valor de fianzas constituidas a largo plazo.

2982. Deterioro de valor de depósitos constituidos.

2983. Deterioro de valor de créditos por aplazamiento y fraccionamiento a largo plazo.

299. Deterioro de valor por usufructo cedido del inmovilizado material.

2990. Deterioro de valor por usufructo cedido de terrenos y bienes naturales.

2991. Deterioro de valor por usufructo cedido de construcciones.

2992. Deterioro de valor por usufructo cedido de infraestructuras.

2993. Deterioro de valor por usufructo cedido de bienes del patrimonio histórico.

2999. Deterioro de valor por usufructo cedido de otro inmovilizado material.

GRUPO 3

EXISTENCIAS Y OTROS ACTIVOS EN ESTADO DE VENTA

30. COMERCIALES.

300. Mercaderías A.

301. Mercaderías B.

31. MATERIAS PRIMAS.

310. Materias primas A.

311. Materias primas B.

32. OTROS APROVISIONAMIENTOS.

320. Elementos y conjuntos incorporables.

321. Combustibles.

322. Repuestos.

325. Materiales diversos.

326. Embalajes.

327. Envases.

328. Material de oficina.

33. PRODUCCIÓN EN CURSO.

330. Productos en curso A.

331. Productos en curso B.

34. PRODUCTOS SEMITERMINADOS.

340. Productos semiterminados A.

341. Productos semiterminados B.

35. PRODUCTOS TERMINADOS.

350. Productos terminados A.

351. Productos terminados B.

36. SUBPRODUCTOS, RESIDUOS Y MATERIALES RECUPERADOS.

360. Subproductos A.

361. Subproductos B.

365. Residuos A.

366. Residuos B.

368. Materiales recuperados A.

369. Materiales recuperados B.

37. ACTIVOS CONSTRUIDOS O ADQUIRIDOS PARA OTRAS ENTIDADES.

370. Activos construidos o adquiridos para otras entidades.

38. ACTIVOS EN ESTADO DE VENTA.

380. Activos en estado de venta.

39. DETERIORO DE VALOR DE EXISTENCIAS Y OTROS ACTIVOS EN ESTADO DE VENTA.

390. Deterioro de valor de mercaderías.

391. Deterioro de valor de materias primas.

392. Deterioro de valor de otros aprovisionamientos.

393. Deterioro de valor de producción en curso.

394. Deterioro de valor de productos semiterminados.

395. Deterioro de valor de productos terminados.

396. Deterioro de valor de subproductos, residuos y materiales recuperados.

398. Deterioro de valor de activos en estado de venta.

GRUPO 4

ACREEDORES Y DEUDORES

40. ACREEDORES PRESUPUESTARIOS.

400. Acreedores por obligaciones reconocidas. Presupuesto de gastos corriente.

4000. Operaciones de gestión.

4001. Otras cuentas a pagar.

4002. Deudas con entidades del grupo, multigrupo y asociadas.

4003. Otras deudas.

401. Acreedores por obligaciones reconocidas. Presupuestos de gastos cerrados.

4010. Operaciones de gestión.

4011. Otras cuentas a pagar.

4012. Deudas con entidades del grupo, multigrupo y asociadas.

4013. Otras deudas.

41. ACREEDORES NO PRESUPUESTARIOS.

410. Acreedores por IVA soportado.

411. Acreedores por gastos devengados.

413. Acreedores por operaciones pendientes de aplicar a presupuesto.

4130. Operaciones de gestión.

4131. Otras cuentas a pagar.

4132. Deudas con entidades del grupo, multigrupo y asociadas.

4133. Otras deudas.

414. Entes Públicos acreedores por recaudación de recursos.

416. Anticipos para activos construidos o adquiridos para otras entidades.

418. Acreedores por devolución de ingresos y otras minoraciones.

4180. Operaciones de gestión.

4181. Otras cuentas a pagar.

4182. Deudas con entidades del grupo, multigrupo y asociadas.

4183. Otras deudas.

419. Otros acreedores no presupuestarios.

43. DEUDORES PRESUPUESTARIOS.

430. Deudores por derechos reconocidos. Presupuesto de ingresos corriente.

4300. Operaciones de gestión.

4301. Otras cuentas a cobrar.

4302. Inversiones financieras en entidades del grupo, multigrupo y asociadas.

4303. Otras inversiones financieras.

431. Deudores por derechos reconocidos. Presupuestos de ingresos cerrados.

4310. Operaciones de gestión.

4311. Otras cuentas a cobrar.

4312. Inversiones financieras en entidades del grupo, multigrupo y asociadas.

4313. Otras inversiones financieras.

433. Derechos anulados de presupuesto corriente.

4330. Por anulación de liquidaciones.

43300. Operaciones de gestión.

43301. Otras cuentas a cobrar.

43302. Inversiones financieras en entidades del grupo, multigrupo y asociadas.

43303. Otras inversiones financieras.

4332. Por aplazamiento y fraccionamiento.

43320. Operaciones de gestión.

43321. Otras cuentas a cobrar.

43322. Inversiones financieras en entidades del grupo, multigrupo y asociadas.

43323. Otras inversiones financieras.

4339. Por devolución de ingresos.

434. Derechos anulados de presupuestos cerrados.

4340. Por anulación de liquidaciones.

43400. Operaciones de gestión.

43401. Otras cuentas a cobrar.

43402. Inversiones financieras en entidades del grupo, multigrupo y asociadas.

43403. Otras inversiones financieras.

4342. Por aplazamiento y fraccionamiento.

43420. Operaciones de gestión.

43421. Otras cuentas a cobrar.

43422. Inversiones financieras en entidades del grupo, multigrupo y asociadas.

43423. Otras inversiones financieras.

437. Devolución de ingresos.

438. Derechos cancelados de presupuesto corriente.

4380. Por cobros en especie.

43800. Operaciones de gestión.

43801. Otras cuentas a cobrar.

43802. Inversiones financieras en entidades del grupo, multigrupo y asociadas.

43803. Otras inversiones financieras.

4381. Por insolvencias y otras causas.

43810. Operaciones de gestión.

43811. Otras cuentas a cobrar.

43812. Inversiones financieras en entidades del grupo, multigrupo y asociadas.

43813. Otras inversiones financieras.

439. Derechos cancelados de presupuestos cerrados.

4390. Por cobros en especie.

43900. Operaciones de gestión.

43901. Otras cuentas a cobrar.

43902. Inversiones financieras en entidades del grupo, multigrupo y asociadas.

43903. Otras inversiones financieras.

4391. Por insolvencias y otras causas.

43910. Operaciones de gestión.

43911. Otras cuentas a cobrar.

43912. Inversiones financieras en entidades del grupo, multigrupo y asociadas.

43913. Otras inversiones financieras.

4392. Por prescripción.

43920. Operaciones de gestión.

43921. Otras cuentas a cobrar.

43922. Inversiones financieras en entidades del grupo, multigrupo o asociadas.

43923. Otras inversiones financieras.

44. DEUDORES NO PRESUPUESTARIOS.

440. Deudores por IVA repercutido.

441. Deudores por ingresos devengados.

442. Deudores por servicio de recaudación.

4420. Entes públicos deudores por recursos recaudados.

4429. Otros deudores por servicio de recaudación.

443. Deudores a corto plazo por aplazamiento y fraccionamiento.

4430. Operaciones de gestión.

4431. Otras cuentas a cobrar.

4432. Inversiones financieras en entidades del grupo, multigrupo y asociadas.

4433. Otras inversiones financieras.

446. Deudores por activos construidos para otras entidades pendientes de certificar.

449. Otros deudores no presupuestarios.

45. DEUDORES Y ACREEDORES POR ADMINISTRACIÓN DE RECURSOS POR CUENTA DE OTROS ENTES PÚBLICOS.

450. Deudores por derechos reconocidos de recursos de otros entes públicos.

451. Derechos anulados por recursos de otros entes públicos.

4510. Por anulación de liquidaciones.

4519. Por devolución de ingresos.

452. Entes públicos, por derechos a cobrar.

453. Entes públicos, por ingresos pendientes de liquidar.

454. Devolución de ingresos por recursos de otros entes públicos.

455. Entes públicos, por devolución de ingresos pendientes de pago.

456. Entes públicos, c/c. efectivo.

457. Acreedores por devolución de ingresos por recursos de otros entes públicos.

458. Derechos cancelados por recursos de otros entes públicos.

4580. Por cobros en especie.

4581. Por insolvencias y otras causas.

4582. Por prescripción.

47. ADMINISTRACIONES PÚBLICAS.

470. Hacienda Pública, deudor por diversos conceptos.

4700. Hacienda Pública, deudor por IVA.

4707. Hacienda Pública, deudor por IGIC.

4709. Hacienda Pública, deudor por otros conceptos.

471. Organismos de Previsión Social, deudores.

4710. Seguridad Social.

4719. Otros organismos de Previsión Social, deudores.

472. Hacienda Pública, IVA soportado.

4720. IVA soportado.

4727. IGIC soportado.

475. Hacienda Pública, acreedor por diversos conceptos.

4750. Hacienda Pública, acreedor por IVA.

4751. Hacienda Pública, acreedor por retenciones practicadas.

4757. Hacienda Pública, acreedor por IGIC.

4759. Hacienda Pública, acreedor por otros conceptos.

476. Organismos de Previsión Social, acreedores.

4760. Seguridad Social.

4769. Otros organismos de Previsión Social, acreedores.

477. Hacienda Pública, IVA repercutido.

4770. IVA repercutido.

4777. IGIC repercutido.

48. AJUSTES POR PERIODIFICACIÓN.

480. Gastos anticipados.

485. Ingresos anticipados a corto plazo.

49. DETERIORO DE VALOR DE CREDITOS.

490. Deterioro de valor de créditos.

4900. Operaciones de gestión.

4901. Otras cuentas a cobrar.

4902. Inversiones financieras en entidades del grupo, multigrupo y asociadas.

4903. Otras inversiones financieras.

GRUPO 5
CUENTAS FINANCIERAS

50. EMPRÉSTITOS Y OTRAS EMISIONES ANÁLOGAS A CORTO PLAZO.

500. Obligaciones y bonos a corto plazo.

5000. Obligaciones y bonos a coste amortizado.

5001. Obligaciones y bonos a valor razonable con cambios en resultados.

502. Empréstitos y otras emisiones análogas por Operaciones de Tesorería.

5020. Empréstitos por Operaciones de Tesorería a coste amortizado.

5021. Empréstitos por Operaciones de Tesorería a valor razonable con cambios en resultados.

506. Intereses a corto plazo de empréstitos y otras emisiones análogas.

5060. Intereses a corto plazo de obligaciones y bonos a coste amortizado.

5061 Intereses a corto plazo de obligaciones y bonos a valor razonable con cambios en resultados.

5062. Intereses a corto plazo de empréstitos por Operaciones de Tesorería a coste amortizado.

5063 Intereses a corto plazo de empréstitos por Operaciones de Tesorería a valor razonable con cambios en resultados.

5065. Intereses a corto plazo de otros valores negociables a coste amortizado.

5066. Intereses a corto plazo de otros valores negociables a valor razonable con cambios en resultados.

509. Deudas representadas en otros valores negociables a corto plazo.

5090. Otros valores negociables a coste amortizado.

5091. Otros valores negociables a valor razonable con cambios en resultados.

51. DEUDAS A CORTO PLAZO CON ENTIDADES DEL GRUPO, MULTIGRUPO Y ASOCIADAS.

513. Deudas a corto plazo transformables en subvenciones con entidades del grupo, multigrupo y asociadas.

514. Deudas a corto plazo con entidades del grupo, multigrupo y asociadas representadas en valores negociables.

5140. Deudas representadas en valores negociables a coste amortizado, entidades del grupo, multigrupo y asociadas.

5141. Deudas representadas en valores negociables a valor razonable con cambios en resultados, entidades del grupo, multigrupo y asociadas.

515. Fianzas recibidas a corto plazo de entidades del grupo, multigrupo y asociadas.

516. Depósitos recibidos a corto plazo de entidades del grupo, multigrupo y asociadas.

517. Intereses a corto plazo de deudas con entidades del grupo, multigrupo y asociadas.

519. Otras deudas a corto plazo con entidades del grupo, multigrupo y asociadas.

52. DEUDAS A CORTO PLAZO POR PRÉSTAMOS RECIBIDOS Y OTROS CONCEPTOS.

520. Deudas a corto plazo con entidades de crédito.

521. Deudas por Operaciones de Tesorería.

522. Deudas a corto plazo transformables en subvenciones.

523. Proveedores de inmovilizado a corto plazo.

524. Acreedores por arrendamiento financiero a corto plazo.

526. Pasivos por derivados financieros a corto plazo.

5260. Pasivos por derivados financieros a corto plazo designados instrumentos de cobertura.

5261. Pasivos por otros derivados financieros a corto plazo.

5266 Intereses a corto plazo de permutas financieras designadas instrumentos de cobertura.

5267. Intereses a corto plazo de otras permutas financieras.

527. Intereses a corto plazo de deudas con entidades de crédito.

528. Intereses a corto plazo de otras deudas.

529. Otras deudas a corto plazo.

53. INVERSIONES FINANCIERAS A CORTO PLAZO EN ENTIDADES DEL GRUPO, MULTIGRUPO Y ASOCIADAS.

530. Participaciones a corto plazo en entidades del grupo.

5300. En entidades de derecho público.

5301. En sociedades mercantiles.

5302. En otras entidades.

531. Participaciones a corto plazo en entidades multigrupo y asociadas.

5310. En entidades de derecho público.

5311. En sociedades mercantiles y sociedades cooperativas.

5312. En otras entidades.

532. Valores representativos de deuda a corto plazo de entidades del grupo, multigrupo y asociadas.

5320. Valores representativos de deuda a corto plazo de entidades del grupo, multigrupo y asociadas mantenidos a vencimiento.

5321. Valores representativos de deuda a corto plazo de entidades del grupo, multigrupo y asociadas disponibles para la venta.

5322 Valores representativos de deuda de entidades del grupo, multigrupo y asociadas a valor razonable con cambios en resultados.

533. Créditos a corto plazo a entidades del grupo, multigrupo y asociadas.

535. Intereses a corto plazo de inversiones financieras en entidades del grupo, multigrupo y asociadas.

536. Dividendo a cobrar de inversiones financieras en entidades del grupo, multigrupo y asociadas.

537. Fianzas constituidas a corto plazo en entidades del grupo, multigrupo y asociadas.

538. Depósitos constituidos a corto plazo en entidades del grupo, multigrupo y asociadas.

539. Desembolsos pendientes sobre participaciones a corto plazo en entidades del grupo, multigrupo y asociadas.

54. OTRAS INVERSIONES FINANCIERAS A CORTO PLAZO.

540. Inversiones financieras a corto plazo en instrumentos de patrimonio.

5400. Inversiones a corto plazo en instrumentos de patrimonio disponibles para la venta.

5401. Inversiones en instrumentos de patrimonio a valor razonable con cambios en resultados.

541. Valores representativos de deuda a corto plazo.

5410. Valores representativos de deuda a corto plazo mantenidos a vencimiento.

5411. Valores representativos de deuda a corto plazo disponibles para la venta.

5412. Valores representativos de deuda a valor razonable con cambios en resultados.

542. Créditos a corto plazo.

5420. Créditos a corto plazo por enajenación de inmovilizado.

5429. Otros créditos a corto plazo.

543. Activos por derivados financieros a corto plazo.

5430. Activos por derivados financieros a corto plazo designados instrumentos de cobertura.

5431. Activos por otros derivados financieros a corto plazo.

5436. Intereses a corto plazo de permutas financieras designadas instrumentos de cobertura.

5437. Intereses a corto plazo de otras permutas financieras.

544. Créditos a corto plazo al personal.

545. Dividendo a cobrar.

546. Intereses a corto plazo de valores representativos de deuda.

547. Intereses a corto plazo de créditos.

548. Imposiciones a corto plazo.

549. Desembolsos pendientes sobre participaciones en el patrimonio neto a corto plazo.

5490. De activos financieros a valor razonable con cambios en resultados.

5491. De activos financieros disponibles para la venta.

55. OTRAS CUENTAS FINANCIERAS.

550. Cuentas corrientes no bancarias.

5500. Cuentas corrientes no bancarias con entes públicos, por administración de recursos.

5509. Otras cuentas no bancarias.

554. Cobros pendientes de aplicación.

555. Pagos pendientes de aplicación.

556. Movimientos internos de tesorería.

557. Formalización.

558. Provisiones de fondos para pagos a justificar y anticipos de caja fija.

5580. Provisiones de fondos para pagos a justificar pendientes de justificación.

5581. Provisiones de fondos para anticipos de caja fija pendientes de justificación.

5584. Libramientos para pagos a justificar.

5585. Libramientos para la reposición de anticipos de caja fija pendientes de pago.

5586. Gastos realizados con provisiones de fondos para pagos a justificar pendientes de justificación.

559. Otras partidas pendientes de aplicación.

56. FIANZAS Y DEPÓSITOS RECIBIDOS Y CONSTITUIDOS A CORTO PLAZO Y AJUSTES POR PERIODIFICACIÓN.

560. Fianzas recibidas a corto plazo.

561. Depósitos recibidos a corto plazo.

565. Fianzas constituidas a corto plazo.

566. Depósitos constituidos a corto plazo.

567. Gastos financieros pagados por anticipado.

568. Ingresos financieros cobrados por anticipado.

57. EFECTIVO Y ACTIVOS LÍQUIDOS EQUIVALENTES.

570. Caja operativa.

571. Bancos e instituciones de crédito. Cuentas operativas.

573. Bancos e instituciones de crédito. Cuentas restringidas de recaudación.

574. Caja restringida.

5740. Caja. Pagos a justificar.

5741. Caja. Anticipos de caja fija.

575. Bancos e instituciones de crédito. Cuentas restringidas de pagos.

5750. Bancos e instituciones de crédito. Pagos a justificar.

5751. Bancos e instituciones de crédito. Anticipos de caja fija.

5759. Otras cuentas restringidas de pagos.

577. Activos líquidos equivalentes al efectivo.

58. PROVISIONES A CORTO PLAZO.

582. Provisión a corto plazo para responsabilidades.

583. Provisión a corto plazo por desmantelamiento, retiro o rehabilitación del inmovilizado no financiero.

585. Provisión a corto plazo para devolución de ingresos.

588. Provisión a corto plazo para transferencias y subvenciones.

589. Otras provisiones a corto plazo.

59. DETERIORO DE VALOR DE INVERSIONES FINANCIERAS A CORTO PLAZO.

594. Deterioro de valor de participaciones a corto plazo en entidades del grupo, multigrupo y asociadas.

5940. Deterioro de valor de participaciones a corto plazo en entidades de derecho público del grupo, multigrupo y asociadas.

5941. Deterioro de valor de participaciones a corto plazo en sociedades mercantiles y sociedades cooperativas del grupo, multigrupo y asociadas.

5942. Deterioro de valor de participaciones en otras entidades del grupo, multigrupo y asociadas.

595. Deterioro de valor de valores representativos de deuda a corto plazo en entidades del grupo, multigrupo y asociadas.

5950. Deterioro de valor de valores mantenidos a vencimiento de entidades del grupo, multigrupo y asociadas.

5951. Deterioro de valor de valores disponibles para la venta de entidades del grupo, multigrupo y asociadas.

596. Deterioro de valor de créditos y otras inversiones financieras a corto plazo en entidades del grupo, multigrupo y asociadas.

5960. Deterioro de valor de créditos a corto plazo a entidades del grupo, multigrupo y asociadas.

5961. Deterioro de valor de fianzas constituidas a corto plazo en entidades del grupo, multigrupo y asociadas.

5962. Deterioro de valor de depósitos constituidos en entidades del grupo, multigrupo y asociadas.

597. Deterioro de valor de valores representativos de deuda a corto plazo.

5970. Deterioro de valor de valores mantenidos a vencimiento.

5971. Deterioro de valor de valores disponibles para la venta.

598. Deterioro de valor de créditos y otras inversiones financieras a corto plazo.

5980. Deterioro de valor de créditos a corto plazo.

5981. Deterioro de valor de fianzas constituidas a corto plazo.

5982. Deterioro de valor de depósitos constituidos a corto plazo.

GRUPO 6
COMPRAS Y GASTOS POR NATURALEZA

60. COMPRAS.

600. Compras de mercaderías.

601. Compras de materias primas.

602. Compras de otros aprovisionamientos.

605. Compras de activos adquiridos para otras entidades.

607. Trabajos realizados por otras entidades.

61. VARIACIÓN DE EXISTENCIAS.

610. Variación de existencias de mercaderías.

611. Variación de existencias de materias primas.

612. Variación de existencias de otros aprovisionamientos.

62. SERVICIOS EXTERIORES.

620. Gastos en investigación y desarrollo.

621. Arrendamientos y cánones.

622. Reparaciones y conservación.

623. Servicios de profesionales independientes.

624. Transportes.

625. Primas de seguros.

626. Servicios bancarios y similares.

627. Publicidad, propaganda y relaciones públicas.

628. Suministros.

629. Comunicaciones y otros servicios.

63. TRIBUTOS.

630. Tributos de carácter local.

631. Tributos de carácter autonómico.

632. Tributos de carácter estatal.

634. Ajustes negativos en la imposición indirecta.

639. Ajustes positivos en la imposición indirecta.

64. GASTOS DE PERSONAL Y PRESTACIONES SOCIALES.

640. Sueldos y salarios.

641. Indemnizaciones.

642. Cotizaciones sociales a cargo del empleador.

643. Aportaciones a sistemas complementarios de pensiones.

644. Otros gastos sociales.

645. Prestaciones sociales.

65. TRANSFERENCIAS Y SUBVENCIONES.

650. Transferencias.

6500. A la entidad o entidades propietarias.

6501. Al resto de entidades.

651. Subvenciones.

6510. A la entidad o entidades propietarias.

6511. Al resto de entidades.

66. GASTOS FINANCIEROS.

660. Gastos financieros por actualización de provisiones.

661. Intereses de empréstitos y otras emisiones análogas.

662. Intereses de deudas.

6625. Intereses de deudas con entidades de crédito.

6626. Intereses de otras deudas.

6628. Intereses de permutas financieras designadas instrumentos de cobertura.

663. Intereses de deudas con entidades del grupo, multigrupo y asociadas.

6630. Intereses de empréstitos y otras emisiones análogas, entidades del grupo, multigrupo y asociadas.

6632. Intereses de otras deudas con entidades del grupo, multigrupo y asociadas.

664. Pérdidas en instrumentos financieros a valor razonable.

6640. Pérdidas en activos financieros a valor razonable con cambios en resultados.

6641. Pérdidas en activos financieros disponibles para la venta.

6642. Pérdidas en pasivos financieros a valor razonable con cambios en resultados.

6645. Pérdidas en derivados financieros designados instrumentos de cobertura.

66451. De coberturas de los flujos de efectivo de pasivos financieros.

66452. De coberturas de participaciones en el patrimonio neto.

66453. De coberturas del valor razonable de valores representativos de deuda.

66454. De coberturas de los flujos de efectivo de valores representativos de deuda.

66459. De transacciones previstas que no se produzcan.

6646. Pérdidas en otros derivados financieros.

665. Pérdidas en instrumentos financieros a coste amortizado o a coste.

6650. Pérdidas en inversiones financieras a coste amortizado.

6651. Pérdidas en inversiones en instrumentos de patrimonio valorados a coste.

6655. Pérdidas en pasivos financieros a coste amortizado.

666. Pérdidas en instrumentos financieros con entidades del grupo, multigrupo y asociadas.

6660. Pérdidas en participaciones en entidades del grupo, multigrupo y asociadas.

6661. Pérdidas en valores representativos de deuda de entidades del grupo, multigrupo y asociadas a coste amortizado.

6662. Pérdidas de créditos a entidades del grupo, multigrupo y asociadas.

6663. Pérdidas en pasivos financieros con entidades del grupo, multigrupo y asociadas a coste amortizado.

667. Pérdidas de créditos incobrables.

6670. Con entidades del grupo, multigrupo y asociadas

6671. Con otras entidades.

668. Diferencias negativas de cambio.

669. Otros gastos financieros.

67. PÉRDIDAS PROCEDENTES DE ACTIVOS NO CORRIENTES, OTROS GASTOS DE GESTION ORDINARIA Y GASTOS EXCEPCIONALES.

670. Pérdidas procedentes del inmovilizado intangible.

671. Pérdidas procedentes del inmovilizado material.

672. Pérdidas procedentes de las inversiones inmobiliarias.

673. Pérdidas procedentes del Patrimonio público del suelo.

674. Pérdidas procedentes de activos en estado de venta.

676. Otras pérdidas de gestión ordinaria.

678. Gastos excepcionales.

68. DOTACIONES PARA AMORTIZACIONES.

680. Amortización del inmovilizado intangible.

6800. Amortización de inversión en investigación.

6801. Amortización de inversión en desarrollo.

6803. Amortización de propiedad industrial e intelectual.

6806. Amortización de aplicaciones informáticas.

6807. Amortización de inversiones sobre activos utilizados en régimen de arrendamiento o cedidos.

6809. Amortización de otro inmovilizado intangible.

681. Amortización del inmovilizado material.

6810. Amortización de terrenos y bienes naturales.

6811. Amortización de construcciones.

6812. Amortización de infraestructuras.

6813. Amortización de bienes del patrimonio histórico.

6814. Amortización de maquinaria y utillaje.

6815. Amortización de instalaciones técnicas y otras instalaciones.

6816. Amortización de mobiliario.

6817. Amortización de equipos para procesos de información.

6818. Amortización de elementos de transporte.

6819. Amortización de otro inmovilizado material.

682. Amortización de las inversiones inmobiliarias.

6820. Amortización de inversiones en terrenos.

6821. Amortización de inversiones en construcciones.

684. Amortización del Patrimonio público del suelo.

6840. Amortización de terrenos del Patrimonio público del suelo.

6841. Amortización de construcciones del Patrimonio público del suelo.

6849. Amortización de otros bienes y derechos del Patrimonio público del suelo.

69. PERDIDAS POR DETERIORO.

690. Pérdidas por deterioro del inmovilizado intangible.

6903. Pérdidas por deterioro de propiedad industrial e intelectual.

6906. Pérdidas por deterioro de aplicaciones informáticas.

6907. Pérdidas por deterioro de inversiones sobre activos utilizados en régimen de arrendamiento o cedidos.

6909. Pérdidas por deterioro de otro inmovilizado intangible.

691. Pérdidas por deterioro del inmovilizado material.

6910. Pérdidas por deterioro de terrenos y bienes naturales.

6911. Pérdidas por deterioro de construcciones.

6912. Pérdidas por deterioro de infraestructuras.

6913. Pérdidas por deterioro de bienes del patrimonio histórico.

6914. Pérdidas por deterioro de maquinaria y utillaje.

6915. Pérdidas por deterioro de instalaciones técnicas y otras instalaciones.

6916. Pérdidas por deterioro de mobiliario.

6917. Pérdidas por deterioro de equipos para procesos de información.

6918. Pérdidas por deterioro de elementos de transporte.

6919. Pérdidas por deterioro de otro inmovilizado material.

692. Pérdidas por deterioro de las inversiones inmobiliarias.

6920. Pérdidas por deterioro de inversiones en terrenos.

6921. Pérdidas por deterioro de inversiones en construcciones.

693. Pérdidas por deterioro del Patrimonio público del suelo.

6930. Pérdidas por deterioro de terrenos del Patrimonio público del suelo.

6931. Pérdidas por deterioro de construcciones del Patrimonio público del suelo.

6939. Pérdidas por deterioro de otros bienes y derechos del Patrimonio público del suelo.

694. Pérdidas por deterioro de existencias y otros activos en estado de venta.

6940. Pérdidas por deterioro de productos terminados y en curso de fabricación.

6941. Pérdidas por deterioro de mercaderías.

6942. Pérdidas por deterioro de materias primas.

6943. Pérdidas por deterioro de otros aprovisionamientos.

6948. Pérdidas por deterioro de activos en estado de venta.

696. Pérdidas por deterioro de participaciones.

6960. Pérdidas por deterioro de participaciones en entidades de derecho público del grupo, multigrupo y asociadas.

6961. Pérdidas por deterioro de participaciones en sociedades mercantiles y sociedades cooperativas del grupo, multigrupo y asociadas.

6962. Pérdidas por deterioro de participaciones en otras entidades del grupo, multigrupo y asociadas

6963. Pérdidas por deterioro de participaciones en el patrimonio neto de otras entidades.

697. Pérdidas por deterioro de valores representativos de deuda.

6970. Pérdidas por deterioro de valores representativos de deuda de entidades del grupo, multigrupo y asociadas.

6971. Pérdidas por deterioro de valores representativos de deuda de otras entidades.

698. Pérdidas por deterioro de créditos y otras inversiones financieras.

6980. Pérdidas por deterioro de créditos a entidades del grupo, multigrupo y asociadas.

6981. Pérdidas por deterioro de fianzas constituidas en entidades del grupo, multigrupo y asociadas.

6982. Pérdidas por deterioro de depósitos constituidos en entidades del grupo, multigrupo y asociadas.

6983. Pérdidas por deterioro de créditos a otras entidades.

6984. Pérdidas por deterioro de fianzas constituidas en otras entidades.

6985. Pérdidas por deterioro de depósitos constituidos en otras entidades.

GRUPO 7

VENTAS E INGRESOS POR NATURALEZA

70. VENTAS E INGRESOS POR ACTIVOS CONSTRUIDOS O ADQUIRIDOS PARA OTRAS ENTIDADES.

700. Ventas de mercaderías.

701. Ventas de productos terminados.

702. Ventas de productos semiterminados.

703. Ventas de subproductos y residuos.

704. Ventas de envases y embalajes.

705. Prestaciones de servicios.

707. Ingresos por activos construidos o adquiridos para otras entidades.

7070. Ingresos imputados por grado de avance de activos construidos para otras entidades.

7071. Ingresos imputados por entregas de activos construidos o adquiridos para otras entidades.

71. VARIACIÓN DE EXISTENCIAS.

710. Variación de existencias de producción en curso.

711. Variación de existencias de productos semiterminados.

712. Variación de existencias de productos terminados.

713. Variación de existencias de subproductos, residuos y materiales recuperados.

717. Variación de existencias de activos construidos o adquiridos para otras entidades.

72. IMPUESTOS DIRECTOS.

720. Impuesto sobre la renta de las personas físicas.

724. Impuesto sobre bienes inmuebles.

725. Impuesto sobre vehículos de tracción mecánica.

726. Impuesto sobre el incremento del valor de los terrenos de naturaleza urbana.

727. Impuesto sobre actividades económicas.

728. Otros impuestos.

73. IMPUESTOS INDIRECTOS.

731. Impuestos sobre el valor añadido.

7310. Impuesto sobre el valor añadido.

7311. Impuesto general indirecto canario.

732. Impuestos especiales.

733. Impuesto sobre construcciones, instalaciones y obras.

735. Impuesto municipal sobre gastos suntuarios.

736. Impuestos sobre la producción e importación de bienes y servicios.

7360. Impuesto sobre la producción, los servicios y la importación en las ciudades de Ceuta y Melilla.

7361. Arbitrio sobre importaciones y entregas de mercancías en las islas Canarias.

739. Otros impuestos.

74. TASAS, PRECIOS PÚBLICOS, CONTRIBUCIONES ESPECIALES E INGRESOS URBANÍSTICOS.

740. Tasas por prestación de servicios o realización de actividades.

741. Precios públicos por prestación de servicios o realización de actividades.

742. Tasas por utilización privativa o aprovechamiento especial del dominio público.

744. Contribuciones especiales.

745. Ingresos por actuaciones urbanísticas.

7450. Canon de urbanización.

7451. Cuotas de urbanización.

746. Aprovechamientos urbanísticos.

7460. Canon por aprovechamientos urbanísticos.

7461. Aprovechamiento urbanístico correspondiente a la Administración.

75. TRANSFERENCIAS Y SUBVENCIONES.

750. Transferencias.

7500. De la entidad o entidades propietarias.

7501. Del resto de entidades.

751. Subvenciones para gastos no financieros del ejercicio.

7510. De la entidad o entidades propietarias.

7511. Del resto de entidades.

752. Subvenciones para la cancelación de deudas genéricas.

7520. De la entidad o entidades propietarias.

7521. Del resto de entidades.

753. Subvenciones para la financiación del inmovilizado no financiero y de activos en estado de venta imputadas al resultado del ejercicio.

7530 Subvenciones para la financiación del inmovilizado no financiero imputadas al resultado del ejercicio por amortización.

75300. De la entidad o entidades propietarias.

75301. Del resto de entidades.

7531 Subvenciones para la financiación del inmovilizado no financiero y de activos en estado de venta imputadas al resultado del ejercicio por enajenación o baja.

75310. De la entidad o entidades propietarias.

75311. Del resto de entidades.

754. Subvenciones para activos corrientes y gastos imputadas al ejercicio.

7540. De la entidad o entidades propietarias.

7541. Del resto de entidades.

755. Subvenciones para gastos financieros del ejercicio.

7550. De la entidad o entidades propietarias.

7551. Del resto de entidades.

756. Subvenciones para la financiación de operaciones financieras imputadas al ejercicio.

7560. De la entidad o entidades propietarias.

7561. Del resto de entidades.

76. INGRESOS FINANCIEROS.

760. Ingresos de participaciones en el patrimonio neto.

761. Ingresos de valores representativos de deuda.

762. Ingresos de créditos.

7620. Ingresos de créditos.

7628. Ingresos de permutas financieras designadas instrumentos de cobertura.

763. Ingresos de inversiones en entidades del grupo, multigrupo y asociadas.

7630. Ingresos de participaciones en el patrimonio neto de entidades del grupo, multigrupo y asociadas.

7631. Ingresos de valores representativos de deudas de entidades del grupo, multigrupo y asociadas.

7632. Ingresos de créditos a entidades del grupo, multigrupo y asociadas.

764. Beneficios en instrumentos financieros a valor razonable.

7640. Beneficios en activos financieros a valor razonable con cambios en resultados.

7641. Beneficios en activos financieros disponibles para la venta.

7642. Beneficios en pasivos financieros a valor razonable con cambios en resultados.

7645. Beneficios en derivados financieros designados instrumentos de cobertura.

76451. De coberturas de los flujos de efectivo de pasivos financieros.

76452. De coberturas de participaciones en el patrimonio neto.

76453. De coberturas del valor razonable de valores representativos de deuda.

76454 De coberturas de los flujos de efectivo de valores representativos de deuda.

76459. De transacciones previstas que no se produzcan.

7646. Beneficios en otros derivados financieros.

765. Beneficios en instrumentos financieros a coste amortizado o a coste.

7650. Beneficios en inversiones financieras a coste amortizado.

7651. Beneficios en inversiones en instrumentos de patrimonio valorados a coste.

7655. Beneficios en pasivos financieros a coste amortizado.

766. Beneficios en instrumentos financieros con entidades del grupo, multigrupo y asociadas.

7660. Beneficios en participaciones en entidades del grupo, multigrupo y asociadas.

7661. Beneficios en valores representativos de deuda de entidades del grupo, multigrupo y asociadas a coste amortizado.

7663. Beneficios en pasivos financieros con entidades del grupo, multigrupo y asociadas a coste amortizado.

768. Diferencias positivas de cambio.

769. Otros ingresos financieros.

77. BENEFICIOS PROCEDENTES DE ACTIVOS NO CORRIENTES, OTROS INGRESOS DE GESTIÓN ORDINARIA E INGRESOS EXCEPCIONALES.

770. Beneficios procedentes del inmovilizado intangible.

771. Beneficios procedentes del inmovilizado material.

772. Beneficios procedentes de las inversiones inmobiliarias.

773. Beneficios procedentes del Patrimonio público del suelo

774. Beneficios procedentes de activos en estado de venta.

775. Reintegros.

776. Ingresos por arrendamientos.

777. Otros ingresos.

778. Ingresos excepcionales.

78. TRABAJOS REALIZADOS PARA LA ENTIDAD.

780. Trabajos realizados para el inmovilizado intangible.

781. Trabajos realizados para el inmovilizado material.

782 Trabajos realizados para inversiones inmobiliarias.

783. Trabajos realizados para el inmovilizado e inversiones inmobiliarias en curso.

784. Trabajos realizados para el Patrimonio público del suelo.

785. Gastos financieros imputados al inmovilizado intangible.

786. Gastos financieros imputados al inmovilizado material.

787. Gastos financieros imputados a inversiones inmobiliarias.

788. Gastos financieros imputados al inmovilizado e inversiones inmobiliarias en curso.

789. Gastos financieros imputados al Patrimonio público del suelo.

79. EXCESOS Y APLICACIONES DE PROVISIONES Y DE PÉRDIDAS POR DETERIORO.

790. Reversión del deterioro del inmovilizado intangible.

7903. Reversión del deterioro de propiedad industrial e intelectual.

7906. Reversión del deterioro de aplicaciones informáticas.

7907. Reversión del deterioro de inversiones sobre activos utilizados en régimen de arrendamiento o cedidos.

7909. Reversión del deterioro de otro inmovilizado intangible.

791. Reversión del deterioro del inmovilizado material.

7910. Reversión del deterioro de terrenos y bienes naturales.

7911. Reversión del deterioro de construcciones.

7912. Reversión del deterioro de infraestructuras.

7913. Reversión del deterioro de bienes del patrimonio histórico.

7914. Reversión del deterioro de maquinaria y utillaje.

7915. Reversión del deterioro de instalaciones técnicas y otras instalaciones.

7916. Reversión del deterioro de mobiliario.

7917. Reversión del deterioro de equipos para procesos de información.

7918. Reversión del deterioro de elementos de transporte.

7919. Reversión del deterioro de otro inmovilizado material.

792. Reversión del deterioro de las inversiones inmobiliarias.

7920. Reversión del deterioro de terrenos.

7921. Reversión del deterioro de construcciones.

793. Reversión del deterioro del Patrimonio público del suelo.

7930. Reversión del deterioro de terrenos del Patrimonio público del suelo.

7931. Reversión del deterioro de construcciones del Patrimonio público del suelo.

7939. Reversión del deterioro de otros bienes y derechos del Patrimonio público del suelo.

794. Reversión del deterioro de existencias y otros activos en estado de venta.

7940. Reversión del deterioro de productos terminados y en curso de fabricación.

7941. Reversión del deterioro de mercaderías.

7942. Reversión del deterioro de materias primas.

7943. Reversión del deterioro de otros aprovisionamientos.

7948. Reversión del deterioro de activos en estado de venta.

795. Exceso de provisiones.

7952. Exceso de provisión para responsabilidades.

7953. Exceso de provisión por desmantelamiento, retiro o rehabilitación del inmovilizado no financiero.

7955. Exceso de provisión para devolución de ingresos.

7958. Exceso de provisión para transferencias y subvenciones.

7959. Exceso de otras provisiones.

796. Reversión del deterioro de participaciones.

7960. Reversión del deterioro de participaciones en entidades de derecho público del grupo, multigrupo y asociadas.

7961. Reversión del deterioro de participaciones en sociedades mercantiles y sociedades cooperativas del grupo, multigrupo y asociadas.

7962. Reversión del deterioro de participaciones en otras entidades del grupo, multigrupo y asociadas.

797. Reversión del deterioro de valores representativos de deuda.

7970. Reversión del deterioro de valores representativos de deuda de entidades del grupo, multigrupo y asociadas.

7971. Reversión del deterioro de valores representativos de deuda de otras entidades.

798. Reversión del deterioro de créditos y otras inversiones financieras.

7980. Reversión del deterioro de créditos a entidades del grupo, multigrupo y asociadas.

7981. Reversión del deterioro de fianzas constituidas en entidades del grupo, multigrupo y asociadas.

7982. Reversión del deterioro de depósitos constituidos en entidades del grupo, multigrupo y asociadas.

7983. Reversión del deterioro de créditos a otras entidades.

7984. Reversión del deterioro de fianzas constituidas en otras entidades.

7985. Reversión del deterioro de depósitos constituidos en otras entidades.

799. Reversión del deterioro por el usufructo cedido del inmovilizado material.

GRUPO 8
GASTOS IMPUTADOS AL PATRIMONIO NETO

80. PÉRDIDAS POR VALORACIÓN DE ACTIVOS FINANCIEROS.

800. Pérdidas en activos financieros disponibles para la venta.

802. Imputación de beneficios en activos financieros disponibles para la venta.

81. GASTOS EN OPERACIONES DE COBERTURA.

810. Pérdidas por coberturas.

811. Imputación de beneficios por coberturas.

8110. Imputación de beneficios por coberturas a la cuenta del resultado económico-patrimonial.

8111. Imputación de beneficios por coberturas al valor inicial de la partida cubierta.

82. GASTOS POR VALORACION DEL INMOVILIZADO NO FINANCIERO.

820. Ajustes negativos en la valoración del inmovilizado no financiero por disminución de su valor razonable.

821. Ajustes negativos en la valoración del inmovilizado no financiero por amortizaciones.

822. Ajustes negativos en la valoración del inmovilizado no financiero por pérdidas de valor en bajas.

823. Imputación de beneficios en la valoración del inmovilizado no financiero.

84. IMPUTACIÓN DE SUBVENCIONES.

840. Imputación de subvenciones para la financiación del inmovilizado no financiero y de activos en estado de venta.

8400. De la entidad o entidades propietarias.

8401. Del resto de entidades.

841. Imputación de subvenciones para la financiación de activos corrientes y gastos.

8410. De la entidad o entidades propietarias

8411. Del resto de entidades.

842. Imputación de subvenciones para la financiación de operaciones financieras.

8420. De la entidad o entidades propietarias.

8421. Del resto de entidades.

89. GASTOS DE PARTICIPACIONES EN ENTIDADES DEL GRUPO, MULTIGRUPO Y ASOCIADAS CON AJUSTES VALORATIVOS POSITIVOS PREVIOS.

891. Deterioro de participaciones en entidades del grupo, multigrupo y asociadas.

GRUPO 9

INGRESOS IMPUTADOS AL PATRIMONIO NETO

90. INGRESOS POR VALORACIÓN DE ACTIVOS FINANCIEROS.

900. Beneficios en activos financieros disponibles para la venta.

902. Imputación de pérdidas en activos financieros disponibles para la venta.

91. INGRESOS EN OPERACIONES DE COBERTURA.

910. Beneficios por coberturas.

911. Imputación de pérdidas por coberturas.

9110. Imputación de pérdidas por coberturas a la cuenta del resultado económico patrimonial.

9111. Imputación de pérdidas por coberturas al valor inicial de la partida cubierta.

92. INGRESOS POR VALORACION DEL INMOVILIZADO NO FINANCIERO.

920. Ajustes positivos en la valoración del inmovilizado no financiero por aumento de su valor razonable.

94. INGRESOS POR SUBVENCIONES.

940. Ingresos de subvenciones para la financiación del inmovilizado no financiero y de activos en estado de venta.

9400. De la entidad o entidades propietarias.

9401. Del resto de entidades.

941. Ingresos de subvenciones para la financiación de activos corrientes y gastos.

9410. De la entidad o entidades propietarias.

9411. Del resto de entidades.

942. Ingresos de subvenciones para la financiación de operaciones financieras.

9420. De la entidad o entidades propietarias.

9421. Del resto de entidades.

99. INGRESOS DE PARTICIPACIONES EN EL PATRIMONIO DE ENTIDADES DEL GRUPO, MULTIGRUPO Y ASOCIADAS CON AJUSTES VALORATIVOS NEGATIVOS PREVIOS.

991. Recuperación de ajustes valorativos negativos previos, entidades del grupo, multigrupo y asociadas.

993. Imputación por deterioro de ajustes valorativos negativos previos, entidades del grupo, multigrupo y asociadas.

GRUPO 0

CUENTAS DE CONTROL PRESUPUESTARIO.

00. DE CONTROL PRESUPUESTARIO. EJERCICIO CORRIENTE.

000. Presupuesto ejercicio corriente.

001. Presupuesto de gastos: créditos iniciales.

002. Presupuesto de gastos: modificaciones de crédito.

0020. Créditos extraordinarios.

0021. Suplementos de crédito.

0022. Ampliaciones de crédito.

0023. Transferencias de crédito.

0024. Incorporaciones de remanentes de crédito.

0025. Créditos generados por ingresos.

0027. Ajustes por prórroga presupuestaria.

0028. Bajas por anulación.

003. Presupuesto de gastos: créditos definitivos.

0030. Créditos disponibles.

0031. Créditos retenidos para gastar.

0032. Créditos retenidos para transferencias y bajas.

0033. Créditos retenidos para acuerdos de no disponibilidad.

0034. Créditos no disponibles.

004. Presupuesto de gastos: gastos autorizados.

005. Presupuesto de gastos: gastos comprometidos.

006. Presupuesto de ingresos: previsiones iniciales.

007. Presupuesto de ingresos: modificación de previsiones.

008. Presupuesto de ingresos: previsiones definitivas.

QUINTA PARTE

Definiciones y relaciones contables

Grupo 1. Financiación básica

Comprende el patrimonio neto y la financiación ajena a largo plazo de la entidad, sujeto de la contabilidad, destinados, en general, a financiar el activo no corriente y a cubrir un margen razonable del corriente.

En este grupo no se pueden incluir los pasivos financieros con vencimiento a largo plazo que se hayan clasificado en el momento de su reconocimiento inicial en la categoría de pasivos financieros a valor razonable con cambios en resultados, que deberán figurar en el grupo 5, «Cuentas financieras», excepto los derivados cuyo plazo de liquidación sea superior a un año.

10. PATRIMONIO.
   - 100. *Patrimonio.*
   - 101. *Patrimonio recibido.*
     - 1010. Aportación patrimonial dineraria.
     - 1011. Aportación de bienes y derechos.
     - 1012. Asunción y condonación de pasivos financieros.
     - 1013. Otras aportaciones de la entidad o entidades propietarias.
     - 1014. Devolución de bienes y derechos.
     - 1015. Otras devoluciones.

100. Patrimonio.

Cuenta representativa de la diferencia entre el activo y el pasivo exigible de la entidad, sujeto de la contabilidad, una vez deducidos, en su caso, los resultados, los ajustes por cambios de valor u otros incrementos patrimoniales pendientes de imputación a resultados.

Esta cuenta será de uso exclusivo por municipios, provincias, islas, y otras entidades locales de ámbito superior o inferior al municipio que no tengan propietario.

Su saldo, normalmente acreedor, figurará en el patrimonio neto del balance, en el epígrafe I, «Patrimonio».

101. Patrimonio recibido.

Cuenta representativa del valor de los bienes y derechos aportados por la entidad o entidades propietarias de la entidad contable, ya sea como aportación patrimonial inicial directa, así como consecuencia de posteriores ampliaciones de la misma por asunción de nuevas competencias. Se incluyen también en esta cuenta las adscripciones de bienes al sujeto contable para su explotación o utilización, procedentes, de la entidad o entidades propietarias.

Esta cuenta será de uso exclusivo por los organismos autónomos y entidades locales de ámbito superior o inferior al municipio que no deban utilizar la cuenta 100, «Patrimonio».

Su saldo, normalmente acreedor, figurará en el patrimonio neto del balance, en el epígrafe I, «Patrimonio».

Funcionará a través de sus divisionarias.

Su movimiento es el siguiente:

a) Se abonará:

a.1) Por la aportación patrimonial recibida de la entidad o entidades propietarias, con cargo a la cuenta que corresponda, generalmente de activo, a través de las subcuentas 1010, «Aportación patrimonial dineraria», 1011, «Aportación de bienes y derechos», 1012, «Asunción y condonación de pasivos financieros», o 1013, «Otras aportaciones de la entidad o entidades propietarias».

a.2) Por el valor razonable de los bienes recibidos en adscripción, cuando se produzca ésta, con cargo a las cuentas representativas de los activos recibidos, a través de la subcuenta 1011, «Aportación de bienes y derechos».

b) Se cargará, a la devolución de la aportación a la entidad o entidades propietarias, con abono a la cuenta que corresponda, a través de las subcuentas 1014, «Devolución de bienes y derechos», o 1015, «Otras devoluciones». Estas subcuentas al menos al final del ejercicio deberán abonarse con cargo a las subcuentas representativas de las aportaciones patrimoniales devueltas.

12. RESULTADOS.

120. *Resultados de ejercicios anteriores.*

129. *Resultado del ejercicio.*

Las cuentas de este subgrupo figurarán en el patrimonio neto del balance, en el epígrafe II, «Patrimonio generado», con signo positivo o negativo según corresponda.

120. Resultados de ejercicios anteriores.

Resultados económico patrimoniales generados en ejercicios anteriores.

Su movimiento es el siguiente:

a) Se abonará:

a.1) Con cargo a la cuenta 129, «Resultado del ejercicio», por los resultados positivos.

a.2) Con cargo a la cuenta 430, «Deudores por derechos reconocidos. Presupuesto de ingresos corriente», por los reintegros de pagos de presupuestos cerrados derivados de gastos económicos que sean de importe significativo y tengan su origen en errores en el reconocimiento de los gastos.

a.3) Con cargo a la cuenta 431, «Deudores por derechos reconocidos. Presupuestos de ingresos cerrados», por la modificación al alza del saldo inicial de derechos presupuestarios reconocidos en ejercicios anteriores derivados de ingresos económicos de importe significativo y que tenga su origen en errores en el reconocimiento de los ingresos. Este asiento será de signo negativo si la modificación fuera a la baja.

b) Se cargará:

b.1) Con abono a la cuenta 129, «Resultado del ejercicio», por los resultados negativos.

b.2) Con abono a la cuenta 418, «Acreedores por devolución de ingresos y otras minoraciones», por los acuerdos de devolución de ingresos presupuestarios de ejercicios anteriores que sean consecuencia de errores en las liquidaciones practicadas con origen en ingresos económicos de importe significativo.

b.3) Con abono a la cuenta 434, «Derechos anulados de presupuestos cerrados», por las anulaciones de derechos de presupuestos cerrados, con origen en ingresos económicos, por anulación de las liquidaciones por las que fueron reconocidos, cuyo importe sea significativo.

b.4) Con abono a la cuenta 401, «Acreedores por obligaciones reconocidas. Presupuestos de gastos cerrados», por la modificación al alza de obligaciones presupuestarias reconocidas en ejercicios anteriores derivadas de gastos económicos de importe significativo y que tenga su origen en errores en el reconocimiento de los gastos. Este asiento será de signo negativo si la modificación fuera a la baja.

c) Se cargará o abonará con abono o cargo a la contrapartida que corresponda por los ajustes en el patrimonio neto de la entidad derivados de cambios de criterio contable o errores de ejercicios anteriores, no previstos en los movimientos anteriores, cuando sean de importe significativo.

129. Resultado del ejercicio.

Recoge el resultado positivo o negativo del último ejercicio cerrado, pendiente de traspaso a la cuenta 120, «Resultados de ejercicios anteriores».

Su movimiento es el siguiente:

a) Se abonará con cargo a:

a.1) Cuentas de los grupos 6, «Compras y gastos por naturaleza», y 7, «Ventas e ingresos por naturaleza», que presenten al final del ejercicio saldo acreedor, para determinar el resultado del ejercicio.

a.2) La cuenta 120, «Resultados de ejercicios anteriores», por el traspaso del resultado negativo.

b) Se cargará con abono a:

b.1) Cuentas de los grupos 6, «Compras y gastos por naturaleza», y 7, «Ventas e ingresos por naturaleza», que presenten al final del ejercicio saldo deudor, para determinar el resultado del ejercicio.

b.2) La cuenta 120, «Resultados de ejercicios anteriores», por el traspaso del resultado positivo.

13. SUBVENCIONES Y AJUSTES POR CAMBIO DE VALOR.

130. *Subvenciones para la financiación del inmovilizado no financiero y de activos en estado de venta.*

131. *Subvenciones para la financiación de activos corrientes y gastos.*

132. *Subvenciones para la financiación de operaciones financieras.*

133. *Ajustes por valoración de activos financieros disponibles para la venta.*

134. *Ajustes por valoración de instrumentos de cobertura.*

136. *Ajustes por valoración del inmovilizado no financiero.*

Subvenciones recibidas, clasificadas contablemente como no reintegrables, y otros ingresos y gastos contabilizados directamente en el patrimonio neto, hasta que, de conformidad con lo previsto en las normas de reconocimiento y valoración, se produzca, en su caso, su traspaso o imputación a la cuenta del resultado económico patrimonial.

130. Subvenciones para la financiación del inmovilizado no financiero y de activos en estado de venta.

Las recibidas, para el establecimiento o estructura fija de la entidad (activos no corrientes) cuando no sean reintegrables, de acuerdo con los criterios establecidos en la norma de reconocimiento y valoración n.º 18, «Transferencias y subvenciones».

Figurará en el patrimonio neto del balance en el epígrafe IV, «Subvenciones recibidas pendientes de imputación a resultados».

Su movimiento es el siguiente:

a) Se abonará, al cierre del ejercicio, con cargo a las divisionarias de la cuenta 940, «Ingresos de subvenciones para la financiación del inmovilizado no financiero y de activos en estado de venta», que presenten saldo acreedor.

b) Se cargará al cierre del ejercicio:

b.1) Por la imputación a la cuenta del resultado económico patrimonial de la subvención recibida, con abono a la cuenta 840, «Imputación de subvenciones para la financiación del inmovilizado no financiero y de activos en estado de venta» a través de sus divisionarias.

b.2) Con abono a las divisionarias de la cuenta 940, «Ingresos de subvenciones para la financiación del inmovilizado no financiero y de activos en estado de venta», que presenten saldo deudor.

131. Subvenciones para la financiación de activos corrientes y gastos.

Las recibidas para la financiación de activos corrientes y gastos no financieros cuyo devengo se produzca en ejercicios posteriores al de la recepción de la subvención, cuando no sean reintegrables, de acuerdo con los criterios establecidos en la norma de reconocimiento y valoración n.º 18, «Transferencias y subvenciones».

Figurará en el patrimonio neto del balance, en el epígrafe IV, «Subvenciones recibidas pendientes de imputación a resultados».

Su movimiento es el siguiente:

a) Se abonará al cierre del ejercicio, con cargo a las divisionarias de la cuenta 941, «Ingresos de subvenciones para la financiación de activos corrientes y gastos» que presenten saldo acreedor.

b) Se cargará al cierre del ejercicio:

b.1) Por la imputación a la cuenta del resultado económico patrimonial de la subvención recibida, con abono a la cuenta

841, «Imputación de subvenciones para la financiación de activos corrientes y gastos», a través de sus divisionarias.

b.2) Con abono a las divisionarias de la cuenta 941, «Ingresos de subvenciones para la financiación de activos corrientes y gastos», que presenten saldo deudor.

132. Subvenciones para la financiación de operaciones financieras.

Las recibidas para la financiación de operaciones financieras, es decir, activos y pasivos financieros así como gastos financieros cuyo devengo se produzca en ejercicios posteriores al de la recepción de la subvención, cuando no sean reintegrables, de acuerdo con los criterios establecidos en la norma de reconocimiento y valoración n.º 18, «Transferencias y subvenciones».

Figurará en el patrimonio neto del balance, en el epígrafe IV, «Subvenciones recibidas pendientes de imputación a resultados».

Su movimiento es el siguiente:

a) Se abonará al cierre del ejercicio, con cargo a las divisionarias de la cuenta 942, «Ingresos de subvenciones para la financiación de operaciones financieras» que presenten saldo acreedor.

b) Se cargará al cierre del ejercicio:

b.1) Por la imputación a la cuenta del resultado económico patrimonial de la subvención recibida, con abono a la cuenta 842, «Imputación de subvenciones para la financiación de operaciones financieras», a través de sus divisionarias.

b.2) Con abono a las divisionarias de la cuenta 942, «Ingresos de subvenciones para la financiación de operaciones financieras», que presenten saldo deudor.

133. Ajustes por valoración de activos financieros disponibles para la venta.

Ajustes producidos por la valoración a valor razonable de los activos financieros clasificados en la categoría de disponibles para la venta, de acuerdo con la norma de reconocimiento y valoración n.º 8, «Activos financieros».

Figurará en el patrimonio neto del balance, en el epígrafe III, «Ajustes por cambios de valor».

Con carácter general, el movimiento de la cuenta es el siguiente:

a) Se abonará:

a.1) Al cierre del ejercicio, por las variaciones positivas en el valor razonable de los activos financieros disponibles para la venta, con cargo a la cuenta 900, «Beneficios en activos financieros disponibles para venta».

a.2) Al cierre del ejercicio, por el traspaso o imputación de pérdidas de activos financieros disponibles para la venta, con cargo a la cuenta 902, «Imputación de pérdidas en activos financieros disponibles para la venta».

a.3) Al cierre del ejercicio, cuando se hubieran realizado inversiones en la entidad previas a su calificación como entidad del grupo, multigrupo o asociada, por la recuperación o la imputación a la cuenta del resultado económico patrimonial por deterioro de los ajustes valorativos por reducciones de valor imputados directamente en el patrimonio neto, con cargo a las correspondientes cuentas del subgrupo 99, «Ingresos de participaciones en el patrimonio de entidades del grupo, multigrupo y asociadas con ajustes valorativos negativos previos».

b) Se cargará:

b.1) Al cierre del ejercicio, por las variaciones negativas en el valor razonable de los activos financieros disponibles para la venta, con abono a la cuenta 800, «Pérdidas en activos financieros disponibles para la venta».

b.2) Al cierre del ejercicio, por el traspaso o imputación de beneficios en activos financieros disponibles para la venta, con abono a la cuenta 802, «Imputación de beneficios en activos financieros disponibles para la venta».

b.3) Al cierre del ejercicio, por el deterioro en inversiones en el patrimonio de entidades del grupo, multigrupo y asociadas que previamente hubieran ocasionado ajustes valorativos por aumento de valor, con abono a las correspondientes cuentas del subgrupo 89, «Gastos de participaciones en entidades del grupo, multigrupo y asociadas con ajustes valorativos positivos previos».

134. Ajustes por valoración de instrumentos de cobertura.

Importe de la pérdida o ganancia del instrumento de cobertura que se haya determinado como cobertura eficaz, cuando según la norma de reconocimiento y valoración n.º 10, «Coberturas contables» deban imputarse al patrimonio neto.

Figurará en el patrimonio neto del balance, en el epígrafe III, «Ajustes por cambios de valor».

Su movimiento es el siguiente:

a) Se abonará al cierre del ejercicio, para determinar el saldo que debe figurar en el balance, con cargo a las correspondientes cuentas del subgrupo 91, «Ingresos en operaciones de cobertura».

b) Se cargará al cierre del ejercicio, para determinar el saldo que debe figurar en el balance, con abono a las correspondientes cuentas del subgrupo 81, «Gastos en operaciones de cobertura».

136. Ajustes por valoración del inmovilizado no financiero.

Cuando para la valoración de los elementos integrantes del inmovilizado material, intangible, patrimonio público del suelo y de las inversiones inmobiliarias se utilice el modelo de revalorización previsto en la norma de reconocimiento y valoración n.º 1, «Inmovilizado material», se incluirán en esta cuenta los ajustes producidos por la valoración a valor razonable de los activos no corrientes a los que se les aplique dicho modelo.

Figurará en el patrimonio neto del balance, en el epígrafe III, «Ajustes por cambios de valor».

Con carácter general, el movimiento de la cuenta es el siguiente:

a) Se abonará al cierre del ejercicio, por las variaciones positivas en el valor razonable de los activos no corrientes, con cargo a la cuenta 920, «Ajustes positivos en la valoración del inmovilizado no financiero por aumento de su valor razonable».

b) Se cargará, al cierre del ejercicio:

b.1) Por las variaciones negativas del valor razonable, al reducirse el valor contable del activo no corriente, en la medida en que tal reducción no exceda el saldo de esta partida, con abono a la cuenta 820, «Ajustes negativos en la valoración del inmovilizado no financiero por disminución de su valor razonable».

b.2) Por la dotación a la amortización del elemento patrimonial, en su caso, por el importe que corresponda a la depreciación del exceso del valor contable del bien sobre su valor según el modelo del coste, con abono a la cuenta 821, «Ajustes negativos en la valoración del inmovilizado no financiero por amortizaciones».

b.3) Con motivo de la baja del activo, enajenación, o su disposición por otra vía con abono a la cuenta 822, «Ajustes negativos en la valoración del inmovilizado no financiero por pérdidas de valor en bajas», por las disminuciones del valor razonable sobre el valor contable, en dicho momento, o a la cuenta 823, «Imputación de beneficios en la valoración del inmovilizado no financiero», por los beneficios imputados a la cuenta del resultado económico patrimonial.

14. PROVISIONES A LARGO PLAZO.

142. *Provisión a largo plazo para responsabilidades.*

143. *Provisión a largo plazo por desmantelamiento, retiro o rehabilitación del inmovilizado no financiero.*

148. *Provisión a largo plazo para transferencias y subvenciones.*

149. *Otras provisiones a largo plazo.*

Pasivos de carácter no corriente surgidos de obligaciones expresas o tácitas, especificadas en cuanto a su naturaleza, pero que, en la fecha de cierre del ejercicio, existe incertidumbre acerca de su cuantía o vencimiento.

Las cuentas de este subgrupo figurarán en el pasivo no corriente del balance, en el epígrafe I, «Provisiones a largo plazo».

La parte de las provisiones cuya cancelación se prevea en el corto plazo deberá figurar en el pasivo corriente del balance, en el epígrafe I, «Provisiones a corto plazo»; a estos efectos se traspasará el importe que representen las provisiones con vencimiento a corto plazo a las cuentas correspondientes del subgrupo 58, «Provisiones a corto plazo».

142. Provisión a largo plazo para responsabilidades.

Pasivos surgidos por obligaciones de cuantía indeterminada para hacer frente a responsabilidades procedentes de litigios en curso, indemnizaciones u obligaciones derivadas de avales y otras garantías similares a cargo de la entidad.

Su movimiento es el siguiente:

a) Se abonará:

a.1) Al nacimiento de la obligación que determina la indemnización o pago, o por cambios posteriores en su importe que supongan un incremento de la provisión, con cargo, a las cuentas del grupo 6, «Compras y gastos por naturaleza», que correspondan.

a.2) Por el importe de los ajustes que surjan por la actualización de valores, con cargo a la cuenta 660, «Gastos financieros por actualización de provisiones».

b) Se cargará:

b.1) Con abono a la cuenta 400, «Acreedores por obligaciones reconocidas. Presupuesto de gastos corriente», a la resolución firme del litigio, o cuando se conozca el importe definitivo de la indemnización o el pago.

b.2) Por el exceso de la provisión, con abono a la subcuenta 7952, «Exceso de provisión para responsabilidades».

143. Provisión a largo plazo por desmantelamiento, retiro o rehabilitación del inmovilizado no financiero.

Importe estimado de los costes de desmantelamiento o retiro del inmovilizado no financiero, así como la rehabilitación del lugar donde se asienta.

Su movimiento es el siguiente:

a) Se abonará:

a.1) Al nacimiento de la obligación, o por cambios posteriores en su importe que supongan un incremento de la provisión, con cargo, generalmente, a cuentas del grupo 2, «Activo no corriente».

a.2) Por el importe de los ajustes que surjan por la actualización de valores, con cargo a la cuenta 660, «Gastos financieros por actualización de provisiones».

b) Se cargará:

b.1) Con abono a la cuenta 400, «Acreedores por obligaciones reconocidas. Presupuesto de gastos corriente», cuando se realice el desmantelamiento, retiro o rehabilitación.

b.2) Al menos, al cierre del ejercicio, por las disminuciones en el importe de la provisión originadas por una nueva estimación, con abono, generalmente, a cuentas del grupo 2, «Activo no corriente» o en su caso, a la subcuenta 7953, «Exceso de provisión por desmantelamiento, retiro o rehabilitación del inmovilizado no financiero».

148. Provisión a largo plazo para transferencias y subvenciones.

Importe estimado de las transferencias y subvenciones concedidas, de las que al cierre del ejercicio estén pendientes de cumplimiento alguna condición o trámite necesario para su percepción, pero no existan dudas razonables sobre su futuro cumplimiento.

Su movimiento es el siguiente:

a) Se abonará por el importe de la transferencia o subvención concedida, con cargo a la cuenta 650, «Transferencias», o 651, «Subvenciones», respectivamente.

b) Se cargará:

b.1) Con abono, generalmente, a la cuenta 400, «Acreedores por obligaciones reconocidas. Presupuesto de gastos corriente», en el momento de la imputación al presupuesto.

b.2) Por el exceso de provisión, con abono a la subcuenta 7958, «Exceso de provisión para transferencias y subvenciones».

149. Otras provisiones a largo plazo.

Otras obligaciones de pago de tipo legal, contractual o implícitas de la entidad, con cuantía o vencimiento incierto, no recogidas en las demás cuentas de este subgrupo.

Se incluyen en esta cuenta aquellas provisiones para prevenir o reparar daños sobre el medio ambiente, salvo las que tengan su origen en el desmantelamiento, retiro o rehabilitación del inmovilizado, que se contabilizarán según lo establecido en la cuenta 143, «Provisión a largo plazo por desmantelamiento, retiro o rehabilitación del inmovilizado no financiero».

Su movimiento es análogo al señalado para la cuenta 142, «Provisión a largo plazo para responsabilidades».

15. EMPRÉSTITOS Y OTRAS EMISIONES ANÁLOGAS A LARGO PLAZO.

150. *Obligaciones y bonos a largo plazo.*

156. *Intereses a largo plazo de empréstitos y otras emisiones análogas.*

1560. Intereses a largo plazo de obligaciones y bonos.

1569. Intereses a largo plazo de otros valores negociables.

159. *Deudas representadas en otros valores negociables a largo plazo.*

Recoge la financiación ajena obtenida a través de emisiones en masa de valores negociables que no hayan sido adquiridos por entidades del grupo, multigrupo y asociadas, cuyo vencimiento o cancelación vaya a producirse en un plazo superior a un año, incluyendo los intereses devengados con vencimiento superior a un año.

Las cuentas de este subgrupo figurarán en el pasivo no corriente del balance, formando parte del epígrafe II, «Deudas a largo plazo».

La parte de las deudas a largo plazo cuyo vencimiento o cancelación vaya a producirse a corto plazo, deberá figurar en el pasivo corriente del balance; a estos efectos, se traspasará el importe que representen las deudas a largo plazo cuyo vencimiento o cancelación vaya a producirse a corto plazo, a las cuentas correspondientes del subgrupo 50, «Empréstitos y otras emisiones análogas a corto plazo».

150. Obligaciones y bonos a largo plazo.

Refleja las obligaciones y bonos en circulación cuyo vencimiento o cancelación vaya a producirse en un plazo superior a un año.

Su movimiento es el siguiente:

a) Se abonará:

a.1) Por el importe recibido en el momento de su emisión, con cargo a la cuenta 430, «Deudores por derechos reconocidos. Presupuesto de ingresos corriente».

a.2) Por el valor razonable del pasivo asumido, con cargo a la cuenta 651, «Subvenciones».

a.3) Por la imputación de la parte devengada en el ejercicio de la diferencia entre el valor de reembolso al vencimiento y el valor inicial de la deuda, con cargo a la cuenta 661, «Intereses de empréstitos y otras emisiones análogas». Cuando dicha diferencia sea negativa este asiento será el inverso.

b) Se cargará:

b.1) Por los costes de transacción que sean directamente atribuibles a la emisión, con abono a la cuenta 400, «Acreedores por obligaciones reconocidas. Presupuesto de gastos corriente».

b.2) A la amortización anticipada de los valores, por su valor contable, con abono a la cuenta 400, «Acreedores por obligaciones reconocidas. Presupuesto de gastos corriente», por el importe a reembolsar. La diferencia que pueda existir entre el importe a reembolsar y el valor contable de la deuda se cargará a la subcuenta 6655, «Pérdidas en pasivos financieros a coste amortizado», o se abonará a la subcuenta 7655, «Beneficios en pasivos financieros a coste amortizado», según su signo.

b.3) Cuando la deuda sea asumida por otra entidad, con abono a la cuenta 752, «Subvenciones para la cancelación de deudas genéricas».

c) Se cargará o abonará con abono o cargo a las cuentas 768, «Diferencias positivas de cambio», o 668, «Diferencias negativas de cambio», respectivamente, como consecuencia del ajuste del valor de la deuda al tipo de cambio vigente en la fecha de cierre del ejercicio o de la cancelación.

156. Intereses a largo plazo de empréstitos y otras emisiones análogas.

Recoge el importe de los intereses a pagar, con vencimiento a largo plazo, de empréstitos y otras emisiones análogas.

Funcionará a través de sus divisionarias.

Su movimiento es el siguiente:

a) Se abonará, por el importe de los intereses devengados durante el ejercicio, con cargo a la cuenta 661, «Intereses de empréstitos y otras emisiones análogas».

b) Se cargará, a la amortización anticipada de los valores, con abono a la cuenta 400, «Acreedores por obligaciones reconocidas. Presupuesto de gastos corriente».

c) Se cargará o abonará con abono o cargo a las cuentas 768, «Diferencias positivas de cambio», o 668, «Diferencias negativas de cambio», respectivamente, como consecuencia del ajuste del valor de la deuda al tipo de cambio vigente en la fecha de cierre del ejercicio o de la cancelación.

159. Deudas representadas en otros valores negociables a largo plazo.

Otros pasivos financieros cuyo vencimiento o cancelación vaya a producirse en un plazo superior a un año, representados en valores negociables, distintos de los anteriores.

El contenido y movimiento de esta cuenta es análogo al señalado para la cuenta 150, «Obligaciones y bonos a largo plazo».

16. DEUDAS A LARGO PLAZO CON ENTIDADES DEL GRUPO, MULTIGRUPO Y ASOCIADAS.

163. *Deudas a largo plazo transformables en subvenciones con entidades del grupo, multigrupo y asociadas.*

164. *Deudas a largo plazo con entidades del grupo, multigrupo y asociadas representadas en valores negociables.*

165. *Fianzas recibidas a largo plazo de entidades del grupo, multigrupo y asociadas.*

166. *Depósitos recibidos a largo plazo de entidades del grupo, multigrupo y asociadas.*

167. *Intereses a largo plazo de deudas con entidades del grupo, multigrupo y asociadas.*

169. *Otras deudas a largo plazo con entidades del grupo, multigrupo y asociadas.*

Deudas cuyo vencimiento o cancelación vaya a producirse en un plazo superior a un año, contraídas con entidades del grupo, multigrupo y asociadas, incluidas aquellas que por su naturaleza debieran figurar en otros subgrupos de este grupo.

Las cuentas de este subgrupo figurarán en el pasivo no corriente del balance en el epígrafe III, «Deudas con entidades del grupo, multigrupo y asociadas a largo plazo».

La parte de las deudas a largo plazo con entidades del grupo, multigrupo y asociadas que tenga vencimiento a corto deberá figurar en el pasivo corriente del balance, en el epígrafe III, «Deudas con entidades del grupo, multigrupo y asociadas a corto plazo»; a estos efectos se traspasará el importe que representen las deudas a largo plazo con vencimiento a corto plazo a las cuentas correspondientes del subgrupo 51, «Deudas a corto plazo con entidades del grupo, multigrupo y asociadas».

163. Deudas a largo plazo transformables en subvenciones con entidades del grupo, multigrupo y asociadas.

Subvenciones reintegrables recibidas de entidades del grupo, multigrupo y asociadas, con vencimiento superior a un año.

Su movimiento, generalmente, es el siguiente:

a) Se abonará con cargo a:

a.1) La cuenta 430, «Deudores por derechos reconocidos. Presupuesto de ingresos corriente», por las cantidades percibidas.

a.2) La cuenta que corresponda del subgrupo 94, «Ingresos por subvenciones», cuando una subvención no reintegrable se convierta en reintegrable por la parte pendiente de imputar a resultados y a la cuenta 120, «Resultados de ejercicios anteriores» por el importe de la subvención que se hubiese imputado a resultados.

b) Se cargará:

b.1) Por cualquier circunstancia que determine la reducción total o parcial de las mismas, con arreglo a los términos de su concesión, con abono, generalmente, a la cuenta 418, «Acreedores por devolución de ingresos y otras minoraciones».

b.2) Si pierde su carácter de reintegrable, con abono generalmente a las cuentas 940, «Ingresos de subvenciones para la financiación del inmovilizado no financiero y de activos en estado de venta», 941, «Ingresos de subvenciones para la financiación de activos corrientes y gastos», o 942, «Ingresos de subvenciones para la financiación de operaciones financieras», o a cuentas del subgrupo 75, «Transferencias y subvenciones».

164. Deudas a largo plazo con entidades del grupo, multigrupo y asociadas representadas en valores negociables.

Deudas contraídas con entidades del grupo, multigrupo y asociadas por empréstitos y otras emisiones análogas emitidas por la entidad, con vencimiento superior a un año.

Su movimiento es análogo al de la cuenta 150, «Obligaciones y bonos a largo plazo», utilizando en la contrapartida las cuentas relativas a entidades del grupo, multigrupo y asociadas.

165. Fianzas recibidas a largo plazo de entidades del grupo, multigrupo y asociadas.

Efectivo recibido de entidades del grupo, multigrupo y asociadas como garantía del cumplimiento de una obligación, a plazo superior a un año.

Su movimiento es el siguiente:

a) Se abonará, a la constitución de la fianza, por el importe recibido, con cargo a la cuenta 430, «Deudores por derechos reconocidos. Presupuesto de ingresos corriente», o a cuentas del subgrupo 57, «Efectivo y activos líquidos equivalentes», según establezca la normativa aplicable.

b) Se cargará con abono a:

b.1) La cuenta 400, «Acreedores por obligaciones reconocidas. Presupuesto de gastos corriente», o cuentas del subgrupo 57, «Efectivo y activos líquidos equivalentes», a la cancelación de la fianza, según proceda.

b.2) La cuenta 778, «Ingresos excepcionales», por el incumplimiento de la obligación afianzada que determine pérdidas en la fianza, o a la cuenta 430, «Deudores por derechos reconocidos. Presupuesto de ingresos corriente», según establezca la normativa aplicable.

166. Depósitos recibidos a largo plazo de entidades del grupo, multigrupo y asociadas.

Efectivo recibido en concepto de depósito irregular de entidades del grupo, multigrupo y asociadas, a plazo superior a un año.

Su movimiento es el siguiente:

a) Se abonará, a la constitución, por el importe recibido, con cargo a la cuenta 430, «Deudores por derechos reconocidos. Presupuesto de ingresos corriente», o a cuentas del subgrupo 57, «Efectivo y activos líquidos equivalentes», según establezca la normativa aplicable.

b) Se cargará, a la cancelación anticipada, con abono a la cuenta 400, «Acreedores por obligaciones reconocidas. Presupuesto de gastos corriente», o a cuentas del subgrupo 57, «Efectivo y activos líquidos equivalentes», según proceda.

167. Intereses a largo plazo de deudas con entidades del grupo, multigrupo y asociadas.

Intereses a pagar, con vencimiento superior a un año, de deudas con entidades del grupo, multigrupo y asociadas.

Su movimiento es el siguiente:

a) Se abonará, por el importe de los intereses devengados durante el ejercicio, con vencimiento superior a un año, con cargo a la cuenta 663, «Intereses de deudas con entidades del grupo, multigrupo y asociadas».

b) Se cargará por la cancelación anticipada, total o parcial de las deudas, con abono a la cuenta 400, «Acreedores por obligaciones reconocidas. Presupuesto de gastos corriente».

c) Se cargará o abonará con abono o cargo a las cuentas 768, «Diferencias positivas de cambio», o 668, «Diferencias negativas de cambio», respectivamente, como consecuencia del ajuste del valor de la deuda al tipo de cambio vigente en la fecha de cierre del ejercicio o de la cancelación.

169. Otras deudas a largo plazo con entidades del grupo, multigrupo y asociadas.

Las contraídas con entidades del grupo, multigrupo y asociadas por préstamos recibidos y otros débitos no incluidos en otras cuentas de este subgrupo, con vencimiento superior a un año. Se incluirán las deudas por compra de inmovilizado y por arrendamiento financiero.

Su movimiento es el siguiente:

a) Se abonará:

a.1) Por el importe recibido a la formalización de la deuda, con cargo a la cuenta 430, «Deudores por derechos reconocidos. Presupuesto de ingresos corriente».

a.2) Por el valor razonable del pasivo asumido, con cargo a la cuenta 651, «Subvenciones».

a.3) Por la recepción a conformidad de los bienes suministrados o del derecho de uso sobre los mismos, con cargo a cuentas del grupo 2, «Activo no corriente».

a.4) Por la imputación de la parte devengada en el ejercicio de la diferencia entre el valor de reembolso al vencimiento y el valor inicial de la deuda, con cargo a la cuenta 663, «Intereses de deudas con entidades del grupo, multigrupo y asociadas».

b) Se cargará:

b.1) Por los costes de transacción directamente atribuibles a la formalización que no se hayan deducido del importe inicial de la deuda, con abono a la cuenta 400, «Acreedores por obligaciones reconocidas. Presupuesto de gastos corriente».

b.2) Por el importe cancelado anticipadamente, con abono a la cuenta 400, «Acreedores por obligaciones reconocidas. Presupuesto de gastos corriente». Al mismo tiempo, se cargará la subcuenta 6663, «Pérdidas en pasivos financieros con entidades del grupo, multigrupo y asociadas al coste amortizado», o se abonará la subcuenta 7663, «Beneficios en pasivos financieros con entidades del grupo, multigrupo y asociadas al coste amortizado», por los posibles resultados negativos o positivos, respectivamente, derivados de dicha operación.

b.3) Cuando la deuda sea asumida por otra entidad, con abono a la cuenta 752, «Subvenciones para la cancelación de deudas genéricas».

c) Se cargará o abonará con abono o cargo a las cuentas 768, «Diferencias positivas de cambio», o 668, «Diferencias negativas de cambio», respectivamente, como consecuencia del ajuste del valor de la deuda al tipo de cambio vigente en la fecha de cierre del ejercicio o de la cancelación.

d) Si la entidad recibiera préstamos con intereses subvencionados, se cargará esta cuenta con abono a la cuenta 942, «Ingresos de subvenciones para la financiación de operaciones financieras», por la diferencia entre el importe recibido y el valor razonable de la deuda, de acuerdo con los criterios de la norma de reconocimiento y valoración n.º 9, «Pasivos financieros».

17. DEUDAS A LARGO PLAZO POR PRÉSTAMOS RECIBIDOS Y OTROS CONCEPTOS.

170. *Deudas a largo plazo con entidades de crédito.*
172. *Deudas a largo plazo transformables en subvenciones.*
173. *Proveedores de inmovilizado a largo plazo.*
174. *Acreedores por arrendamiento financiero a largo plazo.*
176. *Pasivos por derivados financieros a largo plazo.*

1760. Pasivos por derivados financieros a largo plazo designados instrumentos de cobertura.
1761. Pasivos por otros derivados financieros a largo plazo.

177. *Intereses a largo plazo de deudas con entidades de crédito.*
178. *Intereses a largo plazo de otras deudas.*
179. *Otras deudas a largo plazo.*

Financiación ajena no instrumentada en valores negociables ni contraída con entidades del grupo, multigrupo y asociadas, cuyo vencimiento o cancelación vaya a producirse en un plazo superior a un año.

Las cuentas de este subgrupo figurarán en el pasivo no corriente del balance, formando parte del epígrafe II, «Deudas a largo plazo».

La parte de las deudas a largo plazo cuyo vencimiento o cancelación vaya a producirse a corto plazo deberá figurar en el pasivo corriente del balance, en el epígrafe II, «Deudas a corto plazo»; a estos efectos se traspasará el importe que representen las deudas a largo plazo cuyo vencimiento o cancelación vaya a producirse a corto plazo a las cuentas correspondientes del subgrupo 52, «Deudas a corto plazo por préstamos recibidos y otros conceptos».

170. Deudas a largo plazo con entidades de crédito.

Las contraídas con entidades de crédito por préstamos recibidos y otros débitos, con vencimiento superior a un año.

Su movimiento es el siguiente:

a) Se abonará:

a.1) Por el importe recibido a la formalización de la deuda, con cargo a la cuenta 430, «Deudores por derechos reconocidos. Presupuesto de ingresos corriente».

a.2) Por el valor razonable del pasivo asumido, con cargo a la cuenta 651, «Subvenciones».

a.3) Por la imputación de la parte devengada en el ejercicio de la diferencia entre el valor de reembolso al vencimiento y el valor inicial de la deuda, con cargo a la subcuenta 6625, «Intereses de deudas con entidades de crédito».

b) Se cargará:

b.1) Por los costes de transacción directamente atribuibles a la formalización que no se hayan deducido del importe inicial de la deuda, con abono a la cuenta 400, «Acreedores por obligaciones reconocidas. Presupuesto de gastos corriente».

b.2) Por el importe cancelado anticipadamente, con abono a la cuenta 400, «Acreedores por obligaciones reconocidas. Presupuesto de gastos corriente». Al mismo tiempo se cargará la subcuenta 6655, «Pérdidas en pasivos financieros a coste amortizado», o se abonará la subcuenta 7655, «Beneficios en pasivos financieros a coste amortizado», por los posibles resultados negativos o positivos, respectivamente, derivados de dicha operación.

b.3) Cuando la deuda sea asumida por otra entidad, con abono a la cuenta 752, «Subvenciones para la cancelación de deudas genéricas».

c) Se cargará o abonará con abono o cargo a las cuentas 768, «Diferencias positivas de cambio», o 668, «Diferencias negativas de cambio», respectivamente, como consecuencia del ajuste del valor de la deuda al tipo de cambio vigente en la fecha de cierre del ejercicio o de la cancelación.

d) Si la entidad recibiera préstamos con intereses subvencionados, se cargará esta cuenta con abono a la cuenta 942, «Ingresos de subvenciones para la financiación de operaciones financieras», por la diferencia entre el importe recibido y el valor razonable de la deuda, de acuerdo con los criterios de la norma de reconocimiento y valoración n.º 9, «Pasivos financieros».

172. Deudas a largo plazo transformables en subvenciones.

Subvenciones reintegrables recibidas de otras entidades o particulares, con vencimiento superior a un año.

Su movimiento es el siguiente:

a) Se abonará con cargo a:

a.1) Generalmente, la cuenta 430, «Deudores por derechos reconocidos. Presupuesto de ingresos corriente», por las cantidades percibidas.

a.2) La cuenta que corresponda del subgrupo 94, «Ingresos por subvenciones», cuando una subvención no reintegrable se convierta en reintegrable por la parte pendiente de imputar a resultados y a la cuenta 120, «Resultados de ejercicios anteriores», por el importe de la subvención que se hubiese imputado a resultados.

b) Se cargará con abono a:

b.1) La cuenta 418, «Acreedores por devolución de ingresos y otras minoraciones», o a la cuenta representativa del activo, según se trate de subvenciones monetarias o en especie, respectivamente, por cualquier circunstancia que determine la reducción total o parcial de las mismas, con arreglo a los términos de su concesión.

b.2) Las cuentas 940 «Ingresos de subvenciones para la financiación del inmovilizado no financiero y de activos en estado de venta», 941, «Ingresos de subvenciones para la financiación de activos corrientes y gastos», o 942, «Ingresos de subvenciones para la financiación de operaciones financieras», o a cuentas del subgrupo 75, «Transferencias y subvenciones», si pierde su carácter reintegrable.

173. Proveedores de inmovilizado a largo plazo.

Deudas con suministradores de bienes definidos en el grupo 2, «Activo no corriente», con vencimiento superior a un año.

Su movimiento es el siguiente.

a) Se abonará:

a.1) Por la recepción a conformidad de los bienes suministrados, con cargo a cuentas del grupo 2, «Activo no corriente».

a.2) Por la imputación de la parte devengada en el ejercicio de la diferencia entre el valor de reembolso al vencimiento y el valor inicial de la deuda, con cargo a la cuenta 662, «Intereses de deudas», a través de la divisionaria que corresponda.

b) Se cargará por el importe cancelado anticipadamente, con abono a la cuenta 400, «Acreedores por obligaciones reconocidas. Presupuesto de gastos corriente».

174. Acreedores por arrendamiento financiero a largo plazo.

Deudas con vencimiento superior a un año con otras entidades en calidad de cedentes del uso de bienes, en acuerdos que deban calificarse como arrendamientos financieros en los términos recogidos en la norma de reconocimiento y valoración n.º 6, «Arrendamientos y otras operaciones de naturaleza similar».

a) Se abonará:

a.1) Por la recepción a conformidad del derecho de uso sobre los bienes suministrados, con cargo a cuentas del grupo 2, «Activo no corriente».

a.2) Por la imputación de la parte devengada en el ejercicio de la diferencia entre el valor de reembolso al vencimiento y el valor inicial de la deuda, con cargo a la cuenta 662, «Intereses de deudas», a través de la divisionaria que corresponda.

b) Se cargará por la cancelación anticipada, total o parcial, de las deudas, con abono, generalmente, a la cuenta 400, «Acreedores por obligaciones reconocidas. Presupuesto de gastos corriente».

176. Pasivos por derivados financieros a largo plazo.

Importe correspondiente a las operaciones con derivados financieros con valoración desfavorable para la entidad, cuyo vencimiento o fecha en la que se esperan liquidar sea superior a un año.

Funcionará a través de sus divisionarias.

El contenido y movimiento de las subcuentas que comprende es el siguiente:

1760. Pasivos por derivados financieros a largo plazo designados instrumentos de cobertura.

Recoge la valoración desfavorable para la entidad de los derivados financieros designados instrumentos de cobertura de acuerdo con la norma de reconocimiento y valoración n.º 10, «Coberturas contables».

a) Se abonará por el importe recibido, en su caso, en el momento de la contratación, con cargo, generalmente, a la cuenta 430, «Deudores por derechos reconocidos. Presupuesto de ingresos corriente».

b) Se cargará por las cantidades satisfechas en el momento de la liquidación, con abono, generalmente, a la cuenta 400, «Acreedores por obligaciones reconocidas. Presupuesto de gastos corriente».

c) Se abonará o cargará, por las variaciones en su valor razonable, con cargo o abono, a las subcuentas 6645, «Pérdidas en derivados financieros designados instrumentos de cobertura», y 7645, «Beneficios en derivados financieros designados instrumentos de cobertura», respectivamente, a través de la divisionaria que corresponda, cuando según la norma de reconocimiento y valoración n.º 10, «Coberturas contables», el derivado deba valorarse por su valor razonable y dicha variación deba imputarse a la cuenta del resultado económico patrimonial del ejercicio.

d) Se cargará o abonará, con abono o cargo, a las cuentas 910, «Beneficios por coberturas», y 810, «Pérdidas por coberturas», respectivamente, por la variación del valor razonable del instrumento derivado que se haya determinado como cobertura eficaz, cuando el derivado deba valorarse por su valor razonable y deba imputarse dicha variación a la cuenta del resultado económico patrimonial de ejercicios posteriores o al valor inicial de la partida cubierta.

1761. Pasivos por otros derivados financieros a largo plazo.

Recoge la valoración desfavorable para la entidad de los derivados financieros a los que no se aplique la contabilidad de coberturas.

Su movimiento es el siguiente:

a) Se abonará por el importe recibido, en su caso, en el momento de la contratación, con cargo, generalmente, a la cuenta 430, «Deudores por derechos reconocidos. Presupuesto de ingresos corriente».

b) Se cargará por las cantidades satisfechas en el momento de la liquidación, con abono, generalmente, a la cuenta 400, «Acreedores por obligaciones reconocidas. Presupuesto de gastos corriente».

c) Se abonará o cargará, por las variaciones en su valor razonable, con cargo o abono, a las subcuentas 6646, «Pérdidas en otros derivados financieros», y 7646, «Beneficios en otros derivados financieros», respectivamente.

177. Intereses a largo plazo de deudas con entidades de crédito.

Intereses a pagar, con vencimiento a largo plazo, de deudas con entidades de crédito.

Su movimiento es el siguiente:

a) Se abonará, por el importe de los intereses devengados durante el ejercicio, con vencimiento superior a un año, con cargo a la subcuenta 6625, «Intereses de deudas con entidades de crédito».

b) Se cargará por la cancelación anticipada, total o parcial de las deudas, con abono a la cuenta 400, «Acreedores por obligaciones reconocidas. Presupuesto de gastos corriente».

c) Se cargará o abonará con abono o cargo a las cuentas 768, «Diferencias positivas de cambio», o 668, «Diferencias negativas de cambio», respectivamente, como consecuencia del ajuste del valor de la deuda al tipo de cambio vigente en la fecha de cierre del ejercicio o de la cancelación.

178. Intereses a largo plazo de otras deudas.

Intereses a pagar, con vencimiento a largo plazo, de deudas, excluidos los que deban ser registrados en la cuenta 177, «Intereses a largo plazo de deudas con entidades de crédito».

Su movimiento es análogo al señalado para la cuenta 177, utilizando como contrapartida la subcuenta 6626, «Intereses de otras deudas».

179. Otras deudas a largo plazo.

Las contraídas con terceros por préstamos recibidos y otros débitos no incluidos en otras cuentas de este subgrupo, con vencimiento superior a un año.

Su movimiento es análogo al señalado para la cuenta 170, «Deudas a largo plazo con entidades de crédito», utilizando como contrapartida la cuenta 6626, «Intereses de otras deudas».

18. FIANZAS Y DEPÓSITOS RECIBIDOS Y AJUSTES POR PERIODIFICACIÓN A LARGO PLAZO.

180. *Fianzas recibidas a largo plazo.*
185. *Depósitos recibidos a largo plazo.*
186. *Ingresos anticipados a largo plazo.*

Las cuentas de este subgrupo figurarán en el pasivo no corriente del balance, en el epígrafe II, «Deudas a largo plazo», figurarán las fianzas y depósitos recibidos y en el epígrafe V, «Ajustes por periodificación a largo plazo», los ingresos anticipados a largo plazo.

La parte de fianzas y depósitos recibidos a largo plazo que tenga vencimiento a corto deberá figurar en el pasivo corriente del balance en el epígrafe II, «Deudas a corto plazo», asimismo la parte de ingresos anticipados a largo plazo que tenga vencimiento a corto deberá figurar en el pasivo corriente del balance en el epígrafe V, «Ajustes por periodificación a corto plazo»; a estos efectos se traspasará el importe que representen las fianzas y depósitos recibidos a largo plazo con vencimiento a corto a las cuentas correspondientes del subgrupo 56, «Fianzas y depósitos recibidos y constituidos a corto plazo y ajustes por periodificación», y el importe de los ingresos anticipados que se devenguen en el corto plazo a la subcuenta 485, «Ingresos anticipados a corto plazo».

180. Fianzas recibidas a largo plazo.

Efectivo recibido como garantía del cumplimiento de una obligación, a plazo superior a un año.

Su movimiento es el siguiente:

a) Se abonará, a la constitución de la fianza, por el importe recibido, con cargo a la cuenta 430, «Deudores por derechos reconocidos. Presupuesto de ingresos corriente», o a cuentas del subgrupo 57, «Efectivo y activos líquidos equivalentes», según establezca la normativa aplicable.

b) Se cargará con abono a:

b.1) La cuenta 400, «Acreedores por obligaciones reconocidas. Presupuesto de gastos corriente», o cuentas del subgrupo 57, «Efectivo y activos líquidos equivalentes», a la cancelación de la fianza, según proceda.

b.2) La cuenta 778, «Ingresos excepcionales», por el incumplimiento de la obligación afianzada que determine pérdidas en la fianza, o a la cuenta 430, «Deudores por derechos reconocidos. Presupuesto de ingresos corriente», según establezca la normativa aplicable.

185. Depósitos recibidos a largo plazo.

Efectivo recibido en concepto de depósito irregular, a plazo superior a un año.

Su movimiento es el siguiente:

a) Se abonará, a la constitución, por el importe recibido, con cargo a la cuenta 430, «Deudores por derechos reconocidos. Presupuesto de ingresos corriente», o a cuentas del subgrupo 57, «Efectivo y activos líquidos equivalentes», según establezca la normativa aplicable.

b) Se cargará, a la cancelación anticipada, con abono a la cuenta 400, «Acreedores por obligaciones reconocidas. Presupuesto de gastos corriente», o a cuentas del subgrupo 57, «Efectivo y activos líquidos equivalentes», según proceda.

186. Ingresos anticipados a largo plazo.

Ingresos contabilizados en el ejercicio que se cierra o en anteriores y cuyo devengo no se producirá en el ejercicio siguiente.

Figurará en el pasivo no corriente del balance, en el epígrafe V, «Ajustes por periodificación a largo plazo».

Su movimiento es el siguiente:

a) Se abonará, al cierre del ejercicio, con cargo a las cuentas del grupo 7, «Ventas e ingresos por naturaleza», que hayan registrado los ingresos a imputar en el largo plazo.

b) Se cargará con abono a cuentas 485, «Ingresos anticipados a corto plazo» por el traspaso del importe cuyo devengo vaya a producirse en el corto plazo.

Grupo 2. Activo no corriente

Comprende los elementos del patrimonio destinados a servir de forma duradera en las actividades de la entidad, sujeto de la contabilidad, así como las inversiones inmobiliarias. También se incluyen dentro de este grupo, con carácter general, inversiones financieras cuyo vencimiento, enajenación o realización se espera habrá de producirse en un plazo superior a un año.

20. INMOVILIZACIONES INTANGIBLES.
   200. *Inversión en investigación.*
   201. *Inversión en desarrollo.*
   203. *Propiedad industrial e intelectual.*
   206. *Aplicaciones informáticas.*
   207. *Inversiones sobre activos utilizados en régimen de arrendamiento o cedidos.*
   208. *Anticipos para inmovilizaciones intangibles.*
   209. *Otro inmovilizado intangible.*

Conjunto de bienes inmateriales y derechos, susceptibles de valoración económica, que cumplen, además, las características de permanencia en el tiempo y utilización en la producción de bienes y servicios públicos o constituyen una fuente de recursos del sujeto contable. También se incluyen los anticipos a cuenta entregados a proveedores de estos inmovilizados.

Las cuentas de este subgrupo figurarán en el activo no corriente del balance, en el epígrafe I, «Inmovilizado intangible».

Cuando la entidad aplique el tratamiento especial, modelo de revalorización, se aplicarán los criterios establecidos para el subgrupo 21, «Inmovilizaciones materiales», esto es, las cuentas del subgrupo 20, «Inmovilizaciones intangibles», se cargarán o abonarán por las variaciones en su valor razonable, con abono o cargo, respectivamente, a las cuentas 920, «Ajustes positivos en la valoración del inmovilizado no financiero por aumento de su valor razonable», y 820, «Ajustes negativos en la valoración del inmovilizado no financiero por disminución de su valor razonable».

200. Inversión en investigación.

Es la indagación original y planificada que persigue descubrir nuevos conocimientos y superior compresión de los existentes en los terrenos científico o técnico. Contiene los gastos de investigación activados por la entidad, de acuerdo con lo establecido en las normas de reconocimiento y valoración de este texto.

Su movimiento es el siguiente:

a) Se cargará, por el importe de los gastos que deben figurar en esta cuenta, con abono a la cuenta 780, «Trabajos realizados para el inmovilizado intangible».

b) Se abonará por la baja del activo, en su caso, con cargo a la cuenta 670, «Pérdidas procedentes del inmovilizado intangible».

Cuando se trate de investigación por encargo a empresas o a Universidades u otras Instituciones dedicadas a la investigación científica o tecnológica, el movimiento de la cuenta 200, «Inversión en investigación», es también el que se ha indicado.

201. Inversión en desarrollo.

El desarrollo es la aplicación concreta de los logros obtenidos en la investigación.

Contiene los gastos de desarrollo activados por la entidad, de acuerdo con lo establecido en las normas de reconocimiento y valoración de este texto.

Su movimiento es el siguiente:

a) Se cargará, por el importe de los gastos que deben figurar en esta cuenta, con abono a la cuenta 780, «Trabajos realizados para el inmovilizado intangible».

b) Se abonará con cargo a:

b.1) La cuenta 670, «Pérdidas procedentes del inmovilizado intangible», en su caso, por la baja del activo.

b.2) Las cuentas 203, «Propiedad industrial e intelectual», o 206, «Aplicaciones informáticas», según proceda, por ser positivos y, en su caso, inscritos en el correspondiente Registro Público los resultados del desarrollo y, cuando proceda, a la subcuenta 2801, «Amortización acumulada de inversión en desarrollo».

Cuando se trate de desarrollo por encargo a empresas, a Universidades u otras Instituciones dedicadas a la investigación científica o tecnológica, el movimiento de la cuenta 201, «Inversión en desarrollo», es también el que se acaba de indicar.

203. Propiedad industrial e intelectual.

Importe satisfecho por la propiedad o por el derecho al uso, o a la concesión del uso de las distintas manifestaciones de la propiedad industrial o de la propiedad intelectual.

Esta cuenta comprenderá también los gastos de desarrollo cuando los resultados de los respectivos proyectos fuesen positivos y, cumpliendo los necesarios requisitos legales, se inscribieran en el correspondiente Registro.

Su movimiento es el siguiente:

a) Se cargará con abono a:

a.1) Generalmente, la cuenta 400, «Acreedores por obligaciones reconocidas. Presupuesto de gastos corriente», por la adquisición.

a.2) La cuenta 201, «Inversión en desarrollo», por ser positivos e inscritos en el correspondiente Registro Público los resultados del desarrollo.

a.3) La cuenta 400, «Acreedores por obligaciones reconocidas. Presupuesto de gastos corriente», por los desembolsos exigidos para la inscripción en el correspondiente Registro.

b) Se abonará, generalmente, por las enajenaciones, con cargo a la cuenta 430, «Deudores por derechos reconocidos. Presupuesto de ingresos corriente», y, en su caso, a las subcuentas 2803, «Amortización acumulada de propiedad industrial e intelectual», y 2903, «Deterioro de valor de propiedad industrial e intelectual». Al mismo tiempo se cargará la cuenta 670, «Pérdidas procedentes del inmovilizado intangible», o se abonará la cuenta 770, «Beneficios procedentes del inmovilizado intangible», por los posibles resultados negativos o positivos, respectivamente, derivados de la operación.

206. Aplicaciones informáticas.

Importe satisfecho por la propiedad o por el derecho al uso de programas informáticos, o bien, el coste de producción de los elaborados por la propia entidad, cuando esté prevista su utilización en varios ejercicios. También incluye los gastos de desarrollo de las páginas *web* generadas internamente por la entidad, siempre que su utilización esté prevista durante varios ejercicios.

Su movimiento es el siguiente:

a) Se cargará con abono a:

a.1) Generalmente, la cuenta 400, «Acreedores por obligaciones reconocidas. Presupuesto de gastos corriente», por la adquisición a otras empresas.

a.2) La cuenta 780, «Trabajos realizados para el inmovilizado intangible», por la elaboración propia, y, en su caso, a la cuenta 201, «Inversión en desarrollo», por ser positivos los resultados de inversión en desarrollo.

b) Se abonará, generalmente, por las enajenaciones, con cargo a la cuenta 430, «Deudores por derechos reconocidos. Presupuesto de ingresos corriente», y en su caso a las subcuentas 2806, «Amortización acumulada de aplicaciones informáticas», y 2906, «Deterioro de valor de aplicaciones informáticas». Al mismo tiempo se cargará la cuenta 670, «Pérdidas procedentes del inmovilizado intangible», o se abonará la cuenta 770, «Beneficios procedentes del inmovilizado intangible», por los posibles resultados negativos o positivos, respectivamente, derivados de la operación.

207. Inversiones sobre activos utilizados en régimen de arrendamiento o cedidos.

Importe de las inversiones realizadas sobre activos utilizados en régimen de arrendamiento o cedidos en uso, cuando de conformidad con la norma de reconocimiento y valoración n.º 6, «Arrendamientos y otras operaciones de naturaleza similar», no deba calificarse como arrendamiento financiero, siempre que dichas inversiones no sean separables de los citados activos, y aumenten su vida económica, capacidad o productividad.

Su movimiento es el siguiente:

a) Se cargará con abono a la cuenta 400, «Acreedores por obligaciones reconocidas. Presupuesto de gastos corriente», por el importe de las inversiones realizadas que deban figurar en esta cuenta.

b) Se abonará, al finalizar el contrato de arrendamiento o cesión, con cargo a las subcuentas 2807, «Amortización acumulada de inversiones sobre activos utilizados en régimen de arrendamiento o cedidos», y 2907, «Deterioro de valor de inversiones sobre activos utilizados en régimen de arrendamiento o cedidos», y, en su caso, a la cuenta 670, «Pérdidas procedentes del inmovilizado intangible».

208. Anticipos para inmovilizaciones intangibles.

Entregas a proveedores y otros suministradores de elementos de inmovilizado intangible, normalmente en efectivo, en concepto de «a cuenta» de suministros o de trabajos futuros.

Con carácter general, su movimiento es el siguiente:

a) Se cargará por las entregas en efectivo a los proveedores, con abono, a la cuenta 400, «Acreedores por obligaciones reconocidas. Presupuesto de gastos corriente».

b) Se abonará por las correspondientes entregas a conformidad, con cargo a las cuentas de este subgrupo.

209. Otro inmovilizado intangible.

Importe de otros derechos no singularizados en las cuentas anteriores, entre otros, las concesiones administrativas y los derechos de traspaso, así como las adscripciones y cesiones de uso de activos por un período inferior a la vida económica de los mismos.

Su movimiento es el siguiente:

a) Se cargará, generalmente, por el precio de adquisición con abono a la cuenta 400, «Acreedores por obligaciones reconocidas. Presupuesto de gastos corriente»,

b) Se abonará por las enajenaciones y en general por su baja del activo, con cargo a la cuenta 430, «Deudores por derechos reconocidos. Presupuesto de ingresos corriente», y, en su caso, a las subcuentas 2809, «Amortización acumulada de otro inmovilizado intangible», y 2909, «Deterioro de valor de otro inmovilizado intangible», así como en caso de pérdidas a la cuenta 670, «Pérdidas procedentes del inmovilizado intangible».

21. INMOVILIZACIONES MATERIALES.

210. *Terrenos y bienes naturales.*
211. *Construcciones.*
212. *Infraestructuras.*
213. *Bienes del patrimonio histórico.*
214. *Maquinaria y utillaje.*
215. *Instalaciones técnicas y otras instalaciones.*
216. *Mobiliario.*
217. *Equipos para procesos de información.*
218. *Elementos de transporte.*
219. *Otro inmovilizado material.*

Elementos patrimoniales tangibles, muebles o inmuebles, que se utilizan de manera continuada por el sujeto contable en la producción de bienes y servicios públicos, o para sus propios propósitos administrativos y que no están destinados a la venta.

Las cuentas de este subgrupo figurarán en el activo no corriente del balance, en el epígrafe II, «Inmovilizado material».

El movimiento de las cuentas del subgrupo es el siguiente:

a) Se cargarán:

a.1) Por el precio de adquisición o coste de producción, con abono, generalmente, a la cuenta 400, «Acreedores por obligaciones reconocidas. Presupuesto de gastos corriente», a la cuenta 781, «Trabajos realizados para el inmovilizado material», o, en su caso, a cuentas del subgrupo 23, «Inmovilizaciones materiales e inversiones inmobiliarias en curso».

a.2) Por el cambio de uso, con abono a cuentas de los subgrupos 22, «Inversiones inmobiliarias», o 38, «Activos en estado de venta» y, en su caso, las cuentas 281, «Amortización acumulada del inmovilizado material», y 291, «Deterioro de valor del inmovilizado material» a través de sus divisionarias.

a.3) Por la desafectación del Patrimonio público del suelo, con abono a cuentas del subgrupo 24, «Patrimonio público del suelo», y, en su caso, la cuenta 281, «Amortización acumulada del inmovilizado material», y la 291, «Deterioro de valor del inmovilizado material», a través de sus divisionarias.

a.4) Por el valor razonable de los bienes recibidos en adscripción, de la entidad o entidades propietarias, con abono a la subcuenta 1011, «Aportación de bienes y derechos», de la cuenta 101, «Patrimonio recibido».

a.5) Por el valor razonable de los bienes recibidos como subvención en especie o de los bienes recibidos en cesión durante un período de tiempo indefinido o similar a la vida económica del bien con abono a la cuenta 940, «Ingresos de subvenciones para la financiación del inmovilizado no financiero y de activos en estado de venta».

a.6) Por el valor razonable de los bienes recibidos como transferencia con abono a la cuenta 750, «Transferencias».

a.7) Por el valor razonable de los bienes recibidos mediante permuta cuando los activos intercambiados no sean similares desde el punto de vista funcional o vida útil, con abono a la cuenta representativa del bien que se entrega y, en su caso, a la cuenta 400, «Acreedores por obligaciones reconocidas. Presupuesto de gastos corriente», por el importe que se compensa en efectivo.

a.8) Por el valor contable del activo entregado más, en su caso, el importe pagado en efectivo, con el límite del valor razonable del elemento recibido mediante permuta cuando los activos intercambiados sean similares desde el punto de vista funcional y vida útil, con abono a la cuenta representativa del bien que se entrega y a la cuenta 400, «Acreedores por obligaciones reconocidas. Presupuesto de gastos corriente», por el importe satisfecho en efectivo.

b) Cuando la entidad aplique el tratamiento especial, modelo de revalorización, se cargará o abonará, por las variaciones en su valor razonable, con abono o cargo, respectivamente, a las cuentas 920, «Ajustes positivos en la valoración del inmovilizado no financiero por aumento de su valor razonable», y 820, «Ajustes negativos en la valoración del inmovilizado no financiero por disminución de su valor razonable».

c) Se abonarán:

c.1) Por las enajenaciones, y en general por la baja del activo, con cargo, generalmente a la cuenta 430, «Deudores por derechos reconocidos. Presupuesto de ingresos corriente», y, en su caso, a las cuentas 281, «Amortización acumulada del inmovilizado material», y 291, «Deterioro de valor del inmovilizado material», a través de sus divisionarias.

Al mismo tiempo se cargará la cuenta 671, «Pérdidas procedentes del inmovilizado material», o se abonará la cuenta 771, «Beneficios procedentes del inmovilizado material», por los posibles resultados negativos o positivos, respectivamente, derivados de la operación.

c.2) Por las adscripciones de bienes, con cargo a la cuenta 250, «Participaciones a largo plazo en entidades del grupo», a través de sus divisionarias, o a la cuenta 651, «Subvenciones», en función de que la entidad destinataria sea dependiente o no de la entidad contable.

Al mismo tiempo, por la diferencia entre el valor razonable del bien adscrito y su valor contable se cargará la cuenta 671, «Pérdidas procedentes del inmovilizado material», o se abonará la cuenta 771, «Beneficios procedentes del inmovilizado material», según sea positiva o negativa, respectivamente.

c.3) Por los bienes entregados en cesión durante un período indefinido o similar a la vida económica con cargo a la cuenta 651, «Subvenciones».

c.4) Por su cambio de uso, con cargo, a las cuentas correspondientes de los subgrupos 22, «Inversiones inmobiliarias», o 38, «Activos en estado de venta», y, en su caso, la cuenta 281, «Amortización acumulada del inmovilizado material», y la 291, «Deterioro de valor del inmovilizado material», a través de sus divisionarias.

c.5) Por la incorporación al Patrimonio público del suelo, con cargo a cuentas del subgrupo 24, «Patrimonio público del suelo», y, en su caso, la cuenta 281, «Amortización acumulada del inmovilizado material», y la 291, «Deterioro de valor del inmovilizado material», a través de sus divisionarias.

210. Terrenos y bienes naturales.

Solares de naturaleza urbana, fincas rústicas, otros terrenos no urbanos, como por ejemplo montes en mano común, reservas y cotos de caza, minas y canteras.

211. Construcciones.

Edificaciones en general. Se incluyen los edificios administrativos, comerciales, educativos, deportivos, residencias, centros sanitarios, refugios y casas forestales, viveros, cuadras y establos, tanatorios y cementerios, etc.

212. Infraestructuras.

Activos no corrientes que se materializan en obras de ingeniería civil o inmuebles utilizables por la generalidad de los ciudadanos o destinados a la prestación de servicios públicos, adquiridos o construidos por la entidad, a título oneroso o gratuito y que cumplen alguno de los requisitos siguientes:

— Son parte de un sistema o red.

— Tienen una finalidad específica que no suele admitir otros usos alternativos.

213. Bienes del patrimonio histórico.

Elementos patrimoniales muebles o inmuebles de interés artístico, histórico, paleontológico, arqueológico, etnográfico, científico o técnico, así como el patrimonio documental y bibliográfico, los yacimientos, zonas arqueológicas, sitios naturales, jardines y parques que tengan valor artístico, histórico o antropológico.

214. Maquinaria y utillaje.

Maquinaria: Conjunto de máquinas o bienes de equipo mediante las cuales se realiza la extracción, elaboración o tratamiento de los productos o se utilizan para la prestación de servicios que constituyen la actividad del sujeto contable.

Se incluirán aquellos elementos de transporte interno que se destinen al traslado de personal, animales, materiales y mercaderías dentro de factorías, talleres, etc., sin salir al exterior.

Utillaje: Conjunto de utensilios o herramientas que se pueden utilizar autónomamente o conjuntamente con la maquinaria, incluidos los moldes y las plantillas.

Se hará un recuento físico anual, con objeto de determinar las pérdidas producidas en el ejercicio, abonándose esta cuenta con cargo a la cuenta 676, «Otras pérdidas de gestión ordinaria».

215. Instalaciones técnicas y otras instalaciones.

Instalaciones técnicas: unidades complejas de uso especializado que comprenden: edificaciones, maquinaria, material, piezas o elementos, incluidos los sistemas informáticos que, aun siendo separables por naturaleza, están ligados de forma definitiva para su funcionamiento y sometidos al mismo ritmo de amortización; se incluirán asimismo, los repuestos o recambios válidos exclusivamente para este tipo de instalaciones.

Otras instalaciones: conjunto de elementos ligados de forma definitiva, para su funcionamiento y sometidos al mismo ritmo de amortización, distintos de los señalados anteriormente; incluirá asimismo, los repuestos o recambios cuya validez es exclusiva para este tipo de instalaciones.

216. Mobiliario.

Mobiliario, material y equipos de oficina, con excepción de los que deban figurar en la cuenta 217, «Equipos para procesos de información».

217. Equipos para procesos de información.

Ordenadores y demás conjuntos electrónicos.

218. Elementos de transporte.

Vehículos de toda clase utilizables para el transporte terrestre, marítimo o aéreo de personas, animales o materiales, excepto los que se deban registrar en la cuenta 214, «Maquinaria y utillaje».

219. Otro inmovilizado material.

Cualesquiera otras inmovilizaciones materiales no incluidas en las demás cuentas de este subgrupo, como los fondos bibliográficos y documentales o el ganado afecto a actividades de investigación.

Se incluirán en esta cuenta los envases y embalajes que por sus características deban considerarse como inmovilizado y los repuestos para inmovilizado cuyo ciclo de almacenamiento sea superior a un año.

22. INVERSIONES INMOBILIARIAS.

220. *Inversiones en terrenos.*

221. *Inversiones en construcciones.*

Activos no corrientes que sean inmuebles y que se tienen para obtener rentas, plusvalías o ambas, no para su uso en la producción o suministro de bienes o servicios, ni para fines administrativos, ni para su venta en el curso ordinario de las operaciones.

Las cuentas de este subgrupo figurarán en el activo no corriente del balance, en el epígrafe III, «Inversiones inmobiliarias».

Su movimiento es el siguiente:

a) Se cargarán:

a.1) Por el precio de adquisición o coste de producción, con abono, generalmente, a la cuenta 400, «Acreedores por obligaciones reconocidas. Presupuesto de gastos corriente», o a la cuenta 782, «Trabajos realizados para inversiones inmobiliarias», o, en su caso, a cuentas del subgrupo 23, «Inmovilizaciones materiales e inversiones inmobiliarias en curso».

a.2) Por el cambio de uso, con abono a cuentas de los subgrupos 21, «Inmovilizaciones materiales», o 38, «Activos en estado de venta» y, en su caso, a las cuentas 282, «Amortización acumulada de inversiones inmobiliarias», y 292, «Deterioro de valor de las inversiones inmobiliarias», a través de sus divisionarias.

b) Cuando la entidad aplique el tratamiento especial, modelo de revalorización, se cargará o abonará, por las variaciones en su valor razonable, con abono o cargo, respectivamente, a las cuentas 920, «Ajustes positivos en la valoración del inmovilizado no financiero por aumento de su valor razonable», y 820, «Ajustes negativos en la valoración del inmovilizado no financiero por disminución de su valor razonable».

c) Se abonarán:

c.1) Por las enajenaciones, y en general por la baja del activo, con cargo, generalmente, a la cuenta 430, «Deudores por derechos reconocidos. Presupuesto de ingresos corriente», y, en su caso, a las cuentas 282, «Amortización acumulada de inversiones inmobiliarias», y 292 «Deterioro de valor de las inversiones inmobiliarias», a través de sus divisionarias.

Al mismo tiempo se cargará la cuenta 672, «Pérdidas procedentes de las inversiones inmobiliarias», o se abonará la cuenta 772, «Beneficios procedentes de las inversiones inmobiliarias», por los posibles resultados negativos o positivos, respectivamente, derivados de la operación.

c.2) Por su cambio de uso, con cargo a cuentas de los subgrupos 21, «Inmovilizaciones materiales», o 38, «Activos en estado de venta», y, en su caso, a las cuentas 282, «Amortización acumulada de inversiones inmobiliarias», y 292, «Deterioro de valor de las inversiones inmobiliarias», a través de sus divisionarias.

23. INMOVILIZACIONES MATERIALES E INVERSIONES INMOBILIARIAS EN CURSO.

- 230. *Adaptación de terrenos y bienes naturales.*
  - 2300. Adaptación de terrenos y bienes naturales. Inmovilizado material.
  - 2301. Adaptación de terrenos y bienes naturales. Inversiones inmobiliarias.
- 231. *Construcciones en curso.*
  - 2310. Construcciones en curso. Inmovilizado material.
  - 2311. Construcciones en curso. Inversiones inmobiliarias.
- 232. *Infraestructuras en curso.*
- 233. *Bienes del patrimonio histórico en curso.*
- 234. *Maquinaria y utillaje en montaje.*
- 235. *Instalaciones técnicas y otras instalaciones en montaje.*
- 237. *Equipos para procesos de información en montaje.*
- 238. *Otro inmovilizado material en curso.*
- 239. *Anticipos para inmovilizaciones materiales e inversiones inmobiliarias.*
  - 2390. Anticipos para inmovilizaciones materiales.
  - 2391. Anticipos para inversiones inmobiliarias.

Las cuentas de este subgrupo figurarán en el activo no corriente del balance en los epígrafes II, «Inmovilizado material», o III, «Inversiones inmobiliarias», según corresponda.

230/.../238

Trabajos de adaptación, construcción o montaje al cierre del ejercicio realizados con anterioridad a la puesta en condiciones de funcionamiento de los distintos elementos del inmovilizado material e inversiones inmobiliarias.

Su movimiento es el siguiente:

a) Se cargarán:

a.1) Por la recepción de obras y trabajos que corresponde a las inmovilizaciones en curso, con abono, generalmente, a la cuenta 400, «Acreedores por obligaciones reconocidas. Presupuesto de gastos corriente».

a.2) Por las obras y trabajos que la entidad lleve a cabo por sí misma, con abono a cuentas del subgrupo 78, «Trabajos realizados para la entidad».

b) Se abonarán una vez terminadas dichas obras y trabajos, con cargo a cuentas del subgrupo 21, «Inmovilizaciones materiales», o, en su caso, del subgrupo 22, «Inversiones inmobiliarias».

239. Anticipos para inmovilizaciones materiales e inversiones inmobiliarias.

Entregas a proveedores y otros suministradores de elementos de inmovilizado material o de inversiones inmobiliarias, normalmente en efectivo, en concepto de «a cuenta» de suministros o de trabajos futuros.

Funcionará a través de sus divisionarias.

Su movimiento es el siguiente:

a) Se cargará por las entregas en efectivo a los proveedores, con abono, generalmente a la cuenta 400, «Acreedores por obligaciones reconocidas. Presupuesto de gastos corriente».

b) Se abonará por las correspondientes entregas a conformidad, con cargo, generalmente, a las cuentas de este subgrupo y del subgrupo 21, «Inmovilizaciones materiales», o, en su caso, al subgrupo 22, «Inversiones inmobiliarias».

24. PATRIMONIO PÚBLICO DEL SUELO.

240. *Terrenos del Patrimonio público del suelo.*

241. *Construcciones del Patrimonio público del suelo.*

243. *Adaptación de terrenos del Patrimonio público del suelo.*

244. *Construcciones en curso del Patrimonio público del suelo.*

248. *Anticipos para bienes y derechos del Patrimonio público del suelo.*
249. *Otros bienes y derechos del Patrimonio público del suelo.*

Bienes y derechos integrantes del Patrimonio público del suelo, sea gestionado éste por la entidad local o por un organismo público dependiente de ella.

Las cuentas de este subgrupo figurarán en el activo no corriente del balance, en el epígrafe IV, «Patrimonio público del suelo».

Su movimiento es el siguiente:

a) Se cargarán con abono a:

a.1) La cuenta 400, «Acreedores por obligaciones reconocidas. Presupuesto de gastos corriente», o la cuenta 784, «Trabajos realizados para el Patrimonio público del suelo», por el precio de adquisición o coste de producción, así como por las entregas en efectivo a los proveedores.

a.2) La subcuenta 7461, «Aprovechamiento urbanístico correspondiente a la Administración», por el aprovechamiento urbanístico correspondiente a la Administración.

a.3) La cuenta 940, «Ingresos de subvenciones para la financiación del inmovilizado no financiero y de activos en estado de venta», por las adquisiciones a título gratuito.

a.4) Las cuentas que correspondan del subgrupo 21, «Inmovilizaciones materiales», y, en su caso, la cuenta 284, «Amortización acumulada del Patrimonio público del suelo», y la 293, «Deterioro de valor del Patrimonio público del suelo», a través de sus divisionarias, por la incorporación de bienes del inmovilizado material al Patrimonio público del suelo.

b) Se abonarán con cargo a:

b.1) La cuenta 430, «Deudores por derechos reconocidos. Presupuesto de ingresos corriente», por las enajenaciones y, en su caso, a las cuentas 284, «Amortización acumulada del Patrimonio público del suelo», y 293, «Deterioro de valor del Patrimonio público del suelo».

Al mismo tiempo se cargará la cuenta 673, «Pérdidas procedentes del Patrimonio público del suelo», o se abonará la cuenta 773, «Beneficios procedentes del Patrimonio público del suelo», por los posibles resultados negativos o positivos, respectivamente, derivados de la operación.

b.2) La cuenta 651, «Subvenciones», por las cesiones a título gratuito.

b.3) Las cuentas que correspondan del subgrupo 21, «Inmovilizaciones materiales», y, en su caso, la cuenta 284, «Amortización acumulada del Patrimonio público del suelo», y la 293, «Deterioro de valor del Patrimonio público del suelo», a través de sus divisionarias, por la desafectación de bienes del Patrimonio público del suelo.

240. Terrenos del Patrimonio público del suelo.

Terrenos integrantes del Patrimonio público del suelo.

241. Construcciones del Patrimonio público del suelo.

Edificaciones en general, integrantes del Patrimonio público del suelo.

243. Adaptación de terrenos del Patrimonio público del suelo.

Trabajos de adaptación, al cierre del ejercicio, realizados con anterioridad a la puesta en condiciones de funcionamiento de los terrenos que forman parte del Patrimonio público del suelo.

244. Construcciones en curso del Patrimonio público del suelo.

Trabajos de construcción, al cierre del ejercicio, realizados con anterioridad a la puesta en condiciones de funcionamiento de las construcciones que forman parte del Patrimonio público del suelo.

248. Anticipos para bienes y derechos del Patrimonio público del suelo.

Entregas a proveedores y otros suministradores de bienes integrantes del Patrimonio público del suelo, normalmente en efectivo, en concepto de «a cuenta» de suministros o de trabajos futuros.

249. Otros bienes y derechos del Patrimonio público del suelo.

Cualesquiera otros bienes y derechos integrantes del Patrimonio público del suelo no incluidos en las demás cuentas de este subgrupo.

25. INVERSIONES FINANCIERAS A LARGO PLAZO EN ENTIDADES DEL GRUPO, MULTIGRUPO Y ASOCIADAS.

250. *Participaciones a largo plazo en entidades del grupo.*

2500. En entidades de derecho público.

2501. En sociedades mercantiles.
2502. En otras entidades.

251. *Participaciones a largo plazo en entidades multigrupo y asociadas.*

2510. En entidades de derecho público.
2511. En sociedades mercantiles y sociedades cooperativas.
2512. En otras entidades.

252. *Valores representativos de deuda a largo plazo de entidades del grupo, multigrupo y asociadas.*

2520. Valores representativos de deuda a largo plazo de entidades del grupo, multigrupo y asociadas mantenidos a vencimiento.
2521. Valores representativos de deuda a largo plazo de entidades del grupo, multigrupo y asociadas disponibles para la venta.

253. *Créditos a largo plazo a entidades del grupo, multigrupo y asociadas.*
255. *Intereses a largo plazo de inversiones financieras en entidades del grupo, multigrupo y asociadas.*
257. *Fianzas constituidas a largo plazo en entidades del grupo, multigrupo y asociadas.*
258. *Depósitos constituidos a largo plazo en entidades del grupo, multigrupo y asociadas.*
259. *Desembolsos pendientes sobre participaciones a largo plazo en entidades del grupo, multigrupo y asociadas.*

Inversiones financieras en entidades del grupo, multigrupo y asociadas cuyo vencimiento o fecha esperada de enajenación vaya a producirse en un plazo superior a un año, incluidas aquellas que por su naturaleza debieran figurar en otros subgrupos de este grupo. También se incluirán en este subgrupo las fianzas y depósitos a largo plazo constituidas con estas entidades.

Las cuentas de este subgrupo figurarán en el activo no corriente del balance, en el epígrafe V, «Inversiones financieras a largo plazo en entidades del grupo, multigrupo y asociadas».

La parte de las inversiones a largo plazo con entidades del grupo, multigrupo y asociadas cuyo vencimiento o fecha esperada de enajenación vaya a producirse a corto plazo deberá figurar en el activo corriente del balance, en el epígrafe IV, «Inversiones financieras a corto plazo en entidades del grupo, multigrupo y asociadas»; a estos efectos se traspasará el importe que represente la inversión a largo plazo cuyo vencimiento o fecha esperada de enajenación no sea superior a un año a las cuentas correspondientes del subgrupo 53, «Inversiones financieras a corto plazo en entidades del grupo, multigrupo y asociadas».

250. Participaciones a largo plazo en entidades del grupo.

Inversiones en derechos sobre el patrimonio neto de entidades del grupo, cuya fecha esperada de extinción sea superior al año.

Funcionará a través de sus divisionarias.

El movimiento de las subcuentas que comprende es el siguiente:

2500. En entidades de derecho público.

a) Se cargará:

a.1) Por la aportación patrimonial realizada, con abono a la cuenta 400, «Acreedores por obligaciones reconocidas. Presupuesto de gastos corriente».

a.2) Por el valor razonable del bien aportado en adscripción a organismos públicos dependientes, con abono a la cuenta correspondiente del bien adscrito. Al mismo tiempo, se registrará el resultado que se produzca por la diferencia, en su caso, entre el valor razonable del bien adscrito y su valor contable en la cuenta del subgrupo 67, «Pérdidas procedentes de activos no corrientes, otros gastos de gestión ordinaria y gastos excepcionales», o 77, «Beneficios procedentes de activos no corrientes, otros ingresos de gestión ordinaria e ingresos excepcionales», que corresponda según la naturaleza del bien adscrito.

a.3) En caso de aportación no dineraria, por el valor razonable del bien aportado, con abono a la cuenta del correspondiente bien. Al mismo tiempo, se registrará el resultado que se produzca, en su caso, por la diferencia entre el valor razonable del bien aportado y su valor contable en la cuenta del subgrupo 67, «Pérdidas procedentes de activos no corrientes, otros gastos de gestión ordinaria y gastos excepcionales», o 77, «Beneficios procedentes de activos no corrientes, otros ingresos de gestión ordinaria e ingresos excepcionales», que corresponda según la naturaleza del bien aportado.

b) Se abonará:

b.1) Por las devoluciones de aportaciones, con cargo generalmente, a la cuenta 430, «Deudores por derechos reconocidos. Presupuesto de ingresos corriente». Al mismo tiempo se cargará la subcuenta 6660, «Pérdidas en participaciones en entidades del grupo, multigrupo y asociadas», o se abonará la subcuenta 7660, «Beneficios en participaciones en entidades del grupo, multigrupo y asociadas» por los posibles resultados negativos o positivos, respectivamente, derivados de la operación.

b.2) Por la reversión de los bienes aportados en adscripción a organismos públicos dependientes, con cargo a la cuenta correspondiente del bien.

Al mismo tiempo, se cargará la subcuenta 6660, «Pérdidas en participaciones en entidades del grupo, multigrupo y asociadas», o se abonará la subcuenta 7660, «Beneficios en participaciones en entidades del grupo, multigrupo y asociadas», por la diferencia entre el valor razonable del bien que revierte y el valor contable de la participación, según su signo.

2501. En sociedades mercantiles.

a) Se cargará:

a.1) A la suscripción o a la compra, con abono a la cuenta 400, «Acreedores por obligaciones reconocidas. Presupuesto de gastos corriente», y, en su caso, a la cuenta 259, «Desembolsos pendientes sobre participaciones a largo plazo en entidades del grupo, multigrupo y asociadas».

a.2) Por los costes de transacción directamente atribuibles, con abono a la cuenta 400, «Acreedores por obligaciones reconocidas. Presupuesto de gastos corriente».

a.3) En caso de bienes aportados en adscripción, por el valor razonable de la participación recibida o, si éste no estuviera disponible, por el valor razonable del bien aportado, con abono a la cuenta del correspondiente bien. Al mismo tiempo, se registrará el resultado que se produzca, en su caso, por la diferencia entre el valor razonable de la participación recibida, o el valor razonable del bien aportado, y su valor contable en la cuenta del subgrupo 67, «Pérdidas procedentes de activos no corrientes, otros gastos de gestión ordinaria y gastos excepcionales», o 77, «Beneficios procedentes de activos no corrientes, otros ingresos de gestión ordinaria e ingresos excepcionales», que corresponda según la naturaleza del bien adscrito.

a.4) En caso de aportación no dineraria, por el valor razonable de la participación recibida o, si éste no estuviera disponible, por el valor razonable del bien aportado, con abono a la cuenta del correspondiente bien. Al mismo tiempo, se registrará el resultado que se produzca, en su caso, por la diferencia entre el valor razonable de la participación recibida, o el valor razonable del bien aportado, y el valor contable del bien aportado.

a.5) Cuando una participación anterior pase a ser una participación en entidad del grupo, multigrupo y asociada, con abono a la cuenta 260, «Inversiones financieras a largo plazo en instrumentos de patrimonio».

a.6) Cuando el importe recuperable sea superior al valor contable y existan ajustes valorativos por reducciones de valor previos a ser entidad del grupo, multigrupo y asociadas, por la diferencia entre ambos valores con el límite de los ajustes valorativos negativos previos, con abono a la cuenta 991, «Recuperación de ajustes valorativos negativos previos, entidades del grupo, multigrupo y asociadas».

b) Se abonará:

b.1) Por las enajenaciones y en general por su baja del activo, con cargo generalmente, a la cuenta 430, «Deudores por derechos reconocidos. Presupuesto de ingresos corriente», y, en su caso, a la 259, «Desembolsos pendientes sobre participaciones a largo plazo en entidades del grupo, multigrupo y asociadas».

Al mismo tiempo se cargará la subcuenta 6660, «Pérdidas en participaciones en entidades del grupo, multigrupo y asociadas», o se abonará la subcuenta 7660, «Beneficios en participaciones en entidades del grupo, multigrupo y asociadas», por los posibles resultados negativos o positivos, respectivamente, derivados de la operación.

b.2) Por la reversión de los bienes aportados en adscripción, con cargo a la cuenta correspondiente del bien.

Al mismo tiempo, se cargará la subcuenta 6660, «Pérdidas en participaciones en entidades del grupo, multigrupo y asociadas», o se abonará la subcuenta 7660, «Beneficios en participaciones en entidades del grupo, multigrupo y asociadas», por la diferencia entre el valor razonable del bien que revierte y el valor contable de la participación, según su signo.

b.3) Cuando una participación en una entidad del grupo, multigrupo y asociadas deje de tener tal calificación, con cargo a la cuenta 260, «Inversiones financieras a largo plazo en instrumentos de patrimonio», por su valor razonable. Al mismo tiempo, por la diferencia entre el valor razonable y el valor contable, se cargará la cuenta 800, «Pérdidas en activos financieros disponibles para la venta», o se abonará la cuenta 900, «Beneficios en activos financieros disponibles para la venta», según su signo.

b.4) Por el importe del deterioro hasta el límite de los aumentos valorativos registrados en el patrimonio neto previos a ser entidad del grupo, multigrupo y asociada, con cargo a la cuenta 891, «Deterioro de participaciones en entidades del grupo, multigrupo y asociadas».

2502. En otras entidades.

a) Se cargará:

a.1) Por la aportación patrimonial realizada, con abono a la cuenta 400, «Acreedores por obligaciones reconocidas. Presupuesto de gastos corriente».

a.2) En caso de aportación no dineraria, por el valor razonable de la participación recibida o, si éste no estuviera disponible, por el valor razonable del bien aportado, con abono a la cuenta del correspondiente bien. Al mismo tiempo, se registrará el resultado que se produzca, en su caso, por la diferencia entre el valor razonable de la participación recibida, o el valor razonable del bien aportado, y el valor contable del bien aportado.

b) Se abonará por las devoluciones de aportaciones con cargo generalmente, a la cuenta 430, «Deudores por derechos reconocidos. Presupuesto de ingresos corriente». Al mismo tiempo se cargará la subcuenta 6660, «Pérdidas en participaciones en entidades del grupo, multigrupo y asociadas», o se abonará la subcuenta 7660, «Beneficios en participaciones en entidades del grupo, multigrupo y asociadas», por los posibles resultados negativos o positivos, respectivamente, derivados de la operación.

251. Participaciones a largo plazo en entidades multigrupo y asociadas.

Inversiones en derechos sobre el patrimonio neto de entidades multigrupo y asociadas, cuya fecha esperada de extinción sea superior al año.

Funcionará a través de sus divisionarias.

El movimiento de las subcuentas que comprende es el siguiente:

2510. En entidades de derecho público.

a) Se cargará:

a.1) Por la aportación patrimonial realizada, con abono a la cuenta 400, «Acreedores por obligaciones reconocidas. Presupuesto de gastos corriente».

a.2) Por el valor razonable del bien aportado en adscripción a organismos públicos dependientes, con abono a la cuenta correspondiente del bien adscrito. Al mismo tiempo, se registrará el resultado que se produzca por la diferencia, en su caso, entre el valor razonable del bien adscrito y su valor contable en la cuenta del subgrupo 67, «Pérdidas procedentes de activos no corrientes, otros gastos de gestión ordinaria y gastos excepcionales», o 77, «Beneficios procedentes de activos no corrientes, otros ingresos de gestión ordinaria e ingresos excepcionales», que corresponda según la naturaleza del bien adscrito.

a.3) En caso de aportación no dineraria, por el valor razonable del bien aportado, con abono a la cuenta del correspondiente bien. Al mismo tiempo, se registrará el resultado que se produzca, en su caso, por la diferencia entre el valor razonable del bien aportado y su valor contable en la cuenta del subgrupo 67, «Pérdidas procedentes de activos no corrientes, otros gastos de gestión ordinaria y gastos excepcionales», o 77, «Beneficios procedentes de activos no corrientes, otros ingresos de gestión ordinaria e ingresos excepcionales», que corresponda según la naturaleza del bien aportado.

b) Se abonará:

b.1) Por las devoluciones de aportaciones, con cargo generalmente, a la cuenta 430, «Deudores por derechos reconocidos. Presupuesto de ingresos corriente». Al mismo tiempo se cargará la subcuenta 6660, «Pérdidas en participaciones en entidades del grupo, multigrupo y asociadas», o se abonará la subcuenta 7660, «Beneficios en participaciones en entidades del grupo, multigrupo y asociadas», por los posibles resultados negativos o positivos, respectivamente, derivados de la operación.

b.2) Por la reversión de los bienes aportados en adscripción, con cargo a la cuenta correspondiente del bien.

Al mismo tiempo, se cargará la subcuenta 6660, «Pérdidas en participaciones en entidades del grupo, multigrupo y asociadas», o se abonará la subcuenta 7660, «Beneficios en participaciones en entidades del grupo, multigrupo y asociadas», por la diferencia entre el valor razonable del bien que revierte y el valor contable de la participación, según su signo.

2511. En sociedades mercantiles y sociedades cooperativas.

a) Se cargará:

a.1) A la suscripción o a la compra, con abono a la cuenta 400, «Acreedores por obligaciones reconocidas. Presupuesto de gastos corriente», y, en su caso, a la cuenta 259, «Desembolsos pendientes sobre participaciones a largo plazo en entidades del grupo, multigrupo y asociadas».

a.2) Por los costes de transacción directamente atribuibles, con abono a la cuenta 400, «Acreedores por obligaciones reconocidas. Presupuesto de gastos corriente».

a.3) En caso de aportación no dineraria, por el valor razonable de la participación recibida o, si éste no estuviera disponible, por el valor razonable del bien aportado, con abono a la cuenta del correspondiente bien. Al mismo tiempo, se registrará el resultado que se produzca, en su caso, por la diferencia entre el valor razonable de la participación recibida, o el valor razonable del bien aportado, y el valor contable del bien aportado.

a.4) Cuando una participación anterior pase a ser una participación en entidad del grupo, multigrupo y asociada, con abono a la cuenta 260, «Inversiones financieras a largo plazo en instrumentos de patrimonio».

a.5) Cuando el importe recuperable sea superior al valor contable y existan ajustes valorativos por reducciones de valor previos a ser entidad del grupo, multigrupo y asociadas, por la diferencia entre ambos valores con el límite de los ajustes valorativos negativos previos, con abono a la cuenta 991, «Recuperación de ajustes valorativos negativos previos, entidades del grupo, multigrupo y asociadas».

b) Se abonará:

b.1) Por las enajenaciones y en general por su baja del activo, con cargo generalmente, a la cuenta 430, «Deudores por derechos reconocidos. Presupuesto de ingresos corriente», y, en su caso, a la 259, «Desembolsos pendientes sobre participaciones a largo plazo en entidades del grupo, multigrupo y asociadas».

Al mismo tiempo se cargará la subcuenta 6660, «Pérdidas en participaciones en entidades del grupo, multigrupo y asociadas», o se abonará la subcuenta 7660, «Beneficios en participaciones en entidades del grupo, multigrupo y asociadas», por los posibles resultados negativos o positivos, respectivamente, derivados de la operación.

b.2) Cuando una participación en una entidad del grupo, multigrupo y asociadas deje de tener tal calificación, con cargo a la cuenta 260, «Inversiones financieras a largo plazo en instrumentos de patrimonio», por su valor razonable. Al mismo tiempo, por la diferencia entre el valor razonable y el valor contable, se cargará la cuenta 800, «Pérdidas en activos financieros disponibles para la venta», o se abonará la cuenta 900, «Beneficios en activos financieros disponibles para la venta», según su signo.

b.3) Por el importe del deterioro hasta el límite de los aumentos valorativos registrados en el patrimonio neto previos a ser entidad del grupo, multigrupo y asociada, con cargo a la cuenta 891, «Deterioro de participaciones en entidades del grupo, multigrupo y asociadas».

2512. En otras entidades.

a) Se cargará:

a.1) Por la aportación patrimonial realizada, con abono a la cuenta 400, «Acreedores por obligaciones reconocidas. Presupuesto de gastos corriente».

a.2) En caso de aportación no dineraria, por el valor razonable de la participación recibida o, si éste no estuviera disponible, por el valor razonable del bien aportado, con abono a la cuenta del correspondiente bien. Al mismo tiempo, se registrará el resultado que se produzca, en su caso, por la diferencia entre el valor razonable de la participación recibida, o el valor razonable del bien aportado, y el valor contable del bien aportado.

b) Se abonará por las devoluciones de aportaciones con cargo generalmente, a la cuenta 430, «Deudores por derechos reconocidos. Presupuesto de ingresos corriente». Al mismo tiempo se cargará la subcuenta 6660, «Pérdidas en participaciones en entidades del grupo, multigrupo y asociadas», o se abonará la subcuenta 7660, «Beneficios en participaciones en entidades del grupo, multigrupo y asociadas», por los posibles resultados negativos o positivos, respectivamente, derivados de la operación.

252. Valores representativos de deuda a largo plazo de entidades del grupo, multigrupo y asociadas.

Inversiones en obligaciones, bonos u otros valores representativos de deuda, incluidos aquellos que fijan su rendimiento en función de índices o sistemas análogos, emitidos por entidades del grupo, multigrupo y asociadas, cuyo vencimiento o fecha esperada de enajenación sea superior a un año.

Funcionará a través de sus divisionarias.

El contenido y movimiento de las subcuentas que comprende es el siguiente:

2520. Valores representativos de deuda a largo plazo de entidades del grupo, multigrupo y asociadas mantenidos a vencimiento.

Recoge las inversiones en valores representativos de deuda de entidades del grupo, multigrupo o asociadas que hayan sido clasificadas en la categoría de inversiones mantenidas hasta el vencimiento, cuyo vencimiento o fecha esperada de enajenación sea superior a un año.

a) Se cargará:

a.1) A la suscripción o compra, por el precio de adquisición, excluidos los intereses explícitos devengados y no vencidos, con abono, generalmente, a la cuenta 400, «Acreedores por obligaciones reconocidas. Presupuesto de gastos corriente».

a.2) Por los costes de transacción directamente atribuibles a la suscripción o compra, con abono a la cuenta 400, «Acreedores por obligaciones reconocidas. Presupuesto de gastos corriente».

a.3) Por la imputación de la diferencia devengada entre el valor de reembolso al vencimiento y el valor inicial de la inversión, con abono a la subcuenta 7631, «Ingresos de valores representativos de deudas de entidades del grupo, multigrupo y asociadas». Cuando dicha diferencia sea negativa el asiento será el inverso.

a.4) Por la reclasificación desde la categoría de disponible para la venta, con abono a la subcuenta 2521, «Valores representativos de deuda a largo plazo de entidades del grupo, multigrupo y asociadas disponibles para la venta».

b) Se abonará:

b.1) Por la enajenación, amortización anticipada o baja del activo de los valores, con cargo, generalmente, a la cuenta 430, «Deudores por derechos reconocidos. Presupuesto de ingresos corriente». Al mismo tiempo se cargará la subcuenta 6661, «Pérdidas en valores representativos de deuda de entidades del grupo, multigrupo y asociadas a coste amortizado», o se abonará la subcuenta 7661, «Beneficios en valores representativos de deudas de entidades del grupo, multigrupo y asociadas a coste amortizado», por los posibles resultados, negativos o positivos, respectivamente, derivados de la operación.

b.2) Por la reclasificación a la categoría de disponible para la venta, con cargo a la subcuenta 2521, «Valores representativos de deuda a largo plazo de entidades del grupo, multigrupo y asociadas disponibles para la venta».

c) Se cargará o abonará con abono o cargo a las cuentas 768, «Diferencias positivas de cambio», o 668, «Diferencias negativas de cambio», respectivamente, como consecuencia del ajuste del valor de la inversión al tipo de cambio vigente en la fecha de cierre del ejercicio o de la cancelación.

2521. Valores representativos de deuda a largo plazo de entidades del grupo, multigrupo y asociadas disponibles para la venta.

Recoge las inversiones en valores representativos de deuda de entidades del grupo, multigrupo y asociadas no clasificados en otras categorías, cuyo vencimiento o fecha esperada de enajenación sea superior a un año.

Su movimiento es el siguiente:

a) Se cargará:

a.1) A la suscripción o compra, por el precio de adquisición, excluidos los intereses devengados y no vencidos, con abono, generalmente, a la cuenta 400, «Acreedores por obligaciones reconocidas. Presupuesto de gastos corriente».

a.2) Por los costes de transacción directamente atribuibles a la suscripción o compra, con abono a la cuenta 400, «Acreedores por obligaciones reconocidas. Presupuesto de gastos corriente».

a.3) Por la imputación de la diferencia devengada entre el valor de reembolso al vencimiento y el valor inicial de la inversión, con abono a la subcuenta 7631, «Ingresos de valores representativos de deudas de entidades del grupo, multigrupo y asociadas». Cuando dicha diferencia sea negativa el asiento será el inverso.

a.4) Por la reclasificación desde la categoría de inversión mantenida a vencimiento, con abono a la subcuenta 2520, «Valores representativos de deuda a largo plazo de entidades del grupo, multigrupo y asociadas mantenidos a vencimiento».

a.5) En el momento del registro del deterioro de valor, por las variaciones negativas del valor razonable imputadas previamente al patrimonio neto, con abono en la cuenta 902, «Imputación de pérdidas en activos financieros disponibles para la venta».

b) Se abonará:

b.1) Por la enajenación, amortización anticipada o baja del activo de los valores, con cargo, generalmente, a la cuenta 430, «Deudores por derechos reconocidos. Presupuesto de ingresos corriente».

b.2) Por la reclasificación a la categoría de inversión mantenida a vencimiento, con cargo a la subcuenta 2520, «Valores representativos de deuda a largo plazo de entidades del grupo, multigrupo y asociadas mantenidos a vencimiento».

c) Se cargará o abonará con abono o cargo, respectivamente, a las cuentas 900, «Beneficios en activos financieros disponibles para la venta», y 800, «Pérdidas en activos financieros disponibles para la venta», por las variaciones en su valor razonable, salvo la parte correspondiente a las diferencias de cambio asociadas al coste amortizado, que se registrarán en las cuentas 668, «Diferencias negativas de cambio», o 768, «Diferencias positivas de cambio», según su signo, y salvo la parte correspondiente a los intereses devengados.

253. Créditos a largo plazo a entidades del grupo, multigrupo y asociadas.

Inversiones a largo plazo en préstamos y otros créditos que no se deriven de las operaciones habituales de la entidad, incluidos los derivados de enajenaciones de inmovilizado, concedidos a entidades del grupo, multigrupo y asociadas, con vencimiento superior a un año.

El movimiento de la cuenta es el siguiente:

a) Se cargará:

a.1) Por el importe de dichos créditos, excluidos los intereses que en su caso se hubieran acordado, con abono, generalmente, a la cuenta 400, «Acreedores por obligaciones reconocidas. Presupuesto de gastos corriente», o, en el caso de enajenación de inmovilizado, a las cuentas de inmovilizado correspondientes.

Además, en el caso de créditos concedidos con intereses subvencionados, se abonará esta cuenta con cargo a la cuenta 651, «Subvenciones», por la diferencia entre el importe entregado y el valor razonable del crédito, de acuerdo con los criterios de la norma de reconocimiento y valoración n.º 8, «Activos financieros».

a.2) Por los costes de transacción directamente atribuibles, con abono a la cuenta 400, «Acreedores por obligaciones reconocidas. Presupuesto de gastos corriente».

a.3) Por la imputación de la diferencia devengada entre el valor de reembolso al vencimiento y el valor inicial de la inversión, con abono a la subcuenta 7632, «Ingresos de créditos a entidades del grupo, multigrupo y asociadas». Cuando dicha diferencia sea negativa el asiento será el inverso.

a.4) Por la anulación del derecho presupuestario en el caso de derechos a cobrar procedentes de anulaciones por aplazamiento y fraccionamiento, con abono a las cuentas 433, «Derechos anulados de presupuesto corriente», o 434, «Derechos anulados de presupuestos cerrados», a través de sus divisionarias,

b) Se abonará:

b.1) Por el reintegro anticipado total o parcial o baja en el activo, con cargo a la cuenta 430, «Deudores por derechos reconocidos. Presupuesto de ingresos corriente», y a la subcuenta 6670, «Pérdidas de créditos incobrables. Con entidades del grupo, multigrupo y asociadas», en caso de pérdidas por insolvencias, siempre que no se haya registrado previamente la corrección valorativa por deterioro.

b.2) Por la cancelación anticipada del derecho de cobro, con cargo a la cuenta 430, «Deudores por derechos reconocidos. Presupuesto de ingresos corriente».

b.3) En el caso de derechos a cobrar procedentes de anulaciones por aplazamiento y fraccionamiento, por la parte del derecho que tenga vencimiento a corto plazo, con cargo a la cuenta 443, «Deudores a corto plazo por aplazamiento y fraccionamiento».

255. Intereses a largo plazo de inversiones financieras en entidades del grupo, multigrupo y asociadas.

Intereses a cobrar, con vencimiento superior a un año, de valores representativos de deuda y de créditos a entidades del grupo, multigrupo y asociadas.

Su movimiento es el siguiente:

a) Se cargará con abono a:

a.1) La subcuenta 7631, «Ingresos de valores representativos de deudas de entidades del grupo, multigrupo y asociadas», por los intereses devengados de valores representativos de deuda.

a.2) La subcuenta 7632, «Ingresos de créditos a entidades del grupo, multigrupo y asociadas», por los intereses devengados de créditos.

a.3) La cuenta 400, «Acreedores por obligaciones reconocidas. Presupuesto de gastos corriente», a la suscripción o compra de los valores, por el importe de los intereses devengados con vencimiento en ejercicios posteriores.

b) Se abonará en los casos de enajenación o amortización anticipada de los valores o de los créditos, de reintegro anticipado, total o parcial, de los créditos y en general de baja del activo, con cargo a la cuenta 430, «Deudores por derechos reconocidos. Presupuesto de ingresos corriente».

c) Se cargará o abonará con abono o cargo a las cuentas 768, «Diferencias positivas de cambio», o 668, «Diferencias negativas de cambio», respectivamente, como consecuencia del ajuste del valor de los intereses al tipo de cambio vigente en la fecha de cierre del ejercicio o de la cancelación.

257. Fianzas constituidas a largo plazo en entidades del grupo, multigrupo y asociadas.

Efectivo entregado a entidades del grupo, multigrupo y asociadas, como garantía del cumplimiento de una obligación, a plazo superior a un año.

Su movimiento es el siguiente:

a) Se cargará, a la constitución, por el efectivo entregado, con abono a la cuenta 400, «Acreedores por obligaciones reconocidas. Presupuesto de gastos corriente», o a cuentas del subgrupo 57, «Efectivo y activos líquidos equivalentes», según establezca la normativa aplicable.

b) Se abonará con cargo a:

b.1) La cuenta 430, «Deudores por derechos reconocidos. Presupuesto de ingresos corriente», o a cuentas del subgrupo 57, «Efectivo y activos líquidos equivalentes», a la cancelación anticipada, según proceda.

b.2) La cuenta 678, «Gastos excepcionales», por incumplimiento de la obligación afianzada que determine pérdidas en la fianza.

258. Depósitos constituidos a largo plazo en entidades del grupo, multigrupo y asociadas.

Efectivo entregado a entidades del grupo, multigrupo y asociadas, en concepto de depósito irregular, a plazo superior a un año.

Su movimiento es el siguiente:

a) Se cargará, a la constitución, por el efectivo entregado, con abono a la cuenta 400, «Acreedores por obligaciones reconocidas. Presupuesto de gastos corriente», o a cuentas del subgrupo 57, «Efectivo y activos líquidos equivalentes», según establezca la normativa aplicable.

b) Se abonará, a la cancelación anticipada, con cargo a la cuenta 430, «Deudores por derechos reconocidos. Presupuesto de ingresos corriente», o a cuentas del subgrupo 57, «Efectivo y activos líquidos equivalentes», según proceda.

259. Desembolsos pendientes sobre participaciones a largo plazo en entidades del grupo, multigrupo y asociadas.

Desembolsos pendientes, no exigidos, sobre participaciones en el patrimonio neto de entidades del grupo, multigrupo y asociadas, cuando tengan la consideración de inversiones financieras a largo plazo.

Figurará en el activo no corriente del balance, minorando la partida en la que se reflejen las correspondientes participaciones.

Su movimiento es el siguiente:

a) Se abonará, a la adquisición o suscripción de las participaciones, por el importe pendiente de desembolsar, con cargo a la divisionaria correspondiente de la cuenta 250, «Participaciones a largo plazo en entidades del grupo», o a la divisionaria correspondiente de la cuenta 251, «Participaciones a largo plazo en entidades multigrupo y asociadas», según corresponda.

b) Se cargará:

b.1) Por los desembolsos que se vayan exigiendo, con abono a la subcuenta 4002, «Acreedores por obligaciones reconocidas. Presupuesto de gastos corriente. Deudas con entidades del grupo, multigrupo y asociadas».

b.2) Cuando se enajenen las participaciones no desembolsadas totalmente, con abono a la divisionaria correspondiente de la cuenta 250, «Participaciones a largo plazo en entidades del grupo», o a la divisionaria correspondiente de la cuenta 251, «Participaciones a largo plazo en entidades multigrupo y asociadas», según corresponda.

b.3) Con abono a la cuenta 539, «Desembolsos pendientes sobre participaciones a corto plazo en entidades del grupo, multigrupo y asociadas», cuando se reclasifique a corto plazo la inversión financiera.

26. OTRAS INVERSIONES FINANCIERAS A LARGO PLAZO.

260. *Inversiones financieras a largo plazo en instrumentos de patrimonio.*

261. *Valores representativos de deuda a largo plazo.*

2610. Valores representativos de deuda a largo plazo mantenidos a vencimiento.

2611. Valores representativos de deuda a largo plazo disponibles para la venta.

262. *Créditos a largo plazo.*

2620. Créditos a largo plazo por enajenación de inmovilizado.
2621. Deudores a largo plazo por aplazamiento y fraccionamiento.
2629. Otros créditos a largo plazo.
263. *Activos por derivados financieros a largo plazo.*
2630. Activos por derivados financieros a largo plazo designados instrumentos de cobertura.
2631. Activos por otros derivados financieros a largo plazo.
264. *Créditos a largo plazo al personal.*
266. *Intereses a largo plazo de valores representativos de deuda.*
267. *Intereses a largo plazo de créditos.*
268. *Imposiciones a largo plazo.*
269. *Desembolsos pendientes sobre participaciones en el patrimonio neto a largo plazo.*

Inversiones financieras, cualesquiera que sea su forma de instrumentación, cuyo vencimiento o fecha esperada de enajenación sea superior a un año, no relacionadas con entidades del grupo, multigrupo y asociadas, incluidos los intereses devengados con vencimiento superior a un año.

Las cuentas de este subgrupo figurarán en el activo no corriente del balance en el epígrafe VI, «Inversiones financieras a largo plazo».

La parte de las inversiones a largo plazo cuyo vencimiento o fecha esperada de enajenación no sea superior a un año deberá figurar en el activo corriente del balance en la epígrafe V, «Inversiones financieras a corto plazo»; a estos efectos se traspasará a este subgrupo el importe que represente la inversión a largo plazo con vencimiento o fecha esperada de enajenación a corto plazo, incluidos en su caso los intereses devengados, a las cuentas correspondientes del subgrupo 54, «Inversiones financieras a corto plazo».

260. Inversiones financieras a largo plazo en instrumentos de patrimonio.

Inversiones en derechos sobre el patrimonio neto, acciones con o sin cotización en un mercado regulado u otros valores, de sociedades mercantiles, clasificadas en la categoría activos financieros disponibles para la venta, que no se esperan enajenar o extinguir en un plazo inferior a un año.

Su movimiento es el siguiente:

a) Se cargará:

a.1) A la suscripción o compra, con abono a la cuenta 400, «Acreedores por obligaciones reconocidas. Presupuesto de gastos corriente», y, en su caso, a la cuenta 269, «Desembolsos pendientes sobre participaciones en el patrimonio neto a largo plazo».

a.2) Por los costes de transacción directamente atribuibles a la suscripción o compra, con abono a la cuenta 400, «Acreedores por obligaciones reconocidas. Presupuesto de gastos corriente».

a.3) En caso de aportación no dineraria, por el valor razonable de la participación recibida o, si éste no estuviera disponible, por el valor razonable del bien aportado, con abono a la cuenta del correspondiente bien.

a.4) Cuando una participación en una entidad del grupo, multigrupo o asociada deje de tener tal calificación, por su valor razonable, con abono a la correspondiente cuenta divisionaria de la cuenta 250, «Participaciones a largo plazo en entidades del grupo», o de la cuenta 251, «Participaciones a largo plazo en entidades multigrupo y asociadas». Al mismo tiempo, por la diferencia entre el valor razonable y el valor contable, se cargará la cuenta 800, «Pérdidas en activos financieros disponibles para la venta», o se abonará la cuenta 900, «Beneficios en activos financieros disponibles para la venta», según su signo.

a.5) Por la reversión del deterioro, con abono a la cuenta 900, «Beneficios en activos financieros disponibles para la venta».

b) Se abonará:

b.1) Por las enajenaciones y en general por su baja del activo, con cargo generalmente, a la cuenta 430, «Deudores por derechos reconocidos. Presupuesto de ingresos corriente», y, si existen desembolsos pendientes, con cargo a la cuenta 269, «Desembolsos pendientes sobre participaciones en el patrimonio neto a largo plazo».

Además, en el caso de participaciones valoradas al coste, se cargará la subcuenta 6651, «Pérdidas en inversiones en instrumentos de patrimonio valorados a coste», o se abonará la subcuenta 7651, «Beneficios en inversiones en instrumentos de patrimonio valorados a coste», por los posibles resultados derivados de la operación.

b.2) Cuando una participación pase a ser participación en entidad del grupo, multigrupo y asociada, con cargo a la divisionaria correspondiente de la cuenta 250, «Participaciones a largo plazo en entidades del grupo», o de la cuenta 251, «Participaciones a largo plazo en entidades multigrupo y asociadas».

b.3) Cuando se haya acordado la enajenación de la participación, con cargo a la subcuenta 5400, «Inversiones a corto plazo en instrumentos de patrimonio disponibles para la venta», por su traspaso a corto plazo.

b.4) Por el importe del deterioro estimado con cargo a la subcuenta 6963, «Pérdidas por deterioro de participaciones en el patrimonio neto de otras entidades».

c) Se cargará o abonará, por las variaciones de su valor razonable en fin de ejercicio y en la cancelación, con abono o cargo, respectivamente, a las cuentas 900, «Beneficios en activos financieros disponibles para la venta», y 800, «Pérdidas en activos financieros disponibles para la venta».

261. Valores representativos de deuda a largo plazo.

Inversiones en obligaciones, bonos u otros valores representativos de deuda, incluidos aquellos que fijan su rendimiento en función de índices o sistemas análogos, cuyo vencimiento o fecha esperada de enajenación sea superior a un año.

Funcionará a través de sus divisionarias.

El contenido y movimiento de las subcuentas que comprende es el siguiente:

2610. Valores representativos de deuda a largo plazo mantenidos a vencimiento.

Recoge las inversiones en valores representativos de deuda que hayan sido clasificadas en la categoría de inversiones mantenidas hasta el vencimiento, cuyo vencimiento o fecha esperada de enajenación sea superior a un año.

a) Se cargará:

a.1) A la suscripción o compra, por el precio de adquisición, excluidos los intereses explícitos devengados y no vencidos, con abono, generalmente, a la cuenta 400, «Acreedores por obligaciones reconocidas. Presupuesto de gastos corriente».

a.2) Por los costes de transacción directamente atribuibles a la suscripción o compra, con abono a la cuenta 400, «Acreedores por obligaciones reconocidas. Presupuesto de gastos corriente».

a.3) Por la imputación de la diferencia devengada entre el valor de reembolso al vencimiento y el valor inicial de la inversión, con abono a la cuenta 761, «Ingresos de valores representativos de deuda». Cuando dicha diferencia sea negativa el asiento será el inverso.

a.4) Por la reclasificación desde la categoría de disponible para la venta, con abono a la subcuenta 2611, «Valores representativos de deuda a largo plazo disponibles para la venta».

b) Se abonará:

b.1) Por la enajenación, amortización anticipada o baja del activo de los valores, con cargo, generalmente, a la cuenta 430, «Deudores por derechos reconocidos. Presupuesto de ingresos corriente». Al mismo tiempo se cargará la subcuenta 6650, «Pérdidas en inversiones financieras a coste amortizado», o se abonará la subcuenta 7650, «Beneficios en inversiones financieras a coste amortizado», por los posibles resultados, negativos o positivos, respectivamente, derivados de la operación.

b.2) Por la reclasificación a la categoría de disponible para la venta, con cargo a la subcuenta 2611, «Valores representativos de deuda a largo plazo disponibles para la venta».

c) Se cargará o abonará con abono o cargo a las cuentas 768, «Diferencias positivas de cambio», o 668, «Diferencias negativas de cambio», respectivamente, como consecuencia del ajuste del valor de la inversión al tipo de cambio vigente en la fecha de cierre del ejercicio o de la cancelación.

2611. Valores representativos de deuda a largo plazo disponibles para la venta.

Recoge las inversiones en valores representativos de deuda no clasificados en otras categorías, cuyo vencimiento o fecha esperada de enajenación sea superior a un año.

Su movimiento es el siguiente:

a) Se cargará:

a.1) A la suscripción o compra, por el precio de adquisición, excluidos los intereses devengados y no vencidos, con abono, generalmente, a la cuenta 400, «Acreedores por obligaciones reconocidas. Presupuesto de gastos corriente».

a.2) Por los costes de transacción directamente atribuibles a la suscripción o compra, con abono a la cuenta 400, «Acreedores por obligaciones reconocidas. Presupuesto de gastos corriente».

a.3) Por la imputación de la diferencia devengada entre el valor de reembolso al vencimiento y el valor inicial de la inversión, con abono a la cuenta 761, «Ingresos de valores representativos de deuda». Cuando dicha diferencia sea negativa el asiento será el inverso.

a.4) Por la reclasificación desde la categoría de inversión mantenida a vencimiento, con abono a la subcuenta 2610, «Valores representativos de deuda a largo plazo mantenidos a vencimiento».

a.5) En el momento del registro del deterioro de valor, por las variaciones negativas del valor razonable imputadas previamente al patrimonio neto, con abono en la cuenta 902, «Imputación de pérdidas en activos financieros disponibles para la venta».

b) Se abonará:

b.1) Por la enajenación, amortización anticipada o baja del activo de los valores, con cargo, generalmente, a la cuenta 430, «Deudores por derechos reconocidos. Presupuesto de ingresos corriente».

b.2) Por la reclasificación a la categoría de inversión mantenida a vencimiento, con cargo a la subcuenta 2610, «Valores representativos de deuda a largo plazo mantenidos a vencimiento».

c) Se cargará o abonará con abono o cargo, respectivamente, a las cuentas 900, «Beneficios en activos financieros disponibles para la venta», y 800, «Pérdidas en activos financieros disponibles para la venta», por las variaciones en su valor razonable, salvo la parte correspondiente a las diferencias de cambio asociadas al coste amortizado, que se registrarán en las cuentas 668, «Diferencias negativas de cambio», o 768, «Diferencias positivas de cambio», según su signo, y salvo la parte correspondiente a los intereses devengados.

262. Créditos a largo plazo.

Préstamos y otros créditos concedidos a terceros con vencimiento superior a un año.

Funcionará a través de sus divisionarias.

El contenido y movimiento de las subcuentas que comprende es el siguiente:

2620. Créditos a largo plazo por enajenación de inmovilizado.

Créditos a terceros cuyo vencimiento sea superior a un año, con origen en operaciones de enajenación de inmovilizado.

a) Se cargará:

a.1) Por el importe de dichos créditos, excluidos los intereses que en su caso se hubieran acordado, con abono a las cuentas de inmovilizado correspondientes.

a.2) Por los costes de transacción directamente atribuibles, con abono a la cuenta 400, «Acreedores por obligaciones reconocidas. Presupuesto de gastos corriente».

a.3) Por la imputación de la diferencia devengada entre el valor de reembolso al vencimiento y el valor inicial de la inversión, con abono a la subcuenta 7620, «Ingresos de créditos». Cuando dicha diferencia sea negativa el asiento será el inverso.

b) Se abonará, por el reintegro anticipado total o parcial o baja en el activo, con cargo a la cuenta 430, «Deudores por derechos reconocidos. Presupuesto de ingresos corriente», y a la subcuenta 6671, «Pérdidas de créditos incobrables. Con otras entidades», en caso de pérdidas por insolvencias para las que no se haya registrado previamente la corrección valorativa por deterioro.

2621. Deudores a largo plazo por aplazamiento y fraccionamiento.

Recoge derechos a cobrar con vencimiento a largo plazo procedentes de anulaciones por aplazamiento y fraccionamiento de derechos reconocidos en las cuentas 430, «Deudores por derechos reconocidos. Presupuesto de ingresos corriente», y 431, «Deudores por derechos reconocidos. Presupuestos de ingresos cerrados».

Su movimiento es el siguiente:

a) Se cargará, por la anulación del derecho presupuestario, con abono a las cuentas 433, «Derechos anulados de presupuesto corriente», o 434, «Derechos anulados de presupuestos cerrados», a través de sus divisionarias.

b) Se abonará con cargo a:

b.1) La cuenta 430, «Deudores por derechos reconocidos. Presupuesto de ingresos corriente», por la cancelación anticipada del derecho de cobro.

b.2) La cuenta 443, «Deudores a corto plazo por aplazamiento y fraccionamiento», por la parte del derecho que tenga vencimiento a corto plazo.

2629. Otros créditos a largo plazo.

Préstamos y otros créditos concedidos no incluidos en las cuentas anteriores.

Su movimiento, generalmente, es el siguiente:

a) Se cargará:

a.1) A la formalización del crédito, por el importe de éste, con abono, generalmente, a la cuenta 400, «Acreedores por obligaciones reconocidas. Presupuesto de gastos corriente».

Además, en el caso de créditos concedidos con intereses subvencionados, se abonará esta cuenta con cargo a la cuenta 651, «Subvenciones», por la diferencia entre el importe entregado y el valor razonable del crédito, de acuerdo con los criterios de la norma de reconocimiento y valoración n.º 8, «Activos financieros».

a.2) Por los costes de transacción directamente atribuibles, con abono a la cuenta 400, «Acreedores por obligaciones reconocidas. Presupuesto de gastos corriente».

a.3) Por la imputación de la diferencia devengada entre el valor de reembolso al vencimiento y el valor inicial de la inversión, con abono a la subcuenta 7620, «Ingresos de créditos». Cuando dicha diferencia sea negativa el asiento será el inverso.

b) Se abonará, por el reintegro anticipado total o parcial o baja en el activo, con cargo a la cuenta 430, «Deudores por derechos reconocidos. Presupuesto de ingresos corriente», y a la subcuenta 6671, «Pérdidas de créditos incobrables. Con otras entidades», en caso de pérdidas por insolvencias.

263. Activos por derivados financieros a largo plazo.

Importe correspondiente a las operaciones con derivados financieros con valoración favorable para la entidad, cuyo vencimiento o fecha en la que se esperan liquidar sea superior a un año.

Funcionará a través de sus divisionarias.

El contenido y movimiento de las subcuentas que comprende es el siguiente:

2630. Activos por derivados financieros a largo plazo designados instrumentos de cobertura.

Recoge la valoración favorable para la entidad de los derivados financieros designados instrumentos de cobertura de acuerdo con la norma de reconocimiento y valoración n.º 10, «Coberturas contables».

a) Se cargará por las cantidades satisfechas, en su caso, en el momento de la contratación, con abono, generalmente, a la cuenta 400, «Acreedores por obligaciones reconocidas. Presupuesto de gastos corriente».

b) Se abonará por el importe recibido en el momento de la liquidación, con cargo, generalmente, a la cuenta 430, «Deudores por derechos reconocidos. Presupuesto de ingresos corriente».

c) Se cargará o abonará, por las variaciones en su valor razonable, con abono o cargo, a las subcuentas 7645, «Beneficios en derivados financieros designados instrumentos de cobertura», y 6645, «Pérdidas en derivados financieros designados instrumentos de cobertura», respectivamente, a través de la divisionaria que corresponda, cuando según la norma de reconocimiento y valoración n.º 10, «Coberturas contables», el derivado deba valorarse por su valor razonable y dicha variación deba imputarse a la cuenta del resultado económico-patrimonial del ejercicio.

d) Se cargará o abonará, con abono o cargo, a las cuentas 910, «Beneficios por coberturas», y 810, «Pérdidas por coberturas», respectivamente, por la variación del valor razonable del instrumento derivado que se haya determinado como cobertura eficaz, cuando el derivado deba valorarse por su valor razonable y deba imputarse dicha variación a la cuenta del resultado económico patrimonial de ejercicios posteriores o al valor inicial de la partida cubierta.

2631. Activos por otros derivados financieros a largo plazo.

Recoge la valoración favorable para la entidad de derivados financieros a los que no se aplique la contabilidad de coberturas.

a) Se cargará por las cantidades satisfechas, en su caso, en el momento de la contratación, con abono, generalmente, a la cuenta 400, «Acreedores por obligaciones reconocidas. Presupuesto de gastos corriente».

b) Se abonará por el importe recibido en el momento de la liquidación, con cargo, generalmente, a la cuenta 430, «Deudores por derechos reconocidos. Presupuesto de ingresos corriente».

c) Se cargará o abonará, por las variaciones en su valor razonable, con abono o cargo, a las subcuentas 7646, «Beneficios en otros derivados financieros», o 6646, «Pérdidas en otros derivados financieros», respectivamente.

264. Créditos a largo plazo al personal.

Créditos concedidos al personal de la entidad, con vencimiento superior a un año.

Su movimiento es análogo al señalado para la subcuenta 2629, «Otros créditos a largo plazo».

266. Intereses a largo plazo de valores representativos de deuda.

Intereses a cobrar, con vencimiento superior a un año, de valores representativos de deuda.

Su movimiento es el siguiente:

a) Se cargará con abono a:

a.1) La cuenta 761, «Ingresos de valores representativos de deuda», por los intereses devengados.

a.2) La cuenta 400, «Acreedores por obligaciones reconocidas. Presupuesto de gastos corriente», a la suscripción o compra de los valores, por el importe de los intereses devengados con vencimiento en ejercicios posteriores.

b) Se abonará en los casos de enajenación o amortización anticipada de valores y en general de baja del activo, con cargo a la cuenta 430, «Deudores por derechos reconocidos. Presupuesto de ingresos corriente».

c) Se cargará o abonará con abono o cargo a las cuentas 768, «Diferencias positivas de cambio», o 668, «Diferencias negativas de cambio», respectivamente, como consecuencia del ajuste del valor de los intereses al tipo de cambio vigente en la fecha de cierre del ejercicio o de la cancelación.

267. Intereses a largo plazo de créditos.

Intereses a cobrar, con vencimiento superior a un año, de créditos.

Su movimiento es el siguiente:

a) Se cargará por los intereses devengados, con abono a la subcuenta 7620, «Ingresos de créditos».

b) Se abonará en los casos de reintegro anticipado, total o parcial, con cargo a la cuenta 430, «Deudores por derechos reconocidos. Presupuesto de ingresos corriente».

268. Imposiciones a largo plazo.

Saldos favorables en bancos e instituciones de crédito formalizados por medio de cuenta a plazo o similares, con vencimiento superior a un año y de acuerdo con las condiciones que rigen para el sistema financiero. También se incluirán, con el debido desarrollo en subcuentas, los intereses a cobrar, con vencimiento superior a un año, de las imposiciones a plazo.

Su movimiento es el siguiente:

a) Se cargará,

a.1) A la formalización, con abono, generalmente, a la cuenta 400, «Acreedores por obligaciones reconocidas. Presupuesto de gastos corriente».

a.2) Por los intereses devengados, con abono a la cuenta 7620, «Ingresos de créditos».

b) Se abonará, a la cancelación de la imposición, con cargo, generalmente, a la cuenta 430, «Deudores por derechos reconocidos. Presupuesto de ingresos corriente».

269. Desembolsos pendientes sobre participaciones en el patrimonio neto a largo plazo.

Desembolsos pendientes, no exigidos, sobre participaciones en el patrimonio neto de sociedades mercantiles, cuando se trate de inversiones financieras a largo plazo.

Figurará en el activo no corriente del balance, minorando la partida en la que se reflejen las correspondientes participaciones.

Su movimiento es el siguiente:

a) Se abonará, a la adquisición o suscripción de las participaciones, por el importe pendiente de desembolsar, con cargo a la cuenta 260, «Inversiones financieras a largo plazo en instrumentos de patrimonio».

b) Se cargará:

b.1) Por los desembolsos que se vayan exigiendo, con abono a la cuenta 400, «Acreedores por obligaciones reconocidas. Presupuesto de gastos corriente».

b.2) Cuando se enajenen las participaciones no desembolsadas totalmente, con abono a la cuenta 260, «Inversiones financieras a largo plazo en instrumentos de patrimonio».

b.3) Con abono a la cuenta 549, «Desembolsos pendientes sobre participaciones en el patrimonio neto a corto plazo», cuando se reclasifique a corto plazo la inversión financiera.

27. FIANZAS Y DEPÓSITOS CONSTITUIDOS A LARGO PLAZO.

270. *Fianzas constituidas a largo plazo.*
275. *Depósitos constituidos a largo plazo.*

Las cuentas de este subgrupo figurarán en el activo no corriente del balance, en el epígrafe VI, «Inversiones financieras a largo plazo».

La parte de fianzas y depósitos constituidos a largo plazo que tenga vencimiento a corto deberá figurar en el activo corriente del balance en el epígrafe V, «Inversiones financieras a corto plazo»; a estos efectos se traspasará el importe que representen las fianzas y depósitos constituidos a largo plazo con vencimiento a corto a las cuentas correspondientes del subgrupo 56, «Fianzas y depósitos recibidos y constituidos a corto plazo y ajustes por periodificación».

270. Fianzas constituidas a largo plazo.

Efectivo entregado como garantía del cumplimiento de una obligación, a plazo superior a un año.

Su movimiento es el siguiente:

a) Se cargará, a la constitución, por el efectivo entregado, con abono a la cuenta 400, «Acreedores por obligaciones reconocidas. Presupuesto de gastos corriente», o a cuentas del subgrupo 57, «Efectivo y activos líquidos equivalentes», según establezca la normativa aplicable.

b) Se abonará con cargo a:

b.1) La cuenta 430, «Deudores por derechos reconocidos. Presupuesto de ingresos corriente», o a cuentas del subgrupo 57, «Efectivo y activos líquidos equivalentes», a la cancelación anticipada, según proceda.

b.2) La cuenta 678, «Gastos excepcionales», por incumplimiento de la obligación afianzada que determine pérdidas en la fianza.

275. Depósitos constituidos a largo plazo.

Efectivo entregado en concepto de depósito irregular, a plazo superior a un año.

Su movimiento es el siguiente:

a) Se cargará, a la constitución, por el efectivo entregado, con abono a la cuenta 400, «Acreedores por obligaciones reconocidas. Presupuesto de gastos corriente», o a cuentas del subgrupo 57, «Efectivo y activos líquidos equivalentes», según establezca la normativa aplicable.

b) Se abonará, a la cancelación anticipada, con cargo a la cuenta 430, «Deudores por derechos reconocidos. Presupuesto de ingresos corriente», o a cuentas del subgrupo 57, «Efectivo y activos líquidos equivalentes», según proceda.

28. AMORTIZACIÓN ACUMULADA DEL INMOVILIZADO.

280. *Amortización acumulada del inmovilizado intangible.*

2800. Amortización acumulada de inversión en investigación.

2801. Amortización acumulada de inversión en desarrollo.

2803. Amortización acumulada de propiedad industrial e intelectual.

2806. Amortización acumulada de aplicaciones informáticas.

2807. Amortización acumulada de inversiones sobre activos utilizados en régimen de arrendamiento o cedidos.

2809. Amortización acumulada de otro inmovilizado intangible.

281. *Amortización acumulada del inmovilizado material.*

2810. Amortización acumulada de terrenos y bienes naturales.

2811. Amortización acumulada de construcciones.

2812. Amortización acumulada de infraestructuras.

2813. Amortización acumulada de bienes del patrimonio histórico.

2814. Amortización acumulada de maquinaria y utillajc.

2815. Amortización acumulada de instalaciones técnicas y otras instalaciones

2816. Amortización acumulada de mobiliario.

2817. Amortización acumulada de equipos para procesos de información

2818. Amortización acumulada de elementos de transporte.

2819. Amortización acumulada de otro inmovilizado material.

282. *Amortización acumulada de inversiones inmobiliarias.*

2820. Amortización acumulada de inversiones en terrenos.

2821. Amortización acumulada de inversiones en construcciones.

284. *Amortización acumulada del Patrimonio público del suelo.*

2840. Amortización acumulada de terrenos del Patrimonio público del suelo.
2841. Amortización acumulada de construcciones del Patrimonio público del suelo.
2849. Amortización acumulada de otros bienes y derechos del Patrimonio público del suelo.

Expresión contable de la distribución sistemática a lo largo de la vida útil, de la depreciación de las inversiones en inmovilizado, de las inversiones inmobiliarias y el Patrimonio público del suelo.

Las cuentas de este subgrupo funcionarán a través de sus divisionarias y minorarán la partida de activo no corriente del balance en la que figure el correspondiente elemento patrimonial.

280. Amortización acumulada del inmovilizado intangible.

Importe acumulado de las correcciones valorativas por la depreciación del inmovilizado intangible realizadas de acuerdo con un plan sistemático.

Su movimiento es el siguiente:

a) Se abonará, por la dotación anual, generalmente con cargo a la cuenta 680, «Amortización del inmovilizado intangible», y, en su caso, a la cuenta 821, «Ajustes negativos en la valoración del inmovilizado no financiero por amortizaciones».

b) Se cargará cuando se enajene el inmovilizado intangible o se produzca la baja en el inventario por cualquier otro motivo, con abono a cuentas del subgrupo 20, «Inmovilizaciones intangibles».

281. Amortización acumulada del inmovilizado material.

Importe acumulado de las correcciones valorativas por la depreciación del inmovilizado material realizadas de acuerdo con un plan sistemático.

Su movimiento es el siguiente:

a) Se abonará, por la dotación anual, con cargo, generalmente, a la cuenta 681, «Amortización del inmovilizado material», y, en su caso, a la cuenta 821, «Ajustes negativos en la valoración del inmovilizado no financiero por amortizaciones».

b) Se cargará cuando se enajene el inmovilizado material o se produzca la baja en el inventario por cualquier otro motivo, con abono a cuentas del subgrupo 21, «Inmovilizaciones materiales».

282. Amortización acumulada de inversiones inmobiliarias.

Importe acumulado de las correcciones valorativas por la depreciación de las inversiones inmobiliarias realizadas de acuerdo con un plan sistemático.

Su movimiento es el siguiente:

a) Se abonará, por la dotación anual, con cargo, generalmente, a la cuenta 682, «Amortización de las inversiones inmobiliarias», y, en su caso, a la cuenta 821, «Ajustes negativos en la valoración del inmovilizado no financiero por amortizaciones».

b) Se cargará cuando se enajene la inversión inmobiliaria o se produzca la baja en el inventario por cualquier otro motivo, con abono a cuentas del subgrupo 22, «Inversiones inmobiliarias».

284. Amortización acumulada del Patrimonio público del suelo.

Importe acumulado de las correcciones valorativas por la depreciación del Patrimonio público del suelo, realizadas de acuerdo con un plan sistemático.

Su movimiento es el siguiente:

a) Se abonará, por la dotación anual, con cargo, generalmente, a la cuenta 684, «Amortización del Patrimonio público del suelo», y, en su caso, a la cuenta 821, «Ajustes negativos en la valoración del inmovilizado no financiero por amortizaciones».

b) Se cargará cuando se enajene el Patrimonio público del suelo o se produzca la baja en el inventario por cualquier otro motivo, con abono a cuentas del subgrupo 24, «Patrimonio público del suelo».

29. DETERIORO DE VALOR DE ACTIVOS NO CORRIENTES.

290. *Deterioro de valor del inmovilizado intangible.*

2903. Deterioro de valor de propiedad industrial e intelectual.

2906. Deterioro de valor de aplicaciones informáticas.

2907. Deterioro de valor de inversiones sobre activos utilizados en régimen de arrendamiento o cedidos.

2909. Deterioro de valor de otro inmovilizado intangible.

291. *Deterioro de valor del inmovilizado material.*

2910. Deterioro de valor de terrenos y bienes naturales.
2911. Deterioro de valor de construcciones.
2912. Deterioro de valor de infraestructuras.
2913. Deterioro de valor de bienes del patrimonio histórico.
2914. Deterioro de valor de maquinaria y utillaje.
2915. Deterioro de valor de instalaciones técnicas y otras instalaciones.
2916. Deterioro de valor de mobiliario.
2917. Deterioro de valor de equipos para procesos de información.
2918. Deterioro de valor de elementos de transporte.
2919. Deterioro de valor de otro inmovilizado material.

292. *Deterioro de valor de las inversiones inmobiliarias.*

2920. Deterioro de valor de inversiones en terrenos.
2921. Deterioro de valor de inversiones en construcciones.

293. *Deterioro de valor del Patrimonio público del suelo.*

2930. Deterioro de valor de terrenos del Patrimonio público del suelo.
2931. Deterioro de valor de construcciones del Patrimonio público del suelo.
2939. Deterioro de valor de otros bienes y derechos del Patrimonio público del suelo.

294. *Deterioro de valor de participaciones a largo plazo en entidades del grupo, multigrupo y asociadas.*

2940. Deterioro de valor de participaciones a largo plazo en entidades de derecho público del grupo, multigrupo y asociadas.
2941. Deterioro de valor de participaciones a largo plazo en sociedades mercantiles y sociedades cooperativas del grupo, multigrupo y asociadas.
2942. Deterioro de valor de participaciones a largo plazo en otras entidades del grupo, multigrupo y asociadas.

295. *Deterioro de valor de valores representativos de deuda a largo plazo de entidades del grupo, multigrupo y asociadas.*

2950. Deterioro de valor de valores mantenidos a vencimiento de entidades del grupo, multigrupo y asociadas.

2951. Deterioro de valor de valores disponibles para la venta de entidades del grupo, multigrupo y asociadas.

296. *Deterioro de valor de créditos y otras inversiones financieras a largo plazo en entidades del grupo, multigrupo y asociadas.*

2960. Deterioro de valor de créditos a largo plazo a entidades del grupo, multigrupo y asociadas.

2961. Deterioro de fianzas constituidas a largo plazo en entidades del grupo, multigrupo y asociadas.

2962. Deterioro de depósitos constituidos a largo plazo en entidades del grupo, multigrupo y asociadas.

297. *Deterioro de valor de valores representativos de deuda a largo plazo.*

2970. Deterioro de valor de valores mantenidos a vencimiento.

2971. Deterioro de valor de valores disponibles para la venta.

298. *Deterioro de valor de créditos y otras inversiones financieras a largo plazo.*

2980. Deterioro de valor de créditos a largo plazo.

2981. Deterioro de valor de fianzas constituidas a largo plazo.

2982. Deterioro de valor de depósitos constituidos a largo plazo.

2983. Deterioro de valor de créditos por aplazamiento y fraccionamiento a largo plazo.

299. *Deterioro de valor por usufructo cedido del inmovilizado material.*

2990. Deterioro de valor por usufructo cedido de terrenos y bienes naturales.

2991. Deterioro de valor por usufructo cedido de construcciones.

2992. Deterioro de valor por usufructo cedido de infraestructuras.

2993. Deterioro de valor por usufructo cedido de bienes del patrimonio histórico.

2999. Deterioro de valor por usufructo cedido de otro inmovilizado material.

Expresión contable de las correcciones de valor motivadas por pérdidas debidas a deterioros de valor de los elementos del activo no corriente; se incluyen también las pérdidas de valor por usufructo cedido.

La estimación de tales pérdidas deberá realizarse de forma sistemática en el tiempo. En el supuesto de posteriores recuperaciones de valor, en los términos establecidos en las correspondientes normas de reconocimiento y valoración, las correcciones de valor por deterioro reconocidas deberán reducirse hasta su total recuperación, cuando así proceda de acuerdo con lo dispuesto en dichas normas.

Las cuentas de este subgrupo, que funcionarán a través de sus divisionarias, minorarán en el activo no corriente del balance la partida en la que figure el correspondiente elemento patrimonial.

Se traspasará, generalmente, al subgrupo 59, «Deterioro de valor de inversiones financieras a corto plazo», el importe de las correcciones de valor por deterioro de las inversiones financieras que tengan su vencimiento a corto plazo.

290/291/292/293. Deterioro de valor de...

Importe de las correcciones valorativas por deterioro del valor que corresponda al inmovilizado intangible, inmovilizado material, inversiones inmobiliarias y Patrimonio público del suelo.

Su movimiento es el siguiente:

a) Se abonarán por el importe del deterioro estimado que se deba imputar a resultados, con cargo a las cuentas 690, «Pérdidas por deterioro del inmovilizado intangible», 691, «Pérdidas por deterioro del inmovilizado material», 692, «Pérdidas por deterioro de las inversiones inmobiliarias», o 693 «Pérdidas por deterioro del Patrimonio público del suelo».

b) Se cargarán:

b.1) Cuando desaparezcan las causas que determinaron el reconocimiento de la corrección valorativa por deterioro, con abono a la cuenta 790, «Reversión del deterioro del inmovilizado intangible», 791, «Reversión del deterioro del inmovilizado material», 792, «Reversión del deterioro de las inversiones inmobiliarias», o 793, «Reversión del deterioro del Patrimonio público del suelo».

b.2) Cuando se enajene el inmovilizado o se dé de baja del activo por cualquier otro motivo, con abono a cuentas del subgrupo 20, «Inmovilizaciones intangibles», 21, «Inmovilizaciones materiales», 22, «Inversiones inmobiliarias», o 24, «Patrimonio público del suelo».

294. Deterioro de valor de participaciones a largo plazo en entidades del grupo, multigrupo y asociadas.

Importe de las correcciones valorativas por deterioro del valor de las participaciones a largo plazo en entidades del grupo, multigrupo y asociadas.

Su movimiento es el siguiente:

a) Se abonará, por el importe del deterioro estimado que se deba imputar a resultados, con cargo a las subcuentas 6960, «Pérdidas por deterioro de participaciones en entidades de derecho público del grupo, multigrupo y asociadas», 6961, «Pérdidas por deterioro de participaciones en sociedades mercantiles y sociedades cooperativas del grupo, multigrupo y asociadas», o 6962, «Pérdidas por deterioro de participaciones en otras entidades del grupo, multigrupo y asociadas», según corresponda.

b) Se cargará:

b.1) Con abono a las subcuentas 7960, «Reversión del deterioro de participaciones en entidades de derecho público del grupo, multigrupo y asociadas», 7961, «Reversión del deterioro de participaciones en sociedades mercantiles del grupo, multigrupo y asociadas», o 7962 «Reversión del deterioro de participaciones en otras entidades del grupo, multigrupo y asociadas», según corresponda, cuando desaparezcan las causas que determinaron el reconocimiento de la corrección valorativa por deterioro.

b.2) Con abono a la correspondiente divisionaria de la cuentas 250, «Participaciones a largo plazo en entidades del grupo», o 251, «Participaciones a largo plazo en entidades multigrupo y asociadas», según corresponda, cuando se enajenen las participaciones o se den de baja del activo por cualquier otro motivo.

295. Deterioro de valor de valores representativos de deuda a largo plazo de entidades del grupo, multigrupo y asociadas.

Importe de las correcciones valorativas por deterioro del valor de las inversiones a largo plazo en valores representativos de deuda emitidos por entidades del grupo, multigrupo y asociadas.

Funcionará a través de sus divisionarias.

Su movimiento es el siguiente:

a) Se abonará, por el importe del deterioro estimado que se deba imputar a resultados, con cargo a la subcuenta 6970, «Pérdidas por deterioro de valores representativos de deuda de entidades del grupo, multigrupo y asociadas».

b) Se cargará:

b.1) Con abono a la subcuenta 7970, «Reversión del deterioro de valores representativos de deuda de entidades del grupo, multigrupo y asociadas», cuando desaparezcan las causas que determinaron el reconocimiento de la corrección valorativa por deterioro.

b.2) Con abono a la correspondiente divisionaria de la cuenta 252, «Valores representativos de deuda a largo plazo de entidades del grupo, multigrupo y asociadas», cuando se enajenen los valores o se den de baja del activo por cualquier otro motivo.

296. Deterioro de valor de créditos y otras inversiones financieras a largo plazo en entidades del grupo, multigrupo y asociadas.

Correcciones valorativas por deterioro del valor de créditos concedidos y fianzas y depósitos constituidos a largo plazo en entidades del grupo, multigrupo y asociadas.

Funcionará a través de sus divisionarias.

2960. Deterioro de valor de créditos a largo plazo a entidades del grupo, multigrupo y asociadas.

Su movimiento es el siguiente:

a) Se abonará por el importe del deterioro estimado, con cargo a la subcuenta 6980, «Pérdidas por deterioro de créditos a entidades del grupo, multigrupo y asociadas».

b) Se cargará:

b.1) Con abono a la subcuenta 7980, «Reversión del deterioro de créditos a entidades del grupo, multigrupo y asociadas», cuando desaparezcan las causas que determinaron el reconocimiento de la corrección valorativa por deterioro.

b.2) Con abono a la cuenta 253, «Créditos a largo plazo a entidades del grupo, multigrupo y asociadas», cuando se cancelen anticipadamente o cuando se den de baja del activo por insolvencia definitiva del deudor y, en este último caso, por la parte de crédito que resulte incobrable.

2961. Deterioro de fianzas constituidas a largo plazo en entidades del grupo, multigrupo y asociadas.

Su movimiento es el siguiente:

a) Se abonará por el importe del deterioro estimado, con cargo a la subcuenta 6981, «Pérdidas por deterioro de fianzas constituidas en entidades del grupo, multigrupo y asociadas».

b) Se cargará:

b.1) Con abono a la subcuenta 7981, «Reversión del deterioro de fianzas constituidas en entidades del grupo, multigrupo y asociadas», cuando desaparezcan las causas que determinaron el reconocimiento de la corrección valorativa por deterioro.

b.2) Con abono a la cuenta 257, «Fianzas constituidas a largo plazo en entidades del grupo, multigrupo y asociadas», cuando se cancelen anticipadamente o cuando se den de baja del activo por insolvencia definitiva del deudor y, en este último caso, por la parte de saldo que resulte incobrable.

2962. Deterioro de depósitos constituidos a largo plazo en entidades del grupo, multigrupo y asociadas.

Su movimiento es el siguiente:

a) Se abonará por el importe del deterioro estimado, con cargo a la subcuenta 6982, «Pérdidas por deterioro de depósitos constituidos en entidades del grupo, multigrupo y asociadas».

b) Se cargará:

b.1) Con abono a la subcuenta 7982, «Reversión del deterioro de depósitos constituidos en entidades del grupo, multigrupo y asociadas», cuando desaparezcan las causas que determinaron el reconocimiento de la corrección valorativa por deterioro.

b.2) Con abono a la cuenta 258, «Depósitos constituidos a largo plazo en entidades del grupo, multigrupo y asociadas», cuando se cancelen anticipadamente o cuando se den de baja del activo por insolvencia definitiva del deudor y, en este último caso, por la parte de saldo que resulte incobrable.

297. Deterioro de valor de valores representativos de deuda a largo plazo.

Correcciones valorativas por deterioro del valor de inversiones a largo plazo en valores representativos de deuda emitidos por entidades que no son del grupo, multigrupo y asociadas.

Funcionará a través de sus divisionarias.

Su movimiento es el siguiente:

a) Se abonará, por el importe del deterioro estimado que se deba imputar a resultados, con cargo a la subcuenta 6971, «Pérdidas por deterioro de valores representativos de deuda de otras entidades».

b) Se cargará:

b.1) Con abono a la subcuenta 7971, «Reversión del deterioro de valores representativos de deuda de otras entidades», cuando desaparezcan las causas que determinaron el reconocimiento de la corrección valorativa por deterioro.

b.2) Con abono a la correspondiente divisionaria de la cuenta 261, «Valores representativos de deuda a largo plazo», cuando se enajenen los valores o se den de baja del activo por cualquier otro motivo.

298. Deterioro de valor de créditos y otras inversiones financieras a largo plazo.

Correcciones valorativas por deterioro del valor de créditos concedidos y fianzas y depósitos constituidos a largo plazo en entidades que no son del grupo, multigrupo y asociadas.

Funcionará a través de sus divisionarias.

2980. Deterioro de valor de créditos a largo plazo.

Su movimiento es el siguiente:

a) Se abonará por el importe del deterioro estimado, con cargo a la subcuenta 6983 «Pérdidas por deterioro de créditos a otras entidades».

b) Se cargará:

b.1) Con abono a la subcuenta 7983, «Reversión del deterioro de créditos a otras entidades», cuando desaparezcan las causas que determinaron el reconocimiento de la corrección valorativa por deterioro.

b.2) Con abono a las cuentas que correspondan del subgrupo 26, «Otras inversiones financieras a largo plazo», cuando se cancelen anticipadamente o cuando se den de baja del activo por insolvencia definitiva del deudor y, en este último caso, por la parte de crédito que resulte incobrable.

2981. Deterioro de valor de fianzas constituidas a largo plazo.

Su movimiento es el siguiente:

a) Se abonará por el importe del deterioro estimado, con cargo a la subcuenta 6984, «Pérdidas por deterioro de fianzas constituidas en otras entidades».

b) Se cargará:

b.1) Con abono a la subcuenta 7984, «Reversión del deterioro de fianzas constituidas en otras entidades», cuando desaparezcan las causas que determinaron el reconocimiento de la corrección valorativa por deterioro.

b.2) Con abono a la cuenta 270, «Fianzas constituidas a largo plazo», cuando se cancelen anticipadamente o cuando se den de baja del activo por insolvencia definitiva del deudor y, en este último caso, por la parte de saldo que resulte incobrable.

2982. Deterioro de valor de depósitos constituidos a largo plazo.

Su movimiento es el siguiente:

a) Se abonará por el importe del deterioro estimado, con cargo a la subcuenta 6985, «Pérdidas por deterioro de depósitos constituidos en otras entidades».

b) Se cargará:

b.1) Con abono a la subcuenta 7985, «Reversión del deterioro de depósitos constituidos en otras entidades», cuando desaparezcan las causas que determinaron el reconocimiento de la corrección valorativa por deterioro.

b.2) Con abono a la cuenta 275, «Depósitos constituidos a largo plazo», cuando se cancelen anticipadamente o cuando se den de baja del activo por insolvencia definitiva del deudor y, en este último caso, por la parte de saldo que resulte incobrable.

2983. Deterioro de valor de créditos por aplazamiento y fraccionamiento a largo plazo.

Su movimiento es el siguiente:

a) Se abonará por el importe del deterioro estimado, con cargo a la subcuenta 6983, «Pérdidas por deterioro de créditos a otras entidades».

b) Se cargará:

b.1) Con abono a la subcuenta 7983, «Reversión del deterioro de créditos a otras entidades», cuando desaparezcan las causas que determinaron el reconocimiento de la corrección valorativa por deterioro.

b.2) Con abono a la subcuenta 2621, «Deudores a largo plazo por aplazamiento y fraccionamiento», cuando se cancelen anticipadamente o cuando se den de baja del activo por insolvencia definitiva del deudor y, en este último caso, por la parte de crédito que resulte incobrable.

b.3) Con abono a la subcuenta 4900, «Deterioro de valor de créditos. Operaciones de gestión», por el importe de las correcciones de valor por deterioro de los créditos por aplazamiento y fraccionamiento que tengan su vencimiento a corto plazo.

299. Deterioro de valor por usufructo cedido del inmovilizado material.

Importe de las correcciones valorativas derivadas de la cesión gratuita del uso de elementos del inmovilizado material de la entidad a terceros por un período de tiempo inferior a la vida económica del bien cedido.

Si existieran dificultades para la determinación del usufructo cedido podrá valorarse por el importe acumulado de las cuotas de amortización que correspondan al período de cesión.

Funcionará a través de sus divisionarias.

Su movimiento, con carácter general, es el siguiente:

a) Se abonará por el importe estimado del valor del usufructo cedido del bien durante el período de la cesión con cargo a la cuenta 651, «Subvenciones».

b) Se cargará con abono a la cuenta 799, «Reversión del deterioro por el usufructo cedido del inmovilizado material», cuando el importe recuperable sea superior al valor contable con el límite del valor contable si no hubiera habido deterioro.

Grupo 3. Existencias y otros activos en estado de venta

Comprende los activos poseídos para ser vendidos en el curso normal de la explotación, en proceso de producción o en forma de materiales o suministros para ser consumidos en el proceso de producción o en la prestación de servicios; mercaderías, materias primas, otros aprovisionamientos, productos en curso, productos semiterminados, productos terminados, subproductos, residuos y materiales recuperados, así como los activos construidos o adquiridos para otras entidades y los activos en estado de venta.

Las denominaciones y códigos de las cuentas de los subgrupos 30 a 38 son orientativos, por tanto, cada entidad podrá desarrollar tantas cuentas como su actividad exija.

30. COMERCIALES.
   300. *Mercaderías A.*
   301. *Mercaderías B.*

Bienes adquiridos por la entidad, sujeto de la contabilidad, destinados a la venta sin que los mismos experimenten transformación alguna.

Las cuentas de este subgrupo figurarán en el activo corriente del balance en el epígrafe II, «Existencias», y solamente funcionarán con motivo del cierre del ejercicio.

Su movimiento es el siguiente:

a) Se abonarán, al cierre del ejercicio, por el importe del inventario de existencias iniciales, con cargo a la cuenta 610, «Variación de existencias de mercaderías».

b) Se cargarán, por el importe del inventario de existencias al final del ejercicio que se cierra, con abono a la cuenta 610, «Variación de existencias de mercaderías».

Si existieran mercaderías en camino, propiedad de la entidad, figurarán como existencias al cierre del ejercicio en las respectivas cuentas del subgrupo 30, «Comerciales». Esta regla se aplicará igualmente cuando se encuentren en camino productos, materias primas, etc., incluidos en los subgrupos siguientes.

31. MATERIAS PRIMAS.

310. *Materias primas A.*

311. *Materias primas B.*

Son aquellas que, mediante elaboración o transformación, se destinan a formar parte de los productos fabricados por la entidad, sujeto de la contabilidad.

Las cuentas de este subgrupo figurarán en el activo corriente del balance en el epígrafe II, «Existencias», y solamente funcionarán con motivo del cierre del ejercicio.

Su movimiento es análogo al del subgrupo 30, «Comerciales».

32. OTROS APROVISIONAMIENTOS.

320. *Elementos y conjuntos incorporables.*

321. *Combustibles.*

322. *Repuestos.*

325. *Materiales diversos.*

326. *Embalajes.*

327. *Envases.*

328. *Material de oficina.*

Las cuentas de este subgrupo figurarán en el activo corriente del balance en el epígrafe II, «Existencias», y su movimiento es análogo al del subgrupo 30, «Comerciales».

320. Elementos y conjuntos incorporables.

Son los fabricados normalmente fuera de la entidad y adquiridos por ésta para incorporarlos a su producción sin someterlos a transformación.

321. Combustibles.

Materias energéticas susceptibles de almacenamiento.

322. Repuestos.

Piezas destinadas a ser montadas en instalaciones, equipos o máquinas en sustitución de otras semejantes. Se incluyen las que tengan un ciclo de almacenamiento inferior a un año.

325. Materiales diversos.

Otras materias de consumo que no han de incorporarse al producto fabricado. En esta cuenta se contabilizará material de diversa índole relacionado con la actividad de la entidad, sujeto de la contabilidad.

326. Embalajes.

Cubiertas o envolturas, generalmente irrecuperables, destinadas a resguardar productos o mercaderías que han de transportarse.

327. Envases.

Recipientes o vasijas, normalmente destinados a la venta, juntamente con el producto que contienen.

328. Material de oficina.

El destinado a la finalidad que indica su denominación, salvo que la entidad opte por considerar que el material de oficina adquirido durante el ejercicio es objeto de consumo en el mismo.

33. PRODUCCIÓN EN CURSO.

330. *Productos en curso A.*

331. *Productos en curso B.*

Bienes o servicios que, al cierre del ejercicio, se encuentran en fase de elaboración o transformación y que no deban registrarse en las cuentas de los subgrupos 34, «Productos semiterminados», o 36, «Subproductos, residuos y materiales recuperados».

Las cuentas de este subgrupo figurarán en el activo corriente del balance en el epígrafe II, «Existencias», y solamente funcionarán con motivo del cierre del ejercicio.

Su movimiento es el siguiente:

a) Se abonarán, al cierre del ejercicio, por el importe del inventario de existencias iniciales, con cargo a la cuenta 710, «Variación de existencias de productos en curso».

b) Se cargarán, por el importe del inventario de existencias al final del ejercicio que se cierra, con abono a la cuenta 710, «Variación de existencias de productos en curso».

34. PRODUCTOS SEMITERMINADOS.

340. *Productos semiterminados A.*

341. *Productos semiterminados B.*

Son los fabricados por la entidad, sujeto de la contabilidad, que han de ser objeto de una transformación o elaboración antes de ser enajenados o consumidos.

Las cuentas de este subgrupo figurarán en el activo corriente del balance en el epígrafe II, «Existencias», y su movimiento es análogo al del subgrupo 33, «Productos en curso».

35. PRODUCTOS TERMINADOS.

350. *Productos terminados A.*

351. *Productos terminados B.*

En este subgrupo se contabilizan aquellos productos fabricados por la entidad, sujeto de la contabilidad, que se destinen al consumo final o a su utilización por otras entidades públicas o privadas.

Las cuentas de este subgrupo figurarán en el activo corriente del balance en el epígrafe II, «Existencias», y su movimiento es análogo al del subgrupo 33, «Productos en curso».

36. SUBPRODUCTOS, RESIDUOS Y MATERIALES RECUPERADOS.

360. *Subproductos A.*

361. *Subproductos B.*

365. *Residuos A.*
366. *Residuos B.*
368. *Materiales recuperados A.*
369. *Materiales recuperados B.*

Subproductos: Los de carácter secundario o accesorio al proceso principal de fabricación.

Residuos: Los obtenidos inevitablemente y a la vez que los productos o subproductos, cuando tengan algún valor intrínseco y puedan ser usados o vendidos.

Materiales recuperados: Aquellos que, por tener valor intrínseco, entran nuevamente en almacén después de haber sido utilizados en el proceso productivo.

Las cuentas de este subgrupo figurarán en el activo corriente del balance en el epígrafe II, «Existencias», y su movimiento es análogo al del subgrupo 33, «Productos en curso».

37. ACTIVOS CONSTRUIDOS O ADQUIRIDOS PARA OTRAS ENTIDADES.

370. *Activos construidos o adquiridos para otras entidades.*

Activos adquiridos por la entidad, así como los construidos cuando los ingresos y costes derivados de la construcción no pueden ser estimados con el suficiente grado de fiabilidad, con base en el correspondiente contrato, convenio, acuerdo o norma legal, con el objeto de que una vez finalizado el proceso de adquisición o construcción de los mismos se transfiera necesariamente a otra entidad, con independencia de que la entidad destinataria participe o no en su financiación.

Las cuentas de este subgrupo figurarán en el activo corriente del balance en el epígrafe II, «Existencias», y su movimiento es análogo al del subgrupo 33, «Producción en curso».

38. ACTIVOS EN ESTADO DE VENTA.

380. *Activos en estado de venta.*

La cuenta de este subgrupo figurará en el activo corriente del balance en el epígrafe I, «Activos en estado de venta».

380. Activos en estado de venta.

Activos no financieros clasificados inicialmente como no corrientes cuyo valor contable se recuperará fundamentalmente a través de una transacción de venta, en lugar de por su uso continuado.

Su movimiento, generalmente, es el siguiente:

a) Se cargará en el momento en que se cumplan las condiciones para su clasificación, de acuerdo con lo dispuesto en la norma de reconocimiento y valoración n.º 7, «Activos en estado de venta», con abono a las respectivas cuentas de activo no corriente.

b) Se abonará:

b.1) En el momento en que se produzca la enajenación o disposición por otra vía del activo no corriente con cargo, generalmente, a la cuenta 430, «Deudores por derechos reconocidos. Presupuesto de ingresos corriente».

b.2) Si el activo no corriente dejara de cumplir los requisitos para su clasificación como mantenido para la venta de acuerdo con lo dispuesto en la norma de reconocimiento y valoración n.º 7, «Activos en estado de venta», con cargo a las respectivas cuentas del activo no corriente.

39. DETERIORO DE VALOR DE EXISTENCIAS Y OTROS ACTIVOS EN ESTADO DE VENTA.

390. *Deterioro de valor de mercaderías.*
391. *Deterioro de valor de materias primas.*
392. *Deterioro de valor de otros aprovisionamientos.*
393. *Deterioro de valor de producción en curso.*
394. *Deterioro de valor de productos semiterminados.*
395. *Deterioro de valor de productos terminados.*
396. *Deterioro de valor de subproductos, residuos y materiales recuperados.*
398. *Deterioro de activos en estado de venta.*

Expresión contable de las correcciones valorativas motivadas por pérdidas reversibles por deterioro de las existencias y otros activos en estado de venta.

Las cuentas de este subgrupo minorarán en el activo corriente del balance la partida a que correspondan.

390/.../396. Deterioro de valor de...

Importe de las pérdidas reversibles por deterioro de las existencias al cierre del ejercicio, que se ponen de manifiesto con motivo del inventario de las mismas.

Su movimiento es el siguiente:

a) Se abonarán, por la dotación que se realice en el ejercicio que se cierra, con cargo a la cuenta 694, «Pérdidas por deterioro de existencias y otros activos en estado de venta», a través de sus divisionarias.

b) Se cargarán, por la dotación efectuada en el ejercicio precedente, con abono a la cuenta 794, «Reversión del deterioro de existencias y otros activos en estado de venta», a través de sus divisionarias.

398. Deterioro de activos en estado de venta.

Expresión contable de las correcciones de valor producidas por pérdidas reversibles de los activos en estado de venta.

Su movimiento es el siguiente:

a) Se abonará:

a.1) Por el importe del deterioro, en su caso, de los activos no corrientes que se reclasifiquen a activos en estado de venta, con abono a la cuenta del subgrupo 29, «Deterioro de valor de activos no corrientes» que corresponda.

a.2) Por el importe del deterioro estimado con cargo a la subcuenta 6948, «Pérdidas por deterioro de activos en estado de venta».

b) Se cargará:

b.1) Cuando desaparezcan las causas que determinaron el reconocimiento de la corrección valorativa por deterioro, con abono a la cuenta 7948, «Reversión del deterioro de activos en estado de venta».

b.2) Cuando se enajene el activo en estado de venta o se dé de baja por cualquier otro motivo con abono a la cuenta 380, «Activos en estado de venta».

Grupo 4. Acreedores y deudores

Cuentas a cobrar y a pagar derivadas de operaciones realizadas con terceros, que tengan su origen en la gestión ordinaria de la entidad y las cuentas de las Administraciones Públicas.

Los activos financieros y los pasivos financieros incluidos en este grupo se clasificarán, con carácter general, a efectos de su valoración, en las categorías de créditos y partidas a cobrar y débitos y partidas a pagar, respectivamente.

40. ACREEDORES PRESUPUESTARIOS.
400. *Acreedores por obligaciones reconocidas. Presupuesto de gastos corriente.*
4000. Operaciones de gestión.
4001. Otras cuentas a pagar.
4002. Deudas con entidades del grupo, multigrupo y asociadas.
4003. Otras deudas.
401. *Acreedores por obligaciones reconocidas. Presupuestos de gastos cerrados.*
4010. Operaciones de gestión.
4011. Otras cuentas a pagar.
4012. Deudas con entidades del grupo, multigrupo y asociadas.
4013. Otras deudas.

Obligaciones a pagar a cargo de la entidad como consecuencia de la ejecución del presupuesto.

400. Acreedores por obligaciones reconocidas. Presupuesto de gastos corriente.

Obligaciones reconocidas durante el período de vigencia del presupuesto con cargo a los créditos figurados en el mismo.

Funcionará a través de sus divisionarias atendiendo al origen o naturaleza de las obligaciones de acuerdo con lo establecido en las normas de elaboración del balance.

Figurará en el pasivo corriente del balance, en el epígrafe IV, «Acreedores y otras cuentas a pagar a corto plazo», salvo la subcuenta 4002, «Deudas con entidades del grupo, multigrupo y asociadas», que figurará en el epígrafe III, «Deudas con entidades del grupo, multigrupo y asociadas a corto plazo», y la subcuenta 4003, «Otras deudas», que figurará en el epígrafe II, «Deudas a corto plazo».

Su movimiento es el siguiente:

a) Se abonará, por las obligaciones presupuestarias reconocidas, con cargo a:

a.1) Cuentas del grupo 1, «Financiación básica», en los casos, entre otros, de reembolso anticipado del pasivo a largo plazo, así como, en su caso, en los de devolución anticipada de fianzas y depósitos recibidos a largo plazo.

a.2) Cuentas del grupo 2, «Activo no corriente», por las inversiones realizadas en inmovilizado intangible, material, financiero, inversiones inmobiliarias, patrimonio público del suelo, y, en su caso, por la constitución de fianzas y depósitos a largo plazo.

a.3) Cuentas del grupo 5, «Cuentas financieras», en los casos de reembolso del pasivo a corto plazo, inversiones financieras a corto plazo, así como, en su caso, la constitución de fianzas y depósitos a corto plazo y la devolución de fianzas y depósitos recibidos a corto plazo.

a.4) Cuentas del grupo 6, «Compras y gastos por naturaleza», por las compras de existencias, los gastos y las pérdidas.

a.5) La cuenta 411, «Acreedores por gastos devengados», cuando al vencimiento de la obligación se expida el correspondiente acto de reconocimiento y liquidación.

a.6) La cuenta 413, «Acreedores por operaciones pendientes de aplicar a presupuesto», a través de sus divisionarias, cuando se reconozca y liquide la obligación que ha quedado pendiente de imputar a presupuesto.

a.7) La subcuenta 5584, «Libramientos para pagos a justificar», por el libramiento de fondos con el carácter de «pagos a justificar».

En el caso de reintegros de pagos a justificar que, se deban imputar a presupuesto de gastos, el asiento a realizar será idéntico pero de signo negativo.

a.8) La subcuenta 5585, «Libramientos para la reposición de anticipos de caja fija pendientes de pago», por reposiciones de anticipos de caja fija.

a.9) La cuenta 634, «Ajustes negativos en la imposición indirecta», por el importe de la regularización anual.

En el caso de anulación de obligaciones reconocidas el asiento a realizar será idéntico pero de signo negativo.

Asimismo, también se realizará el mencionado asiento de signo negativo cuando se produzca la condonación de obligaciones que figuren reflejadas en esta cuenta, con la salvedad de que, en este supuesto, la cuenta de cargo será en todo caso la 752, «Subvenciones para la cancelación de deudas genéricas».

b) Se cargará con abono a:

b.1) Cuentas del subgrupo 57, «Efectivo y activos líquidos equivalentes», por el importe de los pagos efectuados en efectivo, o a la cuenta 557, «Formalización», por los pagos virtuales.

b.2) La cuenta 410, «Acreedores por IVA soportado», por el importe de la regularización anual negativa de la imposición indirecta.

b.3) La cuenta 557, «Formalización», por el importe de los reintegros del presupuesto corriente en el momento de su imputación al presupuesto de gastos. Este asiento será de signo negativo.

La suma de su haber indicará el total de obligaciones presupuestarias reconocidas netas durante el ejercicio, minoradas en las posibles condonaciones que se hubiesen producido. La de su debe, el total de obligaciones presupuestarias cuyo pago se ha hecho efectivo.

Su saldo, acreedor, recogerá el importe de obligaciones reconocidas pendientes de pago.

El día 1 de enero, en el asiento de apertura, el saldo de cada subcuenta en 31 de diciembre anterior formará parte del saldo inicial de la divisionaria correspondiente de la cuenta 401, «Acreedores por obligaciones reconocidas. Presupuestos de gastos cerrados». Este traspaso se realizará directamente, sin realizar ningún asiento.

401. Acreedores por obligaciones reconocidas. Presupuestos de gastos cerrados.

Recoge en 1 de enero el saldo de obligaciones reconocidas con cargo a créditos de presupuestos vigentes en ejercicios anteriores, cuyo pago no ha sido hecho efectivo en 31 de diciembre del precedente.

Funcionará a través de sus divisionarias atendiendo al origen o naturaleza de las obligaciones de acuerdo con lo establecido en las normas de elaboración del balance.

Figurará en el pasivo corriente del balance, en el epígrafe IV, «Acreedores y otras cuentas a pagar a corto plazo», salvo la subcuenta 4012, «Deudas con entidades del grupo, multigrupo y asociadas» que figurará en el epígrafe III, «Deudas con entidades del grupo, multigrupo y asociadas a corto plazo», y la subcuenta 4013, «Otras deudas», que figurará en el epígrafe II, «Deudas a corto plazo».

Su movimiento es el siguiente:

a) Se abonará con cargo a la cuenta 120, «Resultados de ejercicios anteriores», o bien a la cuenta de balance a la que el gasto presupuestario se hubiera imputado, por la modificación en aumento de las obligaciones reconocidas en ejercicios anteriores que sea consecuencia de errores. En el caso de modificación de obligaciones con origen en gastos económicos y de poca importancia relativa se podrá abonar con cargo a las cuentas de gastos por naturaleza que correspondan.

Cuando la modificación de dichas obligaciones fuese en disminución, o tratándose de la anulación de las mismas, este asiento será de signo negativo.

Asimismo, también se realizará el mencionado asiento de signo negativo cuando se produzca la condonación de obligaciones que figuren reflejadas en esta cuenta, con la salvedad de que, en este supuesto, la cuenta de cargo será en todo caso la 752, «Subvenciones para la cancelación de deudas genéricas».

b) Se cargará con abono a:

b.1) Cuentas del subgrupo 57, «Efectivo y activos líquidos equivalentes», por el importe de los pagos realizados en efectivo, o a la cuenta 557, «Formalización», por los pagos virtuales.

b.2) La cuenta 778, «Ingresos excepcionales», por el importe de las prescripciones que se hayan producido.

La suma de su haber indicará el total de obligaciones reconocidas con cargo a presupuestos de ejercicios cerrados cuyo pago no ha sido hecho efectivo al finalizar el ejercicio anterior y que no han sido anuladas o condonadas durante el ejercicio. La de su debe, el total de obligaciones de presupuestos cerrados canceladas durante el ejercicio, bien por pago, bien por prescripción.

Su saldo, acreedor, recogerá el total de obligaciones pendientes de pago correspondientes a presupuestos cerrados.

41. ACREEDORES NO PRESUPUESTARIOS.

410. *Acreedores por IVA soportado.*

411. *Acreedores por gastos devengados.*

413. *Acreedores por operaciones pendientes de aplicar a presupuesto.*

4130. Operaciones de gestión.

4131. Otras cuentas a pagar.

4132. Deudas con entidades del grupo, multigrupo y asociadas.

4133. Otras deudas.

414. *Entes públicos acreedores por recaudación de recursos.*

416. *Anticipos para activos construidos o adquiridos para otras entidades.*

418. *Acreedores por devolución de ingresos y otras minoraciones.*
4180. Operaciones de gestión.
4181. Otras cuentas a pagar.
4182. Deudas con entidades del grupo, multigrupo y asociadas.
4183. Otras deudas.
419. *Otros acreedores no presupuestarios.*
410. *Acreedores por IVA soportado.*

Cuenta acreedora que recoge las deudas con terceros correspondientes a un impuesto sobre el valor añadido (IVA) soportado, que tenga la condición de deducible, que se origina por la adquisición de bienes o servicios.

Figurará en el pasivo corriente del balance, en el epígrafe IV, «Acreedores y otras cuentas a pagar a corto plazo».

Su movimiento es el siguiente:

a) Se abonará con cargo a:

a.1) La cuenta 472, «Hacienda Pública, IVA soportado», a través de sus divisionarias, por el importe del IVA soportado y deducible en las adquisiciones.

a.2) La cuenta 472, «Hacienda Pública, IVA soportado», a través de sus divisionarias, por el importe del IVA soportado y deducible correspondiente a las operaciones anuladas. Este asiento será de signo negativo.

a.3) Cuentas del subgrupo 57, «Efectivo y activos líquidos equivalentes», por el reintegro de las operaciones anuladas cuyo pago se hubiera producido con anterioridad.

a.4) La cuenta 472, «Hacienda Pública, IVA soportado», a través de sus divisionarias, por el importe del IVA soportado y deducible correspondiente a la regularización practicada en los casos de aplicación de la regla de prorrata. Será un asiento con signo negativo si el IVA soportado y deducible calculado conforme a la prorrata provisional es superior al calculado conforme a la prorrata definitiva. El importe así abonado se cancelará contra cuentas de deudores o de acreedores presupuestarios, según que la regularización dé lugar a un ajuste de signo positivo o negativo.

b) Se cargará con abono a:

b.1) Cuentas del subgrupo 57, «Efectivo y activos líquidos equivalentes», por el pago realizado a los acreedores.

b.2) La cuenta 778, «Ingresos excepcionales», en caso de prescripción.

Su saldo, acreedor, recogerá el importe del IVA soportado que tiene la condición de deducible pendiente de pago a los acreedores.

411. Acreedores por gastos devengados.

Recoge las obligaciones no vencidas a fin de ejercicio derivadas de gastos económicos no financieros devengados durante el mismo.

Figurará en el pasivo corriente del balance, en el epígrafe IV, «Acreedores y otras cuentas a pagar a corto plazo».

Su movimiento es el siguiente:

a) Se abonará por el importe de los bienes y servicios correspondientes con cargo a cuentas del grupo 6, «Compras y gastos por naturaleza», representativas de los mismos.

b) Se cargará con abono a la cuenta 400, «Acreedores por obligaciones reconocidas. Presupuesto de gastos corriente», cuando se produzca el reconocimiento formal de la obligación.

Su saldo, acreedor, recogerá el importe de las obligaciones no vencidas a fin de ejercicio derivadas de gastos devengados o bienes y servicios efectivamente recibidos durante el mismo.

413. Acreedores por operaciones pendientes de aplicar a presupuesto.

Cuenta acreedora que recoge las obligaciones derivadas de gastos realizados o bienes y servicios recibidos, para las que no se ha producido su aplicación a presupuesto, siendo procedente la misma.

Funcionará a través de sus divisionarias atendiendo al origen o naturaleza de las obligaciones de acuerdo con lo establecido en las normas de elaboración del balance.

Figurará en el pasivo corriente del balance, en el epígrafe IV, «Acreedores y otras cuentas a pagar a corto plazo».

Su movimiento es el siguiente:

a) Se abonará, al menos al 31 de diciembre, con cargo a las cuentas del grupo 6, «Compras y gastos por naturaleza», o a las cuentas de balance representativas de los gastos presupuestarios realizados.

b) Se cargará con abono a:

b.1) La cuenta 400, «Acreedores por obligaciones reconocidas. Presupuesto de gastos corriente», cuando se produzca la aplicación a presupuesto.

b.2) La cuenta 5581, «Provisiones de fondos para anticipos de caja fija pendientes de justificación», a la reposición del anticipo de caja fija, por los gastos del mismo reconocidos previamente.

Su saldo, acreedor, recogerá las obligaciones pendientes de aplicar a presupuesto.

414. Entes públicos acreedores por recaudación de recursos.

Recoge los recursos de otros entes públicos recaudados por la entidad, como consecuencia de prestarles el servicio de recaudación.

Figurará en el pasivo corriente del balance en el epígrafe IV, «Acreedores y otras partidas a pagar a corto plazo».

Su movimiento es el siguiente:

a) Se abonará, por los ingresos efectuados, con cargo a la cuenta 554, «Cobros pendientes de aplicación», o a cuentas del subgrupo 57, «Efectivo y activos líquidos equivalentes», según proceda.

b) Se cargará con abono a cuentas del subgrupo 57, «Efectivo y activos líquidos equivalentes», por las devoluciones de ingresos o por pagos efectuados a los entes acreedores de los recursos afectados.

Su saldo, acreedor, recogerá la deuda de la entidad local con otros entes públicos, como consecuencia de prestarles el servicio de recaudación.

416. Anticipos para activos construidos o adquiridos para otras entidades.

Recoge los anticipos recibidos para la construcción o adquisición de activos para otras entidades.

Figurará en el pasivo corriente del balance en el epígrafe IV, «Acreedores y otras cuentas a pagar a corto plazo».

Su movimiento es el siguiente:

a) Se abonará por el importe del anticipo recibido con cargo a la cuenta 430, «Deudores por derechos reconocidos. Presupuesto de ingresos corriente».

b) Se cargará con abono a la subcuenta de la cuenta 707, «Ingresos por activos construidos o adquiridos para otras entidades», que corresponda, en función del criterio de imputación de los ingresos, bien en el momento en el que se realice la parte de obra correspondiente o en el momento en el que se entreguen los activos a la entidad destinataria de los mismos, según proceda.

Su saldo, acreedor, recogerá los anticipos de fondos pendientes de aplicar a la construcción o adquisición de activos para otras entidades.

418. Acreedores por devolución de ingresos y otras minoraciones.

Recoge las obligaciones de pagar, con cargo al presupuesto de ingresos, cantidades derivadas de ingresos indebidos, como consecuencia de haberse dictado el correspondiente acuerdo de devolución.

Funcionará a través de sus divisionarias, atendiendo al origen o naturaleza de las obligaciones de acuerdo con lo establecido en las normas de elaboración del balance.

Figurará en el pasivo corriente del balance, en el epígrafe IV, «Acreedores y otras cuentas a pagar a corto plazo.»

Su movimiento es el siguiente:

a) Se abonará, con cargo a:

a.1) Cuentas de los grupos 1, «Financiación básica», 2, «Activo no corriente», 5, «Cuentas financieras», 6, «Compras y gastos por naturaleza», o 7, «Ventas e ingresos por naturaleza», o 94 «Ingresos por subvenciones», según el origen de la devolución o, en su caso, a la cuenta 585, «Provisión a corto plazo para devolución de ingresos», en el momento en que se dicte el acuerdo de devolución.

El asiento anterior se practicará con signo negativo cuando se anulen acuerdos de devolución de ingresos en el mismo ejercicio en que fueron dictados.

a.2) La cuenta 120, «Resultados de ejercicios anteriores», o bien la cuenta de balance a que la devolución se hubiera imputado en el momento de su reconocimiento, por la modificación en aumento de las obligaciones procedentes de ejercicios anteriores que sea consecuencia de errores.

Cuando las modificaciones de dichas obligaciones fuesen en disminución, o tratándose de la anulación de las mismas, este asiento será de signo negativo.

b) Se cargará con abono a:

b.1) Cuentas del subgrupo 57, «Efectivo y activos líquidos equivalentes», por los pagos realizados.

b.2) La subcuenta 4420, «Deudores por servicio de recaudación. Entes públicos deudores por recursos recaudados», por las devoluciones de ingresos relativas a recursos de titularidad del sujeto contable realizadas por los entes que tengan atribuida la administración de dichos recursos.

b.3) La cuenta 778, «Ingresos excepcionales», por las obligaciones que incurran en prescripción.

La suma de su haber indicará el importe total neto de obligaciones reconocidas por devolución de ingresos, es decir, el que corresponda a acuerdos de devolución dictados en el ejercicio más el de aquellos que, dictados en ejercicios anteriores, se encontraban pendientes de pago al comienzo del mismo. La de su debe, las devoluciones canceladas durante el ejercicio, bien por pago, bien por prescripción.

Su saldo, acreedor, recogerá el importe de las obligaciones pendientes de pago por devolución de ingresos.

419. Otros acreedores no presupuestarios.

Recoge el resto de acreedores no presupuestarios, no incluidos en las cuentas anteriores.

Figurará en el pasivo corriente del balance, en el epígrafe IV, «Acreedores y otras cuentas a pagar a corto plazo».

Su movimiento es el siguiente:

a) Se abonará, por los cobros efectuados, con cargo a la cuenta 554, «Cobros pendientes de aplicación», o a cuentas del subgrupo 57, «Efectivo y activos líquidos equivalentes», según proceda.

b) Se cargará, por los pagos efectuados, con abono a cuentas del subgrupo 57, «Efectivo y activos líquidos equivalentes».

Su saldo, acreedor, recogerá lo pendiente de satisfacer por este concepto.

43. DEUDORES PRESUPUESTARIOS.

430. *Deudores por derechos reconocidos. Presupuesto de ingresos corriente.*

4300. Operaciones de gestión.

4301. Otras cuentas a cobrar.

4302. Inversiones financieras en entidades del grupo, multigrupo y asociadas.

4303. Otras inversiones financieras.

431. *Deudores por derechos reconocidos. Presupuestos de ingresos cerrados.*

4310. Operaciones de gestión.
4311. Otras cuentas a cobrar.
4312. Inversiones financieras en entidades del grupo, multigrupo y asociadas.
4313. Otras inversiones financieras.

433. *Derechos anulados de presupuesto corriente.*
4330. Por anulación de liquidaciones.
43300. Operaciones de gestión.
43301. Otras cuentas a cobrar.
43302. Inversiones financieras en entidades del grupo, multigrupo y asociadas.
43303. Otras inversiones financieras.
4332. Por aplazamiento y fraccionamiento.
43320. Operaciones de gestión.
43321. Otras cuentas a cobrar.
43322. Inversiones financieras en entidades del grupo, multigrupo y asociadas.
43323. Otras inversiones financieras.
4339. Por devolución de ingresos.

434. *Derechos anulados de presupuestos cerrados.*
4340. Por anulación de liquidaciones.
43400. Operaciones de gestión.
43401. Otras cuentas a cobrar.
43402. Inversiones financieras en entidades del grupo, multigrupo y asociadas.
43403. Otras inversiones financieras.
4342. Por aplazamiento y fraccionamiento.
43420. Operaciones de gestión.
43421. Otras cuentas a cobrar.
43422. Inversiones financieras en entidades del grupo, multigrupo y asociadas.
43423. Otras inversiones financieras.

437. *Devolución de ingresos.*

438. *Derechos cancelados de presupuesto corriente.*
4380. Por cobros en especie.
43800. Operaciones de gestión.
43801. Otras cuentas a cobrar.
43802. Inversiones financieras en entidades del grupo, multigrupo y asociadas.
43803. Otras inversiones financieras.
4381. Por insolvencias y otras causas.

43810. Operaciones de gestión.
43811. Otras cuentas a cobrar.
43812. Inversiones financieras en entidades del grupo, multigrupo y asociadas.
43813. Otras inversiones financieras.

439. *Derechos cancelados de presupuestos cerrados.*

4390. Por cobros en especie.
43900. Operaciones de gestión.
43901. Otras cuentas a cobrar.
43902. Inversiones financieras en entidades del grupo, multigrupo y asociadas.
43903. Otras inversiones financieras.

4391. Por insolvencias y otras causas.
43910. Operaciones de gestión.
43911. Otras cuentas a cobrar.
43912. Inversiones financieras en entidades del grupo, multigrupo y asociadas.
43913. Otras inversiones financieras.

4392. Por prescripción.
43920. Operaciones de gestión.
43921. Otras cuentas a cobrar.
43922. Inversiones financieras en entidades del grupo, multigrupo y asociadas.
43923. Otras inversiones financieras.

Derechos reconocidos a favor de la entidad, como consecuencia de la ejecución del presupuesto.

430. Deudores por derechos reconocidos. Presupuesto de ingresos corriente.

Cuenta deudora que recoge los derechos reconocidos durante el período de vigencia del presupuesto e imputados al mismo.

Funcionará a través de sus divisionarias, atendiendo al origen o a la naturaleza de los derechos de acuerdo con lo establecido en las normas de elaboración del balance.

Figurará en el activo corriente del balance, en el epígrafe III, «Deudores y otras cuentas a cobrar a corto plazo», salvo la subcuenta 4302, «Inversiones financieras en entidades del grupo, multigrupo y asociadas», que figurará en el epígrafe IV, «Inversiones financieras a corto plazo en entidades del grupo, multigrupo y asociadas», y la subcuenta 4303, «Otras inversiones financieras», que figurará en el epígrafe V, «Inversiones financieras a corto plazo».

Su movimiento es el siguiente:

a) Se cargará, por el reconocimiento de los derechos a cobrar, con abono a:

a.1) Cuentas del grupo 1, «Financiación básica», en los casos, entre otros, de formalización de operaciones de endeudamiento a largo plazo, así como, en su caso, la recepción de fianzas y depósitos a largo plazo.

a.2) Cuentas del grupo 2, «Activo no corriente», por la enajenación de inmovilizado intangible, material, financiero, inversiones inmobiliarias, patrimonio público del suelo, reintegro anticipado de créditos, así como, en su caso, por la cancelación anticipada de fianzas y depósitos constituidos a largo plazo.

a.3) Cuentas del grupo 5, «Cuentas financieras», por la formalización de operaciones de endeudamiento, enajenación de inversiones financieras temporales, reintegro de créditos concedidos, así como, en su caso, la recepción de fianzas y depósitos a corto plazo y la cancelación de fianzas y depósitos constituidos a corto plazo.

a.4) Cuentas del grupo 7, «Ventas e ingresos por naturaleza», por la venta de existencias, los ingresos y los beneficios.

a.5) Cuentas del subgrupo 38, «Activos en estado de venta», por la venta de dichos activos.

a.6) Cuenta 416, «Anticipos para activos construidos o adquiridos para otras entidades», por el importe del anticipo recibido.

a.7) Cuentas del subgrupo 94, «Ingresos por subvenciones», por el reconocimiento y recaudación del derecho derivado de subvenciones imputadas al patrimonio neto.

a.8) La subcuenta 2621, «Deudores a largo plazo por aplazamiento y fraccionamiento», a la cancelación anticipada.

a.9) La cuenta 443, «Deudores a corto plazo por aplazamiento y fraccionamiento», en el ejercicio del vencimiento del derecho a cobrar o, a la cancelación anticipada del mismo.

a.10) La cuenta 441, «Deudores por ingresos devengados», cuando se dicte el acuerdo de reconocimiento del derecho.

a.11) La cuenta 446, «Deudores por activos construidos para otras entidades pendientes de certificar», una vez expedida la certificación correspondiente de la obra ejecutada de ejercicios anteriores por el importe pendiente de pago.

a.12) La cuenta 639, «Ajustes positivos en la imposición indirecta», por el importe de la regularización anual.

a.13) Las cuentas de gastos por naturaleza que corresponda, por los reintegros de pagos que deban imputarse al presupuesto de ingresos, salvo los que se deriven de errores que se registrarán en la cuenta 120, «Resultados de ejercicios anteriores». Cuando estos reintegros tengan poca importancia relativa, independientemente de que procedan o no de errores, se registrarán en la cuenta 775, «Reintegros».

b) Se abonará con cargo a:

b.1) Cuentas del subgrupo 57, «Efectivo y activos líquidos equivalentes», por el cobro de derechos reconocidos en el ejercicio corriente.

b.2) La cuenta 554, «Cobros pendientes de aplicación», en el momento de la aplicación definitiva de aquellos ingresos aplicados transitoriamente en dicha cuenta.

b.3) La cuenta 442, «Deudores por servicio de recaudación», a través de sus divisionarias, por los ingresos que se produzcan en el ámbito de entes que tuviesen atribuida la administración de recursos cuya titularidad corresponda al sujeto contable o de entidades encargadas de su gestión de cobro, siempre que no se hubiese realizado previamente la aplicación provisional de dichos ingresos.

b.4) La cuenta 410, «Acreedores por IVA soportado», por el importe de la regularización anual positiva de la imposición indirecta.

b.5) La cuenta 433, «Derechos anulados de presupuesto corriente», por la regularización de los derechos anulados. Este asiento se hace a fin de ejercicio, y a través de las divisionarias de la cuenta 433, a excepción de la 4339, «Por devolución de ingresos».

b.6) La cuenta 438, «Derechos cancelados de presupuesto corriente», por la regularización de los derechos cancelados. Este asiento se hace a fin de ejercicio, y a través de sus divisionarias.

La suma de su debe indicará el total de derechos liquidados en el ejercicio. La de su haber, antes de los asientos de regularización, los derechos liquidados en el ejercicio cobrados durante el mismo.

Su saldo, deudor, recogerá, después de la regularización, el importe de los derechos liquidados en el ejercicio pendientes de cobro.

El día 1 de enero, en el asiento de apertura, el saldo de cada subcuenta a 31 de diciembre anterior, formará parte del saldo inicial de la divisionaria correspondiente de la cuenta 431, «Deudores por derechos reconocidos. Presupuestos de ingresos cerrados». Esta operación se realizará directamente, sin necesidad de ningún asiento.

431. Deudores por derechos reconocidos. Presupuestos de ingresos cerrados.

Recoge en 1 de enero el importe de los derechos reconocidos en ejercicios anteriores, cuyo cobro no ha sido hecho efectivo en 31 de diciembre del precedente.

Funcionará a través de sus divisionarias, atendiendo al origen o a la naturaleza de los derechos de acuerdo con lo establecido en las normas de elaboración del balance.

Figurará en el activo corriente del balance, en el epígrafe III, «Deudores y otras cuentas a cobrar a corto plazo», salvo la subcuenta 4312, «Inversiones financieras a corto plazo en entidades del grupo, multigrupo y asociadas», que figurará en el epígrafe IV, «Inversiones financieras a corto plazo en entidades del grupo, multigrupo y asociadas», y la subcuenta 4313, «Otras inversiones financieras», que figurará en el epígrafe V, «Inversiones financieras a corto plazo».

Su movimiento es el siguiente:

a) Se cargará con abono a la cuenta 120, «Resultados de ejercicios anteriores», o bien a la cuenta de balance a la que el ingreso presupuestario se hubiera imputado, por la modificación en aumento de los derechos reconocidos en ejercicios anteriores como consecuencia de errores. En el caso de modificación de derechos con origen en ingresos económicos y de poca importancia relativa se podrá cargar con abono a las cuentas de ingresos por naturaleza que correspondan.

Cuando la modificación de dichos derechos fuese en disminución este asiento será de signo negativo.

b) Se abonará con cargo a:

b.1) Cuentas del subgrupo 57, «Efectivo y activos líquidos equivalentes», por el cobro de los derechos reconocidos en ejercicios anteriores.

b.2) La cuenta 554, «Cobros pendientes de aplicación», en el momento de la aplicación definitiva de aquellos ingresos aplicados transitoriamente en dicha cuenta.

b.3) La cuenta 442, «Deudores por servicio de recaudación», a través de sus divisionarias, por los ingresos que se produzcan en el ámbito de entes que tuviesen atribuida la administración de recursos cuya titularidad corresponda al sujeto contable o de entidades encargadas de su gestión de cobro, siempre que no se hubiese realizado previamente la aplicación provisional de dichos ingresos.

b.4) La cuenta 434, «Derechos anulados de presupuestos cerrados», por la regularización, en fin de ejercicio, de los derechos anulados, a través de sus divisionarias.

b.5) La cuenta 439, «Derechos cancelados de presupuestos cerrados», por la regularización, en fin de ejercicio, de los derechos cancelados, a través de sus divisionarias.

La suma de su debe indicará el total de derechos reconocidos en ejercicios anteriores y que en 1 de enero se encontraban pendientes de cobro. La de su haber, antes de los asientos de regularización, el total de derechos cobrados durante el ejercicio.

Su saldo, deudor, recogerá, después de la regularización, los derechos liquidados en ejercicios anteriores pendientes de cobro.

433. Derechos anulados de presupuesto corriente.

Recoge anulaciones de derechos reconocidos.

Funcionará a través de sus divisionarias.

Su movimiento es el siguiente:

a) Se abonará con cargo a:

a.1) Las cuentas de imputación que figuran en el apartado *a*) de la cuenta 430, «Deudores por derechos reconocidos. Presupuesto de ingresos corriente», por la anulación de derechos por anulación de liquidaciones.

a.2) La cuenta 443, «Deudores a corto plazo por aplazamiento y fraccionamiento», o la cuenta 253, «Créditos a largo plazo a entidades del grupo, multigrupo y asociadas», o la subcuenta 2621, «Deudores a largo plazo por aplazamiento y fraccionamiento», representativas de los créditos a corto y a largo plazo, que surjan como consecuencia de la anulación de derechos presupuestarios por aplazamiento y fraccionamiento.

a.3) La cuenta 437, «Devolución de ingresos», por la anulación de derechos por devolución de ingresos, una vez se haya efectuado el pago de la misma.

b) Se cargará con abono a:

b.1) La cuenta 430, «Deudores por derechos reconocidos. Presupuesto de ingresos corriente», en fin de ejercicio, por la regularización de los derechos anulados excepto los que se hayan anulado por devolución de ingresos.

b.2) La cuenta 437, «Devolución de ingresos», en fin de ejercicio, por el saldo de la subcuenta 4339, «Derechos anulados de presupuesto corriente. Por devolución de ingresos», como consecuencia de la regularización de los derechos anulados por devolución de ingresos.

Su saldo, acreedor, antes de la regularización, recogerá los derechos anulados en el ejercicio, correspondientes a derechos reconocidos en el mismo.

434. Derechos anulados de presupuestos cerrados.

Recoge anulaciones de derechos reconocidos en ejercicios anteriores que figuren pendientes de cobro en la cuenta 431, «Deudores por derechos reconocidos. Presupuestos de ingresos cerrados».

Funcionará a través de sus divisionarias.

Su movimiento es el siguiente:

a) Se abonará con cargo a:

a.1) La cuenta 120, «Resultados de ejercicios anteriores», o bien a la cuenta de balance a la que el ingreso presupuestario se hubiera imputado, por la anulación de derechos por anulación de liquidaciones. En el caso de que la operación tuviera poca importancia relativa, se podrá abonar con cargo a las cuentas de ingresos por naturaleza que correspondiese.

a.2) La cuenta 443, «Deudores a corto plazo por aplazamiento y fraccionamiento», o la cuenta 253, «Créditos a largo plazo a entidades del grupo, multigrupo y asociadas», o la subcuenta 2621, «Deudores a largo plazo por aplazamiento y fraccionamiento», representativas de los créditos a corto y a largo plazo, que surjan como consecuencia de la anulación de derechos presupuestarios por aplazamiento y fraccionamiento.

b) Se cargará con abono a la 431, «Deudores por derechos reconocidos. Presupuestos de ingresos cerrados», por la regularización de los derechos anulados. Este asiento se hará en fin de ejercicio.

Su saldo, acreedor, antes de la regularización, recogerá las anulaciones que se efectúen durante el ejercicio de derechos liquidados en ejercicios anteriores.

437. Devolución de ingresos.

Recoge el importe de las devoluciones de ingresos efectuadas durante el ejercicio.

Su movimiento es el siguiente:

a) Se cargará con abono a la cuenta 433, «Derechos anulados de presupuesto corriente», a través de su divisionaria 4339, «Por devolución de ingresos», por las devoluciones de ingresos pagadas.

b) Se abonará, por su saldo, con cargo a la subcuenta 4339, con motivo de la regularización de las devoluciones de ingresos realizadas durante el ejercicio. Este asiento se efectuará en fin de ejercicio.

Su saldo, deudor, antes de la regularización, recogerá el total de devoluciones efectuadas en el ejercicio.

438. Derechos cancelados de presupuesto corriente.

Recoge las cancelaciones de derechos reconocidos, producidas como consecuencia de adjudicaciones de bienes en pago de deudas, otros cobros en especie y por insolvencias y otras causas.

Funcionará a través de sus divisionarias.

Su movimiento es el siguiente:

a) Se abonará con cargo a:

a.1) La cuenta de balance representativa del bien o derecho recibido, por la cancelación de derechos por cobros en especie.

a.2) La cuenta 667, «Pérdidas de créditos incobrables», por la cancelación de derechos por insolvencias y por quitas en procedimientos concursales.

a.3) La cuenta 651, «Subvenciones», por la cancelación de derechos por condonación de los mismos.

a.4) La cuenta de imputación que corresponda por la cancelación de derechos por otras causas.

b) Se cargará con abono a la cuenta 430, «Deudores por derechos reconocidos. Presupuesto de ingresos corriente», en fin de ejercicio por la regularización de los derechos cancelados.

Su saldo, acreedor, antes de la regularización, recogerá los derechos cancelados en especie y por insolvencias y otras causas en el ejercicio, correspondientes a derechos reconocidos en el mismo.

439. Derechos cancelados de presupuestos cerrados.

Recoge cancelaciones de derechos reconocidos en ejercicios anteriores que figuren pendientes de cobro en la cuenta 431, «Deudores por derechos reconocidos. Presupuestos de ingresos cerrados», producidos como consecuencia de adjudicaciones de bienes en pago de deudas, otros cobros en especie, por insolvencias y otras causas, y por prescripción.

Funcionará a través de sus divisionarias.

Su movimiento es el siguiente:

a) Se abonará con cargo a:

a.1) La cuenta de balance representativa del bien o derecho recibido, por la cancelación de derechos por cobros en especie.

a.2) La cuenta 667, «Pérdidas de créditos incobrables», en el caso de cancelación por insolvencia del deudor, por quitas en procedimientos concursales o por prescripción.

a.3) La cuenta 651, «Subvenciones», por la cancelación de derechos por condonación de los mismos.

a.4) La cuenta de imputación que corresponda por la cancelación de derechos por otras causas.

b) Se cargará con abono a la cuenta 431, «Deudores por derechos reconocidos. Presupuestos de ingresos cerrados», en fin de ejercicio por la regularización de los derechos cancelados.

Su saldo, acreedor, antes de la regularización, recogerá las cancelaciones en especie, insolvencias y otras causas y prescripción que se efectúen durante el ejercicio, de derechos liquidados en ejercicios anteriores.

44. DEUDORES NO PRESUPUESTARIOS.

440. *Deudores por IVA repercutido.*
441. *Deudores por ingresos devengados.*
442. *Deudores por servicio de recaudación.*
    4420. Entes públicos deudores por recursos recaudados.
    4429. Otros deudores por servicio de recaudación.
443. *Deudores a corto plazo por aplazamiento y fraccionamiento.*
    4430. Operaciones de gestión.
    4431. Otras cuentas a cobrar.
    4432. Inversiones financieras en entidades del grupo, multigrupo y asociadas.
    4433. Otras inversiones financieras.
446. *Deudores por activos construidos para otras entidades pendientes de certificar.*
449. *Otros deudores no presupuestarios.*

440. *Deudores por IVA repercutido.*

Cuenta deudora que recoge las deudas de terceros correspondientes a un impuesto sobre el valor añadido (IVA) repercutido como consecuencia de entrega de bienes o prestación de servicios.

Figurará en el activo corriente del balance, en el epígrafe III, «Deudores y otras cuentas a cobrar a corto plazo».

Su movimiento es el siguiente:

a) Se cargará con abono a:

a.1) La cuenta 477, «Hacienda Pública, IVA repercutido», a través de sus divisionarias, por el importe del IVA repercutido en la entrega de bienes o prestación de servicios.

a.2) La cuenta 477, «Hacienda Pública, IVA repercutido», a través de sus divisionarias, en asiento de signo negativo, por el importe del IVA repercutido correspondiente a operaciones anuladas.

a.3) Cuentas del subgrupo 57, «Efectivo y activos líquidos equivalentes», por el importe reintegrado en las operaciones anuladas que habían sido cobradas con anterioridad.

b) Se abonará con cargo a:

b.1) Cuentas del subgrupo 57, «Efectivo y activos líquidos equivalentes», o la cuenta 554, «Cobros pendientes de aplicación», según corresponda, por el ingreso del IVA repercutido.

b.2) La cuenta 667, «Pérdidas de créditos incobrables», en caso de insolvencias o de prescripción.

Su saldo, deudor, recogerá el importe del IVA repercutido pendiente de ingresar por los deudores.

441. Deudores por ingresos devengados.

Créditos derivados de ingresos devengados y no exigidos no recogidos en otras cuentas de este Plan.

Figurará en el activo corriente del balance, en el epígrafe III, «Deudores y otras cuentas a cobrar a corto plazo».

Su movimiento es el siguiente:

a) Por el devengo de la operación o al menos al cierre del ejercicio, se cargará con abono a la cuenta correspondiente del grupo 7, «Ventas e ingresos por naturaleza», o del grupo 9, «Ingresos imputados al patrimonio neto».

b) Se abonará cuando se dicte el acuerdo de reconocimiento del derecho con cargo a la cuenta 430, «Deudores por derechos reconocidos. Presupuesto de ingresos corriente».

442. Deudores por servicio de recaudación.

Esta cuenta recoge, antes de que se efectúe la entrega de los respectivos importes, los créditos a favor de la entidad por cantidades correspondientes a recursos que deban ser registrados en su contabilidad y cuya recaudación se hubiese realizado por otras entidades públicas o privadas que tuviesen encomendada la gestión de cobro.

Figurará en el activo corriente del balance, en el epígrafe III, «Deudores y otras cuentas a cobrar a corto plazo».

Funcionará a través de sus divisionarias.

El contenido y movimiento de las subcuentas que comprende son los que seguidamente se indican.

4420. Entes públicos deudores por recursos recaudados.

Créditos a favor de la entidad correspondientes a recursos cuya gestión de cobro se hubiese realizado por otro ente público.

Su movimiento es el siguiente:

a) Se cargará:

a.1) Por el nacimiento del crédito a favor de la entidad como consecuencia de cobros realizados en otro ente público que administre y gestione recursos de la misma, con abono a las cuentas que correspondan según la naturaleza de los recursos recaudados por el ente público gestor.

a.2) Por la aplicación provisional de los cobros a que se refiere el apartado anterior, cuando proceda de acuerdo con los procedimientos de aplicación de ingresos que se utilicen, con abono a la cuenta 554, «Cobros pendientes de aplicación».

a.3) Por los pagos como consecuencia de reintegros a efectuar a los entes públicos que administren y gestionen recursos, con abono a cuentas del subgrupo 57, «Efectivo y activos líquidos equivalentes».

b) Se abonará:

b.1) Con cargo a las cuentas que correspondan en función de la naturaleza de los recursos de que se trate, por la disminución del crédito a favor de la entidad derivado de las devoluciones de ingresos realizadas por el ente público gestor.

b.2) Con cargo a la cuenta 554, «Cobros pendientes de aplicación», o a cuentas del subgrupo 57, «Efectivo y activos líquidos equivalentes», según corresponda, por los ingresos que se efectúen en la entidad, por parte del ente público gestor de los recursos, como consecuencia de la gestión recaudatoria realizada.

b.3) Con cargo a la subcuenta 5500, «Cuentas corrientes no bancarias con entes públicos, por administración de recursos», por la liquidación definitiva de los recursos recaudados por otro ente público, cuando por parte de éste se efectúen entregas a cuenta de la correspondiente recaudación.

Esta subcuenta sólo se utilizará por entidades que sean titulares de recursos cuya administración esté encomendada a otro ente público, siempre que este último suministre a la entidad titular de los recursos la información necesaria para que todas las operaciones derivadas de la gestión de dichos recursos sean debidamente registradas en su contabilidad e incorporadas a su presupuesto cuando ello proceda. A estos efectos, las anotaciones referidas en los apartados *a*), *b*.1) y *b*.3) se realizarán tomando como base la información facilitada por el ente público gestor de los recursos relativa a la recaudación obtenida, devoluciones de ingreso realizadas y liquidación definitiva de los recursos recaudados, respectivamente.

Su saldo, deudor, recogerá el importe pendiente de ingresar o liquidar por parte de los entes públicos que administren recursos de la entidad.

4429. Otros deudores por servicio de recaudación.

Otros créditos a favor de la entidad surgidos como consecuencia de ingresos que se realicen en las entidades encargadas de la gestión de cobro, siempre que, de acuerdo con los procedimientos de gestión establecidos, la contabilización de dichos ingresos sea anterior a la recepción material de los fondos correspondientes a los mismos.

Su movimiento es el siguiente:

a) Por el nacimiento del crédito a favor de la entidad, se cargará con abono a:

a.1) Cuentas que correspondan según la naturaleza de los recursos recaudados por las entidades encargadas de la gestión de cobro.

a.2) La cuenta 554, «Cobros pendientes de aplicación», cuando así proceda de acuerdo con los procedimientos de aplicación de ingresos utilizados.

b) Se abonará, en el momento del cobro, con cargo a la cuenta 554, «Cobros pendientes de aplicación», o a cuentas del subgrupo 57, «Efectivo y activos líquidos equivalentes», según corresponda.

Su saldo, deudor, recogerá el importe pendiente de ingresar.

443. Deudores a corto plazo por aplazamiento y fraccionamiento.

Recoge derechos a cobrar con vencimiento a corto plazo procedentes de anulaciones por aplazamiento y fraccionamiento de derechos reconocidos en las cuentas 430, «Deudores por derechos reconocidos. Presupuesto de ingresos corriente», y 431, «Deudores por derechos reconocidos. Presupuestos de ingresos cerrados».

Funcionará, a través de sus divisionarias, atendiendo al origen o a la naturaleza de los derechos de acuerdo con lo establecido en las normas de elaboración del balance.

Figurará en el activo corriente del balance, en el epígrafe III, «Deudores y otras cuentas a cobrar a corto plazo», salvo la subcuenta 4432, «Inversiones financieras en entidades del grupo, multigrupo y asociadas», que figurará en el epígrafe IV, «Inversiones financieras a corto plazo en entidades del grupo, multigrupo y asociadas», y la subcuenta 4433, «Otras inversiones financieras», que figurará en el epígrafe V, «Inversiones financieras a corto plazo».

Su movimiento es el siguiente:

a) Se cargará con abono a:

a.1) La cuenta 253, «Créditos a largo plazo a entidades del grupo, multigrupo y asociadas» o la subcuenta 2621, «Deudores a largo plazo por aplazamiento y fraccionamiento» a través de su divisionaria 4430, «Operaciones de gestión», por el traspaso del largo al corto plazo.

a.2) La cuenta 433, «Derechos anulados de presupuesto corriente», o 434, «Derechos anulados de presupuestos cerrados», a través de sus divisionarias, por la anulación del derecho presupuestario.

b) Se abonará, en el ejercicio del vencimiento del derecho a cobrar o, a la cancelación anticipada del mismo, con cargo a la cuenta 430, «Deudores por derechos reconocidos. Presupuesto de ingresos corriente».

Su saldo, deudor, recogerá el importe pendiente de vencimiento a corto plazo.

446. Deudores por activos construidos para otras entidades pendientes de certificar.

Recoge, cuando la entidad gestiona la construcción de inversiones para otras entidades, y la imputación de los ingresos derivados de la misma se efectúe en función del grado de avance de la construcción, la obra realizada durante un ejercicio y que se encuentra pendiente de certificar y por tanto de imputar al presupuesto de ingresos, al finalizar el mismo.

Figurará en el activo corriente del balance, en el epígrafe III, «Deudores y otras cuentas a cobrar a corto plazo».

Su movimiento es el siguiente:

a) Se cargará, al menos al cierre del ejercicio, por la obra que se ha ejecutado en el mismo y que no ha sido certificada, con abono a la subcuenta 7070, «Ingresos imputados por grado de avance de activos construidos para otras entidades».

b) Se abonará, una vez expedida la certificación correspondiente de la obra ejecutada en ejercicios anteriores, con cargo a la cuenta 430, «Deudores por derechos reconocidos. Presupuesto de ingresos corriente».

449. Otros deudores no presupuestarios.

Recoge el resto de deudores no presupuestarios no incluidos en las cuentas anteriores.

Figurará en el activo corriente del balance, en el epígrafe III, «Deudores y otras cuentas a cobrar a corto plazo».

Su movimiento es el siguiente:

a) Se cargará, por los pagos efectuados, con abono a cuentas del subgrupo 57, «Efectivo y activos líquidos equivalentes».

b) Se abonará por los cobros efectuados, con cargo a la cuenta 554, «Cobros pendientes de aplicación», o a cuentas del subgrupo 57, «Efectivo y activos líquidos equivalentes», según proceda.

Su saldo, deudor, recogerá lo pendiente de cobrar por este concepto.

45. DEUDORES Y ACREEDORES POR ADMINISTRACIÓN DE RECURSOS POR CUENTA DE OTROS ENTES PÚBLICOS.

450. *Deudores por derechos reconocidos de recursos de otros entes públicos.*

451. *Derechos anulados por recursos de otros entes públicos.*

4510. Por anulación de liquidaciones.

4519. Por devolución de ingresos.

452. *Entes públicos, por derechos a cobrar.*

453. *Entes públicos, por ingresos pendientes de liquidar.*

454. *Devolución de ingresos por recursos de otros entes públicos.*
455. *Entes públicos, por devolución de ingresos pendientes de pago.*
456. *Entes públicos, c/c. efectivo.*
457. *Acreedores por devolución de ingresos por recursos de otros entes públicos.*
458. *Derechos cancelados por recursos de otros entes públicos.*
    4580. Por cobros en especie.
    4581. Por insolvencias y otras causas.
    4582. Por prescripción.

Este subgrupo tiene por objeto recoger aquellas actuaciones de liquidación y recaudación (gestión) de recursos de otros entes que realice la entidad sujeto de la contabilidad.

Este subgrupo sólo será de utilización por aquellas entidades que gestionen o administren recursos de otros entes públicos, en los términos mencionados en el párrafo anterior, existiendo dos posibles situaciones en cuanto a dicha utilización:

Situación 1. Entidad gestora de recursos de otros entes públicos que suministre a la entidad titular de los mismos la información necesaria para que todas las operaciones derivadas de la gestión realizada sean debidamente registradas en su contabilidad e incorporadas a su presupuesto cuando ello proceda.

En este caso la entidad gestora sólo usará las cuentas 453, «Entes públicos, por ingresos pendientes de liquidar», con los movimientos que se establecen en la misma para esta situación, y 456, «Entes públicos, c/c. efectivo», cuando proceda.

Situación 2. Entidad gestora de recursos de otros entes públicos que no suministre a la entidad titular de los mismos, información relativa a las operaciones de gestión realizadas.

Cuando se dé esta situación, la entidad gestora usará todas las cuentas de este subgrupo, utilizando la cuenta 453, «Entes públicos, por ingresos pendientes de liquidar», con los movimientos previstos para este caso.

450. Deudores por derechos reconocidos de recursos de otros entes públicos.

Recoge los recursos liquidados de otros entes públicos, que deben ser recaudados por la entidad.

Figurará en el activo corriente del balance, en el epígrafe III, «Deudores y otras cuentas a cobrar a corto plazo».

Su movimiento es el siguiente:

a) Se cargará con abono a la cuenta 452, «Entes públicos, por derechos a cobrar», por el reconocimiento de derechos a cobrar, así como por las rectificaciones de los saldos pendientes de cobro procedentes de ejercicios anteriores.

b) Se abonará con cargo a:

b.1) Cuentas del subgrupo 57, «Efectivo y activos líquidos equivalentes», por la recaudación de recursos de otros entes públicos.

b.2) La cuenta 554, «Cobros pendientes de aplicación», en el momento de la aplicación definitiva de aquellos ingresos aplicados transitoriamente en dicha cuenta.

b.3) La cuenta 451, «Derechos anulados por recursos de otros entes públicos», por la regularización, en fin de ejercicio, de los derechos anulados. Este asiento se realizará a través de su divisionaria 4510, «Por anulación de liquidaciones».

b.4) La cuenta 458, «Derechos cancelados por recursos de otros entes públicos», por la regularización, en fin de ejercicio, de los derechos cancelados, a través de sus divisionarias.

La suma del debe indicará el total de derechos a cobrar, por recursos de otros entes públicos, reconocidos durante el ejercicio, así como los pendientes de cobro en fin de ejercicio anterior. La de su haber, antes de la regularización, la recaudación durante el ejercicio, correspondiente a dichos derechos.

Su saldo, deudor, recogerá, después de la regularización, los recursos de otros entes públicos liquidados y pendientes de recaudación.

451. Derechos anulados por recursos de otros entes públicos.

Recoge las anulaciones de recursos contabilizados en la cuenta 450, «Deudores por derechos reconocidos de recursos de otros entes públicos», por anulación de liquidaciones, producidas como consecuencia de la anulación de liquidaciones o por devoluciones de ingresos.

Funcionará a través de sus divisionarias.

Su movimiento es el siguiente:

a) Se abonará con cargo a:

a.1) La cuenta 452, «Entes públicos, por derechos a cobrar», a través de su divisionaria 4510, «Derechos anulados por recursos de otros entes públicos. Por anulación de liquidaciones», por la anulación de derechos reconocidos por anulación de liquidaciones.

a.2) La cuenta 454, «Devolución de ingresos por recursos de otros entes públicos», por la anulación de derechos por devolución de ingresos a través de su divisionaria 4519, «Derechos anulados por recursos de otros entes públicos. Por devolución de ingresos», una vez que se haya efectuado el pago de la devolución.

b) Se cargará con abono a:

b.1) La cuenta 450, «Deudores por derechos reconocidos de recursos de otros entes públicos», en fin de ejercicio, por el saldo de su divisionaria 4510, «Por anulación de liquidaciones», como consecuencia de la regularización de los derechos anulados por anulación de liquidaciones.

b.2) La cuenta 454, «Devolución de ingresos por recursos de otros entes públicos», en fin de ejercicio, por el saldo de su divisionaria 4519, «Por devolución de ingresos», como consecuencia de la regularización de los derechos anulados por devolución de ingresos.

Su saldo, acreedor, antes de la regularización, recogerá el total de derechos anulados durante el ejercicio, de recursos de otros entes públicos.

452. Entes públicos, por derechos a cobrar.

Es la contrapartida de la cuenta 450, «Deudores por derechos reconocidos de recursos de otros entes públicos».

Figurará en el pasivo corriente del balance, en el epígrafe IV, «Acreedores y otras cuentas a pagar a corto plazo».

Su movimiento es el siguiente:

a) Se abonará con cargo a la cuenta 450, «Deudores por derechos reconocidos de recursos de otros entes públicos», por el reconocimiento de los derechos a cobrar.

b) Se cargará con abono a:

b.1) La cuenta 453, «Entes públicos, por ingresos pendientes de liquidar», por la recaudación de los derechos.

b.2) La subcuenta 4510, «Derechos anulados por recursos de otros entes públicos. Por anulación de liquidaciones», por la anulación de derechos reconocidos por recursos de otros entes públicos por la anulación de liquidaciones.

b.3) La cuenta 458, «Derechos cancelados por recursos de otros entes públicos», por las cancelaciones de derechos por cuenta de otros entes públicos como consecuencia de cobros en especie, insolvencias y otras causas y prescripción.

La suma de su haber indicará el importe total de los derechos reconocidos a cobrar por recursos de otros entes públicos. La de su debe, el importe de todas las liquidaciones recaudadas o canceladas, más las anuladas.

Su saldo, acreedor, recogerá la posición de la entidad frente a los otros entes públicos por los derechos reconocidos pendientes de recaudación.

453. Entes públicos, por ingresos pendientes de liquidar.

Recursos recaudados por la entidad, por cuenta de otros entes públicos que constituyen un crédito a favor de los mismos.

Figurará en el pasivo corriente del balance, en el epígrafe IV, «Acreedores y otras cuentas a pagar a corto plazo».

Al cierre del ejercicio, su saldo acreedor, recogerá la deuda neta de la entidad con los entes públicos por cuya cuenta administra y recauda recursos.

El funcionamiento de esta cuenta dependerá de la situación en la que se encuentre la entidad respecto al suministro de información a los entes públicos titulares de los recursos que administra por su cuenta, pudiendo presentarse dos posibilidades:

Situación 1. Entidad gestora de recursos de otros entes públicos que suministre a la entidad titular de los mismos la información necesaria para que todas las operaciones derivadas de la gestión realizada sean debidamente registradas en su contabilidad e incorporadas a su presupuesto cuando ello proceda.

Cuando se dé esta circunstancia, esta cuenta presentará el siguiente movimiento:

a) Se abonara:

a.1) Por los cobros de derechos reconocidos por recursos de otros entes públicos, con cargo a cuentas del subgrupo 57, «Efectivo y activos líquidos equivalentes».

a.2) Por los cobros correspondientes a reintegros de los entes públicos a los que se administran recursos, con cargo a cuentas del subgrupo 57, «Efectivo y activos líquidos equivalentes».

a.3) Por la aplicación definitiva de los cobros a que se refieren los apartados anteriores, cuando éstos hubiesen quedado imputados transitoriamente en la cuenta 554, «Cobros pendientes de aplicación», con cargo a dicha cuenta.

b) Se cargará:

b.1) Por los pagos realizados como consecuencia de devoluciones de ingresos correspondientes a recursos de otros entes públicos, con abono a cuentas del subgrupo 57, «Efectivo y activos líquidos equivalentes».

b.2) Por el pago del importe de la recaudación líquida correspondiente a entes públicos a los cuales no se les efectúen entregas a cuenta de dicha recaudación, con abono a cuentas del subgrupo 57, «Efectivo y activos líquidos equivalentes».

b.3) Por el importe de la recaudación líquida correspondiente a entes públicos a los que se les efectúen entregas a cuenta de dicha recaudación, en el momento de efectuar la liquidación definitiva de los respectivos ingresos, con abono a la cuenta 456, «Entes públicos, c/c. efectivo».

Situación 2. Entidad gestora de recursos de otros entes públicos que no suministre a la entidad titular de los mismos la información relativa a las operaciones de gestión realizadas. En este caso el movimiento será:

a) Se abonará:

a.1) Por el importe recaudado correspondiente a recursos de otros entes públicos, con cargo a la cuenta 452, «Entes públicos, por derechos a cobrar».

a.2) Por los cobros correspondientes a reintegro de los entes públicos a los que se administran recursos, con cargo a cuentas del subgrupo 57, «Efectivo y activos líquidos equivalentes».

a.3) Por la aplicación definitiva de los cobros a que se refiere el apartado anterior, cuando éstos hubiesen quedado imputados transitoriamente en la cuenta 554, «Cobros pendientes de aplicación», con cargo a dicha cuenta.

b) Se cargará:

b.1) Por el importe de las devoluciones de ingresos pagadas correspondientes a recursos de otros entes públicos, con abono a la cuenta 455, «Entes públicos, por devolución de ingresos pendientes de pago».

b.2) Por el pago del importe de la recaudación líquida correspondiente a entes públicos a los cuales no se les efectúen entregas a cuenta de dicha recaudación, con abono a cuentas del subgrupo 57, «Efectivo y activos líquidos equivalentes».

b.3) Por el importe de la recaudación líquida correspondiente a entes públicos a los que se les efectúen entregas a cuenta de dicha recaudación, en el momento de efectuar la liquidación definitiva de los respectivos ingresos, con abono a la cuenta 456, «Entes públicos, c/c. efectivo».

454. Devolución de ingresos por recursos de otros entes públicos.

Cuenta deudora que recoge las operaciones a que se refiere su denominación.

Su movimiento es el siguiente:

a) Se cargará con abono a la subcuenta 4519, «Derechos anulados por recursos de otros entes públicos. Por devolución de ingresos», por la anulación de derechos reconocidos por devolución de ingresos. Este asiento es simultáneo al de la realización del pago.

b) Se abonará con cargo a idéntica contrapartida, por su saldo, a la regularización en fin de ejercicio de las devoluciones de ingresos realizadas durante el mismo.

Su saldo deudor, antes de la regularización, recogerá las devoluciones de ingresos efectuadas durante el ejercicio.

455. Entes públicos, por devolución de ingresos pendientes de pago.

Cuenta deudora que recoge la disminución del débito de la entidad frente a los entes públicos por cuenta de los que recauda recursos, como consecuencia de las devoluciones de ingresos reconocidos.

Figurará en el activo corriente del balance, en el epígrafe III, «Deudores y otras cuentas a cobrar a corto plazo».

Su movimiento es el siguiente:

a) Se cargará, por el importe de la devolución de ingresos, en el momento en que se dicte el acuerdo de devolución, con abono a la cuenta 457, «Acreedores por devolución de ingresos por recursos de otros entes públicos».

b) Se abonará con cargo a la cuenta 453, «Entes públicos, por ingresos pendientes de liquidar», por el importe de las devoluciones satisfechas.

Su saldo, deudor, recogerá la minoración en la deuda recaudada por la entidad, como consecuencia de las devoluciones de ingresos reconocidas y pendientes de pago. Ha de ser igual al saldo acreedor de la cuenta 457, «Acreedores por devolución de ingresos por recursos de otros entes públicos».

456. Entes públicos, c/c. efectivo.

Esta cuenta tiene por objeto reflejar la situación deudora o acreedora de los entes públicos por cuenta de los que se administran y recaudan recursos, como consecuencia de las entregas en efectivo que la entidad recaudadora les vaya efectuando durante el ejercicio a cuenta de la liquidación definitiva que proceda girar en función de la efectiva recaudación neta habida durante el mismo.

Figurará en el activo corriente del balance en el epígrafe III, «Deudores y otras cuentas a cobrar a corto plazo», por la suma de sus saldos deudores, y en el pasivo corriente del balance en el epígrafe IV, «Acreedores y otras cuentas a pagar a corto plazo», por la correspondiente a sus saldos acreedores.

Su movimiento es el siguiente:

a) Se cargará, por el importe de las entregas a cuenta efectuadas durante el ejercicio, con abono a cuentas del subgrupo 57, «Efectivo y activos líquidos equivalentes». Este mismo asiento se efectuará al hacer efectivos los saldos acreedores que resulten cuando las entregas a cuenta hayan sido inferiores al importe total de la recaudación.

b) Se abonará con cargo a:

b.1) La cuenta 453, «Entes públicos, por ingresos pendientes de liquidar», por el importe de la recaudación anual obtenida, es decir, el saldo que en fin de ejercicio presente dicha cuenta 453, para los recursos correspondientes a entes públicos a los que se efectúan entregas a cuenta.

b.2) La cuenta 554, «Cobros pendientes de aplicación», o a cuentas del subgrupo 57, «Efectivo y activos líquidos equivalentes», según corresponda, cuando las entregas a cuenta hayan sido superiores al importe de la recaudación líquida y proceda el reintegro de dichas cantidades, en el momento de efectuarse el mismo.

457. Acreedores por devolución de ingresos por recursos de otros entes públicos.

Cuenta acreedora que recoge el reconocimiento de la obligación de pagar o devolver cantidades indebidamente recaudadas, cuando se trate de ingresos por recursos de otros entes.

Figurará en el pasivo corriente del balance, en el epígrafe IV, «Acreedores y otras cuentas a pagar a corto plazo».

Su movimiento es el siguiente:

a) Se abonará con cargo a la cuenta 455, «Entes públicos, por devolución de ingresos pendientes de pago», cuando se dicte el acuerdo de devolución de ingresos.

b) Se cargará con abono a:

b.1) Cuentas del subgrupo 57, «Efectivo y activos líquidos equivalentes», por las devoluciones pagadas.

b.2) La cuenta 455, «Entes públicos, por devolución de ingresos pendientes de pago», por las obligaciones que incurran en prescripción.

La suma de su haber indicará el total de obligaciones reconocidas por devoluciones de recursos de otros entes públicos, es decir, el total de acuerdos de devolución dictados en el ejercicio más aquellos que, dictados en ejercicios anteriores, se encontraban pendientes de pago al comienzo del mismo. La de su debe, las devoluciones canceladas durante el ejercicio, bien por pago, bien por prescripción.

Su saldo, acreedor, recogerá el importe de las obligaciones pendientes por devolución de recursos de otros entes públicos.

458. Derechos cancelados por recursos de otros entes públicos.

Recoge las cancelaciones de recursos contabilizados en la cuenta 450, «Deudores por derechos reconocidos de recursos de otros entes públicos», producidas como consecuencia de adjudicaciones de bienes en pago de deudas y otros cobros en especie, insolvencias y otras causas o prescripción.

Funcionará a través de sus divisionarias.

Su movimiento es el siguiente:

a) Se abonará con cargo a la cuenta 452, «Entes públicos por derechos a cobrar», por los derechos cancelados.

b) Se cargará, con abono a la cuenta 450, «Deudores por derechos reconocidos de recursos de otros entes públicos», en fin de ejercicio, por la regularización de derechos cancelados en especie, insolvencias y otras causas y prescripción.

Su saldo, acreedor, antes de la regularización, recogerá el total de derechos cancelados en especie, por insolvencias y otras causas, y por prescripción durante el ejercicio, de recursos de otros entes públicos.

47. ADMINISTRACIONES PÚBLICAS.
- 470. *Hacienda Pública, deudor por diversos conceptos.*
  - 4700. Hacienda Pública, deudor por IVA.
  - 4707. Hacienda Pública, deudor por IGIC.
  - 4709. Hacienda Pública, deudor por otros conceptos.
- 471. *Organismos de Previsión Social, deudores.*
  - 4710. Seguridad Social.
  - 4719. Otros organismos de Previsión Social, deudores.
- 472. *Hacienda Pública, IVA soportado.*
  - 4720. IVA soportado.
  - 4727. IGIC soportado.
- 475. *Hacienda Pública, acreedor por diversos conceptos.*
  - 4750. Hacienda Pública, acreedor por IVA.
  - 4751. Hacienda Pública, acreedor por retenciones practicadas.
  - 4757. Hacienda Pública, acreedor por IGIC.
  - 4759. Hacienda Pública, acreedor por otros conceptos.
- 476. *Organismos de Previsión Social, acreedores.*
  - 4760. Seguridad Social.
  - 4769. Otros organismos de Previsión Social, acreedores.
- 477. *Hacienda Pública, IVA repercutido.*
  - 4770. IVA repercutido.
  - 4777. IGIC repercutido.

470. Hacienda Pública, deudor por diversos conceptos.

Cuenta que presenta la posición deudora de la Hacienda Pública frente a la entidad, como consecuencia de la liquidación de IVA u otras causas.

Figurará en el activo corriente del balance, en el epígrafe III, «Deudores y otras cuentas a cobrar a corto plazo».

Funcionará a través de sus divisionarias.

El contenido y movimiento de las subcuentas que comprende es el siguiente:

4700. Hacienda Pública, deudor por IVA.

Representa el exceso, en cada período impositivo, del IVA soportado y deducible sobre el IVA repercutido.

a) Se cargará, al efectuar la liquidación del impuesto, por la diferencia positiva entre el IVA soportado y deducible, y el IVA repercutido, con abono a la subcuenta 4720, «IVA soportado».

b) Se abonará con cargo a la subcuenta 4770, «IVA repercutido», cuando se compense en liquidaciones posteriores o bien, a cuentas del subgrupo 57, «Efectivo y activos líquidos equivalentes», o a la cuenta 554, «Cobros pendientes de aplicación», cuando se ejercite el derecho a la devolución.

Su saldo, deudor, recogerá el exceso de IVA soportado y deducible aún no compensado en liquidaciones sucesivas y cuya devolución no ha sido realizada.

4707. Hacienda Pública, deudor por IGIC.

Representa el exceso, en cada período impositivo, del IGIC soportado y deducible sobre el IGIC repercutido.

a) Se cargará al efectuar la liquidación, por la diferencia positiva entre el IGIC soportado y deducible, y el IGIC repercutido con abono a la subcuenta 4727, «IGIC soportado».

b) Se abonará, con cargo a la subcuenta 4777, «IGIC repercutido», cuando se compense en liquidaciones posteriores o bien, a cuentas del subgrupo 57, «Efectivo y activos líquidos equivalentes», o a la 554, «Cobros pendientes de aplicación», cuando se ejercite el derecho a la devolución.

Su saldo, deudor, recogerá el exceso del IGIC soportado y deducible aún no compensado en liquidaciones sucesivas y cuya devolución no ha sido realizada.

4709. Hacienda Pública, deudor por otros conceptos.

Recoge créditos a favor de la entidad por causas distintas de las indicadas en las anteriores subcuentas.

Se cargará y abonará, con abono y cargo a las cuentas que corresponda según la naturaleza de las operaciones.

471. Organismos de Previsión Social, deudores.

Créditos a favor de la entidad, de los diversos Organismos de Previsión Social, relacionados con las prestaciones sociales que ellos efectúan.

Figurará en el activo corriente del balance, en el epígrafe III, «Deudores y otras cuentas a cobrar a corto plazo».

Funcionará a través de sus divisionarias.

Su movimiento es el siguiente:

a) Se cargará con abono a cuentas del subgrupo 57, «Efectivo y activos líquidos equivalentes», al realizar los pagos.

b) Se abonará, por los ingresos efectuados, con cargo a cuentas del subgrupo 57, «Efectivo y activos líquidos equivalentes», o a la cuenta 554, «Cobros pendientes de aplicación», según proceda.

472. Hacienda Pública, IVA soportado.

IVA devengado con motivo de la adquisición de bienes y servicios y de otras operaciones comprendidas en los correspondientes textos legales, que tenga carácter deducible.

Figurará en el activo corriente del balance, en el epígrafe III, «Deudores y otras cuentas a cobrar a corto plazo».

Funcionará a través de sus divisionarias.

El contenido y movimiento de las subcuentas que comprende es el siguiente:

4720. IVA soportado.

a) Se cargará con abono a:

a.1) La cuenta 410, «Acreedores por IVA soportado», por el importe del IVA deducible cuando se devenga el impuesto.

a.2) La cuenta 410, «Acreedores por IVA soportado», mediante asiento de signo negativo, por el importe del IVA deducible correspondiente a las operaciones anuladas.

a.3) La cuenta 410, «Acreedores por IVA soportado», por las diferencias que resulten en el IVA deducible al practicarse las regularizaciones previstas en la regla de prorrata. Este asiento será positivo o negativo según el signo de las diferencias.

a.4) La subcuenta 4770, «IVA repercutido», por el importe del IVA deducible, calculado conforme a las reglas del IVA en los casos de producción por la entidad de bienes para su propio inmovilizado, así como en los cambios de afectación de bienes.

b) Se abonará por el importe del IVA deducible que se compensa en la liquidación del período, con cargo a la subcuenta 4770, «IVA repercutido». Si después de formulado este asiento subsistiera saldo en la subcuenta 4720, «IVA soportado», el importe del mismo se cargará a la subcuenta 4700, «Hacienda Pública, deudor por IVA».

4727. IGIC soportado.

IGIC devengado con motivo de la adquisición de bienes y servicios y de otras operaciones comprendidas en el texto legal, que tengan carácter deducible.

Su movimiento es el siguiente:

a) Se cargará con abono a:

a.1) La cuenta 410, «Acreedores por IVA soportado», por el importe del IGIC deducible cuando se devenga el impuesto.

a.2) La cuenta 410, «Acreedores por IVA soportado», mediante asiento de signo negativo, por el importe del IGIC deducible correspondiente a las operaciones anuladas.

a.3) La cuenta 410, «Acreedores por IVA soportado», por las diferencias que resulten en el IGIC deducible al practicarse las regularizaciones previstas en la Regla de Prorrata. Este asiento será positivo o negativo según el signo de las diferencias.

b) Se abonará por el importe del IGIC deducible que se compensa en la liquidación del período, con cargo a la subcuenta 4777, «IGIC repercutido». Si después de formulado este asiento subsistiera saldo en la subcuenta 4727, el importe del mismo se cargará a la subcuenta 4707, «Hacienda Pública, deudor por IGIC».

475. Hacienda Pública, acreedor por diversos conceptos.

Deudas a favor de la Hacienda Pública, por conceptos fiscales o de otra índole, pendientes de pago.

Figurará en el pasivo corriente del balance, en el epígrafe IV, «Acreedores y otras cuentas a pagar a corto plazo».

Funcionará a través de sus divisionarias.

El contenido y movimiento de las subcuentas que comprende es el siguiente:

4750. Hacienda Pública, acreedor por IVA.

Exceso, en cada período impositivo, del IVA repercutido sobre el IVA soportado deducible.

a) Se abonará al terminar dicho período, por el importe del mencionado exceso, con cargo a la subcuenta 4770, «IVA repercutido».

b) Se cargará, cuando se efectúe el pago, con abono a cuentas del subgrupo 57, «Efectivo y activos líquidos equivalentes».

Su saldo, acreedor, recogerá el importe de las liquidaciones positivas pendientes de ingreso en la Hacienda Pública.

4751. Hacienda Pública, acreedor por retenciones practicadas.

Importe de las retenciones tributarias efectuadas pendientes de pago a la Hacienda Pública.

Su movimiento es el siguiente:

a) Se abonará, por las retenciones practicadas, cuando la entidad sea sustituto del contribuyente o retenedor, con cargo, generalmente, a la cuenta 557, «Formalización».

b) Se cargará, por los pagos realizados, con abono a cuentas del subgrupo 57, «Efectivo y activos líquidos equivalentes».

4757. Hacienda Pública, acreedor por IGIC.

Exceso, en cada período impositivo, del IGIC repercutido sobre el IGIC soportado deducible.

Su movimiento es el siguiente:

a) Se abonará al terminar dicho período, por el importe del mencionado exceso, con cargo a la subcuenta 4777, «IGIC repercutido».

b) Se cargará, cuando se efectúe el pago, con abono a cuentas del subgrupo 57, «Efectivo y activos líquidos equivalentes».

Su saldo, acreedor, recogerá el importe de las liquidaciones positivas pendientes de ingreso en la Hacienda Pública.

4759. Hacienda Pública, acreedor por otros conceptos.

Deudas con la Hacienda Pública, por causas distintas a las recogidas en las subcuentas anteriores.

Se abonará y cargará con cargo y abono a las cuentas que corresponda según la naturaleza de las operaciones.

476. Organismos de Previsión Social, acreedores.

Cantidades retenidas a los trabajadores, o en su caso satisfechas por éstos a la entidad, y que en un momento posterior han de ser entregadas a dichos Organismos de Previsión Social.

Figurará en el pasivo corriente del balance, en el epígrafe IV, «Acreedores y otras cuentas a pagar a corto plazo».

Funcionará a través de sus divisionarias.

Su movimiento es el siguiente:

a) Se abonará con cargo a:

a.1) Generalmente, la cuenta 557, «Formalización», por las retenciones de las cuotas correspondientes al personal de la entidad.

a.2) Cuentas del subgrupo 57, «Efectivo y activos líquidos equivalentes», o a la cuenta 554, «Cobros pendientes de aplicación», por el ingreso de las mencionadas cuotas en la entidad.

b) Se cargará, por los pagos realizados, con abono a cuentas del subgrupo 57, «Efectivo y activos líquidos equivalentes».

477. Hacienda Pública, IVA repercutido.

IVA devengado con motivo de la entrega de bienes o de la prestación de servicios y de otras operaciones comprendidas en los correspondientes textos legales.

Figurará en el pasivo corriente del balance, en el epígrafe IV, «Acreedores y otras cuentas a pagar a corto plazo».

Funcionará a través de sus divisionarias.

El contenido y movimiento de las subcuentas que comprende es el siguiente:

4770. IVA repercutido.

IVA devengado con motivo de la entrega de bienes o de la prestación de servicios y de otras operaciones comprendidas en el texto legal.

a) Se abonará con cargo a:

a.1) La cuenta 440, «Deudores por IVA repercutido», por el importe del IVA repercutido cuando se devengue el impuesto.

a.2) La cuenta 440, «Deudores por IVA repercutido», en asiento de signo negativo, por el importe del IVA repercutido, correspondiente a operaciones anuladas.

a.3) La subcuenta 4720, «IVA soportado», y, en su caso, a la cuenta de activo de que se trate, en los casos de producción por la entidad de bienes para su propio inmovilizado, y en los casos de cambio de afectación.

b) Se cargará, por el importe del IVA soportado deducible que se compense en la liquidación del impuesto, con abono a la subcuenta 4720, «IVA soportado». Si después de formulado este asiento subsistiera saldo en la subcuenta 4770, «IVA repercutido», el importe del mismo se abonará a la subcuenta 4750, «Hacienda Pública, acreedor por IVA».

4777. IGIC repercutido.

IGIC devengado con motivo de la entrega de bienes o de la prestación de servicios y de otras operaciones comprendidas en el texto legal.

a) Se abonará con cargo a:

a.1) La cuenta 440, «Deudores por IVA repercutido», por el importe del IGIC repercutido cuando se devengue el impuesto.

a.2) La cuenta 440, «Deudores por IVA repercutido», en asiento de signo negativo, por el importe del IGIC repercutido, correspondiente a operaciones anuladas.

b) Se cargará, por el importe del IGIC soportado deducible que se compense en la liquidación del impuesto, con abono a la subcuenta 4727, «IGIC soportado». Si después de formulado este asiento subsistiera saldo en la subcuenta 4777, el importe del mismo se abonará a la subcuenta 4757, «Hacienda Pública, acreedor por IGIC».

48. AJUSTES POR PERIODIFICACIÓN.

480. *Gastos anticipados.*

485. *Ingresos anticipados a corto plazo.*

480. *Gastos anticipados.*

Gastos contabilizados en el ejercicio que se cierra y que corresponden al siguiente.

Figurará en el activo corriente del balance, en el epígrafe VI, «Ajustes por periodificación».

Su movimiento es el siguiente:

a) Se cargará, al cierre del ejercicio, con abono a las cuentas del grupo 6, «Compras y gastos por naturaleza», que hayan registrado los gastos a imputar al ejercicio posterior.

b) Se abonará, al principio del ejercicio siguiente, con cargo a cuentas del grupo 6, «Compras y gastos por naturaleza».

485. Ingresos anticipados a corto plazo.

Ingresos contabilizados en el ejercicio que se cierra que corresponden al siguiente.

Figurará en el pasivo corriente del balance, en el epígrafe V, «Ajustes por periodificación a corto plazo».

Su movimiento es el siguiente:

a) Se abonará, al cierre del ejercicio, con cargo a:

a.1) Las cuentas del grupo 7, «Ventas e ingresos por naturaleza», que hayan registrado los ingresos a imputar al ejercicio posterior.

a.2) La cuenta 186, «Ingresos anticipados a largo plazo», por el traspaso del importe cuyo devengo vaya a producirse en el corto plazo.

b) Se cargará, al principio del ejercicio siguiente, con abono a cuentas del grupo 7, «Ventas e ingresos por naturaleza».

49. DETERIORO DE VALOR DE CRÉDITOS.

490. *Deterioro de valor de créditos.*

4900. Operaciones de gestión.
4901. Otras cuentas a cobrar.
4902. Inversiones financieras en entidades del grupo, multigrupo y asociadas.
4903. Otras inversiones financieras.

Correcciones por deterioro de valor de los créditos y partidas a cobrar del subgrupo 43, «Deudores presupuestarios», y del subgrupo 44, «Deudores no presupuestarios».

490. Deterioro de valor de créditos.

Importe de las correcciones valorativas por deterioro de créditos incobrables, registrados en cuentas de los subgrupos 43, «Deudores presupuestarios», y 44, «Deudores no presupuestarios».

Minorará la partida del activo corriente del balance en la que figure el correspondiente derecho de cobro.

Se traspasará a la subcuenta 4902, «Inversiones financieras en entidades del grupo, multigrupo y asociadas», el importe de las correcciones de valor por deterioro que figure en las divisionarias de las cuentas 595, «Deterioro de valor de valores representativos de deuda a corto plazo en entidades del grupo, multigrupo y asociadas», y 596, «Deterioro de valor de créditos y otras inversiones financieras a corto plazo en entidades del grupo, multigrupo y asociadas», cuando las inversiones financieras a que se refieren dichas correcciones se imputen, a su vencimiento, al presupuesto de ingresos de la entidad.

Asimismo, se traspasará a la subcuenta 4903, «Otras inversiones financieras», el importe de las correcciones de valor por deterioro que figure en las divisionarias de las cuentas 597, «Deterioro de valor de valores representativos de deuda a corto plazo», y 598, «Deterioro de valor de créditos y otras inversiones financieras a corto plazo», cuando las inversiones financieras a que se refieren dichas correcciones se imputen, a su vencimiento, al presupuesto de ingresos de la entidad.

Funcionará a través de sus divisionarias atendiendo al origen o a la naturaleza de los derechos.

Su movimiento es el siguiente, según la alternativa adoptada por la entidad:

1. Cuando la entidad cifre el importe del deterioro al final del ejercicio mediante una estimación global del riesgo de fallidos existente en los saldos de deudores:

a) Se abonará, al final del ejercicio, por la estimación realizada, con cargo a la cuenta 698, «Pérdidas por deterioro de créditos y otras inversiones financieras», a través de sus divisionarias.

b) Se cargará, igualmente al final del ejercicio, por la dotación realizada al cierre del ejercicio precedente, con abono a la cuenta 798, «Reversión del deterioro de créditos y otras inversiones financieras», a través de sus divisionarias.

2. Cuando la entidad cifre el importe del deterioro mediante un sistema individualizado de seguimiento de saldos de deudores:

a) Se abonará, a lo largo del ejercicio, por el importe de los riesgos que se vayan estimando, con cargo a la cuenta 698, «Pérdidas por deterioro de créditos y otras inversiones financieras», a través de sus divisionarias.

b) Se cargará a medida que se vayan dando de baja los saldos de deudores para los que se dotó la cuenta correctora de forma individualizada o cuando desaparezca el riesgo, por el importe de la misma, con abono a la cuenta 798, «Reversión del deterioro de créditos y otras inversiones financieras», a través de sus divisionarias.

Grupo 5. Cuentas financieras

Activos y pasivos financieros corrientes, excepto aquellos que deban figurar en el grupo 4, «Acreedores y deudores», periodificaciones financieras y provisiones a corto plazo.

50. EMPRÉSTITOS Y OTRAS EMISIONES ANÁLOGAS A CORTO PLAZO.

500. *Obligaciones y bonos a corto plazo.*

5000. Obligaciones y bonos a coste amortizado.

5001. Obligaciones y bonos a valor razonable con cambios en resultados.

502. *Empréstitos y otras emisiones análogas por Operaciones de Tesorería.*

5020. Empréstitos por Operaciones de Tesorería a coste amortizado.

5021. Empréstitos por Operaciones de Tesorería a valor razonable con cambios en resultados.

506. *Intereses a corto plazo de empréstitos y otras emisiones análogas.*

5060. Intereses a corto plazo de obligaciones y bonos a coste amortizado.

5061. Intereses a corto plazo de obligaciones y bonos a valor razonable con cambios en resultados.

5062. Intereses a corto plazo de empréstitos por Operaciones de Tesorería a coste amortizado.

5063. Intereses a corto plazo de empréstitos por Operaciones de Tesorería a valor razonable con cambios en resultados.

5065. Intereses a corto plazo de otros valores negociables a coste amortizado.

5066. Intereses a corto plazo de otros valores negociables a valor razonable con cambios en resultados.

509. *Deudas representadas en otros valores negociables a corto plazo.*

5090. Otros valores negociables a coste amortizado.

5091. Otros valores negociables a valor razonable con cambios en resultados.

Recoge la financiación ajena obtenida a través de emisiones en masa de valores negociables que no hayan sido adquiridos por entidades del grupo, multigrupo y asociadas, cuyo vencimiento o cancelación vaya a producirse en un plazo no superior a un año.

Las cuentas de este subgrupo figurarán en el pasivo corriente del balance, formando parte del epígrafe II, «Deudas a corto plazo».

La parte de las deudas a largo plazo cuyo vencimiento o cancelación vaya a producirse en un plazo no superior a un año deberá figurar en el pasivo corriente del balance; a estos efectos se traspasará a este subgrupo el importe que representen las deudas a largo plazo cuyo vencimiento o cancelación vaya a producirse en un plazo no superior a un año de las cuentas correspondientes del subgrupo 15, «Empréstitos y otras emisiones análogas a largo plazo».

500. Obligaciones y bonos a corto plazo.

Refleja las obligaciones y bonos en circulación cuyo vencimiento o cancelación vaya a producirse en un plazo no superior a un año.

Funcionará a través de sus divisionarias.

El contenido y movimiento de las subcuentas que comprende es el siguiente:

5000. Obligaciones y bonos a coste amortizado.

Recoge las obligaciones y bonos que en el momento de su emisión se hayan clasificado, conforme a lo establecido en la norma de reconocimiento y valoración n.º 9, «Pasivos financieros», en la categoría de «Pasivos financieros al coste amortizado».

a) Se abonará:

a.1) Por el efectivo recibido en el momento de su emisión, con cargo a la cuenta 430, «Deudores por derechos reconocidos. Presupuesto de ingresos corriente».

a.2) Por el valor razonable del pasivo asumido, con cargo a la cuenta 651, «Subvenciones».

a.3) Con cargo a la cuenta 661, «Intereses de empréstitos y otras emisiones análogas», por la imputación de la diferencia devengada entre el valor de reembolso al vencimiento y el valor inicial de la deuda. Cuando dicha diferencia sea negativa el asiento será el inverso.

b) Se cargará:

b.1) Por los costes de transacción que sean directamente atribuibles a la emisión, con abono a la cuenta 400, «Acreedores por obligaciones reconocidas. Presupuesto de gastos corriente».

b.2) A la amortización de los valores, por su valor contable, con abono a la cuenta 400, «Acreedores por obligaciones reconocidas. Presupuesto de gastos corriente», por el importe a rembolsar.

Simultáneamente, la diferencia que, en caso de amortización anticipada, pueda existir entre el valor de reembolso y el valor contable se cargará a la subcuenta 6655, «Pérdidas en pasivos financieros a coste amortizado», o se abonará a la subcuenta 7655, «Beneficios en pasivos financieros a coste amortizado», según su signo.

b.3) Cuando la deuda sea asumida por otra entidad, con abono a la cuenta 752, «Subvenciones para la cancelación de deudas genéricas».

c) Se cargará o abonará con abono o cargo a las cuentas 768, «Diferencias positivas de cambio», o 668, «Diferencias negativas de cambio», respectivamente, como consecuencia del ajuste del valor de la deuda al tipo de cambio vigente en la fecha de cierre del ejercicio o de la cancelación.

5001. Obligaciones y bonos a valor razonable con cambios en resultados.

Recoge las obligaciones y bonos que en el momento de su emisión se hayan clasificado, conforme a lo establecido en la norma de reconocimiento y valoración n.º 9, «Pasivos financieros», en la categoría de «Pasivos financieros a valor razonable con cambios en resultados».

a) Se abonará:

a.1) Por el efectivo recibido en el momento de su emisión, con cargo a la cuenta 430, «Deudores por derechos reconocidos. Presupuesto de ingresos corriente».

a.2) Con cargo a la cuenta 661, «Intereses de empréstitos y otras emisiones análogas», por la imputación de la diferencia devengada entre el valor de reembolso al vencimiento y el valor inicial de la deuda. Cuando dicha diferencia sea negativa el asiento será el inverso.

b) Se cargará, al reembolso de los valores, con abono a la cuenta 400, «Acreedores por obligaciones reconocidas. Presupuesto de gastos corriente», por el importe a reembolsar.

c) Se cargará o abonará con abono o cargo a las cuentas 768, «Diferencias positivas de cambio», o 668, «Diferencias negativas de cambio», respectivamente, como consecuencia del ajuste del valor de la deuda al tipo de cambio vigente en la fecha de cierre del ejercicio o de la cancelación.

d) Se abonará o se cargará con cargo o abono, respectivamente, a la subcuenta 6642, «Pérdidas en pasivos financieros a valor razonable con cambios en resultados», y a la subcuenta 7642, «Beneficios en pasivos financieros a valor razonable con cambios en resultados», por la variación que se produzca en su valor razonable, salvo la parte correspondiente a los intereses devengados y a las diferencias de cambio.

502. Empréstitos y otras emisiones análogas por Operaciones de Tesorería.

Financiación ajena a corto plazo instrumentada mediante emisiones de valores negociables destinada a hacer frente a desfases transitorios de tesorería.

Funcionará a través de sus divisionarias.

El contenido y movimiento de las subcuentas que comprende es el siguiente:

5020. Empréstitos y otras emisiones análogas por Operaciones de Tesorería a coste amortizado.

Recoge las emisiones de valores negociables que en el momento de su emisión se hayan clasificado, conforme a lo establecido en la norma de reconocimiento y valoración n.º 9, «Pasivos financieros», en la categoría «Pasivos financieros a coste amortizado».

a) Se abonará:

a.1) Por el efectivo recibido en el momento de su emisión, con cargo a cuentas del subgrupo 57, «Efectivo y activos líquidos equivalentes».

a.2) Por el valor razonable del pasivo asumido, con cargo a la cuenta 651, «Subvenciones».

a.3) Con cargo a la cuenta 661, «Intereses de empréstitos y otras emisiones análogas», por la imputación de la diferencia devengada entre el valor de reembolso al vencimiento y el valor inicial de la deuda. Cuando dicha diferencia sea negativa el asiento será el inverso.

b) Se cargará:

b.1) Por los costes de transacción que sean directamente atribuibles a la emisión, con abono a la cuenta 400, «Acreedores por obligaciones reconocidas. Presupuesto de gastos corriente».

b.2) A la amortización de los valores, por su valor contable, con abono a cuentas del subgrupo 57, «Efectivo y activos líquidos equivalentes», por el efectivo de la emisión, y a la cuenta 400, «Acreedores por obligaciones reconocidas. Presupuesto de gastos corriente», por la diferencia entre el valor de reembolso y el efectivo de la emisión.

Simultáneamente, la diferencia que, en caso de amortización anticipada, pueda existir entre el valor de reembolso y el valor contable se cargará a la subcuenta 6655, «Pérdidas en pasivos financieros a coste amortizado», o se abonará a la subcuenta 7655, «Beneficios en pasivos financieros a coste amortizado», según su signo.

b.3) Cuando la deuda sea asumida por otra entidad, con abono a la cuenta 752, «Subvenciones para la cancelación de deudas genéricas».

c) Se cargará o abonará con abono o cargo a las cuentas 768, «Diferencias positivas de cambio», o 668, «Diferencias negativas de cambio», respectivamente, como consecuencia del ajuste del valor de la deuda al tipo de cambio vigente en la fecha de cierre del ejercicio o de la cancelación.

5021. Empréstitos por Operaciones de Tesorería a valor razonable con cambios en resultados.

Recoge los empréstitos de valores negociables para Operaciones de Tesorería que en el momento de su emisión se hayan clasificado, conforme a lo establecido en la norma de reconocimiento y valoración n.º 9, «Pasivos financieros», en la categoría de «Pasivos financieros a valor razonable con cambios en resultados».

a) Se abonará:

a.1) Por el efectivo recibido en el momento de su emisión, con cargo a cuentas del subgrupo 57, «Efectivo y activos líquidos equivalentes».

a.2) Con cargo a la cuenta 661, «Intereses de empréstitos y otras emisiones análogas», por la imputación de la diferencia devengada entre el valor de reembolso al vencimiento y el valor inicial de la deuda. Cuando dicha diferencia sea negativa el asiento será el inverso.

b) Se cargará a la amortización de los valores, por su valor contable, con abono a cuentas del subgrupo 57, «Efectivo y activos líquidos equivalentes», por el efectivo de la emisión, y a la cuenta 400, «Acreedores por obligaciones reconocidas. Presupuesto de gastos corriente», por la diferencia entre el valor de reembolso y el efectivo de la emisión.

c) Se cargará o abonará con abono o cargo a las cuentas 768, «Diferencias positivas de cambio», o 668, «Diferencias negativas de cambio», respectivamente, como consecuencia del ajuste del valor de la deuda al tipo de cambio vigente en la fecha de cierre del ejercicio o de la cancelación.

d) Se abonará o se cargará con cargo o abono, respectivamente, a la subcuenta 6642, «Pérdidas en pasivos financieros a valor razonable con cambios en resultados», y a la subcuenta 7642, «Beneficios en pasivos financieros a valor razonable con cambios en resultados», por la variación que se produzca en su valor razonable, salvo la parte correspondiente a los intereses devengados y a las diferencias de cambio.

506. Intereses a corto plazo de empréstitos y otras emisiones análogas.

Recoge el importe de los intereses a pagar, con vencimiento a corto plazo, de empréstitos y otras emisiones análogas.

Funcionará a través de sus divisionarias.

Su movimiento es el siguiente:

a) Se abonará, por el importe de los intereses devengados durante el ejercicio con vencimiento en el siguiente, con cargo a la cuenta 661, «Intereses de empréstitos y otras emisiones análogas».

b) Se cargará, al vencimiento de los intereses y en la cancelación anticipada, con abono, generalmente, a la cuenta 400, «Acreedores por obligaciones reconocidas. Presupuesto de gastos corriente».

Al mismo tiempo, se abonará la cuenta 768, «Diferencias positivas de cambio», o se cargará la cuenta 668, «Diferencias negativas de cambio», como consecuencia del ajuste del valor de la deuda por intereses al tipo de cambio vigente en la fecha de su liquidación o cancelación.

509. Deudas representadas en otros valores negociables a corto plazo.

Otros pasivos financieros cuyo vencimiento o cancelación vaya a producirse en un plazo no superior a un año, representados en valores negociables, ofrecidos al ahorro público, distintos de los anteriores.

Funcionará a través de sus divisionarias.

El contenido y movimiento de las subcuentas es análogo al señalado para las subcuentas 5000, «Obligaciones y bonos a coste amortizado», y 5001, «Obligaciones y bonos a valor razonable con cambios en resultados», respectivamente.

51. DEUDAS A CORTO PLAZO CON ENTIDADES DEL GRUPO, MULTIGRUPO Y ASOCIADAS.

513. *Deudas a corto plazo transformables en subvenciones con entidades del grupo, multigrupo y asociadas.*

514. *Deudas a corto plazo con entidades del grupo, multigrupo y asociadas representadas en valores negociables.*

5140. Deudas representadas en valores negociables a coste amortizado, entidades del grupo, multigrupo y asociadas.

5141. Deudas representadas en valores negociables a valor razonable con cambios en resultados, entidades del grupo, multigrupo y asociadas.

515. *Fianzas recibidas a corto plazo de entidades del grupo, multigrupo y asociadas.*

516. *Depósitos recibidos a corto plazo de entidades del grupo, multigrupo y asociadas.*

517. *Intereses a corto plazo de deudas con entidades del grupo, multigrupo y asociadas.*

519. *Otras deudas a corto plazo con entidades del grupo, multigrupo y asociadas.*

Deudas cuyo vencimiento o cancelación vaya a producirse en un plazo no superior a un año, contraídas con entidades del grupo, multigrupo y asociadas, incluidas aquellas que por su naturaleza debieran figurar en otros subgrupos de este grupo.

Las cuentas de este subgrupo figurarán en el pasivo corriente del balance en el epígrafe III, «Deudas con entidades del grupo, multigrupo y asociadas a corto plazo».

La parte de las deudas a largo plazo con entidades del grupo, multigrupo y asociadas que tenga vencimiento a corto deberá figurar en el pasivo corriente del balance, en el epígrafe III, «Deudas con entidades del grupo, multigrupo y asociadas a corto plazo»; a estos efectos se traspasará a este subgrupo el importe que representen las deudas a largo plazo con vencimiento a corto, de las cuentas correspondientes del subgrupo 16, «Deudas a largo plazo con entidades del grupo, multigrupo y asociadas».

513. Deudas a corto plazo transformables en subvenciones con entidades del grupo, multigrupo y asociadas.

Subvenciones reintegrables recibidas de entidades del grupo, multigrupo y asociadas, con vencimiento no superior a un año.

Su movimiento, generalmente, es el siguiente:

a) Se abonará con cargo a:

a.1) La cuenta 430, «Deudores por derechos reconocidos. Presupuesto de ingresos corriente», por las cantidades percibidas.

a.2) La cuenta que corresponda del subgrupo 94, «Ingresos por subvenciones», cuando una subvención no reintegrable se convierta en reintegrable por la parte pendiente de imputar a resultados y a la cuenta 120, «Resultados de ejercicios anteriores», por el importe de la subvención que se hubiese imputado a resultados.

b) Se cargará:

b.1) Por cualquier circunstancia que determine la reducción total o parcial de las mismas, con arreglo a los términos de su concesión, con abono, generalmente, a la cuenta 418, «Acreedores por devolución de ingresos y otras minoraciones».

b.2) Si pierde su carácter de reintegrable, con abono, generalmente, de su saldo a las cuentas 940, «Ingresos de subvenciones para la financiación del inmovilizado no financiero y de activos en estado de venta», 941, «Ingresos de subvenciones para la financiación de activos corrientes y gastos», o 942, «Ingresos de subvenciones para la financiación de operaciones financieras», o a cuentas del subgrupo 75, «Transferencias y subvenciones».

514. Deudas a corto plazo con entidades del grupo, multigrupo y asociadas representadas en valores negociables.

Deudas contraídas con entidades del grupo, multigrupo y asociadas por empréstitos y otras emisiones análogas emitidas por la entidad, con vencimiento no superior a un año.

Funcionará a través de sus divisionarias.

Su movimiento es análogo al de la cuenta 500, «Obligaciones y bonos a corto plazo», utilizando en la contrapartida las cuentas relativas a entidades del grupo, multigrupo y asociadas.

515. Fianzas recibidas a corto plazo de entidades del grupo, multigrupo y asociadas.

Efectivo recibido de entidades del grupo, multigrupo y asociadas como garantía del cumplimiento de una obligación, a plazo no superior a un año.

Su movimiento es el siguiente:

a) Se abonará, a la constitución, con cargo a la cuenta 430, «Deudores por derechos reconocidos. Presupuesto de ingresos corriente», o a cuentas del subgrupo 57, «Efectivo y activos líquidos equivalentes», según establezca la normativa aplicable.

b) Se cargará con abono a:

b.1) La cuenta 400, «Acreedores por obligaciones reconocidas. Presupuesto de gastos corriente», o a cuentas del subgrupo 57, «Efectivo y activos líquidos equivalentes», a la cancelación de la fianza, según proceda.

b.2) La cuenta 778, «Ingresos excepcionales», por el incumplimiento de la obligación afianzada que determine pérdidas en la fianza, o a la cuenta 430, «Deudores por derechos reconocidos.

Presupuesto de ingresos corriente», según establezca la normativa aplicable.

516. Depósitos recibidos a corto plazo de entidades del grupo, multigrupo y asociadas.

Efectivo recibido en concepto de depósito irregular de entidades del grupo, multigrupo y asociadas, a plazo no superior a un año.

Su movimiento es el siguiente:

a) Se abonará, a la constitución, con cargo a la cuenta 430, «Deudores por derechos reconocidos. Presupuesto de ingresos corriente», o a cuentas del subgrupo 57, «Efectivo y activos líquidos equivalentes», según establezca la normativa aplicable.

b) Se cargará, a la cancelación, con abono a la cuenta 400, «Acreedores por obligaciones reconocidas. Presupuesto de gastos corriente», o a cuentas del subgrupo 57, «Efectivo y activos líquidos equivalentes», según proceda.

517. Intereses a corto plazo de deudas con entidades del grupo, multigrupo y asociadas.

Intereses a pagar, con vencimiento a corto plazo, de deudas con entidades del grupo, multigrupo y asociadas.

Su movimiento es el siguiente:

a) Se abonará, por el importe de los intereses devengados durante el ejercicio, con vencimiento en el siguiente, con cargo a la cuenta 663, «Intereses de deudas con entidades del grupo, multigrupo y asociadas», a través de la subcuenta que corresponda.

b) Se cargará, cuando se produzca el vencimiento de los intereses, con abono, generalmente, a la cuenta 400, «Acreedores por obligaciones reconocidas. Presupuesto de gastos corriente».

Al mismo tiempo, se abonará la cuenta 768, «Diferencias positivas de cambio», o se cargará la cuenta 668, «Diferencias negativas de cambio», como consecuencia del ajuste del valor de la deuda por intereses al tipo de cambio vigente en la fecha de su liquidación.

519. Otras deudas a corto plazo con entidades del grupo, multigrupo y asociadas.

Las contraídas con entidades del grupo, multigrupo y asociadas por préstamos recibidos y otros débitos no incluidos en otras cuentas de este subgrupo, con vencimiento no superior a un año.

Se incluirán las deudas por compra de inmovilizado y por arrendamiento financiero.

Su movimiento es el siguiente:

a) Se abonará:

a.1) A la formalización de la deuda, por el importe recibido, con cargo a la cuenta 430, «Deudores por derechos reconocidos. Presupuesto de ingresos corriente», o a la cuenta de activo que corresponda.

a.2) Por el valor razonable del pasivo asumido, con cargo a la cuenta 651, «Subvenciones».

a.3) Por la recepción a conformidad de los bienes suministrados o del derecho de uso sobre los mismos, con cargo a cuentas del grupo 2, «Activo no corriente».

a.4) Con cargo a la cuenta 663, «Intereses de deudas con entidades del grupo, multigrupo y asociadas», a través de la divisionaria que corresponda, por la imputación de la diferencia devengada entre el valor de reembolso al vencimiento y el valor inicial de la deuda.

b) Se cargará:

b.1) Por los costes de transacción directamente atribuibles, salvo que, en su caso, se hayan deducido del efectivo recibido en la emisión, con abono, generalmente, a la cuenta 400, «Acreedores por obligaciones reconocidas. Presupuesto de gastos corriente».

b.2) Por el importe cancelado, con abono a la cuenta 400, «Acreedores por obligaciones reconocidas. Presupuesto de gastos corriente».

b.3) Cuando la deuda sea asumida por otra entidad, con abono a la cuenta 752, «Subvenciones para la cancelación de deudas genéricas».

c) Se cargará o abonará con abono o cargo a las cuentas 768, «Diferencias positivas de cambio», o 668, «Diferencias negativas de cambio», respectivamente, como consecuencia del ajuste del valor de la deuda al tipo de cambio vigente en la fecha de cierre del ejercicio o de la cancelación.

52. DEUDAS A CORTO PLAZO POR PRÉSTAMOS RECIBIDOS Y OTROS CONCEPTOS.

520. *Deudas a corto plazo con entidades de crédito.*
521. *Deudas por Operaciones de Tesorería.*
522. *Deudas a corto plazo transformables en subvenciones.*

523. *Proveedores de inmovilizado a corto plazo.*
524. *Acreedores por arrendamiento financiero a corto plazo.*
526. *Pasivos por derivados financieros a corto plazo.*
5260. Pasivos por derivados financieros a corto plazo designados instrumentos de cobertura.
5261. Pasivos por otros derivados financieros a corto plazo.
5266. Intereses a corto plazo de permutas financieras designadas instrumentos de cobertura.
5267. Intereses a corto plazo de otras permutas financieras.
527. *Intereses a corto plazo de deudas con entidades de crédito.*
528. *Intereses a corto plazo de otras deudas.*
529. *Otras deudas a corto plazo.*

Financiación ajena no instrumentada en valores negociables ni contraída con entidades del grupo, multigrupo y asociadas, cuyo vencimiento o cancelación vaya a producirse en un plazo no superior a un año.

Las cuentas de este subgrupo figurarán en el pasivo corriente del balance, formando parte del epígrafe II, «Deudas a corto plazo».

La parte de los pasivos a largo plazo cuyo vencimiento o cancelación vaya a producirse a corto plazo deberá figurar en el pasivo corriente del balance; a estos efectos se traspasará a este subgrupo el importe que representen las deudas a largo plazo cuyo vencimiento o cancelación vaya a producirse a corto plazo de las cuentas correspondientes del subgrupo 17, «Deudas a largo plazo por préstamos recibidos y otros conceptos».

520. Deudas a corto plazo con entidades de crédito.

Las contraídas con entidades de crédito por préstamos recibidos y otros débitos, con vencimiento no superior a un año, excepto las destinadas a cubrir desfases transitorios de tesorería que se recogerán en la cuenta 521, «Deudas por Operaciones de Tesorería».

Su movimiento es el siguiente:

a) Se abonará:

a.1) A la formalización de la deuda, por el importe recibido, con cargo a la cuenta 430, «Deudores por derechos reconocidos. Presupuesto de ingresos corriente».

a.2) Por el valor razonable del pasivo asumido, con cargo a la cuenta 651, «Subvenciones».

a.3) Con cargo a la subcuenta 6625, «Intereses de deudas con entidades de crédito», por la imputación de la diferencia devengada entre el valor de reembolso al vencimiento y el valor inicial de la deuda.

b) Se cargará:

b.1) Por los costes de transacción directamente atribuibles que no se hayan deducido del efectivo recibido en la emisión, con abono, generalmente, a la cuenta 400, «Acreedores por obligaciones reconocidas. Presupuesto de gastos corriente».

b.2) Por el importe cancelado, con abono a la cuenta 400, «Acreedores por obligaciones reconocidas. Presupuesto de gastos corriente».

b.3) Cuando la deuda sea asumida por otra entidad, con abono a la cuenta 752, «Subvenciones para la cancelación de deudas genéricas».

c) Se cargará o abonará con abono o cargo a las cuentas 768, «Diferencias positivas de cambio», o 668, «Diferencias negativas de cambio», respectivamente, como consecuencia del ajuste del valor de la deuda al tipo de cambio vigente en la fecha de cierre del ejercicio o de la cancelación.

521. Deudas por Operaciones de Tesorería.

Financiación ajena a corto plazo no instrumentada mediante valores negociables para hacer frente a desfases transitorios de tesorería.

Su movimiento es el siguiente:

a) Se abonará:

a.1) A la formalización de la deuda, por el importe recibido, con cargo a cuentas del subgrupo 57, «Efectivo y activos líquidos equivalentes».

a.2) Por el valor razonable del pasivo asumido, con cargo a la cuenta 651, «Subvenciones».

a.3) Con cargo a la divisionaria que corresponda de la cuenta 662, «Intereses de deudas», por la imputación de la diferencia devengada entre el valor de reembolso al vencimiento y el valor inicial de la deuda.

b) Se cargará:

b.1) Por los costes de transacción directamente atribuibles que no se hayan deducido del efectivo recibido en la emisión, con abono, generalmente, a la cuenta 400, «Acreedores por obligaciones reconocidas. Presupuesto de gastos corriente».

b.2) Por el importe cancelado, con abono a cuentas del subgrupo 57, «Efectivo y activos líquidos equivalentes».

c) Se cargará o abonará con abono o cargo a las cuentas 768, «Diferencias positivas de cambio», o 668, «Diferencias negativas de cambio», respectivamente, como consecuencia del ajuste del valor de la deuda al tipo de cambio vigente en la fecha de cierre del ejercicio o de la cancelación.

522. Deudas a corto plazo transformables en subvenciones.

Subvenciones reintegrables recibidas de otras entidades o particulares, con vencimiento no superior a un año.

Su movimiento, generalmente, es el siguiente:

a) Se abonará con cargo a:

a.1) La cuenta 430, «Deudores por derechos reconocidos. Presupuesto de ingresos corriente», por las cantidades percibidas.

a.2) La cuenta que corresponda del subgrupo 94, «Ingresos por subvenciones», cuando una subvención no reintegrable se convierta en reintegrable por la parte pendiente de imputar a resultados y a la cuenta 120, «Resultados de ejercicios anteriores», por el importe de la subvención que se hubiese imputado a resultados.

b) Se cargará con abono a:

b.1) Generalmente, la cuenta 418, «Acreedores por devolución de ingresos y otras minoraciones», por cualquier circunstancia que determine la reducción total o parcial de las subvenciones, con arreglo a los términos de su concesión.

b.2) Las cuentas 940, «Ingresos de subvenciones para la financiación del inmovilizado no financiero y de activos en estado de venta», 941, «Ingresos de subvenciones para la financiación de activos corrientes y gastos», o 942, «Ingresos de subvenciones para la financiación de operaciones financieras», o a cuentas del subgrupo 75, «Transferencias y subvenciones», si pierde su carácter reintegrable.

523. Proveedores de inmovilizado a corto plazo.

Deudas con suministradores de bienes definidos en el grupo 2, «Activo no corriente», con vencimiento no superior a un año.

Su movimiento es el siguiente:

a) Se abonará:

a.1) Por la recepción a conformidad de los bienes suministrados, con cargo a cuentas del grupo 2, «Activo no corriente».

a.2) Por el gasto financiero devengado hasta alcanzar el valor de reembolso de la deuda, con cargo a la cuenta 662, «Intereses de deudas», a través de la divisionaria que corresponda.

b) Se cargará por el importe cancelado, con abono a la cuenta 400, «Acreedores por obligaciones reconocidas. Presupuesto de gastos corriente».

524. Acreedores por arrendamiento financiero a corto plazo.

Deudas con vencimiento no superior a un año con otras entidades en calidad de cedentes del uso de bienes, en acuerdos que deban calificarse como arrendamientos financieros en los términos recogidos en las normas de reconocimiento y valoración.

a) Se abonará:

a.1) Por la recepción a conformidad del derecho de uso sobre los bienes suministrados, con cargo a cuentas del grupo 2, «Activo no corriente».

a.2) Por el gasto financiero devengado hasta alcanzar el valor de reembolso de la deuda, con cargo, generalmente, a la cuenta 662, «Intereses de deudas», a través de la divisionaria que corresponda.

b) Se cargará por la cancelación total o parcial, de las deudas, con abono, generalmente, a la cuenta 400, «Acreedores por obligaciones reconocidas. Presupuesto de gastos corriente».

526. Pasivos por derivados financieros a corto plazo.

Importe correspondiente a las operaciones con derivados financieros con valoración desfavorable para la entidad, cuyo vencimiento o fecha en la que se esperan liquidar no sea superior a un año.

Funcionará a través de sus divisionarias.

El contenido y movimiento de las subcuentas que comprende es el siguiente:

5260. Pasivos por derivados financieros a corto plazo designados instrumentos de cobertura.

Recoge la valoración desfavorable para la entidad de los derivados financieros designados instrumentos de cobertura, de acuerdo con lo establecido en la norma de reconocimiento y valoración n.º 10, «Coberturas contables».

a) Se abonará por el importe recibido, en su caso, en el momento de la contratación, con cargo, generalmente, a cuentas del subgrupo 57, «Efectivo y activos líquidos equivalentes», o a la cuenta 430, «Deudores por derechos reconocidos. Presupuesto de ingresos corriente», si la operación tuviera que imputarse al presupuesto.

b) Se cargará por las cantidades satisfechas en el momento de la liquidación, con abono, generalmente, a cuentas del subgrupo 57, «Efectivo y activos líquidos equivalentes», o a la cuenta 400, «Acreedores por obligaciones reconocidas. Presupuesto de gastos corriente», si la operación tuviera que imputarse al presupuesto.

c) Se abonará o cargará, por las variaciones en su valor razonable, con cargo o abono, a las subcuentas 6645, «Pérdidas en derivados financieros designados instrumentos de cobertura», y 7645, «Beneficios en derivados financieros designados instrumentos de cobertura», respectivamente, cuando según la norma de reconocimiento y valoración n.º 10, «Coberturas contables», el derivado deba valorarse por su valor razonable y dicha variación deba imputarse a la cuenta del resultado económico patrimonial del ejercicio.

d) Se cargará o abonará, con abono o cargo, a las cuentas 910, «Beneficios por coberturas», y 810, «Pérdidas por coberturas», respectivamente, por la variación del valor razonable del instrumento derivado que se haya determinado como cobertura eficaz, cuando el derivado deba valorarse por su valor razonable e imputarse dicha variación a la cuenta del resultado económico-patrimonial de ejercicios posteriores o al valor inicial de la partida cubierta.

5261. Pasivos por otros derivados financieros a corto plazo.

Recoge la valoración desfavorable para la entidad de los derivados financieros a los que no se aplique la contabilidad de coberturas.

a) Se abonará por el importe recibido, en su caso, en el momento de la contratación, con cargo, generalmente, a cuentas del subgrupo 57, «Efectivo y activos líquidos equivalentes», o a la cuenta 430, «Deudores por derechos reconocidos. Presupuesto de ingresos corriente», si la operación tuviera que imputarse al presupuesto.

b) Se cargará por las cantidades satisfechas en el momento de la liquidación, con abono, generalmente, a cuentas del subgrupo 57, «Efectivo y activos líquidos equivalentes», o a la cuenta 400, «Acreedores por obligaciones reconocidas. Presupuesto de gastos corriente», si la operación tuviera que imputarse al presupuesto.

c) Se abonará o cargará, por las variaciones en su valor razonable, con cargo o abono, a las subcuentas 6646, «Pérdidas en otros derivados financieros», y 7646, «Beneficios en otros derivados financieros», respectivamente.

5266. Intereses a corto plazo de permutas financieras designadas instrumentos de cobertura.

Intereses a pagar a corto plazo por operaciones de permuta financiera designados instrumentos de cobertura.

a) Se abonará, con cargo a la subcuenta 6628, «Intereses de permutas financieras designadas instrumentos de cobertura», por el importe devengado durante el ejercicio.

b) Se cargará, cuando se produzca el vencimiento de los intereses, con abono, generalmente, a la cuenta 400, «Acreedores por obligaciones reconocidas. Presupuesto de gastos corriente».

5267. Intereses a corto plazo de otras permutas financieras.

Su movimiento es análogo al de la subcuenta 5266, utilizando como contrapartida la subcuenta 6626, «Intereses de otras deudas».

527. Intereses a corto plazo de deudas con entidades de crédito.

Intereses a pagar, con vencimiento a corto plazo, de deudas con entidades de crédito incluidas las operaciones de tesorería.

Su movimiento es el siguiente:

a) Se abonará, por el importe de los intereses devengados durante el ejercicio, con vencimiento en el siguiente, con cargo a la subcuenta 6625, «Intereses de deudas con entidades de crédito».

b) Se cargará, cuando se produzca el vencimiento de los intereses, con abono, generalmente, a la cuenta 400, «Acreedores por obligaciones reconocidas. Presupuesto de gastos corriente».

Al mismo tiempo, se abonará la cuenta 768, «Diferencias positivas de cambio», o se cargará la cuenta 668, «Diferencias negativas de cambio», como consecuencia del ajuste del valor de la deuda por intereses al tipo de cambio vigente en la fecha de su liquidación.

528. Intereses a corto plazo de otras deudas.

Intereses a pagar, con vencimiento a corto plazo, de deudas, excluidos los que deben ser registrados en la cuenta 527, «Intereses a corto plazo de deudas con entidades de crédito».

Su movimiento es análogo al señalado para la cuenta 527, «Intereses a corto plazo de deudas con entidades de crédito», utilizando como contrapartida la subcuenta 6626, «Intereses de otras deudas».

529. Otras deudas a corto plazo.

Las contraídas con terceros por préstamos recibidos y otros débitos no incluidos en otras cuentas de este subgrupo, con vencimiento no superior a un año.

Su movimiento es análogo al señalado para la cuenta 520, «Deudas a corto plazo con entidades de crédito».

53. INVERSIONES FINANCIERAS A CORTO PLAZO EN ENTIDADES DEL GRUPO, MULTIGRUPO Y ASOCIADAS.

530. *Participaciones a corto plazo en entidades del grupo.*

5300. En entidades de derecho público.

5301. En sociedades mercantiles.

5302. En otras entidades.

531. *Participaciones a corto plazo en entidades multigrupo y asociadas.*

5310. En entidades de derecho público.

5311. En sociedades mercantiles y sociedades cooperativas.

5312. En otras entidades.

532. *Valores representativos de deuda a corto plazo de entidades del grupo, multigrupo y asociadas.*

5320. Valores representativos de deuda a corto plazo de entidades del grupo, multigrupo y asociadas mantenidos a vencimiento.

5321. Valores representativos de deuda a corto plazo de entidades del grupo, multigrupo y asociadas disponibles para la venta.

5322. Valores representativos de deuda a corto plazo de entidades del grupo, multigrupo y asociadas a valor razonable con cambios en resultados.

533. *Créditos a corto plazo a entidades del grupo, multigrupo y asociadas.*
535. *Intereses a corto plazo de inversiones financieras en entidades del grupo, multigrupo y asociadas.*
536. *Dividendo a cobrar de inversiones financieras en entidades del grupo, multigrupo y asociadas.*
537. *Fianzas constituidas a corto plazo en entidades del grupo, multigrupo y asociadas.*
538. *Depósitos constituidos a corto plazo en entidades del grupo, multigrupo y asociadas.*
539. *Desembolsos pendientes sobre participaciones a corto plazo en entidades del grupo, multigrupo y asociadas.*

Inversiones financieras en entidades del grupo, multigrupo y asociadas cuyo vencimiento o fecha esperada de enajenación vaya a producirse en un plazo no superior a un año, incluidas aquellas que por su naturaleza debieran figurar en otros subgrupos de este grupo. También se incluirán las fianzas y depósitos a corto plazo constituidos con estas entidades.

Las cuentas de este subgrupo figurarán en el activo corriente del balance, en el epígrafe IV, «Inversiones financieras a corto plazo en entidades del grupo, multigrupo y asociadas».

La parte de las inversiones a largo plazo, con entidades del grupo, multigrupo y asociadas, cuyo vencimiento o cancelación vaya a producirse en el corto plazo deberá figurar en el activo corriente del balance, en el epígrafe IV, «Inversiones financieras a corto plazo en entidades del grupo, multigrupo y asociadas»; a estos efectos se traspasará a este subgrupo el importe que represente la inversión a largo plazo cuyo vencimiento o cancelación vaya a producirse en el corto plazo de las cuentas correspondientes del subgrupo 25, «Inversiones financieras a largo plazo en entidades del grupo, multigrupo y asociadas».

530. Participaciones a corto plazo en entidades del grupo.

Inversiones en derechos sobre el patrimonio neto de entidades del grupo, que se vayan a extinguir en un plazo no superior a un año.

Funcionará a través de sus divisionarias:

El movimiento de las subcuentas que comprende es el siguiente:

5300. En entidades de derecho público.

a) Se cargará con abono a la divisionaria correspondiente de la cuenta 250, «Participaciones a largo plazo en entidades del grupo», por su traspaso a corto plazo cuando se haya acordado la extinción de la participación.

b) Se abonará:

b.1) Por las devoluciones de aportaciones, con cargo generalmente, a la cuenta 430, «Deudores por derechos reconocidos. Presupuesto de ingresos corriente». Al mismo tiempo se cargará la subcuenta 6660, «Pérdidas en participaciones en entidades del grupo, multigrupo y asociadas», o se abonará la subcuenta 7660, «Beneficios en participaciones en entidades del grupo, multigrupo y asociadas», por los posibles resultados negativos o positivos, respectivamente, derivados de la operación.

b.2) Por la reversión de los bienes aportados en adscripción a organismos públicos dependientes, con cargo a la cuenta correspondiente del bien. Al mismo tiempo, se cargará la subcuenta 6660, «Pérdidas en participaciones en entidades del grupo, multigrupo y asociadas», o se abonará la subcuenta 7660, «Beneficios en participaciones en entidades del grupo, multigrupo y asociadas», por la diferencia entre el valor razonable del bien que revierte y el valor contable de la participación, según su signo.

5301. En sociedades mercantiles.

a) Se cargará con abono a la divisionaria correspondiente de la cuenta 250, «Participaciones a largo plazo en entidades del grupo», por su traspaso a corto plazo cuando se haya acordado la extinción de la participación.

b) Se abonará:

b.1) Por las enajenaciones y en general por su baja del activo, con cargo generalmente, a la cuenta 430, «Deudores por derechos reconocidos. Presupuesto de ingresos corriente», y, en su caso, a la 539, «Desembolsos pendientes sobre participaciones a corto plazo en entidades del grupo, multigrupo y asociadas».

Al mismo tiempo se cargará la subcuenta 6660, «Pérdidas en participaciones en entidades del grupo, multigrupo y asociadas», o se abonará la subcuenta 7660, «Beneficios en participaciones en entidades del grupo, multigrupo y asociadas», por los posibles resultados negativos o positivos, respectivamente, derivados de la operación.

b.3) Por la reversión de los bienes aportados en adscripción, con cargo a la cuenta correspondiente del bien.

Al mismo tiempo, se cargará la subcuenta 6660, «Pérdidas en participaciones en entidades del grupo, multigrupo y asociadas», o se abonará la subcuenta 7660, «Beneficios en participaciones en entidades del grupo, multigrupo y asociadas», por la diferencia entre el valor razonable del bien que revierte y el valor contable de la participación, según su signo.

b.4) Cuando una participación en una entidad del grupo, multigrupo y asociadas deje de tener tal calificación, con cargo a la cuenta 540, «Inversiones financieras a corto plazo en instrumentos de patrimonio», por su valor razonable. Al mismo tiempo, por la diferencia entre el valor razonable y el valor contable, se cargará la cuenta 800, «Pérdidas en activos financieros disponibles para la venta», o se abonará la cuenta 900, «Beneficios en activos financieros disponibles para la venta», según su signo.

b.5) Por el importe del deterioro hasta el límite de los aumentos valorativos registrados en el patrimonio neto previos a ser entidad del grupo, multigrupo y asociada, con cargo a la cuenta 891, «Deterioro de participaciones en entidades del grupo, multigrupo y asociadas».

5302. En otras entidades.

a) Se cargará con abono a la divisionaria correspondiente de la cuenta 250, «Participaciones a largo plazo en entidades del grupo», por su traspaso a corto plazo cuando se haya acordado la extinción de la participación.

b) Se abonará por las devoluciones de aportaciones con cargo generalmente, a la cuenta 430, «Deudores por derechos reconocidos. Presupuesto de ingresos corriente». Al mismo tiempo se cargará la subcuenta 6660, «Pérdidas en participaciones en entidades del grupo, multigrupo y asociadas», o se abonará la subcuenta 7660, «Beneficios en participaciones en entidades del grupo, multigrupo y asociadas», por los posibles resultados negativos o positivos, respectivamente, derivados de la operación.

531. Participaciones a corto plazo en entidades multigrupo y asociadas.

Inversiones en derechos sobre el patrimonio neto de entidades multigrupo y asociadas, cuya fecha esperada de extinción no sea superior al año.

Funcionará a través de sus divisionarias.

El movimiento de las subcuentas que comprende es el siguiente:

5310. En entidades de derecho público.

a) Se cargará con abono a la divisionaria correspondiente de la cuenta 251, «Participaciones a largo plazo en entidades multigrupo y asociadas», por su traspaso a corto plazo cuando se haya acordado la extinción de la participación.

b) Se abonará:

b.1) Por las devoluciones de aportaciones, con cargo generalmente, a la cuenta 430, «Deudores por derechos reconocidos. Presupuesto de ingresos corriente». Al mismo tiempo se cargará la subcuenta 6660, «Pérdidas en participaciones en entidades del grupo, multigrupo y asociadas», o se abonará la subcuenta 7660, «Beneficios en participaciones en entidades del grupo, multigrupo y asociadas», por los posibles resultados negativos o positivos, respectivamente, derivados de la operación.

b.2) Por la reversión de los bienes aportados en adscripción, con cargo a la cuenta correspondiente del bien. Al mismo tiempo, se cargará la subcuenta 6660, «Pérdidas en participaciones en entidades del grupo, multigrupo y asociadas», o se abonará la subcuenta 7660, «Beneficios en participaciones en entidades del grupo, multigrupo y asociadas», por la diferencia entre el valor razonable del bien que revierte y el valor contable de la participación, según su signo.

5311. En sociedades mercantiles y sociedades cooperativas.

a) Se cargará con abono a la divisionaria correspondiente de la cuenta 251, «Participaciones a largo plazo en entidades multigrupo y asociadas», por su traspaso a corto plazo cuando se haya acordado la extinción de la participación.

b) Se abonará:

b.1) Por las enajenaciones y en general por su baja del activo, con cargo generalmente, a la cuenta 430, «Deudores por derechos reconocidos. Presupuesto de ingresos corriente», y, en su caso, a la 539, «Desembolsos pendientes sobre participaciones a corto plazo en entidades del grupo, multigrupo y asociadas».

Al mismo tiempo se cargará la subcuenta 6660, «Pérdidas en participaciones en entidades del grupo, multigrupo y asociadas», o se abonará la subcuenta 7660, «Beneficios en participaciones en entidades del grupo, multigrupo y asociadas», por los posibles resultados negativos o positivos, respectivamente, derivados de la operación.

b.2) Cuando una participación en una entidad del grupo, multigrupo y asociadas deje de tener tal calificación, con cargo a la subcuenta 5400, «Inversiones a corto plazo en instrumentos de patrimonio disponibles para la venta», por su valor razonable. Al mismo tiempo, por la diferencia entre el valor razonable y el valor contable, se cargará la cuenta 800, «Pérdidas en activos financieros disponibles para la venta», o se abonará la cuenta 900, «Beneficios en activos financieros disponibles para la venta», según su signo.

b.3) Por el importe del deterioro hasta el límite de los aumentos valorativos registrados en el patrimonio neto previos a ser entidad del grupo, multigrupo y asociada, con cargo a la cuenta 891, «Deterioro de participaciones en entidades del grupo, multigrupo y asociadas».

5312. En otras entidades.

a) Se cargará con abono a la divisionaria correspondiente de la cuenta 251, «Participaciones a largo plazo en entidades multigrupo y asociadas», por su traspaso a corto plazo cuando se haya acordado la extinción de la participación.

b) Se abonará por las devoluciones de aportaciones con cargo generalmente, a la cuenta 430, «Deudores por derechos reconocidos. Presupuesto de ingresos corriente». Al mismo tiempo se cargará la subcuenta 6660, «Pérdidas en participaciones en entidades del grupo, multigrupo y asociadas», o se abonará la subcuenta 7660, «Beneficios en participaciones en entidades del grupo, multigrupo y asociadas», por los posibles resultados negativos o positivos, respectivamente, derivados de la operación.

532. Valores representativos de deuda a corto plazo de entidades del grupo, multigrupo y asociadas.

Inversiones en obligaciones, bonos u otros valores representativos de deuda emitidos por entidades del grupo, multigrupo y asociadas, incluidos aquellos que fijan su rendimiento en función de índices o sistemas análogos, que tienen vencimiento o se esperan liquidar en un plazo no superior a un año.

Funcionará a través de sus divisionarias.

El contenido y movimiento de las subcuentas que comprende es el siguiente:

5320. Valores representativos de deuda a corto plazo de entidades del grupo, multigrupo y asociadas mantenidos a vencimiento.

Recoge las inversiones en valores representativos de deuda que hayan sido clasificadas en la categoría de inversiones mantenidas hasta el vencimiento, cuyo vencimiento o fecha esperada de enajenación no sea superior a un año.

a) Se cargará:

a.1) A la suscripción o compra, por la contraprestación entregada, excluidos los intereses devengados y no vencidos, con abono, generalmente, a la cuenta 400, «Acreedores por obligaciones reconocidas. Presupuesto de gastos corriente».

a.2) Por los costes de transacción directamente atribuibles a la suscripción o compra, con abono a la cuenta 400, «Acreedores por obligaciones reconocidas. Presupuesto de gastos corriente».

a.3) Con abono a la cuenta 7631, «Ingresos de valores representativos de deudas de entidades del grupo, multigrupo y asociadas», por la imputación de la diferencia devengada entre el valor de reembolso al vencimiento y el valor inicial de la inversión. Cuando dicha diferencia sea negativa el asiento será el inverso.

a.4) Por la reclasificación desde la categoría de disponible para la venta, con abono a la subcuenta 5321, «Valores representativos de deuda a corto plazo de entidades del grupo, multigrupo o asociadas disponibles para la venta».

a.5) Por la reclasificación desde la categoría de activos financieros a valor razonable con cambios en resultados, con abono a la subcuenta 5322, «Valores representativos de deuda a corto plazo de entidades del grupo, multigrupo y asociadas a valor razonable con cambios en resultados».

b) Se abonará:

b.1) Por la amortización, enajenación o baja del activo de los valores, con cargo a la cuenta 430, «Deudores por derechos reconocidos. Presupuesto de ingresos corriente». Al mismo tiempo se cargará la subcuenta 6661, «Pérdidas en valores representativos de deuda de entidades del grupo, multigrupo y asociadas», o se abonará la subcuenta 7661, «Beneficios en valores representativos de deuda de entidades del grupo, multigrupo y asociadas», por los posibles resultados, negativos o positivos, respectivamente, derivados de la operación.

b.2) Por la reclasificación a la categoría de disponible para la venta, con cargo a la subcuenta 5321, «Valores representativos de deuda a corto plazo de entidades del grupo, multigrupo y asociadas disponibles para la venta».

c) Se cargará o abonará con abono o cargo a las cuentas 768, «Diferencias positivas de cambio», o 668, «Diferencias negativas de cambio», respectivamente, como consecuencia del ajuste del valor de la inversión al tipo de cambio vigente en la fecha de cierre del ejercicio o de la cancelación.

5321. Valores representativos de deuda a corto plazo de entidades del grupo, multigrupo y asociadas disponibles para la venta.

Recoge las inversiones en valores representativos de deuda no clasificados en otras categorías, cuyo vencimiento o fecha esperada de enajenación no sea superior a un año.

a) Se cargará:

a.1) A la suscripción o compra, por la contraprestación entregada, excluidos los intereses devengados y no vencidos, con abono, generalmente, a la cuenta 400, «Acreedores por obligaciones reconocidas. Presupuesto de gastos corriente».

a.2) Por los costes de transacción directamente atribuibles a la suscripción o compra, con abono a la cuenta 400, «Acreedores por obligaciones reconocidas. Presupuesto de gastos corriente».

a.3) Con abono a la cuenta 7631, «Ingresos de valores representativos de deudas de entidades del grupo, multigrupo y asociadas», por la imputación de la diferencia devengada entre el valor de reembolso al vencimiento y el valor inicial de la inversión. Cuando dicha diferencia sea negativa el asiento será el inverso.

a.4) Por la reclasificación desde la categoría de inversión mantenida a vencimiento, con abono a la subcuenta 5320, «Valores representativos de deuda a corto plazo de entidades del grupo, multigrupo y asociadas mantenidos a vencimiento».

Al mismo tiempo, por la diferencia entre el valor razonable y el coste amortizado de los valores, se cargará la cuenta 800, «Pérdidas en activos financieros disponibles para la venta», o se abonará la cuenta 900, «Beneficios en activos financieros disponibles para la venta», según su signo.

a.5) En el momento del registro del deterioro del valor, por las variaciones negativas del valor razonable imputadas previamente al patrimonio neto, con abono en la cuenta 902, «Imputación de pérdidas en activos financieros disponibles para la venta».

b) Se abonará:

b.1) Por la amortización, enajenación o baja del activo de los valores, con cargo a la cuenta 430, «Deudores por derechos reconocidos. Presupuesto de ingresos corriente».

b.2) Por la reclasificación a la categoría de inversión mantenida a vencimiento, con cargo a la subcuenta 5320, «Valores representativos de deuda a corto plazo de entidades del grupo, multigrupo y asociadas mantenidos a vencimiento».

c) Se cargará o abonará, por las variaciones en su valor razonable, con abono o cargo, respectivamente, a las cuentas 900, «Beneficios en activos financieros disponibles para la venta», y 800, «Pérdidas en activos financieros disponibles para la venta», salvo la parte correspondiente a las diferencias de cambio asociadas al coste amortizado, que se registrarán en las cuentas 668, «Diferencias negativas de cambio», o 768, «Diferencias positivas de cambio», según su signo, y la parte correspondiente a los intereses devengados.

5322. Valores representativos de deuda a valor razonable con cambios en resultados.

Recoge las inversiones en valores representativos de deuda clasificadas en la categoría activos financieros a valor razonable con cambios en resultados.

a) Se cargará:

a.1) A la suscripción o compra, por la contraprestación entregada, excluidos los intereses devengados y no vencidos, con abono, generalmente, a la cuenta 400, «Acreedores por obligaciones reconocidas. Presupuesto de gastos corriente».

a.2) Con abono a la cuenta 7631, «Ingresos de valores representativos de deudas de entidades del grupo, multigrupo y asociadas», por la imputación de la diferencia devengada entre el valor de reembolso al vencimiento y el valor inicial de la inversión. Cuando dicha diferencia sea negativa el asiento será el inverso.

b) Se abonará:

b.1) Con cargo, generalmente, a la cuenta 430, «Deudores por derechos reconocidos. Presupuesto de ingresos corriente», por la enajenación o amortización de los valores.

b.2) Por la reclasificación a la categoría de «Inversiones mantenidas hasta el vencimiento», con cargo a la subcuenta 5320, «Valores representativos de deuda a corto plazo de entidades del grupo, multigrupo y asociadas mantenidos a vencimiento».

c) Se cargará o abonará, por las variaciones en su valor razonable, con abono o cargo, respectivamente, a las subcuentas 7640, «Beneficios en activos financieros a valor razonable con cambios en resultados», y 6640, «Pérdidas en activos financieros a valor razonable con cambios en resultados», salvo la parte correspondiente a las diferencias de cambio que se registrarán en las cuentas 668, «Diferencias negativas de cambio», o 768, «Diferencias positivas de cambio», según su signo, y salvo la parte correspondiente a los intereses devengados.

533. Créditos a corto plazo a entidades del grupo, multigrupo y asociadas.

Inversiones a corto plazo en préstamos y otros créditos, distintos de los que deban figurar en el grupo 4, «Acreedores y deudores», incluidos los derivados de enajenaciones de inmovilizado, concedidos a entidades del grupo, multigrupo y asociadas.

Su movimiento es el siguiente:

a) Se cargará:

a.1) A la formalización del crédito, por el importe de éste, con abono, generalmente, a la cuenta 400, «Acreedores por obligaciones reconocidas. Presupuesto de gastos corriente», o a las cuentas de inmovilizado correspondientes, en el caso de créditos por enajenación de inmovilizado.

Además, en el caso de créditos concedidos con intereses subvencionados, se abonará esta cuenta con cargo a la cuenta 651, «Subvenciones», por la diferencia entre el importe entregado y el valor razonable del crédito, de acuerdo con los criterios establecidos en la norma de reconocimiento y valoración n.º 8, «Activos financieros».

a.2) Por los costes de transacción directamente atribuibles, con abono a la cuenta 400, «Acreedores por obligaciones reconocidas. Presupuesto de gastos corriente».

a.3) Con abono a la subcuenta 7632, «Ingresos de créditos a entidades del grupo, multigrupo y asociadas», por la imputación de la diferencia devengada entre el valor de reembolso al vencimiento y el valor inicial de la inversión. Cuando dicha diferencia sea negativa el asiento será el inverso.

b) Se abonará, al vencimiento o al reintegro total o parcial, con cargo a la cuenta 430, «Deudores por derechos reconocidos. Presupuesto de ingresos corriente», y a la subcuenta 6670, «Pérdidas de créditos incobrables. Con entidades del grupo, multigrupo y asociadas», en caso de pérdidas por insolvencias.

535. Intereses a corto plazo de inversiones financieras en entidades del grupo, multigrupo y asociadas.

Intereses a cobrar, con vencimiento no superior a un año, de valores representativos de deuda y de créditos a entidades del grupo, multigrupo y asociadas.

Su movimiento es el siguiente:

a) Se cargará con abono a:

a.1) La cuenta 400, «Acreedores por obligaciones reconocidas. Presupuesto de gastos corriente», a la suscripción o compra de los valores, por el importe de los intereses devengados y no vencidos cuyo vencimiento no sea superior a un año.

a.2) La subcuenta 7631, «Ingresos de valores representativos de deudas de entidades del grupo, multigrupo y asociadas», o la subcuenta 7632, «Ingresos de créditos a entidades del grupo, multigrupo y asociadas», según corresponda, por los intereses devengados y no vencidos, en fin de ejercicio y en la cancelación anticipada.

b) Se abonará con cargo a la cuenta 430, «Deudores por derechos reconocidos. Presupuesto de ingresos corriente», al vencimiento o cobro de los intereses y a la enajenación o baja del activo de los valores o del crédito, según corresponda.

Al mismo tiempo, se abonará la cuenta 768, «Diferencias positivas de cambio», o se cargará la cuenta 668, «Diferencias negativas de cambio», por las diferencias de cambio que se hayan producido hasta ese momento.

536. Dividendo a cobrar de inversiones financieras en entidades del grupo, multigrupo y asociadas.

Créditos por dividendos, sean definitivos o «a cuenta», pendientes de cobro, cuya distribución ha sido acordada por la entidad del grupo, multigrupo o asociada a que corresponden.

Su movimiento es el siguiente:

a) Se cargará con abono a:

a.1) La cuenta 400, «Acreedores por obligaciones reconocidas. Presupuesto de gastos corriente», a la suscripción o compra de los valores, por el importe de los dividendos acordados y no vencidos.

a.2) La cuenta 760, «Ingresos de participaciones en el patrimonio neto», por el importe devengado.

b) Se abonará, al inicio del período de reparto de dividendos, o por el cobro de los mismos, con cargo a la cuenta 430, «Deudores por derechos reconocidos. Presupuesto de ingresos corriente».

537. Fianzas constituidas a corto plazo en entidades del grupo, multigrupo y asociadas.

Efectivo entregado a entidades del grupo, multigrupo y asociadas como garantía del cumplimiento de una obligación, a plazo no superior a un año.

Su movimiento es el siguiente:

a) Se cargará, a la constitución, por el efectivo entregado, con abono a la cuenta 400, «Acreedores por obligaciones reconocidas. Presupuesto de gastos corriente», o a cuentas del subgrupo 57, «Efectivo y activos líquidos equivalentes», según establezca la normativa aplicable.

b) Se abonará con cargo a:

b.1) La cuenta 430, «Deudores por derechos reconocidos. Presupuesto de ingresos corriente», o a cuentas del subgrupo 57, «Efectivo y activos líquidos equivalentes», a la cancelación de la fianza, según proceda.

b.2) La cuenta 678, «Gastos excepcionales», por incumplimiento de la obligación afianzada que determine pérdidas en la fianza.

538. Depósitos constituidos a corto plazo en entidades del grupo, multigrupo y asociadas.

Efectivo entregado a entidades del grupo, multigrupo y asociadas en concepto de depósito irregular, a plazo no superior a un año.

Su movimiento es el siguiente:

a) Se cargará, a la constitución, por el efectivo entregado, con abono a la cuenta 400, «Acreedores por obligaciones reconocidas. Presupuesto de gastos corriente», o a cuentas del subgrupo 57, «Efectivo y activos líquidos equivalentes», según establezca la normativa aplicable.

b) Se abonará, a la cancelación, con cargo a la cuenta 430, «Deudores por derechos reconocidos. Presupuesto de ingresos corriente», o a cuentas del subgrupo 57, «Efectivo y activos líquidos equivalentes», según proceda.

539. Desembolsos pendientes sobre participaciones a corto plazo en entidades del grupo, multigrupo y asociadas.

Desembolsos pendientes, no exigidos, sobre participaciones en el patrimonio neto de entidades del grupo, multigrupo y asociadas, cuando tengan la consideración de inversiones financieras a corto plazo.

Figurará en el activo corriente del balance, minorando la partida en la que se reflejen las correspondientes participaciones.

Su movimiento es el siguiente:

Se cargará, por los desembolsos que se vayan exigiendo, con abono a la subcuenta 4002, «Acreedores por obligaciones reconocidas. Presupuesto de gastos corriente. Deudas con entidades del grupo, multigrupo y asociadas», o a la divisionaria correspondiente de las cuentas 530, «Participaciones a corto plazo en entidades del grupo», o 531, «Participaciones a corto plazo en entidades multigrupo y asociadas», por los saldos pendientes, cuando se enajenen participaciones no desembolsadas totalmente.

54. OTRAS INVERSIONES FINANCIERAS A CORTO PLAZO.

540. *Inversiones financieras a corto plazo en instrumentos de patrimonio.*

5400. Inversiones a corto plazo en instrumentos de patrimonio disponibles para la venta.

5401. Inversiones en instrumentos de patrimonio a valor razonable con cambios en resultados.

541. *Valores representativos de deuda a corto plazo.*

5410. Valores representativos de deuda a corto plazo mantenidos a vencimiento.

5411. Valores representativos de deuda a corto plazo disponibles para la venta.

5412. Valores representativos de deuda a valor razonable con cambios en resultados.

542. *Créditos a corto plazo.*

5420. Créditos a corto plazo por enajenación de inmovilizado.

5429. Otros créditos a corto plazo.

543. *Activos por derivados financieros a corto plazo.*

5430. Activos por derivados financieros a corto plazo designados instrumentos de cobertura.

5431. Activos por otros derivados financieros a corto plazo.

5436. Intereses a corto plazo de permutas financieras designadas instrumentos de cobertura.

5437. Intereses a corto plazo de otras permutas financieras.

544. *Créditos a corto plazo al personal.*
545. *Dividendo a cobrar.*
546. *Intereses a corto plazo de valores representativos de deuda.*
547. *Intereses a corto plazo de créditos.*
548. *Imposiciones a corto plazo.*
549. *Desembolsos pendientes sobre participaciones en el patrimonio neto a corto plazo.*

5490. De activos financieros a valor razonable con cambios en resultados.

5491. De activos financieros disponibles para la venta.

Inversiones financieras, cualquiera que sea su forma de instrumentación, cuyo vencimiento o fecha esperada de enajenación no sea superior a un año y no estén relacionadas con entidades del grupo, multigrupo y asociadas, excepto aquellas que deban figurar en la cuenta 577, «Activos líquidos equivalentes al efectivo».

Las cuentas de este subgrupo figurarán en el activo corriente del balance en el epígrafe V, «Inversiones financieras a corto plazo».

La parte de las inversiones a largo plazo cuyo vencimiento o fecha esperada de enajenación no sea superior a un año deberá figurar en el activo del balance en el epígrafe V, «Inversiones financieras a corto plazo»; a estos efectos se traspasará a este subgrupo el importe que represente la inversión a largo plazo cuyo vencimiento o fecha esperada de enajenación vaya a producirse a corto plazo de las cuentas correspondientes del subgrupo 26, «Otras inversiones financieras a largo plazo».

540. Inversiones financieras a corto plazo en instrumentos de patrimonio.

Inversiones en derechos sobre el patrimonio neto, acciones con o sin cotización en un mercado regulado u otros valores, de sociedades mercantiles, que se esperen enajenar o extinguir en un plazo no superior a un año.

Funcionará a través de sus divisionarias.

El contenido y movimiento de las subcuentas que comprende es el siguiente:

5400. Inversiones a corto plazo en instrumentos de patrimonio disponibles para la venta.

Recoge las inversiones en instrumentos de patrimonio clasificadas en la categoría de activos financieros disponibles para la venta que se esperen enajenar o extinguir en un plazo no superior a un año.

a) Se cargará:

a.1) A la suscripción o compra, con abono, generalmente, a la cuenta 400, «Acreedores por obligaciones reconocidas. Presupuesto de gastos corriente», y, en su caso, a la cuenta 549, «Desembolsos pendientes sobre participaciones en el patrimonio neto a corto plazo».

a.2) Por los costes de transacción directamente atribuibles a la suscripción o compra, con abono, generalmente, a la cuenta 400, «Acreedores por obligaciones reconocidas. Presupuesto de gastos corriente».

a.3) Cuando se haya acordado la enajenación de la participación, con abono a la cuenta 260, «Inversiones financieras a largo plazo en instrumentos de patrimonio», por su traspaso a corto plazo.

a.4) Por la reversión del deterioro, con abono a la cuenta 900, «Beneficios en activos financieros disponibles para la venta».

b) Se abonará:

b.1) Por las enajenaciones y en general por su baja del activo, con cargo a la cuenta 430, «Deudores por derechos reconocidos. Presupuesto de ingresos corriente», y, si existen desembolsos pendientes, con cargo a la cuenta 549, «Desembolsos pendientes sobre participaciones en el patrimonio neto a corto plazo».

Además, en el caso de participaciones valoradas al coste, se cargará la subcuenta 6651, «Pérdidas en inversiones en instrumentos de patrimonio valorados a coste», o se abonará la subcuenta 7651, «Beneficios en inversiones en instrumentos de patrimonio valorados a coste», por los posibles resultados, negativos o positivos, respectivamente, derivados de la operación.

b.2) Por el importe del deterioro estimado con cargo a la subcuenta 6963, «Pérdidas por deterioro de participaciones en el patrimonio neto de otras entidades».

c) Se cargará o abonará, por las variaciones en su valor razonable en fin de ejercicio y en la cancelación, con abono o cargo, respectivamente, a las cuentas 900, «Beneficios en activos financieros disponibles para la venta», y 800, «Pérdidas en activos financieros disponibles para la venta».

5401. Inversiones en instrumentos de patrimonio a valor razonable con cambios en resultados.

Recoge las inversiones en instrumentos de patrimonio clasificadas en la categoría de activos financieros a valor razonable con cambios en resultados.

a) Se cargará, a la suscripción o compra, con abono, generalmente, a la cuenta 400, «Acreedores por obligaciones reconocidas. Presupuesto de gastos corriente», y, en su caso, a la cuenta 549, «Desembolsos pendientes sobre participaciones en el patrimonio neto a corto plazo».

b) Se cargará o abonará, por las variaciones en su valor razonable, con abono o cargo, respectivamente, a las subcuentas 7640, «Beneficios en activos financieros a valor razonable con cambios en resultados», y 6640, «Pérdidas en activos financieros a valor razonable con cambios en resultados».

c) Se abonará por las enajenaciones, con cargo a la cuenta 430, «Deudores por derechos reconocidos. Presupuesto de ingresos corriente», y, si existen desembolsos pendientes, con cargo a la cuenta 549, «Desembolsos pendientes sobre participaciones en el patrimonio neto a corto plazo».

541. Valores representativos de deuda a corto plazo.

Inversiones en obligaciones, bonos u otros valores representativos de deuda, incluidos aquellos que fijan su rendimiento en función de índices o sistemas análogos, cuyo vencimiento o fecha esperada de enajenación no sea superior a un año.

Funcionará a través de sus divisionarias.

El contenido y movimiento de las subcuentas que comprende es el siguiente:

5410. Valores representativos de deuda a corto plazo mantenidos a vencimiento.

Recoge las inversiones en valores representativos de deuda que hayan sido clasificadas en la categoría de inversiones mantenidas hasta el vencimiento, cuyo vencimiento o fecha esperada de enajenación no sea superior a un año.

a) Se cargará:

a.1) A la suscripción o compra, por la contraprestación entregada, excluidos los intereses devengados y no vencidos, con abono, generalmente, a la cuenta 400, «Acreedores por obligaciones reconocidas. Presupuesto de gastos corriente».

a.2) Por los costes de transacción directamente atribuibles a la suscripción o compra, con abono a la cuenta 400, «Acreedores por obligaciones reconocidas. Presupuesto de gastos corriente».

a.3) Con abono a la cuenta 761, «Ingresos de valores representativos de deuda», por la imputación de la diferencia devengada entre el valor de reembolso al vencimiento y el valor inicial de la inversión. Cuando dicha diferencia sea negativa el asiento será el inverso.

a.4) Por la reclasificación desde la categoría de disponible para la venta, con abono a la subcuenta 5411, «Valores representativos de deuda a corto plazo disponibles para la venta».

a.5) Por la reclasificación desde la categoría de activos financieros a valor razonable con cambios en resultados, con abono a la subcuenta 5412, «Valores representativos de deuda a valor razonable con cambios en resultados».

b) Se abonará:

b.1) Por la amortización, enajenación o baja del activo de los valores, con cargo a la cuenta 430, «Deudores por derechos reconocidos. Presupuesto de ingresos corriente». Al mismo tiempo se cargará la subcuenta 6650, «Pérdidas en inversiones financieras a coste amortizado», o se abonará la subcuenta 7650, «Beneficios en inversiones financieras a coste amortizado», por los posibles resultados, negativos o positivos, respectivamente, derivados de la operación.

b.2) Por la reclasificación a la categoría de disponible para la venta, con cargo a la subcuenta 5411, «Valores representativos de deuda a corto plazo disponibles para la venta».

c) Se cargará o abonará con abono o cargo a las cuentas 768, «Diferencias positivas de cambio», o 668, «Diferencias negativas de cambio», respectivamente, como consecuencia del ajuste del valor de la inversión al tipo de cambio vigente en la fecha de cierre del ejercicio o de la cancelación.

5411. Valores representativos de deuda a corto plazo disponibles para la venta.

Recoge las inversiones en valores representativos de deuda no clasificados en otras categorías, cuyo vencimiento o fecha esperada de enajenación no sea superior a un año.

a) Se cargará:

a.1) A la suscripción o compra, por la contraprestación entregada, excluidos los intereses devengados y no vencidos, con abono, generalmente, a la cuenta 400, «Acreedores por obligaciones reconocidas. Presupuesto de gastos corriente».

a.2) Por los costes de transacción directamente atribuibles a la suscripción o compra, con abono a la cuenta 400, «Acreedores por obligaciones reconocidas. Presupuesto de gastos corriente».

a.3) Con abono a la cuenta 761, «Ingresos de valores representativos de deuda», por la imputación de la diferencia devengada entre el valor de reembolso al vencimiento y el valor inicial de la inversión. Cuando dicha diferencia sea negativa el asiento será el inverso.

a.4) Por la reclasificación desde la categoría de inversión mantenida a vencimiento, con abono a la subcuenta 5410, «Valores representativos de deuda a corto plazo mantenidos a vencimiento».

Al mismo tiempo, por la diferencia entre el valor razonable y el coste amortizado de los valores, se cargará la cuenta 800, «Pérdidas en activos financieros disponibles para la venta», o se abonará la cuenta 900, «Beneficios en activos financieros disponibles para la venta», según su signo.

a.5) En el momento del registro del deterioro del valor, por las variaciones negativas del valor razonable imputadas previamente al patrimonio neto, con abono en la cuenta 902, «Imputación de pérdidas en activos financieros disponibles para la venta».

b) Se abonará:

b.1) Por la amortización, enajenación o baja del activo de los valores, con cargo a la cuenta 430, «Deudores por derechos reconocidos. Presupuesto de ingresos corriente».

b.2) Por la reclasificación a la categoría de inversión mantenida a vencimiento, con cargo a la subcuenta 5410, «Valores representativos de deuda a corto plazo mantenidos a vencimiento».

c) Se cargará o abonará, por las variaciones en su valor razonable, con abono o cargo, respectivamente, a las cuentas 900, «Beneficios en activos financieros disponibles para la venta», y 800, «Pérdidas en activos financieros disponibles para la venta», salvo la parte correspondiente a las diferencias de cambio asociadas al coste amortizado, que se registrarán en las cuentas 668, «Diferencias negativas de cambio», o 768, «Diferencias positivas de cambio», según su signo, y la parte correspondiente a los intereses devengados.

5412. Valores representativos de deuda a valor razonable con cambios en resultados.

Recoge las inversiones en valores representativos de deuda clasificadas en la categoría activos financieros a valor razonable con cambios en resultados.

a) Se cargará:

a.1) A la suscripción o compra, por la contraprestación entregada, excluidos los intereses devengados y no vencidos, con abono, generalmente, a la cuenta 400, «Acreedores por obligaciones reconocidas. Presupuesto de gastos corriente».

a.2) Con abono a la cuenta 761, «Ingresos de valores representativos de deuda», por la imputación de la diferencia devengada entre el valor de reembolso al vencimiento y el valor inicial de la inversión. Cuando dicha diferencia sea negativa el asiento será el inverso.

b) Se abonará:

b.1) Con cargo, generalmente, a la cuenta 430, «Deudores por derechos reconocidos. Presupuesto de ingresos corriente», por la enajenación o amortización de los valores.

b.2) Por la reclasificación a la categoría de «Inversiones mantenidas hasta el vencimiento», con cargo a la subcuenta 5410, «Valores representativos de deuda a corto plazo mantenidos a vencimiento».

c) Se cargará o abonará, por las variaciones en su valor razonable, con abono o cargo, respectivamente, a las subcuentas 7640, «Beneficios en activos financieros a valor razonable con cambios en resultados», y 6640, «Pérdidas en activos financieros a valor razonable con cambios en resultados», salvo la parte correspondiente a las diferencias de cambio que se registrarán en las cuentas 668, «Diferencias negativas de cambio», o 768, «Diferencias positivas de cambio», según su signo, y salvo la parte correspondiente a los intereses devengados.

542. Créditos a corto plazo.

Préstamos y otros créditos concedidos a terceros con vencimiento no superior a un año.

Funcionará a través de sus divisionarias.

Su movimiento es el siguiente:

a) Se cargará:

a.1) A la formalización del crédito, por el importe de éste, con abono, generalmente, a la cuenta 400, «Acreedores por obligaciones reconocidas. Presupuesto de gastos corriente», o a las cuentas de inmovilizado correspondientes, en el caso de créditos que deban figurar en la subcuenta 5420, «Créditos a corto plazo por enajenación de inmovilizado».

Además, en el caso de créditos concedidos con intereses subvencionados, se abonará esta cuenta con cargo a la cuenta 651, «Subvenciones», por la diferencia entre el importe entregado y el valor razonable del crédito, de acuerdo con los criterios establecidos en la norma de reconocimiento y valoración n.º 8, «Activos financieros».

a.2) Por los costes de transacción directamente atribuibles, con abono a la cuenta 400, «Acreedores por obligaciones reconocidas. Presupuesto de gastos corriente».

a.3) Con abono a la subcuenta 7620, «Ingresos de créditos», por la imputación de la diferencia devengada entre el valor de reembolso al vencimiento y el valor inicial de la inversión. Cuando dicha diferencia sea negativa el asiento será el inverso.

b) Se abonará, al vencimiento o al reintegro total o parcial, con cargo a la cuenta 430, «Deudores por derechos reconocidos. Presupuesto de ingresos corriente», y a la subcuenta 6671, «Pérdidas de créditos incobrables. Con otras entidades», en caso de pérdidas por insolvencias.

543. Activos por derivados financieros a corto plazo.

Importe correspondiente a las operaciones con derivados financieros con valoración favorable para la entidad, cuyo vencimiento o fecha en la que se esperan liquidar no sea superior a un año.

Funcionará a través de sus divisionarias.

El contenido y movimiento de las subcuentas que comprende es el siguiente:

5430. Activos por derivados financieros a corto plazo designados instrumentos de cobertura.

Recoge la valoración favorable para la entidad de los derivados financieros designados instrumentos de cobertura.

a) Se cargará por las cantidades satisfechas, en su caso, en el momento de la contratación, con abono, generalmente, a cuentas del subgrupo 57, «Efectivo y activos líquidos equivalentes», o a la cuenta 400, «Acreedores por obligaciones reconocidas. Presupuesto de gastos corriente», si la operación tuviera que imputarse al presupuesto.

b) Se abonará por el importe recibido en el momento de la liquidación, con cargo, generalmente, a cuentas del subgrupo 57, «Efectivo y activos líquidos equivalentes», o a la cuenta 430, «Deudores por derechos reconocidos. Presupuesto de ingresos corriente», si la operación tuviera que imputarse al presupuesto.

c) Se cargará o abonará, por las variaciones en su valor razonable, con abono o cargo, a las subcuentas 7645, «Beneficios en derivados financieros designados instrumentos de cobertura», y 6645, «Pérdidas en derivados financieros designados instrumentos de cobertura», respectivamente, cuando según la norma de reconocimiento y valoración n.º 10, «Coberturas contables», el derivado deba valorarse por su valor razonable y dicha variación deba imputarse a la cuenta del resultado económico-patrimonial del ejercicio.

d) Se cargará o abonará, con abono o cargo, a las cuentas 910, «Beneficios por coberturas», y 810, «Pérdidas por coberturas», respectivamente, por la variación del valor del instrumento derivado que se haya determinado como cobertura eficaz, cuando el derivado deba valorarse por su valor razonable e imputarse dicha variación a la cuenta del resultado económico patrimonial de ejercicios posteriores o al valor inicial de la partida cubierta.

5431. Activos por otros derivados financieros a corto plazo.

Recoge la valoración favorable para la entidad de los derivados financieros a los que no se aplique la contabilidad de coberturas.

a) Se cargará por las cantidades satisfechas, en su caso, en el momento de la contratación, con abono, generalmente, a cuentas del subgrupo 57, «Efectivo y activos líquidos equivalentes», o a la cuenta 400, «Acreedores por obligaciones reconocidas. Presupuesto de gastos corriente», si la operación tuviera que imputarse al presupuesto.

b) Se abonará por el importe recibido en el momento de la liquidación, con cargo, generalmente, a cuentas del subgrupo 57, «Efectivo y activos líquidos equivalentes», o a la cuenta 430, «Deudores por derechos reconocidos. Presupuesto de ingresos corriente», si la operación tuviera que imputarse al presupuesto.

c) Se cargará o abonará, por las variaciones en su valor razonable, con abono o cargo, a las subcuentas 7646, «Beneficios en otros derivados financieros», y 6646, «Pérdidas en otros derivados financieros», respectivamente.

5436. Intereses a corto plazo de permutas financieras designadas instrumentos de cobertura.

Intereses a cobrar a corto plazo por operaciones de permuta financiera designados instrumentos de cobertura.

a) Se cargará, por el importe de los intereses devengados durante el ejercicio, con abono a la subcuenta 7628, «Ingresos de permutas financieras designadas instrumentos de cobertura».

b) Se abonará con cargo a la cuenta 430, «Deudores por derechos reconocidos. Presupuesto de ingresos corriente», al vencimiento o cobro de intereses.

5437. Intereses a corto plazo de otras permutas financieras.

Su movimiento es análogo al de la subcuenta 5436, «Intereses a corto plazo de permutas financieras designadas instrumentos de cobertura», utilizando como contrapartida la subcuenta 7620, «Ingresos de créditos», en lugar de la 7628, «Ingresos de permutas financieras designadas instrumentos de cobertura».

544. Créditos a corto plazo al personal.

Créditos concedidos al personal de la entidad, cuyo vencimiento no sea superior a un año.

Su movimiento es análogo al señalado para la cuenta 542, «Créditos a corto plazo».

545. Dividendo a cobrar.

Créditos por dividendos, sean definitivos o «a cuenta», cuya distribución ha sido acordada por la sociedad a que corresponden.

Su movimiento es el siguiente:

a) Se cargará con abono a:

a.1) La cuenta 400, «Acreedores por obligaciones reconocidas. Presupuesto de gastos corriente», a la suscripción o compra de los valores, por el importe de los dividendos acordados y no vencidos.

a.2) La cuenta 760, «Ingresos de participaciones en el patrimonio neto», por el importe devengado.

b) Se abonará, al inicio del período de reparto de dividendos, o por el cobro de los mismos, con cargo a la cuenta 430, «Deudores por derechos reconocidos. Presupuesto de ingresos corriente».

546. Intereses a corto plazo de valores representativos de deuda.

Intereses a cobrar, con vencimiento no superior a un año, de valores representativos de deuda.

Su movimiento es el siguiente:

a) Se cargará con abono a:

a.1) La cuenta 400, «Acreedores por obligaciones reconocidas. Presupuesto de gastos corriente», a la suscripción o compra de los valores, por el importe de los intereses devengados y no vencidos cuyo vencimiento no sea superior a un año.

a.2) La cuenta 761, «Ingresos de valores representativos de deuda», por los intereses devengados y no vencidos, en fin de ejercicio y en la cancelación anticipada.

b) Se abonará con cargo a la cuenta 430, «Deudores por derechos reconocidos. Presupuesto de ingresos corriente», al vencimiento o cobro de los intereses y a la enajenación o baja del activo de los valores.

Al mismo tiempo, se abonará la cuenta 768, «Diferencias positivas de cambio», o se cargará la cuenta 668, «Diferencias negativas de cambio», por las diferencias de cambio que se hayan producido hasta ese momento.

547. Intereses a corto plazo de créditos.

Intereses a cobrar, con vencimiento no superior a un año, de créditos.

Su movimiento es el siguiente:

a) Se cargará, por el importe de los intereses devengados y no vencidos, en fin de ejercicio y en la cancelación anticipada, con abono a la subcuenta 7620, «Ingresos de créditos».

b) Se abonará con cargo a la cuenta 430, «Deudores por derechos reconocidos. Presupuesto de ingresos corriente», al vencimiento o cobro de intereses y al reintegro o baja del activo del crédito.

548. Imposiciones a corto plazo.

Saldos en bancos e instituciones de crédito formalizados por medio de cuenta a plazo o similares, con vencimiento no superior a un año. También se incluirán, con el debido desarrollo en subcuentas, los intereses a cobrar, con vencimiento no superior a un año, de las imposiciones a plazo.

Su movimiento es el siguiente:

a) Se cargará con abono a:

a.1) La cuenta 400, «Acreedores por obligaciones reconocidas. Presupuesto de gastos corriente», a su formalización.

a.2) La cuenta 7620, «Ingresos de créditos», por los intereses devengados.

b) Se abonará, a la cancelación de la imposición, con cargo, generalmente, a la cuenta 430, «Deudores por derechos reconocidos. Presupuesto de ingresos corriente».

549. Desembolsos pendientes sobre participaciones en el patrimonio neto a corto plazo.

Desembolsos pendientes, no exigidos, sobre participaciones en el patrimonio neto de sociedades mercantiles, cuando se trate de inversiones financieras a corto plazo.

Figurará en el activo corriente del balance, minorando la partida en la que se reflejen las correspondientes participaciones.

Funcionará a través de sus divisionarias.

Su movimiento es el siguiente:

a) Se abonará, a la adquisición o suscripción de las participaciones, por el importe pendiente de desembolsar, con cargo a la divisionaria correspondiente de la cuenta 540, «Inversiones financieras a corto plazo en instrumentos de patrimonio».

b) Se cargará, por los desembolsos que se vayan exigiendo, con abono a la cuenta 400, «Acreedores por obligaciones reconocidas. Presupuesto de gastos corriente», o a la divisionaria correspondiente de la cuenta 540, «Inversiones financieras a corto plazo en instrumentos de patrimonio», por los saldos pendientes, cuando se enajenen participaciones no desembolsadas totalmente.

55. OTRAS CUENTAS FINANCIERAS.

- 550. *Cuentas corrientes no bancarias.*
  - 5500. Cuentas corrientes no bancarias con entes públicos, por administración de recursos.
  - 5509. Otras cuentas corrientes no bancarias.
- 554. *Cobros pendientes de aplicación.*
- 555. *Pagos pendientes de aplicación.*
- 556. *Movimientos internos de tesorería.*
- 557. *Formalización.*

558. *Provisiones de fondos para pagos a justificar y anticipos de caja fija.*
5580. Provisiones de fondos para pagos a justificar pendientes de justificación.
5581. Provisiones de fondos para anticipos de caja fija pendientes de justificación.
5584. Libramientos para pagos a justificar.
5585. Libramientos para la reposición de anticipos de caja fija pendientes de pago.
5586. Gastos realizados con provisiones de fondos para pagos a justificar pendientes de justificación.
559. *Otras partidas pendientes de aplicación.*

Recoge otras cuentas financieras que no se clasifiquen en otros subgrupos.

550. Cuentas corrientes no bancarias.

Cuentas corrientes mantenidas con persona natural o jurídica que no sea banco, banquero o institución de crédito, ni deudor o acreedor que deba figurar en el grupo 4, «Acreedores y deudores».

Figurará en el activo corriente del balance en el epígrafe III, «Deudores y otras cuentas a cobrar a corto plazo», por la suma de los saldos que presenten las cuentas corrientes deudoras, y en el pasivo corriente del balance en el epígrafe IV, «Acreedores y otras cuentas a pagar a corto plazo», por la suma de los saldos que presenten las cuentas corrientes acreedoras.

Funcionará a través de sus divisionarias.

El contenido y movimiento de las subcuentas que comprende son los que seguidamente se indican.

5500. Cuentas corrientes no bancarias con entes públicos, por administración de recursos.

Cuentas corrientes con entes públicos que gestionen recursos de los que sea titular la entidad.

A través de esta cuenta se reflejarán, en la entidad titular de los recursos, las entregas a cuenta de la recaudación de los mismos que se reciban de los entes públicos que los gestionen, así como la liquidación definitiva que, en relación con dicha recaudación, se practique periódicamente.

Su movimiento es el siguiente:

a) Se abonará con cargo a cuentas del subgrupo 57, «Efectivo y activos líquidos equivalentes», por las entregas a cuenta que se reciban. Este mismo asiento se efectuará por el cobro del saldo que resulte a favor de la entidad al realizar la liquidación definitiva de los recursos gestionados por otro ente público, por ser las entregas a cuenta inferiores al importe total de la recaudación.

b) Se cargará con abono a:

b.1) La cuenta 4420, «Entes públicos deudores por recursos recaudados», al realizar la liquidación definitiva de los recursos gestionados por otro ente público, por el importe de la recaudación efectivamente obtenida.

b.2) Cuentas del subgrupo 57, «Efectivo y activos líquidos equivalentes», en el momento en que se efectúe el oportuno pago, cuando de la liquidación definitiva de los recursos gestionados por otro ente público resulte un importe de entregas a cuenta superior al de la recaudación efectivamente obtenida, procediendo el reintegro de la cantidad percibida en exceso.

Esta subcuenta sólo se utilizará por entidades que sean titulares de recursos cuya administración esté encomendada a otro ente público, siempre que este último suministre a la entidad titular de los recursos la información necesaria para que todas las operaciones derivadas de la gestión de dichos recursos sean debidamente registradas en su contabilidad e incorporadas a su presupuesto cuando ello proceda. A estos efectos, la anotación referida en el apartado *b*.1) se realizará tomando como base la información facilitada por el ente público gestor de los recursos relativa a la liquidación definitiva de los recursos recaudados.

5509. Otras cuentas corrientes no bancarias.

Cuentas corrientes no bancarias diferentes de las que se recogen en la subcuenta anterior.

Se cargará por las remesas o entregas de fondos efectuadas por la entidad y se abonará por las recepciones de fondos a favor de la entidad, con abono y cargo, respectivamente, a cuentas del subgrupo 57, «Efectivo y activos líquidos equivalentes».

554. Cobros pendientes de aplicación.

Cuenta acreedora destinada a recoger los cobros que se producen en la entidad y que no son aplicables a sus conceptos definitivos por ser esta aplicación provisional un trámite previo para su posterior aplicación definitiva.

Figurará en el pasivo corriente del balance en el epígrafe IV, «Acreedores y otras cuentas a pagar a corto plazo».

Su movimiento, con carácter general, es el siguiente:

a) Se abonará con cargo a:

a.1) Cuentas del subgrupo 57, «Efectivo y activos líquidos equivalentes», por la realización de los cobros.

a.2) La cuenta 442, «Deudores por servicio de recaudación», por los cobros que se realicen en las entidades encargadas de la gestión de cobro, cuando se efectúe la contabilización de forma previa a la recepción de los fondos, de acuerdo con los procedimientos de gestión establecidos.

b) Se cargará con abono a la cuenta que corresponda en función de la naturaleza del cobro.

555. Pagos pendientes de aplicación.

Cuenta deudora que recoge los pagos realizados por la entidad cuando, excepcionalmente, se desconoce su origen, y en general, aquellos que no pueden aplicarse definitivamente.

Figurará en el activo corriente del balance en el epígrafe III, «Deudores y otras cuentas a cobrar a corto plazo».

Su movimiento, con carácter general, es el siguiente:

a) Se cargará, por los pagos realizados, con abono a cuentas del subgrupo 57, «Efectivo y activos líquidos equivalentes».

b) Se abonará, por la aplicación definitiva del pago, en el momento de obtener dicha información, con cargo a la cuenta a la que deba imputarse.

556. Movimientos internos de tesorería.

Recoge el traslado de fondos entre distintas cuentas de tesorería de la entidad sujeto de la contabilidad.

Figurará en el activo corriente del balance en el epígrafe VII, «Efectivo y otros activos líquidos equivalentes».

Su movimiento, con carácter general, es el siguiente:

a) Se cargará con abono a la cuenta que corresponda del subgrupo 57, «Efectivo y activos líquidos equivalentes», por la salida de fondos de la tesorería.

b) Se abonará con cargo a la cuenta que corresponda del subgrupo 57, «Efectivo y activos líquidos equivalentes», por la entrada de los fondos procedentes de otras cuentas de tesorería.

Nota: La utilización de esta cuenta es opcional.

557. Formalización.

Cuenta destinada a recoger los cobros y pagos que se compensan sin existir movimiento real de efectivo.

Su movimiento, con carácter general, es el siguiente:

a) Se cargará, por los cobros de dicha naturaleza, con abono a la cuenta que deba servir de contrapartida de acuerdo con la naturaleza de la operación que los origina.

b) Se abonará, por los pagos de dicha naturaleza, con cargo a la cuenta que deba servir de contrapartida de acuerdo con la naturaleza de la operación que los origina.

Su saldo será siempre cero.

Nota: La utilización de esta cuenta es opcional.

558. Provisiones de fondos para pagos a justificar y anticipos de caja fija.

Recoge la situación y los movimientos de los fondos librados para pagos a justificar y anticipos de caja fija, a favor de cajeros pagadores integrados orgánicamente en la entidad contable.

Figurará en el activo corriente del balance en el epígrafe III, «Deudores y otras cuentas a cobrar a corto plazo».

Funcionará a través de sus divisionarias.

El contenido y movimiento de las subcuentas que comprende es el siguiente:

5580. Provisiones de fondos para pagos a justificar pendientes de justificación.

Recoge los fondos para pagos a justificar que hayan sido utilizados y de los que se encuentre pendiente de aprobar la correspondiente cuenta justificativa.

Su movimiento es el siguiente:

a) Se cargará, por los pagos realizados, con abono a las subcuentas 5740, «Caja. Pagos a justificar», o 5750, «Bancos e instituciones de crédito. Pagos a justificar», según corresponda.

b) Se abonará, una vez aprobada la cuenta justificativa, con cargo a la cuenta representativa del gasto realizado, o a la subcuenta 5586, «Gastos realizados con provisiones de fondos para pagos a justificar pendientes de justificación», en caso de gastos que ya se hubieran reconocido.

Su saldo deudor, recoge el importe de los pagos realizados con fondos librados a justificar cuya cuenta justificativa se encuentre pendiente de aprobación.

5581. Provisiones de fondos para anticipos de caja fija pendientes de justificación.

Recoge el importe de los fondos del anticipo de caja fija utilizado y que se encuentra pendiente de justificación.

Su movimiento es el siguiente:

a) Se cargará, por los pagos realizados, con abono a las subcuentas 5741, «Caja. Anticipos de caja fija», o 5751, «Bancos e instituciones de crédito. Anticipos de caja fija», según corresponda.

b) Se abonará, a la reposición del anticipo de caja fija, con cargo a la cuenta representativa del gasto realizado o a la cuenta 413, «Acreedores por operaciones pendientes de aplicar a presupuesto», en caso de gastos que ya se hubiesen reconocido.

Su saldo deudor, recoge el importe de los pagos realizados con cargo al anticipo de caja fija que se encuentren pendientes de justificar.

5584. Libramientos para pagos a justificar.

Recoge los libramientos presupuestarios expedidos de fondos a justificar que estén pendientes de pago, así como los reintegros de las cantidades entregadas a justificar que estén pendientes de aplicar a presupuesto.

Su movimiento es el siguiente:

a) Se cargará, con abono a:

a.1) La cuenta 400, «Acreedores por obligaciones reconocidas. Presupuesto de gastos corriente», por la tramitación de la propuesta de pago correspondiente a libramientos de fondos con el carácter de pagos a justificar.

El asiento anterior tendrá signo negativo por los reintegros de las cantidades no invertidas o no justificadas por los perceptores de fondos librados a justificar, cuando se apliquen al presupuesto de gastos.

a.2) Las subcuentas 5740, «Caja. Pagos a justificar», o 5750, «Bancos e instituciones de crédito. Pagos a justificar», según corresponda, por el reintegro de las cantidades no invertidas o no justificadas por los perceptores de fondos librados a justificar.

b) Se abonará con cargo a:

b.1) Las subcuentas 5740, «Caja. Pagos a justificar», o 5750, «Bancos e instituciones de crédito. Pagos a justificar», según corresponda, a la recepción en la caja o cuenta restringida de pagos de los fondos procedentes de libramientos para pagos a justificar.

b.2) La cuenta 430, «Deudores por derechos reconocidos. Presupuesto de ingresos corriente», a través de sus divisionarias, por los reintegros de las cantidades no invertidas o no justificadas por los perceptores de fondos librados a justificar, cuando se apliquen al presupuesto de ingresos.

Su saldo deudor recoge el importe de los libramientos expedidos para provisiones de fondos a justificar que no hayan sido hechos efectivos y, por tanto, no se haya producido el ingreso de los mismos en la cuenta corriente restringida de pagos y el importe de los reintegros efectuados por los perceptores de fondos librados a justificar pendientes de aplicar al presupuesto.

5585. Libramientos para la reposición de anticipos de caja fija pendientes de pago.

Recoge los libramientos expedidos para la reposición de anticipos de caja fija que estén pendientes de pago.

Su movimiento es el siguiente:

a) Se cargará, con abono a la cuenta 400, «Acreedores por obligaciones reconocidas. Presupuesto de gastos corriente», por la tramitación de la propuesta de pago correspondiente a libramientos para la reposición del anticipo de caja fija.

b) Se abonará, con cargo a:

b.1) Las subcuentas 5741, «Caja. Anticipos de caja fija», o 5751, «Bancos e instituciones de crédito. Anticipos de caja fija», según corresponda, a la recepción en la caja o cuenta restringida de pagos de los fondos procedentes de reposiciones de anticipos de caja fija.

b.2) La cuenta 400, «Acreedores por obligaciones reconocidas. Presupuesto de gastos corriente», por la cancelación del anticipo de caja fija.

Su saldo deudor recoge el importe de los libramientos expedidos para la reposición de anticipos de caja fija que no hayan sido hechos efectivos y por tanto, no se haya producido el ingreso de los mismos en la caja o cuenta restringida de pagos.

5586. Gastos realizados con provisiones de fondos para pagos a justificar pendientes de justificación.

Recoge los gastos y otras adquisiciones realizadas por los perceptores de fondos librados a justificar que a fin de ejercicio se encuentren pendientes de justificación.

Su movimiento es el siguiente:

a) Se abonará, por los gastos realizados pendientes de aprobar a fin de ejercicio, con cargo a las cuentas del grupo 6, «Compras y gastos por naturaleza», o de balance representativas del gasto presupuestario realizado.

b) Se cargará, con abono a la subcuenta 5580, «Provisiones de fondos para pagos a justificar pendientes de justificación», una vez aprobada la cuenta justificativa.

Su saldo, acreedor, recoge los gastos realizados con cargo a libramientos a justificar cuya cuenta justificativa se halle pendiente de aprobación.

559. Otras partidas pendientes de aplicación.

Cuenta que recoge los cobros, cuando se desconoce su origen y si son o no presupuestarios y, en general, los que no pueden aplicarse definitivamente por causas distintas a las previstas en otras cuentas.

Figurará en el pasivo corriente del balance en el epígrafe IV, «Acreedores y otras cuentas a pagar a corto plazo».

Su movimiento, con carácter general, es el siguiente:

a) Se abonará con cargo a cuentas del subgrupo 57, «Efectivo y activos líquidos equivalentes», o a la cuenta 554, «Cobros pendientes de aplicación», según proceda, por los cobros, cuya aplicación definitiva se desconoce.

b) Se cargará con abono a la cuenta a que debe imputarse el cobro, en el momento de obtener esta información, por la aplicación definitiva del mismo.

56. FIANZAS Y DEPÓSITOS RECIBIDOS Y CONSTITUIDOS A CORTO PLAZO Y AJUSTES POR PERIODIFICACIÓN.

560. *Fianzas recibidas a corto plazo.*
561. *Depósitos recibidos a corto plazo.*
565. *Fianzas constituidas a corto plazo.*
566. *Depósitos constituidos a corto plazo.*
567. *Gastos financieros pagados por anticipado.*
568. *Ingresos financieros cobrados por anticipado.*

La parte de las fianzas y depósitos, recibidos o constituidos, a largo plazo que tenga vencimiento a corto deberá figurar en el pasivo o activo corriente del balance; a estos efectos se traspasará a este subgrupo el importe que representen las fianzas y depósitos a largo plazo con vencimiento a corto de las cuentas correspondientes de los subgrupos 18, «Fianzas y depósitos recibidos a largo plazo y ajustes por periodificación a largo plazo», y 27, «Fianzas y depósitos constituidos a largo plazo».

560. Fianzas recibidas a corto plazo.

Efectivo recibido como garantía del cumplimiento de una obligación, a plazo no superior a un año.

Figurará en el pasivo corriente del balance en el epígrafe II, «Deudas a corto plazo».

Su movimiento es el siguiente:

a) Se abonará, a la constitución, con cargo a la cuenta 430, «Deudores por derechos reconocidos. Presupuesto de ingresos corriente», o a cuentas del subgrupo 57, «Efectivo y activos líquidos equivalentes», según establezca la normativa aplicable.

b) Se cargará con abono a:

b.1) La cuenta 400, «Acreedores por obligaciones reconocidas. Presupuesto de gastos corriente», o a cuentas del subgrupo 57, «Efectivo y activos líquidos equivalentes», a la cancelación de la fianza, según proceda.

b.2) La cuenta 778, «Ingresos excepcionales», por el incumplimiento de la obligación afianzada que determine pérdidas en la fianza, o a la cuenta 430, «Deudores por derechos reconocidos. Presupuesto de ingresos corriente», según establezca la normativa aplicable.

561. Depósitos recibidos a corto plazo.

Efectivo recibido en concepto de depósito irregular, a plazo no superior a un año.

Figurará en el pasivo corriente del balance en el epígrafe II, «Deudas a corto plazo».

Su movimiento es el siguiente:

a) Se abonará, a la constitución, con cargo a la cuenta 430, «Deudores por derechos reconocidos. Presupuesto de ingresos corriente», o a cuentas del subgrupo 57, «Efectivo y activos líquidos equivalentes», según establezca la normativa aplicable.

b) Se cargará, a la cancelación, con abono a la cuenta 400, «Acreedores por obligaciones reconocidas. Presupuesto de gastos corriente», o a cuentas del subgrupo 57, «Efectivo y activos líquidos equivalentes», según proceda.

565. Fianzas constituidas a corto plazo.

Efectivo entregado como garantía del cumplimiento de una obligación, a plazo no superior a un año.

Figurará en el activo corriente del balance en el epígrafe V, «Inversiones financieras a corto plazo».

Su movimiento es el siguiente:

a) Se cargará, a la constitución, por el efectivo entregado, con abono a la cuenta 400, «Acreedores por obligaciones reconocidas. Presupuesto de gastos corriente», o a cuentas del subgrupo 57, «Efectivo y activos líquidos equivalentes», según establezca la normativa aplicable.

b) Se abonará con cargo a:

b.1) La cuenta 430, «Deudores por derechos reconocidos. Presupuesto de ingresos corriente», o a cuentas del subgrupo 57, «Efectivo y activos líquidos equivalentes», a la cancelación de la fianza, según proceda.

b.2) La cuenta 678, «Gastos excepcionales», por incumplimiento de la obligación afianzada que determine pérdidas en la fianza.

566. Depósitos constituidos a corto plazo.

Efectivo entregado en concepto de depósito irregular, a plazo no superior a un año.

Figurará en el activo corriente del balance en el epígrafe V, «Inversiones financieras a corto plazo».

Su movimiento es el siguiente:

a) Se cargará, a la constitución, por el efectivo entregado, con abono a la cuenta 400, «Acreedores por obligaciones reconocidas. Presupuesto de gastos corriente», o a cuentas del subgrupo 57, «Efectivo y activos líquidos equivalentes», según establezca la normativa aplicable.

b) Se abonará, a la cancelación, con cargo a la cuenta 430, «Deudores por derechos reconocidos. Presupuesto de ingresos corriente», o a cuentas del subgrupo 57, «Efectivo y activos líquidos equivalentes», según proceda.

567. Gastos financieros pagados por anticipado.

Gastos financieros pagados por la entidad que corresponden al ejercicio siguiente.

Figurará en el activo corriente del balance en el epígrafe VI, «Ajustes por periodificación».

Su movimiento es el siguiente:

a) Se cargará, al cierre del ejercicio, con abono a las cuentas del subgrupo 66, «Gastos financieros», que hayan registrado los gastos financieros a imputar al ejercicio posterior.

b) Se abonará, al principio del ejercicio siguiente, con cargo a cuentas del subgrupo 66.

568. Ingresos financieros cobrados por anticipado.

Ingresos financieros cobrados por la entidad y que corresponden al ejercicio siguiente.

Figurará en el pasivo corriente del balance en el epígrafe V, «Ajustes por periodificación corto plazo».

Su movimiento es el siguiente:

a) Se abonará, al cierre del ejercicio, con cargo a las cuentas del subgrupo 76, «Ingresos financieros», que hayan registrado los ingresos financieros a imputar al ejercicio posterior.

b) Se cargará, al principio del ejercicio siguiente, con abono a cuentas del subgrupo 76.

57. EFECTIVO Y ACTIVOS LÍQUIDOS EQUIVALENTES.

- 570. *Caja operativa.*
- 571. *Bancos e instituciones de crédito. Cuentas operativas.*
- 573. *Bancos e instituciones de crédito. Cuentas restringidas de recaudación.*
- 574. *Caja restringida.*
  - 5740. Caja. Pagos a justificar.
  - 5741. Caja. Anticipos de caja fija.
- 575. *Bancos e instituciones de crédito. Cuentas restringidas de pagos.*
  - 5750. Bancos e instituciones de crédito. Pagos a justificar.
  - 5751. Bancos e instituciones de crédito. Anticipos de caja fija.
  - 5759. Otras cuentas restringidas de pagos.
- 577. *Activos líquidos equivalentes al efectivo.*

Las cuentas de este subgrupo figurarán en el activo corriente del balance en el epígrafe VII, «Efectivo y otros activos líquidos equivalentes».

570. Caja operativa.

Disponibilidades de medios líquidos.

Su movimiento es el siguiente:

a) Se cargará, a la entrada de medios líquidos, con abono a las cuentas que hayan de servir de contrapartida según la naturaleza de la operación que da lugar al cobro.

b) Se abonará, a su salida, con cargo a las cuentas que hayan de servir de contrapartida según la naturaleza de la operación que da lugar al pago.

571. Bancos e instituciones de crédito. Cuentas operativas.

Saldos a favor de la entidad en cuentas operativas, de disponibilidad inmediata, en bancos e instituciones de crédito.

Su movimiento, con carácter general, es el siguiente:

a) Se cargará, por las entradas de efectivo o por las transferencias recibidas, con abono a las cuentas que hayan de servir de contrapartida según la naturaleza de la operación que da lugar al cobro.

b) Se abonará, por la disposición total o parcial del saldo, con cargo a las cuentas que hayan de servir de contrapartida de acuerdo con la naturaleza de la operación que da lugar al pago.

573. Bancos e instituciones de crédito. Cuentas restringidas de recaudación.

Saldos a favor de la entidad en cuentas restringidas de recaudación.

Su movimiento, con carácter general, es el siguiente:

a) Se cargará, por las entradas de efectivo, con abono a las cuentas que hayan de servir de contrapartida según la naturaleza de la operación que da lugar al cobro.

b) Se abonará, por los traspasos realizados, con cargo a la cuenta que corresponda de este mismo subgrupo.

574. Caja restringida.

Disponibilidades líquidas destinadas a pagos a justificar y anticipos de caja fija.

Funcionará a través de sus divisionarias.

El contenido y movimiento de las subcuentas que comprende es el siguiente:

5740. Caja. Pagos a justificar.

Disponibilidades líquidas destinadas a pagos a justificar.

Su movimiento es el siguiente:

a) Se cargará, generalmente, con abono a la subcuenta 5584, «Libramientos para pagos a justificar», por los fondos recibidos para pagos a justificar en efectivo.

b) Se abonará con cargo a:

b.1) La subcuenta 5580, «Provisiones de fondos para pagos a justificar pendientes de justificación», por los pagos realizados.

b.2) La subcuenta 5584, «Libramientos para pagos a justificar», por el reintegro de las cantidades no invertidas o no justificadas.

5741. Caja. Anticipos de caja fija.

Disponibilidades líquidas destinadas a anticipos de caja fija.

Su movimiento es el siguiente:

a) Se cargará con abono a:

a.1) Cuentas del subgrupo 57, «Efectivo y activos líquidos equivalentes», por la constitución del anticipo de caja fija.

a.2) La subcuenta 5585, «Libramientos para la reposición de anticipos de caja fija pendientes de pago», por las reposiciones del anticipo.

b) Se abonará con cargo a:

b.1) La subcuenta 5581, «Provisiones de fondos para anticipos de caja fija pendientes de justificación», por los pagos realizados.

b.2) Cuentas del subgrupo 57, «Efectivo y activos líquidos equivalentes», por el reintegro de fondos al cancelarse el anticipo de caja fija.

575. Bancos e instituciones de crédito. Cuentas restringidas de pagos.

Saldos a favor de la entidad en cuentas restringidas de provisiones de fondos para pagos a justificar y anticipos de caja fija.

Funcionará a través de sus divisionarias.

El contenido y movimiento de las subcuentas que comprende es el siguiente:

5750. Bancos e instituciones de crédito. Pagos a justificar.

Saldos a favor de la entidad en cuentas restringidas de pagos para la realización de pagos a justificar:

a) Se cargará con abono a la subcuenta 5584, «Libramientos para pagos a justificar», por las entradas de fondos provenientes de la cuenta operativa por los libramientos expedidos a justificar.

b) Se abonará con cargo a:

b.1) La subcuenta 5580, «Provisiones de fondos para pagos a justificar pendientes de justificación», por los pagos realizados.

b.2) La subcuenta 5584, «Libramientos para pagos a justificar», por el reintegro de las cantidades no invertidas o no justificadas.

5751. Bancos e instituciones de crédito. Anticipos de caja fija.

Saldos a favor de la entidad en cuentas restringidas de pagos de anticipos de caja fija.

a) Se cargará con abono a:

a.1) Cuentas del subgrupo 57, «Efectivo y activos líquidos equivalentes», por la constitución del anticipo de caja fija.

a.2) La subcuenta 5585, «Libramientos para la reposición de anticipos de caja fija pendientes de pago», por las reposiciones del anticipo.

b) Se abonará con cargo a:

b.1) La subcuenta 5581, «Provisiones de fondos para anticipos de caja fija pendientes de justificación», por los pagos realizados.

b.2) Cuentas del subgrupo 57, «Efectivo y activos líquidos equivalentes», por el reintegro de fondos al cancelarse el anticipo de caja fija.

5759. Otras cuentas restringidas de pagos.

Saldos a favor de la entidad en cuentas restringidas para pagos específicos.

a) Se cargará, por las entradas de fondos, con abono a la cuenta del subgrupo 57, «Efectivo y activos líquidos equivalentes», que corresponda.

b) Se abonará, por la disposición total o parcial del saldo, con cargo a las cuentas que hayan de servir de contrapartida de acuerdo con la naturaleza de la operación que dé lugar al pago.

577. Activos líquidos equivalentes al efectivo.

Inversiones financieras de gran liquidez, que cumplan todas las condiciones siguientes:

— Se realizan con el objetivo de rentabilizar excedentes temporales de efectivo y forman parte de la gestión normal de la liquidez de la entidad.

— En el momento de su formalización tienen un vencimiento no superior a tres meses.

— Son fácilmente convertibles en importes determinados de efectivo sin incurrir en penalizaciones significativas.

— No están sujetas a riesgo de cambios en su valor.

Su movimiento, con carácter general, es el siguiente:

a) Se cargará, por su precio de adquisición, con abono, generalmente, a la cuenta 571, «Bancos e instituciones de crédito. Cuentas operativas», o a la cuenta 400, «Acreedores por obligaciones reconocidas. Presupuesto de gastos corriente», si la operación tuviera que imputarse al presupuesto.

b) Se cargará, por los intereses explícitos o implícitos devengados, con abono, generalmente, a la cuenta 769, «Otros ingresos financieros».

c) Se abonará por el importe recibido en el momento de la enajenación o liquidación de la inversión, con cargo, generalmente, a la cuenta 571, «Bancos e instituciones de crédito. Cuentas operativas», o a la cuenta 430, «Deudores por derechos reconocidos. Presupuesto de ingresos corriente», si la operación tuviera que imputarse al presupuesto.

58. PROVISIONES A CORTO PLAZO.

582. *Provisión a corto plazo para responsabilidades.*
583. *Provisión a corto plazo por desmantelamiento, retiro o rehabilitación del inmovilizado no financiero.*
585. *Provisión a corto plazo para devolución de ingresos.*
588. *Provisión a corto plazo para transferencias y subvenciones.*
589. *Otras provisiones a corto plazo.*

Recoge las provisiones incluidas en el subgrupo 14, «Provisiones a largo plazo», cuya cancelación se prevea en el corto plazo, así como las provisiones que en el momento de su reconocimiento se espera tener que cancelar en un plazo no superior a un año.

Las cuentas de este subgrupo figurarán en el pasivo corriente del balance en el epígrafe I, «Provisiones a corto plazo».

El movimiento de las cuentas de este subgrupo es análogo al de las correspondientes cuentas del subgrupo 14, «Provisiones a largo plazo».

585. Provisión a corto plazo para devolución de ingresos.

Recoge las devoluciones de impuestos y de otros ingresos que la entidad espera realizar en un plazo no superior a un año, respecto de las que existe incertidumbre sobre su importe exacto o sobre su vencimiento.

Su movimiento, con carácter general, es el siguiente:

a) Se abonará, al cierre del ejercicio, por el importe estimado de las devoluciones de ingresos que la entidad debe realizar, con cargo a las cuentas correspondientes de los grupos 6, «Compras y gastos por naturaleza», y 7, «Ventas e ingresos por naturaleza».

b) Se cargará con abono a:

b.1) La cuenta 418, «Acreedores por devolución de ingresos y otras minoraciones», en el momento en que se dicte el acuerdo de devolución de ingresos.

b.2) La subcuenta 7955, «Exceso de provisión para devolución de ingresos», por la diferencia positiva entre el importe de la provisión existente a fin de ejercicio anterior y los importes efectivamente devueltos con cargo a la misma.

59. DETERIORO DE VALOR DE INVERSIONES FINANCIERAS A CORTO PLAZO.

594. *Deterioro de valor de participaciones a corto plazo en entidades del grupo, multigrupo y asociadas.*

5940. Deterioro de valor de participaciones a corto plazo en entidades de derecho público del grupo, multigrupo y asociadas.

5941. Deterioro de valor de participaciones a corto plazo en sociedades mercantiles y sociedades cooperativas del grupo, multigrupo y asociadas.

5942. Deterioro de valor de participaciones a corto plazo en otras entidades del grupo, multigrupo y asociadas.

595. *Deterioro de valor de valores representativos de deuda a corto plazo en entidades del grupo, multigrupo y asociadas.*

5950. Deterioro de valor de valores mantenidos a vencimiento de entidades del grupo, multigrupo y asociadas.

5951. Deterioro de valor de valores disponibles para la venta de entidades del grupo, multigrupo y asociadas.

596. *Deterioro de valor de créditos y otras inversiones financieras a corto plazo en entidades del grupo, multigrupo y asociadas.*
   5960. Deterioro de valor de créditos a corto plazo a entidades del grupo, multigrupo y asociadas.
   5961. Deterioro de valor de fianzas constituidas a corto plazo en entidades del grupo, multigrupo y asociadas.
   5962. Deterioro de valor de depósitos constituidos a corto plazo en entidades del grupo, multigrupo y asociadas.
597. *Deterioro de valor de valores representativos de deuda a corto plazo.*
   5970. Deterioro de valor de valores mantenidos a vencimiento.
   5971. Deterioro de valor de valores disponibles para la venta.
598. *Deterioro de valor de créditos y otras inversiones financieras a corto plazo.*
   5980. Deterioro de valor de créditos a corto plazo.
   5981. Deterioro de valor de fianzas constituidas a corto plazo.
   5982. Deterioro de valor de depósitos constituidos a corto plazo.

Recoge las correcciones de valor motivadas por las pérdidas por deterioro de los activos financieros incluidos en este grupo.

Se traspasará a este subgrupo el importe de las correcciones de valor por deterioro de las inversiones financieras a largo plazo, que figuran en el subgrupo 29, «Deterioro de valor de activos no corrientes», cuando dichas inversiones se traspasen a este grupo.

Las cuentas de este subgrupo minorarán en el activo corriente del balance la partida en la que figure el correspondiente elemento patrimonial.

594. Deterioro de valor de participaciones a corto plazo en entidades del grupo, multigrupo y asociadas.

Correcciones valorativas por deterioro del valor de las participaciones a corto plazo en entidades del grupo, multigrupo y asociadas.

Funcionará a través de sus divisionarias.

Su movimiento es el siguiente:

a) Se abonará por el importe del deterioro estimado que se deba imputar a resultados, con cargo a la cuenta 696, «Pérdidas por deterioro de participaciones», a través de la divisionaria correspondiente.

b) Se cargará, con abono a:

b.1) La cuenta 796, «Reversión del deterioro de participaciones», a través de la divisionaria correspondiente, cuando desaparezcan las causas que determinaron el reconocimiento de la corrección valorativa por deterioro.

b.2) La correspondiente cuenta del subgrupo 53, «Inversiones financieras a corto plazo en entidades del grupo, multigrupo y asociadas», cuando se enajenen los valores o se den de baja del activo por cualquier otro motivo.

595. Deterioro de valor de valores representativos de deuda a corto plazo en entidades del grupo, multigrupo y asociadas.

Correcciones valorativas por deterioro del valor de inversiones a corto plazo en valores representativos de deuda emitidos por entidades del grupo, multigrupo y asociadas.

Funcionará a través de sus divisionarias.

Su movimiento es el siguiente:

a) Se abonará por el importe del deterioro estimado, con cargo a la subcuenta 6970, «Pérdidas por deterioro de valores representativos de deuda de entidades del grupo, multigrupo y asociadas».

b) Se cargará, con abono a:

b.1) La subcuenta 7970, «Reversión del deterioro de valores representativos de deuda de entidades del grupo, multigrupo y asociadas», cuando desaparezcan las causas que determinaron el reconocimiento de la corrección valorativa por deterioro.

b.2) La divisionaria correspondiente de la cuenta 532, «Valores representativos de deuda a corto plazo de entidades del grupo, multigrupo y asociadas», cuando se enajenen los valores o se den de baja del activo por cualquier otro motivo.

596. Deterioro de valor de créditos y otras inversiones financieras a corto plazo en entidades del grupo, multigrupo y asociadas.

Correcciones valorativas por deterioro del valor de créditos concedidos y fianzas y depósitos constituidos a corto plazo en entidades del grupo, multigrupo y asociadas.

Funcionará a través de sus divisionarias.

Su movimiento es el siguiente:

a) Se abonará por el importe del deterioro estimado, con cargo a la correspondiente divisionaria de la cuenta 698, «Pérdidas por deterioro de créditos y otras inversiones financieras».

b) Se cargará, con abono a:

b.1) La cuenta 798, «Reversión del deterioro de créditos y otras inversiones financieras», a través de la divisionaria que corresponda, cuando desaparezcan las causas que determinaron el reconocimiento de la corrección valorativa por deterioro.

b.2) La cuenta o subcuenta representativa del correspondiente activo financiero, cuando se cancelen o cuando se den de baja del activo por insolvencia definitiva del deudor y, en este último caso, por la parte de saldo que resulte incobrable.

597. Deterioro de valor de valores representativos de deuda a corto plazo.

Correcciones valorativas por deterioro del valor de inversiones a corto plazo en valores representativos de deuda emitidos por entidades que no son del grupo, multigrupo y asociadas.

Funcionará a través de sus divisionarias.

Su movimiento es el siguiente:

a) Se abonará por el importe del deterioro estimado, con cargo a la subcuenta 6971, «Pérdidas por deterioro de valores representativos de deuda de otras entidades».

b) Se cargará, con abono a:

b.1) La subcuenta 7971, «Reversión del deterioro de valores representativos de deuda de otras entidades», cuando desaparezcan las causas que determinaron el reconocimiento de la corrección valorativa por deterioro.

b.2) La divisionaria correspondiente de la cuenta 541, «Valores representativos de deuda a corto plazo», cuando se enajenen los valores o se den de baja del activo por cualquier otro motivo.

598. Deterioro de valor de créditos y otras inversiones financieras a corto plazo.

Correcciones valorativas por deterioro del valor de créditos concedidos y fianzas y depósitos constituidos a corto plazo en entidades que no son del grupo, multigrupo y asociadas.

Funcionará a través de sus divisionarias.

Su movimiento es el siguiente:

a) Se abonará por el importe del deterioro estimado, con cargo a la correspondiente subcuenta de la cuenta 698, «Pérdidas por deterioro de créditos y otras inversiones financieras».

b) Se cargará, con abono a:

b.1) La cuenta 798, «Reversión del deterioro de créditos y otras inversiones financieras», a través de la divisionaria que corresponda, cuando desaparezcan las causas que determinaron el reconocimiento de la corrección valorativa por deterioro.

b.2) La cuenta o subcuenta representativa del correspondiente activo financiero, cuando se cancelen o cuando se den de baja del activo por insolvencia definitiva del deudor y, en este último caso, por la parte de saldo que resulte incobrable.

Grupo 6. Compras y gastos por naturaleza

Aprovisionamientos de mercaderías y demás bienes adquiridos por la entidad para revenderlos, bien sea sin alterar su forma o sustancia, o previa adaptación, transformación o construcción.

Comprende las cuentas destinadas a recoger, de acuerdo con su naturaleza o destino, los gastos imputables al resultado económico patrimonial del ejercicio.

Las denominaciones y códigos de las cuentas de los subgrupos 60, «Compras», y 61, «Variación de existencias», son orientativos, por tanto, cada entidad podrá desarrollar tantas cuentas como su actividad exija.

En general todas las cuentas del grupo 6, «Compras y gastos por naturaleza», se abonan, al cierre del ejercicio, con cargo a la cuenta 129, «Resultado del ejercicio»; por ello, al exponer los movimientos de las sucesivas cuentas del grupo sólo se hará referencia a los motivos de cargo. En las excepciones se citarán los motivos de abono y cuentas de contrapartida.

60. COMPRAS.

600. *Compras de mercaderías.*
601. *Compras de materias primas.*
602. *Compras de otros aprovisionamientos.*
605. *Compras de activos adquiridos para otras entidades.*
607. *Trabajos realizados por otras entidades.*

600/601/602/605/607. Compras de.../Trabajos realizados por otras entidades.

Recogen el aprovisionamiento de mercaderías y demás bienes incluidos en los subgrupos 30, «Comerciales», 31, «Materias primas», y 32, «Otros aprovisionamientos», destinados a la venta o a ser consumidos durante el ejercicio económico.

También recogen las adquisiciones de bienes incluidos en el subgrupo 37, «Activos construidos o adquiridos para otras entidades», cuando tales activos no se construyan directamente por la entidad gestora.

Comprende también los trabajos que, formando parte del proceso de producción propia, se encarguen a otras entidades.

Su movimiento es el siguiente:

Se cargarán, por el importe de las compras, a la recepción de la mercancía, o a su puesta en camino si se transporta por cuenta de la entidad, con abono, generalmente, a cuentas del subgrupo 40, «Acreedores presupuestarios», y 41, «Acreedores no presupuestarios».

En particular, la cuenta 607, «Trabajos realizados por otras entidades», se cargará a la recepción de los trabajos encargados a otras entidades.

61. VARIACIÓN DE EXISTENCIAS.

610. *Variación de existencias de mercaderías.*
611. *Variación de existencias de materias primas.*
612. *Variación de existencias de otros aprovisionamientos.*

610/611/612. Variación de existencias de...

Cuentas destinadas a registrar, al cierre del ejercicio, las variaciones entre las existencias finales y las iniciales, correspondientes a los subgrupos 30, «Comerciales», 31, «Materias primas», y 32, «Otros aprovisionamientos».

Se cargarán por el importe de las existencias iniciales y se abonarán por el de las existencias finales, con abono y cargo, respectivamente, a cuentas de los subgrupos 30, «Comerciales», 31, «Materias primas», y 32, «Otros aprovisionamientos». El saldo que resulte en estas cuentas se cargará o abonará, según los casos, a la cuenta 129, «Resultado del ejercicio».

62. SERVICIOS EXTERIORES.

620. *Gastos de investigación y desarrollo.*
621. *Arrendamientos y cánones.*
622. *Reparaciones y conservación.*
623. *Servicios de profesionales independientes.*
624. *Transportes.*
625. *Primas de seguros.*
626. *Servicios bancarios y similares.*
627. *Publicidad, propaganda y relaciones públicas.*
628. *Suministros.*
629. *Comunicaciones y otros servicios.*

Servicios de naturaleza diversa adquiridos por la entidad, no incluidos en el subgrupo 60, «Compras», o que no formen parte del precio de adquisición del inmovilizado o de las inversiones financieras.

Las cuentas del subgrupo se cargarán con abono, generalmente, a cuentas del subgrupo 40, «Acreedores presupuestarios», por el reconocimiento de la obligación.

620. Gastos de investigación y desarrollo.

Recoge, entre otros, los gastos de investigación y desarrollo por servicios encargados a empresas, universidades u otras instituciones dedicadas a la investigación científica o tecnológica.

621. Arrendamientos y cánones.

Importe de los gastos, devengados por el alquiler o arrendamiento operativo de bienes, muebles e inmuebles, así como las cantidades fijas o variables que se satisfacen por el derecho al uso o a la concesión de uso de las distintas manifestaciones de la propiedad industrial o de la propiedad intelectual.

622. Reparaciones y conservación.

En esta cuenta se contabilizarán los gastos de sostenimiento de los bienes contabilizados en el grupo 2, «Activo no corriente», siempre que sean por cuenta de la entidad.

623. Servicios de profesionales independientes.

Importe que se satisface a los profesionales por los servicios prestados a la entidad.

Comprende los honorarios de economistas, abogados, auditores, notarios, etc., así como las comisiones de agentes mediadores independientes.

624. Transportes.
Transportes a cargo de la entidad, realizados por terceros, cuando no proceda incluirlos en el precio de adquisición del inmovilizado o de las existencias. En esta cuenta se registrarán, entre otros, los transportes de ventas.

625. Primas de seguros.
Cantidades devengadas por la entidad en concepto de primas de seguros, excepto las que se refieren al personal, que deben contabilizarse dentro de la cuenta 642, «Cotizaciones sociales a cargo del empleador», cuando se trate de cuotas a los distintos regímenes de seguridad social, 643, «Aportaciones a sistemas complementarios de pensiones», por el importe de las aportaciones devengadas a planes de pensiones u otro sistema análogo de cobertura de situaciones de jubilación, invalidez o muerte, y en la 644, «Otros gastos sociales», cuando lo sean por seguros sobre la vida, enfermedad, etc.; contratados por la entidad con otras entidades.

626. Servicios bancarios y similares.
Cantidades satisfechas en concepto de servicios bancarios y similares, que no tengan la consideración de gastos financieros.

627. Publicidad, propaganda y relaciones públicas.
Gastos de divulgación, edición, catálogos, repertorios y cualquier otro medio de propaganda y publicidad conducente a informar a los ciudadanos de los servicios de la entidad, campañas de divulgación, orientación y de fomento o promoción cultural, artística y comercial; las campañas informativas sobre gastos e ingresos públicos, emisión de deuda pública; seguridad vial; medicina preventiva y alimentación; y, en general, las que tiendan a propiciar el conocimiento y colaboración de los servicios públicos, a través de los diversos medios de comunicación social.

628. Suministros.
Electricidad y cualquier otro abastecimiento que no tuviere la cualidad de almacenable.

629. Comunicaciones y otros servicios.

Gastos de teléfono, télex, telégrafo y correos u otro medio de comunicación, así como aquellos gastos no comprendidos en las cuentas anteriores.

En esta cuenta se contabilizarán, entre otros, los gastos de viaje del personal de la entidad, incluidos los de transporte, y los gastos de oficina no incluidos en otras cuentas.

63. TRIBUTOS.

630. *Tributos de carácter local.*
631. *Tributos de carácter autonómico.*
632. *Tributos de carácter estatal.*
634. *Ajustes negativos en la imposición indirecta.*
639. *Ajustes positivos en la imposición indirecta.*

630/631/632. Tributos de carácter...

En estas cuentas se contabilizan los tributos exigidos a la entidad cuando ésta sea contribuyente, excepto si los tributos deben contabilizarse en otras cuentas, como los que incrementan el gasto por compras realizadas.

Se cargarán con abono, generalmente, a la cuenta 400, «Acreedores por obligaciones reconocidas. Presupuesto de gastos corriente», al reconocimiento de la obligación.

634. Ajustes negativos en la imposición indirecta.

Aumento de los gastos por impuestos indirectos que se produce como consecuencia de regularizaciones y cambios en la situación tributaria de la entidad.

Recoge el importe de las diferencias negativas que resulten en el IVA soportado deducible, al practicarse las regularizaciones anuales derivadas de la aplicación de la regla de prorrata.

Se cargará, por el importe de la regularización anual, con abono a la cuenta 400, «Acreedores por obligaciones reconocidas. Presupuesto de gastos corriente».

Simultáneamente, se realizarán dos asientos consecutivos. Primero se cargará la cuenta 472, «Hacienda Pública, IVA soportado», a través de sus divisionarias, con abono a la cuenta 410, «Acreedores por IVA soportado». Este asiento es de signo negativo. En segundo lugar se cargará la cuenta 400, «Acreedores por obligaciones reconocidas. Presupuesto de gastos corriente», con abono a la cuenta 410, «Acreedores por IVA soportado».

639. Ajustes positivos en la imposición indirecta.

Disminución de los gastos por impuestos indirectos que se produce como consecuencia de regularizaciones y cambios en la situación tributaria de la entidad.

Recoge el importe de las diferencias positivas que resulten en el IVA soportado deducible, al practicarse las regularizaciones anuales derivadas de la aplicación de la regla de la prorrata.

Su movimiento es el siguiente:

a) Se abonará, por el importe de la regularización anual, con cargo a la cuenta 430, «Deudores por derechos reconocidos. Presupuesto de ingresos corriente».

Simultáneamente, se realizarán dos asientos consecutivos. Primero se cargará la cuenta 472, «Hacienda Pública IVA soportado», a través de sus divisionarias, con abono a la cuenta 410, «Acreedores por IVA soportado». En segundo lugar, se cargará la cuenta 410, «Acreedores por IVA soportado», con abono a la cuenta 430, «Deudores por derechos reconocidos. Presupuesto de ingresos corriente».

b) Se cargará, por su saldo, al cierre del ejercicio, con abono a la cuenta 129, «Resultado del ejercicio».

64. GASTOS DE PERSONAL Y PRESTACIONES SOCIALES.

640. *Sueldos y salarios.*
641. *Indemnizaciones.*
642. *Cotizaciones sociales a cargo del empleador.*
643. *Aportaciones a sistemas complementarios de pensiones.*
644. *Otros gastos sociales.*
645. *Prestaciones sociales.*

Retribuciones al personal, cualquiera que sea la forma o el concepto por el que se satisfacen, cuotas a cargo de la entidad a los regímenes de seguridad social y de pensiones del personal a su servicio y los demás gastos de carácter social del personal dependiente de la misma.

Las cuentas de este subgrupo se cargarán, con abono, generalmente, a la cuenta 400, «Acreedores por obligaciones reconocidas. Presupuesto de gastos corriente», por el reconocimiento de la obligación.

640. Sueldos y salarios.

Remuneraciones, fijas y eventuales, al personal que preste sus servicios en la entidad.

641. Indemnizaciones.

Cantidades que se entregan al personal de la entidad para resarcirle de un daño o perjuicio. Se incluyen específicamente en esta cuenta las indemnizaciones por despido y jubilaciones anticipadas.

642. Cotizaciones sociales a cargo del empleador.

Recoge las aportaciones de la entidad, sujeto de la contabilidad, a los distintos regímenes de seguridad social y de pensiones del personal a su servicio.

643. Aportaciones a sistemas complementarios de pensiones.

Importe de las aportaciones devengadas a planes de pensiones u otro sistema análogo de cobertura de situaciones de jubilación, invalidez o muerte, en relación con el personal de la entidad.

644. Otros gastos sociales.

Gastos de naturaleza social realizados en cumplimiento de una disposición legal, o voluntariamente, por la entidad.

Se citan, a título indicativo, las subvenciones a economatos y comedores; formación y perfeccionamiento del personal cuando contrate con servicios del exterior; becas para estudio; transporte del personal a su centro o lugar de trabajo; primas por contratos de seguros sobre la vida, accidentes, enfermedad, etc.

645. Prestaciones sociales.

Recoge las pensiones de jubilación y supervivencia que, con arreglo a la legislación correspondiente, causan en su favor o en el de sus familiares los funcionarios, así como las pensiones excepcionales entregadas a título personal, y haberes de excedentes forzosos, y en general, aquellas prestaciones que satisface la entidad, siempre que no se consideren remuneraciones al personal.

Las pensiones a personas que no son consecuencia de prestaciones previas de los beneficiarios, se imputarán a la cuenta 650, «Transferencias».

65. TRANSFERENCIAS Y SUBVENCIONES.

- 650. *Transferencias.*
  - 6500. A la entidad o entidades propietarias.
  - 6501. Al resto de entidades.
- 651. *Subvenciones.*

6510. A la entidad o entidades propietarias.
6511. Al resto de entidades.

650. Transferencias.

Las que tienen por objeto una entrega dineraria o en especie sin contraprestación directa por parte de los beneficiarios, destinándose a financiar operaciones o actividades no singularizadas.

Funcionará a través de sus divisionarias.

Su movimiento es el siguiente:

Se cargará con abono a:

a) Generalmente, la cuenta 400, «Acreedores por obligaciones reconocidas. Presupuesto de gastos corriente», en el momento que la transferencia sea vencida, líquida y exigible.

b) La cuenta que corresponda según la naturaleza del bien que se entrega, en el caso de transferencias en especie.

651. Subvenciones.

Las que tienen por objeto una entrega dineraria o en especie sin contraprestación directa por parte de los beneficiarios, destinándose a un fin, propósito, actividad o proyecto específico, con la obligación por parte del beneficiario de cumplir las condiciones y requisitos que se hubieran establecido o, en caso contrario, proceder a su reintegro.

Funcionará a través de sus divisionarias.

Su movimiento es análogo al señalado para la cuenta 650, «Transferencias».

66. GASTOS FINANCIEROS.

660. *Gastos financieros por actualización de provisiones.*
661. *Intereses de empréstitos y otras emisiones análogas.*
662. *Intereses de deudas.*
6625. Intereses de deudas con entidades de crédito.
6626. Intereses de otras deudas.
6628. Intereses de permutas financieras designadas instrumentos de cobertura.
663. *Intereses de deudas con entidades del grupo, multigrupo y asociadas.*
6630. Intereses de empréstitos y otras emisiones análogas, entidades del grupo, multigrupo y asociadas.

6632. Intereses de otras deudas con entidades del grupo, multigrupo y asociadas.

664. *Pérdidas en instrumentos financieros a valor razonable.*

6640. Pérdidas en activos financieros a valor razonable con cambios en resultados.

6641. Pérdidas en activos financieros disponibles para la venta.

6642. Pérdidas en pasivos financieros a valor razonable con cambios en resultados.

6645. Pérdidas en derivados financieros designados instrumentos de cobertura.

66451. De coberturas de los flujos de efectivo de pasivos financieros.

66452. De coberturas de participaciones en el patrimonio neto.

66453. De coberturas del valor razonable de valores representativos de deuda.

66454. De coberturas de los flujos de efectivo de valores representativos de deuda.

66459. De transacciones previstas que no se produzcan.

6646. Pérdidas en otros derivados financieros.

665. *Pérdidas en instrumentos financieros a coste amortizado o a coste.*

6650. Pérdidas en inversiones financieras a coste amortizado.

6651. Pérdidas en inversiones en instrumentos de patrimonio valorados a coste.

6655. Pérdidas en pasivos financieros a coste amortizado.

666. *Pérdidas en instrumentos financieros con entidades del grupo, multigrupo y asociadas.*

6660. Pérdidas en participaciones en entidades del grupo, multigrupo y asociadas.

6661. Pérdidas en valores representativos de deuda de entidades del grupo, multigrupo y asociadas a coste amortizado.

6662. Pérdidas de créditos a entidades del grupo, multigrupo y asociadas.

6663. Pérdidas en pasivos financieros con entidades del grupo, multigrupo y asociadas a coste amortizado.

667. *Pérdidas de créditos incobrables.*

6670. Con entidades del grupo, multigrupo y asociadas.

6671. Con otras entidades.

668. *Diferencias negativas de cambio.*

669. *Otros gastos financieros.*

660. Gastos financieros por actualización de provisiones.

Importe de la carga financiera correspondiente a los ajustes de valor de las provisiones en concepto de actualización financiera.

Se cargará por el reconocimiento del ajuste de carácter financiero, con abono a las correspondientes cuentas de provisiones, incluidas en los subgrupos 14, «Provisiones a largo plazo», y 58, «Provisiones a corto plazo».

661. Intereses de empréstitos y otras emisiones análogas.

Importe de los intereses devengados durante el ejercicio, correspondientes a la financiación ajena instrumentada en valores representativos de deuda, que no hayan sido adquiridos por entidades del grupo, multigrupo y asociadas, cualquiera que sea el plazo de vencimiento y el modo en que estén instrumentados tales intereses, incluidos los intereses que correspondan a la imputación, según el método del tipo de interés efectivo, de la diferencia entre el valor de reembolso al vencimiento y el valor inicial de la deuda.

Se cargará:

a) Al devengo de los intereses con abono a cuentas del subgrupo 15, «Empréstitos y otras emisiones análogas a largo plazo», o del subgrupo 50, «Empréstitos y otras emisiones análogas a corto plazo».

En caso de que la diferencia entre el valor de reembolso al vencimiento y el valor inicial de la deuda fuese negativa, el asiento será el inverso.

b) Por el importe de los intereses devengados y vencidos en el ejercicio, con abono a la cuenta 400, «Acreedores por obligaciones reconocidas. Presupuesto de gastos corriente».

662. Intereses de deudas.

Importe de los intereses de los préstamos recibidos y otras deudas pendientes de amortizar con entidades que no sean del grupo, multigrupo y asociadas, cualquiera que sea el modo en que se instrumenten tales intereses.

Funcionará a través de sus divisionarias.

Se cargará:

a) Al devengo de los intereses con abono, generalmente, a cuentas de los subgrupos 17, «Deudas a largo plazo por préstamos recibidos y otros conceptos», y 52, «Deudas a corto plazo por préstamos recibidos y otros conceptos».

b) Por el importe de los intereses devengados y vencidos en el ejercicio, con abono a la cuenta 400, «Acreedores por obligaciones reconocidas. Presupuesto de gastos corriente».

663. Intereses de deudas con entidades del grupo, multigrupo y asociadas.

Importe de los intereses devengados durante el ejercicio, correspondientes a deudas con entidades del grupo, multigrupo y asociadas, cualquiera que sea el plazo de vencimiento y el modo en que estén instrumentados tales intereses.

Funcionará a través de sus divisionarias.

Se cargará:

a) Al devengo de los intereses con abono a cuentas de los subgrupos 16, «Deudas a largo plazo con entidades del grupo, multigrupo y asociadas», y 51, «Deudas a corto plazo con entidades del grupo, multigrupo y asociadas».

b) Por el importe de los intereses devengados y vencidos en el ejercicio, con abono a la cuenta 400, «Acreedores por obligaciones reconocidas. Presupuesto de gastos corriente».

664. Pérdidas en instrumentos financieros a valor razonable.

Pérdidas originadas por la valoración a valor razonable de todos los instrumentos financieros clasificados en las categorías de activos financieros a valor razonable con cambios en resultados, activos financieros disponibles para la venta y pasivos financieros a valor razonable con cambios en resultados, incluidas las que se produzcan con ocasión de su reclasificación.

Funcionará a través de sus divisionarias.

El contenido y movimiento de las subcuentas que comprende es el siguiente:

6640. Pérdidas en activos financieros a valor razonable con cambios en resultados.

Se cargará por la disminución en el valor razonable de los activos financieros clasificados en esta categoría con abono a la subcuenta 5401, «Inversiones en instrumentos de patrimonio a valor razonable con cambios en resultados».

Asimismo, en el caso previsto en el primer párrafo del apartado 5.2.1 de la norma de reconocimiento y valoración n.º 10, «Coberturas contables», se cargará por la disminución en el valor razonable de los activos cubiertos con abono a la cuenta representativa de dichos activos.

6641. Pérdidas en activos financieros disponibles para la venta.

Se cargará en el momento en que se produzca la baja, enajenación o cancelación de los activos financieros clasificados en esta categoría, por el saldo negativo acumulado en el patrimonio neto, con abono a la cuenta 902, «Imputación de pérdidas en activos financieros disponibles para la venta».

6642. Pérdidas en pasivos financieros a valor razonable con cambios en resultados.

Se cargará por el incremento en el valor razonable de los pasivos financieros clasificados en esta categoría con abono a la correspondiente cuenta del pasivo.

6645. Pérdidas en derivados financieros designados instrumentos de cobertura.

Funcionará a través de sus divisionarias.

El movimiento de las subcuentas que comprende es el siguiente:

66451/66452/66453/66454. De coberturas de...

Se cargarán:

a) Por el importe que resulte de aplicar las reglas que rigen la contabilidad de coberturas, con abono a las subcuentas 1760, «Pasivos por derivados financieros a largo plazo designados instrumentos de cobertura», 2630, «Activos por derivados financieros a largo plazo designados instrumentos de cobertura», 5260, «Pasivos por derivados financieros a corto plazo designados instrumentos de cobertura», o 5430, «Activos por derivados financieros a corto plazo designados instrumentos de cobertura».

b) Por la transferencia a la cuenta del resultado económico patrimonial del importe negativo que se haya reconocido directamente en el patrimonio neto, con abono a la subcuenta 9110, «Imputación de pérdidas por coberturas a la cuenta del resultado económico patrimonial».

66459. De transacciones previstas que no se produzcan.

Se cargará con abono a la subcuenta 9110, «Imputación de pérdidas por coberturas a la cuenta del resultado económico patrimonial», por la transferencia a la cuenta del resultado económico patrimonial del importe negativo que se haya reconocido directamente en el patrimonio neto, cuando la entidad no espere que tenga lugar la transacción prevista cubierta.

6646. Pérdidas en otros derivados financieros.

Se cargará por la disminución en el valor razonable del derivado financiero con abono a las subcuentas 1761, «Pasivos por otros derivados financieros a largo plazo», 2631, «Activos por otros derivados financieros a largo plazo», 5261, «Pasivos por otros derivados financieros a corto plazo», o 5431, «Activos por otros derivados financieros a corto plazo».

665. Pérdidas en instrumentos financieros a coste amortizado o a coste.

Pérdidas producidas por la baja, enajenación, o cancelación de instrumentos financieros con entidades que no sean del grupo, multigrupo y asociadas valorados al coste amortizado o al coste cuando se trate de activos financieros disponibles para la venta para los que no se puede determinar un valor razonable fiable, excepto las pérdidas de créditos que deban figurar en la cuenta 667, «Pérdidas de créditos incobrables».

Funcionará a través de sus divisionarias.

Se cargará por la pérdida producida, con abono a cuentas de los subgrupos 15, «Empréstitos y otras emisiones análogas a largo plazo», 17, «Deudas a largo plazo por préstamos recibidos y otros conceptos», 26, «Otras inversiones financieras a largo plazo», 50, «Empréstitos y otras emisiones análogas a corto plazo», 52, «Deudas a corto plazo por préstamos recibidos y otros conceptos», y 54, «Inversiones financieras a corto plazo».

666. Pérdidas en instrumentos financieros con entidades del grupo, multigrupo y asociadas.

Pérdidas producidas por la baja, enajenación, o cancelación de instrumentos financieros con entidades del grupo, multigrupo y asociadas, excepto las que deban registrarse en la cuenta 664, «Pérdidas en instrumentos financieros a valor razonable».

Funcionará a través de sus divisionarias.

Se cargará por la pérdida producida, con abono a las cuentas correspondientes de los subgrupos 16, «Deudas a largo plazo con entidades del grupo, multigrupo y asociadas», 25, «Inversiones financieras a largo plazo en entidades del grupo, multigrupo y asociadas», 51, «Deudas a corto plazo con entidades del grupo, multigrupo y asociadas», y 53, «Inversiones financieras a corto plazo en entidades del grupo, multigrupo y asociadas».

667. Pérdidas de créditos incobrables.

Pérdidas producidas por insolvencias firmes y por prescripción de créditos concedidos y de otros derechos de cobro.

Funcionará a través de sus divisionarias.

Se cargará por la pérdida producida con abono a la cuenta representativa del crédito o derecho de cobro o, en el caso de pérdidas de derechos de cobro presupuestarios, la cuenta 438, «Derechos cancelados de presupuesto corriente», o a la cuenta 439, «Derechos cancelados de presupuestos cerrados», a través de sus correspondientes divisionarias, según proceda.

668. Diferencias negativas de cambio.

Pérdidas producidas por modificaciones del tipo de cambio en partidas monetarias denominadas en moneda extranjera.

Se cargará con abono a las cuentas representativas de los activos y pasivos monetarios en moneda extranjera, por el importe de las diferencias negativas calculadas al cierre del ejercicio o en el momento de su baja en cuentas, enajenación o cancelación.

669. Otros gastos financieros.

Gastos de naturaleza financiera no recogidos en otras cuentas de este subgrupo.

Se cargará, por el importe de los gastos incurridos, con abono, generalmente, a la cuenta 400, «Acreedores por obligaciones reconocidas. Presupuesto de gastos corriente».

67. PÉRDIDAS PROCEDENTES DE ACTIVOS NO CORRIENTES, OTROS GASTOS DE GESTIÓN ORDINARIA Y GASTOS EXCEPCIONALES.

670. *Pérdidas procedentes del inmovilizado intangible.*
671. *Pérdidas procedentes del inmovilizado material.*
672. *Pérdidas procedentes de las inversiones inmobiliarias.*
673. *Pérdidas procedentes del Patrimonio público del suelo.*
674. *Pérdidas procedentes de activos en estado de venta.*
676. *Otras pérdidas de gestión ordinaria.*
678. *Gastos excepcionales.*

670/671/672/673/674. Pérdidas procedentes de...

Pérdidas producidas en general por la enajenación del inmovilizado intangible, el material, las inversiones inmobiliarias, el Patrimonio público del suelo, y los activos en estado de venta, o por la baja en inventario total o parcial como consecuencia de depreciaciones irreversibles de dichos activos o con motivo de las reclasificaciones que se realicen entre ellos.

Se cargarán, por la pérdida producida, con abono a las cuentas de los subgrupos 20, «Inmovilizaciones intangibles», 21, «Inmovilizaciones materiales», 22, «Inversiones inmobiliarias», 24, «Patrimonio público del suelo», o 38, «Activos en estado de venta», que correspondan.

676. Otras pérdidas de gestión ordinaria.

Las que teniendo esta naturaleza, no figuran en cuentas anteriores. En particular, reflejará la regularización anual de utillaje y herramientas.

Se cargará, por la pérdida producida, con abono a la cuenta correspondiente según la naturaleza de la disminución.

678. Gastos excepcionales.

Pérdidas y gastos de carácter excepcional y cuantía significativa que atendiendo a su naturaleza no deban contabilizarse en otras cuentas del grupo 6, «Compras y gastos por naturaleza», ni del grupo 8, «Gastos imputados al patrimonio neto».

Se incluirán, en todo caso, las sanciones y multas, los producidos por inundaciones y otros accidentes, incendios, indemnizaciones a terceros y la pérdida o reducción de fianzas constituidas.

Su movimiento es el siguiente:

Se cargará, por el importe de los gastos excepcionales, con abono a la cuenta que corresponda según la naturaleza de los mismos.

68. DOTACIONES PARA AMORTIZACIONES.

680. *Amortización del inmovilizado intangible.*

6800. Amortización de inversión en investigación.

6801. Amortización de inversión en desarrollo.

6803. Amortización de propiedad industrial e intelectual.

6806. Amortización de aplicaciones informáticas.

6807. Amortización de inversiones sobre activos utilizados en régimen de arrendamiento o cedidos.

6809. Amortización de otro inmovilizado intangible.

681. *Amortización del inmovilizado material.*

6810. Amortización de terrenos y bienes naturales.

6811. Amortización de construcciones.

6812. Amortización de infraestructuras.

6813. Amortización de bienes del patrimonio histórico.

6814. Amortización de maquinaria y utillaje.

6815. Amortización de instalaciones técnicas y otras instalaciones.

6816. Amortización de mobiliario.

6817. Amortización de equipos para procesos de información.

6818. Amortización de elementos de transporte.

6819. Amortización de otro inmovilizado material.

682. *Amortización de las inversiones inmobiliarias.*

6820. Amortización de inversiones en terrenos.

6821. Amortización de inversiones en construcciones.

684. *Amortización del Patrimonio público del suelo.*

6840. Amortización de terrenos del Patrimonio público del suelo.

6841. Amortización de construcciones del Patrimonio público del suelo.

6849. Amortización de otros bienes y derechos del Patrimonio público del suelo.

680/681/682/684. Amortización de...

Expresión de la depreciación sistemática anual efectiva sufrida por el inmovilizado intangible y material por su utilización, por las inversiones inmobiliarias y el Patrimonio público del suelo.

Funcionarán a través de sus divisionarias.

Se cargarán, por la dotación del ejercicio, con abono a cuentas del subgrupo 28, «Amortización acumulada del inmovilizado».

69. PÉRDIDAS POR DETERIORO.

690. *Pérdidas por deterioro del inmovilizado intangible.*

6903. Pérdidas por deterioro de propiedad industrial e intelectual.

6906. Pérdidas por deterioro de aplicaciones informáticas.

6907. Pérdidas por deterioro de inversiones sobre activos utilizados en régimen de arrendamiento o cedidos.

6909. Pérdidas por deterioro de otro inmovilizado intangible.

691. *Pérdidas por deterioro del inmovilizado material.*

6910. Pérdidas por deterioro de terrenos y bienes naturales.

6911. Pérdidas por deterioro de construcciones.

6912. Pérdidas por deterioro de infraestructuras.

6913. Pérdidas por deterioro de bienes del patrimonio histórico.

6914. Pérdidas por deterioro de maquinaria y utillaje.

6915. Pérdidas por deterioro de instalaciones técnicas y otras instalaciones.

6916. Pérdidas por deterioro de mobiliario.

6917. Pérdidas por deterioro de equipos para proceso de información.

6918. Pérdidas por deterioro de elementos de transporte.

6919. Pérdidas por deterioro de otro inmovilizado material.

692. *Pérdidas por deterioro de las inversiones inmobiliarias.*

6920. Pérdidas por deterioro de inversiones en terrenos.

6921. Pérdidas por deterioro de inversiones en construcciones.

693. *Pérdidas por deterioro del Patrimonio público del suelo.*
- 6930. Pérdidas por deterioro de terrenos del Patrimonio público del suelo.
- 6931. Pérdidas por deterioro de construcciones del Patrimonio público del suelo.
- 6939. Pérdida por deterioro de otros bienes y derechos del Patrimonio público del suelo.

694. *Pérdidas por deterioro de existencias y otros activos en estado de venta.*
- 6940. Pérdidas por deterioro de productos terminados y en curso de fabricación.
- 6941. Pérdidas por deterioro de mercaderías.
- 6942. Pérdidas por deterioro de materias primas.
- 6943. Pérdidas por deterioro de otros aprovisionamientos.
- 6948. Pérdidas por deterioro de activos en estado de venta.

696. *Pérdidas por deterioro de participaciones.*
- 6960. Pérdidas por deterioro de participaciones en entidades de derecho público del grupo, multigrupo y asociadas.
- 6961. Pérdidas por deterioro de participaciones en sociedades mercantiles y sociedades cooperativas del grupo, multigrupo y asociadas.
- 6962. Pérdidas por deterioro de participaciones en otras entidades del grupo, multigrupo y asociadas.
- 6963. Pérdidas por deterioro de participaciones en el patrimonio neto de otras entidades.

697. *Pérdidas por deterioro de valores representativos de deuda.*
- 6970. Pérdidas por deterioro de valores representativos de deuda de entidades del grupo, multigrupo y asociadas.
- 6971. Pérdidas por deterioro de valores representativos de deuda de otras entidades.

698. *Pérdidas por deterioro de créditos y otras inversiones financieras.*
- 6980. Pérdidas por deterioro de créditos a entidades del grupo, multigrupo y asociadas.
- 6981. Pérdidas por deterioro de fianzas constituidas en entidades del grupo, multigrupo y asociadas.

6982. Pérdidas por deterioro de depósitos constituidos en entidades del grupo, multigrupo y asociadas.
6983. Pérdidas por deterioro de créditos a otras entidades.
6984. Pérdidas por deterioro de fianzas constituidas en otras entidades.
6985. Pérdidas por deterioro de depósitos constituidos en otras entidades.

690/691/692/693. Pérdidas por deterioro de...

Corrección valorativa por deterioro de carácter reversible en el inmovilizado intangible, en el material, en las inversiones inmobiliarias y en el Patrimonio público del suelo.

Funcionarán a través de sus divisionarias.

Se cargará, por el importe del deterioro estimado, con abono a las cuentas 290, «Deterioro de valor del inmovilizado intangible», 291, «Deterioro de valor del inmovilizado material», 292, «Deterioro de valor de las inversiones inmobiliarias», y 293, «Deterioro de valor del Patrimonio público del suelo», respectivamente.

694. Pérdidas por deterioro de existencias y otros activos en estado de venta.

Esta cuenta funcionará a través de sus divisionarias.

La definición y movimiento de todas las divisionarias salvo la subcuenta 6948, «Pérdida por deterioro de activos en estado de venta», son los siguientes:

Corrección valorativa, realizada al cierre del ejercicio, por el deterioro de carácter reversible en las existencias.

Se cargará, por el importe del deterioro estimado, con abono a cuentas del subgrupo 39, «Deterioro de valor de las existencias y otros activos en estado de venta».

La definición y el movimiento de la subcuenta 6948, «Pérdida por deterioro de activos en estado de venta», es el siguiente:

Recoge la corrección valorativa por deterioro de carácter reversible de los activos en estado de venta.

Se cargará, por el importe del deterioro estimado, con abono a la cuenta 398, «Deterioro de activos en estado de venta».

696. Pérdidas por deterioro de participaciones.

Corrección valorativa, por deterioro del valor de participaciones en el patrimonio neto.

Funcionará a través de sus divisionarias.

Se cargará, por el importe del deterioro estimado, con abono a las cuentas correspondientes de los subgrupos 29, «Deterioro de valor de activos no corrientes», y 59, «Deterioro de valor de inversiones financieras a corto plazo», y con abono a la cuenta 260, «Inversiones financieras a largo plazo en instrumentos de patrimonio», la subcuenta 5400, «Inversiones a corto plazo en instrumentos de patrimonio disponibles para la venta», o a cuentas del grupo 9, «Ingresos imputados al patrimonio neto», en caso de deterioro de activos financieros disponibles para la venta.

697. Pérdidas por deterioro de valores representativos de deuda.

Corrección valorativa, por deterioro del valor de valores representativos de deuda

Funcionará a través de sus divisionarias.

Se cargará, por el importe del deterioro estimado, con abono a las cuentas correspondientes de los subgrupos 29, «Deterioro de valor de activos no corrientes», y 59, «Deterioro de valor de inversiones financieras a corto plazo».

698. Pérdidas por deterioro de créditos y otras inversiones financieras.

Corrección valorativa, por deterioro del valor en créditos, fianzas y depósitos de los subgrupos 25, «Inversiones financieras a largo plazo en entidades del grupo, multigrupo y asociadas», 26, «Otras inversiones financieras a largo plazo», 27, «Fianzas y depósitos constituidos a largo plazo», 53, «Inversiones financieras a corto plazo en entidades del grupo, multigrupo y asociadas», 54, «Inversiones financieras a corto plazo», y 56, «Fianzas y depósitos recibidos y constituidos a corto plazo y ajustes por periodificación», y del grupo 4, «Acreedores y deudores».

Funcionará a través de sus divisionarias.

Se cargará, por el importe del deterioro estimado, con abono a las cuentas correspondientes de los subgrupos 29, «Deterioro de valor de activos no corrientes», y 59, «Deterioro de valor de inversiones financieras a corto plazo», o a la cuenta 490, «Deterioro de valor de créditos», según corresponda.

Cuando se utilice la alternativa segunda prevista en la cuenta 490, la definición y el movimiento contable se adaptarán a lo establecido en dicha cuenta.

Grupo 7. Ventas e ingresos por naturaleza

Comprende los recursos procedentes de la capacidad impositiva de la entidad y de los rendimientos del ejercicio de su actividad, así como, otros ingresos imputables al resultado económico patrimonial del ejercicio.

Las denominaciones y códigos de las cuentas de los subgrupos 70, «Ventas e ingresos por activos adquiridos o construidos para otras entidades», y 71, «Variación de existencias», son orientativos, por tanto, cada entidad podrá desarrollar tantas cuentas como su actividad exija.

En general, todas las cuentas del grupo 7, «Ventas e ingresos por naturaleza», se cargan, al cierre del ejercicio, con abono a la cuenta 129, «Resultado del ejercicio»; por ello al exponer el juego de las sucesivas del grupo sólo se hará referencia a los motivos de abono. En las excepciones se citarán los motivos de cargo y cuentas de contrapartida.

Las anulaciones de derechos de cobro presupuestarios con origen en ingresos recogidos en cuentas de este grupo se registrarán mediante un cargo a la cuenta que corresponda del grupo 7, «Ventas e ingresos por naturaleza», con abono a la cuenta 433, «Derechos anulados de presupuesto corriente». Asimismo los acuerdos de devolución de ingresos presupuestarios con origen en ingresos recogidos en cuentas de este grupo se registrarán mediante un cargo a la cuenta que corresponda del grupo 7, «Ventas e ingresos por naturaleza», con abono a la cuenta 418, «Acreedores por devolución de ingresos y otras minoraciones», en el momento en el que se dicte el acuerdo de devolución.

70. VENTAS E INGRESOS POR ACTIVOS CONSTRUIDOS O ADQUIRIDOS PARA OTRAS ENTIDADES.

700. *Ventas de mercaderías.*
701. *Ventas de productos terminados.*
702. *Ventas de productos semiterminados.*
703. *Ventas de subproductos y residuos.*
704. *Ventas de envases y embalajes.*

705. *Prestaciones de servicios.*
707. *Ingresos por activos construidos o adquiridos para otras entidades.*
    7070. Ingresos imputados por grado de avance de activos construidos para otras entidades.
    7071. Ingresos imputados por entregas de activos construidos o adquiridos para otras entidades.

700/701/702/703/704. Ventas de...

Transacciones, con salida o entrega de los bienes objeto de tráfico de la entidad, sujeto de la contabilidad, mediante precio.

Se abonarán, por el importe de la transacción, con cargo, generalmente, a la cuenta 430, «Deudores por derechos reconocidos. Presupuesto de ingresos corriente».

705. Prestaciones de servicios.

Recoge los ingresos derivados de la prestación de servicios en régimen de derecho privado, excluyéndose, por tanto, aquellos cuya contraprestación esté constituida por una tasa o un precio público, que figurarán en el subgrupo 74, «Tasas, precios públicos y contribuciones especiales».

Su movimiento es análogo al señalado para la cuenta 700, «Ventas de mercaderías».

707. Ingresos por activos construidos o adquiridos para otras entidades.

Recoge los ingresos derivados de la construcción o adquisición de activos para otras entidades. Incluye tanto los derivados de aquellas obras construidas por la entidad cuyo ingreso se impute al resultado del ejercicio en función del grado de avance de las mismas, como de aquellas que deban imputarse en el ejercicio en que se entreguen a la entidad destinataria. Asimismo incluye los derivados de los activos adquiridos para otras entidades.

Funcionará a través de sus divisionarias.

El contenido y movimiento de las subcuentas que comprende es el siguiente:

7070. Ingresos imputados por grado de avance de activos construidos para otras entidades.

Recoge los ingresos derivados de la construcción de activos para otras entidades cuando su imputación a la cuenta del resultado económico patrimonial se efectúe en función del grado de avance de la misma.

Se abonará por los ingresos relacionados con el contrato con cargo a la cuenta 430, «Deudores por derechos reconocidos. Presupuesto de ingresos corriente», la cuenta 446, «Deudores por activos construidos para otras entidades pendientes de certificar», o la cuenta 416, «Anticipos para activos construidos o adquiridos para otras entidades», según proceda, al menos al final de cada ejercicio.

7071. Ingresos imputados por entregas de activos construidos o adquiridos para otras entidades.

Recoge los ingresos derivados de la construcción de activos para otras entidades cuando su imputación a la cuenta del resultado económico patrimonial se efectúe en el momento en el que la entidad destinataria de los activos asuma los riesgos y ventajas inherentes a la propiedad, generalmente, en el momento de su entrega. Se incluyen los ingresos derivados de la adquisición de activos para otras entidades.

Se abonará por los ingresos relacionados con el contrato con cargo a la cuenta 430, «Deudores por derechos reconocidos. Presupuesto de ingresos corriente», o la cuenta 416, «Anticipos para activos construidos o adquiridos para otras entidades», cuando se hayan recibido anticipos para la construcción o adquisición de los activos.

71. VARIACIÓN DE EXISTENCIAS.

710. *Variación de existencias de producción en curso.*
711. *Variación de existencias de productos semiterminados.*
712. *Variación de existencias de productos terminados.*
713. *Variación de existencias de subproductos, residuos y materiales recuperados.*
717. *Variación de existencias de activos construidos o adquiridos para otras entidades.*

710/711/712/713/717. Variación de existencias de...

Cuentas destinadas a registrar, al cierre de ejercicio, las variaciones entre las existencias finales y las iniciales, correspondientes a los subgrupos 33, «Producción en curso», 34, «Productos semiterminados», 35, «Productos terminados», 36, «Subproductos, residuos y materiales recuperados», y 37, «Activos construidos o adquiridos para otras entidades».

Se cargarán por el importe de las existencias iniciales y se abonarán por el de las existencias finales, con abono y cargo, respectivamente, a cuentas de los citados subgrupos 33, «Producción en curso», 34, «Productos semiterminados», 35, «Productos terminados», 36, «Subproductos, residuos y materiales recuperados», y 37, «Activos construidos o adquiridos para otras entidades». El saldo que resulte en estas cuentas se cargará o abonará, según los casos, a la cuenta 129, «Resultado del ejercicio».

72. IMPUESTOS DIRECTOS.

720. *Impuesto sobre la renta de las personas físicas.*
724. *Impuesto sobre bienes inmuebles.*
725. *Impuesto sobre vehículos de tracción mecánica.*
726. *Impuesto sobre el incremento del valor de los terrenos de naturaleza urbana.*
727. *Impuesto sobre actividades económicas.*
728. *Otros impuestos.*

Este subgrupo recoge todo tipo de ingresos exigidos sin contraprestación cuyo hecho imponible esté constituido por negocios, actos o hechos de naturaleza jurídica o económica que pongan de manifiesto la capacidad contributiva del sujeto pasivo, como consecuencia de la posesión de un patrimonio o la obtención de una renta.

El movimiento de las cuentas de este subgrupo es el siguiente:

a) Se abonarán, por el importe de los impuestos liquidados, con cargo a la cuenta 430, «Deudores por derechos reconocidos. Presupuesto de ingresos corriente».

b) Se cargarán con abono a la cuenta 585, «Provisión a corto plazo para devolución de ingresos», al cierre del ejercicio, por las devoluciones previstas no reconocidas.

720. Impuesto sobre la renta de las personas físicas.

Recoge la recaudación cedida a las entidades locales por el impuesto del Estado a que se refiere su denominación.

724/.../727. Impuesto sobre...

Cada una de estas cuentas recoge el impuesto y, en su caso, el recargo a que se refiere su denominación.

728. Otros impuestos.

Recoge otros impuestos directos no incluidos en otras cuentas de este subgrupo. A título de ejemplo se pueden citar: los impuestos extinguidos y los recargos sobre impuestos del Estado o de las Comunidades Autónomas.

73. IMPUESTOS INDIRECTOS.

- 731. *Impuestos sobre el valor añadido.*
  - 7310. Impuesto sobre el valor añadido.
  - 7311. Impuesto general indirecto canario.
- 732. *Impuestos especiales.*
- 733. *Impuesto sobre construcciones, instalaciones y obras.*
- 735. *Impuesto municipal sobre gastos suntuarios.*
- 736. *Impuesto sobre la producción e importación de bienes y servicios.*
  - 7360. Impuesto sobre la producción, los servicios y la importación en las ciudades de Ceuta y Melilla.
  - 7361. Arbitrio sobre importaciones y entregas de mercancías en las islas Canarias.
- 739. *Otros impuestos.*

Se incluirán en este subgrupo todo tipo de ingresos exigidos sin contraprestación cuyo hecho imponible esté constituido por negocios, actos o hechos de naturaleza jurídica o económica, que pongan de manifiesto la capacidad contributiva del sujeto pasivo, como consecuencia de la circulación de los bienes o el gasto.

El movimiento de las cuentas de este subgrupo es el siguiente:

a) Se abonarán, por el importe de los impuestos devengados, con cargo a la cuenta 430, «Deudores por derechos reconocidos. Presupuesto de ingresos corriente».

b) Se cargarán con abono a la cuenta 585, «Provisión a corto plazo para devolución de ingresos», al cierre del ejercicio, por las devoluciones previstas no reconocidas.

731/732. Impuestos...

Estas cuentas recogen la recaudación cedida a las entidades locales por los impuestos del Estado a que se refiere su denominación.

733 /.../736. Impuestos...

Cada una de estas cuentas recoge el impuesto al que se refiere su denominación.

739. Otros impuestos.

Recoge los impuestos indirectos no incluidos en otras cuentas de este subgrupo. A título de ejemplo se pueden citar: los impuestos extinguidos y los recargos sobre impuestos del Estado o de las Comunidades Autónomas.

74. TASAS, PRECIOS PÚBLICOS, CONTRIBUCIONES ESPECIALES E INGRESOS URBANÍSTICOS.

740. *Tasas por prestación de servicios o realización de actividades.*

741. *Precios públicos por prestación de servicios o realización de actividades.*

742. *Tasas por utilización privativa o aprovechamiento especial del dominio público.*

744. *Contribuciones especiales.*

745. *Ingresos por actuaciones urbanísticas.*

7450. Canon de urbanización.

7451. Cuotas de urbanización.

746. *Aprovechamientos urbanísticos.*

7460. Canon por aprovechamientos urbanísticos.

7461. Aprovechamiento urbanístico correspondiente a la Administración.

El movimiento de las cuentas de este subgrupo es el siguiente:

Se abonarán, por el importe de la tasa, precio público, contribución especial o ingreso urbanístico, según proceda, con cargo a la cuenta 430, «Deudores por derechos reconocidos. Presupuesto de ingresos corriente».

740. Tasas por prestación de servicios o realización de actividades.

Ingresos de derecho público y de carácter tributario que se exigen como consecuencia de la prestación de servicios o realización de actividades por la entidad.

741. Precios públicos por prestación de servicios o realización de actividades.

Ingresos de derecho público que se exigen como consecuencia de entregas de bienes asociadas a determinadas prestaciones de servicios y las prestaciones de servicios o realización de actividades en régimen de derecho público que no tengan el carácter tributario de tasa.

742. Tasas por utilización privativa o aprovechamiento especial del dominio público.

Ingresos de derecho público y de carácter tributario que se exigen como consecuencia de la utilización privativa o el aprovechamiento especial del dominio público.

744. Contribuciones especiales.

Ingresos de derecho público derivados de la realización por la entidad de obras públicas o del establecimiento o ampliación de servicios públicos.

745. Ingresos por actuaciones urbanísticas.

Ingresos de derecho público derivados de actuaciones urbanísticas, como consecuencia de aportaciones exigidas a través de una norma con rango de ley de las Administraciones Públicas competentes a los peticionarios de licencias o propietarios de los terrenos para implantar infraestructuras complementarias a la urbanización que se desarrolle (canon de urbanización), o exigidas por la entidad a los propietarios de los terrenos para urbanizar al objeto de financiar los gastos de urbanización (cuotas de urbanización).

Funcionará a través de sus divisionarias.

746. Aprovechamientos urbanísticos.

Ingresos de derecho público procedentes del canon por aprovechamiento urbanístico establecido a través de una norma con rango de ley de las Administraciones Públicas competentes recibido por actuaciones declaradas de interés comunitario en suelo no urbanizable, así como los procedentes del aprovechamiento urbanístico correspondiente a la Administración, distintos del canon anterior.

Funcionará a través de sus divisionarias.

75. TRANSFERENCIAS Y SUBVENCIONES.

750. *Transferencias.*

7500. De la entidad o entidades propietarias.

7501. Del resto de entidades.

751. *Subvenciones para gastos no financieros del ejercicio.*

7510. De la entidad o entidades propietarias.
7511. Del resto de entidades.

752. *Subvenciones para la cancelación de deudas genéricas.*
7520. De la entidad o entidades propietarias.
7521. Del resto de entidades.

753. *Subvenciones para la financiación del inmovilizado no financiero y de activos en estado de venta imputadas al resultado del ejercicio.*
7530. Subvenciones para la financiación del inmovilizado no financiero imputadas al resultado del ejercicio por amortización.
75300. De la entidad o entidades propietarias.
75301. Del resto de entidades.
7531. Subvenciones para la financiación del inmovilizado no financiero y activos en estado de venta imputadas al resultado del ejercicio por enajenación o baja.
75310. De la entidad o entidades propietarias.
75311. Del resto de entidades.

754. *Subvenciones para activos corrientes y gastos imputadas al ejercicio.*
7540. De la entidad o entidades propietarias.
7541. Del resto de entidades.

755. *Subvenciones para gastos financieros del ejercicio.*
7550. De la entidad o entidades propietarias.
7551. Del resto de entidades.

756. *Subvenciones para la financiación de operaciones financieras imputadas al ejercicio.*
7560. De la entidad o entidades propietarias.
7561. Del resto de entidades.

Importes que deben ser imputados al resultado del ejercicio por transferencias y subvenciones recibidas.

Las cuentas de este subgrupo funcionarán a través de sus divisionarias.

750. Transferencias.

Fondos o bienes recibidos por la entidad, sin contraprestación directa por su parte, destinándose a financiar operaciones o actividades no singularizadas.

Se abonará con cargo a:

a) Generalmente, la cuenta 430, «Deudores por derechos reconocidos. Presupuesto de ingresos corriente», en el momento que la transferencia sea vencida, líquida y exigible.

b) La cuenta que corresponda según la naturaleza del bien que se reciba, en el caso de transferencias en especie.

751. Subvenciones para gastos no financieros del ejercicio.

Fondos o bienes recibidos por la entidad para financiar operaciones corrientes concretas y específicas devengadas en el ejercicio. Dentro de ellas se incluyen las subvenciones concedidas a la entidad para asegurar una rentabilidad mínima o para financiar gastos del ejercicio.

Su movimiento es análogo al señalado para la cuenta 750, «Transferencias».

752. Subvenciones para la cancelación de deudas genéricas.

Recoge las recibidas por la entidad para la cancelación en el ejercicio de deudas que no supongan una financiación específica de un elemento patrimonial.

Su movimiento es el siguiente:

Se abonará con cargo a:

a) Generalmente, a la cuenta 430, «Deudores por derechos reconocidos. Presupuesto de ingresos corriente», en el momento que la subvención sea vencida, líquida y exigible.

b) La cuenta representativa de la deuda que corresponda, en el caso de asunción de deudas por otras entidades.

753. Subvenciones para la financiación de inmovilizado no financiero y de activos en estado de venta imputadas al resultado del ejercicio.

Importe traspasado al resultado del ejercicio de las subvenciones recibidas para la financiación de inmovilizado no financiero y de activos en estado de venta.

Funcionará a través de sus divisionarias.

El contenido y movimiento de las subcuentas que comprende es el siguiente:

7530. Subvenciones para la financiación del inmovilizado no financiero imputadas al resultado del ejercicio por amortización.

Se abonará, en el momento de la imputación a la cuenta del resultado económico patrimonial de la subvención por la amortización del inmovilizado no financiero, con cargo a la cuenta 840, «Imputación de subvenciones para la financiación del inmovilizado no financiero y de activos en estado de venta».

7531. Subvenciones para la financiación del inmovilizado no financiero y de activos en estado de venta imputadas al resultado del ejercicio por enajenación o baja.

Se abonará, en el momento de la imputación a la cuenta del resultado económico patrimonial de la subvención por la enajenación o baja del activo, con cargo a la cuenta 840, «Imputación de subvenciones para la financiación del inmovilizado no financiero y de activos en estado de venta».

754/756. Subvenciones para... imputadas al ejercicio.

Importe traspasado al resultado del ejercicio de las subvenciones recibidas para la financiación de activos corrientes y gastos y de operaciones financieras.

Se abonará, en el momento de la imputación a la cuenta del resultado económico patrimonial de la subvención, con cargo a la cuenta 841, «Imputación de subvenciones para la financiación de activos corrientes y gastos», u 842, «Imputación de subvenciones para la financiación de operaciones financieras», en función de su destino.

755. Subvenciones para gastos financieros del ejercicio.

Fondos o bienes recibidos por la entidad para financiar operaciones financieras concretas y específicas devengadas en el ejercicio.

Su movimiento es análogo al señalado para la cuenta 750, «Transferencias».

76. INGRESOS FINANCIEROS.

760. *Ingresos de participaciones en el patrimonio neto.*

761. *Ingresos de valores representativos de deuda.*

762. *Ingresos de créditos.*

7620. Ingresos de créditos.

7628. Ingresos de permutas financieras designadas instrumentos de cobertura.

763. *Ingresos de inversiones en entidades del grupo, multigrupo y asociadas.*

7630. Ingresos de participaciones en el patrimonio neto de entidades del grupo, multigrupo y asociadas.

7631. Ingresos de valores representativos de deudas de entidades del grupo, multigrupo y asociadas.

7632. Ingresos de créditos a entidades del grupo, multigrupo y asociadas.

764. *Beneficios en instrumentos financieros a valor razonable.*

7640. Beneficios en activos financieros a valor razonable con cambios en resultados.

7641. Beneficios en activos financieros disponibles para la venta.

7642. Beneficios en pasivos financieros a valor razonable con cambios en resultados.

7645. Beneficios en derivados financieros designados instrumentos de cobertura.

76451. De coberturas de los flujos de efectivo de pasivos financieros.

76452. De coberturas de participaciones en el patrimonio neto.

76453. De coberturas del valor razonable de valores representativos de deuda.

76454. De coberturas de los flujos de efectivo de valores representativos de deuda.

76459. De transacciones previstas que no se produzcan.

7646. Beneficios en otros derivados financieros.

765. *Beneficios en instrumentos financieros a coste amortizado o a coste.*

7650. Beneficios en inversiones financieras a coste amortizado.

7651. Beneficios en inversiones en instrumentos de patrimonio valorados a coste.

7655. Beneficios en pasivos financieros a coste amortizado.

766. *Beneficios en instrumentos financieros con entidades del grupo, multigrupo y asociadas.*
7660. Beneficios en participaciones en entidades del grupo, multigrupo y asociadas.
7661. Beneficios en valores representativos de deuda de entidades del grupo, multigrupo y asociadas a coste amortizado.
7663. Beneficios en pasivos financieros con entidades del grupo, multigrupo y asociadas a coste amortizado.
768. *Diferencias positivas de cambio.*
769. *Otros ingresos financieros.*

760. Ingresos de participaciones en el patrimonio neto.

Ingresos a favor de la entidad, devengados en el ejercicio, procedentes de participaciones en el patrimonio neto de entidades que no sean del grupo, multigrupo y asociadas.

Se abonará, por el importe de los dividendos a percibir, con cargo a la cuenta 430, «Deudores por derechos reconocidos. Presupuesto de ingresos corriente», por los dividendos con vencimiento en el ejercicio, y a la cuenta 545, «Dividendo a cobrar», por los dividendos con vencimiento en ejercicio posterior (acordados y no vencidos).

761. Ingresos de valores representativos de deuda.

Intereses de valores representativos de deuda de entidades que no sean del grupo, multigrupo y asociadas, devengados a favor de la entidad en el ejercicio, incluidos los intereses que correspondan a la imputación, según el método del tipo de interés efectivo, de la diferencia entre el valor de reembolso al vencimiento y el valor inicial de la deuda.

Su movimiento es el siguiente:

a) Se abonará:

a.1) Al devengo de los intereses, con cargo a las cuentas correspondientes de los subgrupos 26, «Otras inversiones financieras a largo plazo», o 54, «Inversiones financieras a largo plazo», según proceda.

a.2) Por el importe de los intereses devengados y vencidos en el ejercicio, con cargo a la cuenta 430, «Deudores por derechos reconocidos. Presupuesto de ingresos corriente».

b) Se abonará o se cargará, con cargo o abono a las cuentas 802, «Imputación de beneficios en activos financieros disponibles para la venta», y 902, «Imputación de pérdidas en activos financieros disponibles para la venta», respectivamente, por la imputación a lo largo de la vida residual de los valores, según el método del tipo de interés efectivo, de las variaciones de valor reconocidas en el patrimonio neto hasta el momento de su reclasificación a inversión mantenida hasta el vencimiento.

762. Ingresos de créditos.

Importe de los intereses de préstamos y otros créditos de entidades que no sean del grupo, multigrupo y asociadas devengados en el ejercicio, incluidos los referentes a operaciones de permutas financieras.

Funcionará a través de sus divisionarias.

Se abonará, al devengo de los intereses, con cargo, generalmente, a las cuentas 255, «Intereses a largo plazo de créditos», 544, «Créditos a corto plazo al personal», o 547, «Intereses a corto plazo de créditos», según proceda, y a la cuenta 430, «Deudores por derechos reconocidos. Presupuesto de ingresos corriente», por el importe de los intereses devengados y vencidos en el ejercicio.

763. Ingresos de inversiones en entidades del grupo, multigrupo y asociadas.

Ingresos a favor de la entidad devengados en el ejercicio provenientes de inversiones en entidades del grupo, multigrupo y asociadas.

Funcionará a través de sus divisionarias.

El movimiento de cada divisionaria es análogo al de su correspondiente para entidades que no sean del grupo, multigrupo y asociadas, utilizando como contrapartida las cuentas de los subgrupos 25, «Inversiones financieras a largo plazo en entidades del grupo, multigrupo y asociadas», y 53, «Inversiones financieras a corto plazo en entidades del grupo, multigrupo y asociadas».

764. Beneficios en instrumentos financieros a valor razonable.

Beneficios originados por la valoración a valor razonable de todos los instrumentos financieros clasificados en las categorías de activos financieros a valor razonable con cambios en resultados, activos financieros disponibles para la venta y pasivos financieros a valor razonable con cambios en resultados, incluidas las que se produzcan con ocasión de su reclasificación.

Funcionará a través de sus divisionarias.

El contenido y movimiento de las subcuentas que comprende es el siguiente:

7640. Beneficios en activos financieros a valor razonable con cambios en resultados.

Se abonará por el aumento en el valor razonable de los activos financieros con cargo a la subcuenta 5401, «Inversiones en instrumentos de patrimonio a valor razonable con cambios en resultados».

Asimismo, en el caso previsto en el primer párrafo del apartado 5.2.1 de la norma de reconocimiento y valoración n.º 10, «Coberturas contables», se abonará por el aumento en el valor razonable de los activos cubiertos con cargo a la cuenta representativa de dichos activos.

7641. Beneficios en activos financieros disponibles para la venta.

Se abonará en el momento en que se produzca la baja, enajenación o cancelación de los activos financieros, por el saldo positivo acumulado en el patrimonio neto, con cargo a la cuenta 802, «Imputación de beneficios en activos financieros disponibles para la venta».

7642. Beneficios en pasivos financieros a valor razonable con cambios en resultados.

Se abonará por la disminución en el valor razonable de los pasivos financieros con cargo a la correspondiente cuenta del elemento patrimonial.

7645. Beneficios en derivados financieros designados instrumentos de cobertura.

Funcionará a través de sus divisionarias.

El movimiento de las subcuentas que comprende es el siguiente:

76451/76452/76453/76454. De coberturas de...

Se abonarán:

a) Por el importe que resulte de aplicar las reglas que rigen la contabilidad de coberturas, con cargo a las subcuentas 1760, «Pasivos por derivados financieros a largo plazo designados instrumentos de cobertura», 2630, «Activos por derivados financieros a largo plazo designados instrumentos de cobertura», 5260, «Pasivos por derivados financieros a corto plazo designados instrumentos de cobertura», o 5430, «Activos por derivados financieros a corto plazo designados instrumentos de cobertura».

b) Por la transferencia a la cuenta del resultado económico-patrimonial del importe positivo que se haya reconocido directamente en el patrimonio neto, con cargo a la subcuenta 8110, «Imputación de beneficios por coberturas a la cuenta del resultado económico patrimonial».

76459. De transacciones previstas que no se produzcan.

Se abonará con cargo a la subcuenta 8110, «Imputación de beneficios por coberturas a la cuenta del resultado económico patrimonial», por la transferencia a la cuenta del resultado económico patrimonial del importe positivo que se haya reconocido directamente en el patrimonio neto, cuando la entidad no espere que tenga lugar la transacción prevista cubierta.

7646. Beneficios en otros derivados financieros.

Se abonará por el aumento en el valor razonable del derivado financiero con cargo a las subcuentas 1761, «Pasivos por otros derivados financieros a largo plazo», 2631, «Activos por otros derivados financieros a largo plazo», 5261, «Pasivos por otros derivados financieros a corto plazo», o 5431, «Activos por otros derivados financieros a corto plazo».

765. Beneficios en instrumentos financieros a coste amortizado o a coste.

Beneficios producidos por la baja, enajenación, o cancelación de instrumentos financieros con entidades que no sean del grupo, multigrupo y asociadas valorados al coste amortizado o al coste, cuando para los activos financieros disponibles para la venta no se pueda determinar su valor razonable.

Funcionará a través de sus divisionarias.

Se abonará por el beneficio producido, con cargo a cuentas de los subgrupos 15, «Empréstitos y otras emisiones análogas a largo plazo», 17, «Deudas a largo plazo por préstamos recibidos y otros conceptos», 26, «Otras inversiones financieras a largo plazo», 50, «Empréstitos y otras emisiones análogas a corto plazo», 52, «Deudas a corto plazo por préstamos recibidos y otros conceptos», y 54, «Inversiones financieras a corto plazo».

766. Beneficios en instrumentos financieros con entidades del grupo, multigrupo y asociadas.

Beneficios producidos por la baja, enajenación, o cancelación de instrumentos financieros con entidades del grupo, multigrupo y asociadas, excepto las que deban registrarse en la cuenta 764, «Beneficios en instrumentos financieros a valor razonable».

Funcionará a través de sus divisionarias.

Se abonará por el beneficio producido, con cargo a las cuentas correspondientes de los subgrupos 16, «Deudas a largo plazo con entidades del grupo, multigrupo y asociadas», 25, «Inversiones financieras a largo plazo en entidades del grupo, multigrupo y asociadas», 51, «Deudas a corto plazo con entidades del grupo, multigrupo y asociadas», y 53, «Inversiones financieras a corto plazo en entidades del grupo, multigrupo y asociadas».

768. Diferencias positivas de cambio.

Beneficios producidos por modificaciones del tipo de cambio en partidas monetarias denominadas en moneda extranjera.

Se abonará con cargo a las cuentas representativas de los activos y pasivos monetarios en moneda extranjera, por el importe de las diferencias positivas calculadas al cierre del ejercicio o en el momento de su baja en cuentas, enajenación o cancelación.

769. Otros ingresos financieros.

Ingresos de naturaleza financiera no recogidos en otras cuentas de este subgrupo. Se pueden citar, entre otros, comisión por avales y seguros en operaciones financieras con el exterior, intereses de demora por todos los conceptos, intereses de cuentas corrientes bancarias abiertas en instituciones de crédito, los recargos del período ejecutivo, así como los de declaración extemporánea.

Se abonará, por el importe de los ingresos devengados, con cargo a la cuenta 430, «Deudores por derechos reconocidos. Presupuesto de ingresos corriente».

77. BENEFICIOS PROCEDENTES DE ACTIVOS NO CORRIENTES, OTROS INGRESOS DE GESTIÓN ORDINARIA E INGRESOS EXCEPCIONALES.

770. *Beneficios procedentes del inmovilizado intangible.*
771. *Beneficios procedentes del inmovilizado material.*
772. *Beneficios procedentes de las inversiones inmobiliarias.*
773. *Beneficios procedentes del Patrimonio público del suelo.*

774. *Beneficios procedentes de activos en estado de venta.*
775. *Reintegros.*
776. *Ingresos por arrendamientos.*
777. *Otros ingresos.*
778. *Ingresos excepcionales.*

770/.../774. Beneficios procedentes del...

Beneficios producidos, en general, por la enajenación del inmovilizado intangible, el material, las inversiones inmobiliarias, el Patrimonio público del suelo y los activos en estado de venta, o con motivo de las reclasificaciones que se produzcan entre ellos.

Su movimiento es el siguiente:

Se abonarán con cargo a:

a) La cuenta 430, «Deudores por derechos reconocidos. Presupuesto de ingresos corriente», por el beneficio obtenido en la enajenación.

b) Las cuentas de los subgrupos 20, «Inmovilizaciones intangibles», 21, «Inmovilizaciones materiales», 22, «Inversiones inmobiliarias», 24, «Patrimonio público del suelo», o 38, «Activos en estado de venta», en el momento de la reclasificación.

775. Reintegros.

Recoge el importe de los reintegros de pagos derivados de gastos económicos que tengan poca importancia relativa y que, de acuerdo con la normativa aplicable, se deban imputar al presupuesto de ingresos de la entidad.

Aquellos reintegros que tengan importancia relativa se registrarán en la correspondiente cuenta de gastos por naturaleza, salvo los derivados de errores producidos en ejercicios anteriores que se registrarán en la cuenta 120, «Resultados de ejercicios anteriores».

Su movimiento es el siguiente:

Se abonará, al reconocimiento de los ingresos presupuestarios, con cargo a la cuenta 430, «Deudores por derechos reconocidos. Presupuesto de ingresos corriente».

776. Ingresos por arrendamientos.

Los devengados por el alquiler de bienes muebles e inmuebles cedidos para el uso o disposición de terceros.

Comprende, también, los derivados de todo tipo de concesiones y aprovechamientos especiales que la entidad pueda percibir.

No se incluyen aquí los ingresos producidos por la utilización privativa o el aprovechamiento especial del dominio público, recogidos en la cuenta 742, «Tasas por utilización privativa o aprovechamiento especial del dominio público».

Su movimiento es análogo al señalado para la cuenta 775, «Reintegros».

777. Otros ingresos.

Ingresos no financieros, no recogidos en otras cuentas, devengados por la entidad. A título de ejemplo se pueden citar: los originados por la prestación eventual de ciertos servicios a terceros, recursos eventuales de todos los ramos, multas y sanciones, etc.

Su movimiento es el siguiente:

Se abonará, al reconocimiento de los ingresos presupuestarios, con cargo a la cuenta 430, «Deudores por derechos reconocidos. Presupuesto de ingresos corriente».

778. Ingresos excepcionales.

Beneficios e ingresos de carácter excepcional y cuantía significativa que atendiendo a su naturaleza no deban contabilizarse en otras cuentas del grupo 7, «Ventas e ingresos por naturaleza», ni del grupo 9, «Ingresos imputados al patrimonio neto».

Se incluirán, en todo caso, los procedentes de aquellos créditos que en su día fueron amortizados por insolvencias firmes, los derivados de la prescripción de obligaciones así como los derivados de la reversión de activos entregados en subvención o de la reversión anticipada de activos cedidos en uso de forma gratuita, por incumplimiento de condiciones por parte del beneficiario.

Su movimiento es el siguiente:

Se abonará, al reconocimiento de los ingresos, con cargo a la cuenta que corresponda en función del origen de los mismos.

78. TRABAJOS REALIZADOS PARA LA ENTIDAD.

780. *Trabajos realizados para el inmovilizado intangible.*
781. *Trabajos realizados para el inmovilizado material.*
782. *Trabajos realizados para inversiones inmobiliarias.*
783. *Trabajos realizados para el inmovilizado e inversiones inmobiliarias en curso.*
784. *Trabajos realizados para el Patrimonio público del suelo.*

785. *Gastos financieros imputados al inmovilizado intangible.*
786. *Gastos financieros imputados al inmovilizado material.*
787. *Gastos financieros imputados a inversiones inmobiliarias.*
788. *Gastos financieros imputados al inmovilizado e inversiones inmobiliarias en curso.*
789. *Gastos financieros imputados al Patrimonio público del suelo.*

Las cuentas de este subgrupo recogen el coste de los trabajos realizados por la entidad para su inmovilizado, utilizando sus equipos y su personal, que se activan.

También recogen el coste de los trabajos realizados, mediante encargo, por otros entes públicos o privados para inversiones en investigación y desarrollo.

Durante el ejercicio los gastos que se originen por la ejecución de dichos trabajos se cargarán a cuentas del grupo 6, «Compras y gastos por naturaleza», con abono a cuentas del subgrupo 40, «Acreedores presupuestarios».

780. Trabajos realizados para el inmovilizado intangible.

Contrapartida de gastos de investigación y desarrollo y otros realizados para la creación de los bienes comprendidos en el subgrupo 20, «Inmovilizaciones intangiblcs».

Se abonará, por el importe anual de los gastos que sean objeto de inventario, con cargo a cuentas del subgrupo 20, «Inmovilizaciones intangibles».

781. Trabajos realizados para el inmovilizado material.

Contrapartida de los gastos realizados por la entidad para la construcción o ampliación de los bienes y elementos comprendidos en el subgrupo 21, «Inmovilizaciones materiales».

Se abonará, por el importe anual de los gastos, con cargo a cuentas del subgrupo 21, «Inmovilizaciones materiales».

782. Trabajos realizados para inversiones inmobiliarias.

Contrapartida de los gastos realizados por la entidad para la construcción o ampliación de los bienes y elementos comprendidos en el subgrupo 22, «Inversiones inmobiliarias».

Se abonará, por el importe anual de los gastos, con cargo a cuentas del subgrupo 22, «Inversiones inmobiliarias».

783. Trabajos realizados para el inmovilizado e inversiones inmobiliarias en curso.

Trabajos realizados durante el ejercicio y no terminados al cierre del mismo.

Se abonará, por el importe anual de los gastos, con cargo a cuentas del subgrupo 23, «Inmovilizaciones materiales e inversiones inmobiliarias en curso».

784. Trabajos realizados para el Patrimonio público del suelo.

Contrapartida de los gastos realizados por la entidad para la construcción o ampliación de los bienes comprendidos en el subgrupo 24, «Patrimonio público del suelo», terminados o no al cierre del ejercicio.

Se abonará, por el importe anual de los gastos, con cargo a cuentas del subgrupo 24, «Patrimonio público del suelo».

785. Gastos financieros imputados al inmovilizado intangible.

Contrapartida de gastos financieros imputados al inmovilizado intangible.

Se abonará, por el importe anual de los gastos financieros imputables, con cargo a cuentas del subgrupo 20, «Inmovilizaciones intangibles».

786. Gastos financieros imputados al inmovilizado material.

Contrapartida de los gastos financieros imputados al inmovilizado material.

Se abonará, por el importe anual de los gastos financieros imputables, con cargo a cuentas del subgrupo 21, «Inmovilizaciones materiales».

787. Gastos financieros imputados a inversiones inmobiliarias.

Contrapartida de los gastos financieros imputados a inversiones inmobiliarias.

Se abonará, por el importe anual de los gastos financieros imputables, con cargo a cuentas del subgrupo 22, «Inversiones inmobiliarias».

788. Gastos financieros imputados al inmovilizado e inversiones inmobiliarias en curso.

Contrapartida de los gastos financieros imputados al inmovilizado e inversiones inmobiliarias en curso.

Se abonará, por el importe anual de los gastos financieros imputables, con cargo a cuentas del subgrupo 23, «Inmovilizaciones materiales e inversiones inmobiliarias en curso».

789. Gastos financieros imputados al Patrimonio público del suelo.

Contrapartida de los gastos imputados al Patrimonio público del suelo.

Se abonará, por el importe anual de los gastos financieros imputables, con cargo a cuentas del subgrupo 24, «Patrimonio público del suelo».

79. EXCESOS Y APLICACIONES DE PROVISIONES Y DE PÉRDIDAS POR DETERIORO.

790. *Reversión del deterioro del inmovilizado intangible.*

7903. Reversión del deterioro de propiedad industrial e intelectual.

7906. Reversión del deterioro de aplicaciones informáticas.

7907. Reversión del deterioro de inversiones sobre activos utilizados en régimen de arrendamiento o cedidos.

7909. Reversión del deterioro de otro inmovilizado intangible.

791. *Reversión del deterioro del inmovilizado material.*

7910. Reversión del deterioro de terrenos y bienes naturales.

7911. Reversión del deterioro de construcciones.

7912. Reversión del deterioro de infraestructuras.

7913. Reversión del deterioro de bienes del patrimonio histórico.

7914. Reversión del deterioro de maquinaria y utillaje.

7915. Reversión del deterioro de instalaciones técnicas y otras instalaciones.

7916. Reversión del deterioro de mobiliario.

7917. Reversión del deterioro de equipos para procesos de información.

7918. Reversión del deterioro de elementos de transporte.

7919. Reversión del deterioro de otro inmovilizado material.

792. *Reversión del deterioro de las inversiones inmobiliarias.*

7920. Reversión del deterioro de terrenos.

7921. Reversión del deterioro de construcciones.

793. *Reversión del deterioro del Patrimonio público del suelo.*

7930. Reversión del deterioro de terrenos del Patrimonio público del suelo.

7931. Reversión del deterioro de construcciones del Patrimonio público del suelo.

7939. Reversión del deterioro de otros bienes y derechos del Patrimonio público del suelo.

794. *Reversión del deterioro de existencias y otros activos en estado de venta.*

7940. Reversión del deterioro de productos terminados y en curso de fabricación.

7941. Reversión del deterioro de mercaderías.

7942. Reversión del deterioro de materias primas.

7943. Reversión del deterioro de otros aprovisionamientos.

7948. Reversión del deterioro de activos en estado de venta.

795. *Exceso de provisiones.*

7952. Exceso de provisión para responsabilidades.

7953. Exceso de provisión por desmantelamiento, retiro o rehabilitación del inmovilizado no financiero.

7955. Exceso de provisión para devolución de ingresos.

7958. Exceso de provisión para transferencias y subvenciones.

7959. Exceso de otras provisiones.

796. *Reversión del deterioro de participaciones.*

7960. Reversión del deterioro de participaciones en entidades de derecho público del grupo, multigrupo y asociadas.

7961. Reversión del deterioro de participaciones en sociedades mercantiles y sociedades cooperativas del grupo, multigrupo y asociadas.

7962. Reversión del deterioro de participaciones en otras entidades del grupo, multigrupo y asociadas.

797. *Reversión del deterioro de valores representativos de deuda.*

7970. Reversión del deterioro de valores representativos de deuda de entidades del grupo, multigrupo y asociadas.

7971. Reversión del deterioro de valores representativos de deuda de otras entidades.

798. *Reversión del deterioro de créditos y otras inversiones financieras.*

7980. Reversión del deterioro de créditos a entidades del grupo, multigrupo y asociadas.

7981. Reversión del deterioro de fianzas constituidas en entidades del grupo, multigrupo y asociadas.

7982. Reversión del deterioro de depósitos constituidos en entidades del grupo, multigrupo y asociadas.

7983. Reversión del deterioro de créditos a otras entidades

7984. Reversión del deterioro de fianzas constituidas en otras entidades.

7985. Reversión del deterioro de depósitos constituidos en otras entidades.

799. *Reversión del deterioro por el usufructo cedido del inmovilizado material.*

790/791/792/793. Reversión del deterioro del...

Corrección valorativa, por la recuperación de valor, del inmovilizado intangible, del material, de las inversiones inmobiliarias y del Patrimonio público del suelo, hasta el importe de las pérdidas contabilizadas con anterioridad.

Se abonarán por el importe de la corrección de valor, con cargo a las cuentas 290, «Deterioro de valor del inmovilizado intangible», 291, «Deterioro de valor del inmovilizado material», 292, «Deterioro de valor de las inversiones inmobiliarias», y 293, «Deterioro de valor del Patrimonio público del suelo».

794. Reversión del deterioro de existencias y otros activos en estado de venta.

Esta cuenta funcionará a través de sus divisionarias.

La definición y el movimiento de todas las divisionarias salvo la 7948, «Reversión del deterioro de activos en estado de venta», son los siguientes:

Importe de la corrección por deterioro existente al cierre del ejercicio anterior.

Se abonará, al cierre del ejercicio, por el deterioro contabilizado en el ejercicio precedente, con cargo a las cuentas del subgrupo 39, «Deterioro de valor de las existencias y otros activos en estado de venta».

La definición y el movimiento de la subcuenta 7948, «Reversión del deterioro de activos en estado de venta» son los siguientes:

Recoge el importe de la corrección valorativa por la recuperación del valor de los bienes en estado de venta hasta el importe de las pérdidas por deterioro contabilizadas con anterioridad.

Se abonará, por el importe de la recuperación de valor, con cargo a la cuenta 398, «Deterioro de activos en estado de venta».

795. Exceso de provisiones.

Diferencia positiva entre el importe de la provisión existente y el que corresponda al cierre del ejercicio o en el momento de atender la correspondiente obligación.

Funcionará a través de sus divisionarias.

Se abonará por el importe de la corrección de valor, con cargo a las cuentas correspondientes del subgrupo 14, «Provisiones a largo plazo», o del subgrupo 58, «Provisiones a corto plazo».

796. Reversión del deterioro de participaciones.

Corrección valorativa, por la recuperación del valor de participaciones en el patrimonio neto.

Funcionará a través de sus divisionarias.

Se abonará por el importe de la recuperación de valor, con cargo a las cuentas correspondientes de los subgrupos 29, «Deterioro de valor de activos no corrientes», y 59, «Deterioro de valor de inversiones financieras a corto plazo».

797. Reversión del deterioro de valores representativos de deuda.

Corrección valorativa, por la recuperación del valor de valores representativos de deuda

Funcionará a través de sus divisionarias.

Se abonará por el importe de la recuperación de valor, con cargo a las cuentas correspondientes de los subgrupos 29, «Deterioro de valor de activos no corrientes», y 59, «Deterioro de valor de inversiones financieras a corto plazo».

798. Reversión del deterioro de créditos y otras inversiones financieras.

Corrección valorativa, por la recuperación de valor en créditos, fianzas y depósitos de los subgrupos 25, «Inversiones financieras a largo plazo en entidades del grupo, multigrupo y asociadas», 26, «Otras inversiones financieras a largo plazo», 27, «Fianzas y depósitos constituidos a largo plazo», 53, «Inversiones financieras a corto plazo en entidades del grupo, multigrupo y asociadas», 54, «Inversiones financieras a corto plazo», y 56, «Fianzas y depósitos recibidos y constituidos a corto plazo y ajustes por periodificación», y del grupo 4, «Acreedores y deudores».

Funcionará a través de sus divisionarias.

Se abonará por el importe de la recuperación de valor, con cargo a las cuentas correspondientes de los subgrupos 29, «Deterioro de valor de activos no corrientes», y 59, «Deterioro de valor de inversiones financieras a corto plazo», y a la cuenta 490, «Deterioro de valor de créditos», según corresponda.

Cuando se utilice la alternativa segunda prevista en la cuenta 490, la definición y el movimiento contable se adaptarán a lo establecido en dicha cuenta.

799. Reversión del deterioro por el usufructo cedido del inmovilizado material.

Corrección valorativa, por la recuperación de valor del inmovilizado cedido en uso.

Se abonará con cargo a la cuenta 299, «Deterioro de valor por usufructo cedido del inmovilizado material», cuando el importe recuperable del inmovilizado cedido en uso sea superior al valor contable con el límite del valor contable si no hubiera habido deterioro.

Grupo 8. Gastos imputados al patrimonio neto

Disminuciones del patrimonio neto de la entidad que no se imputan a la cuenta del resultado económico patrimonial del ejercicio en que se generan.

80. PÉRDIDAS POR VALORACIÓN DE ACTIVOS FINANCIEROS.

800. *Pérdidas en activos financieros disponibles para la venta.*

802. *Imputación de beneficios en activos financieros disponibles para la venta.*

Recoge, durante el ejercicio, las variaciones negativas en el valor razonable de los activos financieros clasificados en la categoría «Activos financieros disponibles para la venta», así como la imputación a la cuenta del resultado económico-patrimonial de las variaciones positivas en el valor razonable de dichos activos reconocidas previamente en el patrimonio neto.

800. Pérdidas en activos financieros disponibles para la venta.

Su movimiento es el siguiente:

a) Se cargará por las variaciones negativas en el valor razonable de los activos financieros clasificados como disponibles para la venta, incluidas las que se produzcan en caso de reclasificación, con abono a las cuentas de los correspondientes activos financieros.

b) Se abonará, al cierre del ejercicio, con cargo a la cuenta 133, «Ajustes por valoración en activos financieros disponibles para la venta».

802. Imputación de beneficios en activos financieros disponibles para la venta.

Su movimiento es el siguiente:

a) Se cargará:

a.1) En el momento en que se produzca la baja o enajenación del activo financiero disponible para la venta, incluidos los que hayan sido objeto de reclasificación, por el saldo positivo acumulado en el patrimonio neto con abono a la subcuenta 7641, «Beneficios en activos financieros disponibles para la venta».

a.2) En caso de reclasificación a «inversión mantenida hasta el vencimiento», con abono a la cuenta 761, «Ingresos de valores representativos de deuda», por la imputación a lo largo de la vida residual del activo financiero, según el método del tipo de interés efectivo, de los incrementos de valor reconocidos hasta ese momento en el patrimonio neto.

b) Se abonará, al cierre del ejercicio, con cargo a la cuenta 133, «Ajustes por valoración en activos financieros disponibles para la venta».

81. GASTOS EN OPERACIONES DE COBERTURA.
810. *Pérdidas por coberturas.*
811. *Imputación de beneficios por coberturas.*
8110. Imputación de beneficios por coberturas a la cuenta del resultado económico patrimonial.
8111. Imputación de beneficios por coberturas al valor inicial de la partida cubierta.

Recoge, durante el ejercicio, las pérdidas en instrumentos de cobertura que deban imputarse al patrimonio neto, según establece la norma de reconocimiento y valoración n.º 10, «Coberturas contables», así como las transferencias a la cuenta del resultado económico patrimonial de beneficios en instrumentos de cobertura imputados previamente al patrimonio neto.

810. Pérdidas por coberturas.
Su movimiento es el siguiente:
a) Se cargará, por el importe de la pérdida en el instrumento de cobertura que deba imputarse en el patrimonio neto; con abono, generalmente, a las subcuentas 1760, «Pasivos por derivados financieros a largo plazo designados instrumentos de cobertura», 2630, «Activos por derivados financieros a largo plazo designados instrumentos de cobertura», 5260, «Pasivos por derivados financieros a corto plazo designados instrumentos de cobertura», o 5430, «Activos por derivados financieros a corto plazo designados instrumentos de cobertura».
b) Se abonará por su saldo, al cierre del ejercicio, con cargo a la cuenta 134, «Ajustes por valoración de instrumentos de cobertura».

811. Imputación de beneficios por coberturas.
Funcionará a través de sus divisionarias.
El contenido y movimiento de las subcuentas que comprende es el siguiente:

8110. Imputación de beneficios por coberturas a la cuenta del resultado económico patrimonial.

Su movimiento es el siguiente:

a) Se cargará con abono a la divisionaria correspondiente de la cuenta 7645, «Beneficios en derivados financieros designados instrumentos de cobertura», cuando según las normas de la contabilidad de coberturas deban transferirse a la cuenta del resultado económico patrimonial los importes positivos que se hayan reconocido directamente en el patrimonio neto.

b) Se abonará por su saldo, al cierre del ejercicio, con cargo a la cuenta 134, «Ajustes por valoración de instrumentos de cobertura».

8111. Imputación de beneficios por coberturas al valor inicial de la partida cubierta.

Su movimiento es el siguiente:

a) Se cargará con abono a la cuenta del correspondiente elemento patrimonial, por la imputación al valor inicial del activo o pasivo que surja del cumplimiento de un compromiso en firme o de la realización de una transacción prevista.

b) Se abonará por su saldo, al cierre del ejercicio, con cargo a la cuenta 134, «Ajustes por valoración de instrumentos de cobertura».

82. GASTOS POR VALORACIÓN DEL INMOVILIZADO NO FINANCIERO.

820. *Ajustes negativos en la valoración del inmovilizado no financiero por disminución de su valor razonable.*
821. *Ajustes negativos en la valoración del inmovilizado no financiero por amortizaciones.*
822. *Ajustes negativos en la valoración del inmovilizado no financiero por pérdidas de valor en bajas.*
823. *Imputación de beneficios en la valoración del inmovilizado no financiero.*

820. Ajustes negativos en la valoración del inmovilizado no financiero por disminución de su valor razonable.

Cuenta que recoge, cuando la entidad siga el modelo de la revalorización, la disminución del valor razonable por el que se encuentran registrados los correspondientes elementos del inmovilizado no financiero con respecto a su valor contable, incluidas las derivadas de reclasificaciones por cambio de uso, cuando den lugar a cambios del modelo contable de la revalorización al modelo contable del coste.

Asimismo se recogen en esta cuenta los incrementos de la provisión por desmantelamiento, restauración o similar que sean consecuencia de cambios en el calendario, en el importe estimado de la misma o de un cambio en el tipo de descuento, en activos registrados por su valor razonable.

Su movimiento es el siguiente:

a) Se cargará:

a.1) Por las variaciones negativas en el valor razonable de los elementos del inmovilizado no financiero, con el límite del saldo de la cuenta 136, «Ajustes por valoración del inmovilizado no financiero», que corresponda a dicho elemento, con abono a las cuentas representativas de los correspondientes elementos patrimoniales.

a.2) Por los incrementos en la valoración de la provisión por desmantelamiento, restauración o similar, con el límite del saldo de la cuenta 136, «Ajustes por valoración del inmovilizado no financiero», que corresponda a dicho elemento, cuando proceda de acuerdo con la norma de reconocimiento y valoración n.º 17, «Provisiones, activos y pasivos contingentes»

b) Se abonará, al cierre del ejercicio, con cargo a la cuenta 136, «Ajustes por valoración del inmovilizado no financiero».

821. Ajustes negativos en la valoración del inmovilizado no financiero por amortizaciones.

Cuenta que recoge, cuando la entidad siga el modelo de la revalorización, la parte del gasto por amortización del ejercicio que exceda del gasto de amortización del ejercicio según el modelo del coste.

Su movimiento es el siguiente:

a) Se cargará por la dotación a la amortización anual con abono a la subcuenta que corresponda del subgrupo 28, «Amortización acumulada del inmovilizado», en función de la naturaleza del bien que se amortiza.

b) Se abonará, al cierre del ejercicio, con cargo a la cuenta 136, «Ajustes por valoración del inmovilizado no financiero».

822. Ajustes negativos en la valoración del inmovilizado no financiero por pérdidas de valor en bajas.

Cuenta que recoge, cuando la entidad siga el modelo de la revalorización, la pérdida sufrida en la enajenación, baja u otro tipo de disposición.

Su movimiento es el siguiente:

a) Se cargará por las variaciones negativas en el valor razonable de los activos no corrientes, con abono a las cuentas de los correspondientes elementos patrimoniales, por la parte del saldo de la cuenta 136, «Ajustes por valoración del inmovilizado no financiero», que corresponda a dicho inmovilizado.

b) Se abonará, al cierre del ejercicio, con cargo a la cuenta 136, «Ajustes por valoración del inmovilizado no financiero».

823. Imputación de beneficios en la valoración del inmovilizado no financiero.

Cuenta que recoge la imputación al resultado económico patrimonial del incremento de valor del inmovilizado no financiero realizado en el ejercicio e imputado al patrimonio neto de la entidad en ejercicios anteriores.

Su movimiento es el siguiente:

a) Se cargará en el momento en que se produzca la baja o enajenación del inmovilizado no financiero, por la parte del saldo de la cuenta 136, «Ajustes por valoración del inmovilizado no financiero», que le corresponda al inmovilizado enajenado, con abono a cuentas del subgrupo 77, «Beneficios procedentes de activos no corrientes, otros ingresos de gestión ordinaria e ingresos excepcionales», y a la cuenta que corresponda del inmovilizado no financiero.

b) Se abonará, al cierre del ejercicio, con cargo a la cuenta 136, «Ajustes por valoración del inmovilizado no financiero».

84. IMPUTACIÓN DE SUBVENCIONES.

840. *Imputación de subvenciones para la financiación del inmovilizado no financiero y de activos en estado de venta.*

8400. De la entidad o entidades propietarias.

8401. Del resto de entidades.

841. *Imputación de subvenciones para la financiación de activos corrientes y gastos.*

8410. De la entidad o entidades propietarias.

8411. Del resto de entidades.

842. *Imputación de subvenciones para la financiación de operaciones financieras.*

8420. De la entidad o entidades propietarias.

8421. Del resto de entidades.

840/841/842. Imputación de...

Cuentas que recogen la transferencia a la cuenta del resultado económico patrimonial de las subvenciones recibidas que han sido imputadas previamente al patrimonio neto.

Funcionarán a través de sus divisionarias.

Su movimiento es el siguiente:

a) Se cargarán en el momento de la imputación a la cuenta del resultado económico patrimonial de la subvención recibida, con abono a la correlativa cuenta del subgrupo 75, «Transferencias y subvenciones». En el caso de subvenciones para la financiación de activos corrientes, dicha imputación procederá cuando se produzca su enajenación o baja en inventario.

b) Se abonarán, al cierre de ejercicio, con cargo a la correlativa cuenta del subgrupo 13, «Subvenciones y ajustes por cambio de valor».

89. GASTOS DE PARTICIPACIONES EN ENTIDADES DEL GRUPO, MULTIGRUPO Y ASOCIADAS CON AJUSTES VALORATIVOS POSITIVOS PREVIOS.

891. *Deterioro de participaciones en entidades del grupo, multigrupo y asociadas.*

Recoge las correcciones valorativas por deterioro de participaciones en entidades del grupo, multigrupo y asociadas, que deban imputarse directamente en el patrimonio neto, cuando se hubieran realizado inversiones previas a esa consideración, y las mismas hubieran originado ajustes valorativos previos por aumentos de valor imputados directamente al patrimonio neto. Todo ello, de acuerdo con lo que al respecto disponen las correspondientes normas de reconocimiento y valoración.

Su movimiento es el siguiente:

a) Se cargará, en el momento en que se produzca el deterioro de valor del activo financiero, hasta el límite de los aumentos valorativos previos, con abono a la divisionaria que corresponda de las cuentas 250, «Participaciones a largo plazo en entidades del grupo», 251, «Participaciones a largo plazo en entidades multigrupo y asociadas», o 530, «Participaciones a corto plazo en entidades del grupo», o 531, «Participaciones a corto plazo en entidades multigrupo y asociadas».

b) Se abonarán, al cierre del ejercicio, con cargo a la cuenta 133, «Ajustes por valoración en activos financieros disponibles para la venta».

Grupo 9. Ingresos imputados al patrimonio neto

Incrementos del patrimonio neto de la entidad no imputados a la cuenta del resultado económico patrimonial del ejercicio en el que se generan.

90. INGRESOS POR VALORACIÓN DE ACTIVOS FINANCIEROS.
 900. *Beneficios en activos financieros disponibles para la venta.*
 902. *Imputación de pérdidas en activos financieros disponibles para la venta.*

Recoge, durante el ejercicio, las variaciones positivas en el valor razonable de los activos financieros clasificados en la categoría activos financieros disponibles para la venta, así como la imputación a la cuenta del resultado económico-patrimonial, o a la cuenta del correspondiente activo, de las variaciones negativas en el valor razonable de dichos activos reconocidas previamente en el patrimonio neto.

900. Beneficios en activos financieros disponibles para la venta.

Su movimiento es el siguiente:

a) Se abonará por las variaciones positivas en el valor razonable de los activos financieros clasificados como disponibles para la venta, incluidas las que se produzcan en caso de reclasificación, con cargo a las cuentas de los correspondientes activos financieros.

b) Se cargará, al cierre del ejercicio, con abono a la cuenta 133, «Ajustes por valoración en activos financieros disponibles para la venta».

902. Imputación de pérdidas en activos financieros disponibles para la venta.

Su movimiento es el siguiente:

a) Se abonará:

a.1) En el momento en que se produzca la baja o enajenación del activo financiero disponible para la venta, incluidos los que hayan sido objeto de reclasificación, por el saldo negativo acumulado en el patrimonio neto con cargo a la subcuenta 6641, «Pérdidas en activos financieros disponibles para la venta».

a.2) En el momento en el que se produzca el deterioro del instrumento financiero, por el saldo negativo acumulado en el patrimonio neto con cargo a las cuentas de los correspondientes instrumentos de deuda o a la cuenta 696, «Pérdidas por deterioro de participaciones», a través de sus divisionarias, en el caso de inversiones en instrumentos de patrimonio.

a.3) En caso de reclasificación a inversión mantenida hasta el vencimiento, con cargo a la cuenta 761, «Ingresos de valores representativos de deuda», por la imputación a lo largo de la vida residual del activo financiero, según el método del tipo de interés efectivo, de las disminuciones de valor reconocidos hasta ese momento en el patrimonio neto.

b) Se cargará, al cierre del ejercicio, con abono a la cuenta 133, «Ajustes por valoración en activos financieros disponibles para la venta».

91. INGRESOS EN OPERACIONES DE COBERTURA.

910. *Beneficios por coberturas.*

911. *Imputación de pérdidas por coberturas.*

9110. Imputación de pérdidas por coberturas a la cuenta del resultado económico patrimonial.

9111. Imputación de pérdidas por coberturas al valor inicial de la partida cubierta.

Recoge, durante el ejercicio, los beneficios en instrumentos de cobertura que deban imputarse al patrimonio neto, según establece la norma de reconocimiento y valoración n.º 10, «Coberturas contables», así como las transferencias a la cuenta del resultado económico-patrimonial de pérdidas en instrumentos de cobertura imputadas previamente al patrimonio neto.

910. Beneficios por coberturas.

Su movimiento es el siguiente:

a) Se abonará, por el importe del beneficio en el instrumento de cobertura que deba imputarse en el patrimonio neto, con cargo a las subcuentas 1760, «Pasivos por derivados financieros a largo plazo designados instrumentos de cobertura», 2630, «Activos por derivados financieros a largo plazo designados instrumentos de cobertura», 5260, «Pasivos por derivados financieros a corto plazo designados instrumentos de cobertura», o 5430, «Activos por derivados financieros a corto plazo designados instrumentos de cobertura».

b) Se cargará por su saldo, al cierre del ejercicio, con abono a la cuenta 134, «Ajustes por valoración de instrumentos de cobertura».

911. Imputación de pérdidas por coberturas.

Funcionará a través de sus divisionarias.

El contenido y movimiento de las subcuentas que comprende es el siguiente:

9110. Imputación de pérdidas por coberturas a la cuenta del resultado económico patrimonial.

a) Se abonará con cargo a la divisionaria correspondiente de la cuenta 6645, «Pérdidas en derivados financieros designados instrumentos de cobertura», cuando según las normas de la contabilidad de coberturas deban transferirse a la cuenta del resultado económico patrimonial los importes negativos que se hayan reconocido directamente en el patrimonio neto.

b) Se cargará por su saldo, al cierre del ejercicio, con abono a la cuenta 134, «Ajustes por valoración de instrumentos de cobertura».

9111. Imputación de pérdidas por coberturas al valor inicial de la partida cubierta.

a) Se abonará con cargo a la cuenta del correspondiente elemento patrimonial, por la imputación al valor inicial del activo o pasivo que surja del cumplimiento de un compromiso en firme o de la realización de una transacción prevista.

b) Se cargará por su saldo, al cierre del ejercicio, con abono a la cuenta 134, «Ajustes por valoración de instrumentos de cobertura».

92. INGRESOS POR VALORACIÓN DEL INMOVILIZADO NO FINANCIERO.

920. *Ajustes positivos en la valoración del inmovilizado no financiero por aumento de su valor razonable.*

920. Ajustes positivos en la valoración del inmovilizado no financiero por aumento de su valor razonable.

Cuenta que recoge, cuando la entidad siga el modelo de la revalorización en la valoración del inmovilizado no financiero, el aumento del valor razonable por el que se encuentran registrados los correspondientes elementos con respecto a su valor contable. Se incluye también el aumento de valor derivado de reclasificaciones por cambio de uso cuando supongan el cambio del modelo contable del coste al de la revalorización.

Asimismo se recogen en esta cuenta las disminuciones de la provisión por desmantelamiento, restauración o similar que sean consecuencia de cambios en el calendario, en el importe estimado de la misma o de un cambio en el tipo de descuento, en activos registrados por su valor razonable.

Su movimiento es el siguiente:

a) Se abonará:

a.1) Por las variaciones positivas en el valor razonable del inmovilizado no financiero valorado según el modelo de revalorización, con cargo a las cuentas representativas de los correspondientes elementos patrimoniales.

a.2) Por las disminuciones en la valoración de la provisión por desmantelamiento, restauración o similar, cuando proceda de acuerdo con la norma de reconocimiento y valoración n.º 17, «Provisiones, activos y pasivos contingentes».

b) Se cargará, al cierre del ejercicio, con abono a la cuenta 136, «Ajustes por valoración del inmovilizado no financiero».

94. INGRESOS POR SUBVENCIONES.

940. *Ingresos de subvenciones para la financiación del inmovilizado no financiero y de activos en estado de venta.*

9400. De la entidad o entidades propietarias.

9401. Del resto de entidades.

941. *Ingresos de subvenciones para la financiación de activos corrientes y gastos.*

9410. De la entidad o entidades propietarias.

9411. Del resto de entidades.

942. *Ingresos de subvenciones para la financiación de operaciones financieras.*

9420. De la entidad o entidades propietarias.

9421. Del resto de entidades.

940/941/942. Ingresos de subvenciones para...

Subvenciones no reintegrables recibidas en un ejercicio y no imputadas al resultado económico patrimonial, de acuerdo con lo establecido en la norma de reconocimiento y valoración n.º 18, «Transferencias y subvenciones».

Funcionarán a través de sus divisionarias.

Su movimiento es el siguiente:

a) Se abonarán por la subvención recibida con cargo, generalmente, a la cuenta 430, «Deudores por derechos reconocidos: presupuesto de ingresos corriente», o la cuenta que corresponda, si la subvención fuera en especie, o en caso de que una subvención reintegrable se convierta en no reintegrable, a la cuenta 172, «Deudas a largo plazo transformables en subvenciones», o a la cuenta 522, «Deudas a corto plazo transformables en subvenciones», o a la cuenta 163, «Deudas a largo plazo transformables en subvenciones con entidades del grupo, multigrupo y asociadas», o a la cuenta 513, «Deudas a corto plazo transformables en subvenciones con entidades del grupo, multigrupo y asociadas».

b) Se cargarán, con abono a:

b.1) La cuenta 172, «Deudas a largo plazo transformables en subvenciones», o a la cuenta 522, «Deudas a corto plazo transformables en subvenciones», o a la cuenta 163, «Deudas a largo plazo transformables en subvenciones con entidades del grupo, multigrupo y asociadas», o a la cuenta 513, «Deudas a corto plazo transformables en subvenciones con entidades del grupo, multigrupo y asociadas», cuando una subvención no reintegrable se convierta en reintegrable.

b.2) Al cierre del ejercicio, con abono a la correlativa cuenta del subgrupo 13, «Subvenciones y ajustes por cambio de valor».

99. INGRESOS DE PARTICIPACIONES EN EL PATRIMONIO DE ENTIDADES DEL GRUPO, MULTIGRUPO Y ASOCIADAS CON AJUSTES VALORATIVOS NEGATIVOS PREVIOS.

991. *Recuperación de ajustes valorativos negativos previos, entidades del grupo, multigrupo y asociadas.*

993. *Imputación por deterioro de ajustes valorativos negativos previos, entidades del grupo, multigrupo y asociadas.*

Las cuentas de este subgrupo recogerán la recuperación de los ajustes valorativos por reducciones de valor imputados directamente en el patrimonio neto, cuando se hubieran realizado inversiones previas a la consideración de las participaciones en el patrimonio como entidades del grupo, multigrupo y asociadas.

También se recogerán las transferencias a la cuenta del resultado económico patrimonial de los citados ajustes valorativos en caso de deterioro. Todo ello, de acuerdo con lo que al respecto dispone la norma de reconocimiento y valoración n.º 8, «Activos financieros».

991. Recuperación de ajustes valorativos negativos previos, entidades del grupo, multigrupo y asociadas.

Su movimiento es el siguiente:

a) Se abonará en el momento en que el importe recuperable sea superior al valor contable de las inversiones, hasta el límite de los ajustes valorativos negativos previos, con cargo a la divisionaria que corresponda de las cuentas 250, «Participaciones a largo plazo en entidades del grupo», 251, «Participaciones a largo plazo en entidades multigrupo y asociadas», 530, «Participaciones a corto plazo en entidades del grupo», o 531, «Participaciones a corto plazo en entidades multigrupo y asociadas».

b) Se cargará, al cierre del ejercicio, con abono a la cuenta 133, «Ajustes por valoración en activos financieros disponibles para la venta».

993. Imputación por deterioro de ajustes valorativos negativos previos, entidades del grupo, multigrupo y asociadas.

Su movimiento es el siguiente:

a) Se abonará en el momento en que se produzca el deterioro del activo financiero, por los ajustes valorativos negativos previos con cargo a la divisionaria correspondiente de la cuenta 696, «Pérdidas por deterioro de participaciones».

b) Se cargará, al cierre del ejercicio, con abono a la cuenta 133, «Ajustes por valoración en activos financieros disponibles para la venta».

Grupo 0. Cuentas de control presupuestario

Reflejan el movimiento de los créditos y previsiones que figuran en el presupuesto en aquellas fases que precedan al reconocimiento de la obligación o del derecho, efectos estos que se recogen en cuentas del grupo 4.

La utilización de este grupo es facultativa por parte de la entidad.

00. DE CONTROL PRESUPUESTARIO. EJERCICIO CORRIENTE.
000. *Presupuesto ejercicio corriente.*
001. *Presupuesto de gastos: créditos iniciales.*
002. *Presupuesto de gastos: modificaciones de crédito.*
0020. Créditos extraordinarios.
0021. Suplementos de crédito.
0022. Ampliaciones de crédito.
0023. Transferencias de crédito.
0024. Incorporaciones de remanentes de crédito.
0025. Créditos generados por ingresos.
0027. Ajustes por prórroga presupuestaria.
0028. Bajas por anulación.
003. *Presupuesto de gastos: créditos definitivos.*
0030. Créditos disponibles.
0031. Créditos retenidos para gastar.
0032. Créditos retenidos para transferencias y bajas.
0033. Créditos retenidos para acuerdos de no disponibilidad.
0034. Créditos no disponibles.
004. *Presupuesto de gastos: gastos autorizados.*
005. *Presupuesto de gastos: gastos comprometidos.*
006. *Presupuesto de ingresos: previsiones iniciales.*
007. *Presupuesto de ingresos: modificación de previsiones.*
008. *Presupuesto de ingresos: previsiones definitivas.*

000. Presupuesto ejercicio corriente.

Destinada a recoger el importe de los presupuestos de ingresos y gastos aprobados para cada ejercicio y de sus posteriores modificaciones.

Su movimiento es el siguiente:

a) Se abonará con cargo a:

a.1) La cuenta 006, «Presupuesto de ingresos: previsiones iniciales», por el importe del presupuesto de ingresos aprobado.

a.2) La cuenta 007, «Presupuesto de ingresos: modificaciones de las previsiones», por el importe de las modificaciones que, a través de acto formal, se produzcan en las previsiones de ingresos.

a.3) La subcuenta 0030, «Créditos disponibles», en el momento del cierre, por la suma total de obligaciones reconocidas.

a.4) La subcuenta 0030, en el momento del cierre, por el saldo de los gastos comprometidos.

a.5) La subcuenta 0030, en el momento del cierre, por el saldo de los gastos autorizados.

a.6) La cuenta 003, «Presupuesto de gastos: créditos definitivos», a través de sus divisionarias, por el importe de los saldos de crédito en el momento del cierre.

b) Se cargará con abono a:

b.1) La cuenta 001, «Presupuesto de gastos: créditos iniciales», por el importe total del presupuesto de gastos aprobado para cada ejercicio.

b.2) La cuenta 002, «Presupuesto de gastos: modificaciones de créditos», a través de sus divisionarias, por las posteriores modificaciones. Si estas son negativas, el asiento será de signo negativo.

b.3) La cuenta 008, «Presupuesto de ingresos: previsiones definitivas», por el importe de su saldo en el momento del cierre.

La suma del debe indicará el importe total del presupuesto de gastos. La de su haber, el total del presupuesto de ingresos.

Aunque generalmente esta cuenta aparecerá saldada, podrá presentar saldo acreedor.

001. Presupuesto de gastos: créditos iniciales.

Importe de los créditos concedidos en el presupuesto de gastos inicialmente aprobado por la autoridad competente.

Su movimiento es el siguiente:

a) Se abonará con cargo a la cuenta 000, «Presupuesto ejercicio corriente», por el importe de los créditos concedidos en el presupuesto de gastos inicialmente aprobado.

b) Se cargará, simultáneamente al asiento anterior, con abono a la subcuenta 0030, «Créditos disponibles», por el mismo importe.

Esta cuenta aparecerá saldada en todo momento.

002. Presupuesto de gastos: modificaciones de créditos.

Recoge las modificaciones de los créditos presupuestarios aprobadas por la autoridad competente, incluidos los ajustes al alza del Presupuesto prorrogado previstos en el artículo 21.3 del Real Decreto 500/1990, de 20 de abril.

Funcionará a través de sus divisionarias.

Su movimiento es el siguiente:

a) Se abonará con cargo a la cuenta 000, «Presupuesto ejercicio corriente», por el importe de las modificaciones de crédito de carácter positivo. Por las modificaciones de crédito de carácter negativo, el asiento será de signo negativo.

b) Se cargará con abono a la subcuenta 0030, «Créditos disponibles», por el importe de las modificaciones de crédito de carácter positivo. Por las modificaciones de crédito de carácter negativo, el asiento será de signo negativo.

Esta cuenta aparecerá saldada en todo momento.

003. Presupuesto de gastos: créditos definitivos.

Funcionará a través de sus divisionarias.

0030. Créditos disponibles.

Recoge la totalidad de los créditos presupuestarios aprobados en el ejercicio, tanto los iniciales como sus modificaciones, así como la utilización de los mismos.

Su movimiento es el siguiente:

a) Se abonará con cargo a:

a.1) La cuenta 001, «Presupuesto de gastos: créditos iniciales», por los créditos que figuran inicialmente en el presupuesto.

a.2) La cuenta 002, «Presupuesto de gastos: modificaciones de créditos», a través de sus divisionarias, por el importe de las modificaciones positivas que se produzcan. Por las modificaciones negativas, el asiento será de signo negativo.

a.3) La cuenta 004, «Presupuesto de gastos: gastos autorizados», en el momento del cierre, por la suma total de obligaciones reconocidas.

a.4) La cuenta 004, en el momento del cierre, por el saldo de gastos comprometidos.

a.5) La cuenta 004, en el momento del cierre, por el saldo de gastos autorizados.

b) Se cargará con abono a:

b.1) La cuenta 004, por los gastos autorizados —fase A de la ejecución del presupuesto— en los casos en que no se haya realizado retención previa de crédito.

b.2) La subcuenta 0031, «Créditos retenidos para gastar», por la retención de crédito previa al expediente de gasto. Si se anula la retención, el asiento será de signo negativo.

b.3) La subcuenta 0032, «Créditos retenidos para transferencias y bajas», por la retención de crédito previa a la modificación presupuestaria. Una vez que se apruebe la modificación o en el caso de que se anule la retención, se practicará el mismo asiento de signo negativo.

b.4) La subcuenta 0033, «Créditos retenidos para acuerdos de no disponibilidad», por las retenciones de crédito previas a la declaración de no disponibilidad de créditos.

b.5) La subcuenta 0034, «Créditos no disponibles», por el importe de los créditos que se hallen en esta situación.

b.6) La cuenta 000, «Presupuesto ejercicio corriente», en el momento del cierre, por el importe de la suma total de obligaciones reconocidas.

b.7) La cuenta 000, en el momento del cierre, por el saldo de gastos comprometidos.

b.8) La cuenta 000, en el momento del cierre, por el saldo de gastos autorizados.

b.9) La cuenta 000, en el momento del cierre, por su saldo.

La suma de su haber indicará el importe total de los créditos definitivos. La suma de su debe indica el importe de los créditos utilizados durante el ejercicio y de los créditos no disponibles.

Su saldo acreedor, antes del cierre, recogerá los créditos disponibles no utilizados, es decir, que no se han retenido o autorizado.

0031. Créditos retenidos para gastar.

Recoge la retención de créditos producida como consecuencia de la expedición del certificado de existencia de crédito en los expedientes de gasto.

Su movimiento es el siguiente:

a) Se abonará con cargo a la subcuenta 0030, «Créditos disponibles», por el importe de la retención efectuada. En el caso de que tal retención se anule, el asiento será de signo negativo.

b) Se cargará con abono a:

b.1) La cuenta 004, «Presupuesto de gastos: gastos autorizados», por los gastos autorizados.

b.2) La cuenta 000, «Presupuesto ejercicio corriente», en el momento del cierre, por su saldo.

La suma de su haber indicará el importe total de los créditos retenidos para la autorización de gastos en un momento posterior. La suma de su debe indica el importe de los créditos retenidos que se han utilizado.

Su saldo, acreedor, recogerá, antes del cierre, el total de créditos retenidos para gastos pendientes de autorización.

0032. Créditos retenidos para transferencias y bajas.

Recoge la retención de créditos producida como consecuencia de la expedición del certificado de existencia de crédito en los expedientes de transferencias de crédito y de bajas por anulación.

Su movimiento es el siguiente:

a) Se abonará con cargo a la subcuenta 0030, «Créditos disponibles», por el importe de la retención efectuada. Una vez que se apruebe la modificación presupuestaria se practicará, por el importe aprobado, un asiento idéntico de signo negativo. En el caso de que la retención se anule, el asiento será igualmente de signo negativo.

b) Se cargará con abono a la cuenta 000, «Presupuesto ejercicio corriente», en el momento del cierre, por su saldo.

Su saldo, acreedor, recogerá, antes del cierre, el total de créditos retenidos para transferencias o bajas pendientes de aprobación.

0033. Créditos retenidos para acuerdos de no disponibilidad.

Recoge las retenciones de crédito previas a la declaración de no disponibilidad de créditos.

Su movimiento es el siguiente:

a) Se abonará con cargo a la subcuenta 0030, «Créditos disponibles», por la retención de crédito previa a la declaración de no disponibilidad. Una vez que se apruebe dicha declaración se practicará, por el importe aprobado, un asiento idéntico de signo negativo. En el caso de que la retención se anule, el asiento será igualmente de signo negativo.

b) Se cargará con abono a la cuenta 000, «Presupuesto ejercicio corriente», en el momento del cierre, por su saldo.

Su saldo, acreedor recogerá, antes del cierre, el total de créditos retenidos para la adopción de acuerdos de no disponibilidad pendientes de aprobación.

0034. Créditos no disponibles.

Recoge los créditos presupuestarios aprobados en el ejercicio, tanto los iniciales como sus modificaciones, que tienen condicionada su disponibilidad en virtud del artículo 173.6 del texto refundido de la Ley Reguladora de las Haciendas Locales, aprobado por Real Decreto Legislativo 2/2004, de 5 de marzo, o que han sido declarados en situación «no disponible» en virtud de acuerdo adoptado al efecto.

Su movimiento es el siguiente:

a) Se abonará con cargo a la subcuenta 0030, «Créditos disponibles», por el importe de los créditos que se hallen en situación no disponible. La reposición a la situación de créditos disponibles se registrará mediante un asiento idéntico de signo negativo.

b) Se cargará, en el momento del cierre, por su saldo con abono a la cuenta 000, «Presupuesto ejercicio corriente».

Su saldo, acreedor, recogerá, antes del cierre, el total de créditos definitivos no disponibles.

004. Presupuesto de gastos: gastos autorizados.

Recoge el importe de las autorizaciones de gasto.

Su movimiento es el siguiente:

a) Se abonará con cargo a:

a.1) La subcuenta 0030, «Créditos disponibles», por las autorizaciones de gasto aprobadas —fase A de la ejecución del presupuesto— cuando no se haya realizado retención de crédito.

a.2) La subcuenta 0031, «Créditos retenidos para gastar», por las autorizaciones de gasto aprobadas —fase A— cuando se haya realizado retención de crédito.

a.3) La cuenta 005, «Presupuesto de gastos: gastos comprometidos», en el momento del cierre, por la suma total de las obligaciones reconocidas.

a.4) La cuenta 005, en el momento del cierre, por el saldo de gastos comprometidos.

b) Se cargará con abono a:

b.1) La cuenta 005, por los créditos dispuestos.

b.2) La subcuenta 0030, en el momento del cierre, por la suma total de obligaciones reconocidas.

b.3) La subcuenta 0030, en el momento del cierre, por el saldo de gastos comprometidos.

b.4) La subcuenta 0030, en el momento del cierre, por el saldo de gastos autorizados.

La suma de su debe recogerá el importe total de gastos comprometidos. La de su haber, el de gastos autorizados.

Su saldo, acreedor, recogerá, antes del cierre, el importe de las autorizaciones de gasto pendientes de comprometer (saldo de gastos autorizados).

005. Presupuesto de gastos: gastos comprometidos.

Recoge el importe de los gastos comprometidos.

Su movimiento es el siguiente:

a) Se abonará con cargo a la cuenta 004, «Presupuesto de gastos: gastos autorizados», por el importe de los créditos dispuestos —fase D de la ejecución del presupuesto—.

b) Se cargará con abono a:

b.1) La cuenta 004, en el momento del cierre, por el importe de la suma total de las obligaciones reconocidas.

b.2) La cuenta 004, en el momento del cierre, por el saldo de gastos comprometidos.

La suma de su haber recogerá el importe total de gastos comprometidos durante el ejercicio.

Su saldo, acreedor, recogerá, antes del cierre, el importe de los compromisos de gasto.

Nota: El cierre de las cuentas 003, 004 y 005 se hará en dos fases:

1.ª Cierre del presupuesto gastado: Por el importe de la suma total de las obligaciones reconocidas.

1.1. Cargo a la cuenta 005, «Presupuesto de gastos: gastos comprometidos», con abono a la 004, «Presupuesto de gastos: gastos autorizados».

1.2. Cargo en la cuenta 004, «Presupuesto de gastos: gastos autorizados», con abono a la subcuenta 0030, «Créditos disponibles».

1.3. Cargo en la subcuenta 0030, «Créditos disponibles», con abono a la cuenta 000 «Presupuesto ejercicio corriente».

2.ª Cierre de los remanentes de crédito:

2.1. Por el importe del saldo de gastos comprometidos:

a) Cargo en la cuenta 005, «Presupuesto de gastos: gastos comprometidos», con abono a la cuenta 004, «Presupuesto de gastos: gastos autorizados».

b) Cargo en la cuenta 004, «Presupuesto de gastos: gastos autorizados», con abono a la cuenta 0030, «Créditos disponibles».

c) Cargo en la subcuenta 0030, «Créditos disponibles», con abono a la cuenta 000, «Presupuesto ejercicio corriente».

2.2. Por el importe del saldo de gastos autorizados:

a) Cargo en la cuenta 004, «Presupuesto de gastos: gastos autorizados», con abono a la cuenta 0030, «Créditos disponibles».

b) Cargo en la subcuenta 0030, «Créditos disponibles», con abono a la cuenta 000, «Presupuesto ejercicio corriente».

2.3. Por el importe de los saldos de crédito:

a) Cargo en la subcuenta 0030, «Créditos disponibles», por su saldo, con abono a la 000, «Presupuesto ejercicio corriente».

b) Cargo en la subcuenta 0031, «Créditos retenidos para gastar», por su saldo, con abono a la 000, «Presupuesto ejercicio corriente».

c) Cargo en la subcuenta 0032, «Créditos retenidos para transferencias y bajas», por su saldo, con abono a la 000, «Presupuesto ejercicio corriente».

d) Cargo en la subcuenta 0033, «Créditos retenidos para acuerdos de no disponibilidad», por su saldo, con abono a la 000, «Presupuesto ejercicio corriente».

e) Cargo en la subcuenta 0034, «Créditos no disponibles», por su saldo, con abono a la 000, «Presupuesto ejercicio corriente».

006. Presupuesto de ingresos: previsiones iniciales.

Importe de las previsiones de ingresos que figuran en el presupuesto inicialmente aprobado por la autoridad competente.

Su movimiento es el siguiente:

a) Se cargará con abono a la cuenta 000, «Presupuesto ejercicio corriente», por las previsiones que figuran en el presupuesto de ingresos.

b) Se abonará, simultáneamente al asiento anterior, con cargo a la cuenta 008, «Presupuesto de ingresos: previsiones definitivas», por el mismo importe.

Esta cuenta aparecerá saldada en todo momento.

007. Presupuesto de ingresos: modificación de previsiones.

Recoge las variaciones que se produzcan en las previsiones de ingresos, a través de un acto formal (no por haber alcanzado un grado de ejecución superior al previsto).

Su movimiento es el siguiente:

a) Se cargará con abono a la cuenta 000, «Presupuesto ejercicio corriente», por las modificaciones positivas que se produzcan. Por las modificaciones negativas el asiento será de signo negativo.

b) Se abonará, simultáneamente al asiento anterior, con cargo a la cuenta 008, «Presupuesto de ingresos: previsiones definitivas», por el mismo importe.

Esta cuenta aparecerá saldada en todo momento.

008. Presupuesto de ingresos: previsiones definitivas.

Importe total de las previsiones del presupuesto de ingresos inicialmente aprobado más las modificaciones.

Su movimiento es el siguiente:

a) Se cargará con abono a:

a.1) La cuenta 006, «Presupuesto de ingresos: previsiones iniciales», por el importe de las mismas.

a.2) La cuenta 007, «Presupuesto de ingresos: modificación de las previsiones», por las que se produzcan durante el ejercicio.

b) Se abonará con cargo a la cuenta 000, «Presupuesto ejercicio corriente», en el momento de cierre, por su saldo.

Su saldo, deudor, recogerá, antes del cierre, las previsiones definitivas de ingresos.

Nota: Las rectificaciones a todas estas cuentas de control presupuestario se efectuarán mediante asientos análogos a los descritos pero de signo contrario, al objeto de no desvirtuar el significado de las sumas del debe y del haber de las cuentas. El mismo criterio se seguirá para anular los créditos y previsiones del presupuesto prorrogado una vez que se apruebe el Presupuesto para el ejercicio.

§ II.3. ORDEN HAP/1.782/2013, DE 20 DE SEPTIEMBRE, POR LA QUE SE APRUEBA LA INSTRUCCIÓN DEL MODELO SIMPLIFICADO DE CONTABILIDAD LOCAL Y SE MODIFICA LA INSTRUCCIÓN DEL MODELO BÁSICO DE CONTABILIDAD LOCAL, APROBADA POR LA ORDEN EHA/4.040/2004, DE 23 DE NOVIEMBRE

(*BOE* n.º 237, de 3 de octubre de 2013)

A raíz de la aprobación de la Ley 39/1988, de 28 de diciembre, reguladora de las Haciendas locales, se inició un importante proceso de reforma en la contabilidad de las entidades locales y sus organismos autónomos, que se tradujo en un cambio radical en la llevanza de la contabilidad al completarse el tradicional método de partida simple con el método de partida doble, estableciéndose la obligatoriedad de aplicar un Plan General de Cuentas conforme al Plan General de Contabilidad Pública (en adelante PGCP).

Al objeto de minimizar la mayor complejidad que el nuevo sistema contable incorporaba en la gestión de las entidades locales con una menor dimensión en su actividad económico-financiera, la propia Ley 39/1988, en su artículo 184.2, abrió la puerta a un tratamiento contable simplificado para entidades locales de ámbito territorial con población inferior a 5.000 habitantes, entidades éstas que podían encontrarse, en principio, en peores condiciones para poder asumir el reto que suponía el nuevo régimen a implantar.

La aplicación efectiva de este nuevo sistema contable se efectuó a partir del ejercicio 1992, mediante la utilización de dos modelos: el llamado «modelo normal» y el «modelo simplificado», al que se ha hecho referencia, cuya regulación quedó recogida en sendas Órdenes del Ministerio de Economía y Hacienda, de 17 de julio de 1990, a través de las que se aprobaron las respectivas Instrucciones de Contabilidad: Instrucción de contabilidad para la Administración Local, para el «modelo normal», e Instrucción de contabilidad del tratamiento especial simplificado para entidades locales de ámbito territorial con población inferior a 5.000 habitantes, en el caso del «modelo simplificado». Cada una de estas dos Instrucciones de contabilidad incorporó, en un Anexo, el Plan Contable aplicable por las entidades que estuviesen sujetas al modelo en cuestión, «normal» o «simplificado», tratándose en los dos casos de un Plan Contable que suponía una adaptación de la versión del PGCP que fue aprobada mediante Resolución de 11 de noviembre de 1983, de la Intervención General de la Administración del Estado.

La experiencia adquirida en la aplicación del nuevo sistema contable puso de manifiesto la falta de adecuación del «modelo simplificado» a las necesidades reales de las entidades locales de más pequeña dimensión debido, fundamentalmente, a la falta de medios personales y materiales que se presentaba en las mismas para la llevanza de la contabilidad. Esta circunstancia exigía un replanteamiento en el diseño de modelos que se había establecido, viéndose la necesidad de habilitar un tratamiento contable todavía mucho más simple para el tipo de entidades mencionado. A estos efectos, la Ley 13/1996, de 30 de diciembre, de medidas fiscales, administrativas y del orden social, modificó el artículo 184.2 de la Ley reguladora de las Haciendas locales en el sentido de no limitar el tratamiento simplificado a un único modelo, dejando la definición de los parámetros que determinarían la simplificación para su desarrollo reglamentario por parte del Ministerio de Economía y Hacienda.

Además, en el año 1994, y a través de Orden de 6 de mayo del Ministerio de Economía y Hacienda, vio la luz un nuevo PGCP que vino a sustituir al PGCP de 1983, lo que obligaba a revisar las diferentes normas contables que se basaban en este último.

La revisión de la normativa contable para la Administración Local de 1990 se produjo en el año 2004, articulándose a través de tres modelos contables que vinieron a sustituir a los dos que existían con anterioridad, quedando fijada su aplicación efectiva para el ejercicio 2006. Estos tres modelos quedaron regulados en las disposiciones siguientes:

— Instrucción del modelo normal de contabilidad local, aprobada por Orden EHA/4.041/2004, de 23 de noviembre.

— Instrucción del modelo simplificado de contabilidad local, aprobada por Orden EHA/4.042/2004, de 23 de noviembre.

— Y, por último, Instrucción del modelo básico de contabilidad local, aprobada por Orden EHA/4.040/2004, de 23 de noviembre.

El ámbito de aplicación de los tres modelos se definió en función de dos variables representativas de la dimensión de las entidades locales: la población y el importe de su presupuesto, y no sólo de la población como venía siendo tradicional.

Al igual que sucedió en el caso de las Instrucciones de 1990, las nuevas Instrucciones del «modelo normal» y del «modelo simplificado» de contabilidad local del 2004 incorporaron, como Anexo, el Plan Contable aplicable por las entidades sujetas al modelo en cuestión, siendo el mismo una adaptación de la versión del PGCP de 1994, al que anteriormente se ha hecho referencia.

Con la aparición en el año 2010 de un nuevo PGCP, aprobado por Orden EHA/1.037/2010, de 13 de abril, se entra en una nueva etapa de la contabilidad de las administraciones públicas al incorporarse sustanciales diferencias respecto al PGCP anterior, tanto en lo que se refiere al marco conceptual de la contabilidad, como en las normas de reconocimiento y valoración, presentando especial relevancia las que se dan en el contenido de las «cuentas anuales».

Este nuevo PGCP, que en el artículo único de la propia Orden EHA/1.037/2010 se cataloga como «plan contable marco para todas las Administraciones Públicas», obliga a efectuar una revisión de la normativa contable de aplicación a las entidades locales y sus organismos autónomos. Teniendo en cuenta que dicha normativa contable engloba los tres modelos antes mencionados: «modelo normal», «modelo simplificado» y «modelo básico», se analizó en qué medida se veía afectado cada uno de estos modelos por la aparición del nuevo PGCP. En el caso de los modelos «normal» y «simplificado», dado que ambos están basados en el PGCP de 1994 a través de la oportuna adaptación del mismo diseñada en función de los sujetos contables a los que se dirige, resulta necesario realizar una actualización de la normativa que los regula, de forma que se ajuste a los requerimientos del PGCP de 2010.

Sin embargo, en el «modelo básico», donde se optó por

la partida simple como único método de registro, dadas las dosis de simplicidad en que se mueve, no existe una adaptación del PGCP de 1994 equivalente a las previstas para los modelos «normal» y «simplificado», limitándose la regulación de dicho modelo a establecer un procedimiento de registro que, de la forma más simple posible, permite obtener una información contable con el suficiente grado de relevancia para las entidades a las que se dirige dicho modelo.

Por ello se ha considerado conveniente mantener su simplicidad, conservando su regulación actual, e incorporando cambios de índole exclusivamente formal como son la adaptación de la Instrucción de contabilidad a la terminología presupuestaria acuñada por la Orden EHA/3.565/2008, de 3 de diciembre, por la que se aprueba la estructura de los presupuestos de las entidades locales, y la adaptación de la estructura del remanente de tesorería a la que presenta esta magnitud en los nuevos modelos «normal» y «simplificado».

Con la presente Orden se pretende efectuar la actualización de la normativa contable correspondiente al «modelo simplificado»; es decir, la puesta al día de la Instrucción del modelo simplificado de contabilidad local, aprobada por Orden EHA/4.042/2004, de 23 de noviembre, a efectos de que dicha norma contemple las soluciones contables que se recogen en el PGCP de 2010, así como modificar determinados aspectos formales de la Instrucción del modelo básico de contabilidad local, aprobada por Orden EHA/4.040/2004, de 23 de noviembre.

Como no puede ser de otra manera, la actualización del «modelo simplificado» debe armonizarse con la actualización del «modelo normal», por lo que, al igual que para este último, se ha elaborado una Instrucción de contabilidad nueva, dado que también son trasladables al «modelo simplificado» las motivaciones que llevaron a actuar de esta forma en el caso del «modelo normal»:

— El alcance de las novedades que se incorporan en el PGCP de 2010 en relación con el del año 2004.

— La conveniencia de homogeneizar el contenido de la normativa contable de las diferentes administraciones públicas, cuando dicha normativa emana del Ministerio de Hacienda y Administraciones públicas. Esta homogeneización se traduce en la coherencia de la nueva Instrucción de contabilidad local con la Instrucción de Contabilidad para la Administración General del Estado, aprobada por Orden EHA/3.067/2011, de 8 de noviembre, y con la Instrucción de Contabilidad para la Administración Institucional del Estado, aprobada por Orden EHA/2.045/2011, de 14 de julio.

— La eliminación de aquellos contenidos que figuraban en la Instrucción de contabilidad anterior que, de alguna forma, ya están desarrollados en el propio Plan de Cuentas Local Simplificado anexo a la Instrucción.

La Instrucción de Contabilidad que ahora se aprueba sustituye y deroga a la aprobada por Orden EHA/4.042/2004, de 23 de noviembre, y, de acuerdo con lo previsto en el artículo 1 de esta Orden, será de aplicación a las entidades locales, sus organismos autónomos, sociedades mercantiles locales y entidades públicas empresariales locales, en los términos que al respecto se establecen en la propia Instrucción.

En el artículo 2 de la Orden se regulan las modificaciones de la Instrucción del modelo básico de contabilidad local citadas en párrafos anteriores.

Además, esta Orden incluye tres disposiciones transitorias, una disposición derogatoria y una disposición final.

La disposición transitoria primera regula el proceso de apertura de la contabilidad del ejercicio 2015 con el nuevo Plan de Cuentas Local Simplificado fijando los criterios a los que se habrá de ajustar este proceso:

— Traslado a la contabilidad del ejercicio 2015 de todos y cada uno de los saldos que se hubiesen reflejado en el cierre de la contabilidad del ejercicio 2014.

— Prohibición de incorporar saldos diferentes de los señalados en el párrafo anterior.

— Imputación de dichos saldos según las cuentas del nuevo Plan de Cuentas Local Simplificado, que está basado en el PGCP de 2010 y que se anexa a la Instrucción que se aprueba.

— Realización de ajustes, una vez hecho el asiento de apertura de la contabilidad del ejercicio 2015, para reflejar todos los activos y pasivos no recogidos en el referido asiento cuyo reconocimiento venga exigido por el Plan de Cuentas Local Simplificado. Asimismo, también se realizarán ajustes para dar de baja todas las partidas (activos y pasivos) cuyo reconocimiento no esté permitido por el mismo y que, como consecuencia de la existencia de saldos contables al finalizar el ejercicio 2014, se hubiesen reflejado en la apertura de la contabilidad de 2015.

— Como excepcionalidad de todo este proceso se posibilita la no incorporación en la contabilidad de 2015 de las infraestructuras, los bienes del patrimonio histórico y demás elementos patrimoniales existentes en la entidad con anterioridad a dicho ejercicio, que no estuviesen activados en virtud de lo establecido en el anterior Plan de Cuentas Local Simplificado.

— Todos los elementos patrimoniales se valorarán por sus valores contables a 31 de diciembre de 2014, con algunas excepciones.

— Se elaborará, por la Intervención General de la Administración del Estado, una guía para facilitar la apertura de la contabilidad el 1 de enero de 2015.

En la disposición transitoria segunda se establecen determinadas especialidades de las cuentas anuales del ejercicio 2015, como consecuencia de ser el primero de los ejercicios en los que se aplicará el nuevo Plan de Cuentas Local Simplificado. Así, se establece que, en dichas cuentas, no deben figurar las cifras relativas al ejercicio o ejercicios anteriores en todos aquellos estados que incluyan información comparativa, incorporándose una nota adicional en la memoria de estas cuentas anuales, a efectos de clarificar el proceso de transición de la contabilidad del ejercicio 2014 a la del ejercicio 2015; esta nota adicional (la número 21) debe contener:

— Un estado de conciliación que ponga de manifiesto la correspondencia existente entre los saldos recogidos en el asiento de apertura de la contabilidad del ejercicio 2015 y los que hubiesen figurado en el de cierre de la contabilidad del ejercicio 2014.

— El balance, la cuenta del resultado económico-patrimonial y el Remanente de Tesorería incluidos en las cuentas del ejercicio 2014, a efectos de suplir la información comparativa que, como ya quedo señalado, se excluye de las cuentas anuales de 2015.

— Una descripción de los ajustes contables que se produzcan en cumplimiento de lo previsto en la disposición transitoria primera que anteriormente se ha comentado, con el objeto de clarificar los motivos que hayan llevado a su realización.

La disposición transitoria tercera señala cuál debe ser la normativa contable a aplicar en la elaboración y rendición de cuentas correspondientes a ejercicios anteriores al 2015.

La disposición derogatoria única deja sin efecto todas aquellas normas de igual o inferior rango en lo que se opongan, contradigan o resulten incompatibles con lo dispuesto en la nueva Instrucción de Contabilidad, derogándose de forma expresa la Instrucción del modelo simplificado de contabilidad local aprobada por Orden EHA/4.042/2004, de 23 de noviembre.

Por último, la disposición final única establece la entrada en vigor de la presente Orden el 1 de enero de 2015.

La presente Orden da cumplimiento al mandato contenido en el artículo 203 del texto refundido de la Ley Reguladora de las Haciendas Locales, aprobado por Real Decreto Legislativo 2/2004, de 5 de marzo, que en su apartado 2 establece que serán objeto de tratamiento contable simplificado aquellas entidades locales cuyas características así lo requieran y que serán fijadas reglamentariamente por el Ministro de Hacienda (hoy de Hacienda y Administraciones Públicas). Además, el apartado 1 de dicho artículo atribuye las competencias para el desarrollo normativo en materia de contabilidad a dicho Ministro, a propuesta de la Intervención General de la Administración del Estado, estableciendo que le corresponderá:

a) Aprobar las normas contables de carácter general a las que tendrá que ajustarse la organización de la contabilidad de los entes locales y sus organismos autónomos.

b) Aprobar el Plan General de Cuentas para las entidades locales, conforme al PGCP (en el caso del «modelo simplificado» dicho Plan es el denominado Plan de Cuentas Local Simplificado).

c) Establecer los libros que, como regla general y con carácter obligatorio, deban llevarse.

d) Determinar la estructura y justificación de las cuentas, estados y demás documentos relativos a la contabilidad pública.

En consecuencia, y en uso de las facultades que a este Ministerio otorga dicho artículo, a propuesta de la Intervención General de la Administración del Estado, previo informe favorable de la Comisión Nacional de Administración Local y de acuerdo con el Consejo de Estado, dispongo:

Artículo 1.º *Aprobación de la Instrucción del modelo simplificado de contabilidad local.*—Se aprueba la Instrucción del modelo simplificado de contabilidad local que se inserta como Anexo I de la presente Orden.

Dicha Instrucción será de aplicación por las entidades locales, sus organismos autónomos, sociedades mercantiles locales y entidades públicas empresariales locales, en los términos que al respecto se establecen en su regla 1.

Art. 2.º *Modificación de la Instrucción del modelo básico de contabilidad local aprobada por Orden EHA/4.040/2004, de 23 de noviembre.*—Se modifica la Instrucción del modelo básico de contabilidad local aprobada por Orden EHA/4040/2004, de 23 de noviembre, en los siguientes términos:

....

DISPOSICIONES TRANSITORIAS

1.ª *Apertura de la contabilidad del ejercicio 2015.*—1. Las entidades que apliquen la Instrucción del modelo simplificado de contabilidad local que se aprueba por esta Orden realizarán el asiento de apertura de la contabilidad del ejercicio 2015 de acuerdo con los siguientes criterios:

a) Se recogerán todos y cada uno de los saldos que se hubiesen reflejado en el asiento de cierre de la contabilidad del ejercicio 2014, no debiendo incorporase ningún otro al margen de dichos saldos.

b) Estos saldos se imputarán a las cuentas que correspondan según el desarrollo que se recoge en el Plan de Cuentas Local Simplificado anexo a dicha Instrucción.

2. Una vez realizado el asiento de apertura de la contabilidad del ejercicio 2015, se procederá a realizar los asientos de ajuste necesarios para que a fecha 1 de enero de 2015 queden registrados todos los activos y pasivos cuyo reconocimiento exige el mencionado Plan de Cuentas Local Simplificado y se den de baja todas las partidas (todos los activos y pasivos) cuyo reconocimiento no esté permitido por el mismo.

No obstante, las infraestructuras, los bienes del patrimonio histórico y demás elementos patrimoniales existentes en la entidad con anterioridad a 1 de enero de 2015, que no estuviesen activados en virtud de lo establecido en el anterior Plan de Cuentas Local Simplificado, podrán no incorporarse

---

Art. 2.º: Las modificaciones introducidas por este precepto están ya incluidas en el texto de la Orden EHA/4.040/2004, de 23 de noviembre (§ II.1).

al activo cuando su valoración no pueda efectuarse de forma fiable.

3. Todos los elementos patrimoniales se valorarán por su valor contable al cierre del ejercicio 2014, con la excepción de los activos financieros que se clasifiquen en la categoría de «Activos financieros a valor razonable con cambios en resultados» que se valorarán por su valor razonable en 1 de enero de 2015.

Para el cálculo del tipo de interés efectivo se tomará como fecha inicial de referencia el 1 de enero de 2015.

Asimismo, las inversiones en el patrimonio de entidades de derecho público anteriores a 1 de enero de 2015 se valorarán, en aquellos casos en los que no pueda establecerse el valor contable correspondiente a su coste, por el valor recuperable de las mismas en dicha fecha, para cuya determinación, salvo mejor evidencia, se tendrá en cuenta el patrimonio neto de la entidad participada corregido por las plusvalías tácitas existentes en la fecha de la valoración.

4. La Intervención General de la Administración del Estado elaborará una guía para facilitar la apertura de la contabilidad el 1 de enero de 2015. Dicha guía se publicará en el portal de la Administración Presupuestaria en Internet (www.pap.minhap.gob.es).

2.ª *Información a incluir en las cuentas anuales del ejercicio 2015.*—Las cuentas anuales previstas en el Plan de Cuentas Local Simplificado relativas al ejercicio 2015 se elaborarán teniendo presente lo siguiente:

1. No se reflejarán en el balance, en la cuenta del resultado económico patrimonial ni en el resto de estados que incluyan información comparativa, las cifras relativas al ejercicio o ejercicios anteriores.

2. En la memoria se incluirá una nota adicional con el siguiente contenido:

2.1. Aspectos derivados de la transición a las nuevas normas contables.

A efectos de clarificar el proceso de transición de la contabilidad del ejercicio 2014 a la del ejercicio 2015, se aportará la siguiente información:

1. Un estado de conciliación que ponga de manifiesto la correspondencia existente entre los saldos recogidos en el asiento de apertura de la contabilidad del ejercicio 2015 y los que hubiesen figurado en el de cierre de la contabilidad del ejercicio 2014.

2. El balance, la cuenta del resultado económico-patrimo-

nial y el Remanente de Tesorería incluidos en la cuentas del ejercicio 2014.

3. Una descripción de los ajustes realizados en cumplimiento de lo previsto en el apartado 2 de la disposición transitoria anterior, indicando para cada uno de ellos:

— Identificación del asiento.

— Motivo de su realización.

— Criterios contables aplicados para el ejercicio contable 2015 y diferencias con los que se aplicaron en el ejercicio anterior.

— Cuantificación del impacto que produce en el patrimonio neto de la entidad el cambio de criterios contables.

— Cualquier otra circunstancia que se considere relevante para clarificar la realización del asiento.

3.ª *Formación y rendición de cuentas de ejercicios anteriores a 2015.*—La formación y rendición de cuentas de ejercicios anteriores a 2015 se ajustará a las normas previstas en la Instrucción de contabilidad local que se hubiera aplicado en el ejercicio correspondiente.

DISPOSICIÓN DEROGATORIA

Única. *Derogación normativa.*—Quedan derogadas cuantas disposiciones de igual o inferior rango se opongan, contradigan o resulten incompatibles con lo dispuesto en esta Orden y en la Instrucción que aprueba y, en particular, la Instrucción del modelo simplificado de contabilidad local aprobada por Orden EHA/4042/2004, de 23 de noviembre.

DISPOSICIÓN FINAL

Única. *Entrada en vigor.*—La presente Orden entrará en vigor el día 1 de enero de 2015.

ANEXO I

Instrucción del modelo simplificado de Contabilidad Local

ÍNDICE

ANEXO

PLAN DE CUENTAS LOCAL SIMPLIFICADO

La Ley 39/1988, de 28 de diciembre, Reguladora de las Haciendas Locales, hoy refundida en el texto aprobado por Real Decreto Legislativo 2/2004, de 5 de marzo, supuso el punto de partida del proceso de normalización de la contabilidad, y una profunda transformación del régimen contable vigente hasta entonces, regulado en la Instrucción de Contabilidad de las Corporaciones Locales anexa al Reglamento de Haciendas Locales, de 4 de agosto de 1952.

La citada Ley estableció las líneas generales de la contabilidad de las entidades locales, atribuyendo al Ministerio de Economía y Hacienda su desarrollo normativo, que debía comprender un tratamiento contable simplificado para las entidades locales de pequeña dimensión.

Este desarrollo normativo se llevó a cabo a través de dos Órdenes del Ministerio de Economía y Hacienda, de 17 de julio de 1990, por las que se aprobaron la Instrucción de Contabilidad para la Administración Local y la Instrucción de Contabilidad del tratamiento especial simplificado para entidades locales de ámbito territorial con población inferior a 5.000 habitantes.

Si bien en su redacción original la Ley reguladora de las Haciendas Locales imponía, en el artículo 184.2, el establecimiento de un tratamiento contable simplificado para las entidades locales de ámbito territorial con población inferior a 5.000 habitantes, la última redacción del precepto citado, dada por la Ley 13/1996, de 30 de diciembre, de medidas fiscales, administrativas y del orden social y recogida en el artículo 203.2 del texto refundido de la Ley Reguladora de las Haciendas Locales, permite el desarrollo de una normativa contable simplificada para las entidades locales sin atenerse exclusivamente a aquel límite de población, facultando para el establecimiento de diversos modelos simplificados, e incluso para la utilización de criterios distintos al puramente poblacional.

La aprobación del Plan General de Contabilidad Pública, por Orden del Ministerio de Economía y Hacienda, de 6 de mayo de 1994, y la necesidad de simplificar, al máximo posible, la contabilidad de las entidades locales más pequeñas hicieron necesaria la reforma del régimen contable local, adaptando los Planes de Cuentas Locales al Plan General de Contabilidad Pública de 1994 e instaurando, junto a los modelos normal y simplificado, el modelo básico de contabilidad local.

Esta reforma contable se articuló a través de las Órdenes EHA/4.041/2004, 4.042/2004 y 4.040/2004, de 23 de noviembre, que aprobaron, respectivamente, las Instrucciones de los modelos Normal, Simplificado y Básico de contabilidad local que comenzaron a aplicarse el 1 de enero de 2006.

Con la aprobación de un nuevo Plan General de Contabilidad Pública (PGCP), por Orden EHA/1.037/2010, de 13 de abril, cambia el referente obligado de los Planes de Cuentas Locales, que por mandato legal deben ser conformes con el PGCP.

El PGCP de 2010 se adapta a las Normas Internacionales aplicables a la Contabilidad del Sector Público, elaboradas por la Federación Internacional de contables (IFAC), a través de la Junta de Normas Contables Internacionales para el Sector Público (IPSASB). Asimismo, el PGCP toma como modelo el Plan General de Contabilidad para la empresa, aprobado por el Real Decreto 1.514/2007, de 16 de noviembre, con las especialidades propias de las entidades del sector público al que va dirigido.

Al igual que la Instrucción del modelo normal de contabilidad local, la presente Instrucción presenta gran similitud con su predecesora de 2004, si bien es bastante más breve, como consecuencia de su alineación con el contenido de la Instrucción de Contabilidad para la Administración Institucional del Estado, aprobada por Orden EHA/2.045/2011, de 14 de julio.

La presente Instrucción se configura como una norma completa, evitando con ello tener que acudir de forma habitual a dos textos normativos (la Instrucción del modelo simplificado y la del modelo normal).

Puede decirse que las Instrucciones de los modelos normal y simplificado de contabilidad local son casi idénticas, diferenciándose únicamente en aquellas reglas relacionadas con el ámbito de la simplificación, como por ejemplo, las que regulan la aplicación del Plan de Cuentas Simplificado, la supletoriedad del Plan General de Contabilidad adaptado a la Administración local, las operaciones que deben registrarse en el modelo simplificado o las cuentas anuales a elaborar.

Desde el punto de vista formal, en la redacción de esta Instrucción se han tratado de evitar reiteraciones superfluas de preceptos contenidos en otras normas.

A continuación se analizan la estructura y el contenido de la presente Instrucción:

La Instrucción del modelo normal de contabilidad local se divide en cuatro Títulos y un Anexo, y los Títulos, a su vez, en Capítulos y éstos, a veces, en Secciones:

— Título I, «Principios generales del modelo simplificado de contabilidad local».

— Título II, «Del modelo simplificado del sistema de información contable para la Administración local».

— Título III ,«De los datos a incorporar al sistema».

— Título IV, «De la información a obtener del sistema».

— Anexo, «Plan de Cuentas Local Simplificado».

El Título I, «Principios generales del modelo simplificado de contabilidad local», consta de dos Capítulos:

— Capítulo I, «Principios generales».

— Capítulo II, «Competencias y funciones».

En el Capítulo I se regulan los principios generales propiamente dichos: el ámbito de aplicación, las entidades contables, la obligación de rendir cuentas, el ejercicio contable, el modelo contable, la aplicación del Plan de Cuentas Local Simplificado, la aplicación supletoria del Plan General de Contabilidad Pública adaptado a la Administración local y los destinatarios de la información contable.

Se mantiene el ámbito de aplicación, que sigue constituido por los municipios cuyo presupuesto no exceda de 300.000 euros, cualquiera que sea su población, y aquellos cuyo Presupuesto supere 300.000 euros pero no exceda de 3.000.000 de euros, cuando su población no supere 5.000 habitantes. La presente Instrucción se aplicará también a las demás entidades locales (comarcas, mancomunidades, entidades de ámbito territorial inferior al municipio...) siempre que su Presupuesto no exceda de 3.000.000 de euros. Los organismos autónomos locales aplicarán el modelo contable que adopte la entidad local de la que dependan.

La flexibilidad del modelo contable permite que las entidades locales puedan optar por un modelo más complejo que el que les corresponda por razón de población y presupuesto; así, las entidades locales incluidas en el ámbito de aplicación de esta Instrucción podrán optar por aplicar la

Instrucción del modelo normal de contabilidad local, en cuyo caso ésta se aplicará en su integridad.

Se considera entidad contable a cada entidad local y cada organismo autónomo incluido en el ámbito de aplicación de la Instrucción.

El modelo de contabilidad de esta Instrucción se caracteriza por tratarse de un modelo contable centralizado, con independencia del lugar físico donde se capturen las operaciones, y porque éstas se registran (además de por el método de partida simple) por el método de partida doble, aplicando el Plan de Cuentas Local Simplificado incluido como Anexo de la Instrucción.

En relación con la aplicación del Plan de Cuentas Local Simplificado resulta novedosa la utilización, con carácter vinculante, del desarrollo de cuentas de segundo orden (codificadas con cuatro dígitos).

Se hace una mención específica a los destinatarios de la información contable, incluyéndose no sólo a los órganos de control sino también a los órganos responsables de la gestión, a los órganos de las Administraciones Públicas que ejerzan funciones de tutela, a los acreedores de la entidad, a los analistas financieros y económicos, así como a cualquier entidad, asociación y ciudadanos, en general. Se trata de una manifestación explícita de que se ha superado la visión tradicional de la contabilidad pública, orientada fundamentalmente al seguimiento de la ejecución presupuestaria y a la rendición de cuentas.

En el Capítulo II se relacionan las competencias y funciones que, en materia contable, corresponden al Pleno de la Corporación, a la Intervención de la entidad y a la Intervención General de la Administración del Estado, y que se recogen, en ocasiones de forma dispersa, en la legislación vigente. Con esta recopilación de competencias y funciones se pretende contribuir al correcto ejercicio de las funciones contables.

El Título II, «Del modelo simplificado del sistema de información contable para la Administración local», se divide en dos Capítulos en los que se regulan las normas generales del sistema y las áreas contables de especial trascendencia.

En el Capítulo I, «Normas generales», se establecen las características básicas del sistema de información contable simplificado (en adelante SICAL-Simplificado).

En él se define la contabilidad de las entidades contables

configurándola como un sistema de registro, elaboración y comunicación de información económico-financiera y presupuestaria sobre la actividad de las mismas durante el ejercicio contable, se describen el objeto y los fines del SICAL-Simplificado, se establecen los requerimientos de su configuración informática y se regulan los registros contables.

El SICAL-Simplificado se configura como un conjunto integrado de subsistemas o áreas contables que debe garantizar la concordancia, exactitud, y automatismo de los registros que, para cada una de las operaciones contables se produzcan en los distintos subsistemas afectados, así como la debida coherencia entre los distintos niveles de información, tanto agregados como de detalle.

Los fines cuyo cumplimiento debe permitir el SICAL-Simplificado son los enumerados en el artículo 205 del texto refundido de la Ley Reguladora de las Haciendas Locales, si bien algunos de ellos se presentan agrupados con una formulación más general.

La presente Instrucción da respuesta a dos interrogantes fundamentales: ¿qué operaciones se deben contabilizar? y ¿cómo deben contabilizarse?

En relación con el primer interrogante, la Instrucción establece que deben registrarse todas las operaciones de naturaleza presupuestaria, económica, financiera y patrimonial que se produzcan en el ámbito de la entidad contable.

Respecto a cómo deben contabilizarse las operaciones, la Instrucción de contabilidad del tratamiento especial simplificado de 1990 contenía una regulación muy pormenorizada de cómo debían contabilizarse las distintas operaciones que se podían presentar, y ello la convertía en un auténtico manual de contabilidad, imprescindible entonces, dada la profundidad de la reforma contable que se operó. La siguiente Instrucción, la del modelo simplificado de contabilidad local de 2004, no regulaba con aquel detalle la forma concreta de contabilizar las distintas operaciones remitiendo, a estos efectos, a lo dispuesto en el Plan de Cuentas anexo a la propia Instrucción, dada la madurez alcanzada por las entidades locales en la aplicación práctica de los modelos contables anteriores. Ahora, esta Instrucción hace descansar en exclusiva el tratamiento contable de cada operación (cómo contabilizarla, cuándo y por cuánto) en el Plan de Cuentas Local Simplificado anexo a ella, especialmente en sus partes Primera, «Marco conceptual de la contabilidad pública», Segunda, «Normas de reconocimiento y valoración», y Quinta, «Definiciones y relaciones contables», que presentan un desarrollo mucho mayor que en Planes anteriores.

La presente Instrucción continúa impulsando la utilización de medios electrónicos, informáticos y telemáticos en la función contable, en la línea seguida por la Administración General del Estado e iniciada en el ámbito local con la Instrucción del modelo simplificado de contabilidad local de 2004. La Instrucción mantiene su apuesta por la incorporación de las técnicas electrónicas, informáticas y telemáticas a la actividad administrativa citada siempre que, tal y como se establece en el artículo 45.5 de la Ley 30/1992, de 26 de noviembre, de Régimen Jurídico de las Administraciones Públicas y del Procedimiento Administrativo Común, quede garantizada la autenticidad, integridad y conservación y, en su caso la recepción por el interesado, así como el cumplimiento de las garantías y requisitos exigidos por ésta (la Ley de Régimen Jurídico de las Administraciones Públicas y del Procedimiento Administrativo Común) u otras leyes.

De acuerdo con lo anterior, en la Instrucción se contienen diversas manifestaciones de la utilización de estos medios en la función contable como las relativas al registro de las operaciones, a los justificantes de éstas, a la incorporación de datos al sistema, al archivo y conservación de la información contable y, de manera destacada en estos momentos, la relativa a la rendición de cuentas.

En esta línea, se establece que las bases de datos del sistema informático donde residan los registros contables constituirán soporte suficiente para la llevanza de la contabilidad de la entidad, debiendo ser la propia entidad la que determine la estructura concreta de aquéllas.

El Capítulo II del Título II, dividido en Secciones, se dedica a la regulación de cuatro áreas contables (o subsistemas) de especial relevancia: «Remanentes de crédito», «Proyectos de gasto», «Gastos con financiación afectada» y «Administración de recursos por cuenta de otros entes públicos». La especial relevancia de las tres primeras áreas reside en el seguimiento y control contable de que tienen que ser objeto, mientras que la especial trascendencia del área contable de «Administración de recursos por cuenta de otros entes públicos» obedece a lo novedoso del tratamiento contable de estas operaciones, tanto en el ente gestor como en el ente titular de los recursos.

Las Secciones dedicadas a «Remanentes de crédito» y a «Gastos con financiación afectada» mantienen la regulación que de estas áreas contables se incluía en la Instrucción del modelo simplificado de contabilidad local de 2004.

La Sección dedicada a «Proyectos de gasto» se incorpora para completar la Instrucción y no tener que acudir a la regulación que a este respecto se incluye en la Instrucción de contabilidad del modelo normal.

La Sección dedicada a la «Administración de recursos por cuenta de otros entes públicos» distingue dos situaciones en función de si la entidad gestora suministra a la entidad titular de los recursos toda la información sobre las operaciones de gestión que resulte necesaria para su registro en contabilidad o si, por el contrario, la entidad gestora no está en condiciones de proporcionar a la entidad titular dicha información, debiendo en este caso suministrar, al menos, el detalle de los pagos de la recaudación líquida que le haga.

En la primera situación:

— la entidad gestora sólo usará las cuentas del subgrupo 45, «Deudores y acreedores por administración de recursos por cuenta de otros entes públicos», que reflejen sus relaciones con la entidad titular, es decir, la cuenta 453, «Entes públicos, por ingresos pendientes de liquidar», y, en caso de entregas a cuenta, la 456, «Entes públicos, c/c. efectivo»;

— la entidad gestora suministrará información en la Memoria, exclusivamente, de sus relaciones con las entidades titulares;

— la entidad titular contabilizará todas las operaciones relativas a los recursos que le administren e informará de ellos en sus cuentas anuales como si los gestionara ella misma.

En la segunda situación (la entidad gestora no proporciona toda la información sobre las operaciones de gestión a la entidad titular):

— la entidad gestora usará todo el subgrupo 45, «Deudores y acreedores por administración de recursos por cuenta de otros entes públicos»;

— la entidad gestora suministrará información en la Memoria tanto de sus relaciones con las entidades titulares como de la gestión de los recursos;

— la entidad titular únicamente registrará en su contabilidad las entregas directas de la recaudación, las entregas a cuenta y la liquidación definitiva de los recursos que le gestionen.

Dejan de considerarse áreas contables de especial trascendencia el «Inmovilizado», el «Endeudamiento», los «Pagos a Justificar» y los «Anticipos de caja fija».

Las áreas contables de «Inmovilizado» y «Endeudamiento» dejan de considerarse de especial trascendencia porque tanto una como otra son objeto de una detallada regulación en las correspondientes normas de reconocimiento y valoración y en las definiciones y relaciones contables del Plan de Cuentas local Simplificado, que no requiere desarrollo en la Instrucción.

Respecto a las áreas de «Pagos a justificar» y «Anticipos de caja fija», la razón de que hayan perdido la especial trascendencia que tenían reside en que el tratamiento contable de las provisiones de fondos para pagos a justificar y anticipos de caja fija es el mismo que venían teniendo, en la medida que tanto los fondos librados a justificar como los librados en concepto de anticipo de caja fija siguen teniendo la consideración de fondos públicos y deben formar parte integrante de la tesorería de la entidad hasta que el habilitado o cajero pague a los acreedores finales.

No se ha estimado conveniente mantener en la nueva Instrucción la sistematización de las operaciones contables que deben realizarse al inicio y final de cada ejercicio contenida en el Capítulo III del Título II de la Instrucción del modelo simplificado de contabilidad local de 2004, por considerar que su conocimiento está ampliamente consolidado y no encontrar acomodo en el nuevo formato de Instrucción (similar al de la Instrucción de contabilidad de la Administración institucional del Estado). Por ello desaparecen de la presente Instrucción quedando recogido su tratamiento contable en el Plan de Cuentas anexo a la misma.

Por último, la regulación de las magnitudes de carácter presupuestario contenida en el Capítulo IV del Título II de la Instrucción de contabilidad del modelo normal de contabilidad local de 2004, se traslada a la Tercera Parte, «Cuentas Anuales», del Plan de Cuentas anexo a la presente Instrucción. En concreto, la regulación del Resultado presupuestario se traslada a las normas de elaboración del Estado de

Liquidación del Presupuesto y la regulación del Remanente de tesorería al apartado 18.6 de la Memoria.

El Título III, «De los datos a incorporar al sistema», se divide en tres Capítulos que regulan los justificantes de las operaciones, la incorporación de datos al sistema y el archivo y conservación de la información contable.

Respecto a los justificantes de las operaciones la Instrucción dispone que todo acto que deba dar lugar a anotaciones en el SICAL-Simplificado deberá estar debidamente acreditado con el correspondiente justificante que podrá estar soportado en documentos en papel o a través de medios electrónicos, informáticos o telemáticos.

Por lo que se refiere a la incorporación de datos al sistema, se deja libertad para capturar directamente los datos que consten en el propio justificante de la operación o, en su caso, en el oportuno documento contable, así como para incorporarlos mediante la utilización de procedimientos electrónicos, informáticos o telemáticos. Los documentos contables que, en su caso, se utilicen, se establecerán por cada entidad local en función de sus necesidades de información y de la operatoria que siga en la tramitación de los diferentes tipos de operaciones.

En relación con el archivo y conservación de los justificantes de las operaciones y de los soportes de las anotaciones contables, que alcanza no sólo a los tipos de soporte permitidos sino también al plazo de conservación que, por un lado, permita la exigencia de las responsabilidades a que hubiera lugar y, por otro lado, posibilite la destrucción de la información cuando aquéllas no sean exigibles.

En la línea de seguir fomentando la aplicación de procedimientos y medios electrónicos, informáticos y telemáticos en la función contable, se mantiene que los justificantes de los hechos que se registren en el SICAL-Simplificado podrán conservarse por medios o en soportes electrónicos, informáticos o telemáticos, con independencia del tipo de soporte en que originalmente se hubieran plasmado, siempre que quede garantizada su autenticidad, integridad, calidad, protección y conservación. En estos casos las copias obtenidas de dichos soportes informáticos gozarán de la validez y eficacia de la justificación original.

Los justificantes de las operaciones, junto con los correspondientes documentos contables, en su caso, se conservarán durante un plazo de seis años contados desde la fecha de remisión de las cuentas anuales a los órganos de control externo, salvo que una norma establezca otros plazos o se hubiera interrumpido el plazo de prescripción de la posible responsabilidad contable o se tratara de documentación justificativa de las valoraciones asignadas a activos y pasivos que figuren en balance. Los registros contables deberán conservarse también por plazo de seis años.

Como novedad se incorpora la no procedencia de destruir los justificantes y los registros contables que deban enviarse a un archivo histórico de documentos.

El Título IV, «De la información a obtener del sistema», se divide en tres Capítulos dedicados a las normas generales, la Cuenta General de la entidad local y otra información contable.

En cumplimiento de lo establecido en el artículo 210 del texto refundido de la Ley Reguladora de las Haciendas Locales, en la presente Instrucción y en su Plan de Cuentas anexo, se determinan el contenido, la estructura y las normas de elaboración de las cuentas a rendir por la entidad local y sus organismos autónomos.

Las cuentas anuales que deben rendir la entidad local y sus organismos autónomos comprenden:

a) El Balance.

b) La Cuenta del resultado económico-patrimonial.

c) El Estado de cambios en el patrimonio neto.

d) El Estado de Liquidación del Presupuesto.

e) La Memoria.

Resulta novedosa la inclusión, entre las cuentas anuales a rendir, del Estado de cambios en el patrimonio neto.

Las cuentas anuales deberán elaborarse siguiendo las normas de elaboración y ajustándose a los modelos que se recogen en la Tercera parte del Plan de Cuentas Local Simplificado anexo a esta Instrucción.

Se mantiene la obligación de remitir a los órganos de control externo, junto con la Cuenta General, los justificantes de la Tesorería.

En aplicación del principio de transparencia consagrado en el artículo 6 de la Ley Orgánica 2/2012, de 27 de abril, de Estabilidad Presupuestaria y Sostenibilidad Financiera, y con el fin de dar cumplimiento a lo dispuesto en el apartado 1 del citado artículo en relación con las cuentas generales de las Administraciones Públicas, se incluyen como documentación complementaria a acompañar a la Cuenta General las cuentas anuales de todas las unidades dependientes de la entidad local incluidas en el ámbito de aplicación de la citada Ley Orgánica cuyas cuentas no se integren en la Cuenta General.

Al igual que en la Instrucción de 2004, se insiste en que la aprobación de la Cuenta General por el Pleno de la Corporación, nada tiene que ver con la responsabilidad en la que pudieran incurrir los miembros del mismo que hubieran adoptado las resoluciones o realizado los actos reflejados en dicha Cuenta. Asimismo, se separa la responsabilidad en que pudieran incurrir, como cuentadantes en sentido material, los encargados de la gestión que adopten las resoluciones o realicen los actos reflejados en las cuentas que se rinden, de la responsabilidad que incumbe a quien debe rendir cuentas como cuentadante en sentido formal, que no es otra que responder de la veracidad de éstas.

Continuando en la línea de impulsar la implantación de las técnicas electrónicas, informáticas y telemáticas, se contempla la posibilidad de que, con el fin de facilitar el tratamiento flexible de la información contable, ésta pueda plasmarse en cualquier tipo de soporte electrónico, informático o telemático. Asimismo, se reconoce que los órganos de control externo han establecido ya procedimientos de envío de las cuentas a los mismos a través de medios electrónicos, informáticos o telemáticos y que, en estos casos, la obtención de las cuentas se realiza mediante la generación de ficheros cuyo contenido y estructura deberá ajustarse a las especificaciones técnicas establecidas por los propios órganos de control externo.

En el Capítulo III, «Otra información contable», se regula la información periódica para el Pleno de la Corporación, el Avance de la Liquidación del presupuesto y la información para los órganos de gestión y de control interno, y para otras Administraciones Públicas, adaptándose la información a remitir al Pleno en cumplimiento del artículo 207 del texto refundido de la Ley Reguladora de las Haciendas Locales y el Avance de la Liquidación del presupuesto a la estructura del Estado de Liquidación del Presupuesto que se incluye en la Cuarta parte del Plan de Cuentas Local Simplificado.

Por último, en anexo a la presente Instrucción se incluye el Plan de Cuentas Local Simplificado, cuyos aspectos más significativos se exponen en la Introducción del propio Plan.

TÍTULO PRIMERO

Principios generales del modelo simplificado de contabilidad local

CAPÍTULO PRIMERO

PRINCIPIOS GENERALES

Regla 1. *Ámbito de aplicación.*—1. Deben aplicar las normas contenidas en la presente Instrucción:

a) Los municipios cuyo presupuesto no exceda de 300.000 euros, así como aquellos cuyo presupuesto supere este importe pero no exceda de 3.000.000 de euros y cuya población no supere 5.000 habitantes.

b) Las demás entidades locales siempre que su presupuesto no exceda de 3.000.000 de euros.

c) Los organismos autónomos dependientes de las entidades locales contempladas en los apartados anteriores.

2. No obstante lo dispuesto en el apartado 1 anterior:

a) Las entidades locales cuyo Presupuesto no exceda de 300.000 euros podrán aplicar la Instrucción del modelo básico de contabilidad local. No podrán ejercitar esta opción aquellas entidades de las que dependan organismos autónomos, sociedades mercantiles o entidades públicas empresariales.

b) Todas las entidades locales incluidas en el ámbito de aplicación de esta Instrucción podrán aplicar la Instrucción del modelo normal de contabilidad local.

En todo caso, los organismos autónomos deberán aplicar la misma Instrucción de contabilidad que la entidad local de la que dependan.

3. A efectos de lo previsto en los apartados anteriores, se tomará como importe del Presupuesto el de las previsiones iniciales de ingresos del último Presupuesto aprobado definitivamente por la entidad local y, en su caso, el de las previsiones iniciales de ingresos que, para la entidad local y sus organismos autónomos, se deduzca del estado de consolidación del Presupuesto a que se refiere el apartado 1.*c*) del artículo 166 del texto refundido de la Ley 39/1988, de 28 de diciembre, Reguladora de las Haciendas Locales, correspondiente al último Presupuesto aprobado.

4. La determinación del número de habitantes se efectuará en función de las cifras de población resultantes de la última revisión del padrón municipal.

5. Cuando las entidades que apliquen la presente Instrucción dejen de cumplir los requisitos del apartado 1 anterior, sólo vendrán obligadas a aplicar la Instrucción del modelo normal de contabilidad local, si dicha circunstancia se mantiene durante tres ejercicios consecutivos. El nuevo modelo contable se aplicará, en todo caso, por ejercicios completos.

6. Las sociedades mercantiles dependientes de entidades locales que apliquen esta Instrucción, adaptarán su contabilidad a las disposiciones del Código de Comercio y demás legislación mercantil y al Plan General de Contabilidad o al de Pequeñas y Medianas empresas, siéndoles de aplicación esta Instrucción sólo en lo que se refiere a rendición de cuentas a los órganos de control externo.

Lo dispuesto en el párrafo anterior será aplicable a las entidades públicas empresariales locales, en virtud de la disposición transitoria segunda de la Ley 57/2003, de 16 de diciembre, de medidas para la modernización del gobierno local.

Regla 2. *Entidades contables.*—Cada entidad local u organismo autónomo incluido en el ámbito de aplicación de esta Instrucción constituye una entidad contable, a los efectos previstos en la misma.

Regla 3. *Obligación de rendir cuentas.*—1. De acuerdo con lo establecido en el artículo 201 del texto refundido de la Ley Reguladora de las Haciendas Locales, las entidades incluidas en el ámbito de aplicación de esta Instrucción están obligadas a rendir cuentas de sus operaciones, cualquiera que sea la naturaleza de las mismas, al Tribunal de Cuentas. En su caso, también se deberán rendir al órgano de control externo de su Comunidad Autónoma.

2. A efectos de lo previsto en el apartado anterior, las cuentas y el procedimiento a seguir en su rendición será el establecido en el Capítulo II del Título IV de esta Instrucción.

Regla 4. *Ejercicio contable.*—El ejercicio contable coincidirá con el año natural, salvo en los casos de disolución o creación de la entidad. En los casos de disolución de una entidad las cuentas anuales se referirán al período que va desde el 1 de enero hasta la fecha de disolución, mientras que en los casos de creación de una entidad, las cuentas anuales se referirán al período que va desde la fecha de creación hasta el 31 de diciembre de dicho ejercicio.

Regla 5. *Modelo contable.*—Cada entidad contable deberá aplicar un modelo contable centralizado, de acuerdo con lo indicado en la regla siguiente y teniendo en cuenta los siguientes principios:

a) Se centralizará en la Unidad de contabilidad de la entidad contable el registro de todas las operaciones, con independencia del lugar físico donde se capturen las mismas o donde se obtenga la información contable.

b) Las cuentas anuales tendrán carácter unitario y mostrarán la situación patrimonial y financiera, el resultado económico patrimonial y la ejecución del Presupuesto de la entidad contable en su conjunto.

Regla 6. *Aplicación del Plan de Cuentas Local Simplificado.*—La contabilidad de las entidades contables se llevará por el método de partida doble, de acuerdo con las normas contenidas en la presente Instrucción y con las que se dicten en desarrollo de la misma, debiendo ajustarse al Plan de Cuentas Local Simplificado anexo a esta Instrucción, en los términos que se indican a continuación:

a) El registro de las operaciones contables se realizará con sujeción al marco conceptual de la contabilidad pública y a las normas de reconocimiento y valoración recogidos en sus partes Primera y Segunda.

b) Se aplicará un modelo contable centralizado, tal y como ha quedado definido en la regla anterior, debiendo utilizarse con carácter vinculante el desarrollo de grupos, subgrupos, cuentas de primer orden (codificadas con tres dígitos) y cuentas de segundo orden (codificadas con cuatro dígitos) previsto en sus partes Cuarta y Quinta.

En función de sus necesidades de gestión e información, la entidad contable podrá utilizar cuentas de segundo orden no previstas en el Plan, así como otras divisionarias.

c) Las cuentas anuales de cada entidad contable se formarán y rendirán según lo dispuesto en su parte Tercera y en el Título IV de esta Instrucción.

Regla 7. *Aplicación supletoria del Plan General de Contabilidad Pública adaptado a la Administración local.*—Cuando una entidad contable realice una operación no regulada en el Plan de Cuentas local Simplificado, habrá de remitirse al tratamiento contable previsto para dicha operación en el Plan General de Contabilidad Pública adaptado a la Administración local, excepto si la operación se refiere a activos en estado de venta, en cuyo caso se le aplicará el tratamiento contable previsto en el Plan de Cuentas local Simplificado para el inmovilizado no financiero.

La aplicación supletoria del Plan General de Contabilidad Pública adaptado a la Administración local, para el registro de operaciones no contempladas en el Plan de Cuentas Local Simplificado, se efectuará en los siguientes términos:

a) Se aplicarán las correspondientes normas de reconocimiento y valoración.

b) Se incorporará a las cuentas anuales simplificadas la información requerida acerca de dichas operaciones.

c) Se podrán utilizar cuentas de primer orden.

Regla 8. *Destinatarios de la información contable.*—La información contable que se elabore por las entidades contables irá dirigida a los siguientes destinatarios:

a) El Pleno de la Corporación local.

b) Los órganos de gestión, tanto en el nivel político como en el administrativo.

c) El Tribunal de Cuentas y los órganos de control externo de las Comunidades Autónomas, así como la Comisión Especial de Cuentas de cada entidad local.

d) Los órganos encargados del control interno de las entidades contables en sus distintas acepciones: función interventora y controles financiero y de eficacia.

e) Los órganos de las Administraciones públicas que ejerzan funciones de tutela en relación con la entidad contable.

f) Los órganos de la Unión Europea, tanto administrativos como de control.

g) Los acreedores de la propia entidad contable.

h) Los analistas financieros y económicos.

i) Otras entidades públicas y privadas, asociaciones, usuarios de los servicios prestados por la entidad contable y ciudadanos en general.

CAPÍTULO II

Competencia y funciones

Regla 9. *Del Pleno de la Corporación.*—Corresponde al Pleno de la Corporación:

a) Aprobar la Cuenta General de la entidad local.

b) Aprobar, previo informe de la Intervención, las normas que regulen los procedimientos administrativos a seguir en la gestión contable de la entidad local, a fin de garantizar el adecuado registro en el sistema de información contable de todas las operaciones, en el oportuno orden cronológico y con la menor demora posible.

c) Determinar, a propuesta de la Intervención, los criterios a seguir por la entidad en la aplicación del marco conceptual de la contabilidad pública y de las normas de reconocimiento y valoración recogidos en el Plan de Cuentas local Simplificado.

Se deberán determinar, entre otros, los criterios para calcular el importe de los derechos de cobro de dudosa o imposible recaudación, así como los criterios para la amortización de los elementos del inmovilizado.

d) Dictar, a propuesta de la Intervención, cualesquiera otras normas relativas a la organización de la contabilidad de la entidad, al amparo de lo establecido en el artículo 204.1 del texto refundido de la Ley Reguladora de las Haciendas Locales.

e) Establecer, a propuesta de la Intervención, los procedimientos a seguir para la inspección de la contabilidad de los organismos autónomos, de las sociedades mercantiles dependientes de la entidad local, así como de sus entidades públicas empresariales.

f) Establecer los plazos y la periodicidad para la remisión, por la Intervención u órgano de la entidad local que tenga atribuida la función de contabilidad, de la información a que se refiere el artículo 207 del texto refundido de la Ley Reguladora de las Haciendas Locales, que se detalla en el Capítulo III del Título IV de esta Instrucción.

Regla 10. *De la Intervención de la entidad local.*—Corresponde a la Intervención de la entidad local:

a) Llevar y desarrollar la contabilidad financiera y la de ejecución del presupuesto de la entidad local de acuerdo con la presente Instrucción, las demás normas de carácter general que dicte el Ministro de Hacienda y Administraciones Públicas y las dictadas por el Pleno de la Corporación.

b) Formar la Cuenta General de la entidad local.

c) Formar, con arreglo a criterios usualmente aceptados, los estados integrados y consolidados de las cuentas que determine el Pleno de la Corporación.

d) Recabar de los organismos autónomos, de las sociedades mercantiles dependientes de la entidad local, así como de sus entidades públicas empresariales, la presentación de las cuentas y demás documentos que deban acompañarse a la Cuenta General, así como la información necesaria para efectuar, en su caso, los procesos de agregación o consolidación contable.

e) Coordinar las funciones o actividades contables de la entidad local, emitiendo las instrucciones técnicas oportunas e inspeccionando su aplicación.

f) Organizar un adecuado sistema de archivo y conservación de toda la documentación e información contable que permita poner a disposición de los órganos de control los justificantes, documentos, cuentas o registros del sistema de información contable por ellos solicitados en los plazos requeridos.

g) Inspeccionar la contabilidad de los organismos autónomos, de las sociedades mercantiles dependientes de la entidad local, así como de sus entidades públicas empresariales, de acuerdo con los procedimientos que establezca el Pleno.

h) Elaborar la información a que se refiere el artículo 207 del texto refundido de la Ley Reguladora de las Haciendas Locales, desarrollada en el Capítulo III del Título IV de esta Instrucción y remitirla al Pleno de la Corporación, por conducto de la Presidencia, en los plazos y con la periodicidad establecida.

i) Elaborar el Avance de la Liquidación del presupuesto corriente que debe unirse al Presupuesto de la entidad local, a que se refiere el artículo 18.*b*) del Real Decreto 500/1990, de 20 de abril, que desarrolla el Capítulo I del Título VI de la Ley 39/1988, Reguladora de las Haciendas Locales.

j) Determinar la estructura del Avance de la Liquidación del presupuesto corriente a que se refiere el artículo 168 del texto refundido de la Ley Reguladora de las Haciendas Locales, de conformidad con lo que se establezca por el Pleno de la entidad.

Regla 11. *De la Intervención General de la Administración del Estado.*—Corresponde a la Intervención General de la Administración del Estado:

a) Promover el ejercicio de la potestad reglamentaria atribuida al Ministro de Hacienda (hoy de Hacienda y Administraciones Públicas) en materia contable, por el texto refundido de la Ley Reguladora de las Haciendas Locales.

b) Emitir pronunciamientos y dictar recomendaciones en orden a facilitar la aplicación de las normas reguladoras de la contabilidad pública local.

c) Resolver las consultas que le formulen en relación con las normas a que se refiere el apartado anterior.

TÍTULO II

Del modelo simplificado del sistema de información contable para la Administración Local

CAPÍTULO PRIMERO

NORMAS GENERALES

Regla 12. *Definición.*—La contabilidad de las entidades locales y sus organismos autónomos se configura como un sistema de registro, elaboración y comunicación de información sobre la actividad económico-financiera y presupuestaria desarrollada durante el ejercicio contable, de acuerdo con los principios recogidos en el texto refundido de la Ley Reguladora de las Haciendas Locales y en esta Instrucción.

Regla 13. *Objeto.*—1. El modelo simplificado del sistema de información contable para la Administración local (en adelante, SICAL-Simplificado) tiene por objeto registrar todas las operaciones de naturaleza presupuestaria, económica, financiera y patrimonial que se produzcan en el ámbito de la entidad contable, así como mostrar, a través de estados e informes, la imagen fiel de su patrimonio, de su situación financiera, del resultado económico patrimonial y de la ejecución de su presupuesto, para satisfacer los fines que se describen en la regla siguiente.

2. El SICAL-Simplificado se configura como un conjunto integrado de subsistemas o áreas contables que debe garantizar la concordancia, exactitud y automatismo de los registros que, para cada una de las operaciones contables, se deban producir en los distintos subsistemas a los que la operación afecte, así como la existencia de la debida coherencia entre los distintos niveles de información, tanto agregados como de detalle.

3. A los efectos anteriores, el SICAL-Simplificado debe estar organizado de forma que,

al menos, permita a cada entidad contable:

a) Registrar las operaciones que vayan a tener incidencia en la obtención del Balance y en la determinación del resultado económico-patrimonial, de acuerdo con los criterios contenidos en las reglas 6 y 7.

b) Registrar las modificaciones presupuestarias, los compromisos de gasto, el reconocimiento de obligaciones y la ordenación de pagos, así como las operaciones de ejecución del Presupuesto de ingresos, poniendo de manifiesto el Resultado presupuestario. Asimismo, deberá permitir el seguimiento y control de los remanentes de crédito.

También, deberá permitir el registro de las operaciones derivadas de obligaciones y derechos que provengan de presupuestos cerrados, y de los compromisos de gasto con cargo a presupuestos de ejercicios posteriores, así como el seguimiento y control de los gastos con financiación afectada y de los demás proyectos de gasto, y la obtención y control del Remanente de tesorería que permita determinar en cada momento la parte utilizada para financiar gasto y la parte pendiente de utilizar que constituye el remanente líquido de tesorería.

c) Registrar las operaciones de naturaleza no presupuestaria.

d) Registrar las operaciones de administración de recursos por cuenta de otros entes públicos.

e) Registrar y poner de manifiesto los movimientos y situación de la tesorería, posibilitando el control de las diferentes cuentas que constituyen la tesorería de la entidad contable.

f) Registrar las operaciones relativas a la gestión y control del inmovilizado material e intangible, de las inversiones inmobiliarias, del patrimonio público del suelo, de las inversiones financieras y del endeudamiento, incluidos los avales concedidos por la entidad.

g) Registrar la información relativa a los terceros que se relacionen con la entidad contable.

h) Efectuar el seguimiento y control de los pagos a justificar y de los anticipos de caja fija, si así lo establece la entidad.

i) Efectuar el seguimiento y control de los valores recibidos en depósito por la entidad contable.

Regla 14. *Fines*.—El SICAL-Simplificado debe permitir el cumplimiento de los siguientes fines:

a) Suministrar la información económica y financiera que sea necesaria para la toma de decisiones, tanto en el orden político como en el de gestión.

b) Facilitar información para la determinación del coste y rendimiento de los servicios públicos.

c) Proporcionar los datos necesarios para la formación y rendición de la Cuenta General de la entidad local, así como de las cuentas, estados y documentos que deban elaborarse o remitirse a los órganos de control externo.

d) Posibilitar el ejercicio de los controles de legalidad, financiero y de eficacia.

e) Facilitar los datos y demás antecedentes que sean precisos para la confección de las cuentas nacionales de las unidades que componen el sector de las Administraciones Públicas.

f) Facilitar la información necesaria para la confección de estadísticas económico-financieras por parte del Ministerio de Hacienda y Administraciones Públicas.

g) Suministrar información de utilidad para otros destinatarios, como asociaciones e instituciones, empresas y ciudadanos en general.

Regla 15. *Configuración informática del Sistema.*—La configuración informática del SICAL-Simplificado que adopte cada entidad contable debe responder a los siguientes criterios:

a) Estará orientada al cumplimiento del objeto y los fines establecidos en las reglas anteriores, de conformidad con las restantes normas contenidas en esta Instrucción.

b) Debe garantizar la integridad, coherencia, exactitud y automatismo de las anotaciones que, para cada una de las operaciones contables, se deban producir en los diferentes subsistemas a los que la operación afecte.

c) Debe existir la debida concordancia entre los distintos niveles de información agregada que se establezcan en el SICAL-Simplificado y la información de detalle que, para cada tipo de operación, se incorpore al mismo.

d) Debe propiciar progresivamente la simplificación de los procedimientos contables mediante la aplicación intensiva de procedimientos y medios electrónicos, informáticos y telemáticos que garanticen la validez y eficacia jurídica de la información recibida desde los centros gestores para el registro contable de las operaciones y de la suministrada a los destinatarios de la información contable a través de estos medios, así como la de la documentación contable archivada y conservada por el sistema.

e) Deben aplicarse las medidas de seguridad exigidas por la normativa vigente en materia de ficheros de datos de carácter personal.

Regla 16. *Soporte de los registros contables.*—1. Los registros de las operaciones y del resto de la información capturada en el SICAL-Simplificado, estarán soportados informáticamente según la configuración que se establece en la regla anterior, constituyendo el soporte único y suficiente que garantice su conservación de acuerdo con la regla 41.

2. Las bases de datos del sistema informático donde residan los registros contables constituirán soporte suficiente para la llevanza de la contabilidad de la entidad contable, sin que sea obligatoria la obtención y conservación de libros de contabilidad en papel o por medios electrónicos, informáticos o telemáticos.

3. El registro contable de las operaciones deberá efectuarse expresando los valores en euros.

CAPÍTULO II

ÁREAS CONTABLES DE ESPECIAL TRASCENDENCIA

SECCIÓN 1.ª

Remanentes de crédito

Regla 17. *Seguimiento y control contable de los remanentes de crédito.*—1. Los remanentes de crédito serán objeto de un seguimiento y control individualizado, a efectos de su posible incorporación a los créditos del presupuesto del ejercicio inmediato siguiente.

2. Dicho seguimiento y control se realizará a través del sistema de información contable y deberá mostrar en cada momento:

a) Los remanentes de crédito iniciales.

b) Las rectificaciones.

c) Los acuerdos de no incorporabilidad.

d) Los remanentes de crédito totales.

e) Las certificaciones de existencia de remanentes de crédito expedidas.

f) Los saldos de remanentes de crédito pendientes de certificar.

Regla 18. *Remanentes de crédito iniciales.*—1. Los remanentes de crédito iniciales son los que deben determinarse como consecuencia de la liquidación del Presupuesto.

2. Dichos remanentes de crédito se clasificarán en comprometidos y no comprometidos, y unos y otros, a su vez, en incorporables y no incorporables.

Regla 19. *Rectificación de remanentes de crédito.*—Cuando, como consecuencia de rectificaciones del saldo entrante de obligaciones de presupuestos cerrados, proceda la rectificación de los remanentes de crédito iniciales, éstos se modificarán en los importes correspondientes.

Regla 20. *Certificación de existencia de remanentes de crédito.*—1. Cuando se tramiten expedientes de incorporación de remanentes de crédito será necesaria la oportuna certificación de existencia de remanente de crédito suficiente del ejercicio anterior.

2. Dicha existencia de remanente de crédito se certificará para cada aplicación presupuestaria al nivel de vinculación jurídica de los créditos vigente en el ejercicio de procedencia.

3. Sólo podrán expedirse certificaciones de existencia de remanente de crédito, a los efectos de su incorporación, sobre los saldos de remanentes de crédito clasificados como incorporables.

4. Podrán anularse certificaciones expedidas, ya sea por resultar improcedentes o como consecuencia de errores en sus datos. Nunca podrán anularse certificaciones que hayan dado lugar a las correspondientes incorporaciones de remanentes de crédito sin que, previamente, se hayan anulado dichas incorporaciones.

Regla 21. *No incorporabilidad de remanentes de crédito.*—La no incorporabilidad de remanentes de crédito es el acuerdo por el cual se declara como no incorporable la totalidad o una parte del saldo de remanentes, a efectos de impedir que puedan expedirse certificaciones contra dicho saldo.

SECCIÓN 2.ª

Proyectos de gasto

Regla 22. *Concepto.*—1. Un proyecto de gasto es una unidad de gasto presupuestario perfectamente identificable, en términos genéricos o específicos, cuya ejecución, se efectúe con cargo a créditos de una o varias aplicaciones presupuestarias y se extienda a uno o más ejercicios, requiere un seguimiento y control individualizado.

2. Tendrán la consideración de proyectos de gasto:

a) Los gastos con financiación afectada a que se refiere la Sección 3.ª de este Capítulo.

b) Cualesquiera otras unidades de gasto presupuestario sobre las que la entidad quiera efectuar un seguimiento y control individualizado.

Regla 23. *Estructura.*—1. Todo proyecto de gasto estará identificado por un código único e invariable a lo largo de su vida, determinado según lo establecido por la propia entidad local.

2. Cada proyecto de gasto podrá desglosarse en niveles inferiores: expediente, subexpediente, etc.

3. Asimismo, si la entidad local lo considerara oportuno, podrá establecer el nivel de superproyecto.

Este nivel constituye la unidad necesaria de agregación de varios proyectos que contribuyen de forma conjunta a la realización de un mismo objetivo o conjunto de objetivos.

Regla 24. *Vinculación jurídica.*—1. Los créditos asignados a los proyectos de gasto quedan sujetos a los niveles de vinculación jurídica establecidos en las Bases de Ejecución del Presupuesto para las aplicaciones presupuestarias con cargo a las que se haya previsto su realización.

2. No obstante el crédito asignado a un proyecto de gasto podrá ser vinculante en sí mismo, quedando sujeto a las limitaciones cualitativas y cuantitativas que esta circunstancia impone.

3. Podrán existir proyectos de gasto que sólo queden afectados por las limitaciones cualitativas de la vinculación jurídica, pudiendo realizarse mayor gasto del previsto sin necesidad de recurrir a modificaciones formales de los créditos asignados.

Regla 25. *Seguimiento y control contable de los proyectos de gasto.*—1. El seguimiento y control de los proyectos de gasto se realizará a través del sistema de información contable y alcanzará, como mínimo, a todas las operaciones de gestión presupuestaria que les afecten durante su período de ejecución, se extienda éste a uno o a varios ejercicios.

2. El seguimiento y control de los proyectos de gasto tendrá por objeto, entre otros, la consecución de los siguientes fines:

a) Asegurar el cumplimiento de las vinculaciones

jurídicas que para los distintos proyectos se hayan establecido.

b) Controlar la ejecución presupuestaria de cada proyecto, de forma que los importes de cada fase no puedan superar a los de fases anteriores.

c) Posibilitar, cuando proceda, el inventario de los proyectos de inversión.

3. Para el cumplimiento de los fines anteriores el sistema de seguimiento y control de los proyectos de gasto deberá ofrecer, al menos, la siguiente información:

a) Datos generales del proyecto:

a.1) El código identificativo y la denominación del proyecto de gasto.

a.2) El año de inicio y las anualidades a que vaya a extender su ejecución.

a.3) Para cada una de las anualidades, la aplicación o aplicaciones presupuestarias a través de las que se vaya a realizar.

a.4) Cuantía total del gasto estimado inicialmente.

b) Información sobre la gestión presupuestaria, tanto del presupuesto corriente como de presupuestos cerrados y futuros.

4. Cuando un proyecto de gasto se desglose en niveles inferiores (expediente, subexpediente, etc.), cada uno de ellos deberá ser objeto de seguimiento y control individualizado.

5. Cuando un proyecto de gasto se ejecute en varias anualidades y con cargo a más de una aplicación presupuestaria, se realizará su seguimiento y control para cada una de las anualidades y aplicaciones.

SECCIÓN 3.ª

Gastos con financiación afectada

Regla 26. *Concepto.*—1. Un gasto con financiación afectada es cualquier proyecto de gasto que se financie, en todo o en parte, con recursos concretos que en caso de no realizarse el gasto no podrían percibirse o si se hubieran percibido deberían reintegrarse a los agentes que los aportaron.

2. Dada su condición de proyectos de gasto, a los gastos con financiación afectada les serán aplicables las normas previstas en la Sección anterior.

Regla 27. *Estructura.*—Todo gasto con financiación afectada estará identificado por un código único e invariable a lo largo de su vida, determinado según lo establecido por la propia entidad local.

Regla 28. *Seguimiento y control contable de los gastos con financiación afectada.*—1. El seguimiento y control de los gastos con financiación afectada se realizará a través del sistema de información contable y alcanzará, como mínimo, a todas las operaciones de gestión presupuestaria que les afecten durante su período de ejecución, se extienda éste a uno o a varios ejercicios, correlacionando debidamente la realización de los gastos con los ingresos específicos que los financien.

2. En todo caso, el seguimiento y control de los gastos con financiación afectada ha de garantizar el cumplimiento de los siguientes fines:

a) Asegurar que la ejecución, en términos económico-presupuestarios, de todo gasto con financiación afectada se efectúe en su totalidad, de modo tal que se cumplan las condiciones que, en su caso, se hubiesen acordado para la percepción de los recursos afectados.

b) Calcular, en la liquidación de cada uno de los presupuestos a que afecte la realización de los gastos con financiación afectada, las desviaciones de financiación que, en su caso, se hayan producido como consecuencia de desfases, cualquiera que sea su origen, en el ritmo de ejecución del gasto y de los ingresos específicos que los financien.

c) Controlar la ejecución presupuestaria de cada gasto con financiación afectada, tanto la del gasto como la de los ingresos afectados.

3. Para el cumplimiento de los fines anteriores el sistema de seguimiento y control de los gastos con financiación afectada deberá ofrecer, al menos, la siguiente información:

a) Datos generales del proyecto:

a.1) El código identificativo y la denominación del proyecto de gasto.

a.2) El año de inicio y las anualidades a que vaya a extender su ejecución.

a.3) Para cada una de las anualidades, la aplicación o aplicaciones presupuestarias de gastos a través de las que se vaya a realizar.

a.4) Para cada una de las anualidades, la aplicación o aplicaciones presupuestarias de ingresos a través de las que se prevean obtener los recursos afectados.

a.5) La cuantía total del gasto estimado inicialmente y de los ingresos previstos.

b) Información sobre la gestión del gasto presupuestario, tanto del presupuesto corriente como de presupuestos cerrados y futuros.

c) Información sobre la gestión de los ingresos presupuestarios afectados, tanto del presupuesto corriente como de presupuestos cerrados y futuros.

4. Cuando un gasto con financiación afectada se desglose en niveles inferiores (expediente, subexpediente, etc.), cada uno de ellos deberá ser objeto de seguimiento y control individualizado.

5. Cuando un gasto con financiación afectada se ejecute en varias anualidades, con cargo a más de una aplicación presupuestaria y la financiación afectada proceda de más de un agente financiador, se realizará su seguimiento y control para cada una de las anualidades, aplicaciones y agentes.

A estos efectos, se considerará agente financiador a cada uno de los terceros de los que proceda cada uno de los recursos afectados. Es decir, el agente financiador viene dado por la combinación del tercero y la aplicación presupuestaria que corresponda a cada uno de los recursos que él aporta.

Cuando la financiación afectada de un gasto proceda de un mismo recurso aportado por una pluralidad de terceros, se considerará agente financiador único a todos ellos.

Regla 29. *Coeficiente de financiación.*—1. El coeficiente de financiación es el resultado de dividir los ingresos presupuestarios (reconocidos y pendientes de reconocer) afectados a la realización de un gasto presupuestario, por el importe total de éste (realizado y a realizar).

2. La totalidad de los ingresos presupuestarios incluye todos los derechos reconocidos netos hasta la fecha de cálculo del coeficiente relativos a ese gasto con financiación afectada, así como los que se prevea obtener desde ese momento hasta la conclusión del gasto.

3. El gasto presupuestario total incluye tanto las obligaciones reconocidas netas hasta la fecha de cálculo del coeficiente relativas a ese gasto con financiación afectada, como los créditos que se prevea asignar o incorporar hasta la completa realización de la unidad de gasto.

4. El coeficiente de financiación será global cuando exprese la parte del gasto que queda cubierta con la totalidad de los ingresos a él afectados, y será parcial cuando exprese la parte del gasto que queda cubierta con una parte de los ingresos seleccionada según un cierto criterio (el agente del que provienen, la aplicación presupuestaria, etc.).

Regla 30. *Desviaciones de financiación.*—1. La desviación de financiación es la magnitud que representa el desfase existente entre los ingresos presupuestarios reconocidos durante un período determinado, para la realización de un gasto con financiación afectada y los que, en función de la parte del mismo efectuada en ese período, deberían haberse reconocido, si la ejecución de los ingresos afectados se realizase armónicamente con la del gasto presupuestario.

2. Las desviaciones de financiación, para cada gasto con financiación afectada, se calcularán por diferencia entre los derechos reconocidos netos por los ingresos afectados y el producto del coeficiente de financiación por el total de obligaciones reconocidas netas, referidos unos y otras al período considerado.

3. Las desviaciones de financiación que han de calcularse al final del ejercicio a efectos de ajustar el Resultado presupuestario y de cuantificar el exceso de financiación afectada producido son, respectivamente, las desviaciones de financiación del ejercicio y las desviaciones de financiación acumuladas a lo largo del período de ejecución del gasto con financiación afectada.

4. Las desviaciones de financiación del ejercicio se calcularán tomando en consideración el coeficiente de financiación parcial por agente financiador y el importe de las obligaciones y los derechos reconocidos relativos al agente de que se trate, referidos unas y otros al ejercicio presupuestario.

5. Las desviaciones de financiación acumuladas se calcularán del mismo modo que las imputables al ejercicio, pero tomando en consideración las obligaciones y los derechos reconocidos desde el inicio de la ejecución del gasto con financiación afectada hasta el final del ejercicio

SECCIÓN 4.ª

Administración de recursos por cuenta de otros entes públicos

Regla 31. *Delimitación.*—1. El tratamiento contable de las operaciones de administración de recursos por cuenta de otros entes públicos que realicen las entidades contables como consecuencia de actuaciones de gestión relativas a la liquidación y recaudación de recursos cuya titularidad corresponda a otro u otros entes públicos, así como la entrega de las cantidades que a estos últimos pertenezcan como resultado de la gestión realizada, se ajustará a lo previsto en la presente Sección.

2. Asimismo, también habrá de ajustarse a las normas de la presente Sección el tratamiento, por parte del ente titular de los recursos, de las referidas operaciones, cuando dicho ente sea una entidad contable según lo previsto en la regla 2 de esta Instrucción.

A estos efectos debe considerarse como ente titular de los recursos a aquel que legalmente tenga atribuido el producto de su recaudación, es decir, aquel en cuyo presupuesto de ingresos deba figurar el recurso en cuestión.

Regla 32. *Relaciones entre el ente gestor y el ente titular de los recursos.*—1. Cuando una entidad administre recursos por cuenta de otros entes públicos, deberá facilitar periódicamente, a cada uno de los entes por cuya cuenta se realice la oportuna gestión, la información necesaria para que estos últimos puedan imputar a su presupuesto las diferentes operaciones que se hubiesen efectuado respecto de los recursos de los que sean titulares.

Para cada uno de dichos recursos y por cada período al que se refiera la información a facilitar, ésta diferenciará entre las siguientes operaciones:

— Derechos reconocidos en el ejercicio en curso.

— Posibles rectificaciones de los derechos reconocidos en ejercicios anteriores.

— Anulaciones de derechos que correspondan a recursos cuyo reconocimiento del derecho se hubiese producido en el ejercicio en curso, diferenciando entre anulaciones de liquidaciones y aplazamientos o fraccionamientos.

— Anulaciones de derechos que correspondan a recursos cuyo reconocimiento del derecho se hubiese producido en ejercicios anteriores, diferenciando también entre anulaciones de liquidaciones y aplazamientos o fraccionamientos.

— Cancelación de derechos que correspondan a recursos cuyo reconocimiento del derecho se hubiese producido en el ejercicio en curso, distinguiendo entre cancelaciones por cobros en especie, por insolvencias o por otras causas.

— Cancelación de derechos que correspondan a recursos cuyo reconocimiento del derecho se hubiese producido en ejercicios anteriores, distinguiendo entre cancelaciones por cobros en especie, por insolvencias, por prescripción o por otras causas.

— Recaudación de derechos reconocidos en el ejercicio en curso.

— Recaudación de derechos reconocidos en ejercicios anteriores.

— Recaudación de recursos por autoliquidaciones u otros ingresos sin reconocimiento previo del derecho.

— Devoluciones de ingreso reconocidas en el ejercicio.

— Posibles rectificaciones y anulaciones de devoluciones de ingreso reconocidas en ejercicios anteriores que estuviesen pendientes de pago.

— Prescripciones de devoluciones de ingreso reconocidas.

— Pagos de devoluciones de ingreso.

La información anterior deberá complementarse con todos aquellos datos que sean necesarios para el adecuado registro contable de las respectivas operaciones.

2. La periodicidad con la que se ha de remitir la información señalada deberá ser igual o inferior a la que esté establecida para el pago del producto de la recaudación líquida al ente titular de los recursos, ya se efectúe dicho pago de forma directa o mediante el procedimiento de entregas a cuenta.

3. Si la entidad que administra recursos por cuenta de otros entes públicos no estuviese en condiciones de suministrar la información indicada, al menos deberá aportar, a los entes titulares de los recursos, los datos de detalle de los pagos de la recaudación líquida que realice a los mismos, de forma que quede constancia de los recursos a que corresponden dichos pagos, independientemente de que se trate de entregas directas o de entregas a cuenta de dicha recaudación.

Cuando desaparezcan las causas que impidan el suministro de información, la entidad gestora de los recursos habrá de facilitar la misma en los términos recogidos en los apartados anteriores, debiendo tenerse en cuenta que el cambio de procedimiento en el suministro de la información tendrá que producirse, necesariamente, con referencia a un ejercicio contable completo, no pudiendo afectar tan sólo a una parte del mismo. A estos efectos, cuando se produzca el cambio de procedimiento en el suministro de información, la primera vez que se suministren los datos relativos a las operaciones realizadas a partir del inicio del ejercicio contable en que se produzca dicho cambio de procedimiento, la entidad gestora de los recursos habrá de comunicar, a cada una de los entes titulares de los mismos, los saldos pendientes de cobro correspondientes a derechos reconocidos en ejercicios anteriores, así como los saldos pendientes de pago relativos a devoluciones de ingreso reconocidas en esos mismos ejercicios.

4. Tomando como base la información a que se refieren los apartados anteriores, las entidades contables titulares de los respectivos recursos registrarán en su contabilidad las operaciones realizadas por el ente gestor, incorporándolas a su presupuesto cuando ello proceda.

Regla 33. *Tratamiento contable de las operaciones de administración de recursos por cuenta de otros entes públicos en el ente gestor.*—1. Las entidades que administren recursos por cuenta de otros entes públicos registrarán en su contabilidad patrimonial las operaciones derivadas de la gestión que realicen en relación con dichos recursos de acuerdo con los criterios que seguidamente se indican:

a) Cuando se suministre la información indicada en el apartado 1 de la regla anterior a las entidades titulares de los recursos, sólo se incorporarán al balance de la entidad gestora los débitos y créditos existentes con dichas entidades derivados de los cobros y pagos que se hubiesen producido en relación con los recursos gestionados.

A estos efectos, se utilizarán exclusivamente las cuentas 453, «Entes públicos, por ingresos pendientes de liquidar», y 456, «Entes públicos, c/c. efectivo», de acuerdo con lo que se establece para las mismas en el Plan de Cuentas local Simplificado anexo a esta Instrucción.

b) Si la información indicada en el apartado 1 de la regla anterior no se suministra, dándose la circunstancia señalada en el párrafo primero de su apartado 3, al margen de los débitos y créditos referidos para el caso anterior, también deberán incorporarse al balance de la entidad gestora los créditos y débitos que se deriven de las actuaciones de gestión que se hubiesen realizado en relación con recursos de otros entes públicos.

En esta situación las entidades que administren recursos por cuenta de otros entes públicos utilizarán la totalidad de las cuentas que se contienen en el subgrupo 45, «Deudores y acreedores por administración de recursos por cuenta de otros entes públicos», del mencionado plan contable.

2. Al margen del tratamiento contable que ha que-

dado indicado, las entidades que administren recursos por cuenta de otros entes públicos registrarán de forma individualizada todas y cada una de las operaciones derivadas de la gestión que realicen en relación con dichos recursos, quedando integradas en su contabilidad mediante una estructura de datos que permita obtener la información requerida en la nota 15, «Operaciones por administración de recursos por cuenta de otros entes públicos», de la Memoria incluida en la parte Tercera del Plan de Cuentas local Simplificado anexo a esta Instrucción, así como la que se indica en el apartado 1 de la regla anterior.

Regla 34. *Tratamiento contable de las operaciones relativas a recursos administrados por otro ente público en el ente titular.*—1. Las anotaciones que corresponda efectuar en la contabilidad de las entidades titulares de recursos que se hubiesen gestionado por otro ente público se realizarán tomando como base los datos agregados que, en relación con la gestión de dichos recursos, sean facilitados por el ente gestor en cada uno de los períodos establecidos para el suministro de información.

Dichas anotaciones contables variarán según la información de que disponga el ente titular, en función de la que fuese suministrada por el ente gestor, pudiéndose presentar dos situaciones:

a) La información disponible abarca la totalidad de las operaciones realizadas, tal y como se prevé en el apartado 1 de la regla 32.

b) La información disponible no abarca la totalidad de las operaciones realizadas y se refiere, al menos, a los pagos realizados por el ente gestor a la entidad titular de los recursos como consecuencia de las entregas correspondientes a la recaudación líquida que se hubiese obtenido, tal y como se prevé en el párrafo primero del apartado 3 de dicha regla 32.

En los apartados siguientes de esta regla se establecen los criterios a seguir, en cada una de estas situaciones, para el registro de las operaciones por parte de las entidades titulares de los recursos.

En todo caso, independientemente del tratamiento contable que se produzca en la entidad titular de los recursos, el registro individualizado de las operaciones que se hubiesen producido como consecuencia de la gestión de dichos recursos estará contenido en la contabilidad del ente encargado de la misma.

2. Cuando las entidades que sean titulares de recursos gestionados por otro ente público dispongan de información relativa a la totalidad de las operaciones realizadas por el ente gestor, en la contabilización de las respectivas operaciones se seguirán los siguientes criterios:

a) Las operaciones relativas a la recaudación de derechos darán lugar al nacimiento de un crédito a favor de la entidad que se recogerá en la cuenta 442, «Entes públicos deudores por recursos recaudados», disminuyéndose dicho crédito por las operaciones de pagos de devoluciones de ingreso.

El ingreso de la recaudación líquida obtenida mediante la entrega directa de la misma por parte del ente gestor dará lugar a la cancelación de este crédito. También se cancelará dicho crédito en el momento de la liquidación definitiva de los recursos recaudados por el ente gestor, cuando por parte de éste se efectúen entregas a cuenta de la correspondiente recaudación.

b) La imputación al presupuesto de ingresos de las diferentes operaciones se efectuará de la forma prevista para los ingresos presupuestarios en el Plan de Cuentas local Simplificado anexo a esta Instrucción, sin que haya ninguna particularidad en comparación con las operaciones que realice la propia entidad en relación con los recursos que ella misma gestione. Si en el momento de aplicar la recaudación hubiese que realizar imputaciones no presupuestarias, las anotaciones correspondientes se realizarán de acuerdo con lo previsto al respecto en el referido plan contable.

Asimismo, las devoluciones de ingreso acordadas por el ente gestor se registrarán de la misma forma que las tramitadas en el caso de los recursos gestionados directamente por la propia entidad.

c) Cuando el ente gestor de los recursos efectúe entregas a cuenta de la recaudación, dichas entregas a cuenta se reflejarán en la contabilidad de las entidades titulares de los mismos mediante un débito que se recogerá en la cuenta 550, «Cuentas corrientes no bancarias con entes públicos, por administración de recursos». Cuando se realice la liquidación definitiva de los recursos recaudados se compensará contablemente este débito con el crédito recogido en la cuenta 442, «Entes públicos deudores por recursos recaudados»; los saldos deudores a favor de la entidad titular de los recursos, o en su caso acreedores, que resulten de dicha liquidación quedarán recogidos en la citada cuenta 550.

3. En el caso de que las entidades titulares de recursos gestionados por otro ente público no dispongan de información sobre la totalidad de las operaciones realizadas, los criterios a seguir en la contabilización de estas operaciones serán los siguientes:

a) Por las cantidades que reciban las entidades titulares de los recursos como consecuencia de los pagos que se realicen desde el ente gestor de los mismos, ya sea en concepto de entregas directas de la recaudación, entregas a cuenta de la misma o liquidación definitiva de los recursos gestionados, se efectuará la imputación presupuestaria de los respectivos ingresos, registrando simultáneamente el reconocimiento del derecho y su cobro. No obstante, el ente titular podrá reconocer el ingreso presupuestario con anterioridad a su cobro si conoce de forma cierta su importe; tratándose de entregas a cuenta, el ente titular podrá reconocer el ingreso presupuestario al inicio del período al que se refieran dichas entregas, una vez que tenga constancia documental del importe de las mismas.

Las anotaciones a que se refiere el párrafo anterior se realizarán de la forma prevista para los ingresos presupuestarios en el Plan de Cuentas local Simplificado anexo a esta Instrucción, sin que haya ninguna particularidad en comparación con esas mismas operaciones cuando correspondan a los recursos que la propia entidad gestione.

Si fuese necesario realizar imputaciones no presupuestarias, las anotaciones correspondientes se realizarán de acuerdo con lo previsto al respecto en el referido plan contable.

b) Al margen de las operaciones descritas, las entidades titulares de los recursos no registrarán ninguna otra de las que se hubiesen producido en el ámbito del ente gestor de los mismos.

4. El cambio de procedimiento en el suministro de la información por parte del ente gestor de los recursos a que se refiere el párrafo segundo del apartado 3 de la regla 32 tendrá la consideración de cambio de criterio contable, en virtud de lo dispuesto en la norma de reconocimiento y valoración n.º 15, «Cambios en criterios y estimaciones contables y errores». A estos efectos, los datos relativos a los saldos pendientes de cobro por derechos reconocidos en ejercicios anteriores y los pendientes de pago por devo-

luciones de ingreso reconocidas en esos mismos ejercicios, que sean facilitados por dicho ente gestor, se incorporarán a la contabilidad de las entidades titulares de los recursos mediante la oportuna operación de modificación del saldo inicial de derechos pendientes de cobro o de devoluciones pendientes de pago, según corresponda.

TÍTULO III

De los datos a incorporar al sistema

CAPÍTULO PRIMERO

JUSTIFICANTES DE LAS OPERACIONES

Regla 35. *Justificación.*—Todo acto o hecho que, en aplicación de lo previsto en el Título II de esta Instrucción, deba dar lugar a anotaciones en el SICAL-Simplificado, debe estar debidamente acreditado con el correspondiente justificante que ponga de manifiesto su realización.

Regla 36. *Medios de justificación.*—1. La justificación de los distintos hechos susceptibles de incorporación al SICAL-Simplificado podrá estar soportada en documentos en papel o a través de medios electrónicos, informáticos o telemáticos, debiendo ajustarse, en todo caso, a los requisitos y garantías que se establezcan para cada uno de los distintos tipos de operaciones, de acuerdo con las normas que regulen los procedimientos administrativos a través de los que dichos hechos se materialicen.

2. Cuando la justificación de estos hechos se efectúe a través de medios electrónicos, informáticos o telemáticos se asegurará la validez y eficacia jurídica de los mismos, así como el cumplimiento de la normativa aplicable respecto a la protección de datos de carácter personal.

CAPÍTULO II

INCORPORACIÓN DE DATOS AL SISTEMA

Regla 37. *Soporte de las anotaciones contables.*—1. Las operaciones que hayan de ser contabilizadas se incorporarán al SICAL-Simplificado con el máximo nivel de desarrollo, de forma que sus datos queden debidamente registrados en todas las áreas contables a las que la operación afecte en función de su naturaleza.

2. El registro de las operaciones en el SICAL-Simplificado se podrá realizar por alguno de los siguientes procedimientos:

a) Mediante captura directa en el sistema de los datos que consten en el propio justificante de la operación o, en su caso, en el oportuno documento contable.

b) A través de la incorporación de dichos datos al sistema mediante la utilización de procedimientos o soportes electrónicos, informáticos o telemáticos.

En ambos procedimientos, el registro de las operaciones en el SICAL-Simplificado podrá realizarse de forma individual por cada operación o, en su caso, mediante incorporación masiva de datos relativos a grupos de operaciones.

3. Los documentos contables que, en su caso, se utilicen se establecerán por la propia entidad local en función de sus necesidades de información y de la operatoria que se siga en la tramitación de los diferentes tipos de operaciones a que pudiesen afectar.

4. Cuando se utilicen medios electrónicos, informáticos o telemáticos como soporte de las anotaciones contables, se asegurará la validez y eficacia jurídica de los mismos, así como el cumplimiento de la normativa aplicable respecto a la protección de datos de carácter personal.

Regla 38. *Autorización.*—1. Cuando las operaciones se incorporen al sistema mediante captura directa de los datos que consten en el propio justificante o en el oportuno documento contable, para que aquella incorporación tenga efecto es necesario que dichos documentos (justificantes y documentos contables) estén debidamente autorizados, mediante diligencias, firmas manuscritas, sellos u otros medios manuales, por quien tenga atribuidas facultades para ello.

2. Cuando las operaciones se incorporen al sistema mediante la utilización de soportes electrónicos, informáticos o telemáticos, los procedimientos de autorización y control mediante diligencias, firmas manuscritas, sellos u otros medios manuales podrán ser sustituidos por autorizaciones y controles establecidos en las propias aplicaciones informáticas que garanticen la identificación y el ejercicio de la competencia por quien la tenga atribuida.

Regla 39. *Toma de razón.*—1. En todo documento que haya producido anotaciones en contabilidad, ya se trate del propio justificante de la operación o de un documento contable específico para el registro de la misma, deberá figurar una diligencia de toma de razón, certificada por el responsable de la contabilidad, acreditativa, como mínimo, de la fecha, el número de asiento y el importe con que dicho documento hubiese quedado registrado individualizadamente. Dicha diligencia podrá realizarse mediante certificación mecánica efectuada por el propio equipo informático en que esté soportado el SICAL-Simplificado.

2. En el caso de que las operaciones sean registradas a partir de los datos contenidos en soportes electrónicos, informáticos o telemáticos, la diligencia de toma de razón se sustituirá por los oportunos procesos de validación en el sistema, mediante los cuales dichas operaciones queden referenciadas en relación con las anotaciones contables que hayan producido.

CAPÍTULO III

ARCHIVO Y CONSERVACIÓN

Regla 40. *Archivo y conservación de los justificantes de las operaciones y de los soportes de las anotaciones contables.*—1. Los justificantes de las operaciones a que se refiere el Capítulo I de este Título III, junto con los correspondientes documentos contables, en su caso, deberán conservarse por la entidad y estarán a disposición del órgano u órganos de control competentes, al objeto de posibilitar y facilitar las actuaciones de control y verificación de la contabilidad que proceda realizar.

2. Los justificantes de los hechos que se registren en el SICAL-Simplificado y, en su caso, los correspondientes documentos contables, podrán conservarse por medios o en soportes electrónicos, informáticos o telemáticos, con independencia del tipo de soporte en que originalmente se hubieran plasmado, siempre que quede garantizada su autenticidad, integridad, calidad, protección y conservación. En estos casos, las copias obtenidas de dichos soportes gozarán de la validez y eficacia de los documentos originales.

3. Tanto los justificantes formalizados en documentos en papel como los que lo estén en soportes electrónicos, informáticos o telemáticos se deberán conservar durante un plazo de seis años contados desde la fecha de remi-

sión, al órgano u órganos de control externo, de las cuentas anuales donde se pongan de manifiesto las respectivas operaciones, salvo que la justificación de que se trate esté sometida a otros plazos de conservación o se hubiera interrumpido el plazo de prescripción de la posible responsabilidad contable.

Sin perjuicio de lo establecido en el párrafo anterior, la documentación justificativa de las valoraciones asignadas a activos y pasivos deberá conservarse, al menos, durante el período en que dichos activos y pasivos figuren en balance.

4. Se podrá proceder a la destrucción de los justificantes, siempre y cuando se hayan cumplido los plazos a que se refiere el apartado anterior, previa comunicación al órgano u órganos de control externo a que hubiese correspondido actuar y sin que estos hayan manifestado impedimentos al respecto.

No procederá la destrucción de los justificantes en aquellos supuestos en que, por la naturaleza de los documentos de que se trate, esté establecido su envío a un archivo histórico de documentos.

Regla 41. *Conservación de los registros contables.*— 1. Los registros de las operaciones anotadas en el SICAL-Simplificado se conservarán durante un período de seis años contados desde la fecha de remisión, al órgano u órganos de control externo, de las cuentas anuales donde se hubiese plasmado la información contenida en dichos registros, salvo que esta información esté sometida a otros plazos de conservación o se hubiera comunicado la interrupción del plazo de prescripción de la posible responsabilidad contable.

2. Una vez hayan transcurrido los plazos de conservación, a los que se refiere el párrafo anterior, así como el plazo de prescripción de la posible responsabilidad contable, los registros de las operaciones podrán ser destruidos siempre que, mediando la oportuna comunicación, no existiesen impedimentos por parte del órgano u órganos de control externo a que correspondiese actuar.

No procederá la destrucción de los registros contables en aquellos supuestos en que, por la naturaleza de los mismos, esté establecido su envío a un archivo histórico de documentos.

TÍTULO IV

De la información a obtener del sistema

CAPÍTULO PRIMERO

NORMAS GENERALES

Regla 42. *Tipos de información.*—Para el cumplimiento de los fines del sistema de información contable, que se relacionan en la regla 14, y para poder satisfacer las necesidades de información contable de los destinatarios de la misma, enumerados en la regla 8, la información a obtener del sistema de información contable será, al menos:

a) La necesaria para la formación de las cuentas anuales de la entidad contable de que se trate.

b) La que, en virtud del artículo 207 del texto refundido de la Ley Reguladora de las Haciendas Locales, debe remitir la Intervención de la entidad local al Pleno de la Corporación.

c) La necesaria para la confección del Avance de la Liquidación del Presupuesto corriente a que se refiere el artículo 168 del texto refundido de la Ley Reguladora de las Haciendas Locales.

d) La información económico-financiera necesaria para facilitar la toma de decisiones en el ámbito de la gestión y el ejercicio del control interno en sus distintas acepciones.

e) La información económico-financiera que deba remitirse a otras Administraciones Públicas.

Regla 43. *Soporte de la información.*—1. La información contable ha de plasmarse en estados contables que podrán estar soportados en listados, informes y, en general, documentos en papel, o mediante cualquier tipo de soporte electrónico, informático o telemático que garantice la autenticidad, integridad y conservación de la información que contenga, así como su recepción por el destinatario y su tratamiento por éste en forma idónea para el cumplimiento de los fines que haya de satisfacer.

2. Sin perjuicio del soporte en que queden plasmados los estados contables, su contenido y obtención se habrá de ajustar a las normas que se contienen en el presente Título.

Regla 44. *Garantía de la información contable.*—Respecto a la información contable facilitada a los distintos destinatarios, el responsable de la contabilidad únicamente responde de la identidad entre la misma y la existente en las bases de datos del sistema.

CAPÍTULO II

La cuenta general de la entidad local

SECCIÓN 1.ª

Contenido

Regla 45. *Delimitación de la Cuenta General.*—1. La Cuenta General de la entidad local mostrará la imagen fiel del patrimonio, de la situación financiera, de los resultados y de la ejecución del presupuesto.

2. La Cuenta General estará integrada por:

a) La Cuenta de la propia entidad.

b) La Cuenta de los organismos autónomos.

c) Las cuentas anuales de las sociedades mercantiles de capital íntegramente propiedad de la entidad local.

d) Las cuentas anuales de las entidades públicas empresariales.

3. Cada uno de los sujetos contables a que se refiere el apartado anterior deberá elaborar sus propias cuentas anuales de acuerdo con lo previsto en las reglas siguientes.

Regla 46. *La Cuenta de la propia entidad local y la Cuenta de los organismos autónomos.*—1. Las cuentas anuales que integran la Cuenta de la propia entidad local y las que deberá formar cada uno de sus organismos autónomos son las siguientes:

a) El Balance.

b) La Cuenta del resultado económico-patrimonial.

c) El Estado de cambios en el patrimonio neto.

d) El Estado de Liquidación del Presupuesto.

e) La Memoria.

2. Las cuentas a que se refiere el apartado anterior deberán elaborarse siguiendo las normas y ajustándose a los modelos que se establecen en la Tercera parte del Plan de Cuentas local Simplificado anexo a esta Instrucción.

3. A las cuentas anuales de la propia entidad local y de cada uno de sus organismos autónomos deberá unirse la siguiente documentación:

a) Actas de arqueo de las existencias en Caja referidas a fin de ejercicio.

b) Notas o certificaciones de cada entidad bancaria de los saldos existentes en las mismas a favor de la entidad local o del organismo autónomo, referidos a fin de ejercicio y agrupados por nombre o razón social de la entidad bancaria. En caso de discrepancia entre los saldos contables y los bancarios, se aportará el oportuno estado conciliatorio, autorizado por el Interventor.

Regla 47. *Las cuentas anuales de las sociedades mercantiles y de las entidades públicas empresariales dependientes de la entidad local.*—1. Las cuentas anuales que deberán formar las sociedades mercantiles en cuyo capital social tenga participación total o mayoritaria la entidad local serán, en todo caso, las previstas en el Plan General de Contabilidad o en el de Pequeñas y Medianas empresas con las adaptaciones a los criterios específicos de las microempresas que, en su caso, procedan.

2. A las cuentas anuales que deberán formar las entidades públicas empresariales dependientes de la entidad local les será de aplicación lo previsto en el párrafo anterior.

SECCIÓN 2.ª

Formación

Regla 48. *Formación de la Cuenta General.*—1. La Cuenta General de cada ejercicio se formará por la Intervención de la entidad local.

2. A los efectos anteriores, la Intervención podrá recabar la presentación de las cuentas que hayan de rendirse al órgano u órganos de control externo.

3. La Intervención podrá recabar de las distintas entidades implicadas la información que considere necesaria para efectuar los procesos de agregación o consolidación contable que, en su caso, haya establecido el Pleno de la Corporación.

En su caso, se podrán agregar o consolidar las cuentas de una entidad aunque en el informe de auditoría de cuentas se hubiera denegado opinión o se hubiera emitido informe desfavorable o con salvedades, si bien estas circunstancias se harán constar en informe explicativo de la Cuenta General.

Regla 49. *Documentación complementaria.*—1. A la Cuenta General se acompañarán:

a) Los documentos a que se refiere la regla 46.3.

b) Las cuentas anuales de las sociedades mercantiles en cuyo capital social tenga participación mayoritaria la entidad local.

c) Las cuentas anuales de aquellas unidades dependientes de la entidad local incluidas en el ámbito de aplicación de la Ley Orgánica 2/2012, de 27 de abril, de Estabilidad Presupuestaria y Sostenibilidad Financiera, no comprendidas en el apartado *b*) anterior ni integradas en la Cuenta General.

2. En caso de que el Pleno de la Corporación así lo haya establecido, a la Cuenta General se acompañarán los estados integrados y consolidados de las cuentas que haya determinado.

SECCIÓN 3.ª

Aprobación

Regla 50. *Aprobación de la Cuenta General.*—1. La Cuenta General de cada ejercicio se someterá antes del 1 de junio del ejercicio inmediato siguiente a informe de la Comisión Especial de Cuentas de la entidad local.

2. La Cuenta General y el informe de la Comisión Especial de Cuentas se expondrán al público por plazo de quince días, durante los cuales y ocho más los interesados podrán presentar reclamaciones, reparos u observaciones. Examinados éstos por la Comisión Especial y practicadas por la misma cuantas comprobaciones estime necesarias, emitirá nuevo informe.

3. Acompañada de los informes de la Comisión Especial de Cuentas y de las reclamaciones y reparos formulados, la Cuenta General se someterá al Pleno de la Corporación para que, en su caso, pueda ser aprobada antes del día 1 de octubre.

4. La aprobación de la Cuenta General es un acto esencial para la fiscalización de ésta por los órganos de control externo, que no requiere la conformidad con las actuaciones reflejadas en ella, ni genera responsabilidad por razón de las mismas.

SECCIÓN 4.ª

Rendición de cuentas

Regla 51. *Cuentadantes.*—1. Serán cuentadantes los titulares de las entidades y órganos sujetos a la obligación de rendir cuentas y en todo caso:

a) El Presidente de la entidad local.

b) Los Presidentes o Directores de los organismos autónomos y de las entidades públicas empresariales.

c) Los Presidentes del Consejo de Administración de las sociedades mercantiles dependientes de la entidad local.

d) Los liquidadores de las sociedades mercantiles dependientes de la entidad local en proceso de liquidación.

2. Los cuentadantes a que se refiere el apartado anterior son responsables de la información contable, es decir, de suministrar información veraz y de que las cuentas anuales reflejen la imagen fiel del patrimonio, de la situación financiera, del resultado económico patrimonial y de la ejecución del presupuesto de la entidad contable.

A los cuentadantes les corresponde rendir, antes del 15 de mayo del ejercicio inmediato siguiente al que correspondan y debidamente autorizadas, las cuentas que hayan de enviarse al órgano u órganos de control externo.

3. La responsabilidad en que se concreta la rendición de cuentas es independiente de la responsabilidad en la que incurran quienes adoptaron las resoluciones o realizaron los actos reflejados en dichas cuentas.

Regla 52. *Procedimiento de rendición.*—1. En cumplimiento de su obligación de rendir cuentas, los cuentadantes deberán remitir sus cuentas anuales, acompañadas de la documentación complementaria a que se refiere la regla 46.3, a la Intervención de la entidad local, en el plazo previsto en el apartado 2 de la regla anterior.

2. Una vez aprobada la Cuenta General por el Pleno de la Corporación, se rendirá por el Presidente de la entidad local al órgano u órganos de control externo competentes en los plazos previstos en la normativa vigente.

3. Cuando los órganos de control externo tengan establecidos procedimientos de envío a través de medios electrónicos, informáticos o telemáticos, la rendición de la Cuenta General se deberá ajustar a los requisitos que, para la transmisión y recepción de comunicaciones a través de medios y aplicaciones informáticas, telemáticas y electrónicas, se establecen en la Ley Orgánica 15/1999, de 13 de diciembre, de Protección de Datos de Carácter Personal; en la Ley 30/1992, de 26 de noviembre, de Régimen Jurídico de las Administraciones Públicas y del Procedimiento Administrativo Común; en la Ley 11/2007, de 22 de junio, de acceso electrónico de los ciudadanos a los Servicios Públicos; en la vigente normativa sobre firma electrónica; así como en la normativa de desarrollo de las normas citadas en esta regla.

En estos casos, la obtención de las cuentas anuales se realizará mediante la generación de ficheros comprensivos de la información que deban mostrar, cuyo contenido y estructura deberá ajustarse a las especificaciones técnicas establecidas por los órganos de control externo.

CAPÍTULO III

OTRA INFORMACIÓN CONTABLE

SECCIÓN 1.ª

Información periódica para el Pleno

Regla 53. *Elaboración.*—1. En cumplimiento de lo previsto en el artículo 207 del texto refundido de la Ley Reguladora de las Haciendas Locales, la Intervención de la entidad local elaborará la información de la ejecución de los presupuestos y del movimiento y la situación de la tesorería, que debe remitir al Pleno de la Corporación, por conducto de la Presidencia, en los plazos y con la periodicidad que el Pleno haya establecido.

2. La Intervención de la entidad local determinará la estructura de los estados que habrán de reflejar la información a que se refiere el apartado anterior, de acuerdo con lo establecido por el Pleno de la Corporación.

Regla 54. *Contenido.*—1. La información a que se refiere la regla anterior contendrá datos relativos a:

a) La ejecución del presupuesto de gastos corriente.

b) La ejecución del presupuesto de ingresos corriente.

c) Los movimientos y la situación de la tesorería.

2. La información sobre la ejecución del presupuesto de gastos corriente pondrá de manifiesto para cada partida presupuestaria, al menos el importe correspondiente a:

a) Los créditos iniciales, sus modificaciones y los créditos definitivos.

b) Los gastos comprometidos.

c) Las obligaciones reconocidas netas.

d) Los pagos realizados.

Asimismo, se hará constar el porcentaje que representan: los gastos comprometidos respecto a los créditos definitivos, las obligaciones reconocidas netas respecto a los créditos definitivos y los pagos realizados respecto a las obligaciones reconocidas netas.

3. La información sobre la ejecución del presupuesto de ingresos corriente pondrá de manifiesto para cada aplicación presupuestaria, al menos el importe correspondiente a:

a) Las previsiones iniciales, sus modificaciones y las previsiones definitivas.

b) Los derechos reconocidos netos.

c) La recaudación neta.

Asimismo, se hará constar el porcentaje que representan: los derechos reconocidos netos respecto a las previsiones definitivas y la recaudación neta respecto a los derechos reconocidos netos.

4. La información sobre los movimientos y la situación de la tesorería pondrá de manifiesto, al menos, los cobros y pagos realizados durante el período a que se refiera la información, así como las existencias en la tesorería al principio y al final de dicho período.

SECCIÓN 2.ª

Avance de la Liquidación del presupuesto corriente

Regla 55. *Elaboración.*—La Intervención elaborará el Avance de la Liquidación del presupuesto corriente, a que se refiere el artículo 18.*b*) del Real Decreto 500/1990, de 20 de abril, que desarrolla el Capítulo I del Título VI de la Ley 39/1988, reguladora de las Haciendas Locales, que habrá de unirse al presupuesto de la entidad local.

Regla 56. *Contenido.*—1. El Avance de la Liquidación del presupuesto corriente a que se refiere el artículo 168 del texto refundido de la Ley Reguladora de las Haciendas Locales, que habrá de unirse al correspondiente presupuesto de los integrados en el Presupuesto General, constará de dos partes:

— Primera parte: Liquidación del presupuesto referida, al menos, a seis meses del ejercicio.

— Segunda parte: Estimación de la Liquidación del presupuesto referida a 31 de diciembre.

2. Su estructura se determinará por la Intervención de conformidad con lo que se establezca por el Pleno de la entidad.

Regla 57. *Primera parte: Liquidación del presupuesto referida, al menos, a seis meses del ejercicio.*—Esta Primera parte pondrá de manifiesto el importe correspondiente a:

1. En relación con el estado de gastos, y como mínimo a nivel de capítulo:

a) Los créditos iniciales, sus modificaciones y los créditos definitivos.

b) Los gastos comprometidos, con indicación del porcentaje de ejecución sobre los créditos definitivos.

c) Las obligaciones reconocidas netas, con indicación del porcentaje de ejecución sobre los créditos definitivos.

d) Los pagos realizados, con indicación del porcentaje de ejecución sobre las obligaciones reconocidas netas.

e) Las obligaciones pendientes de pago.

f) Los remanentes de crédito.

2. En relación con el estado de ingresos, y como mínimo a nivel de capítulo:

a) Las previsiones iniciales, sus modificaciones y las previsiones definitivas.

b) Los derechos reconocidos.

c) Los derechos anulados.

d) Los derechos cancelados.

e) Los derechos reconocidos netos, con indicación del porcentaje de ejecución sobre las previsiones definitivas.

f) La recaudación neta, con indicación del porcentaje de ejecución sobre los derechos reconocidos netos.

g) Los derechos pendientes de cobro.

h) La comparación de los derechos reconocidos netos y las previsiones definitivas.

3. El Resultado presupuestario.

Regla 58. *Segunda parte: Estimación de la Liquidación del presupuesto referida a 31 de diciembre.*—La Segunda parte pondrá de manifiesto los importes que se estime presentará la Liquidación del presupuesto del ejercicio. Esta información incluirá, al menos, los créditos y previsiones definitivos y las obligaciones y derechos reconocidos netos, con indicación del porcentaje de ejecución sobre los créditos y las previsiones definitivos, respectivamente.

SECCIÓN 3.ª

Información para los órganos de gestión y de control interno

Regla 59. *Información para los órganos de gestión y de control interno.*—El sistema de información contable deberá permitir obtener la información económico-financiera que, para el adecuado ejercicio de sus funciones, sea demandada por los distintos órganos de gestión y por los órganos encargados del control interno de la entidad.

En todo caso, el acceso a esta información estará sujeto a las prescripciones que, a este respecto, establezca la normativa vigente.

SECCIÓN 4.ª

Información para otras Administraciones Públicas

Regla 60. *Información para otras Administraciones Públicas.*—El sistema de información contable deberá permitir obtener la información económico-financiera cuya remisión a otras Administraciones Públicas venga impuesta por la normativa vigente.

ANEXO

Plan de cuentas local simplificado

INTRODUCCIÓN

El Plan de Cuentas Local Simplificado (en adelante, PCS) es una adaptación del Plan General de Contabilidad Pública adaptado a la Administración local (en adelante, PCN) para las entidades sujetas al modelo simplificado de contabilidad local y en su redacción se ha tomado como referencia la simplificación operada en el Plan General de Contabilidad de Pequeñas y Medianas empresas, aprobado por Real Decreto 1.515/2007, de 16 de noviembre.

El PCS presenta una estructura idéntica a la del PCN, dividiéndose como éste en las siguientes partes:

— Primera parte: Marco conceptual de la contabilidad pública.

— Segunda parte: Normas de reconocimiento y valoración.

— Tercera parte: Cuentas anuales.

— Cuarta parte: Cuadro de cuentas.

— Quinta parte: Definiciones y relaciones contables.

Las Normas Internacionales aplicables a la Contabilidad del Sector Público (NIC-SP) se configuran como un referente a la hora de interpretar el PCS.

Los Documentos de Principios contables públicos aprobados por la Comisión de Principios y Normas contables públicas se podrán seguir aplicando en aquellos aspectos que no se opongan al PCS.

A continuación se describen las novedades del nuevo PCS y sus principales diferencias con el PCN.

Dos son los criterios de simplificación que han inspirado la elaboración del presente Plan de Cuentas:

a) La eliminación de operaciones que se consideran poco usuales en las entidades a las que va dirigido, y

b) La agregación o eliminación de información en aquellos casos en que se considera poco relevante la pérdida de información derivada de ello.

Los criterios de simplificación anteriores se han materializado en los siguientes aspectos:

1. La eliminación del tratamiento contable de las operaciones poco usuales.
2. La agrupación de cuentas de primer orden dentro de un mismo subgrupo.
3. La agregación o eliminación de información en las cuentas anuales.

Entre las operaciones poco usuales a que se refieren los apartados *a*) y 1 anteriores cabe citar las relativas a coberturas contables, existencias, activos construidos o adquiridos para otras entidades, moneda extranjera, actividades conjuntas, activos y pasivos contingentes y emisiones en masa de valores negociables.

En relación con las eliminaciones por operaciones poco usuales, es de reseñar que, si en alguna entidad se dieran estas operaciones, apelando al carácter supletorio que el PCN tiene respecto del PCS, se registrarían de acuerdo con el tratamiento contable previsto para ellas en el PCN, en los siguientes términos:

— Se aplicarían las correspondientes normas de reconocimiento y valoración.

— Se incorporaría a las cuentas anuales simplificadas la información requerida acerca de dichas operaciones.

— Se podrían utilizar cuentas de primer orden.

Esto no será aplicable cuando la operación se refiera a activos en estado de venta; a estas operaciones se les aplicará, en todo caso, el tratamiento contable previsto por el PCS para el inmovilizado no financiero.

Primera parte: Marco conceptual de la contabilidad pública.

El marco conceptual de la contabilidad pública constituye una novedad respecto al anterior Plan de cuentas y recoge los documentos que integran las cuentas anuales, los requisitos de la información contable, los principios contables, la definición de los elementos de las cuentas anuales y los criterios contables para el registro y valoración de dichos elementos, con el fin de lograr el objetivo de la imagen fiel. Este marco conceptual sustituye y amplía la primera parte «Principios contables» del PCS'04 y contiene seis apartados: 1.º Imagen fiel de las cuentas anuales, 2.º Requisitos de la información a incluir en las cuentas anuales, 3.º Principios contables, 4.º Elementos de las cuentas anuales, 5.º Criterios de registro o reconocimiento contable de los elementos de las cuentas anuales y 6.º Criterios de valoración.

Este marco conceptual es prácticamente idéntico al del PCN y al igual que él armoniza los conceptos contables básicos y constituye el soporte para el análisis y la interpretación de las normas contables.

El objetivo de las cuentas anuales sigue siendo, como en el PCS'04, mostrar la imagen fiel del patrimonio, de la situación financiera, del resultado económico patrimonial y de la ejecución del presupuesto de la entidad contable, y para lograr dicho objetivo se introduce un documento nuevo en las cuentas anuales: el «estado de cambios en el patrimonio neto».

Como novedad, se señala que al efecto de conseguir la imagen fiel a la que deben conducir las cuentas anuales, en la contabilización de las operaciones se atenderá a su realidad económica y no sólo a su forma jurídica. Un ejemplo de esta nueva regla lo constituye la contabilización del arrendamiento financiero, en el que la forma jurídica de una transacción puede tener una apariencia diferente del auténtico fondo económico, de tal manera, que si se siguieran únicamente las características derivadas de la forma jurídica, las cuentas anuales no reflejarían la imagen fiel de la situación financiera y del resultado económico patrimonial de la entidad.

La información incluida en las cuentas anuales debe cumplir los requisitos de: claridad, relevancia, fiabilidad y comparabilidad.

Entre estos requisitos cabe destacar el de la fiabilidad. La información es fiable cuando está libre de errores materiales y sesgos y se puede considerar como imagen fiel de lo que pretende representar. El cumplimiento de este requisito implica que la información sea completa y objetiva, que prevalezca el fondo económico de las operaciones sobre su forma jurídica y que se deba ser prudente en las estimaciones y valoraciones a efectuar en condiciones de incertidumbre.

Los principios contables se presentan agrupados, distinguiendo por un lado los de carácter económico patrimonial (gestión continuada, devengo, uniformidad, prudencia, no compensación e importancia relativa) y, por otro lado, los de carácter presupuestario (imputación presupuestaria y desafectación). Los antiguos principios contables de precio de adquisición, correlación de ingresos y gastos, registro y entidad contable, que figuraban en el PCS'04, pierden dicho carácter en este nuevo Plan de cuentas, si bien aparecen incluidos en otras partes del marco conceptual. Así, los principios de correlación de ingresos y gastos y de registro aparecen formulados como criterios de registro en el apartado 5.º, el principio de entidad contable pasa al apartado 1.º y el principio del precio de adquisición se incluye entre los criterios de valoración del apartado 6.º

El principio de devengo se enuncia de forma más general, refiriéndose no sólo a los ingresos y gastos, sino también a los activos, pasivos y patrimonio neto, abarcando, por tanto, a todas las operaciones de la entidad.

Otra novedad a señalar es la desaparición de la jerarquía de los principios contables, debiendo prevalecer, en caso de conflicto, el principio que mejor conduzca a que las cuentas anuales expresen la imagen fiel del patrimonio, de la situación financiera y del resultado económico patrimonial de la entidad.

La definición, en el apartado 4.º del marco conceptual, de los elementos de las cuentas anuales (activos, pasivos, patrimonio neto, ingresos y gastos, ingresos y gastos presupuestarios y cobros y pagos), constituye otra novedad a resaltar.

Por lo que afecta a los activos, además de tener el control económico de los mismos, tiene que ser probable que la entidad obtenga en un futuro rendimientos económicos o un potencial de servicio. Se distingue, por tanto, entre los activos portadores de «rendimientos económicos futuros» empleados para generar flujos netos de entrada de efectivo y los activos portadores de «potencial de servicio» empleados para generar flujos económicos sociales que benefician a la colectividad. Una de las consecuencias de la definición de los activos, es la desaparición de los conocidos en la anterior regulación como «activos ficticios», como los gastos a distribuir en varios ejercicios, que no reúnen los requisitos de activo en este PCS.

Los pasivos se definen como obligaciones actuales surgidas como consecuencia de sucesos pasados, cuya extinción es probable que dé lugar a una disminución de recursos que incorporen rendimientos económicos o un potencial de servicio. Con esta definición entre los pasivos se incluyen las provisiones. Hay que resaltar como novedad, que de la propia definición de los pasivos como «obligaciones actuales», se deriva la necesidad, con carácter general, de actualizar su valor.

En relación con las definiciones de ingresos y gastos, constituye una novedad importante la previsión de que determinados ingresos y gastos se contabilicen directamente en el patrimonio neto, sin perjuicio, en su caso, de su posterior imputación a la cuenta del resultado económico patrimonial. En el nuevo PCS no se identifica el concepto de ingreso con el componente positivo de la cuenta del resultado económico patrimonial, como sucedía en el PCS'04. Tal es el caso de las subvenciones recibidas, que se contabilizan, con carácter general, como ingresos en una partida específica de patrimonio neto, imputándose con posterioridad al resultado económico patrimonial de acuerdo con su finalidad. Una consecuencia de esta nueva categoría de ingresos y gastos imputados al patrimonio neto, es la necesidad de recoger en un nuevo estado de las cuentas anuales, el «estado de cambios en el patrimonio neto», además de otras operaciones, los ingresos y gastos reconocidos directamente en el patrimonio neto.

En el apartado 5.º del marco conceptual «Criterios de registro o reconocimiento contable de los elementos de las cuentas anuales», se recogen las condiciones que deben cumplir los activos, pasivos, gastos, ingresos, etc., para su reconocimiento en dichas cuentas.

Los criterios de valoración recogidos en el apartado 6.º del marco conceptual, son desarrollados posteriormente en las normas de reconocimiento y valoración de la segunda parte del Plan contable y la principal novedad es la incorporación del valor razonable que se utiliza para la valoración de determinados activos y pasivos, y que es definido como el importe por el que puede ser adquirido un activo o liquidado un pasivo, entre partes interesadas y debidamente informadas, que realizan una transacción en condiciones de independencia mutua. En cualquier caso, el valor razonable tiene que estar referido a un valor de mercado fiable.

Otros criterios de valoración también novedosos son: el valor residual, el valor en uso, el importe recuperable y el coste amortizado.

En relación con el «valor residual» de un activo, se destaca la diferencia entre vida útil y vida económica de un activo, ya que la primera hace referencia a un concepto subjetivo del activo, en cuanto período de utilización del mismo por la entidad contable, mientras que la vida económica es un concepto objetivo: período durante el cual el activo se espera que sea utilizable por uno o más usuarios.

El «valor en uso» se define de forma diferente para los activos que incorporan rendimientos económicos futuros y para los activos portadores de potencial de servicio. Para los primeros, se define como el valor actual de los flujos de efectivo esperados a través de su utilización en el curso normal de la actividad de la entidad y, en su caso, de su enajenación, actualizado a un tipo de interés de mercado sin riesgo. Para los activos portadores de potencial de servicio, el «valor en uso» se define como el valor actual del activo manteniendo su potencial de servicio, estableciéndose que su determinación se realizará por el coste de reposición del activo menos la amortización acumulada calculada sobre la base de ese coste para reflejar el uso ya efectuado del activo.

El «importe recuperable» de un activo se define como el mayor entre su valor razonable menos los costes de venta y su valor en uso. Este «importe recuperable» se utiliza para calcular el deterioro del inmovilizado no financiero.

Por último, se incluye la definición del «coste amortizado» de un activo o pasivo financiero, que se utiliza en la valoración de créditos y débitos y que es el valor actual de los mismos utilizando para su actualización el tipo de interés efectivo. El «coste amortizado» es el importe al que inicialmente fue valorado un activo o pasivo financiero, menos los reembolsos del principal, más o menos según proceda, la parte de la diferencia entre el importe inicial y el valor de reembolso en el vencimiento imputada en la cuenta del resultado económico patrimonial mediante la utilización del tipo de interés efectivo, y menos cualquier reducción de valor por deterioro en el caso de los activos financieros. El tipo de interés efectivo es el tipo que iguala el valor contable del activo o pasivo financiero con los flujos de efectivo estimados a lo largo de la vida del mismo. Una de las consecuencias de este cambio en el criterio de valoración de las deudas es la desaparición de los «gastos a distribuir en varios ejercicios», ya que con la nueva valoración al coste amortizado, los rendimientos implícitos pasan a devengarse y reconocerse como mayor valor de la deuda a lo largo de la vida de la misma utilizando el tipo de interés efectivo.

En este criterio de valoración, el PCS presenta una simplificación respecto al PCN al no incluir en el cálculo del tipo de interés efectivo las comisiones financieras que se carguen por adelantado en la concesión de financiación.

Segunda parte: Normas de reconocimiento y valoración.

Comprende las normas de reconocimiento y valoración, que constituyen un desarrollo de los principios contables y demás disposiciones recogidas en la primera parte de este Plan relativa al marco conceptual de la contabilidad pública. Estas normas son más amplias que las contenidas en la Quinta parte, «Normas de valoración», del PCS'04 y en ellas se incluyen criterios de reconocimiento y valoración aplicables a diversos elementos patrimoniales.

La simplificación en esta parte consiste básicamente en:

— La omisión de aquellas normas del PCN que hacen referencia a operaciones poco usuales. En este sentido, se han eliminado las siguientes normas o parte de ellas: emisiones en masa de valores negociables, coberturas contables, existencias, activos construidos o adquiridos para otros entes, moneda extranjera, activos y pasivos contingentes y actividades conjuntas

— La simplificación de las normas sobre activos y pasivos financieros, en especial, la no distinción de las inversiones financieras ni de las deudas en función de la existencia o no de vinculación entre la entidad contable y la entidad objeto de la inversión o titular de la deuda, y la sencillez de la clasificación de los activos financieros a efectos de su valoración.

— La eliminación de la norma relativa a activos en estado de venta, al eliminarse esta categoría de activos.

Por lo que hace referencia a las novedades de este PCS respecto al PCS'04, en la norma n.º 1, relativa al inmovilizado material, se desarrollan los criterios para el reconocimiento de los elementos de este inmovilizado, añadiéndose a los criterios de valoración tradicionales (precio de adquisición y coste de producción) el valor razonable, de acuerdo con la definición contenida en el marco conceptual.

Se incorpora al precio de adquisición, como novedad, el valor actual de las obligaciones derivadas del desmantelamiento del activo y la restauración de su emplazamiento, en la medida en que se reconozca una provisión.

Se permite, al igual que en el PCS'04, la activación de los gastos financieros, pero se exigen unos mayores requisitos y condiciones para ello.

En relación con el coste de producción, se ha concretado algo más el proceso de distribución de los costes indirectos.

A diferencia del PCN, no se permite el uso del modelo de la revalorización para valorar el inmovilizado, por lo que los bienes siempre deberán estar contabilizados al coste.

Por lo que se refiere a las permutas de bienes, se distinguen dos casos en función de si los activos intercambiados son o no similares desde un punto de vista funcional o de vida útil.

En relación con las amortizaciones cabe señalar, como novedad, que se permite la amortización del coste del terreno cuando incluya costes de desmantelamiento, traslado y rehabilitación, amortizándose esa porción del terreno a lo largo del período en el que se obtengan los rendimientos económicos o el potencial de servicio por haber incurrido en esos gastos.

En la norma se establece la necesidad de revisar periódicamente la vida útil y el método de amortización de los elementos del inmovilizado material, pudiendo utilizarse, entre otros, el método de amortización lineal, el de tasa constante sobre valor contable o el de suma de unidades producidas. La elección del método se hará tomando como base los patrones esperados de obtención de rendimientos económicos o potencial de servicio y si éstos no pudieran determinarse de forma fiable, se adoptará el método lineal de amortización.

Hay que hacer mención a las correcciones valorativas por deterioro de valor, pues implican cambios con respecto al PCS'04. El deterioro se determina, con carácter general, como la cantidad que exceda el valor contable a su importe recuperable, siempre que la diferencia sea significativa. La norma recoge las circunstancias que deberán tenerse en cuenta por la entidad al cierre del ejercicio para evaluar si existe algún indicio de deterioro.

Respecto al registro de los casos particulares del inmovilizado material (infraestructuras, bienes comunales y patrimonio histórico) se produce un cambio importante. En el PCS'04 estos bienes, generalmente, sólo se registraban en el activo cuando se estaba desarrollando la inversión, y se daban de baja con cargo a una cuenta de patrimonio, cuando se entregaban al uso general. En el nuevo PCS se van a registrar en contabilidad cuando cumplan la definición de activo y los criterios de reconocimiento recogidos en los apartados 4.° y 5.° del marco conceptual, aplicándose en estos casos las normas de valoración del inmovilizado material. Por lo que afecta a los bienes del patrimonio histórico, teniendo en cuenta que en algunas ocasiones es poco probable que su valor en términos culturales, medioambientales o histórico-artístico quede reflejado en un precio de mercado, se ha regulado en la norma que, cuando no se puedan valorar de forma fiable, se dará información sobre los mismos en la memoria.

El Patrimonio público del suelo al que se refiere la norma de reconocimiento y valoración n.º 3 sigue teniendo el mismo tratamiento contable que en el PCS'04, como patrimonio separado, y se le aplican los criterios de valoración del inmovilizado material.

Las inversiones inmobiliarias a que se refiere la norma de reconocimiento y valoración n.º 4 constituyen otra novedad en el nuevo Plan de Cuentas. Se trata de inmuebles (terrenos o edificios) que se tienen para obtener rentas, plusvalías o ambas, a través de su arrendamiento o enajenación, y no para su uso en la producción o suministro de bienes o servicios, ni para fines administrativos, ni para su venta en el curso ordinario de las operaciones. A estas inversiones se les aplican los criterios de valoración del inmovilizado material. En el balance figuran singularizadas en una partida específica del activo no corriente.

Respecto al registro del inmovilizado intangible (norma n.º 5), no existen diferencias con el PCN, pero sí respecto al PCS'04 al recogerse una regulación más exhaustiva. Se exige adicionalmente a los criterios de reconocimiento del activo del marco conceptual (probabilidad en la obtención de rendimientos económicos o potencial de servicio y fiabilidad en la valoración), la necesidad de que el inmovilizado intangible sea identificable (por ser separable o haber surgido de derechos legales o contractuales).

Como novedad, se contempla la posibilidad de que existan activos intangibles con vida útil indefinida, en aquellos casos en que no exista un límite previsible al período a lo largo del cual se espera que genere rendimientos económicos o potencial de servicio para la entidad; por ejemplo: una licencia que se puede ir renovando constantemente a un coste que no se considera significativo. Estos activos no se amortizarán, sin perjuicio de su posible deterioro.

En cuanto al tratamiento contable de los gastos de investigación, se permite su activación cuando se cumplan determinadas condiciones estableciéndose su amortización durante su vida útil, y siempre dentro del plazo de cinco años, teniendo, por tanto, el mismo tratamiento que en el PCN'04 (en el PCS'04 no se contemplaban los gastos de investigación). Por lo que afecta a los gastos de desarrollo (tampoco contemplados en el PCS'04), en el nuevo Plan si se cumplen todas las condiciones recogidas en la norma, la activación será obligatoria, a diferencia del PCN'04, en el que la activación era opcional. Además, la amortización de los gastos de desarrollo capitalizados se efectuará durante la vida útil de los mismos que se presume, salvo prueba en contrario, no superior a cinco años.

Cabe también destacar el tratamiento contable de las inversiones realizadas sobre activos utilizados en régimen de arrendamiento operativo o cedidos en uso por un período inferior a la vida económica del bien, que se contabilizan en una rúbrica del inmovilizado intangible. Este tratamiento contable no coincide con el del PGC de las empresas, en el que se tratan como inmovilizado material, ya que si los activos recibidos en uso por un período inferior a la vida económica del bien se contabilizan en este nuevo Plan de Cuentas como intangible, se ha considerado coherente que las inversiones realizadas sobre dichos bienes se contabilicen como mayor valor del intangible, siendo estas operaciones más frecuentes en las administraciones públicas que en las empresas.

La norma n.º 6, «Arrendamientos y otras operaciones de naturaleza similar», introduce importantes cambios, respecto al PCS'04, en lo que afecta al arrendamiento financiero. La norma establece que el arrendamiento es financiero, cuando de las condiciones económicas de un acuerdo de arrendamiento se deduzca que se transfieren sustancialmente todos los riesgos y ventajas inherentes a la propiedad del activo objeto del contrato, regulando la norma los supuestos en los que se presume dicha transferencia.

Para los activos portadores de potencial de servicio, se ha considerado necesario establecer criterios especiales en relación con el arrendamiento financiero. En este sentido, se presume, en todo caso, que para este tipo de activos la transferencia de los riesgos y ventajas inherentes a la propiedad del activo objeto del contrato no se produce cuando la entidad pública retiene el potencial de servicio público que dichos activos tienen incorporado al generar flujos económicos sociales que benefician a la colectividad.

La norma regula el registro contable de la operación desde la perspectiva del arrendatario y del arrendador. A diferencia del PCS'04, en que el arrendatario registraba un inmovilizado inmaterial, en el nuevo Plan el arrendatario registrará un activo, según la naturaleza del bien arrendado, siendo la contrapartida un pasivo financiero. El activo y el pasivo se contabilizan en el nuevo Plan por la suma de las cuotas del arrendamiento que corresponda a la recuperación del coste del bien durante el plazo del arrendamiento, incluyendo, en su caso, la opción de compra y con exclusión de las cuotas de carácter contingente (importe que depende de una variable establecida en el contrato), así como los costes de los servicios y gastos que no se puedan activar. Este valor no será objeto de actualización a diferencia de lo que ocurre en el PCN. El arrendador, por su parte, registrará un derecho a cobrar por el valor razonable del bien más los costes directos iniciales del arrendador, y simultáneamente dará de baja el activo por su valor contable registrándose, en su caso, un resultado del ejercicio.

A diferencia del PCS'04, se ha regulado de forma específica el tratamiento contable de la venta con arrendamiento posterior, de modo que, cuando de las condiciones económicas de la operación se desprenda que se trata de un método de financiación, el arrendatario no variará la calificación del activo, ni reconocerá resultados derivados de esta transacción, registrando el importe recibido con abono a una partida de pasivo financiero. El arrendador contabilizará la operación según lo dispuesto en la norma de reconocimiento y valoración n.º 7, «Activos financieros».

La norma n.º 7, «Activos financieros», constituye una de las novedades más importantes de este Plan de Cuentas. La valoración de estos activos financieros no depende, como en el PCS'04, de su naturaleza, sino de la clasificación inicial asignada a los mismos, que dependerá, en algunos casos, de que la entidad tenga la intención de mantenerlos hasta el vencimiento o pretenda venderlos en el corto plazo. La norma conceptúa de activos financieros al dinero en efectivo, los instrumentos de capital o de patrimonio neto de otra entidad y los derechos de recibir efectivo u otro activo financiero de un tercero o de intercambiar con un tercero activos o pasivos financieros en condiciones potencialmente favorables.

Los activos financieros se clasifican, a efectos de su valoración, en: *a*) activos financieros a coste amortizado, *b*) activos financieros a valor razonable con cambios en resultados y *c*) activos financieros a coste. Esta clasificación es más sencilla que la contemplada en el PCN.

En los activos financieros a coste amortizado se incluyen, además de los créditos por operaciones derivadas de la actividad habitual de la entidad, otros activos financieros, que no siendo instrumentos de patrimonio, ni negociándose en un mercado activo, no se incluyen en la categoría de activos financieros a valor razonable con cambios en resultados. También comprende los activos financieros adquiridos con el acuerdo de posterior venta a un precio fijo o al precio inicial más la rentabilidad normal del prestamista.

En los activos financieros a valor razonable con cambios en resultados se incluyen los activos financieros que, negociándose en un mercado activo, se adquieren con el propósito de realizarlos en el corto plazo, excepto los adquiridos con el acuerdo posterior de venta a un precio fijo o al precio inicial más la rentabilidad normal del prestamista.

Los activos financieros a coste incluyen las inversiones en instrumentos de patrimonio salvo aquellas que, negociándose en un mercado activo, hayan sido adquiridas para su venta en el corto plazo.

Hay que mencionar, como novedad, la valoración posterior de los activos financieros a valor razonable con cambios en resultados. Para estos activos, las diferencias en el valor razonable se imputarán a resultados del ejercicio, con independencia de que se hayan materializado o no.

También hay que resaltar, como cambio respecto al PCS'04, la necesidad de actualizar la valoración de los activos financieros a coste amortizado. No obstante, se ha establecido que los activos financieros con vencimiento a corto plazo que no tengan un tipo de interés contractual se valoren por su valor nominal. Los activos de esta categoría con vencimiento a largo plazo que no tengan un tipo de interés contractual se podrán valorar por el nominal y los préstamos concedidos a largo plazo con intereses subvencionados se podrán valorar por el importe entregado, cuando el efecto de la no actualización globalmente considerado sea poco significativo en las cuentas anuales de la entidad. Por lo que afecta a las fianzas y depósitos constituidos se valorarán en todo momento por el importe entregado sin actualizar.

La reclasificación de los activos financieros de una categoría a otra, que en el PCN se admite con limitaciones, en el PCS no se permite, por razón de simplicidad.

Por último, la norma regula la baja de los activos financieros. La principal novedad es la forma en la que se registran las cesiones de activos financieros cuando la entidad mantenga los riesgos y ventajas inherentes a la propiedad de los mismos, en cuyo caso, no dará de baja el activo financiero y reconocerá un pasivo financiero por la contraprestación recibida.

Los pasivos financieros, regulados en la norma de reconocimiento y valoración n.º 8, se definen como una obligación exigible e incondicional de entregar efectivo u otro activo financiero a un tercero o de intercambiar con un tercero activos o pasivos financieros en condiciones potencialmente desfavorables. A diferencia del PCN, no hay una clasificación por categorías de pasivos financieros.

En la misma línea que los activos financieros, las partidas a pagar con vencimiento a corto plazo que no tengan un tipo de interés contractual se valorarán por su valor nominal. Las partidas a pagar a largo plazo sin tipo de interés contractual se podrán valorar por su valor nominal y los préstamos recibidos a largo plazo con intereses subvencionados se podrán valorar por el importe recibido, cuando el efecto de la no actualización globalmente considerado sea poco significativo en las cuentas anuales de la entidad. Las fianzas y depósitos recibidos se valorarán en todo momento por el importe recibido sin actualizar.

La baja de los pasivos financieros, con carácter general, se registrará cuando la obligación se haya cumplido o cancelado.

También hay que resaltar la inclusión del tratamiento contable de determinados instrumentos financieros que han ido apareciendo como consecuencia de la naturaleza dinámica de los mercados financieros. Como novedad hay que mencionar la inclusión del tratamiento contable del intercambio de pasivos financieros.

La norma de reconocimiento y valoración n.º 9, «Impuesto sobre el valor añadido e impuesto general indirecto canario», no sufre cambios importantes respecto a la norma de reconocimiento y valoración correspondiente del PCS'04. La norma precisa que, sin perjuicio de lo establecido en la norma relativa a cambios en criterios y estimaciones contables y errores, no alterarán las valoraciones iniciales las rectificaciones en el importe del impuesto soportado no deducible, en particular, los ajustes que sean consecuencia de la regularización derivada de la prorrata definitiva, incluida la regularización por bienes de inversión. Tales rectificaciones se reconocerán como gasto o ingreso en el resultado del ejercicio.

La norma de reconocimiento y valoración n.º 10, «Ingresos con contraprestación», concreta los requisitos que debe cumplir la transacción para que se puedan reconocer los ingresos derivados de la misma. En el caso de ingresos por ventas, además de los criterios generales se deben cumplir los siguientes: *a*) que la entidad haya transferido al comprador los riesgos y ventajas de tipo significativo, con independencia de la cesión o no del título legal de propiedad, *b*) que la entidad no conserva ninguna implicación en la gestión corriente de los bienes vendidos, ni retiene el control efectivo de los mismos y *c*) que los gastos asociados a la transacción pueden ser medidos con fiabilidad.

La norma de reconocimiento y valoración n.º 11, «Ingresos sin contraprestación», presenta como principal novedad la posibilidad de reconocer los ingresos por impuestos, cuando tenga lugar el hecho imponible y se cumplan los criterios de reconocimiento del activo, permitiendo la utilización de modelos estadísticos siempre que tengan un alto grado de fiabilidad para determinar el importe del activo cuando la liquidación del impuesto se practique en un ejercicio posterior al de realización del hecho imponible. Además se establece que el ingreso tributario se determinará por su importe bruto. Los beneficios que se paguen a los contribuyentes a través del sistema tributario, que en otras circunstancias serían pagados utilizando otro medio de pago, constituyen un gasto y deben reconocerse independientemente, debiéndose incrementar el ingreso por el importe de estos gastos. En cambio, no se debe incrementar el ingreso por el importe de los gastos fiscales (deducciones), ya que son ingresos a los que se renuncia y no dan lugar a flujos de entrada o salida de recursos.

Respecto a la norma de reconocimiento y valoración n.º 12, «Provisiones», contiene los criterios de reconocimiento que se deben cumplir para contabilizar una provisión, en particular: que exista una obligación presente (legal, contractual o implícita), como resultado de un suceso pasado, que sea probable que la entidad tenga que desprenderse de recursos y que pueda hacerse una estimación fiable de su importe.

A diferencia del PCN, esta norma no contempla la actualización de los desembolsos que se espera sean necesarios para cancelar la obligación, de modo que el importe de la provisión será el valor nominal de los desembolsos sin actualizar.

La norma de reconocimiento y valoración n.º 13, «Transferencias y subvenciones», presenta novedades con respecto al PCS'04. La norma define, en primer lugar, lo que se entiende por transferencias y subvenciones a los únicos efectos de este Plan, es decir, a efectos contables. Las subvenciones, cuando existan dudas sobre el cumplimiento de las condiciones y requisitos asociados a su disfrute, tendrán la consideración de reintegrables y la operación se tratará como un pasivo en la entidad beneficiaria.

Respecto al tratamiento de las transferencias y subvenciones concedidas, no existen cambios significativos respecto al PCS'04, tan sólo cabe destacar la obligación de contabilizar una provisión cuando al cierre del ejercicio esté pendiente el cumplimiento de alguna de las condiciones establecidas para su percepción, pero no existan dudas razonables sobre su futuro cumplimiento.

Por lo que afecta a las transferencias y subvenciones recibidas, el ingreso se reconocerá por la entidad beneficiaria cuando exista un acuerdo individualizado de concesión a favor de la entidad, se hayan cumplido las condiciones asociadas a su disfrute y no existan dudas razonables sobre su percepción, sin perjuicio de la imputación presupuestaria. En el supuesto de que la condición asociada al disfrute de una subvención implique un determinado comportamiento de la entidad beneficiaria durante un número de años, por ejemplo mantener un activo o un nivel de empleo durante un período de tiempo, se presumirá el cumplimiento de las condiciones asociadas al disfrute siempre que así sea en el momento de la elaboración de las cuentas anuales de cada uno de los ejercicios a los que afecte.

En cuanto a su registro contable, las subvenciones recibidas no reintegrables se califican, con carácter general, como ingresos directamente imputados al patrimonio neto que posteriormente se trasladarán a la cuenta del resultado económico patrimonial de acuerdo con su finalidad; por ejemplo, cuando financian gastos, de forma correlacionada con los mismos, y cuando financien la adquisición de activos, en proporción a la vida útil o cuando se produzca su baja o enajenación. Por su parte, las transferencias recibidas se imputarán al resultado del ejercicio en que se reconozcan.

Las transferencias y subvenciones otorgadas por las entidades propietarias a favor de una entidad pública dependiente se contabilizarán de acuerdo con los criterios anteriores. No obstante, la aportación patrimonial inicial, así como las posteriores ampliaciones por asunción de nuevas competencias por la entidad dependiente, se registrarán por las entidades propietarias como inversiones en el patrimonio de las entidades públicas dependientes, valorándose de acuerdo con los criterios establecidos en la norma de reconocimiento y valoración n.º 7, «Activos financieros». Para la entidad dependiente constituirá una aportación que se registrará en el patrimonio neto.

La norma de reconocimiento y valoración n.º 14, «Adscripciones y otras cesiones gratuitas de uso de bienes y derechos», también presenta novedades respecto al PCS'04. En esta norma que remite a los criterios de reconocimiento y valoración de la norma de transferencias y subvenciones, se incluyen las operaciones por las que se transfieren gratuitamente activos de una entidad a otra para su utilización por ésta última en un destino o fin determinado, de forma que si los bienes o derechos no se utilizaran para la finalidad prevista deberían ser objeto de reversión o devolución a la entidad aportante.

Si la adscripción o cesión gratuita del bien es por un período inferior a la vida económica del mismo, la entidad beneficiaria registrará un inmovilizado intangible por el valor razonable del derecho de uso del bien cedido. Si la adscripción o cesión gratuita es por un período indefinido o similar a la vida económica del bien, la entidad beneficiaria registrará en su activo el elemento recibido en función de su naturaleza y por el valor razonable del mismo en la fecha de la cesión.

En el supuesto de la adscripción de bienes o derechos de una entidad pública a sus organismos públicos dependientes, la entidad beneficiaria registrará el bien o derecho recibido por el valor razonable del mismo con abono a una cuenta de patrimonio. El PCS'04, sin embargo, prescribía su registro por el valor neto contable que tenía el mismo en la entidad adscribiente con abono a una cuenta de patrimonio recibido en adscripción.

La entidad adscribiente, con carácter general, contabilizará un activo financiero por el valor razonable del bien o derecho aportado con abono a la cuenta del bien adscrito, registrando, en su caso, un resultado por la diferencia entre el valor razonable del bien y su valor contable, mientras que con el PCS'04 la entidad adscribiente contabilizaba la baja del bien entregado por su valor neto contable, utilizando como contrapartida una cuenta compensadora de patrimonio entregado en adscripción.

Por lo que se refiere a las cesiones gratuitas de bienes y derechos (cuando no exista dependencia entre las entidades), en el nuevo PCS la entidad cesionaria que recibe el bien o derecho lo registrará por el valor razonable con abono a una cuenta de patrimonio neto y, posteriormente, se imputará al resultado económico patrimonial en proporción a la dotación a la amortización del bien o derecho o, en su caso, cuando se produzca su enajenación o baja en inventario. En el PCS'04 la entidad cesionaria registraba el bien por el valor venal con abono a una cuenta de patrimonio recibido en cesión, permaneciendo en dicha cuenta hasta que, en su caso, se producía la reversión del bien. La entidad cedente del bien o derecho, en el nuevo PCS registrará un gasto por subvenciones, por el valor contable del bien o derecho cedido, con abono a la cuenta que corresponda según la naturaleza del bien o derecho cedido. En el PCS'04, la entidad cedente daba de baja el bien cedido, por su valor neto contable, con cargo a una cuenta de patrimonio entregado en cesión.

En el caso de bienes inmuebles recibidos en cesión o adscripción se permite que, en ausencia de otros valores, la valoración se pueda realizar por el valor que a los mismos les asigne, a efectos tributarios de las transmisiones patrimoniales, la Comunidad Autónoma en la que radiquen.

El tratamiento contable de la norma de reconocimiento y valoración n.º 15, «Cambios en criterios y estimaciones contables y errores», difiere del recogido en el PCS'04, en el que se consideraba que el cambio se producía al inicio del ejercicio y se incluía como resultado extraordinario el efecto acumulado de las variaciones de activos y pasivos calculadas a esa fecha. En el nuevo PCS, los cambios en criterios contables y los errores que tengan importancia relativa se aplican de forma retrospectiva desde el ejercicio más antiguo del que se tenga información contra una cuenta de patrimonio neto. Si el cambio de criterio contable se produce por imposición normativa se tratará según lo establecido en las disposiciones transitorias de la norma que impone el cambio y, en su defecto, se aplicará el criterio anterior.

Los cambios en estimaciones contables que son consecuencia de la obtención de información adicional, de una mayor experiencia o del conocimiento de nuevos hechos se contabilizarán de forma prospectiva afectando, según la naturaleza de la operación de que se trate, al resultado del ejercicio o al patrimonio neto.

Por último, la regulación de los hechos posteriores al cierre en la norma de reconocimiento y valoración n.º 16 constituye otra novedad. La norma distingue entre:

a) Los hechos posteriores que pongan de manifiesto condiciones que ya existían al cierre del ejercicio, que deberán tenerse en cuenta para la formulación o, en su caso, para la reformulación de las cuentas anuales, siempre antes de su aprobación por el órgano competente, motivando un ajuste, información en la memoria o ambos; y *b*) Los hechos posteriores al cierre del ejercicio que pongan de manifiesto condiciones que no existían al cierre del mismo, no suponiendo un ajuste en las cuentas anuales, sin perjuicio de incluir, en su caso, información en la memoria con una estimación de su efecto, o de la imposibilidad de realizar dicha estimación.

Tercera parte: Cuentas anuales.

En relación con la agregación o eliminación de información incluida en las cuentas anuales, hay que destacar, en primer lugar, la eliminación de uno de los documentos incluidos en las cuentas anuales previstas en el PCN, en concreto, el estado de flujos de efectivo y su sustitución por información sobre la tesorería en la memoria. Además, en la presentación de las cuentas anuales no se tienen en cuenta los conceptos de entidad del grupo, entidad multigrupo y entidad asociada, a diferencia de las cuentas anuales del PCN.

Los documentos que integran las cuentas anuales comprenden el balance, la cuenta del resultado económico patrimonial, el estado de cambios en el patrimonio neto, el estado de liquidación del presupuesto y la memoria.

En esta parte del PCS la principal novedad es la incorporación de un nuevo estado: el estado de cambios en el patrimonio neto.

En el balance hay que destacar la distinción entre activos y pasivos corrientes y no corrientes (en el PCS'04 se distinguía entre corto y largo plazo); la presentación de las amortizaciones acumuladas y de las correcciones valorativas por deterioro minorando las correspondientes partidas del activo, que figurarán por su importe neto (en el PCS'04 las amortizaciones se reflejaban en el balance en partidas independientes, disminuyendo los correspondientes epígrafes de activo); la nueva estructura del patrimonio neto, figurando en epígrafes independientes el patrimonio, el patrimonio generado y las subvenciones recibidas pendientes de imputación a resultados.

Desaparecen, por tanto, respecto al PCS'04, las cuentas de patrimonio en adscripción, en cesión y entregado al uso general, así como los derechos sobre bienes en régimen de arrendamiento financiero, por el nuevo criterio de reconocimiento y valoración de los arrendamientos financieros, y los gastos a distribuir en varios ejercicios, que pasarán a formar parte del pasivo a medida que se vayan devengando de acuerdo con el criterio del coste amortizado. Otros epígrafes aparecen de forma novedosa en el balance, como las inversiones inmobiliarias, en línea con lo recogido en las normas de reconocimiento y valoración.

En relación con la cuenta del resultado económico patrimonial hay que resaltar como novedad su presentación en forma de lista, en lugar de en dos columnas que es como figuraba en el PCS'04. A diferencia de éste, en la nueva cuenta de resultados se conforman varios márgenes intermedios que por agregación formarán el resultado total del ejercicio (ahorro o desahorro).

El estado de cambios en el patrimonio neto es el nuevo estado que se incorpora en las cuentas anuales e informa de la cuantía y composición del patrimonio neto de la entidad y de las causas o motivos de su variación. Se simplifica respecto al modelo del PCN y consta de dos partes: 1) estado total de cambios en el patrimonio neto y 2) estado de operaciones patrimoniales con la entidad o entidades propietarias.

La primera parte de este estado (estado total de cambios en el patrimonio neto) informa de todos los cambios originados en el patrimonio neto derivados de los ajustes por cambios de criterios contables y correcciones de errores, de ingresos y gastos reconocidos en el ejercicio y de operaciones patrimoniales con la entidad o entidades propietarias, así como de otras variaciones en el patrimonio neto. La segunda parte (estado de operaciones patrimoniales con la entidad o entidades propietarias) detalla las operaciones realizadas con la entidad o entidades propietarias de la entidad.

El estado de liquidación del presupuesto no sufre modificaciones importantes respecto al PCS'04.

La memoria incluye, en líneas generales, una información más amplia y detallada que la del PCS'04. Se amplía la información acerca de las normas de reconocimiento y valoración aplicadas y sobre los distintos elementos patrimoniales, en especial, los que forman el activo y pasivo no corriente. Asimismo se incluye nueva información como la derivada de la administración de recursos por cuenta de otros entes públicos. En la información presupuestaria se ha incorporado información sobre la ejecución de los proyectos de gasto y se ha eliminado el detalle individualizado de cada uno de los gastos con financiación afectada. Además, se modifica la configuración de los indicadores «período medio de pago» y «período medio de cobro» en el mismo sentido que lo hace el PCN.

En la Memoria de este Plan, en comparación con la del PCN:

a) Se ha omitido la siguiente información por considerarse poco relevante para las entidades que apliquen el PCS:

— Contratación administrativa. Procedimientos de adjudicación.

— Información sobre medio ambiente.

— Presentación por actividades de la cuenta del resultado económico patrimonial.

— Compromisos de ingreso del presupuesto corriente y con cargo a presupuestos de ejercicios posteriores.

— Variación de resultados presupuestarios de ejercicios anteriores.

— Información sobre el coste de las actividades.

— Indicadores de gestión.

b) Se ha añadido información sobre la tesorería y activos líquidos equivalentes, en sustitución del estado de flujos de efectivo.

Cuarta parte: Cuadro de cuentas.

La cuarta parte incluye el «Cuadro de cuentas» que, al igual que en el PCS'04, tiene carácter obligatorio, excepto en el caso del grupo 0, «Cuentas de control presupuestario», que tiene carácter opcional.

El Cuadro de cuentas amplía su contenido para dar cabida a nuevas operaciones recogidas en las normas de reconocimiento y valoración, aunque mantiene en la medida de lo posible la simplificación tradicional mediante la agrupación de cuentas de primer orden.

Del análisis detallado del «Cuadro de cuentas» merecen especial mención los siguientes aspectos:

Grupo 1. *«Financiación básica»*:

— El subgrupo 10, «Patrimonio», se estructura en dos cuentas, la 100, «Patrimonio», y la 101, «Patrimonio recibido», para recoger el patrimonio de las entidades contables en función de si son entidades propietarias o no. Así, la cuenta 100, reservada para entidades propietarias, recoge la diferencia entre el activo y el pasivo exigible, deducidos los resultados y las subvenciones recibidas pendientes de imputar a resultados, mientras que la cuenta 101, utilizable por el resto de entidades contables, recoge las aportaciones patrimoniales recibidas de su entidad o entidades propietarias.

— El subgrupo 13, «Subvenciones y ajustes por cambio de valor», recoge las subvenciones que al recibirse se consideren ingresos de patrimonio neto y no ingresos del ejercicio.

— Se crea el subgrupo 14, «Provisiones a largo plazo», para recoger aquellas obligaciones estimadas con plazo de vencimiento superior a un año.

— En el subgrupo 17, «Deudas a largo plazo con otras entidades», se recogen, entre otras, las deudas por subvenciones calificadas de reintegrables que pueden surgir como consecuencia del novedoso tratamiento contable que tienen las subvenciones recibidas.

Grupo 2. *«Activo no corriente»*:

— El subgrupo 21, «Inmovilizaciones materiales», incluye los elementos patrimoniales (infraestructuras, patrimonio histórico, bienes comunales) que en el PCS'04 se incluían en el subgrupo 20, «Inversiones destinadas al uso general». En el nuevo PCS estos bienes se consideran inmovilizado material y no se dan de baja en contabilidad cuando entran en funcionamiento, dado que cumplen la definición de activo.

— Se incluye un nuevo subgrupo, el 22, «Inversiones inmobiliarias», para recoger aquellos bienes inmuebles que estén dedicados a obtener flujos de efectivo mediante su arrendamiento o venta y no a la producción o suministro de bienes o servicios ni a fines administrativos.

— El nuevo subgrupo 23, «Inmovilizaciones materiales e inversiones inmobiliarias en curso», incluye los trabajos de adaptación, construcción y montaje de los bienes que forman el inmovilizado tangible, salvo los realizados sobre bienes del patrimonio público que se incluyen en un subgrupo específico (el 24). También recoge los anticipos sobre dichos bienes.

— La cuenta 265 recoge los deudores a largo plazo por aplazamiento y fraccionamiento que venían recogiéndose en la cuenta 444 del PCS'04.

— Algunas cuentas del subgrupo 28, «Amortización acumulada del inmovilizado material», se desagregan en cuentas de segundo orden para facilitar la presentación de la información del balance.

— En el nuevo subgrupo 29, «Deterioro de valor de activos no corrientes», se incluyen cuentas para recoger las correcciones valorativas por deterioro de valor en activos no corrientes, que en el PCS'04 no se incluían. Entre las cuentas de este subgrupo figura la 299, «Deterioro de valor por usufructo cedido del inmovilizado material», para recoger las correcciones de valor derivadas de la cesión gratuita del uso de elementos del inmovilizado material a terceros por un período de tiempo inferior a la vida económica del bien cedido.

Grupo 4. *«Acreedores y deudores»*:

— Se incluyen en el subgrupo 41, «Acreedores no presupuestarios», la nueva cuenta 411, «Acreedores por gastos devengados», y la cuenta 418, «Acreedores por devolución de ingresos y otras minoraciones», que en el PCS'04 estaba ubicada en el subgrupo 40, «Acreedores presupuestarios».

— La cuenta 444, «Deudores a largo plazo por aplazamiento y fraccionamiento», del PCS'04 se elimina y estos deudores se trasladan a la cuenta 265 del inmovilizado no corriente de carácter financiero, para darles un encaje más apropiado dado su período de vencimiento.

— Se incorpora el subgrupo 45, «Deudores y acreedores por administración de recursos por cuenta de otros entes públicos». En él se distinguen dos situaciones respecto al tratamiento contable de las operaciones en el ente gestor, en función de si éste suministra a la entidad titular de los recursos toda la información sobre las operaciones de gestión que resulte necesaria para su registro en contabilidad o si, por el contrario, el ente gestor no está en condiciones de proporcionar a la entidad titular dicha información. En el caso de que el ente gestor proporcione la información necesaria para que el ente titular refleje todas las operaciones de sus recursos como si los gestionara él mismo, el ente gestor sólo deberá utilizar las cuentas 453, «Entes públicos, por ingresos pendientes de liquidar», y 456, «Entes públicos, c/c. efectivo»; en otro caso deberá utilizar el subgrupo 45 al completo, igual que en el PCN'04 (estas operaciones no estaban previstas en el PCS'04).

— Se crea el subgrupo 48, «Ajustes por periodificación», para registrar los gastos e ingresos anticipados.

Grupo 5. *«Cuentas financieras»*:

— En el subgrupo 52, «Deudas a corto plazo por préstamos recibidos y otros conceptos», se recogen, entre otras, las deudas a corto plazo por subvenciones reintegrables, en línea con lo apuntado para el pasivo no corriente.

— En el subgrupo 55, «Otras cuentas financieras», se incluye, entre otras, la cuenta 550, «Cuentas corrientes no bancarias», que recogerá, además de otras operaciones, las entregas a cuenta recibidas por el ente titular de parte del administrador de sus recursos, así como la liquidación definitiva que se practique periódicamente. Asimismo, se incluyen las cuentas 556, «Movimientos internos de tesorería», y 557, «Formalización». Estas operaciones, en el PCN'04, se incluían en el subgrupo 57, «Tesorería».

— Se trasladan al subgrupo 56, «Fianzas y depósitos recibidos y constituidos a corto plazo y ajustes por periodificación», los ajustes por periodificación de carácter financiero que, en el PCS'04, se registraban en el subgrupo 58, «Ajustes por periodificación».

— En el subgrupo 57, «Tesorería», se crea la cuenta 577, «Activos líquidos equivalentes al efectivo», para recoger las inversiones financieras que tengan un alto grado de liquidez y, como ya se ha expuesto, las cuentas para recoger los movimientos internos de tesorería y los cobros y pagos en formalización se trasladan al subgrupo 55, «Otras cuentas financieras».

— En el nuevo subgrupo 58, «Provisiones a corto plazo», se recogen aquellas obligaciones estimadas cuya cancelación se prevea en el corto plazo. Este subgrupo añade, respecto a las especificadas en el subgrupo 14, «Provisiones a largo plazo», la provisión a corto plazo para devolución de ingresos (cuenta 585), que recoge aquellas devoluciones de impuestos y de otros ingresos que la entidad espera realizar en un plazo no superior al año y en las que existe incertidumbre sobre su exacto importe o vencimiento.

Grupo 6. *«Compras y gastos por naturaleza»*:

— Este grupo no presenta grandes novedades, pudiendo destacar únicamente que el subgrupo 69, «Pérdidas por deterioro» (llamado «Dotaciones a las provisiones» en el PCS'04), amplía su desarrollo en cuentas para recoger todos los elementos patrimoniales susceptibles de esta corrección valorativa.

Grupo 7. *«Ventas e ingresos por naturaleza»*:

— En el subgrupo 73, «Impuestos indirectos», se singulariza el «Impuesto municipal para gastos suntuarios» en la cuenta 735.

— En el subgrupo 75, «Transferencias y subvenciones», se crean cuentas específicas para recoger la imputación al resultado económico patrimonial de las subvenciones recibidas que originalmente han sido calificadas como ingresos de patrimonio neto.

Grupo 0. *«Cuentas de control presupuestario»*:

– La utilización de las cuentas de control presupuestario del grupo 0 pasa a tener carácter opcional, sin perjuicio de que las operaciones se registren por partida simple en la contabilidad de desarrollo de la ejecución del presupuesto y se facilite la correspondiente información en las cuentas anuales. No obstante, para aquellas entidades que consideren oportuna su utilización, se han mantenido las cuentas y definido sus movimientos.

Quinta parte: Definiciones y relaciones contables.

Se dedica a las definiciones y relaciones contables de los grupos, subgrupos y cuentas del Plan. Las relaciones contables definen los motivos más comunes de cargo y abono de las cuentas, sin agotar todas las posibilidades que cada una de ellas admite. Por lo tanto, cuando se trate de operaciones cuya contabilización no se haya recogido de forma expresa, su registro se efectuará practicando las anotaciones contables que procedan por aplicación de los criterios establecidos con carácter general.

PRIMERA PARTE

Marco conceptual de la contabilidad pública

1.° Imagen fiel de las cuentas anuales.

Las cuentas anuales deben suministrar información útil para la toma de decisiones económicas y constituir un medio para la rendición de cuentas de la entidad por los recursos que le han sido confiados. Para ello, deben redactarse con claridad y mostrar la imagen fiel del patrimonio, de la situación financiera, del resultado económico patrimonial, y de la ejecución del presupuesto de la entidad contable.

A tales efectos, constituye la entidad contable todo ente con personalidad jurídica y presupuesto propio, que deba formar y rendir cuentas.

Las cuentas anuales comprenden los siguientes documentos que forman una unidad: el balance, la cuenta del resultado económico patrimonial, el estado de cambios en el patrimonio neto, el estado de liquidación del presupuesto y la memoria.

La aplicación sistemática y regular de los requisitos de la información y principios y criterios contables incluidos en los apartados siguientes deberá conducir a que las cuentas anuales muestren la anteriormente citada imagen fiel. A tal efecto, en la contabilización de las operaciones, se atenderá a su realidad económica y no sólo a su forma jurídica.

Cuando se considere que el cumplimiento de los requisitos de la información y principios y criterios contables incluidos en este Plan de Cuentas Local Simplificado no sea suficiente para mostrar la mencionada imagen fiel, se suministrará en la memoria la información complementaria precisa para alcanzar este objetivo.

En aquellos casos excepcionales en los que dicho cumplimiento fuera incompatible con la imagen fiel que deben proporcionar las cuentas anuales, se considerará improcedente dicha aplicación. En tales casos, en la memoria se motivará suficientemente esta circunstancia, y se explicará su influencia sobre el patrimonio, la situación financiera y los resultados de la entidad.

2.º Requisitos de la información a incluir en las cuentas anuales.

La información incluida en las cuentas anuales debe cumplir los requisitos o características siguientes:

a) Claridad. La información es clara cuando los destinatarios de la misma, partiendo de un conocimiento razonable de las actividades de la entidad y del entorno en el que opera, pueden comprender su significado.

b) Relevancia. La información es relevante cuando es de utilidad para la evaluación de sucesos (pasados, presentes o futuros), o para la confirmación o corrección de evaluaciones anteriores. Esto implica que la información ha de ser oportuna, y comprender toda aquella que posea importancia relativa, es decir, que su omisión o inexactitud pueda influir en la toma de decisiones económicas de cualquiera de los destinatarios de la información.

c) Fiabilidad. La información es fiable cuando está libre de errores materiales y sesgos y se puede considerar como imagen fiel de lo que pretende representar. El cumplimiento de este requisito implica que:

— La información sea completa y objetiva.

— El fondo económico de las operaciones prevalezca sobre su forma jurídica.

— Se deba ser prudente en las estimaciones y valoraciones a efectuar en condiciones de incertidumbre.

d) Comparabilidad. La información es comparable, cuando se pueda establecer su comparación con la de otras entidades, así como con la de la propia entidad correspondiente a diferentes períodos.

3.º Principios contables.

1. La contabilidad de la entidad se desarrollará aplicando los principios contables de carácter económico patrimonial que se indican a continuación:

a) Gestión continuada: Se presumirá, salvo prueba en contrario, que continúa la actividad de la entidad por tiempo indefinido. Por tanto, la aplicación de los presentes principios no irá encaminada a determinar el valor liquidativo del patrimonio.

b) Devengo: Las transacciones y otros hechos económicos deberán reconocerse en función de la corriente real de bienes y servicios que los mismos representan, y no en el momento en que se produzca la corriente monetaria o financiera derivada de aquéllos. Los elementos reconocidos de acuerdo con este principio son activos, pasivos, patrimonio neto, ingresos y gastos.

Si no puede identificarse claramente la corriente real de bienes y servicios se reconocerán los gastos o los ingresos, o el elemento que corresponda, cuando se produzcan las variaciones de activos o pasivos que les afecten.

c) Uniformidad: Adoptado un criterio contable dentro de las alternativas permitidas, deberá mantenerse en el tiempo y aplicarse a todos los elementos patrimoniales que tengan las mismas características en tanto no se alteren los supuestos que motivaron su elección.

Si procede la alteración justificada de los criterios utilizados, dicha circunstancia se hará constar en la memoria, indicando la incidencia cuantitativa y cualitativa de la variación sobre las cuentas anuales.

d) Prudencia: Se deberá mantener cierto grado de precaución en los juicios de los que se derivan estimaciones bajo condiciones de incertidumbre, de tal manera que los activos o los ingresos no se sobrevaloren, y que las obligaciones o los gastos no se infravaloren. Pero, además, el ejercicio de la prudencia no debe suponer la minusvaloración de activos o ingresos ni la sobrevaloración de obligaciones o gastos, realizados de forma intencionada, ya que ello privaría de neutralidad a la información, suponiendo un menoscabo a su fiabilidad.

e) No compensación: No podrán compensarse las partidas del activo y del pasivo del balance, ni las de gastos e ingresos que integran la cuenta del resultado económico patrimonial o el estado de cambios en el patrimonio neto, y se valorarán separadamente los elementos integrantes de las cuentas anuales, salvo aquellos casos en que de forma excepcional así se regule.

f) Importancia relativa: La aplicación de los principios y criterios contables, deberá estar presidida por la consideración de la importancia en términos relativos que los mismos y sus efectos pudieran presentar. Por consiguiente, podrá ser admisible la no aplicación estricta de alguno de ellos, siempre y cuando la importancia relativa en términos cuantitativos o cualitativos de la variación constatada sea escasamente significativa y no altere, por tanto, la imagen fiel de la situación patrimonial y de los resultados del sujeto económico. Las partidas o importes cuya importancia relativa sea escasamente significativa podrán aparecer agrupados con otros de similar naturaleza o función. La aplicación de este principio no podrá implicar en caso alguno la trasgresión de normas legales.

En los casos de conflicto entre los anteriores principios contables deberá prevalecer el que mejor conduzca a que las cuentas anuales expresen la imagen fiel del patrimonio, de la situación financiera y del resultado económico patrimonial de la entidad.

2. También se aplicarán los principios contables de carácter presupuestario recogidos en la normativa presupuestaria aplicable, y en especial los siguientes:

a) Principio de imputación presupuestaria: La imputación de las operaciones que deban aplicarse a los Presupuestos de gastos e ingresos deberá efectuarse de acuerdo con los siguientes criterios:

— Los gastos e ingresos presupuestarios se imputarán de acuerdo con su naturaleza económica y, en el caso de los gastos, además, de acuerdo con la finalidad que con ellos se pretende conseguir. Los gastos e ingresos presupuestarios se clasificarán, en su caso, atendiendo al órgano encargado de su gestión.

— Las obligaciones presupuestarias derivadas de adquisiciones, obras, servicios, prestaciones o gastos en general se imputarán al Presupuesto del ejercicio en que éstos se realicen y con cargo a los respectivos créditos; los derechos se imputarán al Presupuesto del ejercicio en que se reconozcan o liquiden.

b) Principio de desafectación: Con carácter general, los ingresos de carácter presupuestario se destinarán a financiar la totalidad de los gastos de dicha naturaleza, sin que exista relación directa entre unos y otros. En el supuesto de que determinados gastos presupuestarios se financien con ingresos presupuestarios específicos a ellos afectados, el sistema contable deberá reflejar esta circunstancia y permitir su seguimiento.

4.º Elementos de las cuentas anuales.

1. Los elementos de las cuentas anuales relacionados con el patrimonio y la situación financiera de la entidad, que se registran en el balance son:

a) Activos: Bienes, derechos y otros recursos controlados económicamente por la entidad, resultantes de sucesos pasados, de los que es probable que la entidad obtenga en el futuro rendimientos económicos o un potencial de servicio. También serán calificados como activos aquellos que sean necesarios para obtener los rendimientos económicos o el potencial de servicio de otros activos.

Los activos portadores de «rendimientos económicos futuros» son aquellos que se poseen con el fin de generar un rendimiento comercial a través de la provisión de bienes o prestación de servicios con los mismos: un activo genera un rendimiento comercial cuando se utiliza de una forma consistente con la adoptada por las entidades orientadas a la obtención de beneficios. La posesión de un activo para generar un rendimiento comercial indica que la entidad pretende obtener flujos de efectivo a través de ese activo (o a través de la unidad a la que pertenece el activo) y obtener un rendimiento que refleje el riesgo que implica la posesión del mismo.

Los activos portadores de «potencial de servicio» son aquellos que se poseen con una finalidad distinta a la de generar un rendimiento comercial, como pueden ser los flujos económicos sociales que generan dichos activos y que benefician a la colectividad, esto es, su beneficio social o potencial de servicio.

b) Pasivos: Obligaciones actuales surgidas como consecuencia de sucesos pasados, cuya extinción es probable que dé lugar a una disminución de recursos que incorporen rendimientos económicos o un potencial de servicio. A estos efectos, se entienden incluidas las provisiones.

c) Patrimonio neto: Constituye la parte residual de los activos de la entidad, una vez deducidos todos sus pasivos. Incluye las aportaciones realizadas, ya sea en el momento de su constitución o en otros posteriores, por la entidad o entidades propietarias, que no tengan la consideración de pasivos, así como los resultados acumulados u otras variaciones que le afecten.

2. Los elementos relacionados con la medida del resultado económico patrimonial y otros ajustes en el patrimonio neto, que se reflejan en la cuenta del resultado económico patrimonial o en el estado de cambios en el patrimonio neto son:

a) Ingresos: Incrementos en el patrimonio neto de la entidad, ya sea en forma de entradas o aumentos en el valor de los activos, o de disminución de los pasivos, siempre que no tengan su origen en aportaciones patrimoniales, monetarias o no, de la entidad o entidades propietarias cuando actúen como tales.

b) Gastos: Decrementos en el patrimonio neto de la entidad, ya sea en forma de salidas o disminuciones en el valor de los activos, o de reconocimiento o aumento de los pasivos, siempre que no tengan su origen en devoluciones de aportaciones patrimoniales y, en su caso distribuciones, monetarias o no, a la entidad o entidades propietarias cuando actúen como tales.

Los ingresos y gastos del ejercicio se imputarán al resultado del mismo, excepto cuando proceda su imputación directa al patrimonio neto de acuerdo con lo previsto en la segunda parte de este Plan de Cuentas Local Simplificado.

3. Los elementos relacionados con la ejecución del presupuesto que se reflejan en el estado de liquidación del presupuesto son:

a) Gastos presupuestarios: Son aquellos flujos que suponen el empleo de créditos consignados en el presupuesto de gastos de la entidad. Su realización conlleva obligaciones a pagar presupuestarias con origen en gastos, en adquisición de activos o en la cancelación de pasivos financieros.

Por tanto, este término se reserva para aquellos flujos que deben imputarse al estado de liquidación del presupuesto de la entidad. No debe confundirse con el término «gasto», ya que existen gastos presupuestarios que no constituyen un gasto, y viceversa.

b) Ingresos presupuestarios: Son aquellos flujos que determinan recursos para financiar los gastos presupuestarios de la entidad. Generan derechos de cobro presupuestarios, que deben imputarse al correspondiente presupuesto, con origen en ingresos, en la enajenación, el vencimiento o la cancelación de activos, en la emisión de pasivos financieros, en la disminución de gastos o en el incremento del patrimonio neto.

Por tanto, este término se reserva para aquellos flujos que deben imputarse al estado de liquidación del presupuesto de la entidad. No debe confundirse con el término «ingreso», ya que existen ingresos presupuestarios que no constituyen ingreso y viceversa.

4. Los elementos relacionados con movimientos de tesorería son:

a) Cobros: Son los flujos de entrada de efectivo y suponen un aumento de la tesorería de la entidad.

b) Pagos: Son los flujos de salida de efectivo y suponen una disminución de la tesorería de la entidad.

5.º Criterios de registro o reconocimiento contable de los elementos de las cuentas anuales.

1. Criterios de registro.

El registro o reconocimiento contable es el proceso por el que se incorporan a la contabilidad los diferentes elementos de las cuentas anuales cuando cumplan las definiciones del apartado anterior y los criterios establecidos en este apartado. Todos los hechos económicos deben ser registrados en el oportuno orden cronológico.

2. Activos y pasivos.

Los activos deben reconocerse en el balance cuando:

— se considere probable que la entidad obtenga, a partir de los mismos, rendimientos económicos o un potencial de servicio en el futuro,

— y siempre que puedan valorarse con fiabilidad.

La primera de las dos condiciones supone que los riesgos y ventajas asociados al activo han sido traspasados a la entidad.

El reconocimiento contable de un activo implica también el reconocimiento simultáneo de un pasivo, o de un ingreso, o bien la disminución de otro activo o de un gasto, o el incremento del patrimonio neto. Asimismo, habrá de reconocerse cualquier disminución en los rendimientos económicos o el potencial de servicio esperada de los activos, ya venga motivada por su deterioro físico, por su desgaste a través del uso, o por su obsolescencia.

Se reconocerá un pasivo en el balance cuando:

— se considere probable que, a su vencimiento, y para liquidar la obligación, deban de entregarse o cederse recursos que incorporen rendimientos económicos o un potencial de servicio futuros,

— y es necesario que su valor pueda determinarse con fiabilidad.

El reconocimiento contable de un pasivo implica el reconocimiento simultáneo de un activo o de un gasto, o la disminución de otro pasivo, o de ingresos o del patrimonio neto.

Cuando se trate de activos y pasivos que también tengan reflejo en la ejecución del presupuesto, el mencionado reconocimiento podrá realizarse cuando, de acuerdo con el procedimiento establecido en cada caso, se dicten los correspondientes actos que determinan el reconocimiento de gastos o ingresos presupuestarios. En este caso, al menos a la fecha de cierre del período, aunque no hayan sido dictados los mencionados actos, deberán reconocerse en el balance los activos y pasivos devengados por la entidad hasta dicha fecha.

3. Ingresos y gastos.

El reconocimiento de ingresos en la cuenta del resultado económico patrimonial o en el estado de cambios en el patrimonio neto, tiene lugar como consecuencia de un incremento de los recursos económicos o del potencial de servicio de la entidad, ya sea mediante un incremento de activos, o una disminución de los pasivos, y siempre que su cuantía pueda determinarse con fiabilidad. Por lo tanto, conlleva el reconocimiento simultáneo de un activo, o de un incremento en un activo, o la desaparición o disminución de un pasivo.

Debe reconocerse un gasto en la cuenta del resultado económico patrimonial o en el estado de cambios en el patrimonio neto, cuando se produzca una disminución de recursos económicos o del potencial de servicio de la entidad, ya sea mediante un decremento en los activos, o un aumento en los pasivos, y siempre que pueda valorarse o estimarse su cuantía con fiabilidad. El reconocimiento de un gasto implica, por tanto, el simultáneo reconocimiento de un pasivo, o de un incremento en éste, o la desaparición o disminución de un activo. *Sensu contrario*, el reconocimiento de una obligación sin reconocer simultáneamente un activo relacionado con la misma, implica la existencia de un gasto, que debe ser reflejado contablemente.

Cuando se trate de gastos e ingresos que también tengan reflejo en la ejecución del presupuesto el mencionado reconocimiento se podrá realizar cuando, de acuerdo con el procedimiento establecido en cada caso, se dicten los correspondientes actos que determinan el reconocimiento de gastos o ingresos presupuestarios. En este caso, al menos a la fecha de cierre del período, aunque no hayan sido dictados los mencionados actos, deberán reconocerse en la cuenta del resultado económico patrimonial o en el estado de cambios en el patrimonio neto los gastos e ingresos devengados por la entidad hasta dicha fecha.

En cualquier caso, se registrarán en el mismo período de cuentas anuales, los gastos e ingresos que surjan directa y conjuntamente de las mismas transacciones u otros hechos económicos.

4. Gastos e ingresos presupuestarios.

Se reconocerá un gasto presupuestario en el estado de liquidación del presupuesto cuando, de acuerdo con el procedimiento establecido, se dicte el correspondiente acto administrativo de reconocimiento y liquidación de la obligación presupuestaria. Supone el reconocimiento de la obligación presupuestaria a pagar y, simultáneamente, el de un activo o de un gasto o la disminución de otro pasivo.

Debe reconocerse un ingreso presupuestario en el estado de liquidación del presupuesto cuando, de acuerdo con el procedimiento establecido, se dicte el correspondiente acto administrativo de liquidación del derecho de cobro, o documento equivalente que lo cuantifique. Supone el reconocimiento del derecho presupuestario a cobrar, y simultáneamente el de un pasivo, o de un ingreso, o bien la disminución de otro activo, o de un gasto o el incremento del patrimonio neto.

El reconocimiento del ingreso presupuestario derivado de transferencias o subvenciones recibidas debe realizarse cuando se produzca el incremento del activo en el que se materialicen (tesorería). No obstante el ente beneficiario de las mismas podrá reconocer el ingreso presupuestario con anterioridad, si conoce de forma cierta que el ente concedente ha dictado el acto de reconocimiento de su correlativa obligación.

Asimismo, en aquellas subvenciones y transferencias nominativas que, de acuerdo con su regulación específica, se hacen efectivas mediante entregas a cuenta de una liquidación definitiva posterior, la entidad beneficiaria podrá reconocer como ingresos presupuestarios las entregas a cuenta al inicio del período al que se refieran (esto es con periodicidad mensual, trimestral, etc.). El reconocimiento, en su caso, del ingreso presupuestario derivado de la liquidación definitiva se efectuará de acuerdo con el criterio establecido en el párrafo anterior.

La concesión de aplazamientos o fraccionamientos en los derechos a cobrar presupuestarios reconocidos que implique el traslado del vencimiento del derecho a un ejercicio posterior supondrá la reclasificación de tales créditos en el balance y la anulación presupuestaria de los mismos, que deberán aplicarse al presupuesto en vigor en el ejercicio de su nuevo vencimiento.

6.º Criterios de valoración.

La valoración es el proceso por el que se asigna un valor monetario a cada uno de los elementos integrantes de las cuentas anuales, de acuerdo con lo dispuesto en las normas de valoración relativas a cada uno de ellos, incluidas en la parte segunda de este Plan de Cuentas Local Simplificado.

Si existe un desarrollo de criterios de valoración en alguna norma de reconocimiento y valoración particular habrá que atender a ello.

A tal efecto, se tendrán en cuenta las siguientes definiciones:

1) Precio de adquisición.

El precio de adquisición de un activo es el importe, en efectivo u otros activos, pagado o pendiente de pago, que corresponda al mismo, así como cualquier coste directamente relacionado con la compra o puesta en condiciones de servicio del activo para el uso al que está destinado.

2) Coste de producción.

El coste de producción de un activo incluye el precio de adquisición de las materias primas y otros materiales consumidos, el de los factores de producción directamente imputables al mismo, y la fracción que razonablemente corresponda de los indirectamente relacionados con el activo, en la medida en que se refieran al período de producción, construcción o fabricación, y se basen en el nivel de utilización de la capacidad normal de trabajo de los medios de producción y sean necesarios para la puesta del activo en condiciones operativas.

3) Coste de un pasivo.

El coste de un pasivo es el valor de la contrapartida recibida a cambio de incurrir en la deuda.

4) Valor razonable.

Es el importe por el que puede ser adquirido un activo o liquidado un pasivo, entre partes interesadas y debidamente informadas, que realizan una transacción en condiciones de independencia mutua. El valor razonable se determinará sin deducir los costes de transacción en los que pudiera incurrirse en su enajenación. No tendrá en ningún caso el carácter de valor razonable el que sea resultado de una transacción forzada, urgente, o como consecuencia de una liquidación involuntaria.

Con carácter general, el valor razonable se calculará con referencia a un valor de mercado fiable. En este sentido, el precio cotizado en un mercado activo será la mejor referencia del valor razonable, entendiéndose por tal aquel en el que se den las siguientes condiciones:

— Los bienes o servicios intercambiados en el mercado son homogéneos.

— Pueden encontrarse en todo momento compradores o vendedores para un determinado bien o servicio, y;

— Los precios son conocidos y fácilmente accesibles para el público. Estos precios, además, reflejan transacciones de mercado reales y actuales y producidas con regularidad.

En aquellos elementos para los que no exista un mercado activo, el valor razonable se obtendrá mediante la aplicación de modelos y técnicas de valoración. Entre los modelos y técnicas de valoración se incluye el empleo de transacciones recientes en condiciones de independencia mutua entre partes interesadas y debidamente informadas, si estuviesen disponibles, referencias al valor razonable de otros activos que son sustancialmente iguales, descuentos de flujos de efectivo y modelos generalmente aceptados para valorar opciones. En cualquier caso, las técnicas de valoración empleadas deberán ser consistentes con las metodologías generalmente aceptadas por el mercado para la fijación de precios, debiéndose usar, si existe, la técnica de valoración empleada por el mercado que haya demostrado ser la que obtiene unas estimaciones más realistas de los precios.

Las técnicas de valoración empleadas deberán maximizar el uso de datos observables de mercado y otros factores que los participantes en el mercado considerarían al fijar el precio, y limitar en todo lo posible el empleo de datos no observables.

La entidad deberá evaluar la técnica de valoración de manera periódica, empleando los precios observables de transacciones recientes en ese mismo activo o utilizando los precios basados en datos observables de mercado que estén disponibles.

Se considerará que el valor razonable obtenido a través de los modelos y técnicas de valoración anteriores no es fiable cuando:

— La variabilidad en el rango de las estimaciones del valor razonable es significativa o,

— Las probabilidades de las diferentes estimaciones dentro de este rango no se pueden medir razonablemente para ser utilizadas en la estimación del valor razonable.

Cuando proceda la valoración por el valor razonable, los elementos que no puedan valorarse de manera fiable, con referencia a un valor de mercado o mediante los modelos y técnicas de valoración antes señalados, se valorarán, según proceda, por su precio de adquisición, coste de producción o coste amortizado, haciendo mención en la memoria de este hecho y de las circunstancias que lo motivan.

5) Valor realizable neto.

El valor realizable neto de un activo es el importe que se puede obtener por su enajenación en el mercado, de manera natural o no forzada, deduciendo los costes estimados necesarios para llevarla a cabo, así como, en el caso de los productos en curso, los costes estimados necesarios para terminar su producción, construcción o fabricación.

6) Valor en uso.

El valor en uso de aquellos activos que incorporan rendimientos económicos futuros para la entidad, es el valor actual de los flujos de efectivo esperados a través de su utilización en el curso normal de la actividad de la entidad, y, en su caso, de su enajenación u otra forma de disposición, actualizados a un tipo de interés de mercado sin riesgos. Cuando la distribución de los flujos de efectivo esté sometida a incertidumbre, se considerará ésta asignando probabilidades a las distintas estimaciones de flujos de efectivo. En cualquier caso, esas estimaciones deberán tener en cuenta cualquier otra asunción que los participantes en el mercado considerarían, tal como el grado de liquidez inherente al activo valorado.

El valor en uso de aquellos activos portadores de potencial de servicio para la entidad, es el valor actual del activo manteniendo su potencial del servicio. Se determina por el coste de reposición del activo menos la amortización acumulada calculada sobre la base de ese coste, para reflejar el uso ya efectuado del activo.

7) Costes de venta.

Son los gastos directamente atribuibles a la venta de un activo en los que la entidad no habría incurrido de no haber tomado la decisión de vender, excluidos los gastos financieros. Se incluyen los gastos legales necesarios para transferir la propiedad del activo y las comisiones de venta.

8) Importe recuperable.

El importe recuperable de un activo es el mayor entre su valor razonable menos los costes de venta y su valor en uso.

9) Valor actual de un activo o de un pasivo.

El valor actual es el importe de los flujos de efectivo a recibir o pagar en el curso normal de la actividad de la entidad, según se trate de un activo o de un pasivo, respectivamente, actualizados a un tipo de descuento adecuado.

10) Coste amortizado de un activo o pasivo financiero.

El coste amortizado de un activo financiero, es el importe al que inicialmente fue valorado un activo financiero menos los reembolsos de principal, más o menos según proceda, la parte que de la diferencia entre el importe inicial y el valor de reembolso en el vencimiento se haya imputado en la cuenta de resultado económico patrimonial mediante la utilización del método del tipo de interés efectivo y menos cualquier reducción de valor por deterioro reconocida mediante una cuenta correctora de su valor.

El coste amortizado de un pasivo financiero, es el importe al que inicialmente fue valorado un pasivo financiero menos los reembolsos de principal y más o menos según proceda, la parte que de la diferencia entre el importe inicial y el valor de reembolso en el vencimiento se haya imputado en la cuenta de resultado económico patrimonial mediante la utilización del método del tipo de interés efectivo.

El tipo de interés efectivo es el tipo de actualización que iguala exactamente el valor contable de un activo o un pasivo financiero con los flujos de efectivo estimados a lo largo de la vida del mismo, a partir de sus condiciones contractuales y sin considerar las pérdidas por riesgo de crédito futuras. Cuando no se disponga de una estimación fiable de los flujos de efectivo a partir de un determinado período, se considerará que los flujos restantes son iguales a los del último período para el que se dispone de una estimación fiable.

11) Costes de transacción atribuibles a un activo o pasivo financiero.

Son los gastos directamente atribuibles a la compra o enajenación de un activo financiero, o a la emisión o asunción de un pasivo financiero, en los que no se habría incurrido si la entidad no hubiera realizado la transacción. Entre ellos se incluyen las comisiones pagadas a intermediarios, tales como las de corretaje, los gastos de intervención de fedatario público y otros, y se excluyen las primas o descuentos obtenidos en la compra o emisión, los gastos financieros, los administrativos internos y los incurridos por estudios y análisis previos.

12) Valor contable.

El valor contable es el importe por el que un activo o un pasivo se encuentra registrado en balance, una vez deducida, en el caso de los activos, su amortización acumulada y cualquier corrección valorativa acumulada por deterioro que se haya registrado.

13) Valor residual de un activo.

El valor residual de un activo es el importe que la entidad podría obtener en el momento actual por su venta u otra forma de disposición, una vez deducidos los costes estimados para realizar ésta, tomando en consideración que el activo hubiese alcanzado la antigüedad y demás condiciones que se espera que tenga al final de su vida útil.

La vida útil de un activo es el período durante el que se espera utilizar el activo por parte de la entidad o el número de unidades de producción o similares que se espera obtener del mismo por parte de la entidad.

La vida económica de un activo es el período durante el cual el activo se espera que sea utilizable económicamente por parte de uno o más usuarios o el número de unidades de producción que se espera obtener del activo por parte de uno o más usuarios.

SEGUNDA PARTE

Normas de reconocimiento y valoración

Desarrollo del marco conceptual.

Las normas de reconocimiento y valoración desarrollan los principios contables y otras disposiciones contenidas en la primera parte de este texto, relativa al marco conceptual de la Contabilidad Pública. Incluyen criterios y reglas aplicables a distintas transacciones o hechos económicos, así como a diversos elementos patrimoniales.

En el caso de que una entidad contable realice una operación cuyo tratamiento contable no esté contemplado en este texto, habrá de remitirse a las correspondientes normas de reconocimiento y valoración contenidas en el Plan General de Contabilidad Pública adaptado a la Administración local. No obstante, no será de aplicación la norma de reconocimiento y valoración n.º 7 prevista en dicho Plan General para los activos en estado de venta, resultando aplicables a estos activos las normas sobre inmovilizado no financiero del Plan de Cuentas local Simplificado.

1. Inmovilizado material.

1. Concepto.

El inmovilizado material son los activos tangibles, muebles e inmuebles que:

a) Posee la entidad para su uso en la producción o suministro de bienes y servicios o para sus propios propósitos administrativos.

b) Se espera tengan una vida útil mayor a un año.

Con carácter general, podrán excluirse del inmovilizado material y, por tanto, considerarse gasto del ejercicio, aquellos bienes muebles cuyo precio unitario e importancia relativa, dentro de la masa patrimonial, así lo aconsejen.

2. Criterios de valoración aplicables.

a) Precio de adquisición.

Comprende su precio de compra, incluidos los aranceles de importación y los impuestos indirectos no recuperables que recaigan sobre la adquisición, así como cualquier coste directamente relacionado con la compra o puesta en condiciones de servicio del activo para el uso al que está destinado. Se deducirá del precio del elemento cualquier clase de descuento o rebaja que se haya obtenido.

Se consideran costes directamente relacionados con la compra o puesta en condiciones de servicio, entre otros, los siguientes:

1) Los de preparación del emplazamiento físico;

2) Los correspondientes a la entrega inicial y los de manipulación o transporte posterior;

3) Los relativos a la instalación;

4) Los honorarios profesionales, tales como los pagados a arquitectos, ingenieros o fedatarios públicos, así como las comisiones y remuneraciones pagadas a agentes o intermediarios; y

5) El valor actual del coste estimado de desmantelamiento del activo y la restauración de su emplazamiento, en la medida en que se reconozca una provisión.

En el caso de que la entidad devengue gastos provenientes de su propia organización, sólo se considerará que forman parte del precio de adquisición si cumplen todas las condiciones siguientes:

a) Son directamente atribuibles a la adquisición o puesta en condiciones de servicio del elemento patrimonial.

b) Pueden ser medidos e imputados con fiabilidad, aplicándoles un criterio estricto de seguimiento y control.

c) Son necesarios para la adquisición o puesta en condiciones de servicio, de tal forma que, de no haber utilizado medios propios, hubiese sido imprescindible incurrir en un gasto externo a la entidad.

Cuando se difiere el pago de un elemento integrante del inmovilizado material, su precio de compra será el precio equivalente al contado. A los efectos de establecer el precio equivalente al contado se atenderá, con carácter general, a lo dispuesto en el punto 3 de la norma de reconocimiento y valoración n.º 8, «Pasivos financieros», para la valoración inicial de las partidas a pagar.

Se podrán incluir los gastos financieros en el precio de adquisición cuando se cumplan los requisitos y condiciones establecidos en el apartado 3, «Activación de gastos financieros», de esta norma de reconocimiento y valoración.

En el caso de solares sin edificar, se incluirán en su precio de adquisición los gastos de acondicionamiento, como cierres, movimiento de tierras, obras de saneamiento y drenaje, los de derribo de construcciones cuando sea necesario para poder efectuar obras de nueva planta, los gastos de inspección y levantamiento de planos cuando se efectúen con carácter previo a su adquisición, así como, en su caso, la estimación inicial del valor actual de las obligaciones presentes derivadas de los costes de rehabilitación del solar.

b) Coste de producción.

El coste de producción de un activo fabricado o construido por la propia entidad se determina utilizando los mismos principios aplicados al precio de adquisición de los activos.

Dicho coste se obtendrá añadiendo al precio de adquisición de las materias primas y otros materiales consumidos, aplicando el criterio de identificación directa o en su defecto el coste medio ponderado o FIFO, los demás costes directamente imputables a la fabricación o elaboración del bien. Igualmente se añadirá la parte que razonablemente corresponda de los costes indirectos relacionados con la fabricación o elaboración.

El proceso de distribución de los costes indirectos fijos a cada unidad producida se basará en la capacidad normal de trabajo de los medios utilizados, o el nivel real de producción siempre que se aproxime a la capacidad normal.

En períodos en los que exista capacidad ociosa o un bajo nivel de producción, la cantidad anteriormente determinada de coste indirecto fijo distribuido a cada unidad de producción, no se incrementará, reconociéndose como gastos del ejercicio los costes indirectos incurridos y no distribuidos a las unidades producidas.

En cambio, en períodos de producción anormalmente alta, la cantidad de coste indirecto distribuido a cada unidad producida se disminuirá, de manera que no se valore el activo por encima del coste real.

Los costes indirectos variables se distribuirán, a cada unidad producida, sobre la base del nivel real de uso de los medios de producción.

No se incluirán, en el coste de producción del activo, las cantidades que excedan los rangos normales de consumo de material, mano de obra u otros factores empleados ni cualquier tipo de beneficio interno.

La asignación e imputación de costes al activo se realizará hasta que el elemento patrimonial esté terminado, es decir, hasta que esté en condiciones de servicio para el uso al que está destinado.

Se podrán incluir los gastos financieros en el coste de producción cuando se cumplan los requisitos y condiciones establecidos en el apartado 3 «Activación de gastos financieros» de esta misma norma.

c) Valor razonable.

Corresponde al importe definido en el marco conceptual de la contabilidad pública de este Plan.

3. Activación de gastos financieros.

En los inmovilizados que necesiten un período de tiempo superior a un año para estar en condiciones de uso, las entidades podrán incorporar al precio de adquisición o coste de producción los gastos financieros que se hayan devengado con anterioridad a su puesta en condiciones de funcionamiento, de acuerdo con lo establecido en los párrafos siguientes.

Se consideran gastos financieros los intereses y otros costes en los que incurre la entidad en relación con la financiación recibida. Entre otros, se incluyen:

— Los intereses de préstamos recibidos o asumidos, sean singulares o emitidos en masa.

— La imputación de primas o descuentos relativos a los préstamos.

— La imputación de los gastos de formalización de préstamos.

Podrán activarse aquellos gastos financieros que cumplan la totalidad de los siguientes requisitos y condiciones:

a) Que provengan de préstamos recibidos o asumidos con la finalidad exclusiva de financiar la adquisición, acondicionamiento o fabricación de un activo.

b) Que se hayan devengado por la efectiva utilización de la financiación recibida o asumida. En aquellos casos en los que se haya percibido previamente una parte o todo el efectivo necesario, se considerará únicamente los gastos financieros devengados a partir de los pagos relacionados con la adquisición, acondicionamiento o fabricación del activo.

c) Sólo se activarán durante el período de tiempo en el que se estén llevando a cabo tareas de acondicionamiento o fabricación, entendiendo como tales, las actividades necesarias para dejar el activo en las condiciones de servicio y uso al que está destinado. La activación se suspenderá durante los períodos de interrupción de las mencionadas actividades.

d) Cuando el acondicionamiento o fabricación de un activo se realice por partes, y cada una de estas partes pueda estar en condiciones de servicio y uso por separado aunque no haya finalizado el acondicionamiento o producción de las restantes, la activación de gastos financieros de cada parte finalizará cuando cada una de ellas esté terminada.

4. Valoración inicial.

La valoración inicial de los distintos elementos patrimoniales pertenecientes al inmovilizado material se hará al coste. Dicho concepto incluye los distintos sistemas de valoración expuestos en el punto 2 anterior. En concreto, se entenderá como coste:

a) Para los activos adquiridos a terceros mediante una transacción onerosa: el precio de adquisición.

b) Para los activos producidos por la propia entidad: el coste de producción.

c) Para los activos adquiridos a terceros a un precio simbólico o nulo: se aplicarán los criterios de valoración establecidos en la norma de reconocimiento y valoración n.º 13, «Transferencias y subvenciones».

d) Para los activos adquiridos en permuta:

d.1) En aquellos supuestos en los que los activos intercambiados no son similares desde un punto de vista funcional o vida útil y se pueda establecer una estimación fiable del valor razonable de los mismos: el valor razonable del activo recibido. En el caso de no poder valorar con fiabilidad el valor razonable del activo recibido, el valor razonable del bien entregado, ajustado por el importe de cualquier eventual cantidad de efectivo transferida en la operación.

Las diferencias de valoración, que pudieran surgir al dar de baja el activo entregado, se imputarán a la cuenta del resultado económico patrimonial.

Cuando las diferencias entre los valores razonables de los activos que se intercambian no se ajusten, de acuerdo con la legislación patrimonial aplicable, mediante efectivo, se tratarán como subvenciones recibidas o entregadas, según el caso.

d.2) En aquellos supuestos en los que activos intercambiados son similares desde un punto de vista funcional y vida útil:

(*a*) Si en la operación no se realiza ningún intercambio de efectivo: por el valor contable del activo entregado con el límite del valor razonable del activo recibido si éste fuera menor.

(*b*) Si en la operación se efectuara algún pago adicional de efectivo: por el valor contable del activo entregado incrementado por el importe del pago en efectivo realizado adicionalmente con el límite del valor razonable del activo recibido si éste fuera menor.

(*c*) Si en la operación hubiera un cobro adicional de efectivo: la entidad deberá diferenciar la parte de la operación que supone una venta —contraprestación en tesorería— de la parte de la operación que se materializa en una permuta —activo recibido— debiéndose tener en cuenta a este respecto la proporción que cada una de estas partes supone sobre el total de la contraprestación —tesorería y valor razonable del bien recibido—.

Por la parte de la operación que supusiera una venta, la diferencia entre el precio de venta y el valor contable de la parte del bien enajenada supondrá un resultado, positivo o negativo, procedente del inmovilizado.

Por la parte de la operación que supusiera una permuta se aplicará lo previsto en el apartado (*a*) anterior.

e) Para los activos aflorados como consecuencia de la realización de un inventario inicial: el valor razonable, siempre y cuando no pudiera establecerse el valor contable correspondiente a su precio de adquisición o coste de producción original e importes posteriores susceptibles de activación.

f) Para los activos recibidos de otra entidad de la misma organización, para su dotación inicial: su coste se obtendrá conforme se establece en la norma de reconocimiento y valoración n.º 13, «Transferencias y subvenciones».

g) Para los activos adquiridos como consecuencia de un contrato de arrendamiento financiero o figura análoga: se valorarán por lo indicado en la norma de reconocimiento y valoración n.º 6, «Arrendamientos y otras operaciones de naturaleza similar».

h) Para activos recibidos en adscripción o cesión gratuita: se valorarán según lo indicado en la norma de reconocimiento y valoración n.º 14, «Adscripciones y otras cesiones gratuitas de uso de bienes y derechos».

i) Para los activos recibidos en virtud de contrato, convenio o acuerdo de construcción o adquisición con una entidad gestora: se valoraran por su valor razonable.

5. Desembolsos posteriores.

Los desembolsos posteriores al registro inicial deben ser añadidos al importe del valor contable cuando sea probable que de los mismos se deriven rendimientos económicos futuros o un potencial de servicio, adicionales a los originalmente evaluados para el activo existente, tales como:

a) modificación de un elemento para ampliar su vida útil o para incrementar su capacidad productiva;

b) puesta al día de componentes del elemento, para conseguir un incremento sustancial en la calidad de los productos o servicios ofrecidos; y

c) adopción de procesos de producción nuevos que permiten una reducción sustancial en los costes de operación estimados previamente.

Los desembolsos destinados a reparaciones y mantenimiento del inmovilizado material se realizan para restaurar o mantener los rendimientos económicos futuros o potencial de servicio estimados originalmente para el activo. Como tales, se reconocen como gastos en el resultado del ejercicio.

En aquellos supuestos en los que los principales componentes de algunos elementos pertenecientes al inmovilizado material deban ser reemplazados a intervalos regulares, dichos componentes se pueden contabilizar como activos separados si tienen vidas útiles claramente diferenciadas a las de los activos con los que están relacionados.

Siempre que se cumplan los criterios de reconocimiento, los gastos incurridos en el reemplazo o renovación del componente se contabilizan como una adquisición de un activo incorporado y una baja del valor contable del activo reemplazado. Si no fuera posible para la entidad determinar el valor contable de la parte sustituida, podrá utilizarse, a los efectos de su identificación, el precio actual de mercado del componente sustituido.

En la valoración del inmovilizado material se tendrá en cuenta la incidencia de los costes relacionados con grandes reparaciones o inspecciones generales por defectos que fuera necesario realizar para que el activo continúe operando. En este sentido el importe equivalente a estos costes se amortizará de forma distinta a la del resto del elemento, durante el período que medie hasta la gran reparación o inspección general. Si estos costes no estuvieran especificados en la adquisición o construcción, a efectos de la identificación de los mismos, podrá utilizarse el precio actual de mercado de una reparación o inspección general similar.

El coste de una gran reparación o inspección general por defectos, (independientemente de que las partes del elemento sean sustituidas o no) para que algún elemento de inmovilizado material continúe operando, se reconocerá en el valor contable del inmovilizado como una sustitución, siempre y cuando se cumplan las condiciones para su reconocimiento. Al mismo tiempo, se dará de baja cualquier importe procedente de una gran reparación o inspección previa, que pudiera permanecer en el valor contable del citado inmovilizado.

6. Valoración posterior.

Con posterioridad a su reconocimiento inicial como activo, todos los elementos del inmovilizado material, deben ser contabilizados a su valoración inicial, incrementada, en su caso, por los desembolsos posteriores, y descontando la amortización acumulada practicada y la corrección valorativa acumulada por deterioro que hayan sufrido a lo largo de su vida útil.

7. Amortización.

a) Concepto.

La amortización es la distribución sistemática de la depreciación de un activo a lo largo de su vida útil. Su determinación se realizará, en cada momento, distribuyendo la base amortizable del bien entre la vida útil que reste, según el método de amortización utilizado. La base amortizable será igual al valor contable del bien en cada momento detrayéndole, en su caso, el valor residual que pudiera tener.

Para determinar la vida útil del inmovilizado material, deben tenerse en cuenta, entre otros, los siguientes motivos:

— el uso que la entidad espera realizar del activo. El uso se estima por referencia a la capacidad o rendimiento físico esperado del activo;

— el deterioro natural esperado, que depende de factores operativos tales como el número de turnos de trabajo en los que será usado el bien, el programa de reparaciones y mantenimiento de la entidad, así como el nivel de cuidado y mantenimiento mientras el activo no está siendo dedicado a tareas productivas;

— la obsolescencia técnica derivada de los cambios y mejoras en la producción, o bien de los cambios en la demanda del mercado de los productos o servicios que se obtienen con el activo; y

— los límites legales o restricciones similares sobre el uso del activo, tales como las fechas de caducidad de los contratos de servicio relacionados con el bien.

La dotación de la amortización de cada período debe ser reconocida como un gasto en el resultado del ejercicio.

b) Métodos de amortización.

Se podrán utilizar, entre otros, el método de amortización lineal, el de tasa constante sobre valor contable o el de suma de unidades producidas. El método finalmente usado para cada activo se seleccionará tomando como base los patrones esperados de obtención de rendimientos económicos o potencial de servicio, y se aplicará de forma sistemática de un período a otro, a menos que se produzca un cambio en los patrones esperados de obtención de rendimientos económicos o potencial de servicio de ese activo. Si no pudieran determinarse de forma fiable dichos patrones de obtención de rendimientos o potencial de servicio se adoptará el método lineal de amortización.

c) Revisión de la vida útil y del método de amortización.

La vida útil de un elemento del inmovilizado material debe revisarse periódicamente y, si las expectativas actuales varían significativamente de las estimaciones previas, deben ajustarse los cargos en los períodos que restan de vida útil.

Igualmente, el método de amortización aplicado a los elementos que componen el inmovilizado material deberá revisarse de forma periódica y, si se ha producido un cambio importante en el patrón esperado de rendimientos económicos o potencial de servicio de esos activos, debe cambiarse el método para que refleje el nuevo patrón. Cuando tal modificación en el método de amortización se haga necesaria, debe ser contabilizada como un cambio en una estimación contable, salvo que se trate de un error.

d) Casos particulares.

Los terrenos y los edificios son activos independientes y se tratarán contablemente por separado, incluso si han sido adquiridos conjuntamente. Con algunas excepciones, tales como minas, canteras y vertederos, los terrenos tienen una vida ilimitada y por tanto no se amortizan. Los edificios tienen una vida limitada y, por tanto, son activos amortizables. Un incremento en el valor de los terrenos en los que se asienta un edificio no afectará a la determinación del importe amortizable del edificio.

No obstante, si el coste del terreno incluye los costes de desmantelamiento, traslado y rehabilitación, esa porción del terreno se amortizará a lo largo del período en el que se obtengan los rendimientos económicos o potencial de servicio por haber incurrido en esos gastos. En algunos casos, el terreno en sí mismo puede tener una vida útil limitada, en cuyo caso se amortizará de forma que refleje los rendimientos económicos o potencial de servicio que se van a derivar del mismo.

8. Deterioro.

El deterioro del valor de un activo perteneciente al inmovilizado material, se determinará, con carácter general, por la cantidad que exceda el valor contable de un activo a su importe recuperable, siempre que la diferencia sea significativa.

A estos efectos, al menos al cierre del ejercicio, la entidad evaluará si existen indicios de que algún elemento del inmovilizado material pueda estar deteriorado, en cuyo caso deberá estimar su importe recuperable, efectuando las correcciones valorativas que procedan.

Para evaluar si existe algún indicio de deterioro de los elementos del inmovilizado material portadores de rendimientos económicos futuros, la entidad contable deberá tener en cuenta entre otras, las siguientes circunstancias:

1. Fuentes externas de información:

a) Cambios significativos en el entorno tecnológico o legal en los que opera la entidad acaecidos durante el ejercicio o que se espera se produzcan a corto plazo y que tengan una incidencia negativa sobre la entidad.

b) Disminución significativa del valor de mercado del activo, si este existe y está disponible, y superior a la esperada por el paso del tiempo o uso normal.

2. Fuentes internas de información:

a) Evidencia de obsolescencia o deterioro físico del activo.

b) Cambios significativos en cuanto a la forma de utilización del activo acaecidos durante el ejercicio o que se espera se produzcan a corto plazo y que tengan una incidencia negativa sobre la entidad.

c) Evidencia acreditada mediante los oportunos informes de que el rendimiento del activo es o será significativamente inferior al esperado.

Para evaluar si existe algún indicio de deterioro de los elementos del inmovilizado material portadores de un potencial de servicio, la entidad contable deberá tener en cuenta entre otras, además de las circunstancias anteriores, con la salvedad de la prevista en el punto1.*b*) anterior, las siguientes circunstancias:

a) Interrupción de la construcción del activo antes de su puesta en condiciones de funcionamiento.

b) Cese o reducción significativa de la demanda o necesidad de los servicios prestados.

Para el cálculo del deterioro serán de aplicación las siguientes reglas:

Un deterioro de valor asociado a un activo se reconocerá en el resultado del ejercicio.

Tras el reconocimiento de un deterioro de valor, los cargos por amortización del activo se ajustarán en los ejercicios futuros, con el fin de distribuir el valor contable revisado del activo, menos su eventual valor residual, de una forma sistemática a lo largo de su vida útil restante.

Se revertirá el deterioro de valor reconocido en ejercicios anteriores para un activo cuando el importe recuperable sea superior a su valor contable.

La reversión de un deterioro de valor en un activo se reconocerá en el resultado del ejercicio.

Después de haber reconocido una reversión de un deterioro de valor, los cargos por amortización del activo se ajustarán para los ejercicios futuros, con el fin de distribuir el valor contable revisado del activo menos su eventual valor residual, de una forma sistemática a lo largo de su vida útil restante.

9. Activos dados de baja y retirados del uso.

Todo elemento componente del inmovilizado material que haya sido objeto de venta o disposición por otra vía, debe ser dado de baja del balance, al igual que cualquier elemento del inmovilizado material que se haya retirado de forma permanente de uso, siempre que no se espere obtener rendimientos económicos o potencial de servicio adicionales por su disposición. Los resultados derivados de la baja de un elemento deberán determinarse como la diferencia entre el importe neto que se obtiene por la disposición y el valor contable del activo.

Las operaciones de venta con arrendamiento posterior se tratarán de acuerdo con lo establecido en la norma de reconocimiento y valoración n.º 6, «Arrendamientos y otras operaciones de naturaleza similar». Igualmente, los activos dados de baja y retirados del uso por adscripción y cesión gratuita tendrán el tratamiento recogido en la norma de reconocimiento y valoración n.º 14, «Adscripciones y otras cesiones gratuitas de uso de bienes y derechos».

Los elementos componentes del inmovilizado material que se retiren temporalmente del uso activo y se mantengan para un uso posterior se seguirán amortizando y, en su caso, deteriorando. No obstante, si se utilizara un método de amortización en función del uso, el cargo por la amortización podría ser nulo.

2. Casos particulares de inmovilizado material: Infraestructuras, bienes comunales y patrimonio histórico.

1. Concepto.

Infraestructuras: Son activos no corrientes, que se materializan en obras de ingeniería civil o en inmuebles, utilizables por la generalidad de los ciudadanos o destinados a la prestación de servicios públicos, adquiridos a título oneroso o gratuito, o construidos por la entidad, y que cumplen alguno de los requisitos siguientes:

— son parte de un sistema o red,

— tienen una finalidad específica que no suele admitir otros usos alternativos.

Bienes comunales: Aquellos bienes que aun siendo del dominio público, su aprovechamiento corresponde exclusivamente al común de los vecinos.

Patrimonio histórico: Elementos patrimoniales muebles o inmuebles de interés artístico, histórico, paleontológico, arqueológico, etnográfico, científico o técnico, así como el patrimonio documental y bibliográfico, los yacimientos, zonas arqueológicas, sitios naturales, jardines y parques que tengan valor artístico, histórico o antropológico. Estos bienes presentan, en general determinadas características, incluyendo las siguientes:

a) Es poco probable que su valor en términos culturales, medioambientales, educacionales e histórico-artísticos quede perfectamente reflejado en un valor financiero basado puramente en un precio de mercado.

b) Las obligaciones legales o estatutarias pueden imponer prohibiciones o severas restricciones a su disposición por venta.

c) Son a menudo irremplazables y su valor puede incrementarse con el tiempo, incluso si sus condiciones físicas se deterioran.

d) Puede ser difícil estimar su vida útil, la cual en algunos casos puede ser de cientos de años.

2. Reconocimiento y valoración.

Las infraestructuras, los bienes comunales y los bienes del patrimonio histórico, deberán registrarse en contabilidad cuando se cumplan los criterios de reconocimiento de un activo previstos en el marco conceptual de la contabilidad pública de este Plan y su valoración se realizará de acuerdo con lo establecido en la norma de reconocimiento y valoración n.º 1, «Inmovilizado material».

Cuando no se puedan valorar inicialmente de forma fiable los bienes del patrimonio histórico, no serán objeto de reconocimiento en el balance, si bien se informará de los mismos en la memoria.

Cuando los bienes del patrimonio histórico tengan una vida útil ilimitada o teniéndola limitada no sea posible estimarla con fiabilidad no se les aplicará el régimen de amortización.

3. Patrimonio público del suelo.

1. Concepto.

Son activos no corrientes materializados generalmente en bienes inmuebles, afectados al destino de dicho patrimonio.

2. Reconocimiento y valoración.

Los bienes del patrimonio público del suelo deberán registrarse en contabilidad cuando se cumplan los criterios de reconocimiento de un activo previstos en el marco conceptual de la contabilidad pública de este Plan y su valoración se realizará de acuerdo con lo establecido en la norma de reconocimiento y valoración n.º 1, «Inmovilizado material».

4. Inversiones inmobiliarias.

1. Concepto.

Las inversiones inmobiliarias son inmuebles (terrenos o edificios, considerados en su totalidad o en parte, o ambos) que se tienen (por parte del propietario o por parte del arrendatario que haya acordado un arrendamiento financiero) para obtener rentas, plusvalías o ambas, no para su uso en la producción o suministro de bienes o servicios, ni para fines administrativos, ni para su venta en el curso ordinario de las operaciones.

Asimismo, se considerarán inversiones inmobiliarias aquellos bienes patrimoniales distintos de los que forman el patrimonio público del suelo que no se clasifiquen a su entrada en el patrimonio de la entidad como inmovilizado material.

En aquellos supuestos en los que una parte del inmovilizado material de las entidades se tiene para obtener rentas o plusvalías y otra parte se utiliza en la producción o suministro de bienes o servicios, o bien para fines administrativos, la entidad las contabilizará por separado si dichas partes pueden ser vendidas separadamente. Si estas partes no pueden ser vendidas separadamente, la entidad únicamente la calificará como inversión inmobiliaria, si sólo una parte insignificante se utiliza para la producción o prestación de bienes o servicios, o para fines administrativos.

2. Valoración inicial, valoración posterior y baja.

A las inversiones inmobiliarias les será de aplicación lo establecido en la norma de reconocimiento y valoración n.º 1, «Inmovilizado material».

3. Reclasificaciones.

Cuando los bienes a que se refiere este apartado dejen de reunir los requisitos necesarios para ser considerados inversiones inmobiliarias deberán ser reclasificados en la rúbrica correspondiente, sin que ello suponga ninguna modificación del valor contable de los inmuebles afectados.

5. Inmovilizado intangible.

1. Concepto.

El inmovilizado intangible se concreta en un conjunto de activos intangibles y derechos susceptibles de valoración económica de carácter no monetario y sin apariencia física que cumplen, además, las características de permanencia en el tiempo y utilización en la producción de bienes y servicios o constituyen una fuente de recursos de la entidad.

Con carácter general, podrán excluirse del inmovilizado intangible y, por tanto, considerarse gasto del ejercicio, aquellos bienes y derechos cuyo precio unitario e importancia relativa, dentro de la masa patrimonial, así lo aconsejen.

2. Reconocimiento.

Deben cumplir la definición de activo y los criterios de registro o reconocimiento del marco conceptual de la contabilidad pública. La entidad evaluará la probabilidad en la obtención de rendimientos económicos futuros o en el potencial de servicio, utilizando hipótesis razonables y fundadas, que representen las mejores estimaciones respecto al conjunto de condiciones económicas que existirán durante la vida útil del activo.

Los activos que integren el inmovilizado intangible deberán cumplir con el criterio de identificabilidad.

Un inmovilizado intangible será identificable cuando cumpla alguno de los dos requisitos siguientes:

a) Es separable y susceptible de ser enajenado, cedido, arrendado, intercambiado o entregado para su explotación.

b) Surge de derechos contractuales o de otros derechos legales, con independencia de que esos derechos sean transferibles o separables o de otros derechos u obligaciones.

Si un activo incluye elementos tangibles e intangibles, para su tratamiento como inmovilizado material o intangible, la entidad realizará el oportuno juicio para distribuir el importe que corresponda a cada tipo de elemento, salvo que el relativo a algún tipo de elemento sea poco significativo con respecto al valor total del activo.

3. Valoración.

3.1. Valoración inicial y valoración posterior.

Se aplicarán los criterios establecidos en la norma de reconocimiento y valoración n.º 1, «Inmovilizado material», sin perjuicio de lo señalado a continuación en esta norma de reconocimiento y valoración.

3.2. Desembolsos posteriores.

Los desembolsos posteriores a la adquisición de un activo reconocido como inmovilizado intangible deben incorporarse como más importe en el activo sólo cuando sea posible que este desembolso vaya a permitir a dicho activo generar rendimientos económicos futuros o un potencial de servicio y el desembolso pueda estimarse y atribuirse directamente al mismo. Cualquier otro desembolso posterior debe reconocerse como un gasto en el resultado del ejercicio.

3.3. Amortización y deterioro.

Se deberá valorar por la entidad si la vida útil del activo es definida o indefinida. Se considerará que un activo tiene una vida útil indefinida cuando, sobre la base de un análisis de todos los factores relevantes, no exista un límite previsible al período a lo largo del cual se espera que el activo genere rendimientos económicos o potencial de servicio para la entidad, o a la utilización en la producción de bienes y servicios públicos; por ejemplo: una licencia que se puede ir renovando constantemente a un coste que no se considera significativo. En estos casos se comprobará si el activo ha experimentado un deterioro de valor, que se contabilizará de acuerdo con lo establecido en la norma de reconocimiento y valoración n.º 1, «Inmovilizado material».

Los activos con vida útil indefinida no se amortizarán, sin perjuicio de su posible deterioro, debiendo revisarse dicha vida útil cada ejercicio para determinar si existen hechos y circunstancias que permitan seguir manteniendo una vida útil indefinida para ese activo. En el supuesto de que no se den esas circunstancias, se cambiará la vida útil de indefinida a definida, contabilizándose como un cambio en la estimación contable, de acuerdo con la norma de reconocimiento y valoración n.º 15, «Cambios en criterios y estimaciones contables y errores».

Los activos con vida útil definida se amortizarán durante su vida útil. Será admisible cualquier método que contemple las características técnico-económicas del activo, o derecho y, si no pudieran determinarse de forma fiable se adoptará el método lineal de amortización. La amortización de un inmovilizado intangible con una vida útil definida no cesará cuando el activo esté sin utilizar, a menos que se encuentre amortizado por completo.

4. Activos dados de baja y retirados del uso.

Se aplicarán los criterios establecidos en la norma de reconocimiento y valoración n.º 1, «Inmovilizado material».

5. Normas particulares sobre el inmovilizado intangible.

5.1. Gastos de Investigación y Desarrollo.

La investigación es el estudio original y planificado realizado con el fin de obtener nuevos conocimientos científicos o tecnológicos.

El desarrollo es la aplicación concreta de los logros obtenidos en la investigación.

Si la entidad no fuera capaz de distinguir la fase de investigación de la fase de desarrollo en un proyecto interno, tratará los desembolsos que ocasione ese proyecto como si hubiesen sido soportados sólo en la fase de investigación.

Los gastos de investigación serán gastos del ejercicio en el que realicen. No obstante podrán activarse como inmovilizado intangible desde el momento en el que cumplan todas las condiciones siguientes:

a) Que el inmovilizado intangible vaya a generar probables rendimientos económicos futuros o potencial de servicio. Entre otras cosas, la entidad puede demostrar la existencia de un mercado para la producción que genere el inmovilizado intangible o para el activo en sí, o bien en el caso de que vaya a ser utilizado internamente, la utilidad del mismo para la entidad.

b) La disponibilidad de los adecuados recursos técnicos, financieros o de otro tipo, para completar el desarrollo y para utilizar o vender el inmovilizado intangible.

c) Que estén específicamente individualizados por proyectos y se dé una asignación, imputación y distribución temporal de los costes claramente establecida.

Los gastos de investigación que figuren en el activo deberán amortizarse durante su vida útil, y siempre dentro del plazo de cinco años. En el caso de que las condiciones del párrafo anterior que justifican la capitalización dejen de cumplirse, el saldo que permanezca sin amortizar deberá llevarse a resultados del ejercicio.

Los gastos de desarrollo, cuando cumplan las condiciones indicadas para la activación de los gastos de investigación, deberán reconocerse en el activo y se amortizarán durante su vida útil que, se presume, salvo prueba en contrario, que no es superior a cinco años. En el caso de que las condiciones que justifican la capitalización dejen de cumplirse, el saldo que permanezca sin amortizar deberá llevarse a resultados del ejercicio.

5.2. Inversiones realizadas sobre activos utilizados en régimen de arrendamiento operativo o cedidos en uso por un período inferior a la vida económica del bien cedido.

Las inversiones realizadas sobre activos utilizados en régimen de arrendamiento operativo o cedidos en uso, por un período inferior a la vida económica, cuando de conformidad con la norma de reconocimiento y valoración n.º 6, «Arrendamientos y otras operaciones de naturaleza similar», no deban calificarse como arrendamientos financieros, se contabilizarán en una rúbrica del inmovilizado intangible, siempre que dichas inversiones no sean separables de los citados activos, y aumenten su capacidad o los rendimientos económicos futuros o potencial de servicio. La amortización de estos elementos del inmovilizado intangible se realizará en función de la vida útil de las inversiones realizadas.

5.3. Propiedad industrial e intelectual.

Es el importe satisfecho por la propiedad o por el derecho al uso, o a la concesión del uso de las distintas manifestaciones de la propiedad industrial o de la propiedad intelectual.

Se incluirán los gastos de desarrollo capitalizados y, que cumpliendo los requisitos legales, se inscriban en el correspondiente registro, incluyendo el coste de registro y de formalización de la patente.

5.4. Aplicaciones informáticas.

Se incluirá en el activo el importe satisfecho por los programas informáticos, el derecho al uso de los mismos, o el coste de producción de los elaborados por la propia entidad, cuando esté prevista su utilización en varios ejercicios. Los desembolsos realizados en las páginas «web» generadas internamente por la entidad, deberán cumplir este requisito, además de los requisitos generales de reconocimiento de activos.

Se aplicarán los mismos criterios de activación que los establecidos para los gastos de investigación.

Los programas informáticos integrados en un equipo que no puedan funcionar sin él, serán tratados como elementos del inmovilizado material. Lo mismo se aplica al sistema operativo de un ordenador.

En ningún caso podrán figurar en el activo los gastos de mantenimiento de la aplicación informática.

5.5. Otro Inmovilizado intangible.

Recoge otros derechos no singularizados anteriormente, entre otros, las concesiones administrativas; las cesiones de uso por períodos inferiores a la vida económica, cuando de acuerdo con la norma de reconocimiento y valoración n.º 6, «Arrendamientos y otras operaciones de naturaleza similar», no se deba contabilizar como arrendamiento financiero; los derechos de traspaso y los aprovechamientos urbanísticos que detentan las entidades locales u otras entidades públicas, siempre que no estén materializados en terrenos.

6. Arrendamientos y otras operaciones de naturaleza similar.

Se entiende por arrendamiento, a efectos de esta norma, cualquier acuerdo, con independencia de su instrumentación jurídica, por el que el arrendador cede al arrendatario, a cambio de percibir una suma única de dinero o una serie de pagos o cuotas, el derecho a utilizar un activo durante un período de tiempo determinado.

1. Arrendamientos financieros.

1.1. Concepto.

Cuando de las condiciones económicas de un acuerdo de arrendamiento se deduzca que se transfieren sustancialmente todos los riesgos y ventajas inherentes a la propiedad del activo objeto del contrato, el arrendamiento deberá calificarse como financiero.

Se presumirá que se transfieren sustancialmente todos los riesgos y ventajas inherentes a la propiedad en un acuerdo de arrendamiento de un activo con opción de compra, cuando no existan dudas razonables de que se va a ejercitar dicha opción de compra. Se entenderá que por las condiciones económicas del contrato de arrendamiento no existen dudas razonables de que se va a ejercitar la opción de compra, cuando el precio de la opción de compra sea menor que el valor razonable del activo en el momento en que la opción de compra sea ejercitable.

Se presumirá también que se transfieren los riesgos y ventajas inherentes a la propiedad del activo, aunque no exista opción de compra, cuando se cumpla alguna de las siguientes circunstancias:

a) El plazo del contrato de arrendamiento coincide o cubre la mayor parte de la vida económica del activo o, cuando no cumpliendo lo anterior, exista evidencia de que ambos períodos van a coincidir, no siendo significativo su valor residual al finalizar su período de utilización.

b) Al inicio del arrendamiento el valor actual de las cantidades a pagar supongan un importe sustancial del valor razonable del activo arrendado.

c) Cuando los activos arrendados tengan una naturaleza tan especializada que su utilidad quede restringida al arrendatario y los bienes arrendados no pueden ser fácilmente reemplazados por otros bienes.

Otros indicadores de situaciones que podrían llevar a la clasificación de un arrendamiento como de carácter financiero son:

a) Si el arrendatario puede cancelar el contrato de arrendamiento y las pérdidas sufridas por el arrendador a causa de tal cancelación fueran asumidas por el arrendatario.

b) Los resultados derivados de las fluctuaciones en el valor razonable del importe residual recaen sobre el arrendatario.

c) El arrendatario tiene la posibilidad de prorrogar el arrendamiento durante un segundo período, con unos pagos por arrendamiento que sean sustancialmente inferiores a los habituales del mercado.

En los acuerdos de arrendamiento a terceros de activos portadores de potencial de servicio, con o sin opción de compra, se presumirá, en todo caso, que no se transfieren los riesgos y ventajas inherentes a la propiedad del mismo, en tanto la entidad mantenga el potencial de servicio que dichos activos tienen incorporado. Por tanto, no serán aplicables a este tipo de activos las presunciones señaladas en los párrafos anteriores de este apartado.

1.2. Reconocimiento y valoración.

Los activos objeto de arrendamiento financiero se registrarán y valorarán de acuerdo a la norma de reconocimiento y valoración que les corresponda de acuerdo con su naturaleza, salvo lo especificado en los párrafos siguientes.

Dado que los terrenos normalmente tienen una vida útil indefinida, si no se espera que su propiedad pase al arrendatario al término del plazo de arrendamiento, éste no recibirá todos los riesgos y ventajas que inciden en la propiedad del mismo. En un arrendamiento financiero conjunto los componentes del terreno y edificio se considerarán de forma separada si al finalizar el plazo del arrendamiento la propiedad del terreno no va a ser transmitida al arrendatario, en cuyo caso el componente de terreno se clasificará como arrendamiento operativo, para lo cual se distribuirán los pagos acordados entre el terreno y el edificio en proporción a los valores razonables que representen los derechos de arrendamiento de ambos componentes, a menos que tal distribución no sea fiable en cuyo caso todo el arrendamiento se clasificará como financiero salvo que resulte evidente que es operativo.

1.3. Contabilidad del arrendatario.

El arrendatario en el momento inicial deberá reconocer el activo según su naturaleza y la obligación asociada al mismo como pasivo por el mismo importe, que será la suma de la parte de las cuotas del arrendamiento que corresponda a la recuperación del coste del bien durante el plazo del arrendamiento, incluyendo, en su caso, la opción de compra, y con exclusión de las cuotas de carácter contingente así como de los costes de los servicios y demás gastos que, de acuerdo con las normas de valoración n.º 1, «Inmovilizado material», y n.º 5, «Inmovilizado intangible», no se puedan activar. A estos efectos se entiende por cuotas de carácter contingente aquellas cuyo importe futuro dependa de una variable establecida en el contrato.

Los costes directos iniciales inherentes a la operación en los que incurra el arrendatario deberán considerarse como mayor valor del activo.

En todo caso, el pasivo asociado a la parte de las cuotas que corresponda a la recuperación del coste del bien se valorará por su valor inicial, sin actualizar.

Cada una de las cuotas del arrendamiento estará constituida por dos partes que representan, respectivamente, la carga financiera y la reducción de la deuda pendiente de pago o recuperación del coste del bien. La carga financiera total se distribuirá a lo largo del plazo del arrendamiento y se imputará a los resultados del ejercicio en el que se devengue, aplicando el método del tipo de interés efectivo para el arrendatario.

1.4. Contabilidad del arrendador.

Cuando una entidad transfiera sustancialmente todos los riesgos y ventajas de un activo mediante una operación a la que sea aplicable la presente norma de reconocimiento y valoración, registrará un derecho a cobrar por el valor razonable del bien más los costes directos iniciales del arrendador. Simultáneamente dará de baja el activo por su valor contable en el momento del inicio de la operación, registrándose, en su caso, un resultado del ejercicio.

La diferencia entre el crédito contabilizado en el activo del balance y la cantidad a cobrar, correspondiente a intereses no devengados, se imputará a la cuenta del resultado económico patrimonial del ejercicio en que dichos intereses se devenguen de acuerdo con el método del tipo de interés efectivo.

2. Arrendamientos operativos.

Se trata de un contrato de arrendamiento en el que no se transfieren los riesgos y ventajas que son inherentes a la propiedad.

Las cuotas derivadas de los arrendamientos operativos deben ser reconocidas por los arrendatarios como gastos en el resultado del ejercicio en el que se devenguen durante el plazo del arrendamiento.

Los ingresos procedentes de los arrendamientos operativos se registrarán por el arrendador en el resultado del ejercicio en que se devenguen durante el plazo del arrendamiento.

3. Venta con arrendamiento posterior.

Cuando por las condiciones económicas de una enajenación, conectada al posterior arrendamiento o cesión de uso de los activos enajenados, se desprenda que se trata de un método de financiación, el arrendatario no variará la calificación del activo, ni reconocerá resultados derivados de esta transacción. Además, registrará el importe recibido con abono a una partida que ponga de manifiesto el correspondiente pasivo financiero. Los gastos por intereses asociados a la operación se contabilizarán a lo largo de la vida del contrato de acuerdo con el método del tipo de interés efectivo.

El arrendador contabilizará la operación de acuerdo con lo dispuesto en la norma de reconocimiento y valoración n.º 7, «Activos financieros».

7. Activos financieros.

1. Concepto.

Son activos financieros el dinero en efectivo, los instrumentos de capital o de patrimonio neto de otra entidad, los derechos a recibir efectivo u otro activo financiero de un tercero o de intercambiar con un tercero activos o pasivos financieros en condiciones potencialmente favorables.

Los criterios establecidos en esta norma de reconocimiento y valoración serán aplicables a todos los activos financieros, excepto a aquellos para los que se hayan establecidos criterios específicos en otra norma de reconocimiento y valoración.

2. Clasificación de los activos financieros.

Los activos financieros, a efectos de su valoración, se clasificarán inicialmente en alguna de las siguientes categorías:

a) Activos financieros a coste amortizado.

Se incluirán en esta categoría:

— los créditos por operaciones derivadas de la actividad habitual; y

— aquellos activos, no incluidos en la categoría de la letra *b*) siguiente, que no son instrumentos de patrimonio, no tienen origen en la actividad habitual y cuyos cobros son de cuantía determinada o determinable. Se incluirán en esta categoría las operaciones de adquisición de instrumentos de deuda con el acuerdo de posterior venta a un precio fijo o al precio inicial más la rentabilidad normal del prestamista.

b) Activos financieros a valor razonable con cambios en resultados.

En esta categoría se incluirán los activos financieros que, negociándose en un mercado activo, se adquieren con el propósito de realizarlos en el corto plazo, excepto los adquiridos con el acuerdo de posterior venta a un precio fijo o al precio inicial más la rentabilidad normal del prestamista que se incluirán en la categoría de activos financieros a coste amortizado.

La entidad no podrá reclasificar un activo financiero clasificado inicialmente en esta categoría a otras, ni tampoco un activo incluido en el resto de las categorías se podrá reclasificar a la categoría de a valor razonable con cambios en resultados.

c) Activos financieros a coste.

En esta categoría se incluirán las inversiones en instrumentos de patrimonio, salvo que sea aplicable lo dispuesto en la letra *b*) anterior.

3. Reconocimiento.

La entidad reconocerá un activo financiero en su balance cuando se convierta en parte obligada según las cláusulas del contrato o acuerdo mediante el que se formalice la inversión financiera.

Para determinar el momento del reconocimiento de los activos financieros que surjan de derechos no contractuales, se estará a lo dispuesto al efecto en la correspondiente norma de reconocimiento y valoración.

4. Activos financieros a coste amortizado.

4.1. Valoración inicial.

Con carácter general, los activos financieros incluidos en esta categoría se valorarán por su valor razonable que, salvo evidencia en contrario, será el precio de la transacción, que equivaldrá al valor razonable de la contraprestación entregada más los costes de transacción que les sean directamente atribuibles. Sin embargo, los costes de transacción se podrán imputar a resultados del ejercicio en el que se reconoce el activo cuando tengan poca importancia relativa.

No obstante lo señalado en el párrafo anterior, los activos financieros con vencimiento a corto plazo que no tengan un tipo de interés contractual se valorarán por su valor nominal.

Los activos financieros con vencimiento a largo plazo que no tengan un tipo de interés contractual y los préstamos concedidos a largo plazo con intereses subvencionados, se valorarán por su valor razonable que será igual al valor actual de los flujos de efectivo a cobrar, aplicando la tasa de interés de la Deuda del Estado vigente en cada plazo. No obstante, los primeros se podrán valorar por el nominal y los segundos por el valor entregado, cuando el efecto de la no actualización, globalmente considerado, sea poco significativo en las cuentas anuales de la entidad.

Cuando el activo financiero, con intereses subvencionados, se valore por su valor actual, la diferencia entre dicho valor y el valor nominal o el importe entregado, según el caso, se imputará como subvención concedida en la cuenta del resultado económico patrimonial del ejercicio en el que se reconoce el activo financiero.

En todo caso, las fianzas y depósitos constituidos se valorarán siempre por el importe entregado, sin actualizar.

4.2. Valoración posterior.

Los activos financieros se valorarán por su coste amortizado. Los intereses devengados se contabilizarán como resultados del ejercicio utilizando el método del tipo de interés efectivo.

No obstante, los activos financieros que, sin tipo de interés contractual, se hayan valorado inicialmente por su valor nominal, y los préstamos concedidos con intereses subvencionados que se hayan valorado inicialmente por el importe entregado, continuarán valorándose por dicho importe, salvo que se hubieran deteriorado. Asimismo, las fianzas y depósitos constituidos mantendrán su valor inicial, salvo que se hubiesen deteriorado.

4.3. Deterioro.

Al menos al cierre del ejercicio, deberán efectuarse las correcciones valorativas necesarias, siempre que exista evidencia objetiva de que el valor de un crédito o de un grupo de créditos con similares características de riesgo valorados colectivamente, se ha deteriorado como resultado de uno o más sucesos que hayan ocurrido después de su reconocimiento inicial y que ocasionen una reducción o retraso en los flujos de efectivo estimados futuros, como puede ser la insolvencia del deudor.

El deterioro de valor de estos activos financieros será la diferencia entre su valor contable y el valor actual de los flujos de efectivo futuros que se estima se van a generar, descontados al tipo de interés efectivo calculado en el momento de su reconocimiento inicial. Para los créditos a tipo de interés variable, se empleará el tipo de interés efectivo que corresponda de acuerdo con las condiciones contractuales a la fecha de cierre del ejercicio.

En su caso, como sustituto del valor actual de los flujos de efectivo futuros se podrá utilizar el valor de mercado del activo, siempre que éste sea lo suficientemente fiable como para considerarlo representativo del valor que pudiera recuperar la entidad.

Las correcciones valorativas por deterioro, así como su reversión, se reconocerán como un gasto o un ingreso, respectivamente, en el resultado del ejercicio. La reversión del deterioro tendrá como límite el valor contable que tendría el crédito en la fecha de reversión si no se hubiese registrado el deterioro de valor.

5. Activos financieros a valor razonable con cambios en resultados.

5.1. Valoración inicial.

Los activos financieros a valor razonable con cambios en resultados se valorarán inicialmente por su valor razonable, que, salvo evidencia en contrario, será el precio de la transacción, que equivaldrá al valor razonable de la contraprestación entregada. Los costes de transacción que le sean directamente atribuibles, se imputarán a resultados del ejercicio en que se produzca la adquisición.

En el caso de los instrumentos de patrimonio, formará parte del valor inicial, el importe de los derechos preferentes de suscripción y similares, que, en su caso, se hubiesen adquirido.

5.2. Valoración posterior.

Los activos financieros a valor razonable con cambios en resultados, se valorarán por su valor razonable, sin deducir los costes de transacción en que se pudiera incurrir en su enajenación. Los cambios que se produzcan en el valor razonable, se imputarán a resultados del ejercicio, una vez imputados los intereses devengados según el tipo de interés efectivo.

6. Activos financieros a coste.

6.1. Valoración inicial.

Las inversiones en los instrumentos de patrimonio incluidas en esta categoría se valorarán inicialmente al coste, que equivaldrá al valor razonable de la contraprestación entregada más los costes de transacción que les sean directamente atribuibles.

Formará parte del valor inicial, el importe de los derechos preferentes de suscripción y similares, que, en su caso, se hubiesen adquirido.

En caso de aportaciones no dinerarias, para la valoración inicial de la inversión se aplicará lo establecido en el punto 4.*d*) de la norma de reconocimiento y valoración n.º 1, «Inmovilizado material», para los activos adquiridos en permuta.

6.2. Valoración posterior.

Las inversiones en instrumentos de patrimonio se valorarán por su coste, menos, en su caso, el importe acumulado de las correcciones valorativas por deterioro.

Cuando deba asignarse valor a estos activos por enajenación u otro motivo, se aplicará el método del coste medio ponderado por grupos homogéneos, entendiéndose por éstos los valores que otorgan los mismos derechos.

6.3. Deterioro.

Al menos al cierre del ejercicio, y en todo caso en el momento que se acuerde la enajenación o transmisión de la participación, deberán efectuarse las correcciones valorativas necesarias siempre que exista evidencia objetiva de que el valor contable de la inversión no será recuperable como consecuencia, por ejemplo, de un descenso prolongado y significativo de los fondos propios de la entidad participada.

En el caso de entidades cuyas participaciones se negocien en un mercado activo, el importe de la corrección valorativa será la diferencia entre su valor contable y el valor razonable calculado con referencia al mercado activo.

En el caso de entidades cuyas participaciones no se negocien en un mercado activo, para determinar el importe de la corrección valorativa se tendrá en cuenta el patrimonio neto de la entidad participada corregido por las plusvalías tácitas existentes en la fecha de la valoración.

Las correcciones valorativas por deterioro, así como su reversión, se reconocerán como un gasto o un ingreso, respectivamente, en el resultado del ejercicio. La reversión del deterioro tendrá como límite el valor contable que tendría la inversión si no se hubiese registrado el deterioro de valor.

7. Dividendos e intereses recibidos de activos financieros.

Los intereses y dividendos devengados con posterioridad al momento de la adquisición se reconocerán como resultados del ejercicio.

A estos efectos, en la valoración inicial de los activos financieros se registrarán de forma independiente, atendiendo a su vencimiento, el importe de los dividendos acordados por el órgano competente en el momento de la adquisición así como el importe de los intereses explícitos devengados y no vencidos en dicho momento.

Los dividendos acordados después de la adquisición que correspondan a beneficios obtenidos antes de la adquisición, se registrarán como modificación del valor inicial de la inversión.

Los intereses devengados se reconocerán utilizando el método del tipo de interés efectivo, incluso para aquellos instrumentos de deuda clasificados en la categoría de activos financieros a valor razonable con cambios en resultados.

En los activos financieros a interés variable, las variaciones entre los intereses explícitos liquidados y los inicialmente previstos no alterarán la distribución de los intereses implícitos inicialmente calculados. Dichas variaciones se imputarán como mayor o menor importe de los correspondientes intereses explícitos.

El cálculo del tipo de interés efectivo se podrá realizar por capitalización simple cuando el activo financiero se adquiera con vencimiento a corto plazo o cuando se trate de activos financieros a valor razonable con cambios en resultados.

8. Baja en cuentas.

La entidad dará de baja en cuentas un activo financiero o una parte del mismo sólo cuando hayan expirado o se hayan transmitido los derechos sobre los flujos de efectivo que el activo genera, siempre que, en este último caso, se hayan transferido de forma sustancial los riesgos y ventajas inherentes a la propiedad del activo financiero.

La entidad evaluará en qué medida retiene o transmite los riesgos y ventajas inherentes a la propiedad del activo financiero, comparando su exposición, antes y después de la transmisión a la variación en los importes y en el calendario de los flujos de efectivo netos del activo transmitido.

Si la entidad transfiere de forma sustancial los riesgos y ventajas, dará de baja en cuentas el activo financiero, reconociendo de forma separada, como activo o pasivo, cualquier derecho u obligación creados o retenidos como consecuencia de la transmisión.

Si la entidad retiene de forma sustancial los riesgos y ventajas, mantendrá en cuentas el activo financiero en su integridad, reconociendo un pasivo financiero por la contraprestación recibida.

Si la entidad ni transmite ni retiene de manera sustancial los riesgos y beneficios inherentes a la propiedad del activo, dará de baja el activo cuando no retenga el control sobre el mismo, circunstancia que dependerá de la capacidad del adquirente para transmitir el activo financiero. Si la entidad retiene el control sobre el activo financiero transmitido, continuará reconociéndolo por el importe de la exposición de la entidad a las variaciones de valor del activo transmitido, es decir, por su implicación continuada, y reconocerá un pasivo asociado.

Cuando el activo financiero se dé de baja en cuentas, la diferencia entre la contraprestación recibida, considerando cualquier nuevo activo obtenido menos cualquier pasivo asumido, y el valor contable del activo financiero, o de la parte del mismo que se haya transmitido se imputará a resultados del ejercicio en que tenga lugar la baja en cuentas.

8. Pasivos financieros.

1. Concepto.

Un pasivo financiero es una obligación exigible e incondicional de entregar efectivo u otro activo financiero a un tercero o de intercambiar con un tercero activos o pasivos financieros en condiciones potencialmente desfavorables.

Los criterios establecidos en esta norma de reconocimiento y valoración serán aplicables a todos los pasivos financieros, excepto a aquellos para los que se hayan establecido criterios específicos en otra norma de reconocimiento y valoración.

2. Reconocimiento.

La entidad reconocerá un pasivo financiero en su balance, cuando se convierta en parte obligada según las cláusulas contractuales del instrumento financiero. En las operaciones de tesorería, en todo caso, y en los supuestos en que la operación de crédito se instrumente mediante un crédito de disposición gradual, se considerará que la entidad se convierte en parte obligada cuando se produzca la recepción de las disponibilidades líquidas en su tesorería.

Para determinar el momento del reconocimiento de los pasivos financieros que surjan de obligaciones no contractuales, se estará a lo dispuesto al efecto en la correspondiente norma de reconocimiento y valoración.

3. Valoración inicial.

Con carácter general, los pasivos financieros se valorarán inicialmente por su valor razonable, que salvo evidencia en contrario será el precio de la transacción, que equivaldrá al valor razonable de la contraprestación recibida, ajustado con los costes de transacción que sean directamente atribuibles a la emisión. No obstante, los costes de transacción se podrán imputar al resultado del ejercicio en el que se reconoce el pasivo cuando tengan poca importancia relativa.

Para la valoración inicial de las deudas asumidas se aplicará la norma de reconocimiento y valoración n.º 13, «Transferencias y subvenciones».

Las partidas a pagar con vencimiento a corto plazo que no tengan un tipo de interés contractual se valorarán por su valor nominal.

Las partidas a pagar con vencimiento a largo plazo que no tengan un tipo de interés contractual y los préstamos recibidos a largo plazo con intereses subvencionados se valorarán por su valor razonable que será igual al valor actual de los flujos de efectivo a pagar, aplicando la tasa de interés a la que la entidad deba liquidar los intereses por aplazamiento o demora en el pago.

No obstante, las partidas a pagar a largo plazo sin tipo de interés contractual se podrán valorar por el nominal y los préstamos recibidos a largo plazo con intereses subvencionados se podrán valorar por el importe recibido, cuando el efecto de la no actualización, globalmente considerado, sea poco significativo en las cuentas anuales de la entidad.

Cuando el pasivo financiero con intereses subvencionados se valore por su valor actual, la diferencia entre dicho valor y el valor nominal o el importe recibido, según el caso, se reconocerá como una subvención recibida y se imputará a resultados de acuerdo con los criterios establecidos en la norma de reconocimiento y valoración n.º 13, «Transferencias y subvenciones».

En todo caso, las fianzas y depósitos recibidos se valorarán siempre por el importe recibido, sin actualizar.

4. Valoración posterior.

Los pasivos financieros se valorarán por su coste amortizado. Los intereses devengados se contabilizarán como resultados del ejercicio utilizando el método del tipo de interés efectivo.

No obstante, las partidas a pagar sin tipo de interés contractual que se hayan valorado inicialmente por su valor nominal y los préstamos recibidos con intereses subvencionados que se hayan valorado inicialmente por el importe recibido continuarán valorándose por dichos importes. Asimismo, las fianzas y depósitos recibidos mantendrán su valor inicial.

En los pasivos financieros a interés variable, las variaciones entre los intereses explícitos liquidados y los inicialmente previstos no alterarán la distribución de los intereses implícitos inicialmente calculados. Dichas variaciones se imputarán como mayor o menor importe de los correspondientes intereses explícitos.

En el caso de modificación de las fechas previstas de amortización se recalculará el tipo de interés efectivo, que será aquel que iguale, en la fecha de modificación, el valor actual de los nuevos flujos de efectivo con el coste amortizado del pasivo en ese momento. El tipo de interés efectivo recalculado se utilizará para determinar el coste amortizado del pasivo financiero en el período restante de vida del mismo.

A los efectos de la imputación de los intereses devengados según el método del tipo de interés efectivo que se contempla en este punto, se podrá utilizar la capitalización simple en el caso de pasivos financieros emitidos a corto plazo.

5. Baja en cuentas.

5.1. Criterio general.

La entidad dará de baja un pasivo financiero cuando se haya extinguido, esto es, cuando la obligación que dio origen a dicho pasivo se haya cumplido o cancelado.

La compra de un pasivo financiero propio implica su baja en cuentas aunque se vaya a recolocar de nuevo.

5.2. Resultados en la cancelación.

La diferencia entre el valor contable del pasivo financiero, o de la parte del mismo, que se haya cancelado o cedido a un tercero y la contraprestación entregada a dicho tercero, en la que se incluirá cualquier activo cedido diferente del efectivo o pasivo asumido, se reconocerá en el resultado del ejercicio en que tenga lugar.

5.3. Intercambio de pasivos financieros.

El intercambio de instrumentos de deuda entre la entidad emisora y el prestamista se tratará contablemente de acuerdo con las siguientes reglas:

a) Cuando los instrumentos de deuda intercambiados tengan condiciones sustancialmente diferentes.

La operación se registrará como una cancelación del pasivo financiero original y el reconocimiento de un nuevo pasivo financiero. Cualquier coste o comisión por la operación se registrará como parte del resultado procedente de la extinción.

b) Cuando los instrumentos de deuda intercambiados no tengan condiciones sustancialmente diferentes.

El pasivo financiero original no se dará de baja en cuentas y el importe de los costes y comisiones se registrará como un ajuste de su valor en cuentas y se amortizarán a lo largo de la vida restante del pasivo modificado.

Se calculará un nuevo tipo de interés efectivo que será aquel que iguale el valor en cuentas del pasivo financiero en la fecha de modificación con los flujos de efectivo a pagar según las nuevas condiciones.

Para determinar el coste amortizado del pasivo financiero en el período restante de vida del mismo, se utilizará el tipo de interés efectivo calculado según el párrafo anterior.

A estos efectos, se considerará que los instrumentos de deuda intercambiados tienen condiciones sustancialmente diferentes cuando el valor actual de los flujos de efectivo del nuevo pasivo financiero, incluyendo las comisiones netas cobradas o pagadas, difiera al menos en un 10 por 100 del valor actual de los flujos de efectivo restantes del pasivo financiero original, actualizados ambos al tipo de interés efectivo original.

5.4. Modificación de las condiciones actuales de un pasivo financiero.

Se considerará que se ha producido una modificación sustancial de las condiciones actuales de un pasivo financiero, cuando el valor actual de los flujos de efectivo del pasivo financiero según las nuevas condiciones, incluyendo las comisiones netas cobradas o pagadas, difiera al menos en un 10 por 100 del valor actual de los flujos de efectivo restantes del pasivo financiero según las condiciones anteriores, actualizados ambos al tipo de interés efectivo original.

Las modificaciones sustanciales de las condiciones actuales de un pasivo financiero se registrarán con el mismo criterio que el establecido en el apartado *a*) del punto 5.3 anterior para el intercambio de instrumentos de deuda que tengan condiciones sustancialmente diferentes. Para la valoración inicial del nuevo pasivo se utilizará como tipo de actualización de los flujos a pagar el tipo de mercado de un pasivo semejante.

Las modificaciones no sustanciales de las condiciones actuales de un pasivo financiero se registrarán con el mismo criterio que el establecido en el apartado *b*) del punto 5.3 anterior para el intercambio de instrumentos de deuda que no tengan condiciones sustancialmente diferentes.

5.5. Extinción del pasivo por asunción.

Cuando un acreedor exima a la entidad de su obligación de realizar pagos porque un nuevo deudor ha asumido la deuda, la entidad extinguirá el pasivo financiero original.

El resultado de la extinción se reconocerá de acuerdo con lo establecido en la norma de reconocimiento y valoración n.º 13, «Transferencias y subvenciones», y será igual a la diferencia entre el valor en cuentas del pasivo financiero original y cualquier contraprestación entregada por la entidad.

5.6. Extinción del pasivo por prescripción.

Cuando haya prescrito la obligación de la entidad de rembolsar al acreedor el pasivo financiero, la baja en cuentas del correspondiente pasivo se imputará al resultado del ejercicio en que se acuerde la prescripción.

9. Impuesto sobre el valor añadido (IVA) e impuesto general indirecto canario (IGIC).

1. Impuestos soportados.

El IVA soportado deducible no formará parte del precio de adquisición de los bienes y servicios objeto de las operaciones gravadas por el impuesto, y será objeto de registro en una rúbrica específica.

El IVA soportado no deducible formará parte del precio de adquisición de los bienes y servicios objeto de las operaciones gravadas por el impuesto. En el caso de operaciones de autoconsumo interno (producción propia con destino al inmovilizado de la entidad) que sean objeto de gravamen, el IVA no deducible se sumará al coste de los respectivos activos.

Sin perjuicio de lo establecido en la norma relativa a cambios en criterios y estimaciones contables y errores, no alterarán las valoraciones iniciales las rectificaciones en el importe del IVA soportado no deducible, en particular los ajustes que sean consecuencia de la regularización derivada de la prorrata definitiva, incluida la regularización por bienes de inversión. Tales rectificaciones se reconocerán como gasto o ingreso, según proceda, en el resultado del ejercicio.

Las reglas sobre el IVA soportado serán aplicables, en su caso, al IGIC y a cualquier otro impuesto indirecto soportado en la adquisición de bienes o servicios que no sean recuperables directamente de la Hacienda Pública.

2. Impuestos repercutidos.

El IVA repercutido no formará parte del ingreso derivado de las operaciones gravadas por dicho impuesto o del importe neto obtenido en la enajenación o disposición por otra vía en el caso de baja en cuentas de activos no corrientes, y será objeto de registro en una rúbrica específica.

Las reglas sobre el IVA repercutido serán aplicables, en su caso, al IGIC y a cualquier otro impuesto indirecto soportado en la adquisición de activos o servicios que no sean recuperables directamente de la Hacienda Pública.

10. Ingresos con contraprestación.

1. Concepto.

Los ingresos con contraprestación son aquellos que se derivan de transacciones en las que la entidad recibe activos o servicios, o cancela obligaciones, y da directamente un valor aproximadamente igual (mayoritariamente en forma de productos, servicios o uso de activos) a la otra parte del intercambio.

2. Reconocimiento y valoración.

Con carácter general los ingresos con contraprestación deben reconocerse cuando se cumplan las siguientes condiciones:

a) Cuando su importe pueda medirse con fiabilidad.

b) Cuando sea probable que la entidad reciba los rendimientos económicos o potencial de servicio asociados a la transacción.

Los ingresos surgidos de transacciones con contraprestación se valorarán por el valor razonable de la contrapartida, recibida o por recibir, derivada de los mismos, que salvo evidencia en contrario, será el precio acordado para dichos bienes o servicios, deducido el importe de cualquier descuento, bonificación o rebaja comercial que la entidad pueda conceder, así como los intereses contractuales incorporados al nominal de los créditos. También se deducirán los intereses incorporados al nominal de los créditos con vencimiento superior al año, que no tengan un tipo de interés contractual, cuando se valoren inicialmente por el valor actual de los flujos de efectivo a cobrar, de acuerdo con lo previsto en el apartado 4.1, «Valoración inicial», de la norma de reconocimiento y valoración n.º 7, «Activos financieros».

Los impuestos que gravan las operaciones de venta de bienes y prestación de servicios que la entidad debe repercutir a terceros como el impuesto sobre el valor añadido y los impuestos especiales, así como las cantidades recibidas por cuenta de terceros, no formarán parte de los ingresos.

Los créditos por operaciones derivadas de la actividad habitual se valorarán de acuerdo con lo dispuesto en la norma de reconocimiento y valoración n.º 7, «Activos financieros».

Cuando se intercambien bienes o servicios por otros de naturaleza y valor similar, tal intercambio no dará lugar al reconocimiento de ingresos.

3. Ingresos por prestación de servicios.

Los ingresos procedentes de una prestación de servicios deben reconocerse cuando el resultado de una transacción puede ser estimado con fiabilidad, considerando el grado de avance o realización de la prestación a la fecha de las cuentas anuales. El resultado de una transacción puede ser estimado con fiabilidad cuando además de los requisitos generales para el reconocimiento de ingresos se cumplan todos y cada uno de los siguientes:

a) El grado de avance o realización de la prestación, en la fecha de las cuentas anuales pueda ser medido con fiabilidad.

b) Los costes ya incurridos en la prestación, así como los que quedan por incurrir hasta completarla, pueden ser medidos con fiabilidad.

Cuando los servicios se presten a través de un número indeterminado de actos, en un plazo especificado, los ingresos podrán reconocerse de forma lineal en ese plazo.

Cuando el resultado de una transacción, que implique la prestación de servicios, no pueda ser estimado de forma fiable, los ingresos correspondientes deben ser reconocidos como tales sólo en la cuantía de los gastos reconocidos que se consideren recuperables.

11. Ingresos sin contraprestación.

1. Concepto.

Los ingresos sin contraprestación son aquellos que se derivan de transacciones en las que la entidad recibe activos o servicios, o cancela obligaciones, y no da directamente un valor aproximadamente igual a la otra parte del intercambio.

2. Reconocimiento y valoración.

El reconocimiento de ingresos procedentes de transacciones sin contraprestación va asociado al reconocimiento del activo derivado de dicha transacción, excepto en la medida que sea reconocido un pasivo también respecto al mismo flujo de entrada. El surgimiento de dicho pasivo viene motivado por la existencia de una condición que implique la devolución del activo.

Para proceder al reconocimiento del ingreso deben cumplirse los criterios de reconocimiento del activo.

Si se ha reconocido un pasivo, cuando se cancele el mismo porque se realice el hecho imponible o se satisfaga la condición, se dará de baja el pasivo y se reconocerá el ingreso.

Los ingresos procedentes de transacciones sin contraprestación se valorarán por el importe del incremento de los activos netos en la fecha de reconocimiento.

3. Impuestos.

En el caso de los impuestos, se reconocerá el ingreso y el activo cuando tenga lugar el hecho imponible y se satisfagan los criterios de reconocimiento del activo.

Los impuestos se cuantificarán siguiendo el criterio general establecido en el apartado 2 anterior. En aquellos casos en los que la liquidación de un impuesto se realice en un ejercicio posterior a la realización del hecho imponible podrán utilizarse modelos estadísticos para determinar el importe del activo, siempre que dichos modelos tengan un alto grado de fiabilidad.

El ingreso tributario se determinará por su importe bruto. En el caso de que se paguen beneficios a los contribuyentes a través del sistema tributario, que en otras circunstancias serían pagados utilizando otro medio de pago, estos constituyen un gasto y deben reconocerse independientemente, sin perjuicio de su imputación presupuestaria. El ingreso, a su vez, debe incrementarse por el importe de cualquiera de estos gastos pagados a través del sistema tributario.

El ingreso tributario sin embargo no debe incrementarse por el importe de los gastos fiscales (deducciones), ya que estos gastos son ingresos a los que se renuncia y no dan lugar a flujos de entrada o salida de recursos.

4. Multas y sanciones pecuniarias.

Las multas y sanciones pecuniarias son ingresos de Derecho público detraídos sin contraprestación y de forma coactiva como consecuencia de la comisión de infracciones al ordenamiento jurídico.

El reconocimiento de los ingresos se efectuará cuando se recauden las mismas o cuando en el ente que tenga atribuida la potestad para su imposición surja el derecho a cobrarlas.

El nacimiento del derecho de cobro se producirá cuando el ente impositor cuente con un título legal ejecutivo con que hacer efectivo dicho derecho de cobro.

La existencia de tal título ejecutivo, en el caso de multas y sanciones pecuniarias se produce, en cualquiera de los casos siguientes:

1. Cuando la legislación reguladora de las mismas establezca la ejecutividad del acto de imposición en el momento de su emisión.

2. Cuando la legislación reguladora de las mismas establezca la ejecutividad del acto de imposición en un momento posterior al de su emisión:

a) Por el transcurso del plazo legalmente establecido, en cada caso, para que el infractor reclame el acto de imposición de la sanción, sin que se haya producido tal reclamación.

b) Por resolución confirmatoria del acto de imposición en el último recurso posible a interponer por el sujeto infractor con anterioridad a la ejecutividad del acto.

5. Transferencias y subvenciones.

Los criterios de reconocimiento de este tipo de ingresos se recogen en la norma de reconocimiento y valoración n.º 13, «Transferencias y subvenciones».

6. Cesiones gratuitas de uso de bienes y derechos.

El tratamiento de estas operaciones queda establecido en la norma de reconocimiento y valoración n.º 14, «Adscripciones y otras cesiones gratuitas de uso de bienes y derechos».

12. Provisiones.

Esta norma de reconocimiento y valoración se aplicará con carácter general, excepto si en otra norma de reconocimiento y valoración contenida en este Plan se establece un criterio singular. Tampoco se aplicará para el registro de provisiones en las que sean necesarios cálculos actuariales para su determinación y las que afectan a los denominados beneficios sociales.

1. Concepto.

Una provisión es un pasivo sobre el que existe incertidumbre acerca de su cuantía o vencimiento.

Dará origen al pasivo todo suceso del que nace una obligación de pago, de tipo legal, contractual o implícita para la entidad, de forma que a la entidad no le queda otra alternativa más realista que satisfacer el importe correspondiente.

Una obligación implícita es aquella que se deriva de las actuaciones de la propia entidad, en las que:

a) debido a un patrón establecido de comportamiento en el pasado, a políticas gubernamentales que son de dominio público o a una declaración efectuada de forma suficientemente concreta, la entidad haya puesto de manifiesto ante terceros que está dispuesta a aceptar cierto tipo de responsabilidades; y

b) como consecuencia de lo anterior, la entidad haya creado una expectativa válida, ante aquellos terceros con los que debe cumplir sus compromisos o responsabilidades.

2. Reconocimiento.

Debe reconocerse una provisión cuando se den la totalidad de las siguientes condiciones:

a) la entidad tiene una obligación (ya sea legal, contractual o implícita) como resultado de un suceso pasado;

b) es probable que la entidad tenga que desprenderse de recursos que incorporen rendimientos económicos o potencial de servicio para cancelar tal obligación; y

c) puede hacerse una estimación fiable del importe de la obligación.

A los efectos anteriores debe tenerse en cuenta lo siguiente:

— Se reconocerán como provisiones sólo aquellas obligaciones surgidas a raíz de sucesos pasados, cuya existencia sea independiente de las acciones futuras de la entidad.

— No se pueden reconocer provisiones para gastos en los que sea necesario incurrir para funcionar en el futuro.

— Un suceso que no haya dado lugar al nacimiento inmediato de una obligación, puede hacerlo en una fecha posterior, por causa de los cambios legales o por actuaciones de la entidad. A estos efectos, también se consideran cambios legales aquellos en los que la normativa haya sido objeto de aprobación pero aún no haya entrado en vigor.

— La salida de recursos se considerará probable siempre que haya mayor posibilidad de que se presente que de lo contrario, es decir, que la probabilidad de que un suceso ocurra sea mayor que la probabilidad de que no se presente en el futuro.

3. Valoración inicial.

El importe reconocido como provisión debe ser la mejor estimación del desembolso necesario para cancelar la obligación o para transferirla a un tercero.

Para su cuantificación se deberán tener en cuenta las siguientes cuestiones:

a) La base de las estimaciones de cada uno de los desenlaces posibles se determinarán conforme a:

— el juicio de la gerencia de la entidad,

— la experiencia que se tenga en operaciones similares, y

— los informes de expertos.

b) El importe de la provisión debe ser siempre el valor nominal de los desembolsos que se espera sean necesarios para cancelar la obligación, sin actualizar.

c) Reembolso por parte de terceros: En el caso de que la entidad tenga asegurado que una parte o la totalidad del desembolso necesario para liquidar la provisión le sea reembolsado por un tercero, tal reembolso será objeto de reconocimiento como un activo independiente, cuyo importe no debe exceder al registrado en la provisión. Asimismo, el gasto relacionado con la provisión debe ser objeto de presentación como una partida independiente del ingreso reconocido como reembolso. En su caso será objeto de información en memoria respecto a aquellas partidas que estén relacionadas y que sirva para comprender mejor una operación.

4. Valoración posterior.

4.1. Consideraciones generales.

Las provisiones deben ser objeto de revisión al menos a fin de cada ejercicio y ajustadas, en su caso, para reflejar la mejor estimación existente en ese momento. En el caso de que no sea ya probable la salida de recursos, que incorporen rendimientos económicos o potencial de servicio, para cancelar la obligación correspondiente, se procederá a revertir la provisión, cuya contrapartida será una cuenta de ingresos del ejercicio.

4.2. Consideraciones particulares.

Los cambios en la valoración de un pasivo existente por desmantelamiento, restauración o similar que sean consecuencia de cambios en el calendario o en el importe estimado de la salida de recursos para liquidar la obligación, se contabilizarán de acuerdo con los siguientes criterios:

a) Los cambios en el pasivo incrementarán o disminuirán el coste del activo correspondiente.

b) El importe deducido del coste del activo no excederá de su valor contable. Si una disminución en el pasivo excede el importe del valor contable del activo, el exceso se reconocerá inmediatamente en el resultado del ejercicio.

Como consecuencia del ajuste del activo, la base amortizable deberá ser modificada y las cuotas de amortización se repartirán durante su vida útil restante.

5. Aplicación de las provisiones.

Cada provisión deberá ser destinada sólo para afrontar los desembolsos para los cuales fue originalmente reconocida.

13. Transferencias y subvenciones.

1. Concepto.

A los únicos efectos de este Plan:

Las transferencias tienen por objeto una entrega dineraria o en especie entre los distintos agentes de las administraciones públicas, y de estos a otras entidades públicas o privadas y a particulares, y viceversa, todas ellas sin contrapartida directa por parte de los beneficiarios, destinándose a financiar operaciones o actividades no singularizadas.

Las subvenciones tienen por objeto una entrega dineraria o en especie entre los distintos agentes de las administraciones públicas, y de estos a otras entidades públicas o privadas y a particulares, y viceversa, todas ellas sin contrapartida directa por parte de los beneficiarios, destinándose a un fin, propósito, actividad o proyecto específico, con la obligación por parte del beneficiario de cumplir las condiciones y requisitos que se hubieran establecido o, en caso contrario, proceder a su reintegro.

Las transferencias y subvenciones suponen un aumento del patrimonio neto del beneficiario de las mismas y, simultáneamente, una correlativa disminución del patrimonio neto del concedente.

2. Reconocimiento.

a) Transferencias y subvenciones concedidas.

a.1) Monetarias.

Las transferencias y subvenciones concedidas se contabilizarán como gastos en el momento en que se tenga constancia de que se han cumplido las condiciones establecidas para su percepción, sin perjuicio de la imputación presupuestaria de las mismas, que se efectuará de acuerdo con los criterios recogidos en la primera parte de este texto relativa al marco conceptual de la contabilidad pública.

Cuando al cierre del ejercicio esté pendiente el cumplimiento de alguna de las condiciones establecidas para su percepción, pero no existan dudas razonables sobre su futuro cumplimiento, se deberá dotar una provisión por los correspondientes importes, con la finalidad de reflejar el gasto.

a.2) No monetarias o en especie.

En el caso de entrega de activos, la entidad concedente deberá reconocer la transferencia o subvención concedida en el momento de la entrega al beneficiario.

En el caso de deudas asumidas de otros entes, la entidad que asume la deuda deberá reconocer la subvención concedida en el momento en que entre en vigor la norma o el acuerdo de asunción, registrando como contrapartida el pasivo surgido como consecuencia de esta operación.

b) Transferencias y subvenciones recibidas.

b.1) Transferencias recibidas.

Las transferencias recibidas se reconocerán como ingreso imputable al resultado del ejercicio en que se reconozcan.

Las transferencias monetarias se reconocerán simultáneamente al registro del ingreso presupuestario de conformidad con los criterios recogidos en la primera parte de este texto, relativa al marco conceptual de la contabilidad pública. No obstante, podrán reconocerse con anterioridad cuando se hayan cumplido las condiciones establecidas para su percepción.

Las transferencias recibidas en especie se reconocerán en el momento de la recepción del bien.

b.2) Subvenciones recibidas.

Las subvenciones recibidas se considerarán no reintegrables y se reconocerán como ingresos por el ente beneficiario cuando exista un acuerdo individualizado de concesión de la subvención a favor de dicho ente, se hayan cumplido las condiciones asociadas a su disfrute y no existan dudas razonables sobre su percepción, sin perjuicio de la imputación presupuestaria de las mismas, que se efectuará de acuerdo con los criterios recogidos en la primera parte de este texto relativa al marco conceptual de la contabilidad pública. En los demás casos las subvenciones recibidas se considerarán reintegrables y se reconocerán como pasivo.

A los exclusivos efectos de su registro contable, se entenderán cumplidas las condiciones asociadas al disfrute de la subvención en los siguientes casos:

— Cuando el cumplimiento de las condiciones asociadas a su disfrute se extienda a varios ejercicios, se presumirá el cumplimiento una vez realizada la inversión o el gasto, si en el momento de elaboración de las cuentas anuales de cada uno de los ejercicios a que afecte, se está cumpliendo y no existen dudas razonables sobre el cumplimiento de las condiciones que afecten a los ejercicios posteriores.

— En el caso de subvenciones para la construcción de activos, cuando las condiciones asociadas al disfrute exijan su finalización y puesta en condiciones de funcionamiento y su ejecución se realice en varios ejercicios, se entenderán cumplidas las condiciones siempre que en el momento de elaboración de las cuentas anuales no existan dudas razonables de que se vayan a cumplir. En este caso la subvención se considerará no reintegrable en proporción a la obra ejecutada.

Este tratamiento será de aplicación a las subvenciones para gastos corrientes de ejecución plurianual cuando se exija la finalización de las actividades subvencionadas.

En el caso de activos recibidos como subvención en especie, el beneficiario reconocerá la subvención recibida como ingreso o pasivo, según proceda, en el momento de la recepción.

En el caso de deudas asumidas por otros entes, la entidad cuya deuda ha sido asumida deberá reconocer como ingreso la subvención recibida en el momento en que entre en vigor la norma o el acuerdo de asunción, registrando simultáneamente la cancelación del pasivo asumido.

Las subvenciones recibidas deberán imputarse a resultados de acuerdo con los criterios que se detallan a continuación, que serán aplicables tanto a las de carácter monetario como a las de carácter no monetario o en especie.

Las subvenciones recibidas se contabilizarán, con carácter general, como ingresos directamente imputados al patrimonio neto, en una partida específica, debiéndose imputar al resultado del ejercicio sobre una base sistemática y racional de forma correlacionada con los gastos derivados de la subvención de que se trate, para lo que se tendrá en cuenta la finalidad fijada en su concesión:

— Subvenciones para financiar gastos: Se imputarán al resultado del mismo ejercicio en el que se devenguen los gastos que estén financiando.

— Subvenciones por adquisición de activos: Se imputarán al resultado de cada ejercicio en proporción a la vida útil del bien, aplicando el mismo método que para la dotación a la amortización de los citados elementos, o, en su caso, cuando se produzca su enajenación o baja en inventario.

En el caso de activos no amortizables, se imputarán como ingresos en el ejercicio en el que se produzca la enajenación o baja en inventario de los mismos. En el supuesto de que la condición asociada al disfrute de la subvención por el ente beneficiario suponga que este deba realizar determinadas aplicaciones de fondos (gastos o inversiones), se podrá registrar como ingreso a medida que se vayan imputando a resultados los gastos derivados de esas aplicaciones de fondos.

— Subvenciones por cancelación de pasivos: Se imputarán al resultado del ejercicio en que se produzca dicha cancelación, salvo cuando se otorguen en relación con una financiación específica, en cuyo caso se imputarán en función del elemento financiado.

3. Valoración.

Las transferencias y subvenciones de carácter monetario se valorarán por el importe concedido, tanto por el ente concedente como por el beneficiario.

Las transferencias y subvenciones de carácter no monetario o en especie se valorarán por el valor contable de los elementos entregados, en el caso del ente concedente, y por su valor razonable en el momento del reconocimiento, en el caso del ente beneficiario, salvo que, de acuerdo con otra norma de reconocimiento y valoración, se deduzca otra valoración del elemento patrimonial en que se materialice la transferencia o subvención.

Las subvenciones recibidas por asunción de deudas se valorarán por el valor contable de la deuda en el momento en el que ésta es asumida.

Las subvenciones concedidas por asunción de deudas se valorarán por el valor razonable de la deuda en el momento de la asunción.

4. Transferencias y subvenciones otorgadas por las entidades públicas propietarias.

Las transferencias y subvenciones otorgadas por la entidad o entidades propietarias a favor de una entidad pública dependiente se contabilizarán de acuerdo con los criterios contenidos en los apartados anteriores de esta norma de reconocimiento y valoración.

No obstante lo previsto en el párrafo anterior, la aportación patrimonial inicial directa, así como las posteriores ampliaciones de la misma por asunción de nuevas competencias por la entidad dependiente deberán registrarse por la entidad o entidades propietarias como inversiones en el patrimonio de las entidades públicas dependientes a las que se efectúa la aportación, valorándose de acuerdo con los criterios establecidos en la norma de reconocimiento y valoración n.º 7, «Activos financieros», y por la entidad dependiente como patrimonio neto, valorándose, en este caso, de acuerdo con los criterios indicados en el apartado anterior de esta norma de reconocimiento y valoración.

14. Adscripciones, y otras cesiones gratuitas de uso de bienes y derechos.

1. Concepto.

Se incluyen en este epígrafe aquellas operaciones por las que se transfieren gratuitamente activos para su utilización por la entidad receptora en un destino o fin determinado, de forma que si los bienes o derechos no se utilizaran para la finalidad prevista deberían ser objeto de reversión o devolución a la entidad aportante de los mismos, ya sea como consecuencia de lo establecido en la normativa aplicable o mediante un acuerdo vinculante entre dichas entidades.

Dentro de las adscripciones se incluyen tanto las realizadas desde una entidad pública a sus organismos públicos dependientes como entre organismos públicos dependientes de una misma entidad pública. En cuanto a las cesiones gratuitas de uso de bienes y derechos se incluyen las efectuadas entre dos entidades públicas entre las que no exista relación de dependencia ni sean dependientes de una misma entidad pública, y las efectuadas entre entidades públicas y entidades privadas.

2. Reconocimiento y valoración.

Estas operaciones se registrarán y valorarán, tanto en la entidad beneficiaria o cesionaria de los bienes o derechos como en la entidad aportante o cedente, de acuerdo con los criterios establecidos en la norma de reconocimiento y valoración n.º 13, «Transferencias y subvenciones». En el caso de que existan dudas sobre la utilización del bien o derecho para la finalidad prevista, la operación tendrá la consideración de pasivo para la entidad beneficiaria. Se presumirá la utilización futura del bien o derecho para la finalidad prevista siempre que sea ese su uso en el momento de elaborar las cuentas anuales. Si la adscripción o cesión gratuita del bien es por un período inferior a la vida económica del mismo, la entidad beneficiaria del mismo registrará un inmovilizado intangible por el valor razonable del derecho de uso del bien cedido. Si la adscripción o cesión gratuita es por un período indefinido o similar a la vida económica del bien recibido, la entidad beneficiaria registrará en su activo el elemento recibido en función de su naturaleza y por el valor razonable del mismo en la fecha de la adscripción o cesión.

En ausencia de otros valores determinados de acuerdo con los criterios establecidos en el Marco conceptual de la contabilidad pública en relación con el valor razonable, la valoración de los bienes inmuebles recibidos en adscripción o cesión se podrá realizar por el valor que a los mismos les asigne, a efectos tributarios de las transmisiones patrimoniales, la Comunidad Autónoma en la que radiquen.

Por último, por lo que se refiere a las adscripciones de bienes, cuando éstas se produzcan desde una entidad pública a sus entidades dependientes y, a los efectos de la aplicación a las mismas de lo establecido en el apartado 4 de la norma valoración n.º 13, «Transferencias y subvenciones», se entenderá que los bienes objeto de adscripción constituyen para la entidad dependiente una aportación patrimonial inicial o una ampliación de la misma como consecuencia de la asunción de nuevas competencias por dicha entidad dependiente.

15. Cambios en criterios y estimaciones contables y errores.

1. Cambios en criterios contables.

Los cambios en criterios contables pueden obedecer, bien a una decisión voluntaria, debidamente justificada, que implique la obtención de una mejor información, o bien a la imposición de una norma.

a) Adopción voluntaria de un cambio de criterio contable.

Por la aplicación del principio de uniformidad no podrán modificarse los criterios contables de un ejercicio a otro, salvo casos excepcionales que se indicarán y justificarán en la memoria y siempre dentro de los criterios permitidos en este Plan de Cuentas Simplificado. En estos supuestos, se considerará que el cambio debe ser aplicado retroactivamente desde el ejercicio más antiguo para el que se disponga de información. Debe incluirse como un ajuste por cambios de criterio en el patrimonio neto el efecto acumulado de las variaciones de activos y pasivos, calculadas al inicio del ejercicio que sean consecuencia de un cambio de criterio. Esta corrección motivará el correspondiente ajuste en la información comparativa, salvo que no fuera factible.

Cuando no sea posible determinar el efecto acumulado de los ajustes de forma razonable al principio del ejercicio se aplicará el nuevo criterio contable de forma prospectiva.

b) Cambio de criterio contable por imposición normativa.

Un cambio de criterio contable por la adopción de una norma que regule el tratamiento de una transacción o hecho debe ser tratado de acuerdo con las disposiciones transitorias que se establezcan en la propia norma. En ausencia de tales disposiciones transitorias el tratamiento será el mismo que el establecido en el punto *a*) anterior.

2. Cambios en las estimaciones contables.

Los cambios en aquellas partidas que requieren para su valoración realizar estimaciones y que son consecuencia de la obtención de información adicional, de una mayor experiencia o del conocimiento de nuevos hechos, no deben considerarse a los efectos señalados en el párrafo anterior como cambios de criterio contable o error.

Cuando sea difícil distinguir entre un cambio de criterio contable o de estimación contable, se considerará este como cambio de estimación contable.

El efecto del cambio en una estimación contable se contabilizará de forma prospectiva, afectando, según la naturaleza de la operación de que se trate, al resultado del ejercicio en que tiene lugar el cambio o, cuando proceda, directamente al patrimonio neto. El eventual efecto sobre ejercicios futuros se irá imputando en el transcurso de los mismos.

3. Errores.

Las entidades elaborarán sus cuentas anuales corrigiendo los errores que se hayan puesto de manifiesto antes de su formulación.

Al elaborar las cuentas anuales pueden descubrirse errores surgidos en ejercicios anteriores, que son el resultado de omisiones o inexactitudes resultantes de fallos al emplear o utilizar información fiable, que estaba disponible cuando las cuentas anuales para tales períodos fueron formuladas y la entidad debería haber empleado en la elaboración de dichos estados.

Los errores correspondientes a ejercicios anteriores que tengan importancia relativa se corregirán aplicando las mismas reglas establecidas en el apartado 1 de esta norma de reconocimiento y valoración.

En ningún caso, los errores de ejercicios anteriores podrán corregirse afectando al resultado del ejercicio en que son descubiertos, salvo en el supuesto de que no tengan importancia relativa o sea impracticable determinar el efecto de tal error.

16. Hechos posteriores al cierre del ejercicio.

Los hechos posteriores que pongan de manifiesto condiciones que ya existían al cierre del ejercicio deberán tenerse en cuenta para la formulación de las cuentas anuales o, en su caso, para su reformulación, siempre antes de su aprobación por el órgano competente. Estos hechos posteriores motivarán en las cuentas anuales, en función de su naturaleza, un ajuste, información en la memoria, o ambos.

Los hechos posteriores al cierre del ejercicio que pongan de manifiesto condiciones que no existían al cierre del mismo, no supondrán un ajuste en las cuentas anuales. No obstante, cuando los hechos sean de tal importancia que si no se facilitara información al respecto podría distorsionarse la capacidad de evaluación de los usuarios de las cuentas anuales, se deberá incluir en la memoria información respecto a la naturaleza del hecho posterior conjuntamente con una estimación de su efecto o, en su caso, una manifestación acerca de la imposibilidad de realizar dicha estimación.

En todo caso deberá incluirse información sobre los hechos posteriores que afecte a la aplicación del principio de gestión continuada.

TERCERA PARTE

Cuentas anuales

1. Normas de elaboración de las cuentas anuales

1. Documentos que integran las cuentas anuales.

Las cuentas anuales comprenden el balance, la cuenta del resultado económico patrimonial, el estado de cambios en el patrimonio neto, el estado de liquidación del presupuesto y la memoria. Estos documentos forman una unidad y deben ser redactados con claridad y mostrar la imagen fiel del patrimonio, de la situación financiera, del resultado económico patrimonial, y de la ejecución del presupuesto de la entidad de conformidad con este Plan de Cuentas.

2. Formulación de las cuentas anuales.

1. Las cuentas anuales deberán ser formuladas por la entidad en el plazo establecido por la legislación vigente.
2. Las cuentas anuales se referirán al año natural, salvo en los casos de disolución o creación de la entidad. En los casos de disolución de una entidad las cuentas anuales se referirán al período quc va dcsdc cl 1 dc cncro hasta la fecha de disolución, mientras que en los casos de creación de una entidad, las cuentas anuales se referirán al período que va desde la fecha de creación hasta el 31 de diciembre de dicho ejercicio.
3. El balance, la cuenta del resultado económico patrimonial, el estado de cambios en el patrimonio neto, el estado de liquidación del presupuesto y la memoria deberán estar identificados; indicándose de forma clara y en cada uno de dichos documentos su denominación, la entidad a la que corresponden y el ejercicio a que se refieren.
4. Las cuentas anuales se elaborarán expresando sus valores en euros.

3. Estructura de las cuentas anuales.

Las cuentas anuales de las entidades deberán adaptarse a los modelos establecidos en este Plan de Cuentas.

Cuando la entidad contable realice operaciones no contempladas en este Plan de Cuentas y sí en el Plan General de Contabilidad Pública adaptado a la Administración local, la estructura de las cuentas anuales deberá adaptarse a la contemplada en dicho Plan para presentar tales operaciones.

4. Normas comunes al balance, la cuenta de resultado económico patrimonial y el estado de cambios en el patrimonio neto.

Sin perjuicio de lo dispuesto en las normas particulares de cada uno de los estados que componen las cuentas anuales, el balance, la cuenta del resultado económico patrimonial y el estado de cambios en el patrimonio neto se formularán teniendo en cuenta las siguientes reglas:

1. En cada partida deberán figurar, además de las cifras del ejercicio que se cierra las correspondientes al ejercicio inmediatamente anterior, salvo en la primera parte del estado de cambios en el patrimonio neto. A estos efectos, cuando unas y otras no sean comparables, bien por haberse producido una modificación en la estructura de las cuentas, bien por realizarse un cambio de criterio contable o subsanación de error o bien porque se ha producido una reorganización administrativa, se deberá proceder a adaptar los importes del ejercicio precedente a efectos de su presentación en el ejercicio al que se refieren las cuentas anuales, informando de ello en la memoria.

2. No podrán modificarse los criterios de registro y valoración de un ejercicio a otro, salvo casos excepcionales que se indicarán y justificarán en la memoria.

3. No figurarán las partidas a las que no corresponda importe alguno en el ejercicio ni en el precedente.

4. Cuando proceda, cada partida contendrá una referencia cruzada a la información correspondiente dentro de la memoria.

5. Balance.

El balance comprende con la debida separación, el activo, el pasivo y el patrimonio neto de la entidad, y deberá formularse teniendo en cuenta que:

1. La clasificación entre partidas corrientes y no corrientes se realizará de acuerdo con los siguientes criterios:

a) Un activo debe clasificarse como activo corriente cuando:

a.1) Se espere realizar en el corto plazo, es decir, dentro del período de doce meses contados a partir de la fecha de las cuentas anuales, o

a.2) Se trate de efectivo u otro medio líquido equivalente.

Todos los demás activos deben clasificarse como no corrientes.

No obstante lo anterior, las partidas incluidas en los epígrafes correspondientes al inmovilizado no financiero figurarán en el activo no corriente aunque se esperen realizar en el corto plazo.

b) Un pasivo debe clasificarse como pasivo corriente cuando deba liquidarse a corto plazo, es decir, dentro del período de doce meses a partir de la fecha de las cuentas anuales.

Todos los demás pasivos deben clasificarse como no corrientes.

2. Las correcciones valorativas por deterioro y las amortizaciones acumuladas minorarán la partida del activo en la que figure el correspondiente elemento patrimonial.

3. Los desembolsos pendientes sobre participaciones minorarán la partida del activo en la que figure la correspondiente inversión financiera.

4. La partida 3, «Bienes del patrimonio histórico», del epígrafe A.II, «Inmovilizado material», del activo incluirá todos los bienes que participen de esta naturaleza con independencia de que estén siendo utilizados o no por la entidad.

5. El epígrafe A.VI del activo, «Deudores y otras cuentas a cobrar a largo plazo», incluirá las cuentas deudoras del epígrafe B.I del activo con vencimiento superior a un año.

6. Por su parte, las subvenciones pendientes de imputar a resultados, de acuerdo con lo previsto en la norma de reconocimiento y valoración n.º 13, «Transferencias y subvenciones», se registrarán en el epígrafe A.III, «Subvenciones recibidas pendientes de imputación a resultados», del pasivo.

7. El epígrafe B.III del pasivo, «Acreedores y otras cuentas a pagar a largo plazo», incluirá las cuentas acreedoras del epígrafe C.III del pasivo con vencimiento superior a un año.

8. Cuando no se pueda reexpresar en la columna relativa al ejercicio anterior una corrección de un error material o un cambio de criterio, en su caso se deberá informar en la memoria.

6. Cuenta del resultado económico patrimonial.

Esta cuenta recoge el resultado económico patrimonial obtenido en el ejercicio y está formada por los ingresos y los gastos del mismo, excepto cuando proceda su imputación directa al patrimonio neto de acuerdo con lo previsto en las normas de reconocimiento y valoración. La cuenta del resultado económico patrimonial se formulará teniendo en cuenta que:

1. Los ingresos y los gastos se clasificarán de acuerdo con su naturaleza económica.

2. El importe correspondiente a los ingresos tributarios y urbanísticos, las prestaciones de servicios y otros ingresos de gestión ordinaria se reflejará en la cuenta del resultado económico patrimonial por su importe neto.

3. Las transferencias y subvenciones recibidas se imputarán al resultado económico patrimonial de acuerdo con la correspondiente norma de reconocimiento y valoración y se reflejarán en las siguientes partidas:

a) Las subvenciones recibidas para financiar gastos del ejercicio, las transferencias y las subvenciones recibidas para la cancelación de pasivos que no supongan una financiación específica de un elemento patrimonial, se reflejarán en la partida 2.*a*), «Transferencias y subvenciones recibidas. Del ejercicio».

b) Las subvenciones recibidas para financiar activos no corrientes de carácter amortizable (materiales, intangibles, inversiones inmobiliarias y patrimonio público del suelo), las recibidas para la cancelación de un pasivo que suponga una financiación específica de un elemento patrimonial de los anteriores y las recibidas para financiar activos no corrientes y no amortizables que exijan realizar determinadas aplicaciones de fondos figurarán en la partida 2.*b*), «Transferencias y subvenciones recibidas. Imputación de subvenciones para el inmovilizado no financiero».

c) Las subvenciones recibidas para financiar activos corrientes o gastos corrientes de ejecución plurianual se reflejarán en la partida 2.*c*), «Transferencias y subvenciones recibidas. Imputación de subvenciones para activos corrientes y otras».

d) Si los activos a que se refiere el apartado *b*) anterior se enajenaran o dieran de baja, las subvenciones recibidas para su financiación que estuvieran pendientes de imputación a resultados se reflejarán en la partida 11.*c*), «Deterioro de valor y resultados por enajenación del inmovilizado no financiero. Imputación de subvenciones para el inmovilizado no financiero». En esta misma partida figurarán las subvenciones recibidas para financiar activos no corrientes y no amortizables.

e) Cuando la subvención financie un gasto o un activo de naturaleza financiera, el ingreso correspondiente se incluirá en la partida 17, «Subvenciones para la financiación de operaciones financieras».

4. La partida 6, «Excesos de provisiones», recoge estas operaciones, mientras que las dotaciones e incrementos de provisiones se incluirán en la partida de gastos correspondiente en función de su naturaleza.

5. Los resultados derivados de la venta del inmovilizado intangible o material, así como los originados por la enajenación de inversiones inmobiliarias o de patrimonio público del suelo se reflejarán en la partida 11.*b*), «Deterioro de valor y resultados por enajenación del inmovilizado no financiero. Bajas y enajenaciones».

6. Los resultados originados fuera de la actividad normal de la entidad así como de su control, como por ejemplo, las multas o sanciones soportadas se incluirán en la partida 12, «Otras partidas no ordinarias», informando de ello en la memoria.

7. El deterioro de los derechos a cobrar incluidos en los epígrafes del balance A.VI, «Deudores y otras cuentas a cobrar a largo plazo», y B.I, «Deudores y otras cuentas a cobrar a corto plazo», se reflejará en la partida 16, «Deterioro de valor, bajas y enajenaciones de activos y pasivos financieros».

8. La línea «+ Ajustes en la cuenta del resultado del ejercicio anterior» recogerá los ajustes derivados de un error material o un cambio de criterio en el resultado del ejercicio anterior que no se puedan registrar en sus conceptos definitivos, y sólo admitirá importe (positivo o negativo) en la columna correspondiente al ejercicio anterior al de referencia de las cuentas. El importe de esta misma columna correspondiente a la última línea «Resultado del ejercicio anterior ajustado» se obtendrá por agregación del importe de la línea de «+ Ajustes en la cuenta del resultado del ejercicio anterior» y del importe de la línea «IV. Resultado (ahorro o desahorro) neto del ejercicio».

9. El importe de las cuentas con saldo acreedor figurará con signo positivo y el de las cuentas con saldo deudor con signo negativo.

7. Estado de cambios en el patrimonio neto.

El estado de cambios en el patrimonio neto está dividido en dos partes:

1. Estado total de cambios en el patrimonio neto.
2. Estado de operaciones patrimoniales con la entidad o entidades propietarias.

Dichos estados tendrán la estructura que figura en los modelos de cuentas anuales.

A los efectos de dar información en la memoria sobre las partidas de dichos estados, cuando sea significativa, se considerarán los importes brutos incluidos en cada partida, en lugar del importe neto de la misma, en el caso de partidas en las que se integren importes de distinto signo.

1. En la primera parte, «Estado total de cambios en el patrimonio neto», se informará de todos los cambios habidos en el patrimonio neto distinguiendo entre:

— Los ajustes en el patrimonio neto debidos a cambios de criterios contables y correcciones de errores.
— Los ingresos y gastos reconocidos en el ejercicio.
— Las operaciones patrimoniales con la entidad o entidades propietarias, en las que éstas actúen como tales.
— Otras variaciones que se produzcan en el patrimonio neto.

2. La segunda parte, «Estado de operaciones patrimoniales con la entidad o entidades propietarias», es un desarrollo del epígrafe D.2 del «Estado total de cambios en el patrimonio neto»:

En la columna relativa al ejercicio inmediatamente anterior al que se cierra figurarán los importes ajustados, es decir, las operaciones de dicho ejercicio corregidas, en su caso, por los ajustes por cambios de criterio y correcciones de errores.

En relación con la información sobre las operaciones patrimoniales con la entidad o entidades propietarias en las partidas 1, «Aportación patrimonial dineraria», y 2, «Aportación de bienes y derechos», se incluirán las aportaciones recibidas de la entidad o entidades propietarias ya sea como aportación patrimonial inicial directa o como posteriores ampliaciones como consecuencia de asunción de nuevas competencias por la entidad contable.

En la partida 3, «Asunción y condonación de pasivos financieros», se incluirán las aportaciones efectuadas por la entidad o entidades propietarias mediante la asunción o condonación de pasivos financieros de la entidad contable.

En la partida 4, «Otras aportaciones de la entidad o entidades propietarias», se incluirán las aportaciones patrimoniales distintas de las anteriores.

Las devoluciones efectuadas a la entidad o entidades propietarias, por ejemplo, por la reversión de bienes y derechos adscritos, se presentarán minorando la partida en la que se hubiese registrado la aportación patrimonial.

8. Estado de liquidación del Presupuesto.

El Estado de liquidación del Presupuesto, comprende, con la debida separación, la liquidación del Presupuesto de gastos y del Presupuesto de ingresos de la entidad, así como el Resultado presupuestario.

La liquidación del Presupuesto de gastos y la liquidación del Presupuesto de ingresos se presentarán al menos con el nivel de desagregación del Presupuesto aprobado y de sus modificaciones posteriores. La liquidación del Presupuesto de gastos se presentará, además, agrupando los créditos en función de los niveles de vinculación jurídica, es decir, resumida por bolsas de vinculación jurídica de los créditos.

En la liquidación del Presupuesto de ingresos, en la columna denominada «derechos anulados» se incluirán los derechos anulados por anulación de liquidaciones, cobradas previamente o no, así como, los anulados por aplazamiento o fraccionamiento; en la columna denominada «derechos cancelados» se incluirán los cobros en especie y los derechos cancelados por insolvencias y otras causas. Asimismo, en la columna denominada «derechos reconocidos netos» se incluirá el total de derechos reconocidos durante el ejercicio minorado por el total de derechos anulados y cancelados durante el mismo. En la columna, «exceso/defecto previsión», se recogerá la diferencia entre los derechos reconocidos netos y las previsiones de ingreso definitivas.

El Resultado presupuestario del ejercicio es la diferencia entre los derechos presupuestarios netos liquidados durante el ejercicio y las obligaciones presupuestarias netas reconocidas durante el mismo período y deberá, en su caso, ajustarse en función de las obligaciones financiadas con remanente de tesorería para gastos generales y de las desviaciones de financiación del ejercicio derivadas de gastos con financiación afectada.

Los derechos reconocidos netos y las obligaciones reconocidas netas que conforman el resultado presupuestario se presentarán en las siguientes agrupaciones:

a) Operaciones corrientes: operaciones imputadas a los capítulos 1 a 5 del Presupuesto.

b) Operaciones de capital: operaciones imputadas a los capítulos 6 y 7 del Presupuesto.

c) Activos financieros: operaciones imputadas al capítulo 8 del Presupuesto.

d) Pasivos financieros: operaciones imputadas al capítulo 9 del Presupuesto.

9. Memoria.

La memoria completa, amplía y comenta la información contenida en los otros documentos que integran las cuentas anuales. Se formulará teniendo en cuenta que:

a) El modelo de memoria recoge la información mínima a cumplimentar; no obstante, en aquellos casos en que la información que se solicita no sea significativa no se cumplimentarán las notas correspondientes a la misma. Si como consecuencia de lo anterior ciertas notas carecieran de contenido y, por tanto, no se cumplimentaran, se mantendrá, para aquellas notas que sí tengan contenido, la numeración prevista en el modelo de memoria de este Plan y se incorporará en dicha memoria una relación de aquellas notas que no tengan contenido.

b) Deberá indicarse cualquier otra información no incluida en el modelo de la memoria que sea necesaria para permitir el conocimiento de la situación y actividad de la entidad en el ejercicio, facilitando la comprensión de las cuentas anuales objeto de presentación, con el fin de que las mismas reflejen la imagen fiel del patrimonio, de la situación financiera, del resultado económico patrimonial y de la liquidación del presupuesto de la entidad contable.

c) Cuando en los apartados de la Memoria se incluyan cuadros para reflejar toda o parte de la información que se solicita será obligatoria su cumplimentación.

d) La información contenida en la Memoria relativa al Estado de liquidación del Presupuesto se presentará con el mismo nivel de desagregación que éste.

e) Con carácter general, en relación con la nota 15, «Operaciones por administración de recursos por cuenta de otros entes públicos», las entidades contables que administren recursos por cuenta de otros entes públicos sólo vendrán obligadas a cumplimentar la información relativa a «1. Obligaciones derivadas de la gestión», así como la información relativa a «2. Entes públicos, cuentas corrientes en efectivo» en el caso de que efectúen entregas a cuenta a las entidades titulares.

Además, vendrán obligadas a cumplimentar la información relativa a «3. Desarrollo de la gestión» cuando no hubieran suministrado a las entidades titulares de los recursos la información necesaria para que éstas hubiesen incorporado a su presupuesto todas las operaciones derivadas de la gestión realizada.

2. MODELOS DE CUENTAS ANUALES
BALANCE

Nº CUENTA	ACTIVO	NOTAS EN MEMORIA	20XX	20XX-1	Nº CUENTA	PATRIMONIO NETO Y PASIVO	NOTAS EN MEMORIA	20XX	20XX-1
	A) Activo no corriente					**A) Patrimonio neto**			
200, (280) (290)	**I. Inmovilizado intangible**				100, 101	**I. Patrimonio**			
	II. Inmovilizado material					**II. Patrimonio generado**			
210, 211, (2810), (2811), (2910), (2911), (2990), (2991),	1. Terrenos y construcciones				120	1. Resultados de ejercicios anteriores			
212, (2812), (2912), (2992),	2. Infraestructuras				129	2. Resultado del ejercicio			
213, (2813), (2913), (2993)	3. Bienes del patrimonio histórico				13	**III. Subvenciones recibidas pendientes de imputación a resultados**			
214, 215, 216, 217, 218, 219, (2814), (2815), (2816), (2817), (2818), (2819), (2914), (2915), (2916), (2917), (2918), (2919), (2999)	4. Otro inmovilizado material					**B) Pasivo no corriente**			
230	5. Inmovilizado material en curso y anticipos				14	**I. Provisiones a largo plazo**			
	III. Inversiones inmobiliarias					**II. Deudas a largo plazo**			
220, 221, (282), (292)	1. Terrenos y construcciones				170, 177	1. Deudas con entidades de crédito			
231	2. Inversiones inmobiliarias en curso y anticipos				178, 179, 180	2. Otras deudas			
	IV. Patrimonio público del suelo				172	**III. Acreedores y otras cuentas a pagar a largo plazo**			
240, 241, (2840), (2841), (2930), (2931),	1. Terrenos y construcciones					**C) Pasivo corriente**			
243	2. En curso y anticipos				58	**I. Provisiones a corto plazo**			
249, (2849), (2939),	3. Otro patrimonio público del suelo					**II. Deudas a corto plazo**			

Nº CUENTA	ACTIVO	NOTAS EN MEMORIA	20XX	20XX-1	Nº CUENTA	PATRIMONIO NETO Y PASIVO	NOTAS EN MEMORIA	20XX	20XX-1
	V. Inversiones financieras a largo plazo				520, 521, 527	1. Deudas con entidades de crédito			
260, (269), (294)	1. Inversiones financieras en patrimonio				528, 529, 560	2. Otras deudas			
261, 262, 266, 267, (295), (296)	2. Créditos y valores representativos de deuda					**III. Acreedores y otras cuentas a pagar a corto plazo**			
268, 270, (298)	3. Otras inversiones financieras				40	1. Acreedores por operaciones presupuestarias			
265, (297)	**VI. Deudores y otras cuentas a cobrar a largo plazo**				41, 522, 550, 554, 559	2. Otras cuentas a pagar			
	B) Activo corriente				47	3. Administraciones públicas			
	I. Deudores y otras cuentas a cobrar a corto plazo				45	4. Acreedores por administración de recursos por cuenta de otros entes públicos			
43, (4900)	1. Deudores por operaciones presupuestarias				485, 568	**IV. Ajustes por periodificación**			
44, 550, 555, 558, (4901)	2. Otras cuentas a cobrar								
47	3. Administraciones públicas								
45	4. Deudores por administración de recursos por cuenta de otros entes públicos								
	II. Inversiones financieras a corto plazo								
540, (549), (594)	1. Inversiones financieras en patrimonio								
541, 542, 546, 547, (595), (596)	2. Créditos y valores representativos de deuda								
545, 548, 565, (598)	3. Otras inversiones financieras								
480, 567	**III. Ajustes por periodificación**								
	IV. Efectivo y otros activos líquidos equivalentes								
577	1. Activos líquidos equivalentes								
556, 570, 571, 573, 574, 575	2. Tesorería								
	TOTAL ACTIVO (A+B)					**TOTAL PATRIMONIO NETO Y PASIVO (A+B+C)**			

CUENTA DEL RESULTADO ECONÓMICO PATRIMONIAL

Nº CUENTA		NOTAS EN MEMORIA	20XX	20XX-1
	1. Ingresos tributarios y urbanísticos			
72,73	a) Impuestos			
740,742	b) Tasas			
744	c) Contribuciones especiales			
745, 746	d) Ingresos urbanísticos			
	2. Transferencias y subvenciones recibidas			
	a) Del ejercicio			
750	a.1) Transferencias			
751	a.2) Subvenciones recibidas para financiar gastos del ejercicio			
752	a.3) Subvenciones para cancelación de pasivos que no supongan financiación específica de un elemento patrimonial			
7530	b) Imputación de subvenciones para el inmovilizado no financiero			
754	c) Imputación de subvenciones para activos corrientes y otras			
741	**3. Prestación de servicios**			
780,781,782,783, 784	**4. Trabajos realizados por la entidad para su inmovilizado**			
777	**5. Otros ingresos de gestión ordinaria**			
795	**6. Excesos de provisiones**			
	A) TOTAL INGRESOS DE GESTIÓN ORDINARIA (1+2+3+4+5+6)			
(640)	**7. Gastos de personal**			
(650)	**8. Transferencias y subvenciones concedidas**			
	9.Otros gastos de gestión ordinaria			
(62)	a) Suministros y servicios exteriores			
(630), (676)	b) Tributos y otros			
(68)	**10. Amortización del inmovilizado**			
	B) TOTAL GASTOS DE GESTIÓN ORDINARIA (7+8+9+10)			

Nº CUENTA		NOTAS EN MEMORIA	20XX	20XX-1
	I. Resultado (ahorro o desahorro) de la gestión ordinaria (A+B)			
	11. Deterioro de valor y resultados por enajenación del inmovilizado no financiero			
(690), (691), (692), (693), 790, 791, 792, 793, 799	a) Deterioro de valor			
770, (670)	b) Bajas y enajenaciones			
7531	c) Imputación de subvenciones para el inmovilizado no financiero			
	12. Otras partidas no ordinarias			
775,778	a) Ingresos			
(678)	b) Gastos			
	II. Resultado de las operaciones no financieras (I +11+12)			
	13. Ingresos financieros			
760	a) De participaciones en instrumentos de patrimonio			
761, 769	b) De valores representativos de deuda, de créditos y de otras inversiones financieras			
	14. Gastos financieros			
(662), (669)	a) Por deudas			
785, 786, 787, 788, 789	b) Gastos financieros imputados al activo			
764, (664)	**15. Variación del valor razonable en activos financieros**			
765, (665), 796, 797, 798, (667), (696), (697), (698)	**16. Deterioro de valor, bajas y enajenaciones de activos y pasivos financieros**			
755, 756	**17. Subvenciones para la financiación de operaciones financieras**			
	III. Resultado de las operaciones financieras (13+14+15+16+17)			
	IV. Resultado (ahorro o desahorro) neto del ejercicio (II + III)			
	+ Ajustes en la cuenta del resultado del ejercicio anterior			
	Resultado del ejercicio anterior ajustado (IV + Ajustes)			

ESTADO DE CAMBIOS EN EL PATRIMONIO NETO

1. ESTADO TOTAL DE CAMBIOS EN EL PATRIMONIO NETO

	NOTAS EN MEMORIA	I. Patrimonio	II. Patrimonio generado	III. Subvenciones recibidas	TOTAL
A. PATRIMONIO NETO AL FINAL DEL EJERCICIO 20XX-1					
B. AJUSTES POR CAMBIOS DE CRITERIOS CONTABLES Y CORRECCIÓN DE ERRORES					
C. PATRIMONIO NETO INICIAL AJUSTADO DEL EJERCICIO 20XX (A+B)					
D. VARIACIONES DEL PATRIMONIO NETO EJERCICIO 20XX					
1. Ingresos y gastos reconocidos en el ejercicio					
2. Operaciones patrimoniales con la entidad o entidades propietarias					
3. Otras variaciones del patrimonio neto					
E. PATRIMONIO NETO AL FINAL DEL EJERCICIO 20XX (C+D)					

2. ESTADO DE OPERACIONES PATRIMONIALES CON LA ENTIDAD O ENTIDADES PROPIETARIAS

	NOTAS EN MEMORIA	20XX	20XX-1
1. Aportación patrimonial dineraria			
2. Aportación de bienes y derechos			
3. Asunción y condonación de pasivos financieros			
4. Otras aportaciones de la entidad o entidades propietarias			
TOTAL			

ESTADO DE LIQUIDACIÓN DEL PRESUPUESTO

I. LIQUIDACIÓN DEL PRESUPUESTO DE GASTOS

APLICACIÓN PRESUPUESTARIA	DESCRIPCIÓN	CRÉDITOS PRESUPUESTARIOS			GASTOS COMPROMETIDOS (4)	OBLIGACIONES RECONOCIDAS NETAS (5)	PAGOS (6)	OBLIGACIONES PENDIENTES DE PAGO A 31 DE DICIEMBRE (7=5-6)	REMANENTES DE CRÉDITO (8=3-5)
		INICIALES (1)	MODIFICACIONES (2)	DEFINITIVOS (3=1+2)					
TOTAL									

II. LIQUIDACIÓN DEL PRESUPUESTO DE INGRESOS

APLICACIÓN PRESUPUESTARIA	DESCRIPCIÓN	PREVISIONES PRESUPUESTARIAS			DERECHOS RECONOCIDOS (4)	DERECHOS ANULADOS (5)	DERECHOS CANCELADOS (6)	DERECHOS RECONOCIDOS NETOS (7=4-5-6)	RECAUDACIÓN NETA (8)	DERECHOS PENDIENTES DE COBRO A 31 DE DICIEMBRE (9=7-8)	EXCESO / DEFECTO PREVISIÓN (10=7-3)
		INICIALES (1)	MODIFICACIONES (2)	DEFINITIVAS (3=1+2)							
	TOTAL										

III. RESULTADO PRESUPUESTARIO

CONCEPTOS	DERECHOS RECONOCIDOS NETOS	OBLIGACIONES RECONOCIDAS NETAS	AJUSTES	RESULTADO PRESUPUESTARIO
a) Operaciones corrientes	———	———		———
b) Operaciones de capital	———	———		———
1. Total operaciones no financieras (a+b)	———	———		———
c) Activos financieros	———	———		———
d) Pasivos financieros	———	———		———
2. Total operaciones financieras (c+d)	———	———		———
I. RESULTADO PRESUPUESTARIO DEL EJERCICIO (I = 1+2)	———	———		———
AJUSTES:				
3. Créditos gastados financiados con remanente de tesorería para gastos generales			———	
4. Desviaciones de financiación negativas del ejercicio			———	
5. Desviaciones de financiación positivas del ejercicio			———	
II. TOTAL AJUSTES (II = 3+4-5)			———	———
RESULTADO PRESUPUESTARIO AJUSTADO (I+II)				———

MEMORIA

Contenido de la memoria

1. Organización y actividad.
2. Gestión indirecta de servicios públicos, convenios y otras formas de colaboración.
3. Bases de presentación de las cuentas.
4. Normas de reconocimiento y valoración.
5. Inmovilizado material.
6. Patrimonio público del suelo.
7. Inversiones inmobiliarias.
8. Inmovilizado intangible.
9. Arrendamientos financieros y otras operaciones de naturaleza similar.
10. Activos financieros.
11. Pasivos financieros.
12. Tesorería y activos líquidos equivalentes.
13. Transferencias, subvenciones y otros ingresos y gastos.
14. Provisiones.
15. Operaciones por administración de recursos por cuenta de otros entes públicos.
16. Operaciones no presupuestarias de tesorería.
17. Valores recibidos en depósito.
18. Información presupuestaria.
19. Indicadores financieros, patrimoniales y presupuestarios.
20. Hechos posteriores al cierre.

1. ORGANIZACIÓN Y ACTIVIDAD.

Se informará sobre:

1. Población oficial y cuantos otros datos de carácter socioeconómico contribuyan a la identificación de la entidad.
2. Norma de creación de la entidad (no será necesario informar acerca de la norma de creación del Municipio, la Provincia y la Isla).
3. Actividad principal de la entidad (no será necesario informar acerca de la actividad de la Administración General del Municipio, la Provincia y la Isla), su régimen jurídico, económico-financiero y de contratación. En el supuesto de servicios públicos gestionados de forma indirecta, se indicará la forma de gestión.

4. Descripción de las principales fuentes de ingresos y, en su caso, tasas y precios públicos percibidos.

5. Consideración fiscal de la entidad a efectos del impuesto de sociedades y, en su caso, operaciones sujetas a IVA y porcentaje de prorrata.

6. Estructura organizativa básica, en sus niveles político y administrativo.

7. Número medio de empleados durante el ejercicio y a 31 de diciembre, tanto funcionarios como personal laboral, distinguiendo por categorías y sexos.

8. Identificación, en su caso, de la entidad o entidades propietarias y porcentaje de participación de éstas en el patrimonio de la entidad contable.

2. GESTIÓN INDIRECTA DE SERVICIOS PÚBLICOS, CONVENIOS Y OTRAS FORMAS DE COLABORACIÓN.

En relación con los servicios públicos gestionados de forma indirecta, los convenios y otras formas de colaboración, cuando tengan un importe significativo, la entidad informará, junto con los datos identificativos de la entidad con la que se efectúe la gestión, el convenio o la colaboración, sobre:

1. En la gestión indirecta: el objeto, plazo, los bienes de dominio público afectos a la gestión, las aportaciones no dinerarias, las transferencias o subvenciones comprometidas durante la vida de la concesión, los anticipos reintegrables, los préstamos participativos, subordinados o de otra naturaleza concedidos por el titular del servicio al gestor y los bienes objeto de reversión.

2. En los convenios: el objeto, el plazo y las transferencias o subvenciones comprometidas durante la vida del convenio.

3. En el caso de otras formas de colaboración público-privadas: el objeto, el plazo y las trasferencias o subvenciones comprometidas durante la vida del acuerdo de colaboración, así como en su caso el precio acordado.

3. BASES DE PRESENTACIÓN DE LAS CUENTAS.

Se informará sobre:

1. Imagen fiel:

a) Requisitos de la información, principios contables públicos y criterios contables no aplicados por interferir el objetivo de la imagen fiel y, en su caso, incidencia en las cuentas anuales.

b) Principios, criterios contables aplicados e información complementaria necesaria para alcanzar el objetivo de imagen fiel y ubicación de ésta en la memoria.

2. Comparación de la información:

a) Explicación de las causas que impiden la comparación de las cuentas anuales del ejercicio con las del precedente.

b) Explicación de la adaptación de los importes del ejercicio precedente para facilitar la comparación o, en su caso, de la imposibilidad de realizar esta adaptación.

3. Razones e incidencia en las cuentas anuales de los cambios en criterios de contabilización y corrección de errores.

4. Información sobre cambios en estimaciones contables cuando sean significativos.

4. NORMAS DE RECONOCIMIENTO Y VALORACIÓN.

Se indicarán los criterios contables aplicados en relación con las siguientes partidas:

1. Inmovilizado material; indicando los criterios sobre amortización, correcciones valorativas por deterioro y reversión de las mismas, capitalización de gastos financieros, costes de ampliación, modernización y mejoras, costes de gran reparación o inspección general, costes de desmantelamiento del activo y restauración de su emplazamiento, y los criterios sobre la determinación del coste de los trabajos efectuados por la entidad para su inmovilizado material.

2. Patrimonio público del suelo; especificando para los terrenos, construcciones y demás bienes y derechos integrantes de este patrimonio los criterios señalados en el apartado 1 anterior.

3. Inversiones inmobiliarias; señalando el criterio para calificar los terrenos y construcciones como inversiones inmobiliarias, especificando para éstas los criterios señalados en el apartado 1 anterior.

4. Inmovilizado intangible; indicando los criterios utilizados de capitalización o activación, amortización y correcciones valorativas por deterioro.

Justificación de las circunstancias que han llevado a calificar como indefinida la vida útil de un inmovilizado intangible.

5. Arrendamientos; describiendo las circunstancias tenidas en cuenta para calificar los arrendamientos de financieros.

6. Permutas; indicando el criterio seguido y la justificación de su aplicación, en particular, las circunstancias que han llevado a

considerar a una permuta como de activos no similares desde un punto de vista funcional o vida útil.

7. Activos y pasivos financieros; indicando:

a) Para los activos financieros:

— Criterios empleados para la calificación y valoración de las diferentes categorías de activos financieros, así como para el reconocimiento de cambios de valor razonable.

— La naturaleza de los clasificados inicialmente como a valor razonable con cambios en la cuenta del resultado económico patrimonial, así como los criterios aplicados en dicha clasificación y una explicación de cómo la entidad ha cumplido los requerimientos señalados en la norma de registro y valoración relativa a activos financieros.

— Los criterios aplicados para determinar la existencia de evidencia objetiva de deterioro, así como de registro de la corrección de valor y su reversión y la baja definitiva de activos financieros deteriorados. Asimismo, se indicarán los criterios contables aplicados a los activos financieros cuyas condiciones hayan sido renegociadas y que, de otro modo, estarían vencidos o deteriorados.

b) Criterios empleados para el registro de la baja de activos financieros y pasivos financieros.

c) Los criterios empleados en la determinación de los ingresos o gastos procedentes de las distintas categorías de instrumentos financieros: intereses, primas o descuentos, dividendos, etc.

8. Ingresos y gastos; indicando los criterios generales aplicados.

9. Provisiones; indicando el criterio de valoración así como, en su caso, el tratamiento de las compensaciones a recibir de un tercero.

10. Transferencias y subvenciones; indicando el criterio empleado para su clasificación y, en su caso, su imputación a resultados.

Opcionalmente, esta información podrá incluirse en aquellas notas de la Memoria que correspondan a los elementos patrimoniales afectados.

5. INMOVILIZADO MATERIAL.

1. Análisis del movimiento durante el ejercicio de cada partida del balance incluida en este epígrafe y de sus correspondientes amortizaciones acumuladas y correcciones valorativas acumuladas, indicando lo siguiente:

a) Saldo inicial.

b) Entradas.

c) Aumentos por traspasos de otras partidas.

d) Salidas.

e) Disminuciones por traspasos a otras partidas.

f) Correcciones valorativas netas por deterioro del ejercicio (dotaciones menos reversiones de dotaciones).

g) Amortizaciones del ejercicio.

h) Saldo final.

2. Información sobre:

a) Costes estimados de desmantelamiento del activo y de la restauración de su emplazamiento incluidos como mayor valor de los activos, así como grandes reparaciones o inspecciones generales incorporadas, especificando las circunstancias que se han tenido en cuenta para su valoración.

b) Vidas útiles o coeficientes de amortización utilizados en los diferentes tipos de elementos, así como información, en su caso, sobre los coeficientes aplicados a distintas partes de un mismo elemento.

c) Siempre que tenga incidencia significativa en el ejercicio presente o en ejercicios futuros, se informará de los cambios de estimación que afecten a valores residuales, a los costes estimados de desmantelamiento del activo y la restauración de su emplazamiento, vidas útiles y métodos de amortización, así como grandes reparaciones o inspecciones generales.

d) Importe de los gastos financieros capitalizados, en su caso, en el ejercicio.

e) Bienes recibidos en adscripción, a nivel de partida de balance, con indicación, de su valor activado, amortización y correcciones valorativas por deterioro acumuladas.

Identificación de los bienes recibidos en adscripción durante el ejercicio.

f) Identificación de los entes a los que se hayan entregado bienes en adscripción durante el ejercicio.

g) Identificación de los bienes recibidos en cesión durante el ejercicio.

h) Identificación de los entes a los que se hayan entregado bienes en cesión durante el ejercicio.

i) Arrendamientos financieros y otras operaciones de naturaleza similar de importe significativo sobre bienes del inmovilizado material, sin perjuicio de la información requerida en otras partes de la memoria.

j) Se informará de los bienes que se encuentren destinados al uso general, distinguiendo entre infraestructuras, bienes comunales y bienes del patrimonio histórico, desglosando la información por tipos en el primer y segundo caso, y para el caso de los bienes del patrimonio histórico, distinguiendo, al menos, entre construcciones y el resto.

k) Valor activado en el ejercicio de los bienes construidos por la entidad, cuando sea de un importe significativo.

l) Cualquier otra circunstancia de carácter sustantivo que afecte a bienes del inmovilizado material, tal como garantías, restricciones de titularidad, litigios y situaciones análogas.

6. PATRIMONIO PÚBLICO DEL SUELO.

Se dará la información requerida en la nota anterior.

7. INVERSIONES INMOBILIARIAS.

Se dará la información requerida en la nota 5 relativa al inmovilizado material.

8. INMOVILIZADO INTANGIBLE.

1. Análisis del movimiento durante el ejercicio de este epígrafe del balance y de sus correspondientes amortizaciones acumuladas y correcciones valorativas acumuladas, indicando lo siguiente:

a) Saldo inicial.
b) Entradas.
c) Aumentos por traspasos de otras partidas.
d) Salidas.
e) Disminuciones por traspasos a otras partidas.
f) Correcciones valorativas netas por deterioro (dotaciones menos reversiones de dotaciones).
g) Amortizaciones del ejercicio.
h) Saldo final.

2. Información sobre:

a) Vidas útiles o coeficientes de amortización utilizados en los diferentes tipos de elementos.

b) Siempre que tenga incidencia significativa en el ejercicio presente o en ejercicios futuros se informará de los cambios de estimación que afecten a valores residuales, vidas útiles y métodos de amortización.

c) Importe de los gastos financieros capitalizados, en su caso, en el ejercicio.

d) Importe agregado de los desembolsos por investigación y desarrollo que se han reconocido como gastos durante el ejercicio, así como la justificación del cumplimiento de las circunstancias que soportan la capitalización de gastos de investigación y desarrollo.

e) Cualquier otra circunstancia de carácter sustantivo que afecte al inmovilizado intangible, tal como garantías, restricciones de titularidad, litigios y situaciones análogas.

9. ARRENDAMIENTOS FINANCIEROS Y OTRAS OPERACIONES DE NATURALEZA SIMILAR.

Los arrendatarios suministrarán la siguiente información:

— Para cada clase de activos, el importe por el que se ha reconocido inicialmente el activo, la suma de las cuotas distinguiendo la parte que corresponda a la recuperación del coste del bien y la carga financiera, el importe por el que se pudiese ejercer la opción de compra, si la hubiere, y la deuda pendiente de pago.

— Una descripción general de los acuerdos significativos de arrendamiento financiero.

— A los activos que surjan de estos contratos, les será de aplicación la información a incluir en memoria correspondiente a la naturaleza de los mismos, establecidas en las notas anteriores, relativas a inmovilizado material, inversiones inmobiliarias, inmovilizado intangible y patrimonio público del suelo.

10. ACTIVOS FINANCIEROS.

Para los activos financieros, excepto los incluidos en los epígrafes A.VI, «Deudores y otras cuentas a cobrar a largo plazo», B.I, «Deudores y otras cuentas a cobrar a corto plazo», y B.IV, «Efectivo y otros activos líquidos equivalentes», del balance, se informará sobre:

1. Información relacionada con el balance.

a) Se presentará un estado resumen de la conciliación entre la clasificación de activos financieros del balance y las categorías que se establecen de los mismos en la norma de reconocimiento y valoración n.º 7, «Activos Financieros», de acuerdo con la siguiente estructura:

CLASES / CATEGORÍAS	ACTIVOS FINANCIEROS A LARGO PLAZO						ACTIVOS FINANCIEROS A CORTO PLAZO						TOTAL	
	INVERSIONES FINANCIERAS EN PATRIMONIO		VALORES REPRESENTATIVOS DE DEUDA		OTRAS INVERSIONES FINANCIERAS		INVERSIONES FINANCIERAS EN PATRIMONIO		VALORES REPRESENTATIVOS DE DEUDA		OTRAS INVERSIONES FINANCIERAS			
	20XX	20XX-1	20XX	20XX-1	20XX	20XX-1	20XX	20XX-1	20XX	20XX-1	20XX	20XX-1	20XX	20XX-1
ACTIVOS FINANCIEROS A COSTE AMORTIZADO														
ACTIVOS FINANCIEROS A VALOR RAZONABLE CON CAMBIOS EN RESULTADOS														
ACTIVOS FINANCIEROS A COSTE														
TOTAL														

b) Activos financieros entregados en garantía.

La entidad informará del valor contable de los activos financieros entregados en garantía así como de la clase de activos financieros a la que pertenecen.

c) Correcciones por deterioro del valor.

La entidad informará, para cada clase de activo financiero, del movimiento de las cuentas correctoras utilizadas para registrar el deterioro de valor, para lo cual cumplimentará el siguiente estado:

MOVIMIENTO CUENTAS CORRECTORAS / CLASES DE ACTIVOS FINANCIEROS	SALDO INICIAL	DISMINUCIONES DE VALOR POR DETERIORO CREDITICIO DEL EJERCICIO	REVERSIÓN DEL DETERIORO CREDITICIO EN EL EJERCICIO	SALDO FINAL
Activos financieros a Largo Plazo				
Inversiones en patrimonio				
Valores representativos de deuda				
Otras inversiones				
Activos financieros a Corto Plazo				
Inversiones en patrimonio				
Valores representativos de la deuda				
Otras inversiones				

2. Otra información.

Cualquier otra información de carácter sustantivo que afecte a los activos financieros.

11. PASIVOS FINANCIEROS.

Para los pasivos financieros, excepto para los incluidos en los epígrafes B.III, «Acreedores y otras cuentas a pagar a largo plazo», y C.III, «Acreedores y otras cuentas a pagar a corto plazo», del balance, se informará sobre:

1. Situación y movimientos de las deudas:

Para cada deuda se cumplimentará la información requerida en el estado 1.*a*) Deudas al coste amortizado.

Asimismo, se presentará un estado resumen con la estructura que figura en el estado 1.*b*) Resumen de las deudas.

1. SITUACIÓN Y MOVIMIENTOS DE LAS DEUDAS
a) DEUDAS AL COSTE AMORTIZADO.

IDENTIFICACIÓN DEUDA	T.I.E.	DEUDA AL 1 ENERO		CREACIONES		INTERESES DEVENGADOS		INTERESES CANCELADOS (7)	DISMINUCIONES		DEUDA AL 31 DICIEMBRE	
		COSTE AMORTIZADO (1)	INTERESES EXPLÍCITOS (2)	EFECTIVO (3)	GASTOS (4)	EXPLÍCITOS (5)	RESTO (6)		VALOR CONTABLE (8)	RESULTADO (9)	COSTE AMORTIZADO (10)=(1)+(3)-(4)+(6)-(8)	INTERESES EXPLÍCITOS (11)=(2)+(5) -(7)
TOTAL												

1. SITUACIÓN Y MOVIMIENTOS DE LAS DEUDAS
b) RESUMEN DE LAS DEUDAS.

CLASES / IDENTIFICACIÓN DEUDA	LARGO PLAZO				CORTO PLAZO				TOTAL	
	DEUDAS CON ENTIDADES DE CRÉDITO		OTRAS DEUDAS		DEUDAS CON ENTIDADES DE CRÉDITO		OTRAS DEUDAS			
	20XX	20XX-1	20XX	20XX-1	20XX	20XX-1	20XX	20XX-1	20XX	20XX-1
TOTAL										

2. Líneas de crédito. Para cada línea de crédito se informará del importe disponible, indicando también el límite concedido, la parte dispuesta, y la comisión, en porcentaje, sobre la parte no dispuesta, según el siguiente formato:

IDENTIFICACIÓN	LÍMITE CONCEDIDO	DISPUESTO	DISPONIBLE	COMISIÓN S/ NO DISPUESTO
TOTAL				

3. Avales y otras garantías concedidas.

a) Para cada aval concedido se informará de la fecha de concesión del aval, de la fecha de su vencimiento, de su finalidad, del importe máximo garantizado, detallando su evolución durante el ejercicio, y de las provisiones netas (dotaciones menos reversiones) que se hayan dotado, de acuerdo con el detalle del cuadro que se adjunta.

b) Para cada aval ejecutado en el año se informará de los pagos efectuados por razón de la ejecución, indicando las aplicaciones presupuestarias (o conceptos no presupuestarios) a que se hubieran imputado, de acuerdo con el detalle del cuadro que se adjunta.

c) Asimismo, se informará de las cantidades percibidas por la entidad durante el ejercicio como consecuencia de avales ejecutados en el año o en años anteriores, y de las aplicaciones presupuestarias (o conceptos no presupuestarios) a las que se hubieran imputado de acuerdo con el detalle del cuadro que se adjunta.

La misma información que para los avales se presentará en relación con otras garantías que hubiera concedido la entidad contable.

3. AVALES Y OTRAS GARANTÍAS CONCEDIDAS

a) AVALES CONCEDIDOS.

IDENTIFICACIÓN AVAL	ENTIDAD AVALADA		FECHA CONCESIÓN AVAL	FECHA VENCIMIENTO AVAL	FINALIDAD AVAL	AVALES PENDIENTES A 1 DE ENERO	AVALES CONCEDIDOS EN EL EJERCICIO	AVALES CANCELADOS EN EL EJERCICIO			AVALES PENDIENTES A 31 DE DICIEMBRE	PROVISIONES	
	NIF	DENOMINACIÓN						POR EJECUCIÓN	POR OTRAS CAUSAS	TOTAL		EJERCICIO	ACUMULADA
TOTAL													

b) AVALES EJECUTADOS

IDENTIFICACIÓN AVAL	ENTIDAD AVALADA		FECHA CONCESIÓN AVAL	FECHA VENCIMIENTO AVAL	FINALIDAD AVAL	AVALES CANCELADOS EN EL EJERCICIO POR EJECUCIÓN	APLICACIÓN PRESUPUESTARIA	CONCEPTO NO PRESUPUESTARIO
	NIF	DENOMINACIÓN						
TOTAL								

4. Otra información:

a) El importe de las deudas con garantía real.

b) Cualquier otra información de carácter sustantivo que afecte a los pasivos financieros.

12. TESORERÍA Y ACTIVOS LÍQUIDOS EQUIVALENTES.

Se informará de cada una de las cajas y cuentas bancarias de la entidad, totalizando por cada una de las cuentas incluidas en el epígrafe B.IV del Activo, «Efectivo y otros activos líquidos equivalentes», e indicando su saldo inicial, cobros, pagos y saldo final de acuerdo con el siguiente cuadro:

Nº CUENTA	CÓDIGO CUENTA BANCARIA	DESCRIPCIÓN	SALDO INICIAL	COBROS	PAGOS	SALDO FINAL

13. TRANSFERENCIAS, SUBVENCIONES Y OTROS INGRESOS Y GASTOS.

Se informará sobre:

1. Importe y características de las transferencias y subvenciones recibidas, cuyo importe sea significativo, así como sobre el cumplimiento o incumplimiento de las condiciones impuestas para la percepción y disfrute de las subvenciones, el criterio de imputación a resultados y los importes imputados.

2. Importe y características de las transferencias y subvenciones concedidas, cuyo importe sea significativo. Además se facilitará la siguiente información:

a) Normativa con base en la cual se han efectuado o concedido.

b) Importe de las obligaciones reconocidas durante el ejercicio.

c) Datos identificativos de la entidad receptora.

Se añadirá la siguiente información con respecto a las subvenciones concedidas:

d) Finalidad.

e) Reintegros que se hubiesen producido durante el ejercicio por incumplimiento de condiciones o requisitos, con especificación de su causa.

3. Cualquier circunstancia de carácter sustantivo que afecte a los ingresos o a los gastos de la entidad.

14. PROVISIONES.

Para cada provisión reconocida en el balance, salvo las relativas a avales y otras garantías concedidas, deberá indicarse:

a) Análisis del movimiento de cada epígrafe del balance durante el ejercicio, indicando:

— Saldo inicial.
— Aumentos.
— Disminuciones.
— Saldo final.

b) Naturaleza de la obligación asumida, así como el calendario previsto para hacer frente a la obligación.

c) Estimaciones y procedimientos de cálculo aplicados para la valoración de los correspondientes importes y las incertidumbres que pudieran aparecer en dichas estimaciones. Se justificarán, en su caso, los ajustes que haya procedido realizar.

d) Importes de cualquier derecho de reembolso, señalando las cantidades que, en su caso, se hayan reconocido en el balance por esos derechos.

15. OPERACIONES POR ADMINISTRACIÓN DE RECURSOS POR CUENTA DE OTROS ENTES PÚBLICOS.

En relación con las operaciones de administración de recursos que contablemente deban ser registradas a través de cuentas del subgrupo 45, «Deudores y acreedores por administración de recursos por cuenta de otros entes públicos», se habrá de obtener la información que se indica en los cuadros correspondientes:

1. Obligaciones derivadas de la gestión.

Esta información se presentará para cada entidad titular y por cada uno de los conceptos representativos de los recursos gestionados.

2. Entes públicos, cuentas corrientes en efectivo.

Esta información se presentará para cada entidad titular.

3. Desarrollo de la gestión:

a) Resumen.
b) Derechos anulados.
c) Derechos cancelados.
d) Devoluciones de ingresos.

Esta información se presentará para cada uno de los conceptos representativos de los recursos gestionados.

La cumplimentación de esta información sobre el desarrollo de la gestión sólo será obligatoria en el caso previsto en la norma *e*) de elaboración de la memoria.

OPERACIONES POR ADMINISTRACIÓN DE RECURSOS POR CUENTA DE OTROS ENTES PÚBLICOS

1. OBLIGACIONES DERIVADAS DE LA GESTIÓN

ENTE TITULAR		CONCEPTO		PENDIENTE DE PAGO A 1 DE ENERO	MODIFICACIONES SALDO INICIAL	RECAUDACIÓN LÍQUIDA	REINTEGROS	TOTAL A PAGAR	PAGOS REALIZADOS	PENDIENTE DE PAGO A 31 DE DICIEMBRE
NIF	DENOMINACIÓN	CÓDIGO	DESCRIPCIÓN							
TOTAL ENTE TITULAR										
TOTAL ENTE TITULAR										
TOTAL										

2. ENTES PÚBLICOS, CUENTAS CORRIENTES EN EFECTIVO

ENTE TITULAR		CARGO			ABONO			SALDO A 31 DE DICIEMBRE	
NIF	DENOMINACIÓN	SALDO INICIAL DEUDOR	PAGOS	TOTAL CARGO	SALDO INICIAL ACREEDOR	COBROS	TOTAL ABONO	DEUDOR	ACREEDOR
TOTAL									

3. DESARROLLO DE LA GESTIÓN

a) RESUMEN

CONCEPTO		DERECHOS PENDIENTES DE COBRO A 1 DE ENERO	MODIFICACIONES SALDO INICIAL	DERECHOS RECONOCIDOS	DERECHOS ANULADOS	DERECHOS CANCELADOS	RECAUDACIÓN NETA	DERECHOS PENDIENTES DE COBRO A 31 DE DICIEMBRE
CÓDIGO	DESCRIPCIÓN							
TOTAL								

b) DERECHOS ANULADOS

CONCEPTO		ANULACIÓN DE LIQUIDACIONES	DEVOLUCIÓN DE INGRESOS	TOTAL DERECHOS ANULADOS
CÓDIGO	DESCRIPCIÓN			
TOTAL				

c) DERECHOS CANCELADOS

CONCEPTO		COBROS EN ESPECIE	INSOLVENCIAS	PRESCRIPCIONES	OTRAS CAUSAS	TOTAL DERECHOS CANCELADOS
CÓDIGO	DESCRIPCIÓN					
TOTAL						

d) DEVOLUCIONES DE INGRESOS

CONCEPTO		PENDIENTES DE PAGO A 1 DE ENERO	MODIFICACIONES SALDO INICIAL Y ANULACIONES	RECONOCIDAS EN EL EJERCICIO	TOTAL DEVOLUCIONES RECONOCIDAS	PRESCRIPCIONES	PAGADAS EN EL EJERCICIO	PENDIENTES DE PAGO A 31 DE DICIEMBRE
CÓDIGO	DESCRIPCIÓN							
TOTAL								

16. OPERACIONES NO PRESUPUESTARIAS DE TESORERÍA.

Se informará sobre las operaciones no presupuestarias de tesorería que comprenden aquellas operaciones realizadas durante el ejercicio que hayan dado lugar al nacimiento o extinción de:

— Deudores y acreedores que, de acuerdo con la normativa vigente para la entidad, no deban imputarse al presupuesto de la misma, ni en el momento de su nacimiento ni en el de su vencimiento.

— Partidas representativas de cobros y pagos pendientes de aplicación definitiva, tanto por operaciones presupuestarias como no presupuestarias.

Esta información se compondrá de los siguientes estados:

1. Estado de deudores no presupuestarios.
2. Estado de acreedores no presupuestarios.
3. Estado de partidas pendientes de aplicación:

a) Cobros pendientes de aplicación.
b) Pagos pendientes de aplicación.

En dichos estados se presentará para las distintas cuentas y conceptos de operaciones no presupuestarias en que se desarrollen, el detalle de las realizadas en el ejercicio, mostrando su situación y movimientos, de acuerdo con los cuadros adjuntos correspondientes.

OPERACIONES NO PRESUPUESTARIAS DE TESORERÍA

1. ESTADO DE DEUDORES NO PRESUPUESTARIOS

CUENTA	CONCEPTO		SALDO A 1 ENERO	MODIFICACIONES SALDO INICIAL	CARGOS REALIZADOS EN EL EJERCICIO	TOTAL DEUDORES	ABONOS REALIZADOS EN EL EJERCICIO	DEUDORES PENDIENTES DE COBRO A 31 DICIEMBRE
	CÓDIGO	DESCRIPCIÓN						
TOTAL CUENTA								
TOTAL CUENTA								
TOTAL								

2. ESTADO DE ACREEDORES NO PRESUPUESTARIOS

CUENTA	CONCEPTO		SALDO A 1 ENERO	MODIFICACIONES SALDO INICIAL	ABONOS REALIZADOS EN EL EJERCICIO	TOTAL ACREEDORES	CARGOS REALIZADOS EN EL EJERCICIO	ACREEDORES PENDIENTES DE PAGO A 31 DICIEMBRE
	CÓDIGO	DESCRIPCIÓN						
TOTAL CUENTA								
TOTAL CUENTA								
TOTAL								

3. ESTADO DE PARTIDAS PENDIENTES DE APLICACIÓN

a) COBROS PENDIENTES DE APLICACIÓN

CUENTA	CONCEPTO		COBROS PENDIENTES DE APLICACIÓN A 1 ENERO	MODIFICACIONES SALDO INICIAL	COBROS REALIZADOS EN EL EJERCICIO	TOTAL COBROS PENDIENTES APLICACIÓN	COBROS APLICADOS EN EL EJERCICIO	COBROS PENDIENTES APLICACIÓN A 31 DICIEMBRE
	CÓDIGO	DESCRIPCIÓN						
TOTAL CUENTA								
TOTAL CUENTA								
TOTAL								

b) PAGOS PENDIENTES DE APLICACIÓN

CUENTA	CONCEPTO		PAGOS PENDIENTES DE APLICACIÓN A 1 ENERO	MODIFICACIONES SALDO INICIAL	PAGOS REALIZADOS EN EL EJERCICIO	TOTAL PAGOS PENDIENTES APLICACIÓN	PAGOS APLICADOS EN EL EJERCICIO	PAGOS PENDIENTES APLICACIÓN A 31 DICIEMBRE
	CÓDIGO	DESCRIPCIÓN						
TOTAL CUENTA								
TOTAL CUENTA								
TOTAL								

17. VALORES RECIBIDOS EN DEPÓSITO.

Se informará, para cada uno de los conceptos mediante los que se registren contablemente los valores depositados, dentro de los cuales se incluyen los avales y seguros de caución recibidos, con el detalle que presenta el cuadro adjunto.

ESTADO DE VALORES RECIBIDOS EN DEPÓSITO

CONCEPTO		SALDO A 1 DE ENERO	MODIFICACIONES SALDO INICIAL	DEPÓSITOS RECIBIDOS EN EJERCICIO	TOTAL DEPÓSITOS RECIBIDOS	DEPÓSITOS CANCELADOS	DEPÓSITOS PENDIENTES DE DEVOLUCIÓN A 31 DE DICIEMBRE
CÓDIGO	DESCRIPCIÓN						
TOTAL							

18. INFORMACIÓN PRESUPUESTARIA.

La información a suministrar versará sobre los siguientes aspectos:

18.1. EJERCICIO CORRIENTE.

1) *Presupuesto de gastos*.

a) Modificaciones de crédito.

Información sobre las modificaciones de crédito de acuerdo con el detalle que presenta el cuadro adjunto.

EJERCICIO CORRIENTE
PRESUPUESTO DE GASTOS

a) MODIFICACIONES DE CRÉDITO

APLICACIÓN PRESUPUESTARIA	DESCRIPCIÓN	CRÉDITOS EXTRAORDINARIOS	SUPLEMENTOS DE CRÉDITO	AMPLIACIONES DE CRÉDITO	TRANSFERENCIAS DE CRÉDITO		INCORPORACIONES DE REMANENTES DE CRÉDITO	CRÉDITOS GENERADOS POR INGRESOS	BAJAS POR ANULACIÓN	AJUSTES POR PRÓRROGA	TOTAL MODIFICACIONES
					POSITIVAS	NEGATIVAS					
	TOTAL										

b) Remanentes de crédito.

Información sobre los remanentes de crédito de acuerdo con el detalle que presenta el cuadro adjunto.

EJERCICIO CORRIENTE

PRESUPUESTO DE GASTOS

c) ACREEDORES POR OPERACIONES PENDIENTES DE APLICAR A PRESUPUESTO

DESCRIPCIÓN DEL GASTO		APLICACIÓN PRESUPUESTARIA	IMPORTE PENDIENTE DE APLICAR A PRESUPUESTO				IMPORTE PAGADO A 31 DE DICIEMBRE	OBSERVACIONES
CÓDIGO	DENOMINACIÓN		A 1 DE ENERO	ABONOS	CARGOS	A 31 DE DICIEMBRE		

c) Acreedores por operaciones pendientes de aplicar a Presupuesto.

Información de cada gasto efectuado indicando:
— Descripción del gasto.
— Aplicación presupuestaria a la que debiera de haberse imputado.
— Importe de las obligaciones pendientes de aplicar a 1 de enero.
— Importe de las obligaciones pendientes de aplicar a presupuesto surgidas en el año (Abonos), es decir, obligaciones pendientes de aplicar a presupuesto registradas en la cuenta 413, «Acreedores por operaciones pendientes de aplicar a presupuesto», en el ejercicio.
— Importe de las obligaciones pendientes de aplicar imputadas al presupuesto del ejercicio, ya procedan del propio ejercicio o de ejercicios anteriores (Cargos).
— Importe de las obligaciones pendientes de aplicar a 31 de diciembre.
— Importe de las obligaciones pendientes de aplicar a 31 de diciembre que estuviera pagado a dicha fecha.
— Observaciones. Al menos, se indicará si en el momento de elaboración de la cuenta ya se ha realizado la aplicación al presupuesto del ejercicio y se explicará la causa en caso de que el importe pendiente de aplicar a 1 de enero no coincida con el pendiente de aplicar a 31 de diciembre del año inmediatamente anterior.

EJERCICIO CORRIENTE

PRESUPUESTO DE GASTOS

c) ACREEDORES POR OPERACIONES PENDIENTES DE APLICAR A PRESUPUESTO

DESCRIPCIÓN DEL GASTO		APLICACIÓN PRESUPUESTARIA	IMPORTE PENDIENTE DE APLICAR A PRESUPUESTO				IMPORTE PAGADO A 31 DE DICIEMBRE	OBSERVACIONES
CÓDIGO	DENOMINACIÓN		A 1 DE ENERO	ABONOS	CARGOS	A 31 DE DICIEMBRE		

2) *Presupuesto de ingresos.*

a) Proceso de gestión.

Información sobre derechos anulados, cancelados y sobre la recaudación neta de acuerdo con el detalle que presentan los cuadros adjuntos correspondientes.

EJERCICIO CORRIENTE

PRESUPUESTO DE INGRESOS

a.1) DERECHOS ANULADOS

APLICACIÓN PRESUPUESTARIA	DESCRIPCIÓN	ANULACIÓN DE LIQUIDACIONES	APLAZAMIENTO Y FRACCIONAMIENTO	DEVOLUCIÓN DE INGRESOS	TOTAL DERECHOS ANULADOS
	TOTAL				

a.2) DERECHOS CANCELADOS

APLICACIÓN PRESUPUESTARIA	DESCRIPCIÓN	COBROS EN ESPECIE	INSOLVENCIAS	OTRAS CAUSAS	TOTAL DERECHOS CANCELADOS
	TOTAL				

a.3) RECAUDACIÓN NETA

APLICACIÓN PRESUPUESTARIA	DESCRIPCIÓN	RECAUDACIÓN TOTAL	DEVOLUCIONES DE INGRESO	RECAUDACIÓN NETA
TOTAL				

b) Devoluciones de ingresos.

Información sobre:
— Devoluciones pendientes de pago a 1 de enero.
— Modificaciones al saldo inicial y anulaciones de devoluciones acordadas en ejercicios anteriores.
— Devoluciones reconocidas durante el ejercicio.
— Total de devoluciones.
— Prescripciones.
— Pagos realizados en el ejercicio.
— Devoluciones pendientes de pago a 31 de diciembre.

b) DEVOLUCIONES DE INGRESOS

APLICACIÓN PRESUPUESTARIA	DESCRIPCIÓN	PENDIENTES DE PAGO A 1 DE ENERO	MODIFICACIONES SALDO INICIAL Y ANULACIONES	RECONOCIDAS EN EL EJERCICIO	TOTAL DEVOLUCIONES RECONOCIDAS	PRESCRIPCIONES	PAGADAS EN EL EJERCICIO	PENDIENTES DE PAGO A 31 DE DICIEMBRE
TOTAL								

18.2. Ejercicios cerrados.

1) *Presupuesto de gastos. Obligaciones de presupuestos cerrados.*

Para cada ejercicio se presentará información sobre las obligaciones de presupuestos cerrados con el detalle que presenta el cuadro adjunto.

EJERCICIOS CERRADOS
PRESUPUESTO DE GASTOS

1. OBLIGACIONES DE PRESUPUESTOS CERRADOS

APLICACIÓN PRESUPUESTARIA	DESCRIPCIÓN	OBLIGACIONES PENDIENTES DE PAGO A 1 DE ENERO	MODIFICACIONES SALDO INICIAL Y ANULACIONES	TOTAL OBLIGACIONES	PRESCRIPCIONES	PAGOS REALIZADOS	OBLIGACIONES PENDIENTES DE PAGO A 31 DE DICIEMBRE
TOTAL							

2) *Derechos a cobrar de presupuestos cerrados.*

Para cada ejercicio se presentará información sobre los derechos a cobrar de presupuestos cerrados de acuerdo con el detalle de los cuadros adjuntos correspondientes.

EJERCICIOS POSTERIORES

COMPROMISOS DE GASTO CON CARGO A PRESUPUESTOS DE EJERCICIOS POSTERIORES

APLICACIÓN PRESUPUESTARIA	DESCRIPCIÓN	COMPROMISOS DE GASTO ADQUIRIDOS CON CARGO AL PRESUPUESTO DEL EJERCICIO				
		(AÑO)	(AÑO)	(AÑO)	(AÑO)	AÑOS SUCESIVOS
TOTAL						

b) DERECHOS ANULADOS

APLICACIÓN PRESUPUESTARIA	DESCRIPCIÓN	ANULACIÓN DE LIQUIDACIONES	APLAZAMIENTO Y FRACCIONAMIENTO	TOTAL DERECHOS ANULADOS
TOTAL				

c) DERECHOS CANCELADOS

APLICACIÓN PRESUPUESTARIA	DESCRIPCIÓN	COBROS EN ESPECIE	INSOLVENCIAS	PRESCRIPCIONES	OTRAS CAUSAS	TOTAL DERECHOS CANCELADOS
TOTAL						

18.3. Ejercicios posteriores.

Compromisos de gasto con cargo a presupuestos de ejercicios posteriores.

Información sobre los compromisos de gasto adquiridos durante el ejercicio, así como en los precedentes, imputables a presupuestos de ejercicios sucesivos, con el detalle que presenta el cuadro adjunto.

EJERCICIOS POSTERIORES

COMPROMISOS DE GASTO CON CARGO A PRESUPUESTOS DE EJERCICIOS POSTERIORES

APLICACIÓN PRESUPUESTARIA	DESCRIPCIÓN	COMPROMISOS DE GASTO ADQUIRIDOS CON CARGO AL PRESUPUESTO DEL EJERCICIO				
		(AÑO)	(AÑO)	(AÑO)	(AÑO)	AÑOS SUCESIVOS
	TOTAL					

18.4. Ejecución de proyectos de gasto.

Se presentará información individualizada de los proyectos de gasto que estuviesen en ejecución en 1 de enero o que se hubiesen iniciado en el ejercicio, con el detalle que presentan los cuadros adjuntos.

En la columna «Financiación afectada» se indicará si el proyecto cuenta con recursos afectados a su financiación.

EJECUCIÓN DE PROYECTOS DE GASTO

1. RESUMEN DE EJECUCIÓN

CÓDIGO PROYECTO	DENOMINACIÓN	AÑO DE INICIO	DURACIÓN	GASTO PREVISTO	GASTO COMPROMETIDO	OBLIGACIONES RECONOCIDAS			GASTO PENDIENTE DE REALIZAR	FINANCIACIÓN AFECTADA
						A 1 DE ENERO	EN EL EJERCICIO	TOTAL		
TOTAL										

2. ANUALIDADES PENDIENTES

CÓDIGO PROYECTO	DENOMINACIÓN	GASTO PENDIENTE DE REALIZAR			
		(AÑO)	(AÑO)	(AÑO)	AÑOS SUCESIVOS
TOTAL					

18.5. Gastos con financiación afectada.

Se informará para cada gasto con financiación afectada de las desviaciones de financiación por agente, tanto del ejercicio como acumuladas, de acuerdo con el detalle que presenta el cuadro adjunto.

GASTOS CON FINANCIACIÓN AFECTADA

DESVIACIONES DE FINANCIACIÓN POR AGENTE FINANCIADOR

CÓDIGO DE GASTO	DESCRIPCIÓN	AGENTE FINANCIADOR		COEFICIENTE DE FINANCIACIÓN	DESVIACIONES DEL EJERCICIO		DESVIACIONES ACUMULADAS	
		TERCERO	APLICACIÓN PRESUPUESTARIA		POSITIVAS	NEGATIVAS	POSITIVAS	NEGATIVAS
TOTAL								

18.6. REMANENTE DE TESORERÍA.

Se incluirá información sobre el remanente de tesorería con el detalle que contempla el cuadro adjunto. Asimismo, se incluirá información detallada de los saldos de dudoso cobro que comprenderá, al menos, el método de estimación y los criterios establecidos por la entidad para la determinación de su cuantía, así como los importes obtenidos por aplicación de dichos criterios.

El remanente de tesorería se obtiene como suma de los fondos líquidos más los derechos pendientes de cobro, deduciendo las obligaciones pendientes de pago y agregando las partidas pendientes de aplicación, de conformidad con los criterios siguientes:

1. Su cuantificación se efectuará tomando en consideración el saldo a fin de ejercicio de las cuentas que intervienen en su cálculo.

2. Los fondos líquidos a fin de ejercicio están constituidos por los saldos disponibles en cajas de efectivo y cuentas bancarias, salvo aquellos que se hayan dotado con imputación al presupuesto, así como por aquellas inversiones financieras, de carácter no presupuestario, que reúnan el suficiente grado de liquidez, en que se hayan materializado excedentes temporales de tesorería. A estos efectos, no se tendrán en cuenta los saldos de las cuentas 574, «Caja restringida», y 575, «Bancos e instituciones de crédito. Cuentas restringidas de pagos», ni la parte del saldo de la cuenta 577, «Activos líquidos equivalentes al efectivo», que tenga tratamiento presupuestario.

3. En los derechos pendientes de cobro se distinguirá:

a) El importe de los derechos pendientes de cobro del presupuesto corriente. Este importe se obtiene del saldo de la cuenta 430, «Deudores por derechos reconocidos. Presupuesto de ingresos corriente».

b) El importe de los derechos pendientes de cobro de presupuestos cerrados. Este importe se obtiene del saldo de la cuenta 431, «Deudores por derechos reconocidos. Presupuestos de ingresos cerrados».

c) El importe de los derechos pendientes de cobro correspondientes a cuentas de deudores que, de acuerdo con la normativa vigente, no son presupuestarios y tampoco lo serán en el momento de su vencimiento. Este importe se obtiene por agregación de los siguientes:

— La parte del saldo de la cuenta 270, «Fianzas y depósitos constituidos a largo plazo», que corresponda a aquellas fianzas y depósitos que se hayan tratado de forma no presupuestaria.

— El importe correspondiente a las deudas de terceros como consecuencia de la repercusión del IVA. Dicho importe viene dado por el saldo de la cuenta 440, «Deudores por IVA repercutido».

— El importe de los créditos a favor de la entidad como consecuencia de los ingresos efectuados en las entidades encargadas de la gestión de cobro. Dicho importe viene dado por el saldo de la cuenta 442, «Deudores por servicio de recaudación».

— El importe correspondiente al resto de deudores no presupuestarios que continuarán siendo no presupuestarios a su vencimiento. Dicho importe viene dado por el saldo de la cuenta 449, «Otros deudores no presupuestarios».

— En el caso de que se gestionen, liquiden y recauden recursos por cuenta de otros entes públicos, el importe de los créditos a favor del sujeto contable que existan, generalmente como consecuencia de las entregas a cuenta realizadas. Dicho importe se obtiene generalmente de los saldos deudores de la cuenta 456, «Entes públicos, c/c. efectivo».

— El importe correspondiente a los saldos de las cuentas del subgrupo 47, «Administraciones Públicas», que pongan de manifiesto la situación deudora de las mismas, es decir, los saldos de las cuentas 470, «Hacienda pública, deudor por diversos conceptos», y 471, «Organismos de Previsión Social, deudores».

Cuando el sujeto contable realice operaciones sujetas al IVA y existan cantidades pendientes de liquidar, también habrá de considerarse el saldo de la cuenta 472, «Hacienda Pública, IVA soportado».

— Los saldos deudores de la cuenta 550, «Cuentas corrientes no bancarias».

— La parte del saldo de la cuenta 565, «Fianzas y depósitos constituidos a corto plazo», que corresponda a aquellas fianzas y depósitos que se hayan tratado de forma no presupuestaria.

4. En las obligaciones pendientes de pago se distinguirá:

a) El importe de las obligaciones pendientes de pago del presupuesto corriente. Este importe se obtiene del saldo de la cuenta 400, «Acreedores por obligaciones reconocidas. Presupuesto de gastos corriente».

b) El importe de las obligaciones pendientes de pago de presupuestos cerrados. Este importe se obtiene del saldo de la cuenta 401, «Acreedores por obligaciones reconocidas. Presupuestos de gastos cerrados».

c) El importe de las obligaciones pendientes de pago correspondientes a cuentas de acreedores que, de acuerdo con la normativa vigente, no son presupuestarios y tampoco lo serán en el momento de su vencimiento. Este importe se obtiene por agregación de los siguientes:

— La parte del saldo de la cuenta 180, «Fianzas y depósitos recibidos a largo plazo», que corresponda a aquellas fianzas y depósitos que se hayan tratado de forma no presupuestaria.

— El importe pendiente de pago a los acreedores como consecuencia del IVA soportado que tiene la condición de deducible. Dicho importe viene dado por el saldo de la cuenta 410, «Acreedores por IVA soportado».

— El importe correspondiente al resto de acreedores no presupuestarios que continuarán siendo no presupuestarios a su vencimiento. Dicho importe viene dado por el saldo de la cuenta 419, «Otros acreedores no presupuestarios».

— En el caso de que se gestionen, liquiden y recauden recursos por cuenta de otros entes públicos, el importe de los débitos a cargo del sujeto contable que existan como consecuencia de los recursos recaudados. Dicho importe se obtiene del saldo de la cuenta 453, «Entes públicos por ingresos pendientes de liquidar». Asimismo, se habrá de incluir el importe de los débitos de la entidad como consecuencia de las entregas a cuenta efectuadas a los entes titulares de los recursos. Dicho importe viene dado por los saldos acreedores de la cuenta 456, «Entes públicos, c/c. efectivo».

Si al finalizar el ejercicio existiesen cobros pendientes de aplicación definitiva relativos a recursos de otros entes públicos, se habrá de aumentar el importe de los débitos a cargo del sujeto contable en la cuantía de los mencionados cobros, calculándose ésta como la parte que del saldo de la cuenta 554, «Cobros pendientes de aplicación», corresponda a dichos recursos.

— El importe correspondiente a los saldos de las cuentas del subgrupo 47, «Administraciones Públicas», que pongan de manifiesto la situación acreedora de las mismas, es decir, los saldos de las cuentas 475, «Hacienda Pública, acreedor por diversos conceptos», y 476, «Organismos de Previsión Social, acreedores».

Cuando el sujeto contable realice operaciones sujetas al IVA y existan cantidades pendientes de liquidar, también habrá de incluirse el saldo de la cuenta 477, «Hacienda Pública. IVA repercutido».

— El importe de las deudas contraídas por la entidad para cubrir desfases temporales de tesorería. Dicho importe viene dado por el saldo de la cuenta 521, «Deudas por Operaciones de Tesorería».

— Los saldos acreedores de la cuenta 550, «Cuentas corrientes no bancarias».

— La parte del saldo de la cuenta 560, «Fianzas y depósitos recibidos a corto plazo», que corresponda a aquellas fianzas y depósitos que se hayan tratado de forma no presupuestaria.

5. En las partidas pendientes de aplicación se distinguirán:

a) Las cantidades cobradas pendientes de aplicación definitiva recogidas en las cuentas 554, «Cobros pendientes de aplicación», y 559, «Otras partidas pendientes de aplicación». Se exceptúan aquellos cobros pendientes de aplicación definitiva relativos a recursos de otros entes públicos, que se incluirán como obligaciones pendientes de pago.

b) Las cantidades pagadas pendientes de aplicación definitiva en las que se incluyen, además de las recogidas en la cuenta 555, «Pagos pendientes de aplicación», las comprendidas en el saldo de la cuenta 558, «Provisiones de fondos para pagos a justificar y anticipos de caja fija», que correspondan a pagos derivados de anticipos de caja fija pendientes de reposición.

6. El remanente de tesorería disponible para la financiación de gastos generales se determina minorando el remanente de tesorería en el importe de los derechos pendientes de cobro que, en fin de ejercicio, se consideren de difícil o imposible recaudación y en el exceso de financiación afectada producido.

7. El importe de los derechos pendientes de cobro de difícil o imposible recaudación (saldos de dudoso cobro) viene dado por la parte del saldo de las cuentas o subcuentas que se relacionan, que corresponda a derechos de cobro que se hayan considerado para el cálculo del remanente de tesorería total:

a) 298 «Deterioro de valor de otras inversiones financieras a largo plazo».

b) 4900 «Deterioro de valor de deudores presupuestarios».

c) 4901 «Deterioro de valor de deudores no presupuestarios».

d) 598 «Deterioro de valor de otras inversiones financieras a corto plazo».

Para determinar el importe de los saldos de dudoso cobro se deberá tener en cuenta la antigüedad de las deudas, el importe de las mismas, la naturaleza de los recursos de que se trate, los porcentajes de recaudación tanto en período voluntario como en vía ejecutiva y los demás criterios de valoración que de forma ponderada se establezcan por la entidad local.

8. El exceso de financiación afectada está constituido por la suma de las desviaciones de financiación positivas acumuladas a fin de ejercicio. Estas desviaciones se calculan en la forma establecida en la regla 30.5 de la Instrucción del modelo simplificado de contabilidad local.

El exceso de financiación afectada sólo podrá tomar valor cero o positivo.

ESTADO DEL REMANENTE DE TESORERÍA

Nº DE CUENTAS	COMPONENTES	20XX	20XX-1
57,556	1. (+) Fondos líquidos		
	2. (+) Derechos pendientes de cobro		
430	- (+) del Presupuesto corriente		
431	- (+) de Presupuestos cerrados		
270,440,442,449,456, 470,471,472,,550,565	- (+) de operaciones no presupuestarias		
	3. (-) Obligaciones pendientes de pago		
400	- (+) del Presupuesto corriente		
401	- (+) de Presupuestos cerrados		
180,410,419,453,456, 475,476,477,521,550, 560	- (+) de operaciones no presupuestarias		
	4. (+) Partidas pendientes de aplicación		
554, 559	- (-) cobros realizados pendientes de aplicación definitiva		
555, 558	- (+) pagos realizados pendientes de aplicación definitiva		
	I. Remanente de tesorería total (1 + 2 – 3 + 4)		
298,4900,4901,598	II. Saldos de dudoso cobro		
	III. Exceso de financiación afectada		
	IV. Remanente de tesorería para gastos generales (I – II – III)		

19. INDICADORES FINANCIEROS, PATRIMONIALES Y PRESUPUESTARIOS.

1. INDICADORES FINANCIEROS Y PATRIMONIALES.

a) Liquidez inmediata: Refleja el porcentaje de deudas presupuestarias y no presupuestarias que pueden atenderse con la liquidez inmediatamente disponible.

$$\frac{\text{Fondos líquidos}}{\text{Pasivo corriente}}$$

Fondos líquidos: Efectivo y otros activos líquidos equivalentes.

b) Liquidez a corto plazo: Refleja la capacidad que tiene la entidad para atender a corto plazo sus obligaciones pendientes de pago.

$$\frac{\text{Fondos líquidos + Derechos pendientes de cobro}}{\text{Pasivo corriente}}$$

c) Liquidez general. Refleja en que medida todos los elementos patrimoniales que componen el activo corriente cubren el pasivo corriente.

$$\frac{\text{Activo corriente}}{\text{Pasivo corriente}}$$

d) Endeudamiento por habitante: En las entidades territoriales y sus organismos autónomos, este índice distribuye la deuda total de la entidad entre el número de habitantes.

$$\frac{\text{Pasivo corriente + Pasivo no corriente}}{\text{Pasivo corriente}}$$

e) Endeudamiento: Representa la relación entre la totalidad del pasivo exigible (corriente y no corriente) respecto al patrimonio neto más el pasivo total de la entidad.

$$\frac{\text{Pasivo corriente} + \text{Pasivo no corriente}}{\text{Pasivo corriente} + \text{Pasivo no corriente} + \text{Patrimonio neto}}$$

f) Relación de endeudamiento: Representa la relación existente entre el pasivo corriente y el no corriente.

$$\frac{\text{Pasivo corriente}}{\text{Pasivo no corriente}}$$

g) Período medio de pago a acreedores comerciales: Refleja el número de días que por término medio tarda la entidad en pagar a sus acreedores comerciales derivados, en general, de la ejecución de los capítulos 2 y 6 del presupuesto.

Este indicador se obtendrá aplicando las reglas establecidas para calcular el «período medio de pago» a efectos del suministro de información sobre el cumplimiento de los plazos de pago de las entidades locales. Se calculará un único indicador referido a todo el ejercicio y al conjunto de las deudas incluidas en su cálculo.

$$PMPAC = \frac{\Sigma(\textit{Número o días período pago} \times \textit{importe pago})}{\Sigma \textit{importe pago}}$$

h) Período medio de cobro: Refleja el número de días que por término medio tarda la entidad en cobrar sus ingresos, es decir, en recaudar sus derechos reconocidos derivados de la ejecución de los capítulos 1 a 3 y 5, excluidos de este último capítulo los ingresos que deriven de operaciones financieras[1].

$$PMC = \frac{\Sigma(\textit{Número o días período cobro} \times \textit{importe cobro})}{\Sigma \textit{importe cobro}}$$

[1] En consecuencia, para la elaboración del «período medio de cobro», del Capítulo 5 sólo se considerarán los ingresos de los artículos 54 y 55 y del concepto 599 (según codificación de la clasificación económica de los ingresos del presupuesto incluida en el Anexo IV de la Orden EHA/3.565/2008, de 3 de diciembre, por la que se aprueba la estructura de los presupuestos de las entidades locales).

Cada entidad contable deberá calcular el período medio de cobro respecto de los recursos de los que sea titular, salvo cuando la entidad sea titular de recursos gestionados por otro ente público y no disponga de información sobre la totalidad de las operaciones realizadas por el ente gestor. En este caso, el indicador a elaborar por la entidad titular se referirá exclusivamente a los recursos no gestionados por otro ente público, y el ente gestor, además del indicador referido a los recursos de su titularidad, deberá elaborar el indicador referido a los recursos que gestiona por cuenta de otros entes públicos.

i) Ratios de la cuenta del resultado económico patrimonial.

Para la elaboración de las siguientes ratios se tendrán en cuenta las equivalencias con los correspondientes epígrafes de la cuenta del resultado económico patrimonial de la entidad:

ING.TRIB.: Ingresos tributarios y urbanísticos.
TRANSFR.: Transferencias y subvenciones recibidas.
PS.: Prestación de servicios.
G. PERS.: Gastos de personal.
TRANSFC.: Transferencias y subvenciones concedidas.

1) Estructura de los ingresos.

INGRESOS DE GESTIÓN ORDINARIA (IGOR)			
ING. TRIB / IGOR	TRANSFR / IGOR	PS / IGOR	Resto IGOR / IGOR

2) Estructura de los gastos.

GASTOS DE GESTIÓN ORDINARIA (GGOR)		
G. PERS. / GGOR	TRANSFC / GGOR	Resto GGOR / GGOR

3) Cobertura de los gastos corrientes: Pone de manifiesto la relación existente entre los gastos de gestión ordinaria y los ingresos de la misma naturaleza.

$$\frac{\text{Gastos de gestión ordinaria}}{\text{Ingresos de gestión ordinaria}}$$

2. INDICADORES PRESUPUESTARIOS.

a) Del presupuesto de gastos corriente:

1) Ejecución del presupuesto de gastos: Refleja la proporción de los créditos aprobados en el ejercicio que han dado lugar a reconocimiento de obligaciones presupuestarias.

$$\frac{\text{Obligaciones reconocidas netas}}{\text{Créditos definitivos}}$$

2) Realización de pagos: Refleja la proporción de obligaciones reconocidas en el ejercicio cuyo pago ya se ha realizado al finalizar el mismo con respecto al total de obligaciones reconocidas.

$$\frac{\text{Pagos realizados}}{\text{Obligaciones reconocidas netas}}$$

3) Gasto por habitante: Para las entidades territoriales y sus organismos autónomos, este índice distribuye la totalidad del gasto presupuestario realizado en el ejercicio entre los habitantes de la entidad.

$$\frac{\text{Obligaciones reconocidas netas}}{\text{Número de habitantes}}$$

4) Inversión por habitante: Para las entidades territoriales y sus organismos autónomos, este índice distribuye la totalidad del gasto presupuestario por operaciones de capital realizado en el ejercicio entre el número de habitantes de la entidad.

$$\frac{\text{Obligaciones reconocidas netas (Capítulos 6 y 7)}}{\text{Número de habitantes}}$$

5) Esfuerzo inversor: Muestra la proporción que representan las operaciones de capital realizadas en el ejercicio en relación con la totalidad de los gastos presupuestarios realizados en el mismo.

$$\frac{\text{Obligaciones reconocidas netas (Capítulos 6 y 7)}}{\text{Total obligaciones reconocidas netas}}$$

b) Del presupuesto de ingresos corriente:

1) Ejecución del presupuesto de ingresos: Refleja la proporción que sobre los ingresos presupuestarios previstos suponen los ingresos presupuestarios netos, esto es, los derechos reconocidos netos.

$$\frac{\text{Derechos reconocidos netos}}{\text{Previsiones definitivas}}$$

2) Realización de cobros: Refleja la proporción que suponen los cobros obtenidos en el ejercicio sobre los derechos reconocidos netos.

$$\frac{\text{Recaudación neta}}{\text{Derechos reconocidos netos}}$$

3) Autonomía: Muestra la proporción que representan los ingresos presupuestarios realizados en el ejercicio (excepto los derivados de subvenciones y de pasivos financieros) en relación con la totalidad de los ingresos presupuestarios realizados en el mismo.

$$\frac{\text{Derechos reconocidos netos (Capítulos 1 a 3, 5, 6 y 8 + transferencias recibidas)}}{\text{Total derechos reconocidos netos}}$$

4) Autonomía fiscal: Refleja la proporción que representan los ingresos presupuestarios de naturaleza tributaria realizados en el ejercicio en relación con la totalidad de los ingresos presupuestarios realizados en el mismo.

$$\frac{\text{Derechos reconocidos netos (de ingresos de naturaleza tributaria)}}{\text{Total derechos reconocidos netos}}$$

5) Superávit (o déficit) por habitante en las entidades territoriales y sus organismos autónomos:

$$\frac{\text{Resultado presupuestario ajustado}}{\text{Número de habitantes}}$$

c) De presupuestos cerrados:

1) Realización de pagos: Pone de manifiesto la proporción de pagos que se han efectuado en el ejercicio de las obligaciones pendientes de pago de presupuestos ya cerrados.

$$\frac{\text{Pagos}}{\text{Saldo inicial de obligaciones (+/– modificaciones y anulaciones}}$$

2) Realización de cobros: Pone de manifiesto la proporción de cobros que se han efectuado en el ejercicio relativos a derechos pendientes de cobro de presupuestos ya cerrados.

$$\frac{\text{Cobros}}{\text{Saldo inicial de derechos (+/– modificaciones y anulaciones}}$$

20. HECHOS POSTERIORES AL CIERRE.

La entidad informará de:

a) Los hechos posteriores que pongan de manifiesto circunstancias que ya existían en la fecha de cierre del ejercicio y que, por aplicación de las normas de registro y valoración, hayan supuesto la inclusión de un ajuste en las cifras contenidas en los documentos que integran las cuentas anuales.

b) Los hechos posteriores que pongan de manifiesto circunstancias que ya existían en la fecha de cierre del ejercicio que no hayan supuesto, de acuerdo con su naturaleza, la inclusión de un ajuste en las cifras contenidas en las cuentas anuales, si bien la información contenida en la memoria debe ser modificada de acuerdo con dicho hecho posterior.

c) Los hechos posteriores que muestren condiciones que no existían al cierre del ejercicio y que sean de tal importancia que, si no se suministra información al respecto, podría afectar a la capacidad de evaluación de los usuarios de las cuentas anuales.

CUARTA PARTE

Cuadro de cuentas

GRUPO 1

FINANCIACIÓN BÁSICA

10. PATRIMONIO.
    - 100. Patrimonio.
    - 101. Patrimonio recibido.
12. Resultados.
    - 120. Resultados de ejercicios anteriores.
    - 129. Resultado del ejercicio.
13. Subvenciones y ajustes por cambio de valor.
    - 130. Subvenciones para la financiación del inmovilizado no financiero.
    - 131. Subvenciones para la financiación de activos corrientes y gastos.
    - 132. Subvenciones para la financiación de operaciones financieras.
14. Provisiones a largo plazo.
    - 142. Provisión a largo plazo para responsabilidades.
    - 143. Provisión a largo plazo por desmantelamiento, retiro o rehabilitación del inmovilizado no financiero.
    - 148. Provisión a largo plazo para transferencias y subvenciones.
    - 149. Otras provisiones a largo plazo.
17. Deudas a largo plazo por préstamos recibidos y otros conceptos.
    - 170. Deudas a largo plazo con entidades de crédito.

172. Deudas a largo plazo transformables en subvenciones.
177. Intereses a largo plazo de deudas con entidades de crédito.
178. Intereses a largo plazo de otras deudas.
179. Otras deudas a largo plazo.

18. Fianzas y depósitos recibidos a largo plazo.
180. Fianzas y depósitos recibidos a largo plazo.

GRUPO 2

ACTIVO NO CORRIENTE

20. INMOVILIZACIONES INTANGIBLES.
200. Inmovilizado intangible.

21. Inmovilizaciones materiales.
210. Terrenos y bienes naturales.
211. Construcciones.
212. Infraestructuras.
213. Bienes del patrimonio histórico.
214. Maquinaria y utillaje.
215. Instalaciones técnicas y otras instalaciones.
216. Mobiliario.
217. Equipos para procesos de información.
218. Elementos de transporte.
219. Otro inmovilizado material.

22. Inversiones inmobiliarias.
220. Inversiones en terrenos.
221. Inversiones en construcciones.

23. Inmovilizaciones materiales e inversiones inmobiliarias en curso.
230. Inmovilizaciones materiales en curso y anticipos.
231. Inversiones inmobiliarias en curso y anticipos.

24. Patrimonio público del suelo.
240. Terrenos del Patrimonio público del suelo.
241. Construcciones del Patrimonio público del suelo.
243. Patrimonio público del suelo en curso y anticipos.
249. Otros bienes y derechos del Patrimonio público del suelo.

26. Inversiones financieras a largo plazo.

- 260. Inversiones financieras a largo plazo en instrumentos de patrimonio.
- 261. Valores representativos de deuda a largo plazo.
- 262. Créditos a largo plazo.
- 265. Deudores a largo plazo por aplazamiento y fraccionamiento.
- 266. Intereses a largo plazo de valores representativos de deuda.
- 267. Intereses a largo plazo de créditos.
- 268. Imposiciones a largo plazo.
- 269. Desembolsos pendientes sobre participaciones en el patrimonio neto a largo plazo.

27. Fianzas y depósitos constituidos a largo plazo.
- 270. Fianzas y depósitos constituidos a largo plazo.

28. Amortización acumulada del inmovilizado.
- 280. Amortización acumulada del inmovilizado intangible.
- 281. Amortización acumulada del inmovilizado material.
  - 2810. Amortización acumulada de terrenos y bienes naturales.
  - 2811. Amortización acumulada de construcciones.
  - 2812. Amortización acumulada de infraestructuras.
  - 2813. Amortización acumulada de bienes del patrimonio histórico.
  - 2814. Amortización acumulada de maquinaria y utillaje.
  - 2815. Amortización acumulada de instalaciones técnicas y otras instalaciones.
  - 2816. Amortización acumulada de mobiliario.
  - 2817. Amortización acumulada de equipos para procesos de información.
  - 2818. Amortización acumulada de elementos de transporte.
  - 2819. Amortización acumulada de otro inmovilizado material.
- 282. Amortización acumulada de inversiones inmobiliarias.
- 284. Amortización acumulada del Patrimonio público del suelo.
  - 2840. Amortización acumulada de terrenos del Patrimonio público del suelo.

2841. Amortización acumulada de construcciones del Patrimonio público del suelo.
2849. Amortización acumulada de otros bienes y derechos del Patrimonio público del suelo.

29. Deterioro de valor de activos no corrientes.
290. Deterioro de valor del inmovilizado intangible.
291. Deterioro de valor del inmovilizado material.
2910. Deterioro de valor de terrenos y bienes naturales.
2911. Deterioro de valor de construcciones.
2912. Deterioro de valor de infraestructuras.
2913. Deterioro de valor de bienes del patrimonio histórico.
2914. Deterioro de valor de maquinaria y utillaje.
2915. Deterioro de valor de instalaciones técnicas y otras instalaciones.
2916. Deterioro de valor de mobiliario.
2917. Deterioro de valor de equipos para procesos de información.
2918. Deterioro de valor de elementos de transporte.
2919. Deterioro de valor de otro inmovilizado material.
292. Deterioro de valor de las inversiones inmobiliarias.
293. Deterioro de valor del Patrimonio público del suelo.
2930. Deterioro de valor de terrenos del Patrimonio público del suelo.
2931. Deterioro de valor de construcciones del Patrimonio público del suelo.
2939. Deterioro de valor de otros bienes y derechos del Patrimonio público del suelo.
294. Deterioro de valor de participaciones a largo plazo.
295. Deterioro de valor de valores representativos de deuda a largo plazo.
296. Deterioro de valor de créditos a largo plazo.
297. Deterioro de valor de créditos por aplazamiento y fraccionamiento a largo plazo.
298. Deterioro de valor de otras inversiones financieras a largo plazo.
299. Deterioro de valor por usufructo cedido del inmovilizado material.

2990. Deterioro de valor por usufructo cedido de terrenos y bienes naturales.
2991. Deterioro de valor por usufructo cedido de construcciones.
2992. Deterioro de valor por usufructo cedido de infraestructuras.
2993. Deterioro de valor por usufructo cedido de bienes del patrimonio histórico.
2999. Deterioro de valor por usufructo cedido de otro inmovilizado material.

GRUPO 4

Acreedores y deudores

40. ACREEDORES PRESUPUESTARIOS.
400. Acreedores por obligaciones reconocidas. Presupuesto de gastos corriente.
401. Acreedores por obligaciones reconocidas. Presupuestos de gastos cerrados.
41. Acreedores no presupuestarios.
410. Acreedores por IVA soportado.
411. Acreedores por gastos devengados.
413. Acreedores por operaciones pendientes de aplicar a presupuesto.
418. Acreedores por devolución de ingresos y otras minoraciones.
419. Otros acreedores no presupuestarios.
43. Deudores presupuestarios.
430. Deudores por derechos reconocidos. Presupuesto de ingresos corriente.
431. Deudores por derechos reconocidos. Presupuestos de ingresos cerrados.
433. Derechos anulados de presupuesto corriente.
434. Derechos anulados de presupuestos cerrados.
437. Devolución de ingresos.
438. Derechos cancelados de presupuesto corriente.
439. Derechos cancelados de presupuestos cerrados.
44. Deudores no presupuestarios.
440. Deudores por IVA repercutido.

441. Deudores por ingresos devengados.
442. Deudores por servicio de recaudación.
443. Deudores a corto plazo por aplazamiento y fraccionamiento.
449. Otros deudores no presupuestarios.

45. Deudores y acreedores por administración de recursos por cuenta de otros entes públicos.
450. Deudores por derechos reconocidos de recursos de otros entes públicos.
451. Derechos anulados por recursos de otros entes públicos.
452. Entes públicos, por derechos a cobrar.
453. Entes públicos, por ingresos pendientes de liquidar.
454. Devolución de ingresos por recursos de otros entes públicos.
455. Entes públicos, por devolución de ingresos pendientes de pago.
456. Entes públicos, c/c efectivo.
457. Acreedores por devolución de ingresos por recursos de otros entes públicos.
458. Derechos cancelados por recursos de otros entes públicos.

47. Administraciones Públicas.
470. Hacienda Pública, deudor por diversos conceptos.
471. Organismos de Previsión Social, deudores.
472. Hacienda Pública, IVA soportado.
475. Hacienda Pública, acreedor por diversos conceptos.
476. Organismos de Previsión Social, acreedores.
477. Hacienda Pública, IVA repercutido.

48. Ajustes por periodificación.
480. Gastos anticipados.
485. Ingresos anticipados.

49. Deterioro de valor de créditos.
490. Deterioro de valor de créditos.
4900. Deterioro de valor de deudores presupuestarios.
4901. Deterioro de valor de deudores no presupuestarios.

GRUPO 5

CUENTAS FINANCIERAS

52. DEUDAS A CORTO PLAZO POR PRÉSTAMOS RECIBIDOS Y OTROS CONCEPTOS.
    520. Deudas a corto plazo con entidades de crédito.
    521. Deudas por Operaciones de Tesorería.
    522. Deudas a corto plazo transformables en subvenciones.
    527. Intereses a corto plazo de deudas con entidades de crédito.
    528. Intereses a corto plazo de otras deudas.
    529. Otras deudas a corto plazo.
54. Inversiones financieras a corto plazo.
    540. Inversiones financieras a corto plazo en instrumentos de patrimonio.
    541. Valores representativos de deuda a corto plazo.
    542. Créditos a corto plazo.
    545. Dividendo a cobrar.
    546. Intereses a corto plazo de valores representativos de deuda.
    547. Intereses a corto plazo de créditos.
    548. Imposiciones a corto plazo.
    549. Desembolsos pendientes sobre participaciones en el patrimonio neto a corto plazo.
55. Otras cuentas financieras.
    550. Cuentas corrientes no bancarias.
    554. Cobros pendientes de aplicación.
    555. Pagos pendientes de aplicación.
    556. Movimientos internos de tesorería.
    557. Formalización.
    558. Provisiones de fondos para pagos a justificar y anticipos de caja fija.
    559. Otras partidas pendientes de aplicación.
56. Fianzas y depósitos recibidos y constituidos a corto plazo y ajustes por periodificación.
    560. Fianzas y depósitos recibidos a corto plazo.
    565. Fianzas y depósitos constituidos a corto plazo.
    567. Gastos financieros pagados por anticipado.
    568. Ingresos financieros cobrados por anticipado.

57. Efectivo y activos líquidos equivalentes.
    570. Caja operativa.
    571. Bancos e instituciones de crédito. Cuentas operativas.
    573. Bancos e instituciones de crédito. Cuentas restringidas de recaudación.
    574. Caja restringida.
    575. Bancos e instituciones de crédito. Cuentas restringidas de pagos.
    577. Activos líquidos equivalentes al efectivo.
58. Provisiones a corto plazo.
    582. Provisión a corto plazo para responsabilidades.
    583. Provisión a corto plazo por desmantelamiento, retiro o rehabilitación del inmovilizado no financiero.
    585. Provisión a corto plazo para devolución de ingresos.
    588. Provisión a corto plazo para transferencias y subvenciones.
    589. Otras provisiones a corto plazo.
59. Deterioro de valor de inversiones financieras a corto plazo.
    594. Deterioro de valor de participaciones a corto plazo.
    595. Deterioro de valor de valores representativos de deuda a corto plazo.
    596. Deterioro de valor de créditos a corto plazo.
    598. Deterioro de valor de otras inversiones financieras a corto plazo.

GRUPO 6

COMPRAS Y GASTOS POR NATURALEZA

62. SERVICIOS EXTERIORES.
    621. Arrendamientos y cánones.
    622. Reparaciones y conservación.
    629. Suministros, comunicaciones y otros servicios.
63. Tributos.
    630. Tributos.
64. Gastos de personal y prestaciones sociales.
    640. Gastos de personal y prestaciones sociales.
65. Transferencias y subvenciones.
    650. Transferencias y subvenciones.

66. Gastos financieros.
    662. Intereses de deudas.
    664. Pérdidas en instrumentos financieros a valor razonable.
    665. Pérdidas en instrumentos financieros al coste amortizado o al coste.
    667. Pérdidas de créditos incobrables.
    669. Otros gastos financieros.
67. Pérdidas procedentes de activos no corrientes, otros gastos de gestión ordinaria y gastos excepcionales.
    670. Pérdidas procedentes del inmovilizado no financiero.
    676. Otras pérdidas de gestión ordinaria.
    678. Gastos excepcionales.
68. Dotaciones para amortizaciones.
    680. Amortización del inmovilizado intangible.
    681. Amortización del inmovilizado material.
    682. Amortización de las inversiones inmobiliarias.
    684. Amortización del Patrimonio público del suelo.
69. Pérdidas por deterioro.
    690. Pérdidas por deterioro del inmovilizado intangible.
    691. Pérdidas por deterioro del inmovilizado material.
    692. Pérdidas por deterioro de las inversiones inmobiliarias.
    693. Pérdidas por deterioro del Patrimonio público del suelo.
    696. Pérdidas por deterioro de participaciones.
    697. Pérdidas por deterioro de valores representativos de deuda.
    698. Pérdidas por deterioro de créditos y otras inversiones financieras.

GRUPO 7

VENTAS E INGRESOS POR NATURALEZA

72. IMPUESTOS DIRECTOS.
    724. Impuesto sobre bienes inmuebles.
    725. Impuesto sobre vehículos de tracción mecánica.
    726. Impuesto sobre el incremento de valor de los terrenos de naturaleza urbana.

727. Impuesto sobre actividades económicas.
728. Otros impuestos.

73. Impuestos indirectos.
733. Impuesto sobre construcciones, instalaciones y obras.
735. Impuesto municipal sobre gastos suntuarios.
739. Otros impuestos.

74. Tasas, precios públicos, contribuciones especiales e ingresos urbanísticos.
740. Tasas por prestación de servicios o realización de actividades.
741. Precios públicos por prestación de servicios o realización de actividades.
742. Tasas por utilización privativa o aprovechamiento especial del dominio público.
744. Contribuciones especiales.
745. Ingresos por actuaciones urbanísticas.
746. Aprovechamientos urbanísticos.

75. Transferencias y subvenciones.
750. Transferencias.
751. Subvenciones para gastos no financieros del ejercicio.
752. Subvenciones para la cancelación de deudas genéricas.
753. Subvenciones para la financiación del inmovilizado no financiero imputadas al resultado del ejercicio.
7530. Subvenciones para la financiación del inmovilizado no financiero imputadas al resultado del ejercicio por amortización.
7531. Subvenciones para la financiación del inmovilizado no financiero imputadas al resultado del ejercicio por enajenación o baja.
754. Subvenciones para activos corrientes y gastos imputadas al ejercicio.
755. Subvenciones para gastos financieros del ejercicio.
756. Subvenciones para la financiación de operaciones financieras imputadas al ejercicio.

76. Ingresos financieros.
760. Ingresos de participaciones en el patrimonio neto.
761. Ingresos de valores representativos de deuda, de créditos y de otras inversiones financieras.
764. Beneficios en instrumentos financieros a valor razonable.

765. Beneficios en instrumentos financieros al coste amortizado o al coste.
769. Otros ingresos financieros.

77. Beneficios procedentes de activos no corrientes, otros ingresos de gestión ordinaria e ingresos excepcionales.
770. Beneficios procedentes del inmovilizado no financiero.
775. Reintegros.
777. Otros ingresos.
778. Ingresos excepcionales.

78. Trabajos realizados para la entidad.
780. Trabajos realizados para el inmovilizado intangible.
781. Trabajos realizados para el inmovilizado material.
782. Trabajos realizados para inversiones inmobiliarias.
783. Trabajos realizados para el inmovilizado e inversiones inmobiliarias en curso.
784. Trabajos realizados para el Patrimonio público del suelo.
785. Gastos financieros imputados al inmovilizado intangible.
786. Gastos financieros imputados al inmovilizado material.
787. Gastos financieros imputados a inversiones inmobiliarias.
788. Gastos financieros imputados al inmovilizado e inversiones inmobiliarias en curso.
789. Gastos financieros imputados al Patrimonio público del suelo.

79. Excesos y aplicaciones de provisiones y de pérdidas por deterioro.
790. Reversión del deterioro del inmovilizado intangible.
791. Reversión del deterioro del inmovilizado material.
792. Reversión del deterioro de las inversiones inmobiliarias.
793. Reversión del deterioro del Patrimonio público del suelo.
795. Exceso de provisiones.
796. Reversión del deterioro de participaciones.
797. Reversión del deterioro de valores representativos de deuda.

798. Reversión del deterioro de créditos y otras inversiones financieras.
799. Reversión del deterioro por el usufructo cedido del inmovilizado material.

GRUPO 0

Cuentas de control presupuestario

00. DE CONTROL PRESUPUESTARIO. EJERCICIO CORRIENTE.
   000. Presupuesto ejercicio corriente.
   001. Presupuesto de gastos: créditos iniciales.
   002. Presupuesto de gastos: modificaciones de crédito.
   003. Presupuesto de gastos: créditos definitivos.
   006. Presupuesto de ingresos: previsiones iniciales.
   007. Presupuesto de ingresos: modificación de previsiones.
   008. Presupuesto de ingresos: previsiones definitivas.

QUINTA PARTE

Definiciones y relaciones contables

GRUPO 1

Financiación básica

Comprende el patrimonio neto y la financiación ajena a largo plazo de la entidad, sujeto de la contabilidad, destinados, en general, a financiar el activo no corriente y a cubrir un margen razonable del corriente.

10. PATRIMONIO.
   100. *Patrimonio.*
   101. *Patrimonio recibido.*
   100. *Patrimonio.*

Cuenta representativa de la diferencia entre el activo y el pasivo exigible de la entidad, sujeto de la contabilidad, una vez deducidos, en su caso, los resultados y las subvenciones recibidas pendientes de imputación a resultados.

Esta cuenta será de uso exclusivo por municipios, provincias, islas y otras entidades locales de ámbito superior o inferior al municipio que no tengan propietario.

Su saldo, normalmente acreedor, figurará en el patrimonio neto del balance, en el epígrafe I, «Patrimonio».

101. Patrimonio recibido.

Cuenta representativa del valor de los bienes y derechos aportados por la entidad o entidades propietarias de la entidad contable, ya sea como aportación patrimonial inicial directa ya sea como consecuencia de posteriores ampliaciones de la misma por asunción de nuevas competencias. Se incluyen también en esta cuenta las adscripciones de bienes al sujeto contable para su explotación o utilización, procedentes, de la entidad o entidades propietarias.

Esta cuenta será de uso exclusivo por los organismos autónomos y por aquellas entidades locales de ámbito superior o inferior al municipio que no deban utilizar la cuenta 100, «Patrimonio».

Su saldo, normalmente acreedor, figurará en el patrimonio neto del balance, en el epígrafe I, «Patrimonio».

Su movimiento es el siguiente:

a) Se abonará:

a.1) Por la aportación patrimonial recibida de la entidad o entidades propietarias, con cargo a la cuenta que corresponda, generalmente de activo.

a.2) Por el valor razonable de los bienes recibidos en adscripción, cuando se produzca ésta, con cargo a las cuentas representativas de los activos recibidos.

b) Se cargará, a la devolución de la aportación a la entidad o entidades propietarias, con abono a la cuenta que corresponda.

12. RESULTADOS.

120. *Resultados de ejercicios anteriores.*
129. *Resultado del ejercicio.*

Las cuentas de este subgrupo figurarán en el patrimonio neto del balance, en el epígrafe II, «Patrimonio generado», con signo positivo o negativo según corresponda.

120. Resultados de ejercicios anteriores.

Resultados económico patrimoniales generados en ejercicios anteriores.

Su movimiento es el siguiente:

a) Se abonará:

a.1) Con cargo a la cuenta 129, «Resultado del ejercicio», por los resultados positivos.

a.2) Con cargo a la cuenta 430, «Deudores por derechos reconocidos. Presupuesto de ingresos corriente», por los reintegros de pagos de presupuestos cerrados derivados de gastos económicos que sean de importe significativo y tengan su origen en errores en el reconocimiento de los gastos.

a.3) Con cargo a la cuenta 431, «Deudores por derechos reconocidos. Presupuestos de ingresos cerrados», por la modificación al alza del saldo inicial de derechos presupuestarios reconocidos en ejercicios anteriores derivados de ingresos económicos de importe significativo y que tenga su origen en errores en el reconocimiento de los ingresos. Este asiento será de signo negativo si la modificación fuera a la baja.

b) Se cargará:

b.1) Con abono a la cuenta 129, «Resultado del ejercicio», por los resultados negativos.

b.2) Con abono a la cuenta 418, «Acreedores por devolución de ingresos y otras minoraciones», por los acuerdos de devolución de ingresos presupuestarios de ejercicios anteriores quc sean consecuencia de errores en las liquidaciones practicadas con origen en ingresos económicos de importe significativo.

b.3) Con abono a la cuenta 434, «Derechos anulados de presupuestos cerrados», por las anulaciones de derechos de presupuestos cerrados, con origen en ingresos económicos, por anulación de las liquidaciones por las que fueron reconocidos, cuyo importe sea significativo.

b.4) Con abono a la cuenta 401, «Acreedores por obligaciones reconocidas. Presupuestos de gastos cerrados», por la modificación al alza de obligaciones presupuestarias reconocidas en ejercicios anteriores derivadas de gastos económicos de importe significativo y que tenga su origen en errores en el reconocimiento de los gastos. Este asiento será de signo negativo si la modificación fuera a la baja.

c) Se cargará o abonará con abono o cargo a la contrapartida que corresponda por los ajustes en el patrimonio neto de la entidad derivados de cambios de criterio contable o errores de ejercicios anteriores, no previstos en los movimientos anteriores, cuando sean de importe significativo.

129. Resultado del ejercicio.

Recoge el resultado positivo o negativo del último ejercicio cerrado, pendiente de traspaso a la cuenta 120, «Resultados de ejercicios anteriores».

Su movimiento es el siguiente:

a) Se abonará con cargo a:

a.1) Cuentas de los grupos 6, «Compras y gastos por naturaleza», y 7, «Ventas e ingresos por naturaleza», que presenten al final del ejercicio saldo acreedor, para determinar el resultado del ejercicio.

a.2) La cuenta 120, «Resultados de ejercicios anteriores», por el traspaso del resultado negativo.

b) Se cargará con abono a:

b.1) Cuentas de los grupos 6, «Compras y gastos por naturaleza», y 7, «Ventas e ingresos por naturaleza», que presenten al final del ejercicio saldo deudor, para determinar el resultado del ejercicio.

b.2) La cuenta 120, «Resultados de ejercicios anteriores», por el traspaso del resultado positivo.

13. SUBVENCIONES Y AJUSTES POR CAMBIO DE VALOR.

130. *Subvenciones para la financiación del inmovilizado no financiero.*

131. *Subvenciones para la financiación de activos corrientes y gastos.*

132. *Subvenciones para la financiación de operaciones financieras.*

Subvenciones recibidas, clasificadas contablemente como no reintegrables, registradas directamente en el patrimonio neto, hasta que, de conformidad con lo previsto en la norma de reconocimiento y valoración, se produzca, en su caso, su traspaso o imputación a la cuenta del resultado económico patrimonial.

Las cuentas de este subgrupo figurarán en el patrimonio neto del balance en el epígrafe III, «Subvenciones recibidas pendientes de imputación a resultados».

130. Subvenciones para la financiación del inmovilizado no financiero.

Las recibidas, para el establecimiento o estructura fija de la entidad (activos no corrientes) cuando no sean reintegrables, de acuerdo con los criterios establecidos en la norma de reconocimiento y valoración n.º 13, «Transferencias y subvenciones».

Su movimiento es el siguiente:

a) Se abonarán por la subvención recibida con cargo, generalmente, a la cuenta 430, «Deudores por derechos reconocidos. Presupuesto de ingresos corriente», o la cuenta que corresponda, si la subvención fuera en especie, o en caso de que una subvención reintegrable se convierta en no reintegrable, a la cuenta 172, «Deudas a largo plazo transformables en subvenciones», o a la cuenta 522, «Deudas a corto plazo transformables en subvenciones».

b) Se cargarán, con abono a:

b.1) La cuenta 753, «Subvenciones para la financiación del inmovilizado no financiero imputadas al resultado del ejercicio», a través de sus divisionarias, en el momento de la imputación a la cuenta del resultado económico patrimonial de la subvención recibida.

b.2) La cuenta 172, «Deudas a largo plazo transformables en subvenciones», o a la cuenta 522, «Deudas a corto plazo transformables en subvenciones», cuando una subvención no reintegrable se convierta en reintegrable.

131/132. Subvenciones para la financiación de...

Las recibidas para la financiación de activos corrientes y gastos no financieros, de operaciones financieras, activos y pasivos y gastos financieros, cuyo devengo se produzca en ejercicios posteriores al de la recepción de la subvención, cuando no sean reintegrables, de acuerdo con los criterios establecidos en la norma de reconocimiento y valoración n.º 13, «Transferencias y subvenciones».

Su movimiento es el siguiente:

a) Se abonarán por la subvención recibida con cargo, generalmente, a la cuenta 430, «Deudores por derechos reconocidos. Presupuesto de ingresos corriente», o la cuenta que corresponda, si la subvención fuera en especie, o en caso de que una subvención reintegrable se convierta en no reintegrable, a la cuenta 172, «Deudas a largo plazo transformables en subvenciones», o a la cuenta 522, «Deudas a corto plazo transformables en subvenciones».

b) Se cargarán, con abono a:

b.1) La correlativa cuenta del subgrupo 75, «Transferencias y subvenciones», en el momento de la imputación a la cuenta del resultado económico patrimonial de la subvención recibida.

b.2) La cuenta 172, «Deudas a largo plazo transformables en subvenciones», o a la cuenta 522, «Deudas a corto plazo transformables en subvenciones», cuando una subvención no reintegrable se convierta en reintegrable.

14. PROVISIONES A LARGO PLAZO.

142. *Provisión a largo plazo para responsabilidades.*
143. *Provisión a largo plazo por desmantelamiento, retiro o rehabilitación del inmovilizado no financiero.*
148. *Provisión a largo plazo para transferencias y subvenciones.*
149. *Otras provisiones a largo plazo.*

Pasivos de carácter no corriente surgidos de obligaciones expresas o tácitas, especificadas en cuanto a su naturaleza, pero que, en la fecha de cierre del ejercicio, existe incertidumbre acerca de su cuantía o vencimiento.

Las cuentas de este subgrupo figurarán en el pasivo no corriente del balance, en el epígrafe I, «Provisiones a largo plazo».

La parte de las provisiones cuya cancelación se prevea en el corto plazo deberá figurar en el pasivo corriente del balance, en el epígrafe I, «Provisiones a corto plazo»; a estos efectos se traspasará el importe que representen las provisiones con vencimiento a corto plazo a las cuentas correspondientes del subgrupo 58, «Provisiones a corto plazo».

142. Provisión a largo plazo para responsabilidades.

Pasivos surgidos por obligaciones de cuantía indeterminada para hacer frente a responsabilidades procedentes de litigios en curso, indemnizaciones u obligaciones derivadas de avales y otras garantías similares a cargo de la entidad.

Su movimiento es el siguiente:

a) Se abonará, al nacimiento de la obligación que determina la indemnización o pago, o por cambios posteriores en su importe que supongan un incremento de la provisión, con cargo a las cuentas del grupo 6, «Compras y gastos por naturaleza», que correspondan.

b) Se cargará:

b.1) Con abono a la cuenta 400, «Acreedores por obligaciones reconocidas. Presupuesto de gastos corriente», a la resolución firme del litigio, o cuando se conozca el importe definitivo de la indemnización o el pago.

b.2) Por el exceso de la provisión, con abono a la cuenta 795, «Exceso de provisiones».

143. Provisión a largo plazo por desmantelamiento, retiro o rehabilitación del inmovilizado no financiero.

Importe estimado de los costes de desmantelamiento o retiro del inmovilizado no financiero, así como la rehabilitación del lugar donde se asienta.

Su movimiento es el siguiente:

a) Se abonará, al nacimiento de la obligación, o por cambios posteriores en su importe que supongan un incremento de la provisión, con cargo, generalmente, a cuentas del grupo 2, «Activo no corriente».

b) Se cargará:

b.1) Con abono a la cuenta 400, «Acreedores por obligaciones reconocidas. Presupuesto de gastos corriente», cuando se realice el desmantelamiento, retiro o rehabilitación.

b.2) Al menos, al cierre del ejercicio, por las disminuciones en el importe de la provisión originadas por una nueva estimación, con abono, generalmente, a cuentas del grupo 2, «Activo no corriente» o en su caso, a la cuenta 795, «Exceso de provisiones».

148. Provisión a largo plazo para transferencias y subvenciones.

Importe estimado de las transferencias y subvenciones concedidas, de las que al cierre del ejercicio estén pendientes de cumplimiento alguna condición o trámite necesario para su percepción, pero no existan dudas razonables sobre su futuro cumplimiento.

Su movimiento es el siguiente:

a) Se abonará, por el importe de la transferencia o subvención concedida, con cargo a la cuenta 650, «Transferencias y subvenciones».

b) Se cargará:

b.1) Con abono, generalmente, a la cuenta 400, «Acreedores por obligaciones reconocidas. Presupuesto de gastos corriente», en el momento de la imputación al presupuesto.

b.2) Por el exceso de provisión, con abono a la cuenta 795, «Exceso de provisiones».

149. Otras provisiones a largo plazo.

Otras obligaciones de pago de tipo legal, contractual o implícitas de la entidad, con cuantía o vencimiento incierto, no recogidas en las demás cuentas de este subgrupo.

Se incluyen en esta cuenta aquellas provisiones para prevenir o reparar daños sobre el medio ambiente, salvo las que tengan su origen en el desmantelamiento, retiro o rehabilitación del inmovilizado, que se contabilizarán según lo establecido en la cuenta 143, «Provisión a largo plazo por desmantelamiento, retiro o rehabilitación del inmovilizado no financiero».

Su movimiento es análogo al señalado para la cuenta 142, «Provisión a largo plazo para responsabilidades».

17. DEUDAS A LARGO PLAZO POR PRÉSTAMOS RECIBIDOS Y OTROS CONCEPTOS.

170. *Deudas a largo plazo con entidades de crédito.*
172. *Deudas a largo plazo transformables en subvenciones.*
177. *Intereses a largo plazo de deudas con entidades de crédito.*
178. *Intereses a largo plazo de otras deudas.*
179. *Otras deudas a largo plazo.*

Financiación ajena no instrumentada en valores negociables cuyo vencimiento o cancelación vaya a producirse en un plazo superior a un año.

Las cuentas de este subgrupo figurarán en el pasivo no corriente del balance, formando parte del epígrafe II, «Deudas a largo plazo».

La parte de las deudas a largo plazo cuyo vencimiento o cancelación vaya a producirse a corto plazo deberá figurar en el pasivo corriente del balance, en el epígrafe II, «Deudas a corto plazo»; a estos efectos se traspasará el importe que representen las deudas a largo plazo cuyo vencimiento o cancelación vaya a producirse a corto plazo a las cuentas correspondientes del subgrupo 52, «Deudas a corto plazo por préstamos recibidos y otros conceptos».

170. Deudas a largo plazo con entidades de crédito.

Las contraídas con entidades de crédito por préstamos recibidos y otros débitos, con vencimiento superior a un año.

Su movimiento, en general, es el siguiente:

a) Se abonará:

a.1) Por el importe recibido a la formalización de la deuda, con cargo a la cuenta 430, «Deudores por derechos reconocidos. Presupuesto de ingresos corriente».

a.2) Por el valor razonable del pasivo asumido, con cargo a la cuenta 650, «Transferencias y subvenciones».

a.3) Por la imputación de la parte devengada en el ejercicio de la diferencia entre el valor de reembolso al vencimiento y el valor inicial de la deuda, con cargo a la cuenta 662, «Intereses de deudas».

b) Se cargará:

b.1) Por los costes de transacción directamente atribuibles a la formalización que no se hayan deducido del importe inicial de la deuda, con abono a la cuenta 400, «Acreedores por obligaciones reconocidas. Presupuesto de gastos corriente».

b.2) Por el importe cancelado anticipadamente, con abono a la cuenta 400, «Acreedores por obligaciones reconocidas. Presupuesto de gastos corriente». Al mismo tiempo se cargará la cuenta 665, «Pérdidas en instrumentos financieros al coste amortizado o al coste», o se abonará la cuenta 775, «Beneficios en instrumentos financieros al coste amortizado o al coste», por los posibles resultados negativos o positivos, respectivamente, derivados de dicha operación.

b.3) Cuando la deuda sea asumida por otra entidad, con abono a la cuenta 752, «Subvenciones para la cancelación de deudas genéricas».

c) Si la entidad recibiera préstamos con intereses subvencionados, se cargará esta cuenta con abono a la cuenta 132, «Subvenciones para la financiación de operaciones financieras», por la diferencia entre el importe recibido y el valor razonable de la deuda, de acuerdo con los criterios de la norma de reconocimiento y valoración nº 8, «Pasivos financieros».

172. Deudas a largo plazo transformables en subvenciones.

Subvenciones reintegrables recibidas de otras entidades o particulares, con vencimiento superior a un año.

Su movimiento es el siguiente:

a) Se abonará con cargo a:

a.1) Generalmente, la cuenta 430, «Deudores por derechos reconocidos. Presupuesto de ingresos corriente», por las cantidades percibidas.

a.2) La cuenta que corresponda del subgrupo 13, «Subvenciones y ajustes por cambio de valor», cuando una subvención no reintegrable se convierta en reintegrable por la parte pendiente de imputar a resultados y a la cuenta 120, «Resultados de ejercicios anteriores», por el importe de la subvención que se hubiese imputado a resultados.

b) Se cargará con abono a:

b.1) La cuenta 418, «Acreedores por devolución de ingresos y otras minoraciones», o a la cuenta representativa del activo según se trate de subvenciones monetarias o en especie, respectivamente, por cualquier circunstancia que determine la reducción total o parcial de las mismas, con arreglo a los términos de su concesión.

b.2) Las cuentas del subgrupo 13 «Subvenciones y ajustes por cambio de valor», o a cuentas del subgrupo 75, «Transferencias y subvenciones», si pierde su carácter reintegrable.

177. Intereses a largo plazo de deudas con entidades de crédito.

Intereses a pagar, con vencimiento a largo plazo, de deudas con entidades de crédito.

Su movimiento es el siguiente:

a) Se abonará, por el importe de los intereses devengados durante el ejercicio, con vencimiento superior a un año, con cargo a la cuenta 662, «Intereses de deudas».

b) Se cargará por la cancelación anticipada, total o parcial de las deudas, con abono a la cuenta 400, «Acreedores por obligaciones reconocidas. Presupuesto de gastos corriente».

178. Intereses a largo plazo de otras deudas.

Intereses a pagar, con vencimiento a largo plazo, de deudas, excluidos los que deban ser registrados en la cuenta 177, «Intereses a largo plazo de deudas con entidades de crédito».

Su movimiento es análogo al señalado para la cuenta 177.

179. Otras deudas a largo plazo.

Las contraídas con terceros por préstamos recibidos y otros débitos no incluidos en otras cuentas de este subgrupo, con vencimiento superior a un año. Se incluirán, entre otras, las deudas con suministradores de bienes definidos en el grupo 2, «Activo no corriente», y las deudas con otras entidades en calidad de cedentes del uso de bienes, en acuerdos que deban calificarse como arrendamientos financieros de acuerdo con la norma de reconocimiento y valoración n.º 6, «Arrendamientos y otras operaciones de naturaleza similar».

Su movimiento es el siguiente:

a) Se abonará:

a.1) Por el importe recibido a la formalización de la deuda, con cargo a la cuenta 430, «Deudores por derechos reconocidos. Presupuesto de ingresos corriente».

a.2) Por la recepción a conformidad de los bienes suministrados, con cargo a cuentas del grupo 2, «Activo no corriente».

a.3) Por la recepción a conformidad del derecho de uso sobre los bienes suministrados, con cargo a cuentas del grupo 2, «Activo no corriente».

a.4) Por la imputación de la parte devengada en el ejercicio de la diferencia entre el valor de reembolso al vencimiento y el valor inicial de la deuda, con cargo a la cuenta 662, «Intereses de deudas».

b) Se cargará por la cancelación anticipada, total o parcial, de las deudas, con abono, generalmente, a la cuenta 400, «Acreedores por obligaciones reconocidas. Presupuesto de gastos corriente».

18. FIANZAS Y DEPÓSITOS RECIBIDOS A LARGO PLAZO.

180. *Fianzas y depósitos recibidos a largo plazo.*

Efectivo recibido como garantía del cumplimiento de una obligación o en concepto de depósito irregular, con vencimiento superior a un año.

Figurará en el pasivo no corriente del balance, en el epígrafe II, «Deudas a largo plazo».

La parte de fianzas y depósitos recibidos a largo plazo que tenga vencimiento a corto deberá figurar en el pasivo corriente del balance en el epígrafe II, «Deudas a corto plazo»; a estos efectos se traspasará a la cuenta 560, «Fianzas y depósitos recibidos a corto plazo», el importe que representen las fianzas y depósitos recibidos a largo plazo con vencimiento a corto.

Su movimiento es el siguiente:

a) Se abonará, a la constitución, con cargo a la cuenta 430, «Deudores por derechos reconocidos. Presupuesto de ingresos corriente», o a cuentas del subgrupo 57, «Efectivo y activos líquidos equivalentes», según establezca la normativa aplicable.

b) Se cargará con abono a:

b.1) La cuenta 400, «Acreedores por obligaciones reconocidas. Presupuesto de gastos corriente», o cuentas del subgrupo 57, a la cancelación anticipada, según proceda.

b.2) La cuenta 778, «Ingresos excepcionales», por incumplimiento de la obligación afianzada que determine pérdidas en la fianza, o a la cuenta 430, «Deudores por derechos reconocidos. Presupuesto de ingresos corriente», según establezca la normativa aplicable.

GRUPO 2

ACTIVO NO CORRIENTE

Comprende los elementos del patrimonio destinados a servir de forma duradera en las actividades de la entidad, sujeto de la contabilidad, así como las inversiones inmobiliarias. También se incluyen dentro de este grupo, con carácter general, inversiones financieras cuyo vencimiento, enajenación o realización se espera habrá de producirse en un plazo superior a un año.

20. INMOVILIZACIONES INTANGIBLES.
    200. *Inmovilizado intangible.*

Conjunto de bienes inmateriales y derechos, susceptibles de valoración económica, que cumplen, además, las características de permanencia en el tiempo y utilización en la producción de bienes y servicios públicos o constituyen una fuente de recursos del sujeto contable. También se incluyen los anticipos a cuenta entregados a proveedores de estos inmovilizados.

200. Inmovilizado intangible.

Se registrarán en esta cuenta entre otros: propiedad industrial e intelectual, aplicaciones informáticas e inversiones sobre activos utilizados en régimen de arrendamiento o cedidos. Figurará en el activo no corriente del balance, en el epígrafe I, «Inmovilizado intangible».

Su movimiento es el siguiente:

a) Se cargará por el precio de adquisición o coste de producción, con abono, generalmente, a la cuenta 400, «Acreedores por obligaciones reconocidas. Presupuesto de gastos corriente», o a la cuenta 780, «Trabajos realizados para el inmovilizado intangible».

b) Se abonará, generalmente, por las enajenaciones, con cargo a la cuenta 430, «Deudores por derechos reconocidos. Presupuesto de ingresos corriente», y, en su caso a la cuenta 280, «Amortización acumulada del inmovilizado intangible», y 290, «Deterioro de valor del inmovilizado intangible». Al mismo tiempo se cargará la cuenta 670, «Pérdidas procedentes del inmovilizado no financiero», o se abonará la cuenta 770, «Beneficios procedentes del inmovilizado no financiero», por los posibles resultados negativos o positivos, respectivamente, derivados de la operación.

21. INMOVILIZACIONES MATERIALES.

210. *Terrenos y bienes naturales.*
211. *Construcciones.*
212. *Infraestructuras.*
213. *Bienes del patrimonio histórico.*
214. *Maquinaria y utillaje.*
215. *Instalaciones técnicas y otras instalaciones.*
216. *Mobiliario.*
217. *Equipos para procesos de información.*
218. *Elementos de transporte.*
219. *Otro inmovilizado material.*

Elementos patrimoniales tangibles, muebles o inmuebles, que se utilizan de manera continuada por el sujeto contable en la producción de bienes y servicios públicos, o para sus propios propósitos administrativos y que no están destinados a la venta.

Las cuentas de este subgrupo figurarán en el activo no corriente del balance, en el epígrafe II, «Inmovilizado material».

El movimiento de las cuentas del subgrupo es el siguiente:

a) Se cargarán:

a.1) Por el precio de adquisición o coste de producción, con abono, generalmente, a la cuenta 400, «Acreedores por obligaciones reconocidas. Presupuesto de gastos corriente», a la cuenta 781, «Trabajos realizados para el inmovilizado material», o, en su caso, a cuentas del subgrupo 23, «Inmovilizaciones materiales e inversiones inmobiliarias en curso».

a.2) Por el cambio de uso, con abono a cuentas del subgrupo 22, «Inversiones inmobiliarias», y, en su caso, la cuenta 281, «Amortización acumulada del inmovilizado material», y la 291, «Deterioro de valor del inmovilizado material», a través de sus divisionarias.

a.3) Por la desafectación del Patrimonio público del suelo, con abono a cuentas del subgrupo 24, «Patrimonio público del suelo», y, en su caso, la cuenta 281, «Amortización acumulada del inmovilizado material», y la 291, «Deterioro de valor del inmovilizado material», a través de sus divisionarias.

a.4) Por el valor razonable de los bienes recibidos en adscripción, de la entidad o entidades propietarias, con abono a la cuenta 101, «Patrimonio recibido».

a.5) Por el valor razonable de los bienes recibidos como subvención en especie o de los bienes recibidos en cesión durante un período de tiempo indefinido o similar a la vida económica del bien con abono a la cuenta 130, «Subvenciones para la financiación del inmovilizado no financiero».

a.6) Por el valor razonable de los bienes recibidos como transferencia con abono a la cuenta 750, «Transferencias».

a.7) Por el valor razonable de los bienes recibidos mediante permuta cuando los activos intercambiados no sean similares desde el punto de vista funcional o vida útil, con abono a la cuenta representativa del bien que se entrega y, en su caso, a la cuenta 400, «Acreedores por obligaciones reconocidas. Presupuesto de gastos corriente», por el importe que se compensa en efectivo.

a.8) Por el valor contable del activo entregado más, en su caso, el importe pagado en efectivo, con el límite del valor razonable del elemento recibido mediante permuta cuando los activos intercambiados sean similares desde el punto de vista funcional y vida útil, con abono a la cuenta representativa del bien que se entrega y a la cuenta 400, «Acreedores por obligaciones reconocidas. Presupuesto de gastos corriente», por el importe satisfecho en efectivo.

b) Se abonarán:

b.1) Por las enajenaciones, y en general por la baja del activo, con cargo, generalmente a la cuenta 430, «Deudores por derechos reconocidos. Presupuesto de ingresos corriente», y, en su caso, a las cuentas 281, «Amortización acumulada del inmovilizado material», y 291, «Deterioro de valor del inmovilizado material», a través de sus divisionarias.

Al mismo tiempo se cargará la cuenta 670, «Pérdidas procedentes del inmovilizado no financiero», o se abonará la cuenta 770, «Beneficios procedentes del inmovilizado no financiero», por los posibles resultados negativos o positivos, respectivamente, derivados de la operación.

b.2) Por las adscripciones de bienes, con cargo a la cuenta 260, «Inversiones financieras a largo plazo en instrumentos de patrimonio», o a la cuenta 650, «Transferencias y subvenciones», en función de que la entidad destinataria sea dependiente o no de la entidad contable.

Al mismo tiempo, por la diferencia entre el valor razonable del bien adscrito y su valor contable se cargará la cuenta 670, «Pérdidas procedentes del inmovilizado no financiero», o se abonará la cuenta 770, «Beneficios procedentes del inmovilizado no financiero», según sea positiva o negativa, respectivamente.

b.3) Por los bienes entregados en cesión durante un período indefinido o similar a la vida económica con cargo a la cuenta 650, «Transferencias y subvenciones».

b.4) Por el cambio de uso, con cargo, a cuentas del subgrupo 22, «Inversiones inmobiliarias», y, en su caso, la cuenta 281, «Amortización acumulada del inmovilizado material», y la 291, «Deterioro de valor del inmovilizado material», a través de sus divisionarias.

b.5) Por la incorporación al Patrimonio público del suelo, con cargo a cuentas del subgrupo 24, «Patrimonio público del suelo», y, en su caso, la cuenta 281, «Amortización acumulada del inmovilizado material», y la 291, «Deterioro de valor del inmovilizado material», a través de sus divisionarias.

210. Terrenos y bienes naturales.

Solares de naturaleza urbana, fincas rústicas, otros terrenos no urbanos, como por ejemplo montes en mano común, reservas y cotos de caza, minas y canteras.

211. Construcciones.

Edificaciones en general. Se incluyen los edificios administrativos, comerciales, educativos, deportivos, residencias, centros sanitarios, refugios y casas forestales, viveros, cuadras y establos, tanatorios y cementerios, etc.

212. Infraestructuras.

Activos no corrientes que se materializan en obras de ingeniería civil o inmuebles utilizables por la generalidad de los ciudadanos o destinados a la prestación de servicios públicos, adquiridos o construidos por la entidad, a título oneroso o gratuito y que cumplen alguno de los requisitos siguientes:

— Son parte de un sistema o red.

— Tienen una finalidad específica que no suele admitir otros usos alternativos.

213. Bienes del patrimonio histórico.

Elementos patrimoniales muebles o inmuebles de interés artístico, histórico, paleontológico, arqueológico, etnográfico, científico o técnico, así como el patrimonio documental y bibliográfico, los yacimientos, zonas arqueológicas, sitios naturales, jardines y parques que tengan valor artístico, histórico o antropológico.

214. Maquinaria y utillaje.

Maquinaria: Conjunto de máquinas o bienes de equipo mediante las cuales se realiza la extracción, elaboración o tratamiento de los productos o se utilizan para la prestación de servicios que constituyen la actividad del sujeto contable.

Se incluirán aquellos elementos de transporte interno que se destinen al traslado de personal, animales, materiales y mercaderías dentro de factorías, talleres, etc., sin salir al exterior.

Utillaje: Conjunto de utensilios o herramientas que se pueden utilizar autónomamente o conjuntamente con la maquinaria, incluidos los moldes y las plantillas.

Se hará un recuento físico anual, con objeto de determinar las pérdidas producidas en el ejercicio, abonándose esta cuenta con cargo a la cuenta 676, «Otras pérdidas de gestión ordinaria».

215. Instalaciones técnicas y otras instalaciones.

Instalaciones técnicas: unidades complejas de uso especializado que comprenden: edificaciones, maquinaria, material, piezas o elementos, incluidos los sistemas informáticos que, aun siendo separables por naturaleza, están ligados de forma definitiva para su funcionamiento y sometidos al mismo ritmo de amortización;

se incluirán asimismo, los repuestos o recambios válidos exclusivamente para este tipo de instalaciones.

Otras instalaciones: conjunto de elementos ligados de forma definitiva, para su funcionamiento y sometidos al mismo ritmo de amortización, distintos de los señalados anteriormente; incluirá asimismo, los repuestos o recambios cuya validez es exclusiva para este tipo de instalaciones.

216. Mobiliario.

Mobiliario, material y equipos de oficina, con excepción de los que deban figurar en la cuenta 217, «Equipos para procesos de información».

217. Equipos para procesos de información.

Ordenadores y demás conjuntos electrónicos.

218. Elementos de transporte.

Vehículos de toda clase utilizables para el transporte terrestre, marítimo o aéreo de personas, animales o materiales, excepto los que se deban registrar en la cuenta 214, «Maquinaria y utillaje».

219. Otro inmovilizado material.

Cualesquiera otras inmovilizaciones materiales no incluidas en las demás cuentas de este subgrupo, como los fondos bibliográficos y documentales o el ganado afecto a actividades de investigación.

Se incluirán en esta cuenta los envases y embalajes que por sus características deban considerarse como inmovilizado y los repuestos para inmovilizado cuyo ciclo de almacenamiento sea superior a un año.

22. INVERSIONES INMOBILIARIAS.

220. *Inversiones en terrenos.*

221. *Inversiones en construcciones.*

Activos no corrientes que sean inmuebles y que se tienen para obtener rentas, plusvalías o ambas, no para su uso en la producción o suministro de bienes o servicios, ni para fines administrativos, ni para su venta en el curso ordinario de las operaciones.

Las cuentas de este subgrupo figurarán en el activo no corriente del balance, en el epígrafe III, «Inversiones inmobiliarias».

Su movimiento es el siguiente:

a) Se cargarán:

a.1) Por el precio de adquisición o coste de producción, con abono, generalmente, a la cuenta 400, «Acreedores por obligaciones reconocidas. Presupuesto de gastos corriente», o a la cuenta 782, «Trabajos realizados para inversiones inmobiliarias», o, en su caso, a cuentas del subgrupo 23, «Inmovilizaciones materiales e inversiones inmobiliarias en curso».

a.2) Por el cambio de uso, con abono a cuentas del subgrupo 21, «Inmovilizaciones materiales», y, en su caso, a las cuentas 282, «Amortización acumulada de inversiones inmobiliarias», y 292, «Deterioro de valor de las inversiones inmobiliarias».

b) Se abonarán:

b.1) Por las enajenaciones, y en general por la baja del activo, con cargo, generalmente, a la cuenta 430, «Deudores por derechos reconocidos. Presupuesto de ingresos corriente», y, en su caso, a las cuentas 282, «Amortización acumulada de inversiones inmobiliarias», y 292 «Deterioro de valor de las inversiones inmobiliarias».

Al mismo tiempo se cargará la cuenta 670, «Pérdidas procedentes del inmovilizado no financiero», o se abonará la cuenta 770, «Beneficios procedentes del inmovilizado no financiero», por los posibles resultados negativos o positivos, respectivamente, derivados de la operación.

b.2) Por el cambio de uso, con cargo a cuentas del subgrupo 21, «Inmovilizaciones materiales», y, en su caso, a las cuentas 282, «Amortización acumulada de inversiones inmobiliarias», y 292, «Deterioro de valor de las inversiones inmobiliarias».

23. INMOVILIZACIONES MATERIALES E INVERSIONES INMOBILIARIAS EN CURSO.

230. *Inmovilizaciones materiales en curso y anticipos.*

231. *Inversiones inmobiliarias en curso y anticipos.*

Las cuentas de este subgrupo figurarán en el activo no corriente del balance en los epígrafes II, «Inmovilizado material», o III, «Inversiones inmobiliarias», según corresponda.

230/231.

Trabajos de adaptación, construcción o montaje al cierre del ejercicio realizados con anterioridad a la puesta en condiciones de funcionamiento de los distintos elementos del inmovilizado material e inversiones inmobiliarias, así como entregas a proveedores y otros suministradores, normalmente en efectivo, en concepto de «a cuenta» de suministros o de trabajos futuros.

Su movimiento es el siguiente:

a) Se cargarán:

a.1) Por la recepción de obras y trabajos que corresponde a las inmovilizaciones en curso, o entregas en efectivo a los proveedores, con abono, generalmente, a la cuenta 400, «Acreedores por obligaciones reconocidas. Presupuesto de gastos corriente».

a.2) Por las obras y trabajos que la entidad lleve a cabo por sí misma, con abono a la cuenta 783, «Trabajos realizados para el inmovilizado e inversiones inmobiliarias en curso».

b) Se abonarán una vez terminadas dichas obras y trabajos, con cargo a cuentas del subgrupo 21, «Inmovilizaciones materiales», o, en su caso, del subgrupo 22, «Inversiones inmobiliarias».

24. PATRIMONIO PÚBLICO DEL SUELO.

240. *Terrenos del Patrimonio público del suelo.*
241. *Construcciones del Patrimonio público del suelo.*
243. *Patrimonio público del suelo en curso y anticipos.*
249. *Otros bienes y derechos del Patrimonio público del suelo.*

Bienes y derechos integrantes del Patrimonio público del suelo, sea gestionado éste por la entidad local o por un organismo público dependiente de ella.

Las cuentas de este subgrupo figurarán en el activo no corriente del balance, en el epígrafe IV, «Patrimonio público del suelo».

Su movimiento es el siguiente:

a) Se cargarán con abono a:

a.1) La cuenta 400, «Acreedores por obligaciones reconocidas. Presupuesto de gastos corriente», o la cuenta 784, «Trabajos realizados para el Patrimonio público del suelo», por el precio de adquisición o coste de producción, así como por las entregas en efectivo a los proveedores.

a.2) La cuenta 746, «Aprovechamientos urbanísticos», por el aprovechamiento urbanístico correspondiente a la Administración.

a.3) La cuenta 130, «Subvenciones para la financiación del inmovilizado no financiero», por las adquisiciones a título gratuito.

a.4) Las cuentas que correspondan del subgrupo 21, «Inmovilizaciones materiales», y, en su caso, la cuenta 284, «Amortización acumulada del Patrimonio público del suelo», y la 293, «Deterioro de valor del Patrimonio público del suelo», a través de sus divisionarias, por la incorporación de bienes del inmovilizado material al Patrimonio público del suelo.

b) Se abonarán con cargo a:

b.1) La cuenta 430, «Deudores por derechos reconocidos. Presupuesto de ingresos corriente», por las enajenaciones, y, en su caso, a las cuentas 284, «Amortización acumulada del Patrimonio público del suelo», y 293 «Deterioro de valor del Patrimonio público del suelo».

Al mismo tiempo se cargará la cuenta 670, «Pérdidas procedentes del inmovilizado no financiero», o se abonará la cuenta 770, «Beneficios procedentes del inmovilizado no financiero», por los posibles resultados negativos o positivos, respectivamente, derivados de la operación.

b.2) La cuenta 650, «Transferencias y subvenciones», por las cesiones a título gratuito.

b.3) Las cuentas que correspondan del subgrupo 21, «Inmovilizaciones materiales», y, en su caso, la cuenta 284, «Amortización acumulada del Patrimonio público del suelo», y la 293, «Deterioro de valor del Patrimonio público del suelo», a través de sus divisionarias, por la desafectación de bienes del Patrimonio público del suelo.

240. Terrenos del Patrimonio público del suelo.

Terrenos integrantes del Patrimonio público del suelo.

241. Construcciones del Patrimonio público del suelo.

Edificaciones en general, integrantes del Patrimonio público del suelo.

243. Patrimonio público del suelo en curso y anticipos.

Trabajos de adaptación de terrenos, y de construcción, al cierre del ejercicio, realizados con anterioridad a la puesta en condiciones de funcionamiento de los bienes que forman parte del Patrimonio público del suelo, así como entregas a proveedores y otros suministradores, normalmente en efectivo, en concepto de «a cuenta» de suministros o de trabajos futuros.

249. Otros bienes y derechos del Patrimonio público del suelo.

Cualesquiera otros bienes y derechos integrantes del Patrimonio público del suelo no incluidos en las demás cuentas de este subgrupo.

26. INVERSIONES FINANCIERAS A LARGO PLAZO.

260. *Inversiones financieras a largo plazo en instrumentos de patrimonio.*
261. *Valores representativos de deuda a largo plazo.*
262. *Créditos a largo plazo.*
265. *Deudores a largo plazo por aplazamiento y fraccionamiento.*
266. *Intereses a largo plazo de valores representativos de deuda.*
267. *Intereses a largo plazo de créditos.*
268. *Imposiciones a largo plazo.*
269. *Desembolsos pendientes sobre participaciones en el patrimonio neto a largo plazo.*

Inversiones financieras, cualesquiera que sea su forma de instrumentación, cuyo vencimiento o fecha esperada de enajenación sea superior a un año, incluidos los intereses devengados con vencimiento superior a un año.

Las cuentas de este subgrupo figurarán en el activo no corriente del balance en el epígrafe V, «Inversiones financieras a largo plazo».

La parte de las inversiones a largo plazo cuyo vencimiento o fecha esperada de enajenación no sea superior a un año deberá figurar en el activo corriente del balance en la epígrafe II, «Inversiones financieras a corto plazo»; a estos efectos se traspasará a este subgrupo el importe que represente la inversión a largo plazo con vencimiento o fecha esperada de enajenación a corto plazo, incluidos en su caso los intereses devengados, a las cuentas correspondientes del subgrupo 54, «Inversiones financieras a corto plazo».

260. Inversiones financieras a largo plazo en instrumentos de patrimonio.

Inversiones en derechos sobre el patrimonio neto en entidades públicas o privadas, clasificadas en la categoría de «Activos financieros a coste», que no se esperan enajenar o extinguir en un plazo inferior a un año.

Su movimiento es el siguiente:

a) Se cargará:

a.1) Por la aportación patrimonial realizada, con abono a la cuenta 400, «Acreedores por obligaciones reconocidas. Presupuesto de gastos corriente».

a.2) A la suscripción o a la compra, con abono a la cuenta 400, «Acreedores por obligaciones reconocidas. Presupuesto de gastos corriente», y, en su caso, a la cuenta 269, «Desembolsos pendientes sobre participaciones en el patrimonio neto a largo plazo».

a.3) Por los costes de transacción directamente atribuibles, con abono a la cuenta 400, «Acreedores por obligaciones reconocidas. Presupuesto de gastos corriente».

a.4) Por el valor razonable del bien aportado en adscripción, con abono a la cuenta correspondiente del bien adscrito. Al mismo tiempo, se registrará el resultado que se produzca por la diferencia, en su caso, entre el valor razonable del bien adscrito y su valor contable en la cuenta 670, «Pérdidas procedentes del inmovilizado no financiero», o 770, «Beneficios procedentes del inmovilizado no financiero», según corresponda.

a.5) En caso de aportación no dineraria, por el valor razonable del bien aportado, con abono a la cuenta del correspondiente bien. Al mismo tiempo, se registrará el resultado que se produzca, en su caso, por la diferencia entre el valor razonable del bien aportado y su valor contable en la cuenta 670, «Pérdidas procedentes del inmovilizado no financiero», o 770, «Beneficios procedentes del inmovilizado no financiero», según corresponda.

b) Se abonará:

b.1) Por las devoluciones de aportaciones, con cargo generalmente, a la cuenta 430, «Deudores por derechos reconocidos. Presupuesto de ingresos corriente». Al mismo tiempo se cargará la cuenta 665, «Pérdidas en instrumentos financieros al coste amortizado o al coste», o se abonará la cuenta 765, «Beneficios en instrumentos financieros al coste amortizado o al coste», por los posibles resultados negativos o positivos, respectivamente, derivados de la operación.

b.2) Por las enajenaciones y en general por su baja del activo, con cargo generalmente, a la cuenta 430, «Deudores por derechos reconocidos. Presupuesto de ingresos corriente», y, en su caso, a la 269, «Desembolsos pendientes sobre participaciones en el patrimonio neto a largo plazo».

Al mismo tiempo se cargará la cuenta 665, «Pérdidas en instrumentos financieros al coste amortizado o al coste», o se abonará la cuenta 765, «Beneficios en instrumentos financieros al coste amortizado o al coste», por los posibles resultados negativos o positivos, respectivamente, derivados de la operación.

b.3) Por la reversión de los bienes aportados en adscripción, con cargo a la cuenta correspondiente del bien.

Al mismo tiempo, se cargará la cuenta 665, «Pérdidas en instrumentos financieros al coste amortizado o al coste», o se abonará la cuenta 765, «Beneficios en instrumentos financieros al coste amortizado o al coste», por la diferencia entre el valor razonable del bien que revierte y el valor contable de la participación, según su signo.

261. Valores representativos de deuda a largo plazo.

Recoge las inversiones en valores representativos de deuda (obligaciones, bonos, etc.) que hayan sido clasificados en la categoría de «Activos financieros a coste amortizado», cuyo vencimiento o fecha esperada de enajenación sea superior a un año.

Su movimiento es el siguiente:

a) Se cargará:

a.1) A la suscripción o compra, por el precio de adquisición, excluidos los intereses explícitos devengados y no vencidos, con abono, generalmente, a la cuenta 400, «Acreedores por obligaciones reconocidas. Presupuesto de gastos corriente».

a.2) Por los costes de transacción directamente atribuibles a la suscripción o compra, con abono a la cuenta 400, «Acreedores por obligaciones reconocidas. Presupuesto de gastos corriente».

a.3) Por la imputación de la diferencia devengada entre el valor de reembolso al vencimiento y el valor inicial de la inversión, con abono a la cuenta 761, «Ingresos de valores representativos de deuda, de créditos y de otras inversiones financieras». Cuando dicha diferencia sea negativa el asiento será el inverso.

b) Se abonará por la enajenación, amortización anticipada o baja del activo de los valores, con cargo, generalmente, a la cuenta 430, «Deudores por derechos reconocidos. Presupuesto de ingresos corriente». Al mismo tiempo se cargará la cuenta 665, «Pérdidas en instrumentos financieros al coste amortizado o al coste», o se abonará la cuenta 765, «Beneficios en instrumentos financieros al coste amortizado o al coste», por los posibles resultados, negativos o positivos, respectivamente, derivados de la operación.

262. Créditos a largo plazo.

Préstamos y otros créditos concedidos a terceros con vencimiento superior a un año que no deban recogerse en la cuenta 265, «Deudores a largo plazo por aplazamiento o fraccionamiento». Incluirá, entre otros, los créditos al personal y los créditos por enajenación de inmovilizado.

Su movimiento es el siguiente:

a) Se cargará:

a.1) A la formalización del crédito, por el importe de éste, con abono, generalmente, a la cuenta 400, «Acreedores por obligaciones reconocidas. Presupuesto de gastos corriente», o a las cuentas de inmovilizado correspondientes, en el caso de créditos por enajenación de inmovilizado.

Además, en el caso de créditos concedidos con intereses subvencionados, se abonará esta cuenta con cargo a la cuenta 650, «Transferencias y subvenciones», por la diferencia entre el importe entregado y el valor razonable del crédito, de acuerdo con los criterios de la norma de reconocimiento y valoración n.º 7, «Activos financieros».

a.2) Por los costes de transacción directamente atribuibles, con abono a la cuenta 400, «Acreedores por obligaciones reconocidas. Presupuesto de gastos corriente».

a.3) Por la imputación de la diferencia devengada entre el valor de reembolso al vencimiento y el valor inicial de la inversión, con abono a la cuenta 761, «Ingresos de valores representativos de deuda, de créditos y de otras inversiones financieras». Cuando dicha diferencia sea negativa el asiento será el inverso.

b) Se abonará, por el reintegro anticipado total o parcial o baja en el activo, con cargo a la cuenta 430, «Deudores por derechos reconocidos. Presupuesto de ingresos corriente», y a la cuenta 667, «Pérdidas de créditos incobrables», en caso de pérdidas por insolvencias para las que no se haya registrado previamente la corrección valorativa por deterioro.

265. Deudores a largo plazo por aplazamiento y fraccionamiento.

Recoge derechos a cobrar con vencimiento a largo plazo procedentes de anulaciones por aplazamiento y fraccionamiento de derechos reconocidos en las cuentas 430, «Deudores por derechos reconocidos. Presupuesto de ingresos corriente», y 431, «Deudores por derechos reconocidos. Presupuestos de ingresos cerrados».

Su movimiento es el siguiente:

a) Se cargará, por la anulación del derecho presupuestario, con abono a las cuentas 433, «Derechos anulados de presupuesto corriente», o 434, «Derechos anulados de presupuestos cerrados».

b) Se abonará con cargo a:

b.1) La cuenta 430, «Deudores por derechos reconocidos. Presupuesto de ingresos corriente», por la cancelación anticipada del derecho de cobro.

b.2) La cuenta 443, «Deudores a corto plazo por aplazamiento y fraccionamiento», por la parte del derecho que tenga vencimiento a corto plazo.

266. Intereses a largo plazo de valores representativos de deuda.

Intereses a cobrar, con vencimiento superior a un año, de valores representativos de deuda.

Su movimiento es el siguiente:

a) Se cargará con abono a:

a.1) La cuenta 761, «Ingresos de valores representativos de deuda, de créditos y de otras inversiones financieras», por los intereses devengados.

a.2) La cuenta 400, «Acreedores por obligaciones reconocidas. Presupuesto de gastos corriente», a la suscripción o compra de los valores, por el importe de los intereses devengados con vencimiento en ejercicios posteriores.

b) Se abonará en los casos de enajenación o amortización anticipada de valores y en general de baja del activo, con cargo a la cuenta 430, «Deudores por derechos reconocidos. Presupuesto de ingresos corriente».

267. Intereses a largo plazo de créditos.

Intereses a cobrar, con vencimiento superior a un año, de créditos.

Su movimiento es el siguiente:

a) Se cargará por los intereses devengados, con abono a la cuenta 761, «Ingresos de valores representativos de deuda, de créditos y de otras inversiones financieras».

b) Se abonará en los casos de reintegro anticipado, total o parcial, con cargo a la cuenta 430, «Deudores por derechos reconocidos. Presupuesto de ingresos corriente».

268. Imposiciones a largo plazo.

Saldos favorables en bancos e instituciones de crédito formalizados por medio de cuenta a plazo o similares, con vencimiento superior a un año y de acuerdo con las condiciones que rigen para el sistema financiero. También se incluirán los intereses a cobrar, con vencimiento superior a un año, de las imposiciones a plazo.

Su movimiento es el siguiente:

a) Se cargará:

a.1) A la formalización, con abono, generalmente, a la cuenta 400, «Acreedores por obligaciones reconocidas. Presupuesto de gastos corriente».

a.2) Por los intereses devengados, con abono a la cuenta 761, «Ingresos de valores representativos de deuda, de créditos y de otras inversiones financieras».

b) Se abonará, a la cancelación de la imposición, con cargo, generalmente, a la cuenta 430, «Deudores por derechos reconocidos. Presupuesto de ingresos corriente».

269. Desembolsos pendientes sobre participaciones en el patrimonio neto a largo plazo.

Desembolsos pendientes, no exigidos, sobre participaciones en el patrimonio neto de sociedades mercantiles, cuando se trate de inversiones financieras a largo plazo.

Figurará en el activo no corriente del balance, minorando la partida en la que se reflejen las correspondientes participaciones.

Su movimiento es el siguiente:

a) Se abonará, a la adquisición o suscripción de las participaciones, por el importe pendiente de desembolsar, con cargo a la cuenta 260, «Inversiones financieras a largo plazo en instrumentos de patrimonio».

b) Se cargará:

b.1) Por los desembolsos que se vayan exigiendo, con abono a la cuenta 400, «Acreedores por obligaciones reconocidas. Presupuesto de gastos corriente».

b.2) Cuando se enajenen las participaciones no desembolsadas totalmente, con abono a la cuenta 260, «Inversiones financieras a largo plazo en instrumentos de patrimonio».

b.3) Con abono a la cuenta 549, «Desembolsos pendientes sobre participaciones en el patrimonio neto a corto plazo», cuando se reclasifique a corto plazo la inversión financiera.

27. FIANZAS Y DEPÓSITOS CONSTITUIDOS A LARGO PLAZO.

270. *Fianzas y depósitos constituidos a largo plazo.*

Efectivo entregado como garantía del cumplimiento de una obligación o en concepto de depósito irregular, a plazo superior a un año.

Figurará en el activo no corriente del balance, en el epígrafe V, «Inversiones financieras a largo plazo».

La parte de fianzas y depósitos a largo plazo que tenga vencimiento a corto deberá figurar en el activo corriente del balance en el epígrafe II, «Inversiones financieras a corto plazo»; a estos efectos se traspasará el importe que representen las fianzas y depósitos constituidos a largo plazo con vencimiento a corto a la cuenta 565, «Fianzas y depósitos constituidos a corto plazo».

Su movimiento es el siguiente:

a) Se cargará, a la constitución, por el efectivo entregado, con abono a la cuenta 400, «Acreedores por obligaciones reconocidas. Presupuesto de gastos corriente», o a cuentas del subgrupo 57, «Efectivo y activos líquidos equivalentes», según establezca la normativa aplicable.

b) Se abonará con cargo a:

b.1) La cuenta 430, «Deudores por derechos reconocidos. Presupuesto de ingresos corriente», o a cuentas del subgrupo 57, a la cancelación anticipada, según proceda.

b.2) La cuenta 678, «Gastos excepcionales», por incumplimiento de la obligación afianzada que determine pérdidas en la fianza.

28. AMORTIZACIÓN ACUMULADA DEL INMOVILIZADO.

280. *Amortización acumulada del inmovilizado intangible.*

281. *Amortización acumulada del inmovilizado material.*

2810. Amortización acumulada de terrenos y bienes naturales.

2811. Amortización acumulada de construcciones.

2812. Amortización acumulada de infraestructuras.

2813. Amortización acumulada de bienes del patrimonio histórico.

2814. Amortización acumulada de maquinaria y utillaje.

2815. Amortización acumulada de instalaciones técnicas y otras instalaciones
2816. Amortización acumulada de mobiliario.
2817. Amortización acumulada de equipos para procesos de información
2818. Amortización acumulada de elementos de transporte.
2819. Amortización acumulada de otro inmovilizado material.

282. *Amortización acumulada de inversiones inmobiliarias.*

284. *Amortización acumulada del Patrimonio público del suelo.*
2840. Amortización acumulada de terrenos del Patrimonio público del suelo.
2841. Amortización acumulada de construcciones del Patrimonio público del suelo.
2849. Amortización acumulada de otros bienes y derechos del Patrimonio público del suelo.

Expresión contable de la distribución sistemática, a lo largo de la vida útil, de la depreciación de las inversiones en inmovilizado, de las inversiones inmobiliarias y el Patrimonio público del suelo.

Las cuentas de este subgrupo funcionarán, en su caso, a través de sus divisionarias y minorarán la partida de activo no corriente del balance en la que figure el correspondiente elemento patrimonial.

280. Amortización acumulada del inmovilizado intangible.

Importe acumulado de las correcciones valorativas por la depreciación del inmovilizado intangible realizadas de acuerdo con un plan sistemático.

Su movimiento es el siguiente:

a) Se abonará, por la dotación anual, generalmente con cargo a la cuenta 680, «Amortización del inmovilizado intangible».

b) Se cargará cuando se enajene el inmovilizado intangible o se produzca la baja en el inventario por cualquier otro motivo, con abono a cuentas del subgrupo 20, «Inmovilizaciones intangibles».

281. Amortización acumulada del inmovilizado material.

Importe acumulado de las correcciones valorativas por la depreciación del inmovilizado material realizadas de acuerdo con un plan sistemático.

Su movimiento es el siguiente:

a) Se abonará, por la dotación anual, con cargo, generalmente, a la cuenta 681, «Amortización del inmovilizado material».

b) Se cargará cuando se enajene el inmovilizado material o se produzca la baja en el inventario por cualquier otro motivo, con abono a cuentas del subgrupo 21, «Inmovilizaciones materiales».

282. Amortización acumulada de inversiones inmobiliarias.

Importe acumulado de las correcciones valorativas por la depreciación de las inversiones inmobiliarias realizadas de acuerdo con un plan sistemático.

Su movimiento es el siguiente:

a) Se abonará, por la dotación anual, con cargo, generalmente, a la cuenta 682, «Amortización de las inversiones inmobiliarias».

b) Se cargará cuando se enajene la inversión inmobiliaria o se produzca la baja en el inventario por cualquier otro motivo, con abono a cuentas del subgrupo 22, «Inversiones inmobiliarias».

284. Amortización acumulada del Patrimonio público del suelo.

Importe acumulado de las correcciones valorativas por la depreciación del Patrimonio público del suelo, realizadas de acuerdo con un plan sistemático.

Su movimiento es el siguiente:

a) Se abonará, por la dotación anual, con cargo, generalmente, a la cuenta 684, «Amortización del Patrimonio público del suelo».

b) Se cargará cuando se enajene el Patrimonio público del suelo o se produzca la baja en el inventario por cualquier otro motivo, con abono a cuentas del subgrupo 24, «Patrimonio público del suelo».

29. DETERIORO DE VALOR DE ACTIVOS NO CORRIENTES.

290. *Deterioro de valor del inmovilizado intangible.*

291. *Deterioro de valor del inmovilizado material.*

2910. Deterioro de valor de terrenos y bienes naturales.

2911. Deterioro de valor de construcciones.

2912. Deterioro de valor de infraestructuras.

2913. Deterioro de valor de bienes del patrimonio histórico.

2914. Deterioro de valor de maquinaria y utillaje.
2915. Deterioro de valor de instalaciones técnicas y otras instalaciones.
2916. Deterioro de valor de mobiliario.
2917. Deterioro de valor de equipos para procesos de información.
2918. Deterioro de valor de elementos de transporte.
2919. Deterioro de valor de otro inmovilizado material.

292. *Deterioro de valor de las inversiones inmobiliarias.*

293. *Deterioro de valor del Patrimonio público del suelo.*
2930. Deterioro de valor de terrenos del Patrimonio público del suelo.
2931. Deterioro de valor de construcciones del Patrimonio público del suelo.
2939. Deterioro de valor de otros bienes y derechos del Patrimonio público del suelo.

294. *Deterioro de valor de participaciones a largo plazo.*

295. *Deterioro de valor de valores representativos de deuda a largo plazo.*

296. *Deterioro de valor de créditos a largo plazo.*

297. *Deterioro de valor de créditos por aplazamiento y fraccionamiento a largo plazo.*

298. *Deterioro de valor de otras inversiones financieras a largo plazo.*

299. *Deterioro de valor por usufructo cedido del inmovilizado material.*
2990. Deterioro de valor por usufructo cedido de terrenos y bienes naturales.
2991. Deterioro de valor por usufructo cedido de construcciones.
2992. Deterioro de valor por usufructo cedido de infraestructuras.
2993. Deterioro de valor por usufructo cedido de bienes del patrimonio histórico.
2999. Deterioro de valor por usufructo cedido de otro inmovilizado material.

Expresión contable de las correcciones de valor motivadas por pérdidas debidas a deterioros de valor de los elementos del activo no corriente; se incluyen también las pérdidas de valor por usufructo cedido.

La estimación de tales pérdidas deberá realizarse de forma sistemática en el tiempo. En el supuesto de posteriores recuperaciones de valor, en los términos establecidos en las correspondientes normas de reconocimiento y valoración, las correcciones de valor por deterioro reconocidas deberán reducirse hasta su total recuperación, cuando así proceda de acuerdo con lo dispuesto en dichas normas.

Las cuentas de este subgrupo minorarán en el activo no corriente del balance la partida en la que figure el correspondiente elemento patrimonial.

Se traspasará, generalmente, al subgrupo 59, «Deterioro de valor de inversiones financieras a corto plazo», el importe de las correcciones de valor por deterioro de las inversiones financieras que tengan su vencimiento a corto plazo.

290/291/292/293. Deterioro de valor de...

Importe de las correcciones valorativas por deterioro del valor que corresponda al inmovilizado intangible, inmovilizado material, inversiones inmobiliarias y Patrimonio público del suelo.

Su movimiento es el siguiente:

a) Se abonarán por el importe del deterioro estimado que se deba imputar a resultados, con cargo a las cuentas 690, «Pérdidas por deterioro del inmovilizado intangible», 691, «Pérdidas por deterioro del inmovilizado material», 692, «Pérdidas por deterioro de las inversiones inmobiliarias», o 693, «Pérdidas por deterioro del Patrimonio público del suelo».

b) Se cargarán:

b.1) Cuando desaparezcan las causas que determinaron el reconocimiento de la corrección valorativa por deterioro, con abono a la cuenta 790, «Reversión del deterioro del inmovilizado intangible», 791, «Reversión del deterioro del inmovilizado material», 792, «Reversión del deterioro de las inversiones inmobiliarias», o 793, «Reversión del deterioro del Patrimonio público del suelo».

b.2) Cuando se enajene el inmovilizado o se dé de baja del activo por cualquier otro motivo, con abono a cuentas del subgrupo 20, «Inmovilizaciones intangibles», 21, «Inmovilizaciones materiales», 22, «Inversiones inmobiliarias», o 24, «Patrimonio público del suelo».

294. Deterioro de valor de participaciones a largo plazo.

Importe de las correcciones valorativas por deterioro del valor de las participaciones a largo plazo.

Su movimiento es el siguiente:

a) Se abonará, por el importe del deterioro estimado que se deba imputar a resultados, con cargo a la cuenta 696, «Pérdidas por deterioro de participaciones».

b) Se cargará:

b.1) Con abono a la cuenta 796, «Reversión del deterioro de participaciones», cuando desaparezcan las causas que determinaron el reconocimiento de la corrección valorativa por deterioro.

b.2) Con abono a la 260, «Inversiones financieras a largo plazo en instrumentos de patrimonio», cuando se enajenen las participaciones o se den de baja del activo por cualquier otro motivo.

295. Deterioro de valor de valores representativos de deuda a largo plazo.

Correcciones valorativas por deterioro del valor de inversiones a largo plazo en valores representativos de deuda.

Su movimiento es el siguiente:

a) Se abonarán, por el importe del deterioro estimado que se deba imputar a resultados, con cargo a la cuenta 697, «Pérdidas por deterioro de valores representativos de deuda».

b) Se cargarán:

b.1) Con abono a la cuenta 797, «Reversión del deterioro de valores representativos de deuda», cuando desaparezcan las causas que determinaron el reconocimiento de la corrección valorativa por deterioro.

b.2) Con abono a la cuenta 261, «Valores representativos de deuda a largo plazo», cuando se enajenen los valores o se den de baja del activo por cualquier otro motivo.

296. Deterioro de valor de créditos a largo plazo.

Correcciones valorativas por deterioro del valor de créditos a largo plazo.

Su movimiento es el siguiente:

a) Se abonará, por el importe del deterioro estimado que se deba imputar a resultados, con cargo a la cuenta 698, «Pérdidas por deterioro de créditos y otras inversiones financieras».

b) Se cargará con abono a:

b.1) La cuenta 798, «Reversión del deterioro de créditos y otras inversiones financieras», cuando desaparezcan las causas que determinaron el reconocimiento de la corrección valorativa por deterioro.

b.2) La 262, «Créditos a largo plazo», cuando se cancelen anticipadamente o cuando se den de baja del activo por insolvencia definitiva del deudor y, en este último caso, por la parte de crédito que resulte incobrable.

297. Deterioro de valor de créditos por aplazamiento y fraccionamiento a largo plazo.

Importe de las correcciones valorativas por deterioro del valor de los créditos por aplazamiento y fraccionamiento a largo plazo.

Su movimiento es el siguiente:

a) Se abonará, por el importe del deterioro estimado que se deba imputar a resultados, con cargo a la cuenta 698, «Pérdidas por deterioro de créditos y otras inversiones financieras».

b) Se cargará con abono a:

b.1) La cuenta 798, «Reversión del deterioro de créditos y otras inversiones financieras», cuando desaparezcan las causas que determinaron el reconocimiento de la corrección valorativa por deterioro.

b.2) La 265, «Deudores a largo plazo por aplazamiento y fraccionamiento», cuando se cancelen anticipadamente o cuando se den de baja del activo por insolvencia definitiva del deudor y, en este último caso, por la parte de crédito que resulte incobrable.

298. Deterioro de valor de otras inversiones financieras a largo plazo.

Importe de las correcciones valorativas por deterioro del valor de las fianzas, depósitos e imposiciones constituidos a largo plazo.

a) Se abonará, por el importe del deterioro estimado que se deba imputar a resultados, con cargo a la cuenta 698, «Pérdidas por deterioro de créditos y otras inversiones financieras».

b) Se cargará con abono a:

b.1) La cuenta 798, «Reversión del deterioro de créditos y otras inversiones financieras», cuando desaparezcan las causas que determinaron el reconocimiento de la corrección valorativa por deterioro.

b.2) La cuenta 268, «Imposiciones a largo plazo», o a la cuenta 270, «Fianzas y depósitos constituidos a largo plazo», cuando se cancelen anticipadamente o cuando se den de baja del activo por insolvencia definitiva del deudor y, en este último caso, por la parte de saldo que resulte incobrable.

299. Deterioro de valor por usufructo cedido del inmovilizado material.

Importe de las correcciones valorativas derivadas de la cesión gratuita del uso de elementos del inmovilizado material de la entidad a terceros por un período de tiempo inferior a la vida económica del bien cedido.

Si existieran dificultades para la determinación del usufructo cedido podrá valorarse por el importe acumulado de las cuotas de amortización que correspondan al período de cesión.

Funcionará a través de sus divisionarias.

Su movimiento, con carácter general, es el siguiente:

a) Se abonará por el importe estimado del valor del usufructo cedido del bien durante el período de la cesión con cargo a la cuenta 650, «Transferencias y subvenciones».

b) Se cargará con abono a la cuenta 799, «Reversión del deterioro por el usufructo cedido del inmovilizado material», cuando el importe recuperable sea superior al valor contable con el límite del valor contable si no hubiera habido deterioro.

GRUPO 4

ACREEDORES Y DEUDORES

Cuentas a cobrar y a pagar derivadas de operaciones realizadas con terceros, que tengan su origen en la gestión ordinaria de la entidad y las cuentas de las Administraciones Públicas.

40. ACREEDORES PRESUPUESTARIOS.

400. *Acreedores por obligaciones reconocidas. Presupuesto de gastos corriente.*

401. *Acreedores por obligaciones reconocidas. Presupuestos de gastos cerrados.*

Obligaciones a pagar a cargo de la entidad como consecuencia de la ejecución del presupuesto.

400. Acreedores por obligaciones reconocidas. Presupuesto de gastos corriente.

Obligaciones reconocidas durante el período de vigencia del presupuesto con cargo a los créditos figurados en el mismo.

Figurará en el pasivo corriente del balance, en el epígrafe III, «Acreedores y otras cuentas a pagar a corto plazo».

Su movimiento es el siguiente:

a) Se abonará, por las obligaciones presupuestarias reconocidas, con cargo a:

a.1) Cuentas del grupo 1, «Financiación básica», en los casos, entre otros, de reembolso anticipado del pasivo a largo plazo, así como, en su caso, en los de devolución anticipada de fianzas y depósitos recibidos a largo plazo.

a.2) Cuentas del grupo 2, «Activo no corriente», por las inversiones realizadas en inmovilizado intangible, material, financiero, inversiones inmobiliarias, patrimonio público del suelo, y, en su caso, por la constitución de fianzas y depósitos a largo plazo.

a.3) Cuentas del grupo 5, «Cuentas financieras», en los casos de reembolso del pasivo a corto plazo, inversiones financieras a corto plazo, así como, en su caso, la constitución de fianzas y depósitos a corto plazo y la devolución de fianzas y depósitos recibidos a corto plazo.

a.4) Cuentas del grupo 6, «Compras y gastos por naturaleza», por los gastos y las pérdidas.

a.5) La cuenta 411, «Acreedores por gastos devengados», cuando al vencimiento de la obligación se expida el correspondiente acto de reconocimiento y liquidación.

a.6) La cuenta 413, «Acreedores por operaciones pendientes de aplicar a presupuesto», cuando se reconozca y liquide la obligación que ha quedado pendiente de imputar a presupuesto.

a.7) La subcuenta 558, «Provisiones de fondos para pagos a justificar y anticipos de caja fija», por el libramiento de fondos con el carácter de «pagos a justificar» y las reposiciones de anticipos de caja fija.

En el caso de reintegros de pagos a justificar que se deban imputar a presupuesto de gastos el asiento a realizar será idéntico pero de signo negativo.

a.8) La cuenta 630, «Tributos», por el importe de la regularización anual negativa de la imposición indirecta.

En el caso de anulación de obligaciones reconocidas el asiento a realizar será idéntico pero de signo negativo.

Asimismo, también se realizará el mencionado asiento de signo negativo cuando se produzca la condonación de obligaciones que figuren reflejadas en esta cuenta, con la salvedad de que, en este supuesto, la cuenta de cargo será en todo caso la 752, «Subvenciones para la cancelación de deudas genéricas».

b) Se cargará con abono a:

b.1) Cuentas del subgrupo 57, «Efectivo y activos líquidos equivalentes», por el importe de los pagos efectuados en efectivo, o a la cuenta 557, «Formalización», por los pagos virtuales.

b.2) La cuenta 410, «Acreedores por IVA soportado», por el importe de la regularización anual negativa de la imposición indirecta.

b.3) La cuenta 557, «Formalización», por el importe de los reintegros del presupuesto corriente en el momento de su imputación al presupuesto de gastos. Este asiento será de signo negativo.

La suma de su haber indicará el total de obligaciones presupuestarias reconocidas netas durante el ejercicio, minoradas en las posibles condonaciones que se hubiesen producido. La de su debe, el total de obligaciones presupuestarias cuyo pago se ha hecho efectivo.

Su saldo, acreedor, recogerá el importe de obligaciones reconocidas pendientes de pago.

El día 1 de enero, en el asiento de apertura, el saldo de esta cuenta en 31 de diciembre anterior formará parte del saldo inicial de la cuenta 401, «Acreedores por obligaciones reconocidas. Presupuestos de gastos cerrados». Este traspaso se realizará directamente, sin realizar ningún asiento.

401. Acreedores por obligaciones reconocidas. Presupuestos de gastos cerrados.

Recoge en 1 de enero el saldo de obligaciones reconocidas con cargo a créditos de presupuestos vigentes en ejercicios anteriores, cuyo pago no ha sido hecho efectivo en 31 de diciembre del precedente.

Figurará en el pasivo corriente del balance, en el epígrafe III, «Acreedores y otras cuentas a pagar a corto plazo».

Su movimiento es el siguiente:

a) Se abonará con cargo a la cuenta 120, «Resultados de ejercicios anteriores», o bien a la cuenta de balance a la que el gasto presupuestario se hubiera imputado, por la modificación en aumento de las obligaciones reconocidas en ejercicios anteriores que sea consecuencia de errores. En el caso de modificación de obligaciones con origen en gastos económicos y de poca importancia relativa se podrá abonar con cargo a las cuentas de gastos por naturaleza que correspondan.

Cuando la modificación de dichas obligaciones fuese en disminución, o tratándose de la anulación de las mismas, este asiento será de signo negativo.

Asimismo, también se realizará el mencionado asiento de signo negativo cuando se produzca la condonación de obligaciones que figuren reflejadas en esta cuenta, con la salvedad de que, en este supuesto, la cuenta de cargo será en todo caso la 752, «Subvenciones para la cancelación de deudas genéricas».

b) Se cargará con abono a:

b.1) Cuentas del subgrupo 57, «Efectivo y activos líquidos equivalentes», por el importe de los pagos realizados en efectivo, o a la cuenta 557, «Formalización», por los pagos virtuales.

b.2) La cuenta 778, «Ingresos excepcionales», por el importe de las prescripciones que se hayan producido.

La suma de su haber indicará el total de obligaciones reconocidas con cargo a presupuestos de ejercicios cerrados cuyo pago no ha sido hecho efectivo al finalizar el ejercicio anterior y que no han sido anuladas o condonadas durante el ejercicio. La de su debe, el total de obligaciones de presupuestos cerrados canceladas durante el ejercicio, bien por pago, bien por prescripción.

Su saldo, acreedor, recogerá el total de obligaciones pendientes de pago correspondientes a presupuestos cerrados.

41. ACREEDORES NO PRESUPUESTARIOS.

410. *Acreedores por IVA soportado.*
411. *Acreedores por gastos devengados.*
413. *Acreedores por operaciones pendientes de aplicar a presupuesto.*
418. *Acreedores por devolución de ingresos y otras minoraciones.*
419. *Otros acreedores no presupuestarios.*

410. *Acreedores por IVA soportado.*

Cuenta acreedora que recoge las deudas con terceros correspondientes a un impuesto sobre el valor añadido (IVA) soportado, que tenga la condición de deducible, que se origina por la adquisición de bienes o servicios.

Figurará en el pasivo corriente del balance, en el epígrafe III, «Acreedores y otras cuentas a pagar a corto plazo».

Su movimiento es el siguiente:

a) Se abonará con cargo a:

a.1) La cuenta 472, «Hacienda Pública, IVA soportado», por el importe del IVA soportado y deducible en las adquisiciones.

a.2) La cuenta 472, «Hacienda Pública, IVA soportado», por el importe del IVA soportado y deducible correspondiente a las operaciones anuladas. Este asiento será de signo negativo.

a.3) Cuentas del subgrupo 57, «Efectivo y activos líquidos equivalentes», por el reintegro de las operaciones anuladas cuyo pago se hubiera producido con anterioridad.

a.4) La cuenta 472, «Hacienda Pública, IVA soportado», por el importe del IVA soportado y deducible correspondiente a la regularización practicada en los casos de aplicación de la regla de prorrata. Será un asiento con signo negativo si el IVA soportado y deducible calculado conforme a la prorrata provisional es superior al calculado conforme a la prorrata definitiva. El importe así abonado se cancelará contra cuentas de deudores o de acreedores presupuestarios, según que la regularización dé lugar a un ajuste de signo positivo o negativo.

b) Se cargará con abono a:

b.1) Cuentas del subgrupo 57, «Efectivo y activos líquidos equivalentes», por el pago realizado a los acreedores.

b.2) La cuenta 778, «Ingresos excepcionales», en caso de prescripción.

Su saldo, acreedor, recogerá el importe del IVA soportado que tiene la condición de deducible pendiente de pago a los acreedores.

411. Acreedores por gastos devengados.

Recoge las obligaciones no vencidas a fin de ejercicio derivadas de gastos económicos no financieros devengados durante el mismo.

Figurará en el pasivo corriente del balance, en el epígrafe III, «Acreedores y otras cuentas a pagar a corto plazo».

Su movimiento es el siguiente:

a) Se abonará, por el importe de los bienes y servicios correspondientes con cargo a cuentas del grupo 6 «Compras y gastos por naturaleza», representativas de los mismos.

b) Se cargará con abono a la cuenta 400, «Acreedores por obligaciones reconocidas. Presupuesto de gastos corriente», cuando se produzca el reconocimiento formal de la obligación.

Su saldo, acreedor, recogerá el importe de las obligaciones no vencidas a fin de ejercicio derivadas de gastos devengados durante el mismo.

413. Acreedores por operaciones pendientes de aplicar a presupuesto.

Cuenta acreedora que recoge las obligaciones derivadas de gastos realizados o bienes y servicios recibidos, para las que no se ha producido su aplicación a presupuesto, siendo procedente la misma.

Figurará en el pasivo corriente del balance, en el epígrafe III, «Acreedores y otras cuentas a pagar a corto plazo».

Su movimiento es el siguiente:

a) Se abonará, al menos al 31 de diciembre, con cargo a las cuentas del grupo 6, «Compras y gastos por naturaleza», o a las cuentas de balance representativas de los gastos presupuestarios realizados.

b) Se cargará con abono a:

b.1) La cuenta 400, «Acreedores por obligaciones reconocidas. Presupuesto de gastos corriente», cuando se produzca la aplicación a presupuesto.

b.2) La cuenta 558, «Provisiones de fondos para pagos a justificar y anticipos de caja fija», una vez aprobada la cuenta justificativa del anticipo de caja fija, por los gastos que se hubiesen reconocido previamente.

Su saldo, acreedor, recogerá las obligaciones pendientes de aplicar a presupuesto.

418. Acreedores por devolución de ingresos y otras minoraciones.

Recoge las obligaciones de pagar, con cargo al presupuesto de ingresos, cantidades derivadas de ingresos indebidos, como consecuencia de haberse dictado el correspondiente acuerdo de devolución.

Figurará en el pasivo corriente del balance, en el epígrafe III, «Acreedores y otras cuentas a pagar a corto plazo».

Su movimiento es el siguiente:

a) Se abonará, con cargo a:

a.1) Cuentas de los grupos 1, «Financiación básica», 2, «Activo no corriente», 5, «Cuentas financieras», 6, «Compras y gastos por naturaleza», o 7, «Ventas e ingresos por naturaleza», según el origen de la devolución, o, en su caso, a la cuenta 585, «Provisión a corto plazo para devolución de ingresos», en el momento en que se dicte el acuerdo de devolución.

El asiento anterior se practicará con signo negativo cuando se anulen acuerdos de devolución de ingresos en el mismo ejercicio en que fueron dictados.

a.2) La cuenta 120, «Resultados de ejercicios anteriores», o bien la cuenta de balance a que la devolución se hubiera imputado en el momento de su reconocimiento, por la modificación en aumento de las obligaciones procedentes de ejercicios anteriores que sea consecuencia de errores.

Cuando las modificaciones de dichas obligaciones fuesen en disminución, o tratándose de la anulación de las mismas, este asiento será de signo negativo.

b) Se cargará con abono a:

b.1) Cuentas del subgrupo 57, «Efectivo y activos líquidos equivalentes», por los pagos realizados.

b.2) La cuenta 442, «Deudores por servicio de recaudación», por las devoluciones de ingresos relativas a recursos de titularidad del sujeto contable realizadas por los entes que tengan atribuida la administración de dichos recursos.

b.3) La cuenta 778, «Ingresos excepcionales», por las obligaciones que incurran en prescripción.

La suma de su haber indicará el importe total neto de obligaciones reconocidas por devolución de ingresos, es decir, el que corresponda a acuerdos de devolución dictados en el ejercicio más el de aquellos que, dictados en ejercicios anteriores, se encontraban pendientes de pago al comienzo del mismo. La de su debe, las devoluciones canceladas durante el ejercicio, bien por pago, bien por prescripción.

Su saldo, acreedor, recogerá el importe de las obligaciones pendientes de pago por devolución de ingresos.

419. Otros acreedores no presupuestarios.

Recoge el resto de acreedores no presupuestarios, no incluidos en las cuentas anteriores. Entre otros, se incluirán en esta cuenta los recursos de otros entes públicos recaudados por la entidad como consecuencia de prestarles el servicio de recaudación.

Figurará en el pasivo corriente del balance, en el epígrafe III, «Acreedores y otras cuentas a pagar a corto plazo».

Su movimiento es el siguiente:

a) Se abonará, por los cobros efectuados, con cargo a la cuenta 554, «Cobros pendientes de aplicación», o a cuentas del subgrupo 57, «Efectivo y activos líquidos equivalentes», según proceda.

b) Se cargará, por los pagos efectuados, con abono a cuentas del subgrupo 57, «Efectivo y activos líquidos equivalentes».

Su saldo, acreedor, recogerá lo pendiente de satisfacer por este concepto.

43. DEUDORES PRESUPUESTARIOS.

430. *Deudores por derechos reconocidos. Presupuesto de ingresos corriente.*
431. *Deudores por derechos reconocidos. Presupuestos de ingresos cerrados.*
433. *Derechos anulados de presupuesto corriente.*
434. *Derechos anulados de presupuestos cerrados.*
437. *Devolución de ingresos.*
438. *Derechos cancelados de presupuesto corriente.*
439. *Derechos cancelados de presupuestos cerrados.*

Derechos reconocidos a favor de la entidad, como consecuencia de la ejecución del presupuesto.

430. Deudores por derechos reconocidos. Presupuesto de ingresos corriente.

Cuenta deudora que recoge los derechos reconocidos durante el período de vigencia del presupuesto e imputados al mismo.

Figurará en el activo corriente del balance, en el epígrafe I, «Deudores y otras cuentas a cobrar a corto plazo».

Su movimiento es el siguiente:

a) Se cargará, por el reconocimiento de los derechos a cobrar, con abono a:

a.1) Cuentas del grupo 1, «Financiación básica», en los casos, entre otros, de formalización de operaciones de endeudamiento a largo plazo, así como, en su caso, la recepción de fianzas y depósitos a largo plazo.

a.2) Cuentas del grupo 2, «Activo no corriente», por la enajenación de inmovilizado intangible, material, financiero, inversiones inmobiliarias, patrimonio público del suelo, reintegro anticipado de créditos, así como, en su caso, por la cancelación anticipada de fianzas y depósitos constituidos a largo plazo.

a.3) Cuentas del grupo 5, «Cuentas financieras», por la formalización de operaciones de endeudamiento, enajenación de inversiones financieras temporales, reintegro de créditos concedidos, así como, en su caso, la recepción de fianzas y depósitos a corto plazo y la cancelación de fianzas y depósitos constituidos a corto plazo.

a.4) Cuentas del grupo 7, «Ventas e ingresos por naturaleza», por los ingresos y los beneficios.

a.5) La subcuenta 265, «Deudores a largo plazo por aplazamiento y fraccionamiento», a la cancelación anticipada.

a.6) La cuenta 443, «Deudores a corto plazo por aplazamiento y fraccionamiento», en el ejercicio del vencimiento del derecho a cobrar o a la cancelación anticipada del mismo.

a.7) La cuenta 441, «Deudores por ingresos devengados», cuando se dicte el acuerdo de reconocimiento del derecho.

a.8) La cuenta 630, «Tributos», por el importe de la regularización anual positiva de la imposición indirecta.

a.9) Las cuentas de gastos por naturaleza que corresponda, por los reintegros de pagos que deban imputarse al presupuesto de ingresos, salvo los que se deriven de errores que se registrarán en la cuenta 120, «Resultados de ejercicios anteriores». Cuando estos reintegros tengan poca importancia relativa, independientemente de que procedan o no de errores, se registrarán en la cuenta 775, «Reintegros».

a.10) Se cargará a fin de ejercicio, por la regularización de las devoluciones de ingresos, con abono a la cuenta 437, «Devolución de ingresos».

b) Se abonará con cargo a:

b.1) Cuentas del subgrupo 57, «Efectivo y activos líquidos equivalentes», por el cobro de derechos reconocidos en el ejercicio corriente.

b.2) La cuenta 554, «Cobros pendientes de aplicación», en el momento de la aplicación definitiva de aquellos ingresos aplicados transitoriamente en dicha cuenta.

b.3) La cuenta 442, «Deudores por servicio de recaudación», por los ingresos que se produzcan en el ámbito de entes que tuviesen atribuida la administración de recursos cuya titularidad corresponda al sujeto contable o de entidades encargadas de su gestión de cobro, siempre que no se hubiese realizado previamente la aplicación provisional de dichos ingresos.

b.4) La cuenta 410, «Acreedores por IVA soportado», por el importe de la regularización anual positiva de la imposición indirecta.

b.5) La cuenta 433, «Derechos anulados de presupuesto corriente», por la regularización de los derechos anulados. Este asiento se hace a fin de ejercicio.

b.6) La cuenta 438, «Derechos cancelados de presupuesto corriente», por la regularización de los derechos cancelados. Este asiento se hace a fin de ejercicio.

La suma de su debe indicará, antes de los asientos de regularización, el total de derechos liquidados en el ejercicio. La de su haber, también antes de los asientos de regularización, los derechos liquidados en el ejercicio cobrados durante el mismo.

Su saldo, deudor, recogerá, después de la regularización, el importe de los derechos liquidados en el ejercicio pendientes de cobro.

El día 1 de enero, en el asiento de apertura, el saldo de esta cuenta a 31 de diciembre anterior, formará parte del saldo inicial de la cuenta 431, «Deudores por derechos reconocidos. Presupuestos de ingresos cerrados». Esta operación se realizará directamente, sin necesidad de ningún asiento.

431. Deudores por derechos reconocidos. Presupuestos de ingresos cerrados.

Recoge en 1 de enero el importe de los derechos reconocidos en ejercicios anteriores, cuyo cobro no ha sido hecho efectivo en 31 de diciembre del precedente.

Figurará en el activo corriente del balance, en el epígrafe III, «Deudores y otras cuentas a cobrar a corto plazo».

Su movimiento es el siguiente:

a) Se cargará con abono a la cuenta 120, «Resultados de ejercicios anteriores», o bien a la cuenta de balance a la que el ingreso presupuestario se hubiera imputado, por la modificación en aumento de los derechos reconocidos en ejercicios anteriores como consecuencia de errores. En el caso de modificación de derechos con origen en ingresos económicos y de poca importancia relativa se podrá cargar con abono a las cuentas de ingresos por naturaleza que correspondan.

Cuando la modificación de dichos derechos fuese en disminución este asiento será de signo negativo.

b) Se abonará con cargo a:

b.1) Cuentas del subgrupo 57, «Efectivo y activos líquidos equivalentes», por el cobro de los derechos reconocidos en ejercicios anteriores.

b.2) La cuenta 554, «Cobros pendientes de aplicación», en el momento de la aplicación definitiva de aquellos ingresos aplicados transitoriamente en dicha cuenta.

b.3) La cuenta 442, «Deudores por servicio de recaudación», por los ingresos que se produzcan en el ámbito de entes que tuviesen atribuida la administración de recursos cuya titularidad corresponda al sujeto contable o de entidades encargadas de su gestión de cobro, siempre que no se hubiese realizado previamente la aplicación provisional de dichos ingresos.

b.4) La cuenta 434, «Derechos anulados de presupuestos cerrados», por la regularización, en fin de ejercicio, de los derechos anulados.

b.5) La cuenta 439, «Derechos cancelados de presupuestos cerrados», por la regularización, en fin de ejercicio, de los derechos cancelados.

La suma de su debe indicará el total de derechos reconocidos en ejercicios anteriores y que en 1 de enero se encontraban pendientes de cobro. La de su haber, antes de los asientos de regularización, el total de derechos cobrados durante el ejercicio.

Su saldo, deudor, recogerá, después de la regularización, los derechos liquidados en ejercicios anteriores pendientes de cobro.

433. Derechos anulados de presupuesto corriente.

Recoge anulaciones de derechos reconocidos.

Su movimiento es el siguiente:

a) Se abonará con cargo a:

a.1) Las cuentas de imputación que figuran en el apartado *a*) de la cuenta 430, «Deudores por derechos reconocidos. Presupuesto de ingresos corriente», por la anulación de derechos por anulación de liquidaciones.

a.2) La cuenta 443, «Deudores a corto plazo por aplazamiento y fraccionamiento», o la cuenta 265, «Deudores a largo plazo por aplazamiento y fraccionamiento», representativas de los créditos a corto y a largo plazo que surjan como consecuencia de la anulación de derechos presupuestarios por aplazamiento y fraccionamiento.

a.3) La cuenta 437, «Devolución de ingresos», por la anulación de derechos por devolución de ingresos, una vez se haya efectuado el pago de la misma.

b) Se cargará con abono a:

b.1) La cuenta 430, en fin de ejercicio, por su saldo, excepto por los derechos anulados por devolución de ingresos.

b.2) La cuenta 437, en fin de ejercicio, por el saldo de derechos anulados por devolución de ingresos, como consecuencia de la regularización de derechos anulados por devolución de ingresos.

Su saldo, acreedor, antes de la regularización, recogerá los derechos anulados en el ejercicio, correspondientes a derechos reconocidos en el mismo.

434. Derechos anulados de presupuestos cerrados.

Recoge anulaciones de derechos reconocidos en ejercicios anteriores que figuren pendientes de cobro en la cuenta 431, «Deudores por derechos reconocidos. Presupuestos de ingresos cerrados».

Su movimiento es el siguiente:

a) Se abonará con cargo a:

a.1) La cuenta 120, «Resultados de ejercicios anteriores», o bien a la cuenta de balance a la que el ingreso presupuestario se hubiera imputado, por la anulación de derechos por anulación de liquidaciones. En el caso de que la operación tuviera poca importancia relativa, se podrá abonar con cargo a las cuentas de ingresos por naturaleza que correspondiese.

a.2) La cuenta 443, «Deudores a corto plazo por aplazamiento y fraccionamiento», o la cuenta 265, «Deudores a largo plazo por aplazamiento y fraccionamiento», representativas de los créditos a corto y a largo plazo que surjan como consecuencia de la anulación de derechos presupuestarios por aplazamiento y fraccionamiento.

b) Se cargará con abono a la 431, «Deudores por derechos reconocidos. Presupuestos de ingresos cerrados», por la regularización de los derechos anulados. Este asiento se hará en fin de ejercicio.

Su saldo, acreedor, antes de la regularización, recogerá las anulaciones que se efectúen durante el ejercicio de derechos liquidados en ejercicios anteriores.

437. Devolución de ingresos.

Recoge el importe de las devoluciones de ingresos efectuadas durante el ejercicio.

Su movimiento es el siguiente:

a) Se cargará con abono a la cuenta 433, «Derechos anulados de presupuesto corriente», por las devoluciones de ingresos pagadas.

b) Se abonará, por su saldo, con cargo a la cuenta 433, con motivo de la regularización de las devoluciones de ingresos realizadas durante el ejercicio. Este asiento se efectuará en fin de ejercicio.

Su saldo, deudor, antes de la regularización, recogerá el total de devoluciones efectuadas en el ejercicio.

438. Derechos cancelados de presupuesto corriente.

Recoge las cancelaciones de derechos reconocidos, producidas como consecuencia de adjudicaciones de bienes en pago de deudas, otros cobros en especie y por insolvencias y otras causas.

Su movimiento es el siguiente:

a) Se abonará con cargo a:

a.1) La cuenta de balance representativa del bien o derecho recibido, por la cancelación de derechos por cobros en especie.

a.2) La cuenta 667, «Pérdidas de créditos incobrables», por la cancelación de derechos por insolvencias y por quitas acordadas en concursos de acreedores.

a.3) La cuenta 650, «Transferencias y subvenciones», por la cancelación de derechos por condonación de los mismos.

a.4) La cuenta de imputación que corresponda por la cancelación de derechos por otras causas.

b) Se cargará con abono a la cuenta 430, «Deudores por derechos reconocidos. Presupuesto de ingresos corriente», en fin de ejercicio, por la regularización de los derechos cancelados.

Su saldo, acreedor, antes de la regularización, recogerá los derechos cancelados en especie y por insolvencias y otras causas en el ejercicio, correspondientes a derechos reconocidos en el mismo.

439. Derechos cancelados de presupuestos cerrados.

Recoge cancelaciones de derechos reconocidos en ejercicios anteriores que figuren pendientes de cobro en la cuenta 431,

«Deudores por derechos reconocidos. Presupuestos de ingresos cerrados», producidas como consecuencia de adjudicaciones de bienes en pago de deudas, otros cobros en especie, por insolvencias y otras causas y por prescripción.

Su movimiento es el siguiente:

a) Se abonará con cargo a:

a.1) La cuenta de balance representativa del bien o derecho recibido, por la cancelación de derechos por cobros en especie.

a.2) La cuenta 667, «Pérdidas de créditos incobrables», en el caso de cancelación por insolvencia del deudor, por quitas del crédito en concursos de acreedores o por prescripción.

a.3) La cuenta 650, «Transferencias y subvenciones», por la cancelación de derechos por condonación de los mismos.

a.4) La cuenta de imputación que corresponda por la cancelación de derechos por otras causas.

b) Se cargará con abono a la cuenta 431, «Deudores por derechos reconocidos. Presupuestos de ingresos cerrados», en fin de ejercicio, por la regularización de los derechos cancelados.

Su saldo, acreedor, antes de la regularización, recogerá las cancelaciones en especie, insolvencias y otras causas y prescripción que se efectúen durante el ejercicio, de derechos liquidados en ejercicios anteriores.

44. DEUDORES NO PRESUPUESTARIOS.

440. *Deudores por IVA repercutido.*
441. *Deudores por ingresos devengados.*
442. *Deudores por servicio de recaudación.*
443. *Deudores a corto plazo por aplazamiento y fraccionamiento.*
449. *Otros deudores no presupuestarios.*

440. *Deudores por IVA repercutido.*

Cuenta deudora que recoge las deudas de terceros correspondientes a un impuesto sobre el valor añadido (IVA) repercutido como consecuencia de entrega de bienes o prestación de servicios.

Figurará en el activo corriente del balance, en el epígrafe I, «Deudores y otras cuentas a cobrar a corto plazo».

Su movimiento es el siguiente:

a) Se cargará con abono a:

a.1) La cuenta 477, «Hacienda Pública, IVA repercutido», por el importe del IVA repercutido en la entrega de bienes o prestación de servicios.

a.2) La cuenta 477, en asiento de signo negativo, por el importe del IVA repercutido correspondiente a operaciones anuladas.

a.3) Cuentas del subgrupo 57, «Efectivo y activos líquidos equivalentes», por el importe reintegrado en las operaciones anuladas que habían sido cobradas con anterioridad.

b) Se abonará con cargo a:

b.1) Cuentas del subgrupo 57, o la cuenta 554, «Cobros pendientes de aplicación», según corresponda, por el ingreso del IVA repercutido.

b.2) La cuenta 667, «Pérdidas de créditos incobrables», en caso de insolvencias o de prescripción.

Su saldo, deudor, recogerá el importe del IVA repercutido pendiente de ingresar por los deudores.

441. Deudores por ingresos devengados.

Créditos derivados de ingresos devengados y no exigidos no recogidos en otras cuentas de este Plan.

Figurará en el activo corriente del balance, en el epígrafe I, «Deudores y otras cuentas a cobrar a corto plazo».

Su movimiento es el siguiente:

a) Por el devengo de la operación o al menos al cierre del ejercicio, se cargará con abono a la cuenta correspondiente del grupo 7, «Ventas e ingresos por naturaleza».

b) Se abonará cuando se dicte el acuerdo de reconocimiento del derecho con cargo a la cuenta 430, «Deudores por derechos reconocidos. Presupuesto de ingresos corriente».

442. Deudores por servicio de recaudación.

Esta cuenta recoge, antes de que se efectúe la entrega de los respectivos importes, los créditos a favor de la entidad por cantidades correspondientes a recursos que deban ser registrados en su contabilidad y cuya recaudación se hubiese realizado por otras entidades públicas o privadas que tuviesen encomendada la gestión de cobro. En particular, se registrarán a través de esta cuenta los créditos que se deriven de la administración de recursos por parte de otro ente público, siempre que este último suministre a la entidad titular de los mismos la información necesaria para que todas las operaciones derivadas de la gestión de dichos recursos sean debidamente registradas en su contabilidad e incorporadas a su presupuesto cuando ello proceda.

Figurará en el activo corriente del balance, en el epígrafe I, «Deudores y otras cuentas a cobrar a corto plazo».

Su movimiento es el siguiente:

a) Se cargará:

a.1) Por el nacimiento del crédito a favor de la entidad como consecuencia de ingresos que se produzcan en el ámbito de otro ente público que administre y gestione recursos de la misma o en entidades encargadas de su gestión de cobro, con abono a las cuentas que correspondan según la naturaleza de los recursos que se hubiesen recaudado.

a.2) Por la aplicación provisional de los cobros a que se refiere el apartado anterior, cuando así proceda de acuerdo con los procedimientos de aplicación de ingresos que se utilicen, con abono a la cuenta 554, «Cobros pendientes de aplicación».

a.3) Por los pagos como consecuencia de reintegros a efectuar a los entes públicos que administren y gestionen recursos, con abono a cuentas del subgrupo 57, «Efectivo y activos líquidos equivalentes».

b) Se abonará:

b.1) Con cargo a las cuentas que correspondan en función de la naturaleza de los recursos de que se trate, por la disminución del crédito a favor de la entidad derivado de las devoluciones de ingresos que se produzcan en el ámbito de otro ente público que administre y gestione recursos de la misma.

b.2) Con cargo a la cuenta 554, o a cuentas del subgrupo 57, según corresponda, por los ingresos que se efectúen en la entidad, por parte del ente público que administre y gestione recursos de la misma o de las entidades encargadas de su gestión de cobro, como consecuencia de la gestión recaudatoria realizada.

b.3) Con cargo a la cuenta 550, «Cuentas corrientes no bancarias», por la liquidación definitiva de los recursos recaudados por otro ente público, cuando por parte de éste se efectúen entregas a cuenta de la correspondiente recaudación.

En el caso de operaciones derivadas de la administración de recursos por parte de otro ente público, las anotaciones referidas en los apartados *a*), *b*.1) y *b*.3) se realizarán tomando como base la información facilitada por el ente público gestor de los recursos relativa a la recaudación obtenida, devoluciones de ingreso realizadas y liquidación definitiva de los recursos recaudados, respectivamente.

Su saldo, deudor, recogerá el importe pendiente de ingresar o liquidar por parte de los entes públicos que administren recursos de la entidad o de las entidades encargadas de su gestión de cobro.

443. Deudores a corto plazo por aplazamiento y fraccionamiento.

Recoge derechos a cobrar con vencimiento a corto plazo procedentes de anulaciones por aplazamiento y fraccionamiento de derechos reconocidos en las cuentas 430, «Deudores por derechos reconocidos. Presupuesto de ingresos corriente», y 431, «Deudores por derechos reconocidos. Presupuestos de ingresos cerrados».

Figurará en el activo corriente del balance, en el epígrafe I, «Deudores y otras cuentas a cobrar a corto plazo.

Su movimiento es el siguiente:

a) Se cargará con abono a:

a.1) La cuenta 265, «Deudores a largo plazo por aplazamiento y fraccionamiento», por el traspaso del largo al corto plazo.

a.2) La cuenta 433, «Derechos anulados de presupuesto corriente», o 434, «Derechos anulados de presupuestos cerrados», por la anulación del derecho presupuestario.

b) Se abonará, en el ejercicio del vencimiento del derecho a cobrar o, a la cancelación anticipada del mismo, con cargo a la cuenta 430, «Deudores por derechos reconocidos. Presupuesto de ingresos corriente».

Su saldo, deudor, recogerá el importe pendiente de vencimiento a corto plazo.

449. Otros deudores no presupuestarios.

Recoge el resto de deudores no presupuestarios no incluidos en las cuentas anteriores.

Figurará en el activo corriente del balance, en el epígrafe I, «Deudores y otras cuentas a cobrar a corto plazo».

Su movimiento es el siguiente:

a) Se cargará, por los pagos efectuados, con abono a cuentas del subgrupo 57, «Efectivo y activos líquidos equivalentes».

b) Se abonará por los cobros efectuados, con cargo a la cuenta 554, «Cobros pendientes de aplicación», o a cuentas del subgrupo 57, según proceda.

Su saldo, deudor, recogerá lo pendiente de cobrar por este concepto.

45. DEUDORES Y ACREEDORES POR ADMINISTRACIÓN DE RECURSOS POR CUENTA DE OTROS ENTES PÚBLICOS.

450. *Deudores por derechos reconocidos de recursos de otros entes públicos.*
451. *Derechos anulados por recursos de otros entes públicos.*
452. *Entes públicos, por derechos a cobrar.*
453. *Entes públicos, por ingresos pendientes de liquidar.*
454. *Devolución de ingresos por recursos de otros entes públicos.*
455. *Entes públicos, por devolución de ingresos pendientes de pago.*
456. *Entes públicos, c/c. efectivo.*
457. *Acreedores por devolución de ingresos por recursos de otros entes.*
458. *Derechos cancelados por recursos de otros entes públicos.*

Este subgrupo tiene por objeto recoger aquellas actuaciones de liquidación y recaudación (gestión) de recursos de otros entes que realice la entidad sujeto de la contabilidad.

Este subgrupo sólo será de utilización por aquellas entidades que gestionen o administren recursos de otros entes públicos, en los términos mencionados en el párrafo anterior, existiendo dos posibles situaciones en cuanto a dicha utilización:

Situación 1. Entidad gestora de recursos de otros entes públicos que suministre a la entidad titular de los mismos la información necesaria para que todas las operaciones derivadas de la gestión realizada sean debidamente registradas en su contabilidad e incorporadas a su presupuesto cuando ello proceda.

En este caso, la entidad gestora sólo usará las cuentas 453, «Entes públicos, por ingresos pendientes de liquidar», con los movimientos que se establecen en la misma para esta situación, y 456, «Entes públicos, c/c. efectivo», cuando proceda.

Situación 2. Entidad gestora de recursos de otros entes públicos que no suministre a la entidad titular de los mismos información relativa a las operaciones de gestión realizadas.

Cuando se dé esta situación, la entidad gestora usará todas las cuentas de este subgrupo, utilizando la cuenta 453, «Entes públicos, por ingresos pendientes de liquidar», con los movimientos previstos para este caso.

450. Deudores por derechos reconocidos de recursos de otros entes públicos.

Recoge los recursos liquidados de otros entes públicos, que deben ser recaudados por la entidad.

Figurará en el activo corriente del balance, en el epígrafe I, «Deudores y otras cuentas a cobrar a corto plazo».

Su movimiento es el siguiente:

a) Se cargará con abono a:

a.1) La cuenta 452, «Entes públicos, por derechos a cobrar», por el reconocimiento de derechos a cobrar, así como por las rectificaciones de los saldos pendientes de cobro procedentes de ejercicios anteriores.

a.2) La cuenta 454, «Devolución de ingresos por recursos de otros entes públicos», por la regularización, en fin de ejercicio, de las devoluciones de ingresos realizadas durante el mismo.

b) Se abonará con cargo a:

b.1) Cuentas del subgrupo 57, «Efectivo y activos líquidos equivalentes», por la recaudación de recursos de otros entes públicos.

b.2) La cuenta 554, «Cobros pendientes de aplicación», en el momento de la aplicación definitiva de aquellos ingresos aplicados transitoriamente en dicha cuenta.

b.3) La cuenta 451, «Derechos anulados por recursos de otros entes públicos», por la regularización, en fin de ejercicio, de los derechos anulados.

b.4) La cuenta 458, «Derechos cancelados por recursos de otros entes públicos», por la regularización, en fin de ejercicio, de los derechos cancelados, a través de sus divisionarias.

La suma del debe indicará, antes de la regularización, el total de derechos a cobrar, por recursos de otros entes públicos, reconocidos durante el ejercicio, así como los pendientes de cobro en fin de ejercicio anterior. La de su haber, antes de la regularización, la recaudación durante el ejercicio, correspondiente a dichos derechos.

Su saldo, deudor, recogerá, después de la regularización, los recursos de otros entes públicos liquidados y pendientes de recaudación.

451. Derechos anulados por recursos de otros entes públicos.

Recoge las anulaciones de recursos contabilizados en la cuenta 450, «Deudores por derechos reconocidos de recursos de otros entes públicos», producidas como consecuencia de la anulación de liquidaciones o por devoluciones de ingresos.

Su movimiento es el siguiente:

a) Se abonará con cargo a:

a.1) La cuenta 452, «Entes públicos, por derechos a cobrar», por la anulación de derechos reconocidos por anulación de liquidaciones.

a.2) La cuenta 454, «Devolución de ingresos por recursos de otros entes públicos», por la anulación de derechos por devolución de ingresos, una vez que se haya efectuado el pago de la devolución.

b) Se cargará, en fin de ejercicio, por su saldo, con abono a la cuenta 450, «Deudores por derechos reconocidos de recursos de otros entes públicos», como consecuencia de la regularización de los derechos anulados.

Su saldo, acreedor, antes de la regularización, recogerá el total de derechos anulados durante el ejercicio, de recursos de otros entes públicos.

452. Entes públicos, por derechos a cobrar.

Es la contrapartida de la cuenta 450, «Deudores por derechos reconocidos de recursos de otros entes públicos».

Figurará en el pasivo corriente del balance, en el epígrafe III, «Acreedores y otras cuentas a pagar a corto plazo».

Su movimiento es el siguiente:

a) Se abonará con cargo a la cuenta 450, «Deudores por derechos reconocidos de recursos de otros entes públicos», por el reconocimiento de los derechos a cobrar.

b) Se cargará con abono a:

b.1) La cuenta 453, «Entes públicos, por ingresos pendientes de liquidar», por la recaudación de los derechos.

b.2) La cuenta 451, «Derechos anulados por recursos de otros entes públicos», por la anulación de derechos reconocidos por recursos de otros entes públicos por la anulación de liquidaciones.

b.3) La cuenta 458, «Derechos cancelados por recursos de otros entes públicos», por las cancelaciones de derechos por cuenta de otros entes públicos como consecuencia de cobros en especie, insolvencias y otras causas y prescripción.

La suma de su haber indicará el importe total de los derechos reconocidos a cobrar por recursos de otros entes públicos. La de su debe, el importe de todas las liquidaciones recaudadas o canceladas, más las anuladas.

Su saldo, acreedor, recogerá la posición de la entidad frente a los otros entes públicos por los derechos reconocidos pendientes de recaudación.

453. Entes públicos, por ingresos pendientes de liquidar.

Recursos recaudados por la entidad, por cuenta de otros entes públicos que constituyen un crédito a favor de los mismos.

Figurará en el pasivo corriente del balance, en el epígrafe III, «Acreedores y otras cuentas a pagar a corto plazo».

Al cierre del ejercicio, su saldo acreedor, recogerá la deuda neta de la entidad con los entes públicos por cuya cuenta administra y recauda recursos.

El funcionamiento de esta cuenta dependerá de la situación en la que se encuentre la entidad respecto al suministro de información a los entes públicos titulares de los recursos que administra por su cuenta, pudiendo presentarse dos posibilidades:

Situación 1. Entidad gestora de recursos de otros entes públicos que suministre a la entidad titular de los mismos la información necesaria para que todas las operaciones derivadas de la gestión realizada sean debidamente registradas en su contabilidad e incorporadas a su presupuesto cuando ello proceda.

Cuando se dé esta circunstancia, esta cuenta presentará el siguiente movimiento:

a) Se abonará:

a.1) Por los cobros de derechos reconocidos por recursos de otros entes públicos, con cargo a cuentas del subgrupo 57, «Efectivo y activos líquidos equivalentes».

a.2) Por los cobros correspondientes a reintegros de los entes públicos a los que se administran recursos, con cargo a cuentas del subgrupo 57.

a.3) Por la aplicación definitiva de los cobros a que se refieren los apartados anteriores, cuando éstos hubiesen quedado imputados transitoriamente en la cuenta 554, «Cobros pendientes de aplicación», con cargo a dicha cuenta.

b) Se cargará:

b.1) Por los pagos realizados como consecuencia de devoluciones de ingresos correspondientes a recursos de otros entes públicos, con abono a cuentas del subgrupo 57.

b.2) Por el pago del importe de la recaudación líquida correspondiente a entes públicos a los cuales no se les efectúen entregas a cuenta de dicha recaudación, con abono a cuentas del subgrupo 57.

b.3) Por el importe de la recaudación líquida correspondiente a entes públicos a los que se les efectúen entregas a cuenta de dicha recaudación, en el momento de efectuar la liquidación definitiva de los respectivos ingresos, con abono a la cuenta 456, «Entes públicos, c/c. efectivo».

Situación 2. Entidad gestora de recursos de otros entes públicos que no suministre a la entidad titular de los mismos la información relativa a las operaciones de gestión realizadas. En este caso el movimiento será:

a) Se abonará:

a.1) Por el importe recaudado correspondiente a recursos de otros entes públicos, con cargo a la cuenta 452, «Entes públicos, por derechos a cobrar».

a.2) Por los cobros correspondientes a reintegro de los entes públicos a los que se administran recursos, con cargo a cuentas del subgrupo 57, «Efectivo y activos líquidos equivalentes».

a.3) Por la aplicación definitiva de los cobros a que se refiere el apartado anterior, cuando éstos hubiesen quedado imputados transitoriamente en la cuenta 554, «Cobros pendientes de aplicación», con cargo a dicha cuenta.

b) Se cargará:

b.1) Por el importe de las devoluciones de ingresos pagadas correspondientes a recursos de otros entes públicos, con abono a la cuenta 455, «Entes públicos, por devolución de ingresos pendientes de pago».

b.2) Por el pago del importe de la recaudación líquida correspondiente a entes públicos a los cuales no se les efectúen entregas a cuenta de dicha recaudación, con abono a cuentas del subgrupo 57.

b.3) Por el importe de la recaudación líquida correspondiente a entes públicos a los que se les efectúen entregas a cuenta de dicha recaudación, en el momento de efectuar la liquidación definitiva de los respectivos ingresos, con abono a la cuenta 456, «Entes públicos, c/c. efectivo».

454. Devolución de ingresos por recursos de otros entes públicos.

Cuenta deudora que recoge las operaciones a que se refiere su denominación.

Su movimiento es el siguiente:

a) Se cargará con abono a la cuenta 451, «Derechos anulados por recursos de otros entes públicos», por la anulación de derechos reconocidos por devolución de ingresos. Este asiento es simultáneo al de la realización del pago.

b) Se abonará con cargo a la cuenta 450, «Deudores por derechos reconocidos de recursos de otros entes públicos», por su saldo, a la regularización en fin de ejercicio de las devoluciones de ingresos realizadas durante el mismo.

Su saldo deudor, antes de la regularización, recogerá las devoluciones de ingresos efectuadas durante el ejercicio.

455. Entes públicos, por devolución de ingresos pendientes de pago.

Cuenta deudora que recoge la disminución del débito de la entidad frente a los entes públicos por cuenta de los que recauda recursos, como consecuencia de las devoluciones de ingresos reconocidos.

Figurará en el activo corriente del balance, en el epígrafe I, «Deudores y otras cuentas a cobrar a corto plazo».

Su movimiento es el siguiente:

a) Se cargará, por el importe de la devolución de ingresos, en el momento en que se dicte el acuerdo de devolución, con abono a la cuenta 457, «Acreedores por devolución de ingresos por recursos de otros entes».

b) Se abonará con cargo a la cuenta 453, «Entes públicos, por ingresos pendientes de liquidar», por el importe de las devoluciones satisfechas.

Su saldo, deudor, recogerá la minoración en la deuda recaudada por la entidad, como consecuencia de las devoluciones de ingresos reconocidas y pendientes de pago. Ha de ser igual al saldo acreedor de la cuenta 457.

456. Entes públicos, c/c. efectivo.

Esta cuenta tiene por objeto reflejar la situación deudora o acreedora de los entes públicos por cuenta de los que se administran y recaudan recursos, como consecuencia de las entregas en efectivo que la entidad recaudadora les vaya efectuando durante el ejercicio a cuenta de la liquidación definitiva que proceda girar en función de la efectiva recaudación neta habida durante el mismo.

Figurará en el activo corriente del balance en el epígrafe I, «Deudores y otras cuentas a cobrar a corto plazo», por la suma de sus saldos deudores, y en el pasivo corriente del balance en el epígrafe III, «Acreedores y otras cuentas a pagar a corto plazo», por la correspondiente a sus saldos acreedores.

Su movimiento es el siguiente:

a) Se cargará, por el importe de las entregas a cuenta efectuadas durante el ejercicio, con abono a cuentas del subgrupo 57, «Efectivo y activos líquidos equivalentes». Este mismo asiento se efectuará al hacer efectivos los saldos acreedores que resulten cuando las entregas a cuenta hayan sido inferiores al importe total de la recaudación.

b) Se abonará con cargo a:

b.1) La cuenta 453, «Entes públicos, por ingresos pendientes de liquidar», por el importe de la recaudación anual obtenida, es decir, el saldo que en fin de ejercicio presente dicha cuenta 453, para los recursos correspondientes a entes públicos a los que se efectúan entregas a cuenta.

b.2) La cuenta 554, «Cobros pendientes de aplicación», o a cuentas del subgrupo 57, «Efectivo y activos líquidos equivalentes», según corresponda, cuando las entregas a cuenta hayan sido superiores al importe de la recaudación líquida y proceda el reintegro de dichas cantidades, en el momento de efectuarse el mismo.

457. Acreedores por devolución de ingresos por recursos de otros entes.

Cuenta acreedora que recoge el reconocimiento de la obligación de pagar o devolver cantidades indebidamente recaudadas, cuando se trate de ingresos por recursos de otros entes.

Figurará en el pasivo corriente del balance, en el epígrafe III, «Acreedores y otras cuentas a pagar a corto plazo».

Su movimiento es el siguiente:

a) Se abonará con cargo a la cuenta 455, «Entes públicos, por devolución de ingresos pendientes de pago», cuando se dicte el acuerdo de devolución de ingresos.

b) Se cargará con abono a:

b.1) Cuentas del subgrupo 57, «Efectivo y activos líquidos equivalentes», por las devoluciones pagadas.

b.2) La cuenta 455, por las obligaciones que incurran en prescripción.

La suma de su haber indicará el total de obligaciones reconocidas por devoluciones de recursos de otros entes públicos, es decir, el total de acuerdos de devolución dictados en el ejercicio más aquellos que, dictados en ejercicios anteriores, se encontraban pendientes de pago al comienzo del mismo. La de su debe, las devoluciones canceladas durante el ejercicio, bien por pago, bien por prescripción.

Su saldo, acreedor, recogerá el importe de las obligaciones pendientes por devolución de recursos de otros entes públicos.

458. Derechos cancelados por recursos de otros entes públicos.

Recoge las cancelaciones de recursos contabilizados en la cuenta 450, «Deudores por derechos reconocidos de recursos de otros entes públicos», producidas como consecuencia de adjudicaciones de bienes en pago de deudas y otros cobros en especie, insolvencias y otras causas o prescripción.

Su movimiento es el siguiente:

a) Se abonará con cargo a la cuenta 452, «Entes Públicos por derechos a cobrar», por las cancelaciones de derechos por cuenta de otros entes públicos como consecuencia de cobros en especie, insolvencias y otras causas y prescripción.

b) Se cargará, con abono a la cuenta 450, «Deudores por derechos reconocidos de recursos de otros entes públicos», en fin de ejercicio, por la regularización de derechos cancelados en especie, insolvencias y otras causas y prescripción.

Su saldo, acreedor, antes de la regularización, recogerá el total de derechos cancelados en especie, por insolvencias y otras causas y por prescripción durante el ejercicio, de recursos de otros entes públicos.

47. ADMINISTRACIONES PÚBLICAS.

470. *Hacienda Pública, deudor por diversos conceptos.*
471. *Organismos de Previsión Social, deudores.*
472. *Hacienda Pública, IVA soportado.*
475. *Hacienda Pública, acreedor por diversos conceptos.*
476. *Organismos de Previsión Social, acreedores.*
477. *Hacienda Pública, IVA repercutido.*

470. Hacienda Pública, deudor por diversos conceptos.

Cuenta que presenta la posición deudora de la Hacienda Pública frente a la entidad, como consecuencia de la liquidación de IVA u otras causas.

Figurará en el activo corriente del balance, en el epígrafe I, «Deudores y otras cuentas a cobrar a corto plazo».

Su movimiento es el siguiente:

a) Se cargará, al efectuar la liquidación del impuesto, por la diferencia positiva entre el IVA soportado y deducible, y el IVA repercutido, con abono a la cuenta 472, «Hacienda Pública, IVA soportado».

b) Se abonará con cargo a la cuenta 477, «Hacienda Pública, IVA repercutido», cuando se compense en liquidaciones posteriores o bien, a cuentas del subgrupo 57, «Efectivo y activos líquidos equivalentes», o a la cuenta 554, «Cobros pendientes de aplicación», cuando se ejercite el derecho a la devolución.

Su saldo, deudor, recogerá el exceso de IVA soportado y deducible aún no compensado en liquidaciones sucesivas y cuya devolución no ha sido realizada.

c) En caso de créditos a favor de la entidad por causas distintas del IVA, se cargará y abonará, con abono y cargo a las cuentas que corresponda según la naturaleza de las operaciones.

471. Organismos de Previsión Social, deudores.

Créditos a favor de la entidad, de los diversos Organismos de Previsión Social, relacionados con las prestaciones sociales que ellos efectúan.

Figurará en el activo corriente del balance, en el epígrafe I, «Deudores y otras cuentas a cobrar a corto plazo».

Su movimiento es el siguiente:

a) Se cargará con abono a cuentas del subgrupo 57, «Efectivo y activos líquidos equivalentes», al realizar los pagos.

b) Se abonará, por los ingresos efectuados, con cargo a cuentas del subgrupo 57, o a la cuenta 554, «Cobros pendientes de aplicación», según proceda.

472. Hacienda Pública, IVA soportado.

IVA devengado con motivo de la adquisición de bienes y servicios y de otras operaciones comprendidas en los correspondientes textos legales, que tenga carácter deducible.

Figurará en el activo corriente del balance, en el epígrafe I, «Deudores y otras cuentas a cobrar a corto plazo».

Su movimiento es el siguiente:

a) Se cargará con abono a:

a.1) La cuenta 410, «Acreedores por IVA soportado», por el importe del IVA deducible cuando se devenga el impuesto.

a.2) La cuenta 410, mediante asiento de signo negativo, por el importe del IVA deducible correspondiente a las operaciones anuladas.

a.3) La cuenta 410, por las diferencias que resulten en el IVA deducible al practicarse las regularizaciones previstas en la regla de prorrata. Este asiento será positivo o negativo según el signo de las diferencias.

a.4) La cuenta 477, «Hacienda Pública, IVA repercutido», por el importe del IVA deducible, calculado conforme a las reglas del IVA en los casos de producción por la entidad de bienes para su propio inmovilizado, así como en los cambios de afectación de bienes.

b) Se abonará por el importe del IVA deducible que se compensa en la liquidación del período, con cargo a la cuenta 477. Si después de formulado este asiento subsistiera saldo en la cuenta 472, «Hacienda Pública, IVA soportado», el importe del mismo se cargará a la cuenta 470, «Hacienda Pública, deudor por diversos conceptos».

475. Hacienda Pública, acreedor por diversos conceptos.

Deudas a favor de la Hacienda Pública, por conceptos fiscales o de otra índole, pendientes de pago. Se incluirán en esta cuenta, entre otros, el saldo acreedor de las liquidaciones de IVA y las retenciones tributarias efectuadas pendientes de pago a la Hacienda Pública.

Figurará en el pasivo corriente del balance, en el epígrafe III, «Acreedores y otras cuentas a pagar a corto plazo».

Su movimiento es el siguiente:

a) Se abonará:

a.1) Al terminar el período impositivo, por el importe del exceso del IVA repercutido sobre el IVA soportado deducible, con cargo a la cuenta 477, «Hacienda Pública, IVA repercutido».

a.2) Por las retenciones practicadas, cuando la entidad sea sustituto del contribuyente o retenedor, con cargo, generalmente, a la cuenta 557, «Formalización».

b) Se cargará, cuando se efectúe el pago, con abono a cuentas del subgrupo 57, «Efectivo y activos líquidos equivalentes».

c) En caso de deudas con la Hacienda Pública, por causas distintas a las recogidas, se abonará y cargará con cargo y abono a las cuentas que corresponda según la naturaleza de las operaciones.

476. Organismos de Previsión Social, acreedores.

Cantidades retenidas a los trabajadores, o en su caso satisfechas por éstos a la entidad, y que en un momento posterior han de ser entregadas a dichos Organismos de Previsión Social.

Figurará en el pasivo corriente del balance, en el epígrafe III, «Acreedores y otras cuentas a pagar a corto plazo».

Su movimiento es el siguiente:

a) Se abonará con cargo a:

a.1) Generalmente, la cuenta 557, «Formalización», por las retenciones de las cuotas correspondientes al personal de la entidad.

a.2) Cuentas del subgrupo 57, «Efectivo y activos líquidos equivalentes», o a la cuenta 554, «Cobros pendientes de aplicación», por el ingreso de las mencionadas cuotas en la entidad.

b) Se cargará, por los pagos realizados, con abono a cuentas del subgrupo 57, «Efectivo y activos líquidos equivalentes».

477. Hacienda Pública, IVA repercutido.

IVA devengado con motivo de la entrega de bienes o de la prestación de servicios y de otras operaciones comprendidas en los correspondientes textos legales.

Figurará en el pasivo corriente del balance, en el epígrafe III, «Acreedores y otras cuentas a pagar a corto plazo».

Su movimiento es el siguiente:

a) Se abonará con cargo a:

a.1) La cuenta 440, «Deudores por IVA repercutido», por el importe del IVA repercutido cuando se devengue el impuesto.

a.2) La cuenta 440, en asiento de signo negativo, por el importe del IVA repercutido, correspondiente a operaciones anuladas.

a.3) La cuenta 472, «Hacienda Pública, IVA soportado», y, en su caso, a la cuenta de activo de que se trate, en los casos de producción por la entidad de bienes para su propio inmovilizado, y en los casos de cambio de afectación.

b) Se cargará, por el importe del IVA soportado deducible que se compense en la liquidación del impuesto, con abono a la cuenta 472. Si después de formulado este asiento subsistiera saldo en la cuenta 477, «Hacienda Pública, IVA repercutido», el importe del mismo se abonará a la cuenta 475, «Hacienda Pública, acreedor por diversos conceptos».

48. AJUSTES POR PERIODIFICACIÓN.
480. *Gastos anticipados.*
485. *Ingresos anticipados.*

480. Gastos anticipados.

Gastos contabilizados en el ejercicio que se cierra y que corresponden al siguiente.

Figurará en el activo corriente del balance, en el epígrafe III, «Ajustes por periodificación».

Su movimiento es el siguiente:

a) Se cargará, al cierre del ejercicio, con abono a las cuentas del grupo 6, «Compras y gastos por naturaleza», que hayan registrado los gastos a imputar al ejercicio posterior.

b) Se abonará, al principio del ejercicio siguiente, con cargo a cuentas del grupo 6, «Compras y gastos por naturaleza».

485. Ingresos anticipados.

Ingresos contabilizados en el ejercicio que se cierra que corresponden al siguiente.

Figurará en el pasivo corriente del balance, en el epígrafe IV, «Ajustes por periodificación».

Su movimiento es el siguiente:

a) Se abonará, al cierre del ejercicio, con cargo a las cuentas del grupo 7, «Ventas e ingresos por naturaleza», que hayan registrado los ingresos a imputar al ejercicio posterior.

b) Se cargará, al principio del ejercicio siguiente, con abono a cuentas del grupo 7.

49. DETERIORO DE VALOR DE CRÉDITOS.
490. *Deterioro de valor de créditos.*
4900. Deterioro de valor de deudores presupuestarios.
4901. Deterioro de valor de deudores no presupuestarios.

Importe de las correcciones valorativas por deterioro de créditos incobrables, registrados en cuentas de los subgrupos 43, «Deudores presupuestarios», y 44, «Deudores no presupuestarios».

Minorará la partida del activo corriente del balance en la que figure el correspondiente derecho de cobro.

Funcionará a través de sus divisionarias atendiendo a la naturaleza de los derechos.

Se traspasará a la subcuenta 4900, «Deterioro de valor de deudores presupuestarios», el importe de las correcciones de valor por deterioro que figuren en las cuentas 595, «Deterioro de valor de valores representativos de deuda a corto plazo», 596, «Deterioro de valor de créditos a corto plazo», y 598, «Deterioro de valor de otras inversiones financieras a corto plazo», cuando las inversiones financieras a que se refieren dichas correcciones se imputen, a su vencimiento, al presupuesto de ingresos de la entidad. También se traspasará a esta subcuenta, el importe de las correcciones de valor por deterioro que figuren en la subcuenta 4901, «Deterioro de valor de deudores no presupuestarios», cuando los deudores por aplazamiento y fraccionamiento a que se refieren dichas correcciones se imputen, a su vencimiento, al presupuesto de ingresos de la entidad.

Asimismo, se traspasará a la subcuenta 4901, «Deterioro de valor de deudores no presupuestarios», el importe de las correcciones de valor por deterioro que figure en la cuenta 297, «Deterioro de valor de créditos por aplazamiento y fraccionamiento a largo plazo», cuando los deudores por aplazamiento y fraccionamiento a que se refieren dichas correcciones pasen a tener vencimiento a corto plazo.

Su movimiento es el siguiente, según la alternativa adoptada por la entidad:

1. Cuando la entidad cifre el importe del deterioro al final del ejercicio mediante una estimación global del riesgo de fallidos existente en los saldos de deudores:

a) Se abonará, al final del ejercicio, por la estimación realizada, con cargo a la cuenta 698, «Pérdidas por deterioro de créditos y otras inversiones financieras».

b) Se cargará, igualmente al final del ejercicio, por la dotación realizada al cierre del ejercicio precedente, con abono a la cuenta 798, «Reversión del deterioro de créditos y otras inversiones financieras».

2. Cuando la entidad cifre el importe del deterioro mediante un sistema individualizado de seguimiento de saldos de deudores:

a) Se abonará, a lo largo del ejercicio, por el importe de los riesgos que se vayan estimando, con cargo a la cuenta 698, «Pérdidas por deterioro de créditos y otras inversiones financieras».

b) Se cargará a medida que se vayan dando de baja los saldos de deudores para los que se dotó la cuenta correctora de forma individualizada o cuando desaparezca el riesgo, por el importe de la dotación, con abono a la cuenta 798, «Reversión del deterioro de créditos y otras inversiones financieras».

GRUPO 5

CUENTAS FINANCIERAS

Activos y pasivos financieros corrientes, excepto aquellos que deban figurar en el grupo 4, «Acreedores y deudores», periodificaciones financieras y provisiones a corto plazo.

52. DEUDAS A CORTO PLAZO POR PRÉSTAMOS RECIBIDOS Y OTROS CONCEPTOS.
    520. *Deudas a corto plazo con entidades de crédito.*
    521. *Deudas por Operaciones de Tesorería.*
    522. *Deudas a corto plazo transformables en subvenciones.*
    527. *Intereses a corto plazo de deudas con entidades de crédito.*
    528. *Intereses a corto plazo de otras deudas.*
    529. *Otras deudas a corto plazo.*

Financiación ajena no instrumentada en valores negociables cuyo vencimiento o cancelación vaya a producirse en un plazo no superior a un año.

Las cuentas de este subgrupo figurarán en el pasivo corriente del balance, formando parte del epígrafe II, «Deudas a corto plazo».

La parte de los pasivos a largo plazo cuyo vencimiento o cancelación vaya a producirse a corto plazo deberá figurar en el pasivo corriente del balance; a estos efectos se traspasará a este subgrupo el importe que representen las deudas a largo plazo cuyo vencimiento o cancelación vaya a producirse a corto plazo de las cuentas correspondientes del subgrupo 17, «Deudas a largo plazo por préstamos recibidos y otros conceptos».

520. Deudas a corto plazo con entidades de crédito.

Las contraídas con entidades de crédito por préstamos recibidos y otros débitos, con vencimiento no superior a un año, excepto las destinadas a cubrir desfases transitorios de tesorería que se recogerán en la cuenta 521, «Deudas por Operaciones de Tesorería».

Su movimiento, en general, es el siguiente:

a) Se abonará:

a.1) A la formalización de la deuda, por el importe recibido, con cargo a la cuenta 430, «Deudores por derechos reconocidos. Presupuesto de ingresos corriente».

a.2) Por el valor razonable del pasivo asumido, con cargo a la cuenta 650, «Transferencias y subvenciones».

a.3) Con cargo a la cuenta 662, «Intereses de deudas», por la imputación de la diferencia devengada entre el valor de reembolso al vencimiento y el valor inicial de la deuda.

b) Se cargará:

b.1) Por los costes de transacción directamente atribuibles que no se hayan deducido del efectivo recibido en la emisión, con abono, generalmente, a la cuenta 400, «Acreedores por obligaciones reconocidas. Presupuesto de gastos corriente».

b.2) Por el importe cancelado, con abono a la cuenta 400, «Acreedores por obligaciones reconocidas. Presupuesto de gastos corriente».

b.3) Cuando la deuda sea asumida por otra entidad, con abono a la cuenta 752, «Subvenciones para la cancelación de deudas genéricas».

521. Deudas por Operaciones de Tesorería.

Financiación ajena a corto plazo no instrumentada mediante valores negociables para hacer frente a desfases transitorios de tesorería.

Su movimiento es el siguiente:

a) Se abonará:

a.1) A la formalización de la deuda, por el importe recibido, con cargo a cuentas del subgrupo 57, «Efectivo y activos líquidos equivalentes».

a.2) Por el valor razonable del pasivo asumido, con cargo a la cuenta 650, «Transferencias y subvenciones».

a.3) Con cargo a la cuenta 662, «Intereses de deudas», por la imputación de la diferencia devengada entre el valor de reembolso al vencimiento y el valor inicial de la deuda.

b) Se cargará:

b.1) Por los costes de transacción directamente atribuibles que no se hayan deducido del efectivo recibido en la emisión, con abono, generalmente, a la cuenta 400, «Acreedores por obligaciones reconocidas. Presupuesto de gastos corriente».

b.2) Por el importe cancelado, con abono a cuentas del subgrupo 57, «Efectivo y activos líquidos equivalentes».

522. Deudas a corto plazo transformables en subvenciones.

Subvenciones reintegrables recibidas de otras entidades o particulares, con vencimiento no superior a un año.

Su movimiento, generalmente, es el siguiente:

a) Se abonará con cargo a:

a.1) La cuenta 430, «Deudores por derechos reconocidos. Presupuesto de ingresos corriente» por las cantidades percibidas.

a.2) La cuenta que corresponda del subgrupo 13, «Subvenciones y ajustes por cambio de valor», cuando una subvención no reintegrable se convierta en reintegrable por la parte pendiente de imputar a resultados y a la cuenta 120, «Resultados de ejercicios anteriores», por el importe de la subvención que se hubiese imputado a resultados.

b) Se cargará con abono a:

b.1) Generalmente, la cuenta 418, «Acreedores por devolución de ingresos y otras minoraciones», por cualquier circunstancia que determine la reducción total o parcial de las subvenciones, con arreglo a los términos de su concesión.

b.2) Las cuentas del subgrupo 13, «Subvenciones y ajustes por cambio de valor», o a cuentas del subgrupo 75, «Transferencias y subvenciones», si pierde su carácter reintegrable.

527. Intereses a corto plazo de deudas con entidades de crédito.

Intereses a pagar, con vencimiento a corto plazo, de deudas con entidades de crédito incluidas las operaciones de tesorería.

Su movimiento es el siguiente:

a) Se abonará, por el importe de los intereses devengados durante el ejercicio, con vencimiento en el siguiente, con cargo a la cuenta 662, «Intereses de deudas».

b) Se cargará, cuando se produzca el vencimiento de los intereses, con abono, generalmente, a la cuenta 400, «Acreedores por obligaciones reconocidas. Presupuesto de gastos corriente».

528. Intereses a corto plazo de otras deudas.

Intereses a pagar, con vencimiento a corto plazo, de deudas, excluidos los que deben ser registrados en la cuenta 527, «Intereses a corto plazo de deudas con entidades de crédito».

Su movimiento es análogo al señalado para la cuenta 527, «Intereses a corto plazo de deudas con entidades de crédito».

529. Otras deudas a corto plazo.

Las contraídas con terceros por préstamos recibidos y otros débitos no incluidos en otras cuentas de este subgrupo, con vencimiento no superior a un año. Se incluirán, entre otras, las deudas con suministradores de bienes definidos en el grupo 2, «Activo no corriente», y las deudas con otras entidades en calidad de cedentes del uso de bienes, en acuerdos que deban calificarse como arrendamientos financieros de acuerdo con la norma de reconocimiento y valoración n.º 6, «Arrendamientos y otras operaciones de naturaleza similar».

Su movimiento es el siguiente:

a) Se abonará:

a.1) Por la recepción a conformidad de los bienes suministrados o del derecho de uso sobre los mismos, con cargo a cuentas del grupo 2, «Activo no corriente».

a.2) Por el gasto financiero devengado hasta alcanzar el valor de reembolso de la deuda, con cargo a la cuenta 662, «Intereses de deudas».

b) Se cargará por el importe cancelado, con abono, generalmente, a la cuenta 400, «Acreedores por obligaciones reconocidas. Presupuesto de gastos corriente».

54. INVERSIONES FINANCIERAS A CORTO PLAZO.

540. *Inversiones financieras a corto plazo en instrumentos de patrimonio.*
541. *Valores representativos de deuda a corto plazo.*
542. *Créditos a corto plazo.*
545. *Dividendo a cobrar.*
546. *Intereses a corto plazo de valores representativos de deuda.*
547. *Intereses a corto plazo de créditos.*

548. *Imposiciones a corto plazo.*
549. *Desembolsos pendientes sobre participaciones en el patrimonio neto a corto plazo.*

Inversiones financieras, cualquiera que sea su forma de instrumentación, cuyo vencimiento o fecha esperada de enajenación no sea superior a un año, excepto aquellas que deban figurar en la cuenta 577, «Activos líquidos equivalentes al efectivo».

Las cuentas de este subgrupo figurarán en el activo corriente del balance en el epígrafe II, «Inversiones financieras a corto plazo».

La parte de las inversiones a largo plazo cuyo vencimiento o fecha esperada de enajenación no sea superior a un año deberá figurar en el activo del balance en el epígrafe II, «Inversiones financieras a corto plazo»; a estos efectos se traspasará a este subgrupo el importe que represente la inversión a largo plazo cuyo vencimiento o fecha esperada de enajenación vaya a producirse a corto plazo de las cuentas correspondientes del subgrupo 26, «Inversiones financieras a largo plazo».

540. Inversiones financieras a corto plazo en instrumentos de patrimonio.

Inversiones en derechos sobre el patrimonio neto, acciones con o sin cotización en un mercado regulado u otros valores, de sociedades mercantiles, que se esperen enajenar o extinguir en un plazo no superior a un año.

Su movimiento es el siguiente:

Si se trata de inversiones en instrumentos de patrimonio clasificadas en la categoría de activos financieros a coste:

a) Se cargará:

a.1) Por la aportación patrimonial realizada, con abono a la cuenta 400, «Acreedores por obligaciones reconocidas. Presupuesto de gastos corriente».

a.2) A la suscripción o compra, con abono, generalmente, a la cuenta 400, «Acreedores por obligaciones reconocidas. Presupuesto de gastos corriente», y, en su caso, a la cuenta 549, «Desembolsos pendientes sobre participaciones en el patrimonio neto a corto plazo».

a.3) Por los costes de transacción directamente atribuibles a la suscripción o compra, con abono, generalmente, a la cuenta 400, «Acreedores por obligaciones reconocidas. Presupuesto de gastos corriente».

b) Se abonará:

b.1) Por las devoluciones de aportaciones, con cargo generalmente, a la cuenta 430, «Deudores por derechos reconocidos. Presupuesto de ingresos corriente». Al mismo tiempo se cargará la cuenta 665, «Pérdidas en instrumentos financieros al coste amortizado o al coste», o se abonará la cuenta 765, «Beneficios en instrumentos financieros al coste amortizado o al coste», por los posibles resultados negativos o positivos, respectivamente, derivados de la operación.

b.2) Por las enajenaciones y en general por su baja del activo, con cargo a la cuenta 430, «Deudores por derechos reconocidos. Presupuesto de ingresos corriente», y, si existen desembolsos pendientes, con cargo a la cuenta 549, «Desembolsos pendientes sobre participaciones en el patrimonio neto a corto plazo».

Además se cargará la cuenta 665, «Pérdidas en instrumentos financieros al coste amortizado o al coste», o se abonará la cuenta 765, «Beneficios en instrumentos financieros al coste amortizado o al coste», por los posibles resultados, negativos o positivos, respectivamente, derivados de la operación.

Si se trata de inversiones en instrumentos de patrimonio clasificadas en la categoría de activos financieros a valor razonable con cambios en resultados:

a) Se cargará, a la suscripción o compra, con abono, generalmente, a la cuenta 400, «Acreedores por obligaciones reconocidas. Presupuesto de gastos corriente», y, en su caso, a la cuenta 549, «Desembolsos pendientes sobre participaciones en el patrimonio neto a corto plazo».

b) Se cargará o abonará, por las variaciones en su valor razonable, con abono o cargo, respectivamente, a las cuentas 764, «Beneficios en instrumentos financieros a valor razonable», y 664, «Pérdidas en instrumentos financieros a valor razonable».

c) Se abonará por las enajenaciones, con cargo a la cuenta 430, «Deudores por derechos reconocidos. Presupuesto de ingresos corriente», y, si existen desembolsos pendientes, con cargo a la cuenta 549, «Desembolsos pendientes sobre participaciones en el patrimonio neto a corto plazo».

541. Valores representativos de deuda a corto plazo.

Inversiones en obligaciones, bonos u otros valores representativos de deuda, incluidos aquellos que fijan su rendimiento en función de índices o sistemas análogos, cuyo vencimiento o fecha esperada de enajenación no sea superior a un año.

Su movimiento es el siguiente:

Si se trata de inversiones en valores representativos de deuda que hayan sido clasificadas en la categoría de activos financieros a coste amortizado:

a) Se cargará:

a.1) A la suscripción o compra, por la contraprestación entregada, excluidos los intereses devengados y no vencidos, con abono, generalmente, a la cuenta 400, «Acreedores por obligaciones reconocidas. Presupuesto de gastos corriente».

a.2) Por los costes de transacción directamente atribuibles a la suscripción o compra, con abono a la cuenta 400, «Acreedores por obligaciones reconocidas. Presupuesto de gastos corriente».

a.3) Con abono a la cuenta 761, «Ingresos de valores representativos de deuda, de créditos y de otras inversiones financieras», por la imputación de la diferencia devengada entre el valor de reembolso al vencimiento y el valor inicial de la inversión. Cuando dicha diferencia sea negativa el asiento será el inverso.

b) Se abonará con cargo a la cuenta 430, «Deudores por derechos reconocidos. Presupuesto de ingresos corriente», por la amortización, enajenación o baja del activo de los valores. Al mismo tiempo se cargará la cuenta 665, «Pérdidas en inversiones financieras al coste amortizado o al coste», o se abonará la cuenta 765, «Beneficios en inversiones financieras al coste amortizado o al coste», por los posibles resultados, negativos o positivos, respectivamente, derivados de la operación.

Si se trata de inversiones en valores representativos de deuda clasificadas en la categoría activos financieros a valor razonable con cambios en resultados:

a) Se cargará:

a.1) A la suscripción o compra, por la contraprestación entregada, excluidos los intereses devengados y no vencidos, con abono, generalmente, a la cuenta 400, «Acreedores por obligaciones reconocidas. Presupuesto de gastos corriente».

a.2) Con abono a la cuenta 761, «Ingresos de valores representativos de deuda, de créditos y de otras inversiones financieras», por la imputación de la diferencia devengada entre el valor de reembolso al vencimiento y el valor inicial de la inversión. Cuando dicha diferencia sea negativa el asiento será el inverso.

b) Se abonará con cargo, generalmente, a la cuenta 430, «Deudores por derechos reconocidos. Presupuesto de ingresos corriente», por la enajenación o amortización de los valores.

c) Se cargará o abonará, por las variaciones en su valor razonable, con abono o cargo, respectivamente, a las cuentas 764, «Beneficios en instrumentos financieros a valor razonable», y 664, «Pérdidas en instrumentos financieros a valor razonable», salvo la parte correspondiente a los intereses devengados.

542. Créditos a corto plazo.

Préstamos y otros créditos concedidos a terceros con vencimiento no superior a un año. Incluirá, entre otros, los créditos al personal y los créditos por enajenación de inmovilizado.

Su movimiento es el siguiente:

a) Se cargará:

a.1) A la formalización del crédito, por el importe de éste, con abono, generalmente, a la cuenta 400, «Acreedores por obligaciones reconocidas. Presupuesto de gastos corriente», o a las cuentas de inmovilizado correspondientes, en el caso de créditos por enajenación de inmovilizado.

Además, en el caso de créditos concedidos con intereses subvencionados, se abonará esta cuenta con cargo a la cuenta 650, «Transferencias y subvenciones», por la diferencia entre el importe entregado y el valor razonable del crédito, de acuerdo con los criterios establecidos en la norma de reconocimiento y valoración n.º 7, «Activos financieros».

a.2) Por los costes de transacción directamente atribuibles, con abono a la cuenta 400, «Acreedores por obligaciones reconocidas. Presupuesto de gastos corriente».

a.3) Con abono a la cuenta 761, «Ingresos de valores representativos de deuda, de créditos y de otras inversiones financieras», por la imputación de la diferencia devengada entre el valor de reembolso al vencimiento y el valor inicial de la inversión. Cuando dicha diferencia sea negativa el asiento será el inverso.

b) Se abonará, al vencimiento o al reintegro total o parcial, con cargo a la cuenta 430, «Deudores por derechos reconocidos. Presupuesto de ingresos corriente», y a la cuenta 667, «Pérdidas de créditos incobrables», en caso de pérdidas por insolvencias.

545. Dividendo a cobrar.

Créditos por dividendos, sean definitivos o «a cuenta», cuya distribución ha sido acordada por la sociedad a que corresponden.

Su movimiento es el siguiente:

a) Se cargará con abono a:

a.1) La cuenta 400, «Acreedores por obligaciones reconocidas. Presupuesto de gastos corriente», a la suscripción o compra de los valores, por el importe de los dividendos acordados y no vencidos.

a.2) La cuenta 760, «Ingresos de participaciones en el patrimonio neto», por el importe devengado.

b) Se abonará, al inicio del período de reparto de dividendos, o por el cobro de los mismos, con cargo a la cuenta 430, «Deudores por derechos reconocidos. Presupuesto de ingresos corriente».

546. Intereses a corto plazo de valores representativos de deuda.

Intereses a cobrar, con vencimiento no superior a un año, de valores representativos de deuda.

Su movimiento es el siguiente:

a) Se cargará con abono a:

a.1) La cuenta 400, «Acreedores por obligaciones reconocidas. Presupuesto de gastos corriente», a la suscripción o compra de los valores, por el importe de los intereses devengados y no vencidos cuyo vencimiento no sea superior a un año.

a.2) La cuenta 761, «Ingresos de valores representativos de deuda, de créditos y de otras inversiones financieras», por los intereses devengados y no vencidos, en fin de ejercicio y en la cancelación anticipada.

b) Se abonará con cargo a la cuenta 430, «Deudores por derechos reconocidos. Presupuesto de ingresos corriente», al vencimiento o cobro de los intereses y a la enajenación o baja del activo de los valores.

547. Intereses a corto plazo de créditos.

Intereses a cobrar, con vencimiento no superior a un año, de créditos.

Su movimiento es el siguiente:

a) Se cargará, por el importe de los intereses devengados y no vencidos, en fin de ejercicio y en la cancelación anticipada, con abono a la cuenta 761, «Ingresos de valores representativos de deuda, de créditos y de otras inversiones financieras».

b) Se abonará con cargo a la cuenta 430, «Deudores por derechos reconocidos. Presupuesto de ingresos corriente», al vencimiento o cobro de intereses y al reintegro o baja del activo del crédito.

548. Imposiciones a corto plazo.

Saldos en bancos e instituciones de crédito formalizados por medio de «cuenta a plazo» o similares, con vencimiento no superior a un año. También se incluirán los intereses a cobrar, con vencimiento no superior a un año, de las imposiciones a plazo.

Su movimiento es el siguiente:

a) Se cargará con abono a:

a.1) La cuenta 400, «Acreedores por obligaciones reconocidas. Presupuesto de gastos corriente», a su formalización.

a.2) La cuenta 761, «Ingresos de valores representativos de deuda, de créditos y de otras inversiones financieras», por los intereses devengados.

b) Se abonará, a la cancelación de la imposición, con cargo, generalmente, a la cuenta 430, «Deudores por derechos reconocidos. Presupuesto de ingresos corriente».

549. Desembolsos pendientes sobre participaciones en el patrimonio neto a corto plazo.

Desembolsos pendientes, no exigidos, sobre participaciones en el patrimonio neto de sociedades mercantiles, cuando se trate de inversiones financieras a corto plazo.

Figurará en el activo corriente del balance, minorando la partida en la que se reflejen las correspondientes participaciones.

Su movimiento es el siguiente:

a) Se abonará, a la adquisición o suscripción de las participaciones, por el importe pendiente de desembolsar, con cargo a la cuenta 540, «Inversiones financieras a corto plazo en instrumentos de patrimonio».

b) Se cargará, por los desembolsos que se vayan exigiendo, con abono a la cuenta 400, «Acreedores por obligaciones reconocidas. Presupuesto de gastos corriente», o a la cuenta 540, «Inversiones financieras a corto plazo en instrumentos de patrimonio», por los saldos pendientes, cuando se enajenen participaciones no desembolsadas totalmente.

55. OTRAS CUENTAS FINANCIERAS.

550. *Cuentas corrientes no bancarias.*
554. *Cobros pendientes de aplicación.*
555. *Pagos pendientes de aplicación.*
556. *Movimientos internos de tesorería.*
557. *Formalización.*
558. *Provisiones de fondos para pagos a justificar y anticipos de caja fija.*
559. *Otras partidas pendientes de aplicación.*

Recoge otras cuentas financieras que no se clasifiquen en otros subgrupos.

550. Cuentas corrientes no bancarias.

Cuentas corrientes mantenidas con persona natural o jurídica que no sea banco, banquero o institución de crédito, ni deudor o acreedor que deba figurar en el grupo 4, «Acreedores y deudores».

En particular se incluirán las cuentas corrientes con entes públicos que gestionen recursos de los que sea titular la entidad, a efectos de registrar las entregas a cuenta de la recaudación de los mismos que se reciban de dichos entes, así como la liquidación definitiva que, en relación con dicha recaudación, se practique periódicamente (para estas operaciones sólo se utilizará esta cuenta cuando los entes gestores de los recursos suministren a la entidad titular de los mismos la información necesaria para que todas las operaciones derivadas de la gestión de dichos recursos sean debidamente registradas en su contabilidad e incorporadas a su presupuesto cuando ello proceda).

Figurará en el activo corriente del balance en el epígrafe I, «Deudores y otras cuentas a cobrar a corto plazo», por la suma de los saldos que presenten las cuentas corrientes deudoras, y en el pasivo corriente del balance en el epígrafe III, «Acreedores y otras cuentas a pagar a corto plazo», por la suma de los saldos que presenten las cuentas corrientes acreedoras.

Su movimiento es el siguiente:

a) Se abonará con cargo a cuentas del subgrupo 57, «Efectivo y activos líquidos equivalentes», por los fondos que se reciban en la entidad; en particular, por las entregas a cuenta que se reciban de entes públicos que gestionen recursos de los que sea titular la entidad y por el cobro del saldo que resulte a favor de la misma al realizar la liquidación definitiva de dichos recursos, por ser las entregas a cuenta inferiores al importe total de la recaudación.

b) Se cargará con abono a:

b.1) La cuenta 442, «Deudores por servicio de recaudación», al realizar la liquidación definitiva de recursos gestionados por otro ente público, por el importe de la recaudación efectivamente obtenida.

b.2) Cuentas del subgrupo 57, «Efectivo y activos líquidos equivalentes», por las remesas o entregas de fondos efectuadas por la entidad; en particular, cuando de la liquidación definitiva de recursos gestionados por otro ente público resulte un importe de entregas a cuenta superior al de la recaudación efectivamente obtenida, procediendo el reintegro de la cantidad percibida en exceso.

554. Cobros pendientes de aplicación.

Cuenta acreedora destinada a recoger los cobros que se producen en la entidad y que no son aplicables a sus conceptos definitivos por ser esta aplicación provisional un trámite previo para su posterior aplicación definitiva.

Figurará en el pasivo corriente del balance en el epígrafe III, «Acreedores y otras cuentas a pagar a corto plazo».

Su movimiento, con carácter general, es el siguiente:

a) Se abonará con cargo a:

a.1) Cuentas del subgrupo 57, «Efectivo y activos líquidos equivalentes», por la realización de los cobros.

a.2) La cuenta 442, «Deudores por servicio de recaudación», por los cobros que se realicen en las entidades encargadas de la gestión de cobro, cuando se efectúe la contabilización de forma previa a la recepción de los fondos, de acuerdo con los procedimientos de gestión establecidos.

b) Se cargará con abono a la cuenta que corresponda en función de la naturaleza del cobro.

555. Pagos pendientes de aplicación.

Cuenta deudora que recoge los pagos realizados por la entidad cuando, excepcionalmente, se desconoce su origen, y en general, aquellos que no pueden aplicarse definitivamente.

Figurará en el activo corriente del balance en el epígrafe I, «Deudores y otras cuentas a cobrar a corto plazo».

Su movimiento, con carácter general, es el siguiente:

a) Se cargará, por los pagos realizados, con abono a cuentas del subgrupo 57, «Efectivo y activos líquidos equivalentes».

b) Se abonará, por la aplicación definitiva del pago, en el momento de obtener dicha información, con cargo a la cuenta a la que deba imputarse.

556. Movimientos internos de tesorería.

Recoge el traslado de fondos entre distintas cuentas de tesorería de la entidad sujeto de la contabilidad.

Figurará en el activo corriente del balance en el epígrafe IV, «Efectivo y otros activos líquidos equivalentes».

Su movimiento, con carácter general, es el siguiente:

a) Se cargará con abono a la cuenta que corresponda del subgrupo 57, «Efectivo y activos líquidos equivalentes», por la salida de fondos de la tesorería.

b) Se abonará con cargo a la cuenta que corresponda del subgrupo 57, por la entrada de los fondos procedentes de otras cuentas de tesorería.

NOTA: La utilización de esta cuenta es opcional.

557. Formalización.

Cuenta destinada a recoger los cobros y pagos que se compensan sin existir movimiento real de efectivo.

Su movimiento, con carácter general, es el siguiente:

a) Se cargará, por los cobros de dicha naturaleza, con abono a la cuenta que deba servir de contrapartida de acuerdo con la naturaleza de la operación que los origina.

b) Se abonará, por los pagos de dicha naturaleza, con cargo a la cuenta que deba servir de contrapartida de acuerdo con la naturaleza de la operación que los origina.

Su saldo será siempre cero.

NOTA: La utilización de esta cuenta es opcional.

558. Provisiones de fondos para pagos a justificar y anticipos de caja fija.

Recoge la situación y los movimientos de los fondos librados para pagos a justificar y anticipos de caja fija, a favor de cajeros pagadores integrados orgánicamente en la entidad contable.

Figurará en el activo corriente del balance en el epígrafe I, «Deudores y otras cuentas a cobrar a corto plazo».

Su movimiento es el siguiente:

a) Se cargará, con abono a:

a.1) La cuenta 400, «Acreedores por obligaciones reconocidas. Presupuesto de gastos corriente», por la imputación al presupuesto de las provisiones de fondos.

El asiento anterior se practicará con signo negativo por los reintegros de las cantidades no invertidas o no justificadas por los perceptores de fondos librados a justificar, cuando se apliquen al presupuesto de gastos.

a.2) La cuenta del subgrupo 57, «Efectivo y activos líquidos equivalentes» que corresponda, por los pagos realizados a los acreedores finales y el reintegro de las cantidades no invertidas o no justificadas por los perceptores de fondos librados a justificar.

b) Se abonará, con cargo a:

b.1) La cuenta 400, a la cancelación del anticipo de caja fija.

b.2) La cuenta representativa del gasto realizado o la cuenta 413, «Acreedores por operaciones pendientes de aplicar al presupuesto», una vez aprobada la cuenta justificativa.

b.3) La cuenta del subgrupo 57 que corresponda, a la recepción en la caja o cuenta restringida de pagos, de los fondos procedentes de libramientos para pagos a justificar o de reposiciones de anticipos de caja fija.

b.4) La cuenta 430, «Deudores por derechos reconocidos. Presupuesto de ingresos corriente», por los reintegros de las cantidades no invertidas, o no justificadas por los perceptores de fondos librados a justificar, cuando se apliquen al presupuesto de ingresos.

559. Otras partidas pendientes de aplicación.

Cuenta que recoge los cobros, cuando se desconoce su origen y si son o no presupuestarios y, en general, los que no pueden aplicarse definitivamente por causas distintas a las previstas en otras cuentas.

Figurará en el pasivo corriente del balance en el epígrafe III, «Acreedores y otras cuentas a pagar a corto plazo».

Su movimiento, con carácter general, es el siguiente:

a) Se abonará con cargo a cuentas del subgrupo 57, «Efectivo y activos líquidos equivalentes», o a la cuenta 554, «Cobros pendientes de aplicación», según proceda, por los cobros, cuya aplicación definitiva se desconoce.

b) Se cargará con abono a la cuenta a que deba imputarse el cobro, en el momento de obtener esta información, por la aplicación definitiva del mismo.

56. FIANZAS Y DEPÓSITOS RECIBIDOS Y CONSTITUIDOS A CORTO PLAZO Y AJUSTES POR PERIODIFICACIÓN.

560. *Fianzas y depósitos recibidos a corto plazo.*
565. *Fianzas y depósitos constituidos a corto plazo.*
567. *Gastos financieros pagados por anticipado.*
568. *Ingresos financieros cobrados por anticipado.*

La parte de las fianzas y depósitos, recibidos o constituidos, a largo plazo que tenga vencimiento a corto deberá figurar en el pasivo o activo corriente del balance; a estos efectos se traspasará a este subgrupo el importe que representen las fianzas y depósitos a largo plazo con vencimiento a corto de las cuentas correspondientes de los subgrupos 18, «Fianzas y depósitos recibidos a largo plazo», y 27, «Fianzas y depósitos constituidos a largo plazo».

560. Fianzas y depósitos recibidos a corto plazo.

Efectivo recibido como garantía del cumplimiento de una obligación o en concepto de depósito irregular, a plazo no superior a un año.

Figurará en el pasivo corriente del balance en el epígrafe II, «Deudas a corto plazo».

Su movimiento es el siguiente:

a) Se abonará, a la constitución, con cargo a la cuenta 430, «Deudores por derechos reconocidos. Presupuesto de ingresos corriente», o a cuentas del subgrupo 57, «Efectivo y activos líquidos equivalentes», según establezca la normativa aplicable.

b) Se cargará con abono a:

b.1) La cuenta 400, «Acreedores por obligaciones reconocidas. Presupuesto de gastos corriente», o a cuentas del subgrupo 57, a la cancelación, según proceda.

b.2) La cuenta 778, «Ingresos excepcionales», por el incumplimiento de la obligación afianzada que determine pérdidas en la fianza.

565. Fianzas y depósitos constituidos a corto plazo.

Efectivo entregado como garantía del cumplimiento de una obligación o en concepto de depósito irregular, a plazo no superior a un año.

Figurará en el activo corriente del balance en el epígrafe II, «Inversiones financieras a corto plazo».

Su movimiento es el siguiente:

a) Se cargará, a la constitución, por el efectivo entregado, con abono a la cuenta 400, «Acreedores por obligaciones reconocidas. Presupuesto de gastos corriente», o a cuentas del subgrupo 57, «Efectivo y activos líquidos equivalentes», según establezca la normativa aplicable.

b) Se abonará con cargo a:

b.1) La cuenta 430, «Deudores por derechos reconocidos. Presupuesto de ingresos corriente», o a cuentas del subgrupo 57, a la cancelación, según proceda.

b.2) La cuenta 678, «Gastos excepcionales», por incumplimiento de la obligación afianzada que determine pérdidas en la fianza.

567. Gastos financieros pagados por anticipado.

Gastos financieros pagados por la entidad que corresponden al ejercicio siguiente.

Figurará en el activo corriente del balance en el epígrafe III, «Ajustes por periodificación».

Su movimiento es el siguiente:

a) Se cargará, al cierre del ejercicio, con abono a las cuentas del subgrupo 66, «Gastos financieros», que hayan registrado los gastos financieros a imputar al ejercicio posterior.

b) Se abonará, al principio del ejercicio siguiente, con cargo a cuentas del subgrupo 66.

568. Ingresos financieros cobrados por anticipado.

Ingresos financieros cobrados por la entidad y que corresponden al ejercicio siguiente.

Figurará en el pasivo corriente del balance en el epígrafe IV, «Ajustes por periodificación a corto plazo».

Su movimiento es el siguiente:

a) Se abonará, al cierre del ejercicio, con cargo a las cuentas del subgrupo 76, «Ingresos financieros», que hayan registrado los ingresos financieros a imputar al ejercicio posterior.

b) Se cargará, al principio del ejercicio siguiente, con abono a cuentas del subgrupo 76.

57. EFECTIVO Y ACTIVOS LÍQUIDOS EQUIVALENTES.

570. *Caja operativa.*

571. *Bancos e instituciones de crédito. Cuentas operativas.*

573. *Bancos e instituciones de crédito. Cuentas restringidas de recaudación.*
574. *Caja restringida.*
575. *Bancos e instituciones de crédito. Cuentas restringidas de pagos.*
577. *Activos líquidos equivalentes al efectivo.*

Las cuentas de este subgrupo figurarán en el activo corriente del balance en el epígrafe IV, «Efectivo y otros activos líquidos equivalentes».

570. Caja operativa.

Disponibilidades de medios líquidos.

Su movimiento es el siguiente:

a) Se cargará, a la entrada de medios líquidos, con abono a las cuentas que hayan de servir de contrapartida según la naturaleza de la operación que da lugar al cobro.

b) Se abonará, a su salida, con cargo a las cuentas que hayan de servir de contrapartida según la naturaleza de la operación que da lugar al pago.

571. Bancos e instituciones de crédito. Cuentas operativas.

Saldos a favor de la entidad en cuentas operativas, de disponibilidad inmediata, en bancos e instituciones de crédito.

Su movimiento, con carácter general, es el siguiente:

a) Se cargará, por las entradas de efectivo o por las transferencias recibidas, con abono a las cuentas que hayan de servir de contrapartida según la naturaleza de la operación que da lugar al cobro.

b) Se abonará, por la disposición total o parcial del saldo, con cargo a las cuentas que hayan de servir de contrapartida de acuerdo con la naturaleza de la operación que da lugar al pago.

573. Bancos e instituciones de crédito. Cuentas restringidas de recaudación.

Saldos a favor de la entidad en cuentas restringidas de recaudación.

Su movimiento, con carácter general, es el siguiente:

a) Se cargará, por las entradas de efectivo, con abono a las cuentas que hayan de servir de contrapartida según la naturaleza de la operación que da lugar al cobro.

b) Se abonará, por los traspasos realizados, con cargo a la cuenta que corresponda de este mismo subgrupo.

574. Caja restringida.

Disponibilidades líquidas destinadas a pagos a justificar y anticipos de caja fija.

Su movimiento, en general, es el siguiente:

a) Se cargará, con abono a:

a.1) La cuenta 558, «Provisiones de fondos para pagos a justificar y anticipos de caja fija», por las entradas de fondos líquidos procedentes de libramientos para pagos a justificar o de reposiciones de anticipos de caja fija.

a.2) Cuentas del subgrupo 57, «Efectivo y activos líquidos equivalentes», por la constitución del anticipo de caja fija.

b) Se abonará con cargo a:

b.1) La cuenta 558, por los pagos a los acreedores finales y por el reintegro de fondos librados a justificar.

b.2) Cuentas del subgrupo 57, «Efectivo y activos líquidos equivalentes», por el reintegro de fondos por el cajero al cancelarse el anticipo de caja fija.

575. Bancos e instituciones de crédito. Cuentas restringidas de pagos.

Saldos a favor de la entidad en cuentas restringidas de pagos.

Su movimiento es el siguiente:

a) Se cargará, por las entradas de fondos —incluidas las destinadas a la constitución de anticipos de caja fija—, con abono a la cuenta del subgrupo 57, «Efectivo y activos líquidos equivalentes», que corresponda. Cuando las entradas de fondos procedan de libramientos para pagos a justificar o de reposiciones de anticipos de caja fija se abonará la cuenta 558, «Provisiones de fondos para pagos a justificar y anticipos de caja fija».

b) Se abonará, por la disposición total o parcial del saldo, con cargo a las cuentas que hayan de servir de contrapartida de acuerdo con la naturaleza de la operación que dé lugar al pago. Cuando las disposiciones correspondan a pagos a justificar o anticipos de caja fija dichas cuentas serán las siguientes:

b.1) La cuenta 558, por los pagos a los acreedores finales y por el reintegro de fondos librados a justificar.

b.2) Cuentas del subgrupo 57, por el reintegro de fondos por el cajero al cancelarse el anticipo de caja fija.

577. Activos líquidos equivalentes al efectivo.

Inversiones financieras de gran liquidez, que cumplan todas las condiciones siguientes:

— Se realizan con el objetivo de rentabilizar excedentes temporales de efectivo y forman parte de la gestión normal de la liquidez de la entidad.

— En el momento de su formalización tienen un vencimiento no superior a tres meses.

— Son fácilmente convertibles en importes determinados de efectivo sin incurrir en penalizaciones significativas.

— No están sujetas a riesgo de cambios en su valor.

Su movimiento, con carácter general, es el siguiente:

a) Se cargará con abono a:

a.1) La cuenta 571, «Bancos e instituciones de crédito. Cuentas operativas», o a la cuenta 400, «Acreedores por obligaciones reconocidas. Presupuesto de gastos corriente», si la operación tuviera que imputarse al presupuesto.

a.2) La cuenta 769, «Otros ingresos financieros», por los intereses explícitos o implícitos devengados.

b) Se abonará por el importe recibido en el momento de la enajenación o liquidación de la inversión, con cargo, generalmente, a la cuenta 571, «Bancos e instituciones de crédito. Cuentas operativas», o a la cuenta 430, «Deudores por derechos reconocidos. Presupuesto de ingresos corriente», si la operación tuviera que imputarse al presupuesto.

58. PROVISIONES A CORTO PLAZO.

582. *Provisión a corto plazo para responsabilidades.*

583. *Provisión a corto plazo por desmantelamiento, retiro o rehabilitación del inmovilizado no financiero.*

585. *Provisión a corto plazo para devolución de ingresos.*

588. *Provisión a corto plazo para transferencias y subvenciones.*

589. *Otras provisiones a corto plazo.*

Recoge las provisiones incluidas en el subgrupo 14, «Provisiones a largo plazo», cuya cancelación se prevea en el corto plazo, así como las provisiones que en el momento de su reconocimiento se espera tener que cancelar en un plazo no superior a un año.

Las cuentas de este subgrupo figurarán en el pasivo corriente del balance en el epígrafe I, «Provisiones a corto plazo».

El movimiento de las cuentas de este subgrupo es análogo al de las correspondientes cuentas del subgrupo 14, «Provisiones a largo plazo».

585. Provisión a corto plazo para devolución de ingresos.

Recoge las devoluciones de impuestos y de otros ingresos que la entidad espera realizar en un plazo no superior a un año, respecto de las que existe incertidumbre sobre su importe exacto o sobre su vencimiento.

Su movimiento, con carácter general, es el siguiente:

a) Se abonará, al cierre del ejercicio, por el importe estimado de las devoluciones de ingresos que la entidad debe realizar, con cargo a las cuentas correspondientes de los grupos 6, «Compras y gastos por naturaleza», y 7, «Ventas e ingresos por naturaleza».

b) Se cargará con abono a:

b.1) La cuenta 418, «Acreedores por devolución de ingresos y otras minoraciones», en el momento en que se dicte el acuerdo de devolución de ingresos.

b.2) La cuenta 795, «Exceso de provisiones», por la diferencia positiva entre el importe de la provisión existente a fin de ejercicio anterior y los importes efectivamente devueltos con cargo a la misma.

59. DETERIORO DE VALOR DE INVERSIONES FINANCIERAS A CORTO PLAZO.

594. *Deterioro de valor de participaciones a corto plazo.*
595. *Deterioro de valor de valores representativos de deuda a corto plazo.*
596. *Deterioro de valor de créditos a corto plazo.*
598. *Deterioro de valor de otras inversiones financieras a corto plazo.*

Recoge las correcciones de valor motivadas por las pérdidas por deterioro de los activos financieros incluidos en este grupo.

Se traspasará a este subgrupo el importe de las correcciones de valor por deterioro de las inversiones financieras a largo plazo, que figuran en el subgrupo 29, «Deterioro de valor de activos no corrientes», cuando dichas inversiones se traspasen a este grupo.

Las cuentas de este subgrupo minorarán en el activo corriente del balance la partida en la que figure el correspondiente elemento patrimonial.

594. Deterioro de valor de participaciones a corto plazo.

Correcciones valorativas por deterioro del valor de las participaciones a corto plazo clasificadas en la categoría de activos financieros a coste.

Su movimiento es el siguiente:

a) Se abonará por el importe del deterioro estimado que se deba imputar a resultados, con cargo a la cuenta 696, «Pérdidas por deterioro de participaciones».

b) Se cargará, con abono a:

b.1) La cuenta 796, «Reversión del deterioro de participaciones», cuando desaparezcan las causas que determinaron el reconocimiento de la corrección valorativa por deterioro.

b.2) La cuenta 540, «Inversiones financieras a corto plazo en instrumentos de patrimonio», cuando se enajenen las participaciones o se den de baja del activo por cualquier otro motivo.

595. Deterioro de valor de valores representativos de deuda a corto plazo.

Correcciones valorativas por deterioro del valor de inversiones a corto plazo en valores representativos de deuda clasificadas en la categoría de activos financieros a coste amortizado.

Su movimiento es el siguiente:

a) Se abonará por el importe del deterioro estimado, con cargo a la cuenta 697, «Pérdidas por deterioro de valores representativos de deuda».

b) Se cargará, con abono a:

b.1) La cuenta 797, «Reversión del deterioro de valores representativos de deuda», cuando desaparezcan las causas que determinaron el reconocimiento de la corrección valorativa por deterioro.

b.2) La cuenta 541, «Valores representativos de deuda a corto plazo», cuando se enajenen los valores o se den de baja del activo por cualquier otro motivo.

596. Deterioro de créditos a corto plazo.

Correcciones valorativas por deterioro del valor de créditos concedidos.

Su movimiento es el siguiente:

a) Se abonará por el importe del deterioro estimado, con cargo a la cuenta 698, «Pérdidas por deterioro de créditos y otras inversiones financieras».

b) Se cargará, con abono a:

b.1) La cuenta 798, «Reversión del deterioro de créditos y otras inversiones financieras», cuando desaparezcan las causas que determinaron el reconocimiento de la corrección valorativa por deterioro.

b.2) La cuenta 542, «Créditos a corto plazo», cuando se cancelen o cuando se den de baja del activo por insolvencia definitiva del deudor y, en este último caso, por la parte de crédito que resulte incobrable.

598. Deterioro de valor de otras inversiones financieras a corto plazo.

Correcciones valorativas por deterioro del valor de fianzas y depósitos constituidos a corto y de imposiciones a corto plazo.

Su movimiento es el siguiente:

a) Se abonarán por el importe del deterioro estimado, con cargo a la cuenta 698, «Pérdidas por deterioro de créditos y otras inversiones financieras»

b) Se cargará, con abono a:

b.1) La cuenta 798, «Reversión del deterioro de créditos y otras inversiones financieras», cuando desaparezcan las causas que determinaron el reconocimiento de la corrección valorativa por deterioro.

b.2) La cuenta representativa del activo financiero, cuando se cancelen o cuando se den de baja del activo por insolvencia definitiva del deudor y, en este último caso, por la parte de saldo que resulte incobrable.

GRUPO 6

COMPRAS Y GASTOS POR NATURALEZA

Comprende las cuentas destinadas a recoger, de acuerdo con su naturaleza o destino, los gastos imputables al resultado económico patrimonial del ejercicio.

En general todas las cuentas del grupo 6, «Compras y gastos por naturaleza», se abonan, al cierre del ejercicio, con cargo a la cuenta 129, «Resultado del ejercicio»; por ello, al exponer los movimientos de las sucesivas cuentas del grupo sólo se hará referencia a los motivos de cargo. En las excepciones se citarán los motivos de abono y cuentas de contrapartida.

62. SERVICIOS EXTERIORES.
621. *Arrendamientos y cánones.*
622. *Reparaciones y conservación.*
629. *Suministros, comunicaciones y otros servicios.*

Servicios de naturaleza diversa adquiridos por la entidad, que no formen parte del precio de adquisición del inmovilizado o de las inversiones financieras.

Las cuentas del subgrupo se cargarán con abono, generalmente, a cuentas del subgrupo 40, «Acreedores presupuestarios», por el reconocimiento de la obligación.

621. Arrendamientos y cánones.

Importe de los gastos, devengados por el alquiler o arrendamiento operativo de bienes, muebles e inmuebles, así como las cantidades fijas o variables que se satisfacen por el derecho al uso o a la concesión de uso de las distintas manifestaciones de la propiedad industrial o de la propiedad intelectual.

622. Reparaciones y conservación.

En esta cuenta se contabilizarán los gastos de sostenimiento de los bienes contabilizados en el grupo 2, «Activo no corriente», siempre que sean por cuenta de la entidad.

629. Suministros, comunicaciones y otros servicios.

Se incluirán gastos de electricidad y de cualquier otro abastecimiento que no tuviera la cualidad de almacenable, gastos de teléfono, télex, telégrafo y correos u otro medio de comunicación, así como aquellos gastos no comprendidos en las cuentas anteriores.

En esta cuenta se contabilizarán, entre otros, los gastos de viaje del personal de la entidad, incluidos los de transporte, y los gastos de oficina.

63. TRIBUTOS.
630. *Tributos.*

630. Tributos.

En esta cuenta se contabilizan los tributos exigidos a la entidad cuando ésta sea contribuyente, excepto si los tributos deben contabilizarse en otras cuentas, como los que incrementan el gasto por compras realizadas.

También se registrarán en esta cuenta los ajustes negativos y positivos de la imposición indirecta.

Su movimiento es el siguiente:

a) Se cargará con abono a:

a.1) Generalmente, a la cuenta 400, «Acreedores por obligaciones reconocidas. Presupuesto de gastos corriente», al reconocimiento de la obligación.

a.2) Por el importe de las diferencias negativas que resulten en el IVA soportado deducible, al practicarse las regularizaciones anuales derivadas de la aplicación de la regla de prorrata, a la cuenta 400, «Acreedores por obligaciones reconocidas. Presupuesto de gastos corriente».

Simultáneamente, se realizarán dos asientos consecutivos. Primero se cargará la cuenta 472, «Hacienda Pública, IVA soportado», con abono a la cuenta 410 «Acreedores por IVA soportado». Este asiento es de signo negativo. En segundo lugar se cargará la cuenta 400, «Acreedores por obligaciones reconocidas. Presupuesto de gastos corriente», con abono a la cuenta 410, «Acreedores por IVA soportado».

b) Se abonará con cargo a la cuenta 430, «Deudores por derechos reconocidos. Presupuesto de ingresos corriente», por el importe de las diferencias positivas que resulten en el IVA soportado deducible, al practicarse las regularizaciones anuales derivadas de la aplicación de la regla de la prorrata.

Simultáneamente, se realizarán dos asientos consecutivos. Primero se cargará la cuenta 472, «Hacienda Pública IVA soportado», con abono a la cuenta 410, «Acreedores por IVA soportado». En segundo lugar, se cargará la cuenta 410, «Acreedores por IVA soportado», con abono a la cuenta 430, «Deudores por derechos reconocidos. Presupuesto de ingresos corriente».

64. GASTOS DE PERSONAL Y PRESTACIONES SOCIALES.

640. *Gastos de personal y prestaciones sociales.*

640. Gastos de personal y prestaciones sociales.

Se recogen en esta cuenta las retribuciones al personal, cualquiera que sea la forma o el concepto por el que se satisfacen, cuotas a cargo de la entidad a los regímenes de seguridad social y de pensiones del personal a su servicio y los demás gastos de carácter social del personal dependiente de la misma.

Se citan, a título indicativo, las indemnizaciones por despido y por jubilación anticipadas, las subvenciones a economatos y comedores, la formación del personal cuando contrate con servicios del exterior, becas para estudio, transporte del personal a su centro o lugar de trabajo, primas por contratos de seguros sobre la vida, accidentes, enfermedad, etc.

Las pensiones a personas que no son consecuencia de prestaciones previas de los beneficiarios, se imputarán a la cuenta 650, «Transferencias y subvenciones».

Su movimiento es el siguiente:

Se cargará con abono, generalmente, a la cuenta 400, «Acreedores por obligaciones reconocidas. Presupuesto de gastos corriente», por el reconocimiento de la obligación.

65. TRANSFERENCIAS Y SUBVENCIONES.

650. *Transferencias y subvenciones*.

650. Transferencias y subvenciones.

Las transferencias tienen por objeto una entrega dineraria o en especie sin contraprestación directa por parte de los beneficiarios, destinándose a financiar operaciones o actividades no singularizadas.

Las subvenciones tienen por objeto una entrega dineraria o en especie sin contraprestación directa por parte de los beneficiarios, destinándose a un fin, propósito, actividad o proyecto específico, con la obligación por parte del beneficiario de cumplir las condiciones y requisitos que se hubieran establecido o, en caso contrario, proceder a su reintegro.

Su movimiento es el siguiente:

a) Se cargará con abono a:

a.1) Generalmente, la cuenta 400, «Acreedores por obligaciones reconocidas. Presupuesto de gastos corriente», en el momento que la transferencia o subvención sea vencida, líquida y exigible.

a.2) La cuenta que corresponda según la naturaleza del bien que se entrega, en el caso de transferencias o subvenciones en especie.

66. GASTOS FINANCIEROS.
662. *Intereses de deudas.*
664. *Pérdidas en instrumentos financieros a valor razonable.*
665. *Pérdidas en instrumentos financieros al coste amortizado o al coste.*
667. *Pérdidas de créditos incobrables.*
669. *Otros gastos financieros.*

662. Intereses de deudas.

Importe de los intereses de los préstamos recibidos y otras deudas pendientes de amortizar, cualquiera que sea el modo en que se instrumenten tales intereses.

Su movimiento es el siguiente:

Se cargará:

a) Al devengo de los intereses con abono, generalmente, a cuentas de los subgrupos 17, «Deudas a largo plazo por préstamos recibidos y otros conceptos», y 52, «Deudas a corto plazo por préstamos recibidos y otros conceptos».

b) Por el importe de los intereses devengados y vencidos en el ejercicio, con abono a la cuenta 400, «Acreedores por obligaciones reconocidas. Presupuesto de gastos corriente».

664. Pérdidas en instrumentos financieros a valor razonable.

Pérdidas originadas por la valoración a valor razonable de todos los instrumentos financieros clasificados en la categoría de activos financieros a valor razonable con cambios en resultados.

Se cargará por la disminución en el valor razonable de los activos financieros clasificados en esta categoría con abono a la cuenta 540, «Inversiones financieras a corto plazo en instrumentos de patrimonio» o a la cuenta 541, «Valores representativos de deuda a corto plazo», según corresponda.

665. Pérdidas en instrumentos financieros al coste amortizado o al coste.

Pérdidas producidas por la baja, enajenación, o cancelación de instrumentos financieros valorados al coste amortizado o al coste, excepto las pérdidas de créditos que deban figurar en la cuenta 667, «Pérdidas de créditos incobrables».

Se cargará por la pérdida producida, con abono a cuentas de los subgrupos 17, «Deudas a largo plazo por préstamos recibidos y otros conceptos», 26, «Inversiones financieras a largo plazo», 52,

«Deudas a corto plazo por préstamos recibidos y otros conceptos», y 54, «Inversiones financieras a corto plazo».

667. Pérdidas de créditos incobrables.

Pérdidas producidas por insolvencias firmes y por prescripción de créditos concedidos y de otros derechos de cobro.

Se cargará por la pérdida producida con abono a la cuenta representativa del crédito o derecho de cobro o, en el caso de pérdidas de derechos de cobro presupuestarios, la cuenta 438, «Derechos cancelados de presupuesto corriente», o a la cuenta 439, «Derechos cancelados de presupuestos cerrados», según proceda.

669. Otros gastos financieros.

Gastos de naturaleza financiera no recogidos en otras cuentas de este subgrupo. Entre otros se incluirán en esta cuenta los intereses de demora, los gastos de formalización de deudas, los intereses de depósitos recibidos y los gastos por transferencias bancarias.

Se cargará, por el importe de los gastos incurridos, con abono, generalmente, a la cuenta 400, «Acreedores por obligaciones reconocidas. Presupuesto de gastos corriente».

67. PÉRDIDAS PROCEDENTES DE ACTIVOS NO CORRIENTES, OTROS GASTOS DE GESTIÓN ORDINARIA Y GASTOS EXCEPCIONALES.

670. *Pérdidas procedentes del inmovilizado no financiero.*
676. *Otras pérdidas de gestión ordinaria.*
678. *Gastos excepcionales.*

670. Pérdidas procedentes del inmovilizado no financiero.

Pérdidas producidas en general por la enajenación del inmovilizado intangible, el material, las inversiones inmobiliarias y el Patrimonio público del suelo, o por la baja en inventario total o parcial como consecuencia de depreciaciones irreversibles de dichos activos.

Se cargará, por la pérdida producida, con abono a las cuentas de los subgrupos 20, «Inmovilizaciones intangibles», 21, «Inmovilizaciones materiales», 22, «Inversiones inmobiliarias», o 24, «Patrimonio público del suelo», que correspondan.

676. Otras pérdidas de gestión ordinaria.

Las que teniendo esta naturaleza, no figuran en cuentas anteriores. En particular, reflejará la regularización anual de utillaje y herramientas.

Se cargará, por la pérdida producida, con abono a la cuenta correspondiente según la naturaleza de la disminución.

678. Gastos excepcionales.

Pérdidas y gastos de carácter excepcional y cuantía significativa que atendiendo a su naturaleza no deban contabilizarse en otras cuentas del grupo 6, «Compras y gastos por naturaleza».

Se incluirán, en todo caso, las sanciones y multas, los producidos por inundaciones y otros accidentes, incendios, indemnizaciones a terceros y la pérdida o reducción de fianzas constituidas.

Su movimiento es el siguiente:

Se cargará, por el importe de los gastos excepcionales, con abono a la cuenta que corresponda según la naturaleza de los mismos.

68. DOTACIONES PARA AMORTIZACIONES.

680. *Amortización del inmovilizado intangible.*
681. *Amortización del inmovilizado material.*
682. *Amortización de las inversiones inmobiliarias.*
684. *Amortización del Patrimonio público del suelo.*

680/681/682/684. Amortización de...

Expresión de la depreciación sistemática anual efectiva sufrida por el inmovilizado intangible, el material, las inversiones inmobiliarias y el Patrimonio público del suelo.

Se cargarán, por la dotación del ejercicio, con abono a cuentas del subgrupo 28, «Amortización acumulada del inmovilizado».

69. PÉRDIDAS POR DETERIORO.

690. *Pérdidas por deterioro del inmovilizado intangible.*
691. *Pérdidas por deterioro del inmovilizado material.*
692. *Pérdidas por deterioro de las inversiones inmobiliarias.*
693. *Pérdidas por deterioro del Patrimonio público del suelo.*
696. *Pérdidas por deterioro de participaciones.*
697. *Pérdidas por deterioro de valores representativos de deuda.*
698. *Pérdidas por deterioro de créditos y otras inversiones financieras.*

690/691/692/693. Pérdidas por deterioro de...

Corrección valorativa por deterioro de carácter reversible en el inmovilizado intangible, en el material, en las inversiones inmobiliarias y en Patrimonio público del suelo.

Se cargará, por el importe del deterioro estimado, con abono a las cuentas 290, «Deterioro de valor del inmovilizado intangible», 291, «Deterioro de valor del inmovilizado material», 292, «Deterioro de valor de las inversiones inmobiliarias», y 293, «Deterioro de valor del Patrimonio público del suelo», respectivamente.

696. Pérdidas por deterioro de participaciones.

Corrección valorativa, por deterioro del valor de participaciones en el patrimonio neto.

Se cargará, por el importe del deterioro estimado, con abono a las cuentas correspondientes de los subgrupos 29, «Deterioro de valor de activos no corrientes», y 59, «Deterioro de valor de inversiones financieras a corto plazo».

697. Pérdidas por deterioro de valores representativos de deuda.

Corrección valorativa, por deterioro del valor de valores representativos de deuda

Se cargará, por el importe del deterioro estimado, con abono a las cuentas correspondientes de los subgrupos 29, «Deterioro de valor de activos no corrientes», y 59, «Deterioro de valor de inversiones financieras a corto plazo».

698. Pérdidas por deterioro de créditos y otras inversiones financieras.

Corrección valorativa, por deterioro del valor en créditos, fianzas y depósitos de los subgrupos 26, «Inversiones financieras a largo plazo», 27, «Fianzas y depósitos constituidos a largo plazo», 54, «Inversiones financieras a corto plazo», y 56, «Fianzas y depósitos recibidos y constituidos a corto plazo y ajustes por periodificación», y del grupo 4, «Acreedores y deudores».

Se cargará, por el importe del deterioro estimado, con abono a las cuentas correspondientes de los subgrupos 29, «Deterioro de valor de activos no corrientes», y 59, «Deterioro de valor de inversiones financieras a corto plazo», o a la cuenta 490, «Deterioro de valor de créditos», según corresponda.

Cuando se utilice la alternativa segunda prevista en la cuenta 490, la definición y el movimiento contable se adaptarán a lo establecido en dicha cuenta.

GRUPO 7

VENTAS E INGRESOS POR NATURALEZA

Comprende los recursos procedentes de la capacidad impositiva de la entidad y de los rendimientos del ejercicio de su actividad, así como, otros ingresos imputables al resultado económico patrimonial del ejercicio.

En general, todas las cuentas del grupo 7, «Ventas e ingresos por naturaleza», se cargan, al cierre del ejercicio, con abono a la cuenta 129, «Resultado del ejercicio»; por ello al exponer el juego de las sucesivas del grupo sólo se hará referencia a los motivos de abono. En las excepciones se citarán los motivos de cargo y cuentas de contrapartida.

Las anulaciones de derechos de cobro presupuestarios con origen en ingresos recogidos en cuentas de este grupo se registrarán mediante un cargo a la cuenta que corresponda del grupo 7, «Ventas e ingresos por naturaleza», con abono a la cuenta 433, «Derechos anulados de presupuesto corriente». Asimismo los acuerdos de devolución de ingresos presupuestarios con origen en ingresos recogidos en cuentas de este grupo se registrarán mediante un cargo a la cuenta que corresponda del grupo 7, «Ventas e ingresos por naturaleza», con abono a la cuenta 418, «Acreedores por devolución de ingresos y otras minoraciones», en el momento en el que se dicte el acuerdo de devolución.

72. IMPUESTOS DIRECTOS.
- 724. *Impuesto sobre bienes inmuebles.*
- 725. *Impuesto sobre vehículos de tracción mecánica.*
- 726. *Impuesto sobre el incremento de valor de los terrenos de naturaleza urbana.*
- 727. *Impuesto sobre actividades económicas.*
- 728. *Otros impuestos.*

Este subgrupo recoge todo tipo de ingresos exigidos sin contraprestación cuyo hecho imponible esté constituido por negocios, actos o hechos de naturaleza jurídica o económica que pongan de manifiesto la capacidad contributiva del sujeto pasivo, como consecuencia de la posesión de un patrimonio o la obtención de una renta.

El movimiento de las cuentas de este subgrupo es el siguiente:

a) Se abonarán, por el importe de los impuestos liquidados, con cargo a la cuenta 430, «Deudores por derechos reconocidos. Presupuesto de ingresos corriente».

b) Se cargarán con abono a la cuenta 585, «Provisión a corto plazo para devolución de ingresos», al cierre del ejercicio, por las devoluciones previstas no reconocidas.

724/.../727. Impuesto sobre...

Cada una de estas cuentas recoge el impuesto y, en su caso, el recargo a que se refiere su denominación.

728. Otros impuestos.

Recoge otros impuestos directos no incluidos en otras cuentas de este subgrupo. A título de ejemplo se pueden citar: los impuestos extinguidos y los recargos sobre impuestos del Estado o de las Comunidades Autónomas.

73. IMPUESTOS INDIRECTOS.

733. *Impuesto sobre construcciones, instalaciones y obras.*
735. *Impuesto municipal sobre gastos suntuarios.*
739. *Otros impuestos.*

Se incluirán en este subgrupo todo tipo de ingresos exigidos sin contraprestación cuyo hecho imponible esté constituido por negocios, actos o hechos de naturaleza jurídica o económica, que pongan de manifiesto la capacidad contributiva del sujeto pasivo, como consecuencia de la circulación de los bienes o el gasto.

El movimiento de las cuentas de este subgrupo es el siguiente:

a) Se abonarán, por el importe de los impuestos devengados, con cargo a la cuenta 430, «Deudores por derechos reconocidos. Presupuesto de ingresos corriente».

b) Se cargarán con abono a la cuenta 585, «Provisión a corto plazo para devolución de ingresos», al cierre del ejercicio, por las devoluciones previstas no reconocidas.

733/735. Impuesto...

Cada una de estas cuentas recoge el impuesto al que se refiere su denominación.

739. Otros impuestos.

Recoge los impuestos indirectos no incluidos en otras cuentas de este subgrupo. A título de ejemplo se pueden citar: los impuestos extinguidos y los recargos sobre impuestos del Estado o de las Comunidades Autónomas.

74. TASAS, PRECIOS PÚBLICOS, CONTRIBUCIONES ESPECIALES E INGRESOS URBANÍSTICOS.

740. *Tasas por prestación de servicios o realización de actividades.*

741. *Precios públicos por prestación de servicios o realización de actividades.*

742. *Tasas por utilización privativa o aprovechamiento especial del dominio público.*

744. *Contribuciones especiales.*

745. *Ingresos por actuaciones urbanísticas.*

746. *Aprovechamientos urbanísticos.*

El movimiento de las cuentas de este subgrupo es el siguiente:

Se abonarán, por el importe de la tasa, precio público, contribución especial o ingreso urbanístico, según proceda, con cargo a la cuenta 430, «Deudores por derechos reconocidos. Presupuesto de ingresos corriente».

740. Tasas por prestación de servicios o realización de actividades.

Ingresos de derecho público y de carácter tributario que se exigen como consecuencia de la prestación de servicios o realización de actividades por la entidad.

741. Precios públicos por prestación de servicios o realización de actividades.

Ingresos de derecho público que se exigen como consecuencia de entregas de bienes asociadas a determinadas prestaciones de servicios y las prestaciones de servicios o realización de actividades en régimen de derecho público que no tengan el carácter tributario de tasa.

742. Tasas por utilización privativa o aprovechamiento especial del dominio público.

Ingresos de derecho público y de carácter tributario que se exigen como consecuencia de la utilización privativa o el aprovechamiento especial del dominio público.

744. Contribuciones especiales.

Ingresos de derecho público derivados de la realización por la entidad de obras públicas o del establecimiento o ampliación de servicios públicos.

745. Ingresos por actuaciones urbanísticas.

Ingresos de derecho público derivados de actuaciones urbanísticas, como consecuencia de aportaciones exigidas a través de una norma con rango de ley de las Administraciones Públicas competentes a los peticionarios de licencias o propietarios de los terrenos para implantar infraestructuras complementarias a la urbanización que se desarrolle (canon de urbanización), o exigidas por la entidad a los propietarios de los terrenos para urbanizar al objeto de financiar los gastos de urbanización (cuotas de urbanización).

746. Aprovechamientos urbanísticos.

Ingresos de derecho público procedentes del canon por aprovechamiento urbanístico establecido a través de una norma con rango de ley de las Administraciones Públicas competentes recibido por actuaciones declaradas de interés comunitario en suelo no urbanizable, así como los procedentes del aprovechamiento urbanístico correspondiente a la Administración, distintos del canon anterior.

75. TRANSFERENCIAS Y SUBVENCIONES.

750. *Transferencias.*

751. *Subvenciones para gastos no financieros del ejercicio.*

752. *Subvenciones para la cancelación de deudas genéricas.*

753. *Subvenciones para la financiación del inmovilizado no financiero, imputadas al resultado del ejercicio.*

7530. Subvenciones para la financiación del inmovilizado no financiero imputadas al resultado del ejercicio por amortización.

7531. Subvenciones para la financiación del inmovilizado no financiero imputadas al resultado del ejercicio por enajenación o baja.

754. *Subvenciones para activos corrientes y gastos imputadas al ejercicio.*

755. *Subvenciones para gastos financieros del ejercicio.*

756. *Subvenciones para la financiación de operaciones financieras imputadas al ejercicio.*

Importes que deben ser imputados al resultado del ejercicio por transferencias y subvenciones recibidas.

750. Transferencias.

Fondos o bienes recibidos por la entidad, sin contraprestación directa por su parte, destinándose a financiar operaciones o actividades no singularizadas.

Se abonará con cargo a:

a) Generalmente, la cuenta 430, «Deudores por derechos reconocidos. Presupuesto de ingresos corriente», en el momento que la transferencia sea vencida, líquida y exigible.

b) La cuenta que corresponda según la naturaleza del bien que se reciba, en el caso de transferencias en especie.

751. Subvenciones para gastos no financieros del ejercicio.

Fondos o bienes recibidos por la entidad para financiar operaciones corrientes concretas y específicas devengadas en el ejercicio. Dentro de ellas se incluyen las subvenciones concedidas a la entidad para asegurar una rentabilidad mínima o para financiar gastos del ejercicio.

Su movimiento es análogo al señalado para la cuenta 750, «Transferencias».

752. Subvenciones para la cancelación de deudas genéricas.

Recoge las recibidas por la entidad para la cancelación en el ejercicio de deudas que no supongan una financiación específica de un elemento patrimonial.

Su movimiento es el siguiente:

Se abonará con cargo a:

a) Generalmente, a la cuenta 430, «Deudores por derechos reconocidos. Presupuesto de ingresos corriente», en el momento que la subvención sea vencida, líquida y exigible.

b) La cuenta representativa de la deuda que corresponda, en el caso de asunción de deudas por otras entidades.

753. Subvenciones para la financiación de inmovilizado no financiero imputadas al resultado del ejercicio.

Importe traspasado al resultado del ejercicio de las subvenciones recibidas para la financiación de inmovilizado no financiero.

Funcionará a través de sus divisionarias.

El contenido y movimiento de las subcuentas que comprende es el siguiente:

7530. Subvenciones para la financiación del inmovilizado no financiero imputadas al resultado del ejercicio por amortización.

Se abonará, en el momento de la imputación a la cuenta del resultado económico patrimonial de la subvención por la amortización del inmovilizado no financiero, con cargo a la cuenta 130, «Subvenciones para la financiación del inmovilizado no financiero».

7531. Subvenciones para la financiación del inmovilizado no financiero imputadas al resultado del ejercicio por enajenación o baja.

Se abonará, en el momento de la imputación a la cuenta del resultado económico patrimonial de la subvención por la enajenación o baja del activo, con cargo a la cuenta 130, «Subvenciones para la financiación del inmovilizado no financiero».

754/756. Subvenciones para... imputadas al ejercicio.

Importe traspasado al resultado del ejercicio de las subvenciones recibidas para la financiación de activos corrientes y gastos, y de operaciones financieras.

Se abonará, en el momento de la imputación a la cuenta del resultado económico patrimonial de la subvención, con cargo a la cuenta 131, «Subvenciones para la financiación de activos corrientes y gastos», o 132, «Subvenciones para la financiación de operaciones financieras», en función de su destino.

755. Subvenciones para gastos financieros del ejercicio.

Fondos o bienes recibidos por la entidad para financiar operaciones financieras concretas y específicas devengadas en el ejercicio.

Su movimiento es análogo al señalado para la cuenta 750, «Transferencias».

76. INGRESOS FINANCIEROS.

760. *Ingresos de participaciones en el patrimonio neto.*
761. *Ingresos de valores representativos de deuda, de créditos y de otras inversiones financieras.*

764. *Beneficios en instrumentos financieros a valor razonable.*
765. *Beneficios en instrumentos financieros al coste amortizado o al coste.*
769. *Otros ingresos financieros.*

760. Ingresos de participaciones en el patrimonio neto.

Ingresos a favor de la entidad, devengados en el ejercicio, procedentes de participaciones en el patrimonio neto.

Se abonará, por el importe de los dividendos a percibir, con cargo a la cuenta 430, «Deudores por derechos reconocidos. Presupuesto de ingresos corriente», por los dividendos con vencimiento en el ejercicio, y a la cuenta 545, «Dividendo a cobrar», por los dividendos con vencimiento en ejercicio posterior (acordados y no vencidos).

761. Ingresos de valores representativos de deuda, de créditos y de otras inversiones financieras.

Intereses de valores representativos de deuda, de créditos y de otras inversiones financieras, devengados a favor de la entidad en el ejercicio, incluidos los intereses que correspondan a la imputación, según el método del tipo de interés efectivo, de la diferencia entre el valor de reembolso al vencimiento y el valor inicial de la deuda.

Se abonará, al devengo de los intereses, con cargo a las cuentas correspondientes de los subgrupos 26, «Inversiones financieras a largo plazo», o 54, «Inversiones financieras a corto plazo», según proceda, y a la cuenta 430, «Deudores por derechos reconocidos. Presupuesto de ingresos corriente», por el importe de los intereses devengados y vencidos en el ejercicio.

764. Beneficios en instrumentos financieros a valor razonable.

Beneficios originados por la valoración a valor razonable de todos los instrumentos financieros clasificados en la categoría de activos financieros a valor razonable con cambios en resultados.

Se abonará por el aumento en el valor razonable de los activos financieros con cargo a la cuenta 540, «Inversiones financieras a corto plazo en instrumentos de patrimonio», o a la cuenta 541, «Valores representativos de deuda a corto plazo», según corresponda.

765. Beneficios en instrumentos financieros al coste amortizado o al coste.

Beneficios producidos por la baja, enajenación, o cancelación de instrumentos financieros valorados al coste amortizado o al coste.

Se abonará por el beneficio producido, con cargo a cuentas de los subgrupos 17, «Deudas a largo plazo por préstamos recibidos y otros conceptos», 26, «Inversiones financieras a largo plazo», 52, «Deudas a corto plazo por préstamos recibidos y otros conceptos», y 54, «Inversiones financieras a corto plazo».

769. Otros ingresos financieros.

Ingresos de naturaleza financiera no recogidos en otras cuentas de este subgrupo. Se pueden citar, entre otros, comisión por avales y seguros en operaciones financieras con el exterior, intereses de demora por todos los conceptos, intereses de cuentas corrientes bancarias abiertas en instituciones de crédito, los recargos del período ejecutivo, así como los de declaración extemporánea.

Se abonará, por el importe de los ingresos devengados, con cargo a la cuenta 430, «Deudores por derechos reconocidos. Presupuesto de ingresos corriente».

77. BENEFICIOS PROCEDENTES DE ACTIVOS NO CORRIENTES, OTROS INGRESOS DE GESTIÓN ORDINARIA E INGRESOS EXCEPCIONALES.

770. *Beneficios procedentes del inmovilizado no financiero.*
775. *Reintegros.*
777. *Otros ingresos.*
778. *Ingresos excepcionales.*

770. Beneficios procedentes del inmovilizado no financiero.

Beneficios producidos, en general, por la enajenación del inmovilizado intangible, el material, las inversiones inmobiliarias y el Patrimonio público del suelo.

Su movimiento es el siguiente:

Se abonará con cargo a la cuenta 430, «Deudores por derechos reconocidos. Presupuesto de ingresos corriente», por el beneficio obtenido en la enajenación.

775. Reintegros.

Recoge el importe de los reintegros de pagos derivados de gastos económicos que tengan poca importancia relativa y que, de acuerdo con la normativa aplicable, se deban imputar al presupuesto de ingresos de la entidad.

Aquellos reintegros que tengan importancia relativa se registrarán en la correspondiente cuenta de gastos por naturaleza, salvo los derivados de errores producidos en ejercicios anteriores que se registrarán en la cuenta 120, «Resultados de ejercicios anteriores».

Su movimiento es el siguiente:

Se abonará, al reconocimiento de los ingresos presupuestarios, con cargo a la cuenta 430, «Deudores por derechos reconocidos. Presupuesto de ingresos corriente».

777. Otros ingresos.

Ingresos no financieros, no recogidos en otras cuentas, devengados por la entidad. A título de ejemplo se pueden citar: los devengados por el alquiler de bienes muebles e inmuebles cedidos para el uso o disposición de terceros, los originados por la prestación eventual de ciertos servicios a terceros, recursos eventuales de todos los ramos, multas y sanciones, etc.

Su movimiento es el siguiente:

Se abonará, al reconocimiento de los ingresos presupuestarios, con cargo a la cuenta 430, «Deudores por derechos reconocidos. Presupuesto de ingresos corriente».

778. Ingresos excepcionales.

Beneficios e ingresos de carácter excepcional y cuantía significativa que atendiendo a su naturaleza no deban contabilizarse en otras cuentas del grupo 7, «Ventas e ingresos por naturaleza».

Se incluirán, en todo caso, los procedentes de aquellos créditos que en su día fueron amortizados por insolvencias firmes, los derivados de la prescripción de obligaciones así como los derivados de la reversión de activos entregados en subvención o de la reversión anticipada de activos cedidos en uso de forma gratuita, por incumplimiento de condiciones por parte del beneficiario.

Su movimiento es el siguiente:

Se abonará, al reconocimiento de los ingresos, con cargo a la cuenta que corresponda en función del origen de los mismos.

78. TRABAJOS REALIZADOS PARA LA ENTIDAD.

780. *Trabajos realizados para el inmovilizado intangible.*

781. *Trabajos realizados para el inmovilizado material.*

782. *Trabajos realizados para inversiones inmobiliarias.*
783. *Trabajos realizados para el inmovilizado e inversiones inmobiliarias en curso.*
784. *Trabajos realizados para el Patrimonio público del suelo.*
785. *Gastos financieros imputados al inmovilizado intangible.*
786. *Gastos financieros imputados al inmovilizado material.*
787. *Gastos financieros imputados a inversiones inmobiliarias.*
788. *Gastos financieros imputados al inmovilizado e inversiones inmobiliarias en curso.*
789. *Gastos financieros imputados al Patrimonio público del suelo.*

Las cuentas de este subgrupo recogen el coste de los trabajos realizados por la entidad para su inmovilizado, utilizando sus equipos y su personal, que se activan.

Durante el ejercicio los gastos que se originen por la ejecución de dichos trabajos se cargarán a cuentas del grupo 6, «Compras y gastos por naturaleza», con abono a cuentas del subgrupo 40, «Acreedores presupuestarios».

780. Trabajos realizados para el inmovilizado intangible.

Contrapartida de gastos de investigación y desarrollo y otros realizados para la creación de los bienes comprendidos en el subgrupo 20, «Inmovilizaciones intangibles».

Se abonará, por el importe anual de los gastos que sean objeto de inventario, con cargo a cuentas del subgrupo 20, «Inmovilizaciones intangibles».

781. Trabajos realizados para el inmovilizado material.

Contrapartida de los gastos realizados por la entidad para la construcción o ampliación de los bienes y elementos comprendidos en el subgrupo 21, «Inmovilizaciones materiales».

Se abonará, por el importe anual de los gastos, con cargo a cuentas del subgrupo 21, «Inmovilizaciones materiales».

782. Trabajos realizados para inversiones inmobiliarias.

Contrapartida de los gastos realizados por la entidad para la construcción o ampliación de los bienes y elementos comprendidos en el subgrupo 22, «Inversiones inmobiliarias».

Se abonará, por el importe anual de los gastos, con cargo a cuentas del subgrupo 22, «Inversiones inmobiliarias».

783. Trabajos realizados para el inmovilizado e inversiones inmobiliarias en curso.

Trabajos realizados durante el ejercicio y no terminados al cierre del mismo.

Se abonará, por el importe anual de los gastos, con cargo a cuentas del subgrupo 23, «Inmovilizaciones materiales e inversiones inmobiliarias en curso».

784. Trabajos realizados para el Patrimonio público del suelo.

Contrapartida de los gastos realizados por la entidad para la construcción o ampliación de los bienes comprendidos en el subgrupo 24, «Patrimonio público del suelo», terminados o no en el ejercicio.

Se abonará, por el importe anual de los gastos, con cargo a cuentas del subgrupo 24, «Patrimonio público del suelo».

785. Gastos financieros imputados al inmovilizado intangible.

Contrapartida de gastos financieros imputados al inmovilizado intangible.

Se abonará, por el importe anual de los gastos financieros imputables, con cargo a cuentas del subgrupo 20, «Inmovilizaciones intangibles».

786. Gastos financieros imputados al inmovilizado material.

Contrapartida de los gastos financieros imputados al inmovilizado material.

Se abonará, por el importe anual de los gastos financieros imputables, con cargo a cuentas del subgrupo 21, «Inmovilizaciones materiales».

787. Gastos financieros imputados a inversiones inmobiliarias.

Contrapartida de los gastos financieros imputados a inversiones inmobiliarias.

Se abonará, por el importe anual de los gastos financieros imputables, con cargo a cuentas del subgrupo 22, «Inversiones inmobiliarias».

788. Gastos financieros imputados al inmovilizado e inversiones inmobiliarias en curso.

Contrapartida de los gastos financieros imputados al inmovilizado e inversiones inmobiliarias en curso.

Se abonará, por el importe anual de los gastos financieros imputables, con cargo a cuentas del subgrupo 23, «Inmovilizaciones materiales e inversiones inmobiliarias en curso».

789. Gastos financieros imputados al Patrimonio público del suelo.

Contrapartida de los gastos imputados al Patrimonio público del suelo.

Se abonará, por el importe anual de los gastos financieros imputables, con cargo a cuentas del subgrupo 24, «Patrimonio público del suelo».

79. EXCESOS Y APLICACIONES DE PROVISIONES Y DE PÉRDIDAS POR DETERIORO.

790. *Reversión del deterioro del inmovilizado intangible.*
791. *Reversión del deterioro del inmovilizado material.*
792. *Reversión del deterioro de las inversiones inmobiliarias.*
793. *Reversión del deterioro del Patrimonio público del suelo.*
795. *Exceso de provisiones.*
796. *Reversión del deterioro de participaciones*
797. *Reversión del deterioro de valores representativos de deuda.*
798. *Reversión del deterioro de créditos y otras inversiones financieras.*
799. *Reversión del deterioro por el usufructo cedido del inmovilizado material.*

790/791/792/793. Reversión del deterioro del...

Corrección valorativa, por la recuperación de valor, del inmovilizado intangible, del material, de las inversiones inmobiliarias y del Patrimonio público del suelo, hasta el importe de las pérdidas contabilizadas con anterioridad.

Se abonarán por el importe de la corrección de valor, con cargo a las cuentas 290, «Deterioro de valor del inmovilizado intangible», 291, «Deterioro de valor del inmovilizado material», 292, «Deterioro de valor de las inversiones inmobiliarias», y 293, «Deterioro de valor del Patrimonio público del suelo».

795. Exceso de provisiones.

Diferencia positiva entre el importe de la provisión existente y el que corresponda al cierre del ejercicio o en el momento de atender la correspondiente obligación.

Se abonará por el importe de la corrección de valor, con cargo a las cuentas correspondientes del subgrupo 14, «Provisiones a largo plazo», o del subgrupo 58, «Provisiones a corto plazo».

796. Reversión del deterioro de participaciones.

Corrección valorativa, por la recuperación del valor de participaciones en el patrimonio neto.

Se abonará por el importe de la recuperación de valor, con cargo a las cuentas correspondientes de los subgrupos 29, «Deterioro de valor de activos no corrientes», y 59, «Deterioro de valor de inversiones financieras a corto plazo».

797. Reversión del deterioro de valores representativos de deuda.

Corrección valorativa, por la recuperación del valor de valores representativos de deuda.

Se abonará por el importe de la recuperación de valor, con cargo a las cuentas correspondientes de los subgrupos 29, «Deterioro de valor de activos no corrientes», y 59, «Deterioro de valor de inversiones financieras a corto plazo».

798. Reversión del deterioro de créditos y otras inversiones financieras.

Corrección valorativa, por la recuperación de valor en créditos, fianzas y depósitos de los subgrupos 26, «Inversiones financieras a largo plazo», 27, «Fianzas y depósitos constituidos a largo plazo», 54, «Inversiones financieras a corto plazo», y 56, «Fianzas y depósitos recibidos y constituidos a corto plazo y ajustes por periodificación», y del grupo 4, «Acreedores y deudores».

Se abonará por el importe de la recuperación de valor, con cargo a las cuentas correspondientes de los subgrupos 29, «Deterioro de valor de activos no corrientes», y 59, «Deterioro de valor de inversiones financieras a corto plazo», y a la cuenta 490, «Deterioro de valor de créditos», según corresponda.

Cuando se utilice la alternativa segunda prevista en la cuenta 490, la definición y el movimiento contable se adaptarán a lo establecido en dicha cuenta.

799. Reversión del deterioro por el usufructo cedido del inmovilizado material.

Corrección valorativa, por la recuperación de valor del inmovilizado cedido en uso.

Se abonará con cargo a la cuenta 299, «Deterioro de valor por usufructo cedido del inmovilizado material», cuando el importe recuperable del inmovilizado cedido en uso sea superior al valor contable con el límite del valor contable si no hubiera habido deterioro.

GRUPO 0

CUENTAS DE CONTROL PRESUPUESTARIO

Reflejan el movimiento de los créditos y previsiones que figuran en el presupuesto.

La utilización de este grupo es facultativa por parte de la entidad.

00. DE CONTROL PRESUPUESTARIO. EJERCICIO CORRIENTE.
    000. *Presupuesto ejercicio corriente.*
    001. *Presupuesto de gastos: créditos iniciales.*
    002. *Presupuesto de gastos: modificaciones de crédito.*
    003. *Presupuesto de gastos: créditos definitivos.*
    006. *Presupuesto de ingresos: previsiones iniciales.*
    007. *Presupuesto de ingresos: modificación de previsiones.*
    008. *Presupuesto de ingresos: previsiones definitivas.*

000. Presupuesto ejercicio corriente.

Destinada a recoger el importe de los presupuestos de ingresos y gastos aprobados para cada ejercicio y de sus posteriores modificaciones.

Su movimiento es el siguiente:

a) Se abonará con cargo a:

a.1) La cuenta 006, «Presupuesto de ingresos: previsiones iniciales», por el importe del presupuesto de ingresos aprobado.

a.2) La cuenta 007, «Presupuesto de ingresos: modificaciones de las previsiones», por el importe de las modificaciones que, a través de acto formal, se produzcan en las previsiones de ingresos.

a.3) La cuenta 003, «Presupuesto de gastos: créditos definitivos», en el momento del cierre, por el saldo de esta cuenta.

b) Se cargará con abono a:

b.1) La cuenta 001, «Presupuesto de gastos: créditos iniciales», por el importe total del presupuesto de gastos aprobado para cada ejercicio.

b.2) La cuenta 002, «Presupuesto de gastos: modificaciones de créditos», por las posteriores modificaciones. Si éstas son negativas, el asiento será de signo negativo.

b.3) La cuenta 008, «Presupuesto de ingresos: previsiones definitivas», por el importe de su saldo en el momento del cierre.

La suma del debe indicará el importe total del presupuesto de gastos. La de su haber, el total del presupuesto de ingresos.

Aunque generalmente esta cuenta aparecerá saldada, podrá presentar saldo acreedor.

001. Presupuesto de gastos: créditos iniciales.

Importe de los créditos concedidos en el presupuesto de gastos inicialmente aprobado por la autoridad competente.

Su movimiento es el siguiente:

a) Se abonará con cargo a la cuenta 000, «Presupuesto ejercicio corriente», por el importe de los créditos concedidos en el presupuesto de gastos inicialmente aprobado.

b) Sc cargará, simultáneamente al asiento anterior, con abono a la cuenta 003, «Presupuesto de gastos: créditos definitivos», por el mismo importe.

Esta cuenta aparecerá saldada en todo momento.

002. Presupuesto de gastos: modificaciones de créditos.

Recoge las modificaciones de los créditos presupuestarios aprobadas por la autoridad competente, incluidos los ajustes al alza del Presupuesto prorrogado previstos en el artículo 21.3 del Real Decreto 500/1990, de 20 de abril.

Su movimiento es el siguiente:

a) Se abonará con cargo a la cuenta 000, «Presupuesto ejercicio corriente», por el importe de las modificaciones de crédito de carácter positivo. Por las modificaciones de crédito de carácter negativo, el asiento será de signo negativo.

b) Se cargará con abono a la cuenta 003, «Presupuesto de gastos: créditos definitivos», por el importe de las modificaciones de crédito de carácter positivo. Por las modificaciones de crédito de carácter negativo, el asiento será de signo negativo.

Esta cuenta aparecerá saldada en todo momento.

003. Presupuesto de gastos: créditos definitivos.

Recoge la totalidad de los créditos presupuestarios aprobados en el ejercicio, tanto los iniciales como sus modificaciones.

Su movimiento es el siguiente:

a) Se abonará con cargo a:

a.1) La cuenta 001, «Presupuesto de gastos: créditos iniciales», por los créditos que figuran inicialmente en el presupuesto.

a.2) La cuenta 002, «Presupuesto de gastos: modificaciones de créditos», por el importe de las modificaciones positivas que se produzcan. Por las modificaciones negativas, el asiento será de signo negativo.

b) Se cargará con abono a la cuenta 000, «Presupuesto ejercicio corriente», en el momento del cierre, por su saldo.

Su saldo acreedor, antes del cierre, recogerá los créditos definitivos.

006. Presupuesto de ingresos: previsiones iniciales.

Importe de las previsiones de ingresos que figuran en el presupuesto inicialmente aprobado por la autoridad competente.

Su movimiento es el siguiente:

a) Se cargará con abono a la cuenta 000, «Presupuesto ejercicio corriente», por las previsiones que figuran en el presupuesto de ingresos.

b) Se abonará, simultáneamente al asiento anterior, con cargo a la cuenta 008, «Presupuesto de ingresos: previsiones definitivas», por el mismo importe.

Esta cuenta aparecerá saldada en todo momento.

007. Presupuesto de ingresos: modificación de previsiones.

Recoge las variaciones que se produzcan en las previsiones de ingresos, a través de un acto formal (no por haber alcanzado un grado de ejecución superior al previsto).

Su movimiento es el siguiente:

a) Se cargará con abono a la cuenta 000, «Presupuesto ejercicio corriente», por las modificaciones positivas que se produzcan. Por las modificaciones negativas el asiento será de signo negativo.

b) Se abonará, simultáneamente al asiento anterior, con cargo a la cuenta 008, «Presupuesto de ingresos: previsiones definitivas», por el mismo importe.

Esta cuenta aparecerá saldada en todo momento.

008. Presupuesto de ingresos: previsiones definitivas.

Importe total de las previsiones del presupuesto de ingresos inicialmente aprobado más las modificaciones.

Su movimiento es el siguiente:

a) Se cargará con abono a:

a.1) La cuenta 006, «Presupuesto de ingresos: previsiones iniciales», por el importe de las mismas.

a.2) La cuenta 007, «Presupuesto de ingresos: modificación de las previsiones», por las que se produzcan durante el ejercicio.

b) Se abonará con cargo a la cuenta 000, «Presupuesto ejercicio corriente», en el momento de cierre, por su saldo.

Su saldo, deudor, recogerá, antes del cierre, las previsiones definitivas de ingresos.

NOTA: Las rectificaciones a todas estas cuentas de control presupuestario se efectuarán mediante asientos análogos a los descritos pero de signo contrario, al objeto de no desvirtuar el significado de las sumas del debe y del haber de las cuentas. El mismo criterio se seguirá para anular los créditos y previsiones del presupuesto prorrogado una vez que se apruebe el Presupuesto para el ejercicio.

ANEXO II

ANEXO*

Modelos de la cuenta de la entidad local

....

* La modificación introducidas en este Anexo está ya incluida en el texto de la Orden EHA/4.040/2004, de 23 de noviembre (§ II.1), al que pertenece.

III. REGÍMENES ESPECIALES

§ III.1. LEY 7/1985, DE 2 DE ABRIL, REGULADORA DE LAS BASES DEL RÉGIMEN LOCAL

(*BOE* n.º 80, de 3 de abril de 1985; corrección de errores en *BOE* n.º 139, de 11 de junio)

....

TÍTULO X

Régimen de organización de los municipios de gran población*

CAPÍTULO PRIMERO

ÁMBITO DE APLICACIÓN

Art. 121. *Ámbito de aplicación.*—1. Las normas previstas en este título serán de aplicación:

a) A los municipios cuya población supere los 250.000 habitantes.

b) A los municipios capitales de provincia cuya población sea superior a los 175.000 habitantes.

c) A los municipios que sean capitales de provincia, capitales autonómicas o sedes de las instituciones autonómicas.

d) Asimismo, a los municipios cuya población supere los 75.000 habitantes, que presenten circunstancias económicas, sociales, históricas o culturales especiales.

En los supuestos previstos en los párrafos *c*) y *d*), se exigirá que así lo decidan las Asambleas Legislativas correspondientes a iniciativa de los respectivos ayuntamientos.

2. Cuando un municipio, de acuerdo con las cifras oficiales de población resultantes de la revisión del padrón municipal aprobadas por el Gobierno con referencia al 1 de enero del año anterior al del inicio de cada mandato de su ayuntamiento, alcance la población requerida para la aplicación del régimen previsto en este título,

---

* Este Título fue introducido por la Ley 57/2003, de 16 de diciembre, de medidas para la modernización del Gobierno Local (*BOE* n.º 301, de 17 de diciembre de 2003).

la nueva corporación dispondrá de un plazo máximo de seis meses desde su constitución para adaptar su organización al contenido de las disposiciones de este Título.

A estos efectos, se tendrá en cuenta exclusivamente la población resultante de la indicada revisión del padrón, y no las correspondientes a otros años de cada mandato.

3. Los municipios a los que resulte de aplicación el régimen previsto en este título, continuarán rigiéndose por el mismo aun cuando su cifra oficial de población se reduzca posteriormente por debajo del límite establecido en esta Ley.

....

CAPÍTULO III

Gestión económico-financiera*

Art. 133. *Criterios de la gestión económico-financiera.*—La gestión económico-financiera se ajustará a los siguientes criterios:

a) Cumplimiento del objetivo de estabilidad presupuestaria, de acuerdo con lo dispuesto en la legislación que lo regule.

b) Separación de las funciones de contabilidad y de fiscalización de la gestión económico-financiera.

c) La contabilidad se ajustará en todo caso a las previsiones que en esta materia contiene la Ley 39/1988, de 28 de diciembre, Reguladora de las Haciendas Locales.

d) El ámbito en el que se realizará la fiscalización y el control de legalidad presupuestaria será el presupuesto o el estado de previsión de ingresos y gastos, según proceda.

e) Introducción de la exigencia del seguimiento de los costes de los servicios.

f) La asignación de recursos, con arreglo a los principios de eficacia y eficiencia, se hará en función de la definición y el cumplimiento de objetivos.

g) La administración y rentabilización de los excedentes líquidos y la concertación de operaciones de tesorería se realizarán de acuerdo con las bases de ejecución del presupuesto y el plan financiero aprobado.

h) Todos los actos, documentos y expedientes de la Administración municipal y de todas las entidades dependientes de ella, sea cual fuere su naturaleza jurídica, de los

* Se transcriben los artículos que afectan al contenido de esta obra.

que se deriven derechos y obligaciones de contenido económico estarán sujetos al control y fiscalización interna por el órgano que se determina en esta Ley, en los términos establecidos en los artículos 194 a 203 de la Ley 39/1988, de 28 de diciembre, Reguladora de las Haciendas Locales.

Art. 134. *Órgano u órganos de gestión económico-financiera y presupuestaria.*—1. Las funciones de presupuestación, contabilidad, tesorería y recaudación serán ejercidas por el órgano u órganos que se determinen en el Reglamento Orgánico Municipal.

2. El titular o titulares de dicho órgano u órganos deberá ser un funcionario de Administración local con habilitación de carácter nacional, salvo el del órgano que desarrolle las funciones de presupuestación.

Art. 135. *Órgano de Gestión Tributaria.*—1. Para la consecución de una gestión integral del sistema tributario municipal, regido por los principios de eficiencia, suficiencia, agilidad y unidad en la gestión, se habilita al Pleno de los ayuntamientos de los municipios de gran población para crear un órgano de gestión tributaria, responsable de ejercer como propias las competencias que a la Administración Tributaria local le atribuye la legislación tributaria.

2. Corresponderán a este órgano de gestión tributaria, al menos, las siguientes competencias:

....

f) El seguimiento y la ordenación de la ejecución del presupuesto de ingresos en lo relativo a ingresos tributarios.

3. En el caso de que el Pleno haga uso de la habilitación prevista en el apartado 1, la función de recaudación y su titular quedarán adscritos a este órgano, quedando sin efecto lo dispuesto en el artículo 134.1 en lo que respecta a la función de recaudación.

Art. 136. *Órgano responsable del control y de la fiscalización interna.*—1. La función pública de control y fiscalización interna de la gestión económico-financiera y presupuestaria, en su triple acepción de función interventora, función de control financiero y función de control de eficacia, corresponderá a un órgano administrativo, con la denominación de Intervención general municipal.

2. La Intervención general municipal ejercerá sus fun-

ciones con plena autonomía respecto de los órganos y entidades municipales y cargos directivos cuya gestión fiscalice, teniendo completo acceso a la contabilidad y a cuantos documentos sean necesarios para el ejercicio de sus funciones.

3. Su titular será nombrado entre funcionarios de Administración local con habilitación de carácter nacional.

....

§ III.2. LEY 1/2006, DE 13 DE MARZO, POR LA QUE SE REGULA EL RÉGIMEN ESPECIAL DEL MUNICIPIO DE BARCELONA

(*BOE* n.º 62, de 14 de marzo de 2006)

....

TÍTULO IV

Régimen financiero especial

....

CAPÍTULO IV

PLANIFICACIÓN ECONÓMICA, PRESUPUESTO Y GASTO PÚBLICO

SECCIÓN 1.ª

Planificación económica

Art. 56. *Sistema de planificación del Ayuntamiento de Barcelona.*—1. El sistema de planificación del Ayuntamiento de Barcelona comprendido en el presente artículo podrá ser desarrollado a través del correspondiente Reglamento Orgánico Municipal, y comprenderá los siguientes instrumentos:

a) El Programa de Actuación Municipal.
b) El Plan de Inversiones.
c) El Plan Financiero.
d) Los Presupuestos Generales del Municipio.
e) El Plan de Tesorería.

2. El Programa de Actuación Municipal, propuesto por el equipo de Gobierno y aprobado por el Pleno, con una vigencia igual a la del mandato, comprende los objetivos y políticas que se prevé llevar a cabo en los cuatro años del mandato electoral en las diferentes actividades y servicios realizados por el Ayuntamiento de Barcelona y sus entidades y sociedades mercantiles dependientes. Durante su vigencia el Plan podrá ser objeto de modificación o revisión.

El Programa de Actuación Municipal tiene naturaleza de directriz y como tal ha de ser seguido por todos los órganos de gobierno municipales en relación a las finalidades y objetivos que establezca.

3. El Plan de Inversiones, propuesto por el equipo de

Gobierno y aprobado por el Pleno, incorpora los proyectos de inversión que se prevén realizar en los cuatro años del mandato. Este Plan será objeto de revisión anual, debiendo aprobarse cada proyecto de inversión incluido en el mismo por el órgano competente municipal, en función de su cuantía y duración, debiendo incorporarse en los presupuestos anuales de la Corporación.

4. El Plan Financiero, aprobado por el órgano competente del Ayuntamiento, establece los objetivos y políticas económico-financieras que se llevarán a cabo en los cuatro años del mandato municipal, integrando las diversas acciones previstas en el Programa de Actuación Municipal y en el Plan de Inversiones y realizando una previsión de su financiación. De este Plan deberá darse cuenta al Pleno y ser objeto de revisión anual.

5. Los Presupuestos Generales del municipio constituyen la expresión cifrada, conjunta y sistemática de las obligaciones que, como máximo, pueden reconocer la entidad y sus organismos locales y de los derechos que prevean liquidar durante el correspondiente ejercicio, así como de las previsiones de ingresos y gastos de las entidades públicas empresariales y de las sociedades mercantiles dependientes del municipio.

6. Al objeto de dar cumplimiento al principio de solidaridad recogido en el artículo 38.*d*) de esta Ley, en los Presupuestos Generales del municipio de cada año se concretará, a través de un proceso de cooperación ciudadana, la asignación de créditos, de acuerdo en cada momento con las recomendaciones de los organismos internacionales.

7. El Plan de Tesorería aprobado por el órgano competente municipal prevé los cobros y pagos del Ayuntamiento de Barcelona en el correspondiente ejercicio presupuestario, y, como consecuencia, los excedentes y déficit transitorios de Tesorería, con el propósito de administrar los fondos de manera que permitan satisfacer puntualmente las obligaciones de pago, debiendo recogerse la prioridad de los gastos de personal y de las obligaciones contraídas en ejercicios anteriores. El Plan se revisará mensualmente en función de la evolución presupuestaria.

Art. 57. *Administración de los sistemas de planificación.*—La administración de los sistemas de planificación será competencia del órgano especializado que determine el Reglamento orgánico municipal.

Art. 58. *Principios que informan la gestión económico-financiera.*—Los principios que informarán la gestión económico-financiera son los siguientes:

a) La separación de la fiscalización de la gestión del sistema contable.

b) El sistema contable se basará en los principios contables generalmente aceptados y su organización se ajustará a las normas que apruebe el Ministerio de Economía y Hacienda.

c) El presupuesto será el ámbito en el que se realizará la fiscalización y el control de legalidad presupuestaria.

d) El seguimiento de los costes de los servicios.

e) El establecimiento de la auditoría externa de las cuentas individuales y consolidadas del Ayuntamiento y de sus organismos autónomos locales, entidades públicas empresariales y sociedades mercantiles, de acuerdo con los principios contables de general aceptación. La auditoría estará a disposición del Consejo Municipal antes de la aprobación de las Cuentas Generales.

f) La asignación de recursos, con arreglo a los principios de eficacia y eficiencia, se hará en función de la definición y el cumplimiento de objetivos.

SECCIÓN 2.ª

Contabilidad

Art. 59. *Sistema de información contable: estructura.*—1. El sistema de información contable del Ayuntamiento de Barcelona estará integrado por los siguientes subsistemas:

a) Contabilidad presupuestaria.

b) Contabilidad patrimonial.

c) Contabilidad analítica.

d) Consolidación de cuentas.

2. El Ayuntamiento de Barcelona y sus organismos autónomos locales quedan sometidos al régimen de contabilidad pública. Las sociedades mercantiles en cuyo capital tenga participación total o mayoritaria el Ayuntamiento de Barcelona estarán sometidas al régimen de contabilidad pública en los términos del apartado 2 del artículo 200 del Texto Refundido de la Ley Reguladora de las Haciendas Locales, aprobado por Real Decreto Legislativo 2/2004, de 5 de marzo.

Art. 60. *Contabilidad Patrimonial.*—La contabilidad patrimonial se realizará de acuerdo con los principios contables generalmente aceptados y permitirá determinar el resultado económico-patrimonial.

Art. 61. *Contabilidad analítica.*—La contabilidad analítica pondrá de manifiesto y permitirá el control de los costes y rendimientos de las actividades y servicios municipales.

Art. 62. *Consolidación contable.*—La consolidación contable integrará las cuentas del Ayuntamiento de Barcelona, de sus organismos autónomos locales, las entidades públicas empresariales y las sociedades mercantiles dependientes.

Art. 63. *Sistema de información contable: procedimientos.*—1. El sistema de información contable se desarrollará en soportes informatizados que incorporarán los principales avances tecnológicos en materia de transmisión, tratamiento de datos y gestión de expedientes.

2. La organización y los procedimientos administrativos y de control se adaptarán a las características tecnológicas del sistema.

Art. 64. *Sistema contable, cuentas anuales y Cuenta General.*—La administración del sistema contable y la formulación de las cuentas anuales y de la Cuenta General serán competencia del órgano especializado bajo la responsabilidad del órgano de gestión que establezca el Reglamento Orgánico Municipal, sin perjuicio de las funciones de fiscalización de la Cuenta General por parte de la intervención que las rendirá ante la Comisión de Cuentas.

SECCIÓN 3.ª

Operaciones de crédito y tesorería

Art. 65. *Tesorería. Gestión de la recaudación.*—1. Constituyen la Tesorería del Ayuntamiento todos los recursos financieros, sean dinero, valores o créditos, tanto para operaciones presupuestarias como no presupuestarias.

2. Las disponibilidades de la tesorería y sus variaciones quedan sujetas a intervención y al régimen de Contabilidad Pública.

Art. 66. *Financiación. Crédito público y privado.*—Para la financiación de las inversiones, así como para la sustitución total o parcial de operaciones preexistentes, el Ayuntamiento de Barcelona, sus organismos autónomos, sus entes dependientes y sociedades mercantiles que presten servicios o produzcan bienes que no se financien mayoritariamente con ingresos comerciales, podrán acudir al crédito público y privado a largo plazo, en cualquiera de sus formas.

Art. 67. *Deuda Pública.*—La Deuda Pública del Ayuntamiento de Barcelona y los títulos-valores de carácter equivalente emitidos por éste disfrutarán de los mismos beneficios y condiciones que la deuda pública emitida por el Estado, en los términos establecidos en el artículo 49 del Texto Refundido de la Ley Reguladora de las Hacien-das Locales, aprobado por Real Decreto Legislativo 2/2004, de 5 de marzo.

Art. 68. *Informe de la Intervención.*—La concertación o modificación de cualquier operación habrán de acordarse previo informe de la Intervención en el que se analizará, especialmente, la capacidad de la entidad local para hacer frente, en el tiempo, a las obligaciones que se deriven de aquéllas.

Art. 69. *Concertación de operaciones de crédito a largo plazo.*— El Alcalde podrá concertar las operaciones de crédito a largo plazo previstas en el presupuesto cuyo importe acumulado, dentro de cada ejercicio económico, no supere el 10 por 100 de los recursos de carácter ordinario previstos en dicho presupuesto. Una vez superado este límite, la aprobación corresponderá al Pleno del Consejo Municipal.

Para la concertación por el Ayuntamiento de Barcelona, sus organismos autónomos, entidades públicas y sociedades mercantiles dependientes que presten servicios o produzcan bienes que no se financien mayoritariamente con ingresos de mercado, de nuevas operaciones de crédito a largo plazo, en cualquiera de sus modalidades, no se requerirá ninguna autorización externa siempre que se cumplan las siguientes condiciones:

a) Que de los estados financieros que reflejen la liquidación de los presupuestos, los resultados corrientes y los resultados de la actividad ordinaria del último ejercicio, se deduzca un ahorro neto positivo. A estos efectos se entenderá por ahorro neto el definido en el párrafo 2 del artículo 53.1 del Texto Refundido de la Ley Reguladora de las Haciendas Locales aprobado por Real Decreto Legislativo 2/2004, de 5 de marzo.

b) Cuando el volumen total del capital vivo de las operaciones de crédito vigentes a corto y a largo plazo, incluido el riesgo de los avales y el importe de la operación proyectada, sea igual o inferior al 110 por 100 de los ingresos corrientes liquidados o devengados en el ejercicio inmediatamente anterior, según las cifras deducidas de los estados contables consolidados del Ayuntamiento de Barcelona y de los entes citados anteriormente. A estos efectos, se seguirán los criterios de cómputo previstos en el artículo 53.2 del Texto Refundido de la Ley Reguladora de las Haciendas Locales aprobado por Real Decreto Legislativo 2/2004, de 5 de marzo.

c) Cuando se cumpla el principio de estabilidad presupuestaria establecido en la Ley 18/2001, de 12 de diciembre, General de Estabilidad Presupuestaria.

En caso que no se cumpla alguna de las condiciones citadas, el Ayuntamiento de Barcelona tendrá que solicitar autorización a los órganos competentes del Ministerio de Economía y Hacienda o de la Generalidad de Cataluña, según corresponda de acuerdo con el Texto Refundido de Ley Reguladora de las Haciendas Locales aprobado por Real Decreto Legislativo 2/2004, de 5 de marzo.

Los órganos competentes del Ministerio de Economía y Hacienda y de la Generalidad de Cataluña deberán tener conocimiento de las operaciones de crédito que no requieran autorización, en la forma en que reglamentariamente se establezca. En cualquier caso, se facilitará la información necesaria para la verificación del cumplimiento de las condiciones anteriormente citadas.

El apartado 5 del artículo 53 del Texto Refundido de Ley Reguladora de las Haciendas Locales aprobado por Real Decreto Legislativo 2/2004, de 5 de marzo, es de aplicación al Municipio de Barcelona.

Art. 70. *Reglamento orgánico y funciones financieras.*—El Reglamento Orgánico Municipal determinará el órgano u órganos especializados a los que corresponda el ejercicio de las siguientes funciones:

a) La dirección financiera de la Corporación.

b) El pago de las obligaciones, cuando éstas sean firmes.

c) La concertación de operaciones de tesorería, de acuerdo con las bases de ejecución del Presupuesto y el Plan Financiero aprobado, con los límites establecidos en el artículo 51 del Texto Refundido de la Ley Reguladora de las

Haciendas Locales aprobado por Real Decreto Legislativo 2/2004, de 5 de marzo.

d) La administración de los excedentes de Tesorería.

e) La gestión de la deuda municipal y en general de las operaciones financieras.

SECCIÓN 4.ª

Fiscalización y auditoría

Art. 71. *Sistema de fiscalización y auditoría.*—El sistema de fiscalización y auditoría de la gestión económica y financiera del Ayuntamiento de Barcelona se desarrollará en una triple vertiente:

a) Función de control de la legalidad.

b) Función de control financiero.

c) Función de control de eficacia.

Art. 72. *Control de legalidad.*— 1. La función de control de la legalidad tiene por objeto fiscalizar los actos que den lugar a:

a) Modificación de créditos iniciales.

b) Reconocimiento de derechos y obligaciones de contenido económico.

c) Cobros y pagos.

2. La finalidad de la fiscalización es la comprobación de que la gestión y la contabilización presupuestaria se ajustan a las disposiciones legales aplicables en cada caso.

3. El ejercicio de la función de fiscalización se ajustará a lo dispuesto en el Texto Refundido de Ley Reguladora de las Haciendas Locales aprobado por Real Decreto Legislativo 2/2004, de 5 de marzo, y entre otras funciones, comprenderá:

a) La intervención crítica previa de todo acto que implique la modificación de créditos iniciales.

b) La comprobación de la legalidad presupuestaria, mediante técnicas de muestreo, de los actos que den lugar al reconocimiento de derechos y obligaciones de contenido económico.

c) La toma de razón en contabilidad, que consistirá en la comprobación de que los sistemas de información están elaborados de tal manera que garanticen que:

Toda operación sea registrada en la contabilidad presupuestaria de acuerdo con las reglas predeterminadas, bajo la responsabilidad del órgano competente de la contabilidad.

Los controles incorporados sean efectivos y no permitan el registro de gastos con crédito insuficiente, ni el pago indebido de obligaciones.

El proceso de agregación contable permita acceder a cada operación individual original.

Art. 73. *Funciones de la Intervención General del Ayuntamiento.*—1. La Intervención General del Ayuntamiento es el órgano encargado de la fiscalización, comprendiendo las funciones recogidas en el apartado 2 del artículo 214 del Texto Refundido de la Ley Reguladora de las Haciendas Locales aprobado por Real Decreto Legislativo 2/2004, de 5 de marzo.

2. La disconformidad del órgano interventor en el fondo o en la forma de los actos de fiscalización previa dará lugar a la formulación de objeciones por escrito antes de la adopción del acuerdo o resolución. De estas objeciones se dará cuenta a la Comisión Especial de Cuentas.

3. Las actuaciones de fiscalización realizadas con posterioridad y las comprobaciones relativas a la toma de razón de los sistemas de información dan lugar a un informe escrito sobre las conclusiones obtenidas y recomendaciones propuestas que tienen que trasladar a la Comisión de Cuentas del Pleno.

Art. 74. *Función de control financiero.*— La función de control financiero tendrá por objeto comprobar el funcionamiento económico-financiero de los servicios y se llevará a cabo mediante auditoría externa a las cuentas anuales individuales y consolidadas del Ayuntamiento, de sus organismos autónomos locales, de sus entidades públicas empresariales y de las Sociedades Mercantiles, sin perjuicio de las funciones que correspondan al Interventor.

Art. 75. *Control de eficacia.*—1. La función de control de eficacia tendrá por objeto la comprobación periódica de los objetivos, así como el análisis del coste de funcionamiento y el rendimiento de las actividades y servicios e inversiones municipales.

2. Su ejecución será competencia de órganos especializados, encargados del control de la gestión, que determine el Reglamento orgánico municipal.

Art. 76. *Tesorería Municipal.*—1. Son competencias de la Tesorería Municipal:

a) La formalización mensual de las actas de arqueo de fondos depositados en cajas de efectivo y en cuentas bancarias y su conciliación con los saldos contables de Tesorería.

b) La custodia de valores y efectos depositados en la Tesorería, su arqueo anual y conciliación con los respectivos saldos de la contabilidad económico-financiera.

c) La autorización, junto con el ordenador de pagos y el Interventor, de las órdenes de pago que se giren contra las cuentas abiertas en las entidades de depósito.

2. Los movimientos internos de fondos que impliquen traspasos entre cuentas corrientes o cuentas financieras de colocación de excedentes de tesorería, y que se efectúen mediante transferencias u orden bancaria interna, requerirán una sola firma de entre las indicadas en el punto *c*) anterior.

3. Los depósitos y fianzas que garanticen el cumplimiento de obligaciones de naturaleza tributaria, urbanística, expropiatoria o de servicios y contratos de titularidad municipal serán constituidas ante la Tesorería del propio Ayuntamiento de Barcelona. Los depósitos en metálico o valores no retirados por sus titulares una vez pasados veinte años del cumplimiento efectivo de la obligación garantizada serán declarados, previo aviso al interesado, en abandono, y se aplicarán al presupuesto de ingresos del Ayuntamiento.

Art. 77. *Fiscalización del Tribunal de Cuentas y de la Sindicatura de Cuentas.*— El Tribunal de Cuentas y la Sindicatura de Cuentas de la Generalidad de Cataluña ejercerán sus competencias en materia de fiscalización externa de las cuentas y de la gestión económica, de acuerdo con la normativa de aplicación general.

....

§ III.3. REAL DECRETO-LEY 17/2014, DE 26 DE DICIEMBRE, DE MEDIDAS DE SOSTENIBILIDAD FINANCIERA DE LAS COMUNIDADES AUTÓNOMAS Y ENTIDADES LOCALES Y OTRAS DE CARÁCTER ECONÓMICO

(*BOE* n.º 315, de 30 de diciembre de 2014)

La Ley Orgánica 2/2012, de 27 de abril, de Estabilidad Presupuestaria y Sostenibilidad Financiera, prevé, en su disposición adicional primera, que las Comunidades Autónomas y Corporaciones Locales puedan solicitar al Estado el acceso a medidas extraordinarias de apoyo a la liquidez.

En el marco de esta disposición, son varios los mecanismos que desde el año 2012 el Estado ha puesto en marcha, como son el Fondo para la financiación de los pagos a proveedores, el Fondo de liquidez autonómico o las medidas extraordinarias de apoyo a municipios con problemas financieros. Todos ellos con el objetivo común de aportar liquidez tanto a las Comunidades Autónomas como a las Entidades Locales para que pudieran hacer frente a sus obligaciones de pago en un momento de dificultad económica a cambio del cumplimiento de un conjunto de condiciones fiscales y financieras que han ayudado a que puedan ir cumpliendo con los objetivos de consolidación fiscal y garantizar la sostenibilidad de las cuentas públicas.

Estas medidas coyunturales han sido acompañadas de reformas estructurales en el funcionamiento de las Administraciones, como la Ley Orgánica 9/2013, de 20 de diciembre, de control de la deuda comercial en el sector público, o la Ley 25/2013, de 27 de diciembre, de impulso de la factura electrónica y creación del registro contable de facturas en el Sector Público, que han establecido herramientas permanentes de seguimiento, reducción y control de la deuda comercial y de la ejecución del presupuesto público. Todo ello como nuevas bases que también contribuyen a mejorar la capacidad de las Administraciones de atender sus compromisos de gasto presentes y futuros. En definitiva se ha mejorado su sostenibilidad financiera.

El esfuerzo por cumplir con los objetivos de consolidación fiscal y la aplicación del conjunto de reformas descritas junto con otras reformas estructurales ha permitido volver a la senda de crecimiento económico y generar confianza en la economía española lo que se está traduciendo en unos menores costes de financiación en los mercados. Este resultado positivo debe ser compartido por el conjunto de las Administraciones Públicas que están haciendo esfuerzos de reducción del déficit público y reformas estructurales por lo que deben trasladarse estos ahorros financieros para seguir contribuyendo a la consolidación fiscal.

El objetivo de este Real Decreto-ley, por tanto, es doble. Por una parte pone en marcha nuevos mecanismos que permitan compartir los ahorros financieros entre todas las Administraciones, priorizar la atención del gasto social, seguir ayudando a las Administraciones con mayores dificultades de financiación e impulsar a las que han conseguido superarlas, y por otra parte se simplifica y reduce el número de fondos creados para financiar mecanismos de apoyo a la liquidez, mejorando la eficiencia de su gestión.

Entre los nuevos mecanismos que se crean, la atención al gasto social ocupa un lugar prioritario. Contar con financiación suficiente para el gasto social supone una garantía decisiva para la adecuada prestación de servicios públicos esenciales, como son la educación, la sanidad y los servicios sociales, pilares básicos de un Estado social y democrático de Derecho.

El gasto social constituye el instrumento de gestión más importante para coadyuvar al logro de la igualdad de oportunidades y es, por ello, una prioridad en las políticas de gasto de todas las Administraciones Públicas. En este sentido, la reforma en la regulación del régimen local operada por la Ley 27/2013, de 27 de diciembre, de racionalización y sostenibilidad de la Administración Local, reordenó el mapa de reparto de competencias entre las Comunidades Autónomas y las Entidades que conforman la Administración Local, sobre la base del principio «una Administración una competencia», prestando especial atención a una mejor delimitación de competencias en materia social y a garantizar su adecuada financiación por tratarse de servicios públicos esenciales.

Precisamente, en este marco de mejora de las garantías jurídicas y de financiación de estos servicios, el artículo 57 bis de la Ley 7/1985, de 2 de abril, Reguladora de las Bases del Régimen Local, incluido por la Ley 27/2013, de 27 de diciembre, establece la obligación de que los convenios que suscriban las Comunidades Autónomas con las Entidades Locales así como la delegación de competencias que realicen, que impliquen obligaciones financieras o compromisos de pago a cargo de las Comunidades Autónomas, incluyan una cláusula de garantía del cumplimiento de estos compromisos, consistente en la posible retención de recursos del sistema de financiación si hubiere incumplimientos.

Con el objetivo de profundizar en las garantías del gasto social, no sólo se adoptan medidas coyunturales que ayuden a las Comunidades Autónomas a cancelar su deuda pendiente a 31 de diciembre de 2014 derivada de convenios suscritos con Entidades Locales en materia de gasto social y de otras transferencias en dicha materia, como la creación de un nuevo mecanismo de apoyo a la liquidez, el Fondo social, sino que también se establece un conjunto de reformas estructurales que permitan a futuro que los servicios educativos, sanitarios y relativos a los servicios sociales que prestan las Entidades Locales, como Administración más próxima al ciudadano, cuenten con la adecuada financiación.

Por otro lado, se crea un registro electrónico de convenios que permitirá hacer un seguimiento sobre qué convenios tienen suscritos y en vigor las Comunidades Autónomas y las Entidades Locales para poder verificar el cumplimiento de Ley 7/1985, de 2 de abril, especialmente del artículo 57 bis. De este modo, si se produce el incumplimiento de las obligaciones de pago derivadas de dichos convenios, llegado el caso, se podrán retener recursos del sistema de financiación conociendo la fuente jurídica de la que emanan las obligaciones impagadas. Con la aplicación de este procedimiento de retención, regulado en este Real Decreto-ley, quedará garantizada la adecuada financiación de los servicios públicos esenciales, reforzando el compromiso con su adecuada prestación.

El presente Real Decreto-ley consta de cincuenta y seis artículos, dieciocho disposiciones adicionales, una disposición derogatoria y nueve disposiciones finales, y se estructura en cuatro Títulos.

El Título I, de disposiciones generales y régimen jurídico común de los Fondos, determina, en su Capítulo I, el ámbito subjetivo y objetivo del Fondo de Financiación a Comunidades Autónomas y del Fondo de Financiación a Entidades Locales, así como los principios rectores que informarán a los mismos para su correcto funcionamiento. Entre los principios figura el principio de prudencia financiera para cuya gestión la Secretaría General del Tesoro y Política Financiera dispondrá de los recursos necesarios. La eficaz gestión de estos mecanismos requiere unas mínimas exigencias de transparencia en la información y prudencia financiera, reservándose el Estado la retención de recursos de los sistemas de financiación de las Administraciones Territoriales en caso de incumplimiento.

En su Capítulo II se crea el Fondo de Financiación a Comunidades Autónomas y el Fondo de Financiación a Entidades Locales. Estos Fondos están estructurados en compartimentos diferenciados para adaptarse a las necesidades financieras de estas Administraciones, que tienen la consideración de mecanismo adicional de financiación en virtud de lo dispuesto en la disposición adicional primera de la Ley Orgánica 2/2012, de 27 de abril. También se establece el régimen de integración de los mecanismos ya existentes en los nuevos Fondos y se crean compartimentos específicos con condiciones y obligaciones graduadas en virtud de las necesidades financieras que se pretendan cubrir y del grado de cumplimiento de los objetivos de estabilidad presupuestaria, deuda pública y períodos de pago a proveedores. Se regula, asimismo, su adscripción, su gestión financiera a través del Instituto de Crédito Oficial, la forma de concertación de las operaciones de crédito, los recursos con los que se dotarán y su forma de captación.

El Título II, del Fondo de Financiación a Comunidades Autónomas, regula de forma integral y ampliada los mecanismos adicionales de financiación puestos en marcha para las Comunidades Autónomas y establece las características y condiciones de los compartimentos Facilidad Financiera, Fondo de Liquidez Autonómico y Fondo Social en los que se estructura. Adicionalmente, se incluye el compartimento Fondo en Liquidación para la Financiación de los Pagos a Proveedores, al que se adscriben las operaciones de crédito vigentes formalizadas con

Comunidades Autónomas con cargo al extinto Fondo para la Financiación de los Pagos a Proveedores 2.

El Capítulo I establece el régimen y condiciones aplicables al compartimento Facilidad Financiera, destinado a extender los beneficios asociados a los mecanismos a aquellas Comunidades Autónomas que cumplen los objetivos de estabilidad presupuestaria y de deuda pública, han conseguido controlar la demora en el pago de la deuda comercial. Con ello, como ventaja para quienes han cumplido con los objetivos se permite que los esfuerzos presupuestarios y las reformas estructurales realizadas se acompañen de la reducción de los costes de financiación que los mecanismos suponen. La adhesión a este compartimento que no excluye a las Comunidades Autónomas que estuvieran adheridas a cualquier otro mecanismo de liquidez a la entrada en vigor de este Real Decreto-ley, no requiere la aprobación de un plan de ajuste y conlleva la aceptación de unas obligaciones de información de general aplicación.

El Capítulo II se refiere al compartimento Fondo de Liquidez Autonómico, sucesor directo del Fondo homónimo actualmente existente y regulado en el Real Decreto-ley 21/2012, de 13 de julio. A dicho compartimento se adscribirán las Comunidades Autónomas actualmente adheridas al Fondo de Liquidez Autonómico operativo hasta ahora y las Comunidades Autónomas que incumplan el período medio de pago a proveedores en aplicación de lo dispuesto en la disposición adicional primera de la Ley Orgánica 2/2012, de 27 de abril. En la Sección 1.ª se regula su ámbito, el procedimiento de adhesión y la regulación de la concertación de las operaciones de crédito, y en la Sección 2.ª las condiciones fiscales y financieras que deben cumplir las Comunidades Autónomas, las normas relativas al seguimiento de los planes de ajuste asociados a este compartimento y las actuaciones de control por parte de los diferentes órganos responsables.

Su Capítulo III está referido al Fondo Social y a los procedimientos de retención en materia de gasto social.

En su Sección 1.ª se configura el Fondo Social como un mecanismo de apoyo a la liquidez de las Comunidades Autónomas, de carácter temporal y voluntario, de conformidad con lo previsto en la disposición adicional primera de la Ley Orgánica 2/2012, de 27 de abril, cuya dotación financiará a las Comunidades Autónomas el pago de las obligaciones pendientes con las Entidades Locales que sean vencidas, líquidas y exigibles a 31 de diciembre de 2014 y que deriven de convenios suscritos en materia de gasto social y de otras transferencias en dicha materia.

La Sección 2.ª, referida a las obligaciones pendientes de pago a 31 de diciembre de 2014 derivadas de dichos convenios y transferencias, regula la forma en la que se van a cancelar dichas obligaciones en el caso de las Comunidades Autónomas que no se adhieran al Fondo Social, desarrollándose en esta Sección el procedimiento de retención o deducción de recursos previsto a tal fin en la disposición adicional 8.ª de la Ley Orgánica 8/1980, de 22 de septiembre, de Financiación de las Comunidades Autónomas, para abonar con cargo a los recursos retenidos las citadas obligaciones.

En la Sección 3.ª se regula el procedimiento y las condiciones para la retención de los recursos de los regímenes de financiación de las Comunidades Autónomas para el pago directo por el Estado, con cargo a los recursos retenidos, en caso de producirse el incumplimiento por parte de las Comunidades Autónomas de las obligaciones de pago derivadas de normas autonómicas que deleguen competencias en materia de gasto social y de convenios suscritos en dicha materia, de conformidad con la cláusula de garantía prevista en el artículo 57 bis de la Ley 7/1985, de 2 de abril. Lo recogido en esta Sección, tal y como se señala en la disposición adicional quinta de este Real Decreto-ley, será de aplicación a los procedimientos que tengan por objeto hacer efectiva dicha cláusula de garantía en el resto de materias, en tanto que no se apruebe la Orden del Ministro de Hacienda y Administraciones Públicas a la que se refiere el apartado 3 del artículo 57 bis de la Ley 7/1985, de 2 de abril.

El Título III regula el Fondo de Financiación a Entidades Locales, que se subdivide en tres compartimentos: Fondo de Ordenación, Fondo de Impulso Económico y Fondo en liquidación para la Financiación de los pagos a proveedores de Entidades Locales, estando la regulación de los dos primeros en los dos Capítulos de los que consta dicho Título.

El Capítulo I, relativo al Fondo de Ordenación, presenta tres Secciones: la primera contiene las disposiciones generales que rigen dicho compartimento; la segunda regula la condicionalidad financiera y fiscal a la que deben dar cumplimiento las Entidades Locales que se adhieran a aquél, y la tercera recoge las actuaciones de seguimiento y control de los compromisos que adquieran las entidades locales. Integran el ámbito subjetivo los municipios que se encuentran en una situación de riesgo financiero en los términos que se definen en la presente norma o que no pueden refinanciar las operaciones de crédito en las condiciones de prudencia financiera que se fijen. También integran aquel ámbito las Entidades Locales que incumplan de forma persistente el plazo máximo de pago establecido en la normativa de morosidad. La Sección 2.ª regula la condicionalidad financiera y fiscal, siendo esta última de distinta intensidad según los supuestos que configuran el ámbito subjetivo del compartimento Fondo de Ordenación, requiriéndose una mayor condicionalidad a los municipios en situación de riesgo financiero y menor condicionalidad a los que no puedan refinanciar sus préstamos con criterios de prudencia financiera. Se establecen en la Sección 3.ª normas relativas al seguimiento de los planes de ajuste y a las actuaciones de control que se podrían solicitar de la Intervención General de la Administración del Estado.

El Capítulo II regula el compartimento Fondo de Impulso Económico, con una estructura similar a la mencionada para el anterior compartimento. Así se definen los ámbitos subjetivo y objetivo, pudiendo adherirse las Entidades Locales que se encuentren en una posición financiera saneada, con cumplimiento de los objetivos y límites que establece la normativa de estabilidad presupuestaria y sostenibilidad financiera o la reguladora de las haciendas locales.

La adhesión se producirá previa solicitud de las Entidades Locales, que deberán concretar sus necesidades financieras para dar cobertura a los vencimientos del principal de los préstamos a largo plazo que hayan formalizado o formalicen, de acuerdo con criterios de prudencia financiera que se fijen, para financiar inversiones financieramente sostenibles, o para la financiación de proyectos de inversión que se consideren relevantes con arreglo al Acuerdo que, en su caso adopte la Comisión Delegada del Gobierno para Asuntos Económicos. En estos supuestos, la Entidad Local adherida también suscribirá la correspondiente operación de crédito con el Estado, el cual gestionará el pago de los vencimientos de los préstamos a largo plazo.

El Título IV, sobre la creación y funcionamiento del registro electrónico de convenios, prevé la creación de dicho registro en el que deberá recogerse información de los convenios suscritos entre Comunidades Autónomas y Entidades Locales que impliquen obligaciones financieras o compromisos de pago a cargo de las Comunidades Autónomas, de acuerdo con el artículo 57 bis de la Ley 7/1985, de 2 de abril, siendo el interventor local el responsable para aportar esa información. Además, se prevé también cuál es el contenido mínimo que deberá incluirse en dicho registro.

Respecto de las razones de extraordinaria y urgente necesidad que amparan las medidas incluidas en los cuatro Títulos del presente Real Decreto-ley las mismas radican en la necesidad de, ante el inminente inicio del nuevo ejercicio presupuestario, poner en marcha de forma urgente mecanismos que permitan aliviar las necesidades de financiación a las Comunidades Autónomas y Entes Locales, trasladar los ahorros financieros obtenidos y evitar que se ponga en riesgo su sostenibilidad financiera. De esta forma se garantiza que los nuevos Fondos puedan estar operativos desde el inicio del año, dotando de seguridad a las Administraciones destinarías de los recursos que podrán planificar su gestión con mayor seguridad. Al mismo tiempo se evita la solución de continuidad entre los mecanismos existentes y los nuevos.

En las disposiciones adicionales primera a octava se recogen distintos aspectos, entre otros, las especialidades de la aplicación de este Real Decreto-ley a la Comunidad Autónoma del País Vasco y a la Comunidad Foral de Navarra, el plazo para la inscripción en el registro electrónico de los convenios que se encuentren vigentes a la entrada en vigor de este Real Decreto-ley, la fecha de la primera aplicación del procedimiento de retención regulado en la Sección 3.ª del Capítulo III del Título II así como su aplicación transitoria en otras materias distintas del gasto social, la aportación de recursos para la dotación del Fondo de Financiación a Comunidades Autónomas y del Fondo de Financiación a Entidades Locales y los plazos de solicitud de acceso a los mecanismos para 2015.

Mediante la disposición adicional novena, considerando

la coyuntura económica favorable y el previsible cierre presupuestario de 2014 con signo positivo, se prorrogan para el año 2015 las reglas especiales para el destino del superávit presupuestario, previstas en la disposición adicional sexta de la Ley Orgánica 2/2012, de 27 de abril, de Estabilidad Presupuestaria y Sostenibilidad Financiera, a fin de permitir a las Entidades Locales saneadas financieramente destinar parte del superávit a financiar inversiones financieramente sostenibles, además de destinarlo a amortizar deuda financiera.

La medida propuesta en la disposición adicional décima persigue el diferimiento de las cantidades a devolver por las entidades locales, como consecuencia de la liquidación definitiva de la participación en los tributos del Estado correspondiente al ejercicio 2013, cualquiera que sea el modelo de financiación (modelo general de variables o modelo de cesión del rendimiento de determinados impuestos estatales más un Fondo complementario de financiación).

Se considera imprescindible flexibilizar la devolución del saldo deudor de la liquidación del año 2013 de las entidades locales, habilitando el mismo procedimiento que para las liquidaciones negativas de 2008 y 2009 con un plazo de devolución de 120 mensualidades, a contar a partir de enero de 2015 y siempre que lo soliciten las propias entidades locales afectadas y cumplan con requisitos análogos a los establecidos para el reintegro de las liquidaciones negativas de 2008 y 2009.

....

La disposición final primera introduce un nuevo precepto en el texto refundido de la Ley Reguladora de las Haciendas Locales y modifica otro. Aquél introduce por vez primera en dicha regulación el principio de prudencia financiera al que quedarán sujetas todas las operaciones financieras que, en el futuro, formalicen las Entidades Locales. Asimismo se modifica el precepto que regula la documentación que debe acompañar a los presupuestos de las Entidades Locales de modo que deberá incorporar información relativa a los beneficios fiscales en tributos locales y a los convenios suscritos con las comunidades autónomas en materia de gasto social.

....

TÍTULO PRIMERO

Disposiciones generales y régimen jurídico común del Fondo de Financiación a Comunidades Autónomas y del Fondo de Financiación a Entidades Locales

CAPÍTULO PRIMERO

DISPOSICIONES GENERALES Y PRINCIPIOS

Artículo 1.º *Objeto.*—Este Real Decreto-ley tiene por objeto la puesta en marcha de medidas que garanticen la sostenibilidad financiera de las Comunidades Autónomas y Entidades Locales mediante la creación de un mecanismo de apoyo a la liquidez consistente en dos Fondos, que estarán estructurados en compartimentos, que permitan atender las necesidades financieras previstas en este Real Decreto-ley.

Cada uno de los compartimentos de estos Fondos tienen la consideración de mecanismo adicional de financiación de los referidos en la Disposición adicional primera de la Ley Orgánica 2/2012, de 27 de abril, de Estabilidad Presupuestaria y Sostenibilidad Financiera, que será de aplicación a los mismos.

Asimismo, este Real Decreto-ley tiene por objeto la creación de un registro de convenios suscritos por las Comunidades Autónomas con las Entidades Locales y la determinación de las condiciones y los procedimientos para la retención de recursos de los regímenes de financiación para satisfacer las obligaciones pendientes de pago con las Entidades Locales en materia de gasto social.

Art. 2.º *Ámbito subjetivo.*—A los efectos de lo previsto en este Real Decreto-ley se entiende por Comunidad Autónoma y Entidad Local tanto la Administración de la Comunidad Autónoma y de la Entidad Local como el resto de entidades, organismos y entes dependientes de aquellas, incluidos en el sector Administraciones Públicas, subsector Comunidades Autónomas y subsector Corporaciones Locales, de acuerdo con la definición y delimitación del Sistema Europeo de Cuentas Nacionales y Regionales de la Unión Europea.

Art. 3.º *Principio de transparencia.*—1. Las Administraciones Públicas adheridas a los compartimentos de los Fondos previstos en este Real Decreto-ley, deberán estar al corriente de sus obligaciones de transparencia y de suministro de información establecidas en la Ley Orgánica 2/2012, de 27 de abril, y su normativa de desarrollo, así como cumplir las nuevas obligaciones de información previstas en este Real Decreto-ley.

2. El incumplimiento de las obligaciones de transparencia y suministro de información que se incluyen en este Real Decreto-ley tendrá las consecuencias previstas en el artículo 19 de la Orden HAP/2.105/2012, de 1 de octubre, por la que se desarrollan las obligaciones de suministro de información previstas en la Ley Orgánica 2/2012, de 27 de abril, de Estabilidad Presupuestaria y Sostenibilidad Financiera.

Art. 4.º *Principio de garantía de los recursos.*—1. Los recursos del sistema de financiación de las Comunidades Autónomas de régimen común, adheridas o que se adhieran a los compartimentos de los Fondos previstos en este Real Decreto-ley, responderán de las obligaciones contraídas con el Estado, mediante retención, de conformidad con lo previsto en la disposición adicional octava de la Ley Orgánica 8/1980, de 22 de septiembre, de Financiación de las Comunidades Autónomas. Todo ello sin que pueda quedar afectado el cumplimiento de las obligaciones derivadas de las operaciones de endeudamiento con instituciones financieras multilaterales.

2. Los recursos derivados de la participación en los tributos del Estado de las Entidades Locales, adheridas o que se adhieran a los compartimentos de los Fondos previstos en este Real Decreto-ley, responderán de las obligaciones contraídas con el Estado, mediante retención, de conformidad con lo previsto en la disposición adicional cuarta del texto refundido de la Ley Reguladora de las Haciendas Locales y lo que, en su caso, en desarrollo de aquélla, dispongan las Leyes de Presupuestos Generales del Estado. Todo ello sin que pueda quedar afectado el cumplimiento de las obligaciones derivadas de las operaciones de endeudamiento recogidas, en su caso, en un plan de ajuste.

Art. 5.º *Condiciones de prudencia financiera.*—Las Comunidades Autónomas y las Entidades Locales adheridas a alguno de los compartimentos de su correspondiente Fondo deberán someterse a las condiciones de prudencia financiera fijadas por Resolución de la

Secretaría General del Tesoro y Política Financiera en los términos que se establezca para cada uno de los compartimentos de los Fondos.

CAPÍTULO II

Creación y régimen jurídico del Fondo de Financiación a Comunidades Autónomas y del Fondo de Financiación a Entidades Locales

Art. 6.º *Creación del Fondo de Financiación a Comunidades Autónomas.*—1. Se crea el Fondo de Financiación a Comunidades Autónomas con naturaleza de fondo sin personalidad jurídica de los previstos en el artículo 2.2 de la Ley 47/2003, de 26 de noviembre, General Presupuestaria, con la finalidad de garantizar la sostenibilidad financiera de las Comunidades Autónomas adheridas.

Con cargo a los recursos del Fondo se formalizarán operaciones de crédito con las Comunidades Autónomas para atender sus necesidades financieras.

2. El Fondo de Financiación a Comunidades Autónomas se estructura en cuatro compartimentos con características y condiciones propias con la siguiente denominación:

a) Facilidad Financiera.

b) Fondo de Liquidez Autonómico.

c) Fondo Social.

d) Fondo en liquidación para la Financiación de los Pagos a los Proveedores de Comunidades Autónomas.

3. El patrimonio del Fondo de Liquidez Autonómico creado por el Real Decreto-ley 21/2012, de 13 de julio, de medidas de liquidez de las Administraciones Públicas y en el ámbito financiero, se transfiere al Fondo de Financiación a Comunidades Autónomas, a través del compartimento Fondo de Liquidez Autonómico, sucediéndole el Fondo en todos sus derechos y obligaciones. Esta transmisión tiene lugar en unidad de acto el 1 de enero de 2015.

Transmitido el patrimonio de acuerdo con lo previsto en este artículo se considera extinguido el Fondo de Liquidez Autonómico.

4. El patrimonio del Fondo para la Financiación de los Pagos a los Proveedores 2 correspondiente a los compartimentos de Comunidades Autónomas adheridas al Fondo de liquidez Autonómico y Comunidades Autónomas no adheridas al Fondo de Liquidez Autonómico se transfiere al Fondo de Financiación

a Comunidades Autónomas, a través del compartimento Fondo en liquidación para la Financiación de los Pagos a los Proveedores de Comunidades Autónomas, sucediéndole el Fondo en todos sus derechos y obligaciones. Esta transmisión tiene lugar en unidad de acto el 1 de enero de 2015.

Transmitido el patrimonio de acuerdo con lo previsto en este artículo y en el siguiente se considera extinguido el Fondo para la Financiación de los Pagos a los Proveedores 2.

Art. 7.º *Creación del Fondo de Financiación a Entidades Locales.*—1. Se crea el Fondo de Financiación a Entidades Locales con naturaleza de fondo sin personalidad jurídica de los previstos en el artículo 2.2 de la Ley 47/2003, de 26 de noviembre, con la finalidad de garantizar la sostenibilidad financiera de los Municipios adheridos, mediante la atención de sus necesidades financieras.

2. El Fondo de Financiación a Entidades Locales se estructura en tres compartimentos con características y condiciones propias con la siguiente denominación:

a) Fondo de Impulso Económico.

b) Fondo de Ordenación.

c) Fondo en liquidación para la Financiación de los Pagos a los Proveedores de Entidades Locales.

3. El patrimonio del Fondo para la Financiación de los Pagos a los Proveedores 2 correspondiente a las Entidades Locales se transfiere al Fondo de Financiación a Entidades Locales, a través del compartimento Fondo en liquidación para la Financiación de los Pagos a los Proveedores de Entidades Locales, sucediéndole el Fondo en todos sus derechos y obligaciones. Esta transmisión tiene lugar en unidad de acto el 1 de enero de 2015.

Transmitido el patrimonio de acuerdo con lo previsto en este artículo y en el anterior se considera extinguido el Fondo para la Financiación de los Pagos a los Proveedores 2.

Art. 8.º *Régimen económico-financiero del Fondo de Financiación a Comunidades Autónomas y del Fondo de Financiación a Entidades Locales.*—1. El régimen presupuestario, económico-financiero, contable y de control del Fondo de Financiación a Comunidades Autónomas y del Fondo de Financiación a Entidades Locales, será el previsto en la Ley 47/2003, de 26 de noviembre, para los fondos carentes de personalidad jurídica cuya dotación se efectúe mayoritariamente con cargo a los Presupuestos Generales del Estado, mencionados en el artículo 2.2 de dicha ley.

2. Por Orden del Ministro de Hacienda y Administraciones Públicas se podrán concretar las directrices contables y presupuestarias y requerimientos precisos que posibiliten un seguimiento diferenciado de la información presupuestaria y contable vinculada específicamente a cada compartimento en los que se estructuran el Fondo de Financiación a Comunidades Autónomas y el Fondo de Financiación a Entidades Locales.

3. La formulación, puesta a disposición, aprobación y rendición de cuentas del Fondo de Financiación a Comunidades Autónomas y del Fondo de Financiación a Entidades Locales corresponde a la Secretaría de Estado de Administraciones Públicas.

La rendición de las cuentas se realizará al Tribunal de Cuentas por conducto de la Intervención General de la Administración del Estado, conforme a lo previsto en los artículos 137 y 139 bis de la Ley 47/2003, de 26 de noviembre.

Art. 9.º *Adscripción.*—El Fondo de Financiación a Comunidades Autónomas y el Fondo de Financiación a Entidades Locales estarán adscritos al Ministerio de Hacienda y Administraciones Públicas a través de la Secretaría de Estado de Administraciones Públicas.

Art. 10. *Gestión financiera del Fondo de Financiación a Comunidades Autónomas y del Fondo de Financiación a Entidades Locales.*—1. Corresponde al Instituto de Crédito Oficial la gestión financiera del Fondo de Financiación a Comunidades Autónomas y del Fondo de Financiación a Entidades Locales. En su virtud, entre otras funciones, el Instituto de Crédito Oficial formalizará, en nombre y representación del Gobierno español, y por cuenta del Estado, las correspondientes pólizas de préstamo a suscribir con las Comunidades Autónomas y Entidades Locales, en virtud de la preceptiva instrucción de la Comisión Delegada del Gobierno para Asuntos Económicos, a propuesta del Ministerio de Hacienda y Administraciones Públicas. Igualmente, prestará los servicios de instrumentación técnica, contabilidad, caja, agente pagador, seguimiento y, en general, todos aquellos servicios de carácter financiero relativos a las operaciones autorizadas con cargo al Fondo de Financiación a Comunidades Autónomas y al Fondo de Financiación a Entidades Locales, sin perjuicio de las competencias que en materia de control se establecen en la Ley 47/2003, de 26 de noviembre, y demás normativa vigente.

2. Por instrucciones del Ministerio de Hacienda y Administraciones Públicas, y en su calidad de agente financiero de los Fondos, el Instituto de Crédito Oficial podrá contratar con cargo a dichos Fondos las asistencias técnicas vinculadas a las operaciones objeto de este mandato que resultaran necesarias. El procedimiento de contratación se ajustará a las previsiones normativas específicas referentes a la contratación del Instituto.

3. Con cargo al Fondo de Financiación a Comunidades Autónomas y al Fondo de Financiación a Entidades Locales y previa autorización por Acuerdo de la Comisión Delegada del Gobierno para Asuntos Económicos, se compensará anualmente al Instituto de Crédito Oficial por los costes en que incurra en el desarrollo y ejecución de la función que se le encomienda, mediante el pago de la correspondiente compensación económica.

Art. 11. *Concertación de operaciones de crédito.*— 1. La Comisión Delegada del Gobierno para Asuntos Económicos acordará la distribución de la dotación del Fondo de Financiación a Comunidades Autónomas y del Fondo de Financiación a Entidades Locales por compartimentos así como los importes máximos a percibir por Comunidades Autónomas y por Entidades Locales beneficiarias para suscribir las correspondientes operaciones de crédito.

Dicha distribución especificará el importe máximo disponible para atender las necesidades previstas en el ámbito objetivo de cada compartimento.

2. El Estado concertará operaciones de crédito, con cargo al Fondo de Financiación a Comunidades Autónomas y al Fondo de Financiación a Entidades Locales, con cada una de las Comunidades Autónomas y Entidades Locales que se adhieran, por un importe que no podrá superar los recursos necesarios para atender sus necesidades financieras con los límites que se establezcan en este Real Decreto-ley y

por Acuerdo de la Comisión Delegada del Gobierno para Asuntos Económicos.

3. Las condiciones financieras aplicables a estas operaciones de crédito se establecerán por Acuerdo de la Comisión Delegada del Gobierno para Asuntos Económicos, a propuesta del Ministerio de Hacienda y Administraciones Públicas y del Ministerio de Economía y Competitividad.

Art. 12. *Captación de los recursos.*—El programa de financiación del Estado incorporará los importes derivados de las operaciones de endeudamiento necesarias para financiar las operaciones de crédito del Fondo de Financiación a Comunidades Autónomas y del Fondo de Financiación a Entidades Locales, previstas en este Real Decreto-ley.

Art. 13. *Recursos del Fondo de Financiación a Comunidades Autónomas y del Fondo de Financiación a Entidades Locales.*—1. Sin perjuicio del patrimonio recibido de conformidad con lo dispuesto en este Real Decreto-ley, se consignarán en la Ley de Presupuestos Generales del Estado de cada año las dotaciones necesarias para el cumplimiento del objeto y fines del Fondo de Financiación a Comunidades Autónomas y del Fondo de Financiación a Entidades Locales.

2. Los rendimientos de cualquier naturaleza que generen el Fondo de Financiación a Comunidades Autónomas y el Fondo de Financiación a Entidades Locales, una vez deducidos los gastos de gestión de los fondos, así como los recursos procedentes de las amortizaciones de las operaciones de crédito concertadas, se ingresarán anualmente en el Tesoro Público de acuerdo con lo establecido a tal efecto por Acuerdo de la Comisión Delegada del Gobierno para Asuntos Económicos.

3. No obstante, la Comisión Delegada del Gobierno para Asuntos Económicos podrá acordar que los recursos procedentes de las amortizaciones se destinen a financiar nuevas operaciones de crédito a suscribir con las Comunidades Autónomas y Entidades Locales sin que sea preceptivo su ingreso en el Tesoro Público, reduciendo en consecuencia las aportaciones necesarias de los Presupuestos Generales del Estado para la suscripción de tales operaciones.

Art. 14. *Extinción del Fondo de Financiación a*

Comunidades Autónomas y del Fondo de Financiación a Entidades Locales.—El Consejo de Ministros, una vez liquidadas las operaciones de crédito con las Comunidades Autónomas y Entidades Locales previo informe de la Comisión Delegada del Gobierno para Asuntos Económicos, podrá acordar por Real Decreto la extinción del Fondo de Financiación a Comunidades Autónomas y del Fondo de Financiación a Entidades Locales.

....

TÍTULO II

Fondo de Financiación a Comunidades Autónomas

....

CAPÍTULO III

Compartimento Fondo Social y retenciones en materia de gasto social

....

SECCIÓN 3.ª

Procedimiento y condiciones para la retención de los recursos de los regímenes de financiación de las Comunidades Autónomas por aplicación del artículo 57 bis de la Ley 7/1985, de 2 de abril

Art. 37. *Procedimiento de retención.*—1. Con la periodicidad que determine el Ministerio de Hacienda y Administraciones Públicas y en todo caso entre el 1 y el 16 de febrero, ambos inclusive, de cada año, la Comunidad Autónoma deberá remitir al Ministerio de Hacienda y Administraciones Públicas, a través de la plataforma telemática habilitada, la relación de obligaciones pendientes de pago derivadas de normas autonómicas que deleguen competencias en materia de gasto social, y de convenios suscritos en materia de gasto social que, incluyendo la cláusula prevista en el artículo 57 bis de la Ley 7/1985, de 2 de abril, su cumplimiento haya sido reclamado por las Entidades Locales, por el importe que la Comunidad Autónoma considere conforme. Asimismo, podrán incluir en esa relación aquellas otras obligaciones pendientes de pago derivadas de estas normas o convenios que no hayan sido reclamadas.

Sólo podrán incluirse en esta relación las obligaciones vencidas, líquidas y exigibles que se encuentren aplicadas en los presupuestos o estados contables de la entidad, conforme a la normativa presupuestaria y contable que resulte de aplicación.

2. La puesta en marcha del procedimiento de retención previsto en esta Sección en otros momentos del ejercicio se establecerá mediante Orden Ministerial, en la que se determinará la fecha límite para la remisión de las obligaciones pendientes de pago por las Comunidades Autónomas, la cual resulta determinante del inicio del cómputo de los siguientes plazos aplicables al procedimiento de retención, sin perjuicio de su posible modificación en la citada Orden.

3. Esta relación incluirá, al menos el importe y la fecha de cada documento acreditativo de la obligación de pago, la identificación del acreedor actual y, en caso de cesión del crédito, del acreedor originario, el número de cuenta corriente en la que se debe realizar el pago, el tipo de deuda, la norma o el convenio del que deriva la retención de recursos del sistema de financiación y la partida presupuestaria o cuenta contable en la que la obligación pendiente de pago está registrada.

La relación de obligaciones irá acompañada de un certificado del Interventor General de la Comunidad en el que se acredite que las obligaciones pendientes de pago remitidas se ajustan a las condiciones definidas en esta Sección.

4. Una vez efectuada la remisión de obligaciones pendientes de pago a la que se refiere el apartado anterior, el Ministerio de Hacienda y Administraciones Públicas podrá efectuar las actuaciones de comprobación sobre la relación remitida en el plazo de cinco días naturales, tras los cuales las Entidades Locales podrán acceder a la plataforma durante los quince días naturales siguientes para verificar la relación suministrada por la Comunidad Autónoma, pudiendo solicitar, en el citado plazo, a la Comunidad Autónoma la inclusión en la relación de aquellas otras obligaciones que entiendan que se encuentran pendientes de pago o la modificación de las incluidas.

Esta solicitud por parte de la Entidad Local tendrá la consideración de reclamación a la que se refiere el artículo 57 bis de la Ley 7/1985, de 2 de abril.

5. En los quince días naturales siguientes al plazo señalado en el apartado anterior, las Comunidades Autónomas remitirán, si procede, mediante la plataforma telemática, la actualización de la relación de obligaciones pendientes de pago y se actualizará, en su caso, la citada certificación del Interventor General de la Comunidad Autónoma.

La falta de actualización por parte de la Comunidad Autónoma tendrá la consideración de desestimación de la reclamación a la que se refiere el artículo 57 bis de la Ley 7/1985, de 2 de abril.

6. El importe que deberá ser objeto de deducción o retención será el que se hubiera recogido en la última relación certificada a la que se refiere el apartado anterior, modificada, en su caso, de conformidad con lo dispuesto en el artículo 38.2.

7. El titular de la Secretaría General de Coordinación Autonómica y Local notificará a la Comunidad Autónoma el importe que será objeto de retención o deducción, teniendo esta resolución notificada la consideración de acuerdo de retención.

Art. 38. *Procedimiento para el pago.*—1. Será responsabilidad de la Comunidad Autónoma el cumplimiento de las normas aplicables a los pagos propuestos, así como velar por la inexistencia de pagos duplicados con su tesorería ordinaria o mecanismos de financiación habilitados.

2. El Ministerio de Hacienda y Administraciones Públicas podrá realizar comprobaciones sobre las relaciones remitidas y contrastar la información suministrada por las Comunidades Autónomas con aquella información que tenga disponible o pueda recabar de las Entidades Locales, pudiendo efectuar la retirada o solicitud de sustitución de obligaciones pendientes de pago remitidas por las Comunidades Autónomas, así como requerir a las mismas la acreditación de las causas, con el detalle correspondiente, de las divergencias existentes. Si de las comprobaciones realizadas resultan cambios en la relación de obligaciones remitida anteriormente, el Interventor General de la Comunidad Autónoma actualizará la certificación enviada con la anterior relación de obligaciones.

3. El abono a favor de la Entidad Local o el cesionario del crédito conllevará la extinción de la deuda contraída por la Comunidad Autónoma por el importe satisfecho. La Administración General del Estado, que interviene en

nombre y por cuenta de la Comunidad Autónoma, según corresponda, sólo efectuará la gestión del pago de las obligaciones, quedando exenta de cualquier responsabilidad al respecto.

Todos los intereses de demora y gastos que se devenguen conforme a la normativa vigente serán asumidos y abonados por la Comunidad Autónoma.

4. El importe objeto de deducción o retención, al que se refieren los artículos 36.2 y 37.6, se aplicará a un único concepto no presupuestario que se creará al efecto. El pago a los terceros de la Comunidad Autónoma se realizará con cargo a dicho concepto no presupuestario mediante el procedimiento de pagos masivos con las adaptaciones que, en su caso, se determinen reglamentariamente.

5. En los supuestos de retención o deducción de los recursos de las Comunidades Autónomas, antes de la finalización del mes en el que deba satisfacerse los recursos de los regímenes de financiación de las Comunidades Autónomas que hayan sido objeto de la deducción o retención correspondiente, se remitirán las propuestas de pago a la Secretaría General del Tesoro y Política Financiera y la información relativa a las obligaciones pendientes cuyo pago vaya a efectuarse con cargo a estos importes, para que proceda a la ordenación de su pago.

6. Se informará a la Comunidad Autónoma de los pagos efectuados y las incidencias que, en su caso, impidan el pago material.

TÍTULO III

Fondo de financiación a Entidades Locales

CAPÍTULO PRIMERO

Compartimento Fondo de Ordenación

SECCIÓN 1.ª

Disposiciones generales

Art. 39. *Ámbito subjetivo.*—1. Podrán solicitar la adhesión al compartimento los municipios que hayan cumplido con sus obligaciones de remisión de información económico-financiera, de acuerdo con la normativa reguladora de las haciendas locales y la de estabilidad presupuestaria y sostenibilidad financiera y se encuentren en situación de riesgo financiero. Se define el riesgo financiero por la concurrencia de alguna de las situaciones siguientes:

a) Que su deuda viva a 31 de diciembre del ejercicio inmediato anterior exceda del 110 por 100 de los ingresos corrientes liquidados o devengados a aquella fecha y además: se encuentre en las situaciones descritas en las letras *a*), *b*) o *c*) del artículo 21 del Real Decreto-ley 8/2013, de 28 de junio, de medidas urgentes contra la morosidad de las administraciones públicas y de apoyo a entidades locales con problemas financieros, conforme a los últimos datos disponibles en el Ministerio de Hacienda y Administraciones Públicas de las liquidaciones de los presupuestos correspondientes a los dos ejercicios presupuestarios inmediatamente anteriores, o bien les hayan sido concedidas las medidas extraordinarias de aquclla norma.

Los límites relativos al nivel de deuda se entenderán aplicables aun cuando los municipios estén sujetos a un plan de reducción de deuda y lo estén cumpliendo.

b) Los municipios que no puedan refinanciar o novar sus operaciones de crédito en las condiciones de prudencia financiera que se fijen por Resolución de la Secretaría General del Tesoro y Política Financiera.

2. Cuando de acuerdo con lo previsto en el apartado 8 de la disposición adicional primera de la Ley Orgánica 2/2012, de 27 de abril, el Ministerio de Hacienda y Administraciones Públicas proponga a una Entidad Local incluida en el ámbito subjetivo definido en los artículos 111 y 135 del texto refundido de la Ley Reguladora de las Haciendas Locales la entrada a un mecanismo extraordinario de financiación por presentar de forma persistente, durante dos meses consecutivos, un período medio de pago que supere en más de treinta días el plazo máximo de pago establecido en la normativa de morosidad, ésta se llevará a cabo en el compartimento Fondo de Ordenación del Fondo para la financiación a Entidades Locales.

Art. 40. *Ámbito objetivo.*—1. En el caso de los municipios incluidos en el artículo 39.1 la liquidez otorgada con este mecanismo deberá ser utilizada para:

a) Atender los vencimientos de principal, y sus intereses asociados, correspondientes a las operaciones de préstamo a largo plazo que cumplan con el principio de prudencia financiera.

b) Atender los vencimientos correspondientes a las operaciones de préstamo formalizadas en el marco del mecanismo de financiación de los pagos a proveedores y atender los vencimientos derivados de las deudas que en este mismo marco se estén compensando mediante retenciones en la participación en tributos del Estado.

c) Financiar la anualidad que deba satisfacerse en el ejercicio corriente para abonar las liquidaciones negativas que resulten de la aplicación de las reglas contenidas en los Capítulos II y IV de los Títulos II y III del texto refundido de la Ley reguladora de las Haciendas Locales, aprobado por Real Decreto Legislativo 2/2004, de 5 de marzo, y en las Leyes de Presupuestos Generales del Estado.

2. En el caso de las Entidades Locales incluidas en el artículo 39.2, con la liquidez otorgada con este mecanismo se atenderán las deudas con proveedores que sean vencidas, líquidas y exigibles, hasta que su período medio de pago a proveedores se ajuste a los límites establecidos en la Ley Orgánica 2/2012, de 27 de abril. A estos efectos se aplicará el Programa que determine el Ministerio de Hacienda y Administraciones Públicas con la condicionalidad específica que, en su caso, proceda, además de la establecida en el artículo 47.

3. El Estado, en nombre y por cuenta de las Entidades Locales mencionadas en los apartados anteriores, gestionará con cargo al crédito concedido el pago de los vencimientos de operaciones de préstamo a largo plazo así como los pagos a proveedores a través del Instituto de Crédito Oficial, como agente de pagos designado al efecto.

Art. 41. *Adhesión al compartimento Fondo de Ordenación de las Entidades Locales previstas en el artículo 39.1.*—1. La adhesión de las Entidades Locales previstas en el artículo 39.1.*a*) se ajustará al siguiente procedimiento:

a) El Ministerio de Hacienda y Administraciones Públicas, mediante Resolución de la Secretaría General de Coordinación Autonómica y Local, determinará los municipios que podrán solicitar la adhesión al compartimento Fondo de Ordenación.

b) En el mes siguiente a contar desde la publicación de la resolución mencionada en el apartado anterior, el municipio, a través del interventor, por medios telemáticos y con firma electrónica, presentará la solicitud de adhesión al Ministerio de Hacienda y Administraciones Públicas en la que se especificará el importe de los vencimientos que se deberán atender en el ejercicio y la identificación de las operaciones financieras a las que corresponden.

La solicitud remitida debe haber sido aprobada por el Pleno de la Corporación Local, e ir acompañada de un plan de ajuste, o modificación del que tuvieran, y de los acuerdos plenarios de aceptación de la supervisión y control por parte del Ministerio de Hacienda y Administraciones Públicas y de aplicación de las medidas que, en su caso, pueda indicar éste para la actualización del plan de ajuste y para su inclusión en los presupuestos generales de las Entidades Locales.

c) En el plazo de dos meses a contar desde la finalización del plazo la presentación de la solicitud de adhesión y de la documentación que debe acompañarla, la Secretaría General de Coordinación Autonómica y Local valorará el plan de ajuste presentado de modo que se asegure el cumplimiento de los objetivos de estabilidad y de deuda pública, así como el reembolso de las cantidades que se presten con cargo al compartimento del Fondo de Ordenación. En ese período la citada Secretaría General podrá requerir al municipio la inclusión de medidas que considere necesarias para considerar favorable el plan de ajuste, para que en diez días naturales proceda a las modificaciones.

d) La Entidad Local deberá remitir al Ministerio de Hacienda y Administraciones Públicas copia de haber suscrito el acto de adhesión a la plataforma Emprende en tres y del acto de adhesión al Punto general de entrada de facturas electrónicas de la Administración General del Estado.

2. Las Entidades Locales que reúnan los requisitos previstos en el artículo 39.1.*b*), en el mes de julio de cada año, podrán presentar su solicitud al Ministerio de Hacienda y Administraciones Públicas que será aceptada total o parcialmente.

Las solicitudes presentadas fuera del plazo indicado en el párrafo anterior sólo serán aceptadas en función de las disponibilidades presupuestarias y la situación financiera de la Entidad Local.

Art. 42. *Adhesión al compartimento Fondo de Ordenación de las Entidades Locales del artículo 39.2.*—1. La adhesión de las Entidades Locales incluidas en el ámbito subjetivo definido en el artículo 39.2 se ajustará al siguiente procedimiento:

a) El Ministerio de Hacienda y Administraciones Públicas remitirá a la Entidad Local afectada, en el mes natural siguiente al que se haya practicado la segunda retención, una propuesta para que solicite su adhesión al compartimento Fondo de Ordenación.

b) En los quince días naturales siguientes a la notificación de la propuesta, la Entidad Local deberá presentar la solicitud correspondiente con las condiciones y contenidos recogidos en el artículo 41.1.*b*).

c) En el plazo de un mes a contar desde la finalización del plazo de presentación de la solicitud de adhesión y de la documentación que debe acompañarla, la Secretaría General de Coordinación Autonómica y Local valorará el plan de ajuste presentado, de modo que se permita el cumplimiento de los objetivos de estabilidad y de deuda pública, así como el reembolso de las cantidades que se prevea que tenga que aportar el compartimento del Fondo de Ordenación. En ese período la citada Secretaría General podrá requerir al ayuntamiento la inclusión de medidas que considere necesarias para considerar favorable el plan de ajuste.

d) La Entidad Local deberá remitir al Ministerio de Hacienda y Administraciones Públicas copia de haber suscrito el acto de adhesión a la plataforma Emprende en tres y del acto de adhesión al Punto general de entrada de facturas electrónicas de la Administración General del Estado.

2. Si la Entidad Local no presenta la solicitud de adhesión en el plazo recogido en el apartado anterior quedará automáticamente adherida al compartimento Fondo de Ordenación y aportará la estimación de las necesidades de liquidez para el pago a proveedores de la Entidad Local. Asimismo, le resultará de aplicación lo dispuesto en este Real Decreto-ley, los Acuerdos de la Comisión Delegada del Gobierno para Asuntos Económicos, en el Programa que se determine, así como lo previsto en cualquier disposición que desarrolle este mecanismo de financiación.

3. Se mantendrá la aplicación de retenciones de la participación en tributos del Estado a la que se refiere el artículo 18.5 de la Ley Orgánica 2/2012, de 27 de abril, hasta que cumpla con el plazo máximo de pago previsto en la normativa de morosidad durante tres meses consecutivos.

Art. 43. *Formalización de operaciones de crédito con*

cargo al compartimento Fondo de Ordenación.—1. En el caso de las Entidades Locales incluidas en el ámbito del artículo 39.1 el Estado concertará operaciones de crédito, con cargo al compartimento Fondo de Ordenación, con cada uno de los municipios que se adhieran por un importe que no podrá superar los recursos necesarios para atender los vencimientos de la deuda financiera por el municipio y sus entidades dependientes que se clasifiquen dentro del sector Administraciones Públicas, de acuerdo con la definición y delimitación del Sistema Europeo de Cuentas Nacionales y Regionales.

2. En el caso de las Entidades Locales incluidas en el ámbito del artículo 39.2, el Estado concertará operaciones de crédito, con cargo al compartimento Fondo de Ordenación, con cada una de las Entidades Locales que se adhieran por un importe que no podrá superar los recursos necesarios para atender los pagos a proveedores en la cuantía que sea necesaria para reducir el período medio de pago de modo que no exceda de treinta días el plazo máximo establecido en la normativa de morosidad.

En este caso las disposiciones de la operación de crédito podrán ajustarse a un calendario por tramos. El desembolso de cada tramo podrá estar condicionado a la previa acreditación del cumplimiento de las condiciones fiscales y financieras.

3. Las operaciones de crédito que se formalicen por el Estado con cargo a este mecanismo con las Entidades Locales no estarán sujetas al régimen de autorización establecido en el texto refundido de la Ley reguladora de las Haciendas Locales y, en su caso, en las Leyes de Presupuestos Generales del Estado.

SECCIÓN 2.ª

Condiciones financieras y fiscales

Art. 44. *Condiciones financieras aplicables a los municipios incluidos en el artículo 39.1.*—La adhesión al compartimento Fondo de Ordenación, conllevará la aceptación por el municipio, así como por sus organismos o entes públicos que se clasifiquen dentro del sector Administraciones Públicas de acuerdo con la definición y delimitación del Sistema Europeo de Cuentas Nacionales y Regionales, de las siguientes condiciones financieras:

a) La liquidez obtenida a través de aquel compartimento deberá ser utilizada para atender los vencimientos de las operaciones a las que se refiere este Capítulo. El Estado, en nombre y por cuenta del municipio, gestionará, con cargo al crédito concedido, el pago de los vencimientos de operaciones de préstamo a largo plazo de la Entidad Local, a través del Instituto de Crédito Oficial, como agente de pagos designado al efecto.

b) Únicamente podrán formalizar operaciones financieras a largo plazo para refinanciar o novar operaciones de crédito en condiciones de prudencia financiera.

Art. 45. *Condiciones fiscales aplicables a los municipios incluidos en el artículo 39.1.*a*)*.—Los municipios que se adhieran al compartimento del Fondo de Ordenación deberán remitir al Ministerio de Hacienda y Administraciones Públicas un plan de ajuste, o una revisión del que ya tuvieran, incorporando, al menos, las siguientes condiciones:

1. En relación con los gastos: Reducción al menos de un 5 por 100 sus gastos de funcionamiento correspondientes a los capítulos 1 y 2 del estado de gastos en el primer ejercicio presupuestario posterior a la adhesión al compartimento Fondo de Ordenación y no aumentarlos en los dos ejercicios siguientes. A partir del cuarto ejercicio presupuestario, podrán incrementarlos en una tasa de variación interanual que no supere a la que se identifique a efectos de la aplicación de la regla de gasto definida en el artículo 12 de la Ley Orgánica 2/2012, de 27 de abril. En el caso de municipios a los que se les haya concedido las medidas extraordinarias contenidas en el Título II del Real Decreto-ley 8/2013, de 28 de junio, aquella reducción será adicional a la que éste se refiere.

2. En relación con la prestación de servicios deberán adoptarse las siguientes medidas:

a) Financiar íntegramente el coste de los servicios públicos mediante la aplicación de tasas y precios públicos, de acuerdo con los siguientes límites mínimos:

1.° En el primer ejercicio presupuestario de aplicación de las medidas, las tasas y precios públicos deberán financiar como mínimo el 50 por 100 del coste del servicio público correspondiente.

2.° En el segundo ejercicio presupuestario de aplicación de las medidas deberán financiar como mínimo el 75 por 100 del coste del servicio público correspondiente.

3.º En el tercer ejercicio presupuestario de aplicación de las medidas deberán financiar la totalidad del coste del servicio público correspondiente.

b) Si los municipios tuvieren una población inferior a 20.000 habitantes se deberán comprometer a dar la aprobación a la que se refiere el artículo 26.2 de la Ley 7/1985, de 2 de abril, para que la diputación provincial, consejo o cabildo insular, preste los servicios contemplados en dicho artículo, si ésta los puede prestar a un coste efectivo inferior.

3. En relación con los tributos locales:

a) Las ordenanzas fiscales que resulten de aplicación deberán cumplir los siguientes requisitos:

1.º No podrán suprimir ninguno de los tributos que se vinieran exigiendo por la Entidad Local durante el ejercicio inmediato anterior.

2.º Sólo podrán aprobar medidas que determinen un incremento del importe global de las cuotas de cada tributo local, sin perjuicio de lo establecido en el número 5.º de esta letra.

3.º Sólo podrán reconocer los beneficios fiscales establecidos con carácter obligatorio por las leyes estatales, y los que estuvieran vigentes en 2014 de los previstos en los artículos 9.1, relativo a la domiciliación de deudas, anticipación de pagos o colaboración en la recaudación, 62.3, 62.4, 74.1, 74.2 bis, 74.4, 88.2.*d*), 95.6.*c*), 103.2.*d*) y 103.2.*e*) del texto refundido de la Ley Reguladora de las Haciendas Locales.

4.º No podrán aplicar los tipos de gravamen reducidos a que se refiere el apartado 5 del artículo 72 del texto refundido de la Ley Reguladora de las Haciendas Locales.

5.º Deberán aprobarse, para cada año en que resulten de aplicación estas medidas, tipos de gravamen en el Impuesto sobre Bienes Inmuebles que garanticen, al menos, el mantenimiento del importe global de la cuota íntegra del ejercicio anterior.

6.º Deberán establecer y exigir los impuestos a que se refiere el artículo 59.2 del texto refundido de la Ley Reguladora de las Haciendas Locales.

7.º Deberán aprobar en las correspondientes ordenanzas fiscales un tipo de gravamen del Impuesto sobre Bienes Inmuebles, para los bienes inmuebles urbanos, que sea superior, como mínimo, en un 25 por 100, al determinado de conformidad con el artículo 72 del texto refundido de la Ley Reguladora de las Haciendas Locales. No obstante, el tipo aplicable no podrá ser superior en ningún caso al máximo previsto en dicho artículo ni inferior al 0,6 por 100.

8.º Deberán establecer para el Impuesto sobre Vehículos de Tracción Mecánica, el coeficiente máximo permitido por el artículo 95.4 del texto refundido de la Ley Reguladora de las Haciendas Locales.

b) En el ejercicio presupuestario en el que soliciten la adhesión al mecanismo deberán solicitar a la Dirección General del Catastro, su inclusión con carácter prioritario en la regularización catastral prevista en la disposición adicional tercera del texto refundido de la Ley del Catastro Inmobiliario. A tal efecto, habrán de acompañar la solicitud de cuanta información dispongan sobre los bienes inmuebles o las alteraciones de sus características no incorporadas al Catastro Inmobiliario.

c) Se les aplicarán de oficio los coeficientes previstos en el apartado 2 del artículo 32 del texto refundido de la Ley del Catastro Inmobiliario, cuando se trate de municipios que hayan sido objeto de un procedimiento de valoración colectiva de carácter general para los bienes inmuebles urbanos como consecuencia de una ponencia de valores total aprobada con anterioridad al año 2003.

4. En el caso de que no se aprueben los presupuestos se considerarán prorrogados los del ejercicio inmediato anterior con arreglo a lo dispuesto en el artículo 169.6 del texto refundido de la Ley reguladora de las Haciendas Locales, aprobado por Real Decreto Legislativo 2/2004, de 5 de marzo, debiendo incluirse los efectos de las medidas previstas en este artículo.

Asimismo, deberán incluir en la memoria que acompañe a sus presupuestos una justificación expresa de haber elaborado y aprobado sus presupuestos con:

a) Una estimación de ingresos de carácter ordinario consistentes con la recaudación y la realización de derechos en los dos ejercicios anteriores

b) Una estimación de ingresos de carácter extraordinario que estén suficientemente fundadas, sin que se pueda hacer valer a estos efectos la mera expectativa de obtención de recursos.

Los municipios que se adhieran al compartimento Fondo de Ordenación deberán someter a informe previo y vinculante del Ministerio de Hacienda y Administraciones Públicas la aprobación de los presupuestos municipales o la prórroga de los del ejercicio anterior, según proceda.

5. Excepcionalmente, el Ministerio de Hacienda y Administraciones Públicas podrá valorar y ponderar las medidas que hayan podido adoptar las corporaciones locales en relación con los gastos de funcionamiento y con la financiación de los servicios públicos siempre que se compense con otras medidas.

Art. 46. *Condiciones fiscales de las Entidades Locales incluidas en el artículo 39.1.*b*).*— 1. Las Entidades Locales que se encuentren en el ámbito subjetivo definido en el artículo 39.1.*b*) deberán presentar un plan de ajuste que incluya las medidas a adoptar para garantizar el cumplimiento futuro de los objetivos de estabilidad presupuestaria, deuda pública, período medio de pago a proveedores, así como un plan de tesorería y detalle de las operaciones de deuda viva, de acuerdo con lo previsto en la Orden HAP/2.105/2012, de 1 de octubre.

El mencionado plan de ajuste debidamente aprobado por el pleno e informado por el interventor local será comunicado al Ministerio de Hacienda y Administraciones Públicas, que podrá requerir las modificaciones del plan de ajuste que considere necesarias.

2. La formalización de todas las operaciones de crédito a largo plazo requerirán autorización del órgano competente de la Administración Pública que tenga atribuida la tutela financiera de la Entidad Local que, en su caso, se otorgará teniendo en cuenta los criterios previstos en la normativa reguladora de las Haciendas Locales y en las Leyes de Presupuestos Generales del Estado.

Art. 47. *Condiciones fiscales de las Entidades Locales incluidas en el artículo 39.2.*— 1. A las Entidades Locales incluidas en el artículo 39.2 les resultará de aplicación las condiciones fiscales contenidas en el artículo 45, salvo las recogidas en el artículo 45.3 en los numerales 7.º y 8.º de su letra *a*) y en sus letras *b*) y *c*), hasta que la Entidad Local cumpla con el plazo máximo de pago a proveedores previsto en la normativa de morosidad durante tres meses consecutivos

2. A las Entidades Locales incluidas en el artículo 39.2 les resultará de aplicación la totalidad de las condiciones fiscales contenidas en el artículo 45 cuando concurran todos los requisitos siguientes:

a) Que, habiendo estado adheridas al Fondo de Ordenación, hayan dejado de estarlo.

b) Que vuelva a estar adherida por presentar de forma

persistente, durante dos meses consecutivos, un período medio de pago a proveedores que supere en más de treinta días el plazo máximo de pago establecido en la normativa de morosidad.

SECCIÓN 3.ª

Actuaciones de seguimiento y control

Art. 48. *Seguimiento de los planes de ajuste.*—1. El Ministerio de Hacienda y Administraciones Públicas realizará el seguimiento de los planes de ajuste.

2. El órgano de control interno de la Entidad Local velará por la adecuada aplicación del plan de ajuste, a cuyos efectos realizará cuantas actuaciones sean necesarias y, en su caso, dejará constancia de su no adopción o incumplimiento en los correspondientes informes de seguimiento que enviará al Ministerio de Hacienda y Administraciones Públicas.

Estos informes serán tenidos en cuenta por el Ministerio de Hacienda y Administraciones Públicas para el seguimiento de los planes de ajuste.

3. En el caso de que el Ministerio de Hacienda y Administraciones Públicas detecte riesgos de incumplimiento o incumplimiento de las medidas del plan de ajuste, propondrá su modificación con la adopción de nuevas medidas o la alteración del calendario de su ejecución, pudiendo solicitar a la Intervención General de la Administración del Estado que acuerde las actuaciones necesarias para llevar a cabo una misión de control.

En todo caso, el cumplimiento de las medidas propuestas condicionará la concesión de los sucesivos tramos de préstamo.

Si el riesgo detectado fuera de posible incumplimiento del pago de los vencimientos de operaciones de préstamo a largo plazo, se procederá conforme a lo previsto en la Ley Orgánica 2/2012, de 27 de abril.

Art. 49. *Actuaciones de control.*—1. Cuando la Intervención General de la Administración del Estado envíe una misión de control, ésta tendrá como objetivo concretar el diagnóstico de la situación financiera de la Entidad Local en el marco de los compromisos adquiridos en el plan de ajuste, aplicando las técnicas y metodologías de control que se estimen oportunas.

2. El órgano interventor de la Entidad Local prestará toda la ayuda y colaboración

que sea necesaria a la misión de la Intervención General de la Administración del Estado, que tendrá acceso a la totalidad de la documentación de la Entidad Local para el buen desempeño de sus funciones.

3. En el plazo máximo de un mes desde que se inicie la misión de control, la Intervención General de la Administración del Estado emitirá un informe sobre la adecuación financiera de las previsiones recogidas en el plan de ajuste en vigor y los incumplimientos o riesgos de incumplimiento del mismo.

4. Dicho informe será remitido al Ministro de Hacienda y Administraciones Públicas a los efectos de aplicar lo dispuesto en los artículos 25 y 26 de la Ley Orgánica 2/2012, de 27 de abril.

CAPÍTULO II

Compartimento Fondo de Impulso Económico

Art. 50. *Ámbito subjetivo.*—Podrán adherirse al compartimento de Fondo de Impulso Económico, aquellas Entidades Locales que en el momento de presentar la correspondiente solicitud de adhesión cumplan todos los requisitos siguientes:

a) Que hayan cumplido los objetivos de estabilidad presupuestaria y deuda pública.

b) Que su período medio de pago a proveedores no supere en más de treinta días el plazo máximo previsto en la normativa sobre morosidad durante los dos últimos meses previos a la solicitud.

c) Que estén al corriente de sus obligaciones de suministro de información económico-financiera.

A estos efectos se tendrá en cuenta la última información publicada en la central de información económico-financiera de las Administraciones Públicas relativa a la liquidación del presupuesto, los datos relativos al endeudamiento y al período medio de pago a proveedores.

Art. 51. *Adhesión al compartimento Fondo de Impulso Económico.*—1. La adhesión al compartimento Fondo de Impulso Económico exigirá la previa aceptación por el Ministerio de Hacienda y Administraciones Públicas de la solicitud formulada por la Entidad Local, debiendo indicarse en la misma la necesidad o necesidades financieras que solicitan cubrir y el importe total solicitado.

2. La solicitud irá acompañada de:

a) La relación de los proyectos de inversiones financiadas con préstamos a largo plazo a los que se refiere este Capítulo, incorporando la proyección de los efectos presupuestarios y económicos que podrían derivarse de la inversión en el horizonte de su vida útil.

b) El informe del interventor que se haya elevado al Pleno de la Corporación Local acerca de la consistencia y soporte de las proyecciones presupuestarias.

c) La copia de haber suscrito el acto de adhesión a la plataforma Emprende en tres y del acto de adhesión al Punto general de entrada de facturas electrónicas de la Administración General del Estado.

3. En el mes de julio de cada año, las Entidades Locales que quieran cubrir todas o parte de las necesidades de financiación previstas en este Capítulo para el año siguiente, deberán presentar su solicitud al Ministerio de Hacienda y Administraciones Públicas, que será aceptada si la Entidad Local reúne los requisitos previstos en el artículo 50. La aceptación, en sus cuantías, quedará sujeta al reparto aprobado por la Comisión Delegada del Gobierno para Asuntos Económicos.

Las solicitudes presentadas fuera del plazo indicado en el párrafo anterior sólo serán aceptadas en función de las disponibilidades presupuestarias y la situación financiera de la Entidad Local.

4. Antes del 31 de diciembre de cada año la Comisión Delegada del Gobierno para Asuntos Económicos aprobará la distribución de recursos entre las Entidades Locales adheridas destinadas a cubrir total o parcialmente las necesidades de financiación para el año siguiente incluidas en la solicitud de adhesión.

Art. 52. *Ámbito objetivo.*— A través del compartimento de Fondo de Impulso Económico, las Entidades Locales incluidas en el artículo 50 podrán solicitar, para el ejercicio presupuestario en el que realizan la solicitud:

a) La cobertura de los vencimientos del principal, y sus intereses asociados, de los préstamos a largo plazo que hayan formalizado o formalicen, de acuerdo con criterios de prudencia financiera determinados por Resolución de la Secretaría General del Tesoro y Política Financiera, para financiar inversiones financieramente sostenibles, de acuerdo con la definición prevista en la disposición adicional decimosexta del texto refundido de la Ley de Haciendas Locales.

El gasto de inversión que se realice deberá ser imputable al capítulo 6 del estado de gastos del presupuesto general de la corporación local.

b) La financiación de proyectos de inversión que se consideren relevantes o financieramente sostenibles en los términos que acuerde la Comisión Delegada del Gobierno para Asuntos Económicos.

Art. 53. *Gestión del crédito concedido.*—1. La Entidad Local adherida a este compartimento suscribirá la correspondiente operación de crédito con el Estado.

2. El Estado, en nombre y por cuenta de la Entidad Local, gestionará, con cargo al crédito concedido, el pago de los vencimientos de los préstamos a largo plazo, a través del Instituto de Crédito Oficial, como agente de pagos del Fondo de Financiación a las Entidades Locales.

3. La financiación asociada a los proyectos de inversión previstos en la letra *b*) del artículo anterior se aportará en los términos que acuerde la Comisión Delegada del Gobierno para Asuntos Económicos.

Art. 54. *Obligaciones de suministro de información.*—Las Entidades Locales adheridas a este compartimento, a través de su órgano interventor, enviarán al Ministerio de Hacienda y Administraciones Públicas:

a) Información trimestral sobre el grado de cumplimiento de las proyecciones de los efectos presupuestarios y económicos derivados de las inversiones en el horizonte de su vida útil que se preveían en la solicitud de adhesión.

b) La información relativa a los proyectos de inversión previstos en la letra *b*) del artículo 52 en los términos que acuerde la Comisión Delegada del Gobierno para Asuntos Económicos.

TÍTULO IV

Creación y funcionamiento del registro electrónico de convenios entre Comunidades Autónomas y Entidades Locales

Art. 55. *Registro electrónico de convenios entre Comunidades Autónomas y Entidades Locales.*—1. Se crea el registro electrónico de convenios suscritos entre Comunidades Autónomas y Entidades Locales que impliquen obligaciones financieras o compromisos de pago a cargo de las Comunidades Autónomas, de acuerdo con el artículo 57 bis de la Ley 7/1985, de 2 de abril, que se configura como un registro público administrativo dependiente de la Secretaría de Estado de Administraciones Públicas.

2. El registro se organizará, al menos, en dos secciones: la sección convenios en materia de gasto social y la sección de otros convenios.

3. El interventor local aportará el texto del convenio y solicitará la inscripción en el registro electrónico de la suscripción, prórroga y extinción, de los convenios en el plazo de quince días desde que ocurra el hecho inscribible.

La falta de inscripción del convenio en dicho registro será causa de resolución del convenio y las obligaciones pendientes de pago derivadas del citado convenio no podrán satisfacerse de acuerdo con el procedimiento de retención de recursos previsto en la Sección 3.ª del Capítulo III del Título II.

4. Esta remisión de información se efectuará por medios electrónicos a través del sistema y el modelo que el Ministerio de Hacienda y Administraciones Públicas habilite al efecto, y mediante firma electrónica avanzada basada en un certificado reconocido, de acuerdo con la Ley 59/2003, de 19 de diciembre, de firma electrónica.

Art. 56. *Contenido mínimo del registro electrónico de convenios entre Comunidades Autónomas y Entidades Locales.*—El registro electrónico de convenios entre Comunidades Autónomas y Entidades Locales contendrá obligatoriamente, al menos, la siguiente información:

a) Identificación de las Administraciones Públicas y entidades suscriptoras.

b) Título, objeto del convenio con especificación de si se trata de un convenio en materia de gasto social, y la referencia a la política de gasto de la clasificación presupuestaria por programas de conformidad con lo previsto en el artículo 30.

c) Fecha de suscripción del convenio, fecha de entrada en vigor, fecha de fin de vigencia y de extinción, así como, si es de duración indefinida, si está prevista su prórroga tácita o se realiza una prórroga expresa.

d) Importe total de los pagos estimados y periodicidad de esos pagos.

e) Especificación de la inclusión de la cláusula de garantía de retención de recursos del sistema de financiación prevista en el artículo 57 bis de la Ley 7/1985, de 2 de abril.

DISPOSICIONES ADICIONALES

1.ª *Comunidad Autónoma del País Vasco y Comunidad Foral de Navarra.*—1. Este Real Decreto-ley se aplicará a la Comunidad Autónoma del País Vasco y a la Comunidad Foral de Navarra de conformidad con lo dispuesto en las disposiciones adicionales primera y segunda de la Ley 27/2013, de 27 de diciembre.

2. La adhesión a los compartimentos del Fondo de Financiación a Comunidades Autónomas y a los del Fondo de Financiación a Entidades Locales de la Comunidad Autónoma del País Vasco y de la Comunidad Foral de Navarra requerirá con carácter previo la suscripción de un convenio con el Estado en el marco de la Comisión Mixta del Concierto y la Comisión Coordinadora, respectivamente, que afecte recursos en garantía de la operación de crédito que se formalice.

3. Las referencias contenidas en este Real Decreto-ley a la retención o deducción de los recursos del Sistema de Financiación, dentro de la regulación de los procedimientos de retención previstos en el Capítulo III del Título II, deben entenderse referidas a la retención o deducción de los pagos derivados de la aplicación en la Comunidad Autónoma del País Vasco y en la Comunidad Foral de Navarra de los Regímenes Forales del Concierto Económico y del Convenio Económico, respectivamente.

2.ª *Inscripción de los convenios vigentes en el registro electrónico de convenios entre Comunidades Autónomas y Entidades Locales.*—El interventor de la Entidad Local, en el plazo de seis meses a contar desde la entrada en vigor de este Real Decreto-ley, solicitará la inscripción de los convenios en materia de gasto social, en el Registro electrónico de convenios entre Comunidades Autónomas y Entidades Locales, que se encuentren vigentes en el momento de la entrada en vigor de este Real Decreto-ley. Su falta de inscripción tendrá las consecuencias previstas en el artículo 55.3.

La inscripción del resto de los convenios se solicitará en el plazo de nueve meses a contar desde la entrada en vigor de este Real Decreto-ley.

3.ª *Primera aplicación del procedimiento de retención regulado en la Sección 3.ª del Capítulo III del Título II de este Real Decreto-ley.*—El procedimiento de retención de los importes a satisfacer por los recursos de los regímenes de financiación de las Comunidades Autónomas como consecuencia de la cláusula de garantía prevista en los convenios en materia de gasto social y en las normas autonómicas de delegación de competencias en dicha materia, regulado en este Real Decreto-ley, se aplicará por primera vez en febrero de 2016, de acuerdo con el procedimiento previsto en el artículo 37, salvo que en la Orden del Ministro de Hacienda y Administraciones Públicas, conforme a lo regulado en dicho artículo, se establezca otro momento distinto.

4.ª *Procedimiento de retención de los recursos del Sistema de Financiación para hacer efectiva la cláusula de garantía prevista en los convenios y normas autonómicas en materia distinta de gasto social.*—En tanto que no se apruebe la Orden del Ministro de Hacienda y Administraciones Públicas a la que se refiere el apartado 3 del artículo 57 bis de la Ley 7/1985, de 2 de abril, la regulación recogida en la Sección 3.ª del Capítulo III del Título II de este Real Decreto-ley será de aplicación a todos los procedimientos de retención que tengan por objeto hacer efectiva la cláusula de garantía contenida en los convenios y normas autonómicas de delegación de competencias, prevista en el citado artículo 57 bis.

5.ª *Recursos del Fondo de Financiación a Comunidades Autónomas y del Fondo de Financiación a Entidades Locales para 2015.*—1. La aportación patrimonial desde el presupuesto del Estado al Fondo de Financiación a Comunidades Autónomas se fija para el año 2015 en 38.869 millones de euros.

2. La aportación patrimonial desde el presupuesto del Estado al Fondo de Financiación a Entidades Locales se fija para el año 2015 en 1.000 millones de euros.

3. La dotación de las aportaciones patrimoniales a que se refieren los apartados anteriores se financiarán, hasta un importe de 21.000 millones de euros, con cargo a la aportación patrimonial que con destino al Fondo de Liquidez Autonómico figure dotada en el Presupuesto del Estado para 2015, a cuyos efectos se realizarán las transferencias de crédito que procedan de conformidad con lo establecido en la Ley 47/2003, de 26 de noviembre.

4. Se aprueban los presupuestos de Explotación y Capital para el año 2015 del

Fondo de Financiación a Comunidades Autónomas y del Fondo de Financiación a Entidades Locales, en los términos que se recogen en el Anexo que se acompaña, quedando decaídos los Presupuestos de Explotación y Capital para el año 2015 del Fondo de Liquidez Autonómico y del Fondo para la Financiación de los Pagos a Proveedores 2.

6.ª *Plazos de solicitud de acceso a los mecanismos para el año 2015.*—1. La solicitud de adhesión para el año 2015 a cualquiera de los compartimentos del Fondo de Financiación a Comunidades Autónomas, así como al compartimento de Fondo de Impulso Económico del Fondo de Financiación a Entidades Locales deberá ser presentada antes del veinte de enero de 2015.

2. Únicamente para el año 2015 las Comunidades Autónomas que no estuvieran ya adheridas al Fondo de Liquidez Autonómico a 31 de diciembre de 2014, podrán solicitar su adhesión al compartimento Facilidad Financiera del Fondo de Financiación a Comunidades Autónomas, antes del veinte de enero de 2015, sin necesidad de cumplir con el resto de requisitos previstos en el artículo 15.

Durante 2015, el Ministerio de Hacienda y Administraciones Públicas podrá requerir su adhesión al Fondo de Liquidez Autonómico, en caso de incumplimiento de los objetivos de estabilidad presupuestaria y deuda pública de acuerdo con el informe del artículo 17, en sus apartados 3 y 4, de la Ley Orgánica 2/2012, de 27 de abril, o en caso de que su período medio de pago a proveedores, de acuerdo con los datos publicados en la central de información económico-financiera de las Administraciones Públicas, supere en más de treinta días el plazo máximo previsto en la normativa sobre morosidad durante dos meses consecutivos a contar desde la actualización de su plan de tesorería de acuerdo con lo previsto en el artículo 18.4 de la Ley Orgánica 2/2012, de 27 de abril.

Si en el plazo recogido en el citado requerimiento no se adhiriese, quedará automáticamente adherida al compartimento Fondo de Liquidez Autonómico.

7.ª *Modificación de las condiciones financieras de las operaciones de crédito suscritas con cargo al Fondo de Liquidez Autonómico y con cargo al Fondo para la Financiación de los Pagos a Proveedores 2.*—Las operaciones de crédito que las Comunidades Autónomas y las Entidades Locales, a 31 de diciembre de 2014, hayan formalizado con cargo al Fondo de Financiación para el Pago a Proveedores 2 y con cargo al Fondo de Liquidez Autonómico se ajustarán a las siguientes condiciones financieras a partir del 1 de enero de 2015:

a) El tipo de interés queda fijado para 2015 en el 0 por 100 anual hasta el vencimiento del primer período de interés de 2016. La base de cálculo de los intereses será actual/actual.

b) Durante 2015 las Comunidades Autónomas y las Entidades Locales no abonarán vencimientos de principal de operaciones formalizadas en ejercicios anteriores con cargo al Fondo de Financiación a Proveedores 2.

c) El plazo de las operaciones de endeudamiento afectadas por lo previsto en la letra *b*) se ampliará un año.

8.ª *Condiciones financieras de las operaciones de crédito para 2015 con cargo al Fondo de Financiación a Comunidades Autónomas y al Fondo de Financiación a Entidades Locales.*—1. Las operaciones de crédito que formalicen en 2015 las Comunidades Autónomas con cargo al compartimento Fondo de Liquidez Autonómico del Fondo de Financiación a Comunidades Autónomas y las Entidades Locales con cargo a cualquiera de los compartimentos del Fondo de Financiación a Entidades Locales se ajustarán a las siguientes condiciones financieras:

a) El tipo de interés queda fijado en el 0 por 100 anual hasta el vencimiento del primer período de interés de 2016. La base de cálculo de los intereses será actual/actual.

b) Las fechas de pago de principal coincidirán con las fechas de pago de intereses.

2. Las operaciones de crédito que formalicen en 2015 las Comunidades Autónomas con cargo al compartimento Facilidad Financiera del Fondo de Financiación a Comunidades Autónomas se ajustarán a las siguientes condiciones financieras:

a) El tipo de interés queda fijado en el 0 por 100 anual hasta el vencimiento del primer período de interés de 2018. La base de cálculo de los intereses será actual/actual.

b) Las fechas de pago de principal coincidirán con las fechas de pago de intereses.

3. El Gobierno promoverá, dentro de las disponibilidades presupuestarias, la concesión de incentivos a las Comunidades Autónomas que no hayan estado adheridas al Fondo de Liquidez Autonómi-

co y que se adhieran al compartimento Facilidad Financiera, y que cumplan con los objetivos de estabilidad presupuestaria y deuda, con el fin de que los menores recursos consecuencia de la devolución en 2015 de las cantidades aplazadas por las liquidaciones negativas del sistema de financiación de las Comunidades Autónomas régimen común de 2008 y 2009 no supongan una menor capacidad de inversión de estas Comunidades.

9.ª *Destino del superávit de las entidades locales correspondiente a 2014.*—En relación con el destino del superávit presupuestario de las entidades locales correspondiente al año 2014 se prorroga para 2015 la aplicación de las reglas contenidas en la disposición adicional sexta de la Ley Orgánica 2/2012, de 27 de abril, de Estabilidad Presupuestaria y Sostenibilidad Financiera, para lo que se deberá tener en cuenta la disposición adicional decimosexta del texto refundido de la Ley reguladora de las Haciendas Locales, aprobado por el Real Decreto Legislativo 2/2004, de 5 de marzo.

10.ª *Régimen especial de reintegros de los saldos deudores resultantes a cargo de las Entidades Locales en la liquidación definitiva de la participación en tributos del Estado del año 2013.*—1. El reintegro de los saldos que resulten a cargo de las Entidades Locales en la liquidación definitiva de la participación en tributos del Estado correspondiente al año 2013 podrá fraccionarse en un período de diez años, excepcionando el régimen de reintegros aplicable con carácter general y contenido en la Ley de Presupuestos Generales del Estado para el año 2015.

2. La aplicación de la excepción recogida en el apartado 1 anterior requerirá la presentación de la solicitud por las Entidades Locales, que deberá ser aprobada por el Pleno de la corporación local y se remitirá por el interventor o el secretario-interventor al Ministerio de Hacienda y Administraciones Públicas por medios telemáticos y con firma electrónica con anterioridad a 1 de noviembre de 2015.

En el caso de que las Entidades Locales no presenten la solicitud en el plazo antes citado se les aplicarán los reintegros de acuerdo con el régimen general establecido en la Ley de Presupuestos Generales del Estado para el año 2015, regularizando con cargo a la entrega a cuenta del mes de noviembre los reintegros que se habrían debido aplicar en la entrega correspondiente al mes de octubre.

3. Dicha excepción se aplicará a las entidades locales que, además de haber presentado la liquidación de los presupuestos de la totalidad de entidades integrantes de la corporación local correspondientes al ejercicio inmediato anterior a aquel en el que se calcule aquélla, prevean cumplir a 31 de diciembre de 2015 con el objetivo de estabilidad presupuestaria y con el límite de deuda pública establecido en los artículos 51 y 53 del texto refundido de la Ley Reguladora de las Haciendas Locales, aprobado por Real Decreto Legislativo 2/2004, de 5 de marzo, y cuyo período medio de pago no supere en más de treinta días el plazo máximo establecido en la normativa de medidas de lucha contra la morosidad en las operaciones comerciales, de acuerdo con el período medio de pago a proveedores que publiquen en el mes de octubre de 2015, conforme al Real Decreto 635/2014, de 25 de julio, por el que se desarrolla la metodología de cálculo del período medio de pago a proveedores de las Administraciones Públicas y las condiciones y el procedimiento de retención de recursos de los regímenes de financiación previstos en la Ley Orgánica 2/2012, de 27 de abril, de Estabilidad Presupuestaria y Sostenibilidad Financiera.

A los efectos anteriores, se considerarán entidades integrantes de la corporación local aquellas a las que se refiere el artículo 2.1 de la Ley Orgánica 2/2012, de 27 de abril, de Estabilidad Presupuestaria y Sostenibilidad Financiera.

En cuanto a la previsión del cumplimiento del objetivo de estabilidad presupuestaria y del límite de deuda antes citada se tendrá en cuenta la información correspondiente al tercer trimestre de ejecución del presupuesto del ejercicio de 2015.

4. La aplicación efectiva de la excepción citada en el apartado 1 anterior se iniciará en la entrega a cuenta de la participación en tributos del Estado del mes de enero del año 2016, siendo a partir de entonces los reintegros mensuales aplicables los que resulten de dividir el importe pendiente de reintegrar el día primero de aquel mes entre ciento veinte mensualidades.

5. La excepción establecida en el apartado 1 anterior se mantendrá siempre que las Entidades locales afectadas aporten la liquidación de los presupuestos de la totalidad de entidades integrantes de la corporación local y se cumplan los objetivos y límites citados en el apartado 3 y referidos en todos los casos a 31 de diciembre del ejercicio inmediato anterior. En

el caso de que el incumplimiento se produzca en dos ejercicios consecutivos se aplicará a partir de la entrega a cuenta del mes de enero del ejercicio siguiente el fraccionamiento de acuerdo con el régimen general que establezcan las Leyes de Presupuestos Generales del Estado de cada año.

En el caso de que se produzcan los incumplimientos antes citados y hayan transcurrido más de tres años completos desde el cálculo de la liquidación definitiva correspondiente, se deberá reintegrar el importe pendiente por doceavas partes en las entregas mensuales a cuenta del siguiente año natural.

6. En el caso de que, como consecuencia de las liquidaciones definitivas de la participación en tributos del Estado correspondientes a ejercicios posteriores a 2013, resulten saldos a ingresar a las Entidades locales a las que se aplique el régimen especial definido en esta norma, aquellos saldos compensarán el importe que quede pendiente de reintegrar por las Entidades locales citadas en el momento de calcular dichas liquidaciones definitivas.

Si, como resultado de esa compensación, el saldo pendiente de reintegrar correspondiente a la liquidación del año 2013 fuere inferior a la décima parte del saldo que se hubiere fraccionado de acuerdo con el apartado 1 anterior, aquél se cancelará mediante reintegros aplicados a las entregas a cuenta de los doce meses siguientes.

7. Si el importe pendiente de reintegro a 31 de diciembre de cada año fuese igual o inferior a 500 euros, se reintegrará por su totalidad en la entrega a cuenta del mes de enero.

8. No podrán acogerse al régimen especial regulado en esta norma los municipios incluidos en el artículo 39.1 de este Real Decreto-ley.

....

DISPOSICIÓN DEROGATORIA

Única. *Disposición derogatoria.*—A la entrada en vigor de este Real Decreto-ley quedan derogadas cuantas disposiciones de igual o inferior rango se opongan a lo dispuesto en él y en particular el apartado 2 del artículo 8 y la disposición adicional única de la Ley 29/2005, de 29 de diciembre, de Publicidad y Comunicación Institucional, así como el artículo 51 de la Ley 2/2011, de 4 de marzo, de Economía Sostenible.

Con efectos 1 de enero de 2015 quedan derogados:

a) El Real Decreto-ley 21/2012, de 13 de julio, de medidas de liquidez de las Administraciones públicas y en el ámbito financiero.

b) La Ley 13/2014, de 14 de julio, de transformación del Fondo para la Financiación de los Pagos a Proveedores.

c) La disposición adicional cuadragésima octava de la Ley de Presupuestos Generales del Estado para el año 2015.

DISPOSICIONES FINALES

1.ª *Modificación del texto refundido de la Ley Reguladora de las Haciendas Locales, aprobado por Real Decreto Legislativo 2/2004, de 5 de marzo.*—Se modifica el texto refundido de la Ley reguladora de las Haciendas Locales, aprobado por Real Decreto Legislativo 2/2004, de 5 de marzo, que queda redactado como sigue:

Uno. Se añade un nuevo artículo 48 bis con la siguiente redacción:

Dos. Se modifica el artículo 168 que queda redactado como sigue:

....

7.ª *Habilitación normativa.*—1. Se autoriza al Gobierno y a los Ministros de Hacienda y Administraciones Públicas y de Industria, Energía y Turismo para que, en el ámbito de sus respectivas competencias, dicten las disposiciones y adopten las medidas necesarias para la aplicación y desarrollo de lo previsto en este Real Decreto-ley.

2. Mediante Orden del Ministro de Hacienda y Administraciones Públicas podrán crearse o suprimirse compartimentos en el activo del Fondo de Financiación a Comunidades Autónomas y en el activo Fondo de Financiación a Entidades Locales.

3. Mediante Orden del Ministro de Hacienda y Administraciones Públicas podrá modificarse lo previsto en el artículo 37 sobre procedimiento de retención de acuerdo con lo previsto en el artículo 57 bis de la Ley 7/1985, de 2 de abril.

....

ÍNDICE CRONOLÓGICO DE DISPOSICIONES REPRODUCIDAS

de 2007, sobre creación del Registro Telemático del Tribunal de Cuentas (*BOE* n.º 90, de 14 de abril), en nota al art. 223 (I.1).

—Real Decreto 1.463/2007, de 2 de noviembre, por el que se aprueba el reglamento de desarrollo de la Ley 18/2001, de 12 de diciembre, de Estabilidad Presupuestaria, en su aplicación a las entidades locales (*BOE* n.º 264, de 3 de noviembre) (I.4).

—Orden EHA/3.565/2008, de 3 de diciembre de 2008, por la que se aprueba la estructura de los presupuestos de las entidades locales (*BOE* n.º 297, de 10 de diciembre) (I.5).

—Resolución de 14 de septiembre de 2009, de la Dirección General de Coordinación Financiera con las Comunidades Autónomas y con las Entidades Locales, por la que se dictan medidas para el desarrollo de la Orden EHA/3.565/2008, de 3 de diciembre, por la que se aprueba la estructura de los presupuestos de las Entidades Locales (*BOE* n.º 235, de 29 de septiembre) (I.6).

—Ley 15/2010, de 5 de julio de modificación de la Ley 3/2004, de 29 de diciembre, por la que se establecen medidas de lucha contra la morosidad en las operaciones comerciales (*BOE* n.º 163, de 6 de julio), en nota al art. 196 (I.1).

—Acuerdo del Pleno del Tribunal de Cuentas de 20 de julio de 2010, que aprueba la modificación de la Instrucción que regula el formato de la Cuenta General de las Entidades Locales en soporte informático y el procedimiento telemático para la rendición de cuentas: en nota al art. 223 (I.1).

—Ley 39/2010, de 22 de diciembre, de Presupuestos Generales del Estado para el año 2011 (*BOE* n.º 311, de 23 de diciembre), en nota al art. 53 y Disp. Adic. 4.ª (I.1) y arts. 12 y 16 (I.2).

—Ley 2/2011, de 4 de marzo, de Economía Sostenible (*BOE* n.º 55, del 5 de marzo), en nota al art. 193.5 (I.1) y al art. 4.º de I.2.

—Real Decreto-ley 8/2011, de 1 de julio, de medidas de apoyo a los deudores hipotecarios, de control del gasto público y cancelación de deudas con empresas y autónomos contraídas por las entidades locales, de fomento de la actividad empresarial e impulso de la rehabilitación y de simplificación administrativa (*BOE* n.º 161, de 7 de julio), en nota a la Disp. Adic. 4.ª (I.1).

—Reforma del artículo 135 de la Constitución Española, de 27 de septiembre de 2011 (*BOE* n.º 233, de 27 de septiembre), en nota a I.2.

—Real Decreto Legislativo 3/2011, de 14 de noviembre, por el que se aprueba el texto refundido de la Ley de Contratos del Sector Público (*BOE* n.º 276, de 16 de noviembre), en nota al art. 187 (I.1).

—Real Decreto-ley 20/2011, de 30 de diciembre, de medidas urgentes en materia presupuestaria, tributaria y financiera para la corrección del déficit público (*BOE* n.º 315, de 31 de diciembre), en nota al art. 53 (I.1).

—Real Decreto-ley 4/2012, de 24 de febrero, por el que se determinan obligaciones de información y procedimientos necesarios para establecer un mecanismo de financiación para el pago a los proveedores de las entidades locales (*BOE* n.º 48, de 25 de febrero), en nota al art. 53, al art. 188 y a la Disp. Adic. 4.ª (I.1).

—Real Decreto-ley 7/2012, de 9 de marzo, por el que se crea el Fondo para la financiación de los pagos a proveedores (*BOE* n.º 60, de 10 de marzo), en nota al art. 53 (I.1).

—Ley Orgánica 2/2012, de 27 de abril, de Estabilidad Presupuestaria y Sostenibilidad Financiera (*BOE* n.º 103, de 30 de abril) (I.2).

—Resolución de 10 de mayo de 2012, de la Secretaría General del Tribunal de Cuentas, para la recepción de las relaciones anuales de contratos remitidas por las Entidades que integran

162, 169, 193.5, 193 bis, 213, 218 y Disp. Adic. 8.ª (I.1); art. 21 (I.2).

—Real Decreto-ley 2/2014, de 21 de febrero, por el que se adoptan medidas urgentes para reparar los daños causados en los dos primeros meses de 2014 por las tormentas de viento y mar en la fachada atlántica y la costa cantábrica (*BOE* n.º 46, de 22 de febrero), Disp. Adic. 16.ª (I.1).

—Orden HAP/419/2014, de 14 de marzo, por la que se modifica la Orden EHA/3.565/2008, de 3 de diciembre, por la que se aprueba la estructura de los presupuestos de las entidades locales (*BOE* n.º 67, de 19 de marzo), en nota a los arts. 4.º, 6.º y 10, anexo I (I.5).

—Orden ECC/493/2014, de 27 de marzo, por la que se modifica la Orden ECC/2.741/2012, de 20 de diciembre, de desarrollo metodológico de la Ley Orgánica 2/2012, de 27 de abril, de Estabilidad Presupuestaria y Sostenibilidad Financiera, sobre el cálculo de las previsiones tendenciales de ingresos y gastos y de la tasa de referencia de la economía española (*BOE* n.º 77, de 29 de marzo), en nota a la Disp. Trans. 2.ª (I.2).

—Ley 13/2014, de 14 de julio, de transformación del Fondo para la Financiación de los Pagos a Proveedores (*BOE* n.º 171, de 15 de julio), en nota al art. 187 (I.1). Derogada por III.3.

—Real Decreto 635/2014, de 25 de julio, por el que se desarrolla la metodología de cálculo del período medio de pago a proveedores de las Administraciones Públicas y las condiciones y el procedimiento de retención de recursos de los regímenes de financiación, previstos en la Ley Orgánica 2/2012, de 27 de abril, de Estabilidad Presupuestaria y Sostenibilidad Financiera (*BOE* n.º 184, de 30 de julio), arts. 13.6 y 18.5 (I.2).

—Real Decreto 636/2014, de 25 de julio, por el que se crea la Central de Información Económico-financiera de las Administraciones Públicas y se regula la remisión de información por el Banco de España y las entidades financieras al Ministerio de Hacienda y Administraciones Públicas (*BOE* n.º 184, de 30 de julio), art. 28 (I.2).

—Ley 18/2014, de 15 de octubre, de aprobación de medidas urgentes para el crecimiento, la competitividad y la eficiencia (*BOE* n.º 292, de 17 de octubre) (I.1).

—Orden HAP/2.075/2014, de 6 de noviembre, por la que se establecen los criterios de cálculo del coste efectivo de los servicios prestados por las entidades locales (*BOE* n.º 270, de 7 de noviembre) (I.8).

—Orden HAP/2.082/2014, de 7 de noviembre, por la que se modifica la Orden HAP/2.105/2012, de 1 de octubre, por la que se desarrollan las obligaciones de suministro de información previstas en la Ley Orgánica 2/2012, de 27 de abril, de Estabilidad Presupuestaria y Sostenibilidad Financiera (*BOE* n.º 271, de 8 de noviembre), en notas a I.7.

—Ley 36/2014, de 26 de diciembre, de Presupuestos Generales del Estado para el año 2015 (*BOE* n.º 315, de 30 de diciembre), en nota a art. 53 (I.1).

—Real Decreto-ley 17/2014, de 26 de diciembre, de medidas de sostenibilidad financiera de las comunidades autónomas y entidades locales y otras de carácter económico (*BOE* n.º 315, de 30 de diciembre) (III.3); en nota al art. 48 bis y art. 168 (I.1); en nota a la Disp. Adic. 6.ª (I.2).

ÍNDICE ANALÍTICO

A

B

C

D

E

N

O

R

S

T